2009

中国国有资产监督管理年鉴

SASAC

图书在版编目（CIP）数据

中国国有资产监督管理年鉴.2009／张德霖主编.
—北京：中国经济出版社，2009．12
ISBN 978-7-5017-9686-1
Ⅰ．中… Ⅱ．张… Ⅲ．国有资产－资产管理－中国－2009－年鉴 Ⅳ．F123.7-54
中国版本图书馆CIP数据核字（2009）第218992号

中国国有资产监督管理年鉴（2009）

总 编 辑：乔卫兵
副总编辑：李祥柱
责任编辑：崔清北　黄　静　郑　潇
广 告 部：汪　京　汪银芳　刘金龙　陈利军　刘喆欣
发 行 部：张　巍　徐立敏
财 务 部：姜　莉
英文翻译：黄　静
协办单位：中国国电集团公司

出版发行：中国经济出版社（100037·北京市西城区百万庄北街3号）
网　　址：www. economyph. com
电　　话：（010）64471681　64471644
　　　　　64471600　64471640
经　　销：各地新华书店
承　　印：北京画中画印刷有限公司
开　　本：889mm×1194mm　1/16　　字　　数：1500千字
插页印张：4.5　　印　　张：53.75
版　　次：2009年12月第1版　　印　　次：2009年12月第1次印刷
书　　号：ISBN 978-7-5017-9686-1/Z·923　　定　　价：480.00元
广告经营许可证：京平工商广字第0688号

编写说明

（一）《中国国有资产监督管理年鉴》（以下简称《国资年鉴》）由国务院国有资产监督管理委员会（以下简称国务院国资委）主管、主办，《国资年鉴》编委会编纂，中国经济出版社编辑出版，李荣融同志担任编委会主任。

（二）《国资年鉴》是一部全面记载我国国有经济运行、国有资产监管体制改革和国有企业改革发展，尤其是中央企业和地方国资监管机构所监管企业总体情况的大型工具书和资料性年刊，是国资委统一对外宣传的重要窗口和交流平台，对于宣传、指导我国国有资产监督管理工作及国有企业尤其是中央企业的工作具有重要参考价值。

（三）《国资年鉴》突出政策性、权威性、实用性和连续性。主要读者对象包括：全国各级国有资产监管机构及相关行业管理部门；各类国有企业；有关中介机构；各国驻华机构；有关科研院所、图书馆、资料室等。

（四）《国资年鉴》（2009）共八篇。

- ☐ 第一篇 重要经济文献。刊载2008年李荣融同志在中央企业负责人会议、全国国有资产监督管理工作会议、中央企业抗震救灾总结表彰大会上的讲话以及在《求是》杂志发表的署名文章。
- ☐ 第二篇 国有资产监督管理概况。国务院国资委17个厅局就2008年我国国有资产监督管理情况、国有企业改革与发展情况予以分析、评述。
- ☐ 第三篇 各省（区、市）国有资产监督管理概况。由31个省、自治区、直辖市国资委，新疆生产建设兵团国资委，5个计划单列市国资委就2008年本地区国有经济运行情况及国有企业改革与发展状况进行评述。
- ☐ 第四篇 中央企业改革与发展。对2008年中央企业经济运行情况、主要经济指标、国有资产保值增值、重大创新、履行社会责任等方面进行分析、评述。由于部分企业信息涉及保密不便披露，部分企业因重组改制处于变动当中不便刊载，因此本篇刊载130户中央企业的改革与发展概况。
- ☐ 第五篇 国有资产统计资料。刊载由国务院国资委财务监督与考核评价局提供的2008年全国国有企业户数、从业人数、国有资产总量之综合、行业、地区分析表；全国国有企业资产负债之综合、行业、地区分析表；国有工业企业户数、从业人数、国有资产总量地区分析表；国有工业企业资产负债地区分析表；国有商业企业户数、从业人数、国有资产总量地区分析表；国有商业企业资产负债地区分析表；各省（区、市）国有企业主要指标表。
- ☐ 第六篇 国有资产监督管理政策法规选编。精选2008年有关国有资产监督管理的重要行政法规、部门规章和规范性文件。
- ☐ 第七篇 国有企业履行社会责任概览。采用图文并茂的形式刊载部分中央企业、地方重点企业履行社会责任的相关情况。
- ☐ 第八篇 附录。刊载2008年国务院国资委大事记。

（五）《国资年鉴》（2009）涉及全国性统计数据，暂未包括港、澳、台地区。统计数据截至2008年底。

（六）《国资年鉴》（2009）编委会名单，各省（区、市）国资委工作站站长名单，中央企业工作站站长、联络员名单以截稿日期为准。

《中国国有资产监督管理年鉴》编辑部

二〇〇九年十二月九日

中共中央总书记、国家主席、中央军委主席胡锦涛视察中国海洋石油总公司青岛海洋石油工程制造场地

国务院总理温家宝视察中国电子信息产业集团有限公司北海产业基地

国务院副总理张德江参观第八届中国国际核电工业展览会中国大唐集团公司展区
并听取关于宁德核电的工作汇报

国务院国资委主任、党委书记李荣融到中国西电集团公司考察工作

国资委副主任李伟到中国电信集团公司调研
信息化建设和应用情况

国资委副主任黄淑和在上海出席 2010 年上海世博会
“太空家园馆”奠基仪式并致辞

国资委副主任邵宁出席中国铁建与山东省政府签署战略合作
协议暨京沪高速公路合作建设签约仪式并讲话

国资委副主任黄丹华赴中国北方机车车辆工业集团公司
大同电力机车有限责任公司调研

国资委副主任金阳赴中国东方电气集团公司
东方汽轮机厂车间调研

国资委副主任孟建民赴上海贝尔股份有限公司调研

国资委纪委书记贾福兴赴中国水利水电建设集团公司
十一局调研

国资委党委委员李寿生观看委离退休干部活动站摄影绘画展

中国核工业集团公司
CNNC
China National Nuclear Corporation

中国航天科工集团公司

中国航天科工集团公司党组书记、总经理　许达哲

中国航天科工集团公司（简称“航天科工”）是中央直接管理的国有特大型高科技企业，前身为1956年10月成立的国防部第五研究院，先后经历了第七机械工业部、航天工业部、航空航天工业部、中国航天工业总公司的历史沿革。1999年7月，中国航天机电集团公司成立，2001年7月正式更名为中国航天科工集团公司。

航天科工肩负着富国强军的历史使命，从事着关系国家安全的战略产业，是我国国防科技工业的中坚力量。现有7个研究院、2个科研生产基地、6家上市公司、600余户企事业单位，遍布全国各地。现有职工11万余人，各类专业技术人员超过40%，形成一支综合素质高、业务技能精、作风形象好、敬业精神强的科研生产与经营管理队伍；拥有专业门类配套齐全的科研生产体系，奠定科学发展的坚实基础。

航天科工以“科技强军、航天报国”为企业使命，始终坚持“国家利益高于一切”的核心价值观，大力发展航天防务技术，经过多年的励精图治，建立完整的防空导弹系统、飞航导弹系统、固体运载火箭及空间技术产品等技术开发与研制生产体系，所研制的产品涉及陆、海、空、天、电磁等

雷达探测技术跟踪神舟飞船

小型固体运载火箭

导弹武器装备受阅

研制的奥运圣火成功登顶珠峰

各个领域，导弹武器装备整体水平国内领先，部分专业技术达到国际先进水平。航天科工先后为国家提供几十种性能先进的导弹武器装备，并在载人航天工程、月球探测工程等国家多个重大项目建设中做出突出贡献，极大地提升我国国防实力，推动国民经济建设与发展，得到党中央和国务院的高度赞扬。

航天科工着眼于“大防务”、“大安全”理念，努力践行“放飞神剑、收获和平”的庄严承诺，积极拓展非传统安全领域发展空间，在信息技术、装备制造等方面开发一系列军民结合高技术产品。自主研制的防伪税控系统、奥运安保科技系统、南水北调仿真系统、应急救援与保障装备等广泛应用于国民经济和社会发展的方方面面，产生较好的社会效益和经济效益。特别是在抗击冰冻雨雪灾害和四川汶川特大地震过程中，在我国成功举办北京奥运会过程中，航天科工发挥了中央企业“顶梁柱”的作用，彰显了强大的航天高科技实力。

航天科工致力走中国特色的军民融合之路，统筹军民两业发展，突出“航天防务、信息技术、装备制造”三大业务板块，实施军民融合、创新驱动、人才强企、质量制胜“四大战略”，努力实现又好又快发展。今天，承载着50多年深厚文化积淀的航天科工正满怀信心，朝着“建设国际一流航天防务公司”的目标阔步迈进。

设计制造灵山大佛

奥运安保科技系统

电子票证查验系统

中国海洋石油总公司

CHINA NATIONAL OFFSHORE OIL CORP.

蓝色情怀

——中国海油社会责任工作情况介绍

经济发展的最终目的是要促进社会和人类自身的全面进步。企业履行社会责任是促进自身可持续发展的一个重要内容，也是外界衡量它的指标。企业在发展的同时，还应思考如何为所在社区的经济进步和人民生活水平提高做出贡献。随着中国加入世界经济体系，中国企业不仅要做好企业公民，更应扮演好国际公民的角色。

——摘自中国海洋石油总公司总经理傅成玉在“中国企业，公司责任与软竞争力”峰会上的讲话

中国海洋石油总公司（简称中国海油）致力于追求企业与人、社会和自然的和谐进步，倡导“经济责任、政治责任及社会责任”的同步履行，努力担当负责任的企业公民角色。

中国海油设有社会公益专项基金。为了保证公司在社会公益事业投入的合理性，运作的规范性，效果的可监控性，中国海油还制定社会公益基金管理办法。并成立以党组成员为领导的中国海油慈善公益基金管理委员会，具体负责年度社会公益基金的规划、审查、管理及监督执行工作。

中国海油长期投身于扶贫帮困、捐资助学、社区共建、灾害救助及生物保护等五大领域的公益工作。从2000年至2008年，中国海油在国内外扶贫、助学、救灾等公益项目上累计投入达5.73亿元。仅2008年，全系统用于灾害救助、扶贫帮困等公益慈善事业的资金就达到2.82亿元（其中个人捐款达2796万元）。

中国海油多年来在社会责任工作中的辛勤耕耘，得到社会各界的充分肯定。公司连续两次被中华人民共和国民政部授予“中华慈善奖”。两次荣获人民网发起评选的“人民社会责任奖”。荣获由中国国际慈善资金会、中国扶贫开发协会等40家机构评选的“国际企业公民示范奖”。

援藏、扶贫展新貌

中国海油自2002年对西藏尼玛县开展扶贫工作，并派出挂职干部。在2002-2004年第一轮援助工作中，公司投入6000万元，彻底改变当地基础设施落后的面貌，使尼玛县具备发展的基础条件。第二轮援藏工作公司确立“解困、扶本、造血、建立长效机制”的工作思路，通过帮助当地建立起生产、经营、发展机制，使尼玛从根本上走上自我发展的道路。目前，尼玛县的各个乡镇互通汽车，乡镇办公条件得到改善，建立起三个农牧民定居点。中国海油还帮助当地实施后备干部及科技实用人才培训及奖励计划。组织尼玛县正科级干部共25人赴内地学习，并正式启动尼玛医疗教育培训基金，用于培养和培训医疗人员、教师队伍，帮扶困难群众和学生，奖励优秀医疗人员、教师和学生。

中国海油在对口援建的西藏自治区尼玛县建设的县会堂

“中国海洋石油总公司卓有成效的对口援助，使尼玛县发生天翻地覆的变化，中国海油的援藏力度、援藏成效位居中央企业第一，发挥很好的带动作用。”西藏自治区党委书记张庆黎对中国海油援藏多年来的工作给予充分肯定。曾经贫瘠落后的尼玛，已经成为今天的藏北明珠。

中国海油遵照国务院扶贫开发领导小组的要求，自1995年起，对海南省陵水县、保亭县、五指山市进行定点扶贫。中国海油积极相应国务院的号召，坚持“开发式扶贫”方针，将扶贫工作重点放在三个方面：一是加大农村基础设施的建设投入，二是加大科教扶贫的力度，三是发展支柱性产业。

通过几年扶贫工作的探索，并选派挂职干部深入基层工作，中国海油发现当地贫困的深层次原因在于教育落后，教育基础设施不完善。从2002年起，中国海油每年向海南省陵水县、保亭县、五指山市各投入200万元扶贫资金，其中三分之二用于兴建教学楼、学生宿舍、学生食堂等，三分之一用于兴建生态文明示范村、民族商品展销中心等公益项目，帮助特困农民修建家园。

2008年，中国海油下属单位中海油有限公司出资520万元，赞助健康快车驶入海南，为1631名贫困白内障患者带来光明。同时，还在海南省人民医院捐建一座眼科显微手术培训中心。同年，中国海油被国务院扶贫开发领导小组授予“定点扶贫工作先进单位”荣誉称号。

大灾面前，方显共和国长子责任

中国是一个自然灾害频发的国家，中国海油作为国有企业理应在这方面及时投入、积极投入。

5·12汶川地震举国震惊。大灾面前更显国有企业之责任。中国海油及时作出反应，发动全员向灾区捐款、捐物。5月12日，中国海油总经理傅成玉外地出差紧急返京，部署抗震救灾工作。5月13日，党组决定以中国海油名义向民政部捐款1000万元。同日，下发《关于为四川省等地震灾区紧急捐款的通知》。5月15日，中国海油决定从为海上油气生产作业而租用的27架直升机中抽调14架，投入震区抢险救灾工作。5月19日，公司党组召开专题会议，决定未来五年，在不影响公司生产经营正常运行的基础上，通过艰苦奋斗、厉行节约、提高效益等途径筹措资金，连续五年每年捐资1亿元，帮助四川地震灾区恢复重建。同日，中国海油决定向四川地震灾区再次提供1000万元的紧急援助，帮助安置灾区人民群众的日常生活。

6月5日，《中国海洋石油总公司控制减少差旅费等行政费用的有关指导意见》出台。中国海油要求所属单位严格控制行政支出，全系统2008年行政开支预算要降低10%。公司对差旅费、招待费、会议费的控制作出了具体规定。提出公司领导出差一律经济舱，员工出差应入住系统内招待所，在职工食堂用餐。大力提倡电视电话会议，严禁内部宴请等规定。

9月份，中国海油将先行节约下来的1亿元人民币捐赠给四川省青少年发展基金会、四川省儿童少年基金会和四川省教育基金会，用于救助在地震中遇难、致残的学生家庭。

中国海油员工通过捐款、捐物、献血、参与志愿者服务等方式，为灾区奉献爱心。公司党员积极缴纳特殊党费，共计1897万余元。员工个人捐款累计达900多万元，全系统共有96481人次进行捐款，这一数字远远超过公司在职员工和离退休员工人数的总和，很多员工都多次捐款。在抗震救灾中，中国海油及员工共向地震灾区捐赠1亿7418万元的资金和物资。2009年4月27日，中国海油首批援建的广元市第一人民医院外科住院大楼、德阳市人民医院内科综合楼及罗江县人民医院门诊大楼正式开工。

撤掉广告牌，圆梦大学生

2003年，中国海油撤掉户外广告，将1000万元宣传费捐赠给中国宋庆龄基金会，共同设立建立"中海油贫困大学生助学基金"。2007年，公司再度出资1732.5万元继续该项目，在五年中将资助全国36所高校的贫困学子完成学业。项目一、二期累计受益者将达到9400人。

"中海油贫困大学生助学基金"将经济资助与培养大学生健康的心理、完善的人格和全面的素质相结合。该项目秉承公开、公平、公正原则，在各高校中规范、良性运作，受到受助学生及高校的好评，并取得很好的社会效应。该项目荣获民政部组织的中国首届社会公益示范工程项目的"最佳合作伙伴奖"。

2006年7月，"在逆境中磨练，在关爱中成才"主题征文活动中的获奖作品结集成册，在中国地质大学召开《爱,让青春绽放》首发仪式。同时，该书在中国海油系统内向员工发放，为此傅成玉总经理亲自撰写了致员工的一封信，希望员工们通过此书强化企业及个人的公益意识。

中国海油认为人才强国战略的实施需要政府、社会、企业的共同关注与参与。企业作为一个人才需求方，更应将眼光放远，努力承担助学育才的社会责任。

中国海油派出为海上油气生产而租用的直升机参与四川地震救灾工作

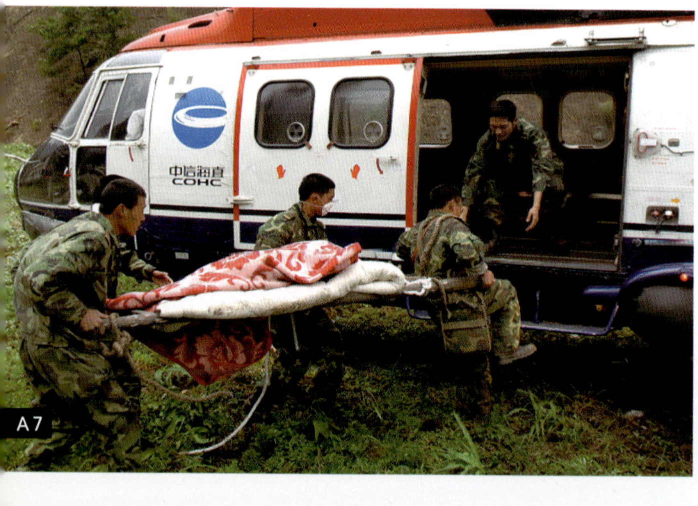

中国海油持续支持大学生助学项目，帮助全国36所高校的9400多贫困学子安心就读

中国海油在海南省陵水县援建的人民医院康复楼

合作双赢，共建和谐社区

中国海油在国内外业务所在地区积极践行“共建和谐社区”的理念。公司不仅以业务发展带动当地经济成长，解决就业问题，还在环境、教育、医疗等方面为社区发展做出贡献。

中国海油是较早登陆海南的中央企业之一，在化肥产业、天然气发电、下游油气深加工及综合服务等方面都有相当规模的投资。其中崖城13-1气田、东方1-1气田、乐东气田、东方化工城、洋浦电厂等大项目，累计投资240亿元。这些项目在创造良好经济效益的同时，为海南经济的发展做出了积极的贡献。中国海油还积极推广测土施肥和化肥直供、服务社会主义新农村建设，不断加大扶贫、助学和环保投入。

公司下属中海化学公司2008年惠农让利超亿元。1至9月，中海化学公司采取直供和限价的措施，在海南省销售化肥近20万吨，惠农让利累计约1.2亿元。同时，中海化学公司还在海南、广西、吉林等地开展测土施肥工作，创造了上亿元的经济效益。

中国海油所属中海油有限公司长期支持上市地区的文化公益活动。2008年9月，中海油有限公司赞助的香港管弦乐团2008/2009乐季开幕演出成功举行。中海油有限公司缅甸公司在兰陵岛开展业务过程中，尊重当地宗教信仰，支持当地民俗文化，积极进行用地补偿，提供培训及就业机会。

2008年是中国的奥运年，中国海油在肯尼亚、赤道几内亚及印度尼西亚三个国家的海外业务地区举办了“CNOOC爱心之旅”活动。公司为当地的小学师生送去了奥运的小使者“福娃”及文体用品，并以赞助教学设备、改善校舍环境等方式，扶助当地教育部门及学校提高教育教学水平。中国海油还赞助了赤道几内亚体育代表团参加北京奥运会的全部服装，赤道几内亚的运动员穿着中式风格的服装，在入场式中精彩亮相。本次系列活动，中国海油共捐赠了价值211.4万人民币的物资。

中国驻肯尼亚大使张明在参加“CNOOC爱心之旅”活动中表示，“中国海油是我们国家的大型石油企业，这次活动，是公司在北京奥运会的大背景下，对肯尼亚人民爱心的一种体现。这是很好的善举，既弘扬了中国海油的企业社会责任，也体现了中国人民对非洲人民的深情厚谊，并体现了北京奥运倡导的和平、合作、友爱的精神。中国海油公司的这项活动是非常有意义，非常有价值的”。

2009年，中国海油将进一步推进“社会责任”工作的制度化、体系化、规范化运作。继续做好援建工程项目的配套服务工作，确保扶贫援藏项目和四川震区援建项目所需资金及时到位。我们将以自己的行动，实现“政治责任、经济责任及社会责任”的同步履行，向着建设员工自豪、股东满意、伙伴信任、社会欢迎、政府重视、环境友好型的国际一流能源公司目标稳步前行。

中国海油在缅甸兰陵岛为当地工人提供培训及就业机会

2008年，中国海油在肯尼亚、赤道几内亚及印度尼西亚举行“CNOOC爱心之旅”活动，向当地小学师生赠送教育教学用品，扶助当地的教育事业

中国国电

中国国电
CHINA GUODIAN

中国国电集团公司（简称中国国电）是电力体制改革后国务院批准成立的五大全国性发电企业集团之一，是经国务院同意进行国家授权投资的机构和国家控股公司试点企业，注册资本金120亿元人民币。

中国国电设有14个分支机构，100多家全资、内部核算、控股基层企业，员工人数近11万人；拥有国电电力发展股份有限公司、长源电力股份有限公司、内蒙古平庄能源股份有限公司、宁夏英力特化工股份有限公司四家国内A股上市公司；资产遍布全国29个省、市、自治区。截至2008年底，中国国电可控装机容量为7023.58万千瓦，其中，火电装机容量6266.95万千瓦，占89.23%，水电装机容量464.94万千瓦，占6.62%，风电装机容量287.79万千瓦，占4.10%，其他机组3.9万千瓦，占0.06%。

2008年，中国国电深入落实科学发展观，在生产经营形势发生急剧变化，各种困难明显增多的情况

集团公司

下，积极调整工作思路，确立了“解放思想、改革创新、科学发展、构建和谐”的指导方针和“转型企业、挖掘潜力、提高质量、创造一流”的中心任务，果断采取一系列有效措施，保持了公司平稳发展的良好势头。2008年，全年新增装机容量1017.6万千瓦，其中清洁可再生能源装机容量达到756.6万千瓦，比例持续提升；风电装机达到288万千瓦，继续在全国保持领先地位；火电机组中30万千瓦及以上机组的比重达到78.5%，60万千瓦及以上机组的比重达到37.7%；水电开发力度加大，积极推进大渡河流域、新疆等地水电项目前期工作；积极参与国家规划的大型风电基地开发，拓展“六大风电基地”发展空间，风电资源储备超过1500万千瓦；漳州、衡阳核电项目前期工作取得进展；生物质发电稳步推进；IGCC项目整体方案和技术路线更加明确。

2008年，中国国电经营管理取得新成效。坚持眼睛向内、不等不靠，深入挖掘内部潜力，公司经营管理水平不断提升。在深入调研的基础上，中国国电及时出台扭亏增盈的紧急措施，建立滚动预算机制，采取内部挖潜消化燃料成本增支、压降可控费用、提升非火电企业利润目标、规范辅业和多经企业管理等有效措施，不断强化经营管理。各单位深入学习苏龙公司经验，开展混配掺烧，加强燃料经营，优化机组运行方式，合理安排发电计划，加强节能减排，千方百计提高经济效益，取得了明显成效。全年可控成本比预算下降11.5%。

2008年，中国国电企业转型取得重要进展。煤炭产业开发快速推进，完成平庄煤业（集团）公司重组，国电电力实现控股英力特集团，煤电化运港一体化项目进展顺利；科技产业优势进一步显现，风机制造产业链初步形成，等离子点火、烟气脱硫脱硝技术保持行业领先地位，空冷设备制造占据行业优势地位，电站控制系统实现批量应用。烟气脱硫等省部级重点实验室、风力发电等企业技术中心建设进展顺利。物资集中管理不断加强，集约化经营模式深入推进。金融服务得到强化，金融业务领域不断拓宽。

中国国电将深入学习实践科学发展观，坚定信心，开拓进取，顽强拼搏，扎实工作，加快建设国内一流的综合性能源集团，努力实现科学发展、和谐发展，为国民经济平稳较快发展作出新的贡献。

中国国电
CHINA GUODIAN

中国国电进一步加快风电开发步伐，加大陆基、海基风电建设，积极参与内蒙、甘肃千万千瓦级风电基地和江苏、山东、天津等海上风电基地建设，风电装机保持国内领先。

国电集团所属龙源苍南风电场

中国国电所属新疆第二风力发电场全景

中国国电集团公司大力发展水电，加大中小水电并购力度，整体推进水电大发展格局。

大渡河深溪沟水电站厂坝混凝土浇筑现场

松树岭电站大坝泄洪场景

中国国电成功重组平煤集团。平庄煤业（集团）公司拥有控股管理的上市子公司——平庄能源股份有限公司，现有两个矿区，本部矿区煤田面积81平方公里，经济可采储量7.8亿吨。

平煤集团老公营子煤矿矿区全景

轮斗挖掘机作业现场

国电英力特能源化工集团股份有限公司成立于2000年6月，按照发展战略规划，2008至2020年，英力特将建成PVC、甲醇、醋酸、醋酸乙烯、聚乙烯醇、BDO、硅材料、钛白粉为主要产品的乙炔化学工业基地，成为现代化大型能源化工集团。2008年12月11日，国电电力发展股份公司与英力特在北京签署战略重组合作协议，国电电力持有英力特增资后51%股权，成为英力特第一大股东。

中国国电集团公司总经理、党组副书记朱永芃，党组书记、副总经理乔保平出席英力特公司挂牌仪式。

7月31日，国家能源局和中国电力企业联合会在人民大会堂为中国国电集团公司所属国电泰州发电公司1号百万千瓦机组成为全国发电装机突破7亿千瓦标志性机组举行授牌仪式。

中国国电集团公司总经理、党组副书记朱永芃，党组书记、副总经理乔保平接受“全国发电装机突破7亿千瓦标志性机组”标志牌

泰州电厂全景

中国国电集团公司优化发展火电，注重建设大型环保节能机组，火电机组中30万千瓦及以上机组的比重达到78.5%，60万千瓦及以上机组的比重达到37.7%，火电平均单机容量上升到25.2万千瓦。

靖远电厂夜景

创新中国电子
奉献信息未来

中国电子
信息产业集团有限公司

中国电子信息产业集团有限公司成立20周年

中软昌平软件园一角

华虹集成电路测试机房

中国电子信息产业集团有限公司是中央直接管理的国有独资特大型集团公司，是中国最大的国有IT企业。1989年，按照国家政府职能改革的要求，经国务院批准成立。

中国电子主营业务包括：电子信息技术及产品的研发、制造、贸易、服务；围绕上述业务而开展的投融资、资产经营管理等业务。业务主要分布在六大领域：集成电路与关键元器件、软件、高新电子、计算机及核心零部件、移动通信终端与服务、电子商贸与工程。集团现有52家二级成员公司，拥有13家国内外控股上市公司。中国电子始终将创新作为发展的核心和重点，科技创新能力不断提升。2008年，集团公司荣获了科技部、国资委、全国总工会首批联合命名的“创新型企业”称号。中国电子在国际化战略的指导下，与多家国际知名跨国企业建立战略伙伴关系，业务遍布全球100多个国家和地区。近年来，中国电子改革发展步伐不断加快，主营业务规模不断扩大，生产经营业绩和资产规模屡创历史新高，2008年，中国电子销售收入685亿元人民币，总资产734亿元人民币。

“创新中国电子，奉献信息未来”是中国电子不懈的追求。中国电子肩负将先进适用的电子信息技术和产品服务社会，提供员工实现职业梦想的平台的历史使命，努力发展成为中国电子信息产业核心技术和产品及服务的重要提供者，全球电子信息产业的重要影响者，成为国内电子信息产业的“国家队”和国际上有重要影响力和竞争力的大型企业集团。

长城电源车间

机械装备研发与制造、工程承包、贸易与服务

合力同行

系统集成服务

中国冶金科工集团有限公司
CHINA METALLURGICAL GROUP CORPORATION

董事长　刘本仁

副董事长、党委副书记、总经理、法定代表人　王为民

副董事长、党委书记　沈鹤庭

中国冶金科工集团有限公司(MCC)是由国务院国资委监管，以EPC工程总承包及相关服务、资源开发及相关服务、纸业及相关服务、技术装备制造及相关服务和房地产开发及相关服务为主业，集科、工、贸于一体，多专业、跨行业的国际化综合性集团。

中国冶金科工集团有限公司前身为中国冶金建设公司。1994年7月，经原国家经济贸易委员会批准，中国冶金建设公司更名为中国冶金建设集团公司，1998年3月以该公司为核心组建企业集团。2006年5月，经国家工商总局核准，更名为中国冶金科工集团公司，2009年6月，更名为中国冶金科工集团有限公司。

中国冶金科工集团有限公司是我国冶金工业建设的主导力量，是国家基本建设和海外工程承包的主力军；是国家确定的重点资源类企业；是中央企业中惟一的以纸浆为主要产品、开发国内外两个市场和利用国内外两种资源的纸业企业；是国内规模最大的技术装备制造企业之一；还是重要的房地产开发企业。2008年资产总额达到2027.67亿元，营业收入达到1651.81亿元。中国冶金科工集团有限公司是世界500强企业，在“中国企业500强”中排名第32位；在美国《工程新闻记录》（ENR）公布的“225家全球最大工程承包商”中排名第12位。

作为国务院国资委监管的跨国经营的大型企业集团，中国冶金科工集团有限公司始终坚持以世界级跨国公司为目标，不断提高国际竞争力，加大加快国际化步伐。

中冶工程（MCC Engineering）

作为国际知名承包商，中冶集团经营业绩遍及世界各地，多年来以总承包为主业，积极活跃在世界建筑业舞台上并成功地建设众多建筑精品。除钢铁工程外，还广泛涉足所有的工业行业、交通、市政及基础设施、环保、能源、住宅等领域，成果斐然。

中冶资源（MCC Resources）

作为中国开发海外有色金属资源的先驱者，中冶集团致力于资源类领域的合作，形成了灵活多样的合作开发模式。以巴基斯坦山达克铜金联合企业为起点，中冶集团作为国家重点资源类企业的海外资源开发已具相当规模，前景广阔。

中冶纸业（MCC Paper Making）

作为我国唯一一家从事造纸生产的中央企业，中冶集团设立了中冶纸业集团有限公司，全面承担中冶纸业板块的全球发展与生产经营，预计到2009年底纸业总资产有望超过350亿元，在职员工2万人，年产能达350万吨，年营业收入达145亿元，迈入中国重点造纸企业前五位。

中冶装备（MCC Equipment Fabrication）

拥有中国最强大的有色和黑色金属工业设计研究队伍的中冶集团，充分发挥有自主知识产权的核心技术能力，实施以市场为导向的技术产业化方针和全供应链紧密结合的模式，倾力打造技术装备制造业。目前，该支柱性产业生机勃勃。

MCC

中冶置业（MCC Real Estate）

“以建筑精品回报社会”为己任，中冶集团以“中冶置业”为统一品牌，积极参与房地产市场开发，为实现“居者有其屋”的理想和构建和谐社会做出自己的努力。

《中国国有资产监督管理年鉴》编委会

编委会主任

李荣融　国务院国有资产监督管理委员会　主任、党委书记

编委会副主任

李　伟　国务院国有资产监督管理委员会　副主任、党委副书记

黄淑和　国务院国有资产监督管理委员会　副主任、党委委员

邵　宁　国务院国有资产监督管理委员会　副主任、党委委员

黄丹华　国务院国有资产监督管理委员会　副主任、党委委员

金　阳　国务院国有资产监督管理委员会　副主任、党委委员

孟建民　国务院国有资产监督管理委员会　副主任、党委委员

贾福兴　国务院国有资产监督管理委员会　纪委书记、党委委员

李寿生　国务院国有资产监督管理委员会　党委委员、机关服务管理局临时党委书记

主　编

张德霖　国务院国有资产监督管理委员会办公厅（党委办公室）　主任

副主编

侯燕平　国务院国有资产监督管理委员会办公厅（党委办公室）　副巡视员

黄允成　中国经济出版社　社长

夏德林　中国经济出版社　党委书记、副社长

编委会委员(一)

(委机关厅局)

编委会委员(二)

(地方国资委)

编委会委员(三)

（中央企业）

谭仲明　中国中材集团公司　总经理
宋志平　中国建筑材料集团公司　董事长
蒋开喜　北京矿冶研究总院　院长
王　俊　中国建筑科学研究院　院长
赵小刚　中国南车股份有限公司　董事长
谭星辉　中国邮电器材集团公司　总经理、党组书记
赵博雅　中国中纺集团公司　总裁、党委书记
李志岷　中国成套设备进出口(集团)总公司　董事长
周宇祥　中国出国人员服务总公司　总经理
王丽峰　中国生物技术集团公司　总经理、党委书记
张樟德　中国林业集团公司　总经理
修　龙　中国建筑设计研究院　院长
徐水师　中国煤炭地质总局　局长、党委书记
徐　强　中国民航信息集团公司　总经理
晏志勇　中国水电工程顾问集团公司　总经理、党组书记
范集湘　中国水利水电建设集团公司　总经理、党委副书记
刘起涛　中国水利水电建设集团公司　副总经理、党委书记
孙兆学　中国黄金集团公司　总经理、党委书记
樊政炜　攀枝花钢铁(集团)公司　董事长、党委书记
李连华　鲁中冶金矿业集团公司　总经理
张建恒　中国乐凯胶片集团公司　总经理、党委书记
王允光　中国广东核电集团有限公司　党组成员、纪检组长
马　浔　上海船舶运输科学研究所　所长、党委副书记
宋玉芳　中国铁路物资总公司　总经理、党委副书记

《中国国有资产监督管理年鉴》

工作站站长(一)

(地方国资委)

满志德　北京市国有资产监督管理委员会　研究室主任
焦　葵　天津市国有资产监督管理委员会　办公室主任
李　光　河北省国有资产监督管理委员会　综合处处长
宋世华　山西省国有资产监督管理委员会　办公室主任
张恩惠　内蒙古自治区国有资产监督管理委员会　办公室主任
马拥军　辽宁省国有资产监督管理委员会　办公室主任
于　浩　大连市国有资产监督管理委员会　办公室主任
姜海涛　吉林省国有资产监督管理委员会　办公室主任
陈　天　黑龙江省国有资产监督管理委员会　政策法规处处长
马咏华　上海市国有资产监督管理委员会　研究室主任
何　啸　江苏省国有资产监督管理委员会　办公室副主任
何平平　浙江省国有资产监督管理委员会　办公室主任
吕益军　宁波市国有资产监督管理委员会　办公室主任
张瑞廷　安徽省国有资产监督管理委员会　办公室主任
周继祥　福建省国有资产监督管理委员会　办公室副主任
欧昌山　厦门市国有资产监督管理委员会　办公室主任
朱建华　江西省国有资产监督管理委员会　办公室副主任
王绪超　山东省国有资产监督管理委员会　办公室主任
戴丽霞　青岛市国有资产监督管理委员会　办公室副主任
郭东星　河南省国有资产监督管理委员会　副巡视员、办公室主任
夏玉泉　湖北省国有资产监督管理委员会　办公室主任
谢　军　湖南省国有资产监督管理委员会　办公室主任
余子然　广东省国有资产监督管理委员会　办公室副主任

何建锋　深圳市国有资产监督管理委员会 综合规划处处长
李庆生　广西壮族自治区国有资产监督管理委员会 调研员
符策科　海南省国有资产监督管理委员会 办公室主任
莫　凯　重庆市国有资产监督管理委员会 办公室副主任
魏红霞　四川省国有资产监督管理委员会 办公室主任
王　焱　贵州省国有资产监督管理委员会 办公室主任
汪　亮　云南省国有资产监督管理委员会 办公室副主任
谢　非　西藏自治区国有资产监督管理委员会 办公室主任
骆东山　陕西省国有资产监督管理委员会 办公室主任
温建军　甘肃省国有资产监督管理委员会 政策法规处处长
侯自进　青海省国有资产监督管理委员会 综合处处长
曹学云　宁夏回族自治区国有资产监督管理委员会 办公室副主任
邵　刚　新疆维吾尔自治区国有资产监督管理委员会 综合处副处长
杨文奎　新疆生产建设兵团国有资产监督管理委员会 副巡视员、办公室主任

工作站站长(二)

（中央企业）

贺宝华　中国核工业建设集团公司　办公厅主任
李旭文　中国航天科技集团公司　办公厅副主任
李承云　中国航天科工集团公司　办公厅副主任
曹　凯　中国航天工业集团公司　政策与法律事务部高级业务经理
孙　毅　中国兵器装备集团公司　办公厅副主任
王志刚　中国石油天然气集团公司　办公厅副主任
魏君超　中国海洋石油总公司　办公厅主任
肖　兰　国家电网公司　传媒集团编辑业务中心主任
胡　帆　中国南方电网有限责任公司　董事会秘书
李兆魁　中国华能集团公司　办公厅新闻处处长
林正山　中国华电集团公司　总经理助理、总经理工作部主任
王　冬　中国国电集团公司　办公厅副主任
黄　华　中国长江三峡集团公司　新闻宣传中心主任助理
刘　军　中国电信集团公司　综合部综合调研室主任
李群焕　中国电子信息产业集团有限公司　业务主管
高振华　中国第一重型机械集团公司　部长助理
张　健　中国第二重型机械集团公司　部长
王兴华　哈尔滨电气集团公司　总经办主任助理
张林超　中国东方电气集团公司　总经理助理、办公厅主任
张　琪　鞍山钢铁集团公司　宣传部处长
徐宪民　宝钢集团有限公司　史志办主任
陈永志　武汉钢铁(集团)公司　宣传部部长
张晓军　中国铝业公司　办公厅主任
辛加和　中国远洋运输(集团)总公司　党组工作部副部长
顾泉林　中国海运(集团)总公司　总裁办副总经理
唐中华　中国航空集团公司　档案机要经理
杜冬升　中国东方航空集团公司　办公厅主任
韩　冰　中国中化集团公司　总裁办副主任
何京林　中国五矿集团公司　新闻部经理
邹　波　中国通用技术(集团)控股有限责任公司　办公室副主任
谢　韬　中国建筑工程总公司　办公厅副主任
刘洋河　国家开发投资公司　总裁办副主任

李亚东　招商局集团有限公司　办公室副主任
王洪波　中国港中旅集团公司　总经办总经理
朱　珉　中国节能投资公司　总经办主任
周鑫平　中国华孚贸易发展集团公司　总经理助理
竺小政　中国诚通控股集团有限公司　总裁办主任
王树坚　中国华星集团公司　总经理助理、总经办主任
陈　龙　中国中煤能源集团公司　办公室副主任
郝　栋　中国煤炭科工集团有限公司　办公室副主任
纪学成　中国机械工业集团有限公司　新闻与信息中心主任
李　惠　中国农业机械化科学研究院　院务部部长
蔡万华　机械科学研究总院　院务工作部部长
齐冬平　中国冶金科工集团有限公司　党委宣传部部长
韩　伟　中国钢研科技集团公司　总经理助理、集团办主任
刁春杰　中国化学工程集团公司　总经办主任
何苏义　中国恒天集团有限公司　办公室主任
曹永胜　中国中材集团公司　企业文化宣传部部长
王于猛　中国建筑材料集团公司　办公室主任
张荆京　中国有色矿业集团有限公司　企业发展部主任
张世荣　北京有色金属研究总院　院长助理
梁运斌　中国房地产开发集团公司　办公厅主任
范圣权　中国建筑科学研究院　办公室副主任
何树高　中国南车股份有限公司　总裁办主任
王紫光　中国铁路工程总公司　办公厅主任
刘贤福　中国铁道建筑总公司　《中国铁建年鉴》主编
吴立成　中国交通建设集团有限公司　办公厅主任、党办副主任
孙光成　中国邮电器材集团公司　总法律顾问、综合管理部总经理
卢瑞忠　电信科学技术研究院　办公室主任
谈晓颖　中国中纺集团公司　战略部副总经理
高　潮　中国成套设备进出口(集团)总公司　办公室主任
陈振海　中国国旅集团有限公司　综合事务部总监
张建崑　中国新时代控股(集团)公司　办公厅主任
唐庆明　中国冶金地质总局　办公室主任
于运强　中国煤炭地质总局　研究室主任
丁力宁　中国民航信息集团公司　办公室副主任
马晓华　中国航空油料集团公司　办公室主任
刘　琦　中国航空器材集团公司　办公室副主任(主持工作)
郭　志　中国水利水电建设集团公司　史志办主任
任　剑　中国黄金集团公司　办公室主任
刘　华　中国储备棉管理总公司　综合部经理
张云飞　中国乐凯胶片集团公司　办公室副主任
袁昌红　中国广东核电集团有限公司　档案处副处长
张建平　上海船舶运输科学研究所　办公室主任
王　力　中国华录集团有限公司　投资规划部部长
汪　洋　上海贝尔股份有限公司　总裁办主任
杨　薇　长沙矿冶研究院　院务发展部副部长
王闽晋　武汉邮电科学研究院　办公室主管
余向东　上海医药工业研究院　办公室主任
关　山　华侨城集团公司　总裁办(党委办)副总监
许　日　中国西电集团公司　办公室副主任
陶士俊　中国葛洲坝集团公司　总经办(党办)主任、机关党委书记
何伦伦　中国铁路物资总公司　办公室副主任

《中国国有资产监督管理年鉴》中央企业联络员

（按姓氏笔画排序）

干志平	于雪娟	马伯韫	马洪进	王　可	王　雯	朱　锋	乔仁贵	刘建武
刘　鹏	刘耀青	安华云	许建兵	阮仕俊	孙乾飞	苏道斌	杜晓辉	杨　淼
李玉梅	李叔芳	李晓黎	李晶晶	李群焕	肖建军	肖春明	邱树荣	余莎莉
张　旭	张宝峰	张　剑	张青虎	张振辉	陈宇为	陈　博	邵志航	武　志
赵　艳	姜忠东	姚彦敏	姚继敏	徐宪民	郭凤琳	唐中华	曹如民	曹淑杰
崔建文	程春艳	雷海粟	廖　望	翟林炜				

《中国国有资产监督管理年鉴》撰稿人

（按姓氏笔画排序）

丁文龙	于天荣	于运强	于明峰	于　莉	于雪娟	卫　成	马立军	马洪进
马伯韫	孔详青	王　可	王在新	王师兰	王志平	王志明	王丽萍	王　英
王　杰	王　尚	王　昊	王　凯	王建龙	王树坚	王显东	王贵青	王闽晋
王雪梅	王　辉	王　锐	毛元斌	邓　朝	邬彦如	伍镇杰	石春雷	龙应斌
付玉辉	司　利	母旭光	邢　华	朱虹波	朱雪松	乔仁贵	任雅林	向北鸽
刘大为	刘长春	刘文龙	刘　军	刘贤福	刘忠兵	刘　晋	刘振辉	刘浩阳
刘银海	刘掌权	刘　鹏	刘聪斌	刘耀青	关　山	米英心	安华云	安　竞
阮仕俊	孙占奎	孙乾飞	孙燕平	杜　克	杜晓辉	杨永玲	杨启燕	杨英英
杨　淼	杨　磊	杨德邦	李　伟	李文法	李玉梅	李汉飞	李成扬	李　红
李叔芳	李国栋	李　洁	李　娜	李　理	李晶晶	李　舒	李瑞红	李锦绣
李鹏懿	李群焕	李霞林	肖春明	肖建军	肖　泉	吴大鹏	吴玉祥	吴宝定
吴　微	吴慧敏	邱树荣	邱　竞	何平平	余向东	余莎莉	邸　强	邹冬青
汪　波	沈艳艳	宋春利	张一凡	张力炜	张义豪	张世杰	张　旭	张青虎
张玥晗	张佳音	张金贵	张　剑	张　晖	张媛媛	张　静	张　璇	陆　珺
陈宇为	陈建强	陈春梅	陈　洁	陈洪治	陈振海	陈晓杰	陈　鸿	陈　强
邵志航	武　志	范明俊	欧培红	明栋才	罗宏文	周元新	周秀梅	周建军
周继弟	庞文轶	房　虹	房　舒	孟余生	孟　玫	赵　充	赵建淑	赵　艳
郝春阁	胡亚荔	胡杨军	胡森林	柯丰华	侯　洁	娄　云	袁　翔	贾仲德
夏　凡	夏玉泉	徐宪民	徐　翔	殷　瑛	高东伟	高守国	高　杰	高德涛

郭凤琳	郭君彦	唐中华	唐　艳	崔建文	黄长银	黄　旭	梅　亮	曹　妍
曹金亮	曹录波	戚广慧	龚治刚	龚　政	常玉春	麻葆钧	梁　凯	梁敬东
董伟弘	董　明	董　敏	敬　准	蒋振宇	蒋　琦	韩宝东	韩绍安	覃　哲
景小川	景　象	程春艳	温立省	温建军	蒲　阆	雷海粟	鲍莉婷	窦宝森
廖海生	廖　望	熊　伟	翟林炜	樊　星	薛　晔	薛梅梅	戴丽霞	魏　强

目　录

第四篇　中央企业改革与发展

第五篇　国有资产统计资料

第六篇　国有资产监督管理政策法规选编

第七篇　国有企业履行社会责任概览

第八篇　附　录

Contents

Chapter Ⅲ. General Situation of the Supervision and Administration of State-owned Assets in Provinces, Autonomous Regions, Municipalities and cities

Chapter Ⅳ. Reform and Development of China's Central SOEs

Chapter Ⅴ. Statistic Data of State-owned Assets

Chapter Ⅵ. Selected Policies and Regulations on Supervision and Administration of State-owned Assets

Chapter Ⅶ. Social Responsibilities Fullfilled by China's SOEs

Chapter Ⅷ. Appendix

2009

CHINA'S STATE-OWNED ASSETS SUPERVISION AND ADMINISTRATION YEARBOOK

中国国有资产监督管理年鉴

重要经济文献

第一篇

挺直脊梁向前走　调整优化上水平

国务院国资委主任、党委书记李荣融
在中央企业负责人会议上的讲话
（2008年12月15日）

这次会议是在中央企业积极应对国际金融危机挑战的关键时刻召开的。会议的主要任务是，全面贯彻落实党的十七大、十七届三中全会和中央经济工作会议精神，深入贯彻落实科学发展观，总结2008年工作，分析当前形势，研究部署2009年工作。国务院领导同志对这次会议非常重视，德江副总理百忙中亲临会议，还要作重要讲话，我们要认真学习，深刻领会，扎实贯彻落实。下面，我代表国资委和国资委党委，讲四个问题。

一、2008年中央企业改革发展情况

2008年是很不寻常、很不平凡的一年。我国接连经历了严重低温雨雪冰冻和汶川特大地震等自然灾害，遭遇了国际金融危机的严重冲击。面对这些难以预料、历史罕见的重大挑战和考验，中央企业在党中央、国务院的坚强领导下，深入贯彻落实科学发展观，同心同德，不畏艰难，顽强拼搏，取得了新的成绩。

——沉着应对金融危机，生产经营保持稳步较快发展。面对不断蔓延、愈演愈烈的国际金融危机，我们4月24日、7月22日、11月11日三次召开视频会议，分析形势，研究对策。中央企业积极采取“过紧日子”、“准备过冬”的措施，强化管理、降本增效、谨慎投资、严控风险，做了大量扎实有效的工作，保持了生产经营总体平稳运行。1～11月，中央企业累计实现营业收入10.76万亿元，同比增长20.2%。累计实现营业收入同比增长的企业有119家，占83.2%。虽然由于政策性亏损和国际金融危机的影响，使中央企业整体效益出现较大幅度的下降，仍有半数企业累计实现利润同比提高。1～11月，中央企业累计实现利润6830.4亿元，同比减少2393.7亿元，下降26%。剔除受政策性影响较大的石油和电力企业后，其他中央企业实现利润同比下降3%。累计实现利润同比增长的企业有75家，占52.4%。

——充分发挥骨干作用，为战胜重大自然灾害和成功举办北京奥运会作出重要贡献。面对历史罕见的低温雨雪冰冻和汶川特大地震灾害，中央企业始终把国家利益和人民利益放在首位，积极组织抗灾救灾，不畏艰险抢修电网、通讯、铁路和公路设施，不惜代价抢救受困职工、家属和灾区群众的生命，不遗余力保障灾区所需物资的生产和供应，为抢险抗灾和灾后重建作出突出贡献。中央企业所属12个单位获得“全国抗震救灾英雄集体”称号，10位同志获得“全国抗震救灾模范”称号。在北京奥运会筹备和举办过程中，中央企业圆满完成了奥运场馆建设任务，提供了高科技的奥运安保系统、气象监测服务，提供了安全高效可靠的通讯电力保障，提供了大量优质的装备，提供了高质量、高水平、零缺陷的金牌服务。在奥运场外的竞赛中，可以说中央企业获得了金牌。

——积极履行社会责任，为我国社会稳定和国民经济平稳较快发展作出了新的贡献。在落实国家宏观调控政策、增加财政收入、保证市场供应、维护国家经济安全、促进国防现代化建设等方面，中央企业发挥了重要作用。1～11月，中央企业上缴税金9221.4亿元，同比增长20.6%。石油石化企业、电力企业在价格严重倒挂的情况下，坚持生产，保障供应。1～10月，两大石油企业炼油板块累计亏损1804亿元，两大电网企业因上网电价调整而售电价格未调整影响利润49亿元，五大发电企业因电煤价格和售电价格倒挂影响利润551亿元。商贸企业在上半年市场供应紧缺的情况下，积极组织供应，为稳定市场作出了贡献。军工企业积极推动军民品快速协调发展，按时保质保量完成了军品研发生产任务。航天科技等企业为神舟七号载人航天飞行，实现我国首次太空行走作出了重要贡献。中央企业认真贯彻落实国资委《关于中央企业履行社会责任的指导意见》，积极推进企业社会责任工作，发布社会责任报告或可持续发展报告，获得了各方面的高度评价，树立了中央企业良好

的社会形象。

在历史罕见的挑战和风险面前，中央企业作为“共和国长子”，勇敢地挑起了重担，付出了极大的努力，作出了重要的贡献。中央企业用自己的行动再次证明，中央企业是党和国家靠得住、信得过、拉得动、打得赢的队伍，是共和国的支柱和脊梁。中央企业广大干部职工不畏艰难，不怕牺牲，团结奋斗，无私奉献，用热血和汗水铸就了新的时代精神和央企风采。在此，我代表国资委和国资委党委，向你们并通过你们向中央企业全体干部职工表示衷心的感谢！

一年来，中央企业认真贯彻落实党的十七大精神和党中央、国务院的一系列重大战略部署，继续深化改革，加快结构调整，切实加强管理，推进技术创新，加强和改进企业党的建设，各项工作都取得了积极进展。

（一）公司制股份制改革和董事会试点工作稳步推进

中央企业加大了公司制股份制改革力度，许多企业为改制上市做了大量准备工作。中国铁建、中国南车先后成功实现股份公司A＋H股上市，中国中煤能源股份有限公司、中国通信服务股份有限公司分别成功完成A股增发和H股配售。中央企业董事会试点工作进一步深化，17家试点企业董事会中的外部董事都已超过半数，其中3家由外部董事担任董事长。试点企业董事会运作更加规范有效，战略管理、风险管理、财务与预算管理等方面收效显著。试点工作推进了企业公司制股份制改革，3家试点企业已实现整体上市。试点制度建设取得重大突破，中组部和我委共同制定印发了董事会选聘高级管理人员工作的指导意见和董事会、董事评价办法，第一次把中央企业高管的选聘权交给了董事会，建立了出资人选派和管理董事会、董事会选聘和管理经理层的国有企业领导人员分层分类管理新体制。神华集团、新兴铸管等试点企业还把外部董事制度引入子企业，公司治理结构进一步完善。市场化选聘高级经营管理者取得新进展，今年分两批面向海内外公开招聘22名中央企业高级管理者，其中企业正职3名。中组部和国资委第一次共同招聘两名中央管理的企业正职，突破了国有重要骨干企业主要领导人员选拔任用的传统模式，引起社会积极反响。

（二）企业重组和结构调整取得重大进展

2008年以来，共有8组17家中央企业进行了联合重组，企业户数从2007年底的151家调整到143家。按照国务院深化电信体制改革的部署，对电信企业和网络资源实施重组调整，将原有六大基础电信运营企业重组调整为三家，目前重组工作已取得重大进展，原中国网通和中国联通两个红筹公司按市场化原则和境内外监管要求成功合并。经国务院批准，新组建中国商用飞机公司，中航一集团、中航二集团重组组建中国航空工业集团公司，航空工业结构进一步优化。诚通集团、国投资产经营公司试点进一步深化，组建新的资产经营公司相关工作已经起步。中央企业政策性关闭破产工作平稳推进，60％以上的破产项目将进入司法程序，华诚、中艺、中包等一批重大重组脱困个案已进入收尾阶段。电网主辅分离改革正在研究推动之中。

（三）企业管理和风险管控能力进一步提高

面对国内外复杂多变的经济环境，中央企业强化资金管理，加强成本控制，清理投资项目，严格控制风险，收到比较明显的成效。中远集团、中国外运、中国五矿、中国海油、中核集团、航天科技、中国二重、中材集团等企业强化资金集中管控，多方式多渠道筹措发展资金，抵御风险的能力进一步增强。国家电网、南方电网、中国石化、中化集团、中国通用、中船重工、上海贝尔等企业加强成本控制，压缩三项费用，增收节支取得良好效果。国家电网通过加强集中采购招标前三季度节约资金96.6亿元，中国石化通过大力压缩可控费用实现挖潜增效139亿元，武钢集团领导班子带头减薪50％。中国石油、中国铝业、中电投、钢研科技、中国化工、中国建筑等企业根据国内外宏观经济形势变化，对建设项目进行清理排队和调减，集中发展核心业务，有效降低了投资风险。大多数中央企业风险管控得到进一步加强。中国五矿、国投集团、中国南车、中广核集团等35家企业试行编制《企业风险管理报告》，一批中央企业启动了全面风险管理工作。中粮集团、中化集团等企业利用国内外期货市场，严格套期保值制度，有效化解经营风险。中央企业法制建设三年目标顺利实现，企业法律风险防范机制逐步健全，依法决策、依法经营管理的能力和水平明显提高。

(四)技术进步和节能减排取得新的成绩

中央企业普遍加强了自主创新工作，34 家企业被授予“创新型企业”称号，23 家科研院所被批准建设国家重点实验室，占全年获得批准建设国家重点实验室的 64%。宝钢集团、一汽集团、神华集团、华能集团、中国建材等一批企业开始着手进行中央研究院的建设，构建分工合理的科研开发体系。“和谐号”动车组、京津高速铁路、ARJ21-700 支线大飞机、神华集团煤制油主体工程、中船集团 14.7 万立方米 LNG 船、国家电网特高压交流直流试验基地等一批自主创新成果取得重要进展。TD-SCDMA 在八个城市网络试商用获得成功。神舟七号飞船更是中央企业自主创新的典范。中央企业知识产权工作普遍得到加强，截至 2007 年底，累计拥有有效专利 45547 项，增长 26.6%，其中有效发明专利 15681 项，占 34.4%。

中央企业普遍加强了节能减排工作，一批企业能耗和污染物排放达到国内同行业领先水平或接近国际先进水平。2008 年上半年与 2005 年同期相比，节能减排重点类和关注类中央企业万元增加值综合能耗(现价)下降 12.15%，节能 3943 万吨标准煤，化学需氧排放量减少 21.4%，二氧化硫排放量减少 35.2%。其中化工、机械、军工、建筑、电子、煤炭、钢铁七个行业万元增加值可比能耗呈明显下降趋势。鞍钢集团建成国内首套具备脱硫制酸能力的煤气净化系统，华能集团所属 13 家燃煤发电企业达到节能环保型企业标准。

(五)企业党建工作进一步加强和改进

中央企业积极探索新形势下党建工作的新思路和新途径，切实加强企业领导班子和干部队伍建设，切实加强企业基层党组织和党员队伍建设，党员队伍进一步扩大，党组织战斗堡垒作用和党员先锋模范作用进一步显现。在低温雨雪冰冻和汶川特大地震等严重自然灾害的考验面前，中央企业各级党组织坚强有力，党员突击队冲锋在前，共产党员发挥了先锋模范作用。汶川特大地震发生后，中央企业组织开展了“共产党员和中央企业在抗震救灾中的责任和义务专题组织生活”，党组织的政治核心作用和党员的先锋模范意识进一步增强，这种形式受到中央领导同志的充分肯定和高度赞扬。宝钢集团、中国海油开展深入学习实践科学发展观活动试点工作，取得显著成效。中央企业反腐倡廉建设和企业惩防体系建设取得积极进展。积极探索职工民主管理和现代企业制度的有效衔接，职代会制度建设得到加强。中央企业班组长已有 80%以上进行了培训，班组建设进一步加强。

在肯定成绩的同时，我们必须清醒地看到，中央企业经济运行中的困难和问题还很多，特别是 2008 年下半年以来，受国际金融危机的影响，中央企业出现了多年未有的严峻形势。一是生产经营增速明显回落，部分企业产品销售不畅，库存急剧增加，一些企业甚至处于停产半停产状态；二是经济效益急剧下滑，减利和亏损企业增多，亏损企业亏损额增加；三是部分企业资产负债率上升，资产流动性下降，少数企业盲目扩张导致营运资金不足，短期债务增长过快，债务风险加大。这些困难和问题暴露出我们工作上的差距和不足，必须引起高度重视，在 2009 年的工作中加以克服和改进。

二、2009 年面临的形势和任务

关于 2009 年的经济形势，中央经济工作会议已经作了全面深入的分析。总的判断，明年可能是新世纪以来我国经济发展最为困难的一年，也是蕴含重大机遇的一年。从国际看，金融危机不仅本身尚未见底，而且对实体经济的影响正进一步加深，其严重后果还会进一步显现，明年我国发展的外部经济环境将更加严峻。从国内看，2008 年前三季度 GDP 增速呈加速放缓趋势，全国财政收入增速逐月下降，出口增速明显回落，电力、煤炭、石化、钢铁、有色金属、轻工、纺织、建材、房地产等一些行业生产经营面临较大困难，有的行业已经出现整体亏损。总之，明年面临的形势相当严峻，我们要把困难估计得更充分一些，把应对措施考虑得更周密一些，做好全球经济低迷持续较长时间的充分准备。

中央企业大多处于关系国家安全和国民经济命脉

的重要行业和关键领域，在国民经济和社会发展中具有举足轻重的作用，在维护国家安全、支撑国民经济健康发展方面负有重大责任。中央企业保持好的发展态势，对于稳定国民经济全局，促进经济平稳较快发展，意义十分重大。党中央、国务院对中央企业寄予厚望，我们必须牢记责任，勇挑重担，积极应对金融危机冲击，防止出现大的起落，为我国经济平稳较快发展作出应有的贡献。在2009年工作中要注意把握好以下几点。

一是既要充分认识金融危机的严峻性，更要坚定战胜困难的信心。这场历史罕见的国际金融危机，冲击力极强，波及范围很广，对世界经济和我国经济的影响十分深远。我们要有充分的认识和足够的重视，防止由于估计不足和准备不够而陷于被动。同时要变挑战为动力，坚定克服困难的信心。虽然危机和挑战前所未有，但我们也具备应对危机、战胜困难的基础和条件。首先，经过多年的改革发展，中央企业抵御风险能力显著增强。其次，我国经济基本面比较好，应对风险的回旋余地比较大。第三，中央已经出台了一系列宏观调控措施，为我们战胜危机稳定发展提供了良好条件。只要我们坚定信心，准确判断，积极应对，一定能够抵御这场危机的冲击。

二是既要积极应对金融危机的冲击，更要善于发现和把握其中蕴含的机遇。面对金融危机的冲击，中央企业要密切跟踪相关行业变化，把握市场动向，做好预测、预警、预案，努力化解危机带来的冲击。更重要的是，要从变化的形势中捕捉和把握难得发展机遇，在逆境中发现和培育有利因素。金融危机带来了经济格局和产业格局的调整，中央企业可以凭借自身实力在一些重要行业、重要产品中争取更多的话语权，可以乘势“走出去”，实施低成本并购，获取战略性资源，引进关键设备和高新技术，吸引高层次的管理和科技人才。在国家扩大内需政策带动下，交通、电网、核电、电信等基础设施建设投资力度将进一步加大，重大装备、建筑施工、冶金、建材等行业的企业也将获得更广阔的市场空间。我们要善于化危机为机遇，趋利避害，抓住机遇，在逆境中获得更好发展。

三是既要做好当前应对工作，更要立足长远切实练好“内功”。应对危机的挑战，最根本的措施是要“强身健体”，练好“内功”。要在完善体制机制、提高管理水平、加强风险管控、增强创新能力、提高队伍素质等基础工作上下更大的功夫。不断转变发展方式、优化资源配置，做优做强主业，实现企业科学发展。越是在困难的时候，越是要抓住这些企业发展的根本，切实采取措施，加大工作力度，全面提升核心竞争能力。

根据中央经济工作会议对2009年工作的总体部署，2009年国资监管和中央企业改革发展的总体思路是：高举中国特色社会主义伟大旗帜，以邓小平理论和“三个代表”重要思想为指导，认真贯彻落实党的十七大和中央经济工作会议精神，深入贯彻落实科学发展观，遵循企业发展规律，完善国有资产监管体制和制度，沉着应对金融危机的挑战，挺直脊梁向前走，调整优化上水平，推动中央企业科学发展，增强国有经济的活力、控制力、影响力，为国民经济平稳较快发展作出新贡献。

2009年工作的着力点是调整优化上水平。经过5年的快速发展，中央企业综合实力和整体素质都有了较大提高，但是随着规模的扩大，也暴露出许多方面的差距和不足，在金融危机的冲击下，这种差距和不足可能会进一步放大，制约我们进一步发展。这次国际金融危机有强烈的时代特征，我们要在深刻认识的同时，从企业发展战略到管理构架、管理流程、资源配置等都要进行调整优化，推动中央企业各项工作再上一个新水平，以适应现代竞争。决策上水平。要加快规范董事会建设和重大决策制度建设，完善决策程序，提高决策科学性、前瞻性和敏锐性，使决策更符合形势发展，更符合企业实际。管理上水平。要进一步提高集团控制力，突出主业，压缩管理链条，减少管理层级，强化基础管理，提高管理灵敏度和执行力。技术上水平。要加大研发投入，引进先进技术和装备，引进高层次科技人才，不断提高自主创新能力。队伍上水平。要积极吸引各类人才，充实队伍，加强培训，提高队伍整体素质。要通过各项工作上水平，进一步提高中央企业核心竞争力。

三、2009年国资委主要工作

按照2009年工作总体要求和思路，国资委要重点抓好以下工作。

一是深化中央企业公司制股份制改革。加快推进中央企业母公司公司制股份制改革，除了涉及国家安全或国家产业政策禁止外资、民营资本投资的企业外，其他中央企业母公司要逐步改制为多元股东持股的公司。鼓励中央企业之间、中央企业与地方企业相互持股，鼓励上下游企业相互参股，促进投资主体多元化。推动符合条件的中央企业整体改制上市或按主业板块整体上市，支持具备条件的中央企业把主业资产逐步注入上市公司。鼓励中央企业做好控股上市公司的整合工作，做强做大上市公司。积极探索国资委直接持有整体上市中央企业股权。

二是积极推进中央企业建立完善规范的董事会。总结和推广中央企业董事会试点成功经验，继续扩大试点企业范围，加强对试点工作的指导，健全制度体系，完善工作机制。扩大外部董事选择范围，充实外部董事人才储备，提高外部董事配备比例，探索从中央企业现职负责人中选聘外部董事包括外部董事长。继续开展外部董事担任董事长、总经理担任法定代表人的探索。建立对董事会成员定期培训的机制和体系，提高董事的行权履职能力。指导试点企业董事会做好高级管理者选聘工作，全面启动试点企业董事会、董事评价工作，加强董事队伍建设。

三是加快推进中央企业结构优化和产业升级。按照国务院的总体要求，继续沿产业链和价值链方向，将企业自愿重组与出资人主导重组有机结合，加快推进中央企业联合重组和资源整合，到2010年中央企业减少到80～100家，努力培育30～50家具有国际竞争力的大公司大企业集团。引导中央企业加快淘汰落后工艺装备，引进核心技术、重要装备和关键人才，广泛应用新技术、新工艺、新材料，集聚产业，提升水平，培育自主核心技术知识产权和知名品牌。督促中央企业优化资本结构，改善债务结构，提高投资效益，有效管控风险。继续推进资产经营公司试点，组建新的资产经营公司，加大对在行业中国家政策允许放开、不具领先地位、经营规模小、经济效益不高、主业不清晰的企业和非主业资产的调整或退出力度。确定并公布一批国有资本必须保持控制力的重要子企业名单，增强中央企业控制力。

四是稳步推进中央企业收入分配制度改革。积极稳妥推进工资总额预算管理改革，严格执行收入分配重大事项审核报告制度。进一步规范和完善中央企业负责人薪酬管理，合理调控企业负责人薪酬水平，规范上市公司股权激励，探索非上市企业中长期激励方式。指导董事会试点企业建立符合现代企业制度要求的企业负责人薪酬管理制度。指导中央企业加快建立起市场机制调节、企业自主分配、出资人依法调控、社会有效监督的收入分配新体系。总之，无论是企业负责人薪酬还是职工薪酬，都必须和企业以及企业的产品竞争能力相适应。

五是进一步加强国有资产监管。贯彻落实《中华人民共和国企业国有资产法》，严格依法行权履职，抓紧修订完善强化各类监管的相关规章和规范性文件。进一步完善经营业绩考核制度，强化管理“短板”和风险管控考核，积极推进行业对标和经济增加值考核，规范董事会试点企业考核办法。加快国有资本经营预算制度建设，研究制订相关规章和工作制度，做好2008年国有资本收益清算收交和2009年国有资本经营预算建议草案编制工作。加强非主业投资的考核管理，引导企业进一步聚焦主业。落实中央企业重大资产损失责任追究制度，建立和完善投资项目后评价制度。加强产权交易市场建设，统一中央企业产权转让试点机构操作规范和交易系统。建立健全上市公司国有股权流转动态监管制度体系，进一步规范国有控股股东行为。完善并落实监事会当期监督制度，加强对企业重大决策和重要经营管理活动的实时动态监督。继续完善出资人财务监督工作体系，探索建立企业财务信息公开披露、境外企业国有资产监管、财务信息化建设等管理制度。进一步完善财务动态监测体系，加强财务预决算管理和重大财务事项管控。建立快速反应机制，及时跟踪研究、协调解决中央企业在应对金融危机中的困难和问题。指导中央企业完善应急预警机制，设置财务风险控制线，完善应对处理预案。探索建立首席信息师（CIO）制度，引导中央企业积极推广和运用信息技术，开发利用信息资源，提高企业信息化管理水平。指导中央企业建立健全法律风险防范机制，培育企业合规文化。

六是推进中央企业自主创新和节能减排。引导中央企业以应对危机为契机，强化技术进步和自主创新。

继续推进创新型企业试点工作，通过整合内外部科技资源，积极探索符合企业发展规律的技术创新体系和机制。支持和鼓励中央企业建立国家重点实验室，参与国家重大科研攻关项目，实施企业知识产权战略，努力形成拥有自主知识产权的核心技术和知名品牌，力争取得更多国家标准和国际标准制订的话语权。完善中央企业技术创新信息平台，建立全新运行机制的科技研发基地。继续做好中央企业产业技术创新战略联盟试点工作。按照“高标准、严要求、广覆盖、硬约束”的原则，扎实推进中央企业节能减排工作。进一步建立节能减排组织管理体系，完善领导体制和工作机制，落实节能减排责任制。建立健全节能减排考核体系，形成压力层层传递的工作链条。健全节能减排监测体系，完善监测网络，全面掌握工作进度。加大节能减排科技投入，制订完善节能减排奖惩办法，形成有效的激励约束机制，确保完成节能减排年度目标。

七是加强和改进中央企业党建工作。2009 年党建工作的一项重要任务是指导中央企业搞好深入学习实践科学发展观活动。要把这场国际金融危机作为学习科学发展观的生动课堂，以知难而进、奋发有为的精神状态应对挑战，以科学态度和辩证思维破解难题，努力把国际金融危机带来的压力转化为推动科学发展的动力，全面把握科学发展规律，切实解决影响科学发展的突出问题，构建有利于科学发展的体制机制。要切实加强中央企业领导班子理论武装，坚定理想信念，提高领导班子成员理论素养和政策水平，把科学发展观的要求转化为谋发展的共识、领导发展的思路和促进发展的政策。要进一步探索现代企业制度条件下企业党组织发挥政治核心作用的方法和途径，明确党组织参与企业重大问题决策的规则和程序。建立健全中央企业惩防体系，整体推进中央企业反腐倡廉建设。切实加强企业基层党组织和党员队伍建设，力争中央企业绝大多数班组都有党员。加快推进中央企业职代会制度建设，深入开展厂务公开工作。认真贯彻工会十五大、妇女十大、共青团十六大精神，加强和改进工青妇和统战工作。

四、2009 年中央企业要做好的主要工作

对于中央企业来说，2009 年形势严峻，困难很多，挑战和机遇并存。能否克服困难，应对挑战，抓住机遇，调整优化上水平，是对中央企业的一次重大考验。要把思想和行动统一到中央的决策部署上来，扎扎实实做好各项工作。

（一）研究市场，在抵御金融危机冲击方面拿出新举措

要研究国际市场的变化，特别是要密切跟踪石油、矿产、有色金属、粮食等初级产品价格的变化，密切关注欧美资本市场的变化以及国际游资的动向，密切跟踪美元、欧元和其他主要货币对人民币汇率的变化，建立健全动态监测预警体系，及时分析研判对本企业的影响，及早调整经营策略。要研究国内市场的变化，特别是要密切跟踪国家宏观调控措施对市场的影响，密切跟踪利率、税率的变化，努力用好用足政策。要研究行业市场的变化，特别是要密切跟踪上下游行业和企业的变化情况，密切关注外资拓展中国市场的动向，更加准确地把握行业的变化趋势。要加强市场营销，巩固传统市场，开拓新兴市场，根据市场需求及时调整产品结构，提高产品质量，不断提升服务水平。企业主要负责人要深入基层了解真实情况，亲自走访市场，发现机遇，把握机遇，科学决策，赢得发展。

（二）深化改革，在完善公司治理方面取得新进展

要按照建立现代企业制度的要求，规范股东会、董事会、监事会、经营管理层之间的权责，形成协调运转、有效制衡的机制。依法规范母子公司关系，加强对重要子公司重大事项的管控，提高集团控制力。抓住境内外资本市场调整机遇，加快控股上市公司的资源整合，已经实现部分资产上市的企业，加快把优良主业资产注入上市公司，实现主业板块或集团整体上市。董事会试点企业要进一步完善规章制度，规范运作，探索选聘、考核和奖惩经理人员的有效方法。各中央企业要提高对完善公司治理、建设规范董事会重要性、必要性的认识，积极参加试点，并参照董事会试点的各项规章制度，指导子企业建立规范的董事会，完善公司治理结构。

（三）调整结构，在优化资源配置方面取得新突破

要深刻认识世界经济发展最新动向和长期趋势，

从全球产业结构调整和产业链分布的大局，认真审视和调整企业战略定位，把转变发展方式、提升企业核心竞争力作为结构调整的主攻方向，抓住机遇，看准方向，投资能够带动企业发展上台阶的关键技术和重点项目，形成新的增长点。围绕做强做大主业、增强核心竞争力，加快推进强强联合、上下游整合等多种形式的联合重组。进一步突出和精干主业，主动剥离与主业无关的业务板块，加大对子企业的清理整合力度，坚决把管理层级压缩到三级以内。已经实施联合重组的企业，要加快做好资产、业务、机构、人员等整合和企业文化融合，形成合力，充分发挥整合优势。中央企业之间要加强战略合作，协同开展企业并购、境外投标、结汇用汇、非主业调整等工作，加强重大问题沟通，集中资金资源，提高配置效率。加快主辅分离辅业改制，剥离低效资产，提高资产质量和运行效率。还没有最终完成政策性破产项目的企业，要抓紧组织实施，规范操作，切实保障职工合法权益。

（四）加强管理，在夯实发展基础方面取得新成效

要加强投资管理，针对产权收购、长期股权投资增多的情况，建立健全内部投资管理制度，严格履行投资决策程序，严肃投资决策责任。强化总部财务功能，完善财务战略，加强集团化管理体系建设。加强预算管理，建立健全财务预算管理工作体系，完善预算工作流程和方法，提高预算目标的合理性和准确性。加强现金流量管理，完善集团资金集中管理系统，调整债务结构，合理安排生产经营活动的资金需求，审慎安排资金投放，有效巩固资金链。加强高风险业务管理，审慎运用金融及其衍生品工具。加强对境外分支机构的经营管控，强化境外资金与财务的监督管理。加强内部控制机制建设，开展专项监督检查，深化效能监察，强化重大事项和关键环节的管控，严格执行内控程序，合理控制负债规模，严格控制对外担保。加强对子企业的内部审计，完善内部监督机制。要加大信息化建设力度，不断提高集团管控能力和管理水平。

（五）突出技术创新，在核心竞争力方面取得新提升

要建立和完善企业自主创新体系和长效机制，持续加大研究开发投入，推进技术研发机构建设，优化科技资源配置。要以产业升级推动技术升级、装备升级和队伍升级。要围绕企业发展目标、发展战略和主营业务发展需求，将科研开发融入企业发展规划，超前储备，技术攻关，集成推广，努力在关键技术和重要产品方面形成自主知识产权和知名品牌。切实加强企业创新人才和高技能人才队伍建设，形成鼓励创新的激励机制与环境氛围。要强化知识产权意识，努力实现技术创新创造知识产权、知识产权促进技术创新的良性互动。加快企业知识产权成果应用和产业化，健全企业知识产权管理机构和制度，加强企业自主创新成果的知识产权保护。

（六）带好队伍，在提高企业整体素质方面取得新成果

要以深入学习实践科学发展观活动为契机，加强理论、能力、作风和制度建设，切实提高各级领导的素质与能力。要加强各级领导班子思想政治建设，教育督促企业领导人员带头讲党性、重品行、作表率，增强企业领导班子的凝聚力、战斗力、创新力。严格执行党风廉政建设责任制，切实承担领导责任。要按照《中央企业"十一五"人才队伍建设规划纲要》的要求，加强企业人才队伍建设，特别是注意引进企业发展急需的海外高层次科技人才和经营管理人才。继续认真做好班组长轮训，切实加强职工培训，结合企业实际组织开展职工技能大赛，引导职工在竞争中提高技能，增长才干。

（七）凝聚人心，在保持企业稳定发展方面开创新局面

在企业面临困难的时候，做好思想政治工作至关重要。要把企业面临的困难和将要采取的措施告诉职工，让职工认清形势，统一思想，积极为企业战胜困难出谋划策，上下协力，共度时艰。各级领导要以身作则，带头艰苦奋斗，节约各项开支，业绩降薪酬降，为职工群众做出表率。要保持职工队伍的相对稳定，尽力不裁员，做到减薪不裁员，歇岗不失业。要利用企业减产、停产的时机，加强职工培训，特别要突出新知识、新技术和新工艺的培训，提高职工技能和素养。要做好困难职工的帮扶工作，努力帮助他们解决一些实际困难。要高度重视和切实做好维稳和信访工作，畅通职工群众表达意愿和反映问题的渠道，防止发生大规模群体性事件。

当前正值岁末年初，要特别注重做好安全生产工作。今年以来，中央企业不断完善安全生产管理体系，进一步健全安全生产责任制，积极开展安全隐患排查治理，安全生产形势总体保持稳定。2009年，中央企业要认真贯彻实施《中央企业安全生产监督管理暂行办法》，落实安全生产责任制，加强安全生产投入，落实"一岗双责"制度，强化安全隐患治理，建立完善应急管理体系和应急预案体系，不断提高应急管理水平和应对突发事件能力，努力构建安全生产管理的长效机制，全面提升中央企业安全生产管理整体水平。要加强境外中央企业的安全防范，进一步提高境外突发事件的应急处理能力。各企业要组织有效的安全生产大检查，特别是石油石化、危险化学品、煤炭、建筑施工等重点行业的企业，要强化重特大危险源控制，消除隐患和安全死角，遏制重特大安全事故发生。

2009年将要在中央企业开展的深入学习实践科学发展观活动，为我们统一思想应对挑战解决矛盾提供了重大契机，为中央企业在新的历史起点上实现更长时间、更高水平、更好质量的发展提供了强大动力。各企业党委班子要高度重视，及早谋划，先学一步，做好思想、组织等各方面的准备。要按照中央统一部署，切实把学习实践活动抓出实效，推动中央企业把握发展规律，创新发展理念，转变发展方式，破解发展难题，沿着科学发展的轨道，调整优化上水平，实现又好又快发展。

同志们，2009年改革发展稳定各项工作十分艰巨。我们要在以胡锦涛同志为总书记的党中央领导下，以邓小平理论和"三个代表"重要思想为指导，深入贯彻落实科学发展观，冷静观察，积极准备，精心组织，扎实工作，努力推进中央企业科学发展，为国民经济平稳较快发展作出新的更大贡献！

改革　调整　创新　提高　为保持经济平稳较快发展作出积极贡献

国务院国资委主任、党委书记李荣融
在全国国有资产监督管理工作会议上的讲话
（2008年12月25日）

这次会议的主要任务是，全面贯彻落实党的十七大、十七届三中全会以及中央经济工作会议精神，深入贯彻落实科学发展观，总结2008年工作，分析形势，交流经验，研究安排2009年工作。刚才，德江副总理作了重要讲话，对一年来的国资监管工作给予了充分肯定，并对2009年的工作，对各级国资委引导国有企业落实国家重大战略部署、发挥骨干和表率作用提出了明确要求，充分体现了党中央、国务院对国有企业寄予的殷切期望，我们深感责任重大，任务艰巨。我们要认真学习，深刻领会，把德江副总理提出的要求，扎扎实实贯彻落实到各项工作中去。这次会议之前，我们委领导分别带队分片进行调研，了解各地国资国企改革发展情况，听取大家的意见，进行了认真研究。下面，我讲三点意见。

一、2008年国有资产监管工作进展情况

今年以来，面对突发的特大自然灾害和严峻的国内外经济形势，各级国资委和广大国有企业认真贯彻落实党中央、国务院一系列重大部署，深化改革，强化管理，国有企业改革发展取得了新的进展。今年1～11月，全国31个省（区、市）、新疆生产建设兵团、深圳、厦门、宁波、大连国资委直接监管和委托监管的国有及国有控股企业，实现销售收入5.8万亿元，同比增长22.9%；实现利润2744.2亿元，同比下降12.3%；上缴税金3485.2亿元，同比增长19.3%。中央企业实现销售收入10.8万亿元，同比增长20.2%；

实现利润6830.4亿元，同比下降26%；上缴税金9221.4亿元，同比增长20.6%。在外部环境十分困难的情况下，能够取得这样的成绩是非常不容易的。

一年来，各级国资委围绕加强国有资产监管和推进国有企业改革发展，做了大量扎实有效的工作。

(一)国有企业改革稳步推进，在一些重点难点领域有所突破

公司制股份制改革步伐加快。各地通过引进战略投资者、改制上市等多种方式，加快了国有企业公司制股份制改革步伐，促进了投资主体多元化。天津市国有企业累计改制3460户，改制面已达92%。辽宁省61户国有大型企业有55户完成改制，改制面超过90%。四川、陕西、西藏、青海等西部地区加大推进企业改制上市力度，贵州实现了2005年以来首家企业上市。上海、深圳、新疆生产建设兵团积极探索国资委直接持有上市公司股权。中央企业股份制改革也取得了新的进展，中国铁建、中国南车先后成功实现股份公司A+H股上市。

公司治理结构进一步完善。许多地方加强了规范的董事会建设，在完善公司治理结构方面取得新进展。北京市加强制度建设，健全工作机制，进行了董事会工作报告制度试点，并选择6家企业开展董事会管理经理层的试点。上海市成立了外部董事资格认定委员会，进一步将外部董事制度建设引向深入。深圳市在投资管理、人事薪酬管理、业绩考核等方面充分放权给试点企业董事会。江苏省建立外部董事制度试点的省属企业扩大到6户。吉林省进一步推进了二、三级企业的董事会建设工作。中央企业董事会试点工作进一步深化。中组部、国务院国资委党委共同制定印发了董事会选聘高级管理人员工作的指导意见和董事会、董事评价办法，第一次把中央企业高管的选聘权交给了董事会，建立了出资人机构选派和管理董事会、董事会选聘和管理经理层的国有企业领导人员分层分类管理新体制。

企业内部制度改革逐步深入。各地在国有企业劳动、人事和分配制度改革方面都做了大量的工作。山东省加大市场化选聘力度，面向全国公开招考了17名企业高级经营管理人员。河南省不少企业建立了中层管理人员竞聘上岗和员工双向选择制度。厦门市结合贯彻《中华人民共和国劳动合同法》，进一步规范用工制度，实施全员劳动合同制，建立了“会干活、多干活者多拿工资”的分配激励制度。国务院国资委组织中央企业市场化选聘高级经营管理者取得新进展，今年分两批面向海内外公开招聘22名中央企业高级管理者，其中企业正职3名。中组部和国务院国资委第一次共同招聘两名中央管理的企业正职，突破了国有重要骨干企业主要领导人员选拔任用的传统模式，引起社会积极反响。

主辅分离及企业分离办社会职能取得重要进展。陕西省属25户大中型企业完成了主辅分离辅业改制工作。宁夏、内蒙古企业办社会职能的移交工作基本完成。云南省在个旧和昆明启动了退休人员移交社区管理试点。湖北省明确要求各市州、县政府安排必要的财政专项资金，用于弥补困难企业改制职工安置资金不足。江西省从2007年起将连续4年集中筹集企业改革专项资金，每年不少于3亿元，支持国有企业改革发展。海南省通过企业自筹和利用省政府改革专项资金，安置大批长期待岗的困难企业职工及离退休人员。黑龙江、吉林、辽宁、大连等地厂办大集体改革试点取得积极进展。

(二)国有企业调整重组步伐加快，国有经济布局结构进一步优化

企业调整重组步伐加快。各地通过与中央企业、其他省市国有企业、外资民营企业联合重组，整合本地产业等多种方式，加大企业调整重组和内部资源整合。广东、江苏、天津、安徽、宁夏、甘肃、新疆、青海等地支持所出资企业与中央企业进行战略合作，通过靠大联强、同业整合等形式，努力打造一批资产实力雄厚的大集团大公司。重庆、上海、广东等15个省市注重构建资产经营公司，通过专业化、市场化操作平台，发挥不良债权处置、困难企业退出、投融资、托管等多项功能，推进结构调整和重组。河北省全力推动支柱产业和优势领域的战略重组，壮大提升钢铁、煤炭两大支柱产业。湖北省以汽车、冶金、能源等九大业务板块为重点，发展龙头企业，推动了全省国有经济重大战略转型。福建省积极推进二、三级企业改革调整，减少子企业77家，有效收缩了投资级次与跨度。青岛市将国有资本向优势行业、优势企业集中，实现企业资产调优、规模调大、主业调精、产品调高、整体调强。宁波市明确了“三个收缩、三大集聚、五大领域”调整思路，组建国有投资公司，做强做大一批企业。中央企业调整重组取得重大进展，中央企业户数已从151家调整到142家。

劣势、困难企业退出市场力度加大。今年以来，政策性关闭破产力度加大，各地协调小组克服了许多困难，精心组织，规范操作，平稳推进项目的组织实施工作，防止了重大不稳定事件的发生。目前，绝大部分省(区、市)企业政策性关闭破产工作已进入尾声。陕西、四川、山东积极配合做好华诚物资管理公司政策性破产企业移交工作。天津加大困难企业退出力度，年底前可超额完成400户三类企业的退出目标。

国有资本经营预算制度逐步建立完善。各地普遍出台了国有资本经营预算办法，加大对国有经济布局结构调整的支持力度。浙江省明确国有资本收益专款用于国有企业改革发展、企业自主创新、人才队伍建设和国资监管有关费用支出。深圳市全年安排资本性支出、融资支出、重大项目建设专项资金24.5亿元，进一步增强了优势企业发展的后劲。北京市6个区县国资委开展了国有资本收支预算管理工作。国务院国资委制定颁布了《中央企业国有资本经营预算建议草案编报办法(试行)》，组织完成中央企业2007年度国有资本收益收交和2008年度国有资本经营预算草案编制工作。

(三)国有资产管理体制不断完善，监管进一步加强

国资监管机构和制度进一步完善。各地国资委牢牢把握出资人代表职责定位，突出出资人代表特点，健全内设机构，梳理出资人机构工作流程，规范履职行为，监管能力和水平有了进一步提高。新疆、云南等地进一步推进市(地、州)国资监管机构建设，浙江、山东、江苏、江西等地继续探索县级国有资产监管方式，取得了较好的效果。今年国务院国资委出台了中央企业资产损失责任追究、效能监察、股权激励、债券发行管理等一批规章和规范性文件。各地也根据国资监管实际，不断完善制度体系。以《中华人民共和国企业国有资产法》为龙头，以《企业国有资产监督管理暂行条例》为基础，以国务院国资委21个规章和115件规范性文件、地方国资委1800件地方规章规范性文件为具体内容的企业国有资产监管法规体系基本形成。各地省管国有重点企业法制建设工作取得了积极成效，目前已设立法律事务机构的省属企业占73%，已实行总法律顾问制度的省管企业占34%。各地“五五”普法工作也在继续扎实有效推进。

经营业绩考核工作扎实推进。各地结合本地企业实际，积极探索，逐步完善业绩考核制度体系，落实国有资产保值增值责任。北京市绝大多数企业实行了任期业绩考核，经济增加值考核试点已经扩大到11户。天津市完善业绩考核体系和薪酬管理办法，突出风险管理和发展质量的要求，探索引入经济增加值考核理念。上海市在确认公布企业主业的基础上，积极探索用考核机制督促企业突出主业，剥离非主业资产。山东省不断完善考核办法，建立基本、个性化、激励性和约束性四类考核项目，细化了考核计分标准。黑龙江、河北等地将绩效评价指标作为业绩考核的主要内容，实现了绩效评价指标与业绩考核有机融合。国务院国资委分析研究考核实践中的突出矛盾与问题，进一步细化完善考核办法，规范了年度考核结果核定工作，在部分中央企业实行经济增加值考核，不断提高考核的精准性。

财务监督不断强化。各地结合企业实际情况，普遍加强了财务监督工作。山西省加强企业财务动态监测，督促效益下滑幅度较大的企业采取扭亏措施。内蒙古进一步完善企业重大事项报告备案制度和管理程序。浙江省密切关注企业重大投资、筹资、担保、并购及债务重组行为，加大对企业重大财务事项的管控。重庆市做到“三个绝不、三个平衡”，不允许企业以财政资金担保、相互担保、专项资金为其他项目担保，实现净资产与负债平衡、现金流平衡、投入产出平衡。湖南省完善总会计师管理制度，增强了总会计师责任意识和履职能力。国务院国资委进一步强化中央企业财务预决算管理，加强对预算执行情况的动态监测，结合财务快报，对重点预算指标完成情况进行实时跟踪和分析，并建立了中央企业财务应急处理机制。

国有产权管理得到加强。各地加强国有产权的基础性管理和上市公司国有股权监管，进一步强化产权交易管理。山东等地完成了全省产权交易市场的整合工作。江西、广西等地对一批不利于实现"公开、公平、公正"交易的项目进行了纠正。深圳市创新了股权多元化企业国有产权登记的方式。各地严格执行《国有股东转让所持上市公司股份管理暂行办法》及其配套文件,有效开展了股东账户核查工作,为进一步完善上市公司国有股权监管体系奠定了基础。国务院国资委以产权交易市场和证券市场中的国有产(股)权流转为监管重点,强化产权基础管理,推动交易规则统一,尽快建立上市公司国有股权流转动态监测制度体系,企业国有产(股)权流转的效率和效益大大增强。

监事会监督进一步加强。北京市实现监事会监督检查的全面覆盖,同时积极探索有效履行监督检查职权的办法和途径。辽宁省积极创新监事会监督方式方法,向所出资企业的重要子公司派出了专职监事,延伸了监督触角。云南等地按照有关法律法规,对国有独资、控股和参股公司,探索"外派内设"方式,委派或推荐监事会主席和部分成员,经法定程序进入监事会。国务院国资委不断深化监事会当期监督,加强对企业日常经营管理活动的监督,健全快速反应机制,加强企业风险防范和预警,监督的灵敏性、时效性和有效性不断增强。

(四)国有企业党建工作得到加强,党组织政治核心作用进一步发挥

各地认真贯彻落实科学发展观,结合实际开展多种形式的主题活动,将党建工作进一步引向深入。浙江省贯彻落实省委在全省开展的"树新形象、创新业绩"主题实践活动,深入省属企业开展"创业创新送服务解难题"活动,千方百计为企业排忧解难。湖北省积极探索党管干部原则在企业的实现形式,明确提出党管干部主要是管原则、管标准、管程序、管监督、管领导班子思想政治建设,从微观管人逐步转到宏观管方向。河南省以"创先争优"活动为重点,积极开展党员先锋岗、文明示范岗等活动,扎实做好生产一线发展党员工作,不断提高党组织的创造力、凝聚力和战斗力。国务院国资委部署和组织中央企业开展"共产党员和中央企业在抗震救灾中的责任和义务"专题组织生活,得到党中央、国务院领导同志的充分肯定和高度赞扬。宝钢集团、中国海油开展深入学习实践科学发展观试点活动,取得了显著成效。

企业领导班子建设和党风廉政建设进一步加强。各地积极开展"四好"领导班子创建活动,深入推进党风建设和反腐倡廉工作,企业领导班子的政治素质、理论水平和履职能力不断提高。山西省积极构建党风廉政建设责任制工作机制,云南省开展党建质量管理体系试点,甘肃省制订企业党建检查评价办法并与业绩考核挂钩,都取得了良好的效果。国务院国资委加强中央企业领导人员的管理监督,深入推进中央企业领导人员廉洁从业工作,深化效能监察,建立防治商业贿赂长效机制。

各地重视高技能人才队伍建设,坚持开展职工技能竞赛交流活动,积极选派代表参加中央企业职工技能大赛,建立了数量相对充足、结构比较合理、素质能力较高的高技能人才队伍。普遍加强企业文化建设、职工民主管理和厂务公开,促进了企业改革发展。

2008年,我国遭遇历史罕见的低温雨雪冰冻和汶川特大地震等严重自然灾害,各级国资委和国有企业积极组织抗灾救灾,全力支持灾后重建,在关键时期充分发挥了国有企业的中流砥柱作用。在北京奥运会和残奥会期间,举办地国有企业以高度的责任感和使命感投入奥运各项工作,高标准、高质量地完成了奥运工程建设、服务和保障工作,为成功举办一届"有特色、高水平"的奥运会和残奥会作出了重要贡献。2008年下半年以来,面对国际金融危机对我国经济日益突出的不利影响,各地国资委指导国有企业增强信心,冷静分析,及时采取一系列有效应对措施,国有企业总体上保持了平稳运行,为我国抵御金融危机冲击保持经济平稳较快发展作出了积极贡献。

这里,要特别感谢各地党委、政府对国资国企改革的高度重视、大力支持和有力指导。天津市委、市政府批复了关于进一步完善国资监管体制工作方案,将市政府组成部门、直属机构和派出机构所属独立核算企业转由国资委直接监管。上海市委、市政府出台了进一步推进国资国企改革发展的若干意见,针对当前存在的突出问题,提出了一些具有方向性、可操作性的原则措施和阶段目标,在不少方面取得了突破。云南、贵州、福建、海南等地省委、省政府也都召开工作会议，开展专题调研，出台意见办法，提出政策措施。据初步统计，2003年以来，有25个省（区、市）党委、政府出台了30多件深化国有企业改革、推进布局结构调整方面的综合性指导意见，为加快国有企业改革发展和加强国有资产监管工作创造了良好环境。国资监管工作能够取得今天的成绩，与各级党委、政府的正确领导是分不开的。

在看到成绩的同时，我们应当清醒地看到，国有企业改革发展和国有资产监管工作所面临的困难和问题还很多。国有大型企业公司制股份制改革相对滞后，公司治理结构还不完善，特别是董事会建设还需要进一步规范；国有资产监管工作进展还不平衡，部分地区对国有资产监管机构的授权不够充分，“三统一、三结合”原则还未落实到位；国有资产监管工作的能力和水平有待提高，监管的方式方法需要进一步改进。这些问题必须引起我们的高度重视，需要在今后工作中加以解决。

二、2009年工作总体要求和需要把握的几个问题

关于2009年的经济形势，中央经济工作会议已经作了全面深入的分析。总的判断，2009年可能是新世纪以来我国经济发展最为困难的一年，也是蕴含重大机遇的一年。由美国次贷危机引起的国际金融危机，本身尚未见底，而且对实体经济的影响正进一步加深，其严重后果还会进一步显现，2009年我国发展的外部经济环境将更加严峻。2009年我们将迎来建国60周年，也是改革开放30年取得辉煌成就之后新起点上继续前进的重要一年。做好2009年的各项工作至关重要。

根据中央经济工作会议对2009年经济工作的总体安排，2009年国资监管工作总的思路是：高举中国特色社会主义伟大旗帜，以邓小平理论和“三个代表”重要思想为指导，深入贯彻落实科学发展观，全面贯彻落实党的十七大和中央经济工作会议精神，沉着应对金融危机的挑战，深入推进改革增强国有经济活力，调整优化结构增强国有经济控制力和影响力，强化技术创新增强国有经济可持续发展能力，进一步提高国有经济的整体实力和核心竞争力，为保持经济平稳较快发展作出积极贡献。

中央经济工作会议确定，2009年经济增长预期目标为8%左右。并且提出，必须把保持经济平稳较快发展作为首要任务，采取一切有效措施，努力实现2009年经济增长预期目标。国有企业是国民经济的重要支柱，中央企业在关系国家安全和国民经济命脉的重要行业和关键领域中居主导地位，各地国有企业也是当地经济发展的重要力量。实现经济增长预期目标，国有企业担负着重大责任。各级国资委要认真贯彻落实党中央、国务院的重大战略部署，把推进国有经济持续稳定较快发展作为2009年工作的核心任务。保发展，关键是要在“改革、调整、创新、提高”八个字上下足功夫，做好文章。

改革是发展的动力。三十年来，国有企业改革取得了巨大成就，初步探索出中国特色国有企业改革发展道路。但在新的历史时期，国有企业改革发展面临着许多深层次的矛盾和问题，需要我们继续深化改革加以解决。特别是明年，我国经济发展将面临非常困难的局面，国有企业改革任务更加艰巨，更加迫切。越是困难的时候，越要加大改革力度。要进一步落实“三分开、三统一、三结合”的原则，加快完善国有资产管理体制和制度，深入探索国有资产监管的有效途径，重点是管住人管住账本。要坚持市场化改革方向，加快国有大型企业公司制股份制改革，推进规范的董事会建设，建立完善市场化选人用人和激励约束机制，进一步转换企业经营机制，增强国有企业活力。

调整是发展的途径。经过多年的改革发展，国有经济实力大幅提升，国有经济布局结构显著优化，涌现一批有较强竞争力的大公司大集团。但总的来看，国有经济布局结构仍不尽合理，调整的空间还很大。国际金融危机的冲击，既暴露出很多问题，同时也带来了良好的调整机遇。我们要抓住这一难得机遇，加快调整步伐，优化国有经济布局结构。要推进企业内部资源的整合，突出主业，剥离非主业资产，压缩管理层级，缩短管理链条。要立足提高资源配置效率，在更大范围和更广区域内推进企业联合重组，形成一批实力雄厚、竞争力强的大企业和企业集团。要进一步推动国有资本向关系国家安全和国民

经济命脉的重要行业、关键环节、基本公共服务领域集中，扩大国有经济在本地区经济社会发展中的控制力和影响力。

创新是发展的源泉。转变发展方式，提高发展质量，必须加大技术创新力度，提升产业技术层次。目前，我国产业层次特别是制造业总体上仍处于国际分工链条的低端。增强我国产业竞争力，提升我国经济国际分工地位，是当前我们面临的紧迫任务，也是保发展的重要举措。企业是创新的主体，国有企业要在技术创新中发挥引领和带动作用。要推动企业增加研发投入，完善创新机制，培育创新文化，引进和培养创新人才，提高自主创新能力。要加快推进企业技术改造，提高装备水平，促进产业升级。要鼓励和引导企业开发具有自主知识产权的新技术新产品，提高产品附加值和市场竞争力。

提高就是要不断推进企业管理和队伍建设上水平，夯实发展的基础。经过多年的快速发展，国有企业综合实力和整体素质有了显著提高，但随着规模的扩大，也暴露出许多方面的差距和不足。一些企业成本居高不下，根本上是管理问题；一些企业产品质量上不去，根本上也是管理问题。应对国际金融危机的挑战，确保国有企业持续稳定较快发展，最根本的措施就是要“强身健体”、练好“内功”。要引导和推动国有企业下苦功夫，狠抓最基本的生产环节管理，强化现场管理，加强标准、定额、计量、责任制等基础管理工作。要加强企业管理人员、班组长和一线职工各个层次的培训，广泛开展各种形式的职工技能竞赛，积极引进各方面人才充实调整队伍结构，不断提高队伍整体素质，努力培育一流的职工队伍。

三、2009年需要着力做好的几项工作

在新的一年里，各级国资委要认真贯彻党中央、国务院的有关工作部署，按照上述工作思路和要求，结合自身实际，认真分析形势，加大工作力度，努力做好国有资产监管的各项工作。

(一)密切关注和冷静应对国际金融危机

这次金融危机对我国经济和国有企业的影响不可低估。各地国资委要高度重视，深刻认识世界经济发展的最新动向和长期趋势，密切关注金融危机对我国经济和国有企业的冲击和影响。要引导国有企业积极探索转“危”为“机”的有效途径，用好用足当前国家出台的一系列政策，及时调整发展战略和经营策略，制订切实有效的应对措施，深化改革，优化结构，强化创新，夯实基础，保持平稳较快发展，在化解金融危机中承担更大的责任，发挥更大的作用。

(二)加快推进国有企业改革

继续推进国有企业股份制改革，积极引进战略投资者，实现产权多元化。进一步推动中央企业和地方国有企业建立健全规范有效的董事会，完善外部董事制度，充分发挥外部董事作用，实现决策层与执行层、决策权与执行权基本分开，完善公司治理结构。按照市场化改革方向，不断完善企业选人用人和激励约束机制，推进内部劳动用工、分配制度改革，逐步建立市场机制调节、企业自主分配、出资人机构依法调控、社会有效监督的国有企业收入分配新体系。要积极拓宽筹资渠道，为国有企业改革改制创造条件。

(三)加快推进国有经济布局结构调整

要适时调整和修订国有经济布局和发展规划，研究确定各地国有经济需要控制的行业和领域，立足于提高资源优化配置效率，在更大范围内进行资源配置、结构调整，进一步提高产业集中度，不断提高国有经济的活力、控制力和影响力。要进一步加大企业重组调整力度，支持、鼓励与中央企业的联合重组、跨区域的联合重组，发展壮大一批对当地经济发展有重大带动作用的大企业大集团，加快形成一批主业突出、实力较强、拥有自主知识产权和知名品牌的优势企业。要在实践基础上不断总结完善国有资本经营预算制度，抓紧制定国有资本经营预算制度的配套制度，积极稳妥推进国有资本经营预算工作。积极探索以国有资产经营公司等多种形式，推进企业重组和国有资本有进有退、合理流动。要推进企业技术创新和节能减排，引导企业增强自主创新能力，加快转变发展方式，淘汰落后生产能力，促进产业和产品结构的优化升级。要抓紧完成政策性关闭破产和主辅分离辅业改制工作，使劣势企业尽快退出市场。

(四)进一步完善国有资产监管制度

要认真学习贯彻《中华人民共和国企业国有资产法》,进一步建立健全国资监管法规体系,积极制订有关配套法规和规章,及时修订调整现有的国资监管法规规章和规范性文件,对法律中未做明确界定的要继续抓紧研究,对实施中遇到的情况要积极反映。要进一步完善经营业绩考核体系,抓住出资人最关心的关键问题和制约企业科学发展的主要矛盾,进一步提高考核指标的导向性和针对性,加强分类考核和行业对标,积极探索经济增加值考核,更好地落实保值增值责任。要按照突出主业原则,加强和改进对企业投资活动的管理,进一步完善对企业产权收购和长期股权投资的管理制度。

(五)积极探索国有资产监管的有效方式

继续完善财务监督管理工作体系,探索建立财务信息公开制度、境外企业国有资产监管、财务信息化建设等管理制度,进一步做好财务动态监测和绩效评价工作。加强总会计师职责管理,充分发挥总会计师的管账理财和控制风险作用。加强产权管理的基础工作,充分利用现代信息技术手段,建立健全上市公司国有股东动态监测系统,确保企业所持上市公司股份有序流转和上市公司重大资产重组行为规范运作。积极探索建立混合产权管理的有效实现方式,将监管重点向上市公司国有股份转移,完善上市公司国有股东行为管理制度办法。研究探索境外国有产权监管办法。推动产权交易市场的整合,以统一交易规则为基础,实现产权交易市场的规范有序发展。进一步完善和强化监事会当期监督,加强对企业重大决策、重要经营活动和重大事项的实时动态监督。加强企业风险防范和预警,健全快速反应机制,增强监督的权威性、有效性和灵敏性。要加快推动总法律顾问制度建设,建立健全国有企业法律风险防范机制。

(六)加强和改进企业党建工作

要结合深入学习实践科学发展观活动,适应建立现代企业制度的新要求,以改革创新精神加强和改进国有企业党建工作,进一步推进企业党建工作制度化、规范化。积极探索现代企业制度条件下党组织发挥政治核心作用的方法和途径,探索党管干部原则与董事会、经理层依法行使用人权的有效结合形式。坚持"党要管党,从严治党",加强党的先进性建设,不断推进企业基层党组织的思想建设、组织建设、作风建设、制度建设和反腐倡廉建设,将党组织的政治优势和组织优势转化为促进国有企业又好又快发展的强大力量。继续深化"四好"领导班子创建活动。重视班组建设和高技能人才队伍建设。加强企业社会责任和企业文化建设工作。推进企业职工代表大会制度建设,进一步推进厂务公开。积极探索现代企业制度下职工民主管理的有效途径。建立健全惩治和预防腐败体系,加强对企业领导人员特别是主要负责人的监督。进一步深化效能监察工作,促进企业不断提高管理水平、经济效益和经营质量。

(七)切实加强队伍建设

要认真搞好深入学习实践科学发展观活动,切实把握科学发展、国资监管、企业发展和经济发展规律,解决制约国有企业科学发展的突出问题,理清发展思路,创新发展模式,引导国有企业真正走上科学发展的轨道。加强学习培训,努力提高干部理论水平、业务素质和工作能力。着力做好法律知识普及和培训工作,提高广大干部依法行权履职能力,有效防范机关法律风险。转变工作作风,深入调查研究,及时发现和研究解决企业遇到的突出矛盾与问题,建立灵敏高效的协调处理机制。适应工作需要,调整优化内部机构设置,加强干部轮岗交流,不断提高干部队伍素质。要加强国资系统的沟通与交流,加强对下级国资监管工作的监督与指导。

(八)努力维护企业和社会的稳定

2009年形势严峻,困难增多,企业和社会稳定问题必须放到更加突出的位置。要保持职工队伍的相对稳定,尽力做到不裁员,减薪不裁员,歇岗不失业。加强思想政治工作,加强业务培训,增强企业的凝聚力。引导国有企业负责人带头艰苦奋斗,节约各项开支,为职工群众做出表率。做好困难职工的帮扶工作,努力帮助他们解决一些实际困难。要高度重视和切实做好维稳和信访工作,畅通职工群众表达意愿和反映问题的渠道,防止发生大规模群体性事件。在重组调整、改制分流、关闭破产时,要严格按照有关政策和规范的程序执行，切实维护职工的合法权益。要高度重视安全生产管理，防止重特大事故发生。

同志们，让我们在以胡锦涛同志为总书记的党中央领导下，以邓小平理论和“三个代表”重要思想为指导，深入贯彻落实科学发展观，坚定信心，锐意进取，攻坚破难，开拓创新，深入推进国有企业改革发展，确保国有经济持续稳定较快发展，以优异成绩迎接新中国成立60周年。

弘扬伟大的抗震救灾精神 更好地推进中央企业改革发展

国务院国资委主任、党委书记李荣融
在中央企业抗震救灾总结表彰大会上的讲话
（2008年7月18日）

同志们：

刚才，我们隆重表彰了中央企业抗震救灾先进集体、先进个人、先进基层党组织和优秀共产党员。两位受表彰代表的发言，感人肺腑，催人奋进，生动地再现了中央企业各级党组织、广大共产党员和干部职工可歌可泣的英雄壮举，集中体现了万众一心、众志成城，不畏艰险、百折不挠，以人为本、尊重科学的伟大抗震救灾精神。我代表国务院国资委、国资委党委，向中央企业抗震救灾先进集体、先进个人、先进基层党组织和优秀共产党员致以衷心的祝贺和崇高的敬意！向“5·12”汶川特大地震发生以来奋战在抗震救灾第一线的中央企业广大干部职工致以诚挚的问候！

汶川特大地震给灾区人民生命财产造成了巨大损失。中央企业受灾情况也十分严重。总部在四川省境内的中国东方电气集团公司、中国第二重型机械集团公司和攀枝花钢铁（集团）公司等3家中央企业，80余家中央企业驻四川、甘肃、陕西灾区的下属企业，都受到了地震灾害影响。电网、通信等基础设施损毁严重，房屋建筑、机器设备、生产物资、职工生活设施等遭受了不同程度毁坏，有的企业出现了重大人员伤亡，财产损失严重。据最新统计，中央企业因地震灾害伤亡、失踪或失去联系的3586人，造成直接经济损失414亿元，间接经济损失401亿元。其中，直接经济损失超过1亿元的企业有27家。

地震发生后，国务院国资委和中央企业认真贯彻落实党中央、国务院的部署，紧急行动，积极组织，全力投入抗震救灾和灾后重建工作。国资委在5月12日地震当天下午4点召开紧急会议，启动应急预案，及时了解中央企业灾情。之后多次召开会议传达贯彻国务院抗震救灾工作指示精神，研究和部署抗震救灾工作。中央企业迅速启动应急预案，奋起自救，组织大批救援队伍，调集大量救援设备和物资，全力抢救每一个受困职工和群众生命，全力抢修电网、通信、道路等基础设施，全力落实救灾物资保障，踊跃捐款捐物奉献爱心。抢救被埋学生的第一批外援队伍、抢修基础设施的第一支专业队伍、重灾区映秀镇打出的第一个电话、抢运第一批救灾物资，都是我们中央企业。中央企业在抗震救灾中发挥了重要作用。

面对特大地震灾害，中央企业坚持以人为本，科学救援，不惜代价，抢救受困职工、家属和灾区群众的生命。灾情就是命令，时间就是生命。地震灾区周边20户中央企业子企业和分支机构在第一时间紧急调集936台（套）铲车、吊车等工程设备，听从国务院抗震救灾指挥部调遣，投入抗震救灾。中国水电集团组织10支近1000人的抢险突击救援队，投入280台（套）挖掘机、装载机、汽车吊、柴油发电机等救灾设备。中建总公司派出近百名专业技术骨干、500多名职工，投入上百台车辆和机械设备。国机集团向灾区支援19台挖掘机，所属中国海洋航空集团公司紧急征调12架飞机投入抗震救灾。中国海油调集海上作业的14架直升机，中国外运也征调飞机，紧急投入抗震前线。中交集团所属三公司桥梁特种公司领导率30多名职工自发参与抢救都江堰聚源中学被埋学生，成为参与救助学生的第一批外援队伍。攀钢迅速组织50人的医疗救助队和10名土建工程技术人员组成的专家组，救援灾区。国家电网、哈电集团、航天科技、中核集团、西电集团、宝钢、中国石油等企业纷纷组建医疗分队或派防疫专家赶赴灾区救援。

中央企业充分发挥技术优势，紧急调动各种高科技设备、高新技术投入抗震救灾，为国务院抗震救灾指挥部决策提供了可靠依据，赢得了宝贵时间。中航一集团、兵器工业集团、航天科技、航天科工、中航二集团、中电科技集团等企业火速调动各种最新研制的高新装备，及时获取灾区清晰图片和遥感测绘数据。中国普天为中央电视台前线报道组提供了国内最先进的卫星高清电视转播车。中煤地质总局于5月13日8时前迅速提供83幅震区分布图件，为抗震救灾分析决策提供了第一手的基础资料之后，又迅速汇总提交了地震灾区周边的陕西、甘肃等省区的电子数据图件88幅。中国建筑设计研究院紧急研制出包括地震灾后村镇重建规划技术、地震灾区建筑安全现场快速评定等多项应急技术及实用产品，以满足抗震救灾的紧迫需要。中国钢研院受科技部委托，组织科技人员加班加点，于5月15日上午完成《抗震救灾应急分析测试技术手册》编写。中国建筑科学研究院会同清华大学、中国建筑设计研究院、中国建材的有关专家，向住房和城乡建设部及时提出了“关于启动灾区过渡安置房建设准备工作的建议”，积极提供灾后重建的技术支持。

面对特大地震灾害，中央企业不遗余力，抢修电网、通讯、铁路和公路设施，力保抗震救灾生命线畅通。地震发生后，中央电力、通信、建筑施工和交通运输企业在第一时间作出反应，组织以共产党员、共青团员为骨干的抢险突击队伍，抢修电网、通讯设施，抢修铁路公路，紧急调拨运力，用最短的时间、最快的速度打通了一条条抗震救灾生命线。中央电力企业全力保障灾区供电，守护生命之光。国家电网紧急下达抗震救灾六项措施，调集发电机、配电变压器、各类绝缘子片等大量设备物资，组织2500多人的电网抢修专业队伍，全力抢救灾区人民的生命财产和受损电网设施，目前四川省受损的变电站、输电线路全部恢复，为救灾抢险和恢复重建提供了电力保障。中央通信企业全力抢修通信线路，传递生命信息。中国移动、中国电信、中国联通、中国网通、中国卫通、中国铁通分别派出抢险突击队，紧急向灾区提供卫星电话、油机和应急通信车，抢通灾区通信光缆，利用卫星通信技术，实现了汶川映秀镇灾后的第一次通话、第一次实时视频传送，保障了汶川灾后第一个移动通信基站的开通，用最快的速度恢复对外通信能力。5月13日21时，中国卫通员工携带10部卫星电话长途跋涉7个小时到达映秀镇，用卫星电话向成都指挥中心汇报情况，这是自灾情发生后从地震中心打出的第一个电话。电信科学院5月12日23点抽调专家，驾驶装备有自主研发的无线宽带设备的应急通讯车赶赴灾区，协助中国地震局开展抗震救灾工作，为救灾人员提供语音和视频图像传输服务，极大提升了抗震救灾的信息收集能力。上海贝尔、武汉邮科院等企业紧急调集了一批通讯设备支援灾区。目前，灾区绝大部分乡镇的通信已基本恢复正常。中央建筑施工企业全力抢修灾区受损交通干线枢纽，打通生命之路。中国建筑、中国中铁、中国铁建、中国水电、中交集团、葛洲坝集团和中冶集团等企业先后向灾区和受到严重毁损的铁路干线、支线派出抢修队伍上万人，调动两千多台各类机械设备，争分夺秒地开展抢险。中国中铁八局仅用15个小时就全面修复了因地震中断的德天铁路，打通了绵阳至重灾区汉旺的“生命通道”。

面对特大地震灾害，中央企业千方百计，调动一切能够调动的力量，力保抗震救灾人员抢运和物资供应。中央运输企业不惜代价，抢运人员和调配物资，运送生命希望。中航集团、东航集团、南航集团积极响应党中央、国务院的号召，执行飞行任务达到1400多架次，运送了大批救灾人员和药品、食品等救灾急需物资。截至5月28日，中航集团执行运送抗震救灾物资、人员373个航班，急救飞行152个航班，运送部队及医务人员11760人、救灾物资2818吨。南航集团成立了一个由20架飞机和100名飞行员组成的抗震救灾“机动大队”，从广州总部和各分子公司所在地，每天动态备份20架飞机和100名飞行员，哪里需要运输救灾物资和救灾人员，就随时飞往哪里，全力支援灾区。东航集团共投入92架飞机，执行救灾运输的加班任务303个，累计运送救灾人员10135人、救灾物资2984吨。中国航油积极做好灾区航油供应工作。截至5月27日，保障救灾航班2047架次，加注航油15056吨；保障机场特种车辆13965台次，加油778吨。中国长航紧急调拨运力，承担支援灾区物资运输任务，已向灾区运送汽油2700吨。中远集团、中国海运提供了一批用于救灾和邮政通信需要的集装箱。

中央企业顾全大局，集中一切资源，全力组织灾区急需物资的生产和供应。中央石油石化企业在生产线大多停产的情况下，全力组织生产灾区建设过渡安置房急需的聚苯乙烯。中国化工组织和协调完成5万吨聚苯乙烯生产，中国石油、中国石化在45天内分别完成1.5万吨和3.5万吨所需原料苯乙烯的供货任务。中央钢铁企业积极承担恢复重建任务，开足马力生产过渡安置房用钢，宝钢、鞍钢、武钢、攀钢彩涂板生产能力由原来的每月8.2万吨提高到9.5万吨。中央建筑施工企业中国中铁、中国铁建、中国建筑、中交集团、中冶集团、葛洲坝集团、中国建材、中材集团等积极投入过渡安置房建设。中央食品、医药、轻工、化工、建材、石油石化、贸易等企业加班加点，组织生产和调运灾区急需物资。中储粮总公司、中粮集团、中国中化、中国盐业、华孚集团等企业分别加工调运大米、稻谷、小麦、食盐、储备肉、糖和食用油等支援灾区。据统计，截至7月1日，四川、陕西、甘肃、云南四省累计接受中央储备粮救灾粮食22.32万吨，食用油7217吨。国药集团、中国生物等医药企业紧急提供呼吸机、心电监护仪、手术器械、输液器、碘酒等急需医疗器械和药品。农发集团配合农业部紧急研发生产各种兽药和疫苗，及时无偿提供近千万元的疫苗产品及配套器械、冷链系统，第一时间送到灾区。新兴铸管集团、中国化工、中国建材等轻工、化工、建材生产企业昼夜加班加点生产帐篷、急救包、口罩、行军床、担架、炊事车、棉被、蚊帐等急需物资，帮助灾区安置群众。中国石油、中国石化采取多种措施，确保灾区油气供给，分别向四川调入成品油50.3万吨和10.54万吨。截至7月1日，中石油在四川、陕西、重庆、甘肃四省成品油的库存已经达到62.7万吨，其中四川31.6万吨，相当于18天的销售量。

面对特大地震灾害，中央企业充分发扬一方有难、八方支援的精神，踊跃捐款捐物，凸显“共和国长子”深情。中央企业各级党组织和广大党员、干部职工急灾区之所急，想灾区之所想，以支援灾区为已任，迅速组织捐款捐物。截至6月30日，中央企业累计捐款捐物59亿元，其中，捐款38.8亿元，捐物20.7亿元。捐款捐物金额在1000万元以上的中央企业有66家。职工个人捐款达到13.37亿元，缴纳特殊党费8.7亿元。国资委以部分中央企业委托捐款3.5亿元，与中国红十字基金会共同建立“5·12灾后重建中央企业援助基金”，基金除用于灾区群众安置外，将建100多所“中央企业爱心学校”和100多个“中央企业爱心卫生院”。国资委和中央企业认真贯彻中央关于规范捐赠和资金使用的文件精神，确保这些捐赠在灾区中央企业和地方的抗震救灾和恢复重建中发挥重要作用。

在这场艰苦卓绝的抗震救灾斗争中，中央企业始终把国家利益和人民利益放在第一位，义无反顾，不惜代价，不讲条件，动员一切力量全力投入抗震救灾，承担了“共和国长子”应尽的责任；在这场艰苦卓绝的抗震救灾斗争中，各级党组织和广大共产党员，行动迅速、组织有力，无私无畏、冲锋在前，发挥了战斗堡垒和先锋模范作用；在这场艰苦卓绝的抗震救灾斗争中，中央企业各级领导干部挺身而出，身先士卒，勇挑重担，发挥了组织核心和带头作用；在这场艰苦卓绝的抗震救灾斗争中，中央企业广大职工想灾区之所想，急灾区之所急，以实际行动支援灾区，显示出新时期中央企业职工良好的精神风貌。中央企业再一次用实际行动证明，在关键时刻，中央企业是党和国家靠得住、信得过、拉得动、打得赢的队伍，是共和国的支柱和脊梁。

当前，抗震救灾工作进入安置受灾群众和恢复重建阶段，实现今年经济社会发展预期目标进入关键时期，中央企业实现今年预期目标也进入了关键时期，改革发展的任务十分繁重。中央企业要及时把工作重心转移到恢复重建和生产经营上来，大力弘扬万众一心、众志成城，不畏艰险、百折不挠，以人为本、尊重科学的伟大抗震救灾精神，再接再厉，鼓足干劲，全面完成中央企业灾后重建和改革发展的各项工作。

全力做好受灾企业恢复重建工作。要认真贯彻落实《国务院关于支持汶川地震灾后恢复重建政策措施的意见》，加强领导和分类指导，加大统筹协调和帮扶力度，把大力支持受灾企业恢复重建作为当前一项重要而紧迫的任务，切实抓紧抓好。要在摸清灾害损失、科学评估、完善方案的基础上，按照“立足自救、先后有序、优化结构、统筹安排”的要求，分类指导所属企业做好恢复重建工作。电网、通信等企业，要把基础设施的前期简单恢复与灾后加固、技术升级结合起来，提高电网和通信设施的抗灾能力；生产企业，要根据外部生产条件和市场变化，完善企业发展规划，在灾后重建中优化布局结构；建筑施工企业基地设施重建，要积极争取纳入当地政府的灾后重建规划，统筹考虑，统一安排。要把恢复重建和结构调整紧密结合起来，防止搞低水平建设和简单扩大再生产。要按照党中央、国务院和抗震救灾总指挥部的统一部署和要求，积极参加灾民安置和恢复重建工作，确保如期优质完成任务。

加强对恢复重建工作的组织领导。要建立健全统一领导、统一指挥、大力协调、密切合作的灾后恢复重建领导体制，做到分工明确、责任落实、任务落实。进一步发挥企业党委（组）的政治核心作用和基层党组织的战斗堡垒作用。在灾区的中央企业各级党员领导干部要继续发扬抗震救灾精神，深入恢复重建的第一线，身先士卒、广泛动员、周密部署、精心规划，做带领职工群众恢复重建的主心骨。要把企业领导干部在抗震救灾和恢复重建中的表现作为任用的重要依据，对表现突出的要大胆提拔使用，对工作不力的要及时调整，对擅离职守、失职渎职的要严肃追究责任。要进一步发挥共产党员的先锋模范作用，在恢复重建中，广大共产党员要尽责任，尽义务，挑重担，充分体现共产党员先进性。要充分发挥工会、共青团、妇女等群众组织和志愿者等其他社会组织的积极作用，形成恢复重建的合力。

切实做好全年的生产经营工作。今年雨雪冰冻灾害和特大地震灾害，给中央企业造成了重大损失。由于全力保证抗灾救灾需要，企业正常生产需要的原材料、能源、产成品供给和运输都受到一定影响，给做好下一步生产经营提出了更高的要求。中央企业要加倍努力，周密安排，精心组织，最大限度地弥补灾害损失。要继续全力做好煤电油运保障工作，满足经济社会发展的需要。要深入开展节能减排工作，努力完成已定的全年节能减排任务。要制定具体的降本增效措施，减少非生产性支出，降低管理费用，切实降低生产经营成本。在开足马力搞好生产经营的同时，还要高度重视安全生产，特别注意防范洪汛、台风等自然灾害，完善相应的应急预案，确保安全生产和企业稳定。要通过方方面面的不懈努力，力保全年生产经营任务的完成。

要认真总结抗震救灾斗争中企业领导带领广大职工不畏艰险、排除万难，奋起自救、实施互救，支援国家和地方救灾的宝贵经验，认真总结抗震救灾和恢复重建工作中涌现出来的先进集体、先进个人、先进基层党组织、优秀共产党员的模范事迹和崇高精神，把这些宝贵经验和崇高精神转化为企业改革发展的强大精神动力，丰富中央企业文化，提升中央企业核心竞争力。要把这次抗震救灾和恢复重建作为中央企业“党员尽义务，企业尽责任”、“长期受教育、永葆先进性”的重大契机，进一步激励广大职工坚定信心、顽强拼搏、友爱互助，为夺取抗震救灾斗争和经济发展的新胜利贡献智慧和力量。

同志们，让我们紧密团结在以胡锦涛同志为总书记的党中央周围，弘扬伟大的抗震救灾精神，再接再厉，顽强拼搏，全力抓好灾后恢复重建，努力实现中央企业全年改革发展目标，为我国经济社会发展作出新的更大贡献。

宏大的工程　宝贵的经验
——记国有企业改革发展30年

国务院国资委主任、党委书记　李荣融

今年是改革开放30周年，也是国有企业改革30周年。30年来，在党中央、国务院的正确领导下，在各地区、各部门的大力支持下，国有企业改革不断深化，基本实现了与市场经济的有效结合，国有经济不断发展壮大，活力和竞争力明显提升，布局和结构不断优化，在国民经济中的主导作用进一步增强。

一、国有企业改革发展的主要历程

30年来，国有企业改革始终是整个经济体制改革的中心环节。随着改革的深入，国有企业实现了从政府行政机关的附属向市场主体的转变。这一过程，大体经历了三个阶段。

扩大经营自主权阶段。这个阶段从改革开放初期到党的十四届三中全会，用了15年时间。改革开放以前，国家对国有企业实行计划统一下达，资金统贷统还，物资统一调配，产品统收统销，就业统包统揽，盈亏都由国家负责，国有企业没有经营自主权。党的十一届三中全会提出，要让企业有更多的经营管理自主权。按照十一届三中全会提出的改革方向，先后在国有企业推进了扩大企业经营自主权、利润递增包干和承包经营责任制的试点，调整了国家与企业的责权利关系，进一步明确了企业的利益主体地位，调动了企业和职工的生产经营积极性，增强了企业活力，为企业进入市场奠定了初步基础。

制度创新和结构调整阶段。这个阶段从党的十四届三中全会到党的十六大之前，用了10年时间。十四届三中全会明确了国有企业改革的方向是建立"产权清晰、权责明确、政企分开、管理科学"的现代企业制度。党的十五大提出，要把国有企业改革同改组、改造、加强管理结合起来。要着眼于搞好整个国有经济，抓好大的，放活小的，对国有企业实施战略性改组。要实行鼓励兼并、规范破产、下岗分流、减员增效和再就业工程，形成企业优胜劣汰的竞争机制。在十五届四中全会通过的决定中，进一步阐明了国有企业改革发展的基本方向、主要目标和指导方针，明确了国有经济布局战略性调整的方向。这10年间，在国有大中型企业推进建立现代企业制度试点，采取改组、联合、兼并、租赁、承包经营和股份合作制.出售等形式放开搞活国有中小企业。特别是1998～2000年，党中央、国务院带领国有企业实施了改革脱困3年攻坚，通过债转股、技改贴息、政策性关闭破产等一系列政策措施，减轻企业负担，推动企业技术进步和产业升级，促进国有企业的优胜劣汰，实现了国有企业的整体扭亏为盈，为国有企业持续快速健康发展打下了良好基础。

以国有资产管理体制改革推动国有企业改革发展阶段。这个阶段以党的十六大为开端。针对长期制约国有企业改革发展的体制性矛盾和问题，十六大提出深化国有资产管理体制改革的重大任务，明确提出：国家要制定法律法规，建立中央政府和地方政府分别代表国家履行出资人职责，享有所有者权益，权利、义务和责任相统一，管资产和管人、管事相结合的国有资产管理体制。贯彻落实十六大精神，中央、省、市（地）三级国有资产监管机构相继组建，《企业国有资产监督管理暂行条例》等法规规章相继出台，在国有企业逐步实施了企业负责人经营业绩考核，国有资产保值增值责任层层落实，国有资产监管进一步加强。国有资产管理体制的创新进一步激发了国有企业的活力，国有企业改革取得了重大进展，进入了一个新的阶段。

二、国有企业改革发展的显著成效

经过30年的改革，国有企业的管理体制和运行机制发生了根本性的变化，国有经济的运行质量和发展速度有了显著提高，国有经济的控制力和影响力大大增强。

国有企业逐步成为市场竞争主体。改革开放初期的国有企业被称为国营企业，其实不是真正意义上的企业，仅仅是一个生产单位，企业对政府高度依赖，职工生老病死由企业统包，企业缺乏独立性和创造性。经过30年的改革，国有企业已经逐步成为市场竞争主体。

国有企业的社会定位发生了深刻变化，已经从社会组织转变为经济组织，成为独立的市场主体和法人实体。在国内市场上，国有企业在与外资企业、民营企业的平等竞争中显示出很强的实力，涌现出一批有影响力的知名品牌和行业排头兵。在国际市场上，一批国有大型企业尤其是中央企业已经成长为与跨国公司竞争的重要力量。

国有企业的企业形态发生了深刻变化。中央企业及其下属子企业的公司制股份制改制面由2002年的30.4%提高到目前的64.2%。一批大型国有企业先后在境内外资本市场上市，在A股市场的1500多家上市公司中，含有国有股份的上市公司有1100多家，在香港、纽约、新加坡等境外资本市场上市的中央企业控股的上市公司达78户。同时，国有企业法人治理结构逐步完善，股东会、董事会、监事会、经理层各负其责、协调运转、有效制衡的机制正在形成。

国有企业的运行机制发生了深刻变化。国有企业普遍实行了全员劳动合同制、全员竞争上岗和以岗位工资为主的工资制度，一些企业还探索了工资集体协商制度、企业经营者年薪制和股权期权激励制度，初步建立起管理者能上能下、职工能进能出、工资能升能降的新机制。中央企业通过市场化方式选用的各级经营管理人才约占总数的30%。一批企业建立了比较完善有效的面向社会公开招聘和全体员工竞争上岗、量化考核、收入分配与业绩挂钩的机制。

国有经济布局和结构不断优化。改革开放以前，国有经济遍布各个行业、各个领域。1978年，国有工业企业资产总额占全部工业企业资产总额的92%。改革开放以后，个体、私营经济分布领域不断拓宽，外资企业逐步进入，多种所有制经济并存的局面开始形成。随着我国社会主义市场经济体制的建立，国有经济的布局结构出现了较大变化。特别是90年代中期以来，中央提出"抓大放小"、"有进有退"、"从整体上搞活国有经济"的战略思想，国有经济布局结构调整的步伐明显加快。

国有经济比重趋于下降，但总量不断扩大，国家综合实力增强。以国有及国有控股工业企业为例，1998～2006年，全国国有及国有控股工业企业资产总额从7.49万亿元增加到13.52万亿元，主营业务收入从3.36万亿元增加到10.14万亿元，利润总额从525.14亿元增加到8485.46亿元。

国有企业数量明显下降，实力进一步向大型企业集中。1998～2006年，全国国有及国有控股工业企业户数占全国工业企业的比重从39.22%下降到8.27%。2006年，国有大型企业户数只占规模以上国有企业的2.31%，但资产总额、主营业务收入和实现利润所占比重分别达到35.91%、61.54%和63.25%。2007年，国务院国资委监管的中央企业资产总额超过千亿元的43家，销售收入超过千亿元的26家，利润超过百亿元的19家，分别比2002年增加32家、20家和13家。在2007年公布的世界500强中，中央企业有16家，比2002年增加10家。

国有经济分布范围适度收缩，国有资本逐步向关系国家安全和国民经济命脉的重要行业和关键领域集中。目前，中央企业82.8%的资产集中在石油石化、电力、国防、通信、运输、矿业、冶金、机械行业，承担着我国几乎全部的原油、天然气和乙烯生产，提供了全部的基础电信服务和大部分增值服务，发电量约占全国的55%，民航运输总周转量占全国的82%，水运货物周转量占全国的89%，汽车产量占全国的48%，生产的高附加值钢材约占全国的60%，生产的水电设备占全国的70%，火电设备占75%。在国民经济重要行业和关键领域的中央企业户数占全部中央企业的25%，资产总额占75%，实现利润占到80%。

国有经济运行效率显著提高。30年来，体制的不断变革，增强了国有企业的市场主体意识，激发了国有企业的发展活力，企业管理水平和运行质量不断提升，经济效益屡创新高。实行扩大经营自主权的改革，调动了国有企业生产经营的积极性，企业经济效益明显回升，促进国民经济实现恢复性增长。国有企业改革脱困3年攻坚，扭转了国有企业全面亏损的局面，国有经济开始走上了持续快速发展的轨道。党的十六大之后，新的国有资产管理体制使国有资产保值增值责任层层到位，激励约束机制逐步完善，促进了国有企业运行质量和经济效益的显著提高。2002～2007年，全国国有企业销售收入从8.53万亿元增长到18万亿元，年均增长16.1%；实现利润从3786亿元增长到16200亿元，年均增长33.7%；上缴税金从6794亿元增长到15700亿元，年均增长18.2%。国务院国资委监管的中央企业资产总额从7.13万亿元增长到14.79万亿元，年均增长15.71%；销售收入从3.36万亿元增加到9.84万亿元，年均增长23.97%；实现利润从2405.5亿元增加到9968.5亿元，年均增长32.89%；上缴税金从2914.8亿元增加到8303.2亿元，年均增长23.29%；总资产报酬率从4.9%提高到8.3%，净资产收益率从4.3%提高到11.9%。这5年，中央企业平均每年资产总额增加1.5万亿元，销售收入增加1.3万亿元，实现利润增加1500亿元，上缴税金增加1000亿元。国有经济的快速发展和显著变化，得到国内外的广泛关注和普遍认可。

中国特色的国有资产管理体制初步建立。党的十六大以前，各级政府既行使公共管理职能，又行使出资人职能，国有资产监督管理职能分散在多个部门，对企业干预过多，无人对国有资产的保值增值真正负责。十六大和十六届二中全会明确了国有资产管理体制改革的一系列重大原则，归纳起来就是："三分开、三统一、三结合"。"三分开"即：政企分开，政府授权国有资产监督管理机构对企业国有资产履行出资人职责，不直接管理国有企业；政资分开，国有资产监督管理机构不行使政府社会公共管理职能，政府其他机构、部门不履行企业国有资产出资人职责；所有权与经营权分开，国有资产监督管理机构不得直接干预企业的生产经营活动。"三统一"即：权利、义务和责任相统一。"三结合"即：管资产和管人、管事相结合。

国资委作为国有资产出资人代表，以组建机构、健全规章为切入点，建立和完善国有资产监管体制框架；以经营业绩考核为抓手，层层落实保值增值责任；以财务监督和风险控制为重点，形成了一套强化出资人监管的制度和办法。推动中央企业完善公司治理结构，提高集团控制力，发展壮大主业，加强自主创新，强化风险防控，实现又好又快发展。5 年的实践，初步探索出一条中国特色社会主义市场经济体制下搞好国有企业、发展壮大国有经济的路子。

三、国有企业改革发展的宝贵经验

国有企业改革发展的 30 年，是一个不断探索、不断实践、不断深化改革、不断自我完善的过程。总结 30 年的历程，以下经验是需要认真记取的。

必须不断解放思想，积极探索。30 年国有企业的改革发展历程，是一次次解放思想、理论创新、积极探索的过程。十一届三中全会以后，中央开始调整国家与企业的责权利关系，采取扩权让利、承包经营、逐步放开市场与价格等多种方式，调动了企业和职工的积极性。从 20 世纪 80 年代开始，发展个体私营经济、试办经济特区到全方位对外开放，形成各种所有制经济的有效竞争，使国有企业看到差距，激发改革发展的紧迫感和使命感。党的十五大提出着眼于从整体上搞好国有经济，抓好大的，放活小的，对国有经济实施"有进有退"的战略性调整，是国有企业改革的重大战略转变，使优胜劣汰的竞争机制逐步形成，为国有企业的持续快速发展提供了制度基础。经过改革脱困、结构调整、技术改造、加强管理、完善国有资产管理体制等一系列积极探索，国有资本进一步向关系国家安全和国民经济命脉的重要行业和关键领域集中，国有经济呈现出较强的活力、控制力和影响力，在国民经济中的主体地位和主导作用进一步增强。

始终坚持市场化的改革方向。国有企业的 30 年改革，从本质上讲，是要适应社会化大生产和市场经济的要求，寻找一条公有制与市场经济相结合的有效途径。30 年间，国有企业从政府行政机关的附属，逐步发展成为自主经营、自负盈亏、自我发展、自我约束的商品生产与经营者，并在国内国际市场的激烈竞争中发展壮大，呈现出较强活力和竞争力，关键在于始终坚持了市场化的改革方向，按照市场经济规律进行自主经营，通过市场竞争，逐步发展成为具有独立法人地位的市场主体。改革开放 30 年，通过建立现代企业制度，完善公司治理结构，更是从体制和机制上强化了国有企业的市场主体地位，增强其市场化运作的适应力和自觉性。30 年的改革发展，国有企业已经实现了向市场经济的过渡，国有经济与市场经济实现了有机结合。实践证明，遵循企业发展规律，坚持市场化改革方向，在市场经济条件下国有企业是完全能够搞好的。

依靠体制突破和理论创新实现攻坚破难。30 年国有企业改革发展的每一个关键时刻，取得的每一项重大进展，都离不开体制突破和理论创新。十一届三中全会提出全党工作的着重点转移到社会主义现代化建设上来，才有了放权让利，给企业更多的经营管理自主权的改革举措，为国有企业进入市场奠定了初步基础。十二届三中全会提出有计划的商品经济，才有了"国家调节市场、市场引导企业"的指导方针。党的十四大提出建立社会主义市场经济体制，十四届三中全会进一步明确提出，国有企业改革的方向是建立现代企业制度。十五大提出公有制实现形式的多样化，十五届四中全会进一步明确股份制是公有制的有效实现形式，开拓了国有企业改革的新路径，股份制改革与资本市场的建立，增强了国有经济的发展活力，提高了国有资本的控制力。十六大提出深化国有资产管理体制改革，建立"三分开"、"三统一"、"三结合"的国有资产管理体制，突破了长期以来束缚国有企业发展的体制性障碍，开创了国有经济又好又快发展的崭新局面。

必须综合配套推进改革。30年来,党和政府始终把国有企业改革作为经济体制改革的中心环节,通过完善法制、体制、市场等外部环境,推动国有企业改革不断深化。从民法通则、企业法,到公司法、破产法、物权法,国有企业改革的法制环境日臻完善。从放权让利到减少和撤销政府经济管理部门、完善国有资产管理体制,国有企业改革的体制环境日趋健全。从计划、金融、投资体制改革到发展完善商品、资本、技术和人力资源等市场,国有企业改革的市场环境不断改善。从减员增效、下岗分流、实施再就业工程,到主辅分离辅业改制、分离办社会职能,再到建立和完善社会保障制度,为国有企业平等参与市场竞争提供了必要条件。没有综合配套改革,就没有今天国有企业改革发展的良好局面。

30年来,国有企业改革发展取得了显著成效,但仍然面临着许多深层次矛盾和问题。我们要以邓小平理论和"三个代表"重要思想为指导,深入贯彻落实科学发展观,全面贯彻党的十七大精神,加快国有企业改革步伐,推动国有企业实现又好又快发展,为夺取全面建设小康社会新胜利作出更大的贡献。

(本文发表于《求是》杂志2008年第16期)

2009

CHINA'S STATE-OWNED ASSETS SUPERVISION AND ADMINISTRATION YEARBOOK

中国国有资产监督管理年鉴

国有资产监督管理概况

第二篇

国有资产监督管理体制改革和国有企业改革发展综述

2008年面对突发的特大自然灾害和严峻的国内外经济形势，各级国资委和广大国有企业全面贯彻党的十七大、十七届三中全会和中央经济会议精神，认真落实党中央、国务院一系列重大部署，牢牢把握出资人职责定位，继续深化改革，加快结构调整，切实加强管理，推进技术创新，加强和改进企业党的建设，国有资产监督管理体制和国有企业改革发展取得新的进展。

一、国有企业生产经营平稳运行，有效保证国民经济平稳发展

2008年，全国国有企业实现营业收入229363.5亿元，比上年增长14.2%；实现利润13307.4亿元，比上年减少4317.8亿元，同比下降24.5%；实际上缴税金总额20927.5亿元，比上年增长18.3%。

2008年，中央企业实现营业收入118705.1亿元，同比增长18.4%；实现利润6961.8亿元，同比减少30.8%，扣除自然灾害损失、炼油及火电企业政策性亏损等因素后，与上年基本持平；上缴税金10426亿元，同比增长25.1%。中央企业资产总额超过千亿元的有45家，营业收入超过千亿元的有33家，利润超过百亿元的有13家。在2008年公布的世界500强中，中央企业有19家，比2007年增加3家。

国有企业在注重自身发展的同时，积极履行社会责任，在落实国家宏观调控政策，增加财政收入，保证市场供应，维护国家经济安全，促进国防现代化建设等方面，发挥重要作用。石油石化企业、电力企业在价格严重倒挂的情况下，坚持生产，保障供应。商贸企业积极组织供应，为稳定市场做出贡献。军工企业积极推动军民品快速协调发展，按时保质保量完成军品研发生产任务。航天科技等企业为神舟七号载人航天飞行，实现我国首次太空行走做出重要贡献。中央企业认真贯彻落实国务院国资委《关于中央企业履行社会责任的指导意见》，积极推进企业社会责任，发布社会责任报告或可持续发展报告，获得各方面的高度好评，树立中央企业良好的社会形象。

2008年，我国遭遇历史罕见的低温雨雪冰冻和汶川特大地震等严重自然灾害，在历史罕见的挑战和风险面前，以中央企业为代表的国有企业始终把国家利益和人民利益放在首位，积极履行社会责任，全力组织抗灾救灾，支持灾后重建，在关键时期充分发挥中央企业共和国的支柱和脊梁的作用。在北京奥运会和残奥会期间，举办地国有企业以高度的责任感和使命感投入奥运各项工作，高标准、高质量地完成了奥运工程建设、服务和保障工作，为成功举办一届"有特色、高水平"的奥运会和残奥会做出重要贡献。2008年下半年以来，面对国际金融危机对我国经济日益突出的不利影响，国务院国资委积极指导中央企业采取"过紧日子"、"准备过冬"的措施，强化管理、降本增效、谨慎投资、严控风险，保持生产经营总体平稳运行。各地国资委指导国有企业增强信心，冷静分析，及时采取一系列有效应对措施，为抵御金融危机冲击保持经济平稳较快发展做出积极贡献。

二、国有企业改革稳步推进，在一些重点难点领域有所突破

（一）公司制股份制改革步伐加快

国务院国资委不断加大中央企业股份制改造的力度，许多企业为改制上市做了大量准备工作。中国铁建、中国南车先后成功实现股份公司A+H股上市，中国中煤能源股份公司、中国通信服务股份公司分别成功完成A股增发和H股配售。中央企业公司制股份制改革面达70%。各地积极推进公司制股份制改革，通过引进战略投资者、改革上市等多种方式，不断探索公有制多种实现形式，加快了国有企业公司制股份制改革步伐，促进了投资主体多元化。天津市国有企业累计改制3460户，改制面已达92%。辽宁省61户国有大型企业有55户完成改制，改制面超过90%。四川、陕西、西藏、青海等西部地区加大推进企

业改制上市力度，贵州实现2005年以来首家企业上市。上海、深圳、新疆建设兵团积极探索国资委直接持有上市公司股权。

（二）国有企业公司治理结构进一步完善

国务院国资委在中央企业中进一步深化建立规范董事会试点工作，17家试点企业董事会中的外部董事都已超过半数，其中3家由外部董事担任董事长。试点企业董事会运作更加规范有效，战略管理、风险管理、财务与预算管理等方面收效显著，3家试点企业实现整体上市。中组部、国务院国资委共同制定印发董事会选聘高级管理人员工作指导意见和董事会、董事评价办法，第一次把中央企业高管的选聘权交给董事会，建立出资人机构选派和管理董事会、董事会选聘和管理经理层的国有企业领导人员分层分类管理新体制。各地注意加强规范的董事会建设，在完善公司治理结构方面取得新进展。北京市进行董事会工作报告制度试点，选择6家企业开展董事会管理经理层的试点。上海市成立外部董事资格认定委员会，进一步将外部董事制度建设引向深入。深圳市在投资管理、人事薪酬、业绩考核等方面充分放权给试点企业董事会。江苏省建立外部董事制度试点省属企业扩大到6户。吉林省进一步推进二、三级企业的董事会建设工作。

（三）国有企业内部制度改革逐步深入

国务院国资委组织中央企业市场化选聘高级经营管理者工作取得新进展，2008年分两批面向海内外招聘22名中央企业高级管理者，中组部、国资委第一次共同招聘2名中央管理的企业正职，突破国有重要骨干企业主要领导人员选拔任用的传统模式，引起社会积极反响。各地在国有企业劳动、人事和分配制度改革方面做了大量的工作。山东省加大市场化选聘力度，面向全国公开招考17名企业高级经营管理人员。河南省不少企业建立中层管理人员竞聘上岗和员工双向选择制度。厦门市结合贯彻《中华人民共和国劳动合同法》，进一步规范用工制度，实施全员劳动合同制，建立"会干活、多干活者多拿工资"的分配激励机制。

（四）主辅分离及企业分离办社会职能取得重要进展

陕西省属25户大中企业完成主辅分离辅业改制工作。宁夏、内蒙古企业办社会职能的移交工作基本完成。云南省在昆明和个旧启动了退休人员移交社区管理试点。湖北省明确要求各市州、县政府安排必要的财政专项资金，用于弥补困难企业改制职工安置资金的不足。江西省从2007年起将连续4年集中筹集企业改革专项资金，每年不少于3亿元，支持国有企业改革发展。海南省通过企业自筹和利用省政府改革专项资金，安置大批长期待岗的困难企业职工及离退休人员。黑龙江、吉林、辽宁、大连等地厂办大集体改革试点取得积极进展。

三、国有企业调整重组和技术创新步伐加快，国有经济布局结构进一步优化

（一）企业重组和结构调整取得重大进展

2008年以来，共有8组17家中央企业进行联合重组，中央企业户数已从2007年的151家调整到142家。经国务院批准，将原有六大基础电信运营企业重组为三家，新组建中国商用飞机公司，中航一集团、中航二集团重组为中国航空工业集团公司，电信和航空工业结构进一步优化。中央企业政策性关闭破产工作平稳推进，60%以上的破产企业项目进入司法程序，一批重大重组脱困个案已进入收尾阶段。各地通过与中央企业、其他省市国有企业、外资民营企业联合重组，整合本地产业等多种方式，加大企业调整重组和内部资源整合。广东、江苏、天津、安徽、宁夏、甘肃、新疆、青海等地支持所出资企业与中央企业进行战略合作，努力打造一批资产实力雄厚的大集团大公司。重庆、上海、广东等15个省市注重构建资产经营公司，通过专业化、市场化操作平台，发挥不良债权处置、困难企业退出、投融资、托管等多项功能，推进结构调整和重组。河北省全力推动支柱产业和优势领域的战略重组，壮大提升钢铁、煤炭两大支柱产业。湖北省以汽车、冶金、能源等九大业务板块为重点，发展龙头企业，推动了全省国有经济重大战略转型。福

建省积极推进二、三级企业改革调整，减少子企业77家，有效收缩投资级次与跨度。青岛市将国有资本向优势行业、优势企业集中，实现企业资产调优、规模调大、主业调精、产品调高、整体调强。宁波市明确“三个收缩、三大集聚、五大领域”调整思路，组建国有投资公司，做强做大一批企业。同时，加大劣势、困难企业退出市场力度，绝大部分省（区、市）企业政策性关闭破产工作已进入尾声。

（二）国有资本经营预算制度逐步建立完善

国务院国资委制定颁布《中央企业国有资本经营预算建议草案编报办法（试行）》，组织完成中央企业2007年度国有资本收益收交和2008年国有资本经营预算草案编制工作。各地普遍出台国有资本经营预算办法，加大对国有经济布局结构调整的支持力度。浙江省明确国有资本收益专款用于国有企业改革发展、企业自主创新、人才队伍建设和国资监管有关费用支出。深圳市全年安排资本性支出、融资支出、重大项目建设专项资金24.5亿元，进一步增强优势企业的发展后劲。北京市6个区县国资委开展国有资本收支预算管理工作。

（三）国有企业技术创新成果显著

国务院国资委积极推进中央企业技术进步和技术创新工作，中央企业有34家企业被授予“创新型企业”称号，23家科研院所被批准建设国家重点实验室，占全年获得批准建设国家重点实验室的64%。宝钢集团、一汽集团、神华集团、华能集团、中国建材等一批企业开始着手进行中央研究院的建设，构建分工合理的科研开发体系。“和谐号”动车组、京津高速铁路、ARJ21-700支线大飞机、神华集团煤制油主体工程、中船集团14.7万立方米LNG船、国家电网特高压交流直流试验基地等一批自主创新成果取得重要进展。TD-SCDMA在八个城市网络试商用获得成功。神舟七号飞船更是中央企业自主创新的典范。中央企业知识产权工作普遍得到加强，截至2007年底，累计拥有有效专利45547项，增长26.6%，其中有效发明专利15681项，占34.4%。各地国资委积极采取措施，加快推进企业技术创新工作，企业产品结构进一步优化。

四、国有资产管理体制不断完善，监管进一步加强

（一）国资监管机构和制度进一步完善

国务院国资委牢牢把握出资人代表职责定位，突出出资人代表特点，健全内设机构，梳理出资人机构工作流程，规范履职行为，先后出台中央企业资产损失责任追究、效能监察、股权激励、债券发行管理等一批规章和规范性文件，监管能力和水平有了进一步提高。同时，以《中华人民共和国企业国有资产法》为龙头，以《企业国有资产监督管理暂行条例》为基础，以国务院国资委21个规章和115件规范性文件、地方国资委1800件地方规章规范性文件为具体内容的企业国有资产监管法规体系基本形成。新疆、云南等地进一步推进市（地、州）国资监管机构建设，浙江、山东、江苏、江西等地继续探索县级国有资产监管方式，取得较好的效果。各地省管国有重点企业法制建设工作取得积极成效，已设立法律事务机构的省属企业占73%，已实行总法律顾问制度的省管企业占34%。中央企业法制建设三年目标顺利实现，企业法律风险防范机制逐步健全，依法决策、依法经营管理的能力和水平明显提高。

（二）经营业绩考核工作扎实推进

针对分析研究考核实践中的突出矛盾与问题，国务院国资委进一步细化完善考核办法，规范年度考核结果核定工作，在部分中央企业试行经济增加值考核，不断提高考核的精准性。各地结合本地企业实际，积极探索、逐步完善业绩考核制度体系，落实国有企业保值增值责任。北京市绝大多数企业实行任期业绩考核，经济增加值考核试点已经扩大到11户。天津市完善业绩考核体系和薪酬管理办法，突出风险管理和发展质量要求，探索引入经济增加值考核理念。上海市在确认公布企业主业的基础上，积极探索用考核机制督促企业突出主业，剥离非主业资产。山东省不断完善考核办法，建立基本、个性化、激励性和约束性四类考核项目，细化考核计分标准。黑龙江、河北等地将绩效评价指标作为业绩考核的主要内容，实现绩效评价指标与业绩考核有机融合。

(三)财务监督不断强化

通过进一步强化中央企业财务预决算管理,国务院国资委加强对中央企业预算执行情况的动态监测,结合财务快报,对重点预算指标完成情况进行实时跟踪和分析,建立中央企业财务应急处理机制。面对国内外复杂多变的经济环境,中央企业强化资金管理,加强成本控制,清理投资项目,严格控制风险,企业管理和风险管控能力进一步提高,一批中央企业启动全面风险管理工作,严格套期保值制度,有效化解经营风险。各地普遍加强财务监督工作。山西省注意企业财务动态监测,督促效益下滑幅度较大的企业采取扭亏措施。内蒙古进一步完善企业重大事项报告备案制度和管理程序。浙江省密切关注企业重大投资、筹资、担保、并购及债务重组行为,加大对企业重大财务事项的管控。重庆市做到"三个绝不、三个平衡",不允许企业以财政资金担保、相互担保、专项资金为其他项目担保,实现净资产与负债平衡、现金流平衡、投入产出平衡。湖南省完善总会计师管理制度,增强总会计师责任意识和履职能力。

(四)国有产权管理得到加强

国务院国资委以产权交易市场和证券市场中的国有产(股)权流转为监管重点,强化产权基础管理,推动交易规则统一,尽快建立上市公司国有股权流转动态监测制度体系,企业国有产(股)权流转的效率和效益大大增强。各地加强国有产权的基础性管理和上市公司国有股权监管,进一步强化产权交易管理。山东等地完成全省产权交易市场的整合工作。江西、广西等地对一批不利于实现"公开、公平、公正"交易的项目进行纠正。深圳市创新股权多元化企业国有产权登记的方式。各地严格执行《国有股东转让所持上市公司股份管理暂行办法》及其配套文件,有效开展股东账户核查工作,为进一步完善上市公司国有股权监管体系奠定基础。

(五)监事会监督进一步加强

国务院国资委不断深化监事会当期监督,加强对企业日常经营管理活动的监督,健全快速反应机制,加强企业风险防范和预警,监督的灵敏性、时效性和有效性不断增强。北京市实现监事会监督检查的全面覆盖,同时积极探索有效履行监督检查职权的办法和途径。辽宁省积极创新监事会监督方式方法,向所出资企业的重要子公司派出专职监事,延伸了监督触角。云南等地按照有关法律法规,对国有独资、控股和参股公司,探索"外派内设"方式,委派或推荐监事会主席和部分成员,经法定程序进入监事会。

(五)企业党建工作进一步加强和改进

中央企业积极探索新形势下党建工作的新思路和新途径,切实加强企业领导班子和干部队伍建设,切实加强企业基层党组织和党员队伍建设,党员队伍进一步扩大,党组织战斗堡垒作用和党员先锋模范作用进一步显现。在低温雨雪冰冻和汶川特大地震等严重自然灾害的考验面前,中央企业各级党组织坚强有力,党员突击队冲锋在前,共产党员发挥先锋模范作用。汶川特大地震发生后,中央企业组织开展"共产党员和中央企业在抗震救灾中的责任和义务专题组织生活",党组织的政治核心作用和党员的先锋模范意识进一步增强,这种形式受到中央领导同志的充分肯定和高度赞扬。宝钢集团、中国海油开展的深入学习实践科学发展观活动试点工作,取得显著成效。中央企业反腐倡廉建设和企业惩防体系建设取得积极进展。积极探索职工民主管理和现代企业制度的有效衔接,职代会制度建设得到加强。中央企业班组长已有80%以上进行培训,班组建设进一步加强。各地认真贯彻落实科学发展观,结合实际开展多种形式的主题活动,将党建工作进一步引向深入。浙江省贯彻落实省委在全省开展的"树新形象、创新业绩"主题实践活动,深入省属企业开展"创业创新送服务解难题"活动,千方百计为企业排忧解难。湖北省积极探索党管干部原则在企业的实现形式,明确提出党管干部主要是管原则、管标准、管程序、管监督、管领导班子思想政治建设,从微观管人逐步转到宏观管方向。河南省以"创先争优"活动为重点,积极开展党员先锋岗、文明示范岗等活动,扎实做好生产一线发展党员工作,不断提高党组织的创造力、凝聚力和战斗力。

企业领导班子建设和党风廉政建设进一步加强。国务院国资委注意加强中央企业领导人员的管理监督,深入推进中央企业领导人员廉洁从业工作,深化效能监察,建立防治商业贿赂长效机制。各地积极开展"四好"领导班子创建活动，深入推进党风建设和反腐倡廉工作，企业领导班子的政治素质、理论水平和履职能力不断提高。山西省积极构建党风廉政建设责任制工作机制，云南省开展党建质量管理体系试点，甘肃省制订企业党建检查评价办法并与业绩考核挂钩，都取得良好的效果。各地重视高技能人才队伍建设，坚持开展职工技能竞赛交流活动，积极选派代表参加中央企业职工技能大赛，建立数量相对充足、结构比较合理、素质能力较高的高技能人才队伍。普遍加强企业文化建设、职工民主管理和厂务公开，促进了企业改革发展。

（审稿人：赵　欣　撰稿人：侯　洁　毋旭光）

国有经济布局和结构调整与中央企业规划发展

一、以推动中央企业重组和资源整合为切入点，加快推进中央企业布局与结构的战略性调整

1. 开展重大前瞻性专题研究。一是为加快推进中央企业重组和资源整合，继续选择中央企业分布比较密集的业务板块，深化国有经济布局与结构调整研究，2008 年布置金属矿产资源开发、中央科研设计企业等几个业务板块的布局调整研究。二是开展投资、旅游、电力、化工、矿业、建材、船舶、工程公司等业务板块企业对标和结构分析，上述重大专题多数已经完成专题调研报告，为进一步推进中央企业重组和资源整合提供重要支撑。三是推进中央企业调整重组。推进中央企业重组注重坚持突出主业，突出企业在所处行业中的地位、作用、带动力、影响力和比较优势等，不是过多注重企业的规模；坚持按市场化原则运作；坚持将国有资本经营预算资本性支出安排与企业调整重组结合起来。对这些企业的调整重组适当注入资本金予以支持。

2. 初步研究提出国有经济必须保持控制力的中央企业所属重要子企业名单。国有资本保持对关系国家安全和国民经济命脉的重要行业和关键领域的控制力，保持中央企业的控制力，必须保持对一批重要子企业的控股地位。随着国有企业改革的深入，进一步扩大开放，引入战略投资者和多种经济成分，国有企业公司制股份制改革步伐明显加快，为避免一些国有资本必须保持控股地位的重要子企业在股份制改革中失去控股地位，加强对重要子企业的监管的理论和方法研究。已初步研究提出一批国有经济必须保持控制力的重要子企业名单，这个名单共约 2000 家企业，其资产总额、销售收入、实现利润约占全部中央企业的 80%左右。

3. 沿产业链和价值链方向推进中央企业重组和资源整合，优化中央企业布局结构和资源配置，完善中央企业整体功能，提高生产集中度和市场竞争力。在推进具体工作中十分重视企业重组的途径和方向的把握，一是从打造有较强国际竞争力的大公司大企业集团、完善中央企业整体功能出发，推进强强联合和上下游企业的联合重组。二是从优化中央企业内部资源配置、增强核心竞争力出发，搞好中央企业内部资源调整。三是从优化国有经济布局、减少重复建设出发，推进中央企业与地方企业及其他所有制企业的重组。四是从增强中央企业自主创新能力出发，推进科研设计院所与相关中央企业重组。五是从建立国有资本有进有退、合理流动的机制出发，组建资产经营公司，以此为平台，推进中央企业重组。

二、以战略管理理论研究为着力点，引导中央企业定准位、定好位

1. 启动《中央企业战略管理指引》重大专题研究。随着我国改革开放的不断深入，市场经济和现代企业制度建设步伐加快，国外战略管理理论和理念逐步引入国内。为从整体上提升中央企业战略管理理念，提高中央企业发展战略和规划管理水平，有必要对中央企业近年来战略规划管理工作大量实践的案例进行深入分析，对取得的经验进行总结，提升到理论高度，并借鉴国外有关战略管理方面较为成熟的理论和方

法，建立符合中国国情、符合中央企业实际的战略管理体系、制度和方法。完成《中央企业战略管理指引》专题报告，正在组织进一步修改完善。

2. 以科学发展观为指导，指导中央企业编制2008～2010年滚动规划，同时开展规划评议工作。对新一轮滚动规划的编制和评议，重点关注以下几个方面的问题：一是对世界金融危机下宏观经济形势的判断及对企业的影响和应对措施；二是企业战略定位和发展方向，发展思路是否清晰，主业是否突出；三是风险点控制，如资产负债率控制区间设置等。

3. 以高标准、高起点、新机制、新结构、新水平等为原则，指导企业编制抗震救灾规划。编制中央企业灾后重建总体规划，审核企业抗震救灾规划，落实抗震救灾援助项目。组织专家在对地震灾区汉旺镇生产基地考察的基础上，对东电集团汽轮机厂灾后异地重建规划进行审查，新建生产基地，具有以下几个显著特点：第一，坚持高标准、高起点，突出结构调整，克服"三线"建设时厂区分散、重复运输的缺陷与不足，优化总图布置，突出节能环保；第二，坚持体制、机制创新，不搞"大而全、小而全"，充分依托当地社会资源，进行产品和服务外包，集中精力发展核心业务、核心技术；第三，坚持生产和生活设施统筹规划，同步建设，突出以人为本、构建和谐社会的理念；第四，坚持艰苦奋斗，少花钱，多办事。上述灾后重建理念得到国务院领导的充分肯定。此外，组织中央企业赴四川省广元市、绵阳市等重灾地区进行实地考察，就利用当地资源建设劣质煤电厂、电解铝厂和建筑材料生产厂等项目达成初步的共识。

三、以积极应对全球金融危机为突破口，引导中央企业有效规避投资风险

1. 根据国内外宏观经济形势变化和经济发展中不确定因素增多的情况，分期分批连续召开重点行业中央企业投资分析会议，提醒企业重视防范投资风险，同时及时向国务院国资委领导反映世界金融危机可能对中央企业产生的影响，国务院国资委领导在很多场合提醒中央企业要"捂紧钱袋子"，注意规避和化解投资风险。由于见事早，应急反应及时，中央企业提前采取应对措施，有效化解投资风险。下半年，中央企业根据研究明确的有关"聚焦主业、突出重点、量入为出、有保有压"的投资工作指导思想，对固定资产投资、产权收购和长期股权投资项目进行全面清理，调减市场前景不明朗、资金不落实、潜在风险大、不确定因素多的投资项目；确保市场前景好、发展潜力大、经济效益好，有利于产业结构调整优化升级、能够尽快见效、投资回报率高的重点项目。据统计，仅中国石油、中国石化、中国铝业、中电投、中国五矿等6家企业全年就调减投资达890亿元，有效降低了投资风险。

2. 鉴于部分企业发展战略不清晰，主业不突出，存在盲目收购、扩张和重复建设的倾向，以及企业境外投资风险加大，不严格履行投资活动报告制度、投资管理上漏洞和隐患较多的实际情况，2008年印发《关于进一步加强中央企业投资管理的通知》(国资发规划〔2008〕143号)和《关于加强中央企业境外投资管理有关事项的通知》(国资发规划〔2008〕225号)。

3. 启动中央企业投资规模与企业经济合理承受能力评价研究，通过该项专题研究，提出投资管理风险评价定量依据，为加强中央企业投资监管、引导企业有效规避投资风险提供必要依据，提高企业投资决策的科学性。该项专题初步研究提出基本工作思路，正在分行业板块确定投资规模与企业经济合理承受能力定量评价指标。

4. 2008年中央企业投资情况。2008年，中央企业全年完成固定资产投资占总投资89.3%，股权类投资占10%左右，固定资产投资同比增长27.8%，比同期全社会固定资产投资增幅25.5%高2.3个百分点，比同期国有及国有控股企业的增幅22.8%高5个百分点。电信运营企业由于固定移动融合(全业务)发展趋势和3G网络建设需要，当年固定资产投资增长较快，增长51.9%，扣除这一因素，中央企业2008年固定资产实际完成投资增幅低于全社会固定资产投资增幅。

从当年固定资产投资完成的情况看，主要有以下几个特点：一是主业投资比重持续提高。2008年主业

投资占总投资的比重达到97.84%，其中电信、汽车、重大装备行业企业的主业投资比重继续维持在99%以上。二是投资中自有资金的比重维持在比较合理的水平。2008年投资中自有资金的比重为59%，投资风险得到较好的控制。三是投资重点是保续建项目，新开工项目比率较往年降低。除电信运营企业新增投资主要是新建项目外，中央企业新开工项目比率为40.7%，比上年下降约3个百分点。四是投资重点比较突出。第一，主要用于进一步缓解和改善能源供应紧张状况，满足不断增长的市场需求。第二，围绕满足用户需求和提高企业市场竞争力，着力推进产业结构调整和优化升级。第三，大力开展节能降耗和环保治理，为构建和谐社会做出积极的贡献。

中石油、中石化、中海油等3家石油企业当年完成投资比上年增长25.5%，其中石油天然气勘探开发、炼油、输油管道等主业投资占96%。中国移动、中国电信等4家电信运营企业当年完成固定资产投资比上年增长51.9%。针对数据通讯业务的快速发展，数据网方面的投资大幅增长，投资规模同比增加82.5%。到2008年底，互联网宽带接入用户达到8300万户，同比增加22.1%，宽带接入设备容量同比增加28%。3G牌照发放后，固定移动融合（全业务）发展趋势以及3G网络建设需要是电信运营企业投资增幅较快的主要原因，在电信运营企业投资计划中，3G网络建设的投资占计划投资总额的43.7%。宝钢、鞍钢等4家钢铁企业用于产品结构调整、增加铁矿石供应能力方面的投资占全年总投资的61%，用于节能减排技术改造投资占年度总投资的7.5%，主要投资一批余热余能发电、煤气回收、尾气脱硫和污废水处理项目。一重、二重、南车、北车等7家装备制造企业围绕国家重大专项工程建设需要，加大产品结构调整力度，加快重大装备国产化进程，如特高压输变电设备、时速350公里/小时的先进轨道交通设备、核电设备、大型优质铸锻件产品和风电、太阳能发电设备。

四、以制度和政策环境建设为入手点，加强中央企业自主创新能力建设

1. 推进创新型企业试点工作。与科技部，全国总工会共同研究制定创新型企业评价指标体系，对第一批创新型试点企业开展评价工作，有34家中央企业（含二级企业）被命名为创新型企业。第二批创新型企业试点工作启动后，国务院国资委推荐30家中央企业进入试点序列，组织专家陆续对企业试点方案进行评议检查，通过试点企业工作的示范作用，推动企业加强自主创新工作。

2. 基本完成中央企业技术创新信息平台建设工作。本着“共建、共享”的原则，会同国资委信息中心，在部分企业的密切配合下，完成对信息平台建设的调研分析、内容规划、方案设计和开发建设工作。技术创新信息平台主要由资源共享、科技管理、信息交流、在线互动四块功能构成，平台的建成，将提高中央企业科技创新资源的共享与信息交流，提高国资委科技管理工作的效率，进一步推进国家有关科技创新政策的运用，从而推动中央企业技术创新能力的提高。

3. 积极支持企业承担国家重大科技攻关任务。2008年，国务院国资委牵头组织实施10项“十一五”（含60个课题）国家科技支撑计划，这些项目涉及军工、化工、材料、农业、冶金、电力、资源、生物、生物技术等重点行业，全部由中央企业牵头承担研发任务。此外还支持部分企业承担大量863、973及其他国家科技支撑计划项目。支持电信、生物医药等企业积极参与、承担国家重大专项的研发任务。

4. 支持并协助企业加强科技基础条件建设，申报国家级研发机构。中国石油天然气股份有限公司勘探开发研究院、中国重型机械研究院等23家央企的科研院所被批准建设国家重点实验室，占2007年获批建立国家重点实验室的64%。

5. 进一步推进产学研结合工作。与科技部、财政部、教育部、全国总工会、国家开发银行联合，研究出台《关于构建产业技术创新联盟的指导意见》，深入研究产学研结合的利益保障机制和法制环境，共同推进由神华集团、化学工程集团、钢研集团、农机院四家央企牵头的煤化工、钢铁产业流程、农机装备等产业技术创新联盟试点工作。

6. 完成2007年中央企业年度科技情况调查。对企业科技投入、产出、人才、奖励、专利等情况进行汇总、分析，提出问题和建议，使中央企业科技基础数据

工作得到进一步加强，为领导决策提供依据。通过连续两年对中央企业申请专利、批准专利和发明专利数量的排名，对中央企业技术创新和专利申请工作起到积极的推动作用。

（审稿人：王晓齐　撰稿人：陈　鸿　于天荣）

国有经济及中央企业经济运行情况综述

2008年是我国经济社会发展历史上很不寻常、很不平凡的一年。我国接连经历低温雨雪冰冻和汶川特大地震等自然灾害，遭遇国际金融危机的严重冲击，成功举办北京奥运会和残奥会。面对这些难以预料、历史罕见的重大挑战和考验，广大国有企业在党中央、国务院的坚强领导下，深入贯彻落实科学发展观，积极组织抗灾救灾，全力开展和支持灾后重建，在关键时期充分发挥国有企业的中流砥柱作用，为保持我国国民经济平稳较快发展做出积极贡献。

一、国有经济稳步发展

截至2008年底，中央79个部门（单位）所属企业、中央企业和36个省级单位（自治区、直辖市、新疆生产建设兵团及计划单列市）所属的非金融国有及国有控股企业（以下简称全国国有企业）共53234家。2008年，面对突发的特大自然灾害和严峻的国内外经济形势，广大国有企业继续深化改革，积极调整结构，努力开拓市场，切实强化管理，努力降本增效，积极防范风险，生产经营总体保持平稳运行态势。

（一）全国国有企业户数减少，结构进一步优化

2008年，国有企业调整重组步伐加快，劣势、困难国有企业退出市场力度加大，政策性关闭破产有序推进，国有经济布局结构进一步优化，国有企业活力、控制力、影响力继续增强，市场竞争能力、抵御风险能力、科技开发能力不断提高，较好地发挥在国民经济中的主导作用。2008年底，53234家企业所属三级及三级以上国有企业的户数为113731户，比上年净减少1356户，减幅为1.2%。其中因新投资设立、收购、分立、竣工等因素新增5133户；因改制、关闭、破产、合并、歇业、出售、划出等因素减少6489户。

面对金融危机冲击，全国国有企业努力保民生、保就业、保稳定，尽可能不裁员，在企业数量减少的情况下，全年平均从业人员3658.7万人，仅比上年减少0.2%；全年平均职工人数为3530.7万人，比上年增加0.2%；较好地履行社会责任。离退休人员为1600.3万人，比上年减少2%。

（二）国有资产总量持续增长，对其他所有制企业的带动力进一步增强

随着国资监管机构的进一步健全和监管制度的逐步完善，国有资产保值增值责任进一步落实，国有资产总量继续保持较快增长。2008年底，全国国有企业资产总额为425472.8亿元，比上年增长19.9%；负债总额254755.3亿元，比上年增长23.3%；净资产总额为170717.5亿元，比上年增长15.1%，其中归属于母公司所有者权益为137178.1亿元，比上年增长14.7%，带动社会资本（少数股东权益）33588.1亿元，比上年增长16.6%；平均资产负债率为59.9%，比上年上升1.7个百分点；国有资产总量为131828.8亿元，比上年增长13.4%。

（三）经营效益下滑，但亏损面缩小

2008年，53234家企业实现营业收入229363.5亿元，比上年增长14.2%；实现利润13307.4亿元，比上年减少4317.8亿元，下降24.5%；实际上缴税金总额20927.5亿元，比上年增长18.3%；平均净资产收益率（含少数股东损益/权益）为6.1%，比上年（同口径）降低3.4个百分点；平均总资产报酬率为4.6%，比上年降低1.9个百分点。在53234家企业中，盈利企业28988家，盈利面为54.5%，盈利企业盈利额15094.9亿元；亏损企业24246家，亏损面为45.5%，同比降低1.4个百分点，亏损企业亏损额1787.5亿元。

（四）大型企业集团资产规模扩大，竞争能力进一步提升

2008年，全国国有及国有控股企业集团为1293

家。年末资产总计 357525 亿元，比上年增长 20.4%；年末股东权益 126299 亿元，资本保值增值率 112.7%。根据国家统计局制定的“企业集团竞争力指数及编制方法”，国有及国有控股企业集团的竞争力综合指数为 65，其中竞争力机制指数为 68.5，比上年提高 0.4 个百分点。

（五）科技投入继续增长，自主创新能力进一步增强

全国国有企业注重加强科技管理工作，不断健全技术创新体系，进一步完善科技发展规划，科技投入不断提高，科技成果更加显著，自主创新能力进一步增强。2008 年，全国国有企业科技资金达到 2454.9 亿元，比上年增长 15.6%，其中企业自筹资金达到 1813.4 亿元，占科技资金来源的 73.9%，比上年提高 3.9 个百分点。当年科技支出 2590.4 亿元，比上年增长 15.4%，相当于同期营业收入的 1.13%，比上年提高 0.03 个百分点。拥有的自主知识产权专利数量 86857 项，比上年增加 21190 项。其中，2008 年新增专利数量 22386 项，比上年增加 4699 项。

（六）积极履行社会责任，安全环保节能减排投入加大

全国国有企业积极履行社会责任，加大对安全生产、环境保护和生态恢复及节能减排的投入力度，努力实现企业与社会、环境全面协调可持续发展。2008 年，全国国有企业提取安全生产费用合计为 792.7 亿元，同比增长 45.2%；支出安全生产费用合计为 754.7 亿元，同比增长 55.1%；支出的环境保护及生态恢复合计为 357 亿元，同比增长 23%；节能减排费用合计支出为 297.2 亿元，同比增长 46%。

二、中央企业经济运行情况

（一）基本情况

截至 2008 年底，148 家中央企业资产总额达到 176287.6 亿元，比上年末增长 18.1%；负债总额为 102998.5 亿元，增长 23.8%；净资产为 73289.2 亿元，增长 10.9%，其中归属于母公司的净资产为 55840.3 亿元，增长 10.1%；少数股东权益为 17448.9 亿元，增长 13.7%。总体来看，中央企业面对严重的自然灾害和国内外经济形势的剧烈变化，反应快，行动早，采取措施得力，在控制风险的同时，保持较好的生产经营态势。

1. 生产经营总体保持平稳较快发展。2008 年，中央企业累计实现营业收入 118705.1 亿元，比上年增长 19.4%。油气供应能力稳步增长，中央企业生产原油 22270 万吨，同比增长 2.6%；加工原油 30479.3 万吨，增长 3%；成品油产量 19176.7 万吨，增长 6.2%；成品油销售量 21518.7 万吨，增长 3.9%。天然气产量 959.8 亿立方米，增长 26.8%。煤炭产销增长较快，原煤产量 47564.6 万吨，商品煤销售 49299.1 万吨，同比分别增长 17.9%和 10%。中央企业在电煤价格持续上涨的情况下，全力做好保电工作，完成发电量 20844 亿千瓦时，增长 13.8%；中央电网企业全力保障经济社会发展需要，完成售电量 26181.5 亿千瓦时，增长 7%。钢铁行业生产经营增长较快，中央企业粗钢产量 9192.1 万吨，同比增长 10.7%；钢材产量 8764.2 万吨，增长 12.5%。汽车产销继续保持稳定增长，汽车产量 399.3 万辆，同比增长 5%；销量 402.9 万辆，增长 7.1%。

2. 半数行业实现利润有所增长。2008 年以来，中央企业经受两次重大自然灾害及国际金融危机的重大考验，承担较大的政策性亏损，导致整体经济效益出现较大幅度下滑。但面对严峻的经营环境，广大中央企业积极采取有效措施，努力完成全年经营目标，有半数行业的企业实现利润同比提高。2008 年，中央企业累计实现利润 6961.8 亿元，比上年下降 30.8%。剔除受政策影响较大的石油和电力企业后，其他中央企业实现利润同比下降 18.2%。其中累计实现利润同比增长的行业有 11 个，地勘、建材、矿业、科研设计、房地产等行业增长较快，分别增长 51.7%、44.1%、28.7%、27.6%、18.5%。医药和农林牧渔行业则实现扭亏为盈。

3. 经营管理和风险管控能力进一步提高。面对国内外复杂多变的经济环境，中央企业不断拓展市场，强化资金管理，加强成本控制，清理投资项目，严格控制风险，各项工作取得积极进展。中国兵器工业集团公司、中国电信集团公司等大力推进集团化营销，创新营销手段，在控制风险的前提下努力扩大经营规模。中国建筑工程总公司、中国铁路工程总公司、中国铁道建筑总公司、中国交通建设集团公司、中国机械工业集团公司等企业实施“大市场、大业主、大项目”战略，积极开拓国际国内市场。中国船舶工业集团公司、中国船舶重工集团公司、中国兵器装备集团公司、武汉钢铁(集团)公司等企业进一步优化业务和产品结构，将关键性资源和核心能力集中于优势产品和新产品发展上，不断发掘企业新的增长点。中国核工业集团公司、中国航天科技集团公司、中国远洋运输(集团)总公司、中国海洋石油总公司等企业强化资金集中管控，多方式多渠道筹措发展资金，抵御风险的能力进一步增强。国家电网公司、中国南方电网有限责任公司、中国石油化工集团公司、中国中化集团公司、中国船舶重工集团公司、上海贝尔阿尔卡特股份有限公司等企业加强成本控制，压缩三项费用，增收节支取得良好效果。中国石油天然气集团公司、中国铝业公司、中国电力投资集团公司、中国钢研科技集团公司、中国建筑工程总公司等企业根据国内外宏观经济形势变化，对建设项目进行清理排队和调减，集中发展核心业务，有效降低了投资风险。

4. 积极履行社会责任，为我国社会稳定和国民经济平稳较快发展做出新的贡献。在落实国家宏观调控政策、增加财政收入、保证市场供应、维护国家经济安全、促进国防现代化建设等方面，中央企业发挥了重要作用。2008 年，中央企业实际上缴税金 10426 亿元，同比增长 18.6%。石油石化企业、电力企业在价格严重倒挂的情况下，坚持生产，保障供应。2008 年，两大石油企业炼油板块累计亏损超过 2000 亿元，两大电网企业和五大发电企业因煤电价格联动机制不到位总共影响利润 660 亿元左右。商贸企业在上半年市场供应紧缺的情况下，积极组织供应，为稳定市场做出贡献。军工企业积极推动军民品快速协调发展，按时保质保量完成了军品研发生产任务。航天科技等企业为神舟七号载人航天飞行、实现我国首次太空行走做出重要贡献。

5. 充分发挥骨干作用，为战胜重大自然灾害和成功举办北京奥运会做出重要贡献。面对历史罕见的低温雨雪冰冻和汶川特大地震灾害，中央企业始终把国家和人民利益放在首位，积极组织抗灾救灾，不畏艰险抢修电网、通讯、铁路和公路设施，不惜代价抢救受困职工、家属和灾区群众的生命，不遗余力保障灾区所需物资的生产和供应，为抢险抗灾和灾后重建作出突出贡献。中央企业所属 12 个单位获得“全国抗震救灾英雄集体”称号，10 位同志获得“全国抗震救灾模范”称号。中央企业在组织受灾企业开展自救、互救的同时，还踊跃向灾区捐款捐物总额超过 60 亿元。在北京奥运会筹备和举办过程中，有关中央企业圆满完成奥运场馆建设任务，提供高科技的奥运安保系统、气象监测服务，提供安全高效可靠的通讯电力保障，提供大量优质的装备，提供高质量、高水平、高效率的金牌服务。

(二)存在的主要矛盾和问题

中央企业上半年主要受两次重大自然灾害影响损失较大，下半年以来随着美国次贷危机引发的金融危机爆发并不断蔓延，经济运行出现一些困难，特别是第三季度以来，生产经营出现多年来未有的严峻形势。

1. 地震和雨雪冰冻灾害损失严重。据统计，地震和雨雪冰冻灾害造成中央企业直接财产损失分别达到 414 亿元和 338 亿元。灾区基础设施企业损失最为严重。以地震造成的损失为例，国家电网公司和电信企业的直接财产损失超过 200 亿元；中国东方电气集团公司、攀枝花钢铁(集团)公司、中国化工集团公司等生产类企业的直接财产损失超过百亿元；中国水利水电建设集团公司、中国铁道建筑总公司等施工企业的直接财产损失超过 40 亿元；中国航天科技集团公司、中国核工业集团公司等军工企业的直接财产损失超过 40 亿元。按固定资产重置测算，中央企业地震和雨雪冰冻灾后重建所需资金分别达到 742 亿元和 875 亿元。如果考虑设施加固、技术升级、提高安全性能等因素，中央企业地震和雨雪冰冻灾后重建所需资金突破 2000 亿元。

2. 企业生产经营增速明显下降。国际金融危机持续蔓延，对实体经济的影响超过预期。2008 年第四季度，中央企业生产经营出现明显的下滑，全年重点监测的 26 项生产经营指标中，增速较前三季度回落的有 20 项，上升的仅 6 项；其中回落幅度超过 5% 的有 10 项，包括房地产施工面积、进口额、船舶承接新船订单、发电设备订单合同金额、汽车产量、重型设备合同金额、出口额、汽车销量等增速分别比前三季度回落30.3、23.8、18.6、16.5、9.9、8.6、7.2、7.1个百分点。钢材产量、柴油销量、商品煤销售量、电网售电量、成品油销量、水运总周转量等增速分别比前三季度回落4.6、4.2、4、3.7、3.2、3个百分点。价格下行趋势也十分明显，其中，干散货运输市场波罗的海运价指数(BDI)大幅下跌，2008年全年BDI指数6390点，比2007年平均指数下跌9.62%，其中第四季度当季平均为1169点，同比下跌89%，环比下跌84%；国际油价从年初92.8美元/桶，涨到7月中旬的147美元/桶后大幅下跌，至年底收于44.6美元/桶。宝山钢市综合成交均价指数从2008年初1116点上涨至6月中旬的1438点高点后，逐步下跌至9月28日的1205点，年底则加速下跌至888点。

3. 经济效益下滑，盈利能力下降。2008年，受金融危机、成本上升以及政策性亏损等因素影响，148家中央企业实现利润6961.8亿元，比上年减少3093.9亿元，下降30.8%。其中，9家电力企业、7家交通企业、7家冶金企业、3家石油石化企业实现利润同比分别下降98.3%、93.2%、58.3%、29.4%；受上半年大宗商品等价格上涨等因素影响，营业成本同比增长24.1%，高于同期营业收入增幅4.7个百分点；主营业务利润率15%，同比下降3.6个百分点；财务费用1785.6亿元，同比增长59.4%；投资收益1185亿元，同比下降28.1%；平均净资产收益率7.2%，比2007年降低5.1个百分点；平均总资产报酬率5.6%，比2007年降低3个百分点。

4. 资产负债率上升，运营效率下降。资产负债率上升，偿债压力加大，2008年底，中央企业整体资产负债率为58.4%，比上年底上升2.7个百分点；利息支出2286亿元，同比增长42.6%；已获利息倍数4.1，下降43%；短期借款16592.7亿元，同比增长35.6%；短期借款占全部借款比率39.4%，同比上升0.6个百分点。资产运营效率下降，资金压力加大，2008年中央企业存货周转率5.6次，同比下降0.3次；应收账款周转率14.3次，同比下降2.4次，存货和应收账款同比分别增长29.4%和6.7%，占用资金增加；经营活动产生的现金流量净额11894.7亿元，同比下降15.9%；投资活动产生的现金流量净额为-21688.3亿元，净支出同比增加5053.3亿元；筹资活动产生的现金流量净额为12688.5亿元，同比增加6087.7亿元，其中通过取得借款收到的现金45674.2亿元，同比增加15417.1亿元，资金压力有所加大。

5. 部分行业和企业安全生产事故多发。2008年，中央企业安全生产形势总体保持稳定，未发生特别重大生产安全事故，较大及以上生产安全事故起数、死亡人数同比均有所下降，但部分行业和企业事故多发的势头仍没有得到有效遏制。2008年，中央企业共发生较大及以上生产安全事故28起，死亡(失踪)176人，同比减少5起、16人，分别下降15%、8%。重大生产安全事故5起，死亡89人，其中：交通事故3起，死亡52人；建筑施工事故1起，死亡21人，矿山施工事故1起，死亡16人。较大生产安全事故23起，死亡87人，其中：施工事故15起，死亡57人(铁路施工事故5起，死亡22人；水电施工事故4起，死亡13人；矿山施工事故2起，死亡9人；其他施工事故4起，死亡13人)；交通事故3起，死亡(含失踪)13人；冶金行业有害气体中毒事故2起，死亡6人；机械制造(船舶制造)事故2起，死亡6人；其他事故1起，死亡5人。施工事故、交通事故起数分别占事故总数的61%、21%，死亡(含失踪)人数分别占总数的53%、37%。此外，自然及地质引发灾害事故6起，死亡42人；中央企业非责任事故3起，死亡15人；意外事故3起，死亡14人。

(审稿人：刘南昌　撰稿人：董　敏)

企业国有资产监管法制建设

2008年是不同寻常的一年。企业国有资产监管法制工作适应新形势新任务的需要，不断推进深化，呈现出不少新的亮点和特点。

一、企业国有资产监管法规体系建设取得重要进展，国有资产监管体制和制度日趋完善

建立和完善企业国有资产监管法规体系，是贯彻

落实党的十七大提出"完善国有资产管理体制和制度"要求的重要举措，是进一步深化国有企业改革、健全现代企业制度的重要支撑，是国资委更好地依法履行出资人职责的主要依据。

（一）企业国有资产监管专门立法取得突破

2008年10月，《企业国有资产法》颁布出台，首次以国家法律形式进一步确认企业国有资产出资人制度，明确国资委作为政府授权履行出资人职责的机构中的主体地位，规范国资委与所监管企业之间的出资关系，充实完善国有资产监管工作的一系列法律制度，标志着国有资产立法和法规体系建设迈出具有里程碑意义的重要一步，对于完善国有资产管理体制、加快推进国有企业改革与发展具有重要意义。特别是进一步健全企业重大事项的决策机制，规范企业改制、资产评估、国有资产转让以及与关联方的交易等重大事项的管理，构建监督机制和法律责任体系，对于维护国有资产安全、防止国有资产损失具有十分重要的作用。

（二）企业国有资产监管制度建设不断完善

2008年，国务院国资委继续加强制度建设，共出台规章、规范性文件27件。主要包括《中央企业资产损失责任追究暂行办法》《中央企业安全生产监督管理暂行办法》两件规章和《关于印发〈中央企业国有资本经营预算建议草案编报办法（试行）〉的通知》《关于加强中央企业经济责任审计工作的通知》《关于规范国有企业职工持股、投资的意见》《关于进一步加强中央企业投资管理的通知》《关于规范国有控股上市公司实施股权激励制度有关问题的通知》《关于印发〈国有企业法律顾问职业岗位等级资格评审管理暂行办法〉的通知》等25件规范性文件。截至2008年12月31日，国务院国资委共制定发布规章20件（不含已修订的2号令）、规范性文件141件，各省市国资委起草制订地方规章和规范性文件1800多件。这些规章规范性文件细化了法律法规的原则规定，为加强监管、规范改革、加快调整提供操作性的制度支撑。

（三）重大专题超前研究论证进一步加强

面对新形势新任务，国务院国资委就国资国企改革中的重大政策法律问题开展专题研究，形成一批综合性前瞻性的研究报告。为加强国有资产法律保护，维护国有资产安全，起草《加强国有资产法律保护的几个问题》的研究报告；依据《公司法》和《企业国有资产法》，深入研究国资委作为出资人（股东）在公司层面上权益的维护，起草《国资委行使股东权问题研究》课题报告；结合中央企业董事会试点工作的进展情况，研究起草《关于董事会试点中央企业董事会与整体上市公司董事会如何衔接的研究报告》；着眼于中央企业在参与国际竞争中的优势和不足，初步形成《中央企业与中国500强企业的初步比较》分析报告；以国资委机关依法履行出资人职责行为的合规性为研究对象，起草《国资委行权履责中的法律风险防范研究报告》。

总体上看，这些法律文件的出台和重大课题的研究，初步建立以国有资产出资人制度为核心、以现代企业制度和现代产权制度为目标的一整套国有资产管理经营制度，标志着以《企业国有资产法》为龙头，以《条例》为基础，以国有资产监管规章规范性文件为具体内容的企业国有资产监管法规体系基本形成，为国资委依法履行出资人职责、加强国有资产监管、推进国有企业改革发展提供重要依据。

二、中央企业法制工作迈出坚实步伐，法律风险防范机制逐步健全

适应中央企业改革发展和国际竞争需要，2008年企业法制工作的范围和内容逐步拓展深化，在规范企业改制上市、保障企业依法调整重组、加强企业知识产权管理保护、推进企业实施"走出去"战略等方面，做了大量开拓性工作，为打造具有国际竞争力的大公司大集团提供有力的法律保障。

（一）中央企业法制工作新的三年目标开始启动

在国家法制不断健全、国有资产管理体制不断推进的大背景下，经过国资委和中央企业的共同努力，国有重点企业法制工作第一个三年目标基本实现。2008年5月，国务院国资委提出中央企业法制工作新的三年目标，即以建立健全企业法律风险防范机制为核心，力争到2010年在中央企业及其重要子企业全部建立总法律顾问制度，企业规章制度、经济合同和重要决策

的法律审核把关率达到100%，因违法经营发生的新的重大法律纠纷案件基本杜绝，历史遗留的重大法律纠纷案件基本解决，企业法制工作在提高企业市场竞争力和发展壮大具有国际竞争力的大公司大集团中的保障促进作用得到进一步发挥。2008年9月，国务院国资委在“全国地方国有重点企业法律风险防范机制建设座谈会”上又明确提出地方国有重点企业法制工作新的三年目标，要求到2011年底，省属国有重点企业全部设立法律事务机构，建立总法律顾问制度的比例达到70%，“以事前防范和事中控制为主、事后补救为辅”的企业法律工作制度基本健全。

(二)中央企业法律顾问组织体系和队伍建设继续推进

截至2008年底，141户中央企业实行总法律顾问制度的有92户，占65.25 %；重要子企业实行总法律顾问制度的有292户，占企业上报重要子企业总数的24.35%；中央企业总部法律事务机构作为独立职能部门的有98户，占69.50%。中央企业总部规章制度法律审核率、经济合同法律审核率和重要决策法律审核率平均分别为88.54%、91.24%、89.77%。中央企业全系统法律工作人员为11344人，比国资委成立之初增长30.39%，其中具有法律顾问执业资格的比率为51.89%。2008年国务院国资委还起草《关于贯彻实施〈国有企业法律顾问职业岗位等级资格评审管理暂行办法〉有关事项的通知》，进一步明确评审委员会、备案制度、等级资格证书的申领、中央企业一级法律顾问职业岗位等级资格的申报等事项。

(三)中央企业重大法律纠纷案件协调工作取得新进展

2008年，国务院国资委共收到中央企业报请协调处理的重大法律纠纷案件58起，直接涉案金额97.4亿元，间接涉案金额156亿元。经与有关部门协调沟通，一些重大案件得到解决。如针对金融资产管理公司转让国有企业不良债权问题，国务院国资委有关厅局共同研究，向有关部门反映意见和建议，并配合最高人民法院就此问题开展专门调研和研讨，就国资监管机构和国有企业优先回购不良债权问题与最高人民法院研究出台有关政策，从机制制度上帮助中央企业解决重大典型案件。同时，国务院国资委继续配合最高人民法院就中央财政资金权属纠纷案件问题进行深入研究，取得积极效果。

(四)中央企业知识产权战略实施工作得到加强

在全面完成《企业知识产权战略与管理指南》课题研究的基础上，2008年国务院国资委根据《国家知识产权战略纲要》的要求，继续加强对中央企业知识产权工作的指导。许多中央企业逐步落实知识产权管理与保护工作的职能部门和工作职责。招商局集团、港中旅集团、中材集团等明确集团总法律顾问对知识产权工作统筹负责，具体工作由集团法律事务部归口管理。中央企业越来越重视知识产权依法管理与保护的建章立制工作。武钢集团制定并完善与技术秘密保护相关的规章制度，将技术秘密的保护纳入各单位绩效评价体系。许多中央企业积极运用法律手段，加强商标管理，注重提升企业品牌价值。华侨城集团对特色旅游产品构建全方位知识产权保护体系，创建中国主题公园第一连锁品牌。中国移动、中远集团、东方电气集团注重品牌国际保护，积极开展国际商标注册。

(五)综合运用政策法律措施应对金融危机

金融危机爆发之前，国务院国资委密切关注形势变化，及早动手，加强指导，迅速出台一批规章和规范性文件。如针对股市下跌、证券融资难度不断加大的形势，及时出台《中央企业债券发行管理暂行办法》，规范企业债券发行行为，控制企业财务风险；为加强企业现金管理，建立财务应急处理机制，起草《关于加强中央企业资金管理防范财务风险的紧急通知》；为重申对企业投资管理的要求，出台《关于进一步加强中央企业投资管理的通知》；重视指导中央企业将法制工作新三年目标与金融危机下企业的经营风险结合起来，加强新形势下企业法律风险防范等。

三、国资委系统和中央企业普法工作稳步推进

(一)积极组织《企业国有资产法》的学习宣传

《企业国有资产法》是我国市场经济法律体系中

的一部重要法律，对于完善国有资产管理体制，加快推进国有企业改革与发展具有重要意义。2008年11月，国务院国资委专门下发《关于贯彻实施〈中华人民共和国企业国有资产法〉有关问题的通知》，指导中央企业立足于本企业改革与发展的实际，积极做好《企业国有资产法》的学习和宣传工作。在学习宣传过程中，许多企业领导人员带头组织专题学习，结合本企业经营管理实际情况，分析企业改革发展中存在的问题，将《企业国有资产法》列为本集团、本企业"五五"普法的重点学习内容。不少中央企业通过辅导解读、企业员工自学、开展知识竞赛等各种方式，借助企业内部局域网络、电视、电台、报刊、宣传活页等各种有效手段，广泛深入地学习宣传《企业国有资产法》的实质内容。

(二)大力开展国资委系统和中央企业的各项普法活动

为贯彻党的十七大提出的"深入开展法制宣传教育"的精神，积极推进法律进机关、进企业、进单位，国务院国资委普法办于2008年4～12月，分中央企业、全国国资委系统和机关各厅局、直属单位和直管协会三个板块组织大范围、广覆盖的"五五"普法知识竞赛。根据近年来全国人大及常委会颁布的《公司法》《证券法》《物权法》《破产法》《企业所得税法》《劳动合同法》和《反垄断法》等七部法律，并结合国有资产监管工作和国有企业工作的实际，国务院国资委普法办拟定100道参考试题，供各单位选用。竞赛活动覆盖面广、参与人多、形式多样，取得较好效果。

2008年，中央企业根据"五五"普法规划，按照法制工作新的三年目标要求，创新普法方式，把日常经营管理涉及的法律法规和本企业法律风险管理制度作为普法培训的重要内容。许多中央企业还形成企业负责人定期学法制度，把增强法制意识、提升法律素养作为评价企业负责人素质的重要内容。一些中央企业定期组织法律轮训，促进"法律进决策、法律进业务、法律进部门、法律进班组"，使法制宣传教育工作经常化、固定化、长期化，为培育和构建企业合规文化、提升中央企业软实力奠定坚实的基础。

（审稿人：周渝波　撰稿人：任雅林）

企业国有产权管理工作

2008年，我国先后遭遇南方雨雪冰冻自然灾害和汶川特大地震，下半年美国次贷危机引起的全球金融危机的影响也越来越深、范围越来越广，给中央企业生产经营造成了暂时性困难，如何帮助中央企业转"危"为"机"是各级国资委工作的一个重点。国务院国资委以党的十七大精神为指导，针对中央企业改革发展面临的国内外严峻经济形势，结合学习实践科学发展观活动，抓制度完善、抓基础工作、抓市场化流转、抓监管方式改进，推进中央企业公司制股份制改革，促进企业重组和结构调整，产权管理工作又迈上新的台阶。

一、进一步完善产权管理制度，健全产权管理制度体系

2007年10月以来，A股市场大幅下跌，2008年9月国内股票市场IPO暂停，企业通过证券市场融资难度越来越大，转而倾向于通过发债获得发展资金。为规范中央企业债券发行行为，控制企业财务风险，国务院国资委及时出台《中央企业债券发行管理暂行办法》(国资发产权〔2008〕70号)，从出资人角度加强对所出资企业发债行为的监管。随着产权管理制度的逐步完善，从2007年下半年开始国务院国资委开始着手制订一批产权管理工作指引，明确各项工作的审核程序、审核重点和内容要求，实现监管工作的标准化、公开化、透明化，减少审核人员的自由裁量空间，杜绝审核过程的随意性。2008年，国务院国资委重点进行企业主辅分离辅业改制资产处置核销操作指引及企业国有产权无偿划转工作指引的研究起草工作。

在健全产权管理制度的同时，国务院国资委十分重视制度的执行和落实，不断加大对制度执行的监督检查力度，努力提高制度执行的严肃性。国务院国资委以中央企业资产评估备案项目抽查为主，组织4次包括资产评估、进场交易、产权登记和相关经济行为在内的产权管理联合检查，对发现的问题予以通报，

并督促企业限期整改，有效提高企业和中介机构执行制度的能力和自觉性。

二、围绕中央企业改革发展，做好产权管理基础工作

推动中央企业重组和结构调整，深化中央企业公司制股份制改革，建立现代企业制度离不开产权管理各项基础工作。中央企业改革任务很重，2008 年重大自然灾害和严峻的经济形势又给中央企业生产经营造成巨大的压力，企业深化改革、加快结构调整的需求很迫切。涉及到的产权管理事项往往时间紧、工作量大，国务院国资委既严格按制度办事，又充分考虑企业的实际困难，必要时调整工作方式，帮助企业依法合规推进各项改革。

（一）适应混合所有制经济发展，发挥产权登记基础性作用

国务院国资委进行混合所有制经济情形下产权登记问题研究，探索产权登记工作的指标体系和有效管理方式，在此基础上将对《企业国有资产产权登记业务办理规则》（国资发产权〔2004〕315 号）进行修订。截至 2008 年底，中央企业及其所属各级子企业登记户数为 19250 户，其中：中央企业集团 148 户，一级子企业 3942 户，二级子企业 9839 户，三级及以下子企业 5321 户（见表 1）。

表 1　　中央企业及其所属各级子企业户数和级次分布

单位：户

年　份	合　计	其中：			
		中央企业	一级子企业	二级子企业	三级及以下子企业
2008 年	19250	148	3942	9839	5321

从产权登记数据看，中央企业及其各级子企业具有以下几个特点：

一是企业组织形式以公司制企业为主。在 19250 户登记企业中，公司制企业 12957 户，占 67.31%（见表 2），且在公司制企业中国有控股公司又占多数。

表 2　　中央企业及其所属各级子企业组织形式汇总

单位：户

组织形式 / 年　份	国有企业	公司制企业				合　计
		国有独资	国有控股	国有参股	小　计	
2008 年	6293	2231	9534	1192	12957	19250

二是国有资本在级次上主要集中在三级以上企业。从国有资本在各级企业的分布情况看，国有资本主要集中在中央企业集团及其所属一、二级子企业（见表 3）。

表 3　　中央企业及其所属各级子企业实收资本和国有资本级次分布

单位：亿元

项　　目	中央企业	一级子企业	二级子企业	三级及以下子企业
实收资本	18193	22397	8045	1631

续表

项　　目	中央企业	一级子企业	二级子企业	三级及以下子企业
其中:国有资本	18186	20566	6996	1327
其中:国家资本	17550	177	55	6
国有法人资本	636	20389	6941	1321
国有资本所占比率(%)	99.96	91.82	86.96	81.36

三是国有资本主要集中在关系国家安全和国民经济命脉的重要行业和关键领域。以中央企业集团为例,石油石化、电力、电信等重点行业的国有资本为12882亿元,占全部中央企业集团国有资本总额的70.83%(见表4)。

表4　　中央企业及所属各级子企业国有资本重点行业分布

单位:亿元

级次 行业	中央企业	一级子企业	二级子企业	三级及以下子企业
国有资本合计	18186	20567	6996	1327
其中:石油石化	5004	6265	2143	74
电力工业	4236	5672	1531	336
通信业	3642	2016	623	48
三行业国有资本比重(%)	70.83	67.84	61.42	34.51

(二)根据形势发展,及时调整资产评估思路

2008年,国务院国资委组织9次评估核准项目专家评审会,办理资产评估备案285项,共涉及评估前净资产1262.5亿元,评估后净资产值为2480.3亿元,评估增值率为96.46%。285个备案项目中,按经济行为类型分:企业改制项目5项,占全部备案项目的1.75%;对外投资项目3项,占全部备案项目的1.05%;债转股项目9项,占全部备案项目的3.16%;公司分立合并项目2项,占全部备案项目的0.7%;产(股)权转让项目200项,占全部备案项目的70.18%;资产转让项目2项,占全部备案项目的0.7%;主辅分离项目55项,占全部备案项目的19.3%;其他项目9项,占全部备案项目的3.16%(参见表5和图1)。

全球金融危机爆发以来,国务院国资委及时发现同一资产在不同经济周期的资产评估值出现异常变动,并组织中介机构对经济衰退情形下采用成本法和收益法评估与在经济高速增长情形下相比需要考虑哪些不同因素问题进行研究,同时研究调整评估项目备案管理的相关规定,降低企业整合成本。

表5　　2008年资产评估备案项目中各类经济行为对比

金额单位:亿元

经济行为类型	项目数量	评估前净资产总计	评估后净资产总计	增值率(%)
企业改制	5	62.45	106.14	69.96
对外投资	3	14.10	22.37	58.65
债转股	9	20.47	35.48	73.33

续表

经济行为类型	项目数量	评估前净资产总计	评估后净资产总计	增值率(%)
公司分立合并	2	52.94	135.40	155.76
产权(股权)转让	200	914.65	1301.45	42.29
资产转让	2	0.06	0.06	0.00
主辅分流	55	17.80	31.99	79.72
其他	9	62.24	205.64	230.4
合　计	285	1144.71	1838.53	60.61

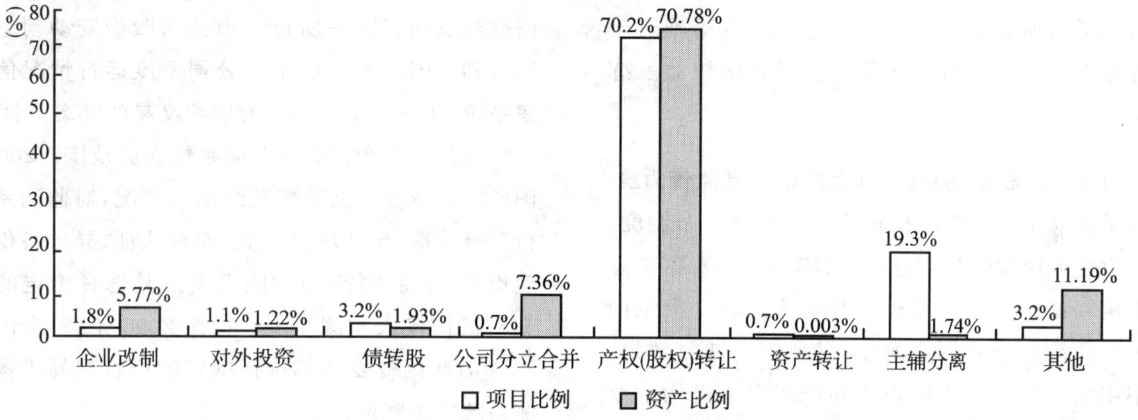

图 1　2008 年资产评估备案项目中各类经济行为比重

(三)灵活调整产权管理方式方法,服务中央企业改革

2008 年,国务院国资委办理无偿划转 80 项,涉及净资产 2.7 亿元(其中军工破产企业下放地方涉及净资产 −38.2 亿元);协议转让 128 项,涉及净资产 322.4 亿元;办理产权登记 2700 项,股权管理方案 51 项,有力地推动中央企业重组调整和改制上市。国务院国资委还办理 457 户主辅分离辅业改制资产核销,核销账面国有净资产 40.6 亿元;批复同意 10 家中央企业发债事项,募集金额 366 亿元,帮助解决企业实现科学发展。在上述产权管理基础工作过程中,国务院国资委根据企业实际情况,灵活调整方式方法,特事特办,保证工作的顺利进行。

三、利用两个市场,推进中央企业资源优化和布局结构调整

国务院国资委成立以来,通过建立进场交易制度和股权分置改革,逐步形成以产权交易市场为平台的非上市公司国有产权流转通道和以证券市场为平台的上市公司国有股权流转通道,国有资本有进有退、合理流动的市场化机制已经形成。2008 年,国务院国资委继续加大力度,不断健全和完善两个市场机制。

(一)贯彻落实 19 号令,规范国有股东所持股份的流转

一是完成股东账户核查。从 2007 年 9 月开始,国务院国资委会同中国证券登记结算公司对全国 1100 多家包含国有股份的上市公司国有股东账户进行核查,该项工作涉及 90 家中央企业、37 个省级国资委和 22 个中央及国务院部委,核查对象涵括 10000 多个股东单位。截至 2008 年底,国有股东身份核查和标注工作基本完成,为全流通条件下上市公司国有股权动态监测系统的建设奠定基础。二是充分利用证券市场,实现中央企业资源整合、结构优化,提高国有控股上市公司质量。2008 年,国务院国资委办理上市公司

国有股权划转、协议转让、证券发行等管理事项231项，其中支持中央企业整体上市或分业务板块上市11项，通过注资提高上市公司竞争力2项，通过证券市场融资15项，募集资金280.9亿元，支持中央企业重组整合所控股上市公司办理无偿划转和协议转让86项，流转股份98.5亿股，有力地支持了中央企业所控股上市公司的健康发展。三是考虑到进入2008年A股市场持续下跌的基本态势，国务院国资委严格控制国有股东通过证券交易系统出售控股上市公司超过政策规定比例股份，同时积极协助一批中央企业通过二级市场增持所控股上市公司股份。这些措施对于维护证券市场稳定运行和各类投资者合法权益发挥积极作用。

(二)统一产权交易规则，加大产权交易监管力度

一是建立中央企业产权转让信息联合发布制度，要求中央企业产权转让信息在京、津、沪、渝4家试点交易机构网站和4家交易机构共同选择的6家纸面媒体上按照统一格式同步发布，提高信息披露效果。二是组织指导部分地方国资委和产权交易机构起草统一的《企业国有产权交易操作规则》及其配套操作细则和实施办法，防止由于市场规则的不统一引起交易机构之间的无序竞争，相应的统一交易系统软件研发工作也同步进行。三是加强产权交易监管。针对一些企业在受让条件设置方面存在的问题，建立中央企业产权转让信息披露的备案制度，通过对特定转让项目的信息披露进行备案管理，防止一些转让方故意设置有倾向性的受让条件，排斥其他受让方。

根据企业国有产权交易监测系统统计显示，已接入监测系统的10个省市产权交易机构2008年公开挂牌转让企业国有产权1784宗，交易金额680.7亿元，平均增值率为15.5%，交易金额比上年增长70%。中央企业通过京、津、沪、渝4家试点交易机构公开挂牌转让企业国有产权999宗，交易金额475.7亿元，平均增值率为14.3%，交易金额比上年增长110%。

四、以提高监管效率和效益为目标，大力推进产权管理信息化

国务院国资委十分注重产权管理工作的信息化建设，并在2008年取得显著进展。

一是积极推进产权登记网络版系统建设。产权登记网络版系统的目标是实现产权登记业务的在线办理，及时、全面掌握企业国有资产产权的分布状况。2008年8月，国务院国资委在4家中央企业和1家地方国资委进行试运行，完成系统搭建和业务流程、功能模块、网络载荷的测试任务，初步实现系统的在线平稳运行。

二是推进上市公司国有股监测系统建设。在股东账户核查的基础上，国务院国资委会同有关部门，研究开发国有股东所持上市公司股份变动动态监测系统和全国国有控股上市公司季度运行情况信息采集系统，实现上市公司国有股权交易的动态监管。

三是扩大产权交易监测系统连通范围。2008年，国务院国资委根据监测系统运行情况，对监测系统进行升级改造，包括功能拓展、安全认证、异地备份机房建设等，并将10个地方国资委及其选择确定的产权交易机构接入监测系统。截至2008年底，全国已有20个省级国资委及其选择确定的产权交易机构与监测系统实现联网。

五、学习实践科学发展观，组织产权管理重大课题研究

在学习实践科学发展观活动中，国务院国资委对产权管理工作进行全面思考，深刻认识到产权管理工作必须遵循国资监管规律、企业发展规律和市场经济运行规律，必须坚持“依法合规、市场机制”的原则，必须根据情况的发展变化及时调整完善相关制度和审核方法，加强对混合所有制经济情形下国有产权管理、境外国有产权管理、监管中心向上市公司国有股权转移、中央企业投资金融业等问题的研究，以适应当前形势下国企深化改革和发展的需要，推动产权管理工作再上新台阶。

国务院国资委多次到中央企业就上述四方面问题进行调研，听取企业的意见和建议，同时组织两个课题对混合所有制经济情形下国有产权管理和境外国有产权管理问题进行研究。境外国有产权管理问题，国务院国资委还对30家境外资产比较多的中央

企业进行境外投资及产权管理状况问卷调查，着手开始管理办法的起草工作。混合所有制经济情形下国有产权管理问题，国务院国资委提出缩短管理链条、完善法人治理结构、建立出资人代表制度的初步思路。中央企业产融结合问题，国务院国资委也在调研的基础上，研究提出中央企业审慎投资金融业，特别是银行业及金融衍生品工具的建议。监管中心向上市公司国有股权转移，则主要是围绕规范国有股东行为、维护证券市场稳定开展工作。

六、中央企业国有资本经营预算工作顺利启动

根据《国务院关于试行国有资本经营预算的意见》(国发〔2007〕26号)精神，国务院国资委制订出台《中央企业国有资本经营预算建议草案编报办法(试行)》(国资发产权〔2008〕46号)，明确中央企业国有资本经营预算的编制程序和职责分工。依据编报办法，国务院国资委向财政部提出2008年中央企业国有资本经营预算支出方向和重点，并按照“以收定支，不列赤字”的原则安排2008年度预算支出，据此向财政部报送中央企业2008年度国有资本经营预算建议草案，并获得国务院批复同意。中央企业国有资本经营预算工作顺利启动。

七、加强对中央企业和地方国资委的业务指导

2008年，国务院国资委继续召开中央企业产权管理工作会和地方国资委产权管理暨产权交易机构工作会，同时还分四期举办2008年度产权管理业务培训班，其中，中央企业两期，地方国资委两期。140家中央企业的490名产权管理工作人员和37个省级国资委、356个地市级国资委(含直辖市所辖区县国资委)的570名产权管理具体经办人员参加培训，四期培训班共有1060人参加。考虑到财政部刚刚实施和即将实施一批评估新准则，评估管理人员培训需求比较大，国务院国资委在培训中更加突出资产评估的内容。

(审稿人：郭建新　撰稿人：曹录波)

中央企业财务监督工作

2008年中央企业财务监督工作，以实践和落实科学发展观为统领，紧密围绕国有资产保值增值的中心任务，制定发布《中央企业资产损失责任追究管理暂行办法》(国资委令第20号)，重点开展金融危机应对与防范、财务预决算管理、全面执行《企业会计准则》等重点工作，财务监督制度更加完善，财务监督体系不断创新和发展。

一、财务监督与考核评价局成立，财务监督工作职能更为明确

2008年，根据《国务院办公厅关于印发国务院国有资产监督管理委员会主要职责内设机构和人员编制规定的通知》(国办发〔2008〕85号)，国务院国有资产监督管理委员会内设机构和职能进行部分调整，原统计评价局(清产核资办公室)更名为财务监督与考核评价局，主要职责调整为：承办所监管企业财务预决算的有关工作；建立健全国有企业绩效评价指标体系，考核评价所监管企业的经营绩效；研究提出所监管企业重大资产损失责任追究的意见和措施；承担所监管企业清产核资和资产损失核销工作；承担国有资产统计分析工作。与原统计评价局职能相比，财务监督与考核评价局的财务监督职能更为明确，职责范围更加全面，为中央企业财务监督工作的进一步推进和完善奠定了坚实的组织基础。

二、组织召开中央企业财务工作会议

为认真总结国资委成立五年来中央企业财务管理工作取得的成效，研究和探索出资人财务监督工作的思路和方法，促进中央企业不断创新财务管理，改进财务绩效，国资委于2008年2月在北京召开中央企业财务工作会议，李荣融主任出席会议并作重要讲话。

(一)全面总结五年来财务监督工作取得的成绩

会议充分肯定五年来中央企业财务管理取得的显著成效,财务绩效大幅提升,2003～2007 年中央企业实现销售收入年均增长 21.8%,实现利润年均增长 34.9%;2007 年中央企业平均总资产比 2003 年提高 3.3 个百分点,平均净资产收益率提高 6.9 个百分点;会计信息质量明显提高,中央企业通过清产核资、执行《企业会计制度》和《企业会计准则》,确保中央企业的账本真实可靠;财务风险控制力度逐年加大,负债规模得到有效控制,债务结构不断优化,担保风险基本得到遏制;资本运作和资金融通取得重要突破,百余家中央企业通过发行股票,在境内外资本市场筹资达 6000 多亿元人民币;集团财务控制力逐步增强。

(二)明确下一步财务监督工作的思路

要更加注重财务基础管理,进一步修改完善各项规章制度,优化业务流程,加强内控体系建设;要更加注重成本费用控制,大力推进精细化管理,建立成本费用控制责任制,努力降本增效;要更加注重财务风险防范,加强现金流量管理,优化融资和资本结构,防范债务风险,高度重视过度负债、对外担保、应收账款、金融及衍生品业务等风险管理;要更加注重财务资源的集团化运作,以财务战略为统领,不断加强集团内部财务资源整合;要更加注重财务管理创新,运用现代信息技术改进经营管理,实现财务资源集成管理,通过财务管理创新,更好地发挥和提升财务管理的功能和作用。

(三)提出做好财务监督工作的几点要求

要进一步提高认识,转变观念,充分发挥财务管理的作用;加大预算管理力度,提高预算管理工作水平;加快财务信息化建设,切实提高企业信息化水平;适应“走出去”战略需要,加强境外企业财务管理;加强利润分配管理,组织做好国有资本收益上交工作;认真贯彻落实总会计师职责,加强财会队伍建设。

三、积极推动集团化财务管理体系创新

国资委在中央企业财务监督工作中,提倡加强集团财务管控理念,在加强集团财务管理体制建设、创新财务管理方法、强化重大财务事项管控和内控体系建设等方面做了大量开创性的工作,取得了明显效果。一是积极推动企业实施资金、投资、债务、采购等重要业务集中管理,大大降低了财务费用;多数中央企业开展了重大财务事项集中管控,大大提升了集团总部控制力。二是大力推动企业实施全面预算管理,提倡以全面预算为“抓手”,不断加强财务控制力和资源配置能力,引导企业科学发展。三是大力倡导中央企业开展重要子企业总会计师委派工作,加强总会计师工作职责管理,提升企业财务管理水平。四是组织开展中央企业金融衍生业务的清理和监管,要求企业合理运用金融衍生工具,完善金融衍生业务内部控制机制,防范重大资产损失。五是积极推动中央企业财务信息化建设,为企业集团创新财务管理机制提供技术支撑。截至 2008 年,绝大多数企业建立较为完善的财务预算体系,近 30 家企业实施全面预算管理,80 多家企业开展财务信息化工作,有 70 多家企业实行资金集中管理,90 多家企业建立重大事项集中管控制度,近百家企业建立总会计师职责管理制度。

四、探索建立资产损失责任追究制度

为进一步落实国有资产保值增值责任,建立企业资产损失责任追究制度,促进企业完善内部控制机制,2008 年国资委出台 20 号令,明确责任追究的组织方式、追究范围,填补追究国有资产损失责任方面的一项制度空白。

(一)关于资产损失责任追究工作职责

20 号令对国资委和企业在资产损失责任追究工作中的职责进行明确划分。国资委在资产损失责任追究工作中的职责包括:研究制定企业资产损失责任追究规章制度,负责管理权限范围内相关责任人的资产损失责任追究工作,负责特别重大和连续发生的重大资产损失责任追究工作,负责指导和监督企业资产损失责任追究工作,并受理企业直接处罚的相关责任人的申诉或复查申请。企业在资产损失责任追究工作中的职责包括:研究制定本企业资产损失责任追究工作制度,负责管理权限内相关责任人的资产损失责任追究工作,负责指导和监督子企业资产损失责任追

究工作，并配合国资委开展特别重大和连续发生的重大资产损失责任追究工作。

（二）关于资产损失责任认定

20号令规定，资产损失金额包括直接损失金额和间接损失金额，并包括虽尚未形成事实损失，但确有证据证明在可预见的未来将发生事实损失且能可靠计量的资产损失。20号令根据损失金额大小和影响程度将资产损失划分为一般资产损失、较大资产损失、重大资产损失和特别重大资产损失。

（三）关于资产损失责任划分

20号令将企业资产损失责任分为直接责任、主管责任、分管领导责任和重要领导责任，分别是指直接责任人、部门主管责任人、企业分管责任人和企业主要负责人在其职责范围内，未履行或者未正确履行工作职责，以及违反法律、法规和相关规定，造成资产损失时所应当承担的责任。20号令还规定，企业因未履行或未正确履行职责，导致决策失误造成重大或者特别重大资产损失的，企业主要负责人应当承担直接责任；企业发生重大或者特别重大资产损失隐瞒不报或者少报资产损失的，总会计师或者企业分管财务负责人和企业主要负责人应当分别承担分管领导责任和重要领导责任。

（四）关于资产损失责任处罚

20号令规定的资产损失责任处罚方式包括经济处罚、行政处罚和禁入限制，并根据一般资产损失、较大资产损失、重大资产损失和特别重大资产损失明确具体处罚方式，其中：经济处罚是指扣发绩效薪金（奖金），终止授予新的股权；行政处分是指警告、记过、降级（职）、责令辞职、撤职、解聘、开除等；禁入限制是指在1～5年内或者终身不得被企业聘用或者担任企业负责人。20号令规定，企业发生特别重大资产损失，以及连续发生重大资产损失的，除对相关责任人处以经济处罚和行政处分外，应当给予禁入限制。

五、建立财务应急处理机制，指导帮助企业积极应对国际金融危机

2008年上半年，国家实施从紧货币政策，带来中央企业融资难度加大，融资成本增高，资金普遍趋紧；国家对油价、电价管制导致的倒挂现象加剧，带来炼油、火电企业巨额亏损；下半年受国际金融危机冲击，市场需求下降，大宗产品价格急速下跌，企业效益大幅跳水。这些复杂的经济形势，为中央企业财务管理带来前所未有的困难。为积极应对复杂多变的经济形势，国资委建立包括多项有效措施的财务应急处理机制。

（一）及时下发资金管理专项通知，指导企业切实加强资金管理

针对从紧货币政策以及国际金融危机的影响，国资委下发《关于加强中央企业资金管理防范财务风险的紧急通知》（国资厅发评价〔2008〕87号），要求企业高度重视资金管理，细化资金预算安排，合理安排生产经营活动的资金需求，坚持量入为出，留足资金头寸，实现稳健经营。积极创新融资方式，拓展融资渠道；严格控制资金支出，加强大额资金支出监管，加快内部资金融通，加强存货和应收账款管理，加快资金周转。该通知对于增强企业风险意识、做好资金管理工作、有效应对国际金融危机发挥重要指导作用。

（二）成立"财务应急小组"，分类指导企业应对危机

为有效指导中央企业应对复杂的经济形势，加强风险防范，妥善应对财务危机和处理突发财务事件，国资委成立"财务应急小组"，对存在较大财务风险但尚未爆发危机的企业进行重点关注，提示和指导企业加强财务风险管理，防止发生大的财务危机或资产损失；对发生较大资产损失、经营严重亏损或出现偿付危机的企业进行重点指导，帮助和推动企业妥善解决问题，尽力减少损失；对于负债率持续升高、资金链紧张、市场处于下降状态的企业，进行财务状况剖析，诊断面临的突出问题，并约请总会计师及相关负责人进行警示谈话，提示企业积极应对面临的财务风险。

（三）改进和调整财务监测方式和重点，加强企业运行和财务状况分析

为了更加全面、准确地分析企业生产经营和财务状况，2008年进一步完善财务监测体系，企业财务月

报收集、分析与反馈方式得到逐步改进，财务快报的监测分析重点随经济形势变化及时调整，上半年财务快报监测分析的重点放在银根紧缩后带来的企业银行借款规模、资金缺口、财务费用、应收账款等方面的变化，以及油电企业效益下滑对中央企业整体效益的影响；下半年重点跟踪大宗产品价格急剧下滑、市场需求急剧回落带来的企业存货大增、资产缩水、效益回落等特征，并由此伴生的资金周转放慢、现金回收不足、资产负债率上升和流动性不足等问题，在关注效益增长情况的同时，关注财务风险。

六、中央企业财务预算工作体系进一步完善

2008年是全面贯彻落实《中央企业财务预算管理暂行办法》（国资委令第18号）的第一年，财务预算管理结合形势变化，加强行业分类管理和执行监督，增强了财务预算对企业经营管理的事前引导作用。

（一）强化预算目标审核，掌握企业经营发展走势

2008年不确定因素较多，石油价格波动剧烈，煤电价格联动不到位等，加大对一些重点行业重点企业经营发展态势的预测难度。为了较为准确地把握预算目标，认真分析国家宏观经济形势和重点行业重点企业发展的基本态势，预算管理结合行业形势和企业的资源优势、产品前景、市场地位、发展基础等，运用数理分析、趋势分析等各种方法，结合企业以前年度经济运行和预算执行情况等，预测企业2008年度可实现的效益目标，并将审核意见反馈企业。

（二）贯彻监管要求，关注重大事项预算安排

2008年宏观经济形势复杂，不确定因素增多，财务预算管理加大成本费用、投资规模、资金安排以及财务风险等方面的审核力度。通过审核企业成本费用安排情况，督促企业进一步压缩可控费用，减少非经营性支出，降本增效；通过审核企业投资安排，督促企业审慎投资，进一步压缩投资规模；通过审核企业资金安排，督促企业避免支出规模安排过大，防止出现现金流缺口；通过审核企业债务、担保、金融及衍生业务等方面的预算安排，分析判断企业风险可控程度。

（三）加强预算执行分析并适时调整财务预算

根据财务快报，对重点企业预算执行情况进行跟踪了解，开展企业预算执行情况的分析研究，对预算执行不力的企业及时进行指导和督促，帮助企业分析原因，督促企业根据经济形势变化按时报送财务预算调整报告，根据预算编制和执行中存在的问题，对企业预算调整报告进行分析，帮助企业逐步提高预算编制质量。

七、财务决算管理着力在强化备案与审核力度上下功夫

2008年中央企业财务决算管理工作突出三个方面的重点，一是继续加强会计信息质量的监督，二是突出重大财务事项监管，三是做好企业经营成果以及业绩考核、工效挂钩、资本收益等监管工作的清算。同时，指导企业发挥好决算工作的反映、检查和检验功能，通过决算工作进一步查找问题，堵塞漏洞，完善内控，提升管理水平。

（一）强化企业财务决算备案和审核力度

在2008年财务决算管理工作中，国资委明确要求企业必须在决算之前将会计政策和会计估计变更、合并范围变动、年内重大重组合并行为、消化以前年度潜亏挂账等对当期经营成果有重大影响的事项提前报告。财务决算审核工作中，重点对以下几方面进行严格把关：一是扩大审核范围，将审核范围由集团合并报表扩大到管理级次较长、集团控制力较为薄弱的重要子企业财务决算。二是加强经营成果真实性审核，围绕经营成果真实性，加强重大会计政策和会计估计变更、资产减值转回、非经常性损益、公允价值变动损益等事项审核，防止企业人为调节利润。三是强化了重大财务事项管控审核，围绕强化集团财务控制力、健全内部控制建设等工作重点，加大对企业债务结构及风险、对集团外担保、资金管理、重大投融资管理、职工持股、关联公司及其交易、潜亏挂账、重大资产损失、成本费用控制等重大财务事项的审核。四是细化利润分配审核规范，结合建立国有资本经营预算制度要求，认真审核企业是否按照“同股同权”原则及《公司法》的规定规范分配利润行为。

(二)财务决算审核结果显示企业经营效益继续增长

经审核,确认2007年度中央企业实现营业收入100281.5亿元,比上年增长20.9%;实现利润总额10055.7亿元,比上年增长30.9%;上缴各项税金8792.1亿元,比上年增长22.7%。2007年末,中央企业资产总额14.9万亿元,比上年增长22.4%;所有者权益6.6万亿元,比上年增长22.6%;平均资产负债率55.7%,比上年下降0.1个百分点;年末国有资产总量5.1万亿元,比上年增长20.9%。2007年中央企业平均净资产收益率12.3%,比上年提高1.2个百分点;平均总资产报酬率为8.6%,比上年提高0.7个百分点;国有资本保值增值率为112.9%,比上年提高2.3个百分点。

(三)开展2007年度中央企业财务决算逐户批复工作

在规范会计核算的基础上,国资委逐户对企业的2007年度财务决算报告进行批复,及时向企业通报业绩考核清算结果、工效挂钩企业经济效益状况、财务绩效状况综合评判结果等,指出企业经营管理和财务管理的薄弱环节、面临的经营风险和存在的突出问题,并提出整改要求。

八、继续开展财务抽查和经济责任审计工作

为充分有效地发挥审计监督作用,2008年国资委继续组织开展财务抽查审计和经济责任审计工作。

(一)企业财务抽查审计工作针对性增强

一是2008年度财务抽查审计的重点由集团整体审计转向子企业和专项工作抽查,2008年将部分境外子企业和电力电信企业所属的宾馆酒店企业纳入财务抽查范围,同时,将财务抽查审计范围扩大到H股上市公司。二是与承担2008年度财务抽查审计项目的29家会计事务所签定委托业务约定书,明确财务抽查的任务和质量控制责任,对审计人员进行有序培训,落实和强化审计责任,确保审计质量。

(二)下发经济责任审计工作通知明确工作要求

经济责任审计是全面评价企业负责人履职工作业绩,界定经济责任,促进管资产和管人、管事相结合的重要手段。为进一步做好2008年的经济责任审计工作,国资委下发《关于加强中央企业经济责任审计工作的通知》,要求各中央企业进一步提高认识,加强组织领导和制度建设,在全面开展主要负责人离任和任期经济责任审计的基础上,积极开展对副职和部门主要负责人的离任和任期经济责任审计工作,认真开展专项经济责任审计,提高审计质量,积极应用审计成果,探索审计的新领域新方法。2008年,国资委分两批组织实施15户中央企业负责人离任和任期经济责任审计工作。

(三)加强和规范企业财务决算审计工作

一是对审计存在质量问题的会计师事务所,按照会计制度规定和独立审计准则的要求,逐一核实情况并提出处理意见。二是继续加强对2008年度决算聘用事务所数量和资质进行审核,对企业上报的事务所按照文件规定全面审核,对于企业审计工作不符合备案规定要求的,要求企业予以纠正。

九、推进中央企业全面执行新的《企业会计准则》

按照国资委统一工作部署,2008年是中央企业全面执行新《企业会计准则》的第一年,为此,中央企业按照国资委的相关要求,有序组织开展各项准备工作,国资委积极采取有效措施推动中央企业新旧会计准则顺利转轨。

(一)开展首次执行新会计准则期初数审核

国资委对2008年首次执行新准则126家中央企业执行新会计准则期初所有者权益变动情况进行逐项审核,通过现场质询企业及主审事务所企业会计核算办法调整、会计政策、会计估计重大变动、主要财务指标重大变动等情况,分析企业首次执行日所有者权益变动的原因及存在问题,确保新旧准则平稳衔接。

(二)加强执行新准则的监督指导

执行会计准则是一项系统工程,涉及企业核算制度的修订和会计政策的变更、会计信息系统的调整、企业内部控制的完善、财务报表的列报等等。为此,

国资委加强对中央企业执行新准则的监督指导：一是督促和指导企业根据企业会计准则，结合本企业的经营特点和业务范围有针对性地修改、完善本企业的会计核算办法；二是深入分析执行新准则对企业当期损益的影响，指导企业合理选择会计政策，正确划分和计量金融工具，防止财务状况出现重大变动；三是加强调查研究，及时收集和发现问题，认真做好执行新准则对企业财务状况影响分析，完善制度，堵塞漏洞，促进中央企业规范执行新会计准则。

十、组织实施综合绩效评价工作

(一)制订发布2008年绩效评价标准值

针对中央企业新旧会计准则转轨的特殊情况，研究完善新企业会计准则下评价指标的计算口径，根据数理统计方法对标准值的测算方法进行改进和完善，制订发布《企业绩效评价标准值2008》。2008年国资委选择规模较大、处于国内领先地位、具备一定国际竞争力的石油石化、冶金、煤炭、电力、通信、交通运输业等18个行业，建立绩效评价国际标准值，迈出中央企业开展绩效评价国际对标工作的实质性步伐。

(二)开展中央企业财务绩效评价工作

根据中央企业2007年度财务决算数据，分别选用国有企业综合标准值和行业标准值，从盈利能力、资产质量、债务风险和经营增长四个方面，对155家中央企业2007年财务绩效水平进行综合评价，开展行业对标，总结中央企业在绩效管理方面取得的成绩和存在的突出问题，揭示企业绩效管理“短板”。

（审稿人：沈　莹　撰稿人：陈　洁）

全国国有企业资产与财务状况分析

2008年，我国经济和社会发展经历了重大自然灾害和国际金融危机的严峻考验，国有企业认真贯彻落实国家宏观调控政策，努力克服各种不利因素影响，整体经营实力和市场竞争力不断提高，国有经济的活力、控制力和影响力进一步增强。

一、国有经济布局和结构调整取得积极进展

截至2008年底，各级政府直接投资的国有企业(集团)共52859家，其中：中央企业148家，中央部门管理的企业(集团)4127家，地方所属国家直接投资的企业(集团)48584家。

(一)国有企业户数继续减少

近年来随着国有企业改组改制工作进一步深化，国有企业总户数呈逐年缩减态势。据统计，全国国有企业总户数由2003年的15万户减至2008年的11.4万户，累计净减少36257户，年均递减5.4%，2008年比上年净减少1356户，减幅为1.2%，其中：当年新增5133户，当年减少6489户。在减少的户数中，因改制减少2770户，关闭减少1472户，合并减少537户，歇业减少462户，出售减少416户，破产等其他因素减少832户。

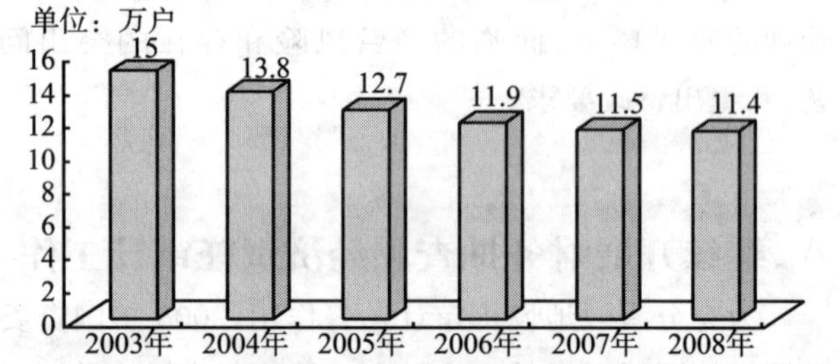

图1　2003～2008年国有企业户数变化

(二)一批低效企业退出市场竞争

近年来随着国有经济布局结构调整力度进一步加大，一批亏损企业被关闭破产，国有经济布局结构逐步得到优化。2008年资产规模较小、效益低下、经营困难以及持续发展能力较弱的国有中小企业退出市场或者成为重组整合的对象。据统计，2008年在减少的6489户国有企业中，亏损及微利(利润不足10万元)企业3537户，占54.5%；资不抵债企业1185户，占18.3%。

(三)现代企业制度建设取得积极进展

随着国有企业改革力度的加大，公司制改革进程

进一步加快。截至2008年底，在11.4万户三级及三级以上企业中，已完成公司制改革的企业有78147户，占全国国有企业总户数的68.7%，比上年增加6401户，增长8.9%，所占比重比上年提高6.4个百分点；一大批国有企业改制后在境内外上市，据统计，截至2008年底，全国国有企业控股的境内外上市公司达900家，比上年增加43家。

二、国有企业资产规模持续扩大，资产质量进一步夯实

2008年全国国有企业资产规模继续扩大，经营实力不断增强，国有经济在国民经济中的主导地位日益巩固。截至2008年底，全国国有企业资产总额42.5万亿元，比上年增长19.9%；负债总额25.4万亿元，比上年增长23.3%；净资产总额17.1万亿元，比上年增长15.1%，其中：归属于母公司所有者权益13.7万亿元，比上年增长14.7%；少数股东权益3.4万亿元，比上年增长16.6%。2008年全国国有企业平均资产负债率为59.9%，比上年上升1.7个百分点。

(一)国有企业资产规模进一步扩大

一是资产规模呈逐年扩大趋势，据统计，全国国有企业资产总额由2003年的17.9万亿元增加到2008年的42.5万亿元，年均增长18.9%。截至2008年末，中央企业资产总额为17.6万亿元，比上年增长18.1%；中央部门管理企业资产总额为3.6万亿元，比上年增长18.8%；地方国有企业资产总额为21.8万亿元，比上年增长17.8%。二是户均资产规模进一步提高。2008年全国国有企业户均资产规模3.7亿元，比上年增加0.6亿元，其中：中央企业户均资产达到1191.1亿元，比上年增加228.4亿元；地方国有企业户均资产2.4亿元，比上年增加0.4亿元；中央部门管理企业户均资产6.1亿元，比上年增加1亿元。

(二)工业企业资产比重继续上升

截至2008年底，全国国有工业企业资产总额206162.9亿元，同比增长20.9%，占全国国有企业资产总额的48.5%，所占比重比上年提高0.4个百分点，在15个主要工业行业中，资产总额增速超过20%的有8个行业，其中食品、建材、煤炭和市政行业增幅超过30%。

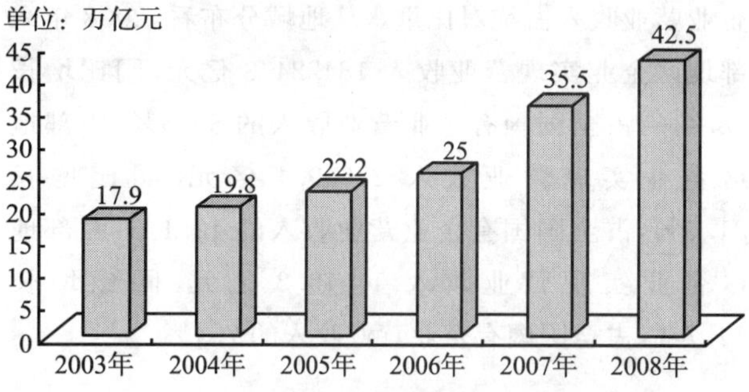

图2　2003～2008年全国国有企业资产总额变化

(三)国有企业资产质量进一步夯实

企业通过清产核资、执行稳健的会计核算制度、建立资产减值准备计提制度等方式，积极处理历史遗留问题，及时消化当期资产损失，进一步夯实了资产质量。截至2008年底，在11.4万户三级及三级以上国有企业中，执行《企业会计制度》及《企业会计准则》的企业共有6.8万户，2008年当年计提资产减值准备2704.9亿元，年末资产减值准备余额8471.9亿元。

三、国有企业营业收入稳步增长，但整体经济效益出现下滑

2008年突发事件、自然灾害及国际金融危机等多重因素对国有企业生产经营产生较大影响，面对严峻的经济形势，各级国有企业采取有效措施，积极应对，取得显著成效，2008年全国国有企业经营规模保持稳步增长态势，但整体经济效益有所下滑。

(一)营业收入继续保持稳步增长

2008年全国国有企业实现营业收入229363.5亿元，比上年增长14.2%。一是近五成企业实现营业收入呈现增长趋势。据统计，在52859户全国国有企业(集团)中，2008年实现营业收入同比增长的企业有27314家，占51.7%，其中增幅高于10%的企业有21096家，高于30%的企业有13047家。二是中央企业营业收入保持快速增长。从监管主体看，2008年中央企业实现营业收入118705.1亿元，同比增长

18.4%；中央部门管理企业实现营业收入16565.8亿元，同比下降10.6%；地方国有企业实现营业收入94092.6亿元，同比增长14.7%。三是东部沿海地区企业营业收入占绝对比重。从地域分布看，2008年东部地区企业实现营业收入184224.3亿元，同比增长13.4%，占全国国有企业营业收入的80.5%；中部地区企业实现营业收入27699.4亿元，同比增长21.6%，占全国国有企业营业收入的12.1%；西部地区企业实现营业收入17019.2亿元，同比增长14.7%，占全国国有企业营业收入的7.4%。

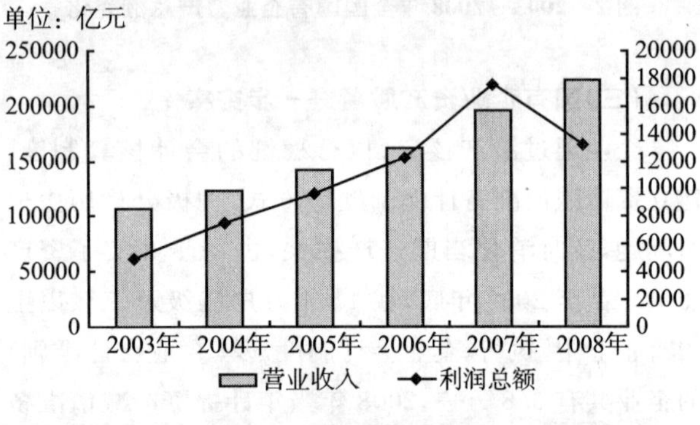

图3　2003～2008年全国国有企业收入与利润变化

(二)经济效益出现回落

近年来在国民经济快速增长的背景下，我国国有企业经济效益保持高速增长态势，在2007年创造历史新高，但2008年受金融危机的影响，经济效益有所回落。据国有资产统计资料反映，2008年全国国有企业实现利润13307.4亿元，比上年下降24.5%。一是利润大户巨额减利，2008年利润总额前100名的企业实现利润为10874.4亿元，比上年减少2636.3亿元。二是效益下滑企业有所增加，2008年效益下滑的企业有22403家，其中：效益降幅超过30%的企业有17426家；减利额超过10亿元的企业有93家。三是经营亏损有所加剧，2008年有24037家企业处于亏损状态，亏损面为45.5%，亏损额高达1773.9亿元，比上年增亏629.1亿元。

(三)行业效益增长格局发生变化

2008年由于外部市场环境影响，效益格局发生较大变化。一是行业利润大户大幅减利，从行业分布看，2008年工业企业实现利润8270.1亿元，同比减利2606.8亿元，减少24%，其中冶金行业和石油石化行业分别减利1050.4亿元和926.4亿元，占工业减利额的75.8%；交通运输业减利837.8亿元，实现利润降幅达69.8%。二是效益快速增长的行业主要集中在煤炭、医药、建材等行业，其中：医药行业实现利润70.3亿元，增幅213.8%；煤炭行业实现利润1390.2亿元，增幅73.2%；建材行业实现利润97.4亿元，增幅13.3%。三是铁路运输业、航空运输业、森林工业等行业首度整体亏损，其中：铁路运输业亏损87.1亿元、航空运输业亏损278.3亿元、森工行业亏损0.4亿元。

(四)东部地区的经济效益贡献率较高

从地区分布看，2008年分布在东部地区的国有企业实现利润10997.8亿元，占全国国有企业利润总额的82.6%；分布在中部地区的国有企业实现利润1373.5亿元，占全国国有企业利润总额的10.3%；分布在西部地区的国有企业实现利润789.9亿元，占全国国有企业利润总额的5.9%。

四、国有大企业集团得到进一步发展，骨干作用日益增强

2008年，在国家加快发展大公司、大集团战略指引下，国有大企业集团的经营规模和市场竞争力明显增强，在国民经济中的骨干和带动作用日益显著。

(一)大企业集团户数增加

截至2008年底，全国国有企业大型企业集团共计1744户，其中：中央企业145家，占8.3%；中央部门管理企业163家，占9.3%；地方企业1436家，占82.3%。2008年在美国《财富》杂志公布的世界500强企业中，有28家中国国有企业上榜，其中：中央企业24家，地方国有企业2家，与上年相比有6家中国国有企业首次进入世界500强行列，分别是中钢集团、中国联通、中国华能、中航工业、南方工业和河北钢铁，有16家企业排名上升。

(二)大企业集团经营实力和盈利能力明显增强

一是资产规模快速扩张。2008年底资产总额排

名前100位的企业集团户均资产2350.6亿元，比上年增长20.4%。二是经营规模快速扩大。2008年实现营业收入排名前100位的企业集团户均收入1476.8亿元，比上年增长16.7%。三是盈利能力进一步提高。2008年资产总额排名前100位的大企业集团实现利润8831亿元，占全国国有企业利润总额的66.4%，户均利润88.3亿元，远远高于全国国有企业户均利润平均水平(0.25亿元)。

(三)大企业集团的骨干地位进一步巩固

国有大企业集团主要分布在国民经济基础性和支柱性领域，是国民经济发展的骨干和中坚。2008年底资产总额排名前100位的国有大企业集团主要分布在能源、通信、冶金、交通运输、建筑等行业，2008年底资产总额达235061.8亿元，占全部国有企业资产总额的54.5%，比重比上年提高4.5个百分点；实现营业收入132599.8亿元，占全部国有企业营业收入的57.8%；上缴税金总额14961.5亿元，占全部国有企业上缴税金总额的71.5%；从业人员1496.5万人，占全部国有企业从业人员的40.8%；科技投入1684.1亿元，占全部国有企业科技投入总额的65%。

五、国有企业积极履行社会责任，社会贡献进一步增大

国有企业在自身快速发展的同时，积极落实国家宏观调控政策，为国民经济平稳快速增长发挥重要作用，为经济社会协调发展做出积极贡献。

(一)国有企业上缴税金规模扩大

2008年，国有企业经济效益受经济形势影响出现大幅度下滑，但上缴税金规模进一步扩大，2008年实际上缴税金总额(含石油特别收益金)20927.5亿元，占全年财政收入的34.1%；比上年增加3238.6亿元，增长18.3%，国有企业对我国财政收入和财政增收均做出积极贡献。从结构看，在2008年国有企业上缴税金中，增值税为7849.2亿元，比上年增长18.1%，占全国国内增值税收入的43.6%；消费税2396.5亿元，比上年增长15.6%，占全国消费税收入的93.3%；营业税1718.9亿元，比上年增长49.5%，占全国企业营业税收入的22.5%；企业所得税4825.6亿元，比上年增长9.4%，占全国企业所得税收入的43.2%。从企业看，2008年上缴税金总额超过1亿元的企业有933家，超过10亿元企业有210家，超过100亿元的企业有28家，超过500亿元的企业有6家。

(二)国有企业职工的社会保障水平进一步提高

2008年，全国国有企业为职工缴纳基本养老保险、基本医疗保险、失业保险三险共计2725.9亿元，比上年增长17.9%，其中：基本养老保险1909.6亿元，比上年增长17.1%，基本养老保险覆盖面为91.2%，与上年基本持平；基本医疗保险654.9亿元，比上年增长21.5%，覆盖面为87.5%，比上年提高2.8个百分点；失业保险161.4亿元，比上年增长14.1%，覆盖面为83.8%，比上年提高0.8个百分点。2008年末，国有企业为离退休职工支付养老金及福利性补助共700.9亿元，比上年增长12%。

(三)国有企业自主创新能力进一步提升

国有企业围绕行业发展和市场需求，把技术进步作为提升核心竞争力的重要手段，积极推进自主创新和消化吸收再创新工作，研究开发一批具有国际、国内领先水平的新技术、新产品，国有企业科技投入逐年增加。截至2008年底，全国国有企业拥有的自主知识产权专利数量8.7万项，其中：2008年新增2.2万项；2008年全国国有企业科技支出共计2590.4亿元，比上年增加345.2亿元，是2003年的近3倍。一批创新成果脱颖而出，如“和谐号”动车组、京津城际高速铁路、ARJ-700支线飞机、神华集团煤制油工程、国家电网特高压交流直流试验基地等自主创新成果取得重要进展。中国移动TD-SCDMA在八个城市试商用获得成功，以及航天科技集团研制的神舟七号飞船更是国有企业自主创新的典范。

(四)国有企业进一步加大安全生产和环境保护支出力度

近年来，国有企业积极响应国家号召，加大环境保护支出，加大技术改造力度，积极推进节能减排工作。2008年全国国有企业支出的环境保护及生态恢复费用357亿元，比上年增长23.1%；提取的安全生

产费用792.7亿元，比上年增长45.2%。

（五）国有企业在抗震救灾中发挥重要作用

在"5·12"抗震救灾的过程中，国有企业也发挥了极大的社会影响力，身处灾区的企业积极进行自救、互救，其他企业纷纷捐款捐物，做好后方支持，据2008年6月的统计，中央企业以及各级地方国资委、地方监管企业捐款捐物合计113.3亿元，发扬国有企业敢挑重担、顽强拼搏、团结协作的精神，表现出高度的社会责任感和良好的精神风貌。

六、国有企业职工人数有所下降，工资收入略有提高

近年来，随着国有企业主辅分离、辅业改制、减员增效等措施的实施，全国国有企业职工人数呈逐年递减态势，2003～2008年，全国国有企业职工人数由4259万人减少至3530.7万人，累计减少728.3万人，年均递减3.7%。

（一）职工人数略有下降

2008年末，全国国有企业从业人员数为3658.7万人，比上年减少7.5万人，下降0.2%；全年平均职工人数为3530.7万人，比上年减少5.9万人，下降0.2%，其中：国务院国资委监管的中央企业全年平均职工人数为1145.1万人（占32.4%），比上年增加94.7万人，增幅为9%；中央部门管理的国有企业全年平均职工人数469.4万人（占13.3%），比上年减少45.9万人，降幅为8.9%；地方国有企业全年平均职工人数1916.2万人（占54.3%），比上年减少42.8万人，减幅为2.2%。全国国有企业2008年末离退休人员1600.3万人，比上年减少33.2万人，减幅为2%。

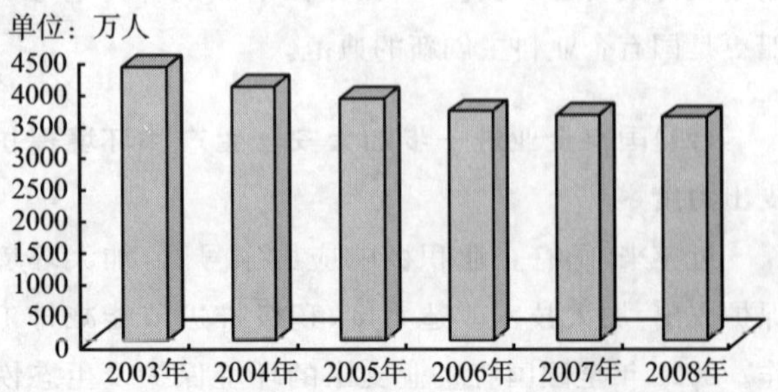

图4　2003～2008年全国国有企业职工人数变化

（二）职工平均收入有所提高

2008年全国国有企业全年实际发放工资总额12815.4亿元，比上年增长17.7%；职工人均工资3.5万元，比上年（3.1万元）增长12.9%，其中：国务院国资委监管的中央企业人均工资比上年增长10.3%，中央部门管理的国有企业人均工资比上年增长24.4%，地方国有企业人均工资比上年增长14.2%。

七、国有资产总量继续增长，国有资本实现保值增值

2008年，面对复杂多变的国内外经济环境，各级国有企业积极采取应对措施，千方百计组织生产，保障市场供应，生产经营稳步发展，国有资产总量持续增长，国有资本实现了国有资产的保值增值。2008年末全国国有企业国有资产总量达到13.2万亿元，比上年增长13.4%。2008年全国国有企业平均国有资本保值增值率为105%，比上年下降4.5个百分点，其中：中央企业平均国有资本保值增值率为105.9%，比上年下降7个百分点；中央部门管理企业平均国有资本保值增值率为108.1%，比上年下降0.7个百分点；地方国有企业平均国有资本保值增值率为103.3%，比上年下降3个百分点。

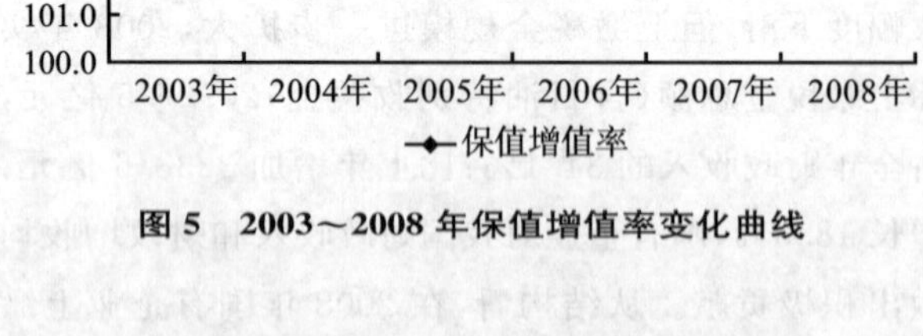

图5　2003～2008年保值增值率变化曲线

八、国有企业经营发展面临的主要问题

2008年我国国有企业总体运营状况良好，但从结构上看，仍存在一些值得关注的问题。

(一)国有企业规模小，分布散仍较为突出

一是小企业户数比重仍较高，2008年各级政府直接投资的52859户企业(集团)中，小型企业达46758户，占88.5%，其中资产总额小于1000万元的企业有25724户；二是国有经济行业分布过于分散，在国民经济的95个大类中，国有经济涉足94个行业，其中：在396个国民经济行业类中，国有经济涉足380个行业，行业分布面达96%。

(二)部分企业资产运行质量有待提高

一是亏损和微利企业较多，在52859户国有企业中，亏损企业有24037户，亏损面为45.5%，亏损额高达1773.9亿元；实现利润不足50万元(不含亏损)的企业仍有19029户，占36%。二是受国际金融危机影响，国有企业盈利能力有所下降。2008年全国国有企业平均净资产收益率(含少数股东损益/权益)为6.1%，比上年下降3.4个百分点，其中净资产收益率不足2%(不含亏损)的企业有15410户，占29.2%。三是资产周转速度有所减缓，2008年全国国有企业平均总资产周转率为0.57次，流动资产周转率为1.4次，分别比上年下降0.03次和0.01次。

(三)国有企业社会负担仍然较重

据统计，2008年全国国有企业离退休人数为1600.3万人，当年用于离退休人员养老金及福利性补助支出达700.9亿元，支付的离退休人员医药费85.8亿元。近年来国有企业主辅分离及分离办社会职能工作不断推进，部分企业的社会职能机构的资产、人员和机构顺利完成剥离移交，但仍有部分社会职能未与企业分离，以中央企业为例，截至2008年底，中央企业办社会机构仍有2316个，涉及的职工人数为15.6万人，当年支付的企业办社会的经费补助达129.1亿元。

(四)部分企业债务规模增长过快

2008年末全国国有企业负债总额25.5万亿元，同比增长19.7%，平均资产负债率为60.4%，比上年上升2.2个百分点。2008年各级政府直接投资的52859户企业(集团)中，负债总额比上年增长的企业有29489户，占55.8%，其中负债总额增幅超过50%的企业有6605户；资产负债率比上年上升的企业有29014户，占54.9%；资产负债率超过80%的企业有21669户，占42.3%。

(审稿人：沈　莹　撰稿人：沈艳艳)

进一步推进国有企业建立现代企业制度

2008年，面对突发的特大自然灾害和严峻的国内外经济形势，国务院国资委认真贯彻落实党中央、国务院一系列重大部署，深化改革，强化管理，国有企业在股份制改革、董事会试点、规范国有企业改制、探索企业经营者市场化选聘和风险管理等方面都取得新的进展。

一、国有企业公司制股份制改革取得明显进展，现代企业制度趋于健全

(一)大力推进中央企业股份制改革上市

为贯彻落实党的十七大提出的"深化国有企业公司制股份制改革"的精神，2008年，国务院国资委继续大力推动中央企业股份制改革工作，促进具备条件的中央企业及所属公司境内外上市。

研究、解决中央企业整体重组上市遇到的新问题，帮助和指导企业完善方案，协调有关部门积极支持中央企业上市和享受税收、公司设立即可发行股票并上市等优惠政策。

据不完全统计，截至2008年12月31日，中央企业控股的境内上市公司为235家，占全部境内上市公司1682家(不含已发行未上市的)的13.73%；股本总额约为4797.69亿股，占全部境内上市公司股本总额24305.71亿股的19.74%。

中央企业控股的香港上市公司为71家(红筹股30家，H股41家)，占香港全部上市公司1279家(不含已发行未上市的)的5.56%；股本总额为2822.93亿股，

占全部香港上市公司股本总额31371.52亿股的9%。

国资委成立6年来，中央企业通过股票发行筹资量呈逐年上升态势。2003年募集资金253亿元，2004年募集资金642亿元，2005年募集资金768亿元，2006年募集资金1339亿元，2007年募集资金3263亿元，2008年受全球金融危机的影响，筹资额有所下降，募集资金878亿元。6年共募集资金7143亿元。

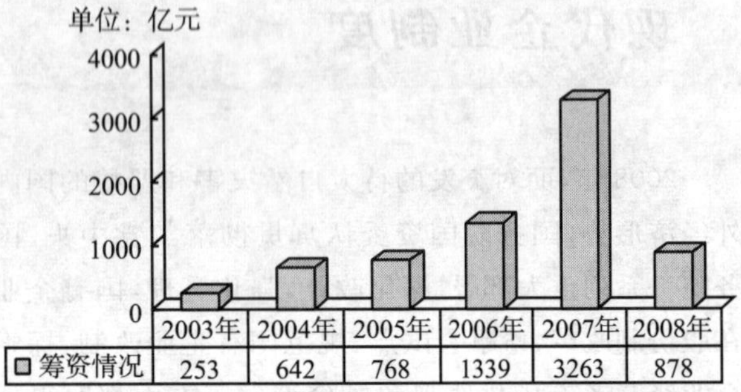

图1　2003～2008年中央企业股票发行筹资情况

中央企业改制上市除了为企业发展筹集资金外，还规范了公司治理，从体制上促进了企业经营机制的转换，提高了国有企业市场化、国际化的运作水平。

(二)建立和完善国有独资公司董事会试点取得重要突破，公司治理结构逐步完善

一是外部董事制度进一步完善。外部董事在董事会试点企业董事会中均占多数；董事会设立的薪酬考核、审计等委员会，全部或主要由外部董事组成并由外部董事担任主任(主席)；积极进行外部董事担任董事长的探索；进一步规范为外部董事提供信息的有关制度和措施，积极解决外部董事获取信息不对称问题，使外部董事更好履职。

二是董事会试点企业董事会运作更加规范有效。健全董事会的组织机构和运作体制，使外部董事能够独立、客观地发表意见；董事会逐步建立健全授权决策制度，把一般性决策事项授权常务委员会、董事长、总经理行使；董事会试点企业积极建立健全子企业的公司治理结构；初步形成了董事全方位沟通机制，董事与国资委之间、董事与经理层之间以及董事之间的交流沟通更加顺畅。

三是国资委与董事会试点企业董事会的关系进一步规范。逐步落实董事会试点企业董事会的职权；不断健全董事会试点企业董事会向国资委报告的工作制度；国资委加强与试点企业董事会的沟通；试点的相关政策措施逐步完善，在已有规章制度的基础上，印发《关于董事会试点中央企业董事会选聘高级管理人员工作的指导意见》《董事会试点中央企业董事会、董事评价办法(试行)》等文件。

四是董事队伍建设取得新进展。董事队伍进一步壮大，17家董事会试点企业的董事共132人；坚持对董事进行培训，不断提高董事履职能力；扩大外部董事选聘来源和途径，初步建立起外部董事人才库。

五是监事会与试点企业董事会的关系进一步理顺。监事会加强对董事履职、取薪等情况的监督检查，对董事会的工作进行评价；试点企业董事会重视监事会的意见，对监事会提出的问题，专题研究，专人负责，及时整改。

六是将董事会试点与发挥企业党组织政治核心作用、加强职工民主管理相结合。认真贯彻落实中央关于“双向进入、交叉任职”的精神；企业党组织改方式，支持由董事会依法对企业重大问题进行最终决策；坚持党管干部原则和董事会、总经理依法行使用人权相结合；推动职工董事制度发展。

从2008年董事会试点的工作进展情况看，试点工作取得明显成效：试点企业已初步建立起科学决策的体制；企业管理水平进一步提高，尤其是在战略管理、风险管理、财务与预算管理等方面效果显著；企业公司制股份制改革进一步深化，3家试点企业已实现整体上市，另有6家试点企业已经或准备整体上市或大部分资产上市。

(三)进一步规范国有企业改制

针对电力企业职工投资中存在的职工投资行为不规范、电力交易不公平、成本分摊不合理，造成国有企业利润转移、国有资产流失等问题，在大量调查研究的基础上，国务院国资委起草《关于规范电力系统职工投资发电企业的意见》(以下简称《意见》)。经国务院同意，国资委于2008年3月22日会同发展改革委、财政部和电监会联合印发《意见》。为防止电网企业职工因持有发电企业股权所可能产生的不正当关联交易，造成不公平竞争，按照尊重历史，实事求是，区别对待，分类指导的原则,《意见》规定地(市)级电网企业领导班子成员和省级以上电网企业的中层以上管理人员及电力调度人员、财务人员,所持发电企业的股权要限期清退或转让。除此之外,《意见》对电网企业其他职工投资发电企业以及发电企业职工投资发电企业行为也进行规范、提出要求。各有关电力企业职工所持股份清退工作有序开展,没有引发不稳定问题。

针对国有企业改制引入职工持股以及国有企业职工投资本企业的关联企业等方面缺乏明确规定,造成国有资产流失,影响企业发展问题。2008 年 10 月国资委出台《关于规范国有企业职工持股、投资的意见》(国资发改革〔2008〕139 号)。文件进一步明确企业改制引入职工持股的指导思想:继续鼓励国有中小企业职工在自愿基础上参与企业改制;鼓励国有大中型企业主辅分离辅业改制职工持有改制辅业企业股权;国有大型企业改制要根据企业发展需要,择优选取投资者,职工持股不得处于控股地位;可以积极探索国有大型科研、设计、高新技术企业的科技骨干以多种方式取得企业股权。职工入股原则上限于持有本企业股权,不得持有其所在企业出资的子企业、参股企业及本集团公司所出资其他企业股权。严格限制国有企业职工投资关联关系企业,禁止职工投资为本企业提供燃料、原材料、辅料、设备及配件和提供设计、施工、维修、产品销售、中介服务或有其他关联业务的企业;不得投资与本企业经营同类业务的企业。文件对中层以上管理人员的持股问题的解决措施进行明确。

(四)大力推进国有企业主辅分离,探索经营管理者市场化选聘

国有企业主辅分离、辅业改制工作稳步推进。截至 2008 年 12 月底,全国共有 1365 家国有大中型企业实施主辅分离辅业改制,涉及改制单位 10765 个,分流安置富余人员 263.8 万人,其中,改制企业安置富余人员 193 万人。

国务院国资委监管的中央企业中,共有 77 家企业主辅分离总体方案及实施方案(共 167 个实施方案)得到批复,涉及改制单位 5283 个,其中 4917 个改制为非国有法人控股企业,占改制单位总数的 93.1%;分流安置富余人员 88.2 万人,其中改制企业安置 76.4 万人,占分流安置人员总数的 86.6%,人均支付经济补偿金 4.2 万元。

地方国有大中型企业中,共有 1288 家实施主辅分离辅业改制,主要集中在河北、山东、黑龙江、辽宁、湖北、甘肃等地,分离改制单位 5482 个,分流安置富余人员 175.6 万人,其中,改制企业安置职工 116.6 万人;免税共计 10.4 亿元。

市场化选聘高级经营管理者取得新进展。自 2004 年的五年来,国资委大力推进用人制度改革,先后组织 122 家(次)企业面向社会公开招聘 125 名高级经营管理者。2008 年分两批面向海内外公开招聘 22 名中央企业高级管理者,其中企业正职 3 名,这是中组部和国资委第一次面向社会共同招聘中央管理的企业正职,突破国有重要骨干企业主要领导人员选拔任用的传统模式,是认真贯彻党的十七大精神的具体体现,是深化国有企业人事制度改革的新的探索和成功实践。

(五)开展中央企业编报《2008 年全面风险管理报告》试点工作

为便于国资委及时了解中央企业面临的重大风险及其对策,更好地履行出资人职责,2008 年 1 月,印发《关于开展编报〈2008 年中央企业全面风险管理报告〉试点工作有关事项的通知》,选择 17 家董事会试点企业和 12 家主业在纽约上市的中央企业进行《企业风险管理报告》编报试点。共有 35 家中央企业向国资委提交《企业风险管理报告》,其中,包括 29 家试点企业(中国网通、中国铁通等 2 家试点企业都已基本完成报告编写工作但因重组等原因未提交)和 6 家非试点企业(中国五矿、国投、中国节能、中国南车、中广核集团、中铁物资)。一批没有报送《企业风险管理报告》的中央企业,也已启动全面风险管理工作,还有一批企业在集团内部试编《企业风险管理报告》。

二、现代企业制度建设过程中遇到的问题

(一)在中央企业母公司股份制改革方面

中央企业公司制股份制改革的面还不够宽。大多数集团一级的企业还是按《企业法》注册的国有独

资企业。受该法调整，实行总经理负责制。《企业法》没有股东的概念，更没有规定股东的职权范围和边界，仅按该法执行，出资人职责到位不越位较难把握。已经进行公司制改革的中央企业，多数仍然还是国有独资，截至2008年底，151户中央企业中只有6户是投资主体多元化的公司制企业。

这种状况有其特定的成因和现实困难：一是不少企业的全部资产、业务及其盈利能力等不具备整体改制(包括上市、非上市)的条件，只能剥离优良资产设立新的子公司或以现有子企业改制，母公司则保持国有独资的形式；二是有的企业资产规模很大，一次整体改制很难吸引投资者或证券市场较难承受；三是有的企业业务涉及国防安全、国家机密等，需要采取国有独资的形式；四是中央企业母公司改制上市，国资委将直接持有上市公司股份，成为上市公司的股东，这必然会涉及到国有资产监管体制、相关法律法规等一系列宏观体制环境需要进行相应变动等问题。

除了上述成因和困难外，也确实存在整体股份制改革动力不足的问题。

(二)在所出资企业改制上市方面

2008年中央企业所出资企业改制上市工作的主要问题是由于股市低迷，一些已经获得国务院批准，甚至已经过了证监会发审会的企业不能继续其上市进程。截至2008年底，正在等待拟通过首次公开发行上市实现整体上市的中央企业有14家，根据证监会进行的政策调整，相关企业正在研究、修改各自的改制上市方案，从而实现上市目标。

(三)在董事会试点方面

董事会试点工作虽然取得积极进展，但也还面临一系列需要探索和解决的问题：

一是一些重要制度安排和措施尚未实施或实践不充分。如尚未实现由董事会挑选经理人员；尚未对董事会的工作和董事履职进行跟踪评价；外部董事担任董事长的户数很少、时间较短；董事会与派出监事会之间的衔接、配合工作制度尚未建立；指导董事会有效运作的制度需要进一步完善。

二是外部董事队伍建设面临艰巨的任务。董事会试点是一项全新的工作，需要在实践中积累经验。虽然试点企业对外部董事总体评价很好，但仍有个别外部董事专业知识和敬业精神欠缺，在决定经理人员的薪酬与考核等履职中，维护出资人利益的意识不够强。今后要不断扩大试点企业户数尤其是扩大到领导班子素质很高的特大型企业，需要挑选一大批优秀的外部董事，任务十分艰巨。

三是董事长由哪类董事担任具有探索性。从仅组织董事会运作的职责看，董事长不需要在企业全日制工作。因此，美国、欧洲、新加坡等许多国家的大公司，凡是董事长与CEO、总裁分设的(这是近年来的趋势)，都是外部董事担任董事长，没有在公司全日制工作的内部董事长。而在我国国有企业，由外部董事担任董事长是一项新措施，需要逐步探索；为了实现中央企业领导体制的平稳过渡，大多数试点企业是由原一把手担任内部董事长，能否通过制度安排使其主要负责组织董事会运作、不干预总经理的职权、总经理真正对董事会负责，具有探索性。

四是发挥董事会的作用与发挥企业党组织政治核心作用有效结合具有探索性。有效结合主要体现在既能确保董事会重大决策的主体地位，又能确保党组织的有效参与；既能坚持党管干部原则，又能保障董事会依法选择经营管理者；既能有效发挥各自作用，又不牺牲效率、不模糊责任、不产生内耗。要实现这些结合，既需要具体的工作规则、程序等制度安排，又需要根据不同情况考虑党委书记是兼任董事长或者总经理职务，还是副董事长等职务。这是我国国有企业公司治理的特色，没有现成的经验，需要在实践中不断探索。

(审稿人：白英姿　撰稿人：毛元斌　高东伟)

中央企业并购与重组

2008年，国务院国资委认真贯彻落实《国务院办公厅转发国资委关于推进国有资本调整和国有企业重组指导意见的通知》(国办发〔2006〕97号)，继续加大工作力度，积极稳妥推进中央企业重组，有力地推动了国有经济布局和结构战略性调整。全年共有9

组19户次企业参与重组，通过重组的方式减少10户企业，再加上新成立的中国商用飞机有限责任公司，中央企业户数从2007年底的151户调整至142户。

一、行业重组实现新突破

（一）电信企业重组基本完成

历经多年研究，深化电信体制改革、实施电信企业重组于2008年5月正式启动。这次重组涉及中国电信集团公司、中国网络通信集团公司、中国联合通信有限公司、中国移动通信集团公司、中国卫星通信集团公司和中国铁通集团有限公司等全部6家基础电信运营企业。通过电信企业和网络资源的重组调整，形成三家拥有全国性网络资源、实力与规模相对接近、具有全业务经营能力和较强竞争力的市场竞争主体。重组共涉及资产2万亿元、人员100多万人，涉及上海、中国香港、纽约三地7家上市公司，涉及国资委、发展改革委、工业和信息化部等多个部门。至2008年底，重组工作顺利推进并取得重大进展。中国铁通并入中国移动，成为其全资子企业；中国电信完成收购中国联通C网资产和业务相关工作；中国联通、中国网通上市公司实现合并；中国卫通基础电信业务并入中国电信实施方案基本形成。中国网通与中国联通集团公司重组合并，标志着本次电信企业重组工作基本完成。

本次电信重组，是针对新世纪以来我国电信业出现的企业业务结构不合理、市场竞争格局失衡等诸多新情况新问题而进行的。改革重组受到境内外资本市场、网络技术和利益格局等多重挑战，组织操作实施工作难度极高。在各方共同努力下，重组工作取得巨大成功，受到国务院领导同志的积极肯定，得到企业和社会各界的广泛好评。通过重组，初步解决移动电话替代固话、企业历史包袱、行业竞争格局等方面存在的问题。重组采取政府主导、市场化运作的方式，效果良好，为下一步推进其他行业重组和整合积累宝贵经验。

（二）航空工业企业调整重组取得重大成果

航空工业体制改革、航空工业企业重组取得重大成果。5月，新组建中国商用飞机有限责任公司。该公司主要从事民用飞机及相关产品的设计、研制、生产和改装等业务，重点加强飞机设计集成、总装制造、市场营销、客户服务和适航取证等能力，是实施国家大型飞机重大专项中大型客机项目的主体，也是统筹干线飞机和支线飞机发展、实现我国民用飞机产业化的主要载体。11月，中国航空工业第一集团公司和中国航空工业第二集团公司合并，组建中国航空工业集团公司。该公司主要从事军用和民用航空器、航空动力、机载系统，以及制导武器、武器装备配套系统与产品等的预先研究、设计、研制、试验、生产等业务。这一系列重组调整，顺应国际航空工业发展趋势，有利于国内航空工业资源的优化配置，充分形成合力，积极参与世界航空业的合作与竞争。

二、中央企业重组取得新进展

1. 中煤国际工程设计研究总院与煤炭科学研究总院采取新设母公司方式，于2008年4月重组组建中国煤炭科工集团有限公司。中煤国际主要从事煤炭等工程勘察、设计、服务、工程承包业务，煤科总院是煤炭行业惟一的综合性科学研究院，主要从事煤炭工程技术研发服务以及煤机装备研发制造等。两家企业均为转制的科技型企业，分别从事煤炭勘察设计、工程承包和煤炭行业共性技术研究，在技术和产业上具有纵向一体化的特征，且曾同属原煤炭工业部，人员相互了解，企业文化接近。两家企业重组，有利于优化资源配置，提高产业规模和集中度，发挥整体优势，提高煤炭科技创新能力。

2. 中国轻工业品进出口总公司于2008年9月以整体并入方式与中国通用技术（集团）控股有限责任公司进行重组，成为其全资子企业。通用技术集团主要从事重大技术装备、技术及机电产品贸易、一般商品贸易业务，在我国技术装备引进领域发挥着主渠道作用。中轻总公司主要从事轻工纺织类传统商品、轻工原材料、太阳能电池等商品的进出口业务。通用技术集团与中轻总公司均为商贸企业，重组有利于实现双方企业的长远发展战略和企业转型升级，有利于实现双方贸易优势的互补，整体提高贸易集成服务商的能力和规模经济效益。

3. 中国水利投资集团公司于2008年10月以整体并入方式与中国长江三峡工程开发总公司重组，成为其全资子企业。三峡总公司主要业务为水利工程建设与管理、电力生产及相关专业技术服务，其发展目标是为社会提供清洁能源、在发挥长江流域综合效益中起主导作用的国际一流的现代化大型企业集团。中水投公司主要业务为水利水电、风力设备和风力发电、供水工程等的投资以及国内外水利水电工程承包。三峡总公司与中水投公司重组，有利于进一步拓展国外水电工程建设咨询和风力发电等新能源开发业务领域，为三峡总公司实施"走出去"战略提供良好平台，实现三峡总公司成为风电领域龙头企业的战略目标，提高国内风电设备研发、设计、制造和运作水平。

4. 中国海诚国际工程投资总院、中国轻工业对外经济技术合作公司于2008年10月以整体并入方式与中国轻工业集团公司重组，成为其全资子企业。中轻集团主要从事轻工业原材料、产品生产及贸易，轻工产品技术研究及服务。中国海诚主要从事轻工等工程规划、设计、服务与工程承包，相关工程技术及设备研发、制造与服务。中轻对外公司主要从事国际工程承包、劳务合作、进出口贸易、展览及境内外实业投资。三家企业同处于完全竞争的轻工行业，业务既有交叉，又可互补，且经营和资产规模偏小，竞争能力不强，发展后劲不足。通过重组，可以实现产业链上下游的相互促进，发挥协同效应，提高整体竞争力，培育轻工领域创新型科技企业。

5. 中国对外贸易运输(集团)总公司与中国长江航运(集团)总公司于2008年10月实行联合重组，中国外运更名为中国外运长航集团有限公司作为重组后的母公司。中国外运主营业务为综合物流和航运，以海陆空货运代理、干散货运输、船务代理、供应链物流、快递为核心业务，以码头堆场、仓库、集装箱班轮运输、零担运输等为关键性支持业务，是我国最大的综合物流公司和第三大航运公司。中国长航主营业务为水上运输，同时经营船舶制造及修理、燃油贸易及水上旅游，是我国最大的内河航运企业，也是我国惟一能实现远洋、沿海、长江、运河全程物流服务的航运企业。两企业均为航运企业，都把物流和航运业务列为战略发展重点，业务互补性强，重组有利于实现规模效应，形成强大的综合物流及航运服务能力，完善服务网络，优化国有经济在物流和航运领域的资源配置，增强国际竞争力。

6. 中国国际企业合作公司于2008年7月并入中国诚通控股集团有限公司。诚通集团主要从事资产经营管理、现代物流和综合贸易业务，是国资委确定的国有资产经营公司试点单位之一。中企合作公司主要业务是为外商投资企业、外国企业及其驻华机构提供雇员管理及相关的人力资源配套服务等。近年来，公司生产经营陷入困境，无法从根本上扭转局面。中企合作公司并入诚通集团，以诚通集团为操作主体，对中企合作公司资产业务进行清理整合，有利于明确责任主体和操作主体，有助于国有资本有进有退、合理流动，及早化解经营风险，维护企业和社会稳定。

7. 国家开发投资公司于2008年9月托管中国高新投资集团公司。国家开发投资公司主要根据国家产业政策和区域发展规划要求，对基础性、资源性产业项目和高新技术产业项目进行股权投资和经营管理，为增强国家宏观调控能力、促进国有经济布局和结构战略性调整服务，是国有资产经营公司试点单位之一。高新集团作为国家高技术产业发展政策的实施平台，培育和扶持一批中小型高新技术企业。但公司的主业规模不大、盈利能力不强、抗风险能力较弱。尤其是其控股的上市子公司高新张铜股份有限公司经营中出现较大问题，资金链面临断裂危险，企业面临破产风险，形成社会不稳定因素。为尽快解决上述问题，国资委决定由国投公司对高新集团实施托管，发挥国投公司作为资产经营公司试点企业的资本运营优势，做好相关企业经营危机调查和处置工作，促进高新集团的改革发展。

三、积极开展中央企业重组和整合研究

为进一步推进国有经济布局结构调整和优化，有必要从产业布局、市场竞争格局等角度进行研究，围绕行业推动中央企业实施重组整合。同时，为发挥出资人的主导作用，增强对重组工作的引导力，要求对产

业和行业有更为深入全面的认识。2008年以来，聘请有关专家和研究机构，主要对中央企业机械装备、医药行业和两家储备企业重组整合相关问题进行专题研究，为下一步更好地开展重组工作奠定基础。同时，为推动企业重组后实施深度整合，充分听取专家和中介机构咨询意见，指导有关企业制定重组整合实施方案。另外，为更好地指导中央企业重组工作，委托中国国际金融有限公司、德勤咨询（中国）有限公司等咨询机构，就上市公司重组方式和上市公司并购重组重点难点问题进行深入研究。

（审稿人：白英姿　撰稿人：王丽萍）

国有企业政策性关闭破产与中央企业脱困工作

2008年，国有企业政策性关闭破产项目的审核工作基本结束，工作重点转移到项目的组织实施工作上来，中央企业重组脱困几个重点个案项目取得重大进展。

一、国有企业政策性关闭破产工作

2008年，按照国务院批复的四年总体规划的要求，在国务院国资委、财政部、银监会、劳动社会保障部等部门的共同努力下，国有企业政策性关闭破产项目的审批工作顺利完成，项目的组织实施工作扎实推进。

（一）加强对关闭破产项目组织实施工作的指导

政策性破产项目审核工作结束后，全国企业兼并破产和职工再就业工作领导小组（以下简称全国领导小组）及时把工作重点转到对已下达的破产项目组织实施的指导上来，督促各地和有关中央企业认真按照国办〔2006〕3号文件的要求和规定程序做好破产项目的组织实施工作。

2008年4月～5月，国资委、财政部、银监会、劳动社会保障部等全国领导小组成员单位组成联合调研组，赴河北、山西、江西、湖南、陕西、重庆等中西部政策性破产任务较重的省市进行调研，督促各地做好政策性关闭破产的组织实施工作。从调研情况看，各级党委和政府高度重视政策性破产工作，加强领导，健全机构，建立协调工作机制；从实际出发，完善地方破产配套政策体系；加强队伍建设，实行专业化操作；多方筹措资金，保障经费落实。

在调研过程中，各地反映了在组织实施破产工作中存在一些突出问题。如，破产费用不足，离退休人员医疗保险问题，企业办社会职能移交难，集体工安置政策亟待完善等问题。对此，有关部门及时总结情况，研究有关问题的解决方案，针对离退休人员的医保问题，劳动社会保障部牵头准备采用中央财政转移支付的方式予以解决。

（二）重点抓好中央企业的政策性破产工作

相对于地方企业，中央企业政策性关闭破产工作难度较大。一是涉及问题复杂；二是操作经验不足；三是缺乏协调手段。为此，完成项目审核工作后，国资委重点加强对中央企业实施工作的指导，取得较好的效果。

一是开展调研，全面了解情况。为加强对中央企业政策性破产项目组织实施工作的指导，按照委领导“突出重点，做深入调研”的指示精神。3月，分别对华诚投资管理有限公司、中国工艺（集团）公司、中国农垦（集团）总公司、中国凯利实业有限公司、中国黄金集团公司、中国诚通控股集团有限公司、中国机械工业集团公司等破产项目相对较多、工作任务较重的7家中央企业进行专题调研，这7家企业的破产项目占中央企业总体规划内政策性破产项目的68%。根据调研中反映出的问题，研究提出平稳推进中央企业政策性关闭破产工作的意见和建议。

二是开会部署，及时帮助企业解决问题。为调查了解、指导推进中央军工企业政策性关闭破产工作，4月，召开部分军工企业破产工作座谈会，5月，召开中央企业政策性关闭破产工作视频会议，交流工作经验，要求各有关中央企业面对特殊的历史时期，能够正确把握形势，统一思想，加强组织领导，明确工作任务和责任，坚定信心，在确保稳定的前提下，加快推进中央企业政策性关闭破产工作。针对中农垦等中央企业缺少破产操作经验的问题，积极组织培训班，帮助企业聘请有经验专家，具体讲解和指导破产操作工作。

三是建立制度，加强进度督促。为及时了解和掌握中央企业政策性关闭破产工作最新进展情况，从7月开始，建立中央企业规划内政策性破产项目进展情况定期报告制度，跟踪有关情况，及时了解、解决中央企业在项目组织实施工作中遇到的问题，督促加快实施进度。截至2008年底，在下达的总体规划内303户项目中，仍未进入司法程序项目只剩76户，已经完成工作总量的75%，不仅好于预期，而且，剩余项目有望在2009年初取得较快进展。

四是表彰先进，调动工作积极性。为进一步推进中央企业政策性关闭破产工作，调动长期工作在一线的广大干部员工的工作积极性，充分肯定有关集体和个人的工作成绩，经国资委研究决定，拟对国资委成立以来从事政策性关闭破产工作中做出突出贡献的先进集体和个人进行表彰。考虑有关中央企业的具体情况，拟表彰先进集体50个左右，先进个人100名左右。

（三）开展对全国政策性关闭破产四年总体规划项目清理工作

按照国务院第80次常务会议批准的四年总体规划要求，2008年，全国领导小组对总体规划项目进行了清理。经过清理，截止到2008年底，对于国务院确定的总体规划内的2116户项目，审批同意的1373户，经审核未通过和不再申报的项目742户。不再申报的原因大体分五种情况：一是因政策性破产项目审核时间较长等原因已依法破产；二是采取重组、并购等方式脱困；三是因内外部条件不具备无法申报；四是已改制为多元投资主体企业；五是因市场原因经营状况好转不需要破产。

（四）加强政策研究，解决突出矛盾

根据中央和国务院领导同志的批示精神，国资委与人力资源和社会保障部、财政部就破产企业职工医疗保障问题，多次进行专题调研，反复研究解决措施。

经国务院批准，中央财政拟拨付98.5亿元，用于解决地方国有企业政策性破产后离退休人员有关医疗保险费用不足问题。为做好这项工作，有关部门先后两次召开视频会议，研究部署各地落实破产企业离退休人员医保政策，有关部门共同与各地方签署责任协议。同时，中央及中央下放企业政策性破产后的离退休人员医疗保险费用不足问题，也在积极研究，争取中央财政的进一步支持。

二、中央企业重组脱困个案工作

中央企业重组脱困工作耗时长、难度大，可喜的是，2008年，几个重点个案项目都取得重大进展。

（一）华诚投资有限公司重组脱困工作取得重大突破

华诚公司实施重组脱困工作受外部条件的制约和影响很多、工作难度相当大。近两年来，在国资委大力支持下，华诚公司的重组脱困工作取得实质性的突破和进展。2008年，按照“先移交，后破产”原则，华诚公司所属资企业下放所属省份后再组织实施破产工作取得进展。经与财政部有关方面沟通、协调，就有关移交华诚公司所属11户企业破产费用问题形成意见。同时，又分别与陕西、山东、四川三省有关方面多次沟通，反复充分协商，终于实现了华诚公司所属11户拟破产企业平稳移交地方管理并具体组织实施破产的工作目标。其他13户非纺织子企业依法破产、关闭清理等处置工作也在积极稳妥推进，华诚公司本部处置方案确定。华诚公司交由诚通公司托管，破产方案送交有关部门审核。

（二）中包总公司、中艺总公司和中农垦总公司三家中央企业全面完成重组脱困工作

经过有关各方的共同努力，三家企业的重组脱困工作取得成效。中包总公司重组脱困工作基本完成；中艺总公司在完成减债工作的基础上，所属32户破产企业中，20户司法终结，12户进入司法程序；中农垦总公司近两年，通过采取经济性裁员方式提前安置1125名部分破产企业职工，约占破产企业在职职工人数的45%，截至2008年底，所属91户企业政策性破产项目，有51户进入司法程序，15户不再实施政策性破产，只有25户因各种原因，待2009年继续组织实

施，总体进度快于预期。

（三）中国化工供销公司历史遗留债务问题初步得到解决

中化供销公司因承担 1993～1998 年期间的化肥、农药淡季储备贷款而形成历史遗留问题，并与华融公司发生诉讼关系。为解决此问题，中央领导同志先后作过多次批示。为落实中央领导同志批示精神，国资委积极与有关方面进行沟通，多次召开专题协调会。在银监会、国务院法制办和最高人民法院的帮助和支持下，中化供销公司与华融公司达成还款协议，并偿还华融公司 3000 万元清偿金。国资委正在就中化供销公司承担的 3000 万元清偿金问题与财政部沟通协商。

（四）哈电集团所属阿继集团依法破产取得进展

阿继集团依法破产是国资委帮助协调解决的中央企业依法破产问题的第一例，受到各方关注。在 7 月赴哈电集团专题调研过程中，就破产费用和操作实施问题各方形成初步意见。9 月 3 日，李荣融主任和李伟副主任听取关于阿继集团依法破产情况的专题汇报，对阿继集团及其他中央企业依法破产的工作思路及资金筹措等问题作出重要指示，形成《研究阿城继电器集团有限公司依法破产有关问题的会议纪要》，成立由国资委改组局牵头，办公厅、考核局、评价局、产权局、改革局、分配局、收益局有关负责同志参加的阿继集团依法破产联合工作小组。明确阿继集团由诚通集团托管、哈电集团作为操作主体实施依法破产。阿继集团依法破产工作正在积极推进。

三、国有企业政策性关闭破产的几点启示

国有企业政策性关闭破产政策是特殊时期，为解决特殊问题的一项阶段性政策，在执行 15 年之后，即将完成使命，退出历史舞台。作为国企改革中，国家支付成本最多、妥善安置 1000 万职工的一项政策探索，留下丰富的经验和启示。

（一）国有企业改革要立足国情，兼顾社会承受能力

立足国情是处理一切问题必须坚持的基本原则。政策性关闭破产立足国情，兼顾社会承受能力，采取由试点起步的循序渐进的做法，取得预期效果。首先，政策性关闭破产采取了审慎的态度，坚持循序渐进、稳步推进的原则，通过试点取得经验后再全面推进，尽量减轻社会震荡。其次，政策性关闭破产采取了过渡性政策措施，按照“尊重历史、分类处理”的原则，在政策支持下，统筹解决国有企业历史遗留问题，条件成熟后再适时向依法破产的平稳过渡。第三，政策性关闭破产统筹考虑财政、金融机构、社会保障体系和职工等社会各有关方面的承受能力，量力而行，把握好节奏，积极而有序地进行，努力维护企业和社会稳定。

（二）国有企业改革要“以人为本”，保障职工合法权益

企业关闭破产，受到影响的首先是广大职工。职工面临下岗再就业的压力。如果涉及职工利益的问题得不到妥善解决，极易引发不稳定事件。所以，政策性关闭破产工作从试点开始，就始终把妥善解决职工切身利益问题作为出发点和落脚点，坚持“以人为本”，“无情破产，有情操作”。政策性关闭破产中，采取了一系列政策措施，多方筹措资金，努力保障职工合法权益；把企业关闭破产与重组发展相结合，尽可能地开拓职工再就业渠道，破产财产重组优先安置破产企业职工；耐心细致地做好职工思想政治工作，有效化解矛盾，努力减轻关闭破产给职工带来的阵痛。正是这样，政策性关闭破产总体上得到了职工的理解和支持，这也是企业关闭破产能够顺利实施的重要基础。

（三）国有企业改革要全面把握，综合运用经济、法律和行政等多种手段

在市场经济体制下，要更多地运用经济、法律手段，但辅之以必要的行政手段也是必不可少的。尤其是推进国有企业关闭破产这样难度非常大的工作，更应全面把握，综合运用经济、法律和行政等多种手段，注重发挥多种手段的综合作用效果。

政策性关闭破产工作是国有企业改革中最艰难的一项工作。国有困难企业历史遗留问题复杂，各种矛盾交织在一起，在企业正常生产经营时都难以解

决，在企业关闭破产时要妥善处理，难度更大。政策性关闭破产要协调好国有企业改革和相关配套改革政策、国有金融机构改革的衔接，中央政策和地方政策的衔接；还要协调做好职工社会保障关系接续、离退休人员社会化管理、企业办社会职能和生活服务设施移交等工作，处理好依法保障职工合法权益与维护破产企业债权人合法权益的关系，维护企业和社会稳定工作。

做好政策性关闭破产工作，处理好上述问题，仅靠经济、法律手段是不够的，还必须采取一定的行政手段。因此，政策性关闭破产采取在政府主导下，有组织、有计划地推进的方式。从中央到各试点城市，建立国有企业政策性关闭破产工作组织体系。在进入破产法律程序之前，主要是由政府有关部门协调推进；进入法律程序后，则主要是在法院的主导下依法进行。在具体事务处理上，既有相关利益主体的依法协商，又采取必要的行政手段，如将部分中央企业管理权下划给地方政府、企业办社会职能移交地方政府管理等，同时又予以一定经济补偿。

（四）国有企业改革要协调配合，与相关配套改革相互衔接

企业依法破产必须以健全的社会保障体系为基础。实施关闭破产的国有大中型企业，大而全、小而全，多数办有托儿所、幼儿园、学校、医院，有的还拥有公安、法院、检察院等社会职能部门；离退休人员没有实行社会化管理，不少待遇还依赖着企业；生产和生活区并存，供水、供电，供暖、供气多为一个系统，企业不能正常生产经营，这些系统随之瘫痪，职工生活受到严重影响；长期拖欠职工工资、医药费、集资款、社会保险费用等，职工社会保障关系不健全。这些矛盾交织在一起，妥善处理的难度非常大。因此，政策性关闭破产主要是着力解决涉及职工切身利益的突出矛盾和问题，有些问题则是在社会保障制度不断完善以及相关配套改革过程中逐步解决的，还有一些问题有待进一步推进相关配套改革才能解决。

（五）国有企业改革要统筹兼顾，妥善处理好相关利益者的关系

企业关闭破产涉及方方面面的利益关系，必须统筹兼顾，处理好中央与地方、政府与企业、破产企业与债权人等诸多方面的利益关系。如为依法保障债权人的合法权益，政策性关闭破产始终强调要严格按程序规范操作，坚决杜绝恶意逃废金融机构债权、侵占国有资产以及挤占挪用财政专项补助资金的行为；关闭破产计划编制过程中，充分听取债权金融机构的意见；关闭破产实施过程中，债权人可以依法监督破产财产的变现和分配，依法维护自身合法权益。

（审稿人：李　冰　撰稿人：孙燕平　杨　磊）

中央企业收入分配调控工作

2008年是中央企业收入分配管理调控工作面临严峻形势的一年。面对突如其来的雨雪冰灾和汶川地震，中央企业勇挑重担，肩负起共和国长子的社会责任。受金融危机冲击，中央企业效益状况在上半年总体向好的情况下第四季度出现逆转，石油石化、电力、冶金、民航等主要行业效益大幅度滑坡甚至出现巨额亏损，给收入分配管理调控工作带来严峻挑战。在复杂的形势下，按照国资委领导的指示精神，2008年的收入分配管理调控工作坚持以效益为导向，兼顾中央企业承担社会责任导致的政策性亏损因素，按照市场化的改革方向，积极稳妥推进工资总额预算管理改革，理顺收入分配关系，取得较好效果。

一、中央企业收入分配基本情况及成效

2008年，中央企业实现营业收入11.8万亿元，同比增长18.4%，实现利润总额6961.8亿元，同比下降30.8%，剔除两次自然灾害的影响及石化、发电企业等政策性亏损减利因素，实现利润总额与2007年基本持平。2008年中央企业职工平均人数1152万人，比上年增长9.4%。实际发放职工工资总额5504.6亿元，比上年增长20.4%。职工平均工资47775元，比上年增长10%。中央企业工资总额实现有效调控，职工平均工资保持合理适度增长。

总体来看，2008年中央企业工资总额调控取得以

下主要成效：

一是职工年平均工资增幅与效益增长相协调。国资委成立以来，中央企业收入分配历年来总体上符合“两低于”原则，职工工资总额6年平均增幅(17.9%)低于利润总额平均增幅(18.2%)，职工平均工资增幅(14.6%)低于按企业增加值计算的劳动生产率增幅(17.6%)，职工工资增长与经济效益状况的关系合理适度。

二是职工工资增长明显放缓，职工工资增长得到有效控制。从纵向对比看，2008年中央企业职工平均工资增幅为10%，较2007年的17.2%降低7.2个百分点，比5年平均工资增幅14.6%降低4.6个百分点，是国资委成立以来职工工资增幅最低的一年。尤其考虑2008年CPI涨幅为5.9%，职工平均工资实际增长仅为4.1%。从横向对比看，2008年中央企业职工平均工资增幅比全国城镇单位(17.2%)、地方国有企业(14.2%)和中央部门企业(28.1%)同期增幅分别低7.2、4.2和18.1个百分点。2008年中央企业职工平均工资与中央部门企业、地方国有企业、全国城镇单位平均工资的倍数差距分别为1.3倍、1.7倍、1.6倍，较前几年绝对额及倍数关系均进一步缩小。

三是收入能增能减机制逐步形成，工资总额预算试点企业工资有序增长。2008年，国资委对效益下降的中央企业，不同程度地调减了应提工资总额或工资总额预算。从预算试点企业的情况来看，试点企业职工平均工资仅比上年增长6.9%，比全部中央企业职工平均工资增长低3.1个百分点，达到国资委调控要求。

四是人工成本的投入产出比逐年上升，人力资源利用效率有较大幅度提高。中央企业劳动生产率逐年提高，2008年达到30.3万元/人，比上年增长11.8%，较2003年增长2.2倍；人事费用率比上年降低0.3个百分点，较2003年降低1.7个百分点；劳动分配率比上年降低0.7个百分点，较2003年降低4个百分点。

二、中央企业收入分配管理调控主要工作

(一)探索试行中央企业工资总额预算管理办法，实现收入分配调控体制机制创新

为适应新形势以及建立现代企业收入分配制度的需要，2008年，在石油石化、电力、冶金、航空四个行业试行工资总额预算管理。工资总额预算管理的核心内容包括三个方面：一是国资委根据中央企业改革发展的总体要求，参考国民经济发展宏观指标，分行业制订和发布中央企业年度工资水平增长调控线，进行事前引导。二是企业在符合国资委调控要求的前提下，自主建立工资效益联动机制，编报并执行工资总额预算，适度行使收入分配自主权，国资委进行事中监测和控制。三是国资委在预算年度末对企业预算执行情况进行事后监督，企业根据国资委评价意见按照新财税制度规定进行实际核算列支。通过调控责任主体的下移，突出实发工资水平的调控重点，加大分配结果的调控力度。工资总额预算管理弥补了工效挂钩对工资总额调控的不足，是收入分配调控方式的重大改革创新。

(二)不断完善工效挂钩办法，加大调控力度

继续做好2008年度中央企业工效挂钩审核和清算工作，对当年工效挂钩工作提出进一步改进完善意见，实事求是地为企业解决改革发展中面临的问题。一是支持企业贯彻落实《劳动合同法》，如实核增企业因规范劳动用工产生的新增职工工资总额。二是按照“提低”要求，对低于社平工资企业相应核增工资总额基数，并明确要求核增额度只能用于低于当地社平工资的所属企业职工工资发放。三是对企业动用工资结余用于工资发放“以丰补歉”的情况进行核定。

(三)加大对重大事项管理调控力度，规范中央企业收入分配行为

按照收入分配重大事项审核报告制度规定，2008年重点对集团本部工资管理、企业动用工资结余等事项提出调控要求，并督促企业严格执行，以严肃纪律。如企业动用工资结余用于年度工资发放必须经过核准或备案，原则上效益下降企业动用工资结余“以丰补歉”后，人均工资水平增幅不高于当年CPI涨幅，其中工资水平较高的企业保持零增长。

(四)组织开展职位薪酬调查工作，夯实中央企业收入分配工作基础

按照“简单起步、循序渐进、便于操作、注重实效”

的原则，研究制定中央企业职位薪酬调查方案，启动中央企业职位薪酬调查工作。对中央企业集团总部的8个典型岗位和营业收入排在前三位的二级子企业的12个典型岗位进行2007年度薪酬调查，并布置专业技术、技能操作两大类十个典型职位的职位调查。至2008年底，数据处理系统进入实质性开发利用阶段。

(五)积极协调相关部门，稳妥推动中央企业年金制度建设

2008年，由于有关部门政策规定不衔接，推动规范实施中央企业年金工作受到阻碍，年初以来已经建立的规范性审核流程的年金审核工作被迫停滞。为推动这项工作继续有效开展，国资委做了大量协调工作，与财政部、人力资源社会保障部等部门进行多种形式的沟通，并且召开数次中央企业、专业机构、专家学者等不同层面的座谈会，研究对策，理清思路。同时，不断健全工作机制，继续组织做好具备实施条件的企业方案审核批复工作。

三、中央企业负责人薪酬管理工作情况

2008年，是中央企业负责人薪酬管理由第一任期向第二任期过渡的开局一年，也是按照新的薪酬管理办法，对2007年度中央企业负责人薪酬实施调控的第一年。面对薪酬管理调控方面的诸多难点和问题，通过与中央企业共同努力，中央企业负责人薪酬管理在制度建设、薪酬水平调控、规范中长期激励和职务消费等方面取得新的进展。

(一)进一步完善企业负责人薪酬管理办法，合理调控中央企业负责人薪酬水平

一是进一步完善薪酬核定办法，加强中央企业负责人薪酬管理和调控。根据《关于加强中央企业负责人第二业绩考核任期薪酬管理的意见》(国资发分配〔2007〕229号)，结合中央企业负责人第二任期薪酬水平调控目标，经过反复测算，制定印发《中央企业负责人绩效薪金基数计算办法》(国资厅发分配〔2008〕101号、102号)，促进中央企业进一步树立“业绩升、薪酬升，业绩降、薪酬降”的薪酬理念，逐步构建企业负责人薪酬水平与经济效益、业绩考核密切联系、适度增长，并与职工收入分配关系协调、差距合理的分配格局。

二是进一步深化中央企业负责人薪酬管理制度，完善整体上市中央企业负责人薪酬管理办法。适应中央企业整体改制上市的需要，按照管资产与管人、管事相结合的原则，制定印发《关于整体上市中央企业董事及高管人员薪酬管理的意见》(国资发分配〔2008〕140号)。主要是明确由中央和国资委提名的上市公司董事及高管人员，其薪酬事项由国资委决定。由上市公司董事会自主选择聘任的高管人员(即非国资委管理的干部)的薪酬事项由董事会参考国资委薪酬管理办法自主确定。

三是合理调控中央企业负责人薪酬水平，组织完成2007年度绩效薪金和EVA奖励兑现工作。根据2007年中央企业经营业绩考核和EVA考核结果，对中央企业负责人2007年绩效薪金和EVA奖励进行审核、汇总及分析，报经国资委薪酬管理委员会审核同意，安排部署2007年度绩效薪金和EVA奖励兑现工作。2007年中央企业负责人平均薪酬比2006年同比增长9%，低于同期中央企业实现利润总额31%的幅度，也低于同期中央企业职工平均工资18%的幅度。总体来看，新的绩效薪金基数核定办法符合第二任期中央企业负责人薪酬调控的原则，2007年度中央企业负责人平均薪酬增幅低于职工平均工资增长幅度，符合“业绩升、薪酬升，业绩降、薪酬降”的要求，与中央企业整体效益变化基本一致。

(二)完善试点企业高管人员薪酬管理制度，加强董事报酬管理，建立试点企业薪酬管理沟通协调机制

一是进一步完善试点企业薪酬管理相关制度。结合董事会试点工作的推进，不断修改完善《董事会试点企业高级管理人员薪酬管理指导意见》《董事会试点企业董事报酬及待遇管理暂行办法》，促进试点企业董事报酬和高管人员薪酬管理工作逐步纳入制度化、规范化管理。两个办法已经国资委薪酬管理委员会和董事会试点工作领导小组审议同意。

二是加强对试点企业高管人员薪酬管理工作的指导。在总结试点企业高管人员薪酬管理工作的基础上，逐步建立与董事会薪酬委员会的沟通协调机制，指导试点企业建立和完善高管人员薪酬管理办法，董事会试点企业高管人员薪酬管理制度初步

建立。

(三)规范国有控股上市公司实施股权激励试点工作,积极探索建立和完善中长期激励机制

一是规范国有控股上市公司试行股权激励制度办法。针对前期部分国有控股上市公司在股权激励方案设计和实际运行过程中存在的股权激励实施条件宽松、业绩考核不严、预期收益失控等问题,研究制定并会同财政部印发《关于规范国有控股上市公司实施股权激励制度有关问题的通知》(国资发分配〔2008〕171号),进一步严格试点条件,科学设置业绩水平,对公司高管人员行权收益实行封顶,防止出现收益失控。

二是建立上市公司股权激励信息披露和专家评审制度。为促进上市公司规范制订股权激励计划和方案,在国资委网站设置"国有控股上市公司股权激励计划草案公告"专栏,将中央企业出资控股的上市公司经董事会审议通过的股权激励计划(草案)及相关公告资料予以公布,接受社会公众的监督和评议。2008年先后公告10家上市公司股权激励方案。同时,为增强国有控股上市公司股权激励方案的科学性和合规性,建立国有控股上市公司股权激励方案专家评审制度。2008年,组织三次境内外专业咨询机构的专家评审会,对中粮地产等11户中央企业控股上市公司的股权激励计划进行评审,并以此作为审批上市公司股权激励的重要决策参考。

三是严格国有控股上市公司股权激励方案审核、备案工作。按照国有控股上市公司股权激励相关办法,2008年审核批复中粮地产、烽火通讯、安泰科技、海油工程、中化国际等5户上市公司股权激励方案,并分别与湖南、辽宁、广东、深圳、青岛等地国资委分别就广百股份、华菱管线、深圳振业、长城投资、抚顺特钢、海信电器等6户地方国有控股上市公司股权激励计划进行沟通、备案。

(四)进一步加强企业负责人职务消费专项办法研究工作

按照循序渐进、逐项规范的工作安排,加强企业负责人公务用车专项管理办法的研究。在分析、总结各企业负责人公务用车管理经验、做法以及存在问题基础上,研究拟订《关于中央企业负责人公务用车管理的指导意见》,并征求60多户企业和国资委有关业务厅局的意见,拟在进一步修改完善后印发实施。

(审稿人:麻 健 撰稿人:王志平 夏 凡)

中央企业业绩考核工作

2008年,面对突发的特大自然灾害和严峻的国内外经济形势,国务院国资委冷静分析、认真研究考核实践中存在的突出矛盾与问题,努力完善业绩考核体系,提高考核的精准性,不断推动业绩考核工作迈向新台阶。

一、2008年经营业绩考核工作稳步推进

2008年,国务院国资委按照新颁布的《中央企业负责人经营业绩考核暂行办法》(国资委令第17号)(以下简称《考核办法》)和"上水平、更规范、更精准"的要求,细化相关规定,统一工作标准,积极探索和大胆尝试了业绩考核的新方法,经营业绩考核工作有序开展。

(一)出台《补充规定》,提高年度考核目标核定水平

为改善企业目标确定机制,鼓励企业"自树目标,自加压力",推动企业开展行业对标,国务院国资委2008年2月,制订印发《中央企业负责人年度经营业绩考核补充规定》(以下简称《补充规定》)。《补充规定》对上报目标值较低企业的加分空间、加分幅度都做了不同级别的限制,引导企业实事求是上报考核目标。《补充规定》的出台,有效克服以往企业上报考核目标"多留余地"、"相互攀比"或"一对一谈判"现象,为科学确定2008年度中央企业负责人经营业绩考核目标发挥重要作用。从总体上看,2008年中央企业各项考核指标目标值基本符合考核办法的要求,符合企业实际情况。特别是在低温雨雪冰冻灾害已经发生,美国次贷危机的影响已初露端倪的情况下,中央企业

2008年利润目标值仍然比2007年利润目标值高15.4%，其中，85.8%的企业利润目标值高于前三年平均值。

(二)细化计分规则，规范年度考核结果核定工作

2007年是执行新修订的《考核办法》的第一年，为认真落实好《考核办法》，适应考核工作中出现的新情况和新问题，在反复研究和测算的基础上，细化各项考核规定，制定《中央企业净资产收益率相关考核计分细则》《中央企业承担国资委托管任务考核计分细则》《中央企业非经常性收益业绩考核清算工作规范》和《中央企业当期损益中消化以前年度潜亏业绩考核清算工作规范》，修订《中央企业生产安全责任事故降分降级细则》。依据新的计分规则，对财务数据不实、财务违规或监管不力、出现较大生产安全责任事故的企业，予以扣分处理；对承担国资委托管任务的企业，根据情况给予适当的加分奖励。通过细化计分细则，进一步提高了业绩考核结果的科学性和合理性。2007年大多数中央企业各项考核指标完成良好，企业考核得分总体水平相对提高。在纳入2007年度经营业绩考核的152户企业，40户评为A级，84户评为B级，26户评为C级，2户评为D级。

(三)探索考核新方法，初步尝试中央企业经济增加值考核

为引导企业牢固树立资本成本意识，增强决策的科学性，提高企业价值创造能力，2003年以来，国务院国资委始终坚持把经济增加值(以下简称EVA)考核作为业绩考核的主攻方向，大胆探索。2008年，根据考核办法和企业财务决算数据，国资委对2003～2007年中央企业经济增加值实现情况进行测算，并首次向企业进行通报，根据考核办法中"鼓励企业使用经济增加值指标进行年度经营业绩考核。凡企业使用经济增加值指标且经济增加值比上一年有所改善和提高的给予奖励"的规定，对于参加EVA考核并且考核年度EVA完成值比上年有所改善的企业主要负责人，予以奖励。2007年，中央企业经济增加值为正值的占76.3%，比2006年提高近10个百分点，EVA实现值呈现逐年改善的趋势。其中，自愿参加经济增加值考核有87户，有68家企业的EVA比上年有所改善。2007年EVA考核的初步尝试为实现经济增加值全面纳入中央企业业绩考核奠定基础。

(四)积极适应公司治理结构变化，规范董事会试点企业业绩考核工作

根据《考核办法》相关规定，对外部董事超过董事会成员半数的试点企业，国务院国资委授权董事会对经理层进行考核。考核主体发生变化以后，为做好指导和监督工作，起草《加强董事会试点企业业绩考核工作的指导意见》。核定董事会试点企业2008年度董事会试点企业测试评价目标，计算2007年度董事会试点企业经营业绩测试评价目标完成情况，并纳入2007年度中央企业经营业绩考核结果排序。总体上看，加强对董事会试点企业业绩考核工作的指导，有力地促进中央企业业绩考核工作的平衡发展。

(五)加强节能减排指标考核，初步建立中央企业节能减排监测体系

按照国务院关于加强节能减排工作的决定、实施方案的要求，国务院国资委提出中央企业节能减排指导意见，明确节能减排管理目标，建立节能减排考核体系，并将节能减排目标纳入中央企业负责人第二任期(2007～2009年)经营业绩考核。为督促中央企业认真落实节能减排责任，夯实管理基础，2008年上半年开始，定期对中央企业的节能指标完成情况进行通报，初步建立起中央企业节能减排监测体系和信息报送制度，形成一级抓一级，层层抓落实的工作格局。2008年，中央企业万元产值综合能耗比2007年下降4.82%，比2005年下降10.23%。二氧化硫排放量比2007年减少11.40%，比2005年减少28.82%；化学需氧量排放比2007年减少10.98%，比2005年减少23.15%。中央企业主要污染物排放总量减少10%的目标提前实现，为国家2008年两项减排指标继续双下降，做出重要贡献。

(六)强化安全处罚，加大安全业绩考核的力度

国务院国资委在认真总结过去五年安全业绩考核经验的基础上，对降级降分处理的规定进行细化，加大安全业绩考核的力度。规定中央企业发生瞒报事故，发生特别重大责任事故并负主要责任的，该中央企业负责人年度经营业绩考核一律实行降级。不同行业、不同规模的中央企业年度内发生较大责任事故或重大责任事故，都要依据规定进行降级、降分的处理，安全生产业绩考核结果与企业负责人薪酬挂钩。同时，对安全投入达不到法定要求的，规定在考核业绩利润时相应予以扣除，目的是引导企业增加投入，提高本质安全水平。2007 年因安全生产责任事故予以降分的中央企业 14 户，其中因安全责任事故扣分导致业绩考核降级的企业 2 户。

二、不断总结中央企业业绩考核工作新经验

2008 年，中央企业相继经受了低温雨雪冰冻灾害、汶川特大地震灾害、金融危机和奥运会的挑战。面对挑战，广大中央企业深入贯彻科学发展观，全面落实党中央、国务院的各项决策和部署，积极发挥业绩考核的导向作用，紧紧咬住目标不放松，全力以赴确保企业业绩的完成，在考核工作中创造不少好经验和做法。

（一）完善短板考核，持续改进薄弱环节

华能集团将防范经营风险、法律风险、安全生产风险纳入业绩考核体系，企业全面风险管理进一步加强。上海贝尔将内控体系建设与业绩考核工作挂钩，对企业内控薄弱环节实施严格的考核管理。华润集团、招商局、中化集团始终将现金流量作为内部绩效考核的重要指标，关注现金流的持续改善和不断优化。水电集团、中煤科工集团将应收账款作为子企业负责人业绩考核基本指标，引导下属企业加强资金的管理和监控。中国铁建进一步强化成本费用责任管理，加大考核奖惩力度。

（二）强化对标考核，持续提升业绩水平

中央企业坚持通过“对标”找差距，不断提高企业经营管理水平，改善企业经营业绩。兵器工业、新兴铸管等企业将各单位的考核目标值与集团内同行业企业、中央企业平均水平进行比较，引导下属企业逐步赶超先进单位，收到较好成效。国投集团将上年度行业优秀值或平均值，作为重点板块考核指标的基准值，促进了各子公司向行业优秀企业看齐。广核电集团每年都与全球 34 个国家的 115 个运营商、259 台同类型核电机组进行对标。中电投对工程建设、生产成本、运营管理等，进行全面、全员、全过程对标管理，提高了考核工作精细化水平。

（三）推进经济增加值（EVA）考核，持续增强价值创造能力

2008 年，大多数中央企业紧密结合实际，稳步推进企业内部 EVA 考核工作。中钢集团、兵器工业、华侨城、节能投资、中铁物资、中纺集团、中粮集团、水电顾问等企业在全集团范围内大力开展 EVA 专题培训，公司领导带头学习，增强了价值创造意识。鞍钢集团、武钢集团、中核集团、东方航空、国投集团、中冶集团、葛洲坝集团等企业逐步进行 EVA 试点，有序开展 EVA 测评工作，及时发现 EVA 考核中的薄弱环节，为全面推行 EVA 考核做好准备。中国电信、哈电集团、中国生物等企业已将 EVA 纳入任期考核。中国建筑、一汽集团、有色矿业等企业已将 EVA 纳入年度考核。航天科技集团将上市公司高管的绩效薪酬与 EVA 指标完成情况直接挂钩，强化考核的价值导向。

（四）探索自主创新考核，持续提升可持续发展能力

绝大多数科研设计企业把科技投入增长率纳入到年度考核体系。钢研集团、电信科研院在业绩考核中增加科技创新、专利创造和成果转化的考核内容，有效提升企业的自主创新水平。航天科技、武钢集团、乐凯集团、中国中铁、武汉邮科院等企业将技术研发、产品创新、新产品推进等纳入考核体系，促进企业产业升级和技术进步。

（五）加强节能减排考核，持续提高节能降耗工作水平

中国石油、中国海油、鞍钢集团、武钢集团、国家电网、一汽集团、中国海运、神华集团等企业将节能减排指标纳入企业负责人年度考核，建立节能减排工作责任制，逐级分解目标，严格考核奖惩。华能集团、中煤集团等企业把节能减排完成情况作为年度考核的否决指标，层层落实责任，确保节能减排各项措施落

实到位。

(六)持续改进董事会对经理层的考核办法

近年来,试点企业董事会按照国资委的部署和要求,大胆进行探索,依法对经理层加强考核,有效地维护出资人利益。2008年17户试点企业按照国资委要求及时上报测试评价目标。神华集团、农发集团、中国铁工、中国铁建、中交集团等企业在业绩考核体系设计上,以《考核办法》为基础,结合企业实际,积极探索创新,既体现企业的经营特点,又较好地实现与中央企业业绩考核整体工作的衔接。神华集团等企业不断完善考核目标确定机制,上报的测试评价目标实现"双高双超"。在制订考核办法、确定考核目标、核定考核结果过程中,试点企业董事会与国资委的沟通渠道基本形成,试点企业业绩考核工作程序逐步得到规范。

总体上看,中央企业通过加强自身的考核,取得明显成效,一是完善内部的激励和约束机制,改善经营管理,提高经营效率;二是提高企业抗御风险的能力,为国有经济的平稳运行提供有力的保障;三是中央企业对业绩考核工作的深入探索和有效实践,为推动中央企业整体业绩考核工作迈向新台阶奠定坚实的基础。

三、继续发挥业绩考核的导向作用

中央企业经营业绩考核工作自开展以来,对增强国有企业发展实力发挥重要作用。面对更加严峻的经济形势,业绩考核工作还需要进一步发挥导向作用,紧紧围绕"保发展、提效益"的中心任务,引导企业有效应对金融危机,"强身健体"、练好"内功",确保国有企业持续稳定较快发展。

(一)引导企业提高抗风险能力

做好风险防范,是中央企业应对金融危机、实现稳健经营的重要任务。一些中央企业近年来的扩张冲动较强,在超出自身能力的情况下,急于进行境内外项目投资和并购重组,债务负担迅速加重;一些企业存货和应收账款占用较多,现金流比较紧张;还有一些企业传统市场出现萎缩,新的市场开拓进展缓慢,业务转型任务艰巨。改善财务状况、控制经营风险是这些企业当前和今后一个时期的紧迫任务。业绩考核就是要以控制资产负债水平、改善现金流量为抓手,努力降低经营风险,加快改善财务状况,确保企业稳健经营。一是引导企业控制投资规模和节奏。认真制定投资计划,围绕主业搞投资;负债水平较高、财务风险较大的企业,谨慎控制投资规模和投资节奏。二是引导企业强化资金预算控制,提高资金使用效率。认真梳理各项开支,压缩预算内可控费用支出,控制预算外支出;沉淀资金较多、资金链条较为脆弱的企业,通过考核引导,加快存货周转,加快销售回款,减少资金占用,保持资金的流动性。三是引导企业有效规避市场风险,切实巩固传统市场,努力开拓新的市场。

(二)引导企业提升管理水平

强化管理是企业练好内功、应对金融危机的重要基础,业绩考核工作要引导企业着力提升管理水平。一是坚持加强"短板"管理。针对企业经营发展的薄弱环节和管理难点,优化考核指标设计,根据企业不同发展阶段出现的不同"短板"实施动态调整,引导企业持续改进管理。尤其是引导企业强化成本管理,降本增效,确保在成本上有竞争优势。二是大力推进对标管理。按照标杆先进、同一行业同一尺度、循序渐进的原则,积极盯住出资人关注的关键绩效指标,找出差距,明确措施,在考核中严格落实。通过对标考核,引导企业适应不同外部经济环境变化,努力保持国内同行业领先,达到或接近国际同行业先进水平。三是夯实管理基础。引导企业抓好各项基础管理工作,不断提高集团管控能力和管理水平。四是做好业绩考核与战略管理的紧密衔接,把战略导向融入关键绩效指标体系,用战略牵引考核,以考核促进战略实现。

(三)引导企业推进自主创新

推进自主创新,是中央企业增强核心竞争能力、实现科学发展的源泉。多年以来,中央企业高度重视自主创新,取得不少重要创新成果,已成为建设创新型国家的一支重要力量。但是,还应看到,与培育和发展具有国际竞争力的大公司大企业集团的要求相比，中央企业在自主创新上还存在不少差距。还要积极探索和完善引导企业推进自主创新的业绩考核体系和办法。一是引导企业加大科技投入。中央企业科技研发经费占销售收入的比重与国际水平相比普遍偏低，发达国家大企业科技研发费用普遍超过销售收入的5%，而中央企业还不到2%。要区别情况和管理层级，分类、分层设置科技进步考核指标，引导企业结合实际，自觉加大研究开发投入，保证企业自主创新资金需求。二是引导企业更加注重创新成果的产出效益。企业不仅要拥有自己的核心技术，提高技术集成能力，而且要坚持以市场为导向，研究、设计、生产紧密结合，提高科技成果的转化能力和产业化能力，讲求投资回报，做到既有社会效益，又有经济效益。三是建立和完善针对科技人才的激励约束机制，积极探索技术要素参与分配的考核办法和薪酬制度。

（四）引导企业提升价值创造能力

将经济增加值纳入业绩考核，是增强企业股东回报意识、促进企业科学发展的重要举措。从第三任期开始，国资委将在中央企业全面推行经济增加值考核，引导企业不断提升价值创造能力。一是引导企业科学决策、谨慎投资。提高经济增加值水平，既要靠增加净利润，又要靠降低资本成本。在企业资产负债率水平较高、市场投资风险较大的情况下，尤其要把避免盲目投资、减少资本占用、提高投资效率作为提升价值的重点工作来抓。对新上项目，设置资本成本门槛，并作为考核投资效果的主要依据。二是引导企业优化资源配置。通过经济增加值考核，引导企业对现有资产进行有效的调整和优化，对不创造价值的资产进行合理处置，对创造价值的业务加大投资力度，全面提高企业资产的价值创造水平。三是引导企业提高管理效率和水平。通过经济增加值考核，引导和鼓励企业管理人员、普通员工关注股东的关注点，加强内部合作，降低管理成本，提高工作效率。

（五）引导企业增强国际竞争力

增强国际竞争力，是中央企业贯彻实施“走出去”战略、在更为广阔的国际市场空间提高资源配置效率的必然要求，也是实现科学发展的必然要求。业绩考核就是要主动适应中央企业国际化经营的需要，引导企业统筹利用国际国内两个市场、两种资源，增强企业的国际竞争力。一是跟踪研究国际市场变化。尤其要密切关注石油、矿产、有色金属、粮食等初级产品市场和欧美发达国家资本市场的变化，分析对本企业的影响，及时调整经营策略，采取有效应对措施。二是引导企业把握当前的重要机遇，积极稳妥地“走出去”。具备条件和能力、符合主业发展要求的企业，要冷静观察、深入分析、牢牢把握金融危机形势下国际市场调整的有利时机，充分开发和利用国际能源资源与先进技术，广泛吸收国际优秀人才，在国际竞争中做优做强。三是引导“走出去”的企业加强风险防范。对境外的政治、经济、社会环境和财务、税收、审计制度等加强研究，应对可能出现的市场风险、金融风险、法律风险、安全风险、劳动用工风险。四是引导企业规范竞争。注重学习和掌握国际大公司的先进经验，注重在增强技术实力、创建知名品牌、提高管理水平上下功夫，规避低水平、无序的价格竞争，积极参与高附加值产品和服务的市场竞争，努力成长为具有较强国际竞争能力的大公司、大集团。

（六）引导企业实现全面协调可持续发展

全面协调可持续，是科学发展观的基本要求。业绩考核就是要积极应对金融危机的挑战，引导企业着力实现全面协调可持续发展。一是处理好短期效益和长期效益的关系，促进可持续发展。更加注重年度业绩考核与任期业绩考核的紧密结合，引导企业在赢得短期效益和实现长期效益上统筹兼顾。通过实施年度业绩考核，引导企业加强管理，降本增效，提高当期效益，实现平稳增长；通过加强任期业绩考核的，引导企业及时解决影响企业可持续发展的主要矛盾，强化资源储备、技术储备、人才储备和项目储备，为实现企业可持续发展奠定更加坚实的基础。二是加强节能减排考核，促进企业节约发展和清洁发展。坚持把节能减排纳入业绩考核体系，督促企业加强节能减排基础管理，加大节能减排投入，推动节能减排技术创新和应用。三是严格安全生产考核，促进企业安全发展。贯彻实施《中央企业安全生产监督管理暂行办法》，以强化中央企业安全生产主体责任和安全生产责任制为主线，以推进建立现代安全生产管理体系、落实“一岗双责”为重点，进一步加强安全生产考核，并将考核结果与中央企业主要负责人绩效年薪挂钩。

（审稿人：赵世堂　撰稿人：刘　晋）

中央企业经济责任审计工作

为探索“管资产与管人、管事”相结合的有效途径，更好地履行出资人职责，促进企业“依法经营、规范运作、持续发展”，2008 年国资委积极探索、不断总结、稳步推进中央企业经济责任审计工作，按时完成 2007 年度经济责任审计项目任务，出具企业经济责任审计报告 17 份，下达审计处理意见 16 份，并按照企业领导人管理有关要求，遵循“离任必审”和“加大任中审计”的要求，分两批组织开展 15 户中央企业经济责任审计项目。同时，进一步完善了出资人经济责任审计工作组织与协调工作机制，较好地指导中央企业组织开展经济责任审计工作。

一、继续强化任中审计工作力度

为提高经济责任审计监督的时效性，及时帮助企业发现经营过程中存在的问题和经营风险，促进完善企业内部控制机制，国资委认真贯彻经济责任审计关口前移的精神，变事后监督为事中监督，强化任中经济责任审计工作力度。在 2007 年尝试开展企业负责人任中经济责任审计的基础上，2008 年进一步提出企业负责人任职时间在五年以上，尚未开展过经济责任审计的中央企业，争取在两到三年内安排一次任中审计的工作目标，并于当年适时组织安排有色金属研究总院、中国农业机械科学化研究院、中国航空器材集团公司等 3 家企业的任中经济责任审计项目，较好地促进任中经济责任审计业务的开展。在审计过程中，严格贯彻执行相关制度和规范要求，明确工作要求和责任，有计划、有步骤地推进各阶段工作，为圆满完成经济责任审计工作任务打下扎实基础。

二、改进合并企业委托审计方式

针对中央企业近两年合并重组工作进程不断加快的特点，为了对被合并企业财务与管理绩效状况进行全面诊断，对企业负责人的经营业绩和经济责任进行客观的评价，2008 年国资委对中国海洋航空集团、中国唱片总公司、中国水利投资集团公司、中国轻工业品进出口总公司、中国国际企业合作公司、中国农垦(集团)总公司等 6 家被合并重组企业经济责任审计工作的委托方式进行改进，由以往完全委托接收企业组织实施调整为国资委与接收企业共同组织实施，使经济责任审计工作更加突出出资人的监管意图，为全面监督企业执行国家有关政策和落实国资委各项监管措施，切实履行出资人职责提供有力保障，同时，也为接收企业的后续重组工作奠定坚实基础。

三、完善经济责任审计沟通协调机制

随着几年的工作实践，国资委在经济责任审计工作中逐步建立委内各有关厅局的内部沟通协调机制，在经济责任审计工作的事前、事中和事后加强各业务职能厅局的信息联系。一是确定审计任务后，统一向委内有关厅局通报审计工作计划，征询审计重点关注事项意见，使审前调查和现场审计工作定位更加准确，避免审计范围和内容出现重大纰漏或偏差；二是对于审计过程中发现的重大事项和问题，按程序及时提交委内相关厅局予以研究或处理，有效提高了审计监督和协调处理有关问题的时效性；三是在审计报告阶段，进一步扩大委内征求意见范围，为客观、公正地发表审计意见和结论提供较好保障。通过加强与委内各厅局的沟通协调，有效地发挥各监管厅局的协同效应，进一步提高经济责任审计工作效率和工作质量。

四、强化对中央企业经济责任审计工作指导

为进一步将各中央企业组织开展的经济责任审计工作引向深入，加强工作组织管理，规范经济责任审计工作行为，在国资委现有制度规范的基础上，结合几年来各中央企业的实际工作，2008 年国资委及时下发《关于加强中央企业经济责任审计工作的通知》(国资发评价〔2008〕53 号)，从提高认识、加强组织领导和制度建设、具体审计业务开展、提高审计工作质

量、推动审计结果应用与落实等方面提出更高的要求，进一步明确企业负责人经济责任与考核奖惩挂钩的机制，提出积极开展专项和企业副职审计等业务，努力拓展经济责任审计领域的希望。同时，经济责任审计工作的逐步推进，有效地促进各中央企业内部审计工作的发展，使企业领导人逐步认识到内部审计工作的重要性，一些企业以此为契机成立独立的内部审计机构。

五、强化经济责任审计业务培训

为了提高经济责任审计工作质量，使审计基础工作更有效地贯彻国资委监管意图，2008年国资委分两批对承担国资委经济责任审计业务的中介机构和被审计企业组织业务培训，培训人数达270余人。通过业务培训，一方面，使中介机构更深刻地理解经济责任审计的工作目标和意义，将财务审计、绩效评价和责任评估有机结合起来，对企业负责人任职期间履行工作职责情况做出更为全面、客观和公正的评价；另一方面，使被审计企业更加深入了解审计的阶段性要求和工作目的，有效促进了企业、中介机构和国资委三方的审计沟通与配合，提高了审计效率，确保了审计质量。

六、加强经济责任审计的理论研究

为了进一步研究解决经济责任审计工作中的重点难点问题，2008年国资委会同中国石油天然气集团公司、中国石油化工集团公司、中国海洋石油总公司和中国南方电网公司等4家中央企业开展经济责任审计相关课题研究，主要包括：国有企业经济责任分类及评价研究、经济责任审计法规库、经济责任审计现场审计工作流程与工作底稿设计，以及经济责任审计管理信息系统开发等。课题研究已经形成初步成果，为下一步深化经济责任审计各项工作内容提供实务操作指导，更奠定了很好的理论基础。结合相关业务研究，国资委从完善内部工作组织机制着手，及时修订并补充制定相关内部工作规范，进一步完善了出资人经济责任审计内部工作制度体系。

（审稿人：刘德恒　撰稿人：戚广慧）

中央企业收益管理工作

2008年，国务院国资委成立收益管理局，中央企业收益管理工作全面展开。国有资本经营预算相关管理制度进一步完善，中央企业国有资本收益全面上交，2008年国有资本经营预算支出的顺利下达，配合国家重大宏观经济调控政策，对于引导中央企业抵御全球金融危机的影响、帮助中央企业度过难关将起到积极作用。

一、中央企业收益管理工作平稳起步

（一）收益管理局筹建完成

建立国有资本经营预算制度，规范国家与企业的分配关系，是完善社会主义市场经济体制，履行股东的三大权利之一的收益分配权的一项重大制度建设。国务院国资委作为对中央企业履行出资人职能的机构，对所监管企业进行收益分配是国资监管工作的重要内容。国资委成立不久，就按照党的十六届三中全会明确的“建立国有资本经营预算制度”精神，将推进建立国有资本经营预算制度列入重要工作议程。2007年9月国务院印发《关于试行国有资本经营预算的意见》（国发〔2007〕26号）。标志着国有资本经营预算制度的正式建立。2008年10月，经国务院批准，国资委下达2008年中央企业国有资本经营预算。2008年9月，国务院国资委收益管理局筹建完成。其主要职责是：组织所监管企业上交国有资本收益；承担拟订资本预算有关制度工作；承办资本预决算编制和执行有关工作和组织开展所监管企业负责人离任和任期经济责任审计工作。收益管理局的成立标志着国资委收益管理工作走向制度化，是建立市场化监管体制的重大突破。

（二）加强国有资本经营预算管理的制度建设

2008年，针对资本预算工作刚刚起步，社会各界对其认识还在不断探索中，管理程序也不够完善，甚至很多地方还是空白，资本预算工作还面临不少的问题和矛盾的形势，国资委提出的抓好制度建设是做好中央企业国有资本经营预算工作的关键，认真贯彻国务院精神，精心组织、积极稳妥地推进国有资本经营预算工作的要求，根据《国务院关于试行国有资本经营预算的意见》(国发〔2007〕26 号)的有关规定，制订颁布《中央企业国有资本经营预算建议草案编报办法(试行)》(国资发产权〔2008〕46 号)。这样加上国资委、财政部联合发布的《中央企业国有资本收益收取管理暂行办法》(财企〔2007〕309 号)，形成三个国有资本经营预算管理的重要基础性文件。

1.《国务院关于试行国有资本经营预算的意见》(国发〔2007〕26 号)。明确开展国有资本经营预算的指导思想和统筹兼顾、适度集中，相对独立、相互衔接，分级编制逐步实施的原则，按照《企业国有资产法》的规定，确定国有资本经营预算的收支范围，对国有资本经营预算的编制、审批和执行做了具体的规定，对财政部门和各预算单位的主要职责进行规定，同时，对试行期间国有资本经营预算的组织和实施的有关问题进行说明。标志着国有资本经营预算制度的正式建立，国有资本经营预算正式开始实施。

2.《中央企业国有资本收益收取管理暂行办法》(财企〔2007〕309 号)。对国有资本收益上交的范围、申报、核定、及具体工作程序进行详细的规定，对上交收益的计算标准、使用的科目、上交的时间及程序进行规定，并附有固定格式的申报表，使国有资本收益的上交工作具有可操作性。

3.《中央企业国有资本经营预算建议草案编报办法(试行)》(国资发产权〔2008〕46 号)。国资委印发的该文件规定预算收入与预算支出的主要内容，明确国资委与中央企业在编制预算建议草案中的职责分工，对中央企业国有资本经营预算建议草案的年编制程序、编制内容、项目库的建立等提出具体的要求，并对国有资本经营预算的调整做出规定，为全面试行中央企业国有资本经营预算编制工作的规范化、制度化提供制度保障。

同时，国资委正在着手研究制订《中央企业国有资本经营预算管理暂行办法》，以进一步规范中央企业国有资本经营预算管理工作的行为、明确工作任务、程序、职责、纪律等要求，使中央企业国有资本经营预算管理中的相关工作有章可循。并根据国有资本经营预算工作应当坚持公开、公平、公正的原则，着手研究制订各类专项预算支出管理办法，逐步将国有资本经营预算纳入制度化、程序化的轨道。

二、国有资本经营预算试点工作全面展开

(一)组织清算收交 2007 年度中央企业国有资本收益

国有资本收益收交是建立国有资本经营预算制度的基础，根据《中央企业国有资本收益收取管理暂行办法》(财企〔2007〕309 号)的规定，将中央企业按照行业特点分为三类，并采用不同的上交比例。即:第一类为资源类特征的行业企业，上交比例为税后利润的 10%;第二类为一般竞争性行业企业，上交比例为税后利润的 5%;第三类为军工、转制科研院所以及粮棉储备等企业，暂缓三年上交。2008 年，在中央企业的大力支持下，国资委在年度决算审核清算的基础上，顺利完成监管企业 2007 年总额为 357 亿元的国有资本收益收交工作，为全面实施中央企业国有资本经营预算支出奠定基础。

(二)确定 2008 年国有资本经营预算支出重点和方向

根据《国务院关于试行国有资本经营预算的意见》和有关精神，国有资本经营预算支出紧紧围绕着国资委工作重点，着力推进中央企业的布局和优化结构，推动中央企业深化改革，提高中央企业核心竞争力的指导思想。国资委研究确定 2008 年国有资本经营预算支出重点和方向，即国务院确定的有关支出事项、中央企业布局和结构战略性调整及提高重点企业核心竞争力支出事项、弥补中央企业改革成本支出事项和重大灾后重建支出事项等四个方面，得到国务院的高度认可和中央企业的理解与支持。

(三)编制 2008 年度中央企业国有资本经营预算建议草案

按照确定的 2008 年国有资本经营预算支出重点

和方向，和“以收定支，不列赤字”的原则，针对2008年我国低温雨雪冰冻和特大地震灾害，成品油价格倒挂，石油、石化及灾区企业受损较大等情况，为落实国务院的决定，国资委将2006年减半征收的和2007年征收的资本收益合并纳入2008年度国有资本经营预算建议草案。经国务院批准，确定国资委国有资本经营预算支出总额547.8亿元，其中：用于关系国计民生和国家经济安全的重点中央企业新设出资和补充国有资本的预算支出270亿元（约占49%），用于支持特大自然灾害中损失较重的中央企业灾后恢复重建的预算支出196.3亿元（约占36%），用于推进中央企业产业布局和结构调整等方面的预算支出81.5亿元（约占15%）。2008年国有资本经营预算支出的下达，配合出台的国家重大宏观经济调控政策，对于引导中央企业抵御全球金融危机的影响、帮助中央企业度过难关将起到积极作用。

三、中央企业收益管理工作取得的主要成效

2008年度中央企业国有资本经营预算支出，对于推进国有经济布局和结构调整，支持中央企业应对自然灾害和国际金融危机，解决中央企业困难发挥积极作用，引起各方面的广泛关注，得到国务院领导的肯定。

（一）推进中央企业经济布局和结构调整

国资委通过向部分战略性重组和新设的企业注资，推进中央企业结构调整和兼并重组，提高企业产业集中度和资源配置效率，确保国有经济在重要行业和关键领域的控制力，进一步增强中央企业的整体素质和发展后劲。

（二）引导中央企业应对金融危机

受国际金融危机影响，2008年中国民航业整体陷入困境，行业盈利能力大幅下降，特别是东航集团由于重大决策失误出现巨额亏损，已经面临严重的生存危机。为支持国有航空企业与国际航空巨头展开公平竞争，国资委采取“注资换机制”的方式，向东航集团注资30亿元和适当调整领导班子成员，积极引导企业转换经营机制，及时将东航集团从破产边缘挽救回来。

（三）支持中央企业灾后重建

分别安排低温雨雪灾后重建支出105.1亿元和汶川地震灾后重建支出91.2亿元，通过减轻受灾中央企业的财务负担，扶持中央企业灾后重建工作，引导受灾地区尽快恢复生活和生产秩序，对电力、通讯等抗震救灾贡献较大的基础设施企业给予积极肯定。

（四）发挥杠杆作用，奠定资本运作基础

向南航集团注资30亿元，以最低的成本增持上市公司股份，进一步增强国有控股地位和改善企业资本结构。在实现国家利益的最大化的同时，有效发挥资本杠杆作用，为将来引进第三方战略投资者或公开发行股票等资本运作奠定坚实基础。据航空企业测算，国有资本经营预算注资1亿元，带动8亿元的社会投资，国有资本经营预算的杠杆系数高达8倍。

（五）促进产业升级

通过向部分发展前景良好、技术优势明显、产业关联度高的高技术企业注资，带动中央企业产业转型、结构优化和技术升级，加快重大技术的产业化进程，提高支柱行业的集成创新和国产化水平，从而促进中央企业产业升级和进一步提高核心竞争力。

（六）解决企业实际困难

向受价格管制影响，导致出现亏损的企业适当注资，对于缓解企业资金周转紧张状况和保证市场稳定，具有一定的积极意义。另外，为帮助中央企业解决历史遗留问题，深化企业改革，对国资委主导的困难企业破产、分流安置职工和拖欠离退休职工医疗费进行补助，对维护职工稳定和解决企业历史包袱起到积极作用。

四、国有资本经营预算工作应关注的主要问题

国资委作为履行出资人职能的机构，对所监管的企业进行收益分配是国资监管工作的重要内容，是建立市场化监管体制的重大突破。国有资本收益工作政策性强、社会关注度高，没有成熟的经验可以借鉴，具有很强的探索性。国资委将按照“健全制度、稳步

推进、开拓创新、科学发展”的指导思想，开好头、起好步、立好规。收益管理局成立以来，尽管做了大量的工作，但离规范化的管理尚有不小的差距。

(一) 国有资本经营预算管理的制度体系有待进一步完善

建立国有资本经营预算制度是国资监管体制改革的新突破，为进一步规范中央企业国有资本经营预算管理工作的行为、明确工作任务、程序、职责、纪律等要求，使中央企业国有资本经营预算管理中的相关工作有章可循，需加紧研究制订国有资本经营预算管理的相关制度。根据国有资本经营预算工作应当坚持公开、公平、公正的原则，各类预算支出必须制定严格的管理制度，严格按照制度和程序办事，防止暗箱操作，使各类预算支出逐步纳入规范化、制度化的轨道。资本预算管理的制度体系包括宏观层面的《中央企业国有资本经营预算管理暂行办法》、工作层面的各项《工作规则》和操作方面的各类《预算资金支出专项规定》等有关制度。

(二) 收入结构单一，利润上交比例有待优化

预算收入绝大部分来源于应交利润，收入结构过于单一，很容易受宏观经济形势影响出现大幅波动。随着资本预算各项制度的完善，现代企业制度的全面建立和央企股权多元化改革的推进，探索建立市场化的国有资本经营预算收入管理机制，即按照市场化的方式改革利润上交制度，根据企业下一年度的项目情况、资金需求和资本结构，在《公司法》等法律框架下因企制宜地确定市场化的收益上交方案，是完善资本预算收益管理制度的方向。

(三) 国有资本经营预算的执行与监督有待加强

随着中央企业资本经营预算的批复执行，预算资金使用监督逐步提到议事日程。需要加强预算的执行与监督，为下一步探索建立后评估制度奠定基础。一是要求企业及时和定期报告执行情况；二是要求企业对预算支出的调整需报国资委核准；三是提出建立预算执行监督检查制度，将对执行情况进行检查或专项审计。接下来，还要完善相关的预算执行报告制度、调整核准制度、监督检查制度和资本决算审核制度等。另外，还要加强与监事会的协同配合，建立预算执行过程监督制度。

(四) 需加快研究建立预算支出项目库

国有资本经营预算管理是一项长期的工作，现阶段资本预算是自上而下编制的，但如果离开具体项目支撑，资本预算支出的编制就会成为“无源之水”、“无根之木”，即使做到方向正确，也难以实现资本预算管理的精细化，有可能造成资本预算资金的闲置和低效率。所以必须加快建立资本预算项目库，根据每年资本预算的收入情况、支出重点和方向等情况，统筹安排对项目库中有关项目的资金支持。可以按照国际惯例建立专家库和评审制度，严把审核关，确保纳入项目库的项目符合国家有关政策的方向，同时还可以根据国家有关政策要求，有重点地筹划一批项目，引导中央企业开展投资。

（审稿人：刘德恒　撰稿人：梁　凯）

国际交流与合作

2008年，国务院国资委系统国际交流与合作按照“加强基础工作和研究分析”、“提高工作质量和队伍素质”，“创造性开展工作”的要求，紧紧围绕中心，积极配合国家各项重大任务，圆满完成全年工作并继续取得新的进展。

一、大力开展“基础工作年”建设

将国际交流与合作“基础工作年”建设作为首要任务，将具体工作层层分解，责任到人。

(一)狠抓管理基础

首先，健全制度。2008年，根据新的形势，认真修改、完善已有制度，全年以国务院国资委文件形式发送外事类文件45件。“两办规定”发布后，国资委即据此印发通知，对委系统团组出国(境)任务、时间、人数等方面提出新的要求，并着手修订《国务院国有资产管理委员会外事管理办法(试行)》(国资发外事〔2003〕44号)。细化、完善《委内厅局和直属单位人员因公临时出国(境)审批办理程序》《委内厅局和直属单位人员因公临时赴台审批办理程序》《国资委领导外事活动安排程序》《国资委全程接待境外来访团组的实施细则》,以及筹办国际、国内会议程序等规范化程序。经商有关部门,规范国资委二线老领导因公出国(境)报批程序。经商外交部,规范了国资委董事会试点出国(境)培训交流团组人员的特殊报批程序。依据国资委有关工作规则,拟制《国务院国资委应对中央企业境外突发事件表态口径预案》。其次,规范管理。5年来,外事礼品库共为委领导涉外活动提供数百批、3000余件外事礼品,2008年又增添奥运礼品,做到专人负责,手续齐全,登记严格。就"平安奥运"加强涉外安全应急事项管理,将各有关各环节责任分解到人,确保奥运前后外事工作的平稳、有序。第三,优化服务。围绕中心,服务中央企业国际交流与合作,不断夯实工作基础。2008年,在已有的基础上,修订《境外国资监管机构一览表》,收录46个国家国资监管机构;修订《中央企业境外机构一览表》,整理中央企业境外经营基本情况;编制《驻热点国家中央企业联络表》,供应对突发事件使用;搜集整理《世界知名大企业负责人名录》,供国资委领导参考;修订《中央企业、委内厅局、直属单位、直管协会外事联络员一览表》,以备委内外事工作查询;为委内重要团组编制的《出访手册》,日程安排精确到分钟,所附参考材料详细列明前往地区气候、社会、经济、会见对象背景等完整情况,提高出访效率;为进一步规范中央企业和国资委团组行前教育,制作完成《因公出国(境)人员行前须知》电视片,受到国资委机关和中央企业的欢迎;完成外事接待室视频系统、音响、摄录像等相关设备的配置,满足了外事活动中影、音资料交流的需求;不断提高礼宾服务标准,推动服务能力和规范化水平不断进步。此外,年初,就首都机场启用T3航站楼有关服务及迎送问题专门印发通知,确定迎送程序、人员及VIP室的使用等一系列规范。

(二)建好办公基础

2004年以来,国资委外事电子政务建设进展显著,走在国家机关各部门前列。2008年,对"中央企业领导人员因公出国(境)网上审批系统"完成系统网络安全技术升级,委内首家应用基于PKI/CA认证的U-Key访问方式,并于8月1日正式上线,受到各企业和国资委内用户单位的一致好评。在"国资委机关外事工作网上办公系统"实现委内因公出国(境)计划报送、相关手续办理、所需信息查询等网上服务的基础上,初步完成系统二期开发,实现网上无纸化审批,由于实现护照、通行证的电子化管理,证照领用、收回、保管、销毁严谨有序。此外,应部分中央企业的要求,指导其外事管理信息系统建设。

(三)打好研究基础

积极开展相关研究工作,分析热点、难点问题,翻译、整理有价值的信息,提供国资委领导和有关单位在决策中参考。2008年,组织撰写5年来中央企业国际合作情况总结《加强指导和服务,推动中央企业开展国际合作》,全文共15000字。根据《财富》世界500强的历史资料和我中央企业的情况,分析、预测了今后3年内中央企业进入世界500强前景,供国资委领导参考。首次尝试与国际大公司(韩国SK集团)合作开展软课题研究,黄淑和副主任与韩国SK电信金信培社长分别担任中韩双方课题组组长,研究取得丰硕成果。为进一步加强新形势下中央企业外事服务与管理工作,完成软课题《中央企业因公出国(境)暨外事队伍建设的理论与实践》研究。其主成果《新形势下中央企业加强和改进外事工作的研究》和2个子成果《百问因公出国(境)》便携式工具读物、《因公出国(境)行前须知》教育片,专家评审意见为优,认为课题研究成果填补国内空白,具有很强的实用性和政策意义。

(四)夯实队伍基础

认真贯彻落实科学发展观,根据"不断上新水平"的要求,通过"5D"(责任 Duty、奉献 Devotion、敬业 Dedication、精品 Delicacy、信念 Determination)文化建设推动外事工作队伍成长。坚持"事业引路,文化育人",结合深入学习实践科学发展观,"5D"文化成为外事干部的自我衡量标准,有力地促进了国资委对外交流与合作。

二、加强对外交流与合作，通过外事会见等活动，大力宣传中国特色国资监管制度和国企改革成果

（一）按照“对等、相关、互利”的原则，国务院国资委领导及委副秘书长等出席外事活动68次，接待外宾546人次，较2007年减少24%

李荣融主任外事会见30团次，主要有：会见英国韦莱集团首席执行官约瑟夫、欧盟贸易委员曼德尔森、法国前总统德斯坦、德国巴斯夫集团董事长贺斌杰、德国博世公司柴油系统执行副总裁博乐、德国巴斯夫公司亚太区法律税务总监费德凯、英国沃达丰集团董事长庞约翰爵士、美国思科公司董事长钱伯斯、美国德勤会计师事务所CEO奎励杰、瑞典首相弗雷德里克·赖因费尔特、美国沃顿商学院EMBA师生、法国阿尔卡特朗讯集团首席执行官韦华恩、德国博世公司首席执行官菲润巴赫、英国沃达丰公司首席执行官柯唯睿、世界联合基金会主席罗马诺·普罗迪、韩国浦项制铁会长李龟泽、新加坡淡马锡执行董事兼总裁何晶、新加坡航空公司董事长兼宝钢外部董事李庆言、新加坡淡马锡中国首代陈庆荣、新日本制铁株式会社会长三村明夫、日本住友商事株事会社社长加藤进、澳大利亚电讯全球CEO楚曦佑、香港方氏基金有限公司主席方黄吉雯夫妇、马来西亚驻华大使诺尔扎曼、泰国正大集团董事长谢国民、日本住友商事原会长宫原贤次、日本大和证券集团总公司会长清田瞭。陪同张德江副总理会见意大利忠利集团首席执行官巴比诺特。接受美国《领导者》杂志专访。

李伟副主任外事会见11团次，主要有：会见瑞典企业、能源与交通部国务秘书奥特拉，会见美国花旗集团全球银行业务副主席章晟曼、美国纽约交易所CEO邓肯、美国财政部副部长迈考米克、芬兰总理办公室所有权管理司司长迪摩尼、芬兰诺基亚公司总裁康培凯、美国商业软件联盟总裁霍利曼、丹麦马士基（中国）公司董事长苏恩深、美国微软公司首席运营官特纳、日本野村控股副社长柴田拓美先。

黄淑和副主任外事会见6团次，主要有：会见法国阿尔卡特朗讯集团全球副总裁罗睿哲、韩国SK电讯株式会社社长金信堉、联合国全球契约办公室执行总长乔治·科尔、越南计划投资部常务副部长张文端，出席第二届中美投资论坛、国资委与韩国SK集团软课题研究结题会议。

邵宁副主任外事会见13团次，主要有：会见美国思科公司全球副总裁兼大中华区副总裁林正刚、美国助理国务卿苏利文、意大利忠利保险集团总裁巴比诺特、美国福特汽车公司全球副总裁程美玮（2次）、德国福伊特集团总裁林哈德、葡萄牙驻华大使桑托斯、思科全球高级副总裁史瑞夫、日本新日铁社长宗冈正二、澳大利亚驻华大使芮捷锐、阿联酋电信董事会主席默罕莫德·哈桑·奥姆兰、日本野村控股有限责任公司副社长户田博史。

黄丹华副主任外事会见2团次，主要有：会见匈牙利国家资产管理公司监事会主席博尔拜伊、韩国全经联会长赵锡来。

金阳副主任会见法国精英企业协会主席。

孟建民副主任外事会见4团次，主要有：会见美国标准普尔公司主权评级组、英国外交大臣气候变化特命大使、英国皇家特许管理会计师公会CEO查尔斯·迪利、伊拉克投资部长萨米尔·哈德斑。

李寿生同志会见智利驻华大使马塔。

2008年委领导外事活动内容充实，效果显著。国资委领导充分利用外事活动的机会，就全球金融危机的影响、如何应对当前的经济形势、企业如何搞好主营业务等问题与外方深入交换意见。会见中，李荣融主任对新日铁、浦项制铁等国际大公司作为世界知名企业40年来坚持突出主业，不断进取的做法表示赞赏，并希望其与中央企业进一步加强合作，互惠互赢。日本企业代表表示，希望在更广阔的领域与中央企业开展合作，共同应对此次由美国次贷危机引发的全球金融风暴。黄淑和副主任会见联合国全球契约组织办公室执行总长科尔时，介绍近年来国资委及中央企业履行社会责任的主要情况，提出联合国应根据不同经济体的特殊国情，给新兴经济体充分的话语权。科尔转达联合国秘书长潘基文先生对国资委落实企业社会责任工作的高度评价，并表示联合国全球契约组织希望与国资委进一步合作，共同推动企业履行社会责任。邵宁副主任在会见中希望澳新银行能与中央企业建立战略伙伴关系，为中央企业“走出去”提供优

质服务。国资委领导还通过外事会见，与外方深入探讨国际金融危机对实体经济的影响、企业应对措施及金融危机的走势等问题，并形成共识：专注主业、保持良好的现金流是作为实体经济的企业应对金融危机、保持健康发展的两大条件。国资委领导在会见时的各项提议也都得到外方的积极响应。

（二）国资委领导接受一批境外媒体采访，举办双边会议，广泛开展国际交流与研讨

5月28日，李荣融主任接受美国《领导者》杂志专访。

9月底，李荣融主任应世界经济论坛创始人施瓦布之邀参加在天津召开的达沃斯夏季论坛，并赴天津大学经管学院考察。期间，李荣融主任会见欧盟贸易委员曼德尔森等，出席达沃斯夏季论坛3场活动。

4月14日，国资委与瑞典政府在钓鱼台国宾馆共同举办“中瑞企业社会责任高层论坛”。李荣融主任和瑞典首相赖因费尔特致辞，黄淑和副主任主持部分活动，相关中央企业负责人、国资委部分厅局负责同志和瑞典政府、企业代表共百余人与会，国内外主流媒体作了集中报道，效果良好、反响热烈。瑞典首相高度评价：“成功、惊喜、出色。”

5月27日，与德国巴斯夫公司合作在国资委举办“德国公司法人治理讲座”，李荣融主任和国资委董事会试点领导小组成员单位有关负责人出席。巴斯夫公司亚太区法律税务总监费德凯就德国公司法人治理概况及最新进展、德国公司股东大会、监事会和执行董事会之间的关系、巴斯夫公司法人治理实践等内容作了讲解，巴斯夫专家们还与国资委与会人员围绕主题作了深入交流。

9月12日，应美国沃顿商学院和中国航空工业集团请求，李荣融主任在北京钓鱼台大酒店向美国沃顿商学院第33届EMBA近百名师生发表题为“国资委工作和中央企业改革发展”的演讲，并现场回答师生们提出的关于中央企业海内外上市、履行社会责任、业绩考核、国资委和中央企业今后的发展战略等方面的问题。美国师生对李荣融主任的睿智和坦诚感到由衷的钦佩。美国沃顿商学院是世界名校，其学员多是各大公司的中坚力量，是中央企业的潜在国际合作伙伴，此次近距离交流使他们对国资委及央企改革发展有了直接的了解，为中央企业进一步开展国际合作起到积极的推动作用。

作为博鳌亚洲论坛中方协调机制联席会议成员，黄淑和、孟建民副主任出席博鳌亚洲论坛中方协调机制联席会议，并就进一步办好该论坛和2009年年会主题、议题等提出建议。

（三）组织、安排各厅局负责人与外国驻华使馆、著名跨国公司和金融机构外事会见与双边交流共70团次

取得明显效果。其中，鉴于美国次贷危机引发的全球金融风暴使世界各国包括中国在内的全球经济受到巨大影响，为提高央企抗风险能力，国资委邀请日本野村国际（香港）有限公司亚洲首席经济师以“日本经济泡沫对中国经济的借鉴意义”为题，举办专题讲座，反响良好。

三、国务院国资委八位领导、24位监事会主席出访

李荣融主任陪同曾培炎副总理出访波兰、罗马尼亚、卢森堡，并赴瑞士参加世界经济论坛2008达沃斯年会；李伟副主任赴香港；王瑞祥副主任率团赴南非、埃及和阿联酋；黄淑和副主任访问俄罗斯、英国；邵宁副主任参加中组部团组访问美国；金阳副主任赴香港；贾福兴书记访问澳大利亚；李寿生同志访问巴西、智利。此外，派员陪同张德江副总理出访德国、波黑、马其顿。

1．2月27日～3月1日，李伟副主任率团赴港参加华润集团70周年庆典活动。期间，调研招商局集团、华润集团、港中旅集团，实地考察招商局集团现代货柜码头，就企业改革发展、如何应对问题召开研讨会。

2．3月17～28日，王瑞祥副主任率团赴南非、埃及和阿联酋考察。南非国有企业部、矿产能源部，埃及住房和城市发展部、投资部等经济部门主要负责人出面接待并举行工作会谈，深入交流双方在国有企业资产监督管理、投资发展等方面的工作情况和合作意向。期间，王瑞祥副主任组织召开在外中央企业座谈会，广泛了解研究所赴国家社会状况、投资环境以及

企业生产经营、合资合作等方面的情况。

3. 10月21日～31日，黄淑和副主任率团访问俄罗斯、英国。拜会俄罗斯联邦国有资产管理总局、英国沃达丰公司和BP公司，就俄罗斯国有资产管理体制、英国公司在业绩考核方面的做法以及此次金融危机对两国的影响进行全面深入的了解。此次考察加强国资委与俄罗斯联邦国有资产管理总局的联系，学习借鉴英国公司在业绩考核方面的做法和经验，并为国资委领导研究中央企业应对金融危机的对策提供最前沿的信息。

4. 10月6日，金阳副主任赴香港。在港中旅80周年庆典上代表国资委致辞，祝贺港中旅八十年来走过的辉煌历程，反响热烈。

5. 12月2日～12日，贾福兴书记率团访问澳大利亚、新西兰。与新西兰固体能源公司、澳大利亚电讯公司、力拓公司就公司的风险管理和内部控制等议题进行交流，了解国外公司的先进做法，深入借鉴其经验，以进一步推动完善国有企业公司治理。

6. 2月24日～3月7日，李寿生同志赴巴西和智利访问。拜会智利劳动和社会保障部部长安德拉和巴西社会保障部副部长卡洛斯，与巴西社会保障部辅助社会保障司、智利财政部国际金融合作司负责人进行深入座谈，听取智利政府养老金监督委员会对智利社会保障制度改革的全面介绍，实地参观巴西社会保险局巴西利亚办事处，考察成果为积极研究解决机关后勤事业单位企业化改革中存在的社会保障方面的问题提供很好的借鉴。

四、进一步加强国务院国资委内外事管理，做好因公出国(境)工作

完成出国(境)团组133个，委内人员出访538人次，办理签证、赴港澳台通行证及签注124批、825人次，申办护照219本，无一差错。

(一)严格把关，做好国资委因公出国(境)团组计划和服务工作

按照国资委外事管理办法，汇总、整理委机关、直属单位、无外事审批权直管协会2008年度因公出国(境)团组计划及经费预算，并在书面征求各厅局意见的基础上，围绕国资委年度中心工作，对团组进行调整。印发计划时，严格按中央要求和国资委实际情况，从计划管理、外事纪律、团组人数及构成、访问国家(地区)数量和在外时间、邀请信把关、严禁赌博、回国总结、财务核销等方面提出11项明确要求，严格按规、依纪办事，通过委外事网上办公系统实现规范、透明、高效办公，自觉接受全委监督，并在执行中周到服务。此外，还汇总、整理并按外交部要求调整委省部级领导出访计划，严格按计划安排出访，并及时收集团组总结报外交部，受到外交部好评。5月下旬，收到中央外办、外交部关于抗震救灾期间暂不安排省部级及以下团组出访的紧急通知后，外事局遵照委领导指示，紧急暂停办理相关手续，并向已联系好的各接待方致函表示歉意。9月下旬，收到中央外办、外交部关于恢复安排出访工作的通知后，重新启动有关团组，并加强管理，做到有序、合规。

(二)务求实效，国资委系统出国(境)培训团组成效突出

2008年，国家外国专家局继续将国资委作为全国典型单位，重点支持国资委因公出国(境)培训工作，资助国资委培训团组经费连续第5年在各部委中名列前茅。国资委接到外国专家局计划通知后迅速印发委内计划，并召开审批类团组任务布置会，对组团范围、在外管理、成果利用、出访时间等各环节提出7项具体要求。年初，应国家外国专家局要求，作为3家引智先进典型单位之一，汇总、整理并报送国资委组织的中央企业高技能人才赴英国、班组建设赴比利时培训团成果，由国家外国专家局向国务院秘书长华建敏同志做了汇报。完成国家统计局、外国专家局联合来文部署的“2006～2007年境外来中国大陆工作专家统计调查”工作。10月下旬，国家外国专家局又给国资委拟成行的7个培训团组增加资助比例，全年资助额名列全国前茅。与国家外国专家局、美国项目管理协会(PMP)等单位就中央企业高技能人才和班组建设等方面积极开展合作，与国家外国专家局共同摸清企业需求，制定相应方案。与国家外国专家局商谈由德国政府资助的国际能源师培训项目有关事项。向国家外国专家局申报“全国引智工作先进单位”、“全国引智工作先进个人”。开展引智“十一五”规划

实施情况中期评估工作事宜，搜集委内近年出国（境）培训成果，汇总、整理近年成果21篇，报国家外国专家局后受到高度评价。

（三）坚持每年两次总结讲评，适时召开国资委外事工作会议

国资委于5月下旬和10月下旬召开年中、年度外事工作会议，分别总结、讲评上半年和全年委外事工作，布置下一步工作并提出具体要求。会议传达国资委领导要求和中央文件、5·12汶川地震后暂停出国（境）团组及4季度重新开始执行团组的有关事项，重申计划执行、公文报送有关要求，强调签证和报送团组总结的注意事项；根据外交部文件要求，对调整压缩年度省部级出国（境）团组计划等事项做了统一布置。将62个计划内省部级团组削减至40个，减少35.4%。此外，还就贯彻落实"两办规定"、中纪委关于防止公款出国（境）旅游的2008年10号文件精神，特别是减小团组规模、减少在外时间等问题进行明确。10月下旬的外事工作会议通报国资委2008年度外事工作情况，详细说明申报2009年度因公出国（境）计划事宜，并指导各单位通过国资委机关外事网上办公系统填报计划。此外，还适时召开委机关、直属单位和直管协会外事情况通报会、2009年度国际会议计划工作会议。

五、积极指导、协助中央企业贯彻执行党中央、国务院关于推动经济外交和开展对外经济合作的方针政策，突出重点，有所作为

1. 落实国务院部署，参与上海世博会有关组织工作。根据国务院领导指示精神，在上年的基础上，继续积极推动央企参加2010年上海世博会。与上海世博局就中央企业参展地块、参展合同、企业商机、世博会票务总体方案等进行协商，力争为中央企业参会创造良好条件。其中，分别于1、5、10月组织召开国务院国资委2010年上海世博会参展工作协调小组第二、三、四次工作会议。2008年4月，会同上海世博局举办世博会参展中央企业交流会，介绍招展情况和企业馆区规划，并邀请曾参加往届世博会的日本电通、法国ECA2公司介绍策划经验和案例。7月24日，组织、协调中央企业在北京参加上海世博会企业馆展示联合签约仪式。航天科技、航天科工、中航工业、中电科技、中国石油、中国石化、中国海油、国家电网、中国电信、中国移动和东航集团等11家中央企业签约承建上海世博会5个企业馆，央企成为参展主力军，建馆工作全面展开。此外，中外运集团与上海世博局签约成为世博会物流项目赞助商，中国石油、国家电网、中国电信、中国移动、宝钢、东航集团等6家央企签约成为上海世博会全球合作伙伴。中央企业参与上海世博会工作取得阶段性成果，初步完成国务院交办的任务。年内，编印7期《国务院国资委2010年上海世博会参展工作协调小组简报》，报送委领导、委内厅局、有关中央企业、上海世博会组委会联络小组及上海世博局，以及时掌握进展，加强沟通。

2. 积极征集要价，配合做好中美战略经济对话有关工作。3月，向有关中央企业、委直管协会征集第四次中美战略经济对话中方成果要价的建议，报对话领导小组办公室；8月，又向有关中央企业、国资委直管协会及委内厅局征求第五次中美战略经济对话中方成果要价的建议，并整理归纳为7大类、50余条意见报对话领导小组办公室。会前，参加第二届中美投资论坛及其历次准备会议。12月3日，安排黄淑和副主任出席在北京举行的第二届中美投资论坛，就《企业国有资产法》《关于推进国有资本调整和国有企业重组的指导意见》与外国投资的关系等内容发表主题演讲，并回答美方有关中国国有资产监管政策方面的问题，对双方经贸合作的发展起到积极的推动作用。

3. 参加中欧经贸高层对话领导小组。2008年3月，国务院批准成立中欧经贸高层对话领导小组，王岐山副总理任组长，国资委黄淑和副主任担任对话领导小组成员，国资委外事局为联络员单位。

4. 配合财政部接待美国标准普尔公司主权评级组进行年度复评。应财政部要求，于2008年4月16日再次安排接待标准普尔公司主权信用年度复评，孟建民副秘书长主持会谈，并将国资委就有关问题的书面答复整理送财政部。财政部专门致函国资委表示感谢。

5. 配合商务部抗辩美国对华有关商品反补贴调查裁定结果。与商务部有关人员及中国政府聘用律

师就抗辩美国对华有关商品反补贴调查裁定结果进行沟通，并参加美国反补贴调查机关的实地复核。商务部就此致函感谢国资委为争取案件的有利裁决做出重要贡献。

6. 向外交部提出在美设总领馆建议。根据中央企业在美国设立分支机构的情况，建议外交部下一步重点考虑在西雅图设立总领馆。

六、借鉴国际经验，充分利用国务院国资委国际咨询顾问渠道，积极推进中央企业改革发展，广泛开展国际交流

1. 圆满完成与韩国 SK 集团联合开展的软课题研究。黄淑和副主任牵头，课题研究小组完成 30 多万字的研究报告，为日后在更高层次、更宽领域加强与国外跨国公司合作积累了经验。

2. 积极推进国有独资公司董事会试点建设工作。就与新加坡淡马锡集团召开专题研讨会和组织试点企业外部董事赴境外培训等有关事宜进行认真协调和筹备。在总结往年成功经验的基础上，分别于 2008 年 8 月、11 月组织两期“董事会运作实务与风险管理培训班”，每期先在珠海预培训 4 天，赴新加坡淡马锡集团学习 6 天。23 家中央企业的董事长、总经理、董事和拟聘为外部董事的特邀人员以及国资委有关厅局共 80 多人参加。2005 年以来，外事局与改革局已联合组织 7 批试点企业董事赴新加坡培训、交流，均取得较好效果。此外，积极推动地方国资委和地方国有企业的国资监管和改革发展，与新加坡淡马锡公司商定，于 2009 年联合对地方国资委及有关企业就推进地方国有企业提高风险管理、建立规范董事会等议题开展分片培训。

3. 结合国资委中心工作需要，与国外对口机构开展有效交流。与越南、南非、印度、经合组织（OECD）、国际政府所有权机构组织（INGOA）等国外对口机构开展有效交流。收到良好效果，了解、掌握相关领域的最新动向，扩大国资委国际知名度。

4. 根据推动中央企业具备国际竞争力的要求，积极参与全球招聘央企高管、聘请董事有关工作。翻译、校对国资委公开招聘企业高管和总法律顾问的有关公告，就拟聘境外董事的人选、有关背景、履职能力等进行调研。

七、服务中央企业，积极做好协助和应急工作

1. 及时、透明、高效办理企业负责人因公出国（境）请示（备案）件。共办理 577 件次。

2. 积极落实国资委领导出访和外事会见成果，为企业“走出去”牵线搭桥。帮助中国移动参与购买瑞典、芬兰国有企业股权；向马耳他推荐中建总公司参加建设工程；协助中农发集团做土库曼斯坦高层工作；推动中国有色开发缅甸矿产；支持中材集团赴埃及投资；协调马来西亚、沙特企业高层与委内相关厅局沟通，推动央企在马来西亚、沙特的项目开发。

3. 积极为中央企业“请进来”提供支持。支持企业引进境外专家，为国企合作公司聘任的外国专家办理转签证有关事项 10 余起。

4. 认真防范、应对中央企业境外突发事件。积极参与“境外中国公民和机安全保护工作部际联席会议”相关工作。参与处理 17 起中央企业境外突发事件，及时向中央企业通报境外安全情况，传达委领导批示。黄淑和副主任参加“中央企业境外劳务纠纷及突发事件电视电话会议”并作重要讲话，会后，将企业落实情况整理形成《外事信息》发给各中央企业参考。

八、创新宣传方式，加大宣传力度，整合信息资源，树立国务院国资委和中央企业的良好涉外形象

制作国务院国资委对外宣传短片并投入使用，受到来访外宾的高度评价，填补国内政府机关外宣空白。继续做好国资委英文网页的供稿、翻译和更新工作，增加央企英文链接，创设滚动新闻栏目，更好地发挥国际影响力。

九、积极支持抗震救灾，协调有关中央企业、外资企业捐资助学

积极整理、翻译境外支持国资委抗震救灾的信

息、致国资委及国资委领导的慰问函等材料，提交国资委网站对外发布，并拟发感谢函。根据工作需要，在国资委英文网页上开辟“抗震救灾滚动新闻”栏目。协调建成由攀钢、上汽和丹麦马士基集团资助的四川广安市前锋村希望小学，并根据抗震需要对校舍建设进行认真监督。

（审稿人：阎晓峰　撰稿人：龙应斌）

企业领导人员管理

2008年，中央企业领导人员管理工作以邓小平理论和“三个代表”重要思想为指导，深入贯彻落实科学发展观，紧紧围绕中央企业改革发展实际，重点加强和改进中央企业领导班子建设，积极探索建立适应现代企业制度要求的企业领导人员管理体制机制，各项工作都取得了明显成效。

一、中央企业领导人员管理体制改革取得重大进展

根据中央企业董事会试点工作需要，2008年10月，中央组织部、国务院国资委党委共同制定印发《关于董事会试点中央企业董事会选聘高级管理人员工作的指导意见》（国资党委干一〔2008〕146号），就试点企业董事会选聘高管人员的指导思想、基本原则、选聘范围和权限、选聘的基本程序等作出具体规定；同时制定印发《董事会试点中央企业董事会、董事评价办法（试行）》（国资发干一〔2008〕159号），对试点企业董事会、董事评价工作的原则和内容、评价方式和程序、评价结果的运用等作出全面、具体的规范，建立以职责为基础的董事会、董事综合评价体系。这两个文件的下发，第一次把中央企业高管人员的选聘和管理权交给董事会，建立出资人选派和管理董事会、董事会选聘和管理经理层的国有企业领导人员分层分类管理新体制，标志着国有企业领导人员管理体制改革进入到新的历史发展阶段，对在国有企业建设规范高效董事会、完善公司法人治理结构具有深远影响。2008年11月28日，中央组织部、国务院国资委联合召开中央企业董事会试点工作座谈会，就中央企业贯彻落实文件精神进行深入动员和全面部署。

二、中央企业领导人员考察任免

（一）以改善结构、提高素质、增强整体功能为重点，认真开展企业领导班子调整补充工作

2008年共对95家中央企业领导班子进行考察调整，任免领导班子成员504人，其中任职358人（正职36人），免职146人（正职16人）；配合中央组织部对19家企业的48名正职进行调整，其中任职29人，免职19人。同时，在领导班子调整过程中注重加强企业领导人员特别是主要领导人员的交流，积极落实关于加强企业纪委书记（纪检组组长）交流的有关要求，有计划有重点地推进交流。全年共交流中央企业领导人员50人，其中主要领导5人，纪委书记（纪检组组长）20人。通过全面考察、慎重遴选和广泛听取意见，一大批政治素质好、业务能力强的优秀年轻干部进入中央企业领导班子，班子的年龄结构、知识结构、专业结构不断改善和优化，领导企业改革发展的整体功能与合力进一步增强。

（二）根据中央企业重组工作需要，认真做好新建和重组企业领导班子考察、调整、组建和班子移交管理等工作

2008年共完成21户新建或重组中央企业领导班子的调整补充工作，移交或安排企业领导人员75人。在此基础上，对2003年以来企业重组中的班子调整工作进行认真总结和分析，为指导好今后的重组企业班子调整工作奠定了基础。

（三）继续开展制定领导班子职位标准工作

2008年选择15家中央企业开展职位标准制定工作，其中董事会试点企业6家，整体上市企业3家，主业上市企业4家，设董事会的非试点企业1家，实行总经理负责制的企业1家。区别企业的不同类型，对于董事会试点企业、设董事会的非试点企业以及实行总经理负责制的企业，制定集团领导班子的职位标准；对于整体上市企业，制定股份公司领导班子的职位标

准；对于主业上市企业，同时制定集团和股份公司领导班子的职位标准。

三、中央企业领导班子思想政治与作风建设

（一）抓好政治理论学习和民主生活会

进一步明确中央企业领导班子思想政治建设的目标要求，通过打造团结和谐的领导班子促进企业改革发展。指导和督促企业党委（党组）加强和改进中心组学习，坚持把加强理论学习同专题研讨、调查研究相结合，同解放思想、转变观念、推动企业科学发展相结合，同解决企业在深化改革过程中出现的热点、难点问题相结合，不断丰富学习内容，创新学习方式，提高中心组学习的系统性、针对性和实效性。继续加强对企业领导班子民主生活会的指导，坚持会前对企业民主生活会提出明确要求；在列席民主生活会过程中，注重了解每个班子成员的思想状况，帮助发现和解决班子中存在的突出问题，改善了班子作风，增进了班子团结，促进了班子和谐。

（二）坚持不懈地抓好“四好”领导班子创建活动

坚持把创建“四好”领导班子活动作为加强中央企业领导班子建设的有效载体和中心工作来抓，努力从制度上建立健全“四好”领导班子创建活动长效机制。2008 年 5 月起，中央组织部、国务院国资委开始共同研究起草《中央企业领导班子和领导人员综合考核评价办法（试行）》。在该办法中，企业领导班子主要考评政治素质、经营业绩、团结协作、作风形象四方面内容，企业领导人员主要考评素质、能力、业绩三方面内容，充分体现了科学发展导向和以业绩为基础的综合性考评特点。深入指导企业总结创建活动开展以来的收获和经验，进一步完善和修订实施方案，使之更加符合企业实际，更加符合班子建设需要。认真落实国务院国资委党委提出的着力加强中央企业所属企业领导班子建设的要求，把创建“四好”班子工作重心下移，指导集团党委抓好二、三级企业的班子建设，奠定中央企业领导班子建设持续稳定的基础。

四、中央企业董事会试点相关工作

（一）继续抓好外部董事队伍建设

为适应董事会试点中央企业规模不断扩大对外部董事人选的需求，国务院国资委加大选拔外部董事人选的工作力度，通过积极与各方面联系，如与香港董事会协会沟通联系，进一步扩大外部董事人选来源的范围。2008 年，经对多方推荐人选进行认真分析和筛选后，在遵循外部董事选聘原则的基础上，研究提出外部董事人选 57 人，主要包括近期退出或即将退出领导班子的中央企业领导人员、国家有关部委退休的具有专业特长的司局级以上领导人员、国内有关专家学者、境外企业家以及地方国有企业、民营企业等优秀人才，充实了外部董事人才库。截至 2008 年底，中央企业外部董事人才库共有外部董事人选 143 人。

（二）进一步扩大中央企业董事会试点，继续推进外部董事担任董事长、总经理担任法人代表的探索

按照中央企业整体上市或主业上市工作要求，将整体上市或主业上市企业纳入到董事会试点范围，按要求组建董事会，做好独立董事人选推荐工作，规范公司法人治理结构。2008 年共为 10 户整体上市（主业上市）企业推荐 34 名独立董事人选。同时，选择中国东方电气集团公司、中国冶金科工集团公司、中煤能源集团公司开展由外部董事担任董事长、总经理担任法人代表的改革试点。

五、中央企业高级经营管理者的市场化选聘

2008 年，国务院国资委继续开展公开招聘中央企业高级经营管理者工作，深入推进中央企业人才选用机制的市场化改革。全年分二批共组织 22 家中央企业的 22 个高管职位面向海内外公开招聘，其中总经理职位 3 个，副总经理（副院长）职位 10 个，总会计师职位 3 个，受企业委托招聘总法律顾问职位 6 个，共有 3248 人报名应聘，每个职位平均报名人数达到 147 人。其中，中国电子信息产业集团公司、哈尔滨电站设备集团公司招聘总经理一职，是国有重要骨干企业首次公开招聘正职领导人员。这是组织人事工作贯彻党的十七大精神、服务企业科学发展、探索党管干

部原则与市场化选聘相结合的一次新的探索和成功实践。经过职位访谈、资格审查、专业考试、素质测评、组织考察、党委决定、人选公示、签约聘用等基本程序，最终聘用20人。具体名单如下：

刘烈宏　中国电子信息产业集团公司总经理

邹　磊　哈尔滨电站设备集团公司总经理

高　嵩　中国国电集团公司副总经理

许宪平　中国第一汽车集团公司副总经理

周竹平　宝钢集团有限公司副总经理

杨兴强　中国化工集团公司副总经理

于月光　北京矿冶研究总院副院长

吴　镝　中国国际技术智力合作公司副总经理

顾海涛　中国成套设备进出口(集团)总公司副总经理

郭惠平　中国电子工程设计院副院长

谢建国　长沙矿冶研究院副院长

施　兵　中国广东核电集团有限公司副总经理

李文中　中国南方电网有限责任公司总会计师

张沛军　中国农业发展集团总公司总会计师

王文章　中国储备棉管理总公司总会计师

王　强　中国机械工业集团公司总法律顾问

汤建新　中国钢研科技集团公司总法律顾问

孙光成　中国邮电器材集团公司总法律顾问

张鸿飞　中国中纺集团公司总法律顾问

许耕红(女)　中国新时代控股(集团)公司总法律顾问

2008年的公开招聘工作继续注重创新。一是引入企业内部职工测评机制。在中国电子信息产业集团公司、哈尔滨电站设备集团公司、南光(集团)有限公司3个总经理职位面试过程中，企业家、专家组成的考官组对考生打分的同时，通过视频传输面试主考场的音像，由招聘企业中层管理人员、专业技术人员和职工代表等组成的企业测评组根据考生现场表现，同步对面试进行评价打分，并将打分结果按权重计入总成绩。这一举措为应用现代技术手段推进干部人事制度改革和考试测评方式创新提供了有益借鉴。二是成功设立海外同步笔试考点。经商外交部，在驻美国纽约总领事馆成功设立海外同步笔试考点，包括部分世界500强企业高管人员在内的7名考生在海外考点参加考试。

六、中央企业领导人员管理政策研究

(一)《建立健全选人用人公信度评价机制问题研究》

该课题为中央组织部2008年组织人事工作重点课题。研究报告系统梳理中国提高选人用人公信度的政策沿革以及选人用人公信度评价的国内外现状，科学设计选人用人公信度评价指标体系和评价量表，并基于中国国情，研究提出选人用人公信度评价机制有效运行的基本原则、方法程序、评价结果运用的范围以及保障措施等。研究成果被中央组织部评为2008年度组织工作全国重点课题研究成果二等奖。

(二)《中央企业领导班子职位标准建设方法论研究》

该课题比较全面研究分析中央企业领导班子职位标准建设的方法体系，从研究背景、核心概念、实体方法论、程序性方法和研究结论等五个方面对课题进行科学论述。为顺利开展中央企业领导班子职位标准建设工作奠定扎实的理论基础。2008年6月，由中国机械工业集团公司、中国交通建设集团有限公司、中国中钢集团公司和国务院国资委有关厅局的专家组成的课题评审组，对课题报告进行评审并给予高度评价。

七、中央企业援疆干部选派工作

按照中央组织部和国务院国资委党委的要求，认真做好国务院国资委和中央企业第五批40名援疆干部返回后的安置工作。同时，根据中央组织部、人力资源和社会保障部制定的第六批援疆干部计划，从国务院国资委机关和中央企业选派第六批共50名援疆干部，分别到塔城、阿勒泰地区和新疆生产建设兵团挂职。

(审稿人：董朝辉　郑泽民

撰稿人：罗宏文　常玉春　龚治刚)

人才工作和人才队伍建设

2008年，按照中央人才工作协调小组的各项部署和要求，国务院国资委党委以推动中央企业贯彻落实“千人计划”为重点，大力实施“人才强企”战略，各项工作都取得积极成效。

一、中央企业落实“千人计划”取得阶段性重要进展

(一)大力引进海外高层次人才

中央提出实施“千人计划”以来，国务院国资委积极推动中央企业引进海外高层次人才工作。2008年5月分两批召开75家企业参加的中央企业引进海外高层次人才专题座谈会。在对各中央企业未来5～10年海外高层次人才需求情况进行认真调研摸底的基础上，编制中央企业海外引才目录，研究制定中央企业引进海外高层次人才工作细则等制度办法。同时，积极引导督促企业依托国家重大科技专项拿出重要岗位、投入优势资源、加大激励力度，积极开展引才工作。2008年以来，中央企业累计从海外引进科研骨干人才223人，其中22人已列入国家“千人计划”。

(二)扎实推进中央企业建设人才创新创业基地

人才创新创业基地是中央企业从战略发展需要出发，致力于本行业、本企业核心技术和关键技术突破，为包括海外高层次人才在内的高科技人才提供良好创新创业平台的研发机构。按照中央“千人计划”的总体部署，国务院国资委大力支持和推动中央企业建设人才创新创业基地，按照产学研相结合的运作模式，建立全新的运行机制。2008年12月28日，神华集团有限责任公司、中国移动通信集团公司、东风汽车公司、国家核电技术有限公司和中国商用飞机有限责任公司等首批5家中央企业建设人才创新创业基地获得中央人才工作协调小组批准。

二、中央企业人才资源情况

根据国务院国资委对142家中央企业人才资源统计结果，截至2008年底，中央企业在岗职工为906.86万人，比上年同期增长5.56%。其中，出资人代表3.73万人，比上年同期增长11.01%；企业经营管理人才178.9万人，比上年同期增长9.52%；党群工作者14.95万人，比上年同期增长3.68%；科技人才106.43万人，比上年同期增长19.87%；技能人才517.44万人，比上年同期增长4.28%。上述五支人才队伍总量为820.74万人，占在岗职工总数的90.5%；另有企业办社会职能单位人员86.12万人，占在岗职工总数的9.5%。

三、“讲理想、比贡献”活动先进集体和个人评比表彰

按照全国“讲理想、比贡献”活动领导小组的部署，国务院国资委组织开展2007～2008年度中央企业“讲理想、比贡献”活动先进集体、科技标兵、优秀组织者推荐评选工作。2008年9～10月，由7名科技和管理专家组成的评审委员会对中央企业推荐的23个单位和45名个人进行认真评选，产生由国务院国资委推荐到中国科协的11个先进集体候选单位和10名科技标兵、10名优秀组织者候选个人。经最终评选，中国石油化工集团公司胜利石油管理局等11个先进集体、鞍山钢铁集团公司鞍钢股份公司技术中心产品所侯华兴等10名科技标兵、中国移动通信集团公司周建明等10名优秀组织者，受到全国“讲理想、比贡献”活动领导小组的表彰。

四、中央企业人才队伍建设政策研究

(一)组织开展《企业经营管理人才队伍建设研究》

该课题为中央组织部委托国务院国资委研究的《全国人才队伍建设中长期规划纲要(2009～2020年)》战略专题研究子课题。2008年5～10月，课题组在广泛调研和咨询业内专家基础上，经过5个月集中研究，形成一个主报告和四个分报告。课题报告系统总结

2003年全国人才工作会议召开以来我国企业经营管理人才队伍建设的成绩和经验，对我国企业经营管理人才队伍的现状和问题进行深入分析，提出今后12年加强我国企业经营管理人才队伍建设的指导方针、目标以及一系列重大举措和重点建设项目。课题主要研究成果已被全国人才规划纲要编制工作办公室采纳。

(二)组织开展《中央企业科技人才队伍建设研究》

该课题于2007年7月立项，为国务院国资委软科学研究课题项目。课题报告结合实际，吸收借鉴国内外优秀企业的成功做法和经验，研究提出加强和改进中央企业科技人才队伍建设的指导思想、基本原则和主要措施，并分别从国家和出资人层面提出相关政策建议。2008年9月，课题报告顺利通过专家评审。专家评审组对课题报告给予充分肯定和高度评价，认为该课题研究思路清晰、结构严谨、方法先进，数据详实、分析透彻、论证周密，取得丰硕的研究成果。

(三)组织开展《中央企业出资人代表队伍建设研究》

该课题于2007年6月立项，为国务院国资委人才专项研究课题项目。课题组历时1年多时间，通过调研和系统的分析论证，2008年底形成一个总报告和一个子报告。课题报告深入分析中央企业出资人代表的三个基本职业特征，研究提出出资人代表选聘的四重标准、"1+N"选聘模式以及"四看"评价内容等，具有一定的创新性。科学运用该课题研究成果，对于加强中央企业出资人代表队伍建设，促进公司法人治理机制的进一步完善，具有十分积极的指导和借鉴意义。

（审稿人：董朝辉　郑泽民
撰稿人：罗宏文　常玉春　龚治刚）

中央企业董事会试点进展情况

为了贯彻落实党中央、国务院关于深化国有企业改革、建立健全公司法人治理结构精神和《公司法》的有关规定，构建国有企业科学发展的体制基础，国资委一成立，就把中央企业建立完善规范的董事会作为一项重要工作来抓。2004年2月，经国务院第38次常务会议同意，国资委在中央企业开展建立规范的董事会试点工作。五年来，在有关各方面的共同努力下，试点工作稳步推进，截至2008年12月31日，试点企业已达17家，试点企业董事会运作逐步规范，董事会的作用逐步发挥，试点工作取得积极成果。

一、中央企业董事会试点制度建设取得重大进展

一是外部董事制度基本建立。到2008年底，17家试点企业外部董事都超过董事会成员的半数，有3家试点企业的董事长由外部董事担任。共聘请外部董事69名，其中中央企业原负责人45人，财务会计等方面的专家教授9人，熟悉企业工作的政府机关已退休负责人和地方大型国有企业原负责人、民营企业家、境外大公司董事和高管人员15人。储备34名外部董事人选，建立外部董事人才库。

二是指导试点的制度建设取得重大突破。试点以来，国资委、中组部在不断总结实践经验的基础上，相继出台指导董事会运作的一系列政策措施。2008年10月，中组部、国资委党委联合印发《关于董事会试点中央企业董事会选聘高级管理人员工作的指导意见》(国资党委干一〔2008〕146号)和《董事会试点中央企业董事会、董事评价办法(试行)》(国资发干一〔2008〕159号)。国资委把对经理人员的考核、奖惩职权和属于股东的部分职权，也依法交给董事会。

三是试点企业制定的规章制度初步形成体系。各试点企业的制度都包括公司章程、董事会和专门委员会的职责和议事规则、对外部董事信息提供制度、总经理工作规则等。不少企业还制定规范董事会、党委会、经理层相互工作关系的有关规则。

二、试点企业董事会正常运作，较好地发挥作用

一是健全组织机构。试点企业董事会都设立提名委员会、薪酬与考核委员会、审计委员会等专门委

员会；明确企业相关职能部门作为董事会各专门委员会的工作支撑机构。

二是董事会起到决策把关的作用，各董事会都有否决和缓议一批议案，而且事后证明，董事会否决和缓议议案的决定是正确的。2008年，试点企业平均召开董事会8次，最低的召开4次，最高召开13次；专门委员会会议次数最低4次，最高30次，平均11次。董事会和专门委员会会议议题涵盖企业经营管理和改革的重大事项。

三是初步形成董事全方位沟通机制。一些试点企业在外部董事中自发形成"首席外部董事"，由其组织外部董事之间以及外部董事与国资委之间的沟通；一些试点企业在重大议题提交董事会会前，由经理层与外部董事进行专题沟通；有的试点企业在董事会会前召开外部董事碰头会，交换意见和看法。

四是董事会对企业实现个性化管控。试点企业董事会对企业进行个性化的考核、管理和战略控制，打通国资委履行出资人职责的途径，实现出资人职责的真正到位。面对行业分布广、数量众多的中央企业，国资委所做的工作更多的是共性化的外部监管。试点企业根据行业特点和企业自身发展战略需要，普遍增加个性化的考核指标和先进的业绩考核办法，如强调行业对标，引入EVA考核，将企业管理短板纳入考核等；实行年度述职和民主评议相结合的综合考核评价机制，并根据考核结果确定经理人员的薪酬水平，经理层副职之间的分配系数拉开差距，更好地发挥考核、薪酬的导向作用。

五是董事会促进企业战略管理水平的提高。各董事会都十分重视企业发展战略和规划的制订、完善，并重点从符合实际、能够落实方面审核把关。董事会的重视，促使经理层认真拟订相关方案，狠抓战略与规划落实。采取的措施包括：不符合战略与规划的投融资项目一律不通过；把规划的目标分解落实到年度预算中并纳入对经理层的考核。

六是董事会促进企业风险管理体系的建立。一方面，董事会都有较强的风险意识，董事会在讨论投资议案时更多的是关注存在的风险和应对措施；另一方面，董事会普遍都作出加快建设风险管理体系的决定，负责指导该体系建立的有关专门委员会为此做了大量工作。

七是形成各董事会向国资委报告年度工作的制度。通过这项工作，董事会总结检查自己的工作，国资委更好地了解董事会履职情况，为更好地评价董事会工作、加强沟通搭建平台，对董事会、董事更好地履行职责起到推动作用。

八是试点企业切实体会到体制创新为企业带来的变化。试点企业的董事会都十分重视企业发展战略和规划的制订、完善以及企业风险管理体系的建立。通过几年的实践探索，试点企业董事会在决策把关、管理高级经理人员、深化企业改革和加强企业管理等方面较好地发挥作用。试点企业开始由过去实际上的一套班子、一个人负责的领导体制，转向董事会决策、经理层执行的公司法人治理结构，良好的董事会文化正在逐步形成。

三、监事会开展相关监督评价

监事会开展对董事履职和董事会工作的监督评价。监事会主席、监事列席试点企业董事会会议和部分专门委员会会议，对董事履职、取薪等情况进行监督检查，对董事会工作进行评价。有的监事会还采用书面或口头等形式将监督检查工作情况向董事会、董事通报。

四、探索董事会试点与发挥企业党组织政治核心作用、职工民主管理相结合取得进展

试点企业在充分发挥企业党组织政治核心作用与职工民主管理相结合方面，积极探索中国特色的公司法人治理结构，形成党组织在决策、执行、监督等各个环节发挥政治核心作用的方法和程序，实现党管干部原则与董事会选聘高管人员以及高管人员依法行使用人权的结合。17家试点企业的党组织主要负责人都进入董事会，各董事会中均有1名职工董事。

五、进一步加强队伍建设，完善制度措施，积极推进试点

中央企业董事会试点有大量探索性、创新性工

作。几年的试点工作积累很多好的经验，也存在一些不足，更面临大量需要进一步探索解决的问题。

（一）建设一支素质高、结构合理、人员充足的外部董事队伍是试点的生命线

中央企业的董事会试点与过去的董事会实践最大的不同，就是外部董事制度。因此试点能否成功并普遍推开，最终取决于外部董事的素质、结构和数量，这是试点的生命线。聘任的外部董事中有一半以上是中央企业的原负责人。在试点过程中，对于选聘较多原中央企业负责人担任外部董事曾有一些不同看法。但几年的实践表明，这些老同志的资历、经验、敬业精神、履职所投入的精力，是试点企业董事会有效运作最重要的基础。各试点企业内部负责人、监事会主席等普遍对外部董事的经验和专业知识、敬业精神给予较高的评价。

从董事会的职责出发挑选高素质外部董事，组合外部董事的经验和专长并与企业相匹配，严格遵守外部董事履职行为规范，建立健全外部董事的选聘工作机制，是外部董事队伍建设和董事会建设必不可少的基础性措施。必须进一步创新和完善选聘外部董事的工作机制，拓宽来源和渠道，完善工作程序，细化任职资格和条件，把住外部董事选聘关、培训关、素质关，逐步培育一支素质高、结构合理、人员充足的外部董事队伍。

（二）外部董事发挥作用的保障机制是试点制度建设的重点

外部董事发挥作用，除了自身队伍建设外，还需要相应的制度保障，这也是试点制度建设的重点。探索建立这套机制的主要原则一是要坚持国资委选聘外部董事；二是董事会中外部董事必须超过半数；三是外部董事必须在有关专门委员会中占多数；四是必须确立外部董事与董事长之间的平等地位；五是要为外部董事履职及时提供足够的信息；六是建立健全外部董事的激励与约束机制。

（三）扩大试点的户数和类型

对于属于关系国家安全和国民经济命脉的重要行业和关键领域的中央企业，今后，凡母公司进行股份制改革和重组的，均可考虑纳入试点；母公司主要负责人拟调整的，积极考虑纳入试点。对于绝大部分资产进入上市公司的试点企业，母公司不再作为试点，把上市公司作为“加强董事会建设的重点企业”，参照实行试点的制度性安排。同时积极推进中央企业的重要子企业参照试点的制度性安排，建设规范有效的董事会。

六、全面、客观地评价试点工作

试点的基本制度框架，是建立健全以外部董事制度为主要内容的董事会制度。一是实现决策组织与执行组织的分离。充分发挥董事会在重大战略决策、风险管控、经理层管理等方面的作用，充分发挥总经理和经理层在执行性事务方面的作用，并实现二者的有机结合。二是实现国资委对国有企业管理方式的转变。规范的董事会建立后，国资委就可将代行的考核、薪酬、经理人员选任等职权移交董事会，由董事会对企业进行个性化的管控，实现出资人职责的层层到位。三是实现董事会的集体决策、科学决策。如果没有外部董事，董事会成员与经理人员高度重合，即使董事会采取集体决策的形式，副总经理对总经理负责的体制要求和之间的上下级关系，也会影响董事行使表决权的独立性。建立外部董事制度，除总经理外，董事与经理人员不重合，董事之间也没有上下级关系，董事可以根据自己的判断独立地行使表决权，从而保障董事会真正实现集体决策和科学决策。

但是，将“一把手”负责制变革为分权制衡的董事会制度，需要一个接受和适应的过程。通过这几年的董事会试点工作的实践，看到效果，广泛接受和赞同以外部董事制度为主要内容的董事会制度。一些试点企业、一些省市和没有进行董事会试点的中央企业，积极扩大中央企业董事会试点取得的成效，把董事会试点的制度性安排引入所出资企业，取得积极成效。

但总体看试点工作取得的积极成果还是初步的。从长期“一把手”负责制的体制转向董事会制度跨度是很大的，转变需要一个过程。试点中还存在一些需要重视的问题。一是董事会的运作中存在董事会职责不完善、相关规定操作性不强、董事会管理过多过细和提交外部董事的待审查方案质量差、时间不足等。二是外部董事中存在经验和专业知识不足、董事间沟通不够,履行职责不够全面。三是配套政策和制度尚未全面建立。四是国资委与董事会、董事的沟通不够及时主动,沟通制度有待完善。

(审稿人:李　冰　撰稿人:郇彦如)

监事会监督检查工作

2008年是国有重点大型企业外派监事会制度建立十周年。面对严重的自然灾害和国际金融危机的挑战,监事会紧紧围绕国有资产监管中心任务,牢牢把握出资人监督定位,加强对中央企业的监督检查,深入探索实践当期监督,认真履职,扎实工作,不断提高监督的有效性,为促进中央企业健康发展,维护国有资产安全发挥重要作用,取得重要成绩。2009年,国务院第55次常务会议强调外派监事会制度是符合我国国情、行之有效的国有企业监督制度,对监事会一年来的工作给予充分肯定。

一、监督检查稳步深入,出资人监督取得积极成效

截至2008年末,国资委履行出资人职责企业141户,派出监事会企业139户。除由于企业重组等客观因素外,均派出监事会。

(一)日常监督扎实推进,集中检查深入开展

监事会坚持以财务监督为核心,以企业重大决策的合法性、合规性和重要经营管理活动为重点,加强对企业执行有关法律法规情况、财务信息真实性、国有资本保值增值情况、企业负责人经营行为的监督,及时了解和报告重大情况,有效维护国有资产及其权益不受侵犯。2008年,监事会共检查包括企业集团总部和所属重要子公司在内的1778户单位;检查涉及资产10.6万亿元,相当于中央企业资产总额的64.2%。

将日常监督贯穿于监督检查的全过程,进一步强化对企业内控、重大决策以及资本运营、投融资、产权变动等重大事项的监督。全年共列席企业会议1860次,召开例会511次,撰写季度(月度)576份,查阅数以万计的相关材料,收集丰富的日常监督信息。在中央企业面对严重的自然灾害和国际金融危机的严峻挑战时,监事会增加对低温雨雪冰冻灾害以及汶川特大地震灾害等突发事件对企业影响的了解;加大对全球金融危机环境下,企业资金安全、经营和财务风险及隐患的关注;深化对制约企业改革发展、影响企业核心竞争力和可持续发展能力等深层次问题的研究。

建立在准备充分、基础扎实的日常监督基础上的集中检查更加深入有效。通过及时整理、核实、分析和提炼日常监督形成的阶段性成果,强化对出资人关注的企业领导人选用、利润分配、业绩考核、薪酬和职务消费、非主业和高风险投资、改制重组、试点企业董事会运作、持续发展能力的监督。

(二)监督方法不断改进,监督时效明显增强

监事会认真总结十年监督检查工作形成的宝贵经验,不断创新和运用科学有效的监督检查方式方法。在当期监督中,较好地处理重点监督与一般监督、检查广度与检查深度的关系,监督检查效率明显提高。通过对企业体制和机制、决策程序和行为、内控机制建设和效果、风险和隐患等重大事项和问题的深入检查,更好地把握出资人关注的重点;通过周密布置,系统安排,优化了监督资源配置;通过从财务数据查找管理上的问题,从管理漏洞发现财务上的缺陷以及检查信息的相互印证,实现财务检查与管理监督的有机结合;通过利用信息化手段,财务模型,分析软件,提升了工作效率和质量;通过注重利用相关监督力量和成果,较好地处理监事会与企业内部监督部门、监事会与中介机构、监事会与相关监督部门的关系,凝成了监督合力,提高了监督效率。

监督方式的创新和转变,使监督检查工作不断向纵深发展,监督时效明显提高。2008年,监事会共提交2007年度监督检查报告144份,其中报国务院53份。监督检查报告基本在6月底前提交,国资委管理领导班子企业的报告总体提交时间比上年提前两个月。部分监事会主席还先后提交27份专项报告或情况报告。2008年监事会监督检查报告共揭示有关企业经营和财

务管理、内部控制、改制重组、收入分配等方面的重大事项与问题285项，查出违法违纪违规案件线索27件、涉及金额331亿元，跟踪以前年度报告揭示的重大事项149个，使国务院以及国资委在第一时间提供重要的企业信息和情况，体现监事会当期监督维护国有资产安全，促进和规范企业管理的及时性和有效性。

(三)积极拓展成果运用，监督有效性更加显现

2008年监事会监督检查成果运用有了新突破。一是检查成果在政府有关部门不断得到重视。国务院领导以及国资委领导对监事会监督检查报告和专项报告高度重视。2008年国务院领导同志在14份监督检查报告上作出重要批示。有关部门根据国务院领导同志在监事会监督检查报告上的批示，对监事会报告揭示的重大事项和提出的相关处理建议，积极落实，认真办理，及时反馈。二是检查成果在国资委内部的运用取得实质性进展。国资委领导同志在监事会50份监督检查报告上作出明确批示，推动了企业有关重大问题的解决。国务院及国资委领导在监事会2006年度监督检查报告上的批示，涉及国资委有关厅局处理落实的事项163件，已经或正在处理落实的135件，占83%。2007年度监督检查报告相关事项，已拆分印送有关厅局148份。有关厅局涉及履行出资人职责事项，如规范性文件制定、经济责任审计、业绩考核、薪酬分配、改制重组、董事会试点等，先后有99件征求监事会意见，共涉及48个办事处。国资委对中央企业2007年度经营业绩考核，直接运用监事会监督检查成果。10位监事会主席分别出席16家董事会试点企业向国资委报告年度工作专题会议并发表意见。三是监督检查成果在企业得到有效运用。58个办事处通过多种方式与企业交换意见673次，签发《监事会提醒函》等61份。多数企业非常重视监事会的意见和建议，认为监事会的监督全面、客观、实事求是，提出的问题符合企业实际，表示要认真落实并整改。监督检查成果在有关部门、国资委内部和企业的有效运用，使监事会作用更加有效发挥，监督成果进一步显现。

(四)认真总结监督情况，做好向国务院常务会议汇报

结合当期监督工作取得的积极进展，认真做好向国务院常务会议的汇报。对144份监督检查报告进行分析、加工、综合和提炼，形成向国务院常务会议的汇报提纲；对未直接报国务院的91份监督检查报告，进行综合分析汇总，形成综合报告。向国务院常务会议汇报提纲和综合报告认真总结2007年度监事会对中央企业的检查情况，反映企业经营管理和深化改革中普遍性、倾向性问题，分析重点行业和企业影响持续发展、涉及国有资产安全以及违法违纪案件的情况。

二、深入学习实践科学发展观，积极探索完善监事会工作

2008年，监事会遵照党中央、国务院的统一部署，按照国资委党委的安排，开展深入学习实践科学发展观活动。大家统筹工作与学习，突出实践特色，将当期监督作为体现学习实践活动成果的实践舞台、检验舞台，做到"两手抓、两不误、两促进"。通过深入学习实践科学发展观，进一步推进国有资产监管体制改革和国有企业改革发展，完善了监事会工作制度，改进了监事会工作方法，提高了监督检查效率，增强了监事会工作有效性、及时性、前瞻性。

(一)外派监事会制度是经过实践检验的一项国有企业有效监督制度

通过深入学习实践科学发展观，认真总结实践经验，增强了历史使命感，进一步坚定了搞好监事会工作的信心。十年来，随着国有企业和国有资产监管体制改革的不断深入，监事会工作方式不断改进，监事会工作体制和工作机制不断创新，一套符合中国国情的国有企业外派监事会制度在探索中逐步完善。张德江副总理在2008年12月25日召开的全国国有资产监督管理工作会议上明确指出：实践证明，监事会制度是加强国有企业监督的一项有效制度。十年来，监事会全体同志勤勉敬业、依法履职、积极探索、勇于实践、甘于奉献、不辱使命，为维护国有资产安全，促进中央企业又好又快发展，发挥了积极作用，作出了重要贡献。一是客观报告企业情况，有效提供监督企业信息，是国务院和国资委了解企业真实情况的重要渠道；二是有力促进企业规范经营，夯实企业风险管

控基础，提升了企业经营管理水平；三是有效遏制了国有资产流失，依法维护了国有资产安全，切实履行了出资人监督职责。外派监事会制度的建立，对扭转我国国有企业管理混乱局面，规范国有企业领导人经营行为，促进国有企业健康发展，发挥了非常重要作用。总结十年历程，外派监事会制度积累了宝贵经验。一是坚持权威性和独立性，正确处理监督与被监督的关系，确保监督独立、客观、公正；二是坚持综合性和深入性，全面深入了解掌握企业情况，确保监督检查的广度和深度；三是坚持灵敏性和有效性，建立完善重大事项快速反应机制，确保出资人及出资人代表在第一时间获取第一手信息；四是坚持自律性和规范性，贯彻落实"六要六不"行为规范，确保监督能力和水平不断提高。

(二)密切结合经济形势，增强工作灵敏性

通过深入学习实践科学发展观，认真分析面临的形势，增强工作的预见性，进一步强化监事会工作的风险防范和预警作用。2008 年下半年，国内外经济形势日趋复杂，美国次贷危机引发的金融危机愈演愈烈，已经酿成一场历史罕见、冲击力极强、波及范围极广的国际金融危机，对实体经济的影响也正在进一步加深。中央企业在严峻的经济环境中，保发展、扩内需、调结构的任务异常繁重。确保中央企业平稳较快发展，促进中央企业在国民经济运行中进一步发挥带动作用，是出资人监督的重点。监事会作为国有资产监管的重要组成部分和出资人监督的重要形式，在这场金融危机中，努力把握监督规律，履行监督职责，密切关注金融危机对中央企业的冲击和影响，及时掌握中央企业运行状况，及时反映影响企业发展的问题，积极提出决策建议，做好预警预测工作，进一步增强了监督的灵敏性和有效性，为确保中央企业顺利渡过难关，为国民经济平稳发展作出积极贡献。

(三)强化出资人监督职责，提高监督质量

通过深入学习实践科学发展观，不断加强和改进监事会监督工作，增强监督工作的有效性，加强监督工作的针对性，提高监督工作质量。监事会坚持深入企业，深入一线，深入开展监督检查，保证了监督检查的深度和广度。在履职过程中，按照规定条件、环节和相关程序开展工作，积极做到对企业认识和了解有深度，监督检查有深度，反映和揭示问题有深度，使检查结果经得起检验。加强对重点监督企业以及重要子企业和经营实体的检查，尤其对涉及国有资本权益和国有资产安全，以及出资人关注的事项进行深入核查。加强对企业领导班子和领导人员履职行为的监督。加强对试点企业董事会制度建设、董事会成员履职、经理层执行董事会决议等情况的监督。有针对性地加强对派出监事会的中央企业的分类分析，找出企业存在的困难和突出问题，建立企业重大事项及时报告制度，确保第一时间掌握真实情况，为解决问题或处理危机争取时间，赢得主动。

(四)建立完善作业规范，加强制度建设

通过深入学习实践科学发展观，做到以科学发展的理念来认识和把握监督工作规律，掌握科学的方法，建立完善制度体系。2008 年监事会制度建设又迈出积极步伐。以《国有企业监事会暂行条例》为依据，以 2006 年 9 月制定出台的《关于加强和改进国有企业监事会工作的若干意见》为指引，结合监事会制度十年成功经验、有效做法以及近两年来监事会当期监督实践，在监事会主席和专职监事的大力支持下，监事会工作局、部分办事处同志联合组成作业规范起草小组，汇集全体监事会主席和专职监事的智慧，研究制定一套由 1 项基本规则和 20 项具体工作办法组成的监事会监督检查作业规范。作业规范的制定，对指导当期监督实践，统一和规范监督检查作业行为，降低检查风险，评价工作质量和业绩，促进监事会工作程序化、标准化和科学化，具有重要的指导作用，标志着监事会当期监督的制度体系已初步形成。各办事处还紧密结合工作实际，先后制订《监事会在企业工作期间注意事项》《季度(月度)例会和季报制度》等规章制度和实施细则 109 项，为加强内部管理，完善工作程序和方法，提高监督有效性提供有力的制度保障。

(五)统一思想认识，增强监督有效性

通过深入学习实践科学发展观，进一步解放思想，提高对张德江副总理在全国国有资产监督管理工作会议上重要讲话精神的认识，明确增强监事会监督工作有效性的总体思路和途径。一是进一步探索监事会有效监督的新办法，提高监事会工作的时效性。二是积极探索监事会监督与现代企业制度结合的有效途径，有效履行出资人监督职责。三是积极探索监事会监督与国资委监督管理的协同配合，增强监事会工作的有效性。

三、深入开展调查研究，不断促进工作交流

（一）深入调查研究

监事会充分发挥熟悉企业情况、拥有各种专业人才等优势，注重调查研究，促进业务交流。一是结合科学发展观的学习，深入开展提高监事会监督有效性等相关调研和课题研究，形成一批监事会工作理论和制度性成果，不断指导和推动监事会工作实践。二是就监督检查报告中揭示的企业经营管理和改革发展中存在的普遍性、倾向性问题，特别是出资人关心的和涉及国有资产流失的共性问题，深入分析，深入研究，提出有关对策建议。三是结合监事会监督检查实践，在深入调研的基础上，为国家和国资委有关法律、法规、政策的制定提出数百项参考建议。四是完成《监事会当期监督研究》《新会计准则条件下的监事会财务监督》等一批重要国资委软课题研究；着手启动国资委软课题《整体改制（上市）企业监事会监督模式研究》。

（二）加强沟通交流

一是加强监事会业务交流。强化办事处之间特别是监管同行业企业办事处之间的交流，共享工作经验和成果。据统计，2008 年各办事处共组织内部业务交流研讨 497 次、业务学习 468 次。利用《情况反映》和《研讨与交流》，及时刊发办事处工作情况、当期监督实践中的经验做法和体会。举办“当期监督探索与实践”征文活动，有效利用《国资监督信息》等载体，深入探讨监事会工作的理论问题、现实问题及前沿性问题，交流工作经验体会和创新做法。

二是加强与地方国有资产监督管理机构的交流。加强对地方国资委监事会工作的业务指导，多次接待有关省市国资委来访，受邀到地方国资委监事会做工作交流和业务指导，有力地支持地方国资委监事会工作的开展。2008 年 11 月，国务院国资委监事会工作局在厦门市召开全国国资委监事会工作研讨会。全国 37 个省、自治区、直辖市及计划单列市、新疆生产建设兵团分管监事会工作的国资委领导，以及监事会工作处（办公室）负责同志参加会议。国务院国资委黄丹华副主任出席会议并作重要讲话。会议为各地监事会工作搭建交流研讨的平台，实现信息互动和共享，进一步推动和促进了新形势下的监事会工作。

三是加强与国资委有关厅局的交流与合作。牢牢把握出资人监督定位，紧密围绕国资委中心任务开展工作，主动增强与国资委有关厅局的交流与沟通，认真回复征求意见，参与有关厅局组织的调研或核查，初步实现有关信息资源的共享，发挥了出资人监管职能协同的体制优势，提高了监事会监督的有效性。

（三）完善服务保障

2008 年，国资委监事会工作局按照“精品意识、效率意识、服务意识”要求，围绕人力支持、业务支持、保障支持三项任务，在队伍建设、制度建设、业务建设、党建工作、信息交流与调研、业务培训及出国考察、与委内外协调联系、加强对地方国资委监事会工作的指导、以及行政保障和后勤服务等方面做了大量工作，为监事会履行职责创造了一定条件。技术中心充分利用各种载体，努力做好信息服务，保障了网络系统的安全、稳定和可靠运行。

四、加强队伍建设，切实提高监督能力

（一）以深入学习实践科学发展观为契机，努力推进党建工作

2008 年，在认真开展学习实践科学发展观活动的同时，监事会开展了以深入学习和全面贯彻落实党的十七大和十七届二中、三中全会精神为主题的党员领导干部民主生活会。各办事处加强支部组织建设，开展支部换届选举、发展新党员和预备党员转正工作。重视青年工作，加强对团的工作领导，成功主办第四期国资委青年论坛，首次举办纪念“五·四”青年座谈

会。积极响应有关号召，全体同志向汶川地震灾区捐款捐物、交纳“特殊党费”共计70多万元；许多同志积极参加纪念改革开放三十周年和国资委成立五周年征文活动。以支部为单位，认真开展纪念改革开放三十周和向抗震救灾英雄模范学习的活动。

（二）注重素质培养，队伍建设稳步加强

始终把政治思想建设、业务建设作为队伍建设的重要内容，全面提高队伍综合素质，不断增强整体履职能力，努力塑造一支业务精湛、纪律严明的监事会队伍。一是实现培训工作经常化。采取集中培训、网络培训、专题讲座、交流研讨、出国考察等多种形式，强化政治和业务学习。二是首次举办兼职监事培训班，制定出台《国有企业监事会兼职监事（企业职工代表）管理暂行办法》，规范了兼职监事的管理。三是结合国务院和国资委领导同志对报告的批示、专项报告和情况报告提交、监督检查作业规范执行等情况，探索建立符合监事会工作特点的专职监事业务评价制度。四是继续面向社会公开招考专业人员，为监事会发展注入新生力量，积极推进干部交流和职务晋升工作，促进干部成长和进步。五是按照国资委“五五”普法的统一安排，配合组织监事会“五五”普法知识竞赛工作，并获得国资委机关“五五”普法知识竞赛一等奖。

（三）始终坚守“六要六不”行为规范

2008年7月，监事会召开了一年一度深入贯彻“六要六不”行为规范专题会议，国资委副主任黄丹华同志作大会报告，总结并对照检查监事会贯彻“六要六不”行为规范情况，研究新形势下进一步贯彻“六要六不”行为规范的措施。国资委主任李荣融同志出席会议并做重要讲话。十年来，监事会始终把“六要六不”行为规范摆在突出位置，贯穿到监督检查全过程，做到不松懈、不麻痹，防微杜渐，警钟长鸣，创造了良好的监督工作氛围，树立了优良的思想作风和工作作风。各位监事会主席率先垂范、身先士卒、以身作则；广大专职监事不辞辛苦奔波于企业，刻苦学习，钻研业务，踏实工作，尽心尽责，表现出较强的敬业精神和优良作风。

（审稿人：王文斌　撰稿人：周建军　薛梅梅）

中央企业党建工作

截至2007年12月31日，中央企业系统共有党员4089927人，其中女党员827482人，35岁及以下党员939253人，在岗人员党员2710292人，在岗工人党员1018742人，离退休人员党员1274002人，其他党员105633人。党组570个，党委15482人，党总支14074个，党支部191052个。2008年，中央企业各级党组织在党中央的领导下，按照国资委党委的要求，高举中国特色社会主义伟大旗帜，坚持邓小平理论和“三个代表”重要思想为指导，深入贯彻落实科学发展观，围绕中心，服务大局，以改革创新精神加强和改进中央企业党的建设，为深化国有资产管理体制改革和中央企业改革发展提供坚强的政治思想和组织保证。

一、召开中央企业党建工作会议，总结近年来中央企业党建工作经验

6月26日，国资委党委召开中央企业党建工作会议。会议的主要任务是，纪念建党87周年，贯彻落实党的十七大精神，总结国资委党委成立以来中央企业党建工作，安排部署下一阶段中央企业党建重点工作，表彰先进基层党组织、优秀共产党员和优秀党务工作者，交流党建工作经验。国资委主任、党委书记李荣融同志，国资委副主任、党委委员王瑞祥、黄丹华、金阳同志，国资委纪委书记、党委委员贾福兴同志出席会议。在京中央企业党委（党组）主要负责人，先进基层党组织、优秀共产党员、优秀党务工作者代表以及国资委机关厅局负责人，共计180余人在主会场参加会议。这次会议以视频形式召开，各中央企业设立分会场，中央企业领导班子成员、党群部门负责人、重要子企业负责人等有关人员在各分会场参加会议。

会议表彰中国核工业集团公司核工业二〇八大队党委等120个先进基层党组织、窦铁成等164名优

秀共产党员、尤钊瑛等97名优秀党务工作者，分别授予他们“中央企业先进基层党组织”和“中央企业优秀共产党员”、“中央企业优秀党务工作者”称号。中国石油化工集团扬子石化公司芳烃厂党委书记张宙同志、中国铁路工程总公司中铁一局集团电务公司供电分公司电力高级技师窦铁成同志、中国航空集团中国国际航空股份有限公司西南分公司地面服务部党委副书记、纪委书记、工会主席谷素华同志分别作为先进基层党组织代表、优秀共产党员代表、优秀党务工作者代表在会上发言。国家电网公司党组书记、总经理刘振亚同志，中国石油天然气集团公司党组成员、副总经理王福成同志，中国交通建设集团有限公司党委书记、副董事长孟凤朝同志，中国航天科技集团公司党组书记、总经理马兴瑞同志，武汉钢铁(集团)公司党委书记、副总经理王炯同志，中国南方电网有限责任公司党组书记、董事长袁懋振同志等六户中央企业负责人分别介绍加强党建工作的经验。中国远洋运输(集团)总公司、中国中化集团公司、鞍山钢铁集团公司、中国铁路工程总公司、中国盐业总公司、中铝西南铝业集团公司等企业书面交流党建工作经验。会上，国资委主任、党委书记李荣融同志作出《以改革创新精神全面推进中央企业党的建设，为中央企业改革发展提供坚强保证》的重要讲话，讲话总结国资委成立五年来中央企业党建工作四个方面的成效，阐述加强和改进中央企业党建工作必须把握的三个重大问题，研究部署下一阶段中央企业党的建设的八项重点工作。

李荣融同志在讲话中谈到，国资委成立以来，中央企业各级党组织在党中央的领导下，按照国资委党委的要求，围绕国有资产管理体制改革和中央企业改革发展，不断探索创新，党建工作取得新的成效。一是中央企业党的先进性建设得到新加强。二是初步建立党管干部原则和市场化选聘经营管理者相结合的选人用人新机制。积极推进董事会试点工作；制定企业领导人员选拔任用标准；建立了以经营业绩为核心的企业领导人员考核评价体系；市场化选聘人才的力度不断加大；领导班子思想政治建设不断深化。三是围绕中心，党建工作取得新成效。企业宣传思想工作不断创新；企业群众工作不断加强；企业违纪违法案件下降。四是企业党建工作实践积累了新经验。坚持用邓小平理论、“三个代表”重要思想和科学发展观武装头脑、指导实践、推动工作；坚持加强党的先进性建设，不断完善保持共产党员先进性的长效机制；建立和完善适应现代企业制度要求发挥党组织政治核心作用的体制和机制。坚持加强领导班子思想政治建设，不断深化“四好”班子创建活动，提高企业领导班子的思想政治素质和战略思维能力；积极实施人才强企战略，坚持将党管干部、党管人才原则与市场化配置人才的机制相结合，大力推进企业干部人事制度改革；坚持加强企业基层党组织建设和党员队伍建设，充分发挥基层党组织战斗堡垒作用和党员的先锋模范作用；坚持将企业文化建设作为思想政治工作和精神文明建设的重要载体，不断提高思想政治工作的活力和实效；积极探索现代企业制度下全心全意依靠工人阶级的有效途径，维护职工群众的合法权益，努力构建和谐企业；坚持将从严治党和依法治企相结合，建立健全惩治和预防腐败体系，加强对党员干部特别是企业领导人员教育管理和监督。

李荣融同志讲话强调，中央企业党建工作需要把握好的几个重大问题：坚持一个原则。即坚持党的领导，充分发挥国有企业党组织的政治核心作用，这是一个重大原则，任何时候都不能动摇。把握两个重点。一是企业基层党组织和党员队伍建设；二是企业领导班子和领导干部队伍建设。处理好四个关系。一是处理好完善公司法人治理与发挥党组织政治核心作用的关系；二是处理好党管干部与董事会和经理层依法行使用人权的关系；三是处理好党委参与决策与董事会依法决策的关系；四是处理好发挥职工民主管理作用与尊重维护企业领导人员依法行使经营管理权的关系。

李荣融同志明确指出，下一阶段加强和改进中央企业党建工作要着重抓好八项工作：以深入开展学习实践科学发展观活动为契机，继续学习贯彻党的十七大精神；以党的先进性建设为主线，进一步完善中央企业保持共产党员先进性长效机制；以制定实施企业党组织参与重大问题决策的指导意见为突破口，进一步探索党组织发挥政治核心作用的有效途径；以董事会建设为契机，积极探索党管干部、党管人才在中央企业的实现形式；以提高党组织的凝聚力和战斗力为目标，进一步加强党的基层组织和党员队伍建设；以加强企业文化建设为抓手，进一步创新企业宣传思想工作；以完善惩治和预防腐败体系为重点，整体推进中央企业反腐倡廉建设；以加强职代会建设为关键，进一步探索维护职工合法权益的措施和办法。这次会议是国资委成立以来的第三次中央企业党建工作会议，会议的召开对推进中央企业党建工作具有重要作用。

二、开展“共产党员和中央企业在抗震救灾中的义务和责任”专题组织生活

5月12日，四川汶川发生震惊中外的特大地震灾害，危急关头，中央企业各级党组织和共产党员听党指挥，全力投入抗震救灾。5月22日，中共中央政治局委员、国务院副总理张德江同志在国资委检查指导抗震救灾工作时提出，中央企业要组织党员过一次以“共产党员和中央企业在抗震救灾中的义务和责任”为主题的专题组织生活。国资委党委高度重视，认真落实张德江同志的批示，迅速研究贯彻落实意见，及时部署中央企业开展专题组织生活，印发张德江同志在国资委检查指导抗震救灾工作时的讲话和《关于在中央企业开展“共产党员和中央企业在抗震救灾中的义务和责任”专题组织生活的通知》，召开视频会议全面部署专题组织生活。及时了解掌握专题组织生活进展情况，研究提出指导意见，参加部分企业的专题组织生活会。同时在国资委网站开设专栏，及时交流有关信息和工作进展情况。

各中央企业党委（党组）认真落实张德江同志指示和国资委党委部署，组织所属基层党组织和全体党员于“七一”前后开展专题组织生活，向国资委党委报送专题报告。这次专题组织生活主题内容好、活动形式好、活动时机好，对于加强中央企业党的建设，推动灾后重建和企业生产经营产生很好影响。中央企业党员普遍经受一次深刻的党性锻炼，党组织的政治意识、大局意识、责任意识以及党员的党性意识明显增强。许多党员反映，这是多年来自己印象最深、最受教育的一次组织生活会。大家普遍反映，专题组织生活取得良好效果，进一步坚定了贯彻落实科学发展观、发展和壮大国有经济的信心与决心，进一步坚定了加强干部队伍建设、建设“四好”领导班子的信心与决心，进一步坚定了以改革创新精神加强基层党组织建设、充分发挥基层党组织战斗堡垒作用的信心与决心，进一步坚定了加强党员队伍建设、保持和发展共产党员先进性的信心与决心。

2008年7月10日，向张德江同志报送《关于中央企业开展“共产党员和中央企业在抗震救灾中的义务和责任”专题组织生活情况的报告》。《报告》提出这次活动是国资委弘扬伟大抗震救灾精神，创新中央企业党员教育形式的有益探索，是以改革创新精神推进中央企业党的建设的一次成功实践。中央领导同志对中央企业开展的专题组织生活给予充分肯定和赞扬。7月11日，张德江同志在国资委党委报送的报告上批示：“请家宝总理、近平同志、克强同志、源潮同志批示。国资委党委结合抗震救灾加强央企党的建设，值得肯定。”随后，温家宝总理、习近平同志、李克强同志、李源潮同志等中央领导同志分别作了重要批示。7月14日，李源潮同志批示：“赞同德江同志批示。中央国企在抗震救灾中表现突出，党的先进模范作用充分发挥。国资委抓住时机，加强企业党建，很有必要，尤其是以‘两查两为’作内容的专题组织生活过得好。希望进一步探索国有企业加强党的建设的好形式，充分发挥国企党组织的政治核心作用、基层党组织的战斗堡垒作用和党员的先锋模范作用。”李克强同志7月16日批示：“赞成德江同志意见。”习近平同志7月17日批示：“中央企业自身受灾严重，在生产自救同时全力支援灾区，作出了重大贡献，企业各级党组织和党员发挥了重要作用。抓住契机开展党员专题组织生活效果良好，望总结经验，进一步加强党的建设，推动中央企业作出更大贡献。”温家宝总理7月18日批示：“赞成近平、克强、源潮、德江同志的意见。这次活动搞得很好。”张德江同志7月18日批示：“荣融同志：请国资委党委认真传达学习家宝总理、近平同志、克强同志、源潮同志的批示精神，研究贯彻落实措施，进一步加强央企党的建设、班子建设和队伍建设。建议

年底或明年初召开一次央企党建工作会议，就贯彻落实科学发展观，加强央企党的建设进行总结和部署。此项工作，请国资委党委主动向源潮同志和中组部汇报，争取指导和支持。”中央领导同志的批示，极大地鼓舞了中央企业广大党员干部。7月22日，国资委党委收到中央领导同志的批示后，李荣融同志就在当天下午召开的中央企业负责人视频会议上传达了中央领导同志的批示精神。7月24日，国资委党委召开党委会议，认真学习领会中央领导批示精神，结合工作实际，研究贯彻落实的具体措施。

三、扎实推进中央企业深入学习实践科学发展观活动试点和准备工作

一是指导试点企业深入学习实践科学发展观。根据中央部署，国资委党委派人参与中央深入学习实践科学发展观活动试点工作领导小组办公室工作，指导上海宝钢集团有限公司和中国海洋石油总公司两家企业进行试点工作，组织召开两家试点企业视频会议，结合中央企业特点向中央提出学习实践活动的意见和建议。二是做好中央企业深入学习实践科学发展观活动的准备工作。2008年9月，国资委党委研究制定中央企业开展深入学习实践科学发展观活动的实施方案，印发《关于中央企业开展深入学习实践科学发展观活动准备工作的通知》等文件，为中央企业顺利开展深入学习实践科学发展观活动做好各项准备。

四、加强理论研究，推动中央企业党建工作体制机制创新

一是积极开展中央企业党的建设的理论研究，形成高质量的理论研究成果。党建工作局撰写的《改革开放以来中央企业党的建设的成就与经验》论文被评为纪念改革开放三十周年征文全国党建研究会优秀论文，党建工作局局长刘汉滨同志在全国党建研究会年会上做了专题发言。二是结合国有独资公司建立规范董事会试点工作，研究董事会试点中央企业党委参与重大问题决策的基本要求、主要内容、方法途径、责任追究以及重大决策的实施等重大问题。三是开展信息化与国有企业党的建设研究工作。在充分调研和广泛听取各方面意见的基础上，组织开展课题研究，形成《信息化与国有企业党的建设研究》报告。受到与会专家好评，为国有企业党建信息化建设提供积极支持。积极开展董事会试点中央企业深化党的领导体制改革研究，分析董事会试点中央企业党的领导体制改革现状及存在的主要问题，明确董事会试点企业深化党的领导体制改革的重大理论和实践问题，提出进一步深化董事会试点企业党的领导体制改革的建议，对推进中央企业党的领导体制改革具有较强的借鉴和参考价值。

五、抓好中央企业党委换届选举和培训工作，推动工作规范化

一是加强对中央企业党委换届选举工作的指导。加强对中央企业党代会的全过程指导，严格按照党章和党的基层组织选举工作暂行条例的有关规定审核选举程序，确保企业换届选举规范运作。2008年共有14户中央企业党委（直属党委）进行换届选举，其中有4户中央企业直属党委：中国核工业集团公司、中国海洋石油总公司、国家开发投资公司和中国核电技术有限公司。10户中央企业党委：中国诚通控股集团有限公司、中国华星集团公司、中国农业机械化科学研究院、中国化学工程集团公司、中国建筑材料集团公司、中国北方机车车辆工业集团公司、中国南方机车车辆工业集团公司、中国铁路物资总公司、中国民航信息集团公司和中国航空油料集团公司。二是调整重组企业党组织的领导关系。根据中央企业重组调整工作进程，同步调整党组织领导关系。2008年，共调整9家中央企业党组织领导关系，办理中国航空器材集团公司党组织更名，办理中国煤炭科工集团有限公司和中国航空工业集团公司重组新设立企业成立党组织，办理12家中央企业28名直属党委领导人员任免事项。三是举办一期中央企业组织人事部长培训班，219名中央企业组织人事部门负责同志参加学习培训。在中央党校、国家行政学院、中国浦东干部学院、中国井冈山干部学院、中国大连高级经理学院与中央组织部联合共同举办8期中央企业领导人员专题研

讨班，选调142名中央企业负责人参加培训。

六、做好党员日常教育管理工作，加强基层党组织建设

一是认真做好中央企业党员交纳“特殊党费”工作。2008年，国资委党委根据中央领导指示精神，倡议中央企业党员积极交纳“特殊党费”用于支援抗震救灾。截至2008年12月31日，中央企业系统共缴纳特殊党费8.7亿元。二是做好中央企业专项评选表彰工作。评选表彰中央企业2008年抗击雨雪冰冻灾害先进基层党组织95个，优秀共产党员121名。评选表彰中央企业2008年抗震救灾先进基层党组织136个，优秀共产党员178名。推荐表彰全国抗震救灾英雄集体4个，抗震救灾模范6名。向中央组织部推荐表彰全国抗震救灾先进基层党组织2个，优秀共产党员1名，协助发放奖金11万元。评选表彰中国航天科技集团公司神舟七号载人航天飞行任务先进基层党组织10个、优秀共产党员20名和优秀党务工作者10名。三是加强党员日常管理，做好“博士服务团”工作。9月27日，召开中央企业第八批、第九批“博士服务团”成员座谈会，组织10名中央企业博士参加第九批“博士服务团”工作。根据中央组织部要求，接收5名“西部之光”访问学者到有关中央企业工作。

七、加强构建惩治和预防腐败体系，进一步深化中央企业反腐倡廉建设

一是建立健全惩防体系，整体推进各方面工作。按照《建立健全惩治和预防腐败体系2008～2012年工作规划》要求，引导各中央企业制定实施办法、推进计划和分工方案，抓好贯彻落实。中央企业惩防体系建设促进组组长单位认真履行职责，开展形式多样的促进交流活动。国资委党委进一步推进中央企业的惩防体系建设，强调反腐倡廉教育要更加注重实效，制度建设要更加注重责任追究和操作性，效能监察要体现不同行业和企业特点，要以“一岗双责”为重要内容落实党风廉政建设责任制，整体推进各项工作。2008年，中央企业二级以上单位效能监察立项2.1万项，避免经济损失38.5亿元，挽回经济损失14.7亿元，节约资金71.5亿元。二是贯彻落实国有企业领导人员廉洁自律“七项要求”和规范“三重一大”集体决策制度。根据中央纪委要求，指导中央企业认真开展自查自纠。2008年，对27家中央企业这两项工作情况进行督查调研，从1218名企业中层管理人员对工作落实的满意度测评情况看，落实“七项要求”满意和比较满意的平均为95%，执行“三重一大”制度满意和比较满意的平均为91%。中央企业23万多名各级领导人员对持股、投资和兼职取酬情况自查登记。5家集团公司的19名领导人员自查兼职取酬问题；19家企业有56人持股不符合有关规定，涉及金额1349万元；61家企业338名中层管理人员兼职取酬1302万元；96家企业6990人不规范持股得到初步清理。中央企业针对问题查找原因并进行整改，绝大多数领导人员及时退回兼职所得报酬。中央企业议事规则和决策流程基本建立，规范了企业领导班子用权行为。据统计，有80多家中央企业2007年1月至2008年8月决策的1.1万多事项，绝大部分符合程序要求。中央企业基本做到决策民主、操作公开、过程控制、落实到位。督查也发现有的企业党委(组)会、董事会、总经理办公会的职责权限和决策范围比较模糊，议事规则不够明确，决策程序比较原则，可操作性不强。个别企业对重要事项决策存在随意性，有的企业重大事项未经集体研究决定，事后再补手续。三是加强案件查办和案情分析与通报工作。2008年11月，国资委党委召开中央企业案件情况通报视频会议，开展案件分析与通报，全面梳理五年来中央企业发生的案件，剖析典型案例，总结案件特点和规律，得出查办案件对惩治和预防腐败的启示。查办案件呈现出以下几个特点：失职渎职比例较大。个别企业领导人员缺乏国有资产监管责任意识，企业制衡机制不完善，用权行为不规范，集体决策制度执行不力；违反财经纪律案件形式出现新变化。从以前企业私设小金库现象多，转变到违规资本运作，违规拆借资金，违规担保等现象多有发生；商业贿赂案件趋于减少。四是积极拓展纪检监察工作领域。组织19家中央企业纪委书记进行述职，逐步形成制度化。加强委机关厅局开展督查工作的联动机制。中央企业各级纪检监察机构也创新工作方式，在廉洁文化建设、监督资源整合和

加强组织协调等方面，努力营造廉洁文化建设环境，加强管理监督，落实情况量化考核，整体推进惩防体系建设。

（审稿人：刘汉滨　撰稿人：司　利）

中央企业宣传工作

2008年，国务院国资委和各中央企业坚持以邓小平理论和“三个代表”重要思想为指导，认真贯彻落实科学发展观，全面推进中央企业宣传思想工作，为推动国有资产监督管理体制改革和国有企业改革发展稳定提供不竭精神动力、思想保证、舆论支持和文化条件。

一、理论武装工作

以中心组学习为龙头，深入学习贯彻中央精神。把深入学习贯彻十七大精神作为首要政治任务，认真学习中央有关会议、中央领导讲话精神和中宣部《党的十七大精神宣讲提纲》并结合实际贯彻落实。注重制度建设、学习引导和成果应用，着力在“贯穿”、“结合”、“转化”上下功夫，认真总结各中央企业学习贯彻科学发展观，促进和谐企业建设、提升自主创新能力、积极承担社会责任、加强企业党建工作以及人才队伍建设等方面工作的进展和成就，组织汇编《深入贯彻落实科学发展观 推进中央企业又好又快发展》《共和国长子——中央企业抗震救灾纪实》《中央企业纪念改革开放30周年论文集》等多部书籍。

积极组织开展主题教育和形势任务教育活动。按照中宣部要求，结合企业实际，把握宣传思想工作主题，各企业组织开展多种宣传教育活动，在京中央企业干部职工参加中宣部等五部委组织的多场形势报告会和《万众一心、众志成城——抗震救灾纪实》等展览。

积极开展重点、热点问题和创新理论研究。针对中央企业广大干部群众关心的热点、难点问题，深入开展研究，引导中央企业干部职工正确认识形势、正确理解党和国家的方针政策；组织参与中宣部组织的有关课题研讨和书刊编撰工作。

切实做好中央企业党报党刊订阅工作。充分发挥《人民日报》《求是》杂志作为党中央指导全党和全国工作的重要思想舆论工具作用，组织中央企业做好2008年度《人民日报》《求是》杂志的订阅工作，保证稳中有升。

二、新闻宣传工作

做好重要会议、重要政策法规、重要工作和活动的新闻发布工作。组织新闻媒体完成全国国有资产监督管理工作会议、中央企业负责人会议、中央企业抗震救灾表彰大会等重要会议和中央企业公开招聘高管与总法律顾问、中央企业“迎讲树”文明礼仪大奖赛、抗震救灾等重要工作和活动的宣传报道工作；完成中央企业薪酬管理、资产损失责任追究等方面政策法规的新闻发布会。同时，组织记者专访国资委和中央企业领导，协调在《人民日报》《求是》《经济日报》等中央媒体刊发有关署名文章。

宣传报道中央企业改革发展重要工作、重大成就、典型经验和先进人物。积极组织宣传中央企业改革发展取得的突出成就；选取亮点，突出重点，协调安排媒体记者完成对中央企业成就的采访报道，帮助中国一重、彩虹集团、大唐集团、神华集团、南方电网等多家企业策划大型活动的新闻宣传工作。同时，做好培养、选拔、树立各类典型的工作，开展全国10大国企典型选树和宣传活动，新推出一批管理规范、主业突出、成绩显著、具有自主知识产权或知名品牌的典型企业；开展循环经济企业典型宣传、自主创新企业典型宣传、节能减排企业典型宣传；开展央企为抗击雨雪冰冻灾害、抗震救灾、奥运安保工作做出积极贡献，履行社会责任的事迹和精神的系列宣传；宣传中国中铁窦铁成等立得住、传得开、叫得响的全国重大典型人物。树立中央企业良好的企业形象和职工形象，彰显共和国长子的风采。

做好中央企业发生的各类突发危机事件的新闻应对工作。积极组织协调有关部门和媒体，做好东航集团集体返航事件、中化集团钾肥进口垄断事件等22起中央企业突发危机事件媒体应对工作。

采取多种措施正确引导社会舆论。针对舆论关注的热点问题，发布正面宣传材料，组织召开新闻发布会、通气会或媒体见面会，答疑解惑，正面引导；大力宣传中央企业坚持以人为本、促进和谐发展，为国家经济建设、宏观调控和社会稳定等方面做出的贡献。据不完全统计，全年各类新闻媒体宣传报道中央企业的消息超过2700篇（条）。

不断加强制度建设和基础建设。起草《国资委党委关于进一步加强典型宣传工作的通知》《关于进一步加强和改进中央企业新闻发布工作制度建设的意见》等文件。按照国资委要求，各中央企业逐步建立健全重要会议和重大政策新闻宣传、新闻发布会工作管理流程、典型宣传选树、突发危机事件媒体应对工作机制。国资委和各中央企业认真分析和研究各类新闻媒体和网站的特点，加强分类指导，与媒体建立良好沟通和合作关系，完善媒体记者资源库，创立电子邮件直通车，提高新闻发布工作效率。

做好北京奥运会期间国资委及中央企业新闻宣传和舆论引导工作。贯彻落实《北京奥运会及其筹备期间外国记者在华采访规定》，加强对外国记者采访的管理，改进对外新闻宣传工作。此外，国资委宣传局加强对有关期刊、出版物、网站的业务管理，编写多期《舆情参考》，供委领导和有关厅局参考。

三、企业文化建设和精神文明建设工作

加强总体推进和分类指导。召开有关会议，总结交流中央企业贯彻《指导意见》、推进企业文化建设的经验，对企业文化建设进一步作出部署，引导企业树立与社会主义市场经济相适应的经营管理理念、完善各项管理制度，把企业文化理念体现到企业经营管理和员工日常行为之中，建立健全品牌形象识别系统，完善领导体制和工作机制。参加企业有关会议，针对不同行业、企业提出指导意见。同时，推动中央企业对服务文化、社会责任等有关问题进行专题研究，继续配合纪委推进廉洁文化建设工作。

开展企业文化建设评价体系课题研究和试点工作。开展国资委立项《中央企业企业文化建设评价体系研究》软科学课题研究，初步提出具有中央企业特色的企业文化建设评价体系，并在课题研究基础上制定考核评价标准和办法。选择不同行业的8个企业开展评价试点工作，为在中央企业全面开展评价工作积累经验。

宣传企业文化建设经验成就，扩大中央企业企业文化的影响力。注重从履行社会责任、建设和谐文化、推动文化创新等方面总结中央企业贯彻落实科学发展观，建设企业文化，促进改革发展的成绩。通过参与社会各界举办的多种会议和活动，介绍工作经验，宣传中央企业开展企业文化建设的情况和成就。

做好精神文明建设职能交接，理顺管理体制。一是根据中央国家机关工委、国务院机关事务管理局的移交意见和委领导指示，就理顺中央企业精神文明建设管理体制问题进行专题调研，国资委党委研究同意，从2008年3月起在京中央企业（包括党的关系垂直管理的京外企业）精神文明建设管理关系移交国资委管理。二是下发正式移交文件，完成文件、资料交接，国资委党办和国管局综合司（文明办）联合下发《关于将国资委监管的在京中央企业精神文明建设及有关社会事务管理工作移交国资委管理的通知》，明确在京中央企业精神文明建设、社会治安综合治理、绿化、人口和计划生育、爱国卫生、交通安全、环境综合治理等工作一并交国资委管理。三是国资委申请作为中央文明委成员单位，李伟同志为中央文明委委员。

结合实际开展精神文明建设。按照中央文明办部署和国资委领导指示精神，以企业文化建设为主线，推动中央企业精神文明创建活动，努力使精神文明建设再上新水平、走出新路子。一是开展有关基础工作，下发2008年中央企业精神文明建设工作要点，对中央企业精神文明建设工作有关情况进行全面调查，建立有关情况数据库。二是根据国管局要求，配合做好2007年度在京中央企业首都文明单位标兵、文明单位评比表彰的审核工作。三是按照中央文明办要求组织开展“迎奥运讲文明树新风”礼仪知识竞赛活动，成立专门竞赛选拔组织机构，制定具体实施办法，召开视频会议部署工作，78家中央企业组队报名参加6个预赛区预赛，中石油、国家电网、一汽、纺科院、攀钢、西电、武钢参加决赛，武钢获第一名并代表中央企业参加全国“迎奥运讲文明树新风”礼仪知

识大赛，中央企业代表队获得“优秀奖”，国资委获得“组织奖”。四是完成推荐中央企业申报全国文明单位和全国精神文明建设工作先进单位的工作，结合实际制定工作方案和考评指标测评体系，经初审、复查考核、征求意见、公示、党委会讨论等环节，向中央文明办推荐全国文明单位23个（其中直接申报8个）、全国精神文明建设工作先进单位32个。

四、政工队伍建设工作

认真开展年度各项评审工作。遵循分层分类管理办法，国资委根据企业自愿申请，在对企业进行认真调研的基础上，严格按照政策条件、标准和程序，对企业申请高级政工师任职资格评审权和审批权进行认真严格审批，共101人申请，通过69人，通过率68.3%。

开展研究员级高级政工师评审工作调研论证。开展调研和可行性论证，在此基础上，制定《中央企业研究员级高级政工师任职资格评定暂行办法》，向委领导提交有关批准启动中央企业研究员级高级政工师评审工作的请示。

加强政工人员业务培训。为推进中央企业人才队伍建设，围绕企业文化建设和突发事件新闻应急处置等专题，组织有关人员赴境外进行学习考察。

五、党建思想政治工作研究会工作

组织动员会员单位开展课题研究。印发年度工作要点和研究参考题，按照“融入中心、服务大局、突出重点、应用为主”要求，明确工作重点和研究方向，确立重点课题，组织动员和指导各会员单位开展研究。根据申报课题类别，划分课题组，确定牵头单位，及时跟踪重点课题研究的进展情况，使课题研究工作有序推进。各会员单位加强理论学习，深刻理解和把握科学发展观，深入了解党员队伍、企业基层党组织建设和职工思想状况，分析企业党建、思想政治工作中的新情况、新问题，提出对策，取得高水平研究成果，为加强企业党的建设、企业思想政治工作提供第一手资料，对中央企业党建思想政治工作起到积极推动作用。

做好评选表彰和成果推广应用工作。一是突出“研究的目的在于应用”的原则，立足企业中心工作研究问题，围绕改革发展稳定解决问题，着眼竞争能力思考问题，大力推进研究活动，有效保证研究成果有较强实用性。二是探索建立工作机制，要求企业把成果转化应用率纳入到企业整个工作目标体系考核中，纳入“创先争优”活动考核，贯穿课题研究全过程，促进研究成果转化应用。三是对研究成果进行评比表彰，将优秀研究成果结集出版，并通过媒体鼓与呼，积极宣传推广研究成果和成果转化的经验，促进研究成果转化为推动实际工作的思路和举措。比如，大庆油田把多年研究取得的成果应用到党建思想政治工作和企业文化建设中，创造了新形势下紧密结合企业文化建设加强和改进思想政治工作的经验，研究会各会员单位进行广泛宣传。

办好会刊《企业文明》，加强阵地建设。围绕国资委、国资委党委和中央企业工作重点，突出宣传中央企业改革发展、党建思想政治工作、企业文化建设和精神文明建设等方面的新探索和新举措，突出宣传中央企业科学发展、和谐发展创造的新经验和取得的新成就，受到广泛关注与好评。会刊开展的“首届中央企业企业文化书画大赛”等活动形成一定声势。会刊成为研究会及会员单位展示成果、交流经验的平台，也成为国资委指导工作、对外宣传的重要窗口。

（审稿人：杜渊泉　撰稿人：张义豪）

中央企业群众工作

2008年，在国资委、国资委党委的正确领导下，中央企业群众工作坚持“融入中心、进入管理、服务大局、发挥作用”的总体思路，深入贯彻落实科学发展观，围绕改革发展大局和迎战金融危机的形势要求，不断加强制度建设、狠抓示范引导、选树典型榜样、务实创新发展，积极发挥群众工作优势，取得新的进步和成效，为促进中央企业改革发展稳定做出积极贡献。

一、以职代会制度建设为重点，推进中央企业职工民主管理体系建设

中央企业以职代会为基本形式的职工民主管理工作取得新的进展，中央企业认真贯彻落实《国资委党委、国资委关于建立和完善中央企业职工代表大会制度的指导意见》(国资党委群工〔2007〕120号)，一批企业特别是总部在京企业相继建立起集团级职代会，广大职工对企业重要事项的审议建议权、对涉及职工切身利益重大事项的审议通过权和对企业经营班子成员的评议监督权等各项职权进一步得到落实。国资委群工局抽调专门人员，组成督导检查组，对中央企业职代会建设的基本情况和存在问题进行调研检查指导，促进了中央企业民主管理体系不断完善。据统计，截至2008年底，146家中央企业中，有61家已建立集团级职代会，其他中央企业也在积极准备建立集团职代会。

与此同时，指导企业把开展厂务公开民主管理工作作为构建和谐劳动关系，应对国际金融危机，维护职工合法权益，促进企业发展的重要手段，以座谈交流、督导检查、完善制度等方式，推动中央企业厂务公开逐步深化。中央企业已经建立起党委统一领导、行政主体负责、工会组织协调、纪委检查监督、有关方面齐抓共管、职工群众全员参与的厂务公开工作新格局，走上全面覆盖、逐步深入、企业支持、职工欢迎、成效显著的良好发展道路。

职工董事各项工作扎实推进，一批职工董事进入董事会，依法履行职责，代表职工从源头参与企业重大决策推动企业管理科学化、民主化。2008年4月，举办3期中央企业职工董事工会主席培训班，289名中央企业职工董事、工会主席参加培训，有效提高了中央企业职工董事、工会主席的履职能力、管控能力与风险防范能力。为掌握了解试点企业职工董事履职的实际情况，2008年9月9日至10日在北京组织召开董事会试点企业职工董事履职汇报座谈会，王瑞祥同志出席会议并讲话。16家试点企业职工董事和试点办公室同志参加会议。组织成立《职工董事履职管理办法》起草小组，在认真总结和提炼董事会试点单位实践经验，广泛征求企业和国资委各厅局意见的基础上，形成《董事会试点中央企业职工董事履职管理办法(送审稿)》。

二、以职工技能大赛为抓手，推进中央企业职工素质工程深入实施

认真贯彻落实全国人才工作会议精神和中办、国办关于进一步加强高技能人才工作的意见，全面实施“人才强企”战略和职工素质工程，针对重点行业技能人才需求，认真组织中央企业行业职工技能竞赛。国资委与人力资源和社会保障部共同主办光电仪器仪表装调工、化工总控工、火电机组集控运行值班员3个工种的决赛，与国家旅游局联合主办中餐摆台、西餐摆台、客房服务、调酒师4个工种的决赛，主办中央企业叉车工技能大赛，王瑞祥同志、黄丹华同志分别参加大赛开幕式，共有46家中央企业和9家省级国资委的468名选手参加最后决赛。另外，37家中央企业根据人才规划发展要求，围绕生产岗位需要和企业发展要求，组织开展集团公司级职工技能大赛。约有350万人次参加各类技能竞赛和岗位练兵活动。截至2008底，中央企业共有技能人才401万人，中央企业高级工占技能人才比例达36.2%，高出全国水平19.2%；技师、高级技师占技能人才比例由2003年的3.07%提升到5.41%，高出全国水平1.4%。中央企业职工素质有了较大提升。

为规范中央企业职工技能大赛和各中央企业集团公司职工技能大赛管理工作，促进中央企业高技能人才的快速成长，会同人力资源和社会保障部，印发《中央企业职工技能竞赛管理办法》。联合中宣部、人力资源和社会保障部、中央电视台开展“劳动榜样”活动，对中央企业高技能人才队伍建设情况进行深入宣传。组织中储粮总公司、中国一汽集团、南方航空集团和北车集团参加“2008劳动榜样”节目录制，进一步宣传中央企业高技能人才，推进高技能人才队伍建设。

三、以班组建设为着力点，推进中央企业核心竞争力全面提升

为提高中央企业核心竞争力，中央企业加强班组

建设，广泛开展“创建学习型红旗班组，争做知识型先进职工”活动，通过建章立制、夯实基础、强化质量控制、安全管理、成本核算、自主管理，基层班组逐渐成为安全文明、优质高效、降本节能的企业单元，凝聚力、战斗力不断增强。贯彻落实国资委关于三年内把中央企业班组长普遍培训一遍的要求，2008 年 5 月和 9 月，在清华大学组织举办两期中央企业优秀班组长培训班，共有 286 名班组长参加了培训，截至年底，中央企业 80%的班组长接受培训，其中 44 户中央企业班组长培训面已达 100%。组织部分企业的班组长赴加拿大国际知名企业培训，通过与国际先进水平对标，寻找差距，开阔了国际视野，也为企业重视班组建设和班组长培训提供范例，起到良好的示范作用。着力加强班组建设，使中央企业抵御金融危机、加快发展的基础更加扎实牢固。

四、以选树表彰先进典型为手段，推进中央企业职工展示时代风采

中央企业广大职工立足岗位，辛勤劳动，忘我工作，在企业的改革发展中发挥中坚力量，创造出不凡业绩。他们当中涌现出一大批全国劳动模范、技术能手、优秀个人和先进集体，他们在中央企业承担的神舟七号飞船、服务奥运、京津高速铁路、支线飞机等国家重点工程建设、重大科研项目中，特别是在抗击南方冰雪灾害和四川汶川特大地震灾害的抢险中，发挥模范先锋作用。选树典型，表彰先进为手段，全面展现中央企业职工风貌，弘扬时代精神、敬业精神和爱国精神，将为促进企业改革发展提供精神动力和舆论导向。与人力资源社会保障部联合追授和表彰抗击低温雨雪冰冻灾害、抗震救灾先进集体 4 个、先进个人 10 个，推荐全国抗震救灾英雄集体 10 个、抗震救灾模范 12 名。配合业绩考核局评选表彰中央企业抗击低温雨雪冰冻灾害先进集体 159 个，先进个人 237 名；中央企业抗震救灾先进集体 199 个，先进个人 271 名。

2008 年 2 月 28 日，在北京召开中央企业“三八”女职工先进表彰会。经国资委推荐，中国第一汽车集团公司郭立群、中国航天科技集团公司罗巧军等 25 名女职工荣获“全国三八红旗手”称号，中国核工业集团公司陕西铀浓缩有限公司 90＃运行班等 17 个集体荣获“全国三八红旗集体”称号；中国通用技术（集团）控股有限责任公司李说、中国远洋运输（集团）总公司孙月英等 2 名同志入选 2007 中国十大经济女性年度人物；中国建筑工程总公司周静、中国第一汽车集团公司常静等 2 名女职工荣获第三届“中国百名优秀母亲”称号。联合全国妇联对中国航天科工集团公司参与国家重点项目的女职工先进集体和个人进行“巾帼建功”专项表彰，15 名女职工和 5 个女职工先进集体受到表彰。

五、以组织建设为基础，推进中央企业群众组织依法开展工作发挥作用

加强组织建设，提高群众工作干部的能力和素质，是发挥中央企业群众工作优势的根本要求。加强工会对劳动关系的协调、共青团对青年成才环境的优化、女工委对女职工特殊权益的保护、统战部门对党的方正政策的落实等，完善组织建设、提高干部素质，完善活动载体，为中央企业发挥特色作用奠定基础。

在 2008 年 10 月召开的中国工会“十五大”上，中央企业有 33 名同志当选全国总工会执委。2008 年 10 月 20 日，李荣融、黄丹华同志亲切接见中央企业参加中国工会“十五大”的部分代表，李荣融同志作了重要讲话。

女职工工作取得新进展。2008 年 6 月 29 至 7 月 4 日，在清华大学举办中央企业女职工干部培训班，107 名中央企业女职工干部参加培训。2008 年 10 月，中国妇女“十大”隆重召开，国资委及在北京中央企业有 3 名正式代表、8 名特邀代表出席。10 月 26 日，受李荣融同志委托，黄丹华同志接见中央企业出席中国妇女第十次全国代表大会的部分代表。

中央企业统战部门坚持服务中心、服务大局、服务基层，积极调动广大统战成员的积极性和创造性，为企业改革发展稳定团结人心、凝聚力量。通过开展“爱企业、献良策、做贡献”主题活动，引导和鼓励党外人士围绕企业管理、技术创新、推进国资监管体制改革献计出力，取得突出的经济效益和社会效益。据不完全统计，主题活动开展以来，共提出各类建议、议案

和重要研究报告40余万条(项),其中被各级政府和部门、企业采纳15余万条(项)。开展新任党外人大代表、政协委员的培训工作,举办第六期党外干部理论研究班,通过大力培养、举荐党外干部,一大批党外人才脱颖而出,走上重要的企业管理和技术岗位,担任各级政协委员和人大代表。2008年有12名在北京中央企业党外人士担任全国政协委员,25名党外人士担任北京市政协委员和人大代表,其中北京市政协副主席2名,常委3名。筹备召开中央企业侨联第二次代表大会,选举产生新一届领导班子,广大归侨侨眷服务央企、建功立业的热情进一步高涨。比贡献、促和谐深入人心,献良策、促发展在企业唱响。

举行中央企业系统(在京)团代表会议,选举产生30名团十六大代表;组织中央企业系统(在京)代表团参加团十六大,中央企业系统共有21名代表当选为团十六届中央委员、候补委员;召开视频会议,及时传达学习团十六大会议精神,通过贯彻团十六大精神,把党的十七大提出的各项任务落实到青年工作的具体实践中。圆满完成北京奥运会交通志愿服务任务。赛前,完成志愿者培训、考核工作,通过召开誓师大会落实思想、组织、后勤等保障措施;赛时,及时建立三级应急保障体系,成功组织646名驾驶员志愿者及志愿者管理人员完成志愿服务任务;组织动员中央企业广大团组织和团员青年在"抗击冰雪"、"抗震救灾"两场斗争中充分发挥生力军和突击队作用;开展"扬起希望——汶川大地震专项救助基金"募集活动,共收到捐资人民币1500多万元。加强团干部培训工作,经过认真筹备,2008年度中央企业团委书记培训班于11月18日至23日在中央团校举办。启动共青团和青年工作课题研究,联合《中国青年报》对10家中央企业基层团的工作进行宣传报道,充分发挥中央企业青年网和《中央企业青年通讯》作为团属媒体的宣传和舆论引导作用。

中央企业把中央对群众工作的要求与企业发展实际紧密结合起来,坚持服务企业改革发展,促进企业发展与职工发展的统一;坚持提升素质和能力,丰富和拓展工作途径与方式;坚持贯彻党的依靠方针,充分调动和发挥广大职工的积极性和创造活力;坚持全团组织建设,有效提高群众工作的能力和水平,为实现中央企业平稳持续健康发展注入新的活力。

(审稿人:李学东　撰稿人:丁文龙)

各省(区、市)国有资产监督管理概况

第三篇

北京市

一、北京市国有资产监督管理工作综述

2008年,在国务院国资委和北京市委市政府的正确领导下,北京国资系统深入贯彻落实科学发展观,圆满完成奥运筹办和抗震救灾的各项任务,积极应对严峻的国内外经济形势,扎实推进国资国企改革,着力完善国有资产监管,不断创新国有企业党的建设,全力保证国有经济实现平稳健康发展。

(一)国有经济总体保持平稳发展

市属国有企业积极适应国内外经济形势的复杂变化,努力战胜国际金融危机带来的不利影响,克服企业经营困难,推动国有经济的改革发展。2008年底,监管企业资产总额11567.4亿元,比2003年增长104.5%。全年实现营业收入4853.1亿元、利润155.9亿元,分别比2003年增长114.3%和132.4%。监管企业2008年上缴税金总额335亿元,是2003年的2.57倍。国有资产集中度逐步提高,国有企业产业结构明显优化,通过调整重组形成的大企业大集团已成为国有经济发展的领头羊,企业规模效应明显。2008年,首钢实现营业收入1070.6亿元,北汽控股公司营业收入达672.4亿元,另有12家企业营业收入在100亿元以上,这14户企业营业收入占监管企业营业收入总额的72.5%。实现利润排名前十位企业的利润总额占盈利企业盈利总额的68.2%。

(二)有序进退,国有经济战略布局进一步优化

调整重组取得积极成果。截至2008年底,市国资委实施直接出资和非直接出资企业重组项目累计达到28个,重组企业达到35家。改制上市工作取得重要进展。制定印发《关于加快市属国企上市工作指导意见》,明确推进企业上市的政策措施。金隅股份、首创证券等公司加强IPO的基础工作。北汽控股公司、京能集团等五家上市公司大股东择机实施增持。首钢总公司、首发集团等企业创新融资方式,降低了企业的财务成本。主辅分离、辅业改制取得显著成绩。作为一项阶段性政策,主辅分离批复工作于2008年底结束。该项工作自开展以来,共批复461个辅业改制项目。截至2008年底,199户企业实现彻底退出,占市国资委劣势国有企业调整退出计划的79%。一批重点难点问题取得突破。建立土地资产处置协调工作机制分类解决土地问题,实现退出企业退休人员比照破产企业政策移交社会化管理,分类分步推进非经营性资产移交工作。

(三)积极探索,国有资产监管体系进一步完善

夯实监管基础。制定并印发14件规范性文件,市国资委成立以来累计出台规范性文件100件,国资监管的制度框架初步形成。15家一级企业集团执行新会计准则的试点工作进展顺利。建立财务快报网上直报系统,进一步加强企业动态分析。强化重大事项管理。截至2008年底,共审核通过18家企业的发展规划和主业范围。对28家企业的章程进行全面或部分修订。启动重要子企业监管工作,已完成摸底调查。加大重大投资项目管理力度,审核9家企业的12个长期投资项目,涉及金额135.2亿元。规范企业国有产权监管。印发《北京市企业国有资产评估管理暂行办法》,大额项目全部纳入核准范围。推进产权交易市场的建设与发展,北京产权交易所2008年完成各类产权交易4167宗,交易金额941亿元,同比增长46.2%。健全激励约束机制。与市财政局联合印发《北京市国有控股上市公司(境内)实施股权激励的指导意见》。实行任期经营业绩考核的企业数量增至34户,其资产总量占监管企业总资产的80%。审核批准21户一级企业和3户二级企业的年金方案。对年度经营业绩考核连续三年为A级、完成重组计划或为奥运做出突出贡献的29户企业给予特殊奖励。加大监督稽察力度。制定《2008年监事会监督检查重点工作指引》。突出当期监督,监事会列席各种会议近2000人次。突出监督重点,相关监事会深入奥运建设工地、京外设立的生产基地等一线现场监督检查,有效维护了国有资产权益。突出改革创新,监事会向上市公司的延伸监督取得突破。

(四)不断创新,国有企业党的建设进一步加强

市国资委机关及建工集团、京城机电、市政设计研究总院、北京邮政公司作为第一批单位,高度重视、精心组织,全面开展深入学习实践科学发展观活动。各级党组织采取多种形式隆重纪念改革开放30周年。市国资委系统奥运期间没有发生非正常集体访和群体性事件等影响首都稳定和平安奥运的信访突出问题,实现“五无”目标和“双零”指标。印发《以“四好”为目标进一步加强市属国有企业领导班子建设的意见》。2008年共调整企业领导班子67家,任免446人次。选择6家企业试点董事会管理经理层。继续推行市场化选聘经营者,通过内部竞聘补充8名经理层成员,面向社会公开选聘总会计师7名。着力推进法人治理结构制度建设,制定印发《关于规范外部董事薪酬有关问题的意见》《国有独资公司外部董事管理暂行办法》《关于建立重点骨干企业董事会工作报告制度实施意见(试行)》等规范性文件。43户国有独资公司共有董事238人,23户公司建立董事会专门委员会。开展“三重一大”决策制度建立和执行情况的检查,以及廉政风险防范管理试点工作。深入开展奥运工作监督,建立监督工作责任体系网络。深化企业效能监察,制定印发《企业效能监察工作暂行办法》。

(五)强化功能,国有企业功能作用进一步发挥

万众一心确保精彩奥运。国资系统广大干部职工始终坚持“绿色奥运、科技奥运、人文奥运”的理念,在奥运建设、服务和保障中发挥国有企业的主力军作用。城建集团、建工集团等20家企事业单位,参与104个项目的建设、施工和设计任务,占奥运工程总量的68.9%。首旅集团、二商集团等企业细化奥运食品供应、服务接待、大型活动策划制作等细节,先后对近140万名服务行业职工进行培训,成为展示北京城市形象的重要窗口。公交集团、地铁公司等城市公用类企业,不断加大基础设施投入,反复演练设备设施以及各种应急预案,加强城市运行保障。顾全大局履行社会责任。国资系统在抗震救灾中迅速行动,积极开展捐助活动,为灾区提供救助物资和资金。首都国企捐款捐物折合人民币3.55亿元,其中个人捐款7400万元。30万名党员交纳特殊党费6800万元,覆盖面为82%。纺织集团、金隅集团等企业加班加点,为灾区赶制各种急需物质。坚持抢险救援与灾区重建并进,在建筑、市政路桥、水、电等方面为灾区提供技术、设备和资金支持。

二、北京市各区县国有资产监督管理工作概况

2008年北京市各区县国资监管部门务实创新,扎实工作,全力服务奥运,加强国资监管,推进国企改革,各项工作都取得新的进展。

截至2008年12月底,区县国资委监管一级企业270家,资产总量2791.15亿元,所有者权益849.10亿元,主营业务收入679.96亿元,利润总额62.92亿元。资产总额前四名的区县是西城区、海淀区、朝阳区、顺义区;所有者权益前四名的区县是西城区、海淀区、顺义区、朝阳区;利润总额前四名的是顺义区、西城区、朝阳区、海淀区;净利润前四名的区县是西城区、密云县、海淀区、顺义区。

表1　　2008年北京市国有经济主要指标前四名的区县

排序	资产总额(亿元)	所有者权益(亿元)	利润总额(亿元)	净利润(亿元)
1	西城区 590.17	西城区 244.38	顺义区 140.73	西城区 25.08
2	海淀区 430.68	海淀区 128.66	西城区 125.20	密云县 13.35
3	朝阳区 363.80	顺义区 117.57	朝阳区 119.49	海淀区 8.86
4	顺义区 268.93	朝阳区 100.89	海淀区 118.32	顺义区 7.60

(一)继续完善国资监管体系

平谷区于4月正式组建国资委,至此北京市18区县中有15个区成立国资委(三级架构管理模式)。另外,石景山区是国资委和国资经营公司一套人马两块牌子(二级架构管理模式),延庆县在财政局下设国资办,密云县是经委履行出资人职责。

(二)不断加强监管基础工作

各区县国资监管部门2008年共制定印发了33件规范性文件,监管制度建设进一步完善。平谷区国资委组建后即加快建章立制,推进清产核资和改革重组。崇文、密云加强财务监督,完善企业经济运行情况动态监控机制。西城、大兴将安全生产、节能减排等指标纳入考核范围,有效激励并规范企业经营行为。朝阳、昌平探索向国有独资公司派驻外部董事,进一步规范企业法人治理结构。海淀、通州等6个区属国资委规范开展国有资本预算管理。各区县全年共完成产权交易44笔,交易总量达7.37亿元。7个区县设立监事会和审计工作机构,加强对国有资产的监督检查和审计工作。

(三)积极推进股份制改革

各区县国资委(办)结合本地区的"十一五"规划,积极推进企业调整重组,促进国有资产加快向优势企业集中、向服务区域功能企业集中、向承载区域重点建设项目企业集中。2008年,推动区县一级企业重组14家,完成改制34家,依法实施破产4家,调整退出16家,国有资产结构和质量进一步优化。积极利用资本市场,深化国有企业股份制改革。西城、朝阳、顺义有5家上市公司(控股)。

三、北京市国有企业经济运行情况

(一)国有企业基本经济情况

2008年,北京市5816户境内外国有企业资产总计15172.70亿元,负债合计9663.61亿元,所有者权益合计5509.10亿元,归属于母公司所有者权益合计4165.19亿元,营业收入5732.57亿元,其中主营业务收入5516.76亿元,利润总额231.57亿元,归属于母公司所有者的净利润98.42亿元,实际上缴税金总额412.49亿元。

表2 2008年北京市国有企业主要经济指标情况

单位:亿元

项　目	数　额
资产总计	15172.70
所有者权益合计	5509.10
归属于母公司所有者权益合计	4165.19
营业收入	5732.57
利润总额	231.57
本年实际上缴税金总额	412.49
户数(户)	5816

(二)户数增减变动

2008年,北京市共汇编国有企业户数5816户,比上年增加757户,主要是监管企业为适合监管工作需要,改变以前年度企业财务决算报表只报送到三级企业,三级以下企业数据并入三级的做法,2008年监管企业全级次上报户数为3703户,比上年增加793户。

(三)国有资产总量

2008年,国有资产总量继续保持增长态势,全市5816户国有企业共占有、使用国有资产4004.83亿元,比上年增加512.74亿元,增长14.68%,其中国家资本1990.27亿元,比上年增加235.43亿元,增长13.42%。

表3 2008年北京市国有资产总量情况

项　目	国有资产(亿元)
全市企业合计	4004.83
按经营规模划分	
大型企业	1398.45
中型企业	765.40
小型企业	1840.97
按产业行业划分	

续表

项　　目	国有资产（亿元）
第一产业	16.14
农林牧渔业	16.00
水利管理业	0.14
第二产业	1604.01
工业	1429.52
建筑业	174.49
第三产业	2384.68
交通运输业	322.66
仓储业	11.22
批发和零售、贸易及餐饮业	195.66
房地产业	463.72
社会服务业	1232.58
卫生体育文化教育科研	130.86
机关社团及其他	27.98

（四）资产质量

全市国有资产15172.70亿元，比上年增加1937.92亿元，增长14.64％。总资产周转率、流动资产周转率、存货周转率比上年略有降低，总资产周转率0.38次，比上年降低0.05次，流动资产周转率0.80，比上年降低0.05次，存货周转率1.79次，比上年降低0.17次。

（五）经济运行状况

2008年受国际金融危机影响，全市国有企业经济效益下滑，利润下降。营业收入5732.57亿元，比上年增加356.30亿元，增长6.63％，其中主营业务收入5516.76亿元，比上年增加304.01亿元，增长5.83％，增幅降低16.47个百分点，利润总额231.57亿元，比上年减少61.89亿元，降低21.09％。

四、北京市国有经济布局结构调整与国有企业规范发展情况

北京市国资委紧紧围绕首都城市性质和功能定位，根据《北京市国有经济"十一五"发展规划》，按照"资产重组、业务整合、体制改革、机制创新"的要求，结合产业和企业发展实际，不断加大国有资本布局与企业结构调整的力度，促进国有资产，尤其是优质资源向优势产业、优势企业、优势主业和优秀的管理团队集中。

（一）推进一级企业调整重组

2008年，北京市国资委实施并完成两个一级企业重组项目，即：北京金隅集团有限责任公司（以下简称金隅集团）结束对北京市大成房地产开发总公司（以下简称大成总公司）的托管，对其进行吸收式合并；北京汽车工业控股有限责任公司（以下简称北汽控股）重组北京兴东方实业有限公司（以下简称兴东方公司）。

截至2008年底，北京市国资委采用新设合并、吸收合并、托管等方式共推动完成23个重组项目，所出资企业由74家减少到52家，资产进一步集中于综合投资、公用服务业和现代制造业，国有资产集中度明显提高，产业布局进一步优化。

（二）筹备组建国有资本经营平台

设立国有资本经营平台是"十一五"规划中的重要内容，是加快国有经济布局和结构调整、强化出资人地位的客观需求，也是进一步深化国资监管体制改革的重要举措。2008年初，北京市国资委结合宏观经济形势、市属国有企业的现状、国有资本的进退方向，着手制订、论证平台公司组建方案，并对方案进行数轮论证与修改。其后，北京市国资委就组建平台公司的必要性与可行性、平台公司的职责定位、运行模式、管控模式等重大问题先后向市委市政府领导作专题汇报。2008年12月，北京市政府正式同意市国资委组建平台公司。12月31日，北京国有资本经营管理中心完成工商登记手续，取得营业执照。

（三）指导企业确定主业

按照"明确一批、调整一批、观察一批"的原则，2008年市国资委对北京环境卫生工程集团有限公司和北京三元集团有限责任公司的发展战略与规划进行审核并确认主业。截至2008年底，共计18家企业

的发展战略与规划已获审核并确认主业。通过确定企业主业并引导企业围绕主业进行资源整合，可有效解决企业过去存在的行业分布面过宽、资源配置不合理、核心竞争力不强等问题，将有限资源集中投入到核心产业中去，从而实现国有资本布局和企业结构的优化。

五、北京市国资委监管企业公司制股份制改革情况

(一)国有企业上市公司总体情况

截至2008年12月31日，市属上市公司共计41户，已发行股票45只。其中，A股29只，红筹股8只，H股5只，B股2只，N股1只；总市值2550亿元，总股本579亿股。

(二)企业改制上市工作有序推进

制定印发《关于加快市属国企上市工作指导意见》(京国资发〔2008〕11号)，明确推进企业上市的政策措施。建立市属上市公司年报分析和主要指标日报制度，跟踪分析市属上市公司的市场动态。金隅股份公司、首创证券公司、昊华能源公司和七星华创公司加强IPO的基础工作，加大力度解决企业上市前的重点难点问题。北汽控股公司、京能集团、首创集团、北辰集团、城建集团等五家上市公司大股东择机实施增持。企业融资方式进一步创新，融资项目及金额大幅增加。华夏银行、京东方、福田汽车、双鹤药业等控股上市公司通过增发融资153.2亿元；首钢总公司、首发公司、京投公司、首创集团等企业通过债券融资435.2亿元，降低了企业的财务成本。

六、北京市国资委监管企业主辅分离、辅业改制及劣势企业退出工作

(一)国有企业主辅分离、辅业改制工作基本完成

作为一项阶段性政策，主辅分离批复工作于2008年底结束。该项工作自开展以来，市国资委共批复461个辅业改制项目，其中345户企业完成了新公司工商注册登记或通过清算、注销、合并等方式实现分离调整，分流安置富余人员近5万人，离退休人员4.8万人，企业享受免税6369万元。其余116户企业中，有53户企业改制工作正在进行中，另外63户企业因生产经营发生变化或职代会未通过职工分流安置方案等原因，不再进行辅业改制。

(二)劣势国有企业退出工作取得阶段性成果

2007、2008年退出项目资金预算共10.4亿元。截至2008年底，市国资委协调财政局共向27家控股(集团)公司拨付企业调整退出资金9.27亿元，其中：2007年4.43亿元，2008年4.84亿元。列入市国资委2007、2008年度劣势国有企业调整退出计划的企业共266户，涉及37家控股公司。截至2008年底，共有210户企业取得了法院出具的《破产终结裁定书》、工商部门出具的《企业注销核准通知书》或产权交易机构出具的《产权交割单》，实现彻底退出，占计划户数的79%。涉及职工人数3.35万人，其中在职职工1.16万人，离退休人员2.19万人，资产总额81亿元，负债总额89亿元。全年退出工作稳定，没有发生非正常集体上访情况。2008年退出企业中，共有京城机电公司、京粮集团、外经贸控股公司、首开集团、农业集团、一轻控股公司所属15户企业宣告破产。涉及企业资产总额12.47亿元，负债总额16.8亿元，累计亏损达6.25亿元。通过实施破产共安置职工2248人，其中在职职工563人，离休干部30人，退休人员1655人，核销债权金融机构本息合计7.43亿元。

七、北京市国资委完善国有企业法人治理结构和企业领导人员管理改革情况

(一)完善企业法人治理结构

2008年，市国资委制定并印发《关于规范外部董事薪酬有关问题的意见》《关于建立重点骨干企业董事会工作报告制度实施意见(试行)》《国有独资公司外部董事管理暂行办法》和《关于市国资委支付外部董事薪酬的通知》等四个文件，完善在企业董事会建设、外部董事工作等方面的管理规定。规范外部董事选聘管理，调整充实外部董事人选库，向21户企业派驻外部董事24人。落实董事会年度报告制度，组织

首旅集团和同仁堂集团报告董事会年度工作。积极与财政局协调，编制并落实2009年的外部董事薪酬预算和薪酬发放办法，实现外部董事2009年度薪酬由市国资委发放的目标。

（二）国有企业负责人管理体制改革

一是服务改革发展，优化领导班子结构。印发《以“四好”为目标进一步加强市属国有企业领导班子建设的意见》，明确新时期企业领导班子建设的新目标和新任务，促进领导班子建设的制度化。2008年共调整企业领导班子67家，任免446人次。其中，市属企业调整45家187人次，党委换届9家186人次，协助双管单位任免19家72人次，企业负责人平均年龄由年初的接近54岁降为50岁。

二是注重机制创新，推进企业负责人管理改革。选择6家企业试点董事会管理经理层，其中首旅集团、三元集团按照试点办法选聘经理层人员。以负责人队伍年轻化为目标，研究推进即将到龄负责人退出工作，有4家企业8名即将到龄的同志主动退出现职。继续推行市场化选聘经营者，通过内部竞聘补充8名经理层成员，面向社会公开选聘总会计师7名。

三是加强调研协调，统筹推进企业人才队伍建设。在各集团的支持下，对企业经营管理人才、专业技术人才、技能人才三支队伍建设情况进行调查研究，摸清不同行业企业的人才队伍现状，明确存在的问题和改进措施。选调59名人才到奥组委有关部门挂职锻炼，选调20余人参加援藏、博士服务团赴内蒙古、沿海地区挂职。市属企业引进奥组委优秀人才100多人，35家企业分两批接收235名博士、博士后挂职。

八、北京市国资委监管企业业绩考核和薪酬管理工作情况

（一）逐步完善业绩考核体系

北京市国资委与54家企业负责人签订2008年度经营业绩考核责任书，选择其中11家企业进行EVA试点。与6家企业负责人签订2008～2010年任期经营业绩考核责任书，截至2008年底签订任期经营业绩考核的企业数量达34家，其中5家企业已经是任期考核的第二轮，34家企业总资产占北京市国资委监管企业总资产的80%。根据《北京市国有及国有控股企业负责人特别奖励暂行办法》，对年度经营业绩考核连续三年为A级、完成重组计划或为奥运做出突出贡献的29家企业给予特殊奖励。制定印发《关于北京市国有及国有控股涉农企业负责人经营业绩考核有关问题的通知》，将反映涉农企业参与新农村建设工作的相关指标具体量化，作为考核体系中的分类指标进行考核，分类指标从对本市行政区域内农业项目的投资、带动农户以及农业技术创新所作贡献等三个方面反映涉农企业参与新农村建设的情况。

（二）进一步健全企业负责人激励与约束机制

按照重新修订的《北京市国有及国有控股企业负责人经营业绩考核暂行办法》的规定，5家企业因年终决算报告出具保留意见事项影响2007年度考核主要指标，暂缓兑现企业负责人绩效年薪，经整改后准予兑现。按照国务院国资委《关于加强中央企业负责人第二业绩考核任期薪酬管理的意见》中“企业主要负责人不得在子企业兼职取酬”的要求，纠正两家企业主要负责人兼职取酬问题。运用监事会的监督检查成果，纠正个别企业副职薪酬分配系数超过《北京市国有及国有控股企业负责人薪酬管理暂行办法》规定的现象。

（三）继续深化企业收入分配制度改革

贯彻《北京市国有企业收入分配指导意见》，落实二级企业负责人薪酬备案机制。了解金融企业和二三级企业负责人的薪酬状况，指导一级企业加强薪酬的管控力度，推进企业收入分配的分层分类管理，引导企业建立与竞争能力相适应的负责人薪酬和职工薪酬管理体系。对监管企业全面实行工资总额预算管理，改革实行20多年的“工效挂钩”办法，在财政、税务和劳动部门的支持下，顺利完成2007年工资总额清算和2008年工资总额批复工作。批准11家一级企业和3家二级企业的年金方案。截至2008年末共批准22家一级企业和3家二、三级企业的年金方案。

（撰稿人：张媛媛）

天津市

一、天津市国有资产监督管理工作综述

2008 年是极不平凡的一年。天津市经受住了国内外严峻形势的挑战和考验。在市委、市政府的领导下,在国务院国资委的指导下,全市国资系统深入贯彻落实科学发展观,坚持迎难而上,奋力拼搏,加快发展,加强监管,在金融危机不断蔓延和深化的形势下,国资监管和国企改革发展仍然取得较大进展,为全市经济社会发展作出积极贡献。

(一)战胜重重困难,全市国有经济继续保持增长

2008 年天津市国有及国有控股企业资产总额突破 1 万亿元,达到 11305.2 亿元,同比增长 22%;所有者权益达到 4085.8 亿元,同比增长 22.3%;实现主营业务收入 4558.1 亿元,同比增长 26.2%;实现利润 141.5 亿元,同比增长 2.2%;全市国有及国有控股企业国有资产保值增值率为 102.8%,其中原直接监管企业达到 106.8%。上缴税金 165.7 亿元,同比增长 28.4%。

(二)实现政企分开,完善国资监管体制迈出重要步伐

按照党中央、国务院关于加快完善国资监管体制的总体部署,市委、市政府批复《关于进一步完善国资监管体制工作方案》,两年内将委托市政府组成部门、直属机构及派出机构监管的市属企业转由市国资委直接监管,实现市国资委对市属经营性国有资产和部分非经营性国有资产的统一监管。按计划基本完成 2008 年纳入直接监管集团的交接工作,市政府组成部门直属企业纳入直接监管的工作正在进行。组织推动物资集团、天海集团和十几家国有大集团供需对接工作,体现"大资源、大配置"的优势。

(三)围绕主业实施调整改造,国有资本布局结构得到进一步优化

为整合集团内部资源,加快主业发展,增强核心竞争力,开展集团公司主业核定工作,审核公布钢管、中环、医药、百利等第一批 10 家集团的主业目录。

实施一批带动主业发展的重大项目。天碱搬迁改造项目、与大乙烯对接项目、集成电路芯片制造项目、天铁冷轧薄板等 40 个项目列入全市 80 项重大工业项目,投资 1481 亿元,占总投资的 34%。同时加大对港口设施、城市地铁、自来水管网、道路桥梁、环保设施以及商贸流通领域的投入。重大项目的实施,增强了优势产业的发展后劲和城市的载体功能。

加大对外开放和企业重组的力度。引进中央大企业,天铁钢板公司与鞍钢集团、天津有色与中国有色集团、百利集团与东方电气及一重、城投集团与中铁集团等合作进入实质运作阶段。引进外省市有实力的大企业,钢管公司与太钢集团、天津有色与西部矿业、天铁与河北金牛签订战略合作协议。截至 2008 年底,共实施 30 个重组项目,其中引进战略投资者实施 11 个较大规模的重组。内部重组稳步推进,完成部分行业重组方案,市蔬菜总公司等六家企业整合进入水产集团,国资委直接监管的市属国有企业集团由 52 家调整为 48 家。

盘活存量资产、国企东移搬迁改造步伐加快。全年盘活土地 3.3 万亩,协议变现资金 59.6 亿元。启动东移搬迁项目 29 个,完成 21 个,东移搬迁改造有力地促进产业和产品结构的优化升级。

加快国有经济二、三次产业的布局调整,按照市委、市政府加快发展服务业的工作部署,开展天钢集团和轧一公司剥离生产性服务业的试点工作,新增生产性服务业经营规模 122 亿元,为 2009 年全面剥离生产性服务业工作打下坚实基础。

为了推动国有资本布局与结构调整,支持重点项目建设,加快东移搬迁改造步伐,促进劣势困难企业平稳退出,组建天津渤海国有资产经营公司,搭建起国有资本运营平台,14 家金融单位为国资公司授信 2160 亿元,有力地支持国有企业的改革发展,在盘活存量资产、创新融资模式和加快资本市场化运作方面进行有益的探索。

(四)按照市场化方向深化改革,国有企业发展活力进一步增强

公司制股份制改革稳步推进。百利、渤化、建工

等集团公司通过股权转让、增资扩股等形式，吸引各类社会资本，实现下属企业投资主体多元化。市属国有企业改制面达到92.5%。累计改制3479户，其中改制为国有控股企业2414户，国有参股企业332户，国有资本完全退出企业733户。通过企业改制，盘活存量资产100亿元，累计吸引社会资本490亿元，促进了企业机制的转变，增强了企业活力和竞争力。

集团做实工作取得新进展。百利、渤化、中环、纺织、汽车等集团公司稳步推进决策、研发、财务、运营和人力资源五大中心建设，核心竞争力和管控能力不断增强。其中，百利、中环和渤化三个试点集团已完成或正在办理工商变更注册工作。粮油集团通过改革，提高了集团的管控能力，促进了企业快速发展。

上市和再融资工作取得新成效。继中环半导体、普林电路上市后，泰达物流在香港上市，募集资金1.75亿港元；天联燃气完成H股增发，实现再融资3.23亿港元；完成天保基建、百利电气定向增发的资产审核工作。天保基建的定向增发项目获得证监会批准，巴莫股份和力生制药的上市文本报证监会。

劣势困难企业退出步伐加快。在财政、劳动、总工会等部门和法院的大力支持下，全年完成困难企业退出450户，累计完成1201户。盘活存量资产257亿元，涉及职工73.8万人，其中34.4万人进入托管中心，职工全部得到妥善安置。交通、百利、一轻、二轻、二商、磁卡等集团公司建立责任制，积极筹措资金，企业退出工作成效明显。

（五）积极探索有效监管方式，国资监管体系进一步科学化、规范化

在政策法规体系建设方面，制订国资监管政策法规制度建设计划，制定和完善国有企业重大事项报告、资产损失责任追究等12个规范性文件，累计制定法规制度58项；建立总法律顾问制度或已明确总法律顾问人选的国有重点企业有39户，占70%。

在财务监管方面，围绕建立出资人财务管理体系，完善企业财务基础管理工作。加强财务预决算管理，强化资产统计工作，开展监管企业内部审计和经济责任审计工作。配合市审计局开展国有企业专项审计调查。引导企业做好企业财务风险防范工作，加强对天津市国有经济运行情况的监测分析和指导。二商集团、天保控股集团全面推行财务总监和财务负责人委派制，建工集团通过设立内部银行加强资金集中管理，物资集团强化资金预算管理，医药、天铁、冶金集团积极推进财务管理信息化建设，都收到良好效果。与此同时，为了理顺国家和企业的出资分配关系，加快建立国有资本经营预算制度，与市财政部门联合上报市政府实施国有资本经营预算管理，初步确定预算制度框架。

在业绩考核和薪酬管理方面，完善业绩考核体系和薪酬管理办法，突出发展质量和风险管理方面的指标要求，探索引入经济增加值考核理念，提高考核指标的导向性和针对性。

在产权交易监管方面，会同京、沪、渝三市制订《企业国有产权交易操作规则》，规范产权流转工作。全国国有产权在天津产权市场挂牌交易311宗，单项成交额102.4亿元，比标的评估值增值22.7亿元，增值率达到22.2%，国有资产在流动中实现保值增值。产权交易中心利用市场化手段和金融创新方式，发起组建天津股权交易所，参股组建天津排放权交易所，提升了产权交易市场的功能，增加了品种和数量。

在国有资产监督方面，监事会做了大量卓有成效的工作。积极探索监督的有效方式，把日常监督、专项检查与年度检查结合起来，督促企业整改决策、经营、财务管理等方面的主要问题60余项，取得明显的监管效果，增强监督的有效性和时效性，进一步规范企业的经营管理行为，促进企业的健康发展和党风廉政建设。

各区县在加强国资监管体系建设的同时，积极探索国有资产监管的有效形式。市内六区以及汉沽、津南、西青、大港、宝坻、宁河、静海和蓟县14个区县国资监管机构对区属经营性和非经营性国有资产实施统一监管。蓟县积极探索国有资本收益收缴工作。河西、南开、和平、塘沽、东丽、武清在独立组建国资委的基础上，还搭建国有资产运营平台，完善国资监管和资本运营两大功能。

（六）关心职工生活，积极履行社会责任

关心职工生活工作继续得到有效落实。连续五年开展关心职工生活十件实事活动，职工生产生活条件进一步改善。国资委直接监管单位从业人员人均劳动报酬达到3.4万元,同比增长18%;创造就业岗位5.3万个;偿还历史拖欠职工的各种债务9.6亿元,累计清欠23.5亿元,解决历史拖欠职工工资问题。企业文化建设进一步加强,生产生活设施明显改善,企业文体活动更加丰富活跃。企业继续保持稳定,全年没有出现因企业改制进京上访和到政府上访事件。

国有企业积极履行社会责任。城建、交通、商贸、能源、公用事业等行业的国有企业以全市工作大局为重,在城市基础设施建设、保证居民生活、平抑物价、保障市场供给等方面发挥了重要作用;在支援汶川特大地震、办好奥运会等重大任务中不畏艰难、勇挑重担,圆满地完成任务。

二、天津市国有资产总量与结构分析

(一)国有资产整体运营情况

截至2008年底,全市地方国有独资和国有控股企业(以下简称"国有企业")3563户,比上年净减少139户,减幅3.8%。

资产总额11305.2亿元(其中,市属企业10413.9亿元,区县属企业891.3亿元),同比增长22%;负债总额7219.6亿元(其中,市属企业6587亿元,区县属企业632.6亿元),同比增长21.8%。

净资产4085.8亿元(其中,市属企业3826.9亿元,区县属企业258.9亿元),同比增长22.3%。

实现主营业务收入4558.1亿元(其中,市属企业4442.9亿元,区县属企业115.2亿元),同比增长26.2%;实现利润141.5亿元(其中,市属企业137.8亿元,区县属企业3.7亿元),同比增长2.2%。

上缴税金165.7亿元(其中,市属企业159.4亿元,区县属企业6.3亿元),同比增长28.4%;国有资产总量达到3729亿元(其中,市属企业3471.9亿元,区县属企业257.1亿元),同比增长20.2%。

(二)国有资产的结构特点

1. 行业分布状况。按照国家行业分类标准,全市国有企业分布在15大行业,从企业户数和资产分布情况看,主要集中在工业、批发和零售餐饮业、社会服务(投资)业、房地产业、交通运输仓储业和建筑业六大行业。其户数和占用资产分别占全部国有企业的91%和97.8%。这六大行业的净资产、实现主营业务收入和利润总额分别占全市国有企业的97.9%、98.7%和97.2%。上述行业2008年均实现保值增值,其保值增值率由高到低依次为工业(105.1%)、房地产业(103.2%)、批发和零售餐饮业(102.8%)、建筑业(102.5%)、交通运输仓储业(101.8%)和社会服务业(101.4%)。

表1　　2008年天津市国有企业分行业主要指标情况

单位:亿元

行　业	户数(户)	比重(%)	资产总额	比重(%)	主营业务收入	比重(%)	利润总额	比重(%)
工业	1212	34	3063	27.1	2292	50.3	53.9	38.1
批发零售餐饮业	828	23.2	936.5	8.3	1389.7	30.5	10.9	7.7
社会服务业	446	12.5	2345.1	20.7	138	3	19.4	13.7
房地产业	300	8.4	1154.1	10.2	146	3.2	18.6	13.1
交通运输仓储业	255	7.2	790.4	7	201.8	4.4	15.9	11.2
建筑业	204	5.7	2774.5	24.5	331.6	7.3	18.9	13.4

2. 产业分布状况。第一产业66户,第二产业1416户,第三产业2081户,分别占全市国有企业户数的1.9%、39.7%和58.4%。第三产业企业户数在各产业中居首,第二产业的资产总额、主营业务收入和实现利润均排在第一位,分别占全市国有企业的51.6%、57.6%和51.5%。全市第三产业的发展还有较大潜力。

表 2　　2008 年天津市国有企业分产业主要指标情况

单位：亿元

产　　业	户数（户）	比重（%）	资产总额	比重（%）	主营业务收入	比重（%）	利润总额	比重（%）
第一产业	66	1.9	40.2	0.4	18.3	0.4	0.2	0.1
第二产业	1416	39.7	5837.5	51.6	2623.6	57.6	72.8	51.5
第三产业	2081	58.4	5427.5	48	1916.2	42	68.5	48.4

3. 经营规模分布状况。全市大型企业 47 户，中型企业 292 户，小型企业 3224 户。大中型企业以占全市 9.5%的户数，拥有占全市 60%的资产、66%的主营业务收入和近 69%的利润总额，是国有企业的中坚力量。全市国有企业户均资产 3.1 亿元，上述三类企业的户均资产分别为 42.8 亿元、16.3 亿元和 1.4 亿元。

表 3　　2008 年天津市国有企业分规模主要指标情况

单位：亿元

规　　模	户数（户）	比重（%）	资产总额	比重（%）	主营业务收入	比重（%）	利润总额	比重（%）
大型企业	47	1.3	2009.3	17.8	1643.7	36.1	45.8	32.4
中型企业	292	8.2	4759	42.1	1366.3	30	51.4	36.3
小型企业	3224	90.5	4536.9	40.1	1548.1	33.9	44.3	31.3

4. 组织形式分布状况。国有独资企业（公司）1599 户，多元投资国有控股公司 1749 户，企业化管理事业单位 215 户，分别占全市国有企业户数的 44.9%、49.1%和 6%。国有独资企业的户数与多元投资国有控股公司基本持平，但其主营业务收入和实现利润仅为多元投资国有控股公司的 40%和 43%。此外，国有企业通过多种方式吸引各类社会资本，国有参股企业达到 332 户。

表 4　　2008 年天津市国有企业分组织形式主要指标情况

单位：亿元

组织形式	户数（户）	比重（%）	资产总额	比重（%）	主营业务收入	比重（%）	利润总额	比重（%）
国有独资企业	1599	44.9	6176.7	54.6	1281.7	28.1	40.7	28.8
多元投资公司	1749	49.1	4878.9	43.2	3234	71	93.9	66.3
企业化管理事业单位	215	6	249.6	2.2	42.4	0.9	6.9	4.9

（三）国有资产运营的主要特征

1. 国有经济总量继续保持稳步增长。2008 年，全市国有企业资产总额达到 11305.2 亿元，是 2003 年的 2.7 倍，年均增长 22%；净资产达到 4085.8 亿元，是 2003 年的 3.2 倍，年均增长 25.8%；实现主营业务收入 4558.1 亿元，是 2003 年的 3.5 倍，年均增长 28.3%。

一是固定资产投资力度进一步加大带动资产规

模增长。借助滨海新区开发开放和扩大内需一批大项目投入的拉动,天津市重点行业和滨海新区的资产实现大幅增长。据统计,2008 年直接监管企业安排 1000 万元以上投资项目 133 项,项目总投资 1038 亿元,当年完成投资额 320 亿元。国有企业分布的 15 个行业中资产增长的有 12 个,占 80%。其中,建筑业、工业、社会服务业、房地产业和批发零售及餐饮业资产增长均超过百亿元。

二是国有企业主营业务收入持续增长。2008 年,天津市国有企业通过扩大产能、新项目投达产使主营业务收入迅速增加,达到 4558.1 亿元,同比增加 945.7 亿元,增长 26.2%。其中,主营业务收入超过 500 亿元的集团达到 3 个,超过 200 亿元的集团达到 6 个,超过 100 亿元的集团达到 8 个,同比分别增加 2 户、1 户和 1 户。国有企业户均主营业务收入达到 1.28 亿元,同比增加 0.3 亿元,增幅达到 31%。

三是国有企业通过改制重组,不断增强控制力和影响力。近年来,国资委坚持以改革促发展,在加快劣势企业退出的同时加速公司制股份制改革,使国有企业焕发新的活力。2008 年,国有企业同比减少 358 户(净减少 139 户),大多为经营困难、效益较差、资不抵债的小型企业。其中,撤销关闭企业 223 户,破产企业 37 户,占全部减少企业户数的 73%。2008 年天津市国有企业通过重组改制、优化结构、整合资源,促进了企业机制转变,增强了企业活力和竞争力。2008 年全市共有 3479 户企业进行产权制度改革,其中改制为国有控股公司 2414 户,改制为国有参股公司的 332 户,国有资本完全退出的 733 户。盘活存量资产 100 亿元,累计吸引社会资本 490 亿元。

2. 国有企业效益平稳增长,但增幅回落。2008 年,全市国有企业实现利润 141.5 亿元,同比增加 3 亿元,增幅 2.2%。受国际金融风暴的影响,虽然国有企业克服各种困难,实现利润平稳增长,但与近几年相比,增幅出现明显下降,分别比 2007 年和 2006 年下降 38.4 个和 35.9 个百分点。

一是国有企业实现利润呈现前三季度高增长,第四季度震荡下滑的趋势。据统计,2008 年前三季度,天津市国有企业实现利润 86.1 亿元,同比增加 13.1 亿元,增幅为 17.9%;实现净利润 64.8 亿元,同比增加 13.6 亿元,增幅为 26.7%。从整体趋势看,前三季度国有企业的效益水平达到历史高点。随着金融风暴对实体经济影响的逐步显现,从第四季度开始,全市国有企业的盈利水平大幅下降,实现利润仅为 46.5 亿元,同比下降 6.8%,实现净利润仅为 40.4 亿元,同比增幅仅为 2.8%,大大抵消了前三季度的增长效果。

二是各行业盈利水平波动较大。这次受金融风暴影响比较大的行业主要是冶金、纺织、外贸、物流等行业。特别是冶金行业一直是天津市的创利大户,由于前阶段原材料高价采购,而销售价格下跌,形成倒挂,再加上国内国际市场需求不足,使得盈利水平大幅下降。据统计,冶金行业实现利润 30.7 亿元,同比减少 2.7 亿元,减幅为 8.1%。此外,纺织、化工、房地产、社会服务业等行业实现利润减幅也超过 20%。与此相反,医药行业受金融危机的影响较小,盈利较高。天津市三大医药集团 2008 年实现利润 11.4 亿元,净利润 9.8 亿元,同比分别增长 39%和 38%。

三是大型企业集团依旧是国有企业实现利润的主要来源。通过加大企业重组力度,培育大集团公司,发挥集团规模优势,促进了国有企业效益水平的提高。2008 年,天津市大型企业的户数仅占全市国有企业总户数的 1.3%,而实现的利润总额达到 45.8 亿元,占全市国有企业实现利润的 32.4%;实现净利润 36.2 亿元,占全市国有企业实现净利润的 31.5%。市属前 20 家大型集团公司实现利润 125.8 亿元,上缴税金 132.2 亿元,分别占全部国有企业的 88.9% 和 80%。

3. 国有企业财务管理日趋完善,资产运营质量不断提高。近年来,各级国资监管部门和各集团公司加大对国有资产的财务资产管理,建立较健全的财务管理制度、成本核算方法及内部监控体系,使资产运营质量稳步提高。主要体现在:

一是国有企业财务基础管理工作比较扎实,财务管理水平不断提高。各级国资监管部门和集团公司高度重视财务基础管理工作,为企业提高效益水平奠定扎实的基础。据统计,天津市直管集团已按规定全部成立审计机构,每年定期对集团子企业开展内部审计、效益审计和经济责任审计。国资委 2008 年以来已对 4 个集团开展国有资产使用情况专项审计,确保国有资产的安全运营和保值增值。各集团中已有248个企业执行新会计准则，有23个集团编制成熟的合并会计报表。

二是国有企业自主创新能力有所提高。近年来，国有企业推进企业技术创新体系建设，不断加大科技投入，加强关键核心技术的研发，2008年，年末科技人员人数已经达到1.3万人，全市国有企业科技投入达到28.1亿元，同比增长13.3%；科技研发投入率达到0.77%。国有企业拥有的自主知识产权专利数量达到2686项，同比增长45.9%。

三是国有企业财务风险防范意识逐步加强。突出体现在三个方面。第一，国有企业在扩大融资渠道的同时更注重债务的承受能力。2008年，全市国有企业的资产负债率为63.86%，同比下降0.09个百分点，已经连续多年呈下降趋势。第二，对外投资和担保更趋于谨慎。据统计，全市国有企业对外投资1708.4亿元，在各类投资中，股票投资、债券投资和基金投资所占的比重由2007年的0.6%下降到2008年的0.3%。国有企业提供担保为651.5亿元，其中，对集团外提供担保100.6亿元，占全部提供担保金额的15.4%，同比下降14.6%。第三，国有企业现金流比较畅通，资金占用有所下降。据统计，全市国有企业经营、投资和筹资活动产生的现金流量净额共计251.2亿元，同比增加153.1亿元，增幅156.1%。国有企业非正常存货(包括技术淘汰、残损变质、积压呆滞等存货)为15.8亿元，同比下降26.5%。

三、天津市国有资产保值增值综合分析评价

为了加强对企业国有资产的监督管理，依法履行国有资产出资人职责，真实反映企业国有资本运营状况，保障国有资产安全、完整和不断增值，天津市国资委按照市政府文件要求对全市国有企业开展2008年度国有资产保值增值考核工作。

全市各单位(包括区县)均已完成2008年度保值增值考核指标确认申报工作和2008年度保值增值考核指标预报工作。其中，部分委托监管单位的申报结果已经由相关委审核确认。按照财务决算报表数据统计，据统计，全市国有企业2008年期初国有资本为2909.1亿元，扣除客观增减因素后期末国有资本为2991.6亿元，国有资本增值额为82.5亿元，国有资产保值增值率达到102.8%。其中，直接监管单位国有资产保值增值率为104.8%，委托监管单位国有资产保值增值率为102%，区县国有资产保值增值率为99.9%。在各类客观增加因素中，比重较大的包括国家直接或追加投资639.6亿元(占71.6%)、无偿划入63.7亿元(占7.1%)、资产评估增加27.1亿元(占3%)；在各类客观减少因素中，比重较大的包括中央和地方政府确定的其他因素减少26亿元(占34%)、经国家专项批准核销16.1亿元(占21.1%)。

(一)直接监管单位保值增值考核结果

2008年，直接监管单位国有资产保值增值率为104.8%，同比下降0.4个百分点。其中，保值增值的集团公司达到40个，占直接监管单位的85%；减值的集团公司7个，占直接监管单位的15%。与上年相比，保值增值的集团增加9个。

(二)委托监管单位保值增值考核结果

2008年，委托监管单位国有资产保值增值率为102%，同比减少0.9个百分点。其中，保值增值的集团公司和地区达到32个(含新三区)，占委托监管单位的62.7%；减值的集团公司19个，占委托监管单位的37.3%。与上年相比，保值增值的集团增加5个。

(三)区县属企业保值增值考核结果

2008年，区县属企业国有资产保值增值率为99.9%，同比减少0.2个百分点。其中，保值增值的区县达到10个，占区县的55.6%；减值的区县8个，占区县的44.4%。

四、天津市国资委监管企业股权分置改革情况

上市公司股权分置改革工作顺利有序进行。2008年，天津市国资委积极贯彻执行中央和国务院相关文件精神，制定贯彻意见，明确股权分置改革的责任主体和操作程序。截至2008年底，天津市14家有股改任务的国有控股上市公司全部完成股权分置改革工作，国有股份具备流通权。国有股权价值由按股

份公司每股净资产计价过渡到依据证券市场的流通股价格确定,完善了市场定价机制,促进了国有股权合理流动、优化配置。

五、天津市国资委监管企业重组与完善法人治理结构情况

(一)企业重组情况

针对天津部分企业缺乏资金、缺乏技术、缺乏后劲、发展缓慢的现状,加大力度引进中央企业、外省市大型国有企业、外资企业和有实力的民营企业参与重组。2008年共引入11家战略投资者参与天津市国有企业的重组整合,引入资本金108亿元,预计拉动投资429亿元,国有资产放大作用进一步显现。

一是引进中国有色集团与天津有色集团实施重组。重组的方式采取由中国有色集团整体重组天津有色集团,天津保留15%的股份。2008年完成新公司设立和资产划转,12月完成重组签约。重组后,中国有色集团将利用自身在海外的资源优势和天津有色集团进出口公司在贸易方面的经营优势以及天津港口优势搭建贸易平台,将国外铜、铝等资源经天津港吞吐,贸易额达到100亿元;同时对加工企业投入改造资金进一步延伸产业链,促进天津有色行业发展。

二是引进西部矿业与天津大通铜业进行重组。大通铜业是有色金属冶炼企业,产能为3万吨,生产规模小,效益差。为实现尽快发展,须引入资金扩大生产规模、壮大实力。西部矿业是青海省最大的国有企业,拥有丰富的资源和雄厚的资金实力。大通铜业借助天津滨海新区开发开放的有利时机,引入西部矿业的增量资金,既可大幅度提高企业的生产能力和技术水平,又可迅速提升天津有色行业的产业地位,形成我市新的经济增长点。重组方式采取增资扩股方式,由西部矿业对大通铜业公司现金增资,双方股比由7∶3变为9∶1,并在天津津南区投资25亿元建设年产20万吨的阴极铜项目。

三是引进鞍钢集团与天铁集团重组。天津天铁冶金集团钢板有限公司是天铁集团的全资子公司,位于天津空港加工区,注册资本18.5亿元,主要建设150万吨冷轧薄板工程,项目总投资34亿元。与鞍钢实施重组后,天铁集团依托鞍钢集团技术优势,提升高档汽车用板、高档建筑用板和高档家电用板的生产技术水平,提高产品附加值和市场竞争力,尽快实施二期工程,增强和提升天铁集团的综合实力。重组采取增资扩股的方式,天津天铁冶金集团钢板有限公司以18.9亿元为对价与鞍钢集团实施资产重组,天铁集团与鞍钢集团各占50%的股份。

四是天津医药集团与国药集团重组。一是国药集团以现金1亿元增资方式参股医药集团所属企业津康制药有限公司,参与天津市抗生素基地建设,充分利用产品资源延伸产业链,并进一步拓展国内外市场,参股比例35%,医药集团与中新药业共同持股65%;二是国药控股天津公司与医药集团所属企业太平医药有限公司共同以净资产出资组建"国控天津太平医药集团股份有限公司",国药集团持股51%,医药集团占49%,新公司在天津市打造现代医药商业物流平台,充分利用国药集团的商业优势,降低采购和储运成本,扩大市场份额,提高市场竞争力。

(二)国有企业完善法人治理结构改革情况

2008年,天津市国资委按照市委市政府工作部署,围绕规范和完善法人治理结构,结合天津国有企业实际,着力推进制度建设。

一是学习借鉴国务院国资委董事会试点工作的经验做法,结合天津的实际情况,起草《关于国有独资公司董事会建设的指导意见》和《建立和完善国有独资公司董事会制度工作方案》,《董事会议事规则》和《董事会各专业委员会议事规则》等其他相关董事会建设的制度正在拟定过程中。

二是修改完善监事会工作制度。结合监事会三年来的工作实际和加强当期监督的要求,学习兄弟省市的好做法和经验,修改完善《监事会当期监督工作实施办法》等十项监事会规章制度,在征求有关方面的基础上,正在修改完善。

三是结合国资委扩大直接监管范围初步制定《关于完善国资委外派监事会工作的方案》,为向新划入国资委直接监管集团外派监事会做好工作准备。

六、天津市国资委监管企业建立和完善经营业绩考核体系情况

以强化短板考核为切入点，促进企业加强和改善管理，全面提升竞争力。在考核过程中，为找准企业短板，一是国资委采取与企业一对一的交流形式，请企业谈年度重点工作，自我总结分析，查找问题。二是国资委收集分析企业年终各种财务数据和情况汇报，对效益较好的企业经济指标，要进行行业间的对照比较。三是组织委内有关处室"会诊"，分析行业发展趋势和特点，结合本处室业务工作和企业实际情况，提出企业短板，并作为考核指标，提升企业整体经济水平。

以试点企业经济增加值考核为动力，进一步完善考核方法，提高企业负责人价值创造的意识。选择2户经济效益、管理基础较好的企业，进行了经济增加值试点工作。经济增加值指标不纳入企业现行的考核指标体系，只作为国资委推行价值管理，提高企业负责人资本成本意识的尝试。为鼓励更多的企业关注和重视经济增加值，还对试行经济增加值的企业给予一次性奖励。

做好新纳入监管企业负责人的业绩考核和薪酬管理工作。一是加强对新纳入企业情况的深入调研和学习，研究掌握熟悉各行业不同经营特点和经营状况。二是引导企业转变观念，正确处理作为出资人的国资委和行业主管部门的关系，宣传国务院国资委对国有企业负责人业绩考核和薪酬管理的精神以及市国资委已有的考核和薪酬管理办法。三是提出确定新纳入企业负责人2008年薪酬的原则意见，使新纳入企业负责人的考核和薪酬管理工作不断得到规范。

（撰稿人：王　杰　王　凯）

河北省

一、河北省国有资产监督管理工作综述

2008年，河北省国资委系统紧紧围绕发展壮大国有经济这条主线，大力推动国企战略重组，切实加强国资监管，积极应对金融危机，促进河北省国有经济总体保持了平稳较快发展。2008年河北省国有企业实现营业收入4194.7亿元，同比增长28.6%；实现利润141.1亿元，同比下降25.7%；上缴税金253.4亿元，同比增长8.2%；资产总额5971.7亿元，同比增长20.4%；国有资产保值增值率达103.9%。其中河北省国资委出资企业实现营业收入3042.8亿元，同比增长37.3%；实现利润101.7亿元，同比下降28.1%；上缴税金182.5亿元，同比增长8.1%；资产总额3660.9亿元，同比增长27.1%；国有资产保值增值率达105.5%。

（一）国企重组整合取得突破性进展

2008年，河北省国资委按照政府引导、企业自愿、规范组建的原则，大力推动河北省支柱产业和优势领域企业的战略重组，引导国有资本进一步向支柱产业和优势领域集中，国有经济布局和结构进一步优化。一是钢铁、煤炭两大产业国企战略性重组取得突破性进展。由唐山钢铁集团和邯郸钢铁集团整合组建河北钢铁集团，成为资产总额超过1800亿元，粗钢产能、产量超过3000万吨全国同行业第二大钢铁集团，市场话语权和行业影响力明显提升。金能集团和峰峰集团联合组建冀中能源集团，经营范围涵盖煤炭、化工、机械、建材等行业、煤炭产能超过3000万吨的大型煤炭能源集团。二是积极引进战略投资者，国企活力不断增强。唐山陶瓷集团与北京金隅集团、唐山冶金矿山与中联集团实现战略合作。保定市天威集团并入央企兵装集团，天鹅化纤集团与中国高新投资集团重组，着力打造"中国电谷"和"化纤基地"。耀华集团与江苏凤凰出版传媒集团实现重组，高新技术产业园已开工建设。三是资源整合取得明显效果。组建了河北钢铁集团矿业公司、河北省国控矿业公司。按照"整装资源优先配置，分散资源有序整合"的思路，加大对河北省内矿产资源整合和控制力。依托一钢、两煤和河北省国控矿业公司，积极整合省内煤炭、铁矿和有色金属资源，取得司家营铁矿南区、白涧铁矿、胡峪铁矿等采矿权，加快大宗整装资源向大型国有企业集中。大力实施"走出去"战略，通过省外境外办矿、建立战略联盟等多种形式，积极开发利用省外、

国外铁矿、煤炭资源。省建投公司老挝铁矿项目和内蒙古鄂尔多斯煤电一体化项目、开滦集团新疆伊犁煤炭和加拿大盖森煤田项目、冀中能源集团内蒙古东胜煤田项目和山西地方煤矿整合项目等都取得重大进展，开滦集团和冀中能源集团新增煤炭地质资源储量110亿吨。四是加大资本运作力度，国有资本配置效率明显提高。开滦精煤股份公开增发、河北国控控股的宣工股权分置改革圆满完成，秦港集团、戴卡轮毂首发上市、华药股份增发、冀中能源集团主业上市和非煤资产注入金化等工作都取得实质性进展，省建投公司成功转让沙蔚铁路10.49%股权，河北省外贸资产公司回购东方资产公司2.2亿金融债务，河北钢铁集团、开滦集团和冀中能源集团财务公司组建工作有序推进。河北钢铁集团取得工商银行等四大金融机构480亿元授信额度，京唐钢铁项目获银团贷款420亿元，承德钒钛成功发行13亿元公司债券，河北省建投公司20亿元债券、冀中能源集团峰峰公司10亿元公司债券成功发行，科技风险投资公司争取国家开行技术援助贷款1亿元。

(二)国有企业改革步伐进一步加快

紧紧围绕提高国有企业的实力、活力和竞争力，立足于优化国有经济布局和化解困境企业风险，大力推进企业体制机制创新，国有企业改革取得重要进展。一是股权多元化改革力度不断加大。华药集团与DSM合资取得新进展。秦港集团完成股份制改造。二是省直厅局属和市县中小企业改革进一步加快。省直厅局属企业改革工作基本完成。市县属国企完成改革退出142户，安置职工3.3万人。三是政策性破产和分离办社会工作积极推进。河北省列入国家政策性破产计划的23户省属煤炭企业已累计破产终结21户，开滦集团赵各庄矿和兴隆矿务局营子矿已进入破产程序，煤矿政策性破产工作接近收尾。4户中央企业24个在冀公安机构319名公安干警移交地方管理。

(三)国有企业可持续发展能力进一步增强

着眼于提高企业的持续发展能力，大力推进重点项目建设、科技创新和节能减排工作，企业的产品结构、技术含量、装备水平都有了新提高，产品结构明显优化。一是重点项目建设强力推进。以重点项目建设为抓手，努力实现科学发展、集约发展、跨越发展。河北钢铁集团邯钢结构优化升级等6个项目列入河北省重点产业支撑在建项目计划，开滦集团焦化二期等项目列入河北省重点建设项目新开工计划，冀中能源集团邯矿煤矸石电厂项目列入河北省重点建设前期项目计划。河北钢铁集团邯宝新区一期、曹妃甸精品钢项目一期工程等一批重点项目陆续竣工投产，形成重点项目竣工、在建、储备的良性循环。2008年，河北省国资委出资企业完成投资(包括固定资产投资和股权投资)537亿元，完成重大投资项目93项。二是企业节能减排扎实推进。制定出台《省政府国资委促进出资企业节能减排工作方案》，将节能减排指标纳入企业负责人经营业绩考核指标体系，对环境污染责任事故实行“一票否决”。加大节能减排项目投资，加快推进煤炭企业绿色矿山建设，烟气脱硫、焦炉改造、矸石发电、节能建材、井下充填、“三废”回收利用等一批新节能环保项目开始实施，12家“双三十”(全省30家节能减排重点企业，30家重点县)企业全年完成节能减排投资达25.3亿元。三是科技开发不断取得新进展。河北钢铁集团开发了管线钢、桥梁钢等一批新产品，技术含量、附加值大幅度提高，产品结构进一步优化，钢材的板管带比超过50%。三友集团7项新技术获得国家专利，华药集团青霉素工业盐、维生素B12等多种产品的生产技术指标均创历史新高，一批具有自主知识产权的创新一类新药进入临床阶段。开滦集团建立院士工作站，12个项目获得省部级以上奖励，两个项目获煤炭工业科技一等奖和河北省科技进步二等奖。

(四)国资监管效能进一步提高

牢牢把握出资人定位，依法履行工作职责，进一步完善国资监管体制机制，切实提高监管效能，确保实现国有资产保值增值目标。一是国资监管政策体系建设进一步加强。制定《重大事项法律审核管理暂行规定》等一系列规范性文件，进一步完善国资监管体系。二是业绩考核和薪酬分配的导向作用进一步显现。修订完善业绩考核办法，正式启动任期经营业绩考核制度。积极探索国有控股上市公司实施股权激励试点，加快研究制定出资企业负责人特别奖励暂行办法，加强企业工资总额管理调控，健全收入分配调控体系。三是财务监督管理进一步加强。加强对出资企业财务预算、财务决算、国有资产统计和资产管理，严格执行企业财务审计和综合绩效评价制度，发挥了财务监督和管理作用。四是监事会监督检查作用进一步发挥。按照企业股权结构和资产规模实施分类监督，河北省国资委向22家国有独资公司、2家国有控股公司、2家国有参股公司派驻监事会、专职监事、总会计师等，基本实现对所出资企业监督的全覆盖。坚持"监、帮、促"相结合，提交《年度监督检查报告》24份、《监事会工作报告》2份、专项报告86份，向23家企业下达整改意见，揭示的问题基本得到解决。五是国有产权管理进一步规范。加强对境外企业国有产权管理，完善发行债券管理规程，形成较为完整的产权界定、产权保护和产权流转制度体系，国有产权股权转让公开挂牌率达到68.6%，竞价率为12.5%，省属企业进场率达到100%。六是企业领导人员管理机制进一步创新。起草《河北省国有独资公司外部董事管理办法（试行）》《河北省国资委出资企业经营管理人员竞争上岗指导意见》等文件，进一步规范国有独资企业法人治理结构。

（五）国企党建和党风廉政建设进一步改进和加强

2008年，河北省国资委坚持以人为本，紧紧围绕建设和谐国企，切实加强对企业党建和党风廉政建设的组织领导，抓好安全生产、信访稳定等工作，为企业健康发展创造良好的内部外部环境。一是党建工作不断加强。深入开展"四创"活动，积极推进党建质量管理体系建设，19家企业领导班子被评为全省国有企业"四好"领导班子创建活动先进集体。二是党风廉政建设不断深入推进。坚持标本兼治、综合治理、惩防并举、注重预防的方针，加快推进出资企业构建与现代企业制度相适应的教育、制度、监督并重的惩治和预防腐败体系建设。三是安全生产工作切实得到加强。全面落实企业安全生产主体责任，层层落实安全生产责任。深入开展安全生产隐患治理工作，进一步加强安全生产专项整治。河北省国资委系统安全事故较上年同期下降16%，死亡人数下降48%。四是信访稳定工作扎实推进。认真做好奥运会、残奥会安保工作和"两会"期间信访稳定工作。深入开展领导大接访活动，妥善处理一大批职工来信来访、军转干部安置等问题。全年登记办理来信来访379件，按期办结率92.5%。按照省委、省政府指示，参与三鹿事件处置工作，完成省应急处置领导小组赋予的任务。

二、河北省国有资产总量与结构分析

截至2008年末，河北省国有企业资产总额5971.7亿元，同比增长20.4%；净资产2075.9亿元，同比增长13.2%。河北省国有资产总量变动的因素：

1. 2008年全省国有资本及权益总额增加279.1亿元，经营积累增加是主要因素，增加87.7亿元，占增加总量的31.4%。追加国有投资（增加57.2亿元，占增量的20.5%）、资产评估（增加53.7亿元，占增量的19.2%）、资本溢价（增加19.5亿元，占增量的7%）、会计调整（增加7.3亿元，占增量的2.6%）、税收返还（增加4.4亿元，占增量的1.6%）是客观增加的重要因素，合计占增加总量的43.2%。

2. 2008年全省国有资本及权益总额减少122.6亿元，经营减值减少是主要因素，减少35.5亿元，占减少总量的29%。客观减少因素当中，产权界定减少（减少18.9亿元，占减量的15.4%）、资本折价（减少16.3亿元，占减量的13.3%）、消化潜亏（减少5.2亿元，占减量的4.2%）、上缴红利（减少6.5亿元，占减量的5.3%）等是客观减少的重要因素，合计占减少总量的38.3%。

表1　2008年河北省国有企业指标情况

单位：亿元

项　目	数　额	同比增减（%）
资产总额	5971.7	20.4
净资产	2075.9	13.2
营业收入	4194.7	28.6
主营业务收入	3946.2	27.5
利润总额	141.1	−25.7

续表

项　目	数　额	同比增减(%)
上缴税金	253.4	8.2
平均职工人数(万人)	87.9	−5.2
国有资产总量	1511.4	11.6
资产负债率(%)	65.2	1.5
净资产收益率(%)	5.0	−3.2
总资产报酬率(%)	4.0	−1.4
总资产周转率(%)	0.7	0.0
国有资本保值增值率(%)	103.9	−4.5

表 2　　河北省国有企业户数情况

项　目	2007 年	2008 年	同比增减(%)
户　数	3019	2861	−5.2

表 3　2008 年河北省国有资产地区分布情况

地　区	国有资产(亿元)	占国有资产总量比重(%)
全省合计	1511.4	100.0
省属企业	1003.7	66.4
市县属合计	507.8	33.6
张家口市	8.9	0.6
邯郸市	31.5	2.1
秦皇岛市	126.7	8.4
石家庄市	70.6	4.7
唐山市	122.8	8.1
衡水市	16.8	1.1
邢台市	35.4	2.3
沧州市	35.4	2.3
廊坊市	12.8	0.8
保定市	35.3	2.3
承德市	11.6	0.8

表 4　2008 年河北省国有资产行业分布情况

行　业	国有资产(亿元)	占国有资产总量比重(%)
一、农林牧渔业	2.6	0.2
二、工业	893.5	59.1
三、建筑业	26.8	1.8
四、地质勘查及水利业	1.4	0.1
五、交通运输仓储业	202.0	13.4
六、邮电通信业	0.0	0.0
七、批发和零售、餐饮业	46.7	3.1
八、金融业	49.7	3.3
九、房地产业	7.0	0.5
十、信息技术服务业	0.8	0.1
十一、社会服务业	262.6	17.4
十二、卫生体育福利业	0.0	0.0
十三、教育文化广播业	14.6	1.0
十四、科学研究和技术服务业	3.7	0.2
十五、机关社团及其他	0.0	
合　计	1511.4	100.0

表 5　　2008 年河北省国有资产经营规模分布情况

经营规模	国有资产(亿元)	占国有资产总量比重(%)
大型企业	1156.1	76.5
中型企业	233.6	15.5
小型企业	119.8	8
合　计	1511.4	100.0

三、河北省国有资产保值增值综合分析评价

据 2008 年度河北省企业国有资产统计数据显示，2008 年末河北省国有资产总量为 1511.4 亿元，同比增长 11.6%；国有资本保值增值率为 103.9%，比上年下降 4.5 个百分点。

(一)按隶属关系划分

至2008年末,河北省属企业国有资产总量为1003.7亿元,同比增长16.8%,占全省国有资产总量的66.4%,比重比上年提高2.5个百分点,国有资本保值增值率为106.2%,比上年下降6.6个百分点。

其中,河北省国资委履行出资人职责企业国有资产总量为918.1亿元,同比增长17.3%,占全省国有资产总量的60.7%,比重比上年提高2.6个百分点,国有资本保值增值率为105.5%,比上年下降7.5个百分点。

市及市以下企业国有资产总量为507.8亿元,同比增长2.6%,占全省国有资产总量的33.6%,比重比上年下降2.5个百分点。在国有资产地区分布方面,除保定、石家庄和秦皇岛减少外,其他市国有资产均比年初有所增加。其中增速较快的为张家口、唐山和邢台,分别增长32.8%、23.2%和14.2%;保定、石家庄和秦皇岛分别下降13.7%、12%和6.3%。

市及市以下企业国有资本保值增值率为99.9%,比上年下降1.8个百分点,未能实现保值增值任务。市县属企业从2003～2008年的六年间,只有2007年实现保值增值。2008年邯郸(119.7%,上升16.7个百分点)、沧州(104.6%,下降0.8个百分点)、邢台(103.9%,上升1.1个百分点)、廊坊(103.3%,下降3.2个百分点)、唐山(103.1%,上升0.7个百分点)、秦皇岛(100.2%,下降3.4个百分点)实现了国有资本的保值增值;衡水(99.6%,提升4.7个百分点)和石家庄(90.1%,下降6.4个百分点)仍未能完成保值增值任务;上年实现保值增值的承德(98.6%,下降19.5个百分点)、保定(91.8%,下降12个百分点)、张家口(80.8%,提升11.5个百分点),2008年也未能实现保值增值。

(二)按行业分布划分

河北省国有资产主要集中在工业、社会服务业、交通运输仓储业,分别为893.5亿元、262.6亿元、202亿元,分别占河北省国有资产的59.1%(下降2.2个百分点)、17%、13.2%(下降0.4个百分点)。三个行业国有资本保值增值率分别为102.6%(下降6.8个百分点)、106.9%(提升1.3个百分点)、105.4%(下降2.1个百分点)。与往年不同的是,除了上述三个行业国有资产增加额加大外,物资贸易、金融和建筑企业的国有资产增长迅速,2008年分别增加15.6亿元、7亿元、5.5亿元,其中以物资贸易增幅最高,增长225%。物资贸易的增长主要是内蒙古开滦投资公司追加投资10.2亿元、唐钢国贸公司追加投资3.5亿元、新疆开滦能源投资公司成立投资3.6亿元等新成立运营的物流企业影响。建筑企业增长主要来自唐山曹妃甸造地公司追加投资3.7亿元等因素,而金融行业国有资产增加主要来源于财达证券经纪追加投资7.5亿元。

工业是河北省的支柱产业,冶金、煤炭和电力国有资产总量为分别为323.6亿元、201.6亿元和156.4亿元,合计占工业国有资产总量的76.3%,比重比上年提升3.9个百分点。只有煤炭、石油石化、冶金、医药行业完成了保值增值任务,虽然冀东水泥资本溢价增加权益12亿元,国有资本增长迅速,但与企业经营无关,属于被扣除因素,所以建材行业仍未能完成保值增值任务。

(三)按经营规模划分

至2008年末,大型企业国有资产总量为1156.1亿元,同比增长13.2%,占河北省国有资产总量的76.5%,比重比上年上升13.1个百分点,国有资本保值增值率为104.9%,比上年下降6.3个百分点;中型企业国有资产总量为233.6亿元,同比增长7.7%,占河北省国有资产总量的15.5%,比重比上年下降9.5个百分点,国有资本保值增值率为102.5%,比上年下降2.5个百分点;小型企业国有资产总量为119.8亿元,同比增长48.7%,占河北省国有资产总量的8%,比重比上年下降3.6个百分点,国有资本保值增值率为97.7%,比上年下降0.9个百分点,但仍未能实现国有资本的保值增值。

表 6　　2008 年河北省国有企业地区和行业保值增值情况

地　区	保值增值率(%)	行　业	保值增值率(%)
全省合计	103.9	全省合计	103.9
省属企业	106.2	一、农林牧渔业	102.3
市县属合计	99.9	二、工业	102.6
张家口市	80.8	三、建筑业	102.8
邯郸市	119.7	四、地质勘查及水利业	98
秦皇岛市	100.2	五、交通运输仓储业	105.4
石家庄市	90.1	六、邮电通信业	
唐山市	103.1	七、批发和零售、餐饮业	91.1
衡水市	99.6	八、金融业	112.4
邢台市	103.9	九、房地产业	95.5
沧州市	104.6	十、信息技术服务业	87.7
廊坊市	103.3	十一、社会服务业	106.9
保定市	91.8	十二、卫生体育福利业	132.1
承德市	98.6	十三、教育文化广播业	102.7
		十四、科学研究和技术服务业	106.9
		十五、机关社团及其他	

四、河北省国资委监管企业股份制改革与股权分置改革情况

2008 年，河北宣工董事会审议通过《关于利用资本公积金向流通股股东转增股本实施股权分置改革的议案》，经深交所和登记公司批准，2008 年 5 月实施资本公积金转增股本方案，非流通股股东所持原非流通股份以此获得上市流通权。从 2005 年 6 月，金牛能源在全国第一个完成国有控股上市公司股权分置改革，到河北宣工股权分置改革的完成，河北省 22 家国有控股上市公司全部完成股权分置改革，标志着河北省国有控股上市公司所有持股股东逐步获得流通权，对于完善上市公司法人治理结构，推动国有资本合理流动具有重要意义。

五、河北省国资委监管企业重组与完善法人治理结构改革进展情况

2008 年 6 月，河北省委、省政府着眼于解决产业集中度不高、产品结构不合理、产业竞争力不强等突出问题，决定由唐钢集团和邯钢集团联合组建成立河北钢铁集团、由金能集团和峰峰集团联合组建成立冀中能源集团。

2008 年，河北钢铁集团粗钢产量超过 3300 万吨，现拥有唐钢、邯钢、宣钢、承钢、舞钢、矿业、国贸、财达证券、衡板、京唐等 10 个全资或控股子公司，销售总公司、采购总公司两大分公司，总资产、年营业收入分别达到 1800 亿元和 1600 亿元以上。冀中能源集团原煤产量 3578 万吨，拥有金牛股份、金牛化工 2 家上市公司、峰峰、邯矿、邢矿、金牛股份、张矿集团、井矿集团等全资或控股子公司，总资产、年营业收入分别达到 400 亿元以上。

两大集团组建后，积极开拓创新，优化整合，高效运作，建立并完善母子公司治理结构。河北钢铁集团严格按照《公司法》及《公司章程》，结合集团管控体系和现代化企业运行制度要求，建立符合现代企业制度要求的法人治理结构和科学决策机制。根据母子公司管控模式，将原唐钢集团、邯钢集团所属主要子公司变更为集团直属一级子公司。冀中能源集团以“三

个中心"为定位，对内部架构进行整合调整，集团公司下设峰峰、邢矿、邯矿、金牛、张矿、井矿和机械装备7个子公司，建立母子公司管理体制。

六、河北省国资委监管企业完善经营业绩考核体系情况

（一）出台经营业绩考核暂行办法

为进一步发挥经营业绩考核导向、激励、抓手作用，完善经营业绩考核指标体系，根据几年来业绩考核工作实际经验，参考国务院国资委2006年17号令的有关规定及兄弟省市好的做法，充分体现创新性、操作性和针对性，对原业绩考核办法进行全面系统的修订，新的经营业绩考核办法于2008年3月印发执行。

（二）确定2008年度和2006～2008任期经营业绩考核目标

一是签订2008年度经营业绩责任书。按照确保国有资产保值增值和预报目标值原则，经过认真研究审核并同出资企业反复沟通，与26户所出资企业签订《2008年度经营业绩责任书》。二是签订2006～2008任期经营业绩责任书。按照《2006～2008企业负责人任期考核方案》，对照"十一五"规划、全国同行业标准、前三年度实际完成情况，经与15户企业反复协调和沟通，签订《2006～2008任期经营业绩责任书》。

七、河北省国资委监管企业负责人考核与选人用人机制改革情况

（一）坚持制度创新，不断完善企业领导人员管理体制

围绕贯彻企业领导班子建设规划和加强领导班子建设需求，在改进企业领导人员选拔任用方式、建立外部董事制度、企业领导人员分层次管理、拓宽干部培养渠道等方面进行新的探索，取得新经验，以制度创新来推进企业领导人员管理体系日臻完善，使河北省国资委企业领导人员工作的科学性、规范性更加显现出来。一是研究起草《河北省国资委出资企业经营管理人员竞争上岗指导意见》，在拓宽选人用人渠道，探索坚持党管干部原则与市场化选聘企业经营管理者相结合的新途径上提出意见。二是研究起草《河北省国有独资公司外部董事管理办法（试行）》，明确国有独资公司外部董事的任职条件、选任办法、考核、薪酬等管理内容，提出进一步完善法人治理结构的思路。三是制定并实施《河北省国资委关于对出资企业有关岗位人员实行备案管理的意见》，结合河北钢铁集团和冀中能源两个大型集团组建的新形势，积极探索分层次管理企业领导人员的新体制，对集团所属企业领导人员的任免实行备案管理制度，进一步规范所出资企业岗位设置和人员配备。四是进一步规范企业领导人员任免工作程序，针对不同管理权限的企业，明确领导人员任免过程中酝酿、沟通、考察、公示等各阶段的具体运转程序和操作要求，有力地推动企业领导人员管理工作的科学化、规范化进程。

（二）认真抓好企业领导人员的日常管理

加大调整力度，不断优化企业领导班子结构。根据企业领导班子现状和工作需要，特别是为配合河北钢铁集团和冀中能源集团的组建，对企业领导班子成员作了较大幅度的调整，保证了企业各项工作的顺利开展。全年共任免企业领导人员351人次，涉及到19家企业。调整工作既保证企业生产经营的运行，同时促进出资企业领导班子年龄结构、专业结构的不断优化。

（撰稿人：张一凡　李瑞红）

山西省

一、山西省国有资产监督管理工作综述

2008年山西省国资系统深入贯彻落实科学发展观，在省委、省政府的坚强领导下，克服一系列重大的困难和考验，各项工作都取得了新的进步。截至2008年12月底，监管企业资产总额达到5951.3亿元，同比增长26.3%；所有者权益（净资产）达到1906.0亿元，

同比增长21.9%；累计实现营业收入5154.4亿元，同比增长42.7%；累计实现利税628.0亿元，同比增长32.3%；累计实现利润229.1亿元，同比增长17.7%。根据国务院国资委地方监管企业的统计资料，2008年山西省监管企业资产总额、所有者权益在全国各省区排名第四，销售收入、利润总额排名第二。

省监管企业全面落实"十一五"规划，认真做好重点项目的跟踪、服务和动态管理。监管企业继续保持了又好又快的发展态势，在全省经济发展中凸显了骨干作用。全年省属企业计划实施投资项目380个，计划投资537.8亿元，截止到年底，完成投资340亿元，占年计划的63.2%。焦煤集团山西焦化焦炉扩建二期工程，同煤集团塔山矿井，潞安集团屯留矿井，晋煤集团煤层气电厂，阳煤集团开元煤矿技改工程等一批重点项目建成投产。太钢集团自备电厂，焦煤集团斜沟、庞庞塔煤矿和古交电厂二期，同煤集团同忻矿井、塔山电厂，潞安集团高河矿井、高纯度多晶硅项目，国际能源兆光电厂二期、平朔煤矸石电厂等一大批带动和示范作用的重点项目全面实施。太化集团、太原煤气化积极开展搬迁工作，筹备建设具有国际先进水平的新煤化工基地。

在招商引资方面，监管企业在第二届煤博会上发挥了主力军作用，15户省属企业参展，签约项目55个，投资和贸易总额113.44亿美元，引资额24.36亿美元。其中，投资合作类项目28个，投资总额100.51亿美元，贸易类项目27个，交易金额12.93亿美元。各市国资委和市属企业也在招商引资工作上取得丰硕的成果，晋城市国资委代表市政府与中海油签订投资120亿元合作进行晋城煤化工二期项目的合同。大同市国资委与冀东水泥集团公司达成合作协议，引资15亿元。在引进战略投资的同时，省属企业也放眼国内外，积极拓展资源项目、合作经营等业务领域。太重集团签订首钢迁安铸造起重机等一批具有影响力、超亿元的重大项目，国外订货量达16亿元，全年销售收入突破百亿元。建工集团开发宁夏、青海市场，在天津等省市积极竞标，并在境外承接斯里兰卡纪念班达拉奈克国际会议中心等重大建设项目。潞矿集团在新疆完成三个矿井的技术改造，产能提升为1040万吨/年，在内蒙古购买88亿吨煤炭资源，内蒙古公司正式挂牌运营，300万吨/年的赛罕煤矿开工建设。太钢集团的缅甸镍矿、土耳其铬矿、澳大利亚铁矿等海外资源投资项目已签署股东合作协议。焦煤集团实施煤钢、煤电、煤港联盟战略，对外发展取得阶段性成果，与首钢合作签约曹妃甸1000万吨钢铁基地420万吨焦炉项目，并与宝钢八一、武钢防城港以及鞍钢达成合作意向。

省监管企业积极履行社会责任，在特大自然灾害之时，为全国能源供应和经济社会发展做出重要贡献。雨雪冰冻灾害期间，山西省属煤炭企业坚决按照胡锦涛总书记的指示，舍弃自身利益，加紧产煤运煤。一季度完成原煤生产8566.67万吨，同比增长10.18%，为抗灾斗争的全面胜利起到了极为重要的作用。八九月份期间，按照李克强副总理在山西考察时的指示精神，增加煤炭产量1000多万吨，缓解了全国"煤电油运"紧张局面，保证了电力的"迎峰度夏"和"北京奥运会"的顺利召开。汶川地震后，积极向灾区捐款捐物，累计达2.1亿元。省属煤炭企业还派出矿山救护队，汽运集团组织车队运送四川民工返回家乡，医药集团向灾区捐赠药品，省建工集团派出11支施工队承担灾区过渡安置房的建设任务等，为灾区抗灾做出突出贡献。

监管企业积极应对金融危机，在全省"保就业、保增长、保民生"工作中发挥重要示范作用。从2008年第四季度开始，受国际金融危机和全国实体经济普遍遭遇困难的影响，省属煤炭、电力、钢铁、化工等企业重要产品产量全部出现同比下降趋势。面对严峻形势，各企业沉着应对，坚定信心，把握国家、省扩大内需的政策机遇，及时调整经营策略，加强内部管理，强化风险管控，严格控制成本、费用增长，努力遏制经济效益下滑走势。太钢集团以质量和品种立企，力求"人无我有，人有我优"，开发出多种不锈钢新产品占领国内市场。国际能源集团积极寻求与省外投资主体合作，开发直供外省电源项目，积极开发风电等新型能源、煤层气项目和城市垃圾发电、污水处理等资源综合利用项目等。国际电力集团在危机中寻找机遇，积极利用近期获准发行的中期票据、短期融资券、可转换债券等金融品种，优化公司债务结构，降低财务风险。焦炭集团推动甲醇加油站、岚县葛铺煤矿等重点项目建设，积极与焦化行业协会、焦化企业联盟协调行动。医药集团加大技术创新和科研开发力度，实施国家一类粉针药“头孢噻肟钠/舒巴坦钠”研发项目。能源产业集团抓紧实施晋城至侯马煤层气输气管道工程项目。地方铁路公司积极参与山西中南部铁路出海通道建设的前期工作等。这一系列举措对监管企业打好金融危机攻坚战发挥积极的作用。

二、山西省及地市级国有资产监管机构工作进展情况

2008 年，山西省市国资监管机构不断完善体制机制，不断加强国有资产监管。

一是加强法规体系建设。省国资委加强对全省国资监管和国企改革发展的法规制度研究，起草《关于支持五户省属国有重点煤炭企业发展的政策建议》，对《国资法(草案)》《山西省煤炭条例(修改草案)》等十多个政策法规提出修改意见。继续加强省属企业总法律顾问建设，做好与省高院、财政、信托等协调工作，妥善解决国有企业法律纠纷。晋中等市国资委制订《市属企业国有产权转让实施办法》等一系列地方性规范文件，促进了国资监管法规体系的建设。

二是加强财务监管和统计评价体系建设。省国资委出台《山西省省属企业财务预算管理办法》，基本形成完整的财务监督工作体系。完成 2007 年省属企业财务决算审核批复和国有资产统计工作。加大省属企业财务动态监测和财务监督工作力度，重点加强对效益下滑幅度较大企业的协调督促，采取扭亏措施，转变被动局面。积极推进省属企业执行新的《企业会计准则》，建立执行新准则重要财务事项审批备案管理制度。做好省属企业全面风险管理工作的前期准备工作，根据山西省国有资产运行风险管理体系建设的目标和初步思路，提出省国有资产运行风险管理体系制度框架构想。加强企业改革、改制的清产核资工作，完成总额近 40 亿元资产的清产核资。阳泉市国资委加大财务监管力度，积极推行企业预算管理，完成对 35 户独资和控股企业开展企业内部财务管理制度验收，对部份企业试行全面预算管理，企业财务管理得到加强。

三是加强国有企业产权管理。制定全省企业国有产权登记年度检查和数据汇总计划，开展 2007 年度企业国有资产产权登记年度检查和数据汇总工作。加强对省属企业清产核资核销权益的不良资产的清理回收处置工作，清理接收资产总额为 5.5 亿元。加强对从事省属企业资产评估等中介机构的选聘和监督。进一步完善产权交易市场管理机制，积极推进企业国有产(股)权进场交易，省产权交易市场完成交易项目 37 个，成交金额 27.45 亿元。各市国资委全面加强产权规范管理，促进国有资产合理流动。大同市积极完善市直煤矿改革，收回国有产权转让价款 2008.9 万元。阳泉市扩大交易范围，将泉东化工有限公司经营权在市产权交易市场公开转让。临汾市产权交易中心成为“北方产权共同市场理事单位”。

四是强化监事会监管力度。完成省属企业监事会换届改派工作，调整省煤运、同煤、阳煤、晋煤等债转股企业的监事会组成人员，完成对新组建的山西国际能源集团的监事会派驻，并相应完成各省属企业兼职监事的换届工作。强化当期监督，先后完成太钢、太化、太重等 10 户企业的监督检查报告，提交 3 份专项报告。完成太钢、焦煤等 11 户的企业主要领导的经济责任审计。对 2006、2007 两年监事会监督检查报告中揭示的企业存在的问题及整改落实情况进行整理汇总，对企业投资、担保中需整改的问题进行跟踪检查。加强与纪委和相关监督机构的沟通协调，较好地形成监督合力。

三、山西省国有资产总量与结构分析

表 1　2008 年山西省国有企业指标情况

单位：亿元

项　目	金　额
资产总额	7999.23
净资产	1989.38
营业收入	6179.79
利润总额	359.88

表 2　　2008 年山西省国有企业户数情况

按照经营规模户数分布：		
经营规模	户数(户)	比重(%)
大型企业	190	4.48
中型企业	575	13.55
小型企业	3477	81.97
按照组织形式户数分布：		
组织形式	户数(户)	比重(%)
独资公司	798	18.81
非公司制独资企业	1641	38.68
上市股份有限公司	17	0.4
非上市股份有限公司	50	1.18
有限责任公司	1229	28.97
股份合作制企业	29	0.68
合资或合营企业	22	0.52
企业化管理事业单位	207	4.88
其他	249	5.87

按照所属关系户数分布：

所属关系	监管企业	非监管企业	市级以下企业	合计	占总户数的比重(%)
省属企业	855	266		1121	26.43
市属及以下企业：	611	462	2049	3122	73.60
太原市	246	106	198	550	12.97
晋中市	20	16	97	133	3.14
长治市	43	61	225	329	7.76
晋城市	61	89	280	430	10.14
临汾市		74	233	307	7.24
运城市	34	7	235	276	6.51
吕梁市	3	32	216	251	5.92
大同市	59	18	126	203	4.79
忻州市	18	21	328	367	8.65
阳泉市	127	27	38	192	4.53
朔州市		11	73	84	1.98

表 3 山西省国有资产地区分布情况

地　　区	2007 年国有资产（亿元）	占国有资产总量比重（%）	2008 年国有资产（亿元）	占国有资产总量比重（%）
省属企业：	1345.26	83.82	1580.76	84.09
省属监管企业	1203.85	75.01	1457.58	77.53
省属非监管企业	141.41	8.81	123.18	6.55
各市：	259.64	16.18	299.19	15.91
太原市	34.10	2.12	36.76	1.96
晋中市	29.85	1.86	26.64	1.42
长治市	35.25	2.20	55.08	2.93
晋城市	60.12	3.75	77.63	4.13
临汾市	12.31	0.77	36.4	1.94
运城市	15.91	0.99	7.22	0.38
吕梁市	23.30	1.45	17.53	0.93
大同市	11.92	0.74	12.61	0.67
忻州市	—1.21	—0.08	—4.08	—0.22
阳泉市	18.29	1.14	19.16	1.02
朔州市	5.72	0.36	14.24	0.76
合　计	1605	100.00	1879.95	100.00

表 4 山西省国有资产经营规模分布情况

经营规模	2007 年国有资产（亿元）	占国有资产总量比重（%）	2008 年国有资产（亿元）	占国有资产总量比重（%）
大型企业	1081.72	67.40	1277.63	67.96
中型企业	363.58	22.65	367.95	19.57
小型企业	159.61	9.95	234.37	12.47
合　　计	1604.91	100.00	1879.95	100.00

国有企业户数。按照《企业国有资产监督管理暂行条例》和《企业国有资产统计报告办法》规定的汇编范围，2008 年纳入统计范围的国有企业（含国有控股参股）4243 户，比 2007 年减少 138 户。

资产总额。2008 年全省国有企业资产总额达到 7999.23 亿元，比 2007 年的 6555 亿元增加 1444.23 亿元，增长率为 22.03%。

营业收入。2008 年全省国有企业销售收入达到 6180 亿元，比 2007 年的 4425 亿元增加 1755 亿元，增长率为 39.66%。

利润总额。2008 年全省国有企业利润总额达到 360 亿元，比 2007 年的 254 亿元增加 106 亿元，增长率为 41.73%。

国有资产总量。截至 2008 年 12 月 31 日，山西省国有资产总量达到 1880 亿元，比 2007 年末的 1605 亿元，增加 275 亿元，增长率为 17.13%。

国有资产分布结构。一是国有资产主要集中在省属企业,2008年省属企业国有资产总量为1580.76亿元,比2007年增加235亿元,占总国有资产的比重达到84.09%。二是从经营规模来看,国有资产主要集中在大型企业,2008年占到67.96%,比2007年的67.40%增加了0.56个百分点。

资产质量。一是资产构成结构合理,资产的流动性保持在合理的状态。2008年国有企业的资产分布基本持续了年初的稳健态势,流动资产占总资产的44.53%,固定资产占总资产的47.31%,二者共占资产总额的91.84%。二是无形资产的比重稳步提高。从趋势变动来分析,无形资产同比增长率最高,达到38.28%,但占总资产的比重依然很低,这与我省属于能源、重工业基地,大多国有企业无形资产基数较低有关。三是流动资产和固定资产的趋势变动率基本与总资产的变动相协调。四是资产的营运保持较高的效率,2008年国有企业固定资产投资占主营业务收入的10.51%,比2007年的13.02%下降2.51个百分点;国有企业总资产周转次数为0.83次,比2007年的0.71次,提高0.12次;流动资产周转次数为1.89次,比2007年的1.64次,提高0.25次;存货周转次数为7.26次,比2007年的6.23次,提高1.03次。五是科技支出继续大幅度增加,2008年全省国有企业科技支出为65.86亿元,科技支出是2007年40.79亿元的1.61倍。

财务状况分析。一是流动比率保持合理水平,国有企业总体的短期偿债能力较好。2008年国有企业流动资产3562.24亿元,速动资产2873.36亿元,流动负债为3823.27亿元,流动比率为0.93、速动比率为0.75。总体资产负债率略有所下降,依然有33.51%的企业资不抵债。2008年末,国有企业总资产为7999.24亿元,比2007年的6433.02亿元增加1566.22亿元,增长率为24.35%,负债总额为5444.10亿元,比2007年的4366.77亿元增加1077.33亿元,增长率为24.67%,资产负债率为68.06%,比2007年的67.88%略有所提高。所有者权益为1989.38亿元,比2007年的1672.96亿元增加316.42亿元,增长率为18.91%。二是现金流量充足,现金流动负债比率明显降低。2008年末国有企业现金及现金等价物1060.73亿元,年初现金及现金等价物748.35亿元,现金及现金等价物净增加额312.38亿元,增长率为41.74%。

经营成果分析。一是营业收入、营业利润和利润总额大幅增加,2008年全省国有企业营业收入达到6179.79亿元,比2007年的4425亿元增加1754.79亿元,增长率为39.66%,营业收入超过10亿元的单户企业107户,比2007年的80户增加27户。营业利润实现344亿元,比2007年度的250.18亿元增加93.82亿元,增长率为37.50%。利润总额达到359.88亿元,比2007年的253.75亿元增加106.13亿元,增长率为147.62%,利润总额超过亿元的单户企业85户。二是各项获利能力指标明显提高,2008年国有企业利润增长率达到39.99%。净资产收益率(不含少数股东权益)为8.97%。成本费用利润率6.19%,成本费用总额占主营业务收入的比重94.12%。

四、山西省国有资产保值增值综合分析评价

全省国有企业实现国有资产的保值增值,保值增值的原因主要来源于国有企业经营增值,国有资产得到保全并持续增长,国有企业权益资本的稳定增加,保证了国有企业较高应付风险的能力和较强的持续发展能力。

国有资产保值增值结果。总体实现资本保值增值,2008年全省国有企业保值增值率实现109.19%,比2007年的107.13%增加2.06个百分点。

国有资产保值增值影响因素分析。国有企业资本积累率继续保持较高的增长率,拉动国有资本的保值增值。2008年国有企业资本积累率为23.66%,比2007年的17.02%增长6.64个百分点。2008年末国有企业所有者权益为1989.378亿元(不含少数股东权益),比年初的1672.963亿元增长316.415亿元。其中,实收资本增加191.590亿元,增长率为17.76%,资本公积减少12.02亿元,减少率为2.03%,盈余公积增加33.867亿元,增长率为39.04%,未分配利润增加104.94亿元。国有资本保值增值率主要来源于省属监管企业的贡献,从分布结

构来看，省属监管企业实现110.07%的保值增值率，贡献国有资本及权益1346.67亿元；省属非监管企业保值增值为104.59%；市级及市级以下企业保值增值为106.24%。

表5　2008年山西省国有单户企业资产总额前50名

企业名称	资产总额（亿元）	名次
山西太钢不锈钢股份有限公司	607.24	1
大同煤矿集团有限责任公司母公司	529.64	2
山西焦煤集团有限责任公司	396.47	3
山西煤炭运销集团有限公司	387.34	4
阳泉煤业(集团)有限责任公司	351.03	5
太原钢铁(集团)有限公司	294.94	6
山西晋城无烟煤矿业集团有限责任公司	287.15	7
山西潞安矿业(集团)有限责任公司	157.64	8
山西汾西矿业集团有限责任公司	147.71	9
山西潞安环保能源开发股份有限公司	131.42	10
山西西山煤电股份有限公司母公司	124.17	11
山西国际电力集团有限公司	119.35	12
霍州煤电集团有限责任公司(母公司)	118.30	13
山西煤炭进出口集团有限公司(本部)	92.97	14
太原重工股份有限公司	92.22	15
山西省交通建设开发投资总公司	89.76	16
山西国阳新能股份有限公司	89.57	17
山西太长高速公路有限责任公司	89.32	18
晋城蓝焰煤业股份有限公司	78.14	19
大同煤业股份有限公司(母公司)	77.77	20
山西国际能源集团有限公司	72.99	21
山西兆丰铝业有限责任公司	67.25	22
山西兰花科技创业股份有限公司	65.79	23
华晋焦煤有限责任公司	63.40	24
山西省经济建设投资公司	61.84	25
同煤大唐塔山煤矿有限公司	59.09	26
长治钢铁(集团)有限公司(母公司)	58.55	27
山西焦化股份有限公司	56.00	28
同煤大唐塔山发电有限责任公司	51.74	29
山西阳煤丰喜肥业(集团)股份有限公司	50.57	30
北方铜业股份有限公司	47.82	31
山西省襄垣县地方国营襄垣煤矿	47.64	32
沁和能源集团有限公司	44.81	33
天脊煤化工集团股份有限公司	43.92	34
山西三维集团股份有限公司	43.35	35
太原化学工业集团有限公司(母公司)	42.69	36
山西潞安集团余吾煤业有限责任公司	42.30	37
潞安集团财务有限公司	39.89	38
山西潞安常平集团有限公司	39.49	39
太原煤气化股份有限公司母公司	38.69	40
山西西山晋兴能源有限责任公司	37.81	41
山西潞安煤基合成油有限公司	36.99	42
太原化工股份有限公司(母公司)	36.66	43
太原钢铁(集团)国际经济贸易有限公司	36.58	44
太钢集团临汾钢铁有限公司	35.82	45
山西兴能发电有限责任公司	34.64	46
霍州煤电集团吕梁山煤电有限公司	34.08	47
山西省汾河水库管理局	32.95	48
山西离柳焦煤集团有限公司	32.09	49
山西关铝股份有限公司	31.93	50

表6　2008年山西省国有企业销售收入前50名

企业名称	销售收入（亿元）	名次
山西煤炭运销集团有限公司	818.72	1
山西太钢不锈钢股份有限公司	713.31	2
大同煤矿集团有限责任公司母公司	370.59	3
山西焦煤集团有限责任公司	322.85	4
山西太钢不锈钢科技有限公司	159.16	5

续表

企业名称	销售收入(亿元)	名次
山西汾西矿业集团有限责任公司	159.01	6
山西潞安环保能源开发股份有限公司	153.41	7
山西国阳新能股份有限公司	138.18	8
长治钢铁(集团)有限公司(母公司)	134.99	9
山西焦煤集团国际贸易有限责任公司	132.14	10
山西西山煤电股份有限公司母公司	116.08	11
阳泉煤业(集团)有限责任公司	101.97	12
太钢进出口(香港)有限公司	97.50	13
山西省煤炭运销集团晋中南铁路煤炭销售有限公司	91.22	14
山西晋城无烟煤矿业集团有限责任公司	89.85	15
山西焦煤集团国际发展有限公司	88.58	16
太钢集团临汾钢铁有限公司	85.00	17
山西新临钢钢铁有限公司	76.11	18
太原重工股份有限公司	70.48	19
山西煤炭进出口集团有限公司(本部)	70.28	20
山西省煤炭运销集团晋东南铁路煤炭销售有限公司	70.09	21
太原钢铁(集团)有限公司	60.23	22
晋城蓝焰煤业股份有限公司	57.95	23
霍州煤电集团有限责任公司(母公司)	56.58	24
山西焦化股份有限公司	49.47	25
山西煤炭进出口集团大同有限公司	48.72	26
长治市瑞宝钢铁有限公司	47.46	27
北方铜业股份有限公司	47.37	28
大同煤业股份有限公司(母公司)	45.26	29
太原煤气化股份有限公司母公司	40.85	30
山西潞安常平集团有限公司	40.12	31
同煤大唐塔山煤矿有限公司	39.20	32
山西兰花科技创业股份有限公司	37.96	33
太原钢铁(集团)国际经济贸易有限公司	37.22	34
山西阳煤丰喜肥业(集团)股份有限公司	35.30	35

续表

企业名称	销售收入(亿元)	名次
太原化工股份有限公司(母公司)	34.97	36
天脊煤化工集团股份有限公司	32.72	37
山西省襄垣县地方国营襄垣煤矿	31.60	38
山西焦炭集团国内贸易有限公司	30.86	39
华晋焦煤有限责任公司	30.20	40
山东联盟化工股份有限公司	29.78	41
山西汾河焦煤股份有限公司	29.26	42
山西焦炭集团国际贸易有限公司	29.03	43
运城市丰喜农资有限公司	28.42	44
山西国阳新能天元煤炭销售有限公司	28.24	45
佛山市太钢不锈钢销售有限公司	27.40	46
山西三维集团股份有限公司	26.45	47
无锡太钢销售有限公司	24.93	48
霍州煤电集团吕梁山煤电有限公司	24.77	49
山西关铝股份有限公司	24.76	50

表 7　2008 年山西省国有单户企业利润总额前 50 名

企业名称	利润总额(亿元)	名次
山西煤炭运销集团有限公司	50.16	1
山西西山煤电股份有限公司母公司	44.66	2
山西潞安环保能源开发股份有限公司	34.51	3
山西兰花科技创业股份有限公司	19.32	4
同煤大唐塔山煤矿有限公司	19.20	5
山西焦煤集团有限责任公司	18.75	6
山西太钢不锈钢股份有限公司	18.02	7
大同煤业股份有限公司(母公司)	17.83	8
山西国阳新能股份有限公司	15.95	9
山西晋城无烟煤矿业集团有限责任公司	13.36	10
晋城蓝焰煤业股份有限公司	13.00	11

续表

企业名称	利润总额（亿元）	名次
山西三元煤业股份有限公司	11.42	12
山西省襄垣县地方国营襄垣煤矿	11.18	13
太原钢铁(集团)有限公司	10.37	14
华晋焦煤有限责任公司	9.24	15
阳泉煤业(集团)有限责任公司	8.95	16
保德县桥头煤矿	8.39	17
山西省乡宁县毛则渠煤炭有限公司	7.87	18
山西潞安集团司马煤业有限公司	7.44	19
太原煤气化股份有限公司母公司	6.95	20
山西潞安矿业(集团)有限责任公司	6.51	21
山西汾西矿业集团有限责任公司	6.44	22
山东联盟化工股份有限公司	6.19	23
山西省乡宁县地方国营台头煤矿	5.86	24
山西省交通建设开发投资总公司	5.71	25
山西大平煤业有限公司	4.55	26
太原重工股份有限公司	4.53	27
中条山有色金属集团有限公司	4.49	28
山西襄垣县七一煤矿	4.27	29
山西国际电力集团有限公司	4.16	30
山西省长治经坊煤业有限公司	4.15	31
山西焦煤集团国际贸易有限责任公司	4.03	32
乡宁县沙坪(吉县)煤炭有限责任公司	3.63	33
山西太长高速公路有限责任公司	3.60	34
山西天泽煤化工股份有限公司	3.58	35
霍州煤电集团有限责任公司(母公司)	3.52	36
大同煤矿集团有限责任公司母公司	3.46	37
山西杏花村汾酒厂股份有限公司	3.17	38
山西潞安集团余吾煤业有限责任公司	2.91	39
晋城晋圣矿产资源投资有限责任公司	2.86	40
山西阳煤丰喜肥业(集团)股份有限公司	2.69	41
阳城县竹林山煤炭有限责任公司	2.58	42

续表

企业名称	利润总额（亿元）	名次
山西义棠煤业有限责任公司	2.50	43
山西潞安集团潞宁煤业有限责任公司	2.45	44
太钢(集团)比欧西气体有限公司	2.44	45
山西杏花村汾酒销售有限责任公司	2.44	46
山西三元福达煤业有限公司	2.44	47
霍州煤电集团吕梁山煤电有限公司	2.36	48
山西省乡宁县申南凹焦煤有限公司	2.28	49
山西煤炭进出口集团有限公司(本部)	2.11	50

表 8　　2008 年山西省国有单户企业实际上缴税金前 50 名

企业名称	上缴税金（亿元）	名次
山西煤炭运销集团有限公司	41.03	1
山西太钢不锈钢股份有限公司	30.12	2
大同煤矿集团有限责任公司母公司	24.87	3
山西西山煤电股份有限公司母公司	23.38	4
山西潞安环保能源开发股份有限公司	21.92	5
山西汾西矿业集团有限责任公司	17.07	6
晋城蓝焰煤业股份有限公司	17.00	7
山西晋城无烟煤矿业集团有限责任公司	14.61	8
山西国阳新能股份有限公司	13.56	9
山西焦煤集团有限责任公司	13.41	10
霍州煤电集团有限责任公司(母公司)	9.13	11
山西兰花科技创业股份有限公司	8.86	12
阳泉煤业(集团)有限责任公司	8.74	13
大同煤业股份有限公司(母公司)	7.47	14
太原煤气化股份有限公司母公司	7.16	15
保德县桥头煤矿	7.13	16
同煤大唐塔山煤矿有限公司	6.66	17
山西三元煤业股份有限公司	6.35	18
山西汾河焦煤股份有限公司	5.70	19

续表

企业名称	上缴税金(亿元)	名次
山西杏花村汾酒厂股份有限公司	4.91	20
太原钢铁(集团)有限公司	4.38	21
华晋焦煤有限责任公司	4.12	22
山西省襄垣县地方国营襄垣煤矿	3.80	23
山西焦煤集团国际贸易有限责任公司	3.45	24
山西潞安集团余吾煤业有限责任公司	3.11	25
山西省乡宁县毛则渠煤炭有限公司	3.11	26
山西潞安集团司马煤业有限公司	3.01	27
山西焦化股份有限公司	2.90	28
山西太钢不锈钢科技有限公司	2.75	29
霍州煤电集团吕梁山煤电有限公司	2.63	30
山东联盟化工股份有限公司	2.56	31
北方铜业股份有限公司	2.55	32
天脊煤化工集团股份有限公司	2.41	33
山西省长治经坊煤业有限公司	2.37	34
山西阳光发电有限责任公司	2.30	35
山西焦炭集团国际贸易有限公司	2.28	36
太原重工股份有限公司	2.26	37
山西新临钢钢铁有限公司	2.21	38
山西杏花村汾酒销售有限责任公司	2.20	39
太钢集团临汾钢铁有限公司	2.19	40
晋城晋圣矿产资源投资有限责任公司	2.05	41
山西离柳焦煤集团有限公司	1.97	42
山西三维集团股份有限公司	1.96	43
山西省煤炭运销集团晋东南铁路煤炭销售有限公司	1.94	44
山西煤炭进出口集团朔州有限公司	1.93	45
山西能源产业集团煤炭公司	1.93	46
轩岗煤电有限责任公司(母公司)	1.88	47
长治钢铁(集团)有限公司(母公司)	1.81	48
山西潞安常平集团有限公司	1.77	49
乡宁县沙坪(吉县)煤炭有限责任公司	1.75	50

五、山西省国资委监管企业改革工作情况

省市国资委积极发挥在全省国企改革中的牵头作用,坚持不懈地把国企改革作为首要任务抓紧抓好,坚持不懈地做好国企改革的指导和服务,坚持不懈地克服困难、完善制度,努力协调方方面面合力攻坚,全省国企改革稳步推进。

一是企业转制工作迈出新步伐。省国资委协调解决了部分省属国有企业改制中存在的土地问题和参加养老保险社会统筹的退休、退职人员取暖补贴的问题,加快省属企业转制的步伐,累计完成改制的企业共计131户,占改制企业的73.6%,其中省国资委监管企业的子企业有34户,占拟改制监管企业子企业的82.9%,省直厅局所属企业97户,占拟改制省直厅局企业总数的70.8%。特别是省国资公司大胆探索,积极应变,将部分已经列入国家破产计划的企业调整为转制搞活谋求发展,为财政节省约2.5亿元的兜底资金,实现了职工满意和企业新生的"双赢"。

二是关闭破产取得新突破。省国资委提出了"能不破产的就不破;能破则破;不能破的不破"破产工作原则,较好地解决了企业改革发展中面对的稳定问题。制定出台《关于省属国有企业关闭破产工作的补充通知》,与太原市中院就如何加快法院受理速度的问题达成有关意向,进一步完善劣势企业的退出通道。政策性关闭破产方面,国家共批准山西省政策性关闭破产项目163户,已破产终结的项目有100户。依法关闭破产方面,原省直各部门和国资委监管企业总体改革方案中176户拟破产企业,经过审查符合破产条件的有116户,现已批复破产的项目105户,占拟破产总数的90.5%,其中有国资委监管企业36户,1户已破产终结,12户进入法律程序。在省国资委的指导协调下,吕梁市国资委妥善解决吕梁丰喜的股权纠纷问题,完成吕梁化肥厂的政策性破产工作。晋中市国资委下大力推进晋华、锦纶、轻机的破产工作,借资6181万元,妥善解决职工普遍关心的欠发工资、拖欠医药费、医疗保险等问题。太原市国资委通过经济补偿、自谋职业、公益性岗位等多种渠道提供职工再就业,太原变压器厂等12户企业政策性破产工作顺利进入法律程序。朔州市国资委将朔州化肥公司土地转让金用于职工安置,最大限度地保障了职工利益。

六、山西省国资委监管企业主辅分离辅业改制概况

省属企业基本完成主辅分离和自办中小学校移交工作。在累计完成115户辅业分离改制任务的基础上，2008年又完成辅业改制28户，其中改制为国有控股12户，非国有的16户，分流安置职工3821人，落实安置职工支付的经济补偿金1.2亿元。完成301所自办中小学校实质性移交工作，占省属企业自办中小学校总数的97.1%，基本完成分离移交任务。

七、山西省国资委监管企业重组与完善法人治理结构改革进展情况

一是加快省属煤炭企业整合地方煤矿步伐。在2006年下发晋国资产权〔2006〕94号《关于省属企业收购地方煤矿有关问题的通知》的基础上，省国资委又先后制定下发《关于省属企业整合地方煤矿及引进资金合作煤炭项目有关规定的通知》等三个文件，进一步规范省属企业煤炭资源整合的审批和矿业权评价估核准等工作。积极推动山西煤矿企业兼并重组私募股权基金的设立工作。按照省政府打好小煤矿整顿关闭攻坚战的总体部署，省属煤炭企业加快兼并、收购地方中小煤矿步伐，2008年经国资委批准收购和整合地方煤矿106个，获得资源储量89亿吨。同煤集团按照成熟一个、推进一个的思路，在临汾、运城等地区收购控股了8座煤矿，整合优质资源16亿吨。潞矿集团全资收购13座地方煤矿，实施关小建大，“十三矿变三矿”，夯实了企业发展战略。焦煤集团抢抓政策机遇，与58座地方煤矿(总产能1015万吨)达成兼并重组协议。晋煤集团与泽州县共同组建“天安煤业有限公司”，参与泽州县150个煤矿的资源整合工作。

二是加大国有企业重组力度。积极推动省属企业通过与央企、其他省市企业联合重组，以及整合本地产业等多种方式，延伸产业链条，实现多元发展，努力打造一批资产实力雄厚的大集团大公司。阳煤集团大力发展非煤产业，斥资15亿元收购丰喜肥业等6家化工企业，煤化工产业初具规模，产业链进一步延伸。晋煤集团完成与浙江巨化集团、巨化股份有限公司等企业的合资合作，非煤产业的比重上升到63.5%。大同齿轮集团与中国重汽集团重组，有望建设成为中国最大重汽零部件生产企业。其所持太原重工的股份划转到太重集团，确保太重集团有限公司对“太原重工”的实际控股权。按照“母—子公司”模式，完成省经贸资产经营有限责任公司和省有色金属工业总公司的重组，提高了企业竞争实力和发展后劲。

三是加快股权多元化。根据山西省政府关于企业上市工作的总体要求，制定《省属企业2008～2010年上市融资规划》，组织有关企业从实际出发实施上市和再融资工作。太钢不锈、太原重工实施完成定向增发，融资44亿元。同煤集团、晋煤集团分别对定向增发方案和首发上市方案进行调整。煤炭进出口集团和省煤运集团正在积极收购上市公司控股权，并通过定向增发股票实现主业资产整体上市。焦煤集团抓紧推进股权重组整体上市工作。阳煤集团和同煤集团积极与信达等资产公司协商沟通，推进债转股后续工作，修改补充公司章程，完成债转股新公司的工商注册。

四是理顺六户省属资产经营公司资产管理体制。经过努力，省政府以晋政办发〔2008〕100号文件下发《山西省省级财政性委托贷款核销和转增国家资本金办法》，明确政府各职能部门管理、按照有偿原则以委托贷款和委托持股等形式周转使用的财政性资金，转增为相应资产经营公司的国家资本金，使对这些公司的资产管理落到实处，相应地这些企业的财务核算也有了基础和前提。

八、山西省国资委监管企业建立和完善经营业绩考核体系情况

2008年，省国资委与33户省属企业签订《省属企业领导人员2008年度经营业绩责任书》，与12户省属企业签订《省属企业领导人员2007～2009任期经营业绩责任书》。完成省属企业2007年度及2005～2007任期的经营业绩考核结果认定工作。建立业绩考核对标体系，以此为基础建立相应的评分办法。将节能减排指标列入考核指标体系，推进省属企业节能减排

工作的实施。完成2007年度企业领导人员薪酬测算和兑现。制定企业工资总额管理措施,完成企业工资总额审核。下发《关于进一步深化省属企业劳动人事工资分配改革的指导意见》,对企业三制改革起到有力推动作用。

九、山西省国资委监管企业负责人考核与选人用人机制改革情况

深化“四好”领导班子创建活动,与省委组织部联合制定《关于做好我省国有企业创建“四好”领导班子先进集体推荐工作的通知》。与组织部联合下发《关于进一步加强监管企业领导班子建设的意见》,明确企业领导干部的任职年龄和干部交流的有关规定。制订《省监管企业领导班子及成员任期考核工作方案》,结合年度考核,对33户省属企业领导班子及成员进行全方位的任期考核。制定《省属企业外部董事管理办法》《独立董事备案管理暂行办法》《省属企业领导人员职务任期制暂行规定》和《部分省属企业总会计师工作选拔工作方案》,初步建立科学规范的选人用人机制。对20户企业的98名领导人员进行考察调整。加强人才培养和储备,选拔100名优秀人才到上海交大安泰经济管理学院进行学习培训。构建党风廉政建设责任制工作机制,加强对企业执行“七不准”要求的检查督促。深入部分企业进行调研督察,督促并帮助企业解决一些群众关注的热点问题和班子急需解决的难点问题。推进企业效能监察,省属企业全年共完成立项1385项,建章立制763条,堵塞漏洞682个,为企业挽回经济损失7.1亿元,增加经济效益9.5亿元。深化源头治理工作,在企业招标过程中,清退资质不合格单位和废止违规招标达300余起,为企业节约资金近20亿元。查办各种腐败案件,受理信访583件,查结案232件,给予党纪政纪处分598人,挽回经济损失近1亿元。积极推进煤焦领域反腐败专项斗争。认真开展对煤炭基金的专项清理工作,收回基金近4.6亿元。

(撰稿人:刘忠兵)

内蒙古自治区

一、内蒙古自治区国有资产监督管理工作综述

2008年,在内蒙古党委、政府的领导下,国资委认真贯彻党的十七大和自治区第八次党代会精神,深入落实科学发展观,解放思想,开拓创新,认真履行职责,积极完善国有资产监管体制和制度,扎实推进了各项工作。特别是面对下半年以来迅速变化的经济形势,积极采取措施,加大监管力度,推动企业深化改革、强化管理、降本增效、谨慎投资、严控风险,做了大量扎实有效的工作,保持和促进了出资企业生产经营总体平稳较快发展。

(一)深化国有企业改革,为企业加快发展提供体制和机制保障

认真贯彻落实中央和自治区党委、政府关于深化国有企业改革的一系列指示精神,努力推进国有企业公司制股份制改革,健全现代企业制度,优化国有经济布局结构,增强了国有经济控制力、影响力和活力。

监管企业改革重组工作有了新进展。积极推进包钢集团、内蒙古盐业公司、蒙能公司、基建投资公司等企业的改革重组工作;全面启动森工集团所属200余户中小企业的改制工作。

完善监管企业法人治理结构迈出新步伐。出台《关于完善所出资企业法人治理结构推进现代企业制度的意见》,选择两户国有独资企业开展完善法人治理结构试点工作,按照现代企业制度的要求,进一步规范了企业决策、监督、运行机制,推进了企业董事会建设。

国有企业主辅分离辅业改制和分离办社会工作取得了新成果。抓住政策机遇,加快推进包钢、电力、森工等重点企业的主辅分离和辅业改制工作,促进企业经营机制的转换。全面启动难点企业森工集团的分离办社会工作,完成首批144个机构的移交工作,

共移交在册人员13088人。

政策性关闭破产工作全面完成。最后一批3个煤矿项目通过全国领导小组审核并进入破产程序。通过几年来的努力，一批资源枯竭、资不抵债、扭亏无望的困难企业通过政策性关闭破产，实现有序退出或顺利重组并重获生机，促进了企业发展和社会稳定。

据统计，内蒙古共有107户企业通过实施国家国有困难企业关闭破产政策退出市场或退出国有序列，核销金融机构债权89亿元，分流安置职工22万人，为促进自治区国有企业脱困和国有经济布局结构优化奠定坚实的基础。

(二)坚持以科学发展观指导企业发展工作，进一步明确监管企业"十一五"后三年发展战略

把指导企业落实科学发展理念，明晰发展思路作为重要任务来抓。2008年以来，结合企业实际和外部发展环境的变化，加大对大企业发展问题的调研和指导力度，指导包钢等企业以结构调整为重点，调整企业发展战略，积极引导企业明确目标，正确定位，转变发展方式，完善"十一五"后三年发展思路，实现稳步协调发展。

(三)不断加强国资监管体制和机制建设，促进监管工作的制度化、规范化和科学化

深入开展企业经营业绩考核和收入分配管理工作。坚持企业经营业绩考核与领导班子履职情况考核相结合，顺利完成2007年度的考核工作。在认真总结第一任期考核工作经验的基础上，对已出台四年的考核办法进行重新修订。

加强监管企业收入分配调控管理制度建设，健全和完善企业工资总额调控机制、工资增长与效益挂钩机制，不断规范和改进企业收入分配工作。在深入调研的基础上，研究提出《监管企业负责人职务消费指导意见》《监管企业年金试行办法》《监管企业住房公积金管理办法》等工作制度。促进了企业收入分配的规范管理。

加强企业重大事项管理制度建设，结合实际，修订《自治区国资委所出资企业重大事项报告制度》，完善企业重大事项监管程序，进一步提高监管工作的规范化水平。

(四)全面推进党的建设各项工作，为加强国资监管、促进企业发展提供政治保障

2008年以来，内蒙古国资委党委坚持以党的执政能力建设和先进性建设为主线，以加强国资监管、促进国有经济又好又快发展为目标，以改革创新的精神全面推进党的建设各项工作。

加强思想政治建设。如期完成国资委机关和企业各级干部及全体党员的十七大精神集中轮训工作。召开国资委系统企业党建工作经验交流会，对推进国有企业党建工作进行部署。

推进基层党组织和党员队伍建设。注重国资委系统党务人才队伍的培养、建设工作，初步建立起国资委系统党务工作人才库。

加强纪检监察工作，推动反腐倡廉建设向纵深发展。按照中央和自治区党委的部署和要求，扎实推进惩治和预防腐败体系建设工作。围绕整体推进国有企业惩防体系建设工作，重点围绕"三重一大"和企业领导人员廉洁自律"七不准"规定、党风廉政建设责任制贯彻落实情况开展督查调研。在监管企业深入开展治理商业贿赂专项工作和企业效能监察工作，促进企业依法经营、廉洁从业和有效管理。

二、内蒙古自治区国有资产监督管理机构工作进展情况

(一)认真履行职责，扎实开展国资监管各项基础工作

推进国资监管法规体系建设工作。结合国家有关法律法规及监管工作实际，对《重大事项报告制度》等监管规章制度、意见办法和规范性文件继续进行修改完善，新制定《企业国有资产评估管理暂行办法》《监管企业收入分配指导意见》《监管企业国有独资公司外派董事管理暂行办法》《监管企业国有独资公司董事会试点企业职工董事管理办法》等一批制度、办法，进一步提高监管工作的规范化、法制化水平。

加大对企业经济运行中的突出问题、重大投融资及财务事项的监督管理力度。认真研究、协调解决企业在经济运行方面存在的突出问题，针对有关企业资本金不足、负债率上升及资金短缺、成本上涨、经营亏

损等突出矛盾和问题,及时开展调研分析,向自治区政府提出防范风险、促进企业发展的措施和意见。同时,依据国资委重大事项管理相关制度规定,加大对企业重大事项的调研分析和监管力度,促进企业健康发展和国有资产保值增值。

加强企业财务监管和统计分析评价工作。加大企业财务决算管理力度,进一步完善企业财务决算审计审核、批复确认工作制度,针对财务监督发现问题及时向企业提出整改要求。加强监管企业内部审计工作的督导检查。进一步理顺关系,健全统计报告体系,认真做好全区地方国有资产统计分析工作,研究提出《内蒙古地方国有及国有控股企业 2007 年度运营情况分析报告》并按要求上报国务院国资委。同时,加强对所出资企业运行情况的分析和预测,按月和季度分别编制监管企业财务快报和运行分析报告,根据企业当期运营中存在的突出问题,及时提出应对措施,指导企业防范风险、稳健发展。开展监管企业经营绩效定量评价工作,督促企业分析查找在主要经济指标方面的差距,科学制定改进措施,引导其向先进水平努力。

依法规范做好产权管理工作。按照国家和自治区有关法规和政策规定,认真做好产权登记、产权界定、资本金变更、资产评估等基础工作,加强国有股权管理和国有产权交易监管等工作。强化产权管理制度建设,起草和修订《企业国有资产评估管理暂行办法》《企业国有资产产权交易管理办法》,印发《关于主辅分离辅业改制分流安置富余人员资产处置有关问题的通知》等制度和规范性文件。完成部分企业主辅分离、辅业改制涉及的"三类资产"认定、处置审核确认,企业国有股权管理事项的审核批复等工作。加强产权交易监管,建立产权交易季报制度,启动企业国有产权转让交易系统,推动产权交易进场后的规范运作。

推进企业节能减排和技术创新工作。内蒙古国资委将推进企业节能减排、技术创新作为落实科学发展观,转变企业发展方式的重要工作,继续将节能减排、自主创新设定为 2008 年度经营业绩考核分类指标,强化约束和引导作用。继续积极参与创新型企业试点工作,加强对试点企业的指导和服务,开展创新型企业评价工作。

高度重视企业安全生产工作。认真贯彻国家和自治区关于安全生产工作的一系列安排和部署,先后多次下发通知,进行具体部署,并组织开展出资企业安全生产大检查,将检查结果进行通报,对存在问题提出整改要求,督促企业提高认识,完善预案,加强检查,全力做好安全生产工作,保持和促进企业和社会稳定。

开展调研学习,不断探索新形势下完善国资监管体制和制度的方法和途径。11 月下旬,由委领导带队赴有关兄弟省市国资委就完善国资监管体系,提高监管工作水平进行调研学习,形成调研报告,提出加强国资监管体系建设的意见。

(二)监事会认真开展监督检查工作,有效防范企业经营风险,促进国有资产保值增值

内蒙古国资委把监事会监督工作,作为完善国资监管体系,提高监管效能的重要手段和措施。监事会成立近两年来,在加强队伍建设、制度建设的同时,把强化当期监督作为重点,与事前、事中、事后监督相结合,努力提高监督检查工作的质量和时效性、有效性和灵敏性,取得很好的效果。

2008 年以来,监事会立足职责要求,深入三户派驻企业,继续坚持以财务监督为核心、以当期监督为重点,依法扎实开展监督检查工作,顺利完成各项监督检查任务,为加强国资监管各项工作决策提供可靠依据。结合监督检查情况,在认真分析研究的基础上,编制完成 2007 年度监事会监督检查综合报告和三户企业分企业监督检查报告,并上报自治区政府。同时,结合监督检查情况及时就有关重大问题和重大事项以专报形式上报政府。报告对各企业会计信息质量、财务状况、经营业绩、经营管理、改革发展、企业领导班子及主要负责人做出客观评价,提出企业存在的问题和需要重点关注的问题、面临的困难、潜在风险以及相关建议。按照监事会工作程序,向有关企业进行反馈。

通过有效开展监事会财务监督,对于国资委及时了解企业运营状况,有针对性地实施监督管理,促进企业防范经营风险,实现健康发展正发挥着越来越重要的作用。

(三)继续组织企业深入开展"管理年"活动,推动企业进一步提高管理水平和经济效益

2007 年,经过精心组织、大力推动和各企业认真开展加强管理活动，出资企业管理工作中的一些薄弱环节得到改善，“企业管理年”活动取得了初步成效。

为推动企业巩固成果，坚持不懈加强管理，进一步提高管理水平，夯实管理基础，国资委决定，再用两年时间集中开展“管理年”活动，着力建立强化管理的长效机制。2008年以来，指导督促各企业继续深入开展加强管理活动，重点是从实际出发，实行目标管理，对照行业先进水平找问题、找差距，以突出重点，完善措施，持续改进，努力使企业的管理水平和竞争实力实现明显提高。同时，不断加强宣传教育和交流引导，在《内蒙古国资监管》刊物开辟专栏，及时刊登各企业“管理年”活动进展情况和企业实践中行之有效的管理方法和经验，促进各企业相互学习、交流借鉴。结合企业管理工作进展情况，8月份，组织召开企业管理工作交流会，总结交流各企业在新形势下加强管理的做法和经验，并邀请有关领导和专家就完善法人治理结构、加强企业管理和监事会监督等工作进行专题辅导，就下一步推进企业加强管理工作进行部署。

为把加强管理工作部署落到实处，由分管国资委领导带队赴各企业开展指导监督，促进工作落实。11月下旬，为主动寻找差距，切实改进企业经营管理工作，增强可持续发展能力，委领导又带领重点企业包钢集团有关负责人赴国内先进钢铁企业学习法人治理结构建设及集团公司经营管理的做法和经验。

通过两年持之以恒地努力推动，各企业管理意识、管理理念有了可喜的转变，向管理要效益真正成为企业共识，企业管理责任得到有效落实，并通过对照标杆，主动查找差距，持续改进，各企业整体管理面貌均发生积极变化，促进经济效益提高，为实现“管理年”活动三年目标、推动企业管理水平迈上新台阶打下坚实的基础。

三、内蒙古自治区国有资产总量与结构分析

截至2008年底，内蒙古地方国有及国有控股企业户数815户（独立核算企业），比上年减少80户。国有资产总量为810.2亿元，同比增长6.6%。

（一）企业户数分布

815户企业中，大型企业40户，中型企业112户，小型企业663户；自治区本级企业242户，占全部户数的29.7%。其中自治区国资委监管企业（独立核算企业）154户，占全部户数的18.9%，占本级户数的63.6%。自治区本级非监管企业88户，占全部户数的10.8%，占本级户数的36.4%。盟市、旗县级企业573户，占全部户数的70.3%。地区分布情况依次为：呼伦贝尔市135户；赤峰市72户；锡林郭勒盟58户；兴安盟52户；巴彦淖尔市51户；鄂尔多斯市50户；乌兰察布市49户；呼和浩特市33户；包头市31户；通辽市24户；乌海市9户；阿拉善盟9户。

表1　内蒙古自治区国有及国有控股企业户数分布情况

项目 企业类别	企业户数	占全区比重(%)
全区国有及国有控股企业	815	100
自治区国资委监管企业	154	18.9
自治区本级非监管企业	88	10.8
盟市、旗县级企业	573	70.3

（二）行业分布

全区地方国有及国有控股企业在农林牧渔业为主的第一产业分布有167户，占全区地方国有及国有控股企业户数的20.5%；国有资产总量为45.4亿元，占全部国有资产总量的5.6%。

在工业及建筑业为主的第二产业分布有211户，占全区地方国有及国有控股企业户数的25.9%；国有资产总量494.3亿元，占全部国有资产总量的61%。

在商业、服务业和交通运输业等为主的第三产业分布有437户，占全区地方国有及国有控股企业户数的53.6%；国有资产总量为270.5亿元，占全部国有资产总量的33.4%。

表2　内蒙古自治区国有资产产业分布情况

产业类型 项目	全行业	第一产业	第二产业	第三产业
企业户数	815	167	211	437
占全区国企户数的比率(%)	100	20.5	25.9	53.6

续表

产业类型 项　目	全行业	第一产业	第二产业	第三产业
国有资产总量(亿元)	810.2	45.4	494.3	270.5
占全区国有资产总量的比率(%)	100	5.6	61	33.4

从国有资产总量的分布情况看，第二产业国有资产总量最大，占全区国有资产总量的61%；第三产业企业户数最多，占全区企业总户数的53.6%。

(三)资产状况

截至2008年底，全区地方国有及国有控股企业资产总额为2585.4亿元，同比增长9.1%。其中自治区国资委监管的8户(集团)企业资产总额为1511.1亿元，同比增长16%，占全部资产的58.4%；自治区本级非监管企业资产总额为444.8亿元，同比增长12.9%，占全部资产的17.2%；盟市、旗县级企业资产总额为629.5亿元，同比减少6.4%，占全部资产的24.4%，其资产分布依次为：呼和浩特市(181.4亿元，占28.8%)、鄂尔多斯市(103.4亿元，占16.4%)、呼伦贝尔市(84亿元，占13.3%)、赤峰市(56.1亿元、8.9%)、包头市(53.2亿元，占8.5%)、通辽市(49.9亿元，占7.9%)、锡林郭勒盟(36.1亿元，占5.7%)、兴安盟(22.4亿元，占3.6%)、巴彦淖尔市(22.3亿元，占3.5%)、乌兰察布市(11.9亿元，占1.9%)、乌海市(6.8亿元，占1.1%)、阿拉善盟(2.4亿元，占0.4%)。

表3　内蒙古自治区国有及国有控股企业资产分布情况

企业类型 项　目	全区国有及国有控股企业	自治区国资委监管企业	自治区本级非监管企业	盟市级企业
企业户数	815	154	88	573
占全区户数比重(%)	100	18.9	10.8	70.3
资产总额(亿元)	2585.4	1511.1	444.8	629.5
占全区资产比重(%)	100	58.4	17.2	24.4

从全区国有及国有控股企业资产分布情况看，自治区国资委监管企业资产总额最大，占全区资产总额的58.4%；盟市、旗县级企业户数最多，占全区国有及国有控股企业总户数的70.3%。

全区地方国有及国有控股企业负债总额为1739亿元，同比增长13.6%。资产负债率平均67.3%，同比增长2.7个百分点。其中资产负债率不高于60%的企业有248户，占全部户数的30.4%；已资不抵债的企业有69户，占全部企业户数的8.5%。自治区国资委监管的8户企业资产负债率平均为71.4%，高于全区平均水平4.1个百分点；自治区本级非监管企业资产负债率为66%，低于全区平均水平1.3个百分点；盟市、旗县级企业资产负债率为58.2%，低于全区平均水平9.1个百分点。

全区地方国有及国有控股企业年末所有者权益846.4亿元，同比增长1%。其中自治区国资委监管的8户企业年末所有者权益432亿元，同比增长3%，占全部所有者权益的51%；自治区本级非监管企业年末所有者权益151.1亿元，同比增长8.5%，占全部所有者权益的17.9%；盟市、旗县级企业年末所有者权益263.3亿元，同比减少5.8%，占全部所有者权益的31.1%。剔除少数股东权益后，年末国有资产总量810.2亿元。其中自治区国资委监管的8户企业国有资产总量432.1亿元，占全部国有资产总量的53.3%；自治区本级非监管企业年末国有资产总量143.9亿元，占全部国有资产总量的17.8%；盟市、旗县级企业年末国有资产总量234.2亿元，占全部国有资产总量的28.9%。其中呼和浩特市、鄂尔多斯市、呼伦贝尔市、通辽市国有资产总量较大，分别占盟市、旗县国有资产总量的29.4%、23.8%、12.9%、12.5%。全区12个盟市年末国有资产总量依次为：呼和浩特市68.9亿元、鄂尔多斯市55.7亿元、呼伦贝尔市30.2亿元、通辽市29.2亿元、包头市22.7亿元、锡林郭勒盟8.9亿元、兴安盟5.6亿元、巴彦淖尔市4.0亿元、乌海市3.6亿元、乌兰察布市2.8亿元、赤峰市2.1亿元、阿拉善盟0.5亿元。

(四)效益情况

2008年度，全区地方国有及国有控股企业实现主营业务收入1041亿元，同比增长6.9%。其中自治区国资委监管的8户企业实现主营业务收入814亿元，同比增长18.8%，占全部主营业务收入的78.2%；自治区本级非监管企业实现主营业务收入85.2亿元，同比增长12.5%，占全部主营业务收入的8.2%；盟市、旗县级企业实现主营业务收入141.8亿元，同比减少33.4%，占全部主营业务收入的13.6%。

全区地方国有及国有控股企业502户盈利，盈利额为45.1亿元；313户亏损，亏损额为20.8亿元，盈亏相抵后实现利润总额为24.3亿元，同比减少56.8%。其中自治区国资委监管的8户(集团)企业盈亏相抵后实现利润8.8亿元，同比减少71.8%，占全区利润总额的36.2%；自治区本级非监管企业盈亏相抵后实现利润10.1亿元，同比增长9.8%，占全区利润总额的41.6%；盟市、旗县级企业盈亏相抵后实现利润5.4亿元，同比减少65.8%，占全区利润总额的22.2%。12个盟市中呼和浩特市、通辽市、呼伦贝尔市、鄂尔多斯市、巴彦淖尔市、阿拉善盟6个盟市实现盈利7.4亿元；赤峰市、兴安盟、乌海市、乌兰察布市、包头市、锡林郭勒盟6个盟市亏损1.87亿元。

全区地方国有及国有控股企业净利润为17.7亿元，同比减少64.1%。其中自治区国资委监管的8户(集团)企业净利润为4.1亿元，同比减少84.6%，占全区净利润的23.2%；自治区本级非监管企业净利润8.9亿元，同比增长17.1%，占全区净利润的50.3%；盟市、旗县级企业净利润4.7亿元，同比减少68.7%，占全区净利润的26.6%。

表4　内蒙古自治区国有及国有控股企业效益情况

项目 \ 企业类型	全区国有及国有控股企业	自治区国资委监管企业	自治区本级非监管企业	盟市级企业
主营业务收入(亿元)	1041	814	85.2	141.8
占全区比重(%)	100	78.2	8.2	13.6
利润总额(亿元)	24.3	8.8	10.1	5.4
占全区比重(%)	100	36.2	41.6	22.2
净利润(亿元)	17.7	4.1	8.9	4.7
占全区比重(%)	100	23.2	50.3	26.5

四、内蒙古自治区国资委监管企业股份制改革情况

积极推进包钢集团与宝钢集团的战略合作。在与宝钢签订战略联盟框架协议的基础上，就进一步开展深入合作进行多次洽谈沟通，推进双方合作进程。

全面启动森工集团中小企业改制工作。指导森工集团围绕推进产权多元化，增强企业活力，全面组织开展所属近200户中小企业的改制工作。

五、内蒙古自治区国资委监管企业主辅分离辅业改制概况

2008年是国家对国有大中型企业实施主辅分离优惠政策的最后一年，按照突出重点攻难点的原则，内蒙古国资委将包钢、电力、森工三户大企业确定为重点工作对象，积极采取措施，不断加大督促指导力度，召开主辅分离辅业改制工作会议进行专题部署和研究，努力推进工作落实。

包钢所属全部19家辅业单位已整体改制为西北创业公司并开始独立运营，实现辅业与钢铁主业的分离。分离改制涉及职工1.1万名；电力集团剩余4户辅业单位和森工集团所属10户辅业企业的分离改制工作加快推进。

全区已完成辅业剥离改制单位201户，分流安置富余人员6万人。主辅分离工作的加快推进，对于企业进一步精干做强主业，搞活辅业，促进企业健康发展将起到积极的促进作用。

六、内蒙古自治区国资委建立和完善经营业绩考核体系情况

2008年，内蒙古国资委牢牢把握国有资产出资人定位，认真履行《企业国有资产法》和《国有资产监督管理暂行条例》赋予的职责，努力完善经营业绩考核体系，扎实做好考核工作，较好地完成经营业绩考核任务。

继续坚持企业经营业绩考核与领导班子履职情况考核相结合，顺利完成2007年度的考核工作。

国资委在认真总结第一任期考核工作经验的基

础上，对出台四年的考核办法进行重新修订。修订工作重点是完善“两个机制”，突出“四个导向作用”。“两个机制”，即完善分类考核机制和完善目标值确定机制。“四个导向作用”，就是引导企业向行业先进水平看齐、引导企业贯彻落实科学发展观、引导企业牢固树立“重业绩、讲回报、强激励、硬约束”的经营理念、引导企业建立规范的法人治理结构，健全现代企业制度。修订后的考核办法既保留原办法中一些行之有效的程序、指标、计算方法等，又结合实际进行较大创新和完善。

修订后的考核办法进一步优化指标体系，充实考核内容，将企业主要经济技术指标与企业所在行业的平均水平进行对照，将对比结果纳入考核计分。以引导企业把关注点放在向行业先进水平看齐上，不断超越自我。也使考核结果更科学、更完整反映出企业的真实经营情况。

按照考核工作流程，在认真完成前期准备工作的基础上，从四月下旬开始，由委领导带队分别深入各企业进行实地考核，之后形成逐户企业的经营业绩考核报告和班子履职情况考核报告，在认真规范计分、反复研究分析的基础上，确定各企业 2007 年度考核结果评级意见，并分别向各企业进行考核结果反馈，提出进一步改进和加强的意见。考核结果和评价意见特别是所指出的企业存在的突出问题和改进建议，得到企业的普遍认可。

七、内蒙古自治区国资委监管企业负责人考核与选人用人机制改革情况

1. 认真扎实开展好企业领导人员履职情况考核工作。按照权利、义务和责任相统一，管资产与管人、管事相结合的原则，创新考核方式，继续将企业负责人经营业绩考核与领导班子履职情况考核相结合，以业绩论班子，评价班子看业绩。领导班子履职情况考核工作在上年的基础上有了进一步的改进和完善。准备更加充分、设计更为科学合理，特别是在对企业领导班子民主测评的基础上，加大个别谈话和延伸考核的范围，力求对企业领导班子和成员履行职责的综合情况做出客观、公正的评价，突出对领导能力、主观努力程度、履职尽责情况的评价。在此基础上，形成了每户企业的年度班子履职情况考核报告。

2. 加强和改进国有企业领导班子建设，依法依规做好企业领导人员管理工作。改进和加强企业领导班子建设和人才工作。按照《公司法》《企业国有资产监督管理暂行条例》和自治区党委关于企业领导人员选拔任用有关规定，加强对企业领导人员和后备干部的培养选拔和动态管理。结合开展法人治理结构建设试点，完成部分领导班子的调整、补充工作，初步构建起现代企业制度的体制框架。

按照自治区党委组织部的要求，着手开展监管企业后备干部调整补充有关工作。积极推动企业内部竞争上岗工作，部分区直大企业结合本企业实际，积极探索和推进内部中层干部竞争上岗工作。

认真落实自治区人才工作总体部署和要求，结合监管企业经营管理队伍现状，加强对企业经营管理者的培训工作，制定年度人才工作要点和企业经营管理者培训计划，突出培训主题，选定高品质培训机构，开展一系列针对性培训，收到良好效果，促进了企业人才工作的深入开展。同时，认真研究企业发展对高技能人才的需求和现状，开展相关调研，提出实施人才强企战略、推进企业高技能人才队伍建设的建议。

(撰稿人：吴大鹏)

辽宁省

一、辽宁省国有资产监督管理工作综述

2008 年，辽宁省国资委面对严峻的国内外经济形势，认真贯彻落实党中央、国务院和辽宁省委、省政府一系列重大部署，冷静分析形势，沉着应对危机，深化改革，强化管理，全省国有企业改革发展取得新的进展。

(一)国有企业改革取得重要进展，国有经济布局结构进一步优化

公司制股份制改革步伐加快。截至 2008 年底，

列入辽宁省考核范围的辽宁省40户国有大型工业企业有36户完成改制，21户国有大型非工业企业有19户完成改制，490户国有中小工业企业全部完成改制，1592户国有中小非工业企业有1459户完成改制，辽宁省国资委监管企业中列入辽宁省政府考核口径的28户企业，已经有25户完成了改制，改制面均达90％以上。辽宁省国资委还积极开展以“对标”为载体的创新型企业建设活动，进一步推动企业管理创新、体制创新和技术进步。2008年，辽宁省国资委加大对各市国企改革工作的指导力度，重点指导锦州、抚顺市的国企改革工作；推动这两个市国企改革的深入开展。

企业战略性重组实现新突破。辽宁省属企业重组也取得可喜成果，时代集团和万恒集团，成大生物与益康生物、辽渔集团与大连港的战略合作工作正在加快推进。

劣势、困难企业退出市场力度加大。2008年以来，辽宁省国资委和有关企业进一步加大政策性关闭破产力度，各个协调小组克服许多困难，精心组织，规范操作，平稳推进项目的组织实施工作，防止重大不稳定事件的发生。辽宁省国资系统还结合实际，积极推进分离企业办社会职能、主辅分离辅业改制和厂办大集体改革试点工作，都取得显著成效。

企业产业升级和产品结构调整不断加快。辽宁省大力实施“突破辽西北”战略，通过招商引资、召开项目推介会等多种形式，推动大项目建设。辽宁省属企业2008年规划投资项目109个，完成投资360亿元。

企业改革遗留问题处理取得成效。按照辽宁省委、省政府和辽宁省“三大战役”领导小组的统一部署和安排，辽宁省国资委认真开展国有企业遗留问题专项治理工作。领导亲自包案包片，加大投入力度，认真排查，逐案研究，分类化解，做到清仓见底，辽宁省委、省政府交办的重点难点案件得到有效化解。按照辽宁省政府的要求，辽宁省国资委与辽宁省劳动厅、财政厅等部门反复沟通，争取财政补助资金7700多万元，解决辽宁省属12户企业所属的82户企业历史工资拖欠问题，全面完成辽宁省监管企业工资清欠任务。

（二）国有资产管理体制和制度不断完善，监管的针对性和有效性进一步增强

国资监管机构和制度进一步完善。辽宁省各市国资委依法履行出资人职责，不断健全内设机构，完善工作流程，规范履职行为，监管能力和水平有了进一步提高。沈阳市对全市国有企业管理体制进行调整，市直13户大型国有企业资产全部由国资委实行统一监管。辽宁省国资委出台《省属企业资产损失责任追究暂行办法》等7份规范性文件，进一步完善国资监管制度。

企业经营业绩考核和分配体系进一步健全。辽宁省国资委制发《省属企业经营业绩考核和企业负责人薪酬管理有关问题的补充规定》，将企业党建、反腐倡廉、工会工作、信访稳定、安全生产、科技创新、节能减排等工作与经营业绩考核紧密挂钩，进一步发挥经营业绩考核的导向作用。辽宁省国资委加强企业收入分配的调控，保持职工收入的稳定增长，收入分配秩序初步得到规范。

国有产权基础管理工作得到加强和完善。辽宁省国资委加强产权交易市场建设，统一全省产权交易规则和工作流程，使进场率和竞价率分别提高到94％和25％。沈阳、大连、鞍山等市不断夯实产权管理的基础性工作，加强对上市公司国有股权的监管。

财务及法律风险防范有效加强。辽宁省国资系统加强对企业对外担保、应收账款、债务、法律纠纷等风险的监管，有效防范经营风险和法律风险。辽宁省国资委加强企业法律风险防范机制建设，推动企业总法律顾问制度的完善，帮助有关市和辽宁省属企业协调处理重大法律纠纷案件，为企业挽回经济损失。

出资人监督工作不断强化。辽宁省国资委强化当期监督，建立监事会主席联席会议制度和重点联系人制度，创新了监督方式方法，向所出资企业的重要子公司派出专职监事，延伸监督触角，受到国务院国资委的高度评价。加强监督检查结果的运用，首次将监事会日常监督、专项检查、年度检查揭示的问题，运用监事会主席函的形式向企业反馈，促进企业的整改。全年形成专项报告27份，有效发挥监督职能，为领导决策提供重要依据。

国有资本运营取得新成果。辽宁省国资系统坚持"资产资本化、资本市场化"理念,把推动企业上市作为资本经营的重要途径,积极开展国有资本经营。建立上市企业资源库,有十家辽宁省直监管企业正在酝酿整体或局部上市。同时,充分发挥国有资产经营公司、大连利盟等企业的作用,在处置不良资产、托管和处理"壳企业"等方面取得较好成效。

(三)企业党建和领导班子建设呈现新气象,党组织的政治核心作用进一步发挥

企业党的建设不断改进和加强。辽宁省国资委积极探索新时期企业党建工作新途径,企业党组织的政治核心作用进一步发挥。辽宁省属企业扎实开展"又好又快、科学发展"党内主题实践活动,组织实施各种形式的共产党员工程,共设立"共产党员工程"1241项,"共产党员示范岗"2508个,提出合理化建议8300余条,创造经济效益4.7亿多元。在2008年抗震救灾过程中,辽宁省国有企业广大党员积极行动起来,踊跃捐款捐物,组织有关技术人员赴灾区一线,支持灾后重建。

企业领导人员建设和党风廉政建设扎实开展。以"四好班子"建设为主要载体的企业班子建设不断引向深入。辽宁省国资委引导各企业领导班子和高层次经营管理人员深入学习和贯彻科学发展观的具体要求,以应对金融危机为主要课题,大力开展省属企业高层次经营管理人员培训。辽宁省国资系统还加强党风廉政建设,建立健全惩防体系,加大源头防治力度、监督检查力度和案件查处力度,强化企业效能监察。辽宁省国资委纪检监察工作受到中纪委、监察部、国务院国资委的充分肯定。

(四)国资系统自身建设取得新成绩,国资监管整体水平进一步提升

辽宁省国资系统十分重视加强自身建设,不断强化为基层、为企业、为职工服务的意识,努力提高做好国资工作的能力和水平。辽宁省国资委扎实开展"三型"机关建设,结合国际经济危机,加强干部队伍的业务能力培训,提升了监管水平。按照中央和辽宁省委的统一部署,委机关深入开展学习实践科学发展观活动。结合应对金融危机,开展"深入实际看问题,破解难题求实效"调研活动,分7个调研组到14个市和辽宁省属各企业开展调研,听取各市的意见和建议,考察企业生产经营情况,帮助企业研究和解决发展中遇到的问题。

二、辽宁省国有资产总量与结构分析

(一)国有资产地区分布

2008年,辽宁省一级国有及国有控股企业(集团)1786户,比上年减少274户。其中,辽宁省国资委监管企业24户、省属非监管企业226户、各市所属企业1536户。辽宁省国有资产总量为2370.4亿元,比上年增加了547.5亿元,其中,辽宁省国资委监管企业701.1亿元、省属非监管企业382亿元、各市所属企业1287.3亿元(见表1)。

表1　2008年辽宁省国有资产分布情况

企业分布	户数	比重(%)	国有资产(亿元)	比重(%)
辽宁省国资委监管企业	24	1.3	701.1	29.6
辽宁省属非监管企业	226	12.7	382.0	16.1
辽宁省市属企业	1536	86.0	1287.3	54.3
合　计	1786	100.0	2370.4	100.0

辽宁省国资委所属企业24户,国有资产总量为701.1亿元,其中,国有资产总量超过100亿元1户,超过50亿元1户,超过10亿元8户。本钢集团等10户大企业集团国有资产总量合计为647.7亿元,占省国资委监管24户企业的国有资产总量92.38%,占全省国有资产总量27.32%(见表2)。

表2　2008年辽宁省国资委监管企业资产分布情况

企　业	国有资产(亿元)	比重(%)
本溪钢铁(集团)有限责任公司	355.9	50.8
辽宁能源投资(集团)有限责任公司	62.0	8.8

续表

企　业	国有资产（亿元）	比重（%）
铁法煤业（集团）有限责任公司	48.3	6.9
抚顺矿业集团有限责任公司	39.5	5.6
东北特殊钢集团有限责任公司	36.6	5.2
沈阳煤业（集团）有限责任公司	36.2	5.2
华晨汽车集团控股有限公司	25.4	3.6
辽宁省国有资产经营有限公司	18.3	2.6
阜新矿业（集团）有限责任公司	14.3	2.0
辽宁省大连海洋渔业集团公司	11.2	1.6
其他14户	53.4	7.7
合　计	701.1	100.0

辽宁省属非监管企业的国有资产总量为382亿元，主要集中在水利、农电、监狱管理局、出版集团和辽宁日报5个部门（企业），这5个部门（企业）国有资产总量为362.7亿元，占辽宁省属企业全部国有资产总量的94.95%（见表3）。

表3　2008年辽宁省属非监管企业资产分布情况

企　业	国有资产（亿元）	比重（%）
辽宁省水利厅	307.5	80.5
辽宁省农电局	28.9	7.6
辽宁出版集团有限公司	12.0	3.1
辽宁省监狱管理局	8.9	2.3
辽宁日报社	5.4	1.4
其他	19.3	5.1
合　计	382.0	100.0

辽宁省14个市一级国有企业1536户，国有资产总量为1287.3亿元。国有资产总量超过100亿元的城市有沈阳、大连、鞍山、本溪和营口5个城市。全省国有资产主要集中在沈阳和大连，两市企业分别占市属企业户数的12.4%和11.9%，占市属企业国有资产总量的16.2%和35.4%（见表4）。

表4　2008年辽宁省国有资产地区分布情况

地　区	户数	比重（%）	国有资产（亿元）	比重（%）
沈阳市	191	12.4	208.5	16.2
大连市	183	11.9	456.0	35.4
鞍山市	112	7.3	119.0	9.2
抚顺市	153	10.0	26.4	2.1
本溪市	42	2.7	113.7	8.8
丹东市	195	12.7	15.9	1.0
锦州市	56	3.6	11.4	0.9
营口市	55	3.6	136.2	10.6
阜新市	220	14.3	63.9	5.0
辽阳市	80	5.2	5.8	0.5
铁岭市	84	5.5	4.2	0.3
朝阳市	58	3.8	56.2	4.4
盘锦市	44	2.9	53.9	4.2
葫芦岛市	63	4.1	16.2	1.3
合　计	1536	100.0	1287.3	100.0

（二）国有资产经营规模分布

2008年辽宁省三级以上企业共有2983户，其中，一级企业（集团）1786户，二级及以下企业1197户。一级企业还是主要集中在省直部门所属企业和沈阳、大连（见表5）。

表5　辽宁省国有企业户数情况

项　目	2007年	2008年	增减（%）
户数（户）	3072	2983	－2.90

表6　2008年辽宁省国有企业级次分布情况

分　布	企业户数（户）	一级企业（户）	二级及以下企业
全省合计	2983	1786	1197
省国资委监管企业	305	24	281
省属非监管企业	451	226	225

续表

分　　布	企业户数(户)	一级企业(户)	二级及以下企业
各市合计	2227	1536	691
沈阳市	467	191	276
大连市	588	183	405
鞍山市	112	112	0
抚顺市	153	153	0
本溪市	42	42	0
丹东市	199	195	4
锦州市	56	56	0
营口市	55	55	0
阜新市	220	220	0
辽阳市	80	80	0
铁岭市	84	84	0
朝阳市	64	58	6
盘锦市	44	44	0
葫芦岛市	63	63	0

2983户三级企业中，有大型企业62户，中型企业419户，小型企业2502户。62户大型企业国有资产总量为1028.7亿元，占辽宁省国有资产总量的43.4%(见表7)。

表7 2008年辽宁省国有资产经营规模分布情况

经营规模	国有资产(亿元)	比重(%)
大型企业	1028.7	43.4
中型企业	823.2	34.7
小型企业	518.5	21.9
合　　计	2370.4	100.0

(三)国有资产行业分布

2008年，辽宁省国有资产主要集中分布在工业、社会服务业和地质勘查及水利业3个产业。3个产业国有及国有控股企业户数为1398户(三级企业户数)，占辽宁省总户数的46.87%；国有资产总量为1792.1亿元，占辽宁省国有资产总量的75.60%(见表8)。

表8　2008年辽宁省国有资产行业分布情况

行　　业	国有资产(亿元)	比重(%)
农林牧渔业	23.5	1.0
工业	1071.2	45.2
建筑业	29.9	1.3
地质勘查及水利业	309.7	13.1
交通运输仓储业	281.5	11.9
批发和零售、餐饮业	54.4	2.3
金融业	131.6	5.6
房地产业	29.4	1.2
信息技术服务业	0.2	0.0
社会服务业	411.2	17.3
卫生体育福利业	0.6	0.0
教育文化广播业	24.1	1.0
科学研究和技术服务业	2.9	0.1
机关社团及其他	0.1	0.0
合　　计	2370.4	100.0

(四)上市股份公司分布

2008年，辽宁省国有及国有控股上市股份公司共有28户，其中：省本级9户、省直部门所属企业1户、沈阳6户、大连9户、丹东1户、营口1户、朝阳1户。28户上市股份有限公司资产总额为1565.4亿元，占全省资产总额的20.33%。国有资产总量为249.9亿元，占辽宁省国有资产总量10.54%。

(五)企业资产运行状况及经营成果

2008年，辽宁省国有及国有控股企业总资产7700.2亿元，总负债4986.1亿元，所有者权益2714.1亿元，国有资产总量2370.4亿元，实现营业收入3770.5亿元，利润总额83.2亿元，净利润56.7亿元，其中国有净利润17.9亿元。资产负债率64.75%，资产增长率13.51%，总资产周转率0.49次，流动资产周转率1.15次,速动比率0.71,流动比率0.95,各项主要指标比上年度均呈现递增,同时资产负债率实现下降,说明辽宁省企业资产质量正在逐步改善,经营风险适度降低,企业资产周转速度加快,资产利用效率提高(见表9)。

表9　2008年辽宁省国有企业指标完成情况

单位:亿元

项　目	金　额
资产总额	7700.2
净资产	2714.1
营业收入	3770.5
利润总额	83.2
实际上缴税金总额	231.6

三、辽宁省国有资产增减变动原因和保值增值结果

(一)国有资产增减变动及原因

2008年末,辽宁省合并国有资产总量为2370.4亿元,比上年1822.9亿元增加547.5亿元,增长30.03%。其中:辽宁省企业经营积累89.1亿元,比上年增加7.4亿元,增长9.06%;经营减值67.7亿元,比上年增加20.6亿元,增长43.74%,受金融危机的影响,经营减值增加值大于经营积累增加值,但经营积累大于经营减值,反映出辽宁省国有企业整体保持着持续盈利能力,确保了国有资产实现保值增值(见表10)。

表10　2008年辽宁省国有资本及权益增减变动情况

项　目	金额(亿元)	比重(%)
一、主要增加因素	354.3	100.0
国家、国有单位直接或追加投资	97.2	27.4
经营积累	89.1	25.1
无偿划入	67.2	19.0
资产评估增加	63.7	18.0
中央和地方政府确定的其他因素	16.7	4.7
资本(股票)溢价	9.9	2.8
会计调整	4.8	1.4
债权转股权	3	0.8
清产核资增加	1.2	0.3
税收返还	0.7	0.2
接受捐赠	0.4	0.1
减值准备转回	0.4	0.1
补充流动资本	0.1	0.0
二、主要减少因素	128.6	100.0
经营减值	67.7	52.6
无偿划出	21	16.3
中央和地方政府确定的其他因素	10.8	8.4
产权界定减少	7.7	6.0
资本(股票)折价	6.8	5.3
企业按规定上缴红利	6.7	5.2
资产评估减少	4.1	3.2
消化以前年度潜亏和挂账而减少	3	2.3
清产核资减少	0.6	0.5
经国家专项批准核销	0.3	0.2

辽宁省企业中,省国资委监管企业国有资产总量为701.1亿元,较年初489.3亿元增加211.8亿元;省属非监管企业国有资产总量为382亿元,较年初233亿元增加149亿元;各市所属企业国有资产总量为1287.3亿元,较年初1100.6亿元增加186.7亿元。

在各市所属企业中,大连等9个市的国有资产总量比上年增加,沈阳、鞍山、丹东、铁岭、葫芦岛的国有资产总量比上年减少(见表11)。

表 11　2008 年辽宁省各市国有资产总量变动情况

地　区	2007 年	2008 年	增减(%)
沈阳市	237.2	208.5	—12.1
大连市	441.3	456.0	3.3
鞍山市	119.6	119.0	—0.5
抚顺市	24.0	26.4	10.0
本溪市	56.1	113.7	102.7
丹东市	13.0	15.9	—22.3
锦州市	13.6	11.4	16.2
营口市	86.5	136.2	57.5
阜新市	25.9	63.9	146.7
辽阳市	6.0	5.8	3.3
铁岭市	4.1	4.2	—2.4
朝阳市	34.1	56.2	64.8
盘锦市	19.6	53.9	175.0
葫芦岛市	19.6	16.2	—17.3
合　计	1100.6	1287.3	17.0

(二)国有资产保值增值结果

2008 年，虽然辽宁省国有及国有控股企业经济效益大幅速度下降，但是企业亏损面降低，保值增值率为 101%，实现了国有资产保值增值。

辽宁省国资委监管企业国有资产保值增值率为 103.8%，比上年下降了 2.5 个百分点；辽宁省属非监管企业国有资产保值增值率为 99.1%，比上年下降了 1 个百分点；各市所属企业国有资产保值增值率为 99.7%，比上年下降了 0.7 个百分点(见表 12)。

表 12　2008 年辽宁省国有企业地区和行业资产保值增值情况

地　区	保值增值率(%)	行　业	保值增值率(%)
沈阳市	98.2	农林牧渔业	107.7
大连市	100.9	工业	101.6
鞍山市	97.6	建筑业	93.9
抚顺市	85.9	地质勘查及水利业	98.0
本溪市	100.7	交通运输仓储业	105.6
丹东市	161.6	邮电通信业	111.2
锦州市	96.1	批发和零售、餐饮业	76.2
营口市	101.5	金融业	99.8
阜新市	77.2	房地产业	99.1
辽阳市	115.8	信息技术服务业	109.1
铁岭市	50.0	社会服务业	103.1
朝阳市	99.0	卫生体育福利业	78.8
盘锦市	101.5	教育文化广播业	103.2
葫芦岛市	69.8	科学研究和技术服务业	111.1
		机关社团及其他	102.5

四、辽宁省国资委监管企业重组与完善法人治理结构改革进展情况

(一)深入推进国有企业改制重组

辽宁省国资委始终坚持把推进国企改革作为中心工作，加大对辽宁省重点大企业和辽宁省监管企业改革指导推进力度。积极与国务院国资委有关部门加强沟通，协调大唐电力与锦化集团的重组事宜；指导锦西化机引入战略合作伙伴，进行股份制改造。帮助和指导辽渔集团、投资集团、时代集团、万恒集团等企业引入合作伙伴，实施战略性重组。

各市也各有侧重地进一步深化国企改革。沈阳市深入推进公用事业企业改革，煤气公司完成改制重组，实现投资主体多元化，并与供暖集团进行整合重组；自来水公司完成资源整合，组建沈阳水务集团，授予国有资产经营权，对全市供排水、污水处理、地下水资源实施一体化经营管理。大连市加大对重点国企的改制重组力度。大连市在基本完成国有企业股份制公司制改革的基础上，进一步把改革推向深入，瓦轴集团存量资产吸引增量资产的股权多元化改革方

案已经确定；加大外部董事的派出工作力度，向6户国有及国有控股、国有参股企业派出外部董事8人。锦州市通过对全市184户国有企业全面调查摸底，形成全市国有企业改革总体方案，并已有14户企业的改革方案经市长办公会议审议通过。营口市对特殊行业企业，如盐业公司推进改制工作。

（二）国有大型企业战略性重组取得新突破

辽宁时代集团、辽宁万恒集团成功实现重组，实现优势互补，成为辽宁省属企业间整体合并重组的第一例。此次重组，为整合双方优质资源、拓展主营业务、提升核心竞争力奠定基础。大连港集团收购锦州港股份，投资参与锦州港建设工作，进一步提高大连港的地位和辐射能力。投资集团与成大集团、辽渔集团与大连港的战略合作也都基本达成意向。冰山集团由国有独资公司改建为多元投资主体的股份制公司的改革方案经国务院国资委批准。大连重工·起重集团已经与宝钢集团签订投资意向书。

（三）国有企业政策性破产工作情况

按照国务院国资委关于政策性破产工作的部署，辽宁省政策性破产工作坚持积极推进，稳妥操作，把稳定放在第一位。在实际工作中，坚持调度跟进，深入调研，注重难点重点项目的推进。一年中有16个项目（15个市属企业，1个中央企业）进入法律程序，有6个项目（5个市属企业，1个中央企业）终结。

截至2008年底，辽宁省已完成138个政策性关闭破产项目，占辽宁省列为政策性关闭破产项目总数（辽宁省列入政策性关闭破产项目共203个，其中不包括军队武警移交企业67个）的68%。还有65个政策性破产项目没有终结，其中，已进入法律程序项目36个（市属企业31个，中央下放企业5个）；未进入法律程序项目29个（市属企业12个，中央下放企业6个，中央企业11个）。

（四）完善法人治理结构改革进展情况

进一步完善省属企业法人治理结构，加强董事会建设。按照《公司法》有关规定，结合辽宁省属企业产权制度、管理体制改革不断深入的实际，从健全内部结构和运行机制、提升效率和决策能力角度出发。

落实出台《辽宁省省属国有企业董事会管理暂行办法》，推进企业董事会建设制度化、规范化。试行外部董事制度。适应辽宁省属国有企业产权多元化形势变化，加快外部董事制度建立步伐，按照将出台的《辽宁省属国有企业外部董事管理暂行办法》，在条件成熟的国有独资企业董事会中试行外部董事制度。完善和落实《辽宁省国有参股企业产权代表管理暂行办法》，试行派出产权代表制度。

通过在国有企业设立外部董事，在参股企业中派出产权代表，加强和完善制度建设，改善董事会人员结构，提高决策能力，使出资人监管到位，利益得到保障。截至2008年末，已分别向部分国有独资公司和参股的中国有色沈阳公司等5户企业派出外部董事、监事、国有产权代表等9名。

五、辽宁省国资委监管企业建立和完善经营业绩考核体系情况

（一）建立健全国有资产经营责任与考核制度

为履行国有资产出资人职责，落实资产经营责任，参照中央企业负责人经营业绩考核暂行办法，结合省属企业实际，2004年末，辽宁省制定《辽宁省省直企业国有资产经营责任制与业绩考核暂行办法》，2006年又对办法进行进一步修订，出台《辽宁省国资委监管企业负责人年度经营业绩指标核定与考核暂行办法》，2008年出台《辽宁省属企业经营业绩考核和企业负责人薪酬管理有关问题的补充规定》。通过制度建设，明确和规范业绩考核的工作对象、工作内容和基本程序，初步构建业绩考核工作体系和机制。按照“上水平、更规范、更精确”的要求，辽宁省国资委将学习借鉴国务院国资委和外省、市的先进经验和做法，对辽宁省属企业经营业绩考核工作管理办法进行修改完善，重新制订、出台《辽宁省省属企业负责人年度和任期经营业绩考核暂行办法》，并按照新办法对企业年度经营业绩进行考核，并正式开展任期考核工作。

（二）合理确定考核指标体系，充分发挥业绩考核的导向作用

优化考核基本指标，完善分类指标，引导企业全

面贯彻落实科学发展观，实现全面协调可持续发展。在坚持“同一行业、同一尺度”的前提下，积极推进企业对标工作，运用国际、国内同行业先进水平推动企业追求卓越，创造国际、国内一流水平。同时把企业技术创新、节能减排、维护稳定等纳入考核指标体系中，完善考核内容。

(三)签署经营业绩责任书，逐户落实经营责任

依据《辽宁省省直企业国有资产经营责任制与业绩考核暂行办法》和《辽宁省国资委监管企业负责人年度经营业绩指标核定与考核暂行办法》，辽宁省国资委与辽宁省属企业负责人签订《年度经营业绩责任书》，实现业绩考核全覆盖。通过签订经营业绩责任书，制定企业年度考核目标，明确国有资产出资人和企业负责人的责任、权利和义务。

(四)扎实开展经营业绩结果考核确认，把业绩考核与奖惩任免相结合

依据经审计的企业财务决算报告和统计数据，以及中介机构和企业外部监事会出具的《企业年度经营业绩指标完成情况专项稽核报告》和《企业年度经营业绩指标核查报告》，结合企业负责人年度总结分析报告，对各企业经营业绩指标完成情况进行考核，对经营业绩完成情况进行综合评分，确定考核等级。同时强化考核结果的运用，健全和完善考核激励和约束体系，将年度业绩考核结果与企业负责人薪酬兑现紧密挂钩，依据考核结果对企业负责人实施奖惩。

六、辽宁省国资委监管企业负责人考核与选人用人机制改革情况

(一)强化企业领导班子和领导人员管理制度化建设

适应建立现代企业制度的要求，研究制定《省属企业领导班子和领导人员的暂行管理办法》，探索建立适应国有企业发展实际的、有别于党政机关的企业领导人员管理办法。进一步完善和加强“四好”领导班子建设，研究建立定性与定量相结合，年度考核与任期考核相结合的《省属企业领导班子综合考核评价暂行办法》。

(二)坚持民主、公开、竞争、择优原则，通过公开选聘、竞争上岗，扩大省属企业领导人员选拔途径

在部分辽宁省属企业在集团层面经营管理职位和重要子公司进行社会公开招聘和内部公开竞争上岗，优化和调整充实企业领导班子。

(撰稿人：曹　妍)

大连市

一、大连市国有资产监督管理工作综述

2008年，面对国内特大自然灾害和国际金融危机的严峻形势，大连市国资委认真贯彻落实大连市委、市政府的部署，坚持以科学发展观为指导，深化改革、强化监管，国有企业改革发展取得新的进展。2008年，各个方面的发展指标都完成比较好，经济高速增长，GDP增长16.5%，财政收入增长26%，固定资产投资增长30%以上，利用外资增长58%；结构调整的各项任务完成的也很好，带动了一大批重大项目落地，促进了工业企业结构调整和核心竞争力能力的提高。经过几年的持之以恒的结构调整、产业升级、体制创新，大连市已经形成一批主业突出，具有自主创新能力和市场竞争力的大型企业和企业集团，为大连市经济发展做出突出贡献，起到重要支撑和带动作用。2008年，大连市国有工业企业实现增加值占市属规模以上工业企业的46%，纳税总额占全市税收总额的25%。一批企业集团在全市结构调整和发展过程中起到关键性的作用，特别是大连港集团和机场集团在大连市国际航运中心建设中的龙头作用更加突出。2008年，大连港集团对辽宁沿海港口资源进行整合，推动了国际航运中心的建设。大连机场集团完成旅客吞吐量达到820万人次，已进入全国大型机场的行列。一批装备制造业企业在全国同行业中始终保持着领头羊的位置，重工·起重集团、冰山集团、瓦轴集团在全国同行业中继续保持第一名的位置。经过几年的努力，国有大中型企业的股份制、公司制改革基本完成，全面完成辽宁省政府下达的182户企业改革

工作任务，国有企业改革工作始终处于全省前列。国有企业上市工作取得很大进展，大连港股份、华锐铸钢股份已分别在香港、深圳成功实现H股和A股上市，上市融资量达到30.8亿元人民币。截至2008年末，完成大冷股份等9户国有上市公司的股权分置改革，是全国第二个全部完成股改的地区；完成了大连市企业主辅分离改制和56户企业“三供一房”分离移交工作。通过推进国有企业改革，为实现老工业基地调整转型奠定了基础。形成市国有资产监管机构、运营机构、监管企业三级管理体制，建立一套较为规范的国有资产监督管理体系，包括组织体系、制度体系、统计评价与业务考核体系、产权管理监管体系、财务监督体系、监事会工作体系等。基本解决国有大中型企业主要历史遗留问题，完成国有企业的不良资产处置、债转股、股权回购、解决上市公司大股东占用资金等工作。完成113家企业的破产清算工作。比较妥善解决国有企业的遗留问题，有力地保证了全市的社会稳定。

2008年，大连市地方国有及国有控股企业（含企业化管理事业单位，不含金融企业）588户（含三级企业，其中一级子企业183户）。一级企业中，市本级45户，区市县138户。资产总额1716.7亿元，比上年增长15.7%；负债总额1055.9亿元，比上年增长18.5%；净资产660.8亿元，比上年增长11.4%；国有资产总量460.4亿元，比上年增长4.1%；2008年实现营业收入764.7亿元，比上年增长16.1%；实现利润37.2亿元，比上年增长3.6%。上缴税金42.4亿元，与上年持平。

其中，大连市国资委出资28户企业资产总额1351.8亿元，比上年增长15.1%；负债总额848.6亿元，比上年增长19.9%；净资产503.2亿元，比上年增长7.6%；国有资产总量337.4亿元，比上年增长6.7%；2008年实现营业收入718.3亿元，比上年增长15.8%；实现利润36.6亿元，比上年增长5.2%。上缴税金39.7亿元，比上年下降1.7%。

二、大连市国有资产监管机构工作进展情况

2008年，大连市国有资产监督管理体系已建立并运行规范，市属国有、国有控股企业的经营质量优良，经济效益不断提高，国有经济的控制力、影响力得到增强，国有经济在全市经济发展中的地位愈加重要，为大连市经济发展发挥重要的支撑作用，受到国务院国资委、辽宁省国资委的充分肯定。2008年，大连市国资委出台《大连市国资委出资企业国有资产损失领导人员责任追究暂行办法》《大连市国资委出资企业投资监督管理暂行办法》《大连市国资委出资企业安全生产监督管理暂行办法》等5件监管制度。完善经营业绩考核办法，出台《关于大连市国有及国有控股企业负责人业绩考核的补充规定》，增加自主创新、节能减排等专项考核指标，按照国家的统一要求，把企业综合绩效考评作为加强国有资产监管的重要手段。将安全生产指标列入企业业绩考核体系，全年较好地完成全市下达的安全生产考核计划。进一步加强国有产权管理和风险防范，加强对土地等资源性国有资产的监管，完成大连三寰集团、复洲湾盐场等国有土地资产的确权工作。对企业向非主业投资实行报批制。对企业发展规划进行中期评估，对重大投资项目进行效能监察，对企业贷款担保管理实行备案制和报批制。部分企业设立企业法律事务机构，建立总法律顾问制度。建立起国有资本经营预算制度，启动国有资本经营预算编制工作。

（一）国有资产监管法规体系不断完善

2008年，大连市国资委共制定规范性文件5件，包括《市国资委党委关于贯彻落实〈建立健全惩治和预防腐败体系2008～2012年工作规划〉具体实施意见》《大连市国资委出资企业投资监督管理暂行办法》《大连市国资委出资企业国有资产损失领导人员责任追究暂行办法》《大连市国资委出资企业安全生产监督管理暂行办法》，与财政局联合印发《大连市企业国有资本收益收取管理暂行办法》。截至2008年末，大连市国资委共制定规范性文件51件。

（二）企业法律风险防控机制基本建立

2008年，大连市国有企业事后补救变事前防范和事中控制的风险防控机制基本建立，企业内部规章制度体系不断健全完善，法律部门审核合同数量不断增加，参与企业决策力度加强，法律顾问作用越来越明显，企业法律风险防控意识明显增强。市国资委出资企业共有法律工作人员245人，其中取得国家企业法律执业资格的40人。按新《公司法》及

《企业国有资产监督管理暂行条例》规定，基本完成对出资企业公司章程的全面修订。截至年底，国资委出资企业中已实行总法律顾问制度试点企业4家。当年共为9户企业调处企业法律纠纷13件，挽回经济损失上亿元。

(三)建立国有资本经营预算制度

2008年大连市政府印发《大连市人民政府转发省政府关于建立国有资本经营预算制度意见的通知》(大政发〔2008〕55号)，大连市国资委与市财政局联合下发《大连市企业国有资本收益收取管理暂行办法》(大财资〔2008〕691号)，对大连市国有资本收益、支出进行预算管理。文件规定国有资本经营预算收支范围、编制和审批程序等内容，明确国有独资企业上缴年度净利润的比例为4%。标志着大连市国有资本经营预算制度已基本建立。对增强政府的宏观调控能力，完善国有企业收入分配制度，推进大连市国有经济布局和结构调整具有重要意义。

(四)惩防体系建设创新工作取得新成效

2008年，大连市国资委23户企业确立效能监察项目99项，涉及行政管理、产品质量管理、重大项目工程招投标、大宗物资采购、安全生产管理、财务管理、国有资产管理等内容。截至年末，共完成立项95项，提出改进管理建议867条，建立和修订规章制度450项。增加经济效益9035.3万元，避免和挽回经济损失2234.1万元。大连港集团有限公司《运用ISO9000国际质量管理体系，深化源头防腐》和市国资委《企业国有产权转让电子竞价方式》两个项目，分别荣获大连市惩治和预防腐败体系建设“最佳工作创新奖”和“工作创新奖”。

三、大连市国有资产总量与结构分析

2008年，大连市国有企业经历了原材料、能源价格大幅上涨，利率升高等不利因素抑制，面对国内特大自然灾害和国际金融危机影响，在国内外经济形势错综复杂的环境下，通过及时调整对策，把握市场先机，实现全年总体运营保持平稳，生产经营和经济效益保持稳步增长，国有经济布局和结构进一步优化。

表1　2008年大连市所属国有企业指标情况

单位:亿元

项　目	金　额
资产总额	1716.7
净资产	660.8
营业收入	764.7
利润总额	37.2
实际上缴税金总额	42.4

表2　大连市国有企业户数情况

项　目	2007年	2008年	同比增减(%)
户数(户)	592	588	−0.67

表3　2008年大连市国有资产按归属分布情况

归　属	国有资产(亿元)	占国有资产总量比重(%)
监管企业	337.4	73.3
非监管企业	7.9	1.6
县区企业	115.1	25.1
合　计	460.4	100

表4　2008年大连市国有资产经营规模分布情况

经营规模	国有资产(亿元)	占国有资产总量比重(%)
大型企业	357.3	77.6
中型企业	92.2	20.0
小型企业	10.9	2.4
合　计	460.4	100

表5　2008年大连市国有资产行业分布情况

行　业	国有资产(亿元)	占国有资产总量比重(%)
一、农业	2.4	0.5
二、工业	124.3	26.9
三、建筑业	1.6	0.3
四、交通运输业	157.0	34.1

续表

行　业	国有资产（亿元）	占国有资产总量比重(%)
五、商业	25.2	5.5
六、投资业	133.7	29.2
七、其他	16.2	3.5
合　计	460.4	100

表6　2008年大连市国有资产组织形式分布情况

组织形式	国有资产（亿元）	占国有资产总量比重(%)
独资	430.9	93.6
控股	23.0	5.0
参股	3.2	0.7
企业化管理事业单位	3.3	0.7
合　计	460.4	100

四、大连市国资委监管企业股份制改革和股权分置改革情况

（一）继续深化国有企业改革

2008年，大连市国资委完成冰山集团、大耐泵业等企业股份制改革和会展中心、大连建设投资公司等企业公司制改革。2008年7月30日，国务院国资委批准冰山集团的改制，新冰山集团完成注册，全面完成冰山股份制改造工作，实现投资主体的多元化，股份制改革工作取得重大成果。基本完成盐业公司股份制改革。截至2008年末，大连市国有大中型企业的股份制、公司制改革基本完成。

（二）积极推动企业融资上市

2008年，国家加大宏观调控，实施从紧的货币政策，使国有企业发展融资难度进一步加大，大连市国资委积极推进企业融资上市。2008年1月，华锐铸钢在深交所上市，直接融资5.8亿元，为企业发展风电、曲轴等高新产品提供资金保障，实现国有资产大幅增值。完成重工起重整体上市前期准备工作，引入宝钢集团和管理团队入股，预计可融资10亿元，整体上市工作已进入券商选择阶段。启动热电集团改制重组、整体上市工作。加紧推进大连金重上市。基本完成大橡塑增发方案。瓦轴集团深化改革方案已经确定，采取存量吸引增量，保持国有控股，完成股权多元化改革，在条件成熟后整体上市。大连港集团收购锦州港部分股权。

（三）促进国有企业整合资源应对金融危机

2008年，大连市国资委出资企业大连港集团成功发行30亿公司债券，大连市国资委办理大连港集团参股百年人寿，协助大连港集团收回大连宏誉大厦外方股权；大连市建设投资公司代持国家开发银行参股长兴岛投资股份公司，增资重工·起重华锐风电和大连机床集团；大连市国资委界定大连华信信托公司国有股权，按大连市政府整顿和发展公交客运市场的有关精神，办理公交集团收购4户合资企业股权权益；支持大显集团通过资本运作，实现债务重组收入7000多万元，改善了资产负债结构。

五、大连市国资委监管企业破产重组工作情况

2008年，大连市国资委按照大连市委、市政府的部署和要求，启动16户厂办大集体企业的改革试点工作。完成大化集团、重工·起重集团等企业不良资产回购4.26亿元。水产集团、锦达集团列入国家最后一批政策性破产计划。完成5户企业依法破产清算工作。截至2008年末，大连市国资委共筹集2.94亿元专项资金，用以解决两盐（金州盐场、旅顺盐场）、两纺（大连市纺织厂、瓦房店纺织厂）、棒棰岛食品集团、天百集团等24户企业的历史遗留问题，涉及人员近5万人。随着国有企业历史遗留问题的不断解决，信访量明显下降，维护了全市的和谐稳定。

（一）破产清算工作

2008年3月，全国企业兼并破产和职工再就业工作领导小组正式下达锦达集团、水产集团的国家政策性破产计划。截至2008年末，大连市列入国家政策性破产正式计划的12户中已终结9户，正在破产清算

的3户。2008年批复1户企业实施依法破产,指导2户企业进入破产程序,完成大起配套、旅顺医药共2户企业破产清算工作;大起有限的依法破产工作正在积极推进之中。2008年金州盐场、旅顺盐场破产工作取得阶段性成果,实现大连市政府确定的基本解决盐业改革遗留问题的工作目标。皮子窝化工厂破产遗留问题基本得到解决,彻底将皮子窝化工厂移交给地方政府,施行属地化管理,并将皮子窝化工厂破产终结报告递交普兰店市人民法院。金州盐场破产工作进入收官,已筹集资金2600万元,解决金州盐场破产遗留问题。

(二)厂办大集体改革试点工作

截至2008年末,在辽宁省政府未启动厂办大集体改革试点工作的情况下,根据大连市的实际情况,对部分条件成熟、改革成本能够自筹的厂办大集体,以企业自愿为前提,提前启动改革试点。完成瓦轴集团下属等16户厂办大集体的改革试点。

(三)不良资产处置工作

2008年9月11日,银监会、发改委、财政部联合下发《关于印发东北地区装备制造业银行不良贷款处置方案的通知》(银监发〔2008〕63号),大连市共确认9户企业纳入东北地区装备制造业银行不良贷款企业清单上报国家有关部门,涉及不良贷款本息合计1.93亿元。2008年已处置金融机构债权和债转股股权4亿元,其中以1.28亿元回购了大化集团信达公司不良债权本息3亿元,以7折回购人重集团华融公司债转股股权6336万元,以2480万元回购电子研究所东方公司不良债权本息6263万元。

六、大连市国资委监管企业主辅分离辅业改制概况

2008年,大连市国资委完成机电安装公司、大连市监狱自管房分离审批;完成中山区属商业网点房划转。完成铁路卫校、原铁路医院离退休人员移交工作,形成《大连市落实国有企业办中小学校退休教师待遇自查情况的报告》上报辽宁省政府。截至2008年末,大连市全面完成56户企业“三供一房”分离工作。

七、大连市国资委完善公司法人治理结构工作

2008年,大连市国资委加大国有企业外部董事、国有股权代表董事派出工作力度,向6户国有企业派出外部董事8人,企业外部董事所占比例已达到24.4%。新向2户国有企业派出监事会,对12户国有企业监事会进行调整。继续推行股东会、董事会重大事项事先报告制,监事会主席、外部董事与有关职能部门监管联动机制,对企业重大事项全过程监督,增强制约机制,全年共形成各类专题报告53件。

八、大连市国资委监管企业建立和完善经营业绩考核体系情况

2008年,在《大连市市属国有及国有控股企业负责人业绩考核暂行办法》(大政办发〔2005〕70号文件)的基础上,大连市国资委制定并下发《企业负责人经营业绩考核办法补充规定》(大国企业绩薪酬〔2008〕2号)。对工业企业加大科技创新指标考核;对能源消耗和重点污染企业,加大节能减排指标考核;对港航业加大吞吐量指标考核;对公共服务业企业,增加企业经营管理水平和所承担的社会职责指标考核,进一步完善业绩考核体系。对22户企业负责人2007年度经营业绩进行考核,并将考核结果分为A、B、C、D、E五个等次,根据考核结果兑现企业负责人2007年度年薪。

九、大连市国资委监管企业产权管理工作情况

(一)认真做好改制企业审计评估工作

2008年,围绕着大连市国企改革中心任务,集中力量认真做好改制企业审计评估工作。全年共完成瓦轴集团、大商集团、重工·起重集团、冰山集团、盛道集团、市政总公司、金州重机、泰安民爆等八户企业改制审计和评估核准工作。对大耐泵业、交通规划勘

察设计院、北方预应力拉伸机总厂、大连书画苑四户企业进行延伸审计并对延伸审计结果进行确认。通过实行项目负责制、专家与中介机构背对背咨询论证模式以及中介机构工作质量考核办法等制度，进一步完善大连市企业国有资产审计、评估管理体制。2008年，共对17个资产评估项目进行核准，涉及资产总额180.18亿元，净资产109.12亿元，评估增值率63.86%。对17个资产评估项目进行备案，涉及资产总额0.69亿元，净资产0.48亿元，评估增值率23.49%。

(二)企业国有产权通过产权交易市场公开挂牌转让

2008年，大连市加大推动企业国有产权进场交易力度，确保企业国有产权交易的公开、公平、公正。截至2008年末，大连产权交易所共实现交易313宗，交易总额合计89.5亿元，比上年增长37.9%，其中，产权转让项目32宗，交易额合计65亿元，比上年增长58.5%；资产处置项目72宗，交易额合计1.4亿元，比上年增长16.67%。实现高新技术企业技术产权融资3宗，融资金额合计3亿元，比上年增长500%。为开发区办理清产核资、动迁房屋置换、事业单位资产处置等业务6宗，涉及资产总额9.6亿元，比上年减少46.7%。截至2008年12月31日，共有200家企业通过大连产权交易所进行股权托管，托管股权的股本金额合计10.5亿元。

十、大连市国资委加强企业财务监督工作情况

2008年，大连市国资委准确把握住出资人职责定位，通过加强企业决算管理、审计质量监控和审计监督等工作，促进企业提高会计信息质量，改进财务绩效，增强盈利能力，实现健康持续发展。进一步强化决算批复职能，完成2007年度企业财务决算审核、批复、汇总工作；在决算批复中，对企业财务绩效进行定量评价，并针对企业在财务核算和经营管理中存在的问题提出意见和建议；进一步规范财务决算审计工作。对决算审计工作实行全过程监督。组织开展新一轮企业财务决算审计中介机构选聘工作；完成2007年度全市国有资产统计报表审核、汇总、分析、上报工作，并一次性通过国务院国资委验审。起草《全市国有资产运营报告》上报大连市委、市政府，加强企业财务动态监测分析工作。

十一、大连市国资委监管企业党建工作情况

(一)加强基层党组织建设

2008年，大连市国资委组建市党建研究会国资分会，完成7户企业党委、纪委换届工作。大连市国资委系统评选先进党委18个，先进党支部71个，优秀共产党员79人，优秀党务工作者47人，发展新党员982人。在支援地震灾区抗震救灾活动中，大连市国资委系统共捐款3910万元，缴纳特殊党费399.4万元。大连市国资委荣获“辽宁省老干部工作先进集体”称号；大连市国资委出资企业9户荣获国家级奖14项，9人获国家奖12项；12户企业获得行业奖16项，5人获得行业奖8项；3户企业5人获得省级奖项。

(二)加强企业领导班子建设

2008年，依据《大连市市属企业负责人综合评价办法》，大连市国资委完成21户企业领导班子年度考核。结合考核、换届和改制，调整企业领导成员32人，其中提拔任用18名年富力强的企业高管。连续两年面向全国公开招聘国有企业高管12人。使企业领导班子进一步知识化、专业化、年轻化。

(三)加强企业文化建设和精神文明建设

2008年，大连市国资委创办《大连国资》，全年共发行38期，撰写《大连国有企业改革发展30年》。大连国资网点击率累计达到300万次，列各省市国资委网站前茅。结合改革开放三十年，开展多种形式的宣传活动，展示国有企业的风采，已经形成各具特色的企业文化，为企业经营和发展起到促进作用。

十二、大连市国资委机关建设情况

2008年，按照大连市政府的要求，大连市国资委机关成功导入ISO9000质量管理体系，并通过认证。通过导入ISO9000质量管理体系，规范大连市国资委

机关工作流程,提升机关工作人员的服务意识,提高机关工作效率和办事效率。

(撰稿人:周元新)

吉林省

一、吉林省国有资产监督管理工作综述

2008年,在吉林省委、省政府的正确领导下,吉林省国资委以学习实践科学发展观为契机,以解放思想、深化改革为动力,继续深化改革,积极谋划发展,努力加强监管,深入开展"转机制、谋发展"活动,较好地完成各项工作任务。

继续深化企业改革。重点出资企业、省政府确定的13户改制遗留难点企业改制重组均取得重要进展。企业改制遗留问题得到妥善处理,年初确定的16户重点企业,有14户问题得到有效解决。企业分离办社会工作稳步推进。企业不良金融债务得到有效化解,省国资委签订涉及320亿元不良金融债务的回购处置协议。政策性破产工作取得新突破,全省破产终结8户,省属10户企业有9户进入司法程序。厂办大集体改革试点稳步推进,三个试点城市中,白山市基本完成试点任务。成功举办纪念改革开放30年改革成果图片展,出版《世纪攻坚—吉林省国企改革大事记》。加强信访工作力度,积极化解各种矛盾。

加快推进企业发展。以项目建设为中心,推动加快结构调整和产业升级,全年出资企业共完成投资100亿元,同比增长47.1%。组织对西部产业园区开发、国华矿业矿产资源开发等大项目进行研究和论证。针对国家扩大内需的政策措施,组织企业集中谋划89个重大项目。加大政策支持力度,出台《支持出资企业进一步深化改革加快发展的实施意见》。支持加强创新体系建设,在国有资本经营预算中拿出500万元,用于支持重点骨干企业建立研发中心,提高企业自主创新能力。

积极应对金融危机影响。认真组织分析企业经营形势,共同研究对策,要求企业加强资金管理,确保现金流。制定出台《支持出资企业保增长促发展的实施意见》,从加强企业生产组织、加大产品结构调整、强化企业内部管理、做好项目谋划等11个方面提出具体意见措施。对通钢、信托等企业利用6.7亿元国有资产权益,采取增资、补贴、核销等办法,帮助企业化解财务风险。在国有资本预算中及时对担保公司增资5000万元,申请省政府增加1亿元,扩大担保能力。

进一步加强和完善监管体系建设。健全完善企业法人治理结构运作规章制度,完善国有股权代表重大事项报告制度及反馈程序。加强业绩考核体系建设,积极探索企业管理者中长期激励的有效办法。完善企业重大投资监管机制,实施重大项目专家评审制度。制定出资企业资产损失责任追究制度,建立健全财务风险防范机制。完善国有资本经营预算管理制度和程序,加大预算收益收缴力度,围绕企业改革发展增加资本性支出比重。扩大一对一派驻监事会企业范围,加大当期监督力度。认真做好资产划转、产权转让和重大项目资产评估等产权管理基础工作。继续推进出资企业法律顾问制度建设。

积极探索新形势下企业党建工作的新途径。组织开展解放思想大讨论活动和学习实践科学发展观试点工作。按照保持党的先进性要求,加强企业党组织建设和基层党员教育管理。加强企业领导人员队伍建设,加大考核、调整和后备人才选拔培养力度。加强对企业文化建设和精神文明建设的指导。大力推行厂务公开和职工民主管理。加强企业党风建设和反腐倡廉工作,起草建立健全惩防体系实施办法的工作细则,制定下发企业领导人员"十个禁止"的规定。积极组织企业采取各种方式支援灾区建设,共向雨雪冰冻和汶川地震灾区捐款捐物3400万元。

通过省国资委及出资企业的共同努力,2008年1～8月份,出资企业累计实现主营业务收入同比增长64.9%,完成增加值同比增长32.4%,实现利润同比增长61.8%,各项经济指标都保持较高的增长速度。8月份以后,受国际金融危机的冲击和影响,经济指标出现明显下滑。9～12月份,主营业务收入同比下降7.4%,增加值同比下降90%,利润同比下降188%。全年实现主营业务收入573.6亿元,同比增长24.4%;实现增加值81.6亿元,同比下降18.4%;实现利润8.9

亿元，同比下降71.7%；完成固定资产投资79.6亿元，同比增长114.3%。到2008年末，全省国有资产总额达到4118亿元，比2004年净增1318亿元。

二、吉林省国资监管机构工作进展情况

吉林省国资委高度重视对市(州)国资监管工作的指导，积极探索不单独设立国资监管机构的市、州国有资产监督管理的有效形式，防止国有资产流失。截至2008年12月，吉林省9个市(州)一级政府中，长春、吉林和延边三个市(州)设立了独立的国有资产监督管理委员会，其余6个市(州)由财政部门对国家出资企业履行出资人职责。2008年，长春、吉林、延边三个市(州)国资委，在当地党委政府的正确领导下，认真贯彻落实科学发展观，忠实履行出资人职责，不断深化改革，加强监管，推动出资企业加快发展，取得突出成绩。

三、吉林省国有资产总量与结构分析

表1　2008年吉林省所属国有企业指标情况

单位:亿元

项　目	金　额
资产总额	1940.22
负债总额	1214.70
所有者权益合计	725.52
营业收入	966.54
利润总额	1.50
净利润	-8.64
本年应缴税金总额	55.03
本年实际上缴税金总额	61.60

表2　吉林省所属国有企业户数情况

项　目	2007年	2008年	同比增减(%)
户数(户)	1402	827	-41.01

表3　2008年吉林省国有资产地区分布情况

地　区	国有资产(亿元)	占国有资产总量比重(%)
吉林省省直	184.08	36.19
长春地区	293.76	57.75
吉林地区	0.43	0.09
延边地区	14.88	2.92
四平地区	0.28	0.05
通化地区	3.42	0.67
白城地区	1.62	0.32
辽源地区	4.86	0.96
松原地区	3.49	0.69
白山地区	1.87	0.37
合　计	508.68	100.00

表4　2008年吉林省国有资产行业分布情况

行　业	国有资产(亿元)	占国有资产总量比重(%)
一、农林牧渔业	138.68	27.26
二、工业	156.90	30.84
三、建筑业	108.97	21.42
四、地质勘查及水利业	2.04	0.40
五、交通运输仓储业	21.69	4.26
六、邮电通信业	0.00	0.00
七、批发和零售、餐饮业	7.02	1.38
八、金融业	43.12	9.41
九、房地产业	0.69	0.14
十、信息技术服务业	0.12	0.02
十一、社会服务业	14.45	2.84
十二、卫生体育福利业	0.00	0.00

续表

行　　业	国有资产（亿元）	占国有资产总量比重（%）
十三、教育文化广播业	14.92	2.93
十四、科学研究和技术服务业	0.03	0.01
十五、机关社团及其他	0.02	0.00
合　　计	508.68	100.00

表 5　　2008 年吉林省国有资产经营规模分布情况

经营规模	国有资产（亿元）	占国有资产总量比重（%）
大型企业	209.23	41.13
中型企业	89.01	17.50
小型企业	210.44	41.37
合　　计	508.68	100.00

四、吉林省国有资产保值增值综合分析评价

表 6　　2008 年吉林省国有企业地区保值增值情况

地　　区	保值增值率（%）
吉林省省直	99.25
长春地区	101.40
吉林地区	64.19
延边地区	107.21
四平地区	78.97
通化地区	94.22
白城地区	66.81
辽源地区	95.58
松原地区	48.02
白山地区	98.05

表 7　　2008 年吉林省国有企业行业保值增值情况

行　　业	保值增值率（%）
一、农林牧渔业	100.87
二、工业	96.35
三、建筑业	105.61
四、地质勘查及水利业	100.08
五、交通运输仓储业	89.10
六、邮电通信业	88.56
七、批发和零售、餐饮业	103.50
八、金融业	102.18
九、房地产业	69.40
十、信息技术服务业	932.11
十一、社会服务业	98.35
十二、卫生体育福利业	0.00
十三、教育文化广播业	99.74
十四、科学研究和技术服务业	140.19
十五、机关社团及其他	84.52

五、吉林省国有企业改革及厂办大集体改革情况

2008 年，省国资委积极推进重点出资企业改革重组，切实加强对市（州）国企改革工作的指导，认真组织做好国企改革后续收尾工作，各项工作取得新的进展。

（一）国有企业改革不断深化和完善

省国资委继续推进出资企业改制重组，长山化肥、镇南种羊场的改制重组工作基本完成；公轴、森工、国华矿业与战略投资者签订框架协议；信托公司的改制重组受到金融危机影响，放慢推进步伐；吉粮集团与战略投资者达成合作意向；完成吉林省旅游投资开发公司的接收工作，并与投资方签订重组框架协议。积极推进省政府年初确定的 13 户改制遗留难点企业的改革重组工作。在省国资委与有关部门和市（州）的努力下，吉林市塑料厂、吉林冶建有限公司、北方锅炉厂等 9 户企业改制遗留问题基本得到解决。白城纺织股份有公司、延边石岘纸业及省水利水电工

程局等3户企业的方案已经确定，正在按确定的方案实施改制重组。经向省政府建议和争取，帮助白纺和石岘落实8000万元的国企改革专项补助资金。各地又结合实际确定一批重点难点企业进行推进，延边州积极推进州直3户重点企业的改制重组，白城市把9户企业做为招商重组工作重点，组织专门机构进行推进，长春市也对长春兰宝等企业的改制重组进行重点推进。

（二）改制遗留问题处理取得明显成效

省国资委妥善处理年初确定的16户企业的改制遗留问题，其中14户企业的问题得到一定程度解决。出资企业分离办社会工作稳步推进。各地结合自身实际也解决一批改制遗留问题。长春市为3.8万人办理医疗保险，为9.7万国有退休职工发放采暖费补贴；吉林市为69户改制企业采取“宽进严出”的方式进行产权变更、土地出让金办理等；延边州在财政预算中安排5000万元专项资金，用于解决州直国有企业改革遗留问题；通化市多方筹措改制成本，多渠道解决20户市直企业改制成本不足产生的一些历史遗留问题；四平市共为243户企业的2.3万人发放1400万元的取暖费补贴；辽源市为1800名改制前退休人员发放102万元的供热补贴。全省组织历史拖欠职工工资的偿还工作，从国家争取10多亿元的资金，省财政又配套部分专项资金基本解决历史拖欠职工工资问题。借助国家支持政策性关闭破产企业为退休职工解决医保问题，全省共为政策性关闭破产企业、优化资本结构试点城市的试点企业和资源枯竭矿山企业的14.4万人解决了医保问题。

（三）企业不良金融债务得到有效化解

省国资委以国有资产经营公司为平台，先后与东方、华融、长城等四家资产管理公司进行债务回购谈判，与东方、华融资产管理公司签订资产转让协议，涉及不良金融债务320多亿元，支付回购资金6亿多元。通过打包回购金融债务，减轻吉林省企业的债务负担，优化全省范围的企业融资、再融资环境，夯实企业再发展的基础。通化市与四大资产公司协商回购不良金融债务，对全市50亿元不良债务已达成回购协议的有12户企业，拟回购1.8亿元；延边州直及县（市）企业涉及东方公司债务本金14.9亿元，涉及华融公司债务41亿元，州政府拟整体打包回购全州企业欠这两家公司的债务。

（四）政策性破产工作取得新突破

2008年全省破产终结8户，核销金融债务4.5亿元，安置职工7000人。省属企业中，长春胶合板厂等4户企业完成破产清算，省制糖公司等3户企业进入司法程序，正在组织破产清算；炭素、铁合金2户企业完成前期准备并进入司法程序。争取省财政破产资金1.8亿元，发放到位7329万元。协调有关部门落实破产企业拖欠工资和退休人员参加医保的工作，完成统计审核。积极申报规划外政策性破产项目，吉舒煤矿等4户企业列入国务院国资委审核名单，通过财政部的审核，正在银监会进行审核。

（五）厂办大集体改革试点稳步推进

在充分征求有关部门意见基础上，省国资委向省政府报送《关于推进我省厂办大集体改革试点有关问题的意见》，并以省国企办名义积极向国家试点办争取改革成本、养老保险接续等方面的优惠政策。积极推进试点工作，截至2008年底，三个试点城市应进行改革试点的706户中央及地方企业中，制定改制方案的占78%。具备发放经济补偿金条件的职工10.9万人，占应转换劳动关系人数的43%，发放经济补偿金6.1万人，占应转换劳动关系总数的25%。白山市基本完成试点任务，四平市全部具备经济补偿金发放条件，实际发放51%。长春市的试点工作由于资金不足，只进行调查摸底。其他部分市（州）也进行调查摸底，并向省里上报改制试点预案。

此外，为纪念改革开放30周年，省国企办组织省直有关部门和九个市州，编辑出版《吉林省国企改革开放30周年大事记》。

六、吉林省国资委监管企业建立和完善经营业绩考核体系情况

2008年，吉林省国资委进一步完善业绩考核体系，认真做好业绩考核和薪酬管理工作，与10户企业负责人签订2008年考核责任书，完成2007年度业绩考核工作，分别对7户企业下达兑现绩效年薪的通

知。起草《出资企业负责人薪酬管理暂行办法》和《岗位期股期权奖励办法》,在企业负责人关心的重点问题上有所突破和创新。

(一)科学确定年度考核目标值

根据企业发展规划、近年来经营状况、面临的行业形势、市场环境、各种有利不利及不确定因素,在企业预报基础上,经反复核定,确定被考核企业的业绩考核目标值。认真落实分类考核原则,对考核范围内的部分特殊企业的指标体系设定进行细分,使其个性化,考核指标更加贴近企业实际,充分体现企业的行业区别和经营特点。

(二)认真完成企业负责人业绩考核工作

根据《吉林省国资委出资企业负责人业绩考核办法》,制定年度业绩考核工作实施方案,提出每个考核期的重点内容和具体要求;发挥业绩考核咨询委员会作用,被考核企业负责人(国有股权代表)向业绩考核咨询委员会办公室上报考核年度总结分析报告,咨询委员会组织人员对总结分析报告进行审核,发现问题及时与企业沟通,做到总结分析报告内容翔实可信;根据企业年度财务审计报告,由业绩考核咨询委员会中的中介机构专家委员就考核指标完成情况进行专项审核;咨询委员会办公室形成年度企业负责人业绩考核情况的意见,与企业负责人总结分析报告一并提交业绩考核咨询委员会审议。咨询委员会对企业负责人考核结果的审议意见,提交省国资委主任办公会,作为领导决策依据。

(三)开展业绩考核全程动态监控

建立调度工作制度,年初确定考核目标之后,对企业业绩考核目标的完成情况实施动态监控,季度调度工作例会使过程调度和年度考核相结合。同时,通过调度、分析、通报等形式,按时间进度,对完成业绩目标比较好的企业提出表扬,对目标值完成进度较差的企业提出预警,使企业清楚目标完成情况,采取措施确保目标任务的完成。

2008年业绩考核工作,重点突出五个结合:一是业绩考核目标与提速增效工作相结合。把提速增效目标与企业年度业绩考核指标结合起来,给企业以足够压力。二是业绩考核与国有资本预算管理相结合。对完成责任书中确定的国有资本收益上缴目标的企业负责人,按照考核结果兑现绩效年薪,对没完成上缴目标的企业负责人不兑现绩效年薪。三是业绩考核与企业负责人的任用相结合。将业绩考核结果作为干部提拔任用的重要依据,形成业绩考核与干部任免的联动。四是业绩考核与监事会工作相结合。业绩考核过程中听取监事会的意见,二者有机结合,实现事前控制、事中约束、事后整改。五是与党风廉政建设责任制考评相结合。按党风廉政建设责任制的考评结果,对考评等级为"较好"、"一般"及"差"的,按不同比例扣发其绩效年薪。

七、吉林省国资委监管企业加强法人治理结构建设及选人用人机制改革情况

协调省政府办公厅转发《关于在改制企业加快建立和完善法人治理结构指导意见》,制定出台《加强出资企业董事会建设的指导意见》《出资企业董事管理暂行办法》。为通钢、森工、吉粮、国有资产经营公司选聘4名高层次专家担任外部董事,改善董事会结构,提高董事会决策能力和水平。进一步扩大监事会监督检查的覆盖面,认真做好监事会主席、监事的年度考核和日常管理工作,通过培训、交流等形式逐步提高监事人员素质。加大公开招聘企业经营者力度,先后为信托公司招聘3名副总经理,配合组织部组织森工集团总经理的招聘工作。打破企业领导人员职务终身制,制定在国有和国有控股企业实行咨询委员制度和建立后备人才队伍的意见,为建立完整的企业领导人员退出和选配机制奠定基础。

(撰稿人:王显东)

黑龙江省

一、黑龙江省国有资产监督管理工作综述

2008年,黑龙江省国资委在省委、省政府的正确

领导和国务院国资委的大力支持下，面对全球金融危机的影响和挑战，坚定信心，从容应对，认真贯彻落实党中央、国务院和省委、省政府的决策部署，牢牢把握科学发展观，以发展为上，抓重点、破难点、创亮点，戮力成事，圆满完成各项工作任务。

（一）出资企业发展势头强劲，多项经济指标创造历史最好水平

自2008年初开始，黑龙江国资委出资企业就呈现出快速发展的强劲势头。一季度实现首季“开门红”，二季度实现经济指标“双过半”，三季度实现利润翻一番，提前2个月完成2008年计划完成的主要经济指标。企业运行质量明显提升，2008年黑龙江省国资委出资企业实现销售收入392亿元，同比增长46.8%；利润总额23.7亿元，同比增长1.44倍；已缴税金35.6亿元，同比增长41.4%，均创历史最好水平。此外，2008年重点谋划和推进50个大项目建设工程，其中亿元以上开工项目16个，完成投资40亿元，同比增长10.5%。第19届哈尔滨经贸洽谈会上黑龙江省国资委出资企业签约8项，实际引入资金10.83亿元，同比增长141%。

（二）出资企业改革步伐加快，深化改革工作成效显著

35户国有企业政策性破产终结或基本终结，核销金融债权53.6亿元，哈亚麻集团、哈尔滨船务公司等重点难点国有企业政策性破产取得突破。主辅分离辅业改制工作基本完成。分离省属企业办中小学校工作全面结束。厂办大集体改革试点继续推进，完成改革范围界定的厂办大集体企业678户，其中386户完成清产核资和清算审计工作。14户出资企业清理拖欠职工工资问题全部解决。妥善解决华融资产管理公司追索东北特钢集团北满特钢公司为东北轻合金公司担保的2亿元相关责任、长城资产管理公司4.75亿元债权转为龙煤矿业集团股权、东北特钢集团北满特钢公司与龙建股份债务链问题。龙涤集团、斯达造纸股权转让工作完成，哈亚麻集团政策性破产后在黑龙江省双城市的新厂正式启动生产，佳纸集团成功下放黑龙江省佳木斯市管理，完成破产招商。企业上市融资工作进展加快，龙煤矿业集团股改上市、采矿权处置等大部分核心工作已经完成。黑龙江省电力开发公司、黑龙江省铁路集团等企业上市项目正在抓紧培育。

（三）国资监管深入推进，履行出资人职责能力不断提高

黑龙江省国资委首次与出资企业签订经营目标责任书，2008年签订的共有16户企业。完成2007年度出资企业绩效评价。对黑龙江省产权登记年检数据进行审核，全省登记企业3312户，登记国有资本741.8亿元，开展国有控股股东标识管理工作。2008年，黑龙江省完成企业国有产权转让291宗，成交额14.24亿元，增值额6.95亿元，增值率95.49%。对18户出资企业开展定期监督检查，检查资产量478.23亿元，披露问题70个。开展不良资产及账消案存资产、出资企业省外境外资产以及投资项目的专项监督检查。配合黑龙江省财政厅完成国有资本经营预算的前期工作，并在黑龙江省国资委出资企业中建立国有资本经营预算制度。出资企业中一些沉积的重大法律纠纷案件得到有效解决，截至2008年底，共处理百万元以上的诉讼案件167起，涉案金额16.8亿元，避免经济损失2.8亿元。

（四）企业和机关党建、领导人员管理、纪检监察工作继续加强

黑龙江省国资委举办首届企业文化艺术节，委机关开展深入学习实践科学发展观活动。继续加强“四好”班子和发展型班子创建活动，5个企业高管职位纳入黑龙江省委组织部公选，在全国范围内举良纳贤。不断加强党风廉政建设和反腐倡廉主题教育，2008年纪检共立案460件，处分违纪违法人员620人，收缴违纪款448.7万元，挽回经济损失1134.6万元。信访工作不断加强，2008年接待职工群众来访581件，总件次同比下降16%，呈现出信访总量、个体访、重复访“三下降”的良好态势。在汶川特大地震发生后，委机关和出资企业广大干部职工发扬“一方有难，八方支援”的光荣传统，积极组织捐款捐物，交纳“特殊党费”。据不完全统计，国资委系统累计捐款捐物高达2622万多元，约占黑龙江省的10%。

二、黑龙江省地市级国有资产监管机构工作进展情况

2008年,各地市级国资监管机构坚持科学发展观,以深化公司制股份制改革、搞好国有企业、发展壮大地方国有经济、促进国有资产保值增值为中心任务,开拓进取,奋发有为,有力推动国有企业又好又快发展。2008年,省及市地两级国资委出资企业实现销售收入634.4亿元,同比增长30.7%;利润总额44.2亿元,同比增长86.7%;已缴税金54.4亿元,同比增长37.4%。

(一)企业发展步伐加快

哈尔滨市出资企业积极释放发展潜力,哈药集团、哈量集团、哈轴集团、东北轻合金公司等主要经济指标均实现两位数增长。牡丹江市出资企业城投集团、新闻传媒集团、广兴投资公司和恒丰纸业销售收入和利润都大幅增长。齐齐哈尔市出资企业齐重数控通过加快装备技术改造,企业生产能力和水平大幅提高。农垦总局国资委注重做大北大荒品牌,完达山乳业、北大荒、九三油脂等企业年销售收入分别达到十几亿、几十亿元。

(二)国资监管力度加大

国资监管的制度体系不断完善,大庆市、伊春市结合市情实际,出台国有资产监督管理暂行办法;哈尔滨、牡丹江、佳木斯等市都出台多部有关改革、监管的规章办法。经营业绩考核工作扎实有效,哈尔滨市与3户出资企业签订年度经营业绩考核和任期经营业绩考核责任书;齐齐哈尔市将经营管理水平、经营效益等5项指标作为考核评价标准;牡丹江市向恒丰集团等企业负责人兑现年薪。监督检查成效显著,牡丹江市向出资企业外派监事;哈尔滨、齐齐哈尔、大庆等市加强对企业的日常检查和专项监督检查;农垦总局国资委向企业派驻5名财务总监;鸡西市开展清理产权关系的专项工作。

(三)公司制股份制改革深入推进

战略重组有新突破,哈尔滨市出资企业哈量集团与中国通用技术集团战略重组取得实质性进展;佳木斯市引入龙江福浆纸公司收购佳纸集团;农垦总局把双汇集团引入北大荒肉业;大庆市商业银行引入中粮、忠旺铝材等大型企业实现投资主体多元化。产权制度改革和现代企业制度建设继续推进,齐齐哈尔、佳木斯、鸡西、七台河、黑河等市完成国企产权改革的预定目标;双鸭山医药公司以改制引扩张,企业规模大幅增长。债务和解工作取得新成效,鸡西、伊春、双鸭山、黑河等市主动与金融机构沟通,协调企业和解债务,帮助企业化解危机;七台河市用2000多万元资金回购2.4亿元债务。厂办大集体改革全面启动,哈尔滨市完成50户厂办大集体企业的改制。鸡西市积极推进依法破产,截至2008年底,有17户企业进入破产司法程序。企业三项制度改革持续推进,大庆市商业银行、客运集团实行了效益工资制和年薪制,商业银行面向全国招聘总经理,大庆宾馆、大庆自来水公司打破身份限制,实行全员竞争上岗。全力做好解欠和职工医疗保险工作,佳木斯市解决8.3万"并轨"职工的工资拖欠问题;鹤岗市圆满完成拖欠国企职工工资的审核、发放工作;伊春、七台河、黑河等市也都积极开展解欠认定和清偿工作。

(四)企业党建和队伍建设进一步加强

企业党建和文化建设不断创新,佳木斯市国资委举办企业党建工作研讨班,并在系统内开展百工种技能竞赛活动。企业领导班子建设进一步加强,哈尔滨市启动董事长述职工作;佳木斯市建立企业领导班子成员学习考核、重大决策、重大事项联席会签等制度。国资系统队伍建设不断加强,齐齐哈尔市组织开展"读一本好书"和机关党日活动;佳木斯市国资委组织机关干部参加全市行风热线直播节目,当场解答企业和投资者提出的问题;大庆市选派30多名干部到延安干部学院、国家会计学院深造。

三、黑龙江省国有资产总量与结构分析

截至2008年末,黑龙江省2973户地方国有企业资产总额2266.3亿元,同比增加100.1亿元,增长4.6%;负债总额1704.9亿元,同比增加53.5亿元,增长3.2%;所有者权益561.4亿元,同比增加46.6亿元,增长9.1%;年末国有资产总量469.3亿元,较上年增加86.9亿元,增长22.7%;地方国有企业户数2973户,较上年减少173户,下降5.5%;年末职工人

数99.3万人,较上年增加1.7万人,增长1.7%。

2008年,黑龙江省地方国有企业实现营业收入1080.4亿元,同比增加194.7亿元,增长22%;实现利润34.7亿元,同比增加21.3亿元,增长1.6倍。其中,省级企业实现营业收入564.6亿元,同比增长37.2%;实现利润20.6亿元,同比增长2倍;市级企业实现营业收入515.8亿元,同比增长8.7%;实现利润14.1亿元,同比增长1.1倍。2008年,黑龙江省地方国有企业已缴税金66.2亿元,较上年增长29.3%。

(一)国有资产地区分布情况

黑龙江省省级国有企业879户,占全省的29.6%;资产1032.2亿元,占全省的45.6%;国有资产总量260.1亿元,占全省的55.4%。其中,黑龙江省国资委出资企业458户,占省级企业的52.1%,占全省的15.4%;资产745.7亿元,占省级企业的72.2%,占全省的32.9%;国有资产总量166.4亿元,占省级企业的64%,占全省的35.5%。市级企业2094户,占全省的70.4%;资产1234.1亿元,占全省的54.4%;国有资产总量209.2亿元,占全省的44.6%。

从地区分布来看,在市级国有企业中哈尔滨市国有企业户数665户,占市级国有企业的31.8%;资产554.7亿元,占市级国有企业的44.9%;国有资产总量51.1亿元,占市级国有企业的24.4%,各项指标均居地市之首。在黑龙江省国资委出资企业中,龙煤矿业集团所属企业48户,占所有出资企业的10.5%;资产460.5亿元,占所有出资企业的61.8%;国有资产总量98.5亿元,占所有出资企业的59.2%,是出资企业中规模最大、效益最好的企业,占有举足轻重的地位。在省级部门管理企业中,黑龙江省森林工业总局所属企业95户,占省直部门管理企业的24.2%;资产179.1亿元,占省直部门管理企业的64.9%;国有资产总量69.4亿元,占省直部门管理企业的62.2%,是省直部门管理企业中最大的企业集团。

(二)国有资产行业分布情况

黑龙江省地方国有资产主要集中在工业、仓储业、社会服务业和林业等行业。工业企业537户,占全省的18.1%;资产1090.5亿元,占全省的48.1%;国有资产总量168.5亿元,占全省的35.9%。粮库等仓储企业639户,占全省的21.5%;资产248.2亿元,占全省的11%;国有资产总量-33.8亿元。投资与资产管理等社会服务业135户,占全省的4.5%;资产240.6亿元,占全省的10.6%;国有资产总量153.9亿元,占全省的32.8%。林业企业263户,占全省的8.8%;资产155.5亿元,占全省的6.9%;国有资产总量76亿元,占全省的16.2%。

在工业企业中,国有资产主要集中在煤炭、机械和医药等行业。煤炭企业41户,占工业企业的7.6%;资产441.8亿元,占工业企业的40.5%;国有资产总量91.2亿元,占工业企业的54.1%。机械企业110户,占工业企业的20.5%;资产176.8亿元,占工业企业的16.2%;国有资产总量11.2亿元,占工业企业的6.6%。医药企业25户,占全省的4.7%;资产152.1亿元,占工业企业的13.9%;国有资产总量19.1亿元,占工业企业的11.3%。

(三)国有资产规模分布情况

截至2008年末,黑龙江省地方国有企业中大型国有企业105户,占全省的3.5%;资产860.4亿元,占全省的38%;国有资产总量362.8亿元,占全省的77.3%。中型国有企业464户,占全省的15.6%;资产626.6亿元,占全省的27.6%;国有资产总量73.7亿元,占全省的15.7%。小型国有企业2104户,占全省的70.9%;资产779.3亿元,占全省的34.4%;国有资产总量32.8亿元,占全省的7%。以上数据表明,黑龙江省小型企业户数多,分布广,规模普遍偏小,点多面广的问题比较突出,国企整合重组和做大做强任务较重。

表1　2008年黑龙江省国有企业指标情况

单位:亿元

项　目	金　额
资产总额	2266.35
净资产	561.96
营业收入	1080.39
利润总额	34.71
实际上缴税金总额	66.20

表2　黑龙江省国有企业户数情况

项　目	2007年	2008年	同比增减(%)
户数(户)	3146	2973	−5.5

表3　2008年黑龙江省国有资产地区分布情况

地　区	国有资产(亿元)	比重(%)
黑龙江省省直	260.06	55.42
哈尔滨市	51.12	10.89
齐齐哈尔市	66.25	14.12
鸡西市	−3.34	−0.71
鹤岗市	−0.52	−0.11
双鸭山市	0.90	0.19
大庆市	27.58	5.88
伊春市	−5.45	−1.16
佳木斯市	5.18	1.10
七台河市	0.55	0.12
牡丹江市	81.77	17.42
黑河市	2.66	0.57
绥化市	−18.94	−4.04
大兴安岭	1.48	0.32

表4　2008年黑龙江省国有资产行业分布情况

行　业	国有资产(亿元)	比重(%)
一、煤炭开采和洗选业	91.20	19.43
二、林业	75.98	16.19
三、商务服务业	75.32	16.05
四、房地产业	63.20	13.47
五、医药制造业	19.08	4.07
六、造纸及纸制品业	16.01	3.41
七、通用设备制造业	14.62	3.12
八、房屋和土木工程建筑业	15.15	3.23
九、航空运输业	18.79	4.00
十、其他	79.93	17.03

表5　2008年黑龙江省国有资产规模分布情况

经营规模	国有资产(亿元)	比重(%)
大型企业	362.79	77.30
中型企业	73.71	15.71
小型企业	32.80	6.99
合　计	469.30	100.00

四、黑龙江省国有资产保值增值综合分析评价

2008年,黑龙江省地方国有资产总体保值增值率103.4%。从地区看,鸡西市、鹤岗市、伊春市、佳木斯市、七台河市、绥化市由于年初国有资产为负数,无法计算保值增值率,大兴安岭由于年初基数小,保值增值率为127.4%,其他市大多刚刚保值或发生减值。全省实现10.34%的保值率,主要是由于省属企业贡献所至。从行业看,煤炭、医药、设备制造业是黑龙江省国有资产保值增值的主要贡献者。

表6　2008年黑龙江省国有企业地区和行业保值增值情况

地　区	保值增值率(%)	行　业	保值增值率(%)
黑龙江省省直	106.19	煤炭开采和洗选业	117.92
哈尔滨市	99.97	林业	101.87
齐齐哈尔市	105.62	商务服务业	102.81
鸡西市		房地产业	98.86
鹤岗市		医药制造业	112.76
双鸭山市	58.28	造纸及纸制品业	99.47
大庆市	98.94	通用设备制造业	116.66
伊春市		房屋和土木工程建筑业	100.91
佳木斯市		航空运输业	102.07
七台河市			
牡丹江市	100.64		
黑河市	81.88		
绥化市			
大兴安岭	127.42		

五、黑龙江省国资委监管企业股份制改革与股权分置改革情况

(一)股份制改革深入推进

一是重点国有及国有控股企业招商引资取得突破。中国通用技术集团与齐齐哈尔市的齐二机床、哈尔滨市的哈量集团重组取得积极进展。通过增资扩股,中国通用集团出资7.7亿元,以58.05%的股本比例控股齐二机床,并与哈量集团签署重组框架协议。哈尔滨市的哈轴集团搬迁呼兰利民开发区,征地48万平方米开工建设新厂,与中航集团的招商重组工作正在积极进行之中。大庆市商业银行引入中粮、忠旺铝材等大型企业实现投资主体多元化。二是股改上市工作取得实质进展。龙煤矿业集团股改上市工作方案得到黑龙江省政府批准,明确龙煤矿业集团股改上市采矿权处置等重大问题的解决意见,龙煤矿业集团股改上市的大部分核心工作基本完成。开展黑龙江省铁路集团嫩江分公司上市可行性的调研工作,确定上市思路。推进黑龙江省电力开发公司参股、控股的光宇蓄电池、九洲电器、友博药业、工大环保等4户公司的股改上市工作。

(二)股权分置改革情况

黑龙江省共有恒丰纸业、岁宝热电、三精制药、哈空调、哈药股份、龙建股份、东北高速等7户国有控股上市公司,其中龙建股份为黑龙江省国资委监管企业。截至2008年12月31日,黑龙江省7户国有控股上市公司全部完成股权分置改革工作。股改主要采取以下四种方式:

1. 单纯送股。恒丰纸业,每10股送3.3股;哈空调,每10股送3股;岁宝热电,每10股送3股;东北高速,每10股送3.3股。

2. 资本公积金转增。龙建股份,每10股转增6股。

3. 派现。三精制药,每10股支付23.65元。

4. 豁免债务。哈药股份,豁免其对哈尔滨市财政局技改项目131958333元借款。

六、黑龙江省国资委监管企业主辅分离辅业改制概况

2008年,黑龙江省国资委紧紧抓住国家延长主辅分离、辅业改制政策优惠期的最后时机,深入贯彻落实《关于进一步规范国有大中型企业主辅分离辅业改制的通知》(国资发分配〔2005〕250号)精神,积极推动出资企业中已进行辅业改制企业的深化改制工作。通过招商引资、政策支持等办法,完成龙煤矿业集团鸡西分公司所属鸡西赫阳燃气公司的民营化改制,实现国有股权的全部退出,共分流富余人员574人,其中472名职工得到安置。截至2008年末,黑龙江省累计完成574个辅业单位改制,共分流富余人员11.6万人,其中改制企业直接安置5.7万人。

七、黑龙江省国资委监管企业重组与完善法人治理结构改革进展情况

(一)企业重组情况

一是通过组建大型企业集团,推进重点行业资源整合。通过划转龙煤矿业集团,鸡西矿业集团、双鸭山矿业集团、鹤岗矿业集团、七台河精煤公司等四个矿业集团和黑龙江省煤机集团6户企业国有股权,组建注册资本57亿元的龙煤控股集团,为龙煤矿业集团上市奠定体制基础。整合建工集团、路桥集团资产组建注册资本50亿元的省建设集团,新集团内部业务整合正在进行。整合牡丹江市镜泊湖旅游资源,成立牡丹江镜泊湖旅游集团。二是以市场为主导推进国有企业的改革重组。哈尔滨工业资产经营公司与黑龙江安基物流公司组建国有控股、民营资本参股的物流公司,打造集零售、批发、加工、储运为一体的东北最大的钢材物流基地。已改制为民营企业的西钢集团利用循环经济发展模式重组伊春市浩良河水泥厂和伊春晨明水泥厂,整合伊春市水泥市场,盘活停产破产企业的国有资产。

(二)完善公司法人治理结构情况

黑龙江省国资委出资企业均按照现代企业制度

要求,建立董事会、监事会、经理层等比较齐全的法人治理结构。2008年主要开展以下四项工作:一是根据中组部和国务院国资委联合下发的《关于董事会试点中央企业董事会选聘高级管理人员工作的指导意见》,对黑龙江省电力开发公司等6户完善法人治理结构的试点企业的配套细则进行修改和完善。二是以企业重组为契机,在大集团组建中推进法人治理结构建设。三是组织黑龙江省国资系统人员参加了国务院国资委组织的全面风险管理培训班,提高企业风险管理和风险防范意识,加快现代企业制度建设步伐。四是形成《黑龙江省国资委出资企业建立现代企业制度规范公司法人治理结构调研报告》,提出完善法人治理结构下步试点工作的具体措施。

八、黑龙江省国资委监管企业建立和完善经营业绩考核体系情况

2008年,出台实施《黑龙江省国资委出资企业负责人经营业绩考核暂行办法(修订)》,建立以综合绩效评价和利润总额目标值为主的考核制度。通过设定目标值、重点工作和财务绩效评价等考核内容,对企业进行横向和纵向考核。横比,运用财务绩效评价与同行业同类型同规模企业比较,有利于查找不足和差距,提高管理水平;纵比,运用利润总额和重点工作任务完成结果与目标比较,有利于自树目标、自加压力,调动积极性。

在多年实践总结的基础上,初步建立国有资产保值增值责任体系,落实激励约束机制。通过与出资企业签订经营目标责任书,推动企业逐级分解任务,细化责任,部分出资企业构建从总公司到子公司一直到基层岗位的国有资产保值增值责任体系。这种方式有效调动企业负责人的积极性和创造性,引导企业向发展要效益、向管理要效益。并且可以依据考核结果对企业负责人进行奖惩,有效避免企业负责人自定薪酬、薪酬与业绩脱节、薪酬增长过快和薪酬只能升不能降等问题。同时,激励约束机制的落实也为企业负责人职务任免提供依据。

九、黑龙江省国资委监管企业负责人考核与选人用人机制改革情况

2008年,黑龙江省国资委继续按照黑龙江省委统筹干部管理的要求,进一步加强出资企业领导班子建设,积极做好企业领导人员选拔任用工作,推动企业领导人员队伍整体素质的提高,为企业又好又快发展提供了坚强的组织保证。

一是进一步推进企业领导人员管理的规范化和制度化建设。研究制定《黑龙江省国资委出资企业领导人员管理暂行办法(初稿)》《企业领导人员后备干部管理办法》和《企业领导人员岗位设定管理办法》等系列制度,同时对已制定的企业领导人员选拔任用、考核评价、日常管理等制度进行完善修订,为建立有别于党政机关的企业领导人员管理制度体系和科学完善的企业领导人员管理制度奠定基础。

二是不断完善市场化选聘机制,优化班子结构,配齐配强企业领导班子。2008年,配合黑龙江省委组织部,将黑龙江省旅游集团总经理、副总经理,中盟集团总会计师三个职位列入公选范围,面向全国公开招聘。在企业领导人员选拔任用工作中继续坚持竞聘公推制度。组织完成公推黑龙江省物流行业协会会长、副会长,新世纪资产经营公司董事长、党委书记、总经理、副总经理和中盟集团竞聘副总经理工作。采取组织调整方式为龙煤矿业集团和黑龙江省路桥集团配齐配强班子,为加强新良粮油集团党的组织建设,组建新良粮油集团党委工作班子。组建建设类企业集团领导小组和粮食类企业集团领导小组,推进黑龙江省国资委出资企业中建设类企业、粮食类企业的整合重组工作。及时组建龙煤矿业控股公司董事会、监事会和黑龙江省建设集团董事会、监事会,确保龙煤矿业控股公司、省建设集团工商注册按时完成。组建哈亚麻集团留守处班子,为企业配合资产管理人做好破产工作及妥善解决破产后的遗留问题提供组织保证。适应出资企业改制工作的需要,完成破产下放企业佳纸集团领导班子向佳木斯市委的移交工作,对破产企业哈亚麻集团领导班子进行集体免职,对改制完成的企业西钢集团9名企业领导人员进行集体免职。

三是进一步加强企业领导班子队伍建设,培养高

素质的企业经营管理者队伍，为企业更好更快发展提供人才保证和智力支持。积极开展后备干部队伍建设，为企业领导班子建设提供充足的人才储备，对14户正常生产经营的企业，通过民主推荐、组织考察等程序，完成13户（除龙煤矿业集团之外）企业副职后备干部人选组织考察工作，产生副职后备干部人选106名，为改善企业领导班子年龄结构、知识结构和专业结构，选拔政治上靠得住、工作上有本事、作风上过得硬的企业各类领导人才提供人力资源储备。与黑龙江省委组织部组成联合考核组对出资企业领导班子及人员进行2005～2007年度考核，形成10户出资企业领导班子及73名企业领导人员近三年组织考核综合材料，并依据考核结果和出资企业领导班子建设的实际，向黑龙江省委组织部提出加强和改进出资企业领导班子建设的建议。与黑龙江省委组织部组成考核反馈组，对龙煤矿业集团、黑龙江省电力开发公司等7户出资企业进行考核反馈，指出存在的问题和不足，督促企业领导班子尽快采取措施加以改正，起到较好的警示作用。积极落实谈话制度，采取定期谈话、提示谈话、警示谈话、考核反馈谈话、任免谈话、诫勉谈话、沟通谈话等七种谈话方式，促进国资委领导与企业班子成员之间进行沟通，2008年，黑龙江省国资委领导与龙煤矿业集团、佳纸集团、黑龙江省路桥集团、新世纪资产经营公司、中盟集团、哈亚麻集团等企业领导人员进行任免职集体谈话；与佳纸集团、新世纪资产经营公司主要负责人进行任职谈话；与组织考核中民主测评优秀率较低的企业领导人员进行反馈谈话。通过谈话制度的落实，肯定成绩，指出存在的问题和努力的方向，提出加强班子建设的意见和建议，及时从思想上消除班子内部不和谐因素，加强企业领导班子队伍建设。

四是对企业领导班子成员开展多种形式的培训活动。组织45名企业领导人员参加延安干部学院培训。组织龙煤矿业集团、黑龙江省电力开发公司、黑龙江省建工集团、黑龙江省铁路集团、黑龙江省外贸集团五户企业主要负责人参加在北京举办的“在世界经济动荡形势下国有企业如何应对”高层论坛。此外，还组织企业领导人员参加黑龙江省委组织部、黑龙江省委党校及黑龙江省行政学院联合举办的省直地厅级领导干部学习贯彻党的十七大精神专题轮训班。在培训期间，注重工作跟踪问效，经常召开学员座谈，征求学员意见和建议，定期组织学员进行讨论，将理论学习和企业发展实践结合起来，提高培训的针对性和实效性。

（撰稿人：高守国）

上海市

一、上海市国有资产监督管理工作综述

2008年，在上海市委、市政府的正确领导下，市国资委系统牢固树立和落实科学发展观，按照“牢记使命、深化定位、联合委办、服务企业”的要求，围绕市委、市政府《关于进一步推进上海国资国企改革发展的若干意见》（以下简称若干意见），大力破解“5＋1”瓶颈问题，国资国企改革工作取得了新的进展。年内，地方国有资产总量为11380.79亿元，比上年增长1158.57亿元，同比增长11.3％。地方国有经济实现国内生产总值（GDP）3244.23亿元，同比增长4.5％。在外部经济形势发生急剧变化的情况下，保持了国资委系统企业发展态势的基本平稳。

二、上海市国有资产总量与结构分析

2008年末，上海市地方国有企业资产总额26127.36亿元（不含金融保险类），实现营业收入9464.31亿元，同比增长6.6％。受金融危机影响，企业经营状况出现较大幅度的下滑，当年利润总额451.73亿元，下降30.8％。归属于母公司的净利润259.50亿元，同比下降23.2％。

表1　2008年上海市地方国有企业指标情况

项　　目	金额（亿元）
资产总额	26127.36①

① 不包括金融保险企业。

续表

项　　目	金额(亿元)
国有权益	7373.54
营业收入	9464.31
利润总额	451.73
归属于母公司的净利润	259.50
实际上缴税金总额	659.99

上海市地方独立核算的国有企业、国家行政事业单位及国有建设项目总数为18376户(个),比2007年减少96户(个)。按资产性质分,上海市地方国有企业9767户,占全市国有经济单位总数的53.2%;非经营性国有单位8609户(个),占全市国有经济单位户数的46.8%。按隶属关系分,市属国有企业(单位)户数为7564户,比上年增加53户,增长0.7%;区县国有企业(单位)户数为10812户,比上年减少149户,减少1.4%。

表2　　上海市国有企业户数情况

项　目	2007年	2008年	同比增减(%)
户数(户)	9629	9767	1.4

从行业布局看,2008年底,分布于一、二、三次产业中的经营性国有资产(不含金融保险类)的比重分别是0.8%、23.3%和75.9%。

表3　　2008年上海市国有资产行业分布情况(前10个)

行　　业	国有资产(亿元)	占国有资产总量比重(%)
一、商务服务业	4363.99	30.1
二、房地产业	2640.56	18.2
三、交通运输设备制造业	1189.15	8.2
四、城市公共交通业	1142.83	7.9
五、其他服务业	377.79	2.6

续表

行　　业	国有资产(亿元)	占国有资产总量比重(%)
六、航空运输业	333.45	2.3
七、批发业	297.62	2.1
八、其他金融活动	295.83	2.0
九、房屋和土木工程建筑业	289.75	2.0
十、水的生产和供应业	285.05	2.0

从资产经营规模情况看,分布于大型、中型、小型企业国有资产分别为3074.82亿元、1138.09亿元、10294.08亿元,分别占上海市地方国有资产总量比重21.2%、7.8%、71.0%。

表4　2008年上海市国有资产经营规模分布情况

经营规模	国有资产(亿元)	占国有资产总量比重(%)
大型企业	3074.82	21.2
中型企业	1138.09	7.8
小型企业	10294.08	71.0
合　　计	14506.99	100

三、上海市国资委监管企业改革和重组情况

(一)研究制定和贯彻落实《若干意见》

上海市委、市政府把推进国资国企改革发展作为2008年一项重点工作,市领导多次召开座谈会,组织起草《关于进一步推进上海国资国企改革发展的若干意见》,提出一些方向性的、可操作性的、又有阶段目标的原则和具体措施。年内,18家企业集团形成贯彻落实《若干意见》三年行动计划或战略规划。上海市国资委重点从研究制定配套政策、实施细则和工作方案的角度推进落实《若干意见》,按节点要求抓紧推进"5+1"项(解决国资布局过宽过散、加快国资布局结构调整;充分利用资本市场、加快实现资产证券化;加强董事会建设、进一步完善法人治理结构;完善国资

监管体制、实现国资监管全覆盖；推进主辅分离、辅业改制、完成中小企业转型；发挥企业党组织政治核心作用、进一步加强党的建设）重点工作。

（二）企业改革发展稳步推进，国资布局结构不断优化

在集团层面，上海国际集团、国盛集团组建的后续工作已基本完成，工锅所划转上海电气，上实集团重组上药集团，建工集团重组外经集团，并同步理顺了管理关系。上市公司层面，水产集团远洋渔业资产借壳华立科技上市，电气股份回归A股，上海汽车与巴士股份重组已获中国证监会批准。年内，上海地方国有企业资本市场融资416.81亿元。同时，企业集团加快整合下属控股上市公司内部产业，港务集团集中旗下分散的物流企业成立国际物流集团，大力发展航运服务业；城投公司积极培育环境产业，优质资产注入到城投控股。光明食品完成海博股份、上海梅林的资产整合。

国资委系统内企业按照“三个收缩、三个集中”的要求，推进布局结构调整，做了大量工作。建工、华谊、光明、港务等集团整合内部360多家企业资产，涉及资产总额232亿元。纺织控股加快棉纺、印染传统产业的整合。针对壳体企业的历史遗留问题，联合有关部门到企业现场办公，帮助企业解决债、税、费和土地、破产销户等问题。

四、上海市国资委监管企业科技创新和科技成果转化情况

2008年，上海国资委系统内企业加大科技投入，加快科技成果转化速度，自主品牌建设取得新的进展。上汽集团先后有荣威、名爵等多款自主品牌产品上市。2008年全国轿车客户满意度测评结果显示，荣威750用户满意度指数(CACSI)为77.5，在畅销新车中名列第二位。电气集团在电力设备、机械设备制造等领域取得一系列创新成果，大型铸锻件获得2008年工博会金奖，成功攻克大功率低速柴油机曲轴技术难关，为实现曲轴大批量生产奠定基础。华谊集团科技投入达6.5亿元，获专利授权88项，建成国内最大的年产50万吨醋酸生产装置，并实现成套技术转让；治疗II型糖尿病国家一类创新药物——重组人胰高血糖素类多肽的研发及其产业化，进入二期B临床。上海纺织控股围绕“科技与时尚”的发展理念，走高端纺织之路。具有自主知识产权的耐高温纤维芳砜纶产业化项目打破国际垄断并已形成千吨产能；填补国内空白的绿色纤维lyocell千吨产业化项目已建成投产，正进行万吨级项目论证。现代设计、发电设备成套院等科技创新能力进一步加强，获得国家级、市级科技进步奖数十项。

五、上海市国资委监管企业相关基础工作推进情况

公布第三批、第四批企业的主业目录，修订投资监督管理暂行办法，主业范围内的投资由审核改为备案。推动执行《企业会计准则》，规范企业改制审计工作。依托国有产权交易预警监测系统，对交易履约、产权交割、工商登记等进行全程监督，将评估行业行政管理职能划转到财政部门。

六、上海市国资委监管企业法人治理结构和企业领导班子建设情况

配合有关部门研究制定《市管国有企业董事会建设的若干意见》《市管国有企业外部董事管理办法》等办法。参与筹备组建“市管企业外部董事、监事专业资格认定委员会”以及“市管企业外部董事、监事人才库”。全年共调整充实31家企业集团领导班子，涉及195人次。结合企业重组，按照产权关系调整上药集团、工锅所等部分单位干部管理权限，系统内企业领导班子年龄结构和专业结构逐步改善。

七、上海市国资委监管企业履行社会责任情况

系统内企业在应对冰雪灾害中，发挥保障市场供应、平抑物价等作用。抗震救灾中，系统内干部职工捐款捐物达到2.14亿元，缴纳特殊党费3003万元，建工、城建等企业抢建3万多套过渡安置房，百联、长发、上航和设计院所都积极参与抗震救灾工作。

华谊、锦江国际、东方国际、国际港务、广电、纺

从企业规模看,中型企业国有资产总量增长较快。2008年大型企业国有资产总量为409.8亿元,同比下降13.2%,占全省企业国有资产总量的7.8%,同比下降2.3个百分点;中型企业国有资产总量为773.2亿元,同比增长32.4%,占全省国有资产总量的14.8%,同比上升2.2个百分点;小型企业国有资产总量为4049.7亿元,同比增长12.5%,占77.4%,同比上升0.1个百分点。

四、浙江省国有资产保值增值综合分析评价

2008年全省国有企业共实现利润总额226.3亿元,同比下降33.8%;实现净利润169.3亿元,同比下降31.7%。从相对指标来看,全年平均总资产报酬率为3.1%,同比下降1.2个百分点;平均净资产收益率(不含少数股东权益)为3.1%,同比下降2.1个百分点。

2008年省级企业共实现利润106.7亿元,同比下降48.4%,市县企业实现利润119.6亿元,同比下降11.5%。从11市业利润排名情况看,绍兴较上年上升2位,杭州、湖州、丽水和衢州较上年上升1位;宁波和舟山较上年下降1位;嘉兴市名次较2007年下降4位;其他各市排名不变。

表6　2008年浙江省国有企业地区和行业保值增值情况

地区	保值增值率(%)	行　业	保值增值率(%)
杭州市	104.4	农林牧渔业	99.7
宁波市	104.9	工业	99.4
温州市	102.9	建筑业	104.3
湖州市	100.1	地质勘查及水利业	101.1
嘉兴市	99.3	交通运输仓储业	105.4
绍兴市	100.7	批发和零售、餐饮业	110.4
金华市	102.8	金融业	107.4
衢州市	101.4	房地产业	109.6
舟山市	102.5	信息技术服务业	100.3
台州市	101.7	社会服务业	102.7
丽水市	100.1	卫生体育福利业	100.6
		教育文化广播业	110.0
		科学研究和技术服务业	109.7
		机关社团及其他	98.7

从各地相对获利能力看,宁波、金华和杭州市较强,净资产收益率(不含少数股东权益)超过3%,其中宁波市以4.1%的净资产收益率位居榜首。绍兴、丽水、嘉兴、湖州等市资产运行效益较差,净资产收益率在1%以下,其中嘉兴市净资产收益率为负值。

2008年末浙江省国有及国有控股企业国有资本及权益总额为4436.6亿元,比年初3859.5亿元增长15.0%,其中因客观因素影响国有资本及权益增加578.9亿元,减少96.9亿元,扣除客观因素后年末国有资本及权益总额调整为3954.3亿元,与年初国有资本及权益3859.5亿元相比,2008年全省实现国有资本保值增值率为102.5%。

从各地区情况看,省级企业国有资本保值增值率为101.2%,其中省国资委监管企业国有资本保值增值率为98.5%,主要是由于受2008年证券行业形势影响,省属企业持有的"大小非"等可供出售金融资产缩水较大;省级非监管企业国有资本保值增值率为110.3%,主要是下属房地产企业收入结转,利润增加较多。

在11个地市中,宁波市以104.9%的国有资本保值增值率位列各市首位,杭州市以104.4%紧随其后,另外还有温州、金华和舟山市的国有资本保值增值率高于全省平均水平;台州等6个市的国有资本保值增值率低于全省平均水平,其中嘉兴市最低,为99.3%。

从单户企业看,全省4902户国有及国有控股企业中,实现国有资本保值增值的有3196户,占65.2%,较上年下降2.1个百分点。其中实现国有资本增值的有2879户,占58.7%,实现国有资本保值的有317户,占6.5%。2008年企业国有资本未能实现保值增值的有1706户,占34.8%。

五、浙江省国资委监管企业股份制改革与企业重组进展情况

2008年，浙江省国资委按照“两个毫不动摇”和“有进有退，有所为有所不为”的方针，继续推进以国有经济布局结构调整为重点的产权多元化改革和省属企业重组整合。面对国际金融危机和宏观经济形势趋紧的实际情况，及时主动调整省属企业改革方案，确保改革稳步推进。国贸集团对所属各层级的180家企业实施“瘦身强体”计划，要求制定出一年、二年和五年内退出和进入的项目。旅游集团进一步明确主业，加快整合，以省中旅为龙头，整合5家子公司成立浙江中旅旅业集团，并积极妥善处理东方龙大酒店的历史遗留问题。水利水电集团继续做好施工类子公司国资有序退出。财通证券公司增资扩股工作已完成，通过增资扩股，公司注册资本从原来的7.82亿元增加到11.26亿元。改革重组的具体模式主要有以下四种：

一是合并重组整合资源。积极推进同行业内国资营运机构的合并重组，通过产业整合集中优质资产和稀缺资源，提升企业的竞争力和带动力。如整合发展集团、金温铁路及省内其他铁路管理资源，组建浙江省铁路投资集团；外贸行业方面，荣大、中大、东方三家集团合并为浙江省国贸集团；农产品物流贸易方面，农发、粮食集团合并成立新农发集团。

二是引进战略投资者。积极推进省属企业与境外企业、中央企业和民营企业的战略合作，促进产权优化和机制创新。杭州萧山国际机场公司与香港机场管理局的合资公司已于2006年12月正式挂牌成立，这是境内外机场合资的首次尝试，也是国内机场业首家聘请境外人士担任总经理的集团公司。巨化集团、石化建材集团引进中央企业为战略投资者，共同做大做强氟化工产业的工作进展顺利。三狮集团改革根据企业情况的变化，调整改制方式，与中国建材集团正式签署国有股权整体转让协议，实施工作基本完成。杭钢集团引进宝钢集团对宁波钢铁有限公司股权进行重组，并签署合作协议。

三是国有资本整体退出。对处于一般竞争性行业且竞争优势不明显的企业，采取民资收购、清算注销等方式进行改制，实现国有资本整体退出。如耀江集团的国有资产已经整体退出，丝绸集团国资全退的改革工作基本完成，轻纺集团的清算注销工作也已完成。

四是完善法人治理结构。对处于基础性、公益性行业或产权多元化条件还不成熟的企业，在保留国有独资的同时，积极推进法人治理结构改革，重点是完善董事会建设，增设职工董事，设立监事会等。交通集团、商业集团和机电集团完善法人治理结构的改革方案正在实施之中。

通过改革，浙江省国有企业产权结构和资源配置进一步优化，企业经营机制得到转换，治理结构得到初步完善，企业活力明显增强，国有资本进一步向关键领域、重要行业和优势企业集中，国有经济的控制力、影响力和竞争力明显提升，改革成效显著。

六、浙江省国资委监管企业主辅分离辅业改制情况

浙江省国有大中型企业主辅分离辅业改制起始于2002年，在省委、省政府的领导下，按照国家的总体要求，结合浙江的实际，做了大量的工作，取得一定的成效。

浙江省国资委成立前，共有两家企业实施主辅分离，一家是省物产集团下属的浙江浙金物流有限公司，另一家是省出版集团下属的浙江新华综合服务有限公司，截至2005年底，两家企业共分流安置富余人员229人，享受所得税减免金额682万元。

浙江省国资委成立后，加大主辅分离改制的力度，要求各省属企业重视这项工作，报送主辅分离辅业改制工作计划，积极推进这项改革。已经完成主辅分离辅业改制的企业有五家，分别是：省丝绸集团下属的浙江华安仓储有限公司、浙江凯喜雅物业管理有限公司，长广集团下属的长广工程建设有限公司，巨化集团下属的巨化工程公司仪表厂、浙江南方工程监理有限公司，杭钢集团下属的嘉兴冶金机械厂。其中2008年完成浙江南方工程监理有限公司一家企业的主辅分离辅业改制。由于省属及市县国企完成改制时间较早，企业主辅分离辅业改制工作已

基本结束。

七、浙江省国资委监管企业完善法人治理结构工作进展情况

以新一轮产权多元化改革和省属企业重组整合为契机，浙江省国资委同步推进省属监管企业法人治理结构改革，取得较大进展。

通过优化产权结构，为构建相互制衡的法人治理结构奠定产权基础。省属监管企业集团公司本级改制前都为国有独资企业，改革方案全部落实后，将有三分之一以上成为产权多元化或民营企业。下属企业中，已有一半以上的企业完成产权多元化改革。同时，各省属企业以集团整体改革为契机，按照新《公司法》和现代企业制度的要求，完善法人治理结构，深化三项制度改革，进一步理顺母子公司管理体系，企业运行机制和经营机制得到转换。特别是完成产权多元化改革的省属企业，战略投资者的引入对企业健全和完善法人治理结构起到明显的推动作用。已经完成改革的杭州萧山机场公司和石化建材集团公司，董事会成员由出资各方按股权比例委派，经营层中的高级管理人员也分别由各方委派，改变过去董事会与经营层高管之间的高度重叠问题，真正形成相互制衡、相互监督约束的法人治理结构，为企业进一步做优做强提供了体制保障。

通过建章立制，规范法人治理结构各方权责。随着改革的不断深入，省委、省政府和省国资委先后出台《浙江省省属企业公司章程制订管理办法》《关于进一步加强省属国有企业监事会建设的意见》《浙江省省属国有企业监事会暂行办法》《省属国有独资、绝对控股公司董事会职工董事管理办法》等重要文件，为进一步完善省属国有企业法人治理结构建设提供了政策依据。2008年，省国资委以贯彻落实《企业国有资产法》为契机，抓紧推进省属企业公司章程修订工作，规范股东会、董事会、监事会、经营管理层之间的权责，形成协调运转、有效制衡的法人治理机制。特别是对保留国有独资的省属监管企业，积极推进法人治理结构建设各项试点工作，不断加强董事会、监事会、高级管理层的建设和完善工作，加快推进形成多方制衡的公司治理结构和运行机制。

八、浙江省国资委监管企业建立和完善经营业绩考核体系情况

2008年，浙江省国资委对所出资企业2007年度经营业绩进行考核。其中能源等14家企业，首次根据《省属国有独资和国有绝对控股企业国有产权经营管理人员经营业绩考核暂行办法》(浙国资发〔2007〕14号)进行考核，即以国有净利润为考核主指标，与年薪直接挂钩，上不封顶，同时实施期股激励。根据考核结果，14家集团公司实现利润总额170.23亿元，同比增加51.49亿元，增长43.36%；净利润73.39亿元，同比增加29.95亿元，增长68.94%；净资产收益率10.43%，同比增加3.37个百分点。同时，对三狮等其他5家企业，或按原浙国资字〔2003〕8号文件、或按限亏指标、或根据任务完成情况等各自适用的考核办法进行考核。

2008年，浙江省国资委对金融类企业的经营业绩考核进行研究探索。对财通证券公司，在省属国有独资和国有绝对控股企业经营业绩考核办法总体框架的基础上，结合证券业特点和实际情况作适当调整后，确定其经营业绩考核办法；对浙商银行，在省属国有相对控股和参股企业经营业绩考核办法总体框架的基础上，结合银行业特点，会同省交通集团公司研究制定《浙商银行国有产权代表综合绩效考核办法》，对两位国有产权代表进行业绩考核和薪酬核定。

九、浙江省国资委监管企业负责人考核与选人用人机制改革情况

一是制定完善考核用人机制。为深入贯彻落实科学发展观要求，进一步加强国有企业领导班子和领导人员的考核评价工作，建立有别于党政干部、具有企业特点的考核标准，在总结企业以往考核工作、国有企业“四好”领导班子创建活动经验的基础上，借鉴地方和党政部门考核办法，制定出台《浙江省省属企业领导班子和领导人员综合考核评价实施办法(试行)》。该《办法》主要体现以下几个特点：一是突出业绩导向。体现企业作为经济组织的特点，在综合考核

量化评价权重设置上，经营业绩占最大权重(45%)，其中重点考核国有净利润增长率和净资产收益率。二是重视对国有企业发挥作用的考核。把企业承担经济、政治、社会"三大责任"的情况，作为民主测评、民主调查和征求意见的重要内容。三是科学设置测评内容。对班子主要测评政治素质、经营业绩、团结协作、作风形象，对领导人员主要测评素质、能力、业绩，并提出相关评价要点。四是合理确定不同评价主体的权重。根据民主测评结果，分别赋予领导班子成员、中层干部和其他人员不同的权重，进行量化评价。五是试行分类考核。重点是在经营业绩考核中，适当考虑企业行业、规模等差异，分类设置经营业绩考核评价指标，赋予不同的基准分，并设置其他调节性指标。

二是探索开展年度考核工作。为进一步加强领导班子和干部队伍建设，根据中央组织部《党政领导班子和领导干部年度考核办法(试行)》，省委组织部制定《浙江省党政领导班子和领导干部年度考核实施办法(试行)》，决定从2008年度起，实行领导班子和领导干部年度考核制度。根据《办法》规定，省属国有企业领导班子和领导人员参照执行。2008年度省属企业领导班子和领导人员的年度考核工作正在进行当中。与以往的考核工作相比，年度考核工作具有常规性，今后每年年底或翌年年初都将组织开展考核工作；坚持定性与定量相结合，考核中设置加权计分的统计方法，对民主测评情况进行量化，最后形成每位领导人员的总评分，并在此基础上对企业领导人员评定优秀、称职、基本称职和不称职四个考核等次；重视考核结果的运用，《办法》对如何运用考核结果做出明确规定。

三是创新竞争性选拔任用机制。为深化国有企业人事制度改革，拓宽视野，提高选人用人公信度，2008年推出7个省属企业副职岗位进行竞争性选拔，部分职位面向全国进行招考。这次竞争性选拔，创新亮点较多。一是笔试、面试突出能力导向。笔试全部为主观开放式题型，采用视听问答、情景模拟等新方法，注重测试报考者运用理论、知识和方法分析解决实际问题的能力。面试着重了解报考者在能力素质、个性特征等方面对选拔职位的适应度，引入专题调研、竞职陈述等方式，突出试题的开放性和实践性，给应试人员以较大的发挥空间，较好地反映目标职位的素质要求。二是探索实行考察量化评价办法。对考察人选的个人任职条件、群众评价、考察组评价，分别进行量化评分，按照20%、30%和50%的权重，形成综合量化评价得分。三是面试探索实行领导专家评委组和群众评委组相结合。每组领导专家评委9～11人，群众评委20人，分数权重为70%和30%，体现了更广的代表性和群众参与性。

四是探索后备队伍建设新方式。在竞争性选拔省属企业副职领导人员工作结束后，对进入考察范围的其他人选进行综合分析，择优纳入省属企业副职后备人员名单，有效地改善后备人员队伍的结构。

(撰稿人：何平平　周继弟)

宁波市

一、宁波市国有资产监督管理工作综述

2008年是宁波市国资系统贯彻落实十七大精神的第一年，也是全面实施《宁波市属国有经济"十一五"发展规划》的关键之年。在宁波市委、市政府的正确领导下，以邓小平理论和"三个代表"重要思想为指导，围绕年初确定的工作目标，全市国资系统学习实践科学发展观，探索创新、克服困难、勤奋工作，国资监管工作不断深入，重大投资项目建设稳步推进，公益服务能力不断增强，国有经济呈现平稳增长态势。截至2008年12月底，18家市属重点企业资产总额1089.55亿元，同比增长24.33%；净资产总额为432.43亿元，同比增长19.83%；国有资产保值增值率为119.78%；实现利润总额41.16亿元，同比增长22.77%；已上缴税金总额为19.92亿元，同比增长67.25%

(一)布局结构不断优化，国有经济活力和带动力进一步增强

发展规划实施有序推进。认真贯彻落实《市属国

有经济"十一五"发展规划》,大力推进国有经济的布局和结构调整。根据"十一五"规划要求和市属企业实际,加强指导,对市属企业后三年的发展规划作相应调整;注重引导,促使市属企业的发展重点进一步向具有较大发展潜力、能够发挥国有资本优势的领域或产业集中,切实提高企业核心竞争能力。根据"中提升"战略的实施需要,先后组建城市交通、机场迁建和海捷三家国有公司,分别负责机场快速路建设、庄桥机场迁建和铁路南站枢纽建设,为国有公司在经济社会发展的重要领域中进一步发挥作用打造新平台。各市属企业整合股权,有选择性地从一些竞争性行业、低效益企业中退出股份,进一步提高企业的产业集中度和投资股权集中度,国有经济布局和结构更趋合理。宁兴公司退出维科、富邦等公司股权,开投退出白纸板三期股权,共计7.8亿元。工贸公司从原先控制力不强9家企业退出股权,共计4.7亿元。昆仑经贸公司清理3家壳公司。

改革重组步伐不断加快。企业法人治理改革继续推进,企业权力运行机制不断完善。出台《市属国有企业章程管理办法》,指导宁波港股份公司、机场迁建公司、市种子公司等企业制订公司章程,指导城投公司、土投公司等企业修订公司章程,进一步规范企业董事会、监事会、总经理、党委会等组织机构职责关系。推行董事会和经理层分离、董事长和总经理分设,解决企业董事会与经理层成员高度重叠的问题,工贸、城投、交投董事长和总经理实现分设。出台《宁波市属国有企业监事管理暂行规定》,宁波港、交投、工贸、城投等4家公司配备监事会主席,公开选聘2名专职监事,企业监事会监督职能得到强化。改制重组稳步推行,企业活力和竞争力进一步增强。推进宁波港全资子企业和绝对控股企业之间股权重组,公司股权投资结构进一步完善。栎社机场公司资产关系进一步理顺,并按组建股份公司的要求做好各项准备工作。对电子口岸公司实施股份制改造并进行增资扩股,为培育第四方物流龙头企业打下基础。指导开投公司积极整合热电资源,成立新的热力公司,提高了企业区域市场竞争能力。积极参与推进公益性企业价格改革和生产经营型事业单位改制。

国有资本运作取得新进展。制定出台《加快培育和推进国有企业上市工作的指导意见》,有重点、有步骤地鼓励、培育、扶持企业整体上市或核心资产在境内外上市。推进宁波港集团上市工作,推动现代化国际港口建设。推进宁波富达资产重组及定向增发,充分发挥参控股上市公司的资本平台作用。优化报业、广播电视网络资源配置,参与制订符合上市要求的报业、广电传媒有限公司的组建方案。推动市属企业实现由债务性融资为主向资本性融资和债务性融资并举转型,并进一步拓宽融资渠道。指导和帮助交投、城投、开投等发行债券16亿元,信托理财及短期融资券11亿元,有效缓解企业的资金压力。

国有公司作用有效发挥。贯彻落实"中提升"发展战略,继续推动企业在现代化国际枢纽港建设、重要基础设施建设、市域重点功能区块开发、城市服务功能提升等方面积极发挥主导作用。宁波港继续推进国际一流深水枢纽港和集装箱远洋干线港建设,集装箱吞吐量实现历史性突破,达到1085万标箱,位列全国第四位,世界排名进入前八强。国有投资公司积极履行政府投资主体职能,面对资金短缺、融资难、拆迁难等问题,迎难而上,努力推进市域重点区块开发和重要基础设施建设。列入考核的16个政府重大投资建设项目全年完成总投资84.42亿元,占年度计划的128.17%,其中有10个项目超额完成年度计划。2007年组建的5家国有投资公司工作进展也比较顺利。

(二)监管机制不断健全,国有资产运营质量和效率进一步提高

监管制度体系基本形成。根据《公司法》和《企业国有资产监督管理暂行条例》等法律法规,结合实际,继续在国资监管各个重点环节和关键领域推进制度建设,为促进依法监管、规范监管和国有资本安全运营提供更加完善的制度保障。全年出台《宁波市产权交易管理办法》(政府规章)、《宁波市市属企业公司章程制订管理办法》等10件规范性文件。共出台25件政府规章和规范性文件,建立经营风险防范、产权交易管理、经营业绩考核和统计评价分析等四大类制度,具有宁波特色的企业国有资产监管制度体系基本建立。

国有产权管理更加规范。出台规范国有产权交易的政府性规章，健全国有产权有序、有效流转制度。强化公开公平交易，建立全市统一产权交易平台，交易平台与全国产权交易网络、市公共资源管理中心对接，产权交易做到“六个统一”。组织开展企业国有产权转让检查，重点对协议转让的合法、合规性进行专项检查。据统计，2008 年度市属有关单位国有股权转让 51 项，共计 12.90 亿元，国有资产转让共计 5.87 亿元。出台《关于试行国有资本经营预算的意见》《宁波市属企业国有资本收益收取管理暂行办法》，并开展国有资本经营预算编报准备工作。强化不良资产管理，严把认定和核销关，根据规定，对白纸板厂、钢铁厂、城投公司等 3 家企业上报的不良资产进行专题会审，共核销不良资产 6904.30 万元，并实行账销案存管理。组织开展评估质量检查，促进中介机构提高评估执业质量；坚持重大评估项目专家评议制度，注重评估方法的科学性和资产交易基价的合理性。全年完成宁波港改制、宁兴公司股权退出、富达公司资产重组等 8 个重大评估项目。

绩效考核体系不断完善。顺利完成 2007 年度纳入考核范围的 10 家市属出资企业经营者绩效考核工作，并下达 2008 年度考核指标。制定《市属国有公司完成政府重大投资项目专项考核办法》，明确考核的项目范围、对象和相关程序，并采用跟踪检查等形式，加快推进政府重大投资建设项目建设。研究制订新一轮考核办法草案，进一步完善企业经营者考核机制。制定下发《宁波市国有企业工资总额管理暂行办法》，初步建立出资人对工资总额管理的新体系。

企业风险防范得到加强。修改完善《关于加强国有企业投资担保管理的若干规定》，加强对重大投资担保、计划外投资、非主业投资和超股权比例担保的监管，进一步规范企业互保行为。严格控制企业新股申购等风险投资，并开展专项检查与整改。全年共核准投资担保 45 件，金额共计 238.98 亿元。继续改进国资统计工作，加强市属企业财务动态监测体系和财务报表编制管理。启动新会计准则实施工作，进一步构建真实完整的会计信息系统。对宁波书城、国际会展中心临时展馆等重大基建项目实施全过程跟踪审计，及时纠正建设过程中的不规范行为，较好地控制建设成本。组织开展城投公司、市场投资、商贸公司等企业财务收支审计，并狠抓整改落实。指导企业开展内部审计，不断完善内部监督机制。落实《“五五”普法宣传教育工作规划》，下发《关于加强企业经营管理人员和职工法制宣传教育的实施意见》，对普法教育提出明确的要求。切实做好企业重大法律纠纷案件备案工作，追回经济损失 109 万元。协助行业主管部门做好企业安全生产监管工作。

县级国资监管工作有序推进。组织开展县级国资工作调研，并召开县(市)区国资工作座谈会，重点对如何完善县级国资监管体制以及在监管各个重要环节和关键领域遇到的一些问题进行深入交流和探讨，推动县级国资监管制度体系不断完善、国资监管实践不断深入。

(三)党建工作不断加强，党组织政治核心作用进一步发挥

十七大主题教育深入推进。根据宁波市委统一部署，以“坚定信念、把握实质、推进工作、促进发展”为落脚点，开展以“高举旗帜推进科学发展，创业创新实现六大提升”为主题的十七大精神宣传教育活动。加强活动组织领导，成立活动领导小组。创新宣传教育载体，采用大讨论、微型党课、专家讲座辅导和党校集中培训等多种形式，注重提高实际效果。突出党员骨干教育，组织国资委机关处级干部以及市属企业中层以上干部近 300 人参加了市委党校“十七大精神”专题轮训。党员干部爱岗敬业和科学发展的意识进一步提高，做好国资国企工作的使命感和责任感进一步增强。

企业班子建设取得进展。结合完善法人治理结构，按照现代企业制度要求，配合市委组织部对部分市属企业的领导班子进行考察，对交投公司、工贸公司、城投公司等一批政府性投资公司的领导班子和领导人员进行调整。积极组织开展市属企业“四好班子”创建活动，企业班子及其成员的综合素质和管理能力进一步提高。宁波港、开投公司、栎社机场等 3 家企业荣获省级“四好”班子创建活动先进集体称号。协助宁波市委组织部就建立和完善市属国有企业领导班子和领导人员综合考核评价体系开展调研。

反腐倡廉建设继续深化。全面落实党风廉政建设责任制，“一级抓一级、层层抓落实”的工作机制基本形成。企业党员干部认真遵守廉洁从业各项规定，领导干部廉洁自律意识不断提高。推进企业反腐倡廉建设，出台《宁波市国有企业惩治和预防腐败体系2008～2012年具体实施意见》，召开“全市国有企业反腐倡廉建设会议”，企业保廉促效取得新进展。开展廉洁从业专题教育活动，加大民主评议、评廉力度，进一步营造“思廉、倡廉、促廉”的从业氛围。认真查办国资流失举报，采取有效措施包括通过司法途径，追缴流失国资766.70万元。认真落实信访工作制度，建立“统一受理、集中梳理、归口管理、依法办理、限时处理”的工作程序，切实维护企业稳定。全年共收到群众来信来访举报112件，办结102件。

机关党建工作稳步推进。切实抓好机关教育培训，党员干部业务素质和能力不断提高。认真开展“干部进企业，服务促发展”、文明机关、文明处室创建，机关民主评议等活动，干部“寓监管于服务”的意识不断提高，机关干部队伍的凝聚力和战斗力进一步增强。机关党建工作取得较好成效，宁波市国资委机关支部被评为宁波市级“先进基层党组织”。

二、宁波市国有资产监管机构工作进展情况

截至2008年底，宁波市所辖17个县(市、区)中已有慈溪市、奉化市单独设立国资监管机构。慈溪市国有资产管理办公室下设综合科、投资与资产管理科、审计科三个科室，财政局局长兼任国资办主任。奉化市国有资产管理局下设办公室、经营科、管理科三个科室，财政局局长兼任国资局局长。

三、宁波市国有资产总量与结构分析

2008年，在宁波市委、市政府的正确领导和国务院国资委的精心指导下，全市各级国资监管机构和国有企业以科学发展观为统领，深化改革，强化监管，加快发展，全市国有经济呈现平稳发展态势。

(一)企业国有资产运营情况

经济效益略微下降。2008年全市国有企业共实现营业收入399.3亿元，增长11.59%；利润总额41.3亿元，下降4.18%。同时，受国际金融危机的影响，资产运行质量较上年明显下降，资产盈利能力、资产运行效率、单位投入的收益能力等指标均呈下降态势。2008年全市国有企业总资产报酬率为2.74%，下降0.71%；净资产收益率(不含少数股东权益)为4.12%，下降0.69%；成本费用利润率为10.46%，下降2.35%。

资产规模继续扩张。2008年末全市国有及国有控股企业(以下简称“国有企业”)企业资产总额达到2342.4亿元，增长21.99%；净资产为764.5亿元，增长17.25%；企业国有资产总量(按合并口径计算)为750亿元，增长19.31%。资产负债率2008年为64.96%，上升2.01个百分点。

社会贡献不断增大。随着国有企业整体实力不断壮大，对社会的贡献也逐步增大。一是上缴税金总额不断增多，2008年全市国有企业实际上缴税金31.4亿元，同比增长15.02%；二是人均工资不断增长，2008年全市国有企业职工平均工资达49707元，增长4.32%；三是从业人员呈上升趋势，2008年平均从业人数55717人，增长17.21%。

表1　2008年宁波市所属国有企业指标情况

单位:亿元

项　目	数　额
资产总额	2342.45
净资产	820.78
营业收入	399.27
利润总额	41.32
实际上缴税金总额	31.35
负债合计	1521.67
净利润	33.22
国有资产总量	749.98
平均职工人数(人)	52315.00
国有资本保值增值率(%)	104.94
总资产报酬率(%)	2.74
成本费用利润率(%)	10.46
主营业务收入增长率(%)	11.70
资产负债率(%)	64.96
流动比率	1.42

(二)国有企业户数情况

纳入统计的全市国有企业共有589户,其中市本级260户(宁波市国资委监管的下属子公司205户,非监管企业55户);县(市)、区329户。纳入统计的宁波市国资委监管的国有企业比上年增加52户,县(市)、区总户数基本持平。全市国有企业小型企业数量依然较多,大中型企业相对偏少,2008年宁波市小型企业541户,占91.85%;大中型企业48户,占8.15%。

表2　　宁波市国有企业户数情况

项　目	2007年	2008年	同比增减(%)
户数(户)	542	589	8.67

表3　2008年宁波国有资产经营规模分布情况

项　　目	国有资产(亿元)	占国有资产总量比重(%)
大型企业	340.40	45.39
中型企业	200.83	26.78
小型企业	208.76	27.84
合　　计	749.98	100.00

(三)国有资产总量情况

2008年全市企业国有资产总量为750亿元,比上年增加121.4亿元,增长19.31%;比2004年增加445.9亿元,四年翻了一番多。

2008年全市企业国有资产总量变动的主要因素为:一是政府新增投资(含本级和上级直接投资等)30亿元,其中:市属企业新增投资14.1亿元,县(市)、区企业15.9亿元。二是因财政拨款、无偿划拨等方式增加52.3亿元。三是企业当年经营盈利增加32.7亿元。四是评估、报表审计调整、会计政策变更等因素增加11.5亿元。五是企业改制、撤销、破产、拍卖及统计口径变化等因素减少13.3亿元。

2008年全市国有资产按地区分布情况是:市属企业国有资产总量为438亿元,占全市的58.4%,增长22.64%。其中宁波市国资委监管企业国有资产总量为407亿元,占市属92.92%。国有资产总量最大的是宁波港集团有限公司,为151.9亿元,其次是宁波城建投资控股有限公司58.5亿元和宁波交通投资控股有限公司51亿元,三家企业合计261.4亿元,占市属监管企业国有资产总量的64.23%;各县(市)、区企业国有资产总量为312.5亿元,占41.6%,增幅为15.83%。慈溪市以82.6亿元位居首位,鄞州区、象山县分别以43.3亿元、30.9亿元排在第二位、第三位。

表4　2008年宁波市国有资产地区分布情况

地　　区	国有资产(亿元)	占国有资产总量比重(%)
市本级小计	437.51	58.34
其中:监管企业	406.67	54.22
非监管企业	30.84	4.11
县市区小计	312.47	41.66
北仑区	12.01	1.60
大榭开发区	22.93	3.06
东钱湖区	1.90	0.25
奉化市	19.59	2.61
高新区	13.00	1.73
海曙区	3.19	0.43
江北区	14.20	1.89
江东区	4.56	0.61
宁海县	22.38	2.98
象山县	30.89	4.12
鄞州区	43.31	5.77
余姚市	29.29	3.91
镇海区	0.42	0.06
慈溪市	82.64	11.02
保税区	12.17	1.62
合　　计	749.98	100

2008年全市国有资产按行业分布情况是:社会服务业国有资产总量328.6亿元,居首位,占总量的43.81%;交通运输仓储业180.6亿元,居其次,占总量的24.08%;房地产建筑业和工业分别为95.3亿元、91.4亿元,居第三、第四位。以上四个行业国有资

产总量为695.9亿元，占全市国有资产总量的92.78%。

表5　2008年宁波市国有资产行业分布情况

行　业	国有资产(亿元)	占国有资产总量比重(%)
一、农林牧渔业	3.2	0.42
二、工业	91.4	12.18
三、建筑业	9.2	1.23
四、地质勘查及水利业	11.7	1.56
五、交通运输仓储业	180.6	24.08
六、批发和零售、餐饮业	6.5	0.86
七、房地产业	95.3	12.71
八、信息技术服务业	0.6	0.08
九、社会服务业	328.6	43.81
十、教育文化广播业	21.6	2.88
十一、科学研究和技术服务业	1.4	0.19
合　计	749.98	100.00

(四)国有企业效益情况

2008年全市国有企业共实现利润41.3亿元，下降4.18%；实现净利润33.2亿元，增长2.15%。其中：市属国有企业实现利润37.2亿元，增长3.33%，占全市国有企业利润总额的90.07%；县(市)、区国有企业实现利润4.1亿元，减少2.7亿元，减幅为239.71%，占全市国有企业利润总额的9.93%。

2008年宁波市共有盈利企业384户，盈利面为65.20%，增长3.78%；盈利企业实现利润49.15亿元，下降28.97%。亏损企业的数量虽有所上升，但亏损额减少较多，2008年全市共有205户亏损企业，亏损面34.80%，增长18.60%，亏损额为7.83亿元，比上年减少13.67亿元。

宁波市国资委监管中盈利企业有15家，下属盈利子公司有151家，占79.08%，盈利额为39.34亿元，下降14.85%；亏损企业有2家，亏损下属子公司有54家，亏损额2.35亿元，下降370%。

四、宁波市国有资产保值增值综合分析评价

2008年宁波市国有企业保值增值率为104.94%，比上年下降2.63个百分点。其中：市本级国有企业保值增值率为108.2%，比上年下降3.54个百分点；县(市)、区国有企业保值增值率为100.65%，比上年下降2.16个百分点。

表6　2008年宁波市国有企业地区和行业保值增值情况

县市区	保值增值率(%)	行　业	保值增值率(%)
市本级	108.2	农林牧渔业	96.78
其中：市属监管企业	108.86	工业	102.07
市属非监管企业	100.42	建筑业	100.54
北仑区	104.66	地质勘查及水利业	98.58
国家高新区	102.04	交通运输仓储业	115.84
江东区	99.9	批发和零售、餐饮业	104.49
鄞州区	100.2	房地产业	103.68
镇海区	101.37	信息技术服务业	91
大榭开发区	99.66	社会服务业	102.01
慈溪市	100.08	教育文化广播业	107.65
保税区	98.46	科学研究和技术服务业	117.49
海曙区	99.31		
象山县	104.23		
奉化市	97.77		
东钱湖区	100.23		
江北区	100.09		
宁海县	98.28		
余姚市	101.89		

五、宁波市国资委监管企业股份制改革、企业重组与完善法人治理结构改革进展情况

企业改制重组稳步推行。推进宁波港全资子企业和绝对控股企业之间股权重组,公司股权投资结构进一步完善。栎社机场公司资产关系进一步理顺,并按组建股份公司的要求做好各项准备工作。对电子口岸公司实施股份制改造并进行增资扩股,为培育第四方物流龙头企业打下基础。指导开投公司积极整合热电资源,成立新的热力公司,提高企业区域市场竞争能力。积极参与推进公益性企业价格改革和生产经营型事业单位改制。

国有资本运作取得新进展。推进宁波港集团上市工作,推动现代化国际港口建设。推进宁波富达资产重组及定向增发,充分发挥参控股上市公司的资本平台作用。优化报业、广播电视网络资源配置,参与制订符合上市要求的报业、广电传媒有限公司的组建方案。

企业法人治理改革继续推进。出台《宁波市属国有企业章程管理办法》,指导宁波港股份公司、机场迁建公司、市种子公司等企业制订公司章程,指导城投公司、土投公司等企业修订公司章程,进一步规范企业董事会、监事会、总经理、党委会等组织机构职责关系。推行董事会和经理层分离、董事长和总经理分设,解决企业董事会与经理层成员高度重叠的问题,工贸、城投、交投董事长和总经理实现分设。出台《宁波市属国有企业监事管理暂行规定》,宁波港、交投、工贸、城投等4家公司配备监事会主席,公开选聘2名专职监事,企业监事会监督职能得到强化。

六、宁波市国资委监管企业建立和完善经营业绩考核体系情况

(一)绩效考核体系不断完善

顺利完成2007年度纳入考核范围的10家市属出资企业经营者绩效考核工作,并下达2008年度考核指标。制定《宁波市属国有公司完成政府重大投资项目专项考核办法》,明确考核的项目范围、对象和相关程序,并采用跟踪检查等形式,加快推进政府重大投资建设项目建设。研究制订新一轮考核办法草案,进一步完善企业经营者考核机制。

(二)出台《宁波市属国有企业工资总额管理暂行办法》

为加强对宁波市市属国有企业收入分配的调控,建立健全企业激励约束机制,促进国有企业又好又快发展,宁波市国资委制定出台《宁波市属国有企业工资总额管理暂行办法》,初步建立出资人对工资总额管理的新体系。新办法自2008年1月1日起执行。

新办法适用宁波市国资委履行出资人职责的国有企业,包括企业集团本部和一级子企业(全资和绝对控股,下同)的工资总额管理。新办法中,工资总额包括企业在一个会计年度内直接支付给全体职工的各类工资、奖金、津贴和补贴等,不包括宁波市国资委考核的企业经营者年薪。企业工资总额采取年初核定方案、全年监管使用、年终组织清算的办法进行管理。

工资总额管理方案的核定。企业工资总额管理采用工效挂钩方式或工资总额计划审批方式。生产经营正常、管理基础较好的企业,可选用工效挂钩方式。工效挂钩核定方法为:(1)效益基数。按企业上年度经会计师事务所审计后的利润总额确定。其中,当年新挂钩企业上年实际完成利润总额低于前三年平均数的,一般按前三年平均数核定。(2)工资基数。按上年清算工资或上年实发工资、前三年平均工资水平综合确定。(3)挂钩形式与比例。实行利润挂钩的企业,利润增长与提取效益工资的比例,可根据企业特点、经营状况、工资水平等,在1∶0.5～1∶0.9之间确定,如核定的工资基数大于效益基数,则在1∶0.3～1∶0.5之间确定。其中,实行复合挂钩的企业,以实现利润为主要挂钩指标,再结合企业实际情况,配以一些实物量指标或定性指标,实现利润所占挂钩指标的权重一般不低于60%;实行限额挂钩的企业,完成利润指标或完成减亏指标的,可在8%以内核增工资计划。暂不具备工效挂钩条件的企业,可实行工资计划管理。工资计划核定方法为:(1)参照企业岗位设置、人员构成、同类型公司及本公司前三年工资水平等因素核定。(2)上年减亏(含扭亏为盈)的企业,按上年清算工资总额的8%以内核增工资计划;上

年效益持平的企业,按上年清算工资总额的4%以内核增工资计划;上年增亏的企业,不增加或适度核减工资计划,但核减量一般不超过上年清算工资总额的8%。企业年度工资管理方案一经核定,原则上不再调整,如因客观原因发生重大变化,确实需要调整的,应当说明理由,重新进行申报。

工资总额的清算。企业应在年度终了后三十个工作日内,向宁波市国资委报送企业工资总额执行情况。实行工效挂钩的企业,当年人均年实发工资增幅应控制在15%以内。当年实发工资总额小于应提工资总额的,差额部分可结转下年使用;当年实发工资总额大于应提工资总额的,差额部分为超提超发,应核减下一年度可提工资总额。实行工资计划管理的企业,在工资清算时,可根据人员增减、政策调整、本年度经济效益、年度经营业绩责任目标完成情况以及其他客观情况发生重大变化等合理增减因素,调整其年度工资计划。经核定调整后,实发工资总额小于计划工资总额的,差额部分的60%可以结转;实发工资总额大于计划工资总额的,差额部分为超发,应据实扣减下一年度工资计划。

工资总额的监督管理。企业当年实发的工资总额应控制在宁波市国资委核定的总额范围内,不得超提超发或违规发放各种奖金、津贴和补贴,不得将工资性支出列入非工资性科目核算。职工工资收入为税前收入,职工应当依法缴纳的个人所得税,由企业从其工资中代扣代缴。对违规发放工资或提供虚假劳动工资信息的,将扣减企业主要经营者绩效考核年薪。

(撰稿人:庞文轶)

安徽省

一、安徽省国有资产监督管理工作综述

2008年是极不寻常、极不平凡的一年。面对突发的自然灾害和严峻的国内外经济形势,安徽省及各市国资委和全省国有企业认真贯彻落实中央和省里的一系列重大部署,深入贯彻落实科学发展观,努力完善监管机制,深化企业改革,推进自主创新和结构调整,积极应对挑战,国有企业改革发展和国有资产监督管理取得了新的成就。根据统计,截至2008年底,全省国有及国有控股企业实现销售收入3644.7亿元,同比增长20.5%;资产总额达到7052.8亿元,同比增长20.6%。其中,省属企业2008年实现销售收入2884亿元,同比增长26.1%;上缴税金208.5亿元,增长29%;实现利润102亿元;资产总额达到4507亿元,增长13.4%;净资产达到1470亿元,增长16.1%;销售收入超过百亿元的企业达到8户,资产总额超过百亿元的达到11户。

二、安徽省及市级国有资产监管机构工作进展情况

(一)国有资产监督管理不断加强

一是国有资产监管政策法规体系进一步完善。2008年,安徽省政府颁布《安徽省企业国有产权转让管理暂行办法》(省政府令第209号),安徽省国资委出台《关于加强省属企业公司章程管理的若干意见》等5个规范性文件,修改完善《省属企业负责人薪酬管理暂行办法》等4个规范性文件,起草《规范省属企业海外投资行为的若干意见》等5个规范性文件草案。企业法制工作扎实推进。省属企业章程管理得到加强,企业总法律顾问制度建设迈出新的步伐。

二是出资人财务监督进一步加强。建立总会计师职责管理制度,明确总会计师在会计基础管理、财务管理与监督、内控机制建设和重大财务事项监管等方面的职责。加强经济运行分析工作,加大财务决算审计监督力度。健全企业账销案存资产管理。积极推动省属企业执行新的《企业会计准则》。继续推进企业领导人员经济责任审计工作。

三是国有资产经营责任进一步落实。修改完善省属企业负责人经营业绩考核和薪酬管理办法。完成省属企业2007年度和2005～2007年任期经营业绩考核工作,加强安全生产监督和节能考核工作,将节能指标列为省属工业企业经营业绩考核的分类指标。合理调控企业负责人薪酬水平,规范企业负责人职务

消费，扩大企业年金覆盖面。各市在这方面做了很多工作，亳州市开展的国有企业经营业绩考核和薪酬管理工作初见成效。蚌埠市加强国有授权经营重大事项管理，探索建立有效的国有资产监管机制，取得很好的效果。

四是国有资本经营预算制度进一步完善。建立省属企业经营预算工作机制，规范利润分配工作。为化解国际金融危机对企业的影响，主动会商省财政厅并报经省政府同意，推出国有资本收益上交的减免政策。对2008年度国有资本经营预算支出进行安排，确保支付改革成本等需要。

五是国有产权管理进一步规范。产权登记工作扎实推进，产权转让行为日趋规范，资产评估监管水平不断提升。淮北、宿州、淮南、巢湖、安庆、铜陵、池州等市在产权登记、资产评估、产权进场交易及监管等方面进行有益的探索，取得明显成效。企业上市融资取得新的进展。2008年，全省企业通过股票市场融资176.5亿元，其中，省属企业的上市公司融资162.9亿元。上市公司国有股权管理工作进一步加强，规范国有股东股权转让行为，加强上市公司国有股权无偿划转和质押的管理。不良金融资产分包处置工作继续推进。

六是监事会工作进一步加强和改进。坚持以加强过程监督提高监督时效，以改进工作方式提高工作质量，事前、事中、事后的全面监督机制正在形成。全面监督检查和重点监督检查成果显著。通过运用监督检查成果，推动整改的力度不断加强，过程监督取得明显成效。合肥市通过设立国有企业稽察员制度，加强对国有资产运营的全面、实时监管。阜阳市出台市属国有企业重大事项向监事会通报、监事会列席企业重要会议等规定，加强监事会对企业的监管。池州市加强国有出资公司监事会管理，组建国有独资公司监事会，对国有参股企业委派监事，效果良好。

(二)国有企业改革继续深化

产权多元化改革步伐加快。完成铜陵有色集团公司等企业产权多元化改革，完成江汽集团公司股权结构规范调整工作。皖北煤电集团公司煤炭主业整体上市工作继续推进，华侨饭店、商之都等一批省属企业子公司的股份制改革顺利实施。

企业兼并重组取得新的进展。完成中煤三建集团公司与中煤特凿集团公司之间的重组工作。中国电子科技集团公司38所重组长安电子集团公司、省国贸集团公司重组省丝绸公司工作基本完成。淮南煤机厂破产和巢东集团公司关闭工作基本结束。

市县中小企业改革稳步推进。列入《安徽省"十一五"期间国有集体中小企业改革规划》内的国有中小企业，有60%以上完成改革任务。各市加大改革力度，进展较快。六安市基本完成改制任务，淮南、宣城等市改制面达97%，芜湖市绝大多数完成改制，淮北、马鞍山、池州、铜陵等市完成80%以上。

解决企业历史遗留问题取得明显成效。政策性关闭破产工作进展顺利，省属企业的32个项目中，已有8个完成破产终结，16个进入破产程序，8个正在进行破产前的准备工作。淮北矿业集团公司新增3个破产项目获国家批准，可争取中央财政补助资金18亿元左右。重点推进淮北矿业集团公司、铜陵有色集团公司的主辅分离辅业改制。企业分离办社会职能基本完成。省直党政机关企业脱钩改革扫尾工作继续推进。企业职工劳动关系调整工作取得积极进展。合肥市国有企业职工身份置换工作已大头落地，铜陵市已基本完成国有企业职工身份置换，滁州市正在积极开展有关市属企业职工身份置换工作。黄山市对改制企业国有资产处置中的遗留问题等进行妥善处理。

(三)企业发展战略和规划管理不断加强

规划引领作用日趋明显。截至2008年底，除少数因兼并、重组、关闭和新划入企业外，省属企业都制定了发展战略和三年发展规划，并通过专家评审。组织完成了省属企业的规划中期评估和调整工作。省属企业主业认定工作取得新的进展，已确定并公布28户企业主业。

投资监管力度进一步增强。组织开展企业投资情况专项监督检查。认真做好省属企业重大投资项目的审核备案工作。2008年，安徽省国资委对省属企业上报的38个重大投资项目，备案或批准了37个。

省属企业"自主创新年"活动扎实推进。企业自主创新迈出新的步伐，组织制定省属企业"631创新计划"，确定首批安徽省国资委支持的10个重点项目。

召开省属企业自主创新专题座谈会、自主创新发展循环经济现场经验交流会，举办推进自主创新专题研讨班，将自主创新相关指标纳入考核体系等。这一系列举措，有力地推动省属企业自主创新能力的提高。

(四)企业党建和稳定工作进一步加强

企业党建工作机制进一步创新。从狠抓企业基层党组织建设入手，创新党建工作方式，建立健全企业党建工作制度。进一步推进企业党建工作制度化、规范化，建立健全国有企业党组织和党员先进性建设的长效机制。按照党中央的统一部署和省委决定，从2008年9月份开始，安徽省国资委开展深入学习实践科学发展观活动，以“提高国资监管水平，促进省属企业发展”为主题，突出实践特色，取得良好的效果。

企业领导班子建设进一步加强。完成25户企业领导班子的日常调整配备工作。加大企业领导人员交流力度，注重从优势企业提拔交流年轻同志到同类型企业任职，增强领导班子活力。组织开展省属企业领导人员后备人员推荐工作，调整充实省属企业领导人员后备人才库。积极指导省属企业内部竞聘中层管理人员工作。

企业党风和反腐倡廉建设深入推进。以完善惩治和预防腐败体系为重点，加强反腐倡廉宣传教育，积极营造廉洁从业的良好氛围。认真落实“七个不准”的要求，组织企业领导人员兼职兼薪和个人投资参股情况专项检查，规范廉洁从业行为。开展制度建设推进年活动，完善反腐倡廉制度体系。坚持惩防并举，严肃查处违法违纪案件。强化监督制约机制，开展省属企业巡视试点工作，深入推进企业效能监察。召开省属企业党风和反腐倡廉建设工作会议，把国有企业党风和反腐倡廉建设工作进一步引向深入。

企业稳定工作不断加强。进一步强化信访和维稳工作责任制和责任追究制度。以维护企业稳定，确保奥运平安为重点，全面做好信访和维稳工作。积极处理信访事项，妥善处置大规模集体上访，做好企业涉军群体稳定工作，开展重信重访专项治理工作，全力以赴做好奥运安保工作。

三、安徽省国有资产总量及结构分析

(一)国有及国有控股企业基本情况

2008年度，全省纳入统计范围的国有及国有控股企业和实行企业化管理的事业单位(以下称国有企业)共计2285户，比上年减少63户。

表1　安徽省国有及国有控股企业户数情况

项　目	2007年	2008年	同比增减(%)
户数(户)	2348	2285	—2.68
省属企业	800	856	7.00
省直单位企业	103	92	—10.68
市县企业	1445	1337	—7.47

2008年末，全省国有企业资产总额为7994.3亿元，较上年增长23.5%，所有者权益总额2885.8亿元，较上年增长34.1%，总体资产负债率为63.9%，较年初下降2.7个百分点。全年共实现营业收入3953.7亿元，同比增长23%，其中，主营业务收入3795.1亿元，同比增长22.5%；实现利润总额196.8亿元，同比下降31.7%；实际上缴税金总额327.1亿元，较上年增长61.1%，约占全省财政收入的1/4。

表2　2008年安徽省国有及国有控股企业指标情况

项　目	金额(亿元)	较上年增减(%)
资产总额	7994.3	23.5
所有者权益	2885.8	34.1
营业收入	3953.7	23.0
利润总额	196.8	—31.7
净利润	171.9	—23.9
实际上缴税金总额	327.1	61.1

(二)企业国有资产总量具体分布情况

截至2008年12月底，全省企业年末国有资产总量为2088亿元，按可比口径计算，较上年年末增长25.7%。

表3　2008年安徽省国有资产经营规模分布情况

经营规模	国有资产（亿元）	占国有资产总量比重(%)
大型企业	1162.7	55.7
中型企业	703.8	33.7
小型企业	221.5	10.6
合　计	2088	100.0

表4　2008年安徽省国有资产地区分布情况

地　区	国有资产（亿元）	占国有资产总量比重(%)
省属企业	905.6	43.4
省直单位企业	49.2	2.3
市县企业合计	1133.3	54.3
其中：安庆市	63.3	3
淮北市	53.1	2.5
蚌埠市	30.4	1.5
阜阳市	7.1	0.3
宿州市	20.7	1
滁州市	18.7	0.9
马鞍山市	44.4	2.1
亳州市	23.6	1.1
巢湖市	−2.9	−0.1
池州市	8.7	0.4
合肥市	437.2	20.9
铜陵市	76.5	3.7
淮南市	54.7	2.6
六安市	2.1	0.1
芜湖市	273.3	13.1
宣城市	14.6	0.7
黄山市	7.6	0.4
全省合计	2088	100

表5　2008年安徽省国有资产行业分布情况

行　业	国有资产（亿元）	占国有资产总量比重(%)
一、农林牧渔业	15.5	0.7
二、工业	699.0	33.5
三、建筑业	69.4	3.3
四、地质勘查及水利业	0.2	0.0
五、交通运输仓储业	124.8	6.0
六、批发和零售、餐饮业	57.6	2.8
七、金融业	255.7	12.2
八、房地产业	197.5	9.5
九、信息技术服务业	3.3	0.2
十、社会服务业	610.7	29.2
十一、教育文化广播业	25.1	1.2
十二、科学研究和技术服务业	20.1	1.0
十三、其他	9.1	0.4
合　计	2088.0	100.0

（三）全省企业国有资产总量分布特点

从分布上看，全省国有资产配置呈以下特点：一是市县企业国有资产总量占比有所提高。2008年末，省属企业国有资产总量为905.6亿元，占43.4%，较上年下降13.3个百分点，省直部门管理企业国有资产总量49.2亿元，占2.3%，较上年下降1个百分点，市县企业国有资产总量1133.3亿元，占54.3%，较上年上升14.3个百分点。二是企业国有资产总量的集中度不断提高。2008年末，国有大型企业国有资产占有量为1162.7亿元，占55.7%，而中小型企业国有资产总量只占44.3%。三是国有资产不断向优势行业、支柱产业集中。2008年末，全省工业、社会服务业、金融业国有资产总量位居前三位，分别为699亿元，占33.5%；610.7亿元，占29.2%；255.7亿元，占12.2%。依托国有资产的雄厚实力，这些行业的发展势头迅猛，支柱作用日渐突出。

四、安徽省国有资产保值增值综合分析评价

2008年，全省国有及国有控股企业年末国有资本

及权益总额2087亿元，年末国有资本及权益总额1663.8亿元，扣除客观因素329.7亿元后，国有资本保值增值率为105.63%，同比下降5.03个百分点。其中，省属企业的国有资本保值增值率为103.07%，同比下降8.93个百分点；省直单位管理企业国有资本保值增值率为105.07%，同比下降6.75个百分点；市县企业的国有资本保值增值率为108.37%，同比下降0.42个百分点。总体都实现国有资本保值增值，但较上年均出现不同幅度的下降。社会服务业、建筑业、农林牧渔业行业保值增值率分别达到116.9%、108.7%和108.4%，位居全省行业保值增值率排名前三名。

表6　2008年安徽省国有企业地区和行业保值增值情况

地　　区	保值增值率(%)	行　　业	保值增值率(%)
省属企业	103.1	农林牧渔业	108.4
省直单位企业	105.1	工业	102.8
市县企业	108.4	建筑业	108.7
其中：安庆市	104.6	地质勘查及水利业	95.1
淮北市	101.0	交通运输仓储业	100.3
蚌埠市	101.6	批发和零售、餐饮业	101.5
阜阳市	110.8	金融业	101.6
宿州市	99.8	房地产业	102.3
滁州市	102.4	信息技术服务业	100.4
马鞍山市	102.1	社会服务业	116.9
亳州市	90.8	教育文化广播业	101.9
巢湖市	35.7	科学研究和技术服务业	104.1
池州市	108.7	其他	98.2
合肥市	99.2		
铜陵市	101.1		
淮南市	108.3		
六安市	105.6		
芜湖市	130.8		
宣城市	106.0		
黄山市	117.5		
全省总体	105.6	全省总体	105.6

五、安徽省国资委监管企业主辅分离辅业改制概况

2008年，安徽省国资委认真贯彻《中共安徽省委、安徽省人民政府关于进一步深化国有企业改革的实施意见》和《安徽省人民政府办公厅关于印发安徽省“十一五”国有集体中小企业改革等四个规划的通知》精神，积极探索，勇于创新，全省国有企业改革工作取得显著成绩。一是主辅分离辅业改制工作扎实推进。2008年启动省交通投资集团有限责任公司和省高速公路总公司所属辅业企业的改制工作，辅业企业改制工作进展顺利。二是企业分离办社会职能工作取得积极进展。2008年，省农垦企业43所中小学移交工作迅速推进，除普济圩农场外，其他农场中小学已全部完成移交，一举解决省农垦企业多年来的老大难问题。三是省直党政机关企业脱钩改革扫尾工作稳步实施。根据省国有企业改革领导小组会议精神，推进了57户脱钩托管企业的改革扫尾工作。截至2008年底，省直脱钩托管企业改革扫尾工作已基本完成。此外，省属经营服务性事业单位转企改制工作也正在积极推进之中。

六、安徽省国资委监管企业重组与完善法人治理结构改革进展情况

在推进省属企业兼并重组方面，2008年，安徽省国资委围绕重点骨干企业做强做大，大力推进省属企业兼并重组。完成中国电子科技集团公司38所重组长安电子集团公司、省国贸集团公司重组省丝绸公司扫尾工作；启动安徽省水利建筑安装总公司整体关闭工作；安徽巢东水泥集团有限责任公司整体关闭工作基本结束。完成华侨饭店引入战略投资者工作，启动部分省属企业集团公司招募战略投资者工作；安徽商之都股份制改造工作基本结束；启动皖北煤电集团有限责任公司煤业整体上市工作和马钢(集团)控股有限公司整体改制工作。通过兼并重组，有力地促进省属企业的资源配置和结构调整，促进省属企业的进一步做强做大。在完善法人治理结构方面，遵循“职责分明、合理制衡、重在实效”的原则，组建叉车集团、皖维集团董事会，对江汽集团、皖北煤电的董事长、总经理实行了分设。截至2008年底，安徽省国资委监管

的33户省属企业中，22户设立董事会，其中董事长与总经理分设的有14户。

七、安徽省国资委监管企业建立和完善经营业绩考核体系情况

安徽省国资委坚持把省属企业负责人经营业绩考核作为履行出资人职责、落实国有资产保值增值责任的一项重要抓手。2008年，通过组织企业自评、深入重点企业复核、会同各监事会和委内相关处室会审等一系列程序，完成对省属企业2007年度和2005～2007年任期经营业绩考核，组织开展省属企业第二任期(2008～2010年)经营业绩目标测算工作并与省属企业签订任期目标责任书。企业经营业绩考核工作的深入开展，增强省属企业负责人的国有资产保值增值责任意识，促进省属企业发展战略规划的落实。

随着国资监管工作深入开展，原考核办法在实践中暴露出若干问题，安徽省国资委根据实际需要于2008年7月29日重新修订出台《安徽省省属企业负责人经营业绩考核暂行办法》(皖国资考核〔2008〕105号)。新办法的主要特点：一是精简年度考核指标，基本指标减为利润总额、净资产收益率和增加值三项，分类指标由企业根据自身“短板”自行申报，省国资委审核；二是调整年度环比考核为定比考核，定比考核基期值确定原则为：利润总额和增加值为本企业前三年指标平均值，净资产收益率为本企业前三年指标完成值的50%与全国同行业同规模上年良好值的50%之和，分类指标为本企业前三年指标完成平均值；三是借鉴中央企业考核办法，根据得分划分A、B、C、D、E五个考核等级；四是增设企业经营难度系数，系数由资产总额、净资产收益率、营业收入、利润总额、职工平均人数、离退休职工占职工人数比重六个因素决定；五是调整年度考核计分方法，改环比系数计分法为基期值离差计分法，并根据指标性质对绝对指标和相对指标采取不同的计分方法。新办法的出台，增强了考核业绩的科学性、公正性、稳定性和可操作性，有利于充分发挥业绩考核导向作用，引导省属企业切实落实科学发展观，兼顾短期效益和长期效益，实现企业持续快速稳定发展。

逐步建立完善安全生产和节能减排绩效考核体系。为更好贯彻执行国家安全生产方针政策，结合近年来安徽省的实践情况，修改“一票否决”式考核为责任考核，即当年发生事故的企业，根据《生产安全事故报告和调查处理条例》(国务院令493号)及安监部门的处罚决定，酌情扣减企业负责人薪酬。同时，为贯彻落实国家“十一五”节能减排目标，安徽省国资委于2008年6月13日出台《关于加强国有企业节能目标责任考核工作的通知》(皖国资考核〔2008〕79号)，明确从2008年起将节能指标纳入省属重点企业负责人经营业绩考核指标体系，并将节能指标考核结果与奖惩密切挂钩。办法规定，省属工业企业原则上选择万元工业增加值能耗作为节能考核指标，以较上年下降幅度4%为基点进行增减分值。

八、安徽省国资委监管企业负责人考核与选人用人机制改革情况

(一)建立省属企业领导人员定期考核制度，加强对企业领导班子的考核评价

经中共安徽省委同意，建立每两年一次省属企业领导人员定期考核制度，综合运用述职述廉、民意测评、个别谈话、查阅资料、实地考察、专项调查等方法，全面了解企业领导人员德、能、勤、绩、廉等方面情况。2008年初，安徽省国资委会同省委组织部对31户省属企业的233名领导人员进行2006、2007年度考核，对民主测评不称职票数超过30%或不称职和基本称职票数之和超过40%的4名同志进行重点考核。同时，不断加强对省属企业领导人员考核理论的专题研究。针对省属企业领导人员考核评价方式过于笼统等问题，会同省委组织部、安徽财经大学，在深入多家省属企业实地调研后，起草《体现科学发展观要求的国有企业领导人员综合考核评价研究》，积极探索建立省属企业领导人员定期考核与经营业绩考核相结合的有效模式。

(二)深化企业人事制度改革，进一步加强领导班子队伍建设

一是加大竞争性选拔省属企业领导人员工作力

召开省属企业自主创新专题座谈会、自主创新发展循环经济现场经验交流会,举办推进自主创新专题研讨班,将自主创新相关指标纳入考核体系等。这一系列举措,有力地推动省属企业自主创新能力的提高。

(四)企业党建和稳定工作进一步加强

企业党建工作机制进一步创新。从狠抓企业基层党组织建设入手,创新党建工作方式,建立健全企业党建工作制度。进一步推进企业党建工作制度化、规范化,建立健全国有企业党组织和党员先进性建设的长效机制。按照党中央的统一部署和省委决定,从2008年9月份开始,安徽省国资委开展深入学习实践科学发展观活动,以“提高国资监管水平,促进省属企业发展”为主题,突出实践特色,取得良好的效果。

企业领导班子建设进一步加强。完成25户企业领导班子的日常调整配备工作。加大企业领导人员交流力度,注重从优势企业提拔交流年轻同志到同类型企业任职,增强领导班子活力。组织开展省属企业领导人员后备人员推荐工作,调整充实省属企业领导人员后备人才库。积极指导省属企业内部竞聘中层管理人员工作。

企业党风和反腐倡廉建设深入推进。以完善惩治和预防腐败体系为重点,加强反腐倡廉宣传教育,积极营造廉洁从业的良好氛围。认真落实“七个不准”的要求,组织企业领导人员兼职兼薪和个人投资参股情况专项检查,规范廉洁从业行为。开展制度建设推进年活动,完善反腐倡廉制度体系。坚持惩防并举,严肃查处违法违纪案件。强化监督制约机制,开展省属企业巡视试点工作,深入推进企业效能监察。召开省属企业党风和反腐倡廉建设工作会议,把国有企业党风和反腐倡廉建设工作进一步引向深入。

企业稳定工作不断加强。进一步强化信访和维稳工作责任制和责任追究制度。以维护企业稳定,确保奥运平安为重点,全面做好信访和维稳工作。积极处理信访事项,妥善处置大规模集体上访,做好企业涉军群体稳定工作,开展重信重访专项治理工作,全力以赴做好奥运安保工作。

三、安徽省国有资产总量及结构分析

(一)国有及国有控股企业基本情况

2008年度,全省纳入统计范围的国有及国有控股企业和实行企业化管理的事业单位(以下称国有企业)共计2285户,比上年减少63户。

表1　安徽省国有及国有控股企业户数情况

项　目	2007年	2008年	同比增减(%)
户数(户)	2348	2285	−2.68
省属企业	800	856	7.00
省直单位企业	103	92	−10.68
市县企业	1445	1337	−7.47

2008年末,全省国有企业资产总额为7994.3亿元,较上年增长23.5%,所有者权益总额2885.8亿元,较上年增长34.1%,总体资产负债率为63.9%,较年初下降2.7个百分点。全年共实现营业收入3953.7亿元,同比增长23%,其中,主营业务收入3795.1亿元,同比增长22.5%;实现利润总额196.8亿元,同比下降31.7%;实际上缴税金总额327.1亿元,较上年增长61.1%,约占全省财政收入的1/4。

表2　2008年安徽省国有及国有控股企业指标情况

项　目	金额(亿元)	较上年增减(%)
资产总额	7994.3	23.5
所有者权益	2885.8	34.1
营业收入	3953.7	23.0
利润总额	196.8	−31.7
净利润	171.9	−23.9
实际上缴税金总额	327.1	61.1

(二)企业国有资产总量具体分布情况

截至2008年12月底,全省企业年末国有资产总量为2088亿元,按可比口径计算,较上年年末增

道的建设正在稳步进行。厦门住宅集团承担市委、市政府交办的约占全市已开工社会保障性住房总量2/3的建设任务。厦门公交集团、厦门公交场站积极投入BRT运营工作。实践证明,国有企业已成为厦门市国民经济的重要支柱和城市建设的重要力量,不仅担负着重要的经济责任,还担负着重要的政治责任和社会责任,充分展现国有经济在厦门市经济社会发展中的引领性、示范性、基础性和功能性作用。

二是在援川赈灾工作中主动作为。在四川汶川发生特大地震灾害时,厦门市国资委和广大国有企业及员工积极响应党中央、国务院和福建省委、省政府以及厦门市委、市政府的号召,主动投入各项援川赈灾行动,及时捐款捐物,积极承担灾后重建任务。据统计,全市21家市属国有企业及其职工捐赠款项和物资5060.88万元。此外,厦门航空港集团组织厦门、福州机场全天候为救灾提供免费服务。厦门路桥集团、厦门机电集团、厦门住宅集团和厦门特房集团集中力量承担厦门市委和市政府交给的支援灾区安置房建设和对口援建任务。

二、厦门市区属国有资产监督管理工作情况

厦门市共有思明、湖里、集美、海沧、同安、翔安等六个市辖区。截至2008年底,厦门市区属国有企业资产总额为468.5亿元,净资产为98.2亿元,负债总额为370.3亿元,营业收入61.5亿元,实现利润7.3亿元。其中,区属国有企业资产总额最大的区为海沧区145.5亿元,其它依次为湖里区98.4亿元,集美区91.4亿元,思明区为77.5亿元,同安区38.2亿元,最小的翔安区17.5亿元。

2008年厦门市各区属国有资产监督管理工作和国有企业改革发展齐头并进:一是各区属国有资产监管运营体系逐步完善;二是各区属国有资产总量稳步壮大;三是各区属国有资产运营质量稳步提高;四是各区属国有经济布局和结构调整得到进一步优化。与此同时,区属国有经济在区经济建设中发挥着越来越重大的作用。各区属国有企业受各区政府委托积极承担或参与各区基础设施以及工业区开发等重点项目建设,已成为带动各区房地产业、社会服务业、文教事业、工业、旅游业等行业发展的龙头和主力军。这充分展示了区属国有经济在各区经济发展中快速提升经济的支柱作用、引领各区产业结构优化的作用和保障各区经济平稳发展的作用。

三、厦门市企业国有资产总量与结构分析

截至2008年12月31日,厦门市国有及国有控股企业(以下简称国有企业)资产总计2461.5亿元,同比增长14.8%;负债总计1687.5亿元,同比增长9.8%;所有者权益总计774亿元,同比增长27.6%;其中:归属于母公司所有者权益644.2亿元,同比增长33.2%;营业收入总计1298.5亿元,同比增长10.2%;其中:主营业务收入1286.6亿元,同比增长10.4%;利润总额51亿元,同比下降10.4%;归属于母公司的净利润27.1亿元,同比下降19.7%。这表明厦门市国有企业受国际金融危机的影响,资产运营和经济效益与2007年相比存在一定程度的下滑。

表1　2008年厦门市所属国有企业指标情况

单位:亿元

项　目	金　额
资产总额	2461.5
负债总额	1687.5
净资产	774
营业收入	1298.5
其中:主营业务收入	1286.6
利润总额	51
归属母公司的净利润	27.1
实际上缴税金总额	55.8
工业增加值	36.1

表2　厦门市国有企业户数情况

项　目	2007年	2008年	同比增减(%)
户数(户)	652	684	4.9

注:以上户数范围仅为厦门市国有企业三级及三级以上的企业,不含三级以下的企业。

厦门市下设思明、湖里、海沧、集美、同安、翔安六个区。从国有资产地区分布情况看，厦门市市属企业2008年年末国有资产总量554.2亿元(含其他国有资金8.3亿元)，占厦门市2008年年末国有资产总量的85%，6个区所属国有企业2008年年末国有资产总量98.1亿元，占厦门市2008年年末国有资产总量的15%。

表3　2008年厦门市国有企业地区分布情况

地　区	国有资产(亿元)	占国有资产总量比重(%)
市属企业	554.2	85
区属企业	98.1	15
其中:思明区	20.7	3.1
湖里区	15.1	2.3
海沧区	36.5	5.7
集美区	14.5	2.2
同安区	9.2	1.4
翔安区	2.1	0.3

从行业分布看，厦门市企业国有资产分布的行业前五位是房地产业、社会服务业、工业、交通运输和仓储业、批发和零售业；分别占单户国有资产合计数①的37.3%、16.1%、14.3%和13.4%、8.3%，占全部国有资产的89.4%。

表4　2008年厦门市国有资产行业分布情况

行　业	国有资产(亿元)	占国有资产总量比重(%)
一、农林牧渔业	2.3	0.2
二、工业	148.8	14.3
三、建筑业	76.1	7.3
四、交通运输仓储业	139.6	13.4
五、批发零售、餐饮业	86.2	8.3
六、金融业	17.1	1.6
七、房地产业	388.6	37.3
八、信息技术服务业	5.6	0.5
九、社会服务业	167.8	16.1
十、卫生体育福利业	2.0	0.18
十一、教育文化广播业	6.8	0.7
十二、科研和技术服务业	1.2	0.12
合　计	1042.1	100

从企业经济规模看，厦门市国有资产主要集中在大、中型企业，2008年年末大、中型企业205户，占总户数的30%，大、中型企业单户国有资产总量839.5亿元，占厦门市2008年年末单户国有资产总量的80.6%；2008年年末小型企业479户，占总户数的70%，小型企业单户国有资产总量202.6亿元，占厦门市2008年年末单户国有资产总量的19.4%。

表5　2008年厦门市国有资产经营规模分布情况

经营规模	国有资产(亿元)	占国有资产总量比重(%)
大型企业	413.2	39.6
中型企业	426.3	41
小型企业	202.6	19.4
合　计	1042.1	100

国有资产总量与结构分析表明，厦门国有资产数量继续保持增长的趋势，国有企业所有者权益稳步提高，国有资产总量稳步增长，但受国际金融危机影响增速放缓。

四、厦门市国有资产保值增值综合分析评价

截至2008年12月31日，厦门市国有企业年末归属于母公司的所有者权益644.2亿元，比年初数

① 这里的合计是单户国有资产的简单加总，不是指报表合并的国有资产数。

483.6亿元,增加160.6亿元,增长33.2%。年末国有资产总量652.3亿元,比年初数483.8亿元,增加168.5万元,增长34.8%。国有资产总量增长主要得益于国有企业经营业绩的提高和市政府对国有企业增拨资本金。

表6　2008年厦门市国有企业地区和行业保值增值情况

地　区	保值增值率(%)	行　业	保值增值率(%)
厦门市	105.1	农林牧渔业	113.9
市属企业	104.4	工业	102.1
区属企业	108.6	建筑业	104.5
其中:思明区	102.8	交通运输仓储业	106.1
湖里区	109.4	批发零售、餐饮业	110.3
海沧区	110.7	金融业	115.1
集美区	109.5	房地产业	104.6
同安区	114.1	信息技术服务业	122.2
翔安区	100.5	社会服务业	101.6
		卫生体育福利业	95.5
		教育文化广播业	114.2
		科研和技术服务业	111.3

从2008年国有企业统计汇总数据看:厦门市和各区的国有企业全部实现国有资产的保值增值,各行业也基本实现国有资产的保值增值,只有卫生体育福利业没有达到保值的要求,以上所有企业的保值增值情况还有待于进一步的确认。

五、厦门市国资委监管企业改革改制情况

(一)加快企业内外部资源整合步伐

按照"突出主业,合并同类资产"的原则,加快推进企业内外部业务重组,优化资源配置,集中优势资源和项目,指导企业做强做大主业。厦门航空港集团将持有的厦门机场部分资产及下属地勤服务公司全部股权转让给下属股份公司。厦门港务控股集团按照专业化原则,对下属工程建设企业及信息企业进行重组,成立厦门港务建设有限公司;将厦门微信公司、厦门电子口岸公司整合到厦门港务信息投资公司,使其成为集团信息投资管理中心。

(二)加快劣势企业退出力度

加大对劣势企业规范有序退出市场的力度,从整体上提高国有资产营运的质量和效益,使国有企业的组织结构、资产结构、产业结构、产品结构得到不断地优化和升级。对缺乏竞争力的厦门港务劳务公司等3家企业实施关闭;对长期停止经营但具有土地利用价值的厦门港务机电有限公司实施战略性收购。对完成历史建设使命的厦工机械施工有限公司等3家企业实施资产出让;对资不抵债的厦门市农房公司等3家企业依法实施破产。

(三)加大企业上市融资工作力度

鼓励和支持国有企业上市融资,加快建立现代企业制度。做好上市资源的培育工作,对拟上市企业进行重点跟踪,协调有关部门对有条件的企业进行指导。厦门路桥集团控股的厦门翔通股份公司完成招股说明书编制,通过厦门证监局验收,已正式向中国证监会发审委上报公开上市申请材料。

(四)深化企业内部三项制度改革

各企业集团继续深化内部人事、劳动和分配三项制度改革,强化内部管理,通过引入职业经理人制度,完善集团下属企业薪酬制度,加强对下属企业的经营业绩考核,通过实施编制管理等措施,进一步增强企业竞争力。厦门港务集团、厦门夏商集团、厦门机电集团等企业结合《劳动合同法》的实施,进一步规范用工制度,清理不规范用工人员,及时做好原有劳动合同的变更、续订工作,实施全员劳动合同制。厦门公交集团对一线驾驶员采取工效挂钩的工资分配制度。厦门火炬集团出台员工休假制度,确保会干活、多干活者多拿工资的分配激励制度。厦门顺承公司、厦门国贸控股集团为增强物业公司的竞争力,建立效益目标责任制。

六、厦门市国资委监管企业完善法人治理结构进展情况

(一)企业法人治理结构运行机制进一步规范

继续完善董事会、监事会、经营班子相互制衡、有效协同的法人治理结构运行机制。进一步明确董事会、监事会、经营班子的职责和权限,规范董事会的运作,落实决策责任,强化监事会的监督职能,增强经营班子的执行力。各监管企业也加强对所出资企业法人治理结构的规范工作,积极完善和规范所出资企业法人治理结构运行机制,保证各项重大经营决策的民主化、科学化。同时按照有关法律法规和公司章程的精神,认真梳理有关的议事规则、程序,并严格执行,使企业决策权和执行权基本分开,保障企业规范运行。

(二)国有企业外派监事工作顺利开展

2008 年 4 月 10 日,正式向市属 18 家国有企业派出专职监事,顺利成立国有企业监事会。监事会成立后,围绕企业生产经营,在着力熟悉情况、推进当期监督,开展分类检查,强化整改督促,加强基础建设等方面做了大量探索。进一步完善监事会工作机制,规范监事会工作流程。加强对企业法律法规规章制度执行、内部制度建设及执行、重大投资决策、重大经营活动和重要事项等方面的监督检查。有效整合企业内外部监督资源,积极建立监事会牵头协调、中介机构配合、企业内审、纪检监察等内部监督资源互动交流、信息共享的机制,形成对企业全面有效的监督。总的来看,初步发挥监事会事前预防、事中控制、事后纠正的监督作用,实现起好步开好局的总体目标。

七、厦门市国资委监管企业建立和完善经营业绩考核体系情况

(一)业绩考核工作进展顺利

厦门市国资委完成市直管国有企业负责人 2007 年、2008 年以及委托主管部门和管委会管理国有企业负责人 2008 年的基本年薪的审批和备案工作。对 2007 年度市直管国有企业负责人经营业绩进行考核,确定其绩效考核的分数及其 2007 年度薪酬,下发 2007 年度市直管国有企业负责人经营业绩考核结果。就 2007 年市直管国有企业报送的企业绩效薪酬结算方案、企业负责人年薪之外其他货币性收入进行审核、批复,对其职务消费情况进行备案。确定下达所出资企业 2008 年度和 2008～2010 年阶段性经营业绩目标值,并签定责任书。完成 19 家所出资企业整合两年来的经营绩效评价,并出具评价报告提供给厦门市委组织部,为厦门市委组织部考察企业领导班子提供参考。

(二)积极探索完善业绩考核体系

为了进一步提高业绩考核的科学性和有效性,厦门市国资委结合实际,积极探索完善业绩考核的有效方法。一是针对不同行业企业、企业发展不同阶段的特点,抓住制约企业发展的关键因素,努力探索用有限的考核指标引导企业提升管理水平,促进企业科学发展。二是为了避免企业负责人短期行为的产生,努力探索把年度考核和任期考核、把企业战略规划和任期考核以及短期激励与中长期激励约束有机结合起来的方法;三是研究如何加强国企负责人对企业自主创新的领导职责,加大对企业科技投入和自主创新能力建设的考核,促进企业提高自主创新能力。

八、厦门市国资委监管企业党建工作和党风廉政建设情况

(一)加强领导班子建设

配合厦门市委组织部对全市 22 家国有企业领导班子及班子成员进行民主评议和民主测评;做好企业经营管理后备人才、35 岁以下优秀中青年人才的推荐工作;指导厦门市属国有企业做好职工董事职工监事推选工作。根据部分集团公司党委会、董事会、经营班子成员的缺位情况组织考核任免,确保企业领导班子的有效运转。组织企业领导班子开好以加强领导干部作风建设为主题的民主生活会。通过对《厦门市市属国有企业党委会(常委会)议事规则》贯彻落实情况的检查,健全和规范党委集体领导制度,确保国有企业的党组织在企业的重大经营决策、文化建设、精

神文明建设、廉政建设、效能建设都发挥出强有力的政治核心和领导作用。

(二)加强基层组织建设

印发《2008年党工委党建工作要点》。部署签订新一轮党建工作责任书相关工作。召开厦门市国资系统纪念建党87周年暨表彰大会,表彰21个先进基层党组织、7个先进基层纪检组织和51名优秀共产党员、19名优秀党务工作者、12名优秀纪检工作者,以及44个文明建设先进单位。指导集团公司根据下属企业实际情况,及时调整党的基层组织设置。开展全系统企业党组织和党员信息库建库工作。做好全系统省、市劳模推选工作,先后推选出福建省劳模3名,厦门市劳模14名。配合厦门市委组织部对列入市党建典型点的厦门建发集团、厦门港务集团、厦门特房集团党委进行调研和宣传报道。

(三)加强精神文明建设

配合厦门市委宣传部对厦门市属国有企业改革发展取得的新成效进行集中采访和宣传报道,中央主要媒体新华社、人民日报、光明日报、中央人民广播电台2008年4月14日集中宣传报道冯鸿昌的先进事迹。配合做好大型电视系列片《海西之路》中反应厦门市国有企业改革成效等内容的拍摄联络工作。配合福建省委文明办及厦门市委文明办对国有企业创建全国文明单位、全国文明创建工作先进单位进行检查验收;配合厦门市委文明办对全系统七家省级文明单位开展届中检查;组织基层志愿者上街开展"迎奥运、讲文明、树新风"志愿者交通文明督导。根据《厦门市关于组织开展"道德模范巡讲网上行"活动的方案》精神,牵头开好厦门市道德模范国有企业巡讲报告会;组织企业员工参加全市"学雷锋活动月"启动仪式。

(四)加强企业党风廉政建设

召开厦门市国企廉政2008年工作会议,对国企廉政全年工作进行全面部署;下发2008年厦门市国企廉政工作实施意见和2008年纪检监察工作意见。选派国有企业纪检监察干部参加厦门市纪委、福建省国资委举办的培训班和专题讲座,加强国有企业纪检监察干部队伍建设。全面深入推进"廉政文化进企业"活动。结合对国有企业的正面宣传报道,构筑廉政文化创建活动大宣传的格局。把反腐倡廉教育列入干部教育培训规划,同干部培养、选拔、管理、使用等结合起来。结合严格执行第十七届中央纪委第二次全会提出的国有企业领导人员"七项要求",采取措施促进国有企业深入贯彻和落实已出台的各项制度,加强对国有企业领导人员等的监督约束,围绕党风廉政责任制开展监督检查,进一步规范企业权力运行机制,促进权力的正确行使。参与对国贸控股、轻工集团、路桥集团、旅游集团等企业党风廉政建设责任制的检查工作,促进各企业党风廉政建设责任制的层层落实。认真做好信访举报目标管理的各项工作,按照干部管理权限协办各类违纪案件。

(五)抓好政治理论学习

组织学习贯彻党的十七大精神,以中共厦门市委国资监管工委学习中心组为龙头,带动和推进基层的深入学习。利用举办厦门市属国有企业董事长研讨班、厦门市属国有企业经营管理人员培训班,进行党的十七大精神专题辅导;各企业也都举办多种形式的辅导报告会。组织各级党组织和党员干部围绕融入新一轮跨越式发展工作实践,从加强和改进企业党的建设、精神文明建设、廉政文化建设、构建和谐企业等方面内容开展理论研讨。

(撰稿人:刘聪斌)

江西省

一、江西省国有资产监督管理工作综述

2008年,面对国际国内经济金融形势的重大变化和严重冰雪灾害的不利影响,江西省国资委在省委、省政府的坚强领导下,深入学习贯彻科学发展观,坚决贯彻落实中央和省委、省政府的重大决策部署,全力推进国有企业改革发展和国有资产监督管理各项工作,保持省属国有经济平稳较快发展态势,实现了国有资产的保值增值。

(一)经济效益显著提高

2008年末，江西省出资监管企业资产总额1413.4亿元，同比增长10%；净资产555.6亿元，同比增长10.6%；平均国有资本保值增值率为110.6%。出资监管企业实现销售收入1424.8亿元，同比增长16.7%；实现税金79亿元，同比增长3.84%；完成增加值229.7亿元；盈亏相抵后实现利润总额49.5亿元。平均净资产收益率为6.56%、总资产报酬率为5.28%，分别高于全国各省市国资委监管企业11月平均水平1.4和1.55个百分点，在全国排名为第七位和第六位。

(二)加快推进国有企业改革

国有企业改革的总体思路进一步明确，对23家省出资监管企业进行逐户摸底调查，借鉴外省经验，研究制定《关于加快推进国有工业企业改革实施方案》，并迅速成立企业政策性破产、省属企业下放、筹集改革资金、省国资委领导挂点联系指导企业政策性破产、改革政策调整和完善、企业中长期激励机制、国有资产经营公司的组建、改革监测分析和情况通报等8个工作小组，为确保省委、省政府提出的"两年内基本完成全省国有企业改革"目标任务奠定扎实的工作基础。11家集团公司层面股权多元化改革进入实质性操作或正在启动。首批省属企业经营管理权下放属地管理交接工作顺利完成，同时，积极指导各有关省属集团公司，紧密配合各有关设区市、县，抓紧推进下放企业的招商引资和改制重组工作。截至2008年底，全省95户政策性关闭破产企业，有84户进入破产司法程序，已破产终结26户，落实中央财政补助费用2.81亿元。积极筹集和落实国有企业改制资金，共落实省属国有企业改革资金20.2亿元。同时，向国务院新申报25户政策性关闭破产项目，力争列入国家正式计划。

(三)创新企业薪酬分配机制

积极探索省属非上市国有控股企业增量资产奖励股权方式方法，《江西省省属非上市国有企业增量资产奖励股权暂行办法》已获省政府原则同意。积极推进符合条件的省属国有控股上市公司实行以股票期权为主要工具的股权激励。积极鼓励符合条件的监管单位申报开展企业年金试点，提高员工福利和养老待遇。

(四)大力增强企业竞争力

围绕省政府提出的重大产业招商战略，大力推进重点招商项目，2008年，江西省国资委参与组织11次重大招商引资活动，推出国有企业重点招商项目51个。以"十百千亿工程"重大项目为重点，建立委领导和有关处室对口联系工作制度、季度督察调度制度，加强跟踪服务，推动省出资监管企业按照省属国有经济布局结构调整的总体要求，加快推进优化产品结构、改进技术工艺、提高产品质量等方面的70个重点项目建设，全年实际完成投资109亿元。积极推进上市公司非公开发行和国有企业整体上市，加快国有资产证券化。支持企业"走出去"抢占市场和资源，加快推动企业重组和整合省内资源取得新进展。高度重视抓企业自主创新工作，制订下发《关于推进省国资委出资监管单位实施重大科技创新项目的意见》。

(五)提供高效优质服务

积极完善国有企业法律纠纷调处机制，挽回或追回损失3亿多元。组织企业申报八家企业26个项目争取国家和省里支持的项目和资金，所涉项目投资总额280.7亿元。针对南钢公司、石化集团、盐业集团、煤炭集团、投资集团等政策性因素引起的生产经营问题，积极调研并向省政府及有关部门反映，尽力争取有关政策支持。指导帮助南钢、盐业集团、江钨集团、昌九生化4家企业向省发改委申报发行企业债券，以缓解企业融资难的问题。

(六)健全完善法人治理结构

出台《江西省国有独资公司董事会职工董事管理办法(试行)》和《江西省国资委参股企业国有产权代表管理试行办法》，进一步规范董事会建设。开展面向全国公开选聘外部董事人选工作，确定24人进入江西省国资委外部董事人才库。认真组织审核审批企业的《公司章程》，有效地规范出资人与出资监管企业的权责关系。外派监事会的监督重点由年终监督调整为当期监督，一年来，共提交各类报告8项，披露问题35个，挽回经济损失1.1亿元。为推进监管体制创新，对省煤炭集团、电子集团开展派驻法务总监、财务总监试点工作。

(七)强化国有资产监管

指导企业执行《企业会计准则》,积极推进省国资委与企业信息化联网。出台《江西省国资委出资监管企业财务决算审计规范》等规范性文件,积极推行以加大成本费用预算控制为主要内容的财务预算管理制度,加强企业经营动态监测分析和预测。完善以企业总法律顾问制度为核心的企业法律顾问制度,增强企业防范法律风险能力。企业经营业绩考核将生产经营管理、技术创新、科研投入、节能减排、安全生产等方面内容纳入考核范围,将"四率"指标作为所有工业类企业年度考核和非工业类企业任期考核分类指标,同时在江中药业启动 EVA(经济增加值)考核的导入工作。

企业改制和产权转让等重点环节的监管日趋完善。共完成等 70 余户改制企业的清产核资审核批复工作,采取招标或邀标的形式选取中介机构,较好地保证评估的公正性。在资产评估中,加大收益现值法评估的推广力度。强化对国有产权转让审批、资产评估、产权变更或注销登记等全程监控。继续开展对 11 个设区市国有企业国有产权转让年度检查。加强产权交易信息监测系统的建设,支持和督促省产权交易所完成产权交易信息系统的升级改造。

(八)加强国有企业党的建设和党风廉政建设

企业领导班子建设进一步加强,充分运用国有企业创建"四好"领导班子调研成果,对部分领导班子和领导人员进行调整。根据省委公选领导小组统一部署,公开选拔国有企业后备领导人员,向省委推荐 23 名可派到设区市、县工作的后备领导人员。在全国率先选派一批后备领导人员到中央企业挂职锻炼。企业基层党组织建设进一步加强和改进,下发《关于切实加强国有改制破产企业党建工作的意见》,组织开展"江铜党建经验"试点总结工作。认真指导江铜集团、煤炭集团开展学习实践科学发展观活动试点工作。加强党员教育管理工作,起草《省国资委党委 2008～2010 年发展党员三年规划》。举办首届"全国国有企业共青团和青年工作论坛",得到团中央、国务院国资委的高度评价。举办"江西省国资委出资监管企业妇女干部培训班",原全国人大常委会副委员长、全国妇联主席顾秀莲给予充分肯定并接见参训人员和亲自授课。会同省总工会开展企业厂务公开、民主管理情况的调研检查。率先发起建立省际企业党建工作协调机制,得到全国党建研究会和国务院国资委党委的充分肯定。企业纪检监察工作进一步加强,修订《江西省国有资产监督管理委员会党风廉政建设责任制实施办法》。

(九)全力组织参与抗冰救灾和抗震救灾,机关干部职工的综合素质得到极大提升

在 2008 年年初抗击雨雪冰冻灾害中,按照省委、省政府的部署,江西省国资委先后抽调 82 名干部,组成驻厂工作组和现场施工督导组,全力做好电力设施器材生产调运协调、抢修进度督导等工作,为全省提前恢复电力畅通作出了应有贡献。5·12 汶川大地震后,按照省政府的部署,江西省国资委又迅速抽调 43 名干部组成督导组进驻全国有关板房材料生产企业和抗震救灾第一线,全力支援企业生产和现场搭建过渡安置房,为江西省援建四川地震灾区过渡安置房工作走在全国前列作出贡献。这两项工作,都得到省委、省政府和有关地方、部门的高度赞扬和肯定。在参与这两场重大战役中,江西省国资委机关干部职工不畏艰险,无私奉献,思想认识进一步升华,全局观念进一步增强,组织协调能力、贯彻执行能力进一步提高,吃苦耐劳、勇于奉献精神进一步提升。这都为做好国资监管工作奠定坚实的基础。

二、江西省国有资产总量与结构分析

表 1　　2008 年江西省国有企业指标情况

单位:亿元

项　　目	金　　额
资产	2832.00
负债	1774.00
净资产	1058.00
营业收入	1966.00
利润总额	81.50
实际上缴税金总额	120.20

表 2　江西省国有企业户数情况

项　目	2007 年	2008 年	同比增减(%)
户数(户)	1912	1696	-11.29

表 3　2008 江西省国有资产地区分布情况

地　　区	国有资产(亿元)	占国有资产总量的比重(%)
江西省汇总	2837.00	
江西省省属企业汇总	1889.96	66.62
江西省省属监管企业汇总	1426.21	50.27
江西省省属非监管企业汇总	463.75	16.35
江西省设区市企业汇总	947.04	33.38
南昌市	330.63	11.65
赣州市	250.33	8.82
景德镇市	110.51	3.90
吉安市	57.04	2.01
上饶市	56.64	2.00
九江市	54.61	1.92
宜春市	42.08	1.48
抚州市	29.27	1.03
新余市	9.15	0.32
萍乡市	6.79	0.24

表 4　2008 年江西省国有资产行业分布情况

行　　业	国有资产(亿元)	占国有资产总量的比重(%)
江西省汇总	2837.00	
一、农林牧渔业	44.86	1.58
二、工业	1562.87	55.09
三、建筑业	232.27	8.19
四、地质勘查及水利业	15.76	0.56
五、交通运输仓储业	321.04	11.32
七、批发和零售、餐饮业	115.92	4.09
八、金融业	207.85	7.33
九、房地产业	96.09	3.39
十、信息技术服务业	3.26	0.11
十一、社会服务业	225.14	7.94

续表

行　　业	国有资产(亿元)	占国有资产总量的比重(%)
十二、卫生体育福利业	0.62	0.02
十三、教育文化广播业	2.72	0.10
十四、科学研究和技术服务业	8.58	0.30

表 5　2008 年江西省国有资产经营规模分布情况

经营规模	国有资产(亿元)	占国有资产总量的比重(%)
大型企业	1334.59	47.04
中型企业	1065.00	37.54
小型企业	437.41	15.42
合　　计	2837.00	100

2008 年末全省企业国有资产总量 2832 亿元，比上年增加 240 亿元，增长 9.26%。

分级次看，省属国有企业资产总量 1890 亿元，占全省的 66.74%，比上年增加 133 亿元，增长 7.57%；其中，省属 23 家监管企业资产总量 1426.2 亿元，占省属企业的 75.46%，比上年增加 111 亿元，增长 8.44%。设区市国有企业资产总量 942 亿元，比上年增加 108 亿元，增长 12.95%，各设区市之间发展很不平衡，设区市中，资产总量最大的是南昌市 330 亿元，最小的是萍乡市 6.8 亿元，与上年相比增长最快的是上饶市增长 27.55%，比上年增加 11.38 个百分点，且所有设区市资产量都有增长，而上年有五个设区市资产负增长。

分行业看，资产量最大的是工业行业，为 1562.87 亿元，占全省资产总量的 55.19%，比上年增加 94.65 亿元，增长 6.45%，工业行业中冶金工业资产量最大，为 715.96 亿元，比上年增长 11.44%，主要是新余钢铁有限责任公司增加 60 亿元。资产增长较快的是房地产行业，增长 28.15%，金融业增长 15.01%。

三、江西省国有资产保值增值综合分析评价

表 6　　2008 年江西省国有企业地区和行业保值增值情况

地　区	国有资本保值增值率(%)	行　业	国有资本保值增值率(%)
江西省汇总	104.44	一、农林牧渔业	99.11
江西省省属企业汇总	104.86	二、工业	104.25
江西省省属非监管企业汇总	103.59	三、建筑业	99.49
江西省省属监管企业汇总	105.51	四、地质勘查及水利业	103.57
江西省设区市企业汇总	103.33	五、交通运输仓储业	106.76
抚州市	100.00	七、批发和零售、餐饮业	80.80
吉安市	99.81	八、金融业	105.71
景德镇市	94.49	九、房地产业	110.06
萍乡市	96.91	十、信息技术服务业	100.36
上饶市	100.43	十一、社会服务业	109.49
新余市	96.37	十二、卫生体育福利业	89.81
宜春市	105.16	十三、教育文化广播业	100.70
南昌市	107.92	十四、科学研究和技术服务业	113.48
赣州市	101.42		
九江市	102.91		

(一)资产结构进一步优化

2008 年,国有企业进一步加强管理,优化资产配置,资源进一步向优势企业集中,提高资产运营效率,资产结构进一步优化。

一是资产进一步向优势企业集中,2008 年在宏观经济形势不利的情况下,盈利企业年末资产总额 2220 亿元,占全省资产总额的 78.39%,比上年提高 1.04 个百分点。

二是资产进一步向影响国民经济的关键领域、关键行业集中,2008 年末冶金、煤炭、电力、交通等关键行业资产总额 1160 亿元,比上年增加 123 亿元,增长 11.86%,占全省国有资产的 41%,比上年提高 1 个百分点。

(二)国有经济运行平稳

2008 年江西省国有经济克服重大冰雪灾害和国际金融动荡的影响,保持平稳运行态势。全省国有企业实现收入 1965.9 亿元,比上年增加 254.8 亿元,增长 14.89%。

分级次看,省属企业实现收入 1570 亿元,比上年增加 240.3 亿元,增长 18.07%,占全省国有企业收入的 79.86%,省属出资监管企业实现收入 1463.8 亿元,比上年增加 224.7 亿元,增长 18.13%,占省属企业收入的 93.24%。设区市企业实现收入 395.9 亿元,比上年增加 13.8 亿元,增长 3.62%。

分行业看,实现收入最大的是工业行业,实现收入 1180 亿元,占全部国有企业的 60%,其中冶金行业实现 704.39 亿元;增长最快的行业是建材行业,增长 51.45%,金融业收入比上年下降 16.3%。

因年初出现重大冰雪灾害,企业生产经营受到影响,同时国际金融危机发生后,主要产品价格大幅下跌,2008 年经济效益出现整体下滑,但各国有企业通过加强管理,增收节支,盈利面有所扩大。

2008 年全省国有企业实现利润 81.5 亿元,比上年减少 55.7 亿元,下降 40.66%。省属企业实现利润 70.3 亿元,比上年减少 54.9 亿元,下降 43.85%,省属监管企业实现利润 46.7 亿元,比上年减少 46.5 亿元,下降 49.89%,主要是受国际金融动荡影响,阴极铜、钢材等产品价格大幅下跌,江西铜业集团利润减少 24.5 亿元,江西稀有金属钨业控股集团有限公司利润减少 3.1 亿元,南昌钢铁有限责任公司利润减少 2 亿元，新余钢铁有限责任公司利润减少1.2亿元，另外受股市影响，国盛证券有限责任公司利润减少4.1亿元。设区市企业实现利润11.2亿元，比上年减少0.8亿元，下降6.67%，其中实现利润最大的是南昌市9.9亿元，9个设区市亏损，亏损最大的是景德镇，亏损0.9亿元，增长最快的是赣州市，增长14.43%，下降最快的是抚州市，下降125%。

面对重大自然灾害和国际金融危机，主要产品价格大幅下跌，毛利率下降的局面，各企业通过加强管理，内部挖潜，增收节支，减少损失，努力提高经济效益，取得较好效果，管理费用占收入的比重由2007年的5.42%下降到2008年的4.87%，下降0.55个百分点，相当于节约11亿元管理费用，全省国有企业盈利面由2007年的48.5%上升到2008年的48.9%。

尽管2008年全省遭受百年一遇的冰雪灾害，企业生产经营受到严重影响，但各企业按照省政府"全年目标不降低，灾中损失灾后补"的精神，坚定信心，调整策略，积极应对，保持全年生产经营的稳定。2008年全省国有工业企业完成工业总产值1479.5亿元，比上年增加183.6亿元，增长14.17%，其中省属工业企业完成产值1147.4亿元，占全省的77.55%，比上年增加162.4亿元，增长16.49%，省属出资监管企业完成工业总产值1111.7亿元，占省属企业的96.89%，比上年增加160.8亿元，增长16.91%，设区市工业企业完成产值332.1亿元，比上年增加21.2亿元，增长6.82%。分行业看，完成产值最大的是冶金工业，完成833.3亿元，占全省的56.32%，比上年增加127.54亿元，增长18.07%，增长较快的是石化工业，增长11倍，电力工业增长65.9%，化学、纺织、食品行业出现负增长。

2008年全省国有企业完成增加值408.8亿元，与上年持平，其中省属企业完成增加值292.3亿元，比上年减少5.8亿元，下降1.95%，省属出资监管企业完成增加值252.2亿元，比上年增加0.4亿元，增长0.16%，设区市企业完成增加值116.5亿元，比上年增加5.9亿元，增长5.33%。分行业看，完成增加值最大的是工业，完成301.1亿元，占全省的73.65%，增长较快的有交通行业增长149.63%，建筑行业增长23.77%，工业、商业、房地产、金融、信息技术服务业五个行业出现了负增长，主要原因是产品价格下跌，经济效益下滑，使得增加值减少。

（三）国有权益大幅增加，国有资本实现增值

2008年末全省国有企业国有权益总额788.1亿元，比年初增加96.9亿元，增长14%。省属企业2008年末国有权益总额557亿元，比年初增加56.1亿元，增长11.2%，省属出资监管企业2008年末国有权益358.6亿元，比年初增加26.9亿元，增长8.11%，设区市国有企业2008年末国有权益231.1亿元，比年初增加40.7亿元，增长21.38%。分行业看，国有权益最大的是工业行业，国有权益总额482.08亿元，占全省的61.17%，增长较快的行业有水利行业增长33倍，房地产行业增长74.25%。

2008年末，全省国有企业以788.1亿元国有资本带动社会资本总额为270.9亿元，比上年增加43.1亿元，增长18.92%，带动比例为34.37%，比上年增加1.41个百分点，国有资本的影响力、控制力明显增强。

2008年全省国有资本保值增值率为104.44%，省属企业国有资本保值增值率为104.86%，省属出资监管企业国有资本保值增值率为105.51%，设区市企业国有资本保值增值率为103.34%，都实现国有资本的保值增值。

四、江西省国资委监管企业股份制改革和企业重组情况

江西稀有稀土金属钨业集团公司引进上海望潮投资有限公司，组建多元化的江西稀有稀土金属钨业集团有限公司；江中集团、省煤炭集团股权多元化改革的总体方案已经省政府同意，正在抓紧实施；省电子集团已与战略合作者签订合作框架协议，开始尽职调查；凤凰光学集团正在与战略合作者深入洽谈，修改完善整体改制方案；省建工集团顺利推进所属企业的改制工作，正在做集团层面改革的准备工作；新钢公司、南钢公司、省盐业集团、江西国际经济技术合作公司、省招标咨询集团等正在做好改制的各项前期准备工作。省冶金集团、医药集团、石化集团、纺织集团、物资集团等5家集团公司在下属企业完成改制或划转剥离后集团层面整体转制工作，也在积极筹划和

推进之中。

《江西省省属国有资产经营(控股)有限公司组建方案》经省政府批准同意。该公司以省外贸资产经营公司为基础组建,是顺应全省国有企业改革发展需要而设立的一家综合性资产运营平台公司,在统筹国有企业改革资金,推动国有资产整合重组,引导国有经济结构调整优化等方面,将产生积极重要作用。

五、江西省国资委监管企业主辅分离辅业改制概况

2008 年江西省国资委出资监管企业江西稀有稀土金属钨业集团公司下属的浒坑钨矿、画眉坳钨矿、岿美山钨矿 3 户企业完成主辅分离辅业改制。这 3 户企业实施政策性关闭破产后,一次性解除劳动合同关系 1892 人,原破产企业有效资产共变现 1111 万元,利用有效资产分别重组成立江西浒坑钨业有限公司、江西画眉坳钨业有限公司、江西岿美山钨业有限公司。共吸纳原破产企业安置人员 1146 人,占新公司全部从业人员 1241 人的 92.34%,均签订三年以上劳动合同。

六、江西省国资委监管企业建立和完善经营业绩考核体系情况

(一)创新考核指标,将业绩考核与解决企业“短板”、增强企业核心竞争力和可持续发展能力相结合

按照改进企业管理、增强企业可持续发展能力、培育企业核心竞争力、培养一批“四率”领先企业的目标,2008 年与 22 家出资监管单位(不包括南昌有色冶金设计研究院)签订年度经营业绩责任书。对这些企业的考核,不仅加大企业个性化指标考核的力度,将“四率”指标全部纳入工业类企业考核范围;对非工业类企业,尽量考核“四率”指标,真正将省政府要求落到实处。

鉴于 2008 年是企业改革改制的关键时期,部分企业变动较大,经认真分析后,与领导班子相对固定、企业发展战略较为明确、主营业务变动不大的企业签订了 2008~2010 年任期经营业绩责任书,同时为增强企业发展后劲和核心竞争力,将科技投入作为所有工业类企业的分类指标之一,督促企业增强抗风险能力。

(二)创新考核方法,导入经济增加值(EVA)考核

为引导企业更加关注价值创造,建立企业负责人的资本成本意识,2008 年选择条件较为成熟的江中药业启动 EVA 考核。集团公司已与江中药业签订 EVA 考核责任书,参照国务院国资委的做法,导入 EVA 考核的第一年以鼓励为主,只奖不罚。从 2009 年起,江中药业负责人薪酬将与 EVA 考核结果挂钩,视完成情况进行相应的奖惩。

(三)创新考核方式,降低考核成本

为尽可能减少因信息不对称带来的问题,充分利用省国资委内一切可以利用的资源,一改往年考核分配部门与企业商谈经营业绩考核目标的状况,2008 年考核分配部门会同统计评价部门全程参与企业经营业绩考核目标的商定过程,并取得较好的效果。

七、江西省国资委监管企业负责人考核与选人用人机制改革情况

(一)着力完善省出资监管企业法人治理结构,班子建设取得新成果

为进一步完善选人用人机制,树立正确的用人导向,形成优秀人才脱颖而出的良好环境,制定出台《江西省省管国有企业公开招聘高层经营管理人员试行办法》《江西省省管国有企业高层经营管理人员竞争上岗试行办法》。在《关于加强江西省省管国有独资公司董事会建设的指导意见(试行)》和《江西省省管国有独资公司董事会外部董事管理办法(试行)》的基础上,制定出台《江西省国有独资公司董事会职工董事管理办法(试行)》和《江西省国资委参股企业国有产权代表管理试行办法》。根据《中共江西省委关于调整省管企业领导人员管理权限的通知》(赣字〔2008〕32 号)精神,制定出台《江西省国资委党委管理的省出资监管企业领导人员任免暂行办法》。

基本完成国盛证券第二届董事会、经营班子和监事会的组建工作;中国瑞林工程技术有限公司各股东

方的委托，进一步加强公司经营班子建设；与省水利厅合作，基本完成省水利投资集团有限公司董事会、经营班子的组建工作；起草并正在组织实施《省属国有企业资产经营（控股）有限公司法人治理结构组建方案》《省盐业集团公司第二届董事会、经营班子组建方案》。

（二）积极推进考核方式创新，"管人"方式不断完善

以省盐业集团公司和省外贸资产经营有限公司第一届董事会和经营班子任期届满为契机，进行"七位一体"任期考核试点工作。为客观评价外贸及盐业第一届董事会、董事会成员及经营班子成员三年任期履职情况，为组建第二届董事会提供决策依据，此次"七位一体"考核，是省国资委成立以来，首次考核任期届满的董事会和经营班子。"七位一体"考核工作试点成果被江西省直机关工委收入《省直机关学习实践科学发展观活动优秀实践成果汇编》。

为及时了解掌握省出资监管企业领导班子和领导人员履行岗位职责以及完成年度任务情况，加强对企业领导班子和领导人员的管理与监督，对考核工作进行改革。在考核对象上，实行分层考核，国资委主要负责考核领导班子和领导人员，其他高管人员（含总助）参加国资委组织的民主测评，其他考核工作由企业党委负责；在考核内容上，对班子的考核与"四好"要求相衔接，对个人主要考核职业操守、履职能力、勤勉程度、工作实绩、廉洁从业方面的情况，重点考核工作实绩；在考核方式方法上，既述职又述廉，主要领导大会口头述职述廉，其他考核对象大会书面述职述廉；在考核组织上，实行"三个参与"，即所有委领导都参与考核，各处室参与考核，省出资监管企业参与考核。

（三）拓宽锻炼平台，加强后备领导人才的培训和实践锻炼

在国务院国资委的大力支持下，在全国率先开展后备领导人员到央企挂职锻炼工作，每位挂职人员分别就挂职企业的重大投融资管理、企业内部管理、人力资源与开发管理、风险控制管理、自主创新等方面形成考察报告。按照后备领导人员的培养计划，组织开展后备领导人员的培训工作，举办第三期中青年高层经营管理人员培训班，选调 30 名省出资监管企业领导人员和后备领导人员参训。

（四）创新选人机制，组织开展公开选拔国有企业后备领导人员工作

为建立一支适应企业发展战略需要、素质优良、数量充足、结构合理的国有企业后备领导人员队伍，创新选人用人机制，根据省委公选领导小组的统一部署，按照公开选拔国有企业后备领导人员工作的总体安排，经过精心组织、严格操作，公开选拔国有企业后备领导人员工作顺利结束，全省共有 716 人报名，经过笔试、面试、民主推荐、组织考察、党委审议，共有 205 名同志被初步列为江西省国有企业后备领导人员。

（五）拓宽选人视野，稳步推进省管企业外部董事人才库的建设

为适应现代企业制度的要求，加快推进省管企业建立规范的公司法人治理结构，进一步充实省管企业外部董事人才库，优化董事会成员结构，开展面向全国公开招聘外部董事人选工作，入库人员中，既有战略规划、投融资方面的专业人才，又有人力资源或财务审计、法律方面的专业人才；既有出资监管企业的专业人才，又有省内各高等院校、国内民营企业的专业人才。

（撰稿人：熊　伟）

山东省

一、山东省国有资产监督管理工作综述

2008 年，面对严峻的经济形势，山东省各级国资监管机构和广大国有企业在省委、省政府的正确领导下，在国务院国资委的帮助指导下，不断深化改革，强化管理，优化结构，国企改革发展和国资监管各项工作取得新的进展，经济仍保持良好的运行态势。2008 年，由省、市国资监管机构履行出资人职责的企业实现营业收入 5530.5 亿元，同比增长 18.57%；实现利润 407.9 亿元，同比增长 7.23%。

截至2008年底,资产总额8255.9亿元,同比增长11.48%;所有者权益2872.1亿元,同比增长21.64%。其中,省国资委履行出资人职责的企业实现营业收入3911.2亿元,同比增长22.02%;实现利润291.4亿元,同比增长8.17%;资产总额5277.9亿元,同比增长10.71%;所有者权益1730.6亿元,同比增长18.77%。

(一)面对危机与挑战,迅速行动积极采取应对措施

面对不断蔓延、愈演愈烈的国际金融危机,全省国资监管机构和国有企业迅速反应,积极应对,在开拓市场、强化内部管理、降本增效、控制风险等方面采取了积极措施,并就如何度过危机作了系统安排。省国资委先后召开经济运行分析会、银企合作座谈会,积极帮助企业解决实际问题。青岛市国资委8月份以来相继出台多项措施,指导企业保市场、保现金、保发展、保稳定,并建立企业重要问题应急处置机制,全力协调解决企业应对危机遇到的困难。济南、烟台、滨州等市也采取召开座谈分析会、调研指导等方式,研究分析形势,提出应对措施。

(二)企业体制机制管理创新扎实推进,现代企业制度建设步伐加快

各级国资监管机构和国有企业,着力增强企业活力,积极推进企业制度创新。一是公司制股份制改革稳步推进。省国资委推动4户企业改制为公司制企业,指导7户企业全面修订公司章程。青岛、烟台、潍坊等市通过引进战略投资者、改制上市、联合重组等方式,积极推进国有骨干企业股份制改革。二是公司治理建设逐步深化。省管企业公司治理建设试点深入推进,淄矿、临矿董事会中外部董事已超过半数;省管企业监事会覆盖面扩大到10户,其中4户企业建立企业身份监事组成的监事会。青岛市在5户企业开展外部董事试点,并全面调整外派监督机构布局,实现外派监督机构全覆盖。三是企业三项制度改革扎实推进。省国资委制定出台《关于深化省管企业三项制度改革的指导意见》,全面推进企业劳动、人事、分配制度改革。鲁信集团将全体员工和所有组织纳入考核体系,实行分类考核。黄金集团、高速集团等企业建立并实行目标、责任与奖惩相配套的竞争上岗制度。山东机场、肥矿集团、鲁华能源等企业初步建立起以劳动合同为核心的劳动管理制度。四是管理创新加快实施。制定出台《省管企业全面风险管理指引》《省管企业全面预算管理指引》,并选择部分企业进行试点。兖矿集团建立三级预算编制、两级预算审批管理体系,增强预算管理控制力。潍柴、济钢、莱钢等企业进一步完善六西格玛管理、精益管理等,全面提升企业管理水平。莱钢集团从274条风险事件中筛选出30条重大风险,并绘制出风险图谱,全面风险管理体系基本形成。省国资委组织开发国资监管信息系统,实现与省管企业的互联对接;省管企业信息化建设总体上进入集成化、系统化发展的新阶段。

(三)国资监管工作深入开展,保值增值责任进一步落实

一是监管体制和制度逐步健全。各级国资监管机构牢牢把握出资人职责定位,健全规章制度,规范履职行为,全面落实监管责任。省国资委制定出台《市县国有资产监管工作指导监督实施办法》,加强对市县国资监管机构的监督指导。枣庄、聊城进一步明确市国资委的监管范围和监管职责,国有资产出资人制度不断完善。临沂、泰安等市积极探索县级国有资产监管方式,推动部分县区单独组建国资监管机构或国有资本运营公司。烟台、威海等市进一步建立健全经营业绩考核、投资担保、监督检查、资产评估等规章制度,国资监管制度体系基本形成。省管企业国有资本经营预算制度稳步实施,多数市也制定出台国有资本经营预算制度及办法,全省企业国有资本经营预算制度体系初步建立。二是经营责任进一步落实。省国资委进一步完善经营业绩考核办法,建立基本、个性化、激励性和约束性四类考核项目,细化考核标准;制定出台《山东省省管企业国有资产损失责任追究暂行办法》,加强国有资产损失责任追究。各市结合本地企业实际,不断完善业绩考核和薪酬管理制度体系,严格落实国有资产保值增值责任。济南市出台《关于健全和完善企业领导班子综合考核评价体系的意见》,建立科学的责任目标体系和有效的激励约束机制。枣庄市监管企业经营业绩考核工作实现了全覆盖。青岛市建立企业负责人薪酬与企业经营绩效及职工收入双挂钩机制。三是监督工作不断深化。青岛、临沂等市建立健全出资人财务监督平台，完善国有资产运营动态监控预警机制，财务监督工作得到加强。烟台、枣庄、济宁、滨州等市进一步完善监事会制度，加强对企业重大事项的动态、全程监督，监督的灵敏性、时效性不断增强。德州市对企业资产评估、审计报告全部进行复核，及时发现纠正漏评资产，有效避免经济损失。四是国有产权管理得到加强。省国资委组织开展产权登记普查，并推动省管企业清理规范内部产权关系；全面完成全省统一的国有产权交易机构整合工作，产权转让进一步规范，产权交易进场率、竞价率明显提高。各市进一步加强国有产权基础性管理、上市公司国有股权监管和产权交易管理，现代企业产权制度逐步完善。临沂、威海、日照等市进一步规范国有产权登记、进场交易，实现产权动态管理。泰安、潍坊等市建立上市公司国有股东信息报送制度，及时掌握上市公司基本信息和国有股变动情况。

(四)发展方式转变扎实推进，企业竞争实力有效提升

一是企业重组取得重大进展。省国资委制定出台《山东省省管企业国有资本布局结构调整的指导意见》，推动省管企业加快国有资本布局结构调整步伐。山钢集团完成组建，泰山财产保险公司筹备工作进展顺利，重工集团公司重组方案基本成熟。济宁市积极整合煤炭资源，成立大型能源发展集团公司。淄博市推动大成股份与央企完成重组。二是国有资本退出工作有序实施。全省政策性关闭破产工作进入收尾阶段，151 个政策性关闭破产项目已有 121 个终结程序，其余 30 个进入实施程序。济南、菏泽等市积极推进国有中小企业、困难企业改制退出工作，规范改制程序，改制退出有序进行。省管企业分离办社会职能工作基本完成。三是资本运营工作成效显著。烟台、滨州、东营、潍坊、泰安等市通过搭建投融资平台、回购不良债权、推动银企合作等方式，取得良好效果。晨鸣纸业在香港成功发行 H 股，募集资金 32 亿港元。鲁信集团推动华东数控成功上市，高新投公司借壳上市工作进展顺利。商业集团整合房地产业，重组上市公司扎实推进。济钢集团完成增发 3.8 亿股股票。烟台氨纶股份成功上市。泰安国资公司以泰山玻纤 50.31%的股权出资中材股份，实现资产大幅增值。四是技术创新和节能减排成效明显。潍柴集团引进技术消化吸收，成功研制出大功率高速发动机，在国内首家推出“动力总成”产品。重汽集团开发出达到国 III 排放标准的新产品，在国内重卡排放标准转换中抢得先机。济南二机床多连杆压力机等项目达到国际先进水平，烟台万华集团大规模 MDI 生产技术开发项目获得国家科技进步一等奖。全省国有企业积极创建资源节约型企业，部分企业能耗和污染物排放达到国内同行业领先水平。

(五)企业党的建设进一步加强，改革发展稳定的政治保障更加有力

各级国资监管机构和国有企业积极探索新形势下国企党建工作的新思路、新途径，党组织战斗堡垒作用和党员先锋模范作用进一步显现。在支援四川抗震救灾、保障电煤供应等工作中，广大国有企业积极履行社会责任，发挥表率带头作用。山东机场、山航、莱钢建设公司等一批国有企业获得全省抗震救灾英雄集体称号。各级大力实施“人才强企”战略，国有企业人才队伍呈现总量增加、结构优化、素质提高的趋势。省管企业市场化选聘高级经营管理者取得新进展，面向全国公开选聘 17 名高管人员。各级以建立健全教育、制度、监督并重的惩防体系为主线，深入开展源头治本、效能监察、商业贿赂专项治理和查办案件工作，认真落实国有企业领导人员“七个不准”要求，企业党风廉政建设深入推进。省管企业对企业领导人员和职工持股进行规范、清理。安全生产和信访稳定工作扎实有效。济南、烟台、威海、滨州、泰安等市妥善解决改制企业职工工资、医疗费和社会保险费拖欠等历史遗留问题，积极帮助下岗分流职工再就业，使改制工作稳步推进。省管企业严格落实维护稳定工作责任制，信访总量比上年同期明显下降。

二、山东省国有资产总量与结构分析

(一)国有资产指标及分布情况

截至 2008 年底，全省国有企业资产总额 12195 亿元，负债总额7869亿元，所有者权益4326亿元，分别比上年增长12.01%、9.29%、17.33%；国有资产总额2839亿元，比上年增长12.44%。

其中，由省、市国资监管机构履行出资人职责的企业资产总额8256亿元，负债总额5384亿元，所有者权益2872亿元，国有资产1722亿元，分别占全省的67.69%、68.42%、66.36%和60.61%。

表1　　2008年山东省国有企业指标情况

单位：亿元

归属范围	资产总额	负债总额	国有资产总额	营业收入	利润总额	实际上缴税金总额
全省合计	12195	7869	2839	7597	514	680
省属小计	5714	3823	1120	4077	307	358
省管企业	5278	3547	961	3911	291	346
省直企业	436	276	159	165	15	12
各市小计	6481	4046	1719	3520	208	322

(二)国有企业户数情况

2008年，全省国有及国有控股企业4689户，不含基建4683户，比上年分别增加23户、21户，分别增长4.92%、4.50%。

表2　　山东省国有企业户数变动情况

项　目	2007年	2008年	同比增减(%)
户数(户)	4666 (不含基建4662)	4689 (不含基建4683)	4.92 (不含基建4.50)

(三)国有资产地区分布情况

从地区分布情况看，青岛、烟台、济南三市国有企业具优势地位，户数分别为872户、409户、326户；资产总额分别为2181亿元、820亿元、587亿元，分别占各市合计的33.65%、12.65%、9.05%；国有资产总额分别为555亿元、292亿元、151亿元，分别占各市合计的32.29%、16.99%、8.78%。青岛市企业户数和国有资产总额居17市之首。17市中，国有企业户数最少的是莱芜市，仅有12户，国有资产总量28768万元。

表3　　2008年山东省国有资产地区分布情况

地　区	国有资产(亿元)	占国有资产总量比重(%)
全省合计	2837.43	100.00
济南市	151.44	5.34
青岛市	553.12	19.49
淄博市	25.74	0.91
枣庄市	45.25	1.59
东营市	23.49	0.83
烟台市	291.73	10.28
潍坊市	101.04	3.56
济宁市	90.74	3.20
泰安市	82.99	2.92
威海市	94.91	3.34
日照市	52.90	1.86
莱芜市	2.88	0.10
临沂市	16.48	0.58
德州市	23.46	0.83
聊城市	79.96	2.82
滨州市	51.31	1.81
菏泽市	30.15	1.06
省属企业	1119.84	39.47

（四）国有资产行业分布情况

从国有资产行业分布情况看，全省国有资产主要集中在工业、交通运输及仓储业、批发和零售、餐饮业和社会服务业。工业企业户数达到1716户，资产达到6892亿元，国有资产总额1497亿元，分别占全省国有企业的36.64%、56.52%、52.72%。工业企业中煤炭、机械和冶金三类企业资产总额、国有资产总额分别占全省的31.27%、30.07%，占全省国有工业企业的55.32%、57.03%。说明全省国有企业主导力量还在工业行业特别是煤炭、机械和冶金三个行业中。交通运输及仓储业457户，资产总额和国有资产总额分别达到1276亿元、400亿元，分别占全省国有企业的10.47%和14.10%。社会服务业576户，资产总额893亿元，占全省国有企业资产总量的7.33%；国有资产总额360亿元，占全省国有资产总量的12.67%。批发和零售、餐饮业815户，资产总额564亿元，占全省国有企业资产总量的4.62%；国有资产总额41亿元，占全省国有资产总量的1.45%。

表4　2008年山东省国有资产行业分布情况

行　　业	国有资产（亿元）	占国有资产总量比重（%）
合计（叠加）	2837.43	100.00
一、农林牧渔业	1.10	0.04
二、工业	1496.84	52.75
其中：煤炭工业	395.00	13.92
石油和石化工业	17.10	0.60
冶金工业	224.69	7.92
建材工业	19.41	0.68
化学工业	158.76	5.60
森林工业	−2.71	−0.10
食品工业	3.88	0.14
纺织工业	15.98	0.56
医药工业	6.92	0.24
机械工业	233.99	8.25
军工工业	4.50	0.16
电子工业	56.57	1.99
电力工业	90.67	3.20
市政公用工业	117.60	4.14
其他工业	39.91	1.41
三、建筑业	64.07	2.26
四、地质勘查及水利业	2.95	0.10
五、交通运输及仓储业	398.55	14.05
六、邮电通信业	−0.35	−0.01
七、批发和零售、餐饮业	41.25	1.45
其中：贸易业	37.01	1.30
餐饮业	4.24	0.15
八、金融业	249.60	8.80
九、房地产业	135.07	4.76
十、信息技术服务业	−7.84	−0.28
十一、社会服务业	359.61	12.67
十二、其他行业	96.58	3.40
其中：卫生体育福利业	6.66	0.23
教育文化广播业	49.94	1.76
科学研究和技术服务业	9.64	0.34

（五）国有资产经营规模分布情况

从国有资产规模分布情况看，全省国有资产集中度较高。全省国有企业共有大型企业370户，占国有企业户数的7.90%；资产总额6554亿元，占国有企业资产总额的53.74%；国有资产1462亿元，占全省国有资产总量的51.49%。

中型企业1317户，占全省国有企业户数的28.12%；资产总额3960亿元，占全省国有企业资产总额的32.47%；国有资产987亿元，占全省国有资产总量的34.77%。

小型企业2996户，占全省国有企业户数的63.98%；资产总额1681亿元，占全省国有企业资产总额的13.79%；国有资产390亿元，占全省国有资产总量的13.74%。除工业企业和邮电企业外,小型企业在全省国有企业涉及的11个行业中的户数比例均接近或超过60%,资产总额仅占13.81%。全省国有中小企业点多面广的问题依然突出,下一步整合重组、做强做大的任务仍然较重。

表5 2008年山东省国有资产经营规模分布情况

经营规模	国有资产(亿元)	占国有资产总量比重(%)
合计	2839.3	100.00
大型企业	1461.87	51.49
中型企业	986.96	34.76
小型企业	390.46	13.75

三、山东省国有资产保值增值综合分析评价

2008年末,全省企业国有资产总额为2839亿元,较上年增长12.44%。省属企业国有资产总额1120亿元,较上年增长17.89%。其中,省管企业国有资产961亿元,较上年增长19.67%。市及市以下企业国有资产1719亿元,较上年增长9.14%。

全省17个市中,有12个市国有资产比上年有所增长。其中,增幅较大的有莱芜(45.96%)、泰安(44.95%)、青岛(23.49%)、济宁(22.18%),增长额较大的有青岛(105.56亿元)、烟台(40.84亿元)、泰安(25.74亿元)、潍坊(14.60亿元)。5个市国有资产比上年减少,其中减幅较大的有济南(25.99%)、聊城(21.61%);减少额较大的有济南(53.18亿元)、聊城(22.05亿元)。

从国有资本保值增值情况看,2008年,全省企业国有资本保值增值率扣除客观增减因素后为105.69%,比上年降低1.04个百分点。省、市国资委履行出资人职责企业国有资本保值增值率为106.45%,其中省管企业为107.60%。

从产业结构看,第二、三产业企业均实现国有资本保值增值(保值增值率分别为107.65%、103.28%),第一产业企业未实现国有资本保值增值,保值增值率为28.20%;从企业规模看,大型、中型国有企业均实现国有资本保值增值,保值增值率分别达到106.17%和108.28%,小型企业未实现国有资本保值增值,保值增值率为97.77%。

从全省涉及的12个行业看,工业、建筑业、交通运输及仓储业、邮电通信业、金融业、信息技术服务业、批发、零售和餐饮业、社会服务业、其他行业共9个行业实现国有资本保值增值。其中,工业企业保值增值率达107.75%;农林牧渔业、地质勘查及水利业和房地产业3个行业没有实现国有资本保值增值。

表6 2008年山东省国有企业行业保值增值分布情况

行业	保值增值率(%)
分析合计	105.69
一、农林牧渔业	28.20
二、工业	107.75
其中:煤炭工业	127.47
石油和石化工业	96.42
冶金工业	103.46
建材工业	95.00
化学工业	99.56
森林工业	100.64
食品工业	100.54
烟草工业	0.00
纺织工业	86.04
医药工业	102.16
机械工业	106.91
军工工业	98.43
电子工业	110.49
电力工业	88.75
市政公用工业	93.71
其他工业	105.32
三、建筑业	104.94
四、地质勘查及水利业	94.55
五、交通运输及仓储业	106.11
六、邮电通信业	100.00
七、批发和零售、餐饮业	101.68
其中:贸易业	106.29

续表

行　业	保值增值率(%)
餐饮业	76.79
八、金融业	106.70
九、房地产业	98.21
十、信息技术服务业	100.69
十一、社会服务业	100.62
十二、其他行业	103.38
其中：卫生体育福利业	99.90
教育文化广播业	104.20
科学研究和技术服务业	104.71

表7　2008年山东省国有企业地区保值增值分布情况

地　区	国有资产保值增值率(%)
全省合计	105.69
省属小计	107.45
省管企业	107.60
省直部门管理企业	106.22
各市小计	104.51
济南市	99.98
青岛市	103.10
淄博市	98.13
枣庄市	142.77
东营市	105.60
烟台市	106.38
潍坊市	100.86
济宁市	124.50
泰安市	102.06
威海市	96.92
日照市	102.01
莱芜市	102.52
临沂市	100.55
德州市	101.66
聊城市	100.79
滨州市	101.17
菏泽市	100.56

四、山东省国资委监管企业股份制改革与股权分置改革情况

公司制股份制改革稳步推进。省商业集团、交运集团、交通工业集团改制为公司制企业，76.5%的省管企业完成公司制改造。高速集团、兖矿集团、潍柴集团等7户省管企业全面修订公司章程。

资本运营工作成效显著。鲁信集团推动华东数控成功上市，高新投借壳上市工作进展顺利。济钢集团完成3.8亿股股票增发。高速集团成功发行35亿元企业债券，还为其他省管企业提供融资担保。商业集团整合房地产业，重组上市公司进展顺利。

上市公司国有股权管理得到加强。股权分置改革工作结束后，省国资委围绕规范上市公司国有股权管理，制定出台一系列制度。研究印发《关于在上市公司并购、重组、定向增发等相关业务中加强国有控股(参股)股东信息管理的通知》，明确重大信息的范围，对信息的报送、保密、新闻报导等相关工作做了明确规定。建立国有控股上市公司基本情况快报制度，实现对上市公司股权变化情况的及时掌握。部署研究上市公司国有股东最低持股比例。

五、山东省国资委监管企业主辅分离辅业改制概况

主辅分离辅业改制工作有序推进。结合企业实际，对原来的辅业改制政策作出调整。对确属辅业范畴且具备改制条件，改制后有市场、前景良好的，继续推进产权多元化改制进程，并逐步将国有股权全部退出；确属主业范畴因事前缺乏周密论证而进行辅业改制的，可根据企业发展需要调回主业，同时退回已支付的职工补偿金。调整后重新下达2008、2009年度省管企业主辅分离辅业改制工作目标考核任务。2008年，共批复或备案37个辅业单位改制方案，35个辅业单位完成改制任务。已有156户辅业单位基本完成改制任务，占应改制总数的78%。

分离办社会职能工作进入扫尾阶段。2008年，共有11所省属国有企业办中小学完成移交地方管理工作，涉及各类人员2400人。剩余的4所中小学校，人员、资产、经费对账结果已经批复。同时，积极推进部

分省管企业社会保险属地化管理工作，明确“由易到难、分段实施、重点突破”的移交原则。兖矿、莱钢、新矿、枣矿、肥矿 5 户企业已制订工作方案，淄矿、临矿、龙矿 3 户企业的职工保险已全面实施属地化管理。

六、山东省国资委监管企业重组与完善法人治理结构改革进展情况

企业重组取得重大进展。完成山东钢铁集团重组工作。山钢集团完成组建后，钢铁产量位列全国钢铁行业前五位。山东重工集团公司重组方案基本成熟。泰山财产保险公司筹备工作进展顺利。高速集团重组地方铁路局、经济技术合作公司及组建铁路建设投资公司工作已经完成，大交通集团建设取得实质性突破。省商业集团托管省物资公司。省管企业通过联合重组、改制退出等方式，企业户数由上年底的 42 户调整到 34 户。

公司治理建设逐步深化。省管企业公司治理建设试点深入推进，淄矿、临矿董事会中外部董事已超过半数，董事会运作更加规范有效；监事会覆盖面扩大到 10 户企业，其中 4 户企业建立企业身份监事组成的监事会，并实现监督方式的重大转变。黄金集团进一步完善二级管理公司法人治理结构，潍柴、鲁华能源等在完善权属企业治理结构方面进行积极探索。

集团公司管控工作进展顺利。省国资委制定印发《加强集团公司管控的指导意见》，绝大多数省管企业开展集团公司管控工作。山钢集团制定完成集团公司管控方案。黄金集团已建立以受报人制度和契约化授权管理为主要内容的母子公司管控体系。商业集团改革集团总部组织架构，确立集团总部投资控股复合型管理的基本模式。枣矿集团实行财务、销售、采购、投资集中管理，提高集团管控能力。

七、山东省国资委监管企业建立和完善经营业绩考核体系情况

一是修改完善经营业绩考核办法。将经济增加值纳入年度考核，存货、应收账款等两项资金占用视同不良资产纳入任期考核，综合绩效评价结果、财务预算编报质量纳入任期考核。将主要工作考核内容分为基本、个性化、激励性和约束性等四个考核项目 10 项内容，并细化工作考核计分标准。制定印发《省管企业负责人业绩考核组织实施意见》，完善业绩考核职责分工和实施程序。制定印发《关于对考核企业业绩不实事项进行追溯调整考核结果的实施意见》，增强业绩不实追溯调整考核结果的可操作性，确保业绩考核结果的客观真实。

二是建立综合绩效评价管理应用制度。制定印发《省管企业综合绩效评价管理实施办法》，对省管企业 2007 年度综合(财务)绩效进行了评价，并引导企业做好财务绩效评价结果的应用，及对所属子企业开展综合(财务)绩效评价。

三是落实省管企业 2008 年度及 2008～2010 年任期考核目标。调整确定 27 户考核企业，在严格审核企业 2005～2007 年三年决算完成情况和企业申报考核目标建议值的基础上，审核确定考核企业 2008 年度及 2008～2010 年任期考核经营绩效考核目标值，并分别与各考核企业签订考核责任书。

四是审核确认 2007 年度经营业绩考核结果。在严格企业财务决算审核及国有资本保值增值结果审核确认基础上，对因产权划转、自然灾害等影响较大的企业，相关指标按统一原则与标准进行调整，结合企业科技创新、安全生产、信访稳定、主辅分离等工作完成情况，审核确定 2007 年度考核企业经营业绩考核结果。27 户考核企业中，A 级 10 户，B 级 16 户，C 级 1 户。

五是将省管煤炭企业电煤供应纳入业绩考核。针对煤炭企业由于落实省政府关于做好电煤供应工作的有关要求而对业绩影响较大的实际，制定印发《省管煤炭企业电煤供应纳入业绩考核的通知》，明确将省管企业电煤供应纳入业绩考核。

八、山东省国资委监管企业负责人考核与选人用人机制改革情况

一是扎实抓好企业领导班子年度考核和调整配备。认真组织年度考核，共考核 36 户企业领导班子、256 名企业领导人员。加大干部调整交流力度，全年

共调整企业领导班子成员103名,其中正职21名;共交流领导人员16名。

二是积极探索企业高级经营管理人员选聘方式。会同省委组织部,面向全国为16户省管企业公开选拔17名领导人员,并遴选部分优秀人才进入后备人才库。引进现代人力资源开发管理理念和能力考察方法,严把报名、资格审查、笔试面试和组织考察关,保证入围人选质量。17名公示人选平均年龄41.5岁,最年轻的35岁,学历层次、专业水平普遍比较高。

三是探索建立企业领导班子和领导人员综合考核评价体系。起草《省管企业领导班子和领导人员综合考核评价办法》,坚持市场认可、出资人认可、组织认可、职工群众认可相统一,业绩考核与干部考核相结合,通过业绩考核、履职评价和公信度考察有机结合,全方位、立体化考核评价企业领导班子和领导人员,并将考核评价结果与企业领导人员选用、薪酬、奖惩紧密结合,有效调动和保护企业领导人员积极性、主动性。把做好企业负责人经济责任审计工作作为加强干部监督的重要举措,研究起草《省管企业负责人经济责任问题追究暂行办法》。

四是积极实施"人才强企"战略。举办人才工作机制创新专题研讨班,选择9户企业开展人才工作机制创新试点,并指导各试点企业制定人才工作机制创新实施方案。高标准做好干部教育培训工作,举办全省企业高端人才培训班,有针对性地组织企业高管人员赴国外考察培训。

(撰稿人:王在新　曹金亮)

青岛市

一、青岛市国有资产监督管理工作综述

(一)国有资产运营情况

2008年,青岛市共汇编市直及区(市)所属国有独资及国有控股三级及三级以上企业(以下简称国有企业)881户,资产总额2180.64亿元,所有者权益780.37亿元,其中国有资产总额(含国有法人资本)554.99亿元。全市国有企业累计实现销售(营业)收入1193.33亿元,其中市管企业(含228家监管企业)累计实现销售(营业)收入1037.86亿元,占全市实现销售(营业)收入的86.97%;累计实现利润50.44亿元,其中市管企业实现利润52.33亿元,占全市实现利润的103.75%;税金总额93.20亿元,其中市管企业应缴税金总额88.70亿元,占全市国有企业应缴税金的95.17%。

(二)国有资产结构

国有资产总量构成。全市881户国有企业资产总额中,流动资产1160.09亿元,占总资产的53.20%;固定资产539.10亿元,占24.72%;长期投资191.19亿元,占8.77%。

国有企业所有者权益构成。全市国有企业所有者权益总额中,实收资本338.70亿元,占所有者权益总额的43.40%;资本公积253.20亿元,占32.44%;盈余公积84.50亿元,占10.82%;未分配利润4.7亿元,占0.6%。

国有资产的分布结构。全市国有企业资产总额中,769户市管企业资产总额1940.64亿元,占国有企业资产总额的88.99%;478户政府部门管理企业及非监管企业资产总额154.66亿元,占7.09%;112户区市所属企业资产总额239.99亿元,占11.01%。全市国有企业国有资产总额中,市管企业国有资产总额479.43亿元,占全市国有企业国有资产总额的86.39%;政府部门管理企业及非监管企业国有资产总额36.63亿元,占6.6%;区市所属企业国有资产总额75.56亿元,占13.61%。全市国有企业资产总额中,大型国有企业资产总额1178.45亿元,占全市的54.04%;中型企业资产总额669.83亿元,占30.72%;小型企业资产总额332.35亿元,占15.24%。全市国有企业国有资产总额中,大型企业国有资产总额326.88亿元,占全市国有资产总额的58.90%;中型国有企业国有资产总额156.16亿元,占28.14%;小型国有企业国有资产总额71.96亿元,占12.97%。

(三)国有资产监管体系建设

政策法规体系。起草《青岛市国有(集体)企业负责人经营业绩考核与薪酬管理暂行办法》《青岛市人民政府关于试行国有资本经营预算的意见》和《市政府国资委关于加强市直企业集团管控工作的意见》等3个规章,并分别由市政府、市政府办公厅印发;出台《外派监督机构及人员考核暂行办法》《监管企业资产出租管理办法》等15个规范性文件;对相关部门起草的6个法规、规章和规范性文件提出修改建议;对5个规范性文件文件提出废止或保留建议。

产权管理体系。加强上市公司国有股监管,制定《关于加强上市公司国有股权管理有关问题的通知》,落实国有单位证券账户备案制度,确定市属7户国有控股上市公司国有最低持股比例,对上市公司股价、股权结构等重要信息实施动态监管。加强国有产权转让管理,推动海信集团光通信产业重组、青岛港加洲房地产资产盘活、青岛机场产权关系理顺等事宜,全年共完成国有产权交易35户,实际转让价格20.1亿元。开展产权交易稽查,查处产权交易不规范案件2例。

财务监管体系。确立"三计结合"、"三书联动"的出资人财务监管体系框架,整合财务信息,搭建统一的财务监督数据平台,完成出资人财务监管软件平台程序设计工作。制订《青岛市市管企业财务预算管理暂行办法》,分批开展监管企业财务预算报表和资料的审核、整理。完成2007年度财务决算审核,对30家纳入决算范围的监管企业所属532户企业决算数据进行集中会审。推行企业总会计师制度和企业内部审计制度,实施市管企业动态运行监控和风险预警。

(四)国有资产基础管理

风险管理。建立企业重大决策事项预先沟通和报告制度,全年共向市政府上报海信、双星增发股票,青啤发行分离交易可转债等企业重大事项31次。实施企业担保行为跟踪管理,妥善解决企发投国有股权质押、热电集团因担保影响资金周转和生产经营等问题。加强企业投资管理,全年共核准投资项目35个、备案4个,投资总额57.2亿元。妥善解决青岛双星授权双星名人公司有偿使用双星商标及西南双星商标使用纠纷事宜。建立企业法律风险防范管理体系,完成紫信、开世密封件等4户企业法律风险试点工作。

国有资本经营预算管理。出台《青岛市人民政府关于试行国有资本经营预算的意见》《企业国有资本收益收缴管理暂行办法》《企业国有资本收益支出管理办法》等系列文件,建立国有资本收益收缴、产权转让和预算编报的指标体系、报表体系和相关工作流程。测算2007年度收益收缴数额,启动产权转让收益收缴工作,已收缴青岛港、青岛国际机场等17户国有企业国有资本收益9198万元;收缴产权转让收入3.44亿元。研究制定《监管企业预算建议草案编报办法》,确定预算收支报表体系,研究国有资本再投入的形式,发挥国有资本再投入作用。

(五)国有经济布局结构

印发《青岛市市管企业国有资本调整实施意见》。明确2008～2013年青岛市国有资本调整的总体要求、工作目标和主要任务以及相应的保障措施,大力推进青岛市国有经济布局结构的"四个转移、四个提升"。先后指导18户企业完成新一轮企业发展战略和规划的编制,明确企业中长期发展战略。

理清国有产权关系。开展国有产权登记和专项检查,全市70个市直单位及13个区(市)国资管理部门完成产权登记工作,至2007年底全市国有产权登记企业1085户,国有资本总额292亿元,较2006年增加6亿元,通过产权登记理清企业产权脉络和各层级国有资本分布。

收缩国有资本行业分布。制定《收缩行业分布跨度、优化国有资本结构工作方案》,对不符合企业主业和发展战略的子企业进行清理,压缩产业级次,优化国有经济产业布局。

落实市委市政府"环湾保护、拥湾发展"战略。协调海湾集团"退盐进园"工作,推进东风盐场和海玉盐场整建制划入高新区。推进老城区40户国有企业搬迁改造工作,整理推出16个国有企业搬迁改造招商项目,促进老城区传统产业升级,已启动第一批7家企业搬迁。

(六)国有企业党建工作

深入推进企业党建工作。建立企业党建“强基工程”考核评价机制,开展“双学一实践”、“双强一实践”活动,促进企业党的组织建设和能力建设。积极培育青岛啤酒股份、青岛远洋公司党委、交运集团、供电公司等党建典型。推进国有资本完全退出企业党组织移交属地领导工作,完成图泰(青岛)工具公司移交崂山区企业工委、山东海丰航运集团公司移交市工商联、元鼎实业公司党委移交市北区管理工作。

开展企业党风廉政建设。印发《关于做好2008年党风建设和反腐倡廉工作的意见》,对党风建设和反腐倡廉工作提出了明确要求。研究部署2008年企业效能监察工作。开展反腐倡廉主题教育活动和国资委系统纪检监察业务培训,增强党员干部廉洁从业意识。积极参与清理和规范国有企业领导人持股、治理整顿企业小金库、清理个人“小灵通”捆绑办公电话等专项治理活动,开展贯彻落实中央纪委“七个不准”专项检查,有针对性地实施堵漏建制。

参与抢险救灾活动。支持南方冰雪灾害和四川地震抗震救灾工作,积极为灾区捐款捐物。青岛港、青啤、青岛机场等29家监管企业2008年共计捐款7729.79万元,其中为灾区捐款5785.355万元。积极组织监管企业和机关工作人员参与青岛沿海一线浒苔清理工作,为保障奥帆赛的顺利举行做出贡献。

二、青岛市国有资产总量与结构分析

截至2008年底,青岛市国有及国有控股企业(以下简称国有企业)资产总额2180.64亿元,同比增长7.98%;负债总额1400.27亿元,同比增长3.91%;所有者权益总计780.37亿元,同比增长16.15%,其中,归属于母公司所有者权益680.62亿元,同比增长16.91%;营业收入总计1193.33亿元,同比增长5.71%,其中,主营业务收入总计1127.47亿元,同比增长5.57%;利润总额50.44亿元,同比增长1.41%;归属于母公司净利润25.75亿元,同比增长40.10%。综上,青岛市国有企业资产运营、经济效益和生产经营能力与2007年相比均稳步提高。

表1　2008年青岛市所属国有企业指标情况

单位:亿元

指　　标	金　　额
资产总额	2180.64
净资产	680.62
营业收入	1193.33
利润总额	50.44
实际上缴税金总额	93.15

表2　青岛市国有企业户数情况

项　目	2007年	2008年	同比增减(%)
户　数	30	28	-6

表3　2008年青岛市国有资产地区分布情况

地　区	国有资产(亿元)	占国有资产总量比重(%)
市　级	476.1	86.3
区　市	75.6	13.7

表4　2008年青岛市国有资产行业分布情况

行　　业	国有资产(元)	占国有资产总量比重(%)
合计	55165007429	100
一、农业	8045550.12	0.01
二、林业	2806993.57	0.01
三、畜牧业	12316073.19	0.02
四、农、林、牧、渔服务业	51544608.3	0.09

续表

行业	国有资产(元)	占国有资产总量比重(%)
五、有色金属矿采选业	98047465.59	0.18
六、非金属矿采选业	70125925.93	0.13
七、农副食品加工业	14609874.9	0.03
八、食品制造业	124463622	0.23
九、饮料制造业	1671157868	3.03
十、纺织业	726860910.5	1.32
十一、纺织服装、鞋、帽制造业	4092960.5	0.01
十二、皮革、毛皮、羽毛(绒)及其制品业	10383472.14	0.02
十三、木材加工及木、竹、藤、棕、草制	—57215514.54	—0.1
十四、家具制造业	—855823.69	0
十五、造纸及纸制品业	85924069.45	0.16
十六、印刷业和记录媒介的复制	1189204.24	0
十七、石油加工、炼焦及核燃料加工业	128283855.5	0.23
十八、化学原料及化学制品制造业	2351566823	4.26
十九、医药制造业	0	0
二十、橡胶制品业	683346169.7	1.24
二十一、塑料制品业	—287120.75	0
二十二、非金属矿物制品业	—12167773.2	—0.02
二十三、黑色金属冶炼及压延加工业	1518883843	2.75
二十四、有色金属冶炼及压延加工业	9811569.94	0.02
二十五、金属制品业	22405740.38	0.04
二十六、通用设备制造业	733905923.5	1.33
二十七、专用设备制造业	141167239.2	0.26
二十八、交通运输设备制造业	472710577.1	0.86
二十九、电气机械及器材制造业	1451968826	2.63
三十、通信设备、计算机及其他电子设备	3653410327	6.62
三十一、仪器仪表及文化、办公用机械制造	17009924.04	0.03
三十二、工艺品及其他制造业	—47191194.06	—0.09
三十三、废弃资源和废旧材料回收加工业	18876211.69	0.03
三十四、电力、热力的生产和供应业	3018442341	5.47
三十五、燃气生产和供应业	1980184780	3.59
三十六、水的生产和供应业	1341260685	2.43

续表

行　业	国有资产(元)	占国有资产总量比重(%)
三十七、房屋和土木工程建筑业	194806908.4	0.35
三十八、建筑安装业	396875834.7	0.72
三十九、建筑装饰业	66721818.39	0.12
四十、其他建筑业	944957925.3	1.71
四十一、道路运输业	513150288.3	0.93
四十二、城市公共交通业	571035803.4	1.04
四十三、水上运输业	62357276.58	0.11
四十四、航空运输业	957533611.5	1.74
四十五、管道运输业	462708.5	0
四十六、装卸搬运和其他运输服务业	10901860628	19.76
四十七、仓储业	354718064.5	0.64
四十八、电信和其他信息传输服务业	99399647.65	0.18
四十九、计算机服务业	3516932	0.01
五十、软件业	57241678.72	0.1
五十一、批发业	—146147491.4	—0.26
五十二、零售业	97406648.5	0.18
五十三、住宿业	176934554.8	0.32
五十四、餐饮业	4804090.38	0.01
五十五、银行业	921651486.9	1.67
五十六、保险业	10836645.06	0.02
五十七、其他金融活动	574329036.1	1.04
五十八、房地产业	1477896189	2.68
五十九、租赁业	14942106.2	0.03
六十、商务服务业	478676674.4	0.87
六十一、研究与试验发展	1764203.01	0
六十二、专业技术服务业	92847271.16	0.17
六十三、地质勘查业	8114355.63	0.01
六十四、水利管理业	—428735.05	0
六十五、环境管理业	89891550.27	0.16
六十六、公共设施管理业	2609005048	4.73
六十七、居民服务业	3180043.22	0.01
六十八、其他服务业	10516357440	19.06

续表

行　　业	国有资产(元)	占国有资产总量比重(%)
六十九、教育	395870353	0.72
七十、卫生	77227278.13	0.14
七十一、社会保障业	246227.32	0
七十二、新闻出版业	501641351.3	0.91
七十三、广播、电视、电影和音像业	36804979.74	0.07
七十四、文化艺术业	331632830.1	0.6
七十五、体育	519880618	0.94
七十六、娱乐业	913278927.7	1.66
七十七、国家机构	24638613.92	0.04

表 5　2008 年青岛市国有资产经营规模分布情况

项　目	国有资产(亿元)	占国有资产总量比重(%)
合　计	551.65	100.00
大型企业	323.82	58.70
中型企业	156.09	28.30
小型企业	71.73	13.00

二、青岛市国资委监管企业股份制改革与股权分置改革情况

企业股权结构多元化。推动国信集团与大唐集团签署黄岛电厂产权转让协议，转让价格 17.27 亿元。青钢集团与上海复星集团签订合作备忘录、保密协议等，通过盘活土地等措施，积极解决自行车厂、制钉厂等下属困难公司的职工分流安置，支持青钢集团鲁南铁合金厂搬迁改造项目。青岛造船厂与北京建龙重工集团于 6 月份签署战略合作协议框架，于 10 月份开工建设即墨造船基地项目。红星化工集团与丽东化工的溶剂油项目取得实质性进展。支持华通集团参与建设 TFT 面板模组、液晶生产基地项目，发挥国有资本的引导作用，促进产业逐步升级。

加强上市公司国有股监管。制定《关于加强上市公司国有股权管理有关问题的通知》，落实国有单位证券账户备案制度。实行上市公司及国有股东特别信息快报、基本情况月报制度，实时监控上市公司股价、股权结构及重要信息公告情况。研究制定市属 7 户国有控股上市公司国有最低持股比例。积极推进双星、海信、碱业股份公司非公开增发及青啤股份公司发行分离交易可转换债工作，其中双星、青啤再融资共募集资金 19 亿元。

政府投资类资源整合。对国信实业公司、企业发展投资公司、开发投资公司等 10 户投资公司进行资源整合，组建国信集团、华通集团、城投集团三个投资公司，搭建起青岛市重大项目建设、国有资木运营、城市建设发展的有效载体和融资平台。

四、青岛市国资委监管企业主辅分离辅业改制概况

资产经营公司遗留问题托管移交。推进凯联、纺织、海珊、红星化工等所属符合条件企业移交托管中心管理，完成纺织总公司所属 5 户壳企业、红星化工集团 800 人和 9000 万元费用移交托管中心管理。

解决企业欠费和职工安置问题。通过平台资金借款和企业自筹资金等方式，筹集资金 563 万元解决 8 户困难企业所欠 3743 名职工工资问题。协调解决

海珊集团欠保欠费等问题，利用土地补偿预付资金清偿企业欠费2000万元，分流职工600人，解决所属5户企业欠交医疗保险4440万元。通过盘活土地安置职工和土地收益安置职工及异地搬迁的返还政策，解决晶华玻璃和豪克公司职工分流安置问题。

五、青岛市国资委监管企业重组与完善法人治理结构改革进展情况

(一)监管企业重组情况

印发《青岛市市管企业改革发展和国资监管工作三年规划》，明确青岛市国有企业改革发展和国资监管工作目标，大力推进国有企业改革发展。青岛海运总公司于5月份与正和投资公司签署产权转让协议，改制工作基本完成。益佳集团引进战略合作者投资组建青岛盛益投资发展公司，与长城资产管理公司签署债务重组协议，以9000万元解决6亿元债务。海珊集团利用装饰布和三毛巾搬迁土地补偿，做好职工分流和费用清欠工作。宏达塑料总公司完成土地注销，获得2.2亿元过桥资金，推进企业搬迁改造。推进棉纺企业改革搬迁重组：完成一棉土地拍卖，盘活企业存量土地；实施一、六、八棉和银龙、齐意等5家企业设备改造；推进企业职工分流安置，签署债务重组协议，以4.6亿元赎回债务21亿元。

(二)完善法人治理结构改革进展情况

外部董事试点。与市委组织部共同出台《关于在市直企业进行外部董事试点的意见》，推进监管企业外部董事试点工作，在海湾、公交2家企业试点的基础上，又在国信、澳柯玛、黄岛电厂等3家企业设立外部董事，进一步完善董事会建设。

外派监督机构建设。完成10名专职监事的选拔工作，监督人员由原来的30人增加到41人，对外派监督机构布局进行全面调整，在新组建的3家投资公司实行监事会和外派财务总监双重监督机制，形成7个监事会和3名财务总监派驻21家企业的新格局，实现外派监督机构的全覆盖。

监管企业公司章程修改。完成青岛港、公交集团修改和国信集团公司、城投集团公司、华通集团公司三个投资公司章程的起草审定工作。

六、青岛市国资委监管企业建立和完善经营业绩考核体系情况

修改完善企业负责人经营业绩考核办法。分析总结第一个任期经营业绩考核工作，修订出台新的经营业绩考核与薪酬管理办法，提出分类考核、“对标”考核意见和考核指标确定机制，建立风险绩效年薪和任期奖励制度，突出“强激励、硬约束”，强化对企业经营者的激励约束力度，为大企业集团的持续发展和企业家队伍的培育创造良好环境。

实行节能降耗考核。将节能降耗纳入企业负责人经营业绩考核，节能降耗指标完成情况直接与企业经营业绩及负责人薪酬挂钩，提高企业推进节能降耗工作的积极性和自觉性。2007年14户能耗企业万元增加值综合能耗平均降低7.6%，节能降耗工作成效明显。

探索企业收入分配管理形式。建立企业负责人薪酬与企业经营绩效及职工收入双挂钩机制，提出建立职工工资总额预算管理制度的意见，规范推进海信电器股份公司股权激励试点和青岛港集团、青啤集团、海尔集团风险年薪转股工作，完成监管企业2007年度工效挂钩方案审核清算工作。

完成2007年度经营业绩考核清算。详细制定2007年度企业负责人业绩考核清算工作工作方案，组织中介机构开展专项审计，根据2007年度经营责任书确定的考核指标和经审核后的专项审计结果，利用业绩考核系统软件，汇总计算出22户企业业绩考核指标完成情况。2007年企业经营业绩实现较大幅度增长，22户考核企业实现利润427236万元，较2006年度增长41.8%；上缴地方税收172000万元，较上年增长25%。

完成2008年度责任书签订工作。根据企业前三年指标完成情况及所属考核类别，对企业提报的考核目标申报值进行审核，确定考核指标及指标值。完成2008年度业绩考核指标核定和责任书的签订工作，考核范围由22户扩大到26户。

（撰稿人：戴丽霞）

河南省

一、河南省国有资产监督管理工作综述

2008年,河南省国资委在省委、省政府的正确领导下,认真贯彻落实党的十七大和中央经济工作会议以及省委经济工作会议精神,坚持用科学发展观统领工作全局,牢牢把握定位,认真履行职责,在完善国有资产监管体制、加快国企改革与发展、推进国有经济布局结构调整、加强省管企业党建和领导班子建设等方面都取得了积极进展。

(一)国有企业改革继续深入推进,在一些重点难点领域取得新进展

一是国企改革"回头看"工作扎实推进。全省以巩固和提高国企改革工作成果为出发点,对已改制企业进行重新审视,查漏补缺,妥善解决职工安置、土地处置等遗留问题。洛阳市按规定核销11户企业改制前拖欠的1037万元社保金,组建企业离休干部管理服务中心,积极探索解决改制后企业离休人员的社会化管理问题,准备采取政府回购、储备等方式对全市破产、关闭、撤销企业的土地资产进行处置。新乡、南阳、商丘等市对改制后企业积极开展跟踪服务,重点解决政策落实、职工安置、企业发展等实际问题。二是国有企业市场化改革继续深化。在妥善做好国有工业企业改革扫尾工作的基础上,全面推动商贸、建筑、交通、文化等各类非工业企业改革,全省共有375户不同类型的国有企业实施了改革改制。省直厅局所属企业改制步伐不断加快,85%已进入改制程序。全省国有企业上市和再融资工作扎实推进,永煤控股、郑煤机、郑州交运、商丘科迪等一批省市所属企业上市工作进展顺利。郑州燃气继香港成功上市后,正在积极推进A股上市工作。三是困难企业改制解困和关闭破产工作取得明显成效。洛轴集团、冰熊集团、春都集团等5户困难企业被国家列为政策性破产项目,涉及资产16亿元、金融机构不良债务19亿元、职工4万人。洛阳、南阳、商丘等市政策性破产项目取得积极进展。焦作市22户特困工业企业脱困和职工安置工作已接近尾声。信阳市低折扣回购31家困难企事业单位的9700万元金融债务。全省困难企业依法破产工作稳步推进。四是企业管理体制和经营机制逐步完善。大中型企业现代企业制度框架初步形成,法人治理结构不断完善。省管企业外部董事人才库已经建立,外部董事制度试点工作即将启动。近半数省管企业进行用人和分配机制改革,郑煤集团、平煤集团等通过改革完善公司内部治理,积极探索适应市场经济要求的激励约束机制。新乡市专门出台指导意见,对市属企业完善公司法人治理结构进行有益探索。

(二)国资监管工作不断加强,监管效能明显提高

一是国资监管模式和制度进一步完善。全省两级国资监管机构牢牢把握出资人代表职责定位,健全内设机构,加强制度建设,监管能力和水平进一步提高。周口市加强对国有企事业单位经营性资产的监管,对个别部门和企业违规操作、擅自处置资产进行查处。濮阳市积极探索县区国有资产监管的有效模式。国资监管政策法规体系不断完善,国有企业法制建设工作取得积极成效,73%的省管企业设立法律事务机构。二是财务监督和资金成本监控明显加强。从2008年起,省国资委在省管企业全面开展财务预算管理工作。财务决算管理进一步加强,针对部分企业存在的成本费用增长过快等突出问题,提出125条整改意见。积极推动省管企业全面执行新会计准则,在安钢集团、一拖集团和中原证券2007年执行新企业会计准则的基础上,2008年推动11户企业执行新会计准则。对10户企业总会计师履职情况进行全面评价,将部分企业总会计师评价结果与企业负责人经营业绩考核挂钩,促进企业完善内部控制机制。对5名省管企业负责人组织实施离任审计和任期经济责任审计,查出有问题资金6亿元,提出68条审计处理意见和整改建议,规范企业经营行为。三是产权管理工作进一步规范。全省国资监管机构完善产权管理制度,把握好资产评估、进场交易、公开竞价、转让审批等关键环节,严格规范国有产权转让行为。省国资委重新选择确定2008年度从事全省企业国有产权交

易的18家机构，规范产权交易市场建设。积极探索省管企业股权回购途径，与信达资产公司建立战略合作关系。充分利用股权质押、发行债券和票据等有效的国有股权管理方式，积极支持企业融资，缓解金融危机给企业带来的资金困难，促进企业发展。洛阳市建立企业国有产权交易信息统计月报、风险评价和重大事项月报制度。安阳市逐年开展全市企业国有产权登记检查和核对工作，实现对国有产权的动态管理。四是企业战略管理和投资管理不断强化。省国资委指导企业建立完善发展规划滚动调整制度，根据市场形势和产业环境的变化，适时调整发展战略、经营策略和产品结构，合理防控经营风险和战略风险。建立以重大投资监管为核心的决策风险防范机制，先后对16户省管企业年度投资计划进行审核，对10户企业的65个固定资产投资和产权转让、收购项目履行备案手续。全面开展省管企业对外担保、发债风险防范工作。平顶山、漯河、洛阳等市先后建立完善市属企业重大投资事项监管制度，加强市属企业重大投资行为监管。五是外派监事会工作明显加强。省国资委推动监事会改进监督方式，从事后监督向事前监督、事中监督转移。提高集中监督检查工作的时效性，实现当年检查、当年出检查报告的目标。强化对企业的当期监督。通过参加企业重要会议，收集和分析有关企业经营、财务资料和信息、座谈访谈等形式，随时了解和跟踪企业重要经营活动，使监事会监督的关口前移，增强企业的风险防范能力。加大监督成果综合利用和整改督查力度，除3家企业因实施破产等原因没有完成整改任务外，其他企业的整改工作已基本完成。新乡市进一步完善监事会当期监督运行机制；洛阳市发布国有企业监事会暂行办法，并向20户市属企业派出监事会。六是国有资本经营预算工作稳步启动。省国资委与有关部门认真研究建立国有资本经营预算管理制度，积极开展各项前期准备工作。在这方面，部分省辖市进行有益的探索，焦作市国资办对重点监管的24户企业试行编制2008年度国有资本经营预算，形成2008年度国有资本经营预算编制报告；三门峡市加快国有资本经营预算试点工作；商丘市开展建立国有资本经营预算制度的前期工作。

（三）国有企业党建和领导班子建设得到加强，廉政建设扎实推进

一是国企党建和思想政治工作不断强化。深入开展“新解放、新崛起、新跨越”大讨论活动和学习实践科学发展观活动，全面加强国有企业党的建设，积极探索建立保持先进性的长效机制。坚持以“创先争优”活动为重点，积极开展党员先锋岗、文明示范岗等活动，扎实做好在生产经营一线发展党员工作，不断增强基层党组织的活力。围绕改革开放30周年纪念活动，宣传一批河南省国有企业改革好的典型。坚持思想政治工作、精神文明建设与文化建设相结合，积极培育和发展企业特色文化。二是企业领导班子建设进一步加强。以国有企业“四好”领导班子创建活动为载体，全面加强企业领导班子建设。坚持管少管好、减少环节、提高效率的原则，探索建立党管干部原则与市场化选聘相结合的有效模式。先后对永煤集团、鹤煤集团、中原大化、建设总公司等18户省管企业领导班子及相关重组企业班子进行考察调整，涉及正职调整12人，副职备案85人。三是人才强企战略稳步推进。建立国有企业人才信息库，启动首批省管企业拔尖人才评选工作，评选出经营管理、专业技术和职业技能三类拔尖人才100名。联合省委组织部、省人事厅等5家单位，对省管企业第一批93名拔尖人才进行评选表彰。以“周末管理论坛”为载体，邀请有关专家学者讲座，有效提高企业管理人员的综合素质。四是反腐倡廉建设更加深入扎实。出台国资委机关廉政守则、廉洁型机关建设意见、企业负责人经营责任追究办法，制定省管企业惩防体系总体框架。对300多名企业领导人员进行集体廉政谈话。落实廉洁自律各项规定，组织任前、诫勉等谈话3259人次，对收送现金等七种行为进行认真清查。受理信访举报1029件，立案247个，给予党政纪处分530人。建立19名厅级干部、286名企业领导人员廉政档案。开展企业效能监察723项，避免和挽回经济损失近4亿元。继续开展治理商业贿赂工作，查处突出问题73个。

（四）机关自身建设得到加强，工作效能进一步提高

以深入贯彻落实省政府第一次全体会议提出的

"两转两提"为契机，制订《关于进一步加强国资委机关自身建设的若干意见》，确定加强机关自身建设的五大重点：一是从准确把握职能定位、规范审批事项、规范社团活动入手，加快推进职能转变；二是从振奋精神以更加昂扬的精神状态扎实工作、树立正气营造良好工作氛围、增强服务意识树立机关良好形象入手，进一步转变工作作风；三是从严格机关工作程序、落实岗位责任制、实行首问负责制、实行督查督办制入手，着力提高机关工作效能；四是从加强学习、在工作实践中锻炼干部、树立正确的用人导向、把好"进人关"入手，大力加强以提高能力为重点的公务员队伍建设；五是从加强廉政教育、加强监督监察、强化领导责任入手，切实加强廉政建设和反腐败工作。通过以上措施，机关自身建设取得一定成效，机关干部干事创业积极性有所提高，工作作风有所好转，工作效能有所提高。同时，机关精神文明创建活动和老干部工作丰富多彩，先后开展"迎奥运、讲文明、树新风"等形式多样的活动，丰富机关文化生活，省国资委老干部合唱团在全省纪念改革开放30周年文艺汇演中荣获金奖。认真做好驻村帮扶和救灾捐助工作，积极推进社会主义新农村建设，有效提升国资监管机构良好社会形象。

二、河南省企业国有资产总量与结构分析

截至2008年底，全省三级以上独立核算的国有及国有控股企业共有3455户，经营性国有资产总量1724.6亿元，同比增长7.1%。

(一)国有资产地区分布

2008年全省国有及国有控股企业共3455户，其中省国资委监管企业544户(其中一级集团25户)、省直部门监管企业468户、各省辖市企业2443户。全省企业国有资产总量为1724.6亿元，其中，省国资委监管企业632.9亿元、省直部门管理企业267.6亿元、各市企业824.1亿元。

表1　　2008年河南省国有资产分布情况

名　称	户数(户)	比重(%)	国有资产(亿元)	比重(%)
合　计	3455	100.0	1724.6	100.0
省国资委监管企业	544	15.7	632.9	36.7
省直部门管理企业	468	13.5	267.6	15.5
各省辖市企业	2443	70.7	824.1	47.8

2008年国有资产分布呈现如下特点：

1. 省本级企业户数低于市本级企业户数，但省本级企业资产总量较大，从省市两级分布情况看，国有及国有控股企业主要分布在各省辖市。各省辖市企业户数为2443户，占全部企业户数的70.7%，省本级企业户数为1012户，占全部企业户数的29.3%。但是省本级企业国有资产总量较大，国有资产总量占全部企业资产总量的52.2%，省国资委监管企业户均国有资产达到1.2亿元，各省辖市企业户均国有资产只有0.3亿元。

2. 国有资产向中心城市集中，呈现城市集群效应。各省辖市国有资产主要集中在郑州、洛阳、焦作等3个省辖市。3个省辖市的国有资产总量分别占市本级国有资产总量的25.9%、24.4%、15.9%，国有资产区域集中度在增强，中心城市集群效应凸显。其余15个省辖市国有企业户数或资产总量出现不同程度的减少，国有经济大部分已从竞争性行业退出，国有经济已不占据主导地位。

表 2　2008 年河南省各省辖市国有资产分布情况

地　区	户数(户)	比重(%)	国有资产(亿元)	占全省比重(%)
合　计	2443	100.0	824.2	100.0
郑州市	353	14.4	213.5	12.4
洛阳市	337	13.8	201.3	11.7
焦作市	101	4.1	131.4	7.6
商丘市	48	2.0	60.6	3.5
南阳市	316	12.9	53.0	3.1
新乡市	257	10.5	33.5	1.9
许昌市	73	3.0	32.4	1.9
三门峡市	93	3.8	23.4	1.4
信阳市	205	8.4	22.9	1.3
周口市	41	1.7	17.3	1.0
济源市	12	0.5	11.4	0.7
鹤壁市	42	1.7	7.2	0.4
驻马店市	150	6.1	6.3	0.4
平顶山市	78	3.2	4.7	0.3
濮阳市	29	1.2	4.1	0.2
漯河市	75	3.1	2.1	0.1
安阳市	94	3.8	1.2	0.1
开封市	139	5.7	−2.1	

3. 国有企业户数绝对量在减少，但国有资产总量却在增加。2008 年全省国有及国有控股企业共 3455 户，比上年 3646 户净减少 191 户，减少 5.2%，主要为各省辖市减少。同时，国有资产总量为 1724.6 亿元，比上年 1610.4 亿元增加 114.2 亿元，增长 7.1%。

表 3　河南省国有企业户数、资产对比情况

项　目	2007 年	2008 年	增减(%)
户数(户)	3646	3455	−5.2
国有资产总量(亿元)	1610.4	1724.6	7.1

(二)国有资产行业分布

2008 年，全省国民经济 15 个行业，国有资产主要分布在工业和交通运输仓储业两大产业，两大产业国有及国有控股企业总户数为 1790 户，占全省总户数的 51.8%，国有资产总量为 1223 亿元，占全省国有资产总量的 70.9%。

表 4　2008 年河南省国有企业户数行业分布情况

行　业	户数(户)	比重(%)
合计	3455	100.0
一、农林牧渔业	124	3.6
二、工业	995	28.8

续表

行　业	户数(户)	比重(%)
三、建筑业	87	2.5
四、地质勘查及水利业	21	0.6
五、交通运输仓储业	795	23.0
六、邮电通信业	16	0.5
七、批发和零售、餐饮业	951	27.5
八、金融业	30	0.9
九、房地产业	69	2.0
十、信息技术服务业	21	0.6
十一、社会服务业	126	3.6
十二、卫生体育福利业	15	0.4
十三、教育文化广播业	94	2.7
十四、科学研究和技术服务业	104	3.0
十五、机关社团及其他	7	0.2

15个行业中，工业、金融业、交通运输及仓储业等10个行业国有资产总量同比增长，其中增量较大的有：金融业同比增加91.4亿元、工业同比增加59.9亿元、交通运输及仓储业同比增加11.1亿元。体现随着国有企业改革的逐步深入，国有资产结构调整进程加快，产业集中度得到加强，国有企业逐步向优势产业集中。

表5　2008年河南省国有资产行业分布情况

行　业	国有资产(亿元)	比重(%)
合计	1724.6	100.0
一、农林牧渔业	5.9	0.3
二、工业	973.3	56.4
三、建筑业	19.2	1.1
四、地质勘查及水利业	16.2	0.9
五、交通运输仓储业	249.7	14.5
六、邮电通信业	－0.1	0.0
七、批发和零售、餐饮业	27.3	1.6
八、金融业	230.2	13.3

续表

行　业	国有资产(亿元)	比重(%)
九、房地产业	37.3	2.2
十、信息技术服务业	10.8	0.6
十一、社会服务业	126.9	7.4
十二、卫生体育福利业	2.4	0.1
十三、教育文化广播业	22.9	1.3
十四、科学研究和技术服务业	2.5	0.1
十五、机关社团及其他	0.1	0.0

2008年，全省国有工业企业共有995户，国有资产总量973.3亿元，同比增长6.6%。在全省工业子行业中，煤炭行业国有资产总量282.7亿元，位居第一；冶金工业256.1亿元，位居第二；其后为电力工业83.7亿元、化学工业72.9亿元、建材工业58.8亿元、机械工业56.1亿元、市政公用工业50.5亿元。工业子行业中，化学工业、烟草工业、军工工业等5个子行业的国有资产总量出现不同程度的减少，其余10个子行业国有资产总量均同比增长，煤炭、冶金、机械等支柱产业在不断扩大。

(三)国有资产经营规模分布

2008年，全省国有及国有控股企业共3455户。

按企业规模分：大型企业172户，占5.0%；中型企业941户，占27.2%；小型企业2341户，占67.8%。172户大型企业占用国有资产总量为1051.5亿元，占全部的61%，中型和小型企业的国有资产总量分别占全部的25.3%和13.7%。大、中、小型企业的户均资产占用总量分别为6.1亿元、0.5亿元、0.1亿元。

表6　2008年河南省国有企业经营规模指标情况

项目	资产总额(亿元)	营业收入(亿元)	国有资产总量(亿元)
合　计	7494.9	4452.2	1724.6
大型企业	4736.7	2410.2	1051.5
中型企业	1764.7	1331.5	435.6
小型企业	993.6	710.5	237.5

按隶属关系划分:省国资委监管企业中,大型企业93户,占17.1%;中型企业227户,占41.7%;小型企业224户,占41.2%。大中型企业的户数要多于小型企业。省直部门管理的企业中,大型企业6户,占1.3%;中型企业155户,占33.1%;小型企业307户,占65.6%。市级企业中,大型企业74户,占3.0%;中型企业559户,占22.9%;小型企业1810户,占74.1%。

从经营规模看,全省大型企业占据着规模优势,172户大型企业,资产总额为4736.7亿元,占全部的63.2%,平均每户资产达到27.5亿元,数据表明河南省经过产业结构的调整,做大做强国有企业集团已见成效。

三、河南省国有资产保值增值综合分析评价

(一)国有资产增减变动及原因

2008年底,河南省企业国有资本及权益为1713.2亿元,较年初1589.1亿元,增加124.1亿元,增长7.8%。增加的主要因素是经营积累(116.9亿元)、国家追加投资(66.9亿元)、资产评估增加(35.3亿元)等,而减少的主要因素是经营减值(56.2亿元)、资本折价(51.3亿元)等,其中经营减值占减少国有权益因素的比例达到40.1%,反映出河南省国有及国有控股企业依靠自身积累,实现国有资本及权益增长的能力还有待加强。

省国资委监管企业的国有资本及权益总额625.3亿元,较年初572.8亿元,增加52.5亿元,增长9.2%;省直部门管理企业国有资本及权益总额267.6亿元,较年初269.8亿元,减少2.2亿元,减少0.8%;各省辖市企业国有资本及权益总额824.1亿元,较年初746.4亿元,增加77.7亿元,增长10.4%。从行业看,工业、金融业、交通运输仓储业、批发零售餐饮业等12个行业国有资本及权益增长、地质勘查和水利业、邮电通信业、社会服务业等3个行业国有资产及权益减少。

表7　2008年河南省国有资本及权益增减变动情况

项　　目	金额(亿元)	比重(%)
主要增加因素	260.4	100.0
国家、国有单位直接或追加投资	66.9	25.7
无偿划入	12	4.6
资产评估增加	35.3	13.6
产权界定增加	7.9	3.0
资本(股票)溢价	5.5	2.1
税收返还	2.4	0.9
会计调整	6.8	2.6
中央和地方政府确定的其他因素	6.7	2.6
经营积累	116.9	44.9
主要减少因素	131.7	100.0
经国家专项批准核销	4	3.5
产权界定减少	7.4	6.5
消化以前年度潜亏和挂账而减少	3.6	3.2
资本(股票)折价	51.3	45.1
中央和地方政府确定的其他因素	9.2	8.1
经营减值	56.2	49.4

(二)国有资产保值增值结果简要分析

2008年,全省国有企业扣除客观因素后,国有资产保值增值率为103.8%。

从行业保值增值情况看,15个行业中,工业、教育文化广播业、交通运输仓储业、金融业等12个行业实现了保值增值,仅有地质勘查和水利业、邮电通信业、社会服务业等3个行业未实现国有资产保值增值。

四、河南省国资委监管企业辅业单位分离改制工作概况

结合省管企业辅业单位分离改制进展情况,2008年,河南省国资委将深化省管企业辅业单位改制列为工作重点,着力推进。省国资委联合财政厅、劳动厅和煤炭局等部门到重点企业专项督导主辅分离和辅业改制工作。各省管企业按照"分类实施,重点推进"

原则，加快推进辅业单位分离改制，360个辅业单位中，95%以上与主业实现分离，其中永煤、郑煤、义煤、焦煤、铁路集团等企业基本完成辅业改制任务。

五、河南省国有企业重组和国有经济布局结构调整情况

2008年，河南省国有企业战略重组取得重大突破，国有经济布局结构进一步优化。一是企业战略重组取得显著成效。充分发挥全省企业战略重组联席办公会议及其办公室的作用，积极加强与各成员单位、省辖市政府的联络和沟通，加强服务指导，研究出台加快战略重组工作的指导意见，深入推进全省企业战略重组。各省辖市高度重视战略重组工作，郑州、濮阳、漯河、南阳等市在规划指导、协调推进、政策支持等方面成效明显。2008年，全省实施企业战略重组重点项目128项，引进资金290亿元，盘活资产73亿元，安置就业14万人，新增资产规模395亿元。天方药业与中国通用、神火集团与商电铝业、永煤集团与安化集团等一批重点重组项目在国内同行业产生了重要影响。特别是中国平煤神马集团、河南煤业化工集团两大“航母型”企业集团的成功创立，实现河南历史上最大规模的企业重组，两大集团将分别在1～2年内形成原煤产量5000万吨左右的规模，实现营业收入接近或超过1000亿元的目标，对巩固和提高我省在国家能源战略中的地位具有重要意义。二是产业结构升级转型步伐加快。省国资委高度重视企业重点项目前期和建设过程中的服务协调工作，通过组织银企合作、帮助企业争取政策和资金支持等方式，拓宽项目融资渠道，加快重点项目建设进度。2008年省管企业在建固定资产投资项目98项，完成投资186.6亿元，竣工或投产项目32项。永煤集团20万吨二甲醚项目、中原大化50万吨煤制甲醇项目、平煤集团80万吨联碱一期工程、一拖集团年产3万台大中型轮式拖拉机等大型项目已建成投产，促进企业拉长产业链条，提升企业的规模和竞争力。中原证券和中原信托通过增资扩股，扩大资金规模，完善赢利模式，为下一步争取创新业务资格、扩大经营范围奠定基础。新郑机场、河南铁路集团积极引进战略投资者，加快国际货运平台和漯阜铁路电气化复线改造进程，为构建中部交通枢纽做出积极贡献。三是对外开放水平进一步提高。充分利用第三届中博会、第五届投洽会、第十届中国科协年会等大型经贸科技平台，积极引进外部投资，促进企业提高对外开放水平。2008年，省管企业共签订国内外合资合作项目45项，总投资538亿元，合同利用外资148亿元。河南国际公司先后获得了非洲多个国家铝矿、铁矿的勘探权，并积极参与非洲农业资源项目开发。河南有色控股集团在澳大利亚取得1.57亿吨的煤炭资源勘探权。一拖集团积极在阿尔及利亚、埃及、南非等国家建立装配厂或服务中心，大力开拓海外市场。四是企业自主创新能力进一步增强。科技创新取得大批成果，一拖集团在国内同行业率先利用传动系在线负荷实验与检测新技术；平高电器1000千伏封闭式组合电器在国家重点项目中得到应用；郑煤机高可靠性液压支架及电液控制系统取得重大进展，拥有自主知识产权和核心技术的样机已经开发成功。省管企业全年投入研发经费45.18亿元，完成科研和新产品开发项目647项，获得各级奖励的科技成果200多项，199个项目达到国际先进和国内领先水平，申请专利257项，获得专利授权76项。永煤集团博士后科研工作站组建工作进展顺利，郑煤集团技术中心进入省级工程技术研究中心行列，永煤集团和洛硅公司等2家省管企业被新列入省级创新型试点企业名单。五是节能减排工作成效明显。省国资委积极引导企业建立健全节能减排责任体系，创新管理模式，与9户工业企业签订年度节能减排目标。组织推荐企业申报淘汰落后产能财政奖励基金项目11项，促进企业加快淘汰落后产能。2008年省管工业企业万元产值综合能耗0.91吨标煤，比2007年减少0.24吨，下降20.87%。12项循环经济和节能减排项目加快推进，焦煤集团煤矸石综合利用率达135%，固体废物利用率达到全国煤炭系统先进水平。安钢集团两套烧结机余热发电项目先后并网发电，减少外购电费2.45亿元。

六、河南省国资委监管企业建立和完善经营业绩考核体系情况

国有资产保值增值责任体系进一步完善。对监

管企业全面推行年度考核和任期考核相结合的经营业绩考核制度，"考核层层落实，责任层层传递，激励层层连接"的责任体系逐步完善。

业绩考核的导向作用进一步增强。紧紧围绕出资人最关心的问题和影响企业科学发展的主要矛盾进行考核，较好地发挥了业绩考核的导向作用。一是重点实施经济效益考核。将利润总额和净资产收益率作为考核的基本指标，极大地促进所监管企业经济效益和资产运营效率的提高。二是完善"短板"考核。依据企业综合绩效评价结果，选择企业最薄弱的财务指标作为分类考核指标，既避免指标数量过多，又可以发现企业经营管理短板，增强考核指标的牵引作用。三是推进自主创新考核。将技术投入比率指标作为工业企业的任期业绩考核指标，引导企业结合实际，自觉加大研究开发投入，提高自主创新能力。四是实施资源节约考核。对工业企业设置节能量指标，并以省政府与各企业签订的节能量目标作为考核目标，促进企业提高能源利用效率。五是探索价值创造考核。引入同期银行三年贷款基准利率，综合考量企业的资金成本，引导企业统筹处理好促进增长和提高质量效益的关系。

考核目标确定机制逐步完善。一是引入行业标准。在确定考核目标时，要求目标值不仅不低于前三年考核指标实际完成值的平均值，也要不低于全国同行业同规模前三年平均值的平均值。二是把考核目标值与企业战略规划有机结合起来。针对多数省管企业战略管理还处于起步阶段的情况，要求企业确定的年度和任期考核目标建议值，要与上报省国资委的三年滚动规划相衔接，引导企业加强战略管理，促进企业结构调整、资本运作和长远发展。三是加大对合理确定考核目标值的激励约束力度。对有些过于压低目标建议值，或实际完成值与目标值偏差较大的企业，规定明确，对于各指标的考核目标值均不符合目标确定原则，在原考核等级的基础上，降低1个考核等级；对于指标实际完成值与目标值偏离程度较大的企业予以扣分，加强对不实事求是地确定考核目标值企业的约束。

业绩考核的激励约束效果进一步显现。切实将业绩考核结果与企业负责人薪酬分配、奖惩任免紧密结合起来，最大限度地激发企业发展的内在动力，提高企业的发展质量。2008年年度考核中，7户企业考核结果为A级，企业负责人将获得2～3倍的基薪奖励；8户企业考核结果为B级，企业负责人将获得1.5～2倍的基薪奖励；3户考核结果为C级，企业负责人将获得1～1.5倍的基薪奖励；2户企业考核结果为D级，企业负责人将获得0.5～1倍的基薪奖励，2户企业考核结果为E级，企业负责人将没有绩效薪金。任期考核中，5户企业考核结果为B级及以上，企业负责人延期绩效薪金将全部兑现；2户企业考核结果为D级和E级，将根据考核分数扣减延期绩效薪金。

考核分配体系明显优化。进一步完善省管企业负责人薪酬制度，在15户企业中推行年薪制。逐步规范企业负责人职务消费行为，加强企业人工成本控制。

（撰稿人：李鹏懿）

湖北省

一、湖北省国有资产监督管理工作综述

2008年，湖北省各级国有资产监管机构和国有企业认真落实科学发展观，努力克服全球金融危机的不利影响，加大国有经济调整重组力度，统筹推进国有企业改革、国有资产监督管理、国有企业党的建设工作，促进湖北省国有经济平衡较快发展。

（一）国有资产及国有企业基本情况

截至2008年底，湖北省国有及国有控股工业企业共831户，占湖北省规模以上工业企业总户数的8.15%；完成增加值1721.46亿元，同比增长14%；实现销售收入5456.24亿元，增长25.82%；实现利润385.82亿元，同比下降1.95%；上缴税金382.42亿元，增长13.91%。四项指标分别占湖北省规模以上工业的45.80%、50.30%、60.98%、66.95%，国有经济的影响力、带动力进一步增强，对财政收入的贡献持续扩大。

省国资委37户出资企业（不含参股企业）状况。

2008年,省级出资企业整体呈现出平稳较快增长的良好态势,37户省级出资企业累计完成增加值64.1亿元,实现销售收入393.5亿元,实现利润9.3亿元,实现税金21.4亿元,同比分别增长21.29%、17.98%、-27.85%和31.85%。

根据省政府出台的《湖北省试行国有资本经营预算实施意见》,2月14日,省国资委、省财政厅联合印发《湖北省省属企业国有资本收益收取管理办法(试行)》(鄂企财发〔2008〕21号)。2008年,湖北省收取省级国有出资企业2006、2007年两年的国有资本经营收益共计5317万元,其中,2006年度2079万元,2007年度3238万元。

(二)国资监管法制工作

2008年,继续推行以总法律顾问为核心的企业法律顾问制度,省市两级出资企业中,已有108家企业实行总法律顾问制度,165户企业设立独立的法律事务机构,企业法制工作人员数量达到737名,企业法律风险防范机制逐步健全。制定《湖北省出资企业国有股权转让管理暂行办法》《湖北省出资企业负责人职务消费管理试行办法》等11部规范性文件。

(三)国有企业监管基本情况

1. 财务监管。实行"集中布置、集中审核、集中批复、集中整改"的"四集中"财务决算管理模式,提高决算工作质量;全面推行财务预算管理,控制成本费用。完成湖北省医药工业研究院有限公司、湖北木业集团等企业领导人离任经济责任审计工作,第一次开展对湖北省能源集团公司等12户企业负责人第一轮任期届满的经济责任审计工作。

2. 外派监事会。2008年,向9家出资企业派出监事会,有外派监事会的出资企业总数达到19家。外派监事会以当期监督为重点,以分类监督为方法,不断增强监督的时效性和有效性,共检查资产总量355亿元,检查揭示企业的6大类21个较重大问题和35个经营风险问题。

3. 产权管理。2008年,设立"湖北省产权交易市场管理办公室",配备专职监管人员,履行对湖北省产权市场的监管职责。增强资产评估管理的公开性和透明度,审核发现并纠正资产评估项目低评、漏评的报告9个,累计调增国有净资产3500多万元。巩固湖北省产权交易市场"五统一"成果,将全省14家产权交易分支机构全部并入武汉光谷联合产权交易所,确保湖北省区域产权市场的统一。武汉光谷联合产权交易所分支机构有:武汉光谷联合产权交易所江城分所、黄石分所、鄂州分中心、恩施分中心、神农架中心、宜昌分中心、荆州分中心、十堰分中心、襄樊分中心、荆门分中心、孝感分中心、黄冈分中心、咸宁分中心、随州分中心。

(四)国有企业党的建设工作

2008年党的日常工作由湖北省国资委党委管理(或协助管理)的企业共有82家,共有党员278479人,党的组织覆盖所有经济组织。其中:党组织由省委领导,党的日常工作由省国资委党委协助管理的中央在鄂企业24户;党组织由省委领导,党的日常工作由省国资委党委管理的省属企业9户;党组织由省国资委党委领导和管理的中央在鄂企业27户;党组织由省国资委党委领导和管理的省属企业23户。按党组织设置划分,设党委的66户,设党组(直属单位党委、党总支)的13户,设党支部的4户。

党组织设置情况。到2008年底,共设有基层党组织14067个,其中:党组13个、党委833个、党总支999个、党支部12222个。中央企业共设有基层党组织13449个,占95.56%,其中党组10个、党委764个、党总支941个、党支部11734个。省属企业共设有基层党组织618个,占4.37%,其中党组3个、党委69个、党总支58个、党支部488个。468个公有经济控制的企业法人单位全部建立党组织,建立党组织468个。基层党委换届情况:任期届满的党委195个,占党委总数的23.40%;当年换届党委123个,占任期届满党委的63.08%;任期届满尚未换届的72个,占任期届满党委的36.92%。民主评议党员情况:开展民主评议的党支部10059个,占党支部总数的82.30%;参加民主评议的党员218956人,占党员总数的78.63%。发展党员情况:2008年发展党员6760人,比上年减少585人。

(五)应对金融危机情况

面对金融危机,湖北省国资委先后于2008年9月

19日、10月30日和11月7日，分别召开湖北省国资系统研讨会、金融危机座谈会和湖北省市州国资委主任会议，及时了解企业受到的影响及其程度，深入研究和探讨应对思路和具体措施。10月30日至11月9日，组成12个调研组分赴国有企业调研，深入了解金融危机的影响。在此基础上，就应对金融危机进行全面部署，提出8项具体应对措施。11月11日向湖北省政府上报《关于省出资企业受金融危机影响分析及应对措施建议的报告》，提出加大财政税收支持力度、缓解企业融资困难等措施建议。湖北省委、省政府《关于加大投资扩大内需保持经济持续较快发展的若干意见》出台后，湖北省国资委迅速成立扩大内需工作专班和10个工作小组，制定下发《湖北省国资委关于加大投资扩大内需的工作方案》，具体落实湖北省委省政府的文件精神，指导和推动出资企业积极应对金融危机，实现平稳较快发展。

二、湖北省地市级国有资产监管机构工作进展情况

（一）监管企业基本情况

截至2008年底，湖北省17个市州政府相继向国资监管机构划转132户监管企业。132户市州监管企业资产总额2355.6亿元，同比增长21.9%；净资产693亿元，同比增长20.1%；平均资产负债率为70.6%，在岗职工18.7万人。

分地区看，武汉、宜昌、黄石三市出资企业资产总量较大，分别为1489.9亿元、394.5亿元和262.4亿元，合计为2146.8亿元，占湖北省市州监管企业资产总额的91.1%。

从资产规模看，132户市州监管企业中资产总额过5亿元的有48户，总额为2165.7亿元，占132户企业资产总额的91.8%。主要分布为：武汉24户，宜昌8户，黄石7户，荆州、荆门各3户。其中，企业资产规模在10亿元以上的企业共36户，武汉城建开发集团（635亿元）、宜化集团（182.7亿元）、武汉经济发展投资集团（147.9亿元）、武商联（120.3亿元）、黄石华新集团（109亿元）、武汉地产投资集团（101.2亿元）等7户企业资产规模均过百亿元。

（二）监管企业财务运行情况

2008年，市州监管企业销售保持平稳较快增长态势，132户市州监管企业累计实现销售收入694.4亿元，同比增长20.8%。

全年实现利润总额41.6亿元，同比增长8.6%，其中有10个市州的监管企业总体实现盈利，4个地区的监管企业盈利规模达到亿元以上，分别是：武汉（17.3亿元，同比增长1.8%）、宜昌（12.4亿元，同比增长36%）、黄石（10.6亿元，同比增长2.3%）、荆门（1.05亿元，同比增长31.1%）。132户市州监管企业共有81户盈利。其中，盈利过百万元的有46户，盈利过千万元的有29户，盈利过亿元的有11户。

132户市州监管企业全年上缴税金43亿元，同比增长23.3%。其中，上缴税金规模超过亿元的地区有4个市，分别是：武汉（20.47亿元，同比增长10.5%）、黄石（11.2亿元，同比增长35.8%）、宜昌（6.79亿元，同比增长51.4%）、荆门（1.98亿元）。

（三）监管工作开展情况

2008年湖北省各市州在引进战略投资者、推进重点企业重组调整和做大做强方面也取得很大成效。鄂州市引进湖北国创高新材料股份公司总投资达12亿元、炼油能力达250万吨的炼沥青项目和年产15万吨的改性沥青项目。黄冈市引进总投资为3亿元的江苏无锡振达钢管制造有限公司，投资兴建冷拔无缝钢管项目。黄石市重点推进中茵集团重组天华股份、人本集团收购黄石市轴承厂。孝感市积极支持中化建战略重组黄麦岭磷化工有限责任公司，宜昌宜港集团与香港保华集团重组后将融资20亿元建设云池深水港、枝城港配煤中心、红花套港区、田家河港区工程，推进建设三峡航运中转中心，打造长江港口核心企业。武汉市国资委积极推进武汉商贸控股公司重组重庆肉联厂；武汉市城市建设投资开发集团有限公司与香港百江合资组建武煤百江燃气公司；武汉重型机床集团有限公司、武锅集团与中国长江动力公司（集团）三家“武字头”国企重组为武汉重工集团；武汉地铁集团、武汉公交集团、武汉商联集团、武汉国资公司、武汉天喻信息产业公司共同出资组建武汉楚通智能卡有限公司。

三、湖北省国有资产总量与结构分析

截至2008年底，湖北省三级以上独立核算的国有及国有控股企业(不含中央在鄂企业，下同)共有2173户，国有资产总量784.2亿元，比上年增长11.96%；实现主营业务收入1389.7亿元，比上年增长24.64%；实现利润总额59.7亿元，同比增长1.05倍。

(一)国有资产地区分布

2008年湖北省国有及国有控股企业共2173户，其中：省属企业398户，各市(州)企业1775户。湖北省国有资产总量为784.2亿元，其中：省直企业176.4亿元、各市(州)企业607.8亿元(见表1)。

表1　2008年湖北省国有资产总量分布情况

归属范围	户数(户)	比重(%)	国有资产(亿元)	比重(%)
合　计	2173	100.0	784.2	100.0
省直企业	398	18.32	176.4	22.49
市(州)企业	1775	81.68	607.8	77.51

湖北省企业国有资产主要集中于省内几个老工业城市。省直企业国有资产总量176.4亿元，武汉市371.8亿元，宜昌市86.9亿元，襄樊市38.6亿元，黄石市23.4亿元，荆州市21.3亿元，合计718.4亿元，占全省国有资产总量的91.61%。其他地区的企业国有资产相对分散，总量都在5亿元左右(见表2)。

表2　2008年湖北省各市国有资产总量分布情况

地　区	企业户数(户)	比重(%)	国有资产(亿元)	比重(%)
合　计	2173	100.0	784.2	100.0
省本级	398	18.31	176.4	22.49
武汉市	474	21.81	371.8	47.41
黄石市	143	6.58	23.4	2.98
十堰市	79	3.64	10.0	1.27
宜昌市	208	9.57	86.9	11.08
襄樊市	157	7.23	38.6	4.92
鄂州市	21	0.97	1.4	0.18
荆门市	113	5.20	9.8	1.25
孝感市	83	3.82	6.8	0.87
荆州市	145	6.67	21.3	2.72
黄冈市	166	7.64	5.7	0.73
咸宁市	73	3.36	2.9	0.37
随州市	54	2.49	1.4	0.18
恩施州	37	1.70	21.0	2.68

续表

地　区	企业户数(户)	比重(%)	国有资产(亿元)	比重(%)
仙桃市	6	0.28	0.7	0.09
潜江市	7	0.32	4.1	0.52
天门市	4	0.18	1.0	0.13
神农架	5	0.23	1.0	0.13

(二)国有资产行业分布

2008年，湖北省国民经济14个行业，国有资产主要分布在工业企业和社会公益事业，工业企业国有资产总量248.9亿元，占湖北省总量的31.74%；社会公益事业207.9亿元，占总量的26.51%，两个行业合计占湖北省企业国有资产总量的一半以上。这种分布状况基本符合湖北省国有经济结构调整的方向，可以充分发挥国有经济在基础性行业和有竞争优势的工业行业的控制力和影响力(见表3)。

表3　2008年湖北省国有企业户数按行业分布情况

行　业	户数	比重(%)	国有资产总量(亿元)	比重(%)
合　计	2173	100.00	784.2	100.00
一、农林渔牧业	230	10.58	26.5	3.38

续表

行　业	户数	比重(%)	国有资产总量(亿元)	比重(%)
二、工业	575	26.46	248.9	31.74
三、建筑业	81	3.73	29.0	3.70
四、地质勘察及水利业	60	2.76	5.5	0.70
五、交通运输仓储业	156	7.18	47.8	6.10
六、仓储业(粮油)	358	16.47	9.5	1.21
七、邮政通讯业	0	0.00	0.0	0.00
八、商业贸易及餐饮业	256	11.78	43.1	5.50
九、金融业	47	2.16	50.5	6.44
十、房地产业	122	5.61	76.0	9.69
十一、社会服务业	186	8.56	207.9	26.51
十二、文教卫体广播业	68	3.13	36.5	4.65
十三、科学研究及其他	34	1.58	3.0	0.38

(三)国有资产经营规模分布

2008年末,湖北省三级以上国有及国有控股企业户数2173户。

按企业规模划分:大型企业68户,占3.13%;中型企业344户,占15.83%;小型企业1761户,占81.04%。68户大型企业国有资产总量为231.3亿元,占29.50%;中型企业国有资产总量为291.9亿元,占37.22%;小型企业国有资产总量为261.0亿元,占33.28%。大、中、小型企业的户均资产占有量分别为23.95亿元、5.01亿元和0.67亿元(见表4)。

表4　2008年湖北省国有规模企业主要指标情况

项　目	资产总额(亿元)	主营业务收入(亿元)	国有资产总量(亿元)
合　　计	4518.8	1389.7	784.2
大型企业	1628.4	592.6	231.3
中型企业	1723.0	472.4	291.9
小型企业	1167.4	324.7	261.0

按隶属关系划分:在省直企业中,大型企业19户,占4.77%;中型企业110户,占27.64%;小型企业269户,占67.59%,大中型企业户数要少于小型企业。

市、州企业中,大型企业49户,占2.76%;中型企业234户,占13.18%;小型企业1492户,占84.06%,市、州企业的大中型企业户数要多于省直。

数据表明,大中型企业占据着规模优势,412户大中型企业,资产总额为3351.4亿元,占湖北省资产总额的74.17%,平均资产达到8.14亿元。湖北省产业结构调整、企业组织结构调整已初见成效。

四、湖北省国有资产保值增值综合分析评价

(一)国有资产增减变动原因

2008年末,湖北省国有资产总量为784.2亿元,较上年700.4亿元,增加83.8亿元,增长11.96%。

2008年末,湖北省国有资本及权益为812.1亿元,较年初612.1亿元,增加200亿元。增加的主要因素是国家、国有单位直接或追加投资、无偿划入、经营积累、中央和地方政府确定的其他因素、会计调整增加、资产评估增加等,其中国家资本404.5亿元,同比增加21.2亿元,增长5.52%。说明国有资产总量的增长主要是因为国有资本应享有的权益形成;而减少的主要因素是中央和地方政府确定的其他因素、产权界定减少、经营减值、无偿划出、资本折价、企业按规定上缴红利、清产核资减少和因自然灾害等不可抗拒因素减少等,其中经营减值因素占减少国有权益因素的比例达到22.4%,反映出湖北省国有及国有控股企业依靠自身积累,实现国有资本及权益增长的能力有待加强(见表5)。

表5　2008年湖北省国有资本及权益增减变动情况

项　　目	金额(亿元)	比例(%)
一、主要增加因素	291.9	100.00
国家、国有单位直接或追加投资	104.0	35.63
无偿划入	90.1	30.87

续表

项　　目	金额(亿元)	比例(%)
资产评估增加	3.2	1.10
清产核资增加	1.3	0.45
产权界定增加	1.0	0.34
资本(股票)溢价	2.3	0.79
接受捐赠	0.1	0.03
税收返还	0.5	0.17
会计调整	8.8	3.01
中央和地方政府确定的其他因素	14.4	4.93
经营积累	65.1	22.30
二、主要减少因素	140.2	100.00
经国家专项批准核销	0.2	0.14
无偿划出	9.6	6.85
资产评估减少	0.6	0.43
清产核资减少	3.4	2.43
产权界定减少	36.5	26.03
消化以前年度潜亏和挂账而减少	0.6	0.43
资本折价	9.5	6.78
企业按规定上缴红利	3.6	2.57
中央和地方政府确定的其他因素	43.9	31.31
经营减值	31.4	22.40

(二)国有资本保值增值结果及影响因素分析

2008年,受全球经济金融危机影响,湖北省国有及国有控股企业经济效益有所下降,亏损面有所增加,湖北省企业整体效益有所降低,湖北省国有资产保值增值率为105.11%,实现保值增值,但比上年109.50%降低4.39个百分点。

2008年,盈利企业1248户,占总户数的57.44%,实现利润111.7亿元,同比增加11.1亿元,增长11.04%。亏损企业925户,亏损面42.56%,亏损企业亏损额52亿元。受国际金融经济影响,湖北省企业亏损面、亏损额与上年相比略有增加,企业应加强内部管理,适应国际大环境,增强抗风险能力。

2008年湖北省国有企业实现主营业务利润230.35亿元,主营业务利润率16.58%,同比上升0.54个百分点;实现利润总额59.7亿元,净资产收益率4.64%,再次实现国有企业整体盈利,但同比减少利润2.97亿元,利润增长率为-4.74%。说明湖北省国有企业虽然实现了主营业务收入的快速增长,但面对复杂多变的市场形势和国际金融危机的影响,企业盈利能力反而有所下降。

湖北省国有企业相比全国国有企业整体盈利额偏低,企业自身经营积累比例低,资本积累速度缓慢,保值增值的能力有待进一步提高。

五、湖北省国有企业改革进展情况

(一)不断深化重点企业改革

2008年,湖北国有企业改革重点转移到商贸、交通、城建、粮食等非工业领域企业,重点协调解决省属重点企业改制过程中的职工安置、资产处置、债务纠纷、拆迁补偿等历史遗留问题。省国资委积极推进中国社福实业总公司、鄂康房地产开发总公司、中南勘察设计院、齐星公司、省海外旅游集团璇宫饭店等一批出资企业的改制。省医药公司通过增资扩股组建的新公司正式挂牌;中国社福实业总公司改制申请已经批复,正在进行清产核资、财务审计、资产评估等相关工作;鄂康房地产开发总公司内部三项制度改革的方案已经批复,正在进行职工安置;中南勘察设计院通过增资扩股实施资产重组的框架协议已经签署,职工安置基本结束;齐星公司根据省政府的意见已经下放随州市管理;璇宫饭店企业职工代表大会审议改制方案并通过职工安置方案,职工安置工作基本结束;三环集团太平附件公司产权转让已经完成。

(二)省直部门与所办经济实体脱钩改制工作

2007年底组建的省直机关脱钩企业托管中心,与17个企业主管部门签订企业托管协议,对92户省直脱钩企业实施托管,共托管资产11.14亿元、债务47.46亿元、退休内退人员及军转干部4428名。通过争取财政补助、企业自筹、盘活存量资产等多种方式,共筹集资金近8000万元,解决省水产集团等脱钩企业职工安置的遗留问题。通过打包缩水以1.55亿元化解了28.93亿元的不良金融债务，为脱钩企业减少负债27.38亿元。2008年湖北省非金属地质公司、湖北省现代农业示范园项目及项目承建公司、湖北金旭工贸公司等3户省直机关所属企业划转省国资委履行出资人职责。

(三)政策性破产取得重大突破

截至2008年底，湖北省列入全国政策性破产关闭破产《四年总体规划》的31个项目全部得到批准实施，其中，蒲纺集团所属三陆集团等8个项目已实施完毕，荆襄化工集团有限责任公司等6个项目已进入司法程序，黄石煤炭矿务局等11个项目正在做破产前的准备工作，还有6家企业已实施改制重组。

(四)举办纪念国有企业改革开放三十周年系列活动

主要开展五项大的活动，即举办纪念改革开放三十周年征文活动，评选湖北国企改革发展十大先进企业和十大风云人物，与湖北日报联合举办湖北国有企业改革三十周年座谈会，召开湖北国企改革发展三十周年大型报告会，举办湖北国企改革发展三十周年成果图片展。

六、湖北省国资委监管企业重组与完善法人治理结构改革进展情况

(一)全力推进"九大板块"建设

省国资委把加快省属企业发展作为第一要务，落实"五个一"专班制度(围绕一个龙头企业、明确一名委领导挂帅、落实一个责任处室、组成一个工作专班、发扬一抓到底的工作作风)，全力推进"九大板块"建设。2008年初，制定《关于加快湖北省出资企业重组发展的工作责任方案》，在省出资企业中选择汽车、冶金、能源、木业、煤炭、盐业、旅游酒店、房地产、国有经济营运平台等九大重点业务板块，明确各板块的发展目标、专班领导、责任处室、成员单位和工作措施，围绕各板块龙头企业，全面整合省属企业，力争通过2~3年的努力，做大、做强、做优一批具有核心竞争力的优势产业，培育一批年销售收入过100亿元、年利润过10亿元、市场份额进入行业前列的大集团。经过各方面的共同努力，九大板块重组发展工作建设取得重大进展，板块建设的成效初步显现。全年共完成8组14户企业的整合，使省出资企业由44户整合为37户。省福汉木业板块、三环集团板块的调整重组已经完成。省能源集团板块，重组上市工作有了实质性进展。重点协调解决职工持股小水电、土地资产处置、部分对外担保解除等难点问题，为上市工作扫清了障碍。在世界金融危机、全国发电行业全行业亏损的严峻形势下，省能源集团发电量达到128.4亿千瓦时，比上一年增长63.1%，创历史新高，实现净利润3.76亿元。大冶有色块板：6月28日，省政府与三峡总公司和长江电力签订《有色金属开发合作协议》《关于投资大冶有色金属有限公司的协议》，决定由长江电力向大冶有色总投资20亿元、前期到位10亿元现金，确立大冶有色为龙头，采取资产划转、兼并重组等措施，对省内有色金属企业进行整合的湖北省产业发展规划。三环集团板块：通过实施与凯天国际集团和金属材料总公司的资产重组，有效整合企业内部资源和业务，盘活国有存量资产。同时，三环集团还与世界著名的锻压机床制造商比利时LVD公司组建新的合资公司，引进资金4000万元，迅速提升三环锻压机床板快的技术研发能力、产品档次和制造水平。福汉木业板块：顺利完成多福商贸与福汉木业的全方位融合，新集团公司理顺内部管理体制，完成三个二级公司的员工、文化、机制整合，解决长期影响企业发展的资金"瓶颈"问题，优化福汉公司的营销体系，完成福汉公司厂房搬迁工作，寻求新的发展项目，新集团公司生产经营步入良性发展的轨道，实现从维持经营到发展壮大的根本性转变。省盐业集团板块：新的湖北盐业集团有限公司已正式挂牌，改制重组工作迈出实质性步伐。省房地产投资有限公司、省煤炭投资有限公司、省旅游集团有限公司三个板块的调整重组均已进入实施阶段。六大平台板块：湖北省宏泰国有资产经营有限责任公司——省级国资营运平台、湖北中经中小企业投资公司——省级担保平台、湖北省投资公司——省级投融资平台、湖北省招标中心——省级招标采购平台、湖北省工程咨询公司——省级综合咨询平台、武汉光谷联合产权交易所——资本优化配置平

台已提出了发展的目标和规划。新的板块——农业板块正在积极筹划,择机启动。通过将同行业内主营业务高度一致的企业整合在一起,优化资源配置,减少内部同业竞争,壮大企业规模。

(二)积极开展引资重组

组织出资企业参加第三届中国中部博览会等五次重大的招商引资活动。三环集团与博龙公司签订合作框架协议,博龙公司拟投资10亿元人民币参股三环集团。大冶有色积极与长江电力洽商,最终达成合作协议,首期引入长江电力10亿元的投资。省工建集团积极实施"走出去"战略,与利比亚签订四个总额达67亿元的工程建设项目合同,正在顺利实施。省煤炭投资公司就宜昌港合作事项与宜昌市政府和市国资委初步达成协议。省能源集团与中国广东核电集团签订协议,投资468亿元建设大畈核电项目。

为了大力推进"资源节约型、环境友好型"社会建设,充分发挥国有资本在"两型"社会建设中的引领作用,2008年,湖北省组建湖北省联合发展投资公司,9月27日,湖北省联合发展投资有限公司揭牌,主要投资方向是武汉城市圈的建设,注册资本金为32亿元人民币。

(三)省出资企业董事会建设工作情况

为引导和推动出资企业建立规范的现代企业制度,2008年1月下发《关于建立和完善出资企业董事会试点工作的通知》,确定省宏泰国有资产公司和福汉木业集团作为第一批试点企业,开展董事会试点,完善法人治理结构;3月份成立董事会建设办公室;7月和11月两次调研,两家试点企业按照要求完成董事会建设年度工作目标。

七、湖北省国资委监管企业建立和完善经营业绩考核体系情况

(一)完善出资企业经营业绩考核体系

2008年,湖北省国资委按照"更科学、更规范、更精准"的要求,修订《省国资委所出资企业负责人经营业绩考核暂行办法》,探索"企业合理分类,指标科学分解,结果奖惩分明"的"科学考核三分法",开展"三个对标",将企业目标完成情况与全国同行业同规模企业良好水平比较,与湖北省企业平均发展速度、经济效益水平比较,与省出资企业平均发展速度、经济效益水平比较。一是完善目标值的确定机制。增加新的条款:"年度经营业绩目标建议值原则上达到'两个不低于'要求,即不低于前三年考核指标实际完成值的平均值,不低于上年的实际完成值。凡企业年度利润总额目标值低于上年目标值与实际完成值的平均值的,最终考核结果原则上不得进入最高级别(处于行业周期性下降阶段但与同行业其他企业相比仍处于领先水平的企业除外)""已派监事会的企业在上报目标值时,在报省国资委之前先送监事会主席审阅并签字""省国资委业绩考核委员会审定目标值时,各企业负责人到会接受质询""企业经营业绩考核口径经确认后不得随意变更""在制定目标值时弄虚作假,人为压低目标值,实际完成值与目标值偏差度过大的企业,在剔除合并、重组和会计准则调整等客观因素影响后,扣减考核总分甚至降低考核级别,其考核结果不能为最高级——A级""对于'两低一高'企业(即本年度目标值低于上年目标值、实际完成值低于上年完成值、考核得分高于上年),无论其考核结果处于那个级别,其绩效薪酬倍数不得高于上一年"。二是对科技创新和"两高一低"的企业给予加分奖励。对大冶有色金属公司、省铁路公司、省煤炭投资公司、省医药集团有限公司四家出现"两高一低"情况,按照规定分别给予适当的加分奖励,对中南建筑设计院获得多项国家和省部级科技奖也给予加分奖励。充分体现"业绩上,薪酬上"和"推动企业自主创新"的考核原则,鼓励企业落实科学发展观,提高科技创新能力的积极性,发挥业绩考核的导向作用。

(二)出资企业负责人经营业绩考核情况

年度目标考核结果:2008年湖北省国资委与28户出资企业负责人签订《2008年度经营业绩责任书》,其中,对省能源集团有限公司等24户企业进行经营业绩目标考核,对省铁路公司、省投资公司、省宏泰国有资产经营有限公司、省工程咨询公司等4户企业,以绩效目标加职能目标形式考核。

企业负责人年度经营业绩考核等次为A级的是：中南建筑设计院、湖北省能源集团公司、湖北省盐业总公司、湖北省种子集团有限公司、三环集团公司、湖北省投资公司、湖北福汉木业（集团）发展有限责任公司、湖北省煤炭投资开发公司、大冶有色金属公司、湖北省铁路公司、湖北省粮油（集团）有限责任公司、湖北省鄂康房地产开发总公司、湖北医药集团有限公司、湖北省粮油食品进出口（集团）公司、湖北省宏泰国有资产经营有限责任公司、湖北省金石黄金有限公司；企业负责人年度经营业绩考核等次为B级的是：湖北省路桥集团有限公司、湖北中经中小企业投资公司、湖北南方集团有限公司、湖北省医药工业研究院有限公司、湖北省农业产业化信用担保股份有限公司、湖北中旅集团有限公司、湖北省工程咨询公司、湖北省工业建筑集团有限公司、湖北省农业机械总公司、湖北省对外经贸投资管理有限公司、湖北省招标中心；企业负责人年度经营业绩考核等次为C级的是：湖北通世达交通开发有限公司。

任期考核情况：2008年，24户出资企业参加任期考核，其中，签订《2007～2009年任期经营业绩责任书》的企业有5户：湖北省农机公司、湖北省中经中小企业投资公司、湖北省宏泰国有资产经营有限责任公司、湖北省粮油（集团）有限责任公司、湖北省燃料总公司。与19户出资企业负责人签订《2008～2010年任期经营业绩责任书》（其中省能源集团有限公司等12户出资企业为第二任期，省粮油食品进出口集团公司等7户出资企业为第一任期）：湖北省能源集团有限公司、湖北省铁路公司、三环集团公司、大冶有色金属公司、湖北南方集团有限公司、中南建筑设计院、湖北省种子集团有限公司、湖北省鄂康房地产开发总公司、湖北省盐业总公司、湖北省路桥集团有限公司、湖北通世达交通开发有限公司、湖北省煤炭投资开发公司、湖北省粮油食品进出口（集团）公司、湖北中旅集团有限公司、湖北省对外经贸投资管理有限公司、湖北福汉木业（集团）发展有限责任公司、湖北医药集团有限公司、湖北省招标中心、湖北省海外旅游集团有限公司。

八、湖北省国资委监管企业领导班子建设情况

2008年，结合企业改革发展和领导班子建设实际，湖北省国资委党委对22户出资企业领导班子104人次进行考察、调整。办理5户中央企业、4户省出资企业党委和纪委选举结果的批复。

理顺省能源集团有限公司和湖北清江水电开发有限责任公司领导班子和管理体制的隶属关系，建立规范的母子公司管理体制。

2008年9月，根据《关于对省委管理的省属企业领导班子和班子成员进行考察的通知》（鄂组通〔2008〕61号）精神，对能源集团股份有限公司、湖北省联合发展投资有限公司、三环集团公司、中南建筑设计院、湖北省工业建筑集团有限公司、湖北省铁路公司、湖北省投资公司、湖北省宏泰国有资产经营有限责任公司、湖北时代汽车有限公司9户由省委管理"一把手"的省出资企业领导班子和班子成员进行集中考察。

对重组的3个板块7户出资企业领导班子进行全面考察。9月底，对省煤炭投资开发有限公司、湖北省燃料总公司、湖北中旅（集团）有限公司、湖北省海外旅游（集团）有限公司、湖北省鄂康房地产开发总公司、湖北省通世达交通开发有限公司和湖北省农业机械总公司7户出资企业40余名领导班子及成员进行全面考察。在考察的基础上，完成中旅集团和湖北海外旅游集团重组为湖北省旅游集团有限公司，湖北省鄂康房地产开发总公司、湖北通世达交通开发有限公司、湖北省农业机械总公司重组为湖北房地产开发投资集团有限公司领导班子的组建。

参加20余户企业党员领导干部民主生活会，对开好民主生活会进行指导，督促企业领导班子认真查摆问题，开展批评和自我批评，加强自身建设。12月，召开省属企业创建'四好'领导班子现场经验交流会。

（撰稿人：夏玉泉　吴慧敏　吴玉祥　李　红
邹冬青　杨永玲　梅　亮）

湖南省

一、湖南省国有资产监督管理工作综述

2008年,湖南省国资委深入学习实践科学发展观,面对历史罕见的自然灾害和国际金融危机的重大挑战,迎难而上,顽强拼搏,各项工作都取得积极进展和明显成效。

(一)国资监管工作日趋规范

加强政策法规体系建设,湖南省国资委相继出台公司章程管理、国有产权代表管理、全面风险管理、国有资产损失责任追究、董事会建设等一系列规范性文件;全面推进企业总法律顾问制度建设,在全国率先开展总法律顾问述职工作。加强对市州国资委工作指导,组织召开全省国资研究工作会议,对14个市州国资委的工作进行考评和总结表彰。加强国有产权管理,全年通过省产权交易所公开挂牌共完成省属企业国有产权交易项目22个,金额19.9亿元;批复核销不良资产3952万元,完成资产评估、核准备案项目97个,净资产评估值206亿元;完成上市公司国有股东标识管理工作。加强对企业重大事项的监管,指导华菱集团、有色控股、湘电集团、湘投控股、湘煤集团等企业编制和调整战略规划;审定泰格林纸集团新公司章程,制定同力商贸控股集团公司章程;强化投资管理,严格控制投资方向、投资规模,对重点投资项目依法依规进行审查或备案管理,确保项目顺利推进;强化全面风险管理,组织12户监管企业参加国务院国资委全面风险管理培训班和经验交流会,举办"学习实践科学发展观,推进企业全面风险管理"培训班,选择有色控股、中联重科等5户企业开展全面风险管理试点。加强业绩考核和薪酬管理,与21户监管企业签订2008年度经营业绩责任书;组织开展企业负责人2004～2006年任期绩效评价;积极稳妥推进上市公司股权激励试点,指导华菱股份正式启动股权激励计划。强化财务监督,加强企业财务预决算管理、重大财务事项管理和财务风险预警分析,下达企业财务决算审计报告批复28份、财务问题警示函2份,编发财务快报12期、财务动态分析4期;加强企业财总会计师履职管理,组织对30户监管企业的总会计师进行述职评议;积极推进国有资本经营预算制度,起草《湖南省人民政府关于试行国有资本经营预算的意见》《湖南省省级企业国有资本收益收取管理暂行办法》并经省政府常务会议通过。强化监事会监督,完成外派监事会届满轮换,依法向19户监管企业派出监事会,基本实现外派监事会对重点监管企业的全覆盖,10名外派监事会人员依程序进入派驻企业控股上市子公司监事会任职,外派监事会全年共提交监督检查报告20份。

(二)企业党建和精神文明建设持续加强

湖南省国资委在监管企业中深入推进班子创"四好"、党员争"四高"和创"五好"党支部活动,湘钢荣获全国国有企业创建"四好"领导班子先进集体称号;加强企业党建工作制度建设,出台《省属监管党委(党组)书记党建工作述职制度》《省属监管党委(党组)书记联席会议制度》;积极推进党建工作创新试点,总结形成《中联重科党建工作创新试点总结报告》和《泰格林纸国有企业政治优势转化为核心竞争力试点总结报告》。深入开展企业负责人"作风建设年"活动,召开监管企业文化暨廉洁文化建设经验交流会;加大案件查处力度,全年共处理信访举报件133件,立案187件,办结185件。稳步推进企业领导班子建设,对30户企业及其重要子公司领导班子进行有序调整,进一步优化企业的班子结构,正式启动董事建设试点工作;加强对企业负责人的监督管理和教育培训,将勤奋敬业、廉洁自律情况列入企业领导人员年度考核内容,召开监管企业人才工作会议,举办一系列企业领导人员培训班。有序推进企业文化建设工作,举办第三届全省企业文化论坛,组织中联重科、泰格林纸、长丰集团、华菱集团、轻盐集团、有色控股等6户监管企业开展企业文化建设试点。深入开展文明创建活动,中联重科、湘钢、涟钢等一批企业被评为全国和省级精神文明建设先进单位。抓好职工技能培训和竞赛活动,成功举办"湘钢杯"2008年监管企业职工技能大赛,华天、长丰在国务院国资委组织的技能大赛中取

得较好成绩；大力推进监管企业厂务公开工作，覆盖率达到100%。

(三)国有资产保值增值目标较好实现

截至2008年12月底，25户监管企业资产总额达到2140.6亿元，较上年同期增加295.3亿元，同比增长16%；所有者权益合计775.1亿元，较上年同期增加38.6亿元，同比增长5.24%；实现营业收入1582.3亿元，较上年同期增加215.9亿元，同比增长15.8%；累计实现利润总额58.8亿元，国有资产保值增值率达到105.89%。

二、湖南省地市级国有资产监管机构工作进展情况

省、市、县三级国资监管体系建设进一步加强。到2008年底，全省14个市州中有13个(除株洲市外)已按照"三统一、三结合"要求成立国资委；株洲市原成立的联席会议制的国资委(下设国资办)正在按"三统一、三结合"要求重新组建，"三定"方案已获批复；积极探索县级国资监管的有效形式，新晃、湘潭、平江、宁乡、麻阳、湘乡、桃源等26个县(市、区)已设立独立的国资监管机构或成立国有资产经营公司，其余县(市、区)均在财政部门内设监管机构；长沙、湘潭、常德等市对县级国资监管机构进行目标管理考核。

各市州国资委结合自身实际，积极开展工作，出资人职能得到较好发挥和履行。各市州分别组建各具特色的国有资产经营公司，通过整合有效资源、注入优质资产、加强资金扶持等方式，国有资本营运功能不断强化；长沙、衡阳、湘潭、常德、邵阳、湘西自治州国资委切实加强企业财务动态监测，被评为全省国资监管系统财务快报工作先进单位；邵阳、永州、株洲市国资委将年度考核与任期考核相结合，充分发挥业绩考核导向作用，国有资产经营责任进一步落实；长沙、常德、岳阳、郴州、湘西自治州国资委深入开展"五五"普法工作，被评为全省国资监管系统"五五"普法知识竞赛先进单位；衡阳、郴州市国资委实行国有资本收益管理，2008年国有资本收益分别收缴入库2000万元、4200万元；张家界市国资委集中接收市属66家行政事业单位近20亿元的国有资产，移交市国有资产经营公司统一持有产权。各市州积极推进国企改革扫尾工作，注重在改革中发展壮大国有企业，大力引进战略投资者，做好与中央企业和省属企业的对接合作工作，取得明显成效。

三、湖南省国有资产总量与结构分析

(一)国有企业的国有资产基本状况

2008年，湖南省国有企业资产运营主要呈现以下特征：

1. 资产规模和所有者权益稳步增长。全省国有企业资产总额达到4268.3亿元，较年初3702.2亿元增加566.1亿元，增长15.29%；所有者权益合计为1497.5亿元，较年初1328.3亿元增加169.2亿元，增长12.74%，其中归属于母公司所有者权益总额为1165.5亿元，较年初1013.6亿元增加151.9亿元，增长14.99%。

2. 营业收入同比有所增长。全省国有企业实现营业收入2069.8亿元，较2007年1821.4亿元增加248.4亿元，增长13.64%，其中，主营业务收入2000亿元，较2007年1763.6亿元增加236.4亿元，增长13.4%。

3. 盈利状况有所下降。全省国有企业实现利润67.4亿元，较2007年77.5亿元减少10.1亿元，同比下降13.03%。实现净利润50.8亿元，较2007年59.1亿元减少8.3亿元，同比下降14.04%。

4. 成本费用控制有待加强。全省国有企业成本费用总额为2043.5亿元，较2007年1772.8亿元增加270.7亿元，同比增长15.27%，较营业收入增长比率高1.63个百分点，其中：销售费用63.7亿元，同比增长17.74%；管理费用170.5亿元，同比增长16.62%；财务费用56.7亿元，同比增长44.64%。成本费用总额占营业收入的比率为98.73%，较2007年的97.33%提高1.4个百分点。

5. 多项财务指标差于上年。从资产质量指标看，全省国有企业总资产周转率为0.50次，较2007年0.54次下降0.04次，流动资产周转率为1.18次，较2007年1.26次下降0.08次，存货周转率为3.33次，

较2007年3.94次下降0.61次;从盈利指标看,全省国有企业净资产收益率为3.43%,较2007年5.66%下降2.23个百分点,成本费用利润率为3.3%,较2007年4.91%下降1.61个百分点。

表1　　2008年湖南省国有企业指标情况

单位:亿元

项　　目	数　　额
资产总额	4268.3
所有者权益合计	1497.5
营业收入	2069.8
利润总额	67.4
净利润	50.8
实际上缴税金总额	144.1
净资产收益率(%)	3.43
资产负债率(%)	64.92

(二)户数分布及变化情况

2008年,全省国有资产统计范围的国有企业(国有及国有控股企业,含基建企业)2039户,与2007年2216户相比,净减少177户(其中,增加153户,减少330户)。从地区分布来看,省属国有企业827户,占全省国有企业总户数的40.56%,其中:省国资委监管企业(含子企业)602户,占省属国有企业户数的72.79%,占全省国有企业总户数的29.52%;非省国资委监管的省属企业225户,占省属国有企业户数的27.21%,占全省国有企业总户数的11.04%;市(州)国有企业户数1212户,占全省国有企业总户数的59.44%。从户数变动情况看,全省国有企业呈现逐年减少的趋势,省属国有企业户数减少22户,同比下降2.59%;市(州)国有企业随着改革、改制、辅业改制的深入推进,户数减少明显,较2007年减少155户,同比下降11.34%,其中,有6个市(州)的国有企业户数下降超过10%。

表2　　湖南省国有企业户数情况

地　　区	2007年	2008年	同比增减(%)
全省合计	2216	2039	−7.99
省属小计	849	827	−2.59
监管企业	595	602	1.18
非监管企业	254	225	−11.42
市州小计	1367	1212	−11.34
长沙市	204	188	−7.84
株洲市	83	67	−19.28
常德市	75	80	6.67
衡阳市	142	112	−21.13
郴州市	162	156	−2.70
湘潭市	63	55	−12.70
张家界市	69	66	−4.35
邵阳市	103	102	−0.97
永州市	78	73	−6.41
岳阳市	86	72	−16.28
怀化市	133	120	−9.77
益阳市	105	62	−40.95
湘西州	49	46	−6.12
娄底市	15	13	−13.33

(三)国有资产总量及分布结构

2008年,全省国有资产统计范围的国有企业国有资产总量为1095.4亿元,比2008年初949亿元增加146.4亿元,增长15.43%。全省国有资产分布结构主要呈现以下趋势:

1. 从地区分布来看,地区间国有资产存量差别较大。省属国有企业国有资产总量601.3亿元,占全省国有资产总量54.89%,其中:省国资委监管企业国有资产总量437.7亿元,占省属国有资产总量的72.79%,占全省国有资产总量的39.96%;非省国资委监管的省属企业国有资产总量163.6亿元,占省属国有资产总量的27.21%，占全省国有资产总量的14.93%。市(州)国有企业国有资产总量为494.2亿元，占全省国有资产总量的45.11%，主要分布在几个经济基础较好的地区，如长沙市、株洲市国有资产总量分别为237.8亿元和90.7亿元，两市总和占市(州)国有资产总量的66.47%。国有资产总量20亿元以上的市(州)有5个，分别是长沙市(237.8亿元)、株洲市(90.7亿元)、常德市(34.1亿元)、郴州市(31.0亿元)、张家界市(26.6亿元)。

表3　2008年湖南省国有资产地区分布情况

地　　区	国有资产（亿元）	占全省国有资产总量比重（%）
全省合计	1095.4	100.00
省属小计	601.3	54.89
监管企业	437.7	39.96
非监管企业	163.6	14.93
市州小计	494.2	45.12
长沙市	237.8	21.71
株洲市	90.7	8.28
常德市	34.1	3.11
郴州市	31.0	2.83
张家界市	26.6	2.43
湘潭市	10.0	0.91
邵阳市	10.5	0.96
永州市	16.1	1.47
衡阳市	14.4	1.31
怀化市	9.6	0.88
岳阳市	6.6	0.6
益阳市	—0.5	
湘西州	4.3	0.39
娄底市	2.9	0.26

2. 从行业分布情况来看，国有资产集中分布在少数行业。全省国有企业国有资产总量主要集中在工业、房地产、金融和社会服务业四大行业，这四大行业占用的国有资产总量为823.3亿元，占全省国有资产总量的75.16%。其中，工业行业尤为突出，其占用的国有资产总量为358.2亿元，占全省国有资产总量的32.7%。工业行业中，国有资产总量又主要集中在冶金工业(128.6亿元)、电力工业(67.4亿元)、机械工业(54.5亿元)。

表4　2008年湖南省国有资产行业分布情况

行　　业	国有资产（亿元）	占国有资产总量比重（%）
全省企业	1095.4	100.00
一、农林牧渔业	19.8	1.80
其中：农业	1.2	0.11
林业	12.9	1.18
畜牧业	3.7	0.33
渔业	0.4	0.04
二、工业	358.2	32.70
1. 煤炭工业	20.4	1.86
2. 石油和石化工业	1.3	0.12
3. 冶金工业	128.6	11.74
4. 建材工业	1.7	0.16
5. 化学工业	5.4	0.49
6. 森林工业	3.4	0.31
7. 食品工业	0.4	0.04
8. 纺织工业	0.8	0.07
9. 医药工业	1.2	0.11
10. 机械工业	54.5	4.98
11. 军工工业	3.6	0.33
12. 电子工业	—4.1	—0.38
13. 电力工业	67.4	6.15
14. 市政公用工业	47.6	4.34

续表

行　业	国有资产（亿元）	占国有资产总量比重（%）
15. 其他工业	26.1	2.38
三、建筑业	55.1	5.03
四、地质勘查及水利业	3.9	0.36
五、交通运输仓储业	68.6	6.26
其中：铁路运输业	0.3	0.02
道路运输业	24.8	2.26
水上运输业	3.4	0.31
航空运输业	22.4	2.04
仓储业	6.7	0.61
六、批发和零售、餐饮业	39.1	3.57
（一）贸易业	39.0	3.56
1. 商业贸易	35.2	3.21
2. 粮油贸易	0.6	0.06
3. 物资贸易	3.3	0.30
4. 商业经纪与代理业	－0.1	－0.01
（二）餐饮业	0.04	0.00
七、金融业	103.9	9.48
八、房地产业	224.1	20.45
九、信息技术服务业	4.8	0.44
十、社会服务业	137.2	12.53
十一、卫生体育福利业	0.1	0.01
十二、教育文化广播业	71.8	6.56
十三、科学研究和技术服务业	6.5	0.60
十四、机关社团及其他	2.3	0.21

3. 从规模分布情况来看，国有资产主要集中在大型企业。全省国有企业中，大中型企业户数为684户，占全省国有企业总户数的33.55%，国有资产总量为934.4亿元，占全省国有资产总量的85.3%；小型企业户数为1355户，占全省国有企业总户数的66.45%，国有资产总量为161亿元，占全省国有资产总量的14.7%。

表5 2008年湖南省国有资产经营规模分布情况

经营规模	国有资产（亿元）	占国有资产总量比重（%）
大型企业	309.1	28.22
中型企业	625.3	57.08
小型企业	161.0	14.70
合　计	1095.4	100.00

四、湖南省国有资产保值增值综合分析评价

2008年，全省国有企业年初国有资本及权益总额为949亿元，本年净增加139.1亿元，其中客观因素净增加114.2亿元，主观因素净增加24.9亿元，年末国有资本及权益总额1088.1亿元，加上国家独享的其他国有资金7.3亿元，年末国有资产总量1095.4亿元。当年国有资本主要变动因素有：

1. 因政府投入、资产评估及经营积累等因素共增加权益218.2亿元。其中客观因素增加166.6亿元，占本年增加权益的76.35%，主要是：国家、国有单位直接或间接追加投资47.9亿元，无偿划入33.6亿元，资产评估增加14.4亿元，清产核资增加1亿元，产权界定增加0.8亿元，资本（股票）溢价13.4亿元，接受捐赠0.1亿元，税收返还1.7亿元，减值准备转回4.3亿元，会计调整8.8亿元，中央和地方政府确定的其他因素增加40.6亿元；主观因素增加即经营积累增加51.6亿元，占本年增加权益的23.65%。

2. 因消化潜亏挂账、资本（股票）折价及经营亏损等因素共减少权益79.1亿元。其中客观因素减少52.4亿元，占本年减少权益的66.25%，主要是：无偿划出1.8亿元，资产评估减少0.1亿元，清产核资减少1.4亿元，消化以前年度潜亏和挂账减少7.4亿元，因自然灾害等不可抗力因素减少2.4亿元，因主辅分离减少5.1亿元，企业按规定上缴红利3.2亿元，资本（股票）折价16.9亿元，中央和地方政府确定的其他因素减少14.1亿元；主观因素减少即经营减值26.7

亿元，占本年减少权益的33.75％。

3. 全省国有企业国有资产保值增值率为102.62％，实现保值增值。全省国有企业保值增值率较2007年的102.93％下降0.31个百分点。分地区看，省属国有企业保值增值率为105.46％，较2007年的107.1％下降1.64个百分点，其中：省国资委监管的省属企业的国有资产保值增值率为105.89％，较2007年的106.81％下降0.92个百分点；非省国资委监管的省属企业的保值增值率为104.2％，较2007年的107.67％下降3.47个百分点。市（州）国有企业的保值增值率为98.71％，较2007年的98.24％提高0.47个百分点，14个市（州）中有4个市（州）实现保值增值，分别是：株洲市（101.64％）、湘潭市（100.63％）、衡阳市（100.58％）、娄底市（101.39％）。分行业看，14个大行业中有10个行业实现保值增值，其中，保值增值率较高的行业为：科学研究和技术服务业（124.62％）、金融业（105.74％）、教育文化广播业（104.04％）。

表6　　2008年湖南省国有企业地区和行业保值增值情况

地　区	保值增值率（％）	行　业	保值增值率（％）	行　业	保值增值率（％）
全省合计	102.62	一、农林牧渔业	102.46	四、地质勘查及水利业	93.79
省属小计	105.46	其中：农业	115.84	五、交通运输仓储业	99.87
监管企业	105.89	林业	102.81	其中：铁路运输业	104.52
非监管企业	104.20	畜牧业	101.42	道路运输业	98.38
市州小计	98.71	渔业	97.97	水上运输业	
长沙市	98.30	二、工业	103.63	航空运输业	96.79
株洲市	101.64	1. 煤炭工业	117.20	仓储业	96.93
常德市	99.53	2. 石油和石化工业	108.09	六、批发和零售、餐饮业	102.27
衡阳市	100.58	3. 冶金工业	105.68	（一）贸易业	102.30
郴州市	99.46	4. 建材工业	61.73	1. 商业贸易	102.88
湘潭市	100.63	5. 化学工业	98.86	2. 粮油贸易	92.57
张家界市	97.70	6. 森林工业	99.67	3. 物资贸易	80.66
邵阳市	93.00	7. 食品工业	95.30	4. 商业经纪与代理业	103.79
永州市	99.33	8. 纺织工业	45.26	（二）餐饮业	83.70
岳阳市	92.91	9. 医药工业	95.27	七、金融业	105.74
怀化市	99.14	10. 机械工业	109.56	八、房地产业	100.09
益阳市		11. 军工工业	103.98	九、信息技术服务业	102.46
湘西州	99.34	12. 电子工业	103.77	十、社会服务业	102.44
娄底市	101.39	13. 电力工业	99.31	十一、卫生体育福利业	
		14. 市政公用工业	98.07	十二、教育文化广播业	104.04
		15. 其他工业	103.08	十三、科学研究和技术服务业	124.62
		三、建筑业	99.18	十四、机关社团及其他	104.04

五、湖南省省属国有企业改革及上市公司国有股权管理情况

(一)省属国企改革阶段性任务顺利完成

作为省属国企改革办的牵头单位,湖南省国资委坚持"国有资本有进有退,进而有为、退而有序"原则,大力推进省属国企改革,截至2008年12月底,省属国企改革阶段性任务顺利完成。按2004年启动改革时的目标任务,关闭破产(注销)企业目标为381户(实际目标已达455户),累计已完成450户;主辅分离辅业改制目标为267户(实际目标已达291户),分离企业办社会职能机构目标为83个(实际目标已达119个),中央下放和省属关闭破产企业留守机构移交目标为33个(实际目标已达50个),均已基本完成;144户转制搞活企业,累计基本完成98户。通过重组、整合,引进战略投资者,一批优势企业进一步发展壮大;通过关闭破产和转制搞活,一批资源枯竭的矿山企业和不具备发展条件的劣势企业依法退出市场;通过主辅分离辅业改制、分离企业办社会职能,一批企业卸下历史包袱。资源配置进一步优化,企业产权关系和职工劳动关系进一步理顺,体制机制进一步转换,一大批历史遗留问题得到解决,省属国有企业呈现出良好的发展态势。

(二)上市公司国有股权管理不断规范加强

在规范做好产(股)权管理基础工作的同时,进一步完善上市公司国有股东证券账户的监管体系,整理并向国务院国资委上报湖南省属企业持有上市公司股份情况表,完成上市公司国有股东标识管理工作。全程参与指导、协调、督促南方建材、亚华控股、金果实业等上市公司完成股改后续及资产重组的相关工作。

六、湖南省国资委监管企业重组与完善法人治理结构改革进展情况

(一)推进重组整合,优化国有经济布局结构

积极实施"大公司、大集团"战略,进一步推进资产重组和业务板块整合,促进优质资产、资源向优势企业集中。对内重组整合,湖南省国资委监管企业由2007年的37户有序整合为28户;顺利完成同力商贸控股集团重组、中联重科重组湖南车桥以及整体上市工作。对外兼并扩张,指导、推动中联重科并购华泰重工、陕西新黄工和意大利CIFA公司,混凝土机械产品跃升全球第一;华菱集团与世界最大钢铁企业米塔尔公司共同组建汽车板合资公司和电工钢合资公司;湘电集团与美国铁姆肯公司合资组建铁姆肯湘电(湖南)轴承有限公司,延伸产业链条,增强自主创新能力;有色控股集团收购北美钨业和澳大利亚爱博矿业等项目积极推进;湘煤集团引进华银电力增资扩股湘能公司。通过重组整合,增强优势企业的引领、辐射和带动作用,优化省属国有经济布局结构,提升省属国有经济的整体素质。

(二)深化央企对接,促进国资联动发展

分别在北京和湖南组织召开两次高规格的央企对接合作座谈会,正式启动湖南省企业与中央企业对接合作联席会议制度,省政府于8月下文批复株洲市高新技术开发区和清水塘循环经济开发区为首家省级央企对接合作产业基地;进一步拓宽央企对接范围,促进中国电子信息产业集团、中国电力投资集团、中国国电集团、中石油昆仑燃气集团、招商局物流集团等央企与湖南省政府签署战略合作框架协议;大力促成一批对接合作项目落地,引进国机集团重组中汽长电、中国建材集团重组湖南韶峰水泥,国电集团收购湘投控股火电板块股权,中国五矿重组湖南铁合金集团和桃江锰矿,中国电子信息产业集团长城信息股份有限公司在长沙建立电子信息产业园等,全年新增对接合作项目68个(其中:合同项目30个,投资总额226.46亿元,引资金额186.68亿元;达成意向协议项目11个,涉及投资金额1500余亿元;在谈项目27个)。同时,大力开展招商引资,在2008年湖南(上海)投资洽谈活动周期间,省国资委组织监管企业签署合作项目8个(引进资金65.18亿元),引进央企对接合作项目8个(引进资金73.84亿元);积极参加2008年湖南经济合作洽谈会暨第二届湘商大会,促成国电集团投资汨罗火电项目签订意向协议(一期投资45.65亿元)。积极推动实施"走出去"战略,组织监管企业和部分市(州)国企参加"湖南省2008亚欧中小

企业合作洽谈会”，取得良好效果。

（三）不断探索完善，建立健全法人治理结构

湖南省国资委大力推进董事会建设，出台监管企业董事会建设及外部董事制度试点工作实施细则；按照“四个一批”（从社会公开招聘一批，从国有大型企业领导岗位退休老同志中选聘一批，从相关专家学者中挑选一批，从国务院国资委已选外部董事中借用一批），建立外部董事人才库，面向社会公开征选外部董事 66 人入库；明确华天集团作为试点企业，完成外部董事制度试点的前期准备工作。湖南省国资委代表省政府派驻 19 户重点监管企业的监事会，依法履行监督职能，开展监督检查工作。建立法人治理结构的监管企业中，董事会、监事会、经理层的决策权、监督权、经营管理权基本得到较好的落实和行使。截至 2008 年底，28 户监管企业中，已建立法人治理结构的企业达到 23 户；省属监管企业（集团公司）中共有董事会成员 145 人；国有企业外派专职监事 24 名，企业内部监事 38 名；16 户企业董事长与总经理分设，7 户企业的董事长、总经理由一人兼任。

七、湖南省国资委监管企业建立和完善经营业绩考核体系情况

（一）合理核定目标，实施分类考核

2008 年初，湖南省国资委按照省委省政府提出的“救灾补损保目标”要求，切实落实国有资产经营责任，合理核定 21 户监管企业 2008 年度的经营业绩考核目标并与企业签订经营业绩责任书，对湖南兴湘国有资产经营公司等 3 户暂不适用经营业绩考核办法的监管企业，结合企业实际，实施分类考核，下达 2008 年度工作目标，进一步增强考核工作的针对性、科学性和有效性。根据下达的 2008 年度经营业绩考核目标汇总，21 户企业考核利润总额 76.7 亿元，较 2007 年实际完成值增长 10.9%，净利润目标为 36.5 亿元，较 2007 年增长 9.1%，主营业务收入目标为 1562 亿元，较 2007 年实际完成值增长 14.2%。

（二）加强业绩审核，提升考核结果真实性与准确性

湖南省国资委对签订年度经营业绩责任书的 22 户企业和实行工作目标考核的 5 户企业 2007 年度经营业绩（工作目标）考核结果进行全面审核，按照各监管企业财务决算审计意见或审计报告书提出的明显影响企业利润的因素，对考核目标实际完成值进行修正和调整，进一步提高企业经营业绩考核结果的真实性和准确性。经考核，22 户签订经营业绩责任书的监管企业中，考核结果为 A 级的企业 2 户，占 9.1%；B 级企业 12 户，占 54.5%；C 级企业 5 户，占 22.7%；D 级企业 2 户，占 9.1%；E 级企业 1 户，占 4.5%。5 户采取工作目标考核的企业，2007 年度考核结果为：优秀企业 1 户，良好企业 4 户。

（三）跟踪调度分析，坚持考核结果与考核过程相结合

为进一步建立、完善结果考核与过程评价相统一的考核机制，湖南省国资委对企业经营业绩责任书执行情况实施动态监控，2008 年 4 月制定出台业绩考核定期调度分析制度，按季度对企业经营业绩考核目标进度情况进行全面调度分析，对目标进度完成情况不理想的企业加强督促指导。从 2008 年 10 月份开始，进一步加大调度分析和指导、帮扶力度，对受金融危机影响严重的企业实行按月调度，及时帮助企业解决生产经营中的困难，确保全年目标任务顺利完成。

（四）总结试点经验，探索开展任期绩效评价

2004 年，湖南省国资委探索开展任期经营业绩考核试点，与 3 户试点企业签订 2004～2006 年任期经营业绩责任书。2008 年，省国资委在对任期考核试点经验进行总结分析的基础上，首次组织开展对 24 户监管企业负责人 2004～2006 年任期的绩效评价工作，对比行业标准，分析企业所处地位和发展情况，对任期内企业经济效益大幅下降、财务管理存在问题的 7 户企业，分别扣减企业负责人部分风险抵押金或延期效益奖金。通过开展任期绩效评价，进一步引导企业提高管理水平，不断提升保值增值能力。

八、湖南省国资委监管企业负责人考核与选人用人机制改革情况

(一)进一步加大企业负责人考核力度

2008年,湖南省国资委结合企业领导人员述廉和党委(党组)书记党建工作述职有关要求,进一步改进企业领导人员年度考核工作,将企业领导人员勤奋敬业、廉洁自律情况列入年度考核内容。在坚持依法依规的基础上,进一步加大考核工作力度,与相关处室联动,完成31户监管企业领导人员2007年度考核工作,征求省国资委纪委(监察室)、监事会工作处、业绩考核与分配处的意见后,报省国资委党委审定204名企业领导人员的年度考核等次,其中评定为“优秀”等次的21人。

(二)进一步推进企业领导人员选人用人机制改革

一是强化企业领导班子建设。坚持党管干部原则与出资人选派产权代表、董事会选聘经理人相结合,以能力和业绩为导向,2008年组织对30户企业的领导班子进行调整优化,任免企业领导人员179人(次),其中提拔44人、免职54人(次)、企业间交流任职9人。通过调整配备,一批改革意识强、懂经营、善管理、得到群众公认的年轻干部被提拔到领导岗位上来。到2008年12月底,省国资委管理领导班子的企业共40户,企业领导人员312人(其中,省委管理的企业领导48人,省国资委党委直接管理的企业领导205人,企业集团管理的领导人员59人),企业领导人员平均年龄为47.5岁,较三年前下降近1岁,企业班子中大学以上学历比例较三年前提高6%,高级职称人员比例较三年前提高4%,班子的年龄、学历、知识结构均得到明显优化。二是拓宽企业领导人员选任渠道。2008年2月,湖南省国资委从青岛海信光电科技股份公司引进1名高级经营管理人才,聘任为湖南电子信息产业集团副总经理;5月,进一步推进企业内部人事制度改革,组织对所属上市公司辰州矿业总经理岗位实行竞争上岗;6月,启动面向社会公开招聘企业领导人员工作,会同省委组织部着手面向社会公开招聘5户监管企业的6名高级经营管理人员。

(撰稿人:黄　旭)

广东省

一、广东省国有资产监督管理工作综述

2008年,在广东省委省政府的正确领导下,广东省国资委坚持以邓小平理论和“三个代表”重要思想为指导,深入贯彻落实科学发展观,紧紧围绕依法履行出资人职责这条主线,积极应对复杂多变的国际国内经济环境,着力推进“开展新一轮国资布局调整、提升资本运作能力、进一步健全法人治理结构、维护企业和谐稳定”等重点工作,继续深入推进国有资产管理体制改革和国有企业改革发展,取得较好的成效。

(一)进一步完善监管制度,不断规范监管行为

在对已有制度进行梳理的基础上,制定修编规划,出台《广东省国资委、省监察厅派驻省国资委监察专员办公室严格依纪依法办案暂行规定》《关于加强省属企业不良资产处置工作的通知》等,并对十多项相关制度进行修订和完善,已经形成以46项国有资产监管制度为基础,涵盖企业发展规划、改制重组、产权转让、领导人员管理、监事会监督、维稳工作等各个方面的省属国有资产监管制度体系。

(二)加强财务监督管理,规范企业经营运作

制定《广东省省属企业财务决算报告管理暂行办法》,进一步规范企业年度财务决算报告编制工作。督促企业加强财务风险控制,合理安排负债规模和结构,防止坏账风险和现金流压力,做好担保、抵押、涉诉等事项的清理与应对工作。加强金融及衍生品等高风险投资业务监管,规范股票投资业务,禁止从事以投机为目的的期货(权)等金融衍生品投资业务。强化企业国有资产统计和评价工作,及时组织开展企业经济运营情况分析。

(三)建立内部防控体系,强化全面风险管理

引导企业以重大风险管理和重要流程内部控制为重点,建立全面风险管理体系,2008年9月韶关钢

铁集团有限公司全面风险管理项目启动，省属企业全面风险管理工作正式进入实施阶段。强化投资项目风险评估，每年从国有资产收益中支出300万元作为风险评估费。建立广东省国资委律师库，省属企业总法律顾问试点工作取得初步成效，并逐步在省属企业推广实施。在企业财务预算指标的核定上，充分考虑各类风险因素。在考核上，增加"短板"考核。

(四)扎实推进经营业绩考核，确保国有资产保值增值

结合省属企业实际，不断完善业绩考核制度体系，落实国有资产保值增值责任。修改省属企业负责人经营业绩考核办法，从六方面进行完善：加大对企业创新发展的考核力度，引导企业进一步增强核心竞争力；突出分类指标考核的针对性，引导企业加强和改进经营管理；完善企业目标值申报确定机制，引导企业提出符合实际的考核目标；规范净利润指标考核范围，客观评价企业经营业绩；建立企业领导人薪酬与职工薪酬联动机制，保证职工收入合理增长；对企业提供虚假信息行为加大处罚力度，确保考核结果客观真实。

(五)加强监事会队伍建设，改进和强化监事会工作

广东省政府正式批复监事会工作专项经费，理顺监事会监督体制架构工作取得重要进展。采用市场化运作方式新招聘的23名专职监事，根据专业、能力均衡搭配、业务量均衡等原则充实到各个监事会小组，于2008年10月正式上岗。制定《广东省国资委派出监事会成员管理暂行办法》《广东省国资委派出监事会成员薪酬管理实施方案》《广东省国资委派出监事会工作规则》和《广东省国资委派出监事会成员年度考核实施细则》，在方式方法及管理方面上实现新突破，创新了监督检查工作模式，增强了监督灵敏性、完整性和有效性，完善了监事会成员激励和约束机制。

二、广东省国有资产总量与结构分析

2008年末，全省三级以上独立核算国有及国有控股企业（不含中央在粤企业，下同）的资产总额为17287.28亿元，比上年增长7.59%；全年实现营业收入8021.06亿元，比上年增长5.71%；实现利润总额413.58亿元，比上年下降39.48%；实现净利润（归属于母公司）187.16亿元，比上年下降38.56%。

表1　　广东省国有企业主要指标情况

项　目	2007年	2008年	增长(%)
资产总计(亿元)	16067.20	17287.28	7.59
归属于母公司所有者权益(亿元)	4609.70	5248.09	13.85
营业收入(亿元)	7587.59	8021.06	5.71
利润总额(亿元)	683.40	413.58	-39.48
归属于母公司的净利润(亿元)	304.60	187.16	-38.56

(一)国有资产地区分布

2008年全省国有及国有控股企业共7186户，其中省属企业1845户，各市企业5341户。在省属企业中，广东省国资委监管企业为1490户（其中一级企业集团24户），其他省直部门监管的企业有355户。全省年末国有资产总额为4499.11亿元，其中省属企业1399.90亿元，各市企业3099.21亿元。在省属企业中，广东省国资委监管企业国有权益总额为5248.09亿元，省直部门监管企业为124.06亿元。

表2　　2008年广东省国有权益总额按隶属关系分布情况

地　区	企业户数(户)	户数占全省比重(%)	国有权益总额(亿元)	国有权益总额占全省比重(%)
全省合计	7186	100.00	5248.09	100.00
省属国有企业	1845	25.67	1496.49	28.51

续表

地　区	企业户数(户)	户数占全省比重(%)	国有权益总额(亿元)	国有权益总额占全省比重(%)
其中:省国资委监管企业	1490	20.73	1372.42	26.15
其他省直部门监管企业	355	4.94	124.06	2.36
各市国有企业	5341	74.33	3751.60	71.49
广州市	1605	22.34	1586.27	30.23
深圳市	707	9.84	1107.84	21.11
珠海市	313	4.36	257.71	4.91
汕头市	371	5.16	25.49	0.49
佛山市	118	1.64	241.62	4.60
韶关市	137	1.91	45.91	0.87
河源市	105	1.46	11.41	0.22
梅州市	127	1.77	15.28	0.29
惠州市	384	5.34	146.44	2.79
汕尾市	78	1.09	5.41	0.10
东莞市	5	0.07	34.28	0.65
中山市	66	0.92	70.62	1.35
江门市	131	1.82	39.47	0.75
阳江市	107	1.49	7.26	0.14
湛江市	161	2.24	73.89	1.41
茂名市	184	2.56	12.23	0.23
肇庆市	168	2.34	45.55	0.87
清远市	61	0.85	7.95	0.15
潮州市	193	2.69	5.54	0.11
揭阳市	245	3.41	9.47	0.18
云浮市	75	1.04	1.97	0.04

2008年全省国有企业国有权益总额分布呈现如下特点：

1. 国有资产仍主要集中在珠江三角洲地区，呈现城市集群效应。在企业户数的地区分布中，珠江三角洲地区的国有及国有控股企业5340户，占全省的74.31%。而在企业国有权益总额的地区分布中，珠江三角洲地区企业的国有资产总额为5026.20亿元，占全省的95.77%。这反映出，企业国有资产仍然主要集中在珠江三角洲地区。

2. 广东省国资委监管企业和广州、深圳市企业，是全省国有企业的主要力量。这三部分企业户数合计为3802户，只占全省国有企业的52.91%，但国有权益总额达到4066.53亿元，占全省的77.49%，是全省国有企业的主体。特别是广州和深圳的企业，国有权益总额占全省国有企业的份额从2006年的47.96%上升到2008年的51.33%，两个中心城市作为广东省区域经济发展的龙头，呈现出不断加较快发展的态势。

3. 国有企业户数在不断减少，但国有权益总额在不断增加。2008 年全省国有及国有控股企业 7186 户，比上年的 7375 户减少 189 户，下降 2.56%。但是国有权益总额则不断增加，2008 年为 5248.09 亿元，比上年增加 638.39 亿元，增长 13.85%，户均占有国有资产总量的水平不断上升。

表 3　　广东省国有企业户数、国有权益总额情况

项　目	2007 年	2008 年	增加额	增长率(%)
企业户数(户)	7375	7186	−189	−2.56
国有权益总额(亿元)	4609.70	5248.09	638.39	13.85

(二)国有资产行业分布

2008 年末在国民经济 15 个大行业中，全省国有企业户数分布继续以工业、批发零售餐饮业和社会服务业三个行业为主。这三个行业的企业户数为 4289 户，占全省国有企业的 59.69%。但从国有权益总额看，全省国有企业主要分布在交通运输仓储业、工业和社会服务业三个行业。这三个行业的国有资产总量为 3915.24 亿元，占全省国有企业的 74.6%。

表 4　　广东省国有企业户数行业分布情况

行　业	2007 年户数(户)	2008 年户数(户)	增长(%)	2008 年比重(%)
全省国有企业	7375	7186	−2.56	100.00
一、农林牧渔业	467	423	−9.42	5.89
二、工业	1462	1396	−4.51	19.43
三、建筑业	449	450	0.22	6.26
四、地质勘查及水利业	36	37	2.78	0.51
五、交通运输仓储业	948	933	−1.58	12.98
六、邮电通信业	5	4	−20.00	0.06
七、批发和零售、餐饮业	1683	1532	−8.97	21.32
八、金融业	39	43	10.26	0.60
九、房地产业	545	549	0.73	7.64
十、信息技术服务业	39	39	0.00	0.54
十一、社会服务业	1296	1361	5.02	18.94
十二、卫生体育福利业	29	28	−3.45	0.39
十三、教育文化广播业	221	237	7.24	3.30
十四、科学研究和技术服务业	128	127	−0.78	1.77
十五、机关社团及其他	28	26	−7.14	0.36

表5　　广东省企业国有权益总额行业分布情况

行　　业	2007年末国有权益总额(亿元)	2008年末国有权益总额(亿元)	增长(%)	2008年比重(%)
全省国有企业	4609.63	5248.09	13.85	100.00
一、农林牧渔业	46.91	58.25	24.17	1.11
二、工业	1132.48	1124.76	−0.68	21.43
三、建筑业	340.65	440.77	29.39	8.40
四、地质勘查及水利业	3.10	3.32	7.25	0.06
五、交通运输仓储业	1400.89	1670.55	19.25	31.83
六、邮电通信业	−0.04	−0.17	334.65	0.00
七、批发和零售、餐饮业	159.97	179.99	12.51	3.43
八、金融业	221.00	251.31	13.72	4.79
九、房地产业	283.40	337.67	19.15	6.43
十、信息技术服务业	28.25	30.97	9.61	0.59
十一、社会服务业	982.92	1119.93	13.94	21.34
十二、卫生体育福利业	4.93	4.70	−4.61	0.09
十三、教育文化广播业	125.53	135.53	7.96	2.58
十四、科学研究和技术服务业	28.99	34.62	19.40	0.66
十五、机关社团及其他	−149.37	−144.16	−3.49	−2.75

从与上年对比情况看，工业、批发零售业和社会服务业等国有权益总额比重有所下降，而建筑业、交通运输业、金融业和房地产业的国有权益总额比重有所提高。而从产业性质看，属于一般生产加工行业、基础性行业和商贸服务及其他行业的国有权益总额比上年均呈现稳定增长态势，反映出国有资本全方位实现增长。

表6　广东省国有权益总额按产业作用分布情况

产　业	2007年末国有权益总　额(亿元)	2008年末国有权益总　额(亿元)	增长(%)
合　计	4609.70	5248.09	13.85
基础性行业	2362.02	2594.24	9.83

续表

产　业	2007年末国有权益总　额(亿元)	2008年末国有权益总　额(亿元)	增长(%)
一般生产加工行业	549.34	678.35	23.48
商贸服务及其他行业	1698.34	1975.50	16.32

(三)国有资产经营规模分布

2008年末，在全省国有及国有控股企业中，大型企业287户，占3.99%；中型企业1205户，占16.77%；小型企业5694户，占79.24%。与上年相比，大型企业户数减少27户，比重下降0.27个百分点；中型企业增加31户，比重上升0.85个百分点；小型企业减少193户，比重下降0.58个百分点。但从不同规模企业的国有权益总额看，大型企业为1891.78

亿元，比上年增长 14.48%；中型企业为 1509.67 亿元，比上年增长 15.87%；小型企业为 1846.64 亿元，比上年增长 11.62%。

表 7　　广东省各种规模国有企业主要经济指标情况

规　模	户数(户)	资产总计(亿元)	营业收入(亿元)	利润总额(亿元)	国有权益总额(亿元)
合　计	287	6169.82	3401.42	159.04	1891.78
大型企业	1205	5218.32	2914.30	92.30	1509.67
中型企业	5694	5899.15	1705.35	162.24	1846.64
小型企业	287	6169.82	3401.42	159.04	1891.78

三、广东省国有资产保值增值结果及影响因素分析

2008 年，全省国有资本保值增值率为 104.27%，比上年下降 3 个百分点。其中，广东省国资委监管企业国有资本保值增值率为 102.40%；省直部门监管企业国有资本保值增值率为 105.73%；各市企业国有资本保值增值率为 105.01%。

从各行业的情况看，15 个国民经济行业中，除建筑业、卫生体育福利业和机关社团等 3 个行业未能实现国有资本保值增值外，其余行业均实现保值增值。其中，社会服务业、批发零售餐饮业和房地产业的保值增值率最高，分别达到 108.32%、123.9%和 108.08%。与上年相比，受到国内外经济形势急转直下的影响，国有企业国有资本保值增值率几乎都同比出现下降，仅有农林牧渔业、社会服务业实现同比上升。

表 8　　广东省国有企业国有资本保值增值率行业分布情况

行　业	国有资本保值增值率(%)		
	2007 年	2008 年	同比增减
全省国有企业	107.27	104.27	-3.00
一、农林牧渔业	99.3	103.66	4.36
二、工业	106.37	100.55	-5.82
三、建筑业	101.83	97.76	-4.07
四、地质勘查及水利业	103.47	100.27	-3.20
五、交通运输仓储业	103.78	102.54	-1.24
六、邮电通信业	52.89	102.59	49.70
七、批发和零售、餐饮业	125.39	123.9	-1.49
八、金融业	138.39	106.68	-31.71
九、房地产业	122.25	108.08	-14.17
十、信息技术服务业	110.14	104.41	-5.73
十一、社会服务业	107.04	108.32	1.28
十二、卫生体育福利业	96.76	93.01	-3.75
十三、教育文化广播业	105.53	104.02	-1.51
十四、科学研究和技术服务业	103.8	102.31	-1.49
十五、机关社团及其他	119.32	97.31	-22.01

从地区分布情况看，2008年只有西翼地区国有企业的国有资本保值增值水平较好(106.48)，提升也较快(比上年增加4.38个百分点)。这主要是得益于湛江市企业国有权益的大幅上升。

表9　　广东省国有企业国有资本保值增值率地区分布情况

地　区	国有资本保值增值率(%)		
	2007年	2008年	同比增减
全省国有企业	107.27	104.27	-3.00
珠江三角洲地区	107.72	104.37	-3.35
东翼	96.22	93.28	-2.94
西翼	102.1	106.48	4.38
山区	104.33	101.81	-2.52

四、广东省国资委深化国有企业改革情况

(一)开展解放思想活动，加大政策支持力度

以全省解放思想学习讨论活动为契机，开展自主创新、结构调整、地市合作、资本运营、"走出去"战略、长效激励、法人治理、企业维稳、企业文化、反腐倡廉十大专题调研，充分听取各地市国资监管机构和省属企业的意见和建议，查找存在问题，并研究制定加快国资监管和国企改革发展的政策措施，帮助企业解决改革发展中遇到的实际困难。组织省属企业赴深圳考察学习自主创新的经验，召开解放思想加快自主创新与产业升级专题座谈会，引导企业提高核心竞争力，谋求可持续发展之路。

(二)推动企业改制重组，实现资本经营新突破

将白天鹅宾馆和广东省水电二局改制为广东省白天鹅酒店集团有限公司、广东省水电集团有限公司，以促进企业更好地适应市场竞争形势，加大战略转型力度，建立现代企业制度。广晟资产经营有限公司收购风华高科，收购ST聚酯有条件通过中国证监会审核，广晟资产经营有限公司控股的中金岭南收购广西盘龙铅锌矿，提高了资源控制力。广弘资产经营有限公司重组粤美雅复牌上市工作稳步推进，宏大爆破、广东广告等拟上市公司上报中国证监会，加大省属企业利用资本市场力度。根据省政府关于发挥广东企业作用、支持澳门经济适度多元发展等工作要求，拟订重组部分省属驻澳门企业的方案。

(三)加快资源有效整合，促进区域协调发展

为推进广东钢铁产业结构调整和优化升级，在广东省委、省政府的直接领导下，推动宝钢重组韶钢、广钢，组建广东钢铁集团有限公司(宝钢持股80%，广东省国资委和广州市国资委分别持股10%)，这将带动广东钢铁产业新一轮大发展，也将极大促进湛江地区经济发展。按照整合省属矿业资产的要求，将广东广业冶金有限公司、广东省大宝山矿业有限公司产权无偿划转至广晟资产经营公司。广晟资产经营有限公司与梅州、中山等地市开发矿产资源，中旅集团有限公司与韶关开发旅游资源，广业资产经营有限公司为多个地市提供污水处理等环保服务，推动省属企业和各地市合作发展。

(四)推进企业产权改革，实现投资主体多元化

一是积极推进主辅分离辅业改制工作，进一步促进国有经济布局和结构调整。充分利用主辅分离辅业改制政策最后一年实施的机会，通过引进外部投资者、员工持股等方式，对非集团主业的中小企业进行改制，启动主辅分离辅业改制工作企业有15户。二是以经营管理层和员工增资扩股方式推动省属企业改制，实现了产权多元化。三是支持缺乏优势的竞争性领域大中型企业引入非国有投资主体进行改制。经营管理层和其他投资者一起通过参与产权市场竞拍部分国有股权。

(五)圆满完成股权分置改革，提高上市公司整体质量

按照国务院国资委的统一部署，广东省国资委积极、稳妥地推进全省国有控股上市公司股权分置改革工作，成效显著。截至2008年12月31日，由广东省省国资委负责股改的39家上市公司(不含深圳市)已全部完成股权分置改革，其中ST美雅在2008年完成重大资产重组后股改成功。通过股改，33家国有G

股公司共255.8838亿股原非流通股实现全流通，原国有非流通股可上市交易后市场价格相对净资产帐面值形成流通溢价，流通股股东与非流通股股东实现双赢，促进了国有资产的保值增值。股改为国有控股上市公司松梆、脱困和注入了资源，有效地解决一股独大的问题，从根本上消除非流通股东和流通股东的利益不一致，利益机制的一致性促进了上市公司的业绩增长和整体质量的提高。

（六）加大信访维稳投入，卸减企业历史包袱

根据省开展21项民生信访问题专项治理工作的部署，省国资委开展企业改制、关闭破产信访问题专项治理工作。根据维稳问题的轻重缓急，并综合考虑省属企业经济效益情况，省国资委提出分步安排维稳资金的意见，报省政府同意后，在广东省国资委专户中补助历史遗留问题较多的广业资产经营有限公司公司、商业集团有限公司和省铁路建设投资集团有限公司维稳资金3500万元，维稳补助资金2008年6月份已全部拨付企业。

五、广东省国资委监管企业完善法人治理结构改革情况

（一）积极推进监事会体制改革

1. 理顺体制架构，创新制度规范。在学习借鉴兄弟省市成功经验基础上，结合省属企业实际，研究制订《广东省国资委派出监事会成员管理暂行办法》《广东省国资委派出监事会成员薪酬管理实施方案》《广东省国资委监事会经费管理办法》《广东省国资委派出监事会工作规则》和《广东省国资委派出监事会成员年度考核实施细则》等，实现监事会制度化管理，为监事会市场化管理运作奠定基础。

2. 公开招聘专职监事，实现市场化管理。根据监事会新体制架构方案，采用市场化运作方式招聘专职监事，委托专业人才测评机构，通过发布招聘公告、网上报名、资格预审、心理素质测评、专业笔试、综合素质面试测评、背景审查等多个环节，以专业、科学的现代人才测评技术及规范的招聘流程，优选出23名专职监事，签订劳动合同，实行市场化运作管理，并根据专业、能力均衡搭配、业务量均衡等原则充实到各个监事会小组，于2008年10月正式上岗。

3. 创新培训方式，加强队伍建设。为加快监事会新体制运作步伐，提高原有监事会工作水平，有针对性地举办了两期监事会业务培训班。第一期为“三结合”教学，由暨南大学管理学院与广东省国资委联合举办，将现代经济管理理论、监事会工作政策法规与操作实务、管理者综合素质教育等三个方面相结合，关注社会热点、紧扣国家政策、把握学术前沿，内容涵盖宏观形势、政策体制、综合素质、监事会工作实务等。第二期为“针对性”教学，采用“以老带新”方式，进行监督业务实际操作技能培训，突出工作技巧的传授，通过分组讨论等交流、培训方式，相互学习，共同提高。通过业务培训，监事会全体成员的政治素质、业务能力和工作水平得到全面、快速提升。

（二）积极探索完善企业法人治理结构的方式和途径

积极开展企业董事会试点工作，组织专题调研，学习借鉴国务院国资委和兄弟省市国资委的经验和做法，提出董事会试点方案，拟选择3～5家省属企业作为试点，逐步推开。积极探索企业领导人员市场化配置模式，配合广东省委组织部，将省属企业的部分副总经理职位面向全社会公开选拔，通过公开报名、资格审核、笔试、面试等多个环节，优选出4名任职人选，将年轻化、知识化、国际化理念引入企业，为省属企业注入新的活力。

六、广东省国资委建立和完善经营业绩考核体系和薪酬管理体系情况

（一）扎实推进省属企业经营业绩考核工作

1. 完善考核制度，细化考核办法。经实践探索，以考核“适度从严”为指导思想，对已出台的《广东省省属国有企业负责人经营业绩考核暂行办法》进行适当的补充和完善，突出基本指标和强化分类指标，使考核结果呈正态分布。同时，进一步细化对一些特别情况的考核，对发生安全、环境污染等事故的企业，按事故等级分档扣减考核得分；企业年度审计报告被出

具保留意见，并影响当期业绩真实性和企业弄虚作假、财务信息失真等情况的，考核等级降为最差等级。

2. 严格考核程序，保证公正透明。一是制定委内相关业务处室会审、委主任办公会审定的工作程序；二是严格把握考核口径；三是借助中介力量提高考核工作质量、效率和考核结果的公信力；四是严格实施考核，要求企业必须如实提供有关材料，完整披露财务信息。

3. 坚持行业对标、横向比较的考核方式。在考核制度不断完善过程中，坚持比较指标和分类指标的设置上尽量选择财务指标，与全国标准值对标的考核方式，如盈余现金保障倍数、国有资产保值增值率、应收账款周转率指标等，引导企业敢于同大型先进企业比，加快发展，做强做大。同时，在指标设置中，针对不同类型企业的特点和管理中的薄弱环节，设立反映企业个性的分类考核指标，如资产负债率、成本费用利润率、主营收入增长率等指标，引导和促进企业不断加强基础管理，防范经营风险，改善薄弱环节，成效明显。

4. 加强业务指导，引导企业建立严格的内部考核制度。随着业绩考核工作的不断深入开展，注重加强对省属企业建立考核体系的业务指导。省属企业已普遍建立起经营业绩考核体系，推动企业内部层层健全考核体系，层层分解落实业绩考核目标，增强了企业创造价值和资本回报的意识，形成落实责任和传递压力的良好机制，有力地促进国有资产的保值增值。同时，促进企业内部三项制度改革，进一步探索和实践股权激励、增量奖股和年金等多种形式的中长期薪酬激励机制，让企业员工共同分享企业发展的成果，极大地调动了企业员工的积极性，省属企业综合竞争力明显提高。

（二）积极探索省属企业股权激励的有效形式

为提高企业的核心竞争能力和可持续发展能力，通过积极稳妥地实施增量奖股试点、规范国有控股上市公司股权激励的审核和做好企业中长期激励机制建立的调研工作，不断探索要素分配在企业收入分配的有效实现方式，促进监管企业薪酬分配制度向市场化、合理化方面迈进。

（三）进一步推进省属企业试行企业年金工作

根据《广东省省属企业试行企业年金制度的意见》，积极推进省属企业试行企业年金工作，鼓励有条件的企业整体试行企业年金，在推行过程中，一方面认真做好企业年金的审核工作，严格执行国家、广东省和广东省国资委有关企业年金管理的各项规定，统筹兼顾，指导企业做好年金方案的制订工作；另一方面建立和完善企业年金信息报送和监督检查制度，及时掌握情况，会同广东省有关部门，规范省属企业年金管理工作。

（撰稿人：杨英英）

深圳市

一、深圳市国有资产监督管理工作综述

2008 年，面对突发的特大自然灾害和严峻的国内外经济形势，深圳市国资委和市属国有企业及早应对，稳中求进，各项工作取得了新的成绩。

（一）积极应对危机，市属国有经济基本保持平稳运行

2008 年，市属国有企业也出现自国资委成立以来的首次经济效益下滑。面对严峻的经营形势，市国资委和市属国有企业沉着应对，采取多项措施确保市属国有经济平稳运行。市国资委多次召开经济形势分析会，明确要求企业重点抓好"一个加快，三个控制"，即"加快推进全面风险管理体系建设，严格控制成本费用、严格控制财务风险、严格控制投资速度和投资规模"。市属国有企业积极采取应对措施，全年生产经营基本保持稳定。至 2008 年 12 月底，市属国有企业总资产达 2404 亿元、净资产 1377 亿元、国有净资产 877 亿元，分别比年初增长 14.8%、11.2%和 21.5%。全年实现营业收入 573 亿元、利润总额 117 亿元，分别比上年下降 5.6%和 46.2%。全年经济运行呈现以下两个特点：一是总体运行比较平稳。剔除资本市场影响，利润总额与上年基本持平。并表的 21 户直管企业中，有 9 户企业实现利润总额比上年同期增长。创

新投公司抓住有利时机及时变现部分投资项目，利润总额同比增长26%；尚未并表的报业、广电、发行等三大文化产业集团在经营管理方面积极想办法、节成本、挖潜力，经营状况保持基本稳定，经济效益位居国内同行业中前列。二是盈利能力和抗风险能力较强。与全国其他省市相比，深圳市属国有企业的总资产利润率、销售收入利润率和成本费用利润率三项指标依然位居前列，资产负债率最低。能源集团狠抓成本费用控制，在国内火电行业大面积亏损的情况下，仍然达到了较高的盈利水平；免税集团把握时机，灵活经营，利润指标创历史新高。

(二)打造优势企业，国有经济的活力、控制力和影响力继续提升

一是企业"对标"工作初步展开。燃气集团以香港中华煤气为对标企业，从经营效率、安全生产和优质服务等多个方面寻找与标杆企业的差距，提出打造优势企业的具体方案和措施；农产品公司从上市公司、国内同行和国际同行等三个层面开展对标研究，努力向行业标杆企业靠拢。二是产业发展取得新成效。机场、地铁、港口、水务和高速公路等一批全市在建的重大项目进展顺利；燃气集团成功在九江、肇庆等地拓展了3个新项目，水务集团新增对外投资6.7亿元，能源集团等企业也加快对外投资步伐，成功实现向内地产业扩张；燃气、能源、机场、盐田港、大铲湾等企业的重大项目战略合作取得新进展。三是资本运作成效明显。通产丽星顺利实现上市，燃气集团、国信证券、赛格导航、深爱公司等企业IPO相关工作积极推进，农产品公司、机场股份的增发顺利完成。建立资本运作专项资金，推动股份战略增持工作的有序实施。四是国有资本收益促进优势企业发展的作用继续发挥。全年共安排资本性支出、融资支出、重大项目建设专项资金支出40亿元，支持优势企业发展。

(三)转变发展方式，国有企业发展后劲不断增强

一是企业自主创新力度逐步加大。深爱公司、赛格导航、通产丽星、特发信息等企业被认定为2008年深圳市第一批自主创新行业龙头企业；地铁公司等企业积极探索地铁上盖物业开发模式，获得广东省企业现代化创新成果一等奖；创新投公司被国内权威机构评为国内最佳创业投资机构第一名；水务集团和创新投还充分利用本企业所设的博士后流动工作站，加强重大科研专项研究；建科院获准建设国家级民用建筑能效测评机构，已拥有3个国家级测评平台。二是内部基础管理水平逐步提升。深圳国际继续调整管理层级，进一步缩短管理链条；深业集团建立财务、投资和人事三大管控体系，集团内部监控和执行力得到提升。三是品牌建设意识逐步增强。农产品公司推出"海吉星"计划，努力打造农产品批发市场的高端品牌；水务集团全力塑造企业品牌新形象；机场集团突出空港精品服务，努力为品牌建设注入新的内涵。四是节能减排取得新成绩。巴士集团深化绿色公交线路创建工作，能源集团加快推进"油改气"工程，振业集团积极应用建筑节能技术，实现经济效益和社会效益双丰收。五是履行社会责任水平得到新提升。在年初CPI、PPI指数高企的经济形势下，市属公用事业类国有企业顶住经营压力，保持价格稳定，部分企业带头降价，为提高民生净福利指标做出重要贡献。在南方冰雪灾害中，市属国有企业努力保障水、电、气、农产品等供应；全系统为四川地震灾区捐款8410万元，并积极参与灾区建设，获得社会高度评价。巴士和地铁在全国率先开展非上市国有企业财务信息公开披露工作，广泛接受社会监督。

(四)历时三年的劳动人事分配制度改革任务基本完成

一是市场化的薪酬管理和绩效考核体系初步建立。市属国有企业加紧制定与行业市场薪酬水平贴近的薪酬方案和切实可行的绩效考核办法，农产品等企业探索引入经济增加值对高管进行考核，地铁公司尝试建立高管人员年度考评公开述职与评分机制，进一步完善业绩考核体系。二是以薪酬预算为核心的企业薪酬管理模式逐步完善。通过建立并适时更新薪酬市场数据库，引导企业薪酬动态调整，有效推进薪酬分配的市场化。盐田港集团抓好下属企业经营管理人员的薪酬预算管理，提高集团薪酬预算的准确度与合理性；长城控股大力优化内部人力资源配置，实现员工能进能出，薪酬成本大幅下降，人员规模与业务量初步实现匹配。通过三项制度改革，市属国有企业加快发展的内部经营机制更加健全。

(五)加强国资监管,国有资产保值增值责任进一步落实

一是深入探索完善国资监管体制。市国资委以新加坡淡马锡为"标杆",积极开展法定机构研究,力争在实现国资监管和运营体制改革上迈出新步伐。二是进一步转变出资人履职模式。探索建立与企业之间规范顺畅有效的沟通机制,全面梳理和优化出资人履职工作流程,履职的内部机制更加协调。三是完成市属国有企业"十一五"规划中期评估。盐田港集团、水务集团和地铁公司等企业结合自身情况开展战略规划的修编工作。四是加强企业财务监管。建立企业现金流量月报制度,督促企业建立应对支付风险、债务风险的应急预案;采取多项措施缓解企业资金缺口问题,防止资金链条断裂。五是健全国有文化资产管理制度。出台市属国有文化资产监督管理暂行办法及七个配套文件。三大文化产业集团按照《办法》的要求,分别制订薪酬、投资和贷款担保等各项管理制度。六是强化国资监管法制工作。开展《企业国有资产法》培训,协调企业发生的重大法律案件。七是加强产权管理。组织对投控、深业等重点企业开展资产清查工作,强化资产管理。八是加强监督稽查。修订完善外派监事、财务总监相关配套制度,强化审计整改工作,积极开展市属国有企业领导人员职务消费专题研究。九是加强安全生产,认真落实安全生产责任。

(六)深入开展学习实践科学发展观活动,党建工作进一步加强

一是全市国资国企系统学习实践科学发展观活动深入开展。水务集团认真实践科学发展观,被中宣部、国务院国资委评为"全国十大国企典型",投控被评为全国精神文明建设先进单位;能源集团党委坚持"围绕中心、服务发展"的工作思路,不断提高党建工作的主动性、针对性和实效性,妈湾电厂党委被省委授予先进基层党组织称号。二是企业文化建设取得新成绩。市国资委出台加强市属国有企业文化建设的指导意见,将企业文化作为党建工作的重要载体和有效延伸,有步骤地推进企业文化建设。农产品公司突出以人为本理念,设立"情感互动中心",大力打造和谐国企;长城控股、燃气集团、建科院等企业的文化建设也各具特色。三是加强反腐倡廉和纪检监察工作,推进市属国有企业惩防体系建设。四是高度重视信访维稳工作,有效化解一批信访突出问题。

二、深圳市国有资产总量与结构分析

截至2008年底,深圳市所属国有企业资产总额3004.5亿元,同比增长9.75%;全市国有资产总量1161.5亿元,同比增长20.35%;实现营业收入808.7亿元,同比下降7.26%;实现利润总额131.5亿元,同比下降48.97%。其中:市级国有资产总量和区级国有资产总量分别为1070.5亿元和91亿元,分别占全市国有资产总量的92.2%和7.8%(见表1)。

表1　2008年深圳市所属国有企业指标情况

单位:亿元

项　　目	金　　额
资产总额	3004.5
净资产	1666.2
国有资产总量	1161.5
营业收入	808.7
利润总额	131.5
实际上缴税金总额	80.2

(一)国有企业户数情况

表2　深圳市国有企业户数情况

项　　目	2007年	2008年	同比增减(%)
户数(户)	719	707	—1.67

(二)国有资产行业分布

2008年国有资产行业分布呈现如下特点:

1. 国有资产主要分布在第二和第三产业。其中,第三产业国有资产总量为1011.3亿元,占全市国有资产总量的87.07%;第二产业国有资产总量为141.3亿元,占全市国有资产总量的12.16%(见表3)。

表 3　　深圳市国有资产总量按产业分布情况

产　　业	2008 年国有资产总量(亿元)	比重(%)	2007 年国有资产总量(亿元)	比重(%)
合　　计	1161.5	100.0	965.1	100.0
第一产业	8.9	0.77	6.9	0.71
第二产业	141.3	12.16	152.3	15.78
第三产业	1011.3	87.07	805.9	83.50

2. 全市国有经济 13 个行业,国有资产主要分布在社会服务业、交通运输及仓储、房地产业、金融业和工业五大行业。五大行业国有资产总量合计为 1052.1 亿元,占全市国有资产总量的 90.58%。交通运输及仓储业主要是机场、港口和高速公路企业;工业企业主要是电力、供水和燃气生产企业;金融业主要是证券公司和创新投公司。

3. 13 个行业中,除工业、建筑业外,其他行业国有资产总量均比上年增加。其中社会服务业增长幅度最大,比上年增长 134.17%。

(三)国有资产经营规模分布

表 4　　2008 年深圳市国有资产经营规模分布情况

经营规模	国有资产(亿元)	占国有资产总量比重(%)
合　　计	1161.5	100
大型企业	767.6	66.1
中型企业	249.8	21.5
小型企业	144.1	12.4

从国有资产总量看,大型国有企业国有资产总量 767.6 亿元,占全部的 66.1%;中型国有企业国有资产总量 249.8 亿元,占全部的 21.5%;小型企业的国有资产总量 144.1 亿元,占全部的 12.4%。

三、深圳市国有资产保值增值综合分析评价

(一)国有资产增减变动及原因

2008 年末,深圳市国有资产总量为 1161.5 亿元,较上年 965.1 亿元增加 196.4 亿元,增长 20.35%。增加的主要因素是经营积累、无偿划入、国有单位直接追加投资和资产评估增加等其他因素;而减少的主要因素是资本(股票)折价、企业按规定上缴红利、经营减值、产权界定减少、消化以前年度潜亏和挂账而减少和无偿划出等因素。增加的主要因素中,经营积累因素和无偿划入增加占国有权益增加因素的 86.36%,而减少的主要因素是资本(股票)折价和企业按规定上缴红利,说明深圳市国有企业盈利能力较强,基本实现依靠自身积累实现国有资本的保值增值(见表 5)。

表 5　　2008 年深圳市国有资本及权益增减变动情况

项　　目	金额(亿元)	比例(%)
一、主要增加因素	249.3	100
经营积累	118.9	47.69
无偿划入	96.4	38.67
国家、国有单位直接追加投资	30.7	12.31
资产评估增加	2.3	0.92
二、主要减少因素	74.7	100
资本(股票)折价	34.0	45.51
经营减值	18.1	24.23
企业按规定上缴红利	17.2	23.03
产权界定减少	2.1	2.81
消化以前年度潜亏和挂账而减少	1.7	2.28
无偿划出	1.1	1.47

(二)国有资产保值增值结果及影响因素分析

2008年,深圳市国有及国有控股企业受金融危机影响,公允价值变动下降幅度较大,但仍实现国有资产保值增值,国有资产保值增值率为110.22%。

从行业保值增值情况看,除农林牧渔业、建筑业和卫生体育福利业外,其他行业全部实现国有资产的保值增值。其中社会服务业保值增值率为126.11%,保值增值水平最高;邮电通信业和信息技术服务业保值增值水平也较高,超过平均水平;交通运输仓储业、科学研究和技术服务业、教育文化广播业、工业、房地产业、批发和零售、餐饮业和金融业等也实现保值增值。

总体来看,深圳市国有企业整体盈利水平较高,效益增长较快,企业自身经营积累能力较强,资本积累速度呈加快趋势,基本形成良性的资本运营轨道。

四、深圳市国资委监管企业股份制改革与股权分置改革情况

(一)股份制改革情况

2008年,深圳市国资委继续大力推进企业股份制改革和资本市场首次上市融资与再融资工作,全年共有1家企业完成IPO,2家上市公司完成定向增发,另有3家企业分别启动IPO和股份制改革工作。

1. 通产丽星全面完成IPO。通产丽星于2008年5月在深交所中小板上市,这是深圳市国资委成立以来负责推进并成功上市的第一家国有控股企业,也是深圳市国有企业时隔七年之后的第一单IPO融资项目,是深圳市国资委利用资本市场做优做强国有企业的成功案例。通产丽星上市后,筹资额达3亿元,国有资本权益大幅度增加。深圳市国资委实际控制的上市公司增至21家。

2. 农产品非公开增发顺利完成。2008年4月,农产品公司非公开发行工作获得中国证券会批准。农产品公司实际非公开发行6440万股A股股票,发行价格不低于董事会决议公告日前20个交易日公司股票均价的90%。通过非公开增发,农产品公司筹资额达11亿元,用于深圳国际农产品物流园的建设开发以及其他各地项目收购。

3. 深圳机场定向增发顺利完成。2008年2月,深圳机场股份顺利完成向深圳机场集团定向增发新股,非公开发行25056万股人民币普通股,同时由机场股份定向购买机场集团的相关飞行类资产。定向增发实施后,机场集团持有机场股份103705.92万股,持股比例提高至61.36%。新增股份大幅度增值,市值增长20.5亿元,增幅达167%,有效地运用资本运作实现国有资产的保值增值。按照利润配比、确保重组完成后机场股份经营效益得到适度提升的原则,定向增发完成后,机场股份将拥有机场集团全部航空主营业务资产,主业资产更加集中,经营管理链条得以闭合,业务规模扩大,资本实力显著提高。

此外,为培育优势企业上市,深圳市国资委重新启动燃气集团的IPO工作;国信证券完成股份制改造,IPO总体方案上报中国证监会;同时,启动深爱公司的股份制改造和发行上市工作。

(二)股权分置改革情况

截至2008年底,深圳市属国有控股上市公司股权分置改革工作基本完成(除深物业外)。在股权分置改革过程中,深圳市国资委积极以股改为契机,大胆创新,鼓励将资产重组、解决控股股东或实际控制人占用上市公司资金等问题与股改组合运作,妥善解决历史遗留问题,进一步完善法人治理结构,创新性地探索多种股改模式,受到市场的认可和相关主管部门的肯定,在全国都产生重要影响。尤其是农产品的预期价格回购模式,深圳市国资委不用支付任何对价成本就完成股改,以市值计算约节约股改成本7亿元。

五、深圳市国资委监管企业主辅分离辅业改制概况

(一)天健集团下属企业主辅分离辅业改制工作基本完成

2008年7月,深圳市国资国企领导小组审核通过天健集团下属企业主辅分离辅业改制方案。同年12月,深圳市国资委按照工作要求,安排市属国有资产收益预算资金2.95亿元,基本完成天健集团下属物

业、劳务等四家企业的主辅分离辅业改制工作，进一步突出天健集团的主业。

(二)运发公司改制工作基本完成

运发公司原先由深圳市国资委持股70%，经营者员工以工会名义持股30%。2008年，根据深圳市国资国企改革领导小组的部署，深圳市国资委研究拟订改制工作方案，对运发公司采用经营者员工持股的方式受让50%国有产权、仍保留20%国有产权的方式推进改制，实现国有产权转让收入2.86亿元，其中支付员工补偿安置费1.18亿元。通过改制，推动运发公司的经营机制和管理体制进一步转变，促进公司可持续发展。

(三)积极协调解决改制企业存在的历史遗留问题

2008年，深圳市国资委一方面积极推进天健集团、城建集团、深华集团、建安集团改制过程中的土地资产处置工作；另一方面，配合已改制企业外贸集团、东部集团历史用地地价款转增国家资本金等工作。通过协调部分市属国有企业支持配合市政府重点建设项目，确保企业国有资产的保值增值和改制工作的顺利推进。

六、深圳市国资委监管企业重组与完善法人治理结构的进展情况

(一)深圳市国资委监管企业重组情况

2008年，根据深圳市国有企业资源的实际情况以及国内外宏观经济金融形势的发展变化，深圳市国资委经过全面分析和深入研究，制订《今明两年深圳市属国有资本整合重组方案》，并经深圳市国资国企领导小组会议通过。根据工作部署，率先启动对市属国有房地产行业进行整合重组，将沙河集团、农科集团全部产权及科技园集团50.18%股权划转整合至深业集团。通过整合重组，进一步优化市属国有经济布局，推动国有优势资源向优势企业集中，进一步培育优势企业，增强企业的核心竞争力和在金融危机中的抗风险能力。

(二)完善法人治理结构进展情况

2008年，深圳市国资委深入推进市属国有企业董事会建设。一是国有独资公司董事会建设试点取得阶段性成效。系统修订盐田港和免税集团等首批试点企业的公司章程和议事规则，董事会有效运作的机制初步形成。建立外部董事人才库，进一步拓宽外部董事来源渠道，投资控股公司、深业集团、机场集团等新增三家试点企业全部建立外部董事占多数的董事会。盐田港集团、免税集团等试点企业的董事会运作逐步规范，决策的科学性逐步提高，投控等新增试点企业的章程修订工作正式启动。起草《深圳市国资委直管国有独资公司董事会及董事评价办法(试行)》。二是上市公司及非上市多元股东公司的董事会建设提上日程。深圳控股的董事会严格按照香港法例运作，被香港董事学会评为2008年度“杰出董事会”；深高速董事会加强信息披露，被香港会计师公会评为“2008年度最佳企业管治资料披露大奖”；农产品公司着手完善下属企业的法人治理结构，努力提升公司治理水平。

七、深圳市国资委完善业绩考核体系情况

为切实履行国有资产出资人职责，建立有效的激励与约束机制，促进企业提升核心竞争力，实现企业健康可持续发展，深圳市国资委创新业绩考核工具，积极探索构建与企业法人治理结构相适应的业绩考核模式，推动直管企业建立自我激励、自我约束、自我完善的经营业绩考核体系。

(一)探索构建与企业法人治理结构相适应的三层次考核模式

深圳市国资委积极探索构建与企业法人治理结构相适应的三层次考核模式，即“出资人考核企业负责人并对企业董事会进行评价、董事会考核经理层、经理层对内部进行绩效管理”。通过三层次的考核模式，国资委作为股东的战略构想和意图得以充分体现，董事会忠实勤勉履职有了保证，经营层和员工积极性和创造性得以激发，经营责任层层传递机制得以巩固。

1. 出资人考核企业负责人并对企业董事会进行评价。2008年，深圳市国资委进一步完善以年度考核

和任期考核为主的企业负责人经营业绩考核办法,出台任期经营业绩考核试行办法,启动任期经营业绩考核工作,构建一套切合深圳市属国有企业实际情况的中短期相结合的企业负责人业绩考核体系。深圳市国资委坚持年度考核与任期考核目标既有所侧重,又相互衔接,任期经营考核以落实企业战略规划为导向,以任期目标牵引年度经营预算和年度考核指标,以年度经营指标的完成确保任期经营目标的实现。在年度考核中,严格实施以全面预算管理为基础、对标考核为手段、与薪酬奖励相挂钩的业绩考核办法。同时,深圳市国资委围绕国有独资公司董事会建设试点工作,探索对企业董事会进行评价工作。

2. 企业董事会对经理层进行考核。为了引导企业董事会完善对经营层的考核,深圳市国资委对企业加强指导和沟通,与企业董事会、经营层之间形成良好的沟通协调机制,在确定考核目标、核定考核结果、实施薪酬激励方案等具体过程中,保证股东意志的贯彻和执行。董事会与经营层签订经营目标责任书,实现董事会对经理层的考核。对经营层高管采用目标考核模式,其业绩与所分管的部门业绩挂钩,通过不同的业绩导向实现差异化考核,考核结果与经营层的薪酬兑现、岗位轮换挂钩,形成良性的激励约束机制。

3. 企业经理层对内部进行绩效管理。在深圳市国资委的组织指导下,深圳市各直管企业结合劳动人事分配制度改革工作,探索引进先进的绩效管理理念和考核工具,如平衡计分卡、KPI 关键业绩指标、360 度考核等,结合企业实际情况对企业员工以及下属企业建立有效的绩效考核体系。通过关键绩效指标将公司经营目标分解到各部门及各下属企业,使全集团能够围绕清晰的目标导向进行绩效考核。在实施过程中强化绩效督查和跟踪制度,及时反馈各部门和各下属企业绩效指标的落实情况。通过规范化、程序化的绩效管理,将考核结果与员工个人收入、职级升迁挂钩,培育企业绩效文化,企业内部的积极性和创造性得以充分调动,员工的责任意识、竞争意识得以增强,实现员工价值与企业价值的共同成长。

(二)开展经济增加值考核试点工作

2008 年,深圳市国资委开展经济增加值(EVA)考核试点工作。组织各直管企业开展多次调研、培训工作,确定“理念先行、评价为主、适当挂钩”的推进思路,探索将 EVA 指标纳入年度及任期经营业绩考核指标体系中。12 家直管企业提出开展 2008 年度 EVA 考核试点,并从企业自身实际出发,制定本企业 2009 年 EVA 实施方案。试点企业主要在两个方面进行初浅探索。一是建立基于 EVA 的考核薪酬分配激励体系。为提升股东价值,完善企业年度考核及薪酬发放的科学性,部分试点企业在系统内二级企业全面建立一整套以 EVA 价值管理为核心的考核薪酬分配办法。二是建立基于 EVA 的管控和评价体系。在金融危机下,部分试点企业及时探索建立基于 EVA 价值管理的管控体系,用 EVA 价值管理的核心理念指导经营管理工作,优化资产结构,降低财务风险,增强市场竞争能力。

八、深圳市国资委监管企业负责人考核与选人用人机制改革情况

2008 年,深圳市国资委不断推进企业领导人员选聘、考核与管理工作的创新,进一步强化公司法人治理。

(一)积极探索企业领导人员市场化选聘工作,丰富企业领导人员选拔任用途径

2008 年,分别组织盐田港集团总经理和机场集团一名副总经理的公开招聘工作。整个招聘工作准备充分、组织严密、监督到位,充分体现公开、公平、公正、透明和择优的原则,尤其是在命题结构和面试模式上实现创新,为今后企业领导人员市场化选聘提供经验。

(二)积极推进企业领导人员考核工作创新

深圳市国资委与市委组织部研究制订《企业领导人员考核工作办法》,在考核方式、范围和结果评定以及注重经营绩效等方面进行创新,进一步体现科学的用人导向。选择水务集团作为企业领导人员考核工作创新试点,聘请暨南大学人力资源管理研究所对其领导班子采用专业化技术手段进行测评,为逐步引入科学测评体系、提升考察工作质量奠定基础。

(三)正式启动企业领导人员动态管理系统

深圳市国资委制定和实施《直管企业领导人员动

态管理办法(试行)》,通过多种方式全面收集并及时掌握直管企业领导人员日常工作动态,逐步实现对企业领导人员履职情况过程化管理。

(四)建立企业领导人员人才库

根据《市属国有企业领导人员人才库建设管理办法》,深圳市国资委从企业领导人员入库资格条件、选拔方式以及管理、培养和使用等方面进行规范;并收集整理直管企业中层以上人员信息,为市属国有企业人才储备和加强人才队伍建设奠定坚实的基础。

(五)加强行政事业单位划转企业领导人员规范管理工作

根据划转企业类别,深圳市国资委进一步明确与市投资控股公司对划转单位领导人员的管理权限。一是已整合和直接作为投控公司直属企业管理的重点企业,按照市国资委委托投控公司监管企业的管理方式进行管理;二是拟整合的企业,整合前企业领导人员原则上不作调整,整合时公司的组织架构方案须报市国资委批准,并由市国资委和投控公司对整合企业的领导人员联合进行考察,整合后的公司将纳入上一类企业进行规范管理;三是拟转让、关闭、注销企业的领导人员由投控公司根据企业实际情况进行管理;四是委托管理单位在委托管理期限内,仍由原主管单位进行管理。同时,深圳市国资委还进一步强化划转单位企业领导班子建设,与投资控股公司联合完成会展中心、建筑研究总院、深福保集团、人力资源类整合企业、公路类整合企业、中小企业担保公司、建科院等企业领导班子和领导人员的考察工作,加强和充实划转单位领导班子力量。

(撰稿人:廖海生)

广西壮族自治区

一、广西壮族自治区国有资产监督管理工作综述

2008年,广西国资系统紧密围绕实施广西科学发展三年计划,牢牢把握科学发展、和谐发展、跨越发展的全区工作总体取向和扩内需、保发展、促增长的主要任务,不畏艰难,顽强拼搏,国有资产监督管理和国有企业改革发展等各项工作都取得新的成绩,为全区经济社会又好又快发展做出积极贡献。

国资监管制度和组织体系进一步完善。2008年广西各级国有资产监管机构坚持以贯彻落实《企业国有资产监督管理暂行条例》和《广西壮族自治区实施〈企业国有资产监督管理暂行条例〉办法》为主线,不断完善国资监管制度和组织体系。南宁市出台《南宁市企业国有资产监督管理暂行办法》,并抓紧健全相关配套细化制度;防城港市通过制定《防城港市国资委监管企业重大事项报告制度暂行规定》《防城港市企业国有产权转让监督管理暂行办法》等规范性文件,加强对企业重大投资担保、企业改制改组、大额金额开支、资产处置转让等行为的有效监管;自治区国资委进一步健全完善了综合绩效评价、企业年金、效能监察以及业绩考核、产权管理、核销不良资产管理等方面的配套制度。河池市专门召开会议,推广宜州和南丹经验,加快推动县级国资监管体系建设;崇左市继续探索县级国有资产监管的有效方式,全市7个县(市)区有6个设立国有资产(投资)经营公司,初步实现对县级国有资产的统一运作和管理。广西各地把建立健全企业法律风险防范机制摆在重要位置,加快企业法律事务机构和重点企业总法律顾问建设,取得积极成效。

经营业绩考核和薪酬管理工作进一步深化。2008年,广西各地认真实行企业负责人年度和任期经营业绩考核,确保国有资产保值增值责任落到实处。柳州、玉林、贵港、河池、贺州等地突出重点、注重规范,认真探索和完善经营业绩考核工作。自治区国资委认真总结监管企业2005～2007年第一任期经营业绩考核工作经验,进一步明确第二任期经营业绩考核重点,形成落实责任和传递压力的有效机制。广西各地还普遍加强企业负责人薪酬管理和工资总额管理,进一步强化激励约束。自治区国资委健全完善"重业绩、讲回报、强激励、硬约束"的薪酬管理机制,构建起企业负责人薪酬增长与经济效益、业绩考核联系密切,与职工收入分配关系协调、差距合理的分配格局。

与此同时,自治区国资委和南宁、柳州等地相继组织开展企业年金试行工作,探索改善企业薪酬福利结构,加快完善有利于国有资本保值增值的激励机制。

财务监督管理进一步加强。广西各地结合企业实际情况,切实加强财务监督工作,不断深化经济责任审计和内部审计工作,提高对企业财务执行情况的监控力。玉林市扎实做好财务快报和国有资产统计评价工作,坚持每月对企业的经营情况进行通报,及时准确地分析评价企业经济运行情况,指导企业完善内部控制和风险防范机制。柳州市规范企业财务决算编制及审计工作,提高企业会计信息的质量。自治区国资委继续深化企业财务预决算管理,加强总会计师工作职责管理,指导企业完善内部控制和风险防范机制,规范股票、期货、期权等金融衍生品投资行为和操作程序,健全企业风险防范及管理体系,同时,制定出台《监管企业综合绩效评价管理暂行办法》,正确引导企业经营行为,促进资本回报水平不断提高。

国有产权管理进一步规范。广西各地围绕建立现代产权制度这个中心,着力加强产权管理制度建设,夯实产权管理基础,推动产权有序流转。梧州市严把清产核资、资产评估、产权交易、产权界定、国有资产损失核销和纪检监察关等六道关口,坚持依法、规范国有产权管理。南宁、桂林等地制定中介机构选聘管理办法,规范资产评估等产权管理行为,堵塞国有资产流失的漏洞。自治区国资委切实加强对上市公司国有股东的管理,规范国有单位受让上市公司股份行为;加强对企业产权交易活动的监管,采取有效措施提高企业国有产权转让进场率、竞价率、增值率,维护国有资产的合法权益。全年,广西联合产权交易所共挂牌完成企业国有产权交易项目 35 宗,交易金额 9.04 亿元,场外交易现象基本得到遏制。

国有资本经营预算工作进一步推进。广西各地积极探索国有资本经营预算和收益收缴工作,切实加大对国有经济布局结构调整的支持力度。2008 年 9 月 27 日,自治区人民政府正式印发《关于试行国有资本经营预算的意见》,标志着广西建立国有资本经营预算制度取得突破性进展。南宁市积极开展国有资本收益收缴,全年累计收缴国有资本收益 7580 万元。桂林市全面掌握监管、参股企业年度利润和股红分配情况,对 2007 年授权经营企业可供分配利润 2982 万元按比例收取国有股股红 1046 万元。柳州市制定《柳州市国有资本经营预算专项资金专户管理暂行办法》,明确企业国有资本经营预算支出,并实行专户管理。

监事会监督进一步到位。广西各地以财务监督为核心,以出资人关心关注的问题为重点,继续探索推进监事会工作。崇左市首次向监管企业派出专职监事,加强国有资产营运的监管。南宁市修改完善《南宁市国有企业监事会暂行办法》,健全国有独资企业、国有独资公司的监督机制。自治区国资委制定出台《关于进一步加强和改进监事会工作的意见》,推动监事会工作规范、健康、有序开展。各自治区国有企业监事会认真履行监督职能,强化当期监督,先后提交各类监督检查报告 33 份,提出整改建议 102 个,促进了企业深化改革、规范管理、防范风险、提高效益。

二、广西壮族自治区国有资产总量与结构分析

2008 年,广西国有企业户数继续呈减少态势,资产规模继续扩大,但受金融危机影响,总体经济效益有所下滑。

据统计,2008 年广西纳入年度财务报表汇总范围的国有非金融企业 3579 户,比上年减少 428 户,其中,自治区本级企业 904 户,增加 45 户;各地级市企业 2675 户,减少 473 户。户数变动的主要原因为:一是自治区本级企业进行改制、整合并增加对外控股投资,尤其是监管企业做大做强使子企业户数增多,同时新组建若干政府投融资平台企业,增加自治区本级汇总户数;二是各市部分企业进行国有股份制改革以及关、停、并、转后,汇总户数减少。

表 1　广西壮族自治区国有企业户数情况

项　目	2007 年	2008 年	同比增减(%)
户数(户)	4007	3579	-10.68

2008 年,全自治区国有企业资产总额 4441.01 亿元,比上年增长 24.46%,其中,自治区本级企业资产

总额2469.10亿元，增长36.34%；各地级市企业资产总额1971.91亿元，增长12.22%。国有资产总量1781.71亿元，比上年增长50.57%，其中，自治区本级企业国有资产总量1107.55亿元，增长81.46%；各地级市企业国有资产总量674.15亿元，增长17.66%。主营业务收入（销售收入）1934.98亿元，比上年增长15.88%，其中，自治区本级企业主营业务收入1255.44亿元，增长18.67%；各地级市企业主营业务收入679.54亿元，增长11.06%。受国际金融危机影响，2008年全自治区国有企业利润总额48.69亿元，比上年减少51.93%，其中，自治区本级企业利润总额29.83亿元，减少49.25%；各地级市企业利润总额18.86亿元，减少55.83%。增加值277.50亿元，比上年减少39.79%，其中，自治区本级企业增加值154.55亿元，减少44.98%；各地级市企业增加值122.95亿元，减少31.68%。资产负债率为59.68%，比上年减少2.33个百分点，其中，自治区本级监管企业为59.62%，比上年减少4.81个百分点；各地级市为60.71%，比上年减少1.77个百分点。总资产周转率为0.47次，比上年降低0.05次，其中，自治区本级监管企业为0.69次，比上年降低0.2次；各地级市为0.35次，比上年降低0.01次。平均总资产报酬率为2.55%，比上年降低1.56个百分点，其中，自治区本级监管企业为3.89%，比上年降低2.16个百分点；各地级市为1.67%，比上年降低1.59%。平均净资产收益率为2.43%，比上年降低4.13个百分点，其中，自治区本级监管企业为3.86%，比上年降低6.48个百分点；各地级市为1.74%，比上年降低3.96%。国有资本保值增值率为102.44%，比上年降低2.80个百分点，其中，自治区本级监管企业为104.59%，比上年降低5.44个百分点；各地级市国有资产保值增值率101.65%，比上年降低1.81个百分点。

表2　2008年广西壮族自治区国有企业指标情况

单位：亿元

项　目	金　额
资产总额	4441.01
净资产	1790.51
营业收入	1934.98
利润总额	48.69
实际上缴税金总额	107.56

表3　2008年广西壮族自治区国有资产地区分布情况

地　区	国有资产（亿元）	占国有资产总量比重（%）	保值增值率（%）
自治区本级	1107.55	62.16	103.13
南宁市	232.13	13.03	101.41
柳州市	208.80	11.72	100.91
桂林市	33.46	1.88	99.90
梧州市	7.93	0.44	93.46
北海市	1.16	0.07	66.43
防城港市	10.09	0.57	92.44
钦州市	36.38	2.04	99.63
贵港市	3.80	0.21	91.96
玉林市	22.70	1.27	130.93
百色市	43.30	2.43	105.31
贺州市	24.31	1.36	100.02
河池市	10.69	0.60	96.34
来宾市	25.87	1.45	100.04
崇左市	13.53	0.76	95.21
合　计	1781.71	100	102.44

广西自治区国资委所监管的47户企业年末资产总额1711.94亿元，比上年增长44.54%；负债总额1020.65亿元，比上年增长37.47%；所有者权益691.29亿元，比上年增长64.08%；工业总产值720.05亿元，比上年增长24.55%；增加值109.92亿元，比上年减少42.59%；销售（营业）收入1026.88亿元，比上年增长23.37%；出口交货值60.41亿元，比上年增长28.83%；利润总额23.95亿元，比上年减少50.76%；上缴税金46.78亿元，比上年减少0.49%。

资产总额超过50亿元的企业有广西投资集团有限公司(446.89亿元)、广西交通投资集团有限公司(317.33亿元)、广西柳州钢铁(集团)公司(263.87亿元)、广西北部湾投资集团有限公司(121.21亿元)、广西建工集团有限责任公司(82.39亿元)、广西北部湾国际港务集团有限公司(81.55亿元)、广西柳工集团有限公司(77.46亿元)、柳州五菱汽车有限责任公司(65.86亿元)、广西华锡集团股份有限公司(55.28亿元)。

三、广西壮族自治区国有企业改革与发展情况

国有企业公司制股份制改革进一步深化。广西各地按照"政府推动、企业为主、积极稳妥、一企一策"的原则,坚持以产权制度改革为核心,通过合资合作、股权融资、重组并购等多种途径,进一步加快企业公司制股份制改革。百色市制定出台改制管理、资产处置、债权债务处置、职工安置、改制资金管理等8个配套文件,加快推进和规范国有企业改革。南宁市选择建宁水务集团公司、广发重工集团公司、凤凰纸业公司等有条件的企业引进战略合作者,采取股权转让、增资扩股等方式,着力拓宽国有资本运作的途径。北海市通过股权置换债权的方式,解决北海市机场投资管理有限公司与长城资产管理公司2.31亿元的贷款债权问题,有效化解财政的债务风险。河池市全力加快国企改制步伐,规模以上国有工业企业完成改制133户,改制率达97.79%,基本完成工业企业的改制任务。自治区国资委按照"A股为主,突破境外"的思路,加大运用资本市场的工作力度,重点推进柳州五菱汽车有限责任公司、广西农垦糖业集团有限公司、柳州华锡集团有限责任公司、广西平桂飞碟股份有限公司、中信大锰矿业有限责任公司等国有控股企业的境内外上市工作,与此同时,有计划、有步骤地引导企业通过规范改制进入国内的中小企业板和创业板,已有8家企业准备申报上市,预计融资48亿元。在自治区和柳州、贵港、贺州等有关市的共同努力下,全区国有企业政策性关闭破产工作顺利进入收尾阶段,劣势、困难企业退出市场力度进一步加大。

大公司大集团组建步伐进一步加快。广西各地精心组织实施大公司大集团战略,坚定不移地做强做大对地方经济发展具有重大战略意义和作用的国有企业。2008年,自治区层面重点推进区内优势特色资源和各种投融资资源的重组整合,广西有色金属集团有限公司、广西金融投资集团有限公司、广西交通投资集团有限公司、广西铁路投资(集团)有限公司等一批大型企业集团相继成立,进一步增强全区的投融资能力,其中,广西交通投资集团有限公司、广西铁路投资(集团)有限公司成立不久就抓紧与金融银行机构开展战略合作,签约金额分别达到1213.5亿元和1383.5亿元,成为广西高速公路和铁路建设的主力军。与此同时,广西各地采取有力措施,进一步推进重要骨干企业的内外部资源整合。自治区国资委支持广西柳工集团有限公司根据产业链的需要重组了一批区内外企业;推动柳州五菱汽车有限责任公司加快实施组建"广西五菱汽车集团"、"广西农机集团"的战略规划;指导广西北部湾国际港务集团有限公司加快广西北部湾沿海三港资源的整合,大力推进港口基础设施建设,努力构建中国—东盟区域性国际航运枢纽。桂林市通过资产和股权注入,重点抓好市国有资产投资经营公司、市经济建设投资公司两大投融资平台公司资产的充实、壮大工作。柳州市通过投融资平台的搭建和资产的注入,加快资产合理整合,充分发挥投融资平台公司的融资效应,2008年融资贷款金额达29.573亿元。

国有企业与中央企业的战略合作进一步加强。广西自治区和有关市在原有电力、铝业、石化等领域合作基础上,积极探索广西与中央企业在广西北部湾经济区开发建设中合作共赢的有效途径和方式。加快柳钢与武钢联合重组,2008年9月3日广西钢铁集团有限公司正式挂牌成立,标志着防城港企沙千万吨级钢铁基地项目建设取得重大进展。大力推进地方铁路与国铁的合资合作,2008年11月9日南宁至广州高速铁路正式开工建设;认真贯彻落实自治区人民政府与铁道部会谈纪要精神,加快推进广西地方铁路有限责任公司资产和人员移交南宁铁路局管理工作。积极推进广西鱼峰集团有限公司与中国建筑材料集团公司的重组合作,做强做大广西新型干法水泥产

业。集中力量全面加快中国广东核电集团有限公司与广西投资集团有限公司合资建设的防城港红沙核电项目工作进度,项目前期工程于2008年12月20日正式启动,广西核电建设迈出实质性步伐。

和谐企业建设进一步深入推进。广西各级国资委和国有企业切实加强厂务公开、民主管理工作,为广大职工参与民主决策、民主管理和民主监督提供有效保障;始终高度重视维护稳定工作,全力抓好各项相关工作,为全区国资国企改革发展创造了良好的环境。百色市建立健全有关应急机制和工作预案,层层落实稳定工作责任制。桂林市进一步加强完善信访稳定工作机制,建立领导干部接访、下访工作台账,形成上下联动、齐抓共管、横向到边、纵向到底的工作格局和责任体系。自治区国资委认真组织开展领导干部"公开大接访"和"包案下访"活动,专题研究各类信访、维稳问题35次,主动公开接访、下访、调研、排查化解矛盾纠纷63次,及时妥善处置群体性突发事件24起、1353人次,排查并化解重信重访有关矛盾纠纷问题18项,确保在全国"两会"、北京奥运会火炬在自治区传递、北京奥运会及残奥会、"两会一节"、自治区成立50周年庆典等重大活动期间,自治区国资委监管企业没有发生进北京赴南宁非正常上访事件,有力地维护了企业和社会稳定大局。

四、广西壮族自治区国有企业党建工作情况

国有企业党的建设进一步创新改进。广西各级国资委与监管企业党组织一道,共同促进企业党建工作的不断创新和改进。各地广泛组织开展了"八桂先锋行"和"讲党性、重品行、作表率"活动,创新企业党组织活动的有效载体。贵港市按照"把党组织建起来,让党员身份亮起来,把党的生活正常起来,使党员的作用发挥起来"的"四个起来"的工作思路,进一步改进和加强改制企业党建工作。柳州市积极开展"争先创优"、"党员示范岗"、"党员责任区"、"党员身边无违纪无违章无事故"等活动,促进了党员先锋模范作用的发挥。自治区国资委制定《关于进一步加强监管企业党建工作的若干意见》,全面巩固和扩大先进性教育活动成果,通过制度保障监管企业党组织发挥政治核心作用;组织开展"两会一节"、改革开放30周年和自治区成立50周年主题宣传,充分展示国有企业"以改革引领发展、以发展促进改革"所取得的辉煌成绩,形成推动国有企业改革发展的正确舆论导向。广西柳工机械股份有限公司以"推动科学发展,打造世界柳工"为主题,以"发展大产业,打造产业集群"为载体,认真开展深入学习实践科学发展观活动试点工作,取得阶段性成效。

国有企业领导班子建设进一步加强。广西各地深入组织开展"四好"班子创建活动,建立健全企业领导班子加强理论学习、提高业务能力、增强团结协作、树立良好形象的有效机制。贺州市通过创建"四好"班子,不断提高企业领导班子"战略决策、经营管理、市场竞争、自主创新、应对复杂局面"等五个方面的能力。自治区国资委以改善结构、提高素质为目标,认真做好企业领导人员考察、调配、任免工作,推动企业领导班子整体素质和结构的不断优化,同时,采取组织调训与自主培训相结合,脱产培训与在职自学相结合,国内培训与境外培训相结合,短期培训与中长期培训相结合,学习培训与实践锻炼相结合等灵活多样的培训形式,认真抓好监管企业领导人员培训工作,使企业领导人员增长见识、开阔视野、提高能力。广西各地还普遍加强人才队伍建设,深入组织实施企业经营管理人才培训计划、专业技术人才继续教育计划以及高技能人才培训工程,为推进国有企业改革发展提供人才保证和智力支持。

国有企业党风建设进一步落实。广西各地大力推进惩防体系建设,落实和完善企业党风建设责任制,深化反腐倡廉宣传教育工作,强化企业领导人员依法经营廉洁从业意识,注重制度建设与创新,加大查办案件力度,加强纪检监察队伍建设,深入开展效能监察工作,国有企业党风建设得到进一步加强。自治区国资委制定下发《自治区国资委监管企业2008年纪检监察工作要点》《自治区国资委关于贯彻落实自治区直属机关2008年反腐倡廉分工工作的实施方案》和《自治区国资委监管企业效能监察暂行办法》,按照更加注重治本、更加注重预防、更加注重制度建设的要求,不断加强对企业领导人员特别是主要负责人的监督,规范权力运行,促进企业领导人员廉洁从业。

五、广西壮族自治区国有企业履行社会责任情况

2008年,面对历史罕见的雨雪冰冻灾害、国际金融危机等不利因素的影响,广西国有企业坚定信心、积极应对,改革创新、调整结构,强化管理、挖潜增效,优化投资、严防风险,提高质量、开拓市场,努力化险为夷,实现生产经营总体平稳运行,保持良好的发展势头,巩固全区经济发展的基本面。经过艰苦努力,2008年,广西国有企业累计实现销售收入1934.98亿元,比上年增长15.88%,其中,广西柳州钢铁(集团)公司、广西玉柴机器集团有限公司、广西建工集团有限责任公司、广西投资集团有限公司分别实现销售收入370.14亿元、180.45亿元、135.42亿元、126.33亿元,同比分别增长40.1%、14.2%、23.4%、24.1%,实现企业改革发展的新跨越。同时,在历史罕见的重大挑战和考验面前,广西国有企业勇挑重担,充分发挥骨干作用,在关键时期做出重要贡献,树立了国有企业良好的社会形象。2008年,广西国有企业上缴税金总额107.56亿元,与2007年基本持平。在价格严重倒挂的情况下,中油广西田东石油化工总厂有限公司在关键时期储备大量的原油,确保市场油品供应充足。广西投资集团有限公司努力克服煤价不断攀升等各种不利因素影响,力保火电供应。广西北部湾国际港务集团有限公司在抗击雨雪冰冻灾害中,全力做好港口保煤炭运输工作,组织突击队和优势设备,全力抢卸运电煤,电煤卸船效率比常规装卸提高两倍。广西机场管理集团有限责任公司全力以赴做好四川汶川地震救灾人员和物资的航空运输保障工作,累计保障抗震救灾飞行69架次,运送救灾物资378吨,转运灾区伤员238名,运送公安特警消防特勤救护队员506人。广西柳工集团有限公司在地震灾情发生第二天就组织救援队赶赴灾区,并先后调配235台大型工程机械设备和120多人的机械化援救服务队,深入灾区一线进行抗震救灾。据不完全统计,自治区国资委监管企业共为四川汶川地震灾区捐款人民币2322.67万元,捐物总价值348.71万元人民币。

(撰稿人:章　哲)

海南省

一、海南省国有资产监督管理工作综述

2008年,海南省国资委以科学发展观为统领,依法履行职责,开拓创新,扎实工作,国资监管体制机制进一步完善,省属国有中小企业改制关闭破产任务总体上完成,国有经济结构布局调整和公司制股份制改革取得新进展,推进企业又好又快发展的局面初步形成,企业活力明显增强。

(一)国有资本运营效益创历史新高

截至2008年12月31日,海南省省属国有企业实现销售收入97.70亿元,比上年增长22.03%;利润总额6.42亿元,比上年增长3.4倍。其中,省国资委重点监测的20户企业资产总额313.55亿元,比上年增长26.67%;净资产140.49亿元,比上年增长25.16%;营业收入79.84亿元,比上年增长18.93%;实现利润总额6.00亿元,比上年增长136.22%,创省国资委成立以来最好成绩。

(二)国有经济布局结构不断优化

到2008年12月,海南省省属重点企业从省国资委成立时的36家已整合和改制重组为20家(包括新组建的企业)。按《公司法》重组改造或新组建的国有独资公司、国有控股公司总体上取代传统的行业总公司,在行业分布上进一步向基础设施、交通运输、工矿业、旅游、农林渔业等基础领域和优势领域集中。

(三)加快推进重点项目建设的发展局面基本形成

2008年,海南省省属企业下力气推进21个重点项目,涉及重大基础设施、新型工业、交通运输业、农林渔业、旅游业等领域的建设投资、项目孵化、融资合作、资产和债务重组等。其中,在建和新开工项目固定资产投资总额逾600亿元,截至2008年12月31日完成投资83.1亿元,累计完成投资95.5亿元。一系

列项目的实施，为省属企业发展积蓄后劲。

（四）国资监管体制机制进一步完善

海南省国资委提请省政府出台《进一步促进海南经济特区国资国企改革发展的若干意见》，政策支持体系逐步健全；完善任期目标、薪酬管理措施，业绩考核体系得到加强；完善监事会工作制度，监事会监督不断强化；完善财务快报制度和国有资产统计工作体系，强化对企业财务动态的监测和分析，加强企业运营指导；加强企业投资、担保等重大事项管理，出台《海南省国资委重大涉讼事项法律审核暂行办法》，建立健全省国资委机关法律论证审核机制，风险防范机制逐步建立和完善；全面核查摸清改制关闭企业剩余资产，全省涉税资产、行政事业资产处置进场交易得到规范，国有产权基础管理工作进一步拓展。

（五）职工合法权益在退而有序中得到维护

到2008年12月31日，海南省省属国有企业完成改制关闭破产或职工安置工作，共安置职工5.9万人。其中，479家困难企业使用省政府改革专项资金3.27亿元，安置1.25万名长期待岗职工及离退休人员；企业实施自费改革安置职工3.47万人；完成整合重组纳入新的发展主体的企业，按市场化用工制度安置1.2万人就业。一些劳动关系纠纷、国有企业债务等历史遗留问题得到妥善解决，为企业快速发展创造条件。

（六）企业党建工作取得新进展

根据省委统一部署，扎实开展学习实践科学发展观活动，解决一些影响和制约国资国企改革发展的突出问题。根据企业改革发展实际和产权关系的变更，及时调整和理顺一批企业党组织的管理关系。结合纪念改革开放30周年、海南建省办经济特区20周年、奥运火炬在海南传递等重大事项，扎实开展“讲党性、重品行、作表率”等党建活动，并组织支援四川汶川“5·12”地震灾区建设工作，海南省国资委系统在捐款捐物3429.78万元的基础上，又组织党员缴纳“特殊党费”423万元，受到省委、省政府表彰。坚持落实党建工作责任制，省国资委党委与企业党组织签订《省国资委系统企业党建工作目标责任书》，组织对54家企业党建工作进行全面检查，促进各项制度在基层的落实。

（七）党风廉政建设和纪检监察工作扎实推进

印发《海南省国资委系统落实党风廉政建设责任制责任追究办法》《海南省国资委系统2008年党风廉政建设和反腐败工作实施意见》《关于省属企业开展“围绕加强企业领导人员监督管理，扎实推进‘制度执行检查年’活动”的意见》等，充分发挥制度在预防腐败中的基础作用。加大纪检信访件查实力度，深入推进治理商业贿赂专项工作，促进企业管理和经济效益的提高。

二、海南省国有资产总量与结构分析

（一）国有企业户数

2008年全省国有企业共有1015户（含一级和下级企业，比上年减少116户），其中省属企业218户，比上年减少28户；各市县属企业470户，比上年减少131户；省农垦总局所属企业128户；中央驻琼企业136户，比上年增加35户；各省驻琼国有企业63户，比上年增加8户。

表1　　海南省国有企业户数情况

项　目	2007年	2008年	同比增减（%）
户数（户）	1131	1015	-10.26

（二）资产规模情况

2008年底，全省国有企业资产总额1998.83万元，比年初增长30.3%；净资产670.62亿元，比年初增长18.74%。其中：中央驻琼企业资产总额830.56亿元，比年初增长16.74%，净资产317.4亿元，比年初增长4.77%；各省驻琼企业资产总额71.17亿元，比年初增长79.13%，净资产28.21亿元，比年初增长80.83%；海南省地方出资企业资产总额1097.10亿元，比年初增长40.15%，净资产325.01亿元，比年初增长32.01%。

表 2　2008 年海南省国有资产地区分布情况

单位:亿元

地　　区	资产总额	负债总额	所有者权益
海南省合计	1998.83	1328.21	670.62
一、市县合计	548.87	421.95	126.92
海口市	375.93	304.22	71.71
三亚市	119.77	79.28	40.49
琼海市	15.50	13.14	2.36
儋州市	8.48	6.41	2.07
万宁市	6.00	3.36	2.64
东方市	5.98	4.27	1.71
洋浦管理局	3.99	1.66	2.34
保亭县	3.52	1.67	1.84
琼中县	2.31	1.19	1.12
白沙县	1.25	1.11	0.14
定安县	1.21	1.08	0.12
澄迈县	1.08	0.51	0.57
屯昌县	0.88	0.81	0.06
乐东县	0.72	0.95	—0.23
昌江县	0.63	0.66	—0.03
文昌市	0.52	0.47	0.06
五指山市	0.43	0.45	—0.01
临高县	0.38	0.35	0.02
陵水县	0.29	0.36	—0.06
二、省属企业合计	365.81	227.99	137.83
省国资委重点监管企业合计	313.55	173.06	140.49
省国资委非重点监管企业合计	52.26	54.93	—2.66
三、省农垦总局合计	182.42	122.15	60.27
四、中央驻琼企业合计	830.56	513.16	317.40
五、各省市驻琼企业合计	71.17	42.96	28.21

表 3　2008 年海南省地方出资企业主要指标情况

单位:亿元

项　　目	金　　额
资产总额	1097.10
净资产	325.01
营业收入	191.55
利润总额	4.75

(三)省属企业及市县出资企业国有资产分布情况

2008 年,海南省省属企业及市县出资企业 688 户,国有资产总量 232.76 亿元。其中,省属企业 218 户,国有资产总量 108.30 亿元;市县出资企业 470 户,国有资产总量 124.46 亿元。

1. 按企业规模划分国有资产分布情况。大型(含特大型,以下同)企业 35 户,占统计户数的 5.1%;中型企业 116 户,占统计户数的 16.9%;小型企业 537 户,占统计户数的 78%。

表 4　2008 年海南省国有资产按经营规模分布情况

经营规模	国有资产(亿元)	占总体比重(%)
大型企业	175.44	75.37
中型企业	45.00	19.33
小型企业	12.32	5.30
合　　计	232.76	100

2. 按组织形式划分国有资产分布情况。国有独资企业(公司)368 户,占统计户数的 53.5%;国有控股企业 269 户,占统计户数的 39.1%;企业化管理事业单位 51 户,占统计户数的 7.4%。

表 5　2008 年海南省国有资产按组织形式分布情况

组织形式	国有资产(亿元)	占总体比重(%)
国有独资企业、公司	155.97	67.01
国有控股企业	71.04	30.52
企业化管理事业单位	5.75	2.47
合　　计	232.76	100

3. 按行业作用划分国有资产分布情况。基础性行业企业157户，占统计户数的22.9%；一般生产加工行业企业178户，占统计户数的25.9%；商贸服务及其他行业企业353户，占统计户数的51.2%。

表6 2008年海南省国有资产按行业分布情况

行　业	国有资产（亿元）	占总体比重（%）
基础性行业	73.91	31.75
一般生产加工行业	16.95	7.28
商贸服务及其他行业	141.89	60.97
合　计	232.76	100

统计企业户数比上年减少，表明近年来海南省国有企业通过改革重组、关闭破产等多种形式实现国有资产的优化配置。相对于资产总额来讲，国有资产总量所占比重、资产的利用效率仍需提高。

从全省国有资产分布情况看，省属企业是全省国有企业的主要力量，省国资委财务状况重点监管企业在全省国有经济发展中发挥着重要的作用。在今后的工作中，大型企业和中型企业应成为加强基础管理工作的关键企业；国有资产向公益性、垄断性行业转移和重组的力度仍需要加强。

（四）海南省出资企业国有资产保值增值情况分析

2008年底，省属企业资产总额365.81亿元，比年初增长24.02%，净资产137.82亿元，比年初增长27.32%；省国资委重点监管企业共20户，资产总额313.55亿元，比年初增长26.67%，净资产140.49亿元，比年初增长25.16%；市县出资企业资产总额548.87亿元，比年初增长53.75%；净资产126.92亿元，比年初增长39.95%；省农垦总局所属企业资产总额182.42亿元，比年初增长39.38%；净资产60.27亿元，比年初增长27.53%。

表7　2008年海南省国有资本保值增值情况

地　区	国有资本保值增值率（%）
海南省	103.55
省属企业	107.00
省国资委重点监管企业	106.26
省国资委非重点监管企业	89.94
市县出资企业	99.66
海口市	99.82
三亚市	102.06
琼海市	97.74
儋州市	96.11
万宁市	116.75
东方市	110.18
洋浦管理局	101.38
保亭县	98.16
琼中县	92.22
白沙县	86.10
定安县	29.14
澄迈县	88.83
屯昌县	159.04
乐东县	106.57
昌江县	133.35
文昌市	78.19
五指山市	116.59
临高县	394.60
陵水县	101.42

以上统计数据表明，2008年全省国有资产实现保值增值。扣除客观因素影响后，全省国有资本保值增值率103.55%，比上年的112.34%，下降8.79个百分点；省属企业国有资本保值增值率达107.00%，比上年104.65%，上升2.35个百分点；省国资委重点监管企业国有资本保值增值率106.26%，比上年的

108.54%，下降2.28个百分点。省属企业、省国资委重点监管企业国有资产保值增值的水平高于全省国有企业平均水平。

三、海南省国资委监管企业股份制改革与股权分置改革情况

制订并推进《海南省省属重点监管企业归并整合和公司制股份制改革实施方案》逐步实施，20家重点企业中，按《公司法》重组改造或新组建的国有独资公司、国有控股公司总体上取代传统的行业总公司。海南省新华书店引进江苏新华发行集团资产重组工作已经完成；海南省水电集团已启动引进多元投资者合资组建股份制企业；上市公司兴业聚酯引进广东广晟实施重大资产重组及股权分置改革工作顺利完成，上市复牌条件已基本落实。

四、海南省国资委监管企业主辅分离辅业改制概况

海南省国资委监管企业办社会职能移交工作进展重大，到2008年底，共移交企业所办学校25所、医院4所、代管移民村2个。

五、海南省国资委监管企业重组与完善法人治理结构改革进展情况

坚持优质资产优先重组，从主要引进中海油、华能等中央大企业，进一步扩展到引进上海复星集团、云南民爆集团、江苏新华发行集团、广东广晟集团等外省优秀国有企业和民营企业参与海南省省属国有企业重组，呈现出国资带动、引导民营及其他所有制经济共同发展的积极态势。同时，完成一批行业性总公司的整体关闭退出，100余家企业完成有效资产整合重组进入新的主体。

积极探索公司法人治理结构建设。制订《海南省省属企业总会计师工作职责管理暂行办法》，考察试点企业董事、监事人选，拓宽外部董事的选拔渠道，从中央驻琼企业和非公有制企业中择优储备49名素质好的外部董事人员。

六、海南省国资委监管企业建立和完善经营业绩考核体系情况

为强化企业领导班子的经营责任，海南省国资委与20家重点企业签订经营业绩考核责任书，印发实施《海南省省属企业负责人薪酬管理暂行办法》《省属企业负责人职务消费指导意见》《海南省省属企业领导人经营业绩和三年任期目标考核办法》，积极探索完善“强激励、硬约束”机制和责任落实、压力传递机制，使绩效管理薪酬体系更趋完善，推进企业不断提升经营管理水平。

七、海南省国资委监管企业负责人考核与选人用人机制改革情况

建立健全选拔、任用、考核和奖惩制度，完善人才引进优惠措施。按照《2008年企业领导班子配备、调整和充实的总体实施方案》，结合国有资本布局与结构调整、企业改革和资产重组的实际，同步推进企业领导人员的重新组合和调整充实。为10家企业配备董事长或总经理、党委书记、纪委书记25名。面向全国公开选聘7家企业副总经理、总会计师(财务总监)。完善引进人才在薪酬、住房、补贴、家属就业、子女就学等方面的优惠措施。建立人才信息库，储备一批后备干部。以考核经营业绩和推进企业改革发展为重点，对23家企业领导班子及领导人员进行年度考核评价工作，为选拔任用和激励企业领导人员提供重要依据。

(撰稿人：范明俊)

重庆市

一、重庆市国有资产监督管理工作综述

2008年，是极不平凡的一年。面对特大雪灾、震灾和国际金融危机等百年不遇的重大挑战，重庆市国有企业坚持以科学发展观统领全局，全面贯彻落实党的十七大精神和重庆市委、市政府的战略部署，坚持

解放思想，着力改善国有资本布局，加快转化监管体制，加大对外开放，优化配置资源，加快产业结构优化升级，大力推动自主创新，不断提高国有企业核心竞争力，全市国有经济呈现出市场反应更灵敏，应对危机措施更灵活，抗风险能力更强，发展质量进一步提升的良好势头。资产规模、国有资产总量、营业收入、利润总额等主要经济指标再创历史新高，国企改革发展实现新跨越。

2008年，重庆市纳入统计范围的国有企业1898户，同比减少123户；资产总额9469.6亿元，同比增长59.3%；国有资产总量2527.3亿元，同比增长34.1%；营业收入1782.8亿元，同比增长23.6%；利润总额112.3亿元，同比增长31.8%；国有资产保值增值率102.95%，与上年同期水平基本持平，其中，重庆市国资委监管企业保值增值率103.54%，同比增加0.27个百分点。

(一)沉着应对金融危机，主要指标再创历史新高

应对金融危机，重庆市国资系统超前谋划、迅速行动，建立应急机制，力推3000亿元项目对接国家政策，力促银企签约各类发展资金2858亿元。庆铃集团、重钢集团、机电集团、商社集团等积极拓展新市场，及时调整采购、成本策略；化医集团、四联集团、渝富公司、重庆信托等迅速推进并购重组；水务集团、港务集团、开投公司、水投集团、城投公司等顺势提速基础设施和旧城改造等重大项目，全力缓解危机冲击，确保全年主要指标再创历史新高。一是市属国有重点企业资产总额达到7437亿元，同比增长24.5%，规模升至全国第五位；所有者权益突破2000亿元，同比增长24.1%。二是市属国有重点工商产业集团营业收入突破1500亿元，达到1612亿元，同比增长24.8%。在中央企业、全国地方国有企业利润同比大幅下降的状况下，市属国有重点企业实现利润总额109亿元，同口径比较增长44.6%。三是重钢集团率先成为资产总额、营业收入双破200亿元的市属集团。能投集团迈入营业收入100亿元集团行列。27户市属国有重点企业创营业收入历史新高，18户市属国有重点企业创利润历史纪录。四是中央和外地在渝企业也实现平稳发展，资产总额突破2000亿元，达到2137亿元；实现营业收入1803亿元，利润总额78亿元；中冶赛迪进入资产100亿元集团行列，石油公司成为销售100亿元集团新兵，移动公司、烟草工业公司、中冶建工、中轻物产利润增幅超过50%。五是市属八大工业集团中，已有7户成为资产百亿元集团，6户跨入营收百亿集团行列。全市资产百亿元国有集团达25户，其中17户已超200亿元；销售100亿元集团达12户，包括商社集团、重钢集团、机电集团、化医集团、轻纺集团、建工集团、能源集团等7户市属集团和长安集团、电力公司、烟草公司、西南铝、石油公司等5户中央在渝企业。

(二)充分发挥骨干作用，勇当经济社会发展脊梁

市属国有重点企业入库税金增幅高于全市税收增幅9个百分点。市属国有投资集团实现投资额460亿元，同比增长11%。市属国有工业集团利润增幅高于全市工业企业利润增幅7个百分点。地方金融企业存贷款余额占全市金融机构存贷款余额的比重达到21%和18%，累计支持中小企业发放贷款884亿元，为库区企业发放贷款843亿元，发放“支农”贷款260亿元，承诺担保项目508个，已发放贷款101亿元。筹资50亿元帮助渝东北、渝东南16个区县建设特色工业园区的工作开始启动，可研资金已经到位，丰都、黔江作为试点区县，3亿元资金已进入进出口总行审贷阶段。在此基础上，其余各县的贷款工作将会全面落实。在推进“五大重庆”建设中，重庆信托、地产集团、渝富公司、园投公司积极配合，帮助区县实现危旧房改造融资60亿元；水务集团累计投资64亿元，完成“净水工程”项目29个，污水处理能力在全市占比达到97%；高发公司全年投资180亿元，万云高速和外环高速北碚至西彭段竣工通车；开投公司全面开工轻轨六号线建设；水投集团连续四年刷新全市重点水利工程建设年投资额纪录，8座“泽渝”中型水库枢纽工程全面完成；城投公司承建的水碾立交工程和鱼洞长江大桥正桥(上游幅)、北引道主线一期工程、南引道主线工程建成通车，五里店立交扩建工程完成主体工程建设，双碑嘉陵江大桥、嘉华大桥北延伸段开工建设。

(三)积极履行社会责任，全力支撑保民生保稳定

在四川特大地震灾害中，国资系统捐赠现金8515

万元,调集设备507台,组织13支突击队1126名队员奔赴一线,开通道路、空运、油料补给、物资调配、伤员救治、设备生产、通讯、融资等8条"绿色通道",创造派遣抢险队、设置"粥棚"等多项全国第一,建工集团为此获全国表彰,18户集体和31名个人获市委表彰。在大接访、大下访活动中,投入资金15亿元,解决国企职工住房、医疗等多项福利待遇和近2万人的信访诉求、实际困难,国企职工全年上京到市上访集访事件大幅减少,人次仅为三年前的30%。统筹多种所有制经济共同发展,有7613户民营、外资企业和71.4万职工为国有产业集团提供配套服务,发生业务金额343.7亿元。国有重点企业全年新增职工就业岗位23879个,其中新招录大专院校应届毕业生7146名、农民工10415名、中高级人才6318名。市属国有企业职工年均收入由五年前的1.25万元增长到2008年的2.8万元,较上年增长12%。煤炭、电力、燃气、水务、交通和石油石化企业,在价格严重倒挂的情况下,坚持生产,保稳定、保民生。公交集团承担特殊群体的免费公交成本5.9亿元。能源集团因稳定煤炭市场减少收益10亿元,新增燃气居民用户16万户。水投集团新增农业灌溉面积24万亩、改善灌面50万亩,新增农村人畜饮水1.5亿立方米。水电气等国有公益性企业在年度行业作风民主评议中,群众满意度均达到96.8%以上。

(四)加大结构调整力度,资源优化配置成效显著

全面启动最后10户国家计划破产项目,政策性破产工作进入尾声。继续缩短集团管理链,再减集团所属二级三级及以下级企业35户。整合粮食和食品企业,粮食集团、渝惠食品集团成立运行。盘活闲置资产,涉及渝富公司、水务控股、地产集团、四联集团、能源集团、重庆商社等12户企业集团,资产、股权30多亿元。实施江北嘴公司对渝海集团托管,通过3.6亿元收购东方资产债权方式,取得"帝王广场"等11万平方米建筑,同时一举减掉渝海集团8亿元不良债务,至此,扣除政策性亏损外,市属国有重点企业全部实现赢利。推动环保搬迁,完成国企环保搬迁项目9个,其余26个项目完成投资95.5亿元。尤其是重钢整体搬迁取得积极进展,项目报批进入国家发改委核准程序,场平工程基本结束,公路、码头、铁路等配套设施相继完成,生产线建设全面铺开。一大批项目相继上马,化医集团40亿美元的MDI一体化项目顺利奠基、85万吨甲醇项目破土动工,庆铃700P商用车上马,四联集团LED产业基地开工建设,港务集团寸滩港区三期工程开工,机电集团水泵公司井口基地投产。这些措施的到位,将产生巨大的发展能量。

(五)提速对外合资合作,扩大开放大事喜事连台

标志内陆开放高地的重庆保税港区公司挂牌成立,成为内陆惟一的保税区和全市对外开放的重要门户。惠普、霍尼韦尔、斯托塞克等知名企业进驻重庆,国有企业已与41户世界500强企业进行战略合作。一批台湾软件巨头相继入驻西永微电园。成功承办"中国知名国企重庆投资发展研讨会",签约项目17个,金额539亿元,已到位317亿元,到位率达到59%。四联集团成功收购霍尼韦尔蓝宝石晶体厂。国际集团中标苏丹政府项目四个,项目金额3.2亿美元,签下重庆市历史上合同金额最大的海外工程建设项目,在经济形势不景气的情况下,将有力支撑集团未来四年的盈利增长。"重庆造"齿轮进入美国市场,成为美国车桥公司配套供应商。轻纺集团对外承担建设项目和国内成套设备出口等工作有了新的突破。双钱轮胎、上汽依维柯红岩商务车等重大引资项目竣工投产。化医控股、机电控股等集团的一批对外并购项目正积极推进。进出口担保公司的建立,标志着国资系统拓展国际市场的综合措施基本到位,为下一步大发展奠定基础。国资委与市外经贸委建立国企"走出去"信息联系沟通机制,搭建国企"抱团"走出去的信息交流平台。

(六)稳步推进整体上市,国企转机建制成效显著

在资本市场持续低迷的情况下,重庆市国有企业整体上市工作取得积极进展。重庆机电H股在香港上市挂牌交易,成为重庆直辖后第一家在香港上市的企业。西南证券借壳ST长运的上市方案获证监会批准。重庆水务、重庆银行上市方案进入证监会审批流程。商社集团所属新世纪百货完成改制和引进战略投资者工作,迈出整体上市工作的关键一步。四联集团、长江轴承、紫光化工完成股份公司的组建,进入上市辅导期。建工集团上市工作完成资产整合。港务集团所属的港口经营性资产上市工作全面启动。通过推动整体上市工作，解决一批遗留问题，进一步规范公司治理结构，促进企业的转机建制。如水务集团通过上市推动，清晰产权关系，改善治理结构，集团管理成为全国行业龙头，绩效综合指标进入全国优秀行列。四联集团、重庆银行通过推动上市，管理层和职工持股问题得以有效解决。

（七）大力推进自主创新，国企发展后劲不断增强

坚持把自主创新作为转变发展方式、增强发展后劲的重要抓手，推动企业技术创新、节能减排等工作取得积极进展。市属国有工业集团新产品产值占工业总产值的比重达到31%，研发费投入同比增长16%。市属国有企业全年利润增幅大于营业收入增幅20个百分点，表明高附加值产品的比重明显加大。全年市属国有企业新增区县级以上知名商标21件，有效专利179件。有中国驰名商标6件、省市级著名商标168件。重钢吨钢综合能耗同比下降25公斤标煤/吨，万元工业增加值能耗同比下降30.3%，万元产值能耗同比下降26.9%。四联集团着力推动新产品设计技术、工程应用技术创新，主导产品领域实现多项关键技术突破，全年完成新产品计划项目53项，申请专利77项，获专利授权40项，参加国家、行业标准制修订16项，新获准承担国家级项目6项，集团科技投入占销售收入的比例达到5.8%，荣获全国首批91家创新型企业称号。长安集团以开发流程为核心的汽车自主研发管理体系、重庆齿轮箱有限公司的大型装备制造企业主导的企业集群创建与管理，获第十五届国家级企业管理现代化创新成果一等奖。中冶赛迪承担技术总责的世界首套1200MPa高强度钢种平整分卷机组、总承包的国内首个4000立方米以上级特大型高炉工程顺利投产。川维厂天然气乙炔技术达到国际领先水平，30万吨/年醋酸乙烯项目投产后将跻身世界级天然气化工生产商行列。

（八）着力破解资金瓶颈，融资创新取得重大突破

积极推动金融创新，有效解决企业资金不足的问题。城投公司成功发行重庆历史上单支规模最大、西部首支纯信用无担保企业债券30亿元，成为西部惟一一家发行三次企业债券的企业。重钢集团启动全国首家可分离债券发行工作。开投公司与国开行、工行、农行、中行、建行、交行、深发展签署150亿元贷款协议，为重庆市最大一笔银团贷款。市属国有重点企业全年实现股权、债券等直接融资266亿元，名列全国地方国企前列。国资委为企业直接协调各类资金107亿元，支持发行企业债券45亿元、短期融资债券14亿元，正在报批的企业债券190亿元、短期融资债券30亿元、可分离债券20亿元、中期票据15亿元。

地方金融企业改革发展也取得新进展。重庆银行成都分行组建运行，成为西部首家跨区经营的地方银行；实施“暖冬”计划，为1000户中小企业提供15亿元贷款、增加1万个就业岗位；探索建立政府、银行、企业、担保公司“四位一体”的协作模式，风险控制水平达到二级，进入全国良好银行序列。重庆信托发放基础设施信托计划120亿元，人均利润创西部第一、全国前五。农商行、三峡银行完成改制重组并取得良好经营效益，农商行存款突破1000亿元大关，费用率、成本收入比、充足率进入全国前三，信息化管理水平名列全国农村金融机构第一位，利润增长80%；三峡银行利润增长600%。三峡担保实现增资，利润增长100%。工业担保公司、进出口信用担保公司和教育担保公司成立运营。安诚保险公司初步形成全国性的业务网络体系，增资扩股工作进入选择投资者阶段。金融租赁公司正在抓紧筹建。

二、重庆市及区县国有资产监管机构工作进展情况

重庆市国资委牢固树立监管就是服务的理念，在全国率先启动委机关机构改革，将原按产权、分配等业务管理方式设置的处室，改建为对应工业、投资、金融和商贸物流四大板块企业的处室，实行日常事务和业务工作的集中服务。在市级部门率先启动机关中层干部的市场化招聘。国企负责人与市级机关、区县领导的双向交流也进行有益的探索。研究出台《关于加强市属国有重点企业监事会工作的意见》，在企业集团全面推行监事长制度，已向20户集团派出监事长。强化改制企业审计，挽回国有权益4亿元。建立国有资本经营预算制度。改进年薪管理

办法,拟定年金制度。建立企业财务顾问制度,全面执行新《企业会计准则》,成为全国为数不多、与央企同步执行的省市。解决西南证券与清华紫光8700万元证券纠纷案、重庆医药与贵州六枝特区1100万股权纠纷案等一大批历史遗留积案,全年共了结国企历史积案62件,避免和挽回经济损失16.6亿元。修订并以市政府名义制发《重庆市经营性国有产权转让暂行办法》(渝府令220号),重交所全年完成产权交易项目956宗,交易金额120亿元,竞价增值率21%,规范率100%。积极服务区县国资工作,协调四川省财政、国资等部门,为原万州、涪陵、黔江地区企业争取豁免财政性债务2亿元;完成大渡口区、忠县、涪陵区等多个项目的审核报批工作。万州区属国企营业收入、利润、利税同比增幅均超35%。涪陵区多渠道筹集改革成本8600万元,完成31户区属国企改革工作。黔江区国资委集中经营行政事业资产,实现资产经营收入973万元,区属国有资产保值增值率达到104.5%。

三、重庆市国有资产总量与结构分析

表1　2008年重庆市所属国有企业主要经济指标情况

单位:亿元

项　目	金　额
资产总额	9469.6
净资产	2958.7
营业收入	1782.7
利润总额	112.3
本年实际上缴税金总额	107.4

表2　重庆市国有企业户数情况

项　目	2007年	2008年	同比增减(%)
户数(户)	2021	1898	-6.09

表3　2008年重庆市国有资产地区分布情况

地　区	国有资产(亿元)	占国有资产总量比重(%)
万　州	54.6	2.16
涪　陵	71.3	2.82
渝　中	964.8	38.17
大渡口	44.6	1.76
江　北	295.3	11.68
沙坪坝	24.7	0.98
九龙坡	65.4	2.59
南　岸	25.8	1.02
北　碚	97.7	3.87
万　盛	23.3	0.92
双　桥	9.1	0.36
渝　北	336.7	13.32
巴　南	48.8	1.93
黔　江	37.2	1.47
长　寿	39.9	1.58
江　津	36.3	1.44
合　川	51.1	2.02
永　川	41.8	1.65
南　川	9.6	0.38
高　新	53	2.10
经　济	22.4	0.89
綦　江	45.3	1.79
潼　南	8.8	0.35
铜　梁	2.3	0.09
大　足	2.1	0.08
荣　昌	13.3	0.53
璧　山	11.3	0.45
梁　平	3	0.12
城　口	3.2	0.13
丰　都	14.2	0.56
垫　江	5.5	0.22
武　隆	2.3	0.09

续表

地 区	国有资产(亿元)	占国有资产总量比重(%)
忠 县	2.4	0.09
开 县	7	0.28
云 阳	2.1	0.08
奉 节	7.3	0.29
巫 山	0.3	0.01
巫 溪	0.6	0.02
石 柱	8.6	0.34
秀 山	21.2	0.84
酉 阳	5.7	0.23
彭 水	4.9	0.19
市 外	2.6	0.10

表 4 2008 年重庆市国有资产行业分布情况

行 业	国有资产(亿元)	占国有资产总量比重(%)
一、农林牧渔业	17.7	0.70
二、工业	478.7	18.94
三、建筑业	185.4	7.34
四、地质勘查及水利业	60	2.37
五、交通运输仓储业	519.4	20.55
六、邮电通信业	0.1	0.00
七、批发和零售、餐饮业	49.1	1.94
八、金融业	95.7	3.79
九、房地产业	378	14.96
十、信息技术服务业	1.7	0.07
十一、社会服务业	717.3	28.38
十二、卫生体育福利业		0.00
十三、教育文化广播业	17.7	0.70
十四、科学研究和技术服务业	1.6	0.06
十五、机关社团及其他	4.9	0.19

表 5 2008 年重庆市国有资产经营规模分布情况

经营规模	国有资产(亿元)	占国有资产总量比重(%)
大型企业	1029.70	40.74
中型企业	657.3	26.01
小型企业	840.4	33.25
合 计	2527.4	100.00

2008 年末,重庆市国有资产总量突破 2000 亿元,达到 2527.3 亿元,较上年净增 643.2 亿元,同比增长 34.1%,再创历史新高。其中,市级监管企业国有资产总量 1717.4 亿元,较上年净增 348.3 亿元,同比增长 25.4%;市级非监管企业国有资产总量 89.9 亿元,较上年净增 21.7 亿元,同比增长 31.82%;区县企业国有资产总量 720 亿元,较上年净增 271.3 亿元,同比增长 60.46%。

从行业分布来看,国有资产分布于工业、金融业、建筑业等 15 个行业中,除卫生体育服务业、邮电通信业、信息技术服务业、科学研究和技术服务业等 4 个行业国有资产总量略有下降外,其余 11 个行业均保持国有资产的增长。其中,社会服务业、交通运输仓储业、房地产业国有资产净增额位居前三,分别增加 169.3 亿元、98.4 亿元和 97.2 亿元;建筑业、农林牧渔业、交通运输仓储业增幅位居前三,分别增长 113.1%、52.6%和 48.4%。

国有资产总量的迅速增长,主要有以下三方面的原因:

一是企业经营积累增加。2008 年,国资委监管的投资集团、工商产业集团、金融企业三大板块发展势头强劲,经济效益均呈现快速增长态势,全年归属于母公司净利润 69.5 亿元,经营积累的增加推动国有资产总量的持续增长。

二是市政府加大对基础设施投入。市政府为全面贯彻胡锦涛总书记"314"总体部署,努力把重庆加快建设成为西部地区的重要增长极、长江上游地区的经济中心、城乡统筹发展的直辖市,实现在西部地区率先实现全面建设小康社会目标,启动一大批市级重点建设项目,市财政通过返还土地增值收益等方式加大对承担建设任务的市级投资集团的资本金投入,成为助推重庆国有资产总量增长的中坚力量。

三是各区县政府加大投融资平台公司的投入。区县企业国有资产总量较上年净增276亿元。重庆的"一圈两翼"发展战略定位,助推了主城及一小时经济圈内的区县提速发展。江北区、北碚区、渝北区、合川区、永川区、綦江县等区县启动一批重点项目的上马,如北碚蔡家组团的开发、同心工业园的建设等,各区县政府加大投入力度,为项目搭建的投融资平台公司是拉动区县国有资产总量增长的主要原因。

四、重庆市国有资产保值增值综合分析评价

2008年,重庆市国有资产保值增值率为102.95%,同比下降0.08个百分点。其中:市级监管企业国有资产保值增值率为103.54%,同比增加0.27个百分点;市级非监管企业国有资产保值增值率为101.93%,同比下降2.17个百分点;区县企业国有资产保值增值率为101.33%,同比下降0.53个百分点。

从行业情况来看,工业、批发和零售、餐饮业、建筑业等13个行业实现国有资产保值增值,地质勘查及水利业、卫生体育福利业2个行业未实现国有资产保值增值。

影响国有资产保值增值率的主要原因是:

一是市级监管企业经济效益提升和运行质量的显著改善是国有资产保值增值率同比提高0.27个百分点的主要原因,也是拉动全市国企实现国有资产保值增值的重要力量。其中,重钢集团、重庆水务集团等5户企业国有资产保值增值率在110%以上,重庆国际信托、重庆银行国有资产保值增值率分别达到129%和124%。

二是市级投资集团在重庆城市基础设施投资建设领域发挥重要作用的同时,实现自身的良性发展。由于其国有资产增幅较快且总量较大,经营积累增幅较小,且有部份来源于政府性补贴,在计算国有资产保值增值率时作为客观因素剔除,制约监管企业国有资产保值增值率的进一步提高。

三是市级非监管企业多为教育、文化、卫生体育等社会公益行业,多数企业盈利能力较弱,利润的增幅远小于政府对该部分行业的投入增速,导致国有资产保值增值率同比减少2.19个百分点。其中重庆市国有文化资产经营公司国有资产保值增值率为108.94%,是市级非监管企业中的佼佼者。

四是在统筹城乡协调发展政策的推动下,区县经济发展进一步提速。尽管利润同比增长27.4%,经营积累有所增加,但总量较小,且政府性补贴因素较多,对区县国有资产保值增值率的影响不大。与此同时,各区县政府更加注重投融资平台的打造,持续加大对区县企业的投入,国有资产总量的增幅远高于其经济效益的增幅,这是导致区县国有资产保值增值率同比下降0.53个百分点的主要因素。

表6 2008年重庆市国有企业地区和行业保值增值情况

地区	保值增值率(%)	行业	保值增值率(%)
万州	103.43	一、农林牧渔业	100.95
涪陵	100.82	二、工业	103.24
渝中	103.42	三、建筑业	103.13
大渡口	117.34	四、地质勘查及水利业	99.41
江北	104.97	五、交通运输仓储业	103.32
沙坪坝	103.66	六、邮电通信业	100.68
九龙坡	103.75	七、批发和零售、餐饮业	110.76
南岸	100.23	八、金融业	108.09
北碚	100.00	九、房地产业	102.33
万盛	110.28	十、信息技术服务业	109.33
双桥	93.25	十一、社会服务业	101.45
渝北	99.27	十二、卫生体育福利业	94.18
巴南	103.12	十三、教育文化广播业	105.41
黔江	106.10	十四、科学研究和技术服务业	107.08
长寿	103.37	十五、机关社团及其他	103.95
江津	103.45		
合川	104.21		
永川	103.45		

续表

地　区	保　值 增值率 （%）	行　业	保　值 增值率 （%）
南　川	97.29		
高　新	102.66		
经　济	106.73		
綦　江	98.69		
潼　南	84.53		
铜　梁	99.03		
大　足	100.39		
荣　昌	102.03		
璧　山	101.31		
梁　平	100.22		
城　口	98.67		
丰　都	111.67		
垫　江	110.73		
武　隆	94.47		
忠　县	99.76		
开　县	101.20		
云　阳	98.39		
奉　节	98.97		
巫　山	91.91		
巫　溪	100.28		
石　柱	100.67		
秀　山	100.86		
酉　阳	101.41		
彭　水	97.54		
市　外	105.12		

五、重庆市国资委监管企业股份制改革与股权分置改革情况

1. 大力发展国有资本、集体资本和非公有制资本等参股的混合所有制经济，实现投资主体多元化，使股份制成为公有制的主要实现形式。除了涉及国家安全的企业、必须由国家垄断经营的限制性企业和专门从事国有资产经营管理的公司外，国有大型企业都逐步改制为多元股东的公司。对已经实行股份制的企业，健全公司法人治理结构、投资风险控制机制和内部监督管理机制，进一步转变企业经营机制。

2. 继续引进国内外战略投资者，选择有实力、有市场、有信誉的国内外大企业，放大国有资本功能。至2008年底，已与23户世界500强企业进行战略合作，包括日本三菱瓦斯、德国西门子、美国IBM、HP、法国拉法基、意大利依维柯等公司；与广州日产、北大方正、上汽集团等37户国内知名企业进行合资合作。增强市属国有企业的技术创新能力，提高产品的档次和水平，改善经营管理，促进企业持续发展；以维护国家经济安全、国防安全和产业安全为前提，防止产生垄断，切实保护企业的自主知识产权和知名品牌，推动企业开发新产品。

3. 大力推进国有企业改制上市工作，提高上市公司质量。确立以整体上市为基本路径的国企改革新思路并启动推进，首批10户集团（资产规模占市级国有资产总量的20%）的整体上市工作取得实质进展，重钢实现A＋H股，机电股份于2008年在香港成功上市，西南证券成功借壳ST长运上市，重庆银行、水务股份已进入国家证监会审批程序，商社集团、四联集团、建工集团等基本完成上市准备工作。

4. 继续推进企业经营管理者市场化选聘等内部改革。积极推进国有大型企业人力资源市场配置，继续面向社会公开招聘高级经营管理者，加大国有企业人才市场化选聘力度。完善激励机制，稳步推进国有控股上市公司实施股权激励制度，深入推进企业分配制度改革。

5. 重庆市属国有重点企业股权分置改革工作已全面完成。

六、重庆市国资委监管企业主辅分离辅业改制概况

主辅分离辅业改制是解决国有大中型企业人员分流安置富余人员的重要途径，也是盘活资产、做强做大主业、深化国有企业改革的重大举措。重庆市国

有企业大力推进企业主辅分离、辅业改制和富余人员分流工作,根据企业具体情况,突出主业,对与企业关联度不大的后勤等辅业进行分离改制分流,建立独立核算、产权明晰及逐步建立产权结构多元化。至2008年底,已对31户重庆市属国有企业实施主辅分离辅业改制及人员分流工作。

在改制中,按照国务院国资委主辅分离辅业改制的文件精神及有关规定,严格界定辅业资产、闲置资产和关闭破产企业的有效资产,认真组织清产核资、财务审计、资产评估等工作,保证资产价值真实可靠。严格执行国家有关社会保障的规定标准,确保职工合法权益。需要核销国有权益的,严格履行报批程序,并根据批复结果进行账务处理。

七、重庆市国资委监管企业重组与完善法人治理结构改革进展情况

1. 按照形势和条件要求,继续推进企业重组整合。新组建重庆粮食集团有限责任公司、重庆保税区开发管理有限公司。整合设立渝惠食品集团有限公司。实施重庆市江北嘴中央商务区开发投资有限公司对亏损严重、债务繁多的重庆渝海控股(集团)有限公司的托管。

2. 按照现代公司治理要求,积极推进董事会建设。2008年以来,共办理董事任免手续67人次,其中外部董事11人次,职工董事7人次。

3. 加快推进监事会体制改革。扎实推进监事会在企业内部构建力度,监事会对企业经营管理的监督效力得到增强。2008年以来,共办理监事任免手续29人次,其中职工监事8人次。

八、重庆市国资委监管企业建立和完善经营业绩考核体系情况

2008年度重庆市国资委监管企业负责人经营业绩考核体系,在2006年颁发的《重庆市国有企业负责人经营业绩考核暂行办法》和2004年颁发的《重庆市市属国有重点企业负责人年薪管理暂行办法》构建的基本考核体系上进行补充完善。2008年重庆市国资委对企业负责人经营业绩考核体系,针对不同类别企业经营业绩可比性较差的现实问题,继续确立"分类考核、分类计分、分类确定考核等级和薪酬"的基本原则,即市属国有重点企业按经营主业分为产业类企业、投资类企业、金融类企业,分别设定目标、分别设定考核计分办法。在此基础上对企业负责人考核目标值、考核指标计分、对标行业及标准值、考核等级、绩效年薪结构等作出进一步规定。

(一)统筹建立考核指标体系

2008年企业负责人年度经营业绩考核指标体系由基本指标、辅助指标、专项指标组成,各组指标控制在两项左右,绝对指标和相对指标相结合,力求少而精,强化对标考核,树立先进标杆。

产业类企业基本指标主要由利润总额和净资产收益率组成。辅助指标由营业收入和企业个性化相对指标构成,如技术投入比率、资产负债率、应收账款周转率、成本费用利润率等,一般针对企业经营发展的薄弱环节和管理难点设定,以引导企业持续改进管理。专项指标一般由完成后对当期经济效益无直接影响、且国资委当期必须重点推进的工作组成。如企业的安全生产、节能减排、环保、企业改革改制等工作。

投资类企业主要考核政府项目投资完成情况、资产负债率、到期债务清偿率,对兼有经营业务的投资企业,增加考核经营性资产营业收入、管理费用与营业收入比率等指标。

(二)考核目标值的确定

产业类企业考核指标目标值按本企业2007年考核实际完成值或2005～2006三年考核实际完成平均值确定。按企业2007年考核实际完成值确定考核目标值的企业,必须是2005～2006三年利润总额持续增长或2007年利润总额创本企业历史新高企业。按企业2005～2007三年考核实际完成平均值确定考核目标值的企业,2005～2007三年利润总额波动较大时,遵从利润总额2007年实际完成值和2005～2007三年实际完成平均值孰高原则确定。不同的目标确定方式,由不同的增长封顶幅度约束平衡。

投资类企业政策性业务考核目标值按市政府或市级有关部门下达的目标任务值确定;经营性考核目

标值根据国家宏观经济形势、运营环境、企业发展规划、经营状况和2007年实际完成值适度调整确定。

(三)考核指标计分

考核总分由基本指标考核分值和辅助指标考核分值构成，产业类企业指标权重原则按基本指标60%和辅助指标40%确定，投资类企业指标权重原则按基本指标70%和辅助指标30%确定。指标对比坚持绝对指标纵向比，相对指标横向比的原则。专项指标考核扣分不加分。

2008年度实际完成单项基本指标和辅助指标考核目标，计100分。其中产业类企业利润总额及营业收入每增长(减少)1%，加(减)1分(目标利润总额达到2亿元、目标营业收入达到100亿元，分别每增长(减少)0.5%，加(减)1分)。按2007年实际完成值作为目标值的企业，增长20分封顶；按2005～2007三年平均完成值作为目标值的企业，增长50分封顶；净资产收益率按增长水平和行业水平分别计分，每增长(减少)2%，加(减)1分，按2007年实际完成值作目标值的企业，10分封顶；按2005～2007三年平均完成值作为目标值的企业增长25分封顶。行业对标水平分=10分(25分)×(完成值－行业较差值)÷(行业优秀值－行业较差值)。按2007年实际完成值作为目标值的企业，增长10分封顶；按2005～2007三年平均完成值作为目标值的企业，增长25分封顶。

投资类企业超额完成考核目标不加分，未完成政策性业务考核目标按未完成比例扣分，未完成经营性考核目标按产业类企业计分原则扣分。

(四)对标行业及标准值的选择原则

根据企业绩效评价的基本分类，自下而上逐级选择与企业主业相对应的适用行业及标准值；多业兼营的企业选择对标行业时，可区分主业和主业辅业混业。多个主业板块但某一主业突出的企业，采用该主业所对应的行业。多个主业板块均衡的企业，采用覆盖其多种经营业务上一级次的行业，或以各主业上年的主营业务收入为权重，对各主业行业标准值加权平均。被考核企业所在行业因样本原因，无法确定相对应行业，可直接选用国民经济十大门类行业或全国标准。

(五)考核等级确定

企业负责人经营业绩考核等级按考核总分确定，即考核总分达到100分及以上为A级，100(不含100)－90分为B级，90(不含90)－80分及以下为C级。D级为"0"分。2008年未实现国有资本保值和利润总额实际完成值低于2007年的企业，2008年经营业绩考核等级不得确定为A级。以充分保证企业负责人的创造热情，同时保证一个高水平的考核目标。

(六)薪酬结构

企业负责人年薪实行综合绩效年薪制，根据企业类别和企业负责人年度经营业绩考核总分，按累进方式综合确定。产业类企业绩效年薪由基本年薪、基本绩效年薪、增长绩效年薪和处罚绩效年薪构成；投资类企业绩效年薪由基本年薪、基本绩效年薪、扣发绩效年薪和奖励绩效年薪构成。基本年薪不与企业2008年经济效益挂钩，按固定额度分月发放。基本绩效年薪与考核目标值挂钩，2008年实际完成值，低于2008年考核完成值，则相应调减基本绩效年薪。增长绩效年薪直接与企业经营业绩增长挂钩。处罚绩效年薪是当企业提供的资料不能证实指标完成值的准确性或不能直接准确调整完成值时，给予限额扣薪，保证考核数据的准确性和完整性。

(七)2008年企业负责人经营业绩目标考核范围

2008年纳入重庆市国资委负责人经营业绩考核企业共30户。其中重钢集团、庆铃集团、四联集团、机电控股、化医控股、轻纺控股、建工集团、能源集团、商社集团、农垦集团、公交控股、交运集团、港务物流、国际集团、重庆国咨、粮食集团、食品集团、站场集团、水务控股、城投公司、高发公司、交旅投资、地产集团、开投公司、水投公司、渝富公司、江北嘴开发公司、联交所28户企业为市属国有重点企业。西永微电子和三峡担保公司2户企业为市国资委直接监管的二级子企业，因产权关系特殊和重要性原因，一并纳入市国资委直接考核范围。

九、重庆市国资委监管企业负责人考核与选人用人机制改革情况

(一)继续优化领导人员配置,加强领导班子建设

一是在推进企业改革重组中优化班子配备。完成农商行重组转制过程中的班子调整,以及国际信托产权结构调整过程中的班子调整。二是在跟踪班子运行状态中适时优化班子调配。做好化医集团、交旅集团、三峡担保、交运集团等18户企业领导班子的适应性调整工作。三是在企业组建过程中同步优化班子构建。搞好三峡银行、粮食集团、食品集团等3户新建企业领导班子的组建工作。四是继续规范骨干子企业领导人员任免管理,确保出资人职责落实到位。参与大东方人寿、安诚保险、建峰化工、盐业公司等骨干子企业领导班子调整。

2008年,共办理企业领导班子成员任免手续94人次,其中主要领导40人次。提拔企业领导人员26人,其中主要领导8人。从党政机关交流到企业任职21人,其中主要领导12人。企业内部交流的领导人员11人,其中主要领导3人。

(二)加大人才引进力度,有效积聚和储备人才

一是按照市委部署和要求,以组织实施"重庆市千名优秀人才引进计划"为统揽,切实做好引才工作。2008年市属国有重点企业共引进各类高层次人才497人,其中:企业经营管理人才127人,专业技术人才214人,工程技术人才116人,高技能人才40人;具有博士、硕士学位的高学历人才56人,具有本科学历的人才179人。二是会同市教委组织做好2009年国有企业高校毕业生就业双选活动工作。

(撰稿人:龚　政)

四川省

一、四川省国有资产监督管理工作综述

2008年,四川省国资委在省委、省政府的正确领导下,深入贯彻落实科学发展观,牢牢把握职责定位,在监管中促进发展,在发展中加强监管,国有企业改革发展稳步推进,国资监管体系进一步完善,国有资产较好地实现保值增值。

(一)全力以赴投入抗震救灾

"5·12"汶川特大地震灾害发生后,四川省国资委按照省委、省政府的统一部署,立即成立工作机构,启动应急预案,全力投入抗震救灾。

一是集中力量投入抢险救灾。一方面动员组织四川省国资委机关干部投身抗震救灾,派出3支队伍分赴阿坝州、德阳市指挥部和雅安宝兴县一线开展抢险救灾工作。另一方面充分发挥大中型国有骨干企业设备、技术、人才的优势,以中铁二十三局集团有限公司、中铁二局集团有限公司、中铁八局集团有限公司、中国水利水电第五工程局、中国水利水电第七工程局、四川华西集团有限公司、四川省公路桥梁建设集团有限公司、四川化工控股(集团)有限责任公司和四川省煤炭产业集团有限责任公司等企业为依托,组建7支共1500人的专业抢险队伍,自带抢修设备,火速赶赴灾区抗震救灾。据不完全统计,四川省国有企业组织抢险队伍130余支,投入抢险人员1万多人、大型设备1200余台(套),抢通或参与抢通公路100多公里、铁路20余公里、桥梁10余座,安全营救人员300多名,挖掘遇难者遗体1000多具,收治、安置、转运灾民3.5万余人,抢出财产价值5000多万元。

二是全力以赴提供救灾保障。四川省国资委组织和协调通讯、交通、电力、石油等领域的国有企业,以高度的政治责任感,迅速汇集各方之力,采取各种措施,全力抢修道路、通讯、电力等设施,千方百计为抗震救灾提供保障。

三是积极组织企业开展自救互救。一是及时掌握灾情。整理、分析、汇总四川省国资委系统国有企业受灾损失情况,每天形成专题报告。二是指导开展自救。组织9个工作小组及时赶赴受灾企业,了解灾情,动员企业和广大职工,努力抢救人员,设法安置受灾职工。三是开展互助活动。组织未受灾企业援助受灾企业,35户企业向14户受灾严重的企业和6个重灾区市、州国资委提供救援资金2225万元、物资20车。四是帮助解决困难。在机关经费较为紧张的情

况下，安排50万元，支援中国水利水电第十工程局、四川省电力公司、四川省投资集团有限责任公司等受灾较为严重的14户企业和重灾区市州国资委。

四是动员组织抗震救灾捐助活动。动员机关、企业和干部职工立即行动起来，发扬一方有难、八方支援的精神，踊跃为灾区人民捐款捐物。一是四川省国资委机关捐款22.62万元；二是组织国有企业及职工捐赠，据初步统计，73户中央在川企业和四川省国有重要骨干企业通过各种渠道捐款19352万余元、捐物折合3728万余元，共计23080.5万元，其中通过四川省国资委向四川省慈善总会捐赠的款物总价值5521.4万元。三是组织交纳特殊党费。动员四川省国资委机关党员交纳特殊党费9.77万元，四川省国有企业党员交纳特殊党费3536万元。

(二)国有企业经济运行总体平稳，基本完成预定目标任务

2008年，四川省国有企业受地震灾害和国际金融危机影响，生产经营增速放缓，但经济运行总体平稳。2008年1月至12月，29户四川省重点国有企业累计实现销售收入1329亿元，同比增长18.76%，实现利润96.95亿元，同比增长17.23%，实现净利润55.51亿元，同比增长13.28%。54户中央在川企业资产总额和所有者权益继续保持较快增长，分别比上年同期增加1386亿元、349亿元，同比增长24.84%和16.27%。

(三)国有企业改革发展稳步推进

一是积极推进企业联合重组。推进四川省属国有企业同类资源整合，促进四川物资产业集团总公司、四川华西集团有限公司、四川省煤炭产业集团有限责任公司和四川商业集团有限公司的合作，集中四川省属国有企业的物流资源，组建四川省锦鑫物流有限公司，为物流资源的整合搭建平台；推进四川省煤炭产业集团有限责任公司、四川省投资集团有限责任公司、四川化工控股(集团)有限责任公司、四川泸州兴泸投资集团的合作，指导和协调4户企业共同出资组建四川古叙煤田开发股份公司；积极指导推进四川省机场集团有限公司联合重组省内支线机场；指导四川省医药集团有限责任公司与科伦集团的重组工作；完成四川省有色金属工业公司与四川省民族发展总公司联合组建四川省矿业投资集团公司的工作等。积极开展省级综合性产业投融资平台公司和省级专业性投融资平台公司的各项筹建工作，按照“1+N”的模式，成立四川发展(控股)有限责任公司和四川省铁路产业投资集团有限责任公司。

二是国企改革继续深化。启动四川锦江宾馆的公司制改革工作；启动四川老厨房米业有限公司增资扩股以及四川太古飞机工程服务有限公司、四川华西新型环保节能建材有限公司的组建工作。加强对企业管理信息化建设工作的指导，四川省投资集团有限责任公司、四川省煤炭产业集团有限责任公司、四川公路桥梁建设集团有限公司和四川华西集团有限公司等取得阶段性成效。积极指导四川华西集团有限公司等5户企业改制设立股份公司工作，中国华西股份公司和四川锦宾股份公司正式挂牌成立。

三是上市融资工作扎实推进。制定出台《关于推进省属企业上市融资工作的实施意见》，研究制定四川省属企业上市规划，与12户四川省属企业签定上市融资工作任务书，明确四川省属企业上市融资工作的任务和目标。四川省机场股份公司的首发上市和四川水电投资经营集团有限公司借壳上市工作取得积极进展。

四是规范推进企业关闭破产和改革脱困工作。积极做好包括15户监狱企业在内的35个破产项目启动的指导和协调工作，强化对四川广旺集团代池坝等四川省属企业破产项目的跟踪指导。研究提出四川省属企业分离办社会的政策建议，指导四川物资产业集团总公司积极做好其20户子企业的退出方案。认真做好享受退休教师待遇资格的审查工作，落实四川省煤炭产业集团有限责任公司下属的威远煤矿、长江造林局、大渡河造林局和成都木材加工厂的235名退休教师待遇。

(四)国资监管体系不断完善

一是强化法规培训和法律服务工作。针对地震后企业面临的法律问题，以法律保障协会为平台，组织五个义务法律援助小组，深入四川省投资集团有限责任公司、四川华西集团有限公司、中国联合通信有限公司四川分公司、四川九洲电器集团有限责任公司和四川省煤炭产业集团有限责任公司等企业开展法律援助，帮助企业解决实际困难。组织四川省国有企业法律工作人员赴广西、黑龙江等省(区)学习考察企业法律先进做法和经验。组织《企业国有资产法》培训讲座，举办《劳动合同法》实施座谈会和3期企业法律风险防范讲座。对四川华西集团有限公司、四川省煤炭产业集团有限责任公司等8户企业10起重大法律纠纷案件进行协调处理，涉案金额达1.02亿元，减少或避免了企业的经济损失。

二是强化业绩考核和薪酬管理工作。针对地震灾害对监管企业的影响，调整确定2008年考核目标值，与23户企业签订经营业绩责任书。完成2007年度和2005～2007年任期考核清算和薪酬兑现工作。完成2008～2010年任期考核目标值测算和2008年目标完成情况及2009年目标值预测。研究制定《四川省省属企业重大决策失误责任追究办法(试行)》《四川省省属企业负责人特别贡献奖励暂行办法》，进一步完善薪酬体系。完成四川省属企业2007年工资总额审计工作和2008年工资总额调控工作。进一步完善授权经营试点方案，启动股权激励试点工作。

三是监事会工作进一步加强。加强对企业日常经营管理活动的监督，风险防范和预警作用得到进一步发挥。试行监事会年度检查与企业年度会计报表审计工作相结合的检查方式，较2007度提前两个月完成监督检查报告，实现当期监督的时效性。积极探索创新监督检查方式方法，试点计算机辅助查账工作，制定"内设外派"型监督及过渡方案。精心组织，顺利完成监事会第二次换届轮岗工作。

四是加强产权监管。以产权转让为核心，依法规范产权转让，2008年四川省完成企业国有产权交易96宗，其中竞价方式70宗，竞价率72.92%；涉及资产评估值8.72亿元，实现成交金额10.76亿元，增值率23.40%。认真做好资产评估管理工作，2008年度四川省完成企业国有资产评估项目共计156项，调整后账面资产总额为215.43亿元，评估价值为519.05亿元，评估增值率为140.94%，其中，评估备案项目148项；评估核准项目8项。支持上市公司通过资本运作做大做强，审核办理新光硅业38.9%股权注入川投能源、新华商纸业50%股权注入新华文轩、泸天化集团部分资产注入泸天化、成渝高速A股首发上市募资收购项目、泸州老窖公开减持和长虹集团持有美菱电器股权转让给长虹股份等事项。召开22户四川省属企业股权划转四川发展控股集团公司工作会议，按时完成四川发展控股集团公司产权和工商登记注册等相关工作。

五是加强财务监督和投资监管工作。进一步强化和规范包括企业财务决算、财务预算、财务快报和国有资产统计在内的企业财务报告管理体系，促进企业财务管理水平和财务会计信息质量的提高。完成2007年度出资企业财务预决算、四川省企业国有资产统计工作以及四川省重点国企与中央在川企业财务快报，为深化出资人财务监管和四川省国资委各项改革发展决策提供信息和数据支撑。加强对企业投资监管，跟踪企业重大投资项目进展工作，并对四川航空集团公司、四川省投资集团有限责任公司和四川华西集团有限公司等企业重大投资项目进行审查、备案，对企业担保和抵押贷款进行审核和登记。与四川省发改委、四川省经委和四川省属企业对接，明确四川省属企业节能降耗目标任务，并参加四川省经委组织的国家千家企业节能行动39户重点耗能企业的年度考核工作。及时汇总四川省属国有企业灾后重建规划建设项目，积极配合省级有关部门编制灾后重建规划。

(五)国有企业党的建设得到加强

一是组织国有企业党组织和广大党员积极投入抗灾救灾。在抗击冰雪和地震灾害中，四川省国有企业各级党组织和广大党员，认真落实四川省委、省政府的安排部署，全力抗灾救灾，在困难时刻、危急关头四川省国有企业党的组织和广大共产党员经受锻炼和考验，为四川省战胜雨雪和地震灾害做出重要贡献。据不完全统计，四川省国资委系统国有企业先后组织130支以党员为主突击队，13万余名党员参与抗震救灾，并涌现出先进个人1841名，集体513个，其中：8个集体、8名个人受到中共中央、国务院、中央军委表彰；1个党组织、4名党员受到中央组织部表彰；64个党组织、集体和98名党员、个人受到国务院国资委党委表彰；25个党组织、集体和24名党员、个人受到四川省委、省政府表彰。四川省国资委党委表彰70

个党组织、96名优秀共产党员。

二是围绕改革发展稳定和灾后重建，加强和改进国企党建工作。积极开展深入学习实践科学发展观活动试点工作，四川省投资集团有限责任公司、四川长虹电子集团有限公司学习实践活动健康发展，进展顺利。紧紧围绕落实党员主体地位，推进党内基层民主建设，选择中铁二局集团有限公司、四川省机场集团有限公司进行落实党员主体地位试点。同时，还在四川省国有企业中推行基层支部书记公推直选工作，并积极探索党代表在闭会期间发挥作用的途径和办法。

三是加强企业班子考核和人才队伍建设。完成30户企业200余名领导人员的2007年度考核工作；考察、审批和办理四川华西集团有限公司等10户企业70余名领导人员的调整补充、交流、配备和兼职事项；完成四川发展集团公司、四川省铁路投资集团公司和四川富润公司等6户企业领导班子的配备工作，进一步优化了班子结构。加强企业人才队伍建设，推荐上报22名享受政府特殊津贴人员、38名省级专家人才和3户国家级人才示范基地，牵头开展企业家和职业经理人队伍建设课题研究工作。分别与四川省委组织部、四川省经委联合举办第8期企业领导人员主体培训班和四川灾后恢复重建专题培训班，共培训企业领导人员60名。

四是扎实开展反腐倡廉工作，积极推进惩防体系建设。完成四川省纪委《国企领域腐败现状及对策研究》《我省国有企业经营管理中违纪违法问题及对策研究》和《社会领域预防腐败工作》(国有企业部分)课题调研。制定下发《四川省省属国有企业党风廉洁建设责任制考核办法(试行)》，与22户四川省省属企业负责人签订《党风廉洁建设责任书》。对四川省煤炭产业集团有限责任公司下属攀煤公司宏达煤矿项目进行了效能监察，并深入四川省投资集团有限责任公司、四川省铁路集团公司、四川省机场集团有限公司和四川省煤炭产业集团有限责任公司等企业指导效能监察工作，积极推动攀钢集团有限公司和四川移动通信有限责任公司开展物资采购网上招标的试点推广活动。认真受理职工群众来信来访，全年共受理来信来访49件，初核了结16件。

五是宣传思想工作、企业文化建设和群众工作富有特色和成效。2008年1月，组织部分四川省国有企业到欧洲企业进行考察学习，系统学习国外企业文化建设的先进理念和经验。抗震救灾期间，组织接待15家省内外新闻媒体对四川省国资委和四川省国有企业抗震救灾阶段工作进行宣传报道。成功举办四川省国有企业(化工杯)第二届职工文艺汇演和四川省国有企业职工技能大赛维修电工决赛。在元旦、春节和抗震救灾期间，企业各级党组织认真开展慰问困难党员和困难职工活动，并积极做好扶贫帮困工作，圆满完成2008年第一批四川省省属企业困难职工帮扶资金发放工作。

(六)认真做好信访稳定和安全生产工作

针对23户四川省省属企业不稳定因素和安全生产隐患工作，进行全面排查治理，督促9户企业就7类19个问题落实整治措施。对四川省委下达的9个影响稳定的突出问题，明确委领导和职能处室的包案责任，有3个信访案件办理结案。先后组成9个安全生产督查指导组，对四川省投资集团有限责任公司、四川航空集团公司、四川化工控股(集团)有限责任公司和四川省机场集团有限公司等9户重点企业进行安全检查，并与四川省安监局联合召开四川省省属企业和中央在川企业安全生产工作会，全面落实企业安全生产责任制，确保春节、全国"两会"和北京奥运会、残奥会期间系统企业的安全稳定。同时，认真做好群众来信来访工作，全年共处理群众来信163件，接待来访1251人次。

二、四川省国有资产总量与结构分析

截至2008年12月31日，四川省地方企业国有资产统计报表汇编企业2996户，资产总额8940.32亿元，负债总额6020.45亿元，净资产2919.87亿元，营业收入2179.08亿元，利润总额123.34亿元，实际上缴税金总额177.13亿元，年末国有资产总量2415.24亿元，与上年比较，资产总额增长32.02%，净资产增长35.88%，营业收入增长16.79%，利润总额增长1.11%，国有资产总量增长35.36%。

表1　2008年四川省所属国有企业指标情况

单位:亿元

项　目	金　额
资产总额	8940.32
净资产	2919.87
营业收入	2179.08
利润总额	123.34
实际上缴税金总额	177.13

表2　四川省国有企业户数情况

项　目	2007年	2008年	同比增减(%)
户数(户)	2881	2996	4.0

(一)成都市国有资产总量份额大,各市州分布差异大

2008年,四川省本级国有资产总量为712.37亿元,占全省的29.50%,成都市国有资产总量为912.60亿元,超过省本级,成为四川省国有资产总量最大的地区,占全省的37.78%,两项合计占全省的67.28%。其他20个市州合计总量仅占全省的32.72%,分布差异也较大,其中,宜宾市、绵阳市上百亿元,分别是243.10亿元、141.96亿元,比重分别为10.07%、5.88%;其余18个市州中仅有泸州市、凉山州超过50亿元,且与前两位差距较大;5个市州国有资产总量不足10亿元,最低为巴中市3.56亿元,其合计总量仅占全省的1.42%。

表3　2008年四川省国有资产地区分布情况

地　区	国有资产(亿元)	占国有资产总量比重(%)
省本级	712.37	29.50
成都市	912.60	37.78
宜宾市	243.10	10.07
绵阳市	141.96	5.88
泸州市	70.16	2.90
凉山州	63.67	2.64
遂宁市	42.24	1.75
乐山市	33.14	1.37
广元市	28.55	1.18
甘孜州	23.74	0.98
阿坝州	18.73	0.78
攀枝花市	18.55	0.77
南充市	15.06	0.62
自贡市	15.03	0.62
眉山市	14.95	0.62
雅安市	14.60	0.60
德阳市	12.46	0.52
广安市	8.49	0.35
达州市	8.22	0.34
资阳市	7.17	0.30
内江市	6.88	0.29
巴中市	3.56	0.15
合　计	2415.24	100

(二)行业分布不均,工业在四川省国有经济中的地位突出,社会服务业比重上升、跃居行业第二

2008年,15个行业中工业比重最高为25.07%,国有资产总量605.49亿元,在四川省国有经济中的地位突出,但比重较上年下降5.36个百分点;社会服务业由上年的行业第三跃居为第二,总量为506.10亿元,所占比重20.95%;交通运输仓储业由上年的行业第二降为第三,总量为444.55亿元,所占比重18.41%;其他三个总量上百亿元行业分别是金融业292.13亿元,所占比重12.10%;房地产业266.08亿元,所占比重11.02%;建筑业167.32亿元,所占比重6.93%。在排名前六位的行业中,除工业和交通运输仓储业的比重较上年降低外,其他四个行业的比重均较上年加大,6大行业间的差距缩小;另外9个行业合计比重仅为5.53%,批发和零售、餐饮业等七个行业的比重尚不足1%,邮电通信业总量为零,行业分布明显不均衡。

表4　2008年四川省国有资产行业分布情况

行　　业	国有资产（亿元）	占国有资产总量比重(%)
一、农林牧渔业	32.09	1.33
二、工业	605.49	25.07
三、建筑业	167.32	6.93
四、地质勘查及水利业	8.41	0.35
五、交通运输仓储业	444.55	18.41
六、邮电通信业		
七、批发和零售、餐饮业	22.90	0.95
八、金融业	292.13	12.10
九、房地产业	266.08	11.02
十、信息技术服务业	3.40	0.14
十一、社会服务业	506.10	20.95
十二、卫生体育福利业	1.40	0.06
十三、教育文化广播业	48.47	2.01
十四、科学研究和技术服务业	0.31	0.01
十五、机关社团及其他	16.58	0.69
合　　计	2415.24	100.00

（三）大型企业在四川省国有经济中仍占主导地位，小型企业比重加大

2008年，大型企业国有资产总量1230.40亿元、比重为50.94%，仍在四川省国有经济中占主导地位，但比重较上年下降14.88个百分点，中型企业比重与上年基本持平，小型企业增长快，总量为755.20亿元，同比增长1.53倍，比重较上年提升14.53个百分点。

表5　2008年四川省国有资产经营规模分布情况

经营规模	国有资产（亿元）	占国有资产总量比重(%)
大型企业	1230.40	50.94
中型企业	429.64	17.79
小型企业	755.20	31.27
合　　计	2415.24	100.00

三、四川省国有资产保值增值综合分析评价

2008年，四川省地方国有企业克服自然灾害和金融危机的不利影响，努力保持经济运行增长速度，地方国有资本实现保值增值，增值保值率为101.79%。

（一）国有资本实现保值增值

尽管2008年下半年四川省地方国有企业的效益回落明显，全年仍基本实现国有资本的保值增值，截至年底，四川省地方国有企业国有资本及权益2414.25亿元，加上年末其他国有资金0.98亿元，年末国有资产总量达2415.24亿元，较2007年增长35.36%，由生产经营产生的经营净积累为32亿元，国有资本保值增值率为101.79%，另外，国家、国有单位直接或追加投资290.29亿元，无偿划入207.14亿元，国家投资力度较上年更大，将促进四川省国有企业的整合并做强做大。

（二）不同区域、不同行业的企业保值增值水平存在一定差距

2008年，四川省省本级国有资本保值增值率为100.10%，四川省省级监管企业为100.22%，30户企业中23户实现保值增值，省级非监管企业未实现国有资本保值增值，仅为97.94%；市州企业的国有资本保值增值率超过平均水平为102.73%，地区间存在一定差距，12个地区实现国有资本的保值增值，凉山州最高为114.92%，9个地区未实现保值增值，巴中市比率低于90%；15个行业保值增值水平有差异，实现保值增值率的行业有6个，最高为科学研究和技术服务业117.54%，未实现保值增值率的行业有8个，最低为地质勘查及水利业94.31%。

表6　2008年四川省国有企业地区和行业保值增值情况

地　区	保值增值率(%)	行　业	保值增值率(%)
省本级	100.10	农林牧渔业	97.72
成都市	100.71	工业	105.62
自贡市	99.12	建筑业	102.09

续表

地 区	保值增值率(%)	行 业	保值增值率(%)
攀枝花市	103.07	地质勘查及水利业	94.31
泸州市	105.93	交通运输仓储业	98.11
绵阳市	103.46	邮电通信业	0.00
德阳市	97.50	批发和零售、餐饮业	103.39
广元市	102.59	金融业	100.34
遂宁市	101.79	房地产业	106.42
乐山市	102.10	信息技术服务业	98.25
内江市	99.38	社会服务业	99.14
南充市	99.07	卫生体育福利业	99.51
宜宾市	105.50	教育文化广播业	99.16
广安市	97.24	科学研究和技术服务业	117.54
达州市	101.84	机关社团及其他	99.20
巴中市	88.90		
雅安市	98.53		
眉山市	101.45		
资阳市	93.93		
阿坝州	92.30		
甘孜州	103.48		
凉山州	114.92		

四、四川省国资委监管企业国有产权管理情况

(一)做好产权管理基础工作,切实为国企改革发展服务

1. 做好产权登记工作。把好产权注销、注册资本金减少等企业重大产权登记事项关,2008年共计完成四川省省属企业产权登记项目153宗,其中占有登记53宗,变更登记93宗,注销登记1宗,补办证1宗。

2. 做好资产评估管理工作。2008年度四川省完成企业国有资产评估项目共计156项,调整后账面资产总额为215.43亿元,评估价值为519.05亿元,评估增值率为140.94%,其中:评估备案项目148项;评估核准项目8项。

3. 做好国有资产无偿划转工作。配合国务院国资委做好华诚投资管理公司所属华诚银华、中核集团五洲公司、四川西光公司产权下划工作,落实国有企业关闭破产计划;做好划入四川发展集团公司22户省属企业产权划转工作,支持搭建省级投融资平台工作;做好四川铁路集团公司、四川公路桥梁建设集团有限公司、四川省投资集团有限责任公司持有的四川富润企业重组投资有限责任公司产权无偿划转四川省国资委工作,为打造省属企业改革重组平台服务;支持四川省商业有限公司、四川省煤炭产业集团有限责任公司、四川华西集团有限公司做好内部国有产权无偿划转工作,为四川省省属企业资源整合服务。

(二)规范企业国有产权转让,推动产权交易机构整合

1. 努力提高产权转让进场率,做到"应进必进"。严格按照国家和四川省企业国有产权转让办法规定,坚持进场交易制度,规范审批产权转让项目。据统计,2008年四川省两家指定从事企业国有产权交易的产权交易机构完成企业国有产权交易96宗,其中竞价方式70宗,竞价率72.92%;涉及资产评估值8.72亿元,实现成交金额10.76亿元,增值率23.40%。

2. 加强对协议转让方式的审批。按照中央和四川省有关协议转让的规定,严格执行协议转让的范围、批准权限和审核程序,控制场外的协议转让行为,严格执行协议转让的成交公示、交易鉴证程序,强化操作的透明性,促进过程的规范化。全年审批协议转让事项共计3宗。

3. 加强对交易机构的指导,推进四川省产权交易机构整合。指导四川省国投产权交易中心与全国企业国有产权交易信息监测系统成功衔接,实现监管机构对产权交易项目实时监控。根据全国产权交易机构发展情况,结合四川省省产权交易机构的现状,就整合省市产权交易机构,形成四川省统一的产权交易市场进行专题研究,提出共同建立一个全省统一、立足四川、辐射西南的国有多元化的股份制产权交易平台的目标。

(三)加强上市公司国有股权管理,支持上市公司做大做强

截至2008年12月31日,四川省地方国有控股上市公司19户,其中省属6户、市(县)属13户,涉及成都、绵阳、宜宾、泸州、自贡、广安、乐山、西昌、峨眉山、射洪等8个市县。截至2008年12月31日,四川省19户地方国有控股上市公司总市值1210.2678亿元,国有控股股份总市值598.5298亿元。做好国有股东持有上市公司股权转让管理的相关工作,完成上市公司国有股东账户管理相关工作,建立上市公司股权及市值动态监测制度,支持川投能源、新华文轩、川化股份、泸天化等上市公司整合资源和成渝高速H股回归A股首发上市。

(四)加大支持企业上市力度,为促进地方经济发展服务

按照四川省政府《关于加大企业直接融资力度加快建设多层次资本市场的意见》(川办函〔2005〕56号)精神,为支持地方经济发展,解决企业上市遗留问题,形成《关于解决四川省企业上市涉及国有企业改制过程资产处置有关问题的建议》工作机制,建立解决企业上市涉及国有资产处置遗留问题的地方政府实质性审查、部门程序性审查、专家专业性审查制度。审核确认原四川省射洪锂业有限责任公司改制涉及国有产权转让遗留问题、阿坝州九寨沟旅游股份有限公司国有股权管理方案,依法规范拟上市企业存在的历史遗留问题,支持企业上市工作。

五、四川省国资委监管企业建立和完善经营业绩考核体系情况

2008年,四川省国资委围绕落实国有资产经营责任,促进国有资产保值增值,积极探索、认真履职,进一步建立和完善经营业绩考核体系。

一是健全完善经营业绩考核体系。在总结2005～2007年考核经验的基础上,完成《四川省国有企业负责人经营业绩考核暂行办法》的起草工作,研究制定《四川省省属企业重大决策失误责任追究暂行办法》和《四川省省属企业负责人特别贡献奖励暂行办法》,进一步规范企业负责人经营决策行为,完善企业负责人薪酬激励机制。

二是切实落实国有资产经营责任。针对"5·12"汶川地震灾害的影响和宏观经济形势的变化,加大分类考核力度,制定特殊奖惩措施,确保监管企业总体目标值的增长。到2007年末,23户监管企业资产规模、销售收入、利润、净利润分别比2004年增长34.24%、40.71%、108.03%和139.34%,国有资本保值增值率较2004年提高2个百分点。

三是进一步完善企业负责人薪酬管理。按照《四川省国有企业负责人经营业绩考核暂行办法》和《四川省国有企业负责人薪酬管理暂行办法》,强化负责人薪酬管理,并依据考核结果兑现2007年度和2005～2007年任期薪酬,实现负责人薪酬与业绩的紧密结合。结合《四川省国有企业负责人经营业绩考核暂行办法》的修改,对23户企业负责人基薪的确定方式和标准进行调整,基薪原则上一定三年不变。结合四川省地方国有控股上市公司的实际,启动股权激励试点工作。

六、四川省国资委监管企业负责人考核与选人用人机制改革情况

2008年,四川省国资委始终突出班子建设,坚持德、能、勤、绩、廉标准,以绩为主导,把党管干部原则和董事会依法选择经营管理者,以及经营管理者依法行使用人权有机结合,着力以好的作风选人,选作风好的人。

一是强化制度管理。根据中共中央组织部和四川省委组织部的相关文件精神,结合四川省国有重要骨干企业实际,补充健全《企业领导人员考察任免程序》,出台《关于认真作好企业领导人员退休工作的通知》,进一步加强对班子建设的制度管理。

二是严格遵守程序,加大调整力度。坚持企业领导人员考察预告制,考察中广泛听取企业各层面意见,同时征求纪委意见,全面了解拟任企业领导人员各方面的意见;坚持企业领导人员任前公示制、任前谈话和廉洁谈话制。2008年,调整四川华西集团有限公司、四川省医药集团有限责任公司和四川省外贸集团有限责任公司等10多户四川省省属企业领导班

子，完成四川发展（控股）有限责任公司、四川省铁路投资有限责任公司和四川富润企业重组投资有限责任公司等6户企业班子的组建、配备工作，交流机关干部到企业任职，有力改善企业领导班子的年龄、文化结构。

三是推进市场配置工作。广纳英才，加大企业高层经营管理人员市场化配置的步伐，引进1名人才到四川省锦弘集团有限责任公司担任重要领导职务；坚持党管干部原则，根据《公司法》规定和按照构建法人治理结构的需要，委派1名熟悉经济工作和国企工作、身体健康的国资委退休厅级领导到四川省煤炭产业集团有限责任公司担任外部董事，进一步推进外部董事试点工作，取得良好效果。

四是严格企业领导人员年度考核制度。2008年，严格按照考核程序，采取个人述职、民主测评方式，对四川省宜宾五粮液集团有限公司、四川长虹电子集团有限公司、四川省投资集团有限责任公司等29户四川省国有重要骨干企业近200名领导人员进行年度考核，并按照民主测评情况和企业领导人员平时表现相结合的方式，确定企业领导人员考核等次，将考核结果作为企业领导人员奖惩、使用的重要依据。

五是加大企业后备领导人员队伍建设。2008年，四川省进一步加强企业后备领导人员队伍建设，根据企业实际调整后备领导人员库，为改善国有企业领导班子年龄、文化结构，健全和完善企业领导人员队伍奠定良好的基础，提供人才储备。

六是注重对国有企业选人用人工作的指导。积极牵头会同四川省经济委员会、四川省国防科学技术工业办公室、四川省委统战部、四川省工商业联合会等部门开展企业家和职业经理人队伍建设课题研究工作，完成《四川省企业家和职业经理人队伍建设课题报告》。申报"明日之星"企业家培养计划纳入四川省工业强省人才培养专项资金资助项目。按照党管干部原则和法人治理结构相结合的要求，指导企业加大"双向进入，交叉任职"力度，建立党政联席会议制度，建立长效机制，督促企业严把选人用人关。

（撰稿人：李文法）

贵州省

一、贵州省国有资产监督管理工作综述

2008年，在贵州省委、省政府的正确领导、国务院国资委的大力支持和指导下，贵州省国资委带领各监管企业深入贯彻落实科学发展观，不畏艰难，顽强拼搏，着力抓改革、调整、管理、创新、党建等各项工作，国有资产监管和监管企业改革发展取得来之不易的显著成绩。2008年省国资委24户监管企业实现营业收入628.57亿元、利润87.48亿元、增加值228.84亿元、上缴税金78.35亿元，同比分别增长25.3%、26.7%、18.6%和12.3%。监管企业突出主业，进一步调整和优化资产结构、内部组织结构、业务结构，加快主业发展。茅台酒2000吨/年技改扩能、物资集团物流园区建设、开磷集团磷煤化工基地、瓮福集团达州磷硫化工基地、赤天化集团天福煤化工等一批重大项目取得积极进展。依托首钢加快贵州省钢铁企业整合与发展，盘县"煤(焦、化)—钢—电"一体化、贵钢新特材料循环经济工业基地项目前期工作积极推进。引进中海油参股重组锦麟公司。省开投注重优化投资结构，贵财投资在国企改革中的投融资作用开始发挥。监管企业进一步加大创新体系建设力度，加强技术开发和创新成果运用，强化知识产权开发与保护，提高核心竞争力。贵州振华、瓮福集团、六枝工矿等企业推进产学研结合取得新成绩。贵州振华为"神七"飞船提供高端产品。瓮福集团加大新产品研发和技术输出力度，积极占领高端市场，拓展发展空间，出口创汇居全省第一。贵绳集团加大新产品市场开发力度，国内外市场得到巩固和发展。循环经济建设积极推进，节能减排工作普遍加强，开磷集团成功开发具有自主知识产权的磷石膏标砖生产线。2008年底，监管企业资产总额达1392.03亿元。继水钢实现百亿元销售收入之后，瓮福集团、茅台集团销售收入突破百亿元。

二、贵州省国资监管机构工作进展情况

贵州省国资委代省委、省政府起草《关于深化国有企业改革的指导意见》，牵头承办深化国企改革培训班和工作会议，国务院国资委邵宁副主任及相关厅局负责同志出席培训班并授课，对深化全省国企改革起到积极推动作用。加大市场化选聘企业高管人员力度，面向全国公开招考 5 户企业总会计师。继续推进企业总法律顾问制度建设，加强法律风险防范工作，开展《合同法》执行情况和证照管理检查。加强产权转让监督检查和国有股权管理，维护国有股东权益。启动国有资本经营预算试行工作，推行新《企业会计准则》，组织开展企业财务管理效能监察。完成监管企业负责人第一任期和 2007 年度经营业绩考核，修订考核办法，启动第二任期考核工作。加强和改进监事会工作，强化当期监督，提高监督检查时效。2008 年，监管企业所有者权益 453.85 亿元，同比增长 15.8%，国有资产保值增值率为 115.83%，同比上升 4.47 个百分点，较好实现国有资产保值增值。各市（州、地）国资监管机构认真履职，2008 年是近年来贵州省国企改革和国资监管工作力度最大、进度最快、效果最好的一年。

三、贵州省国有资产总量与结构分析

表 1　2008 年贵州省所属国有企业指标情况

单位：亿元

项　目	金　额
资产总额	3248.99
净资产	1017.23
营业收入	1098.49
利润总额	92.04
实际上缴税金总额	118.58

表 2　贵州省国有企业户数变动情况

项　目	2007 年	2008 年	同比增减(%)
户　数	2310	2097	-9.22

表 3　2008 年贵州省国有资产地区分布情况

地　区	国有资产（亿元）	占全省比重（%）
毕节地区	6.33	0.71
黔东南州	18.79	2.12
六盘水市	9.27	1.04
安顺市	8.37	0.94
贵阳市	153.52	17.31
遵义市	18.63	2.10
黔西南州	15.14	1.71
铜仁地区	7.6	0.86
黔南州	12.54	1.41
省本级	632.86	71.34
其中：国资委监管企业	505.72	57.01
非监管企业	131.23	14.79
全省汇总	887.13	100.00

表 4　2008 年贵州省国有资产行业分布情况

行　业	国有资产（亿元）	占国有资产比重（%）
一、农林牧渔业	5.39	0.61
二、工业	449.47	50.67
三、建筑业	114.41	12.90
四、地质勘查及水利业	3.19	0.36
五、交通运输仓储业	30.01	3.38
六、邮电通信业	0	0.00
七、批发和零售、餐饮业	32.14	3.62
八、房地产业	85.25	9.61
九、信息技术服务业	0.06	0.01
十、社会服务业	22.58	2.55
十一、卫生体育福利业	0.17	0.02
十二、教育文化广播业	7.02	0.79
十三、科学研究和技术服务业	1.83	0.21
十四、机关社团及其他	135.6	15.29
全省汇总	887.13	100

表5 2008年贵州省国有资产经营规模分布情况

经营规模	国有资产（亿元）	占全省比重（%）
大型企业	456.74	51.49
中型企业	216.07	24.36
小型企业	214.31	24.16

四、贵州省国有资产保值增值综合分析评价

表6 2008年贵州省国有企业地区和行业保值增值情况

行业	国有资本保值增值率（%）	地区	国有资本保值增值率（%）
一、农林牧渔业	—7.11	毕节地区	—4.30
二、工业	13.12	黔东南州	—1.44
三、建筑业	—5.73	六盘水市	—0.67
四、地质勘查及水利业	11.88	安顺市	—2.90
五、交通运输仓储业	0.22	贵阳市	—0.82
六、邮电通信业	0.00	遵义市	0.78
七、批发和零售、餐饮业	37.12	黔西南州	2.18
八、房地产业	0.11	铜仁地区	—0.57
九、信息技术服务业	0.01	黔南州	—0.47
十、社会服务业	1.98	省本级	9.70
十一、卫生体育福利业	40.86		
十二、教育文化广播业	6.74		
十三、科学研究和技术服务业	16.45		
十四、机关社团及其他	0.52		

五、贵州省国资委监管企业股份制改革情况

2008年，监管企业公司制股份制改革取得新进展，水钢集团、开磷集团、锦麟公司、黔隆国投等企业完成增资扩股，瓮福集团完成债转股和更名，贵州省国际会议中心有限责任公司顺利组建。遵义钛业成为自2005年来贵州省首家获批上市公司，盘江股份实现主营业务整体上市，遵义氯碱上市辅导工作积极推进。

六、贵州省国资委监管企业主辅分离辅业改制概况

监管企业突出主业，进一步调整和优化资产结构、内部组织结构、业务结构，加快主业发展。茅台酒2000吨/年技改扩能、物资集团物流园区建设、开磷集团磷煤化工基地、瓮福集团达州磷硫化工基地、赤天化集团天福煤化工等一批重大项目取得积极进展。水钢集团、林东矿业完成部分辅业的分离改制工作。政策性破产工作力度加大，贵药、贵耐、遵铁、务川汞矿和木冲沟煤矿破产终结，七冶等4户企业破产工作启动。

七、贵州省国资委监管企业重组与完善法人治理结构改革进展情况

依托首钢加快贵州省钢铁企业整合与发展，盘县“煤(焦、化)—钢—电”一体化、贵钢新特材料循环经济工业基地项目前期工作积极推进。引进中海油参股重组锦麟公司。盐业集团、建工集团、黔晟国资下属企业改制重组取得进展。公司法人治理结构不断完善，开展监管企业董事会(董事)年度工作报告，首次向3户独资企业派出6名外部董事。完成外派监事会换岗调整，向贵州赤天化集团有限责任公司等22户省管国有或国有控股(参股)企业派出监事会。调整充实9户企业47名企业领导人员。

八、贵州省国资委监管企业建立和完善经营业绩考核体系情况

建立健全监管企业财务监督和业绩考核体系，进一步充实资产评估和财务审计中介机构备选库。对纳入2007年度经营业绩考核范围的监管企业负责人进行经营业绩考核，结合企业财务决算报告、统计资料等情况，对基本指标和分类指标进行考核和计分，计算出综合完成率，向监管企业负责人下发经营业绩考核结果通知书。及时兑现监管企业负责人2007年年度薪酬和目标管理奖励。启动2006～2008年任期

经营业绩考核工作，对年度考核指标进行精简和调整，基本指标由原来的利润总额、净资产收益率、国有资产保值增值率、成本费用利润率和流动资产周转率精减为利润总额、国有资产保值增值率和成本费用利润率，共性指标由原来的企业经营发展战略、经营管理水平、创新能力、党组织建设、维护稳定、安全生产、环境保护、重大事项请示报告执行情况8项精简为企业管理、安全环保、维护稳定、重大事项请示、党组织建设5项，使业绩考核更有针对性和可操作性，实现短期激励和中期激励的有机结合，促进重点工作的较好完成和经营业绩考核体系的进一步完善。

九、贵州省国资委监管企业负责人考核与选人用人机制改革情况

积极探索党管干部原则与市场化选配企业经营管理者相结合的有效途径，面向全国公开招聘5户企业总会计师。分阶段对监管企业领导班子进行考察考核，加强对企业领导班子的过程评价。调整充实监管企业领导班子，加强企业后备人才队伍建设，完善后备人才库。

十、贵州省国资委进一步加强和改进国有企业党的建设情况

省国资委机关开展深入学习实践科学发展观活动，瓮福集团、水钢集团作为第二批学习实践活动试点企业，开展学习实践活动，有力推进各项工作。党的基层组织建设年、“讲党性、重品行、作表率”和“双万”结对帮扶活动取得明显成效，试点外派监事会主席兼任党建督察员，开展委机关、监事会与监管企业干部双向交流挂职锻炼。进一步完善惩治和预防腐败体系，制定落实国企领导人员“七个不准”的具体措施，开展企业纪委书记向国资委党委报告履职情况试点工作。企业领导班子、基层党组织、党员队伍和人才队伍建设进一步加强，党建工作机制进一步完善，老干部、工青妇和统战等工作进一步推进。

（撰稿人：孟余生）

云南省

一、云南省国有资产监督管理工作综述

2008年，在中共云南省委、云南省人民政府的领导下，云南省国有资产监督管理工作高举中国特色社会主义理论伟大旗帜，深入贯彻落实科学发展观，不断创新和拓宽监管思路，推进全省国资监管机构建设，做好全省第二个三年国企改革总结完善工作，积极应对金融危机，大力开展解放思想大讨论活动和扎实认真开展深入学习实践科学发展观活动，较好地完成国资监管的各项工作，有力地促进云南省国有经济的发展，为云南经济社会进步做出新的贡献。

（一）国资监管工作取得积极进展

创新国资监管工作思路。经过前四年的探索实践，在不断总结创新的基础上，云南省国资委党委提出和完善“一个中心，两个创新，三大建设，四个转变，五化措施”的监管思路，即：以经济效益和社会效益为中心，着力推进管理和科技创新，加强忠诚、责任、能力建设，实现国资监管从资产监管向资本监管转变、企业从生产经营向资本运营转变、企业发展从资源依赖型向创新驱动型转变、党组织的政治优势转变为经济竞争优势，在监管规范化、股权多元化、资本证券化、人才市场化、事权服务化上下功夫。

调整监事会派驻方式。2008年6月，云南省国资委按照“点对点、沉下去、各司其职、各负其责”的原则，将过去一个监事会同时派驻2～3户企业的方式，调整为依据《公司法》每户省属企业设立一个监事会。监事会由省国资委委派的监事会主席、专职监事、其他股东代表监事和职工监事组成。监事会主席同时履行“党建督察员”和“特邀纪检监察员”职责。国资委的专职监事实行国资委和企业“双重管理”，监事会主席、专职监事的公务员身份、公务员工资和公务员管理不变，日常管理以企业为主。经过半年的实践，派驻方式的调整得到国务院国资委的肯定和各省属

企业的认可。

(二)顺利完成新一轮国企改革任务

2008年,云南省全省面上改革任务全面完成,纳入全省考核的2546户企业中,有2521户完成预期改革目标,改革面达99%。其中,195户省属二级中型以上企业完成176户,改革面为90.3%。年底云南省最后48个政策性关闭破产项目,全部进入破产法律程序。股份合作制企业的深化改革工作有序推进。列入计划的182户企业完成175户,完成率96%。配套改革同步推进。全省433所企业办中小学全部移交当地政府,企业办中小学退休教师的待遇问题妥善解决。企业办医院的分离工作接近尾声。启动昆明市、个旧市的企业退休人员移交社区管理试点工作,力争通过试点取得突破。

2008年12月24日,云南省委、省政府召开全省新一轮深化国有企业改革总结表彰会议,云南省国资委、昆明市国资委、云南省国资委信访维稳办以及4户省属企业作为国有企业关闭破产工作先进集体被通报表彰,被通报表彰的75名国有企业关闭破产工作先进个人中,云南省国资监管系统及省属企业占到28名,云南省国资监管系统及省属企业在国企改革中付出的努力与取得的成绩得到省委、省政府的充分肯定。

(三)稳步推进省属企业资本运营工作

省国资委始终坚持省属企业发展的"双轮驱动"战略,既重视产业市场,又重视资本市场,通过增发、短期债券等方式,多渠道筹集资金。2008年云白药股份、南天信息分别定向增发5000万股,融资13.94亿元、4.84亿元;云铝股份向原股东增发新股募集资金10.3亿元;云铜股份发行短期融资券28亿元;云维股份定向增发通过证监会审批,将择机实施。煤化工集团、开发投资集团各发行企业债券15亿元。2008年全省产权交易机构企业国有产权转让46宗,转让金额6.58亿元,转让金额与评估金额相比增值23.9%。

(四)冷静分析积极应对危机

针对美国次贷危机引发的全球金融危机,10月中旬省国资委召开监管企业经济形势座谈会,客观分析存在的问题,相继出台《关于积极应对当前经济形势保持省属企业稳健发展的意见》《省属企业财务会计内部管理制度目录》《关于加强省属企业财务风险管理的指导意见》和《关于做好省属企业财务预算管理工作的通知》四个指导性文件,要求各企业一方面要高度重视,充分认识全球金融危机和经济衰退的严重性与持续性。另一方面要树立信心,沉着应对,立足自身,立足过紧日子,立足夯实基础,采取切实可行措施,有效防范和化解风险。再一方面要冷静观察,正确评估经济发展趋势,准确把握行业发展规律,充分把握潜在机遇,发挥自身比较优势,在关系企业长远发展的关键领域、重要资源掌控等方面,适时进行低成本扩张。从"加强财务管理、防范财务风险,强化资本运作、壮大企业实力,苦练内功、夯实发展基础,完善考核分配、确保企业和谐稳定"等四个方面提出11条具有针对性的对策措施。省属企业按照省委、省政府和省国资委制定的各项措施,结合企业实际情况,沉着应对,积极寻找化"危"为"机"的途径。

(五)做好信访维稳工作

按照国家确定的"讲政治、顾大局、保奥运"的2008年信访维稳工作要求,省国资委认真贯彻落实党中央、国务院以及省委、省政府的部署,一年来多次召开委党委扩大会议和省属及中央驻滇企业大接访大下访和奥运期间信访工作会议,成立大接访大下访和奥运期间信访工作领导小组,建立委领导挂钩联系制度。16个监事会按照委党委的决定,承担省国资委大下访第一代表的责任。省国资委党委与55户企业层层签订维稳工作责任书,启动省国资委全面值班制度和应急工作制度,采取排查、带案下访、包案下访、委领导接待日、"零报告"等方式,面对面接待上访群众,化解矛盾。奥运期间,两位副书记分别带队进驻两户企业维稳形势严峻的省属企业,靠前指挥。全年共处置群体性上访事件20余次,12个委领导接待日共接待79批次345人次的职工上访。同时,按照省委的安排,省国资委牵头组建省委信访工作第17督导组,负责全省国有企业奥运期间的信访督导工作。通过全委上下的共同努力,圆满完成省委提出的"确保不出大事,力争不出小事"信访维稳任务目标,保证企业和社会的稳定。

(六)加强机关队伍建设

省国资委成立以来，始终坚持处级领导干部竞争上岗的选拔用人制度。一年来，根据干部队伍的实际情况，通过竞争上岗提拔使用处级干部7人，接收军队转业干部6人。从2007年开始，开展省国资委与省属企业干部的双向挂职工作。2008年委机关9名处级干部、省属企业7名中层管理人员进行为期半年的双向交流挂职锻炼。为提高国资委干部队伍素质，先后举办现代企业制度、经济管理、财务管理、法律等各类培训班，选派新录用的公务员和缺乏基层工作经历的同志到基层单位进行锻炼。2008年全委参加7天以上脱产集中培训共136人次，支出培训经费约37万元。

认真推行行政问责等"四项制度"，不断提高行政效能。按照要求，结合实际，建立"值班主任"制度、委领导挂钩联系大接访大下访制度、在岗人员公示制度，强化广大干部职工的服务意识，提高服务质量，切实变承诺为践诺。

四川汶川大地震后，省国资委把抗震救灾工作当作解放思想大讨论活动的一项重要工作来抓，各企业积极响应。各省属和中央驻滇企业以及委机关通过各种方式共向灾区捐款捐物近1.6亿元，其中委机关150余名干部职工先后捐款三次，共计捐款约44万元。

二、云南省国有资产监管机构工作进展情况

云南省国资委在不断总结工作经验的基础上，在省委、省政府的领导下，积极争取各方支持。2008年5月，中共云南省委、云南省人民政府出台《关于加强国有资产监督管理工作的意见》(云发〔2008〕10号)，对全省加强国资监管工作提出明确要求。省委10号文件从扩大国有资产监管范围、创新监管方式、健全监管机构、调整优化国有经济布局和结构、深化国有企业改革等方面，对加强全省国有资产监管做出部署，为下一步加强云南省国资监管工作，创造有力的政策环境。2008年7月，云南省组织4个督导组到10个州市对国资监管工作开展专项督导。2008年4月，大理州国资委正式挂牌组建，实现单设。昆明、曲靖、大理、文山等州(市)出台贯彻10号文件的实施意见，开展国资监管全覆盖试点工作。

三、云南省国有资产总量与结构分析

2008年，云南省国资委履行出资人职责的19户企业资产总额2829亿元，同比增长19.6%；净资产1069亿元，同比增长13.9%；营业收入1609亿元，同比增长9.9%；上缴税费107亿元，同比增长19.4%；完成增加值258亿元，同比增长8%；利润41.8亿元，同比下降53%；在岗职工人数23万人，同比增长6%；在岗职工工资总额57.6亿元，同比增长16.1%。到2008年末，全省国有企业占用国有资产总量达1434.28亿元(合并口径)，比上年增长23.64%。扣除客观因素影响，国有资本保值增值率为101.06%，实现国有资本保值增值。

(一)国有资产总量从隶属关系分布看主要集中在省本级和发达地区

省本级及昆明等4个州(市)年末国有资产总量共计1358.32(合并口径)亿元，占全省国有资产总量的88.36%。由省国资委和昆明市国资委监管的企业2008年末国有资产总量达到1031.18亿元，占全省国有资产总量的67.08%。

表1　2008年云南省所属国有企业指标情况

单位：亿元

指　　标	金　　额
资产总额	5010.43
净资产总额	1886.85
负债总额	3123.58
营业收入总额	2077.15
利润总额	29.94
净利润	19.73
年末国有资产总量	1536.90
本年应缴税金总额	144.73
本年实际上缴税金总额	152.33

表 2　　云南省国有企业户数情况

单位:户

地　区	2007 年	2008 年	同比增减(%)
省本级	979	1085	10.83
其中:省国资委监管企业	733	841	14.73
昆明市	312	303	-2.88
曲靖市	90	88	-2.22
玉溪市	135	129	-4.44
红河州	106	104	-1.89
大理州	83	75	-9.64
楚雄州	102	89	-12.75
保山市	56	53	-5.36
丽江市	43	44	2.33
文山州	104	98	-5.77
迪庆州	17	22	29.41
昭通市	41	38	-7.32
普洱市	97	90	-7.22
怒江州	12	12	
德宏州	33	34	3.03
西双版纳州	45	48	6.67
临沧市	38	34	-10.53
合　计	2293	2347	

表 3　　2008 年云南省国有资产地区分布情况

地　区	国有资产(亿元)	占国有资产总量比重(%)
省本级	918.39	59.74
其中:省级监管企业	835.03	54.32
昆明市	291.77	18.98
其中:昆明市监管企业	196.15	12.76
玉溪市	61.08	3.97
曲靖市	51.19	3.33
红河州	35.88	2.33
昭通市	33.90	2.21
大理州	24.58	1.60

续表

地　区	国有资产(亿元)	占国有资产总量比重(%)
楚雄州	22.11	1.44
丽江市	20.30	1.32
保山市	18.95	1.23
文山州	12.52	0.81
怒江州	10.28	0.67
西双版纳州	8.42	0.55
普洱市	7.23	0.47
迪庆州	7.09	0.46
临沧市	7.01	0.46
德宏州	6.62	0.43
全省合计	1537.32	100.00

(二)国有资产总量在行业布局上切实体现经济发展战略

2008 年,云南省新增国有权益投资有 173 亿元投放到社会服务业,用于加强基础服务设施建设、发展壮大云南省旅游产业等方面;工业行业依靠自身积累等因素净增加国有权益 57 亿元,工业强省战略得到切实体现。社会服务业、工业和交通运输仓储业三个行业的年末国有资产总量达到 1183.99 亿元,占全部国有资产总量的 77%。国有资产总量行业结构变动可以看出,云南省国有经济布局结构加大向关系国计民生的基础性行业倾斜,冶金、化工、医药等优势产业的经济活力及在国民经济发展中的控制力、影响力进一步得到增强。

表 4　　2008 年云南省企业国有资产总量行业分布情况

行　业	年初国有资产总量(亿元)	年末国有资产总量(亿元)	增长率(%)
一、社会服务业	365.18	538.20	47.38
二、工业	452.75	509.65	12.57
三、交通运输仓储业	112.61	136.15	20.90
四、批发和零售、餐饮业	95.15	100.87	6.01

续表

行 业	年初国有资产总量（亿元）	年末国有资产总量（亿元）	增长率（%）
五、金融业	52.97	68.03	28.44
六、农林牧渔业	44.74	48.72	8.89
七、建筑业	28.42	40.72	43.29
八、房地产业	29.54	30.40	2.92
九、信息技术服务业	17.31	18.84	8.81
十、地质勘查及水利业	16.71	16.96	1.51
十一、教育文化广播业	13.21	16.06	21.59
十二、机关社团及其他	10.74	9.30	−13.43
十三、科学研究和技术服务业	1.98	3.18	60.89
十四、卫生体育福利业	0.23	0.25	8.87

(三)国有资产总量布局的股权多元化局面日益突出

从组织形式分布看，2008年末，云南省国有控股企业使用的国有资产总量达到1053.4亿元，占全部国有资产总量的69%，国有资产总量布局的股权多元化局面日益突出，科学的现代企业制度为增强国有资本积累能力发挥积极作用。

表5　2008年云南省企业国有资产总量组织形式分布情况

组织形式	年初国有资产总量（亿元）	年末国有资产总量（亿元）	增长率（%）
国有独资企业、公司	356.16	421.96	18.48
国有控股企业	828.08	1053.40	27.21
企业化管理事业单位	57.29	61.96	8.14

(四)国有资产总量具有明显的规模效应

从规模分布看，大型国有企业集中大部分的国有资产，2008年底，大型国有企业拥有国有资产总量726.57亿元，占全省国有资产总量的47%。

表6　2008年云南省企业国有资产总量规模分布情况

规 模	年初国有资产总量（亿元）	年末国有资产总量（亿元）	增长率（%）
大型企业	616.44	726.57	17.87
中型企业	268.92	388.63	44.51
小型企业	356.17	422.12	18.52

(五)国有资产主要在竞争性和商贸服务及其他行业

从产业性质分布情况看，2008年末云南省国有资产总量在竞争性行业的比重较大，为完善社会主义市场体系发挥了积极作用。从产业作用分布情况看，云南省国有资产总量主要投放在基础性行业和商贸服务及其他行业，国有资产总量按产业作用分布情况表明，云南省国有企业切实发挥促进国民经济发展的影响力和控股力。

表7　2008年云南省企业国有资产总量按产业性质和作用分布情况

行 业	年初国有资产总量（亿元）	年末国有资产总量（亿元）	增长率（%）
按产业性质划分	1241.53	1537.32	23.82
垄断性行业	180.30	223.95	24.21
竞争性行业	774.47	850.47	9.81
公益性及其他行业	286.76	462.90	61.42
按产业作用分类	1241.53	1537.32	23.82
基础性行业	488.30	562.37	15.17
一般生产加工行业	146.53	167.13	14.06
商贸服务及其他行业	606.70	807.81	33.15

四、云南省国有资产保值增值综合分析评价

2008年末，云南省国有资产总量为1537.32亿元(非合并口径)，比年初净增加295.79亿元，增长

23.82%。国有资产总量增减变动的特征表现为:

1. 国有资本盈利能力增强有力推动国有资本总量的增加,2008年云南省国有资产因经营积累增加和因经营减值减少两项因素相抵,净增加国有资产总量13.17亿元,在当年全部净增加的国有资产总量中的比重为4.45%。

2. 国家投资、税收返还和债转股等政府投入或政策性因素增加为国有资产规模壮大注入坚实力量,2008年因国家及国有单位投资、税收返还和债转股等政府性投入或政策性因素净增加企业国有资产241.1亿元。

3. 云南省各级国有资产监督管理部门认真做好国有资产产权管理,通过清产核资、产权界定等工作核实国有资本权益,导致国有资产总量净增加19.18亿元,在当年全部净增加的国有资产总量中的比重为6.48%。

4. 云南省国有资本收益收交工作继续推进及有关企业向股东分配利润,国有企业共上缴红利3.92亿元,企业因向股东分配利润减少的国有资产总量比上年增加0.36亿元,增长10.1%;国有企业不断增强资本经营能力,在增资扩股中实现资本溢价8.89亿元,占当年全部净增加国有资产总量的比重为3%。

表8　2008年云南省国有企业地区和行业保值增值情况

地　区	保值增值率(%)	行　业	保值增值率(%)
省本级	101.41	一、农林牧渔业	103.03
其中:省级监管企业	100.61	二、工业	100.23
昆明市	101.81	三、建筑业	103.67
其中:昆明市监管企业	102.42	四、地质勘查及水利业	98.88
玉溪市	100.40	五、交通运输仓储业	100.09
曲靖市	96.93	六、邮电通信业	0
红河州	99.27	七、批发和零售、餐饮业	109.8
昭通市	101.94	八、金融业	106.35

续表

地　区	保值增值率(%)	行　业	保值增值率(%)
大理州	98.58	九、房地产业	88.6
楚雄州	101.46	十、信息技术服务业	0
丽江市	106.20	十一、社会服务业	100.91
保山市	104.24	十二、卫生体育福利业	61.11
文山州	96.36	十三、教育文化广播业	96.79
怒江州	101.48	十四、科学研究和技术服务业	81.98
西双版纳州	97.29	十五、机关社团及其他	101.42
普洱市	98.53		
迪庆州	80.78		
临沧市	97.50		
德宏州	100.08		
全省平均	101.06		

五、云南省国资委监管企业股份制改革与法人治理结构推进情况

在2007年成功实施武钢集团与昆钢股份、中铝公司与云铜集团战略合作的基础上,2008年按照云南省委、省政府的要求,云南省国资委全力推进机场集团、开投集团、世博集团、旅游集团、冶金集团、煤化工集团、工投集团等7户省属企业引进战略合作伙伴,实施股份制改造工作。

2008年2月28日,省国有资产经营公司重组成为云南省工业投资控股集团有限公司,9月28日,省政府第十一次常务会议审议同意省国资委将所持南天集团公司全部股权以增资扩股方式注入云南工投集团,实现了对南天股份的整合划转。冶金集团引入汕头百联兴业投资公司12.2亿元进行重组,12月31日新公司进行工商登记注册。根据省政府要求,对世博集团、云南旅游产业集团等2户省属旅游企业的实施整合,打造全省性旅游龙头企业的先期筹备工作已

经展开。截至12月底，机场集团锁定合作者。与有关航空集团合作组建地方航空公司工作取得实质性进展，双方对合作框架协议达成一致。

在云南省国资委的工作部署中，推进云南国有企业，特别是省属企业的法人治理结构是重点。通过积极推进企业流程再造、内部机构整合、股权多元化、完善董事会、监事会、专业委员会建设、进一步明确出资人和经理人的职责定位、理顺股权关系等工作，云南省属企业的法人治理结构建设取得良好进展。

六、云南省国资委监管企业主辅分离辅业改制概况

2008年，云南省国资委在主辅分离改制分流工作基本完成的情况下，对省属企业主辅分离改制分流工作进行深入调研，根据云南省国有企业辅业单位的实际情况，进一步推进企业深化主辅分离辅业改制工作。帮助云南省工业投资公司所属生产辅助、生活服务类资产进行整合；指导云南建工集团所属建筑科学研究院制定完成改制方案。一年来，通过深化主辅分离辅业改制工作，改善一批企业的组织结构、资产结构和人员结构，为企业的发展和深化改革创造条件。

另外，解决国有企业办中小学退休教师待遇工作遗留问题成为云南省信访工作的一个热点。一年来，省国资委多次调研，向省政府上报解决企业退休教师遗留问题的专题报告。并积极配合省企改办完善以企业退休人员社会化管理服务为重点的配套改革制度，以妥善解决企业退休人员移交社区管理的有效途径。

同时，省国资委根据云南省企业办医疗机构情况的差异，指导省属企业采取股份制改造、联合办医等多种形式分离企业办医疗机构。在省卫生厅和各州市有关部门的配合下，顺利推进省属企业办医疗机构分离工作。

七、云南省国资委监管企业建立和完善经营业绩考核体系情况

2008年，纳入云南省国资委考核的省属企业共18户，受金融危机影响，省属企业经营业绩严重下滑，利润总额目标仅完成10%。

1. 坚持省属企业经营业绩考核办法和体系框架基本不变。考核指标总体上分为定量指标和定性指标两大类。定量指标分为基本指标和分类指标。基本指标包括利润总额净资产收益率两项指标，分类指标根据企业所处行业和经营特点确定，包括销售回款率、总资产周转率和成本费用占营业收入比重等。定性指标主要是综合评价指标，是指对企业经营管理中重要的非财务属性工作绩效给予的综合评判。

2. 充分考虑金融危机对省属企业经营业绩的影响，在考核体系总体不变的前提下调整定量化指标和定性化指标的比重，并完善调整定性考核内容。把以利润总额、净资产收益率等指标为主的定量指标的权重由原来的90%调低为70%。其中对受金融危机影响较为严重的冶金（有色）、化工等省属企业，同时采用分段考核的方式确认考核结果。即金融危机爆发前的1～9月的业绩占80%，1～12月的业绩占20%，两部分合成定量考核分数。把定性考核评价内容由原来管理创新、科技创新、安全生产、节能降耗、风险控制等内容为主调整为以省属企业“四好班子”建设、党风廉洁从业、领导人述职述廉等考核结果为主，并把考核的权重由10%调高到30%。

3. 探索上市和非上市公司企业负责人中长期激励机制。启动一家上市公司股权激励工作，已获国务院国资委备案同意。以管理层入股，经营收益增量奖股方式开展一家非上市公司股权激励工作。

4. 继续探索完善企业负责人经营业绩考核机制。在省属企业和国有控股上市公司中组织开展调研活动。在调研基础上，组织召开省属企业考核分配研讨会。通过调研和研讨，明确完善经营业绩考核机制的近期目标和措施。

八、云南省国资委监管企业负责人考核与选人用人机制改革情况

2008年，与省国资委签订经营业绩责任书的企业共18户（在2007年考核基础上增加十四冶、云白药和

南天信息3户企业)。在对企业进行年度经营业绩考核的同时,云南省国资委开展对企业领导班子及领导人员的年度综合考核内容有:企业创建"四好"领导班子考核、党风廉洁从业考核、领导人述职述廉测评。考虑金融危机对企业的影响,为客观、全面、公正地考核评价企业负责人工作实绩,把上述三项考核结果纳入企业负责人年度经营业绩考核内容,并作为确定企业负责人年度薪酬的依据之一。

在选人用人机制改革方面,根据国务院国资委《关于开展国有企业出资人代表队伍建设情况调研的通知》要求,对省属企业出资人代表队伍建设的基本情况、主要做法、取得的成效和存在的问题进行深入的调研和总结,并就进一步加强省属企业出资人代表队伍建设提出对策和建议,向国务院国资委报送调研报告。国资委组织2008年度省国资委、市县政府部门、省属企业互派优秀年轻干部交流挂职工作。省属企业7名中层管理人员、市县2名优秀年轻干部到省国资委挂职,省国资委10名处级干部、市县6名优秀年轻干部到省属企业挂职,都取得很好的效果。同时,为加强对企业人才队伍建设工作的指导,做好企业各类人才培训工作,分别在清华大学、云南财经大学举办企业领导人员高级培训班和工商管理培训班。同时,积极研究探索推进和完善企业人才市场化建设。

(撰稿人:李汉飞)

西藏自治区

一、西藏自治区国有资产监督管理工作综述

2008年,是西藏自治区经济社会发展历史上极不寻常、极不平凡的一年,也是西藏自治区国有资产监督管理工作全力迎接严峻挑战、积极消除不利影响的一年。在西藏自治区党委、政府的正确领导和国务院国资委的有力指导下,西藏自治区区地两级国资委及监管企业全面贯彻党的十七大、十七届三中全会以及中央经济工作会议、全国国有资产监督管理工作会议精神,认真落实党中央、国务院一系列重大决策部署,紧密联系自身实际,坚持"一手抓生产经营、促进发展,一手抓反对分裂、维护稳定",着力消除拉萨"3·14"打砸抢烧严重暴力犯罪事件和宏观经济形势等诸多不利影响,进一步强化国有资产管理、深化国有企业改革,虽然企业经济效益有所下降,但资产总额、所有者权益均呈稳步增长态势,较好地实现国有资产保值增值目标。

二、西藏自治区国有资产总量与结构分析

2008年,自治区国资委监管企业资产总额64亿元,同比增长6.7%;负债总额28亿元,同比下降3.8%;所有者权益36亿元,同比增长22%;实现营业收入14.5亿元,同比下降9.3%;利润总额0.62亿元,同比下降80.6%;上缴税金1.6亿元,同比下降11%;国有资产保值增值率达110%,同比提高2个百分点。七地(市)国资委监管企业资产总额26.5亿元,同比增长3.1%;负债总额17亿元,同比下降21%;所有者权益9.5亿元,同比增长14.2%;实现营业收入10.3亿元,同比下降16%;利润总额1.96亿元,同比下降19%;上缴税金0.91亿元,同比下降10%;国有资产保值增值率达108%,同比提高1个百分点。总体上看,由于受"3·14"严重暴力犯罪事件及宏观经济环境等多重因素的影响,企业经济效益有所下降,但资产总额、所有者权益均呈稳步增长态势,较好地实现国有资产保值增值目标。

表1　2008年西藏自治区所属国有企业指标

单位:亿元

项　目	金　额
资产总额	64
净资产	36
营业收入	14.5
利润总额	0.62
实际上缴税金总额	1.6
负债总额	28

表2　西藏自治区国有企业户数情况

项　目	2007年	2008年	同比增减(%)
户数(户)	17	17	0

三、西藏自治区国资委监管企业重组和股份制改革情况

1. 集团组建工作稳步推进。西藏自治区国资委积极开展建工、建材、矿业、旅游、藏药五大集团组建前期准备工作。拟定矿业、旅游集团组建方案，正在进一步修改完善；提出组建藏药集团的基本思路，正与自治区有关部门积极协商；完成组建建工、建材集团的部分基础性工作。

2. 公司制股份制改革迈出新步伐。西藏自治区七地(市)和区直企业主管部门按照既定的年度改革计划，围绕和突出促进发展这个落脚点，实施公司制股份制改革，积极推进股权多元化，取得积极进展。拉萨市大力推进国有企业改革工作，改制面已达83%。自治区交通厅对其所属3个客运站进行整合，组建西藏广宇站务有限责任公司，进一步提高了企业竞争力。

3. 债务重组取得实质性进展。在西藏自治区人民政府的大力协调和财政等有关部门的关心支持下，西藏国有企业不良金融债务回购工作取得重大进展。西藏自治区国有资产经营公司分别从东方资产管理公司、信达资产管理公司整体打包回购了36户企业1.43亿元不良金融债权和62户企业7.72亿元不良金融债权。至此，西藏自治区国有企业滞留在各资产管理公司的不良债务全部实现回购。与此同时，西藏拉萨饭店债转股工作稳步推进，与东方资产管理公司协商制定新公司组建方案和公司章程。此外，政策性破产工作按照法定程序规范开展。阿里地区财政垫支资金1256万元，妥善处理债务及安置资金缺口问题，圆满完成4家困难企业的破产关闭工作。

四、西藏自治区国资委完善法人治理结构进展情况

1. 国资监管法规体系初步形成。为进一步规范国资监管工作，西藏自治区国资委制定出台重大财务事项报告制度、财务问询制度，建立中介机构评审专家库，拟定《西藏自治区企业国有资产监督管理暂行办法》，正在加紧研究制定国有资产损失责任追究制度和修改完善重大事项管理办法。各地(市)也根据国资监管实际，不断完善制度体系。

2. 企业法人治理结构逐步完善。西藏自治区国资委按照现代企业制度的要求，指导改制企业，建立健全组织机构和管理机制，规范股东会、董事会、监事会和经营管理者的权责，建立和完善法人治理结构，促进企业形成决策层、监督层和经营管理层之间相互制衡和有效运行的机制。同时，引导企业继续深化劳动、人事、分配三项制度改革，进一步转换经营机制，取得一定成效。

3. 财务监督和产权管理不断加强。西藏国资委始终把加强国有企业财务监督作为一项重要工作来抓，开展企业财务预决算管理、会计核算监督、经济责任审计、内部审计管理等工作，逐步完善财务动态监测体系，不断加强财务报表编制管理，基本形成出资人财务监督体系。同时，逐步完善企业国有产权监管体系。西藏国资委对监管企业开展年度产权管理检查，以资产为纽带，强化产权基础管理，进一步理清产(股)权关系，确保对国有资产的监管横向到边、纵向到底、履职到位。日喀则地区国资委积极探索强化国有资产监管的有效方式，建立监管企业外派监事制度。

4. 认真履行出资人重大事项决策权。西藏自治区国资委结合监管企业发展战略和规划，对重大投融资行为，从项目可行性、产业导向性、资产安全性等方面，严格审核把关，帮助和指导企业健全科学决策程序，及时跟踪分析，防范决策风险。监管企业执行重大事项报告制度的自觉性有所提高。

五、西藏自治区国资委监管企业负责人考核与选人用人机制改革情况

西藏自治区国资委全面修改完善经营业绩考核办法和薪酬管理办法，认真开展第一个三年任期经营业绩考核和年度考核工作，并根据考核结果兑现薪

酬,强化监管企业长远发展意识,加强企业负责人薪酬管理和工资总额调控,进一步规范企业收入分配。

为加大交流力度,建立健全企业经营管理人员选拔任用制度,西藏自治区国资委制定出台《公开招聘国有及国有控股企业高层管理人员实施方案》,拟定《机关工作人员到国有及国有控股企业挂职锻炼的意见》。按照德才兼备的原则,对部分监管企业领导班子进行调整,领导班子结构得到优化,整体素质进一步提高。昌都地区国资委利用援藏工作平台,对企业负责人和财务人员进行培训,提高了人员素质和管理水平。

六、西藏自治区国资委加强和改进企业党建工作情况

(一)监管企业党建工作不断加强

拉萨"3·14"打砸抢烧严重暴力犯罪事件发生后,西藏自治区国资委各级党组织严格按照自治区党委反对分裂、维护稳定的有关指示精神和工作部署,充分发挥基层党组织的战斗堡垒作用和广大党员的先锋模范作用,带领广大党员和职工群众取得反对分裂、维护稳定的重大胜利。国有企业作为西藏维护社会稳定、反对分裂的一支重要力量,在保护国有资产安全、确保职工队伍稳定、促进全区经济社会发展等方面做出重要贡献,发挥不可替代的作用。按照西藏自治区的统一部署,西藏国资系统组织开展"反对分裂、维护稳定、促进发展"的主题教育活动。通过主题教育活动的开展,广大干部职工深刻地认识到反分裂斗争的尖锐性、复杂性和长期性,进一步增强反对分裂、维护稳定、促进发展的信心和决心。

(二)维护稳定工作成效显著

在推进企业改革工作中,西藏自治区国资委加大政策宣传力度,严格审查改制方案,严格依法规范操作,认真做好群众来信来访工作,对企业和职工关心的热点难点问题,耐心细致地做好政策解释和思想工作,切实维护职工合法权益。拉萨"3·14"事件发生后,西藏自治区国资委迅速行动,成立维护稳定工作组,加强对监管企业领导带班和值班情况、矛盾纠纷排查以及安全防范方面的督促和检查,妥善化解不稳定因素,防止群体性事件发生。

(三)党风廉政建设工作有效开展

西藏自治区国资委针对领导干部廉洁自律方面存在的突出问题,大力开展商业贿赂专项治理工作,引导监管企业负责人自觉树立廉洁自律意识,严格执行"七项要求",对违反规定的经查实后,进行坚决处理。针对委监管企业存在的个别负责人兼职兼薪问题,收缴兼薪所得的全部收入。拉萨饭店大力加强企业文化建设,员工精神面貌发生可喜变化,服务水平有了新的提高。

(四)积极履行社会责任

2008年西藏自治区国资委监管企业共吸纳应届大中专毕业生127人、农牧民工4556人就业;西藏自治区国资委及监管企业向汶川地震灾区捐款326万元,其中交纳特殊党费41万元;为仲巴和当雄地震灾区捐款26.6万元;落实扶贫资金56.4万元,为定点扶贫单位解决了一些实际问题;西藏高争(集团)有限责任公司和高争建材股份有限公司在3年内无偿提供水泥5万吨,用于支持全区农牧民安居工程建设,仅2008年捐赠水泥1.67万吨,价值达900余万元,惠及49677户农牧民。西藏矿业发展股份有限公司被评为捐助慈善事业先进单位。西藏自治区国资委监管企业成都西藏饭店,在"5·12"汶川特大地震中,临危不惧、沉着应对,保持企业和职工队伍的稳定,保证住店客人的生命财产安全,为灾区人民捐款捐物,展示了西藏国有企业的良好形象。

(撰稿人:温立省)

陕西省

一、陕西省国有资产监督管理工作综述

2008年,面对突发的特大自然灾害和严峻的国内外经济形势,在省委、省政府的正确领导和国务院国资委的大力指导下,陕西省国资委坚持以科学发展观

统领工作全局，不断深化改革，切实加强监管，全省国有企业改革发展取得显著成效，步入一个全新的阶段。

（一）生产经营呈现良好态势

1. 生产经营快速增长。监管企业累计实现销售收入1801.35亿元，同比增长19.7%。突破200亿元的企业达到4户，分别是延长622.18亿元，同比增长32.3%；煤化234.82亿元，同比增长58.7%；陕汽201亿元，同比增长28.1%；有色203.09亿元，同比下降1%。建工、龙钢也突破100亿元，分别为126.5亿元、121.35亿元。实现销售收入同比增长的企业18户，其中5户增长幅度超过50%，分别是交建、西瑞、机场、煤化、地铁公司。

2. 运行质量明显提高。监管企业资产总额3625.55亿元，同比增长22%；所有者权益1159.92亿元，同比增长39%；实现利润总额172.4亿元，同比下降3.8%。利润总额过亿元的企业9户，分别是：延长100.26亿元、有色31.88亿元、煤化17.41亿元、省投6.3亿元、法士特5.36亿元、医药控股3.8亿元、陕汽2.3亿元、秦川机床1.85亿元、电子集团1.4亿元。累计实现利润增幅在100%以上的企业2户，分别是交建和外经贸实业公司。

3. 社会贡献不断突出。监管企业实现税金总额209.22亿元，同比增长14%；已缴税金总额203.72亿元，同比增长9.9%。监管企业对地方经济发展的贡献更加突出。各中央驻陕、市属企业生产经营也保持快速发展的势头，为全省经济社会发展作出积极贡献。

（二）国企改革取得重大成果

1. 破产工作全面完成。2006年以来，全省共有118户企业列入国家政策性破产计划，涉及职工31.7万人，企业户数和职工人数是2006年以前十年实施政策性破产总和的1.7倍。其中唐华集团一家就涉及职工近4万人，总体规模为全国最大。截至2007年底，118户中有66户没有实质启动。经过扎实细致的工作，2008年底这118户企业全部终结法律程序。各级财政为此投入资金127.6亿元，其中中央财政投入资金83.9亿元，省级财政投入资金34.4亿元，市级财政投入资金9.3亿元。共核销债务336亿元，其中核销银行债务186亿元。

2. 改制重组进展顺利。一是工厂制公司化改造全面实施。监管的13户工厂制企业和行政性公司的公司化改造方案全部实施，其中机场、地铁、陕玻纤等企业实现股权多元化。电子集团重组长岭股份加快实施，物产所属20多户子企业改制重组工作明显加快。二是主辅分离成效显著。省属25户大中型企业进行主辅分离与辅业改制，安置富余人员1.99万人。省属184所企业办中小学校顺利移交地方政府管理，涉及教职工1.98万人。三是一批复杂难点问题得到有效处置。花大力气解决种业、永安、农垦、西钢、陕精密等一批有影响的历史遗留问题，维护全省的稳定大局，改进陕西国企形象。此外，省资产经营公司充分发挥平台作用，省属企业不良债权处置工作进一步深入推进。

3. 上市融资实现突破。制定全省国有企业上市工作规划和实施意见，并将上市工作纳入到对企业的年度和任期考核目标中。通过扎实工作，成功实现金钼股份、陕天然气首发上市，共募集资金99.74亿元。其中金钼股份募集资金89.15亿元，比1992年以来全省上市公司首发融资额总和还多32亿元。延长化建成功重组ST秦丰农业，首次实现借壳上市。延长、有色、煤化、陕国投等企业通过发行公司债券、短期融资券、信托等方式融资134.38亿元，有力支撑企业的可持续发展。

（三）做强做大成效逐步显现

1. 重点项目快速推进。监管企业共实施重点项目35个，完成投资166.7亿元，是年度计划的123.5%。其中已完工项目2个，完成投资8.1亿元。延长甘泉12万吨/年套管和省投清水川电厂等项目竣工投产；在建项目26个，完成投资121.9亿元。有色1250吨/年多晶硅材料、电子集团单晶硅、煤化冯家塔、柠条塔、孙家岔煤矿、龙钢大西沟铁矿二期800万吨采选工程、秦川机床精密数控成形砂轮磨齿机系列制造技术改造、法士特25万台重型双中间轴汽车变速器技术改造和陕汽10万辆重型汽车建设等项目进展顺利；新开工项目5个，完成投资28亿元。延长在靖边能源化工园区150万吨/年甲醇、西橡子午轮胎等重大项目顺利开工，进一步延长了产业链。陕汽商用车二期工程全面启动；前期准备项目2个，完成投资16.3亿元。西部机场集团咸阳机场二期工程、电子集团半导体照明和光伏产业项目前期准备工作正加紧进行。

2. 区域合作深入开展。在2007年创新开展与相关市(区)进行战略合作的基础上，将区域合作进一步引向深入，根据企业项目的发展情况，又先后与安康、榆林、延安、宝鸡等市签订战略合作协议，共落实项目199个，计划投资2960亿元。至此，已与省内大多数市(区)建立战略合作关系，共落实项目273个，计划投资3875亿元。各市高度重视省属企业在当地所投资的项目，全力支持，积极协调，项目进展顺利，效果比较显著。

3. 兼并战略有效实施。监管企业积极进军海外市场，开拓发展空间，取得重大突破。有色集团以1.039亿加元成功收购总价值超过50亿加元的加拿大育空锌矿公司，开创国内企业计划收购境外上市公司的先例，在国内外引起较大反响。陕汽克服人民币升值和世界经济不景气的影响，全年出口销售汽车10883辆，出口创汇5.5亿美元，汽车销往全球34个国家。建工集团海外工程实现营业收入1.13亿美元。延长、外经贸、农垦等一批企业也积极实施"走出去"战略，在国外设立公司、开发项目或抢占资源，成为国企发展的一大亮点。

4. 招商引资成效显著。重点加大与中央企业、外资企业的合作步伐，先后与中石油、三峡总公司、国家核电公司、华能集团、光大集团、民生银行、中信银行、中电投等进行战略合作，特别是煤化集团与三峡总公司、华能集团合作，在集团主业和项目三个层面上引进资金25.71亿元，为主业上市创造条件，成为一个重要的合作模式。机场集团引进法兰克福机场实现资产重组，开创国内机场合作先例。同时，还成功地引进美国康明斯、壳牌公司、日本电源开发株式会社等有实力的国外投资者，大大提升陕西省国有企业的综合实力。

(四)监管体制日趋完善成熟

1. 制度体系基本建立。通过制定完善相关制度，初步建立职务压力机制、过程监督机制、责任追究机制"三大机制"和年度目标考核、任期目标考核、监事会过程考核、重大项目监察考核、中介机构审计考核"五大考核体系"，构建比较完备的国资监管制度体系框架，对企业经营运行基本做到全过程监督，并有效地落实企业负责人的经营责任。同时，出台《关于推进省国资委监管企业法制建设工作的意见》等重要文件，国有资产监管法规体系逐步完善，企业法律顾问组织体系基本形成，28户监管企业全部设立法律事务机构。

2. 考核工作不断完善。修改完善业绩考核体系，努力实施精准考核。围绕省委、省政府下达的目标任务，及时与监管企业签订2008年度经营业绩目标责任书，有效落实经营责任。在开展年度和任期经营业绩考核的基础上，探索性地开展包含经营业绩考核、领导班子考核、企业党的建设考核及监事会评价等内容的综合考核工作，进一步提高考核的全面性和有效性。及时出台优秀企业评选等办法，进一步完善激励与约束机制。

3. 外派监事全面落实。完成向监管企业外派监事工作，按照规范程序向监管企业派出32名监事，以涉及国有资本权益和国有资产安全等重大事项为重点，依法开展监督检查，加强日常财务监督，撰写专项报告和年度报告，促进相关问题的及时解决。进一步加强当期监督，完善专报制度，推进计算机辅助查账系统试点，努力改进监督检查的方式和方法。

4. 基础管理继续加强。组织实施对监管企业2007年度财务决算、2008年度财务预算的审核和2007年度财务审计工作。按照同行业对标的原则，开展企业综合绩效评价工作。认真做好产权登记、界定、转让、资产评估核准和备案等基础性工作，完成55项资产评估项目的核准备案工作。深入11个市(区)对全省国有产权交易项目进行联合检查，完成全省产权交易市场整合。全年共完成产权交易项目92个，涉及资产额51.3亿元，交易额18.92亿元，资产增值率9.66%。

二、陕西省国有资产总量与结构分析

截至2008年12月31日，全省独立核算的地方国有及国有控股企业(以下简称国有企业)共计2956户，资产总额6922.91亿元，同比增长29.50%；占用国有资产总量1870.06亿元，同比增长70.88%。

2008年，全省国有企业实现营业收入2297.60亿元，同比增长22.28%；实现利润总额194.80亿元，同比增长3.59%；实际上缴税金总额320.60亿元，同比增长47.95%。

表1　2008年陕西省所属国有企业指标情况

单位：亿元

项　目	金　额
资产总额	6922.91
国有资产	1870.06
营业收入	2297.60
利润总额	194.80
实际上缴税金总额	320.60

表2　陕西省国有企业户数情况

项目	2007年	2008年	同比增减(%)
户数(户)	3223	2956	—8.28

(一)按地区分布情况

从地区分布来看，省属国有企业国有资产总量1494.31亿元，其中省国资委监管企业国有资产总量1444.43亿元，同比增长68.56%；市属及市属以下国有企业国有资产总量375.75亿元，同比增长92.07%。省国资委监管企业国有资产总量占全省国有企业国有资产总量的77.24%；西安市国有企业国有资产总量占全省国有企业国有资产总量的15.87%，在市属及市属以下国有企业中比重最大。渭南市、铜川市、商洛市等三个市国有资产总量为负值。

表3　2008年陕西省国有资产地区分布情况

地　区	国有资产(亿元)	占国有资产总量比重(%)
省属国有企业	1494.31	79.91
省国资委监管企业	1444.43	77.24
省级各部门监管企业	49.88	2.67
市属及市属以下国有企业	375.75	20.09
西安市	296.84	15.87
宝鸡市	14.42	0.77
咸阳市	8.66	0.46
铜川市	—1.56	—0.08
渭南市	—5.50	—0.29
延安市	12.47	0.67
榆林市	46.22	2.47
汉中市	1.77	0.09
安康市	1.63	0.09
商洛市	—0.84	—0.04
杨凌示范区	1.65	0.09
合　计	1870.06	100.00

(二)按行业分布情况

从行业分布来看，全省国有企业国有资产分布在13个行业，其中工业国有资产总量1018.34亿元，占全省国有企业国有资产总量的比重最大，为54.45%，比2007年底下降0.93个百分点，其次是交通运输仓储业和社会服务业，国有资产总量分别为400.62亿元和192.17亿元，比重分别为21.42%和10.28%；卫生体育福利业国有资产总量0.65亿元，占的比重最小，为0.03%。

表4　2008年陕西省国有资产行业分布情况

行　业	国有资产(亿元)	占国有资产总量比重(%)
一、农林牧渔业	7.03	0.38
二、工业	1018.34	54.45
三、建筑业	41.09	2.20
四、地质勘查水利业	26.15	1.40
五、交通运输仓储业	400.62	21.42

续表

行　　业	国有资产（亿元）	占国有资产总量比重(%)
六、批发和零售、餐饮业	3.23	0.17
七、金融业	42.90	2.29
八、房地产业	95.51	5.11
九、信息技术服务业	10.56	0.56
十、社会服务业	192.17	10.28
十一、卫生体育福利业	0.65	0.03
十二、教育文化广播业	25.58	1.37
十三、科学研究和技术服务业	6.23	0.33
十四、机关社团及其他行业		
合　　计	1870.06	100.00

(三)按规模分布情况

从经营规模来看，全省大型国有企业国有资产总量为1542.86亿元，占全省国有企业国有资产总量的比重最大，为82.50%；中小型国有企业国有资产总量为327.20亿元，占全省国有企业国有资产总量的17.50%。

表5 2008年陕西省国有资产经营规模分布情况

经营规模	国有资产（亿元）	占国有资产总量比重(%)
大型企业	1542.86	82.50
中型企业	290.94	15.56
小型企业	36.26	1.94
合　计	1870.06	100.00

(四)国有资产总量与结构的特点

1. 国有资产规模不断扩大。由于全省各级政府对国有企业投入的不断加大，以及企业自身国有资产积累的不断增加，全省国有企业国有资产总量比2007年底增加776.01亿元，增长70.93%。同时，由于国有资产总量的增加和户数的减少，户均国有资产总量比2007年底增加0.29亿元，增长84.87%。

2. 省属企业占有绝大多数国有资产。截至2008年底，省属企业国有资产总量为1494.31亿元，占全省国有企业国有资产总量的79.291%。其中省国资委监管企业国有资产总量1444.43亿元，占全省国有企业国有资产总量的74.24%，虽然比重下降1.09个百分点，但仍占有全省国有企业国有资产总量的最大比重。

3. 国有资产主要集中在优势行业。从行业分布来看，工业国有资产总量占有全省国有企业国有资产总量的比重最大，为54.45%。国有资本对优势行业投入充分，在工业中，石油和石化工业、冶金工业、煤炭工业三大优势行业国有资产总量最大，占全省国有企业国有资产总量的比重之和为40.64%。

三、陕西省国有资产保值增值综合分析评价

2008年，全省国有企业户数继续减少，但国有资产总量大幅增加，国有资本保值增值率达到111.92%，实现保值增值，尤其是省属企业、大型企业保值增值效果突出。

(一)按地区保值增值情况

从地区分布来看，省属国有企业保值增值率115.46%，其中省国资委监管企业国有资产保值增值率115.83%；市属及市属以下国有企业保值增值率101.64%，其中铜川市国有企业国有资产保值增值率最高，为161.68%，其次是宝鸡市和榆林市，国有资产保值增值率分别为121.79%和121.02%。汉中市、咸阳市、杨凌示范区和安康市四个市(区)的国有企业未实现国有资产的保值增值。

表6 2008年陕西省国有企业地区保值增值情况

地　　区	保值增值率(%)
省属国有企业	115.46
省国资委监管企业	115.83
省级各部门监管企业	107.98
市属及市属以下国有企业	101.64
西安市	100.16

续表

地　　区	保值增值率(%)
宝鸡市	121.79
咸阳市	81.40
铜川市	161.68
渭南市	109.25
延安市	96.58
榆林市	121.02
汉中市	48.75
安康市	91.15
商洛市	116.45
杨凌示范区	90.83
合　　计	111.92

(二)按行业保值增值情况

从行业分布来看,全省国有企业国有资产分布的13个行业中,有8个行业实现国有资产的保值增值,其中批发和零售、餐饮业的保值增值率最高,为157.80%,其次是科学研究和技术服务业、工业、房地产业、地质勘查水利业、社会服务业、交通运输仓储业和教育文化广播业,分别为126.64%、119.44%、103.06%、102.97%、101.64%、100.92%、100.70%;卫生体育福利业、建筑业、农林牧渔业、金融业和信息技术服务业等5个行业未实现国有资产的保值增值。

表7 2008年陕西省国有企业行业保值增值情况

行　　业	保值增值率(%)
一、农林牧渔业	98.64
二、工业	119.44
三、建筑业	96.75
四、地质勘查水利业	102.97
五、交通运输仓储业	100.92
六、批发和零售、餐饮业	157.80
七、金融业	98.78
八、房地产业	103.06
九、信息技术服务业	99.26
十、社会服务业	101.64
十一、卫生体育福利业	85.29
十二、教育文化广播业	100.70
十三、科学研究和技术服务业	126.64
十四、机关社团及其他行业	
合　　计	111.92

(三)按规模保值增值情况

从经营规模来看,全省大型国有企业保值增值情况最好,为115.23%;中型企业基本实现国有资产的保值增值,但国有资产保值增值率较低,为103.70%;小型企业未实现国有资产的保值增值。

表8　2008年陕西省国有企业经营规模保值增值情况

经营规模	保值增值率(%)
大型企业	115.23
中型企业	103.70
小型企业	63.04
合　　计	111.92

(四)国有资产保值增值的特点

1. 省属国有企业国有资产运营效益突出。省属国有企业国有资产保值增值率115.46%,远远好于市属及市属以下国有企业,其中省国资委监管企业国有资产保值增值率115.83%,为全省最高。同时,2008年省国资委监管企业实现营业收入1668.48亿元,占全省国有企业营业收入的72.62%;实现利润总额173.08亿元,占全省国有企业利润总额的88.85%。

2. 国有资本保值增值体现行业优势。传统优势行业,如煤炭工业、石油和石化工业、冶金工业的国有资产保值增值率在全省居于前列,分别为147.56%、135.31%、109.32%,保值增值效果显著。

3. 大型国有企业国有资产运营效益较好。2008年,大型国有企业国有资产保值增值率115.23%,大大好于中小型国有企业保值增值率。与此同时，实现营业收入1325.29亿元，占全省国有企业营业收入的57.68%；实现利润总额176.47亿元，占全省国有企业利润总额的90.59%。

四、陕西省国资委监管企业公司制股份制改革情况

2008年，按照省委、省政府《关于切实加快推进国有企业改革的若干意见》(陕发〔2007〕14号)精神，陕西省国资委将监管企业中未完成股份制改革的13户工厂制和行政性公司作为重点，因企制宜，全力推进，监管企业公司化改革取得明显成效。

(一)公司制改造全面完成

5户行政性公司和8户工厂制企业的公司化改造任务圆满完成。在5户行政性公司中，农垦农工商总公司、西安人民大厦(集团)联营公司举行成立大会，正式挂牌运营；物产总公司按照分步实施改制方案的思路，完成22户下属停产企业的关闭合并；建材工业总公司和纺织工业总公司按省政府决定宣布撤销，分别成立纺织、建材两个行业办公室，其列入划转范围的19个下属企事业单位基本完成划转。在8户工厂制企业中，除冶金矿山公司和中国陕西国际经济技术合作公司通过划转和托管方式完成改制外，西部机场管理集团、地方电力集团、建工集团总公司、旅游集团总公司、地方铁路公司、玻璃纤维总厂等企业均已举行新公司挂牌仪式，正式运行。

(二)企业改制与发展紧密结合

在推进公司化改革中，注重结合企业实际，以产品升级换代为依托，以提升企业核心竞争力、促进企业长远发展为出发点，将企业改制与发展战略紧密结合，真正使企业脱胎换骨、焕发生机。如玻璃纤维总厂在改制中，同时酝酿培育子企业华特玻璃纤维有限公司改制上市，做强做大。按照方案设计，华特玻璃纤维有限公司今后将进一步扩大耐高温玻纤生产规模，开发新产品，努力形成主业突出、品种齐全、装备先进、业内一流的特种玻纤新材料企业，并进而成为中国特种玻纤生产著名企业。

(三)积极推进产权主体多元化

坚持在改制中积极吸引中央企业、外资企业、民营企业参与省国资委监管企业的股份制改造，还鼓励监管企业之间、监管企业和各市企业、上下游企业之间互相参股。西部机场集团与国投交通公司合作、咸阳机场与德国法兰克福机场合作，引进资金9.8亿元人民币；煤业化工集团有限公司投资2亿元参与地方铁路公司改制；投资集团投资1亿元参与地方电力集团改制；煤业化工集团引入中国三峡总公司、中国华能集团公司等战略投资者，引进投资25.7亿元。

五、陕西省国资委监管企业完善法人治理结构情况

注重以公司化改造为重点，积极建立完善企业法人治理结构，规范公司董事会、监事会、经理层职责及权限，解决董事会与经理层高度重叠、职责不清、相互错位、相互越位等问题。与此同时，积极探索外派董事试点，促进现代企业制度建设。

(一)及时完善改制企业的法人治理结构

对改制的西部机场集团、地方电力、旅游集团、华特集团、农垦集团、铁路投资集团、建工集团、外经贸集团及时提出法人治理结构方案，配备董事会、监事会和经营班子成员。对西部机场集团、地方电力、华特集团、地铁集团、外经贸集团等企业按照《公司法》的要求和《职工董事选聘办法》规定的程序，分别选聘职工董事和职工监事。对永安保险、西部机场集团、华特集团等3户企业进行外部董事试点，选聘外部董事。

(二)向相关企业外派监事会

对改制的西部机场集团等9户企业在设置法人治理结构时，一并实行外派监事会制度，共派出62人(次)监事。对以前未到位的秦川机床工具集团、龙钢集团监事会及时进行调整和补充，从组织结构和制度安排上打破“内部人控制”，确保“两权分离”，对国有企业保值增值进行有效监督。

(三)推进领导班子建设规范化

按照有关要求，代省委起草《关于进加强省属国有企业领导班子建设的若干意见》，并以陕办发

〔2008〕1号文件印发全省贯彻执行，成为今后一个阶段全省企业领导班子建设的规范性文件。参照国务院国资委《职工董事管理办法》，起草制定《陕西省省属企业职工董事选聘办法》。这些制度的制定和实施，有力推进企业法人治理结构建设向规范化、科学化方向迈进。

六、陕西省国资委监管企业目标责任考核情况

2008年，省国资委在继续改进和完善经营业绩考核体系的基础上，首次对监管企业2007年度工作情况开展包含经营业绩考核、企业党的建设考核及监事会评价等内容的全面目标责任考核，并对2008年度目标责任考核体系作了进一步完善，取得良好效果。

（一）主要特点

一是将目标责任考核和省委、省政府对省国资委目标责任考核紧密结合，有力促进国有资产保值增值责任的落实。二是改变过去多头考核企业的状况，既提高工作效率，又增强考核工作的准确性和全面性。三是将经营业绩考核与对企业经营管理、监事会监督、领导班子建设、纪检监察监督等工作紧密结合，对推动企业科学发展、规范企业负责人行为起到积极的促进作用和导向作用。

（二）具体方法

对监管企业2007年度的目标责任考核包含经营业绩考核、企业党的建设考核及监事会评价等内容。考核打分为百分制，其中经营业绩指标占80%，企业党建工作指标占10%，监事会对企业专项评价占10%。经营业绩考核指标以各企业与国资委签订的年度经营业绩责任书为准，根据指标完成情况按照业绩考核办法进行打分并换算权重。企业党建工作指标包括企业领导班子自身建设和经营管理者队伍建设、党的基层组织建设、思想政治工作及精神文明建设、党风廉政建设及廉洁自律情况、民主管理与维护职工合法权益及企业稳定工作情况等内容。23户年薪制考核企业目标责任考核汇总得分最高为95.86分，最低80.81分。91分以上的企业，考核结果为A级，共10户；84～91分的企业，考核结果为B级，共11户；84分以下的企业，考核结果为C级，共2户。

（三）不断完善

2008年底，在总结年初对企业实施目标责任考核经验的基础上，又结合实际，多次研究讨论，进一步改进和完善目标责任考核体系。新的目标责任考核体系将考核内容进行规范和细化，实行经营业绩、领导班子和领导干部、党风廉政三位一体考核，对每一部分内容都确定具体的考核指标及评分标准。考核打分为100分，其中经营业绩指标80分，企业经营管理工作指标10分，企业党建工作指标10分。同时设置加减分办法。对企业当年经营业绩或工作成绩突出的予以加分，未完成目标任务或出现重大失误的予以减分。工作获得上级部门表彰奖励的予以加分，受到通报批评的予以减分。工作中有重大创新的予以加分，发生重大问题并在一定范围内造成较大负面影响的予以减分。

企业年度目标责任考核结果分为A、B、C、D、E五个级别。企业领导班子和领导人员考核结果分为优秀、良好、称职、基本称职和不称职五个等次。企业领导班子和领导人员考核得分在90分以上的为优秀等次；80～89分为良好等次；70～79分为称职等次，60～69分为基本称职等次，得分排在最后2名且综合得分在59分以下的为不称职等次。企业年度目标责任考核结果，是企业负责人薪酬兑现和领导人员选拔调整的重要依据。对考核评为D级等次的企业和被评为基本称职的企业负责人，由省国资委会同省委组织部进行诫勉谈话。对考核评为E级等次的企业和被评为不称职的企业负责人，调整工作岗位。

七、陕西省国资委监管企业选人用人机制改革情况

一是创新企业高管人员的选聘工作。首次面向全国公开招聘10名企业领导干部，建立有260多人的后备人才资源库，取得良好的效果。同时启动1户企业正职的公开招聘工作。二是加大对企业领导人员调整配备力度。以优化班子结构为日的，严格按照干部选拔任用程序，对一批企业的领导班子进行考察调整，重点对完成公司制改造的企业领导班子进行考察

调整,及时建立完善法人治理结构,很好地适应企业改革发展的需要。三是扩大选派外部董事试点范围,加快外部董事人才库的建设。四是推行企业职工董事、监事选聘工作,扩大职工民主监督权利。

(撰稿人:韩绍安)

甘肃省

一、甘肃省国有资产监督管理工作综述

2008年是甘肃省国有资产管理体制改革和国有企业改革发展取得积极进展的一年。在甘肃省委、省政府和各市州党委、政府的正确领导下,两级国资委和广大国有企业,以邓小平理论和“三个代表”重要思想为指导,全面贯彻落实科学发展观,深化改革,加快发展,积极应对经济环境变化特别是全球金融风暴的影响,全省国有经济呈现平稳发展态势,销售收入较快增长,国有资产加速增值,为甘肃省经济社会发展作出了新的贡献。2008年1～11月,全省国有及国有控股企业完成工业增加值794.95亿元,比上年同期增长9.7%,占全省规模以上工业增加值的76.34%。汇编的33户省属企业,累计完成工业总产值915.41亿元,同比增长4.21%;实现工业增加值269.77亿元,基本与上年同期持平;累计实现销售收入1203.4亿元,同比增长15.68%;累计实现利润73.25亿元,比上年同期下降24.14%。截至11月底,省属企业资产总额1748.06亿元,比上年同期增长18.74%;所有者权益563.62亿元,比上年同期增长11.93%。在外部环境非常困难的情况下,能够取得这样的成绩是非常不容易的。一年来,两级国资委围绕加强国有资产监管和推进国有企业改革发展,做了大量卓有成效的工作。

(一)以实现国有资产保值增值为核心,全面加强国有资产监管工作

组织体系和法规体系进一步完善。甘肃省国资监管组织体系基本建立,有十三个市州建立国资委,张掖市成立国资办,各县区也明确国资监管主体。2008年,省国资委针对国资监管制度上的空白点、执行上的薄弱点、监督上的关键点,加强相关制度的制定和完善,特别是加强企业战略管理、投资管理和风险防范制度建设,逐步建立一整套相互制衡、监督有力、运作规范的国有资产监督管理制度体系。各市州国资监管机构也因地制宜,制定出台大量针对性、操作性很强的规章制度。白银市国资委出台重大事项决策管理制度。酒泉市国资委研究出台《酒泉市国有产权(股权)代表管理暂行办法》,依法落实国有资产出资人权利,保障国有资产安全和保值增值。平凉市国资委因企制宜,对全市经营性国有资产按照三个层次实施监管,形成职责清晰、分工明确、相互协作的国有资产监管新机制。国有资产经营责任进一步落实。通过国资监管体制改革,实现国有资产经营责任层层落实,激发企业内在活力,有力地促进国有经济的快速发展。甘肃省国资委进一步修订完善企业负责人经营业绩考核评价办法。甘南州国资委着力探索委托经营方式,对全州与城建有关的国有资产以委托经营方式交由甘南州城市经济发展有限公司统一经营管理,使资源得到合理配置,加快全州城镇化建设步伐。酒泉市国资委还参照外省开展股权激励的成功做法,制定敦煌种业试行股权激励方案,在全省率先探索国有控股上市公司股权激励试点。国有产权管理进一步规范。现代产权制度是公有制与市场经济接轨的有效途径,等于为国有企业治理结构镶嵌一个类似于“市场价格发现”的激励装置,引入竞争机制和价格机制,实现资源配置市场化和最大化。由于很多市州监管企业通过改制引入战略投资进入非公发展轨道,加强国有产权管理特别是国有产权流转管理非常重要和紧迫。平凉市国资委规范转让行为,维护国有资产权益,对市直9宗变现资产实施公开拍卖,变现收益6097万元,比评估标的价格增值25%以上,其中3宗增值60%以上。武威市国资委为了推进国有产权进场交易,为企业改制、资产重组、招商引资提供良好服务,和省产权交易所协商成立省产权交易所武威办事处,为当地国有产权交易建立交易平台。财务监督管理进一步加强。财务监督管理是国有资产监管的最基础、最有效的手段。各市州结合实际,进一步完善财务预决算、财务动态监

测、审计监督、绩效评价等制度。各市州坚持用制度规避风险，用机制控制风险，用责任降低风险，用监督减少风险，加强监管企业财务风险防范意识。甘南州国资委组织清查全州各行业130户企业国家投资情况，分清国家无偿投资资金和国债投资资金。嘉峪关市国资委对监管企业固定资产管理情况进行全面清查整顿，建立并规范监管企业财务动态监测体系。监事会监督进一步到位。甘肃省省属企业外派监事会2007年底到位，2008年着重加强规章制度的建立完善，强化监督的时效。各市州开始探索监事会监督的有效方式。陇南市国资委报请市政府出台《政府出资企业监事会人员选派及管理暂行办法》，向3户监管企业各派驻1名监事，保证重点企业监事会职能到位。武威市国资委在修订和完善监事会工作制度的基础上，积极探索分类监督的有效形式，逐步从事后监督过渡到过程监督，促进国有资本运营安全。兰州市拟向市属52户企业派出监事会，已经完成各项准备工作，首批向15户企业派出监事会。

（二）以建立完善的现代企业制度为重点，扎实推进国有企业改革

产权多元化改革力度加大。甘肃省省属企业积极开展与中央企业和其他优势企业“两个对接”，取得明显成效。兰州市开始实施“393”国企改革重组第三批90个重组项目，特别是加大与中央企业的对接合作，已经完成一个重组项目，正在组织实施三个重组项目。白银市先后完成194户企业改制，资产重组引进资金8.1亿元，盘活存量资产5.96亿元。庆阳市以促进发展、保障就业、社会稳定为目标，创新思路，因企施策，形成11套改革模式推动市县企业改革改制，通过招商引资，内联外引，启动和吸收社会资金6.3亿元，优化投资结构，初步实现企业投资主体多元化，改制后企业销售收入、利润、税金、职工收入年均以15%以上速度增长。法人治理结构建设取得积极进展。酒泉市国资委出台《酒泉市国有及国有控股公司董事会、监事会换届暂行办法》，规范企业换届工作，推动企业法人治理结构建设。三项制度改革取得新进展。各市州着力建立与市场经济相适应、符合现代企业制度要求的运行机制，增强企业内部活力。陇南市国资委为深化陇南市汽车运输公司三项制度改革，通过带领公司中高层管理人员赴全国汽车运输百强企业学习考察，借鉴先进企业成功经验，三项制度改革迈出坚实步伐。张掖市指导改制企业通过深化内部改革，精简管理人员，完善激励机制，创新用工分配机制，使企业焕发出新的生机与活力，工业综合效益指数提高60个百分点。积极推进省属企业主辅分离辅业改制工作。2008年，甘肃省政府国资委先后指导酒钢集团5户子企业、窑煤公司4户子企业和华煤集团4户子企业进行规范的主辅分离，企业结合实际提出不对辅业企业进行职工身份置换式的改制工作。甘肃省政府国资委指导靖煤公司结合整体上市对辅业企业进行改制后的规范运作。配合企业改组处推动兰通厂、兰拖厂等5户企业在政策性破产中同步完成辅业改制工作。企业历史遗留问题进一步得到解决。省属企业积极推进主辅分离辅业改制，分离企业办社会职能。甘南州国资委多次与长城资产管理公司兰州办事处协商，就32户企业所欠债务问题进行妥善解决，为企业解除后顾之忧。嘉峪关市国资委在积极推进国有企业改革进程中，针对群众反映强烈的问题，研究制订配套政策，妥善解决反映比较突出的改制企业职工遗属生活费、退休职工社会化管理和养老补助等问题。平凉市政府筹集500余万元，对市直11户企业的14处家属区、1500余住户的水电暖系统进行改造，妥善解决涉及民生的突出问题。武威市国资委在加快企业改革改制的过程中，通过多种渠道和措施帮助企业化解债务和历史包袱，其中以政府打包回购各资产管理公司债务、债权2亿多元，以较低的清偿率盘活不良资产，转换职工身份，有效促进企业的健康发展。

（三）以增强国有经济控制力和影响力为目标，大力调整国有经济布局和结构

企业调整重组步伐加快。各市州把工作重点转向做强做大骨干企业，加快调整重组步伐。据统计，全省国有企业从2000年的960户减少到2007年的432户，减少528户；国有企业资产总额从2000年的1527.4亿元增加到2007年的2889.2亿元，净增1361.8亿元。已完成国家政策性破产的114户企业中有31户重组为国有参股企业，60户重组为民营企业，有力推进了国有经济结构战略性调整。2008年，各市州紧紧围绕全省“一个振兴,六个做大做强”和发展循环经济“一区七基地”的产业布局,通过项目建设、存量招商、合资合作,形成“国资种子”催生“民资发展”的制度环境,建立存量选商、增量带动、趋势投资的新机制。通过重组和调整,一批企业做大做强,一批企业做精做专,改制企业的经营理念、管理方式都发生根本性的变化,逐步走上一条产权清晰、权责明确、管理科学的发展之路。天水星火机床还收购法国索玛公司,参股德国亨利安公司,实现天水企业跨国经营的零突破。国有资本运营工作进一步加强。国有资本运营能力一直是西部地区国资监管部门的短板,固然与国资监管干部的能力素质有关,也与工作的环境氛围难脱关系。甘肃省国资委成立国资经营公司,并开始在破产重组企业公益性资产管理、债权债务打包处理等方面发挥作用。兰州市在发挥好国资经营公司融投资平台功能的同时,积极探索融投资体制新模式,发起设立甘肃省创业投资公司,正在着手首支私募股权投资基金的成立和运作。定西市充分发挥市担保公司融资平台作用,加大小额担保贷款力度,扶持中小企业发展。酒泉市国资委坚持把上市公司监管作为重点,推动上市公司健康发展。敦煌种业经过近几年的运营发展,现有14家分公司、11家子公司,总资产达17亿元,净资产6亿元,分别比上市初增长266%和377%,成为农业产业化国家重点龙头企业。政策性关闭破产取得重大进展。甘肃是西北老工业基地,长期以来受经济欠发达和国有老企业相对集中的双重制约,扭亏无望、资不抵债和资源枯竭的“三类”国有企业占到全省亏损大中型企业的70%。截至2008年底,甘肃省共有144户国有企业列入国家政策性破产,除正在实施的22户外,122户企业已先后破产终结。122户企业中,中央在甘企业8户,中央下划企业29户,省属企业16户,省属下划企业21户,市州企业46户。122户企业共涉及职工总人数30.89万人,通过政策性破产共计减轻各种债务负担255亿元,其中核销金融机构呆坏账125.76亿元,争取中央财政补助资金89.4亿元,省财政通过国有股权转让、财政预算等累计筹措补助资金21.92亿元,各市州财政累计配套补助资金3亿多元。2008年1～9月份,纳入统计的83户破产后新重组企业实现销售收入207.4亿元,同比增长74.83%,实现利润8.17亿元,同比增长11.86%,上缴税金10.12亿元,同比增长57.56%。

(四)以发挥党组织政治核心作用为目标,深入加强国有企业党建工作

企业党建工作机制不断创新。省国资委组织实施的党建检查评价工作,得到国务院国资委的充分肯定。天水市国资委出台企业党建工作年度考核办法,建立健全企业党建责任制。兰州市国资委指导成立市国有资产经营公司党委,加强62户破产企业党组织建设,不断探索党建工作机制以及企业党组织发挥作用的途径。企业领导班子建设和人才队伍建设不断加强。各市州积极开展“四好”领导班子创建活动,企业领导班子的政治素质、理论水平和履职能力不断提高。兰州市国资委在认真调研的基础上提出市属企业专业技术人才队伍建设的建议,出台《关于建立市属企业职业经理人制度的意见》,成立“兰州市职业经理人交流中心”,筛选150名市属企业的经营管理人员为中心职业经理人会员人选。党风廉政建设和思想政治工作不断深入。省国资委积极开展廉洁文化进企业活动,推进企业领导人员廉洁从业工作,开展效能监察,建立防止商业贿赂长效机制。陇南市国资委深入学习陇南精神,丰富反腐倡廉教育的形式,组织干部参观了龙昌公路和武都监狱。“5·12”地震后,灾区各国有企业及时调查了解企业受灾情况,积极开展生产自救和灾后重建。“11·17”事件发生后,陇南市各企业党组织发挥政治核心作用,及时宣传党的政策和法律,坚决抵制各种非法活动,全力维护社会稳定。

二、甘肃省国有资产总量与结构分析

2008年甘肃省全省国有及国有控股企业1287户,资产总额2297亿元,同比增长18.65%,净资产918亿元,同比增长20%,实现营业收入1517亿元,同比增长15.45%,实现利润总额67亿元,同比下降40%,实际上缴税金总额98亿元,与2007年持平。

(一)国有资产按地区分布情况

2008年,甘肃省全省国有企业共1287户,其中,甘肃省国资委监管企业334户(一级企业39户)、省级非监管企业240户、市州企业713户。全省国有资本及权益总额769亿元，其中，甘肃省国资委监管企业615亿元，占全省国有资本及权益总额的80%；省级非监管企业42亿元，占全省国有资本及权益总额的5.5%；市州企业112亿元，占全省国有资本及权益总额的14.5%。2008年国有资产地区分布呈现如下特点：一是国有资产继续向省属监管企业集中，省属监管企业国有资本及权益总额占全省国有资本及权益总额的比重由上年的78%提高到80%，提高2个百分点。二是企业户均国有资本及权益总额继续提高，2008年全省国有企业户均国有资本及权益总额5975万元，比上年提高975万元。三是国有企业户数不断减少，但国有资本及权益总额却在增加。2008年，全省国有企业比上年净减少60户，减幅达4.5%，其中，本年增加企业户数133户，主要是全省新投资设立37户，新设合并14户，上年应报未报70户；本年减少企业户数193户（改制100户，合并78户，歇业12户）。

（二）国有资产按行业分布情况

2008年甘肃省全省国有资产主要分布在11个行业中，主要集中在工业产业，其中冶金工业、电力工业、煤炭工业国有资产总量分别占全省国有资产总量的50.80%、8.57%和8.38%，三行业合计占全省国有资产总量的67.75%。而同时，社会服务、水利、农牧业等行业国有资产总量比上年又有所增加。这些特点充分体现了随着国有企业改革发展的深入，全省国有企业资产结构调整步伐加快，产业集中度不断提高，国有企业开始向优势企业集中。在全省企业中，金川公司、酒钢集团、省电投集团、华煤集团等十几户企业资产规模显著扩张，占全省企业经营性资产的比重显著提高，成为全省企业各项指标的主要支撑点。

表1　2008年甘肃省国有资产行业分布情况

行　　业	国有资本及权益总额（亿元）	比重（%）
全省	769	100
一、工业	593	77.11
其中：冶金工业	391	50.80
电力工业	66	8.38
煤炭工业	64	2
二、社会服务业	36	4.68
三、地质勘查及水利业	33	4.29
四、农林牧渔业	29	3.77
五、交通运输仓储业	18	2.34
六、批发和零售．餐饮业	17	2.21
七、金融业	15	1.95
八、建筑业	13	1.69
九、教育文化广播业	9	1.17
十、房地产业	4	0.52
十一、其他	2	0.26

（三）国有资产按经营规模分布情况

甘肃省1287户国有企业中，大型企业95户，占全省总户数的7.38%，拥有国有资本及权益总额443亿元，占全省的57.61%，户均4.66亿元，实现营业收入701亿元，占全省营业收入的46.21%，实现利润总额44亿元，占全省企业利润总额的65.67%；中型企业210户，占全省总户数的16.31%，拥有国有资本及权益总额223亿元，占全省的29.00%，户均10619万元；小型企业982户，占全省总户数的76.31%，拥有国有资本及权益总额103亿元，占全省的13.39%，户均1049万元。从规模分布看，大型企业具有明显的规模优势，占有绝对的主导地位，而且经济效益和盈利能力也很高，而中小型企业大多处于亏损状态，中小型企业合计亏损户数达到535户，占全省亏损企业户数的94.35%。

三、甘肃省国有资产保值增值综合评价

2008年，甘肃省国有资本及权益为769亿元，比年初净增加129亿元，其中：增加180亿元，增加的主要原因是经营积累和国家追加投资，会计政策变更调整等；减少51亿元，减少的主要原因是经营减值、无偿划出和中央和地方确定的其他因素。

表 2　　2008 年甘肃省国有资本及权益增、减因素分析

单位:亿元

增加因素	增加金额	减少因素	减少金融
合　计	180	合　计	51
(一)国家、国有单位直接或追加投资	114.8	(一)经国家专项批准核销	0.0
(二)无偿划入	1.1	(二)无偿划出	7.0
(三)资产评估增加	1.3	(三)资产评估减少	5.2
(四)清产核资增加	0.2	(四)资产评估增加	0.0
(五)产权界定增加		(五)产权界定减少	0.3
(六)资本(股票)溢价		(六)消化以前年度潜亏和挂账而减少	0.2
(七)接受捐赠		(七)不可抗力减少	0.0
(八)债权转股权	0.2	(八)主辅分离减少	0.6
(九)税收返还	0.9	(九)按规定上缴红利	7.1
(十)补充流动资本	0.3	(十)资本折价	2.2
(十一)减值准备转回	0.2	(十一)中央和地方确定的其他因素	11.3
(十二)会计调整	2.8	(十二)经营减值	17
(十三)中央和地方政府确定的其他因素	2.6		
(十四)经营积累	55.4		

2008 年甘肃省国有资产保值增值率为 106.13%,同比下降 8.94 个百分点,从地区分布来看,省属监管企业保值保值增值率为 107.69%,省级非监管企业保值增值率为 102.14%,市州企业保值增值率为 100.70%;从行业分布来看,煤炭、冶金工业高丁全省水平。

表 3　　2008 年甘肃省国有企业地区和行业保值增值情况

地　区	保　值增值率(%)	行　业	保　值增值率(%)
全省	106.13	全省	106.13
省级监管企业	107.69	农林牧副渔业	100.64
省级非监管企业	102.14	煤炭工业	110.36
市州企业	100.70	冶金工业	110.91
其中:庆阳市	98.46	化学工业	94.20

续表

地　区	保　值增值率(%)	行　业	保　值增值率(%)
陇南市	104.44	机械工业	105.68
张掖市	95.40	电力工业	103.35
武威市	96.84	建筑业	107.92
兰州市	100.33	地质勘查及水利	98.04
定西市	92.42	交通运输仓储业	92.36
临夏州	89.35	批发和零售餐饮业	96.29
嘉峪关	100.32	非银行金融业	103.91
酒泉市	103.91	社会服务业	104.83
平凉市	107.96		
白银市	86.90		
甘南州	121.92		
天水市	104.57		
金昌市	102.84		

四、甘肃省国资委产权管理工作情况

(一)资产重组工作取得新突破

一是酒钢集团与欧亚财团合资正式批复。酒钢集团以其评估净资产价值107.96亿元的钢铁主业资产出资折股51%,国际矿产资源公司以与103.73亿元人民币等值的现金出资折股49%,共同组建新的合资公司。二是白银公司与中信集团战略合作顺利完成。甘肃省以白银公司净资产中339665.22万元作为出资,中信集团及其全资子公司中信国安以326345.01万元现金为出资,对白银集团实施增资扩股。增资扩股完成后,省政府国资委持有白银集团43%的股份,省国资经营公司持有白银集团8%的股份,中信集团持有白银集团4%的股份,中信国安持有白银集团45%的股份。中信国安作为第一大股东合并财务报表。11月24日中信集团及其全资子公司中信国安326345.01万元现金出资全部到账,新公司正式挂牌成立。三是靖远煤业主业整体上市方案基本确定。靖煤公司内部资源整合、账务处理等重大问题基本解决,采权矿及土地使用权处置方式及建议上报省政府待批。四是华能集团参股华煤集团工作顺利实施。中国华能集团公司以17.93亿元分别受让平凉市国资委及甘肃省政府国资委所持华煤集团30%及10%股权。重组后的华煤集团,甘肃省政府国资委持有50%的股权,平凉市政府持有10%的股权,华能集团持有40%的股权。按照双方《股权转让协议书》的约定,华能集团首期30%投资款到账,其余投资款待工商变更完成后5个工作日内支付。五是甘肃稀土与包钢稀土重组原则基本确定。经过多轮协商,双方同意包钢稀土以股权置换及现金增资扩股方式实现对甘肃稀土的绝对控股。包钢稀土承诺保障对重组企业的稀土精矿供应,确保现有产业及生产能力的充分发挥,保持产业规模的逐步扩大和发展。11月28日国资委就包钢稀土重组甘肃稀土项目实施的准备情况和实施方案正式向省政府汇报,正在等待省政府批复后组织实施。六是祁连山控股公司增资扩股取得实质性进展。为积极应对国内水泥市场的强强联合和资产重组,省政府国资委同意中国建材集团公司对祁连山控股公司实施增资扩股。按照双方签订的《增资扩股协议》及《定向增发协议》,中国建材集团公司共应支付5亿元,前期1亿元已到位,后续资金将陆续到位。七是华龙证券股权转让前期准备工作完成。华龙证券财务审计和资产评估工作结束,寻找受让方及与已有意向受让方的商谈工作正在抓紧进行。八是兰光重组工作正在抓紧实施。兰光重组工作一波三折,在深圳鸿荣源单方面提出终止重组协议后,为继续推动兰光重组工作,正在与深圳一家国有控股公司接触,提出初步的重组方案,并就重组的相关条件和重组的可行性等问题进行磋商,如果能够达成一致意见、排除相关的障碍,拟尽快报经政府同意后启动新的重组工作。九是甘肃电投陇能股份有限公司上市即将启动。为了做大做强甘肃省电力产业,整合甘肃省电力投资集团公司电力资源,省电投将持有的部分发电子公司的股权拿出设立甘肃电投陇能股份有限公司股份公司,并对其进行增资。公司正在积极筹备首发上市前期工作。十是长城电工定向增发未能按时完成。长城电工定向增发工作获中国证监会的审核批复后,由于宏观经济形势发生巨大变化,导致该项工作未能在规定的时限内完成。

(二)产权界定工作取得新进展

一是认真组织开展产权登记工作。2008年共新增办理产权登记58户,其中监管企业及其各级子企业54户,涉及实收资本546762.4万元,省直部门所属企业4户,涉及实收资本5649.7万元。注销两户企业的产权登记。二是积极协调解决产权纠纷问题。对兰炭集团与方大集团,机场集团与海航集团等涉及的产权纠纷问题进行积极协调,理清产权归属,明确各方权责,为更好地合作相处奠定基础。

(三)产权保护工作取得新成效

一是中介机构选聘工作更加科学。制订完善《省属企业国有资产评估中介选聘工作操作规程》和《甘肃省政府国资委国有资产评估重大项目专家评审暂行办法》,更新调整省属国有企业中介服务平台。通过中介平台共选聘中介机构22次,为18户省属企业改革改制工作提供评估服务。二是评估结果确认工作更加严格。2008年,共办理核准项目6个,涉及资产181.37亿元,净资产增值60.97%。备案项目13

个,涉及资产8.69亿元,净资产增值9.39%。三是企业担保工作更加规范。为了防范担保风险,保障国有资产安全,起草《省属企业国有股权担保行为管理暂行办法》。同时,审核批准甘肃省水利水电工程局、甘肃省建筑工程总公司等企业以国有产权或国有股权担保融资行为,共审核抵押、担保金额5.11亿元。

(四)产权流转工作取得新成果

一是加强国有产权交易监管力度。2008年,联合省纪委、省监察厅、省工商局和省产权交易所,对省属监管企业及各市(州)国有产权进场交易情况进行检查。二是推进产权交易平台建设。起草《甘肃省产权市场管理暂行办法》,指导省产交所完善经纪会员管理制度,并在有条件的市(州)组建办事机构,加强对国有产权转让环节的规范管理,强化国有产权进场交易中的服务功能。三是规范国有产权流转行为。2008年,甘肃全省共有各类产权进场交易36宗,交易金额5.67亿元。其中,省国资委监管企业产权交易3宗,交易金额1.3亿元;其他委托产权交易项目33宗,成交额4.37亿元。

(五)国有资本经营预算工作开创新局面

根据中央和甘肃省有关国有资本经营预算的规章制度,与财政部门积极协商制定符合实际的国有资本经营预算管理办法,并配合财政部门积极着手开展2007年度国有资本收益收取工作,研究制定2009年监管企业国有资本预算编制工作。

五、甘肃省国资委经营业绩考核工作概况

(一)公平公正测算2008年考核结果,合理确定考核等级

甘肃省政府国资委依据经审核的企业财务决算报告和审计报告,对甘肃省属34户企业2008年度经营业绩进行认真地测算,结合企业党的建设、维护稳定工作等情况,合理确定各企业的考核得分和等次,保证考核结果的公正和准确。2008年度甘肃省省属企业经营业绩考核结果为:A级企业6户,B级企业16户,C级企业9户,D级企业3户。

(二)认真衔接2008年度被考核企业经营业绩考核目标

2008年初,甘肃省政府国资委依据《业绩考核暂行办法》,组织有关处室与42户省属企业就企业负责人年度业绩考核指标进行"一对一"的衔接,逐户听取各企业2007年度的经营业绩完成情况、企业发展现状、战略规划、技术改造和宏观经济运行趋势对企业发展影响等情况,经过认真分析测算,确定2008年度34户省属企业负责人经营业绩考核目标值。突出对高耗能企业在节能减排方面的考核,明确节能降耗工作的奋斗目标。在国资监管会议上甘肃省政府国资委与各省属企业负责人签定《年度经营业绩责任书》。

(三)积极应对危机,加强经营业绩动态监控,及时掌握经营目标完成情况

为准确、全面地掌握甘肃省省属企业经营业绩完成进度,为领导决策提供依据,甘肃省政府国资委逐季组织召开省属企业经营业绩分析会,对各企业业绩完成情况进行分析总结。特别是2008年9月以后,针对金融危机对实体经济的影响,以及国家宏观经济运行趋势变化,甘肃省省属企业面临煤电油运紧张、原材料价格上涨的外部环境,甘肃省政府国资委及时调整工作思路,加强经营业绩动态监控工作力度,逐月对经营业绩进行动态跟踪监控,编制《经营业绩动态分析报告》。对企业在运营中遇到的问题和困难进行认真分析,提出解决问题的建设性意见和措施,对监控中发现尚未完成预期业绩进度的企业,及时提出警示意见,责成有关企业抓紧制订各项有效措施,力争全面完成全年工作。同时,根据省属企业经济运行面临的困难,及时向甘肃省政府上报《关于当前省属企业面临的主要问题及政策建议的报告》。2008年,甘肃省省属企业负责人经营业绩考核工作进展顺利,有力地促进国有资产的保值增值,省属企业的综合竞争力得到明显提高。

六、甘肃省国资委监管企业负责人考核与选人用人机制改革情况

干部人事制度改革是一个不断探索实践、不断发展完善的过程。甘肃省国资委党委认真贯彻中央、省

委关于党政干部选拔任用工作的一系列新精神和新要求，着眼于深化国有资产管理体制改革和加快省属国有企业发展，在企业领导班子建设和企业领导人员的考核、选拔任用方面做了一些工作，进行一些探索。

（一）以健全公司法人治理结构为核心，科学选拔使用，加强企业领导班子建设

推进国有企业改革发展，关键是选好配强企业领导班子。在省国资委党委高度重视下，下功夫解决企业领导班子中存在的体制不顺、力量薄弱、结构不合理等突出问题。一是立足企业实际配班子。紧紧围绕企业改革改制进程，对进行体制转换、改革改制、产权多元化的企业，按照《公司法》要求，以健全公司法人治理结构为核心，一方面重点选拔善于谋略、视野较宽、决策力强的人才进班子，确保班子配备的高起点；另一方面，不断加大企业之间干部交流力度，使企业班子成为各方面人才的集聚地。二是尊重群众意愿配班子。紧紧围绕企业改革发展这个中心，从解决矛盾和问题入手，对企业生产经营、党的建设、班子建设等，深入一线调查研究，最广泛地听取职工群众的意见建议，最大限度地落实职工群众的参与权和选择权，使班子配备充分尊重职工群众的选择，也使选出来的干部更有利于维护职工群众的利益。三是改进工作方式配班子。始终树立以人为本、选贤任能的选人观念，坚持“慎选”，始终慎重对待、慎重考察、慎重提出意见建议，确保选用的科学性；坚持“适调”，按照“大稳定、小调整”的原则，适度进行调整，尽量保持工作的连续性；坚持“快用”，对于摸清的问题和看准的人选，集中精力、从速从快选配到位，确保企业稳定发展。

（二）以贯彻落实科学发展观为指针，强化考核激励，不断增强企业领导班子活力

激发企业领导班子活力，关键在于科学考核和有效激励。一是抓制度完善。在认真总结前三年考核工作基础上，根据省委组织部和委党委要求，组织人员对考核办法进行全面修订，经过反复修改，广泛征求各方面意见，制定下发《定期考核评价办法》，使考核指标设置更加规范，评分办法更加科学，整个考核工作更加符合企业实际，得到各企业的普遍认可和肯定。二是抓全面考核。严格按照规定，细化考核工作规程，坚持突出业绩考核，同时采取民主测评、个别谈话等方法，广泛组织职工评议，努力使业绩考核、群众评议和上级评价相统一，力求准确反映企业领导班子的工作情况，切实发挥考核评价的“指挥棒”作用，调动企业领导人员谋发展、抓发展的积极性。三是抓梯队建设。一方面，开展企业紧缺人才和经营管理人才两次较大规模的调研，先后到中央在甘、省属和市属等46户企业，就甘肃省工业领域人才资源的现状、存在的问题和未来10年的需求状况，进行深入调研，提出相关政策建议。另一方面，结合年度考核民主测评，对企业后备干部进行推荐和摸底，了解企业在干部队伍、人才队伍建设情况，及时掌握企业出现的优秀人才，为班子调整补充打基础。

（三）以职业化和专业化为方向，狠抓教育管理，努力提高企业领导人员整体素质

多年来，甘肃省国资委始终把教育培训放在干部工作的首位，采取多种形式，培育忠实履职的企业领导人员队伍。一是抓职业精神培育。突出抓企业领导人员政治理论、理想信念和职业精神教育，通过考察谈话、个别谈心、参加领导班子民主生活会和理论中心组学习会、专题调训等形式，引导企业领导人员深入学习科学发展观等党的一系列创新理论成果，切实增强企业领导人员的政治意识和大局意识，坚定做强做大国有企业的信心和决心，培育忠诚出资人、忠诚企业和廉洁从业的职业操守，使企业领导人员队伍始终保持奋发有为、积极进取的精神状态。二是抓业务培训。积极参加省委党校、省行政学院完成春季和秋季主体班次的企业领导人员、企业中层管理人员的业务培训和相关研讨活动，有效提高企业领导人员和干部队伍的综合素质。三是抓监督管理。以思想教育为抓手，建立健全教育引导机制、谈话教育制度、思想汇报制度；以领导班子为重点，突出对企业党政“一把手”监督、选拔任用干部、发扬党内民主等重点环节的监督；以国资监管职能部门为依托，进一步规范企业领导用权行为，规范办事程序，实现企业领导集体权力运作的规范化，做到关口前移，形成有效的监督制约机制。

（撰稿人：温建军　孔详青　吴宝定
李　伟　张　晖）

青海省

一、青海省国有资产监督管理工作综述

2008年是极不平凡的一年，也是催人奋进的一年。面对特大雪灾、震灾和国际金融危机等重大挑战，在省委、省政府的正确领导下，青海省国资系统认真贯彻落实党的十七大精神和省委、省政府的战略部署，深入学习实践科学发展观，认真履行出资人职责，加强国资监管工作，坚持解放思想，继续深化改革，全力应对金融危机，积极推进国有经济结构战略性调整，全省国有经济结构和布局进一步优化，实现国有资产保值增值目标，为建设富裕文明和谐的新青海做出积极贡献。

国有经济总量迈上新台阶。2008年，全省规模以上国有控股工业企业实现增加值270亿元，同比增长13.2%；省属出资企业实现增加值首次突破百亿元大关，达到119.46亿元，同比增长1.7%。

国有资本运营质量显著提高。2008年，全省规模以上国有控股工业企业完成销售收入700亿元，同比增长23.6%；实现利润135.5亿元，同比增长13.9%；省属出资企业实现销售收入358.45亿元，同比增长15%；实现利润总额49.42亿元，所有者权益总额353.98亿元，同比增长6.6%。

国有经济地位不断提升。2008年，全省规模以上国有控股工业企业资产总额1321.99亿元，同比增长12.51%；省属出资企业资产总额886.68亿元，同比增长15.9%；国有资产保值增值率达118.94%。

国有企业贡献进一步增强。2008年，全省规模以上国有控股工业企业实现税收51.3亿元，同比增长7.8%；省属出资企业累计上缴税金31.39亿元，同比增长21.9%；企业贡献进一步加大。

国有企业核心竞争力显著提高。西部矿业集团有限公司累计销售收入达到144.19亿元，在中国500强企业排名中再度上榜，名列第344位。与此同时，西部矿业集团公司在2008中国制造业企业500强排行榜中列第192位，带动力和影响力进一步增强。

2008年，青海省国资委围绕加强国有资产监管和推进国有企业改革发展，做了大量扎实有效的工作。

(一)积极应对金融危机，确保出资企业生产经营平稳运行

2008年10月以来，受全球金融危机影响，青海省国有出资企业生产经营面临严峻挑战，产品销售价格大幅下降、生产增势下行，利润增幅大幅回落，经营风险不断加大。面对复杂严峻的经济形势，在省委、省政府的正确领导下，青海省国资系统及时深入各出资企业广泛进行调查研究，积极探研究“危”为“机”的有效途径。在充分调研的基础上，会同省经委向省政府提出进一步加大扶持企业稳定发展的相关意见，从资金、金融、税收等方面加大扶持力度，下发《关于省属企业做好维稳工作的通知》；组织召开省属出资企业负责人座谈会、经济形势分析会等，研究经济发展形势，了解企业生产经营情况，支持企业加强管理、练好内功、挖潜提效；指导省内企业开展相互间的合作与帮助，支持企业实施低成本并购重组，壮大企业发展实力。通过努力，有效遏制了出资企业生产下滑的势头，企业没有出现大面积停产限产和大量人员下岗，为促进全省经济持续发展和社会稳定做出贡献。

(二)积极探索和创新国资监管和服务企业的有效方式，提高履职能力

青海省国资委以建章立制、落实责任、转变作风、提高效率为切入点，不断探索和创新国资监管和服务企业的有效方式。

1. 不断规范国有产权管理工作。加强青海省产权交易市场等机构的硬件设施和信息网络建设，实现与国务院国资委全国国有产权交易系统的对接，使产权交易更加透明；2008年，对西部矿业集团公司、青海银行和青海万年硅有限公司等企业部分资产股权进行挂牌交易，交易金额达3.56亿元，国有资产增值1150万元。

2. 不断加强经营业绩考核工作。继续实施资产经营目标责任制，加强目标跟踪和服务，建立有效的激励和约束机制，结合企业实际，对原《省属国有及国有控股企业负责人经营业绩考核及年薪制暂行办法》

进行修订，完善经营业绩考核体系；为进一步规范收入分配制度，参照国务院国资委年薪制办法及外省市好的经验，进一步完善企业负责人年薪制暂行办法。实现业绩考核工作有法可依和有章可循，走上规范化的轨道。通过建立自上而下的“考核机制”。使经营目标和工作责任层层落实，充分调动企业负责人和广大职工的积极性，促进企业和谐发展，使企业焕发出前所未有的生机和活力。

3. 不断完善企业财务监督工作。一是加大财务决算审核力度，深入企业指导做好报表编审工作，全面完成省属出资企业2007年度财务决算工作；二是建立评估机构执业质量档案，完善企业年度财务审计监督工作制度；三是加强对资产评估机构的监管，对国有资产评估机构资质进行审核认定，加强省属出资企业经济责任审计工作，进一步规范经济责任审计工作行为；四是完成省属出资企业财务预算和绩效评价的工作，进一步加强对出资企业财务动态监测工作。

4. 不断提高监事会工作能力。加强外派监事人员政治和业务知识的培训，增强监事工作的责任感，提高外派监事工作能力；加强对企业资产运营和财务工作的日常监督，进一步强化对企业年终决算的审核，实事求是反映企业经营业绩，充分体现公平、公正和公开的工作原则，较好地发挥监事会的监督作用。

5. 不断强化安全生产管理工作。坚持“安全第一、预防为主、综合治理”方针，依法严格监管，将安全生产指标纳入考核范围，与经营者年薪进行挂钩，认真开展隐患排查治理专项行动，有效减少一般事故，遏制较大安全生产事故的发生，省属出资企业完成安全生产控制指标。

（三）进一步优化国有经济结构和布局，增强国有经济的控制力和影响力

2008年，青海省各级国资委紧紧围绕青海省资源优势，加大国有资本调整重组力度，进一步优化股权结构，增强企业发展的实力和后劲，实现优势互补、资源共享；各国有出资企业依托资源优势，加大内部资本结构的调整，优化股权结构，缩短管理链条，强化对子公司的管控，国有经济的控制力和影响力进一步增强。一是整合企业间资源优势。完成省投资集团对铝箔项目的土地追加投入，确保铝箔项目的顺利建设；组织实施省投资集团出资收购宁北铝电有限公司股权的工作，加快2×135MW改扩建项目的建设步伐，为实现火电与电解铝的优势互补创造条件。二是加快企业资产调整重组。2008年，青海省国资委积极推进优势企业兼并重组步伐，重点完成盐湖集团与数码网络公司的重组，盐湖集团整体上市取得阶段性成效。为进一步促进盐湖资源综合开发和循环利用，减少关联交易，启动“ST盐湖”和“盐湖钾肥”两家上市公司的吸收合并工作。三是着力优化企业股权结构。对西部矿业集团和西部矿业股份公司的股权结构进行调整，提高国有股权比重，增强对集团的控制能力；省投资集团出资1.76亿元，完成置换和收购昆仑租赁有限公司股权工作，为组建财务公司，挖掘资金潜力，减少资金沉淀创造条件。

（四）稳步推进国有企业改革，加快培育企业上市步伐

青海省国资委以产权改革为突破口，以加快推进省属出资企业上市为目标，积极引进战略投资者，大力推进国有企业上市工作步伐，既创新体制机制，又实现产权多元化。

继续加大国企改制力度。积极推进茫崖石棉矿改制工作，第一步改制工作已完成，即由全民所有制企业改制为国有独资有限公司，第二步引进战略投资者与茫崖石棉矿股权和资产重组详细方案正在制定；针对省路桥集团公司施工任务不足，经营形势日趋恶化的现状，成立省路桥集团公司工作指导小组，督促、指导、协调和服务企业，协助企业做好资金回收、争取项目和有关改制等工作。

大力推进企业上市工作。青海省国资委为保证铝电产业链的完整性，积极推进省投资集团桥头铝电有限公司的上市进程，完成桥头铝电相关股权的收购工作；积极做好省水利水电集团公司上市培育工作，对公司综合情况进行论证与分析，并指导企业拟定上市初步方案；同时，实施青海省投资集团所属青海西部水电有限公司出资收购康扬水电公司股权的工作，为母公司香港业成上市奠定基础，推动公司健康发展。

支持企业多渠道融资。为了支持省国投公司开展新的融资业务，更好地发挥融资平台作用，解决重点项目资金紧张矛盾，省国资委将省水利水电集团、青海煤业集团的股权及权益划转，提高省国投公司的资本实力和融资能力；为鼓励企业积极拓宽融资渠道，增强发展后劲，完成西部矿业集团公司发行9.6亿元债券工作，缓解企业资金紧张局面，优化资本结构。启动西矿股份公司发行40亿元债券和省国投公司发行10亿元短期融资债券的前期工作，并为西宁市城市投资公司发行10亿元企业债券提供担保，为企业融资开辟渠道。

(五)实施"项目带动"战略，培育国有经济新的增长点

按照省委、省政府大力发展特色产业，做大做强支柱产业的要求，加大服务力度，积极引导和支持出资企业加大项目建设力度，不断培育新的经济增长点，使国有经济在带动全省经济持续健康发展上承担更多的责任，发挥更大的作用。一是盐湖集团年产100万吨钾肥项目已通过国家验收，年产1万吨碳酸锂项目基本建成，综合利用项目一期将于今年进入投料试车阶段，综合利用项目二期工程及配套项目进展顺利，综合利用三期工程已经启动。二是西部矿业集团5.5万吨/年电铅冶炼工程、10万吨粗铅冶炼项目进展顺利，完成预期投资目标。三是省投资集团高精铝板带项目、铝箔项目建设工作稳步推进；康杨水电站7#机组已投入运行；鱼卡地区煤电一体化项目建设进程加快。四是西钢集团"煤焦化—铁矿采选—钢铁制造"三大产业板块齐头并进，全线贯通。五是三江集团年产1万吨加工淀粉生产线建成投产，有效延伸马铃薯加工产业链，提高马铃薯产品附加值。

(六)实施"人才强企"战略，为企业提供强有力的人才保证和智力支持

2008年，青海省国资委一直把加强企业人才队伍建设作为推进企业改革发展工作的重要举措，大力实施"人才强企"战略，努力营造尊重知识、尊重人才、尊重劳动、尊重创造的良好氛围，在人才培养、吸引和使用方面做了大量工作，在拓宽选才渠道、创新选用方式、改进评价办法、强化激励约束等方面进行积极探索。一是加强企业人才教育培训工作。组织6户省属出资企业参与清华大学高层次人才招聘活动，为企业吸纳高层次人才提供支持和帮助；做好企业高中层经营管理者培训工作，不断探索改进企业经营管理者培训方式，提高培训质量，促进产学研联合向高层次发展。二是积极探索改进企业经营管理人员选拔任用方式。结合人才需求，引入市场机制，充分发挥市场对人力资源配置的基础性作用，通过组织推荐、公开招聘、民主选举、竞争上岗等多种方式选拔任用企业各级管理人员，初步形成企业经营管理人员能上能下、能进能出的格局。三是建立健全企业经营管理人才激励约束机制。初步建立比较规范的符合市场经济需要的企业经营管理人员考核评价体系，明确经营管理者责、权、利的关系，加大薪酬激励力度。改变过去青海国有企业负责人薪酬管理中自定薪酬、薪酬与业绩脱节的历史，有力地推动企业的三项制度改革。四是加快建立企业技术创新体系。鼓励优势骨干企业建立技术研究开发机构，着力提高企业的核心技术、关键技术和重大新产品的研发能力。盐湖集团采用自主研发的反浮选—冷结晶技术，建成100万吨/年钾肥生产装置，西部矿业采用深部开拓技术提高矿山生产能力，中信国安科技发展有限公司承担的盐湖卤水提锂及碳酸锂工业化生产新技术研发获得突破性进展，建成年产1000吨的碳酸锂生产装置，这些项目的实施和成果的取得，促进企业产品结构的调整，增强企业应对市场竞争的能力。五是大力推进企业名牌战略。进一步完善推动实施名牌战略的政策措施，支持和鼓励优势骨干企业打品牌、创名牌；进一步加强实施名牌战略的宣传，加大对名牌企业和名牌产品的推介力度，帮助企业提高名牌产品在国内外的知名度。

(七)加强企业党建工作，发挥党组织政治核心作用

第一，认真开展学习实践活动试点工作。按照省委统一部署，组织省属出资企业党组织开展解放思想大讨论活动，取得实效；配合省委在盐湖集团率先开展学习实践科学发展观活动试点工作，通过认真组织、细化步骤，确保活动试点工作的扎实开展，为2009年3月全省第二批学习实践活动在出资企业的全面开展打下良好的基础。第二，加强企业党建和思想政治工作。金融危机爆发后，企业经济效益出现大幅度滑坡，企业党组织充分发挥思想政治工作优势，通过企业内部广播电视、宣传栏、黑板报等形式，加大形势任务宣传教育力度，有效稳定职工的思想，增强工作信心；积极探索党组织参与企业重大问题决策的新路子，使党建工作融入中心、进入管理取得了新进展；认真贯彻落实《党员权利保障条例》，在省属出资企业大力推进党务公开工作，建立健全了重大问题决策前征求基层党组织和党员意见建议制度，保障党员对党内事务的广泛参与和有效监督。第三，加强企业负责人和经营班子建设。通过在省属出资企业继续开展创建“四好”领导班子活动，加大企业负责人和经营班子考核评价力度，完善相关激励机制，有力地推进企业负责人和经营班子思想政治建设，企业负责人和经营班子的政治素质、理论水平和履行职责的能力不断提高；高度重视企业经营管理者配备工作，积极探索企业家选任新路子，大规模调整补充后备干部队伍，进一步扩大省属出资企业后备干部选人用人范围。第四，加强企业党风廉政建设工作。按照中纪委、省委、省政府和省纪委对党风廉政建设的各项任务要求，落实党风廉政建设责任制，在省属出资企业开展“促进惩防体系建设，保障企业健康发展”的主题活动，省属出资企业惩防体系建设取得阶段性成效；不断加强对出资企业党风廉政工作的检查和指导，推动廉政建设向纵深发展；结合全省开展的“建廉政文化、树廉洁新风”廉政文化建设宣传月活动，努力把廉洁文化建设融入出资企业文化之中，深化和拓宽廉洁文化的内容和形式，促进廉洁文化“六进”活动规范化、制度化。

二、青海省国有资产管理机构工作进展情况

2008年，青海省国资监管机构和制度进一步完善。各州、地、市国资监管工作机构都基本建立，根据国务院国资委国家有关监管制度，格尔木市、海南州、海北州国资委制定《格尔木市国有企业资产监督管理办法》《海南州国资委监管企业资产损失责任追究管理暂行办法》《海北州国有资产管理暂行办法》等制度，加大国资监管力度。国资监管法律法规进一步得到完善。青海省国资委成立青海省企业法律顾问协会，推进企业总法律顾问制度建设工作，省属出资企业基本设立法律事务机构，实行总法律顾问制度的出资企业达90%，各企业“五五”普法工作也在继续扎实有效推进，出资企业法制建设工作取得积极成效。

三、青海省国有资产总量与结构分析

根据青海省国资委编制的2008年度全省国有资产统计汇总报表数据显示，截至2008年底，青海省地方国有及国有控股企业（不含中央驻青企业，以下简称国有企业）总户数521户，比上年度净增加26户；资产总额达到1249.04亿元，比上年增长14.3%；净资产总额509.16亿元，比上年增长7.3%。

2008年，全省国有企业实现工业总产值388.08亿元，比上年增长27.8%；实现销售收入391.90亿元，比上年增长16.1%；实现利润48.93亿元，比上年下降25.3%；上缴税金39.46亿元，比上年增长25.4%；平均职工人数比上年增长7.38%；全年职工人均工资26936元，比上年增长7.42%。

表1　2008年青海省国有企业主要指标情况

单位：万元

项　目	数　额
一、资产总额	12490367.6
其中：流动资产	4937695.8
固定资产	3693835.1
其他非流动资产	3858836.7
二、负债总额	7398745.7
其中：流动负债	3268986.6
非流动负债	4129759.1
三、所有者权益	5091621.9
四、归属母公司所有者权益	3532586.3
其中：实收资本	1703544.3
资本、盈余公积	1638288.8
未分配利润	202699.7
五、少数股东权益	1559227.5
六、国有资产总量	3301764.4

续表

项　目	数　额
七、营业收入	3918971.6
八、营业成本	2363063.1
九、三项费用	420924.3
十、利润总额	489279.9
十一、归属母公司的净利润	196005.1
十二、基本情况	
其中:汇编企业户数	521
全年平均职工人数	84457
全年职工人均工资(元)	26936
上缴税金总额	394664.2
资产负债率(%)	59.24
净资产收益率(%)	9.41
总资产报酬率(%)	5.92
国有资本保值增值率(%)	106.95

注:净资产收益率含少数股东权益和少数股东损益。

(一)国有企业资产规模增速进一步加快

2008年末,青海省521户国有企业资产总额比上年增加156.09亿元。全省国有企业户均资产规模达到2.4亿元,比上年增长9.1%。国有企业资产规模增速进一步加快,经济实力进一步增强。

按规模划分:大型企业资产总额759.16亿元(占全省国有企业资产总额的60.5%,同比增长33.5%);中型企业229.04亿元(占18.3%、同比增长14.1%);小型企业260.84亿元(占20.9%,同比增长20.4%)。户均资产100亿元以上的企业集团6户,比上年增加1户,资产总额989.65亿元,占全省国有企业资产总额的79.2%,同比增长33%;户均资产10亿元以上的12户,资产总额1120.40亿元,占全省国有企业资产总额的89.7%,同比增长29%。

按组织形式划分:国有控股企业资产总额639.14亿元(占全省国有企业51.2%,同比增长44.2%);国有独资企业609.90亿元(占48.8%,同比增长12.3%)。

按产业作用划分:基础性行业资产总额600.77亿元(占全省国有企业48.1%,比上年增长10.4%);一般生产加工行业191.32亿元(占15.3%,比上年增长42.3%);商贸服务及其他行业456.94亿元(占36.6%,比上年增长10.3%)。

按行业划分:工业企业资产总额626.93亿元(占全省国有企业59.4%,同比增长59.4%),其中:冶金工业410.07亿元(占工业企业55.3%,同比增长6.18%),化学工业169.99亿元(占22.9%,比上年增长37.2%),电力工业57.39亿元(占7.7%,同比增长15.3%);建筑业企业28.13亿元(占全省国有企业2.3%,同比下降4.6%);农林牧渔业企业10.51亿元(占0.8%,同比增长8%);地质勘察及水利业14.62亿元(占1.2%,同比下降8.5%);交通运输业企业9.41亿元(占0.75%,同比下降12.9%);仓储业10.16亿元(占0.8%,同比增长2.9%);贸易业12.16亿元(占0.97%,同比增长204.3%);金融业138.73亿元(占11.1%,同比增长19.7%);房地产开发业26.84亿元(占2.2%,同比增长24.4%);社会服务业247.25亿元(含投资与资产管理,占19.8%,同比增长12.4%)。

按隶属关系划分:青海省国资委监管企业资产总额882.10亿元(占全省国有企业资产总额70.6%,比上年增长14.7%),省级部门管理的企业资产总额27.52亿元(占2.2%,比上年下降3.3%),州地市国有企业339.42亿元(占27.2%,比上年增长14.9%)。

(二)企业资产结构进一步优化,国有资本带动力进一步增强

2008年底青海省地方国有企业所有者权益总额509.16亿元,比上年增长7.3%。其中:归属母公司所有者权益353.26亿元,比上年增长5.7%;少数股东权益155.92亿元,比上年增长11.1%。2008年末全省地方国有企业国有资产总量330.18亿元,比年初258.02亿元,增加72.16亿元,增长28%;剔除客观增减因素后,年末国有资产总量275.95亿元,国有资本保值增值率为106.95%。随着国有企业改制、改革和结构调整进一步深入,国有资产逐步向国民经济的基础领域和优势行业转移,国有资产的分布进一步合理,结构进一步优化,国有资本带动力进一步增强。

表 2　2008 年青海省国有资产按隶属关系分布情况

地　区	国有资产（万元）	占国有资产总量比重（%）
青海省国有企业	3301764.4	100.00
省属国有企业	1968237.0	59.61
其中：省国资委监管企业	1856939.4	56.24
省属非监管企业	111297.6	3.37
州地市属国有企业	1333527.4	40.39
其中：西宁市国有企业	1205987.4	36.53
海西州国有企业	99033.8	3.00
其他州地国有企业	28506.2	0.86

表 3　2008 年青海省国有资产按经营规模分布情况

规　模	国有资产（万元）	占国有资产总量比重（%）
全省合计	3301764.4	100.00
大型企业	1815231.0	54.98
中型企业	446351.7	13.52
小型企业	1040181.7	31.50

表 4　2008 年青海省国有资产按行业分布情况

行　业	国有资产（万元）	占国有资产总量比重（%）
全省合计	3301764.4	100.00
一、农林牧渔业	41060.3	1.24
二、工业	1662211.6	50.35
其中：煤炭工业	64323.1	1.95
冶金工业	577068.6	17.48
建材工业	57315.9	1.74
化学工业	661829.8	20.04
食品工业	13094.0	0.40
医药工业	1490.2	0.05
机械工业	61684.8	1.87
电力工业	129377.5	3.92
市政公用工业	29853.5	0.90
其他工业	66174.2	2.00
三、建筑业	17603.4	0.53
四、地质勘查及水利业	37283.5	1.13
五、交通运输业	26206.4	0.79
六、仓储业	28108.7	0.85
七、批发和零售、餐饮业	48454.0	1.47
八、金融业	255041.1	7.72
九、房地产业	77595.0	2.35
十、信息技术服务业	11588.4	0.35
十一、投资与资产管理	921534.4	27.91
十二、社会服务业	166036.1	5.03
十三、其他行业	9041.5	0.28

（三）国有企业经营效益下滑，但仍保持历史较高水平

2008 年下半年，由于受国际金融危机的影响，青海省国有企业经营效益出现较大幅度的下滑。但由于生产经营的扩大和上半年经营效益的快速增长，2008 年经营效益仍保持历史较高水平。2008 年全省地方国有企业实现销售收入 3391.90 亿元，比上年增长 16.1%，实现利润总额 48.93 亿元，比历史最高水平的 2007 年下降 25.3%，与历史较高水平的 2006 年基本持平。

（四）国有企业的社会贡献不断加大

青海省国有企业在自身快速发展的同时，不忘肩负的社会责任，为青海省经济社会的稳定发展做出积极贡献。2008 年虽然青海省国有企业经营效益大幅度下滑，但国有企业对社会的贡献有增无减。一是上缴税金大幅增加，2008 年全省国有企业上缴税金 39.47 亿元，比上年增长 25.4%，比 2003 年增长 387.7%，年平均增长 37.3%。国有企业上缴税金占 2008 年全省财政一般预算收入的 28.9%，比上年增加 0.4 个百分点。二是对国民生产总值（GDP）的贡献逐年加大。2008 年全省国有企业实现增加值 120.35 亿元，比上年增长 5.3%，比 2003 年增长 185.2%，年均递增 23.2%。三是国有企业就业岗位增加,职工人均收入上升。近年来由于国有企业改革、改制,国有企业户数逐年减少,国有企业从业人员也逐年减少,而 2006 年以后全省国有企业在企业户数继续减少的情况下,从业人员和职工人数逐年有所增加。2008 年国有企业职工平均工资达到 26936 元,比上年增长 7.4%,比 2003 年增长 156.8%,年平均增长 20.8%。国有企业不仅是全省国民经济的重要支柱,而且还是建设小康社会、构建和谐青海的重要力量。

(五)国有企业资产运营状况的主要特征

2008 年青海省地方国有企业经营效益情况有以下主要特征:

1. 受国际金融危机影响,国有企业整体经济效益普遍有所下滑。

一是国有企业盈利面下降,亏损面上升。2008 年全省国有企业中盈利企业 275 户,盈利面占 52.8%;亏损企业 246 户,亏损面占 47.2%。与上年相比盈利面下降和亏损面上升分别为 6.6 个百分点。二是国有企业效益下滑面增加,2008 年全省国有企业经济效益下滑的 240 户,效益下滑面 46.1%;比上年上升 6.1 个百分点。三是重点企业效益下滑幅度较大,省国资委监管的四大企业集团中,西部矿业实现利润总额比上年减少 23.53 亿元,下降幅度为 77.4%;投资集团减少 5.02 亿元,下降幅度为 70.6%。

2. 国资委监管企业是青海省地方国有经济的效益主体。

青海省国资委监管的企业集中全省国有经济的支柱企业、行业骨干企业和资源型优势企业。截至 2008 年末省国资委监管企业资产总额和净资产总额分别占全省国有企业的 70.6%和 69.9%;2008 年省国资委监管企业实现销售收入和利润总额分别占全省国有企业的 91.5%和 96.8%;上缴税金和实现增加值分别占全省国有企业的 95%和 97.5%。

3. 大型骨干企业集团是青海省地方国有企业利润的主要增长源泉。

2008 年盐湖集团、西部矿业、投资集团、西钢集团四户大型骨干企业集团资产总额 667.76 亿元,占全省国有企业资产总额 53.5%,实现利润总额 45.28 亿元,占全省地方国有企业实现利润总额 92.6%。

4. 青海省国有资产集中的行业和具有资源优势的国有企业盈利能力强劲,是支撑全省国有企业经营效益稳步发展的基础。

占全省国有企业国有资产总量 50.4%的国有工业企业实现利润 47.31 亿元,占全省国有企业利润总额 96.7%。其中:以盐湖化工为主的化学工业国有资产总量占全部国有工业企业国有资产总量 39.8%,实现利润 31.87 亿元,占全部工业企业利润总额的 67.4%。2008 年全省 8 个州地市中,海西州所属国有企业实现利润总额比上年增长 2 倍多,占全省州地市国有企业实现利润总额的 78.5%。

5. 国有企业资产实现平稳扩张,经营规模不断提高。

近年来随着国有企业改革、结构调整力度的加大、西部大开发战略的实施,全省地方国有企业的经济实力进一步增强。2008 年全省国有企业户均资产总额 23973.8 万元,比上年增长 8.6%,比 2003 年的 6474.3 万元,增长 237.3%,年平均增长 27.5%。青海省国资委监管的企业集团公司户均资产达到 55.13 亿元,比上年增长 14.7%,比 2003 年的 14.24 亿元,增长 287.1%,年平均增长 31.1%。全省国有经济正在逐步从"小而全、大而散"的布局向集中重点、注重规模、提高质量的层面转变。

6. 国有企业负债水平趋于合理,偿债能力有所增强。

近年来国有企业随着股票上市、资产重组、结构调整,债转股的实施,经济效益的逐步提高。资产负债率呈下降趋势,资产负债水平趋于合理。2008 年全省国有企业资产负债率 59.2%。

7. 国有企业创税能力继续增强,对国家的贡献有增无减,职工队伍保持稳定,职工收入继续上升。

受国际金融危机影响,2008 年国有企业在经营效益下滑的情况下,继续扩大生产经营,全年实现销售收入比上年增长 16.5%。上缴税金 39.46 亿元,比上年增长 25.4%,对国家的贡献继续增大。职工队伍保持稳定,全年平均职工人数比上年增长 7.38%。职工人均工资比上年增长 7.42%。

8. 受国际金融危机影响,部分重点企业经济效益下滑幅度大,部分中小型企业经营困难。

2008年省国资委监管的四大企业集团中，西部矿业和投资集团实现利润总额分别比上年下降77.4%和70.6%，对全省国有企业整体经营效益影响较大。2008年全省521户国有企业中，有47.2%的企业发生亏损，亏损总额比上年增加3.72亿元，增亏幅度为41.9%。全省国有企业净资产收益率平均为9.41%（含少数股东损益），但净资产收益率在1%以下有308户，占总户数的59.1%，比上年增加8.4个百分点。全省国有企业成本费用利润率平均为13.9%，但成本费用利润率在5%以下的企业有382户，占总户数的73.3%，比上年增加2.2个百分点；全省国有企业资产负债率平均为59.2%，资不抵债企业74户，占总户数的14.2%，比上年增加1.9个百分点；资产负债率高于70%的高负债企业185户，占总户数的35.5%。

9. 国有企业效益增长的基础仍不牢固。

从2008年青海省地方国有企业经营效益运行状况看，全省国有企业效益增长的不平衡现象仍很突出，效益增长主要依赖西部矿业、盐湖集团、投资集团、西宁特钢等几个大型企业集团。多数企业则仍处于微利或亏损状态，这几家企业效益状况的起落决定了全省国有企业整体经营效益的起伏。

10. 国有大型企业集团发展还不够强大。

近年来，通过结构调整、资产重组和企业深化改革、强化经营管理，青海省地方大型国有企业的骨干作用显著增强，成为全省国有经济发展壮大的希望所在。但和全国水平相比，青海省国有大型企业资产规模还不够强大，市场竞争能力和盈利能力还较弱，还有较大的差距。

四、青海省国有资产保值增值综合分析评价

根据青海省国资委2008年地方国有及国有控股企业（不含中央驻青企业，下同）国有资产统计报表数据显示，2008年青海省地方国有企业认真落实科学发展观，通过深化改革和结构调整，整体经济实力增强，资产运营质量不断改善，受国际金融危机影响，企业经营效益虽比上年有较大幅度下降，但企业的生产经营继续扩大，效益水平仍保持在历史较高水平上，国有资产实现保值增值。

（一）国有企业国有资产总量分布情况

2008年青海省地方国有企业521户，比上年净增加26户；资产总额1249.04亿元，比上年增长14.3%；国有资产总量330.18亿元，比上年增长13.4%。

按隶属关系划分：青海省国资委监管企业国有资产总量185.69亿元，占全省国有企业国有资产总量的56.2%；省级部门管理的企业11.13亿元，占3.4%；州地市县属企业133.35亿元，占40.4%。

按企业所属行业划分：国有工业企业国有资产总量166.22亿元，占全部国有企业国有资产总量的50.4%，比重最大；其次是投资与资产管理92.15亿元，占27.9%；金融业25.50亿元，占7.7%；社会服务业16.60亿元，占5%；房地产业7.76亿元，占2.4%；贸易及餐饮业4.85亿元，占1.5%；建筑等其他行业17.10亿元，占5.1%。

（二）国有资产保值增值综合分析评价

2008年青海省地方国有企业年末国有资本及权益总额330.18亿元，比年初258.02亿元，增长28%，因客观因素影响国有资本及权益增加76.20亿元，减少21.98亿元，扣除客观因素后年末国有资本及权益275.95亿元，国有资产增值17.93亿元，国有资产保值增值率107%。全省地方国有企业实现保值增值，在全国国有企业中处于良好水平。

因客观因素影响国有资本及权益增加的76.20亿元中，国家、国有单位直接或追加投资增加38.50亿元，占50.5%；资本（股票）溢价增加22.35亿元，占29.4%；无偿划入增加6.28亿元，占8.2%；税收返还增加3.35亿元，占4.4%；其他因素增加5.72亿元，占7.5%。

因客观因素影响国有资本及权益减少的21.98亿元中，无偿划出减少14.35亿元，占65.2%；其他因素减少7.63亿元，占34.8%。

青海省521户地方国有企业中，国有资产增值的企业226户，占总户数的43.4%；国有资产保值的企业53户，占总户数的10.2%；国有资产减值的企业225户，占总户数的43.2%；不能确定国有资产保值增值的企业17户，占总户数的3.2%（国有资产总量年初数为零的企业）。

521户国有企业中，国有资产保值增值状况在全国同行业企业处于优秀水平的94户，占总户数18%；处于良好水平的企业28户，占总户数的5.4%；处于平均水平的91户，占总户数的17.5%；处于较低水平的企业105户，占总户数的20.2%；处于较差水平的企业99户，占总户数的19%；不能确定的企业104户，占总户数的20%(国有资产总量年初数为零或年末为负数的企业)。

(三)国有资产保值增值分类分组的分析评价

表5　　2008年青海省国有企业按隶属关系保值增值情况

单位：万元

隶属关系	年初国有资产总额	本年国有资产因客观因素增减额	扣除客观因素后年末国有资产总额	国有资本保值增值率(%)	在全国的保值增值水平
全省汇总	2580172.3	542231.6	2759532.8	107.0	增值—良好水平
省属企业汇总	1318914.9	472992.4	1495244.6	113.4	增值—优秀水平
其中：监管企业	1214444.5	460587.9	1396351.5	115.0	增值—优秀水平
非监管企业	104470.5	12404.5	98893.1	94.7	减值—较差水平
州地市汇总	1262257.4	69239.0	1264288.4	100.2	增值—较低水平
其中：西宁市	1137155.8	63607.3	1142380.1	100.5	增值—较低水平
海南州	3942.0	122.0	4516.8	114.6	增值—优秀水平
海北州	18722.7	—3923.8	18740.6	100.1	增值—较低水平
海西州	94229.1	6714.3	92319.5	98.0	减值—较低水平
果洛州	1888.9	1483.7	1156.0	61.2	减值—较差水平
玉树州	—3492.7	1292.3	—3497.4		减值
黄南州	1199.4	13.5	1239.3	103.3	增值—平均水平
海东地区	7612.1	—70.8	7433.5	97.7	减值—较低水平

表6　　2008年青海省国有企业分类分组保值增值情况

单位：万元

分组项目	年初国有资产总额	本年国有资产因客观因素增减额	扣除客观因素后年末国有资产总额	国有资本保值增值率(%)	在全国的保值增值水平
全省汇总	2580172.3	542231.6	2759532.8	107.0	增值—良好水平
一、按规模分类					
(一)大型企业	1362380.1	299677.2	1515553.8	111.2	增值—同规模优秀水平
(二)中型企业	417603.7	6745.3	439606.4	105.3	增值—同规模平均水平
(三)小型企业	800188.6	235807.3	804372.5	100.5	增值—同规模较低水平
二、按组织形式分类					
(一)国有独资企业	2361198.2	203287.5	2383244.3	100.9	增值—较低水平
(二)国有控股企业	218974.1	338944.7	376288.5	171.8	增值—优秀水平
三、按盈亏分类					

续表

分组项目	年初国有资产总额	本年国有资产因客观因素增减额	扣除客观因素后年末国有资产总额	国有资本保值增值率(%)	在全国的保值增值水平
(一)盈利	1791450.7	420703.8	2065936.3	115.3	增值—优秀水平
(二)亏损	788721.6	121527.8	693596.5	87.9	减值—较差水平
四、按产业作用划分					
(一)基础性行业	1041774.3	-7734.4	1042512.0	100.1	增值—较低水平
(二)生产加工行业	60609.4	480682.1	218461.3	360.4	增值—优秀水平
(三)商贸服务等行业	1477788.6	69284.2	1498559.3	101.4	增值—较低水平
五、按行业分类					
(一)农林牧渔业	30671.5	8264.5	32795.8	106.9	增值—同行业优秀水平
(二)工业	1036720.0	468560.1	1193651.5	115.1	增值—同行业优秀水平
1. 煤炭工业	48249.3	13527.9	50795.2	105.3	增值—同行业平均水平
2. 冶金工业	638286.8	-45719.7	622788.3	97.6	减值—同行业较低水平
3. 建材工业	46186.1	8962.2	48353.7	104.7	增值—同行业平均水平
4. 化学工业	41745.8	475670.2	186159.6	445.9	增值—同行业优秀水平
5. 食品工业	11608.2	881.6	12212.4	105.2	增值—同行业平均水平
6. 医药工业	6342.5	-5048.6	6538.8	103.1	增值—同行业平均水平
7. 机械工业	55862.7	5355.3	56329.5	100.8	增值—同行业较低水平
8. 电力工业	124150.6	-807.7	130185.2	104.9	增值—同行业优秀水平
9. 市政公用工业	29684.9	1027.7	28825.8	97.1	减值—同行业较低水平
10. 其他工业	39350.4	127	59233.3	150.5	增值—同行业优秀水平
三、建筑业	20956.6	-2587.7	20191.1	96.3	减值—同行业较低水平
四、地勘及水利业	22643.2	7829.7	29453.8	130.1	增值—同行业优秀水平
五、交通运输业	23364.6	2781.9	23424.5	100.3	增值—同行业较低水平
六、仓储业	27148.1	556.1	27552.6	101.5	增值—同行业平均水平
七、商贸、餐饮业	31618.3	12315.3	36138.7	114.3	增值—同行业优秀水平
八、金融业	216217.0	26102.1	228939.0	105.9	增值—同行业平均水平
九、房地产业	68048.9	10046.5	67548.5	99.3	减值—同行业较低水平
十、信息技术服务业	12889.3	118.8	11469.6	89.0	减值—同行业较差水平
十一、投资与资产管理	972075.7	-52272.6	973809.0	100.2	增值—同行业较低水平
十二、社会服务业	98371.3	72011.1	94023.0	95.6	减值—同行业较低水平
十三、卫生体育业	6933.7	609.7	6933.7	100.0	保值—同行业较低水平
十四、文化广播业	5400.6	4385.3	5630.9	104.3	增值—同行业平均水平
十五、科研技术业	7113.5	-16488.8	7970.7	112.1	增值—同行业良好水平

按隶属关系划分:青海省国资委监管企业国有资产保值增值率为115%,在全国国有企业中处于优秀水平;省级部门管理的企业国有资产保值增值率为94.7%,在全国国有企业中处于较低水平;八个州地市中国有资产保值增值的4个,减值的4个。增值的四个州市中,海南州保值增值水平在全国国有企业中处于优秀水平,黄南州处于平均水平,西宁市和海北州处于较低水平;减值的四个州地中,海西州、海东地区处于较低水平,果洛州处于较差水平,玉树州由于年初年末国有资产总量均为负数,无法确定保值增值的水平。

按经营规模划分:大型企业国有资产保值增值率为111.2%,在全国同规模企业中处于平均水平;中型企业国有资产保值增值率为105.3%,在全国同规模企业中处于平均水平;小型企业保值增值率102.3%,在全国同规模企业中处于较低水平。

按行业划分:15个行业中,国有资产保值增值的10个,占总行业数66.7%;减值的5个,占总行业数33.3%。保值增值水平处于全国同行业优秀水平的4个,良好水平的1个,平均水平的3个,平均水平线以上的共8个,占总行业数53.3%;处于全国同行业较低水平的6个,处于较差水平的1个,低于平均水平的共7个,占总行业数46.7%。

工业企业按行业具体划分:10个行业中,国有资产保值增值的8个,占总行业数80%;减值的2个,占总行业数20%。保值增值水平处于全国同行业优秀水平的4个,良好水平的2个,平均水平的1个,平均水平线以上的共7个,占总行业数70%;处于全国同行业较低水平的2个,处于较差水平1个,低于平均水平的共3个,占总行业数30%。

(四)青海省国资委监管企业国有资产保值增值综合分析评价

表7　2008年青海省国资委监管企业保值增值情况

单位:万元

企业名称	年初国有资产总额	本年国有资产因客观因素增减额	扣除客观因素后年末国有资产总额	国有资本保值增值率(%)	所处行业保值增值水平
合　计	1214444.5	460587.9	1396351.5	115.0	增值—全国国有企业优秀水平
西部矿业	363448.1	—87779.5	366982.3	101.0	增值—同行业同规模较低水平
投资集团	156334.1	—19219.2	163676.1	104.7	增值—同行业同规模平均水平
青海银行	16731.2	183000.0	22887.6	136.8	增值—同行业同规模优秀水平
盐湖集团	—6646.7	494094.9	143804.8		增值
煤业集团	16187.3	1494.2	16691.2	103.1	增值—同行业同规模较低水平
水电集团	42846.5	—567.7	44922.7	104.8	增值—同行业同规模优秀水平
国投公司	285539.8	48021.2	289843.1	101.5	增值—同行业同规模平均水平
物产集团	23129.5	2465.8	24869.0	107.5	增值—同行业同规模平均水平
三江集团	34402.1	2602.4	36480.2	106.0	增值—同行业同规模良好水平
青鹏集团	8870.1	161.3	9249.1	104.3	增值—同行业同规模平均水平
创安公司	18851.0		20237.6	107.4	增值—同行业同规模良好水平
机电公司	14530.1	1149.3	14614.2	100.6	增值—同行业同规模较低水平
金诃藏药	12171.9	451.3	12611.3	103.6	增值—同行业同规模平均水平
运输集团	5706.2	1709.4	5964.1	104.5	增值—同行业同规模良好水平
西钢集团	234808.8	—1602.6	236324.4	100.6	增值—同行业同规模较低水平
路桥集团	—12465.8	—393.9	—12806.4		减值

青海省国资委监管的国有企业是青海省国有经济各行业的骨干龙头企业，是构成青海省经营性国有资产的主体，青海省国有企业经济效益的源泉和主要增长点。2008年，青海省国资委监管的16户企业集团、公司，资产总额882.10亿元，占全省国有企业资产总额的70.6%；所有者权益356.14亿元，占全省国有企业所有者权益的69.9%；国有资产总量185.69亿元，占全省国有企业国有资产总量的56.2%；实现销售收入358.74亿元，占全省国有企业实现销售收入的91.5%；实现利润总额47.35亿元，是全省国有企业实现利润总额的96.7%。因此，青海省国资委监管企业国有资产保值增值情况，对青海省国有企业整体国有资产的保值增值影响极大。

16户监管企业年末国有资本及权益总额185.69亿元，比年初121.44亿元，增长52.9%，因客观因素影响国有资本及权益净增加46.06亿元，扣除客观因素后年末国有资本及权益139.64亿元，国有资产增值18.2亿元，国有资产保值增值率115%，比全省国有企业平均保值增值率高8个百分点，在全国国有企业中处于优秀水平。

16户监管企业中，国有资产保值增值的15户，占总户数的93.8%，减值的1户，占总户数的6.2%。国有资产保值增值状况在全国同行业同规模国有企业中处于优秀水平的企业2户，占总户数的12.5%；处于良好水平的企业3户，占总户数的18.8%；处于平均水平的企业5户，占总户数的31.2%；处于较低水平的企业4户，总户数的25%；不能确定的2户，占总户数的12.5%。

五、青海省国资委监管企业重组进展情况

2008年，青海省国资委加大省属监管企业资本调整重组力度，进一步优化股权结构，积极推进优势企业兼并重组步伐，增强企业发展的实力和后劲。

1. 完成青海盐湖工业集团股份有限公司与青海数码网络股份有限公司（以下简称“ST数码”）重组工作，并于2008年7月，启动青海盐湖钾肥股份有限公司以新增股份吸收合并ST盐湖的方案，报中国证监会待批。

2. 青海省投资集团有限公司出资1.76亿元通过置换和收购使昆仑租赁有限公司成为其全资子公司，为下一步青海省投资集团有限公司组建财务公司，挖掘资金潜力，减少资金沉淀创造有利条件。

3. 为优化西部矿业集团有限公司股权结构，拟定西部矿业集团有限公司股权和资产重组方案，实施工作基本完成。

4. 推进茫崖石棉矿改制。为妥善处理历史遗留的债务问题，实现企业体制、机制的创新，增强企业市场竞争能力，推动茫崖石棉矿进行改制。第一步改制工作完成，即由全民所有制企业改制为国有独资有限公司。第二步改制方案，即引进战略投资者，实施投资主体多元化。

六、青海省国资委监管企业主辅分离辅业改制情况

青海省国资委监管企业主辅分离辅业改制工作自2003年开始，根据原国家经贸委等八部门印发《关于国有大中型企业主辅分离辅业改制分流安置富余人员的实施办法的通知》等文件精神，在认真调研的基础上，结合青海企业的实际，会同省财政厅等八部门研究制定并联合下发青海省实施主辅分离工作相关政策意见，并对这项工作进行安排部署，提出具体要求。经几年来的努力，工作取得积极的进展，根据政策期限要求，2008年青海省国资委监管企业主辅分离辅业改制工作基本结束，共分流安置富余人员3007人，其中安置富余人员2990人。

七、青海省国资委监管企业建立和完善经营业绩考核体系情况

青海省国资委为切实履行企业国有资产出资人职责，维护国有权益，落实国有资产保值增值责任，建立有效的激励和约束机制，扎实有效地开展2008年的业绩考核工作，经营业绩考核制度的推行，改变过去青海国有企业负责人薪酬管理中自定薪酬、薪酬与业绩脱节的历史，有力地推动企业的三项制度改革，在考核指标体系分值中职工收入增长指标占比15%，监管企业职工人均工资从2005年的1.97万元提高到2008年的3.30万元。促使企业经营者在企业经济效

益增长的同时不断提高企业职工的收入,体现以人为本和谐发展的理念,为企业加强管理、提高效率、增强竞争能力发挥重要的导向和激励约束作用。

在业绩考核的导向和激励作用下,企业规模和经济效益大幅上升。截至2008年末,资产总额达到882.1亿元,同比增长14.71%,比国资委成立之初增长244.1%;净资产达到203.52亿元,同比增长6.64%,比国资委成立之初增长245.07%;实现营业收入349.7亿元,同比增长14.48%,比国资委成立之初增长401.78%;上缴税金37.49亿元,同比增长25.36%,比国资委成立之初增长573.82%;实现利润47.35亿元,比国资委成立之初增长826.58%。

2008年,青海省国资委针对省属企业负责人经营业绩考核工作中反映出来的有关问题,于年初开始着手搜集查阅国务院国资委及兄弟城市的相关资料,通过深入企业开展调研,召开企业负责人座谈会等形式,在广泛听取企业意见的基础上,对原有的考核办法进行修订和完善,拟定《青海省省属国有及国有控股企业负责人经营业绩考核暂行办法》,并于2008年年底上报省政府批准。

八、青海省国资委监管企业负责人考核与选人用人机制改革情况

2008年,青海省国资委不断深化人事制度改革,以创新企业领导人员选拔任用和激励约束机制为重点,把组织考核推荐和引入市场机制结合起来,把党管干部原则和董事会依法选择经营管理者以及经营管理者依法行使用人权结合起来,完善体制,健全制度,改进方法,努力建立与社会主义市场经济体制和现代企业制度相适应的国有企业领导人员管理制度,初步形成具有生机与活力的选人用人新机制,推动企业的改革和发展。

一是以深入抓好“四好”领导班子建设活动为契机,大力加强企业领导班子思想政治建设和能力建设,全面提高省属国有企业领导班子战略决策能力、经营管理能力、市场应变能力、开拓创新能力、风险防范能力和驾驭复杂局面的能力;注重把党管干部原则和董事会依法选择经营管理者以及经营管理者依法行使用人权结合起来,努力建立与社会主义市场经济体制和现代企业制度相适应的国有企业领导人员管理制度,积极探索建立董事会、监事会与经理层各负其责、协调运转、有效制衡的法人治理结构和“双向进入,交叉任职”的领导机制;年初通过对所监管的16户省属国有企业领导班子全面考核,评出优秀领导班子9个、良好领导班子4个、一般领导班子1个和较差领导班子1个,加大对较差领导班子及班子成员的调整力度,对青海省公路桥梁工程有限公司领导班子进行调整;参照党政后备领导干部选拔比例要求,建立省属国有企业领导人员后备人才库,为企业选人用人提供可靠依据;对省属国有企业经营管理人才队伍和专业技术人才队伍建设进行统计,进一步摸清省属国有企业经营管理和专业技术人才数量质量情况,了解和掌握企业人才队伍建设的现状,为进一步做好企业人才工作提供依据;充分发挥市场对人力资源配置的基础性作用,注重把组织考核推荐和市场化选聘机制结合起来,继续抓好面向全国公开招聘企业高层经营管理人员工作,西宁特钢集团有限责任公司、西部矿业集团有限公司、青海盐湖工业股份公司、青海省投资集团有限公司、青海三江集团有限责任公司和青海水利水电集团有限责任公司到清华等高校计划招聘高、中层经营管理和专业技术人才共计185名,青海水利水电集团公司公开向省内外招聘中层管理者4名,拓宽企业选人用人渠道。

二是以做好百名优秀企业家培训工作为重点,加大人才的培养力度。省国资委认真贯彻落实省委、省政府关于企业经营管理人员教育培训工作会议精神,结合《青海省关于加强和改进企业经营管理人员教育培训工作的意见》和《关于青海省培养百名优秀企业家工程实施意见》以及企业经营管理人员、专业技术人员在培训目标、培训任务等方面的实际需求,改变培训方式,改进培训内容,2008年组织20名企业高级经营管理者及后备人员到北京中石化干部管理学院学习,组织40名中层企业干部到上海经济管理干部学院进行为期一个月的培训。上半年西宁市商业银行和西钢集团公司各派一名副总经理赴省外挂职锻炼。6月份组织召开全省企业人才工作座谈会议,会上西部矿业集团公司、盐湖工业股份有限公司、西宁

特钢集团有限公司、青海华鼎集团公司和青海桥头铝电有限公司就经营管理队伍、工程技术队伍、技能工人队伍建设做了专题经验介绍，通过剖析典型，听取企业在人才队伍建设方面的意见和建议，积极推广企业人才队伍工作的经验做法，形成《关于进一步加强企业人才队伍建设的实施意见》，为加强企业人才工队伍建设起到积极促进作用。

三是加强企业人才队伍建设，强化人才培养选用机制。加强对企业人才工作督促检查和调查研究，根据省人才办的安排，与省人事厅一同完成全省人才工作评估检查工作，重点对盐湖工业集团股份公司、西钢集团公司、省投资集团西海煤炭公司、清华集团公司认真贯彻落实人才工作政策，履行人才工作职责，落实人才工作年度目标任务，人才培养经费落实保障措施等情况进行全面的督促和调查研究。根据省人才办的安排，组织百名海外留学人员青海创业行活动的专家学者与省属国有企业进行座谈，在人才、项目、资金、技术、信息等方面与西部矿业集团、盐湖集团、西钢集团和青煤集团等企业进行洽谈和对接，为今后在高新技术、生物制药、矿产资源能源开发、生态环境保护等方面的深入合作奠定基础。

（撰稿人：郝春阁）

宁夏回族自治区

一、宁夏回族自治区国有资产监督管理工作综述

2008年，宁夏回族自治区国资委按照宁夏回族自治区党委、政府的部署和要求，紧紧围绕国有资产保值增值这一中心任务，本着“依法监管、简易可行、注重实效”的原则，积极探索，努力创新，进一步改进和加强国资监管工作，国有企业改革与发展取得新的成效。

（一）经济指标再创新高

到2008年末，宁夏全区地方国有企业资产总额达到1804亿元，比2007年末增长31.3%；净资产439.3亿元，增长33.1%；实现营业收入453.2亿元，增长20.9%；实现增加值163.5亿元，增长27.8%；实现利润39.5亿元，增长52.7%。宁夏区国资委履行出资人职责的19户企业资产总额达到1542.5亿元，增长35.1%；净资产335.5亿元，增长39.4%；实现营业收入370亿元，增长21.6%；实现增加值137亿元，增长29%；实现利润30.2亿元，增长54.6%；国有资产保值增值率达到109.8%。

（二）国有企业改革成效显著

2008年，宁夏区国资委采取多种有效形式推进国有企业改革，着力增强国有经济活力。一是稳步推进特困企业关闭破产。完成和基本完成宁夏恒力实业公司、宁夏亚麻纺织印染厂、宁夏大河机床厂、太西二矿、磁窑堡煤矿、银起集团公司、银川涤纶厂、宁夏中药贸易公司、宁夏吴忠仪表集团公司、宁夏西北轴承集团公司10个项目的关闭破产，启动宁建三公司、宁夏建筑机械厂、宁夏医药商业（集团）公司、宁夏银川橡塑制品公司、宁夏天嘉电线电缆公司、宁夏公证拍卖行6个项目的破产。16个关闭破产项目共涉及资产30.67亿元、负债42.9亿元，需要安置职工2.39万人，争取到中央财政补助资金近12亿元。通过关闭破产，一批亏损严重、资不抵债的特困企业有序退出市场，进一步调整优化全区国有经济结构。二是大力推进地方企业与中央企业联合重组。按照自治区党委、政府的部署和要求，加大地方企业与中央企业重组力度，完成宁夏东方有色金属集团公司、宁夏大古铁路公司、宁夏医药商业（集团）公司、宁夏青铜峡铝业集团公司4户企业与中央企业的重组，组建中色（宁夏）东方集团公司、宁夏宁东铁路股份公司、中电投宁夏青铜峡能源铝业集团公司、国药控股宁夏公司、宁夏国大药房连锁公司5个新的公司。通过联合重组，迅速壮大这些企业的实力，仅资本金就增加70亿元，按照重组协议今后每年还可增加投资上百亿元，这对促进宁夏跨越式发展意义重大。三是继续推进中小企业规范改制。组织实施宁夏工程咨询公司、宁夏第六建筑公司、宁夏对外建设总公司、宁夏建设咨询监理中心、宁夏城乡规划设计院等企业的改制和宁夏煤田地质局所属宁夏银鹭化学建材公司、宁夏煤

田地质局机械厂、宁夏银鹭门窗公司3户企业的撤并。全区国有企业改制面已达94%,其中国有工业企业改制面达到95%。通过改制,彻底转换管理体制和经营机制,放开搞活一批中小企业。四是努力推进机关企业脱钩改革。按照自治区党委、政府的决定,研究制定《关于宁夏区直机关所属企业脱钩改革意见》,采取划转重组、关闭破产、改制退出三种方式积极推进机关企业脱钩改革。在充分调研和反复协调的基础上,先后批复17个部门120户企业的脱钩改革方案。其中,划转重组10户、关闭破产31户、改制退出5户、实行双重管理49户、暂缓脱钩25户。与此同时,还整合资源组建宁夏富宁投资集团公司、宁夏担保集团公司、宁夏水务投资集团公司、宁夏房地产开发集团公司。

(三)固定资产投资大幅增长

宁夏全区的产业结构和国有企业的产品结构,决定了发展对投入的高度依赖,只有不断加大投入才能保持企业的发展后劲和竞争能力。2008年宁夏区国资委把"以项目促发展"摆到十分重要的位置,全力以赴抓好这方面的工作,通过加快企业重组、积极争取政策等,引入大量资金,加快项目建设,使2008年固定资产投资大幅度增长。仅神华宁煤、中色东方、青铜峡铝业、宁夏发电、宁夏电投、宁东铁路、富宁投资7户企业,就完成项目投资214.3亿元,占宁夏全区全社会固定资产投资的25%,比2007年增长62.5%。在宁东能源化工基地建设中,宁夏区国资委履行出资人职责的企业已成为投资规模最大、项目数量最多、建设速度最快、带动作用最强的一支重要力量。

(四)国资监管力度明显加大

针对近年来监管企业发生的诸多问题和国资监管工作的薄弱环节,确定"依法监管、简易可行、注重实效"的原则,把"建制度、立规矩、促规范"作为重中之重来抓,力求用制度管资产和管人、管事,从各个方面改进和加强国资监管工作。一是强化业绩考核。下发《关于改进企业领导人员业绩考核薪酬管理工作的通知》,对业绩考核、薪酬管理作了重大改进,将净资产收益率作为主要考核指标,并与全国同行业对标,引导监管企业努力赶超先进水平。二是强化财务监督。制定《关于加强企业财务管理和严格审计工作的通知》,变年度决算企业各自聘请审计机构为宁夏国资委统一聘请,确保财务信息真实。三是强化产权管理。与自治区工商、国土资源、建设部门联合下发《关于规范企业国有产权变动有关事宜的通知》,凡国有企业设立、撤销、产权变更、与非国有企业合资等,须经同级国资监管部门的同意,防止国有资产在这些环节上流失;制定《关于进一步加强担保管理的规定》,规范企业担保行为,强化担保风险管理。四是强化投资管理。下发《规范企业投资监督管理的通知》,对企业投资实行分类管理,进一步规范企业投资行为。五是强化国有产权代表管理。下发《宁夏回族自治区国资委监管企业国有产权代表履行职责有关问题的通知》,进一步规范国有股东代表、董事、监事的履职行为。六是强化监事会工作。下发《关于改进和加强企业监事会工作的通知》,对监事会职责、权利、任务、方法、考核等作出明确规定;对企业监事会进行大幅度调整,将宁夏区国资委外派监事会改为按照《公司法》委派部分监事和职工代表共同组成企业监事会,以强化监事会的法律地位和监督作用。另外,还下发《关于宁夏国资委监管企业重大经营责任追究办法的补充通知》,将责任追究定量化,使国有资产保值增值责任进一步得到落实;下发《关于企业领导人员兼职问题的通知》,重申国有企业领导人员原则上不得在下属出资企业和其他经济组织兼职。这些规范性文件的出台,对强化国资监管、堵塞漏洞,防止国有资产损失和流失发挥很好的作用,也得到宁夏回族自治区党委、人大、政府、政协领导的充分肯定。

(五)企业党建工作得到加强

紧紧围绕国企改革、发展和稳定,本着与时俱进和改革创新的精神,积极探索市场经济条件下的企业党建工作方法,积极探索适应现代企业制度要求的企业党组织政治核心作用发挥的有效途径,切实改进和加强企业党的建设。一是加强企业班子建设。深入开展"四好"领导班子创建活动,选派18名经营管理人员赴山东大型企业挂职锻炼,调整配备10户企业的54名领导人员。通过专题培训、考察学习、挂职锻炼、加强考核、调整充实等多种形式,切实加强对企业管理人员的培养教育，改善班子结构，增强班子活力。二是加强基层组织建设。继续抓好"基层党组织建设先进企业"创建活动，积极探索企业党建工作新机制，选择部分企业开展基层党代表任期制工作，较好地发挥党代表的桥梁纽带和监督作用；选择枣泉矿和马莲台发电厂2户企业开展党委、纪委换届选举"公推直选"试点工作，进一步扩大党内民主，此项工作荣获2008年宁夏全区组织工作创新奖；开展"党员模范工程"、"党员责任区"、"党员先锋岗"等主题实践活动，进一步健全党员经常受教育，永葆先进性的长效机制；教育引导企业党员发扬中华民族"一方有难、八方支援"的优良传统，为汶川大地震灾区捐款1200万元。三是加强反腐倡廉建设。着力抓好《建立健全惩治和预防腐败体系2008～2012年工作规划》的落实工作，建立健全反腐倡廉工作责任制，扎实推进惩防体系建设；深入开展以"干干净净干事"为主要内容的教育活动，努力营造"想干事、会干事、干成事、不出事"的良好氛围；下发《关于规范企业领导人员职务消费的通知》《关于贯彻"三重一大"决策制度的通知》，组织开展落实"七项要求"专项检查活动，围绕关键环节开展效能监察；坚持依法依纪处理信访举报案件，对个别企业中的违纪违法问题进行查处。

二、宁夏回族自治区地市级国资监管机构工作进展情况

宁夏5个地级市中，只有银川市单独设立国资委代表本级人民政府履行企业国有资产出资人职责，石嘴山市在财政局加挂国资委牌子，吴忠市、固原市、中卫市均由财政部门履行企业国有资产出资人职责。县一级国有企业较少，国有资产总量较小，均没有单独设立国资委，国有资产主要由县级财政部门监管。

2008年，银川市国资委按照"监管要有新思路，科学发展要有新举措，改革重组要有新突破，稳定和谐要有新局面，各项工作要有新起色"的总体思路，依法履行出资人职责，积极推进国资监管各项工作，在三个方面取得新进展：一是继续调整国有经济布局和结构，组建银川铸龙投资公司、宁夏阅海实业集团有限公司，做实、做强城投公司，壮大地方国有企业实力；基本完成一般性竞争领域国有企业改革改制任务，解决好国有资本"进与退"的问题。二是切实加强国有资产监管，修订《银川市企业负责人经营业绩考核暂行办法》等制度，企业财务预算管理工作和企业财务总监履职工作扎实推进，国有资产考核评价、财务监督和国有产权规范化管理工作得到有效落实。三是加强企业领导班子建设，领导班子的凝聚力和战斗力明显增强，服务企业发展的成效显著。

石嘴山市国资委紧紧围绕本市经济和社会发展目标，进一步深化国有企业改革，强化国有资产监督，有力地促进国有企业的快速发展，实现国有资产的保值增值。

吴忠、中卫、固原三市结合实际，积极建立健全企业财务监督体系，规范国有资产统计报表体系和财务报表报送制度，按期完成监管企业财务快报汇总和年度财务决算报告的审核、汇总、分析、上报工作；进一步加强国有资产评估审核、备案管理，规范国有资产处置工作，推动国企改革与发展，国资监管工作迈出新步伐。

三、宁夏回族自治区国有资产分布及运营情况分析

(一)企业资产及经营情况

一是资产总额增加，负债率总体持平。2008年，纳入国有资产统计范围的全区三级以上国有控、参股企业(以下简称宁夏全区国有企业)546户，资产总额达到18040762万元，比2007年增长31.3%。其中：宁夏区国资委履行出资人职责的企业资产总额15424727万元，占全区的85.5%，增长35.1%；其他厅局所属企业资产总额增长14.4%；市县属企业资产总额增长9.5%。全区国有企业综合资产负债率与2007年基本持平。二是收入快速增长，效益继续提高。2008年，全区国有企业实现营业收入4531678万元，比2007年增长20.9%。其中：宁夏区国资委履行出资人职责的企业实现营业收入占全区的81.7%，增长21.6%；其他厅局所属企业实现营业收入增长20.4%；市县属企业实现营业收入增长13.8%。全区

国有企业盈亏相抵实现利润总额394779万元,比2007年增长52.7%。其中:宁夏区国资委履行出资人职责的企业盈亏相抵实现利润总额增长54.6%,盈利面为56%;其他厅局所属企业盈亏相抵利润总额增长52.2%,盈利面为59.5%;市县属企业增亏1.3倍,盈利面为44.5%。三是资产周转减慢,收益水平提高。2008年,全区国有企业总资产周转率为0.28次,比2007年略有减缓。全区国有企业净资产收益率为10.59%,比2007年提高3.31个百分点,总资产报酬率为3.63%,比2007年提高0.66个百分点。宁夏区国资委履行出资人职责的企业净资产收益率比全区高出0.46个百分点,比2007年提高3.75个百分点。

(二)国有净资产总量及分布情况

2008年,全区国有企业国有净资产总量2706595万元,比2007年增长20.8%;户均占有国有净资产4957万元。国有净资产分布特征为:

一是国有净资产主要集中在第二产业。2008年,全区国有企业在第一产业分布有48户,国有净资产61908万元,占比2.3%;在第二产业分布有189户,国有净资产1567703万元,占比57.9%;在第三产业分布有309户,国有净资产1076984万元,占比39.8%。二是国有净资产在工业领域分布最多。2008年,全区国有企业主要分布在12个行业中。工业分布有149户,占总户数的27%;国有净资产1511530万元,占比55.8%;其次为金融业,有35户,国有净资产609360万元,占比22.5%;第三为社会服务业,有57户,国有净资产213698万元,占比7.9%。工业领域户数和国有净资产占有量均占比最大。三是宁夏区国资委履行出资人职责的企业国有净资产份额最大。2008年,宁夏区国资委履行出资人职责的19户企业所属三级以上独立核算企业211户,占全区总户数的39%;国有净资产1693620万元,占比62.6%;其他厅局所属独立核算企业有153户,国有净资产705419万元,占比26.0%;市县属企业182户,国有净资产307556万元,占比11.4%。宁夏区国资委履行出资人职责的企业户均国有净资产占有量8027万元,比全区户均高61.9%。四是大型企业占有七成以上国有净资产。2008年,宁夏全区546户企业中,大型企业有24户,国有净资产1894740万元,占比70%;中型企业162户,国有净资产463417万元,占比17.1%;小型企业360户,国有净资产348438万元,占比12.9%。

(三)国有资本保值增值情况

2008年,全区国有企业国有资本综合保值增值率为109.9%,比2007年提高3.1个百分点,53%的企业实现保值增值。宁夏区国资委履行出资人职责的企业国有资本综合保值增值率为109.8%,比2007年提高3.4个百分点,56%的企业实现保值增值。其他厅局所属企业综合保值增值率为116.5%,比2007年上升3.1个百分点,59%的企业实现保值增值。市县属企业综合保值增值率为96.2%,比2007年下降1.7个百分点,45%的企业实现保值增值。

2008年宁夏国有资本实现保值增值的有6个行业。其中,金融业保值增值率最高,达到129%;工业次之,为108.6%;其后分别是社会服务业104.4%、科学研究和技术服务业102.7%、地质勘查及水利业101.8%、交通运输仓储业100.1%;保值增值率最低的行业是房地产业,为80.2%。

(撰稿人:王雪梅)

新疆维吾尔自治区

一、新疆维吾尔自治区国有资产监督管理工作综述

2008年,面对国际国内经济形势复杂多变、自然灾害频发等多种不利因素,新疆国资委在自治区党委、人民政府的正确领导下,高举中国特色社会主义伟大旗帜,以邓小平理论和"三个代表"重要思想为指导,深入贯彻落实科学发展观,坚定不移地实施优势资源转换战略和大企业大集团战略,加快推进国有企业改革发展,加强国有资产监管,积极提升企业党建水平,各项工作都取得新的成绩。

(一)国有经济保持良好发展势头

面对国际金融危机对自治区经济带来的冲击,新疆国资委准确研判形势,及时研究部署,提出6项措

施应对危机，鼓励监管企业抓住机遇、扬长避短、稳健经营，坚定“保增长”的信心和决心。各企业强化内部管理，调整经营策略，转变增长方式，努力化解风险，积极应对挑战，克服各种困难，经营管理水平明显提高，保持良好的发展势头，涌现一批强势企业。宝钢新疆八一钢铁集团随着技改扩建工程的建成投产，产能进一步扩大，全年钢产量、营业收入、利润总额和上缴税金，与上年同期相比分别增长19.7%、55.8%、6.6%和50.2%。神华新疆能源公司原煤产销双双突破1670万吨，再创历史新高，实现安全生产百万吨死亡率为零，职工人均收入比上年增加5500元。新疆建工集团全员入市承揽任务，2008年累计新签工程承包合同额60亿元，创新疆建工集团历史最好水平，实现利润总额7500万元，同比增长33%。潞安新疆煤化工集团投资2.8亿元对生产矿井进行技术改造，煤炭产能由475万吨/年提升到1040万吨/年。煤炭产量、销售量、利润和缴纳税费都保持50%以上的增幅，并保持安全生产1700天无死亡，步入自治区安全生产先进单位行列。新疆天山建材集团主营业务收入同比增长17.09%，净利润增长83.33%；万元增加值综合能耗1.05吨标煤，较上年下降8.89%，超额完成经营目标。新疆药业集团继续保持强劲增长势头，各项经济指标均创历史最好水平，医药工业产销衔接良好，以新特药公司为龙头的流通企业市场占有率进一步提高、市场覆盖面不断扩大。特别是新疆有色集团，在保持较高盈利水平的同时，坚持把地质找矿、收购整合、扩大资源占有率作为企业发展的重中之重，2008年投入资金7621万元，实施地勘项目11个、矿山项目10个，由新鑫矿业出资5.4亿元全面收购新疆亚克斯公司和哈密聚宝开发公司，为进一步提升企业规模优势、成本优势打牢基础。

(二)实施优势资源转换战略和大企业大集团战略成效显著

近年来，新疆国资委先后引进15户代表我国先进生产力水平的大企业大集团与监管企业实施战略重组，引进股权性投资160多亿元。2008年，继续引进国药集团、葛洲坝集团、华融资产公司、中国物流公司、青岛建设集团等一批有实力、有信誉的大企业大集团，采取有利于企业发展的不同模式，重组新疆药业集团、新疆水利水电建设工程局、新疆国际信托公司、新疆医保实业公司和中国移动通信集团新疆有限公司等国有企业。引进大企业大集团实施战略重组，产生巨大的成效，不仅有效解决新疆国有企业规模小、自我发展能力弱、核心竞争能力不强等问题，而且增强企业的发展后劲和活力，有力促进石油石化、煤炭煤电煤化工、冶金、有色金属、农副产品加工、非金属建材、盐化工等优势产业的发展，为自治区新型工业化建设增添了新的动力。截至2008年12月，重组后的企业总资产达440.48亿元，同比增长32%；净资产146.17亿元，同比增长6.47%；实现销售收入263.15亿元，同比增长54.8%；实现利润总额6.54亿元，同比增长6.1%；上缴税金23.72亿元，同比增长42.9%。实践证明，优势资源转换战略和大企业大集团战略，符合新疆实际和科学发展观要求，是十分正确的战略选择。

(三)国有企业改革改制取得新进展

按照自治区党委、人民政府的要求，新疆国资委重点启动新疆建工集团、新疆道路桥梁工程总公司的改革改制工作。2008年12月，新疆建工集团顺利实现“减负瘦身”，16户辅业企业的改制方案已经自治区产权领导小组审查批复，正按照“一企一策”的要求制定方案，组织实施。路桥总公司的改制根据新疆自治区党委2008年第9次常委会议纪要精神，按照“瘦身、强体、重组”的思路顺利推进。和田棉纺厂和昌吉棉纺厂的改制工作也按预定计划进行。按照“重组一批，改制一批，退出一批”的改革思路，加大委托监管企业改革力度，重点推进新疆水利水电建设工程局和新疆自治区交通厅一、二、九运输公司等国有大型困难企业的改革。

稳步实施国有企业关闭破产工作。2008年是政策性破产实施的最后一年，为做好政策性破产收尾工作，一方面抓紧处理正在清算的20家破产项目的资产变现、离退休人员移交和非经营性资产处置等问题，另一方面积极协助地州市做好2家破产企业的前期准备工作，对新疆水利水电建设工程局破产项目做好重组和破产的衔接，抓紧六道湾煤矿政策性破产项目的计划落实。截至2008年12月，全区共启动40户国有企业政策性破产和依法破产工作，其中37户已进入破产程序,妥善安置在职和离退休职工5.4万人。

(四)国资监管水平进一步提高

不断完善国资监管法规制度体系。在已建立和完善23个规范性文件的基础上,2008年又研究出台《关于加强自治区国有及国有控股企业自主创新工作的若干意见》等4个规范性文件,选定18项制度进行储备、研究和论证。加强国有资产统计评价体系建设,扎实开展企业财务动态监测、财务预决算管理、经济责任审计、清产核资等各项工作,积极推进监管企业执行新《企业会计准则》。完善业绩考核工作,通过与直接监管企业、部分委托监管企业签订年度经营业绩考核目标责任书,实行薪酬与考核结果挂钩,强化经营责任。规范产权管理工作,对全疆1795户企业进行产权登记年检。按照规范操作、场内交易的要求,2008年完成各类产权交易40宗,交易金额2.66亿元。组建新疆产权交易中心,并与新疆联合产权交易所签订重组协议,着力搭建全疆统一的产权交易大平台。加强规划管理工作,根据自治区产业发展导向和企业主业发展状况,对监管企业2008～2010年滚动战略规划进行审核,按照投资管理规定和程序,对14个投资项目进行备案。积极探索研究发挥监事会职能的途径和方法,坚持当期监督与过程监督相结合,日常监督与集中检查相结合,增强监督检查工作的时效性和灵敏性。2008年各监事会共提交专项报告20项,年度检查报告30份,发现并指出企业经营管理中存在的主要问题184个,提出合理化建议285条,对企业加强和改进经营管理发挥积极作用。

(五)企业党建工作水平显著提升

认真落实《关于加强和改进自治区国有企业党建工作的意见》,建立基层党建工作责任机制,开展党员责任区、党员先锋岗、党员联系点、党员温暖工程等丰富多彩的主题实践活动,进一步夯实企业党建工作基础。大力加强企业文化建设,深入开展社会主义荣辱观教育、民族团结教育、反分裂斗争再教育和公民道德建设等宣传教育活动,组织开展纪念改革开放30周年和"七一"表彰系列活动,展现国有企业的风采。深入开展国有企业"四好"领导班子创建活动,制定各级领导班子综合评价标准,形成"一级抓一级、一级带一级"的良好局面。加强企业人才队伍建设,对监管企业人才队伍建设情况进行专项调查,培训企业各级管理人员494人次,积极探索建立组织推荐与市场化配置人才相结合的选人用人机制,监管企业中一批政治素质好、业务能力强的年轻人才走上领导岗位。

认真贯彻中央《建立健全惩治和预防腐败体系2008～2012年工作规划》和自治区实施办法,落实党风廉政建设责任制,开展国有企业领导人员廉洁自律"七项要求"专项治理工作。2008年新疆国资委纪检监察系统共立案18件,给予党纪处分35人,涉嫌犯罪移交司法机关4人,挽回经济损失163.54万元。通过企业效能监察工作,避免经济损失123万元,节约资金607万元。

维护稳定工作取得新成绩。新疆国资委认真落实自治区党委维护社会稳定的一系列工作部署,尤其是在北京奥运会筹备和举办期间,建立应急预案和工作机制,有效防范和化解各种不稳定因素,为确保奥运安全做了大量艰苦细致的工作。以国家利益和人民利益为重,在抗击南方部分地区严重低温雨雪冰冻灾害和汶川特大地震灾害的斗争中,新疆国资委系统不遗余力伸出援助之手,累计捐款1692.8万元,交纳特殊党费468万元。积极履行扶贫职责,扶贫工作成效显著。新疆国资委与23户企业圆满完成新疆自治区15个县、26个乡和52个村的包村定点帮扶工作任务,累计投入资金、物资665.44万元,为推进社会主义新农村建设贡献力量。

新疆国资委机关深入学习实践科学发展观活动扎实开展。结合新疆自治区国有经济发展及国资监管工作实际,以"服务国有企业、壮大国有经济"为主题,认真组织学习、广泛进行调研、深入开展解放思想大讨论。按照科学发展观的要求全面审视新疆国资委成立四年来的工作,总结经验坚持对的,找准突出问题纠正错的,冲破思想禁锢和工作局限,树立起"大国资"的理念和全区国有经济一盘棋的思想,为理清科学发展新思路,确立科学发展新举措,走出科学发展新路子,奠定坚实的基础。

二、新疆维吾尔自治区地州市国有资产监督管理机构工作进展情况

一是建立覆盖全区的国资监管体系。新疆全区15个地州市均组建国资监管机构，其中单独组建的11个，挂靠财政组建的4个。哈密、巴州、阿克苏、克拉玛依等地州市，正抓紧组建县级国资监管机构。哈密、博州将经营性和非经营性国有资产全部纳入监管范围，已走在全区前列。二是加强各项监管工作，保持国有经济的平稳较快发展。截至2008年12月31日，全区地州市国有及国有控股企业资产总额880.64亿元，净资产203.06亿元，同比分别增长18.5%和8.79%。2008年地州市国有及国有控股企业实现销售收入124.93亿元，同比增长12.4%；实现利润4.06亿元，同比增长135.1%；上缴税金6.85亿元，同比增长24.7%。成立国资委较早的乌鲁木齐、哈密、昌吉、吐鲁番等地州市都较好地完成国有资产保值增值任务，成立较晚的塔城、阿勒泰、克州等地州国资委，也在建章立制的基础上，做了大量的监管工作。三是加大国有企业改制重组力度，调整优化国有经济布局结构。乌鲁木齐市国资委制定并落实《国有资产向新型工业化和城市功能区集中的措施》，带动国有资本向城市功能区建设、新型制造业、基础设施等优势领域、优势产业集中，2008年实现资产总额同比增长20.5%、销售收入同比增长13.2%、利润总额实现大幅度增长。石河子市国资委不断推动国有资本向能源、化工、畜牧等重点行业、重点企业聚集，使国有企业的经济效益大幅度增长，市场竞争力不断增强。阿克苏、和田等地区都在大力推进国有企业改革，调整优化国有经济布局结构。四是各地州市引进大企业大集团工作取得成效。伊犁、昌吉、石河子、巴州、喀什等地州市立足资源、地缘优势，积极实施大企业大集团战略，引进一批有实力的大企业大集团，带动当地经济快速发展。

三、新疆维吾尔自治区国有资产总量与结构分析

截至2008年12月31日，全区国有及国有控股企业资产总额1435.34亿元，净资产487.54亿元，同比分别增长13.79%和14.82%。其中自治区国资委监管企业资产总额434.33亿元，净资产213.49亿元，同比分别增长10.55%和12.47%。全区国有及国有控股企业实现营业收入360.24亿元，同比增长16.02%；实现利润15.77亿元，同比下降2.77%；上缴税金18.25亿元，同比增长18.89%。其中自治区国资委监管企业实现营业收入186.48亿元，同比增长18.67%；实现利润总额13.08亿元，上缴税金9.67亿元。

表1　2008年新疆维吾尔自治区所属国有企业指标情况

单位：亿元

项　目	金　额
资产总额	1435.34
净资产	487.54
营业收入	360.24
利润总额	15.77
实际上缴税金总额	18.25

表2　新疆维吾尔自治区国有企业户数情况

项　目	2007年	2008年	同比增减(%)
户数(户)	1350	1321	−2.15

表3　2008年新疆维吾尔自治区国有资产地区分布情况

地　区	国有资产(亿元)	占国有资产总量比重(%)
自治区本级企业	193.22	44.01
乌鲁木齐市	136.40	31.07
克拉玛依市	18.77	4.27
吐鲁番地区	1.71	0.39
哈密地区	3.36	0.77
昌吉州	4.10	0.93
博州	1.27	0.29
巴州	31.11	7.09

续表

地　　区	国有资产(亿元)	占国有资产总量比重(%)
阿克苏地区	15.22	3.47
克州	0.66	0.15
喀什地区	4.73	1.08
和田地区	2.93	0.67
伊犁州	14.88	3.39
塔城地区	2.32	0.53
阿勒泰地区	4.44	1.01
石河子市	3.96	0.90
合　　计	439.07	

表4　2008年新疆维吾尔自治区国有资产行业分布情况

行　　业	国有资产(亿元)	占国有资产总量比重(%)
一、农林牧渔业	27.08	6.17
二、建筑业	28.45	6.48
三、交通运输业	24.59	5.60
四、地质勘查及水利业	13.29	3.03
五、批发和零售、贸易业	23.70	5.40
六、房地产业	7.53	1.71
七、社会服务业及其他行业	204.34	46.54
八、工业	110.09	25.07

表5　2008年新疆维吾尔自治区国有资产经营规模分布情况

经营规模	国有资产(亿元)	占国有资产总量比重(%)
大型企业	86.29	19.65
中型企业	141.77	32.29
小型企业	211.01	48.06
合　　计	439.07	

四、新疆维吾尔自治区国有资产保值增值综合分析评价

2008年,新疆国有及国有控股企业国有资产保值增值率102.61%。

按产业结构划分:第一产业企业252户,国有资产保值增值率99.42%;第二产业企业191户,国有资产保值增值率106.80%;第三产业企业519户,国有资产保值增值率100.25%。

按企业规模划分:大型企业13户,国有资产保值增值率108.92%;中型企业58户,国有资产保值增值率100.18%;小型企业891户,国有资产保值增值率100.90%。

按组织形式划分:国有独资公司125户,国有资产保值增值率100.10%;有限责任公司153户,国有资产保值增值率105.71%;股份有限公司2户,国有资产保值增值率96.18%;非公司制国有独资企业510户,国有资产保值增值率102.50%;股份合作制企业5户,国有资产保值增值率94.37%;合资合营企业4户,国有资产保值增值率99.30%;企业化管理事业单位163户,国有资产保值增值率99.55%。

按隶属关系划分:自治区本级企业150户,国有资产保值增值率105.86%;地州企业812户,国有资产保值增值率99.42%。

按监管类型划分:自治区本级监管企业76户,国有资产保值增值率105.97%;其他企业886户,国有资产保值增值率100.03%。

按地区划分:自治区本级企业150户,国有资产保值增值率105.86%;乌鲁木齐市企业48户,国有资产保值增值率100.33%;克拉玛依市企业16户,国有资产保值增值率100.14%;吐鲁番地区企业18户,国有资产保值增值率95.62%;哈密地区企业27户,国有资产保值增值率105.08%;昌吉回族自治州企业37户,国有资产保值增值率100.24%;博尔塔拉蒙古自治州企业56户,国有资产保值增值率101.09%;巴音郭楞蒙古自治州企业156户,国有资产保值增值率96.35%;阿克苏地区企业67户,国有资产保值增值率103.50%;克孜勒苏柯尔克孜自治州企业22户,国有资产保值增值率80.74%;喀什地区企业59户,国

有资产保值增值率97.94%；和田地区企业32户，国有资产保值增值率54.09%；伊犁哈萨克自治州企业139户，国有资产保值增值率99.11%；塔城地区企业52户，国有资产保值增值率100.60%；阿勒泰地区企业69户，国有资产保值增值率97.41%；石河子市企业14户，国有资产保值增值率97.88%。

按行业划分：农林牧渔企业252户，国有资产保值增值率99.42%；工业企业165户，国有资产保值增值率107.36%；建筑企业26户，国有资产保值增值率104.67%；地质勘查及水利企业17户，国有资产保值增值率98.34%；交通运输企业147户，国有资产保值增值率92.58%；批发和零售、贸易企业133户，国有资产保值增值率111.43%；房地产企业13户，国有资产保值增值率100.05%；社会服务及其他企业209户，国有资产保值增值率100.81%。

表6　2008年新疆维吾尔自治区国有企业按地区、行业和组织形式保值增值情况

地　　区	保值增值率（%）	行　　业	保值增值率（%）	组织形式	保值增值率（%）
自治区本级	105.86	农林牧渔业	99.42	国有独资公司	100.10
乌鲁木齐市	100.33	工业	107.36	有限责任公司	105.71
克拉玛依市	100.14	建筑业	104.67	非公司制国有独资企业	102.50
吐鲁番地区	95.62	地质勘查及水利业	98.34	股份有限公司	96.18
哈密地区	105.08	交通运输业	92.58	股份合作制企业	94.37
昌吉回族自治州	100.24	批发和零售、贸易业	111.43	合资合营企业	99.30
博尔塔拉蒙古自治州	101.09	房地产业	100.05	企业化管理事业单位	99.55
巴音郭楞蒙古自治州	96.35	社会服务业及其他行业	100.81		
阿克苏地区	103.50				
克孜勒苏柯尔克孜自治州	80.74				
喀什地区	97.94				
和田地区	54.09				
伊犁哈萨克自治州	99.11				
塔城地区	100.60				
阿勒泰地区	97.41				
石河子市	97.88				

表7　2008年新疆维吾尔自治区国有企业按产业结构和经营规模保值增值情况

产业结构	保值增值率（%）	经营规模	保值增值率（%）	隶属关系	保值增值率（%）	监管类型	保值增值率（%）
第一产业	99.42	大型企业	108.92	自治区本级企业	105.86	自治区本级监管企业	105.97
第二产业	106.80	中型企业	100.18	地州企业	99.42	其他企业	100.03
第三产业	100.25	小型企业	100.90				

五、新疆维吾尔自治区国资委监管企业股份制改革与股权分置改革情况

新疆国资委按照产权管理中国有股权管理的职能，积极做好拟上市公司的国有股权管理工作，推动企业上市融资进程。分别对大西部旅游股份公司、西部建设股份公司和光正钢结构股份公司的股权转让事项、股东性质界定、股权比例确认等进行审核确认，

并积极协调化解企业上市进程中存在的障碍,充分维护国有股东的权益。

六、新疆维吾尔自治区国资委监管企业主辅分离辅业改制概况

一是促进新疆建工集团的改革,实现"减负瘦身"目标。2008年上半年,对新疆建工集团所属六家医院和两家卫生所连同413名退休人员、75名内退人员全部移交乌鲁木齐市;离休干部和无收入革命遗孀已落实费用移交新疆国资委,而后委托新疆建工集团管理;16447名退休人员和243名无收入建国前老工人遗孀移交乌鲁木齐市实行社会化管理;新疆建工集团六建整体移交喀什地区、部分退休人员移交阿克苏地区实行社会化管理。下半年启动辅业改制工作。对新疆建工集团15户辅业改制框架思路审查批复。截至2008年12月31日,已有9家辅业企业改制后挂牌成立,1家企业清算解散、2家企业依法破产和3家企业整体挂牌出让工作正在实施中。二是制定《新疆道路桥梁工程总公司离退休人员移交社区管理实施方案》,由自治区人民政府组织召开新疆路桥总公司离退休人员移交属地管理的工作会议,新疆国资委努力推进退休人员及享受事业待遇离退休人员遗属移交地、州、市实行属地化管理。三是对新疆有色集团所属的1家勘察设计院实施改制,对2家厅局仍然管理的部分中小企业进行挂牌出让。四是对宝钢新疆八一钢铁集团、新疆雪峰民爆公司、神华新疆公司等重组后企业托管的辅业企业接管和非经营性资产剥离。先后将宝钢新疆八一钢铁集团金纺公司移交新疆投资发展(集团)公司并积极寻找战略合作伙伴实施重组,制定方案拟将神华新疆公司托管的新疆煤矿医院移交属地政府。对新疆雪峰民爆公司托管的非经营性资产设置物业管理、职工安置等条件后出让。

七、新疆维吾尔自治区国资委监管企业重组与完善法人治理结构改革进展情况

(一)企业重组情况

1. 积极做好引进大企业大集团重组工作。一是引进广东晶通公路工程建设集团有限公司,通过先托管后重组的方式对新疆路桥总公司进行重组;二是引进中国葛洲坝集团,通过收购新疆水利水电建设工程局破产资产实施重组;三是引进青岛建设集团承债式兼并新通公司;四是通过无偿划转新疆医保实业公司引进中国物流集团公司。

2. 认真做好引进大企业大集团服务工作。根据新疆自治区引进大企业大集团的战略要求,主导完成引进大企业大集团所涉及的各项有关产权管理的基础工作。一是做好新疆国资委与中国医药集团总公司签署的《关于重组新疆药业(集团)有限责任公司框架协议》及《出资协议》的有关协议拟定、产权结构构成、审计评估、挂牌等工作;二是切实抓好已重组企业的跟踪服务工作,配合完成华融资产管理公司重组新疆国际信托公司揭牌仪式的有关方案设计、议程安排、政府请示等工作,以及协调解决潞安煤业和兖州煤业重组哈煤集团后的工商注册、债权债务等事项;三是推动已重组企业剥离非主业资产、辅业资产的移交工作,积极参与八钢集团等企业重组中未纳入重组范围企业的改制退出兼并工作。

3. 加强企业国有产权流转监管,提升企业价值。企业国有产权流转是资产优化组合、实现资产在流动中保值增值的重要途径,也是国有资本运营和布局调整的有效方式。新疆国资委按照加强企业国有产权流转监管,规范企业产权转让和划转的要求,严格把关确定资产交易的价格,履行进场竞价的程序,确保国有资本收益的最大价值。2008年审核批复自治区国有资产投资经营公司转让所持新疆天山公司股权、新疆投资发展(集团)公司转让新疆招标有限公司股权等多个产权转让项目,审核批复新疆电子设备厂改制及进场招标拍卖项目,审核批复将自治区国资委部分参股企业股权无偿划转给新疆新业资产经营公司等多个产权无偿划转项目。

(二)完善法人治理结构改革进展情况

一是起草《自治区相对控股公司、参股公司国有产权代表管理暂行办法》,明确国有产权代表的选拔任用、重大事项请示和报告、管理与考核等方面内容,正在不断修订完善中。同时,新疆国资委联合国有资本参股公司控股方党委组织人事部门,对5家参股公

司的12名国有产权代表进行2008年度综合考核，切实维护自治区国有资产出资人的合法权益。

二是起草《自治区国有企业领导人员管理暂行办法》，针对国有独资、控股、参股企业的不同情况，按照现代企业制度要求，进一步加强对国有企业领导人员的选任、管理、考核评价和教育培训工作。

三是对部分国有企业领导人员进行优化配置。截至2008年12月31日，新疆国资委共对新疆投资发展（集团）公司、新疆雪峰民爆公司、新疆风能公司等12家直接监管企业（控股公司）的40名企业领导人员进行交流、调整和充实，并按有关规定对3名离任的企业主要领导人员进行离任经济责任审计。

八、新疆维吾尔自治区国资委监管企业建立和完善经营业绩考核体系的情况

2008年，新疆国资委直接监管企业经营业绩考核与以往不同的是，将业绩考核与科学管理紧密结合，根据企业管理阶段，充分发挥业绩考核的导向作用，对直接监管企业实施从目标管理向战略管理的适度转轨。新疆国资委成立后，从2005～2007年完成一个完整的三年度考核，这一阶段经营业绩考核主要解决企业自身纵向比和与全国同行业同规模企业横向比的问题，历经从树立责任目标、追赶目标、实现目标到寻找差距的全过程。2008年，新疆国资委下发《关于做好2008年度企业负责人经营业绩考核目标建议值报送工作的通知》，改变以往目标值的报送规则，在前三年目标管理的基础上，特别强调“企业年度考核目标建议值要与企业年度预算和战略规划充分衔接”的要求，通过进一步健全经营业绩考核机制，使其不仅成为落实国有资产经营责任的有效手段，更成为提高企业管理水平和竞争能力的有效牵引。2007年与新疆国资委直接签订经营业绩责任书的直接监管企业是16家，而2008年为14家，户数减少原因为：山西潞安集团与直接监管企业新疆哈密煤业（集团）有限责任公司实施重组，中国华融资产管理公司与直接监管企业新疆国际信托投资有限责任公司实施重组后退出监管。新疆国资委会同6个厅局与12家委托监管企业签订经营业绩责任书。

九、新疆维吾尔自治区国资委监管企业负责人考核与选人用人机制改革情况

（一）监管企业负责人考核情况

2008年，新疆国资委结合企业实际，对《自治区国有企业“四好”领导班子创建活动考核办法》的各项分值权重进行调整，增加企业经营业绩的比例分值，联合自治区党委组织部对15家监管企业的领导班子和93名领导人员进行年度综合考核，从民主评议、民主测评和个别谈话的情况看，各监管企业领导班子的群众满意率和较满意率之和均超过90%。

（二）监管企业选人用人机制改革情况

一是对监管企业人才队伍进行年度统计汇总；二是通过企业的民主推荐和新疆国资委考核，逐步建立完善监管企业后备干部人才库；三是加大人才培训工作，通过各种途径，共为企业培训各级管理人员585人，其中少数民族100人，女性201人，党外人员215人；四是坚持监管企业与国资委机关之间的优秀年轻干部双向挂职，新疆国资委机关到企业任、挂职2人，企业到新疆国资委机关挂职18人；五是加强企业政工队伍建设，加大培训力度，共有210人获得高级政工师职称。

（撰稿人：陈　强）

新疆生产建设兵团

一、新疆生产建设兵团国有资产监督管理工作综述

2008年，兵团国资委认真学习贯彻全国国有资产监督管理工作会议和兵团第六次党代会精神，以及兵团党委、兵团各项重大方针政策，国资监管各项工作有新进展，企业改革发展取得新成绩。

（一）不断解放思想，国有企业改革进一步深化

国有企业股份制改革稳步推进。2008年，兵师国

资委在推进国有企业改革中，坚持资产重组市场化、产权结构多元化的总体要求，以股份制为基本实现形式，进一步推动兵师国有企业改革的深化。兵、师两级采用引进战略投资者、股权转让、增资扩股、引进外资、重组联合、规范上市等多种途径，积极推进公司制改革，努力打破"一股独大"的格局，真正实现产权和投资主体多元化，法人治理结构规范化，使企业不断发展壮大，成为市场竞争的主体。

法人治理结构日趋完善。一是加强企业董事会建设。积极推进和落实外部董事制度，出台《兵团国资委监管企业(国有独资)外部董事管理办法》，兵团国资委所出资企业已正式实施外部董事和独立董事制度，其中，国有独资公司外派董事在董事会中的比重正逐步扩大。二是加强国有企业监事会建设。针对兵师国有企业监事会工作的实际，2008 年出台《兵团国有及国有控股企业监事会工作细则》，细化监事会和监事的职责，规范监事会工作，使企业监事会开展监督检查有章可循，有法可依，为发挥监事会对企业财务活动和经营管理行为的监督作用奠定基础。

(二)加快调整步伐，国有经济布局和结构进一步优化

实施资源转换战略。按照兵团国有经济布局和结构战略性调整的总体要求，兵、师国资委以优势资源转换为主线，以改革为动力，依托重大项目建设，大力推进新型工业化和农业产业化进程，调整产业结构，转变发展方式，国有经济布局和结构得到进一步优化。农六师以 106 煤矿的净资产和中煤能源共同出资组建新疆天山煤电有限公司；农十师屯鑫能源开发有限公司与新疆义煤昆仑能源有限责任公司合作，由义煤公司对原屯南煤业有限公司进行增资扩股；大黄山煤矿、塔什店联合矿业公司、库尔勒金川矿业有限公司改扩建整合煤化工等项目也在稳步推进中；中基公司加快与一、五、六、七、八师农业产业化联动，增加番茄加工产能，延长产业链。

实施大企业、大集团战略。各师按照自身优势，采取多种措施，加大招商引资力度，大力实施大企业、大集团战略。同时，引导国有资本向具有较强竞争力的大公司、大企业集团集中。农一师加快南疆水泥整合战略；农四师南岗化工公司引入河南永煤集团组建新的伊犁南岗化工有限公司；农五师与国电新疆分公司合作，成立国电新疆阿拉山口风电开发有限公司；天业集团不断延伸产业链，大力发展具有广阔市场前景的化学建材系列产品；天康股份公司向河南宏展投资有限公司定向增发 1.83 亿元，将饲料生产销售市场由疆内拓展到疆外，企业规模进一步壮大。

进一步明确主业。兵、师国资委结合监管企业实际，积极引导企业发展主导产业。兵团国资委继国资公司、中基公司、保险公司的主业确定后，又对投资公司、供销公司的主业进行确认和公布。各监管企业根据确认公布的主业，加大结构调整力度，推进企业内部资源整合，严格控制非主业投资，从而努力实现企业资产优化，规模壮大，主业突出，实力增强的目标。

政策性破产工作加紧推进。一是根据四年规划的要求，对进入破产清算程序的 11 户企业，加强破产清算工作的指导检查，落实责任，强化对中央补助资金(已到位 7.6 亿元)发放的管理。二是对 18 户规划内的企业，认真做好各项前期准备工作，经新疆财政专员办审核，全国领导小组办公室审批，有 6 户企业批准进入破产启动程序，补助资金方案上报财政部审核，预计可争取中央财政补助资金 1.6 亿元，其余 12 户企业财政专员办正在加快审核。三是严格把握政策规定，切实维护职工的利益。通过加强对破产工作的组织领导，坚持依法办事，严格按照程序规范操作，妥善安置破产企业的职工群众，对职工反映的热点、难点问题及时研究和解决，确保企业破产工作在稳定的前提下有序进行。

(三)狠抓措施落实，国有资产监管进一步规范

国资监管制度体系进一步健全。兵团国资委在近年连续出台 29 项规范性文件的基础上，又制定下发《兵团企业国有资产监督管理暂行办法》《兵团国有企业资产损失责任追究暂行办法》等 6 项规范性文件。其中《兵团企业国有资产监督管理暂行办法》的出台，对于兵团建立适应社会主义市场经济需要的国有资产监督管理体制，进一步促进国有企业改革发展，推动国有经济布局和结构的战略性调整，发展和壮大国有经济，实现国有资产保值增值，具有重要意义。为了便于学习查阅相关资料，2008 年兵团国资委专门编辑印发《国有资产监督管理政策法规汇编》。

企业投资、担保等重大事项监管进一步加强。兵、师两级普遍重视对企业投资和担保等重大事项的管理,不断完善监管体制,改进监管方式,规范企业投资、担保行为,有效降低投资、担保风险。2008年,兵团国资委成立规划发展处,在指导服务企业加快发展的同时,加强对企业投资、担保等重大事项的专项监管。

财务监督进一步强化。一是充分利用现有企业国有资产统计年报、月度快报等基础信息,对企业财务动态进行适时监测,及时发现和纠正问题。二是发挥社会中介机构审计监督作用,提高企业会计报告质量,增强财务审计监督的实效性。三是积极推行企业财务预算管理。兵团国资委按照《财务预算管理办法》的要求,从培训入手,指导企业编制财务预算,对企业财务预算进行严格审核,并根据企业实际进行批复,为推进财务预算管理迈出了坚实的一步。

国有资本收益工作取得进展。依据《兵团国资委监管企业国有资本收益办法》的相关规定,兵团国资委会同兵团财务局开展监管企业2007年度国有资本收益收缴工作。这是兵团国资委成立以来首次以出资人身份收取收益,国有资本收益的收取不仅维护出资人资本收益权,同时也为建立兵团企业国有资本经营预算制度奠定基础。

企业风险管理试点工作正式启动。参照国务院国资委《关于印发〈中央企业全面风险管理指引〉的通知》要求,兵团国资委制定《兵团国资委监管企业推进全面风险管理试点方案》,确定兵团投资公司、新疆天康控股(集团)有限公司和兵团石油公司为兵团企业全面风险管理试点单位,各试点企业的风险管理工作开始启动。在试点企业工作取得经验后,兵团国资委将逐步扩大试点范围,力争用2～3年时间,在兵团国资委监管的企业及下属重点企业范围内和各师国资委重点监管企业建立起全面风险管理年度报告制度,加强企业风险防范意识,促进企业健康发展。

(四)创新工作机制,国有企业党建工作进一步加强

以"四抓四看"活动为实践载体,深入贯彻落实科学发展观。国资委党委根据兵团党委统一部署,围绕"学习实践科学发展观,进一步完善国有资产监督管理体制机制,促进国有企业又好又快发展"这一主题,按照"两不误,两促进"的总体要求集中精力认真开展学习实践科学发展观活动。兵团国资委党委班子成员以身作则,带头参加学习,认真调查研究,深入分析查找问题,切实落实整改措施,在提高思想认识,解决突出问题,创新体制机制,促进科学发展方面,狠下功夫,取得明显成效。

以"四好"领导班子创建为工作抓手,不断增强企业领导班子凝聚力、战斗力。兵、师两级国资委把创建"四好"班子活动与兵团党委开展的"四抓四看"活动紧密结合起来,按照"四好"标准及胡锦涛总书记关于加强各级领导干部作风建设八个方面的要求,制定具体创建计划和措施,扎实开展各项创建活动,创建工作取得良好效果。兵团党委组织部、国资委党委对在2007年度"四好"领导班子创建活动中取得优异成绩的新疆青松建材化工(集团)股份有限公司等9家企业进行表彰,授予他们创建"四好"领导班子先进集体荣誉称号。

以基层组织建设为重点,不断加强国有企业党的建设工作。兵、师两级国资委党委以基层党组织建设为重点,狠抓监管企业党建工作。结合"四抓四看"活动,认真落实企业党内民主集中制,强化民主决策,科学决策;建立党建工作目标考核制度,完善监管企业党建工作机制;深入抓好党的先进性长效机制建设,切实巩固先进性教育成果;积极开展"四抓四看"活动,增强监管企业党组织贯彻执行科学发展观的能力。

以改善用人机制为切入点,不断加强企业领导班子管理和人才队伍建设。2008年,国资委党委对所出资新设立的公司领导班子的人选及几个企业董事监事人选进行严格的考察,及时调整和配备公司班子成员及有关企业董事会监事会成员。同时,继续加强人才队伍建设,牢固树立人才资源是第一资源的理念,加强企业人才队伍培训,全面提高企业人才队伍整体素质。2008年兵团国资委通过多种渠道共培训企业骨干299人,其中,职业经理人培训143人、国际财务管理会计师培训115人、企业董事监事培训41人。

以落实惩治和预防腐败体系五年工作规划为契机,建立党风廉政建设长效机制。一是出台兵团国资委惩治和预防腐败体系2008～2012年工作规划,完善加强党风廉政建设长效工作机制。二是建立党风廉政责任制度,印发兵团国资委和监管企业2008年度党风廉政建设和反腐败工作指导意见,与监管企业签订党风廉政建设责任书。三是各师国资委积极组织机关全体人员开展经常性党风廉政教育,党员干部自觉拒腐防变能力明显提高。四是兵师国资委认真贯彻落实中纪委关于企业领导廉洁自律的"七不准"要求,在企业生产经营的各个环节,坚持按制度管理,按程序办事,按"三重一大"的规定督查,企业党风廉政建设取得积极进展。

二、新疆生产建设兵团国有资产总量及结构分析

截至2008年底,新疆兵团国有及国有控股企业534户。比2007年净减少7户,减少1.29%。

2008年末新疆兵团国有企业资产总额1745.11亿元,比上年增长13.13%;负债总额1523.41亿元,比上年增长13.84%;所有者权益总额221.7亿元,比上年增长8.53%。

2008年新疆兵团国有企业实现营业收入1021.15亿元,比上年增长5.27%;营业成本865.94亿元,比上年减少3.43%;实现利润总额3.18亿元,扣除所得税及少数股东权益后,实现净利润1.29亿元;实际上缴税金总额35.75亿元。

(一)按企业规模划分

新疆兵团534户企业,按企业规模划分,大型企业36户,国有资产总量744.03亿元,占兵团国有资产总量的42.64%;中型企业194户,国有资产总量760.75亿元,占兵团国有资产总量的43.59%;小型企业304户,国有资产总量240.33亿元,占兵团国有资产总量的13.77%。

表1　2008年新疆生产建设兵团国有资产经营规模分布情况

经营规模	企业户数	国有资产(亿元)	占国有资产总量比重(%)
大型企业	36	744.03	42.64
中型企业	194	760.75	43.59
小型企业	304	240.33	13.77
合　　计	534	1745.11	100.00

(二)按组织形式划分

2008年末,按组织形式划分,独资公司、非公司制独资企业284户,国有资产总量818.29亿元,占兵团国有资产总量的46.89%;有限责任公司191户,国有资产总量408.78亿元,占兵团国有资产总量的23.42%;上市和非上市股份有限公司20户,国有资产总量462.27亿元,占兵团国有资产总量的26.49%;其他组织形式企业39户,国有资产总量55.77亿元,占兵团国有资产总量3.2%。从以上分布看,国有独资企业资产总量占兵团国有资产总量比重较大。

表2　2008年新疆生产建设兵团国有资产按组织形式分布情况

组织形式	企业户数(户)	国有资产(亿元)	占国有资产总量比重(%)
独资公司	130	295.65	16.94
非公司制独资企业	154	522.65	29.95
上市股份有限公司	11	287.43	16.47
非上市股份有限公司	9	174.84	10.02
有限责任公司	191	408.78	23.42
合资或合营企业	2	0.10	0.01
企业化管理事业单位	17	6.41	0.37
其他	20	49.25	2.82
合　　计	534	1745.11	100.00

(三)按所属行业划分

2008年,兵团企业按所属行业划分,农林牧渔业国有资产总量554.28亿元,占全兵团国有资产总量的31.76%;工业国有资产总量475.29亿元,占全兵团国有资产总量的27.24%;金融业国有资产总量266.43亿元,占全兵团国有资产总量的15.27%。兵

团企业国有资产从行业分布上看，占比重较大的分别是农林牧渔业、工业和金融业，分别占兵团国有资产总量的31.76%、27.24%和15.27%，以上行业国有资产占兵团国有资产总量的74.27%。

表3　2008年新疆生产建设兵团国有资产行业分布情况

行　业	国有资产（亿元）	占国有资产总量比重（%）
一、农林牧渔业	554.28	31.76
二、工业	475.29	27.24
三、建筑业	71.30	4.09
四、地质勘查及水利业	2.79	0.16
五、交通运输仓储业	3.68	0.21
六、批发和零售、餐饮业	259.11	14.85
七、金融业	266.43	15.27
八、房地产业	15.59	0.89
九、社会服务业	94.92	5.44
十、科学研究和技术服务业	1.03	0.06
十一、机关社团及其他	0.69	0.04
合　计	1745.11	100

（四）按地区分布划分

2008年末，新疆兵团国有资产从地区分布来看，占比重较大的分别是兵团国资委监管企业、农八师、农一师，分别占兵团国有资产总量的27.61%、21.98%、10.87%，以上地区国有资产占兵团国有资产总量的60.46%。

表4　2008年新疆生产建设兵团国有资产地区分布情况

地　区	国有资产（亿元）	占国有资产总量比重（%）
农一师	189.64	10.87
农二师	91.12	5.22
农三师	74.42	4.26
农四师	79.40	4.55
农五师	63.53	3.64
农六师	128.22	7.35
农七师	88.83	5.09
农八师	383.51	21.98
农九师	22.54	1.29
农十师	27.21	1.56
建工师	35.33	2.02
农十二师	23.49	1.35
农十三师	35.87	2.06
农十四师	17.60	1.01
兵团国资委监管企业	481.89	27.61
兵团国资委非监管企业	2.51	0.14
合　计	1745.11	100.00

三、新疆生产建设兵团国有资产保值增值综合分析评价

2008年初新疆兵团企业国有资本及权益总额127.8亿元，本年增加国有资本及权益56.45亿元，本年减少国有资本及权益44.15亿元，年末国有资本总量140.1亿元，国有资本增值12.3亿元，扣除客观增减变动因素后，新疆兵团企业保值增值率99.46%，未实现国有资本保值增值。

兵团企业2008年国有资本增加的主要因素是政府投入增加23.07亿元，经营积累增加21.33亿元，无偿划入增加3.72亿元，资产评估增加2.13亿元，资本溢价增加2亿元，上述原因增加国有资本52.25亿元，占当年国有资本增加的比重为92.56%；国有资本减少的主要因素是经营减值减少22.02亿元，无偿划出减少8.46亿元，企业上缴红利减少5.92亿元，各项政策因素减少4.64亿元，上述原因减少国有资本41.04

亿元,占当年国有资本减少的比重为92.96%。

表5 2008年新疆生产建设兵团企业国有资本及权益增减变动情况

单位:亿元

项目	金额
年初国有资本及权益总额	127.8
本年国有资本及权益增加:	56.45
1. 国家、国有单位直接或追加投资	23.07
2. 无偿划入	3.72
3. 资产评估增加	2.13
4. 清产核资增加	0.4
5. 产权界定增加	0.69
6. 资本(股票)溢价	2.0
7. 补充流动资本	0.79
8. 会计调整	0.46
9. 中央和地方政府确定的其他因素	1.76
10. 经营积累	21.33
本年国有资本及权益减少:	44.15
1. 经国家专项批准核销	0.6
2. 无偿划出	8.46
3. 产权界定减少	1.51
4. 消化以前年度潜亏和挂账而减少	0.42
5. 企业按规定上缴红利	5.92
6. 资本折价	0.52
7. 中央和地方政府确定的其他因素	4.64
8. 经营减值	22.02
年末国有资本及权益总额	140.1

按地区划分,汇编的16家单位中,扣除客观增减变动因素后,实现国有资本保值增值的12家,国有资本减值的4家。其中,农十二师保值增值率139.8%,建工师保值增值率117.6%,农八师保值增值率114.53%,农十三师保值增值率112.03%。

表6 2008年新疆生产建设兵团国有企业地区保值增值情况

地区	保值增值率(%)
农一师	101.91
农二师	105.14
农三师	92.84
农四师	105.98
农五师	100
农六师	100.99
农七师	100.95
农八师	114.53
农九师	74.05
农十师	98.05
建工师	117.6
十二师	139.8
十三师	112.03
十四师	101.11
兵团国资委监管企业	减值
兵团国资委非监管企业	109.66
兵团	99.46

四、新疆生产建设兵团国资委监管企业股份制改革情况

2008年,兵、师国资监管企业加快公司制股份制为主要实现形式的改革步伐,通过引进战略投资者以及增资扩股、兼并重组等多种途径,大力推进国有企业股份制改革,实现产权和投资主体的多元化。2008年,兵团国资委对新疆农垦进出口(集团)股份公司进行战略重组,通过引入袁隆平农业高科技股份有限公司和经营者持股,成立股权多元化的新疆银隆国际贸易股份有限公司。积极推进兵团供销合作总公司公司制改革工作,指导完成企业制订改制工作方案,该公司改制具体工作正有序展开。兵团国资公司积极引进国内和国际有实力的战略投资人,完成对康地公司增资扩股工作,改善和优化企业的股权结构,其中,国资公司持股51%,战略投资人持股41.12%。为了

建立新疆统一的产权交易市场，大力培育搞活疆内区域性资本市场，兵团国资委与自治区国资委联合重组新疆联合产权交易所。中华联合保险控股股份有限公司的增资扩股等工作也在紧锣密鼓向前推进；农二师引进南京医药股份公司对兵团医药公司进行股权重组；农七师引进杭州民营企业锦江集团共同投资建设15亿元的2×125兆瓦热电联产项目；农十师引进中储粮公司和新疆天山面粉集团公司对乔尔玛食品公司进行股份制改造，组建由引进方实施控股、十师参股的新疆麦之源面粉有限公司。兵、师国资监管企业在推进公司制股份制改革和实现股权多元化中，进行大胆的探索和尝试，股份制改革取得积极进展，为进一步深化国有企业改革起到积极的推动作用。

五、新疆生产建设兵团国资委监管企业主辅分离辅业改制概况

根据国务院国资委《关于进一步规范国有大中型企业主辅分离辅业改制的通知》要求，兵团结合国有企业的实际，制定《兵团国有大中型企业主辅分离辅业改制分流安置富余人员的实施办法》和《兵团国有工交建商企业分离办社会职能实施办法(试行)》。同时，兵、师国资委和监管企业加强组织领导，积极有序地推进企业主辅分离、辅业改制，分流安置富余人员及分离企业办社会职能等工作的规范有序进行。经过努力，截至2008年底，兵团14个师中有一半的师及兵直所属企业所办学校、医院等公益型机构、后勤服务等福利型机构与企业的生产经营主体完成分离，其他师也在积极推进这项工作。分离企业所办学校21所、医院15所，完成主辅分离辅业改制58户企业，分流富余人员3521人，其中，安置富余人员2855人，享受税收减免653万元，14个企业后勤服务机构改制为民营。这项工作的实施，对企业进一步深化改革起到积极的推动作用。兵团国有企业政策性关闭破产工作的加快实施，也有力地促进企业办社会职能的分离。在已实施政策性关闭破产的企业中，原由企业所办的15所学校、17家医疗机构与企业分离，移交兵师两级教育和卫生部门管理，企业办社会负担大大减轻，为企业破产重组和改革创造条件。

六、新疆生产建设兵团国资委监管企业重组和法人治理结构改革进展情况

兵团结合国资监管企业实际，按照自身优势，采取多种措施，加大招商引资力度，加快行业重组整合和结构调整，提高市场占有率和竞争力，大力实施集团化战略，积极引导国有资本向具有较强竞争力的大公司、大企业集团集中。农一师加快南疆水泥整合战略，在完成公司本部日产3000吨熟料配套纯低温余热发电新型干法水泥生产线同时，积极与克州联合新建日产2500吨水泥生产线，与二师联合新建日产2500吨水泥项目，市场覆盖南疆地区；农四师南岗化工公司加快延伸产业链，引入河南永煤集团组建新的伊犁南岗化工有限公司，加快建设12万吨/年聚氯乙烯联合化工项目；农五师积极开发新能源，参股30%与国电新疆分公司合作，成立国电新疆阿拉山口风电开发有限公司，对阿拉山口200MW风电场进行综合开发；农八师坚持走发展循环经济之路，加大企业整合力度，组建企业集团，提升国有企业核心竞争力。通过资产重组，整合天宏股份公司、西营农场、汇昌豆业优质资源，拓展三家企业发展空间，形成农业种植、农产品深加工、棉纺业、造纸业的有效结合；天业集团不断延伸产业链，大力发展具有广阔市场前景的化学建材系列产品。天康股份公司向河南宏展投资有限公司定向增发1.83亿元，将饲料生产销售市场由疆内拓展到疆外，企业规模进一步壮大。

建立规范的法人治理结构是国有企业改革的核心问题。2008年，兵团国资委以主要精力认真抓好兵师国有企业法人治理结构建设。一是加强企业董事会建设。积极推进和落实外部董事制度，出台《兵团国资委监管企业(国有独资)外部董事管理办法》，兵团国资委所出资企业已正式实施外部董事和独立董事制度，其中，国有独资公司外派董事在董事会中的比重正逐步扩大。已有8个师外派董事和外派监事的企业占监管企业比例的30%以上，4个师有独立董事的企业占监管企业比例的30%以上。二是强化监事会工作。针对部分国有企业对监事会工作重视程度不够，监事监督职能不到位的现状，国资委出台《兵团国有及国有控股企业监事会工作细则》，细化监事

会和监事的职责,并抓紧落实细则内容。兵团国资委向银隆公司外派监事会主席。国资公司成立由审计部、纪委、财务总监和8家全资企业监事会负责人组成的监事会工作部,对国资公司全资企业的监事会工作进行全面管理、指导和监督。农十师将外派企业的监事会主席、专职监事人员的人事关系纳入国资委统一管理,确保所派监事会人员履行职责的独立性。外派董事监事制度的实施,有力地促进董事会监事会规范运作,有效地维护出资人的利益。企业战略管理、财务与预算、风险管理等取得明显成效。

七、新疆生产建设兵团国资委监管企业建立和完善经营业绩考核体系情况

2008年业绩考核工作坚持以强化责任,规范程序,创新模式,突出实效为重点,不断完善制度体系,狠抓考核措施的落实。兵、师国姿委在总结以往工作经验的基础上,结合企业发展现状和急需解决的突出问题,针对现行的考核办法存在考核指标数值难以准确确定的问题,兵团国资委出台《兵团国资委监管企业负责人经营业绩考核办法补充规定》,使考核指标的确定更加实际和合理,提高企业自加压力的自觉性。同时,坚持严格按考核结果核定和兑现企业负责人薪酬工作,将经营责任落到实处。为了完善考核体系,兵团国资委启动企业负责人2009～2011年三年任期经营目标责任考核工作,完成考核指标体系确定和考核目标值的测算核定工作。各师国资委还结合企业发展现状与特点,不断创新考核模式,提高考核工作的针对性。八师国资委根据企业对社会的贡献确定效益薪酬,力求使激励和约束更具导向性和针对性。建工师国资委在监管企业中试行经营者风险抵押金制度,在签订目标责任书的同时,按照效益上、薪酬上的原则,采取多种不同的经营目标与相应的薪酬挂钩的办法,让企业根据自身实力,自主选择经营目标与薪酬,使考核目标值和企业负责人薪酬的确定更加合理。

八、新疆生产建设兵团国资委监管企业负责人考核与选人用人机制改革情况

2008年,根据《兵团国资委监管企业负责人经营业绩考核暂行办法》的规定,兵团国资委加大监管企业负责人考核与选拔任用的工作力度,企业负责人考核与选人用人机制不断完善。

(一)加强国有企业负责人考核工作

从切实履行企业国有资产出资人职责,维护所有者权益,落实国有资产保值增值责任出发,通过建立有效的激励和约束机制,坚持依法考核、激励与约束并重、分类考核和注重实绩的原则,实行年度考核与任期目标考核相结合、结果考核与过程评价相统一、考核结果与奖惩挂钩的考核制度和办法,使监管企业负责人考核工作不断得到加强。

(二)完善选人用人机制

一是认真贯彻群众公认的原则。坚持和完善民主评议、民意测评、民主推荐制度,扩大员工参与范围,把员工是否拥护作为选拔企业负责人的重要依据,增强在企业负责人选拔问题上的透明度。二是坚持注重实绩的原则。实行任期目标管理,强化实绩考核,把注重实绩作为健全和完善选人用人机制的重要原则,以目标管理对企业负责人在一定时期的目标任务提出质的要求和量的规定,不断增强企业负责人的责任感和紧迫感。三是坚持党管干部和市场化选聘相结合,逐步建立适应现代企业制度要求的选人用人新机制。按照"公开、平等、竞争、择优"的原则,引入竞争机制,通过竞争发现人才,选准人才。

(三)加强制度建设

按照现代企业制度的要求,适应国有资产管理体制的需要,切实加强对国有资产的监管,兵团国资委结合国务院国资委的有关政策法规、意见、办法,制定出台一系列规范性的文件,对企业负责人的考核、选拔任用作出规定,规范选人用人工作程序,完善选人用人的考核标准,明确选人用人的具体要求,将制度始终贯穿于企业负责人考核、选拔任用工作的全过程,使企业负责人的管理考核及选拔任用工作逐步规范化、制度化、经常化。

(撰稿人:胡杨军)

2009

CHINA'S STATE-OWNED ASSETS SUPERVISION AND ADMINISTRATION YEARBOOK

中国国有资产监督管理年鉴

中央企业改革与发展

第四篇

中国核工业集团公司

【基本概况】 2008 年，中国核工业集团公司（以下简称“中核集团”）夺取抗震救灾抢险的重大胜利，经济保持平稳较快增长，经济效益实现大幅度提升，核电、核燃料等产业项目取得重大进展，主导产业进入规模化发展新阶段，自主创新取得里程碑式的成果，国际合作和海外开发均有重大突破，和谐集团建设取得重要成效。

自 1999 年成立到 2008 年，中核集团经济实力显著增强，作为中国核科技工业的主力军和国家队，其战略地位更加突出，在国防现代化建设和国民经济建设中发挥着越来越重要的作用。

【主要指标】

1. 主要经济指标完成情况。2008 年末，中核集团资产总额同比增长 16.68%，净资产同比增长 23.61%，营业收入同比增长 26.28%，利润总额同比增长 76.39%，社会贡献总额同比增长 74.09%，利税总额同比增长 51.82%；净资产收益率为 6.88%，总资产报酬率为 4.79%。

2. 国有资产保值增值情况。2008 年末，国家对中核集团拥有的权益比年初增加 4.1 亿元，剔除客观因素后，保值增值率为 103.50%。

3. 经营业绩与财务分析。2008 年，中核集团经济持续快速增长，经济效益显著提高，集团各系统全部实现盈利，主营业务收入达到 332 亿元，比上年增长 39%，净资产收益率、成本费用总额占主营业务收入比重和军工保障任务均超额完成国资委、国防科工局下达的年度考核目标。从主要盈利的核电板块看：中核集团 7 台在运核电机组全年共发电 379.0 亿千瓦时，同比增长 23%；发电收入同比增长 23%；利润总额同比增长 105%；核电企业成本费用率为 83%。

2008 年末，中核集团资产负债率为 75%，速动比率 0.70，流动比率 1.03，结合其持续盈利能力情况判断，具备良好的偿债能力。

4. 职工人数情况。中核集团现有从业人员约 10 万人，两院院士 18 名（其中 1 人为双院士）；专业人才占 46.75%，其中具有大学本科以上学历的占 56.21%，具有高级职称的占 23.57%；技能人才占 51.05%，其中高级工以上高技能人才占 40.15%。

【改革发展】

1. 企业产权及调整改革。集团化、专业化运作成效显著。在集团内部，中国核电工程有限公司与福建福清、浙江方家山核电项目签署工程总承包合同，与海南昌江、湖南桃花江核电项目签署工程总承包协议，这是真正意义上的以设计为基础，集设备采购、施工、调试、管理为一体的国内核电工程总承包；中核新能工程公司通过集团化运作，收入实现较大增长；建立和完善了原子能公司核燃料销售供应平台，统一归口与各核电企业、核燃料企业和铀业公司签订铀产品供货合同和购销合同。

2. 人力资源建设。组织保障有力。全年共完成 34 个企事业单位领导班子换届、组建和调整，涉及干部 182 人，新提拔 47 人，交流使用干部 29 人，领导班子成员的知识结构和年龄结构更加合理。

教育培训形式和内容进一步创新。首次举办企事业单位党政一把手专题研修班；对集团公司新员工入职培训逐步规范，新员工集团化意识明显增强。

人才队伍建设在创新中发展。新增享受国务院政府特殊津贴人员 40 人；全年接收大学生 1627 人。

巩固核特有技能人才培养领军地位。2 个核特有技能人才实训基地被确认为首批国家高技能人才培养示范基地；完成 10 个核特有职业培训大纲及培训计划的编写工作；4 人荣获“国防科技工业技术能手”荣誉称号。

3. 绩效考核。优化考核机制，绩效考核工作实现从起步到“上水平、更规范、更精准”的新跨越。成立绩效考核评价委员会，完成 53 家企事业单位领导班子年度业绩考核工作，首次增加考核结果预反馈程序，以强化沟通机制。

4. 薪酬管理。完成 2008 年企事业单位负责人基薪调整工作；确保新组建单位、重点单位、重点项目、关键人才的工资增量；制定《集团公司新建核电厂岗位工资制实施方案》，为新建核电厂薪酬管理实行“新项目、新机制"、吸引留用激励骨干人才、提升薪酬体系有效性提供政策保障。

【重大项目】

1. 重大决策。中核集团继续发挥集团综合优势，坚定实施"走出去"战略。积极开拓海外市场，有效地推动与他国在核电、铀资源开发等方面的合作，开辟了新的市场和领域，显著提升中核集团的国际影响力和竞争力。

大力推进全集团资金集成。资金集成水平得到进一步提高，资金集成额达126亿元，日均集成率提高到88.6%；推行集团化融资模式，与银行签约118亿元，累计获得银行3500亿元授信额度，成功发行中期票据36亿元，有效地满足中核集团在核电、核燃料产业项目发展方面的资金需求。

推行保险集团化运作，签署福清核电建安工程集团化保险第一单，这也是全球第一份核电工程中文保单。

2. 重大建设工程。在建固定资产投资项目82个，其中：核电建设项目5个，天然铀、核燃料科研设施、生产能力建设项目68个，其他项目9个；全年完成验收项目共25个。

福清核电工程：2008年11月21日，经国务院批准，福建福清核电工程正式开工，李克强副总理出席开工仪式并发表重要讲话。该项目规划建设6台百万千瓦级二代改进型压水堆核电机组。2008年投资计划35.34亿元，完成投资34.54亿元，占年度计划的97.7%。全年7个主要节点均已完成，进厂道路已全线通车，施工用水用电完成，反应堆压力容器、汽轮发电机组、蒸汽发生器等关键设备均已落实供货商。

秦山核电二期扩建工程：2008年投资计划34.45亿元，完成投资34.96亿元，占年度计划的101.5%。全年10个主要节点均已完成，二期扩建工程设计、设备采购和建安工作进展顺利。3号机组反应堆压力容器已经就位；4号机组反应堆厂房安全壳穹顶于11月6日一次性整体吊装成功，提前三个月进入安装阶段。

方家山核电工程：2008年12月26日，经国务院批准，中国首座自主设计、建造和运营的秦山核电站扩建工程——方家山核电工程正式开工。该项目规划建设2台百万千瓦级二代改进型压水堆核电机组。

压水堆元件生产线扩建工程：该工程于2008年10月16日完成生产线改造并取得生产线投料许可证，比原计划提前一年半建成投产，新增生产能力200吨/年。

铀转化生产线建设工程：2008年12月25日，按计划通过现场竣工验收，新增生产能力3000吨/年。

500吨铀浓缩工程：10月主厂房土建已经完工；安装工程已经开始，完成10个机组装架安装；辅助系统正在进行调试。

3. 重大科技工程。中国实验快堆工程：全面实现二级进度计划节点目标，工程安全、质量、进度、投资均处于较好控制状态，完成大小旋塞安装、燃料元件转运室安装、反应堆本体安装以及旋塞标定转角试验等。工程安装全面完成，已进入综合调试阶段。

中国先进研究堆工程：主要设备及各工艺系统调试基本完成，运行准备按计划进行，装料许可证的申领工作顺利推进。

串列加速器升级工程：完成回旋加速器主磁铁订货及加工合同，完成超导直线增能器及超导腔溅射工艺线安装；乏燃料后处理放化实验室工程，主要围绕土建施工和物项采购展开，工作进展顺利。

4. 重大科研开发项目。自主百万千瓦级核电机组的一系列科研项目顺利完成，掌握一批核心设计和维修技术，提升核电站安全性、经济性和运行维护整体技术水平。

ADU先进铀转化技术研究突破四氟化铀及六氟化铀生产中的关键技术问题，为1500tU/a规模生产线提供必须的技术储备和设计依据。

完成核燃料后处理中试厂全流程的水试、酸试、铀试及相应的系统整改。对2D槽、环形折流板脉冲萃取柱、沉降式离心机、空气升液器等关键设备进行研究、验证和改进，为中试工程的温热调试工作奠定基础，为商用后处理厂的科研、设计提供宝贵的经验。

核聚变研究取得新的重要进展。环流器—2A装置获得一系列新的实验结果，获得迄今为止中国核聚变研究的最高电子温度（5500万摄氏度），成功实现具有世界领先水平的H模放电。这是国际聚变研究界公认的最有希望的可控核聚变的放电方式。

5. 并购重组与集团内合作。中核集团积极推进成员单位的公司制改造。全面启动三、四级公司清理工作，有29户进入清理程序。

积极推动集团内部合作。核电系统与地质系统签署战略合作框架协议，与核燃料系统交流工程管理经验，与核仪器设备系统签订合同40余项，有9个科研院所与核电企业签署技术服务合同和合作协议。

【投资与经营】

1. 核技术应用及非核民品产业。2008年，中核集团核技术应用产业及24家规模以上非核民品企业实现销售收入68.27亿元，完成全年计划的102%，其中核技术应用产业销售收入28.42亿元，完成年计划的109%；非核民品销售收入39.85亿元，完成年计划的97%。争取到国家各类资金8230万元，支持项目12个。

投资并购工作取得新进展，深圳海德威公司与原子高科13C项目资产重组成功。

重点项目进展顺利。系列危险品探测装备顺利通过北京奥运测试赛的检验，成为奥运安保装备的新星，被广泛应用于比赛场馆、奥运村等公共设施；氯化锶〔Sr-89〕注射液于2008年8月获得国家批准文号；青海盐湖提锂项目建设进入收尾阶段，整体试车运行良好；柔性基材卷绕磁控镀膜生产线建设已经完成整体联调，并开始产品试生产；国内首台彩色CCD色选机——“核工”牌色选机，运行效果良好，该产品的研制成功，标志着其生产技术已迈入国际先进行列。

2. 走向海外。出口巴基斯坦的C1核电站安全运行，C2核电站于2008年11月实现安装阶段以来的第一个重要节点—132KV倒送电，比内控计划提前5天，为下一阶段调试奠定基础，后续核电项目也在积极推进，并达成相关协议。

2008年11月24日，与约旦原子能委员会成功签署向约旦出口次临界装置商务合同。

积极参与国际热核聚变实验堆计划项目（ITER）实施，选派4名专家到ITER国际组织长期工作，90多名科技人员参与相关技术研发和交流活动。

与约旦、尼日尔、澳大利亚、哈萨克斯坦等国的铀资源开发合作稳步推进。尼日尔阿泽里克矿年内完成矿山和水冶厂基建；中澳双方就澳大利亚奥林匹克坝扩建合作项目开展有益的商谈，并达成一定共识；签署中哈战略合作实施协议，进一步明确合作的内容和工作计划。

【重大创新】

1. 技术创新。拥有自主知识产权的秦山二期核电站扩建工程进行10项大改进、18项重要改进和1398项一般改进，有效地提高机组安全性和经济性，进一步提升国产化核电站自主设计、自主建造、自主运营的能力。

重水堆生产钴—60项目取得重大进展。该项目已进入工程实施阶段，首批钴靶件于2008年12月27日顺利入堆，为实现钴—60放射源国产化奠定基础。项目建成后，其年产量将达到600万居里，可满足国内80%的需求。

在国际上首先提出快—热耦合的ADS次临界实验装置概念，并建成“启明星一号”实验装置。自主设计建成中国第一台强流低能段的射频四极加速器（RFQ），能量为3.5MeV，平均流强为2.4mA，其技术指标仅次于美国LANL-LEDA加速器，位居世界前列。

核技术在信息、生物、新材料和环境技术等前沿学科得到更加广泛的应用，在考古研究中用中子活化分析方法破解光绪皇帝死因这一历史疑案。

2008年中核集团共申请专利337件，其中发明（含国防）专利223件，比2007年（264项）有较大增长。获得国家科技进步二等奖1项，国防科技奖57项。

2. 管理创新。财务管理水平持续提升。深化预算管理，推行财务预算管理星级评价；加大资金预算执行力度，做大内部结算业务；加强对铀产品的财务管理核算；全面执行新会计准则，成功试点财务信息化。

风险管理进一步加强。落实企事业单位风险管理的责任机制，38家重点企事业单位设立风险管理机构。加强对重点单位、重要业务和重大事项的审计工作。2008年，中核集团被国家审计署评为全国内部审计先进单位。

高度重视安全环保工作。全年进行十多次专题研究和部署；建立安全生产投入新机制，深入开展隐患排查治理，大力推动安全风险分级管理；新上建设项目的安全、环保、职业卫生“三同时”，制度执行率达到100%，确保在役核电站和核设施的安全。

中核集团秦山三期核电站“星级管理体系的应用”等38项良好实践被确定为电厂管理强项，其中4项被评为WANO良好实践，向全球核电业界推介；《星级绩效管理体系及其实践》获第五届国防科技工业企业管理创新成果一等奖；《核电企业对协作单位的星级管理》获第十五届全国企业管理现代化创新成果二等奖。

【履行社会责任】 努力践行企业社会责任，首次发布社会责任报告，这是中核集团作为央企履行社会责任向全社会做出的郑重承诺。

发扬“一方有难、八方支援”的精神，向地震灾区捐款捐物金额达7692万元；与东方汽轮机厂签订50亿元的订货合同，以实际行动支援灾区的恢复重建。

【应对金融危机】 中核集团紧紧抓住国家把加快核电建设作为应对国际金融危机、拉动内需、加大投资力度的重要举措的机遇，结合集团公司核心主导产业的发展，采取四大措施：抓住机遇，加快核电项目前期工作；加大投资，确保重点工程的建设；大力协同，加快研发自主品牌核电及核燃料技术；择机出手，加快进行天然铀商业储备。这些措施，有效地保障中核集团经济总体平稳较快发展，避免经济效益出现大幅度的波动。

（撰稿人：房　虹）

中国核工业建设集团公司

【基本概况】 2008年，中国核工业建设集团公司（以下简称“集团公司”）坚持以邓小平理论、三个代表重要思想为指导，深入贯彻落实科学发展观，紧紧抓住核电发展的大好机遇，克服雨雪冰冻、汶川地震及国际金融危机的影响，以确保完成国防军工工程、核电工程建设和核能产业化工作为重点，加快体制机制创新，强化基础能力建设，承担的国防工程、核电工程建设任务全面完成；高温气冷堆示范电站重大专项顺利启动，并取得重要进展；经济效益进一步改善，实现了平稳快速增长，全面完成2008年各项工作指标。

【主要指标】 2008年，集团公司主营业务持续快速增长，全年完成主营业务收入119.18亿元，同比增长28.59%，企业资产周转速度加快，资产利用率提高；2008年，全年实现利润2.01亿元，同比增长53.81%；实现净利润1.57亿元，同比增长112.49%，净资产收益率由2007年的4.79%提高到6.81%。2008年，在原材料、劳动力成本上涨、财务费用增加的不利条件下，成本费用总额得到有力控制，成本费用总额的增长率略低于同期营业收入的增长率。

【重大项目】 一是国防军工工程进展顺利。圆满完成所承担的国防军工工程，履行保军职责。2008年，集团公司以高度的政治责任感和强烈的历史使命感，发扬扎实细致、不畏艰苦的工作精神，确保海军某部工程顺利完成并交付使用，实现中国实验快堆、先进研究堆、NP工程为代表的一批重点军工工程的顺利进展，有力地保障我国国防军工事业不断向前发展。

二是核电建设有序向前推进。2008年是我国核电建设快速发展的一年，在建和新开工核电机组达到创纪录的12台。面对核电建设大发展的良好机遇，集团公司从战略高度审视核电工程建造全局，进一步解放思想、转变观念，不断探索核电工程大规模建设的新思路，并针对未来核电建造多项目管理、不同技术路线、业主差异性需求以及所属各建设公司的实际情况，统一布局核电建造队伍，实现有能力全部承担新开工核电项目核岛工程建造的目标，并确保在建核电工程顺利进行。集团公司承建的岭澳二期、秦山二期扩建工程、红沿河工程及恰希玛二期核电工程均实现重大节点提前完成，质量全部达到合同规定标准，得到业主及国外同行的高度称赞。

积极推进以AP1000为代表的第三代核电自主化建造是实现我国核电中长期战略规划的重要保证。对此集团公司高度重视，积极筹备，研究并通过《加强AP1000施工总承包部管理方案》。确保2009年第一季度实现浙江三门世界首台 AP1000 机组顺利开工。

三是核能产业化项目积极推进。核能科技成果产业化是集团公司核心业务之一，是集团公司实现“军民结合、寓军于民”，实现产业结构升级、提升管理和科技水平的重要举措，是集团公司面向未来的重要发展方向。2008 年，集团公司积极实施高温气冷堆示范电站重大专项，加快推进核能科技成果的产业化工作。所属有关单位围绕示范工程的施工图设计、核岛主设备制造、工程建造等方面密切配合，积极展开工作，取得显著成果。示范工程前期准备工作进展顺利，预计 2009 年 9 月正式开工。

四是民用工程稳步发展。2008 年，民品业务的稳步发展为集团公司核心业务的发展提供重要保障。受国家宏观调控政策的影响，民用工程中风险较大的房地产项目比重降低，基础设施项目、大型工业项目比重显著提高，项目开发更加理性，市场结构更趋合理。民用工程建设是集团公司最重要的收入来源，是相当长的一段时期内保持集团公司经济规模较快增长的主要途径。通过不断扩大民品市场份额，可以保障集团公司的经营规模和经济增长，确保集团公司的可持续发展。

【改革发展】 一是集团公司整体改制重组工作稳步推进。多年的公司制改革实践表明，建立现代企业制度是增强企业发展活力的必然要求。2008 年初，集团公司专门召开改革改制工作会议，确定通过主营业务重组实现集团公司整体上市的改革改制总体思路，明确集团公司整体改制和二级单位公司制改造的指导思想、基本原则，明确改制重组的目标和范围，明确改制重组的基准日和主要节点目标，对改革重组工作进行总体部署。随后，集团公司成立改革改制领导小组和办公室，主营业务重组上市工作正式拉开序幕。

2008 年，在中介机构帮助下集团公司完成对所属各成员单位的尽职调查。根据尽职调查的情况，集团公司确定职工股清退方案、资产剥离方案、股权调整方案、土地处置方案等与整体重组方案相关子方案的指导原则，开展成员单位公司制改造工作，完成非经营性资产、辅业资产与主业资产的划分工作，确定职工股回购方案，开展集团公司内部股权转让相关的审计、评估工作。2008 年底，除一家单位外其余各单位的改制方案均已批复，相关成员单位正在按照集团公司总体部署，积极稳妥地推进本单位公司制改造。

二是继续规范管理，总部基础能力建设又上新台阶。高水平基础能力建设是实现集团公司跨越式发展的战略目标、圆满完成国家交给的各项任务的保障。2008 年集团公司在财务管理、人力资源管理、科研管理、产权管理等方面基础工作继续完善，总部的综合管理、协调和战略统领作用又上新台阶。

在财务管理领域，集团公司紧紧围绕制度体系、产权管理、融资能力、财务资源创新财务管理模式，提高经济效益、改善财务状况，先后完成《中国核工业建设集团公司资金集中管理方案》的制订，完成财务信息化系统和资金集中管理平台的搭建，使财务管理工作迈上新台阶。

在成员企业业绩考核管理方面，针对往年下达业绩考核指标过程中出现的“讨价还价、少报瞒报”的现象，集团公司充分考虑各企业所处的发展阶段及业务特点，进一步完善业绩考核办法，优化指标体系，突出以激励为主导的管理理念，提高考核的时效性，使考核指标更适合企业特点，让企业看到自己的差距，变原来的“要我干多少”为“我该干多少”，通过与企业共同制定目标，提高目标的可接受性。

在投资管理方面，许多单位在项目申报、实施过程、竣工验收等方面工作都有显著提高。集团公司先后出台一系列管理办法，基本做到项目审批规范化和程序化。

在人力资源管理方面，坚持“以人为本”和“人力资源是第一资源”的理念，以满足核电建设人才需要为重点，加强管理、专业技术、技能人才三支队伍建设，为集团公司发展提供强有力的人才保证。

【自主创新】 党的十七大报告指出，提高自主创新能力，是国家发展战略的核心，是提高综合国力的关键。为此，2008 年集团公司继续以高度的政治责任感认真组织实施高温气冷堆核电站科技重大专项，加快三代核电自主化依托项目建造技术的研究，不断加强科技创新研究力度。集团公司核电站自主化建造科研设计条件建设项目已经中咨公司评审通过。《百万千瓦级压水堆核电站三维详细设计技术研究建议书》等4个项目已经立项并开展相关研究工作。2008年全年集团公司共荣获省部级以上科技奖6项，新申请专利3项。集团公司完成的“国家体育场‘鸟巢’钢结构大件吊装施工技术研究”荣获北京市和国防科技工业局颁发的“2008卓越贡献奖”。

【抗震救灾】 5月12日，四川汶川发生特大地震灾害，集团公司四川地区所属企业生产生活基地遭到严重损毁，经济损失严重。灾害发生后，集团公司及时采取相关措施，指导受灾企业开展抗震自救工作。同时，组织专业力量开展灾害损失评估鉴定，积极开展紧急救灾工作及灾后恢复前期准备工作。

集团公司在自救抗灾的同时，坚决履行保军责任，秉承“事业高于一切、责任重于一切”的核工业精神，组织多支抗震抢险突击队，投入大量人力和大批机械设备，对有关单位军工工程进行探查、排险和抢修，为重点国防单位的安全运行提供有力保障。

【党建工作】 集团公司积极推进创建“四好”班子活动，通过创建活动引导成员单位领导班子全面落实科学发展观，树立正确的业绩观，把促进企业改革发展稳定作为创建活动的出发点和落脚点，以改革发展稳定的效果来检验创建活动的成效，真正树立起各级领导班子良好的作风形象。成员单位领导班子的创造力、凝聚力和战斗力得以提高，并涌现出一些先进典型企业。2008年集团公司有两个成员企业党委分别被评为“中央企业先进基层党组织”和“中央企业抗震救灾先进基层党组织”。成员单位领导班子建设为集团公司在新形势下完成核电建设的艰巨任务提供保障。

2008年，集团公司深入开展惩防体系建设和效能监察工作，对贯彻落实“三重一大”集体决策制度和廉洁从业七项要求进行检查；以王占云班组获评全国“工人先锋号”为契机，发挥先进模范人物的带动作用，深入推进企业班组建设；把军工文化建设和企业文化建设有机结合，以保密、质量、安全、创新为文化平台，推进企业文化建设有效服务于生产经营。

（审稿人：贺宝华　撰稿人：吴　微）

中国航天科技集团公司

【基本概况】 2008年，是中国航天科技集团公司（以下简称“集团公司”）深入贯彻落实党的十七大精神和科学发展观的重要一年，也是我国航天事业发展史上又一个具有重要里程碑意义的一年。在党和国家领导同志的亲切关怀下，在上级有关部门的正确领导下，面对全球爆发金融危机、国内宏观经济形势剧烈波动以及连续发生的冰雪灾害和汶川特大地震等自然灾害的冲击和影响，集团公司及时准确把握形势，沉着冷静应对危机，采取坚强有力措施，战胜各种困难和挑战，全面完成2008年的各项任务，取得突出的成绩。

【主要指标】 经济规模持续扩大，全年实现总收入707.5亿元，同比增长16.7%，其中四大主业收入641.8亿元，同比增长15.2%；实现增加值172.6亿元，同比增长21.0%；资产规模跃上新台阶，资产总额达1383.1亿元，同比增长8.9%。经济效益稳健增长，实现利润总额60.3亿元，同比增长14.6%，净资产收益率14.4%，成本费用率91.96%。经济运行质量进一步提高，对外金融负债从130.8亿元下降到119.8亿元，同比减少8.4%，资产负债率64.3%，同比下降近5个百分点；全员劳动生产率从每年人均11.7万元提高到12.6万元，百元资产收入从34.2元提高到37.1元，收入利润率从8.3%提高到8.9%。在连续4年获得国资委业绩考核A级的基础上，2008年又全面完成国资委下达的各项考核指标，经济运行质量居中央企业和军工集团先进之列。

表 1　　中国航天科技集团公司主要经济指标

项　　目	2007 年	2008 年	同比增长(%)
资产总额(亿元)	1270.5	1383.1	8.9
净资产(亿元)	389.4	494.4	27.0
营业收入(亿元)	486.2	582.1	19.7
利润总额(亿元)	52.6	60.3	14.6
技术开发投入(亿元)	146.9	152.8	4.0
利税总额(亿元)	67.2	78.6	17.0
全员劳动生产率(万元/人·年)	11.7	12.6	7.7
净资产收益率(%)	15.8	14.4	−8.9
总资产报酬率(%)	4.9	5	2.0
国有资产保值增值率(%)	117.2	109.4	−6.7

【改革发展】　体制机制改革不断引向深入，全年共完成 18 项改革调整重组工作，涉及 30 个企事业单位。其中，开展液体动力重组，组建新的航天推进技术研究院，实现液体动力资源的优化组合；组建中国空间技术研究院有效载荷分院，加强空间飞行器有效载荷的研制能力；组建中国空间技术研究院通信卫星事业部，为通信卫星产品化、系列化、国际化发展奠定基础；成立四川航天技术研究院总体设计部、中国航天空气动力技术研究院特种飞行器总体设计部；重庆巴山仪器厂债务重组回购顺利结束，改革脱困工作全面完成。通过这一系列的改革措施，产业化和专业化发展能力得到提升，核心竞争实力进一步增强。

【重大项目】

1. 型号科研生产。全年长征系列运载火箭共完成 11 次发射任务，将 1 船 13 星成功送入预定轨道，取得自 1996 年 10 月以来连续 73 次成功发射的佳绩。其中，神舟七号载人航天飞行任务圆满成功，首次实施空间出舱活动，实现我国空间技术发展的重大跨越，标志着我国成为世界上第三个独立掌握航天员出舱技术的国家；风云三号卫星实现极轨气象卫星更新换代，使我国的气象探测能力达到国际先进水平；风云二号 06 星成功上天，三星共轨，确保业务的稳定运行；环境 A/B 星的发射成功，实现我国环境灾害监测的星座组网；嫦娥一号卫星圆满完成一年月球探测的工程目标；长征三号丙运载火箭首次飞行成功，完善长征系列运载火箭型谱；以载人航天后续任务、探月工程二期、新一代运载火箭等为代表的重大航天工程进展顺利。与此同时，宇航型号立项和市场开拓工作也取得重大进展，型号立项和签署商务合同总数及合同经费总额创历史新高。特别是探月工程二期的成功立项，极大地促进集团公司承担的国家重大科技专项任务的研制进度。

2. 航天技术应用产业。大力推进煤化工、多晶硅、液压支架与电液控制系统、长输管线输油泵等 10 余项重大产业化项目，均取得阶段性成果。其中，由火箭发动机核心技术转化的粉煤加压气化炉在河南濮阳、安徽临泉两个示范工程相继点火、投料试车成功，产品性能达到国际先进水平，粉煤加压气化炉被誉为“航天第一炉”，该项目已经被国家发展改革委列为循环经济专项产业化示范工程，标志着航天技术转化应用取得新的突破。一期年产 1500 吨高纯多晶硅项目实现机械竣工，生产工艺调试成功，已经试验生产出硅，二期 3000 吨已开工建设，标志着集团公司在重点发展领域推动拥有核心技术产品产业链的上下游延伸方面取得新的成果。与神华集团合作开展的液压支架产业化项目，完成电液控制系统的研制，填补了国内空白；形成支架产品型谱，支架采高从 3 米、5 米发展到 7 米，并且顺利完成小批次生产交付，全年实现销售收入 3.8 亿元，标志着集团公司在重大装备国产化领域批量供货取得重大进展。与此同时，与中国石化合作开展的长输管线输油泵项目，与华能集团合作的烟气脱硫、脱硝工程等重大产业化项目，均取得积极的进展。

3. 航天服务业。在集团公司层面组建一批专业公司，初步形成航天服务业的架构。其中，按照打造集卫星制造、发射和运营为一体的完整产业链的思路，主动争取、扎实推进重组中国卫星通信集团公司卫星运营业务，取得实质性进展。航天投资控股公司通过引入光大集团、国家开发投资公司、中兴通讯等战略投资者，完成两次增资，注册资金由0.8亿元增加到21亿元，实现投资主体多元化，大大强化投资产业的硬实力，同时，搭建市场化的投资平台，提升产业化项目论证、运作和公司规范管理的软实力，促进了行政化投资模式向市场化投资模式的转变；财务公司注册资金从10亿元增加到20亿元，融资运作能力显著增强，进一步提升应对风险、专业理财和为集团公司四大主业发展服务的能力；神舟软件公司开展增资扩股以及与航天四创的整合工作，积极开拓AVIDM、数据库、OA及嵌入式操作软件等产品，已经成为软件与系统集成服务专业公司；重组航天时代置业公司，整合内部的房地产业务和资源。各专业公司的建设，为航天服务业的发展奠定坚实基础。

【走向海外】 继续深化国际交流与合作，不断加强国际化战略研究，大力推进"走出去"战略实施，积极拓展商业发射、整星出口等国际业务，努力探索航天技术应用产品进入国际市场的新途径。2008年，委内瑞拉通信卫星成功发射并在轨交付，首次实现对拉美地区整星出口；巴基斯坦通信卫星整星出口、EutelsatW3B卫星发射服务等出口项目顺利签约；首批53架3米液压支架的出口合同签订；长城公司成功解除美国制裁。

【重大创新】 全力推进技术创新体系建设，自主创新能力不断提升。加快核心技术的顶层规划与研发，开展航天技术发展的战略研究；加强重点实验室建设和运行管理，"功能性碳纤维复合材料"首个国家工程实验室获得立项，"树脂基复合材料结构制造技术研究中心"挂牌成立；创新产学研的合作模式，与哈尔滨工业大学建立联合技术创新中心，与中国科学院建立"航天产品可靠性技术与质量科学"联合实验室；加大自主创新投入力度，建立由国家投资、自主投入、市场融资相结合的投入机制；大型空间可展开天线等一批关键技术取得突破。

在国家首批创新型企业试点中，集团公司被授予"创新型企业"称号。2008年，获得国家科学技术进步奖3项，其中一等奖1项、二等奖2项；获得国防科学技术进步奖64项，其中特等奖1项、一等奖5项、二等奖21项、三等奖37项。特别是《基于系统工程的技术创新体系建设》获得国家科学技术进步二等奖，该奖项是国家首次设立的管理类奖项，集团公司是中央企业中惟一一家获奖单位。

【履行社会责任】 全力投入汶川特大地震的抗震救灾工作，为灾区捐款总额达5809万元，交纳特殊党费1505万元。其中，充分利用自身优势，保障参与救灾的14颗卫星正常运行；为灾区提供立体三维成像图和每日灾情监测报告；专门抽调长城航空公司一架货运飞机，圆满完成巴基斯坦政府援助物资运输任务；集团公司所属医疗系统，特别是成都航天医院全力投入地震伤员的医疗救治工作。

集团公司圆满完成北京奥运会期间的空中安保、气象监测、电视转播、高科技设备研制等方面的保障服务任务，800余名员工参与奥运会的志愿服务；全面启动千人助学计划，出资1750万元，连续5年每年资助哈尔滨工业大学等7所高校、1000余名家庭经济困难的学生；圆满完成第七届珠海航展和第十届深圳高交会等参展任务。2008年，集团公司获得国务院"定点扶贫先进单位"称号，被国家民政部授予"中华慈善奖"。

【应对金融危机】 针对金融危机造成的国内外经济的新形势和新变化，集团公司积极采取有效措施，全力做好风险防范，确保经济平稳健康发展。密切关注宏观经济形势的变化和金融危机影响的扩大趋势，深入研究、判断市场动态；加大宇航系统等业务的市场开拓力度，对立项前的项目实行动态信息跟踪管理；以市场为导向，加快航天技术应用产业结构调整，提升产业发展能力；按照国家扩大内需的要求，启动一批自主创新和结构调整项目；加强投资管理，做好市场分析和预测，做好风险预警和预控工作，有效控制投资风险；加强资金集中管理，对重点产品和产业化项目保证资金使用；在应对金融危机不利影响的同时，积极关注金融危机带来的机遇。

表 2　　2008 年长征系列运载火箭发射情况

空间飞行器	运载火箭	发射时间	发射地点
天链一号	长征三号丙	4 月 25 日	西昌卫星发射中心
风云三号 01 星	长征四号丙	5 月 27 日	太原卫星发射中心
中星 9 号	长征三号乙	6 月 9 日	西昌卫星发射中心
环境一号 A、B 星	长征二号丙	9 月 6 日	太原卫星发射中心
神舟七号	长征二号己	9 月 25 日	酒泉卫星发射中心
实践六号 03 组卫星	长征四号乙	10 月 25 日	太原卫星发射中心
委内瑞拉通信卫星	长征三号乙	10 月 30 日	西昌卫星发射中心
创新一号 02 星/试验卫星三号	长征二号丁	11 月 5 日	酒泉卫星发射中心
遥感卫星四号	长征二号丁	12 月 1 日	酒泉卫星发射中心
遥感卫星五号	长征四号乙	12 月 15 日	太原卫星发射中心
风云二号 06 星	长征三号甲	12 月 23 日	西昌卫星发射中心

（撰稿人：崔建文）

中国航天科工集团公司

【基本概况】 2008 年，面对复杂多变的外部环境和异常繁重的工作任务，中国航天科工集团公司（以下简称“集团公司”）全面落实中央各项决策部署，积极应对形势变化，狠抓发展第一要务，扎实推进改革调整，不断强化科学管理，凝心聚力，顽强拼搏，保持经济较快增长、型号科研生产取得新的突破、科技创新成果显著、经贸及民用产业发展步伐加快、改革调整稳步推进、基础工作和能力建设迈上新台阶、企业管理更加规范、党的建设和队伍建设进一步加强，在科技奥运工程和抗震救灾的关键时刻发挥关键作用，集团公司的央企“顶梁柱”作用更加突出。

【主要指标】 2008 年，集团公司资产总额首次突破 1000 亿元，年末资产总额达 1028 亿元；实现营业收入 610.2 亿元，同比增长 19.7%。实现利润总额 42.3 亿元，同比增长 7%，扣除企业所得税 4.8 亿元后，实现净利润 37.4 亿元，扣除少数股东损益 10.1 亿元后，实现归属于母公司的净利润 27.3 亿元，同比增长 28.4%。净资产收益率 10.54%，成本费用总额占营业收入的比重 93.71%，均优于军工行业平均水平；国有资本保值增值率 111.7%，达到军工行业优秀水平，总资产报酬率 4.62%。亏损单位亏损总额 3.3 亿元，亏损面为 18.7%，比上年同期减少 2 个百分点。

【改革发展】 按照集团公司改革与发展总体方案确定的框架，通过股权划转、兼并重组、压缩管理层级等方式，将所属二级单位由 38 家减少至 28 家；对集团公司所属教育资源也进行整合，达到组织结构与产业结构调整并重目的。清理整顿公司 223 家，完成最后 3 户企业的政策性破产，实现主辅分离、辅业改制的既定目标。通过资源重组，优化结构，缩短投资链条，进一步突出航天防务、信息产业、装备制造三大主业，提高资产质量和运营效率。

在中央企业率先开展以推动“四好”领导班子建设为主要内容的领导干部巡视，对所属单位领导班子特别是主要领导干部的履职、思想作风、廉洁自律情况进行检查；干部人事制度改革不断深入，进一步加大干部交流力度，严格干部考核，加强所属单位经营管理者薪酬管理和调控；通过公开招聘等方式完成所属主要单位总会计师的配备，全国会计领军人才数量在中央企业名列前茅；加快型号“两总”队伍的新老交替，“两总”队伍平均年龄明显降低；制订《建立健全惩防体系 2008—2012 年工作规划》，惩治和有效预防腐败成效显著。

【重大项目】 2008年，集团公司型号科研生产取得重大成果，国防武器装备研发生产量达历史高峰。积极参加载人航天工程建设，为“神七”载人航天飞行成功做出重要贡献。同时，集团公司积极参与科技奥运工程结出硕果，圆满完成包括94个场馆的安保系统、108套安保指挥系统、53个周界临时技防和安保指挥系统等几乎全部的奥运安保系统的设计、开发、研制、建设、部署及技术保驾任务。国际奥委会称集团公司研制的奥运安保系统是“未来奥运会安保系统的标准和典范”。研制的大型赛事电子门票系统首次在奥运会大规模使用，创造世界第一，成功地阻止伪票，及时监控贵重物品行踪，收到良好效果。研制成功奥运珠峰火炬和地面传递火炬，实现奥运火炬首次在世界之巅熊熊燃烧，向全世界集中彰显集团公司的科技实力，受到党中央、国务院的隆重表彰。

【国际合作】 2008年，集团公司积极探索海外发展机遇，落实“走出去”战略目标。通过参加深圳高交会、重庆工业博览会、珠海航展、巴黎工业配件展等展会，搭建商务平台，提升商誉度。集团公司加强与各国使馆商务部门联系，开拓长期合作渠道，搭建合作平台。组织相关单位与科特迪瓦进行合作项目交流，推动国际工程承包业务，充分发挥集团公司在系统集成方面的优势，整合各单位资源，共同把国际工程承包业务做强做大。经过不懈努力，对外贸易取得可喜成绩，2008年实现进出口总额超过11亿美元，保持连续9年持续增长的良好局面。

【重大创新】 2008年，集团公司成为第二批国家创新型企业试点单位，在全国百强科技创新企业排名中创新指数名列第一，共批准重大自主创新项目33个，批准重要自主创新项目与基金项目169项，部分项目已取得可喜的阶段性成果。国防武器装备重大创新成果显著(略)，军民两用或民用技术创新成果突出。

1. 星载降水测量雷达。2008年，完成雷达原理样机各组合研制和集成，实现实时、大动态、超低旁瓣的脉冲压缩；突破低旁瓣相控阵技术、T/R模块技术、星载实时信号处理技术等5项关键技术；完成工程样机整机结构和波导网络组合设计，工程样机相控阵天线全部128套裂缝波导单元与T/R模块的生产调试。该项目的研制成功将填补我国在星载主动式气象遥感仪器领域的技术空白，为后续气象卫星的发展奠定坚实的技术基础。

2. TY-6中高空高速无人机。2008年，成功进行两架次TY-6无人机助推机有控飞行试验和TY-6无人机遥测机飞行试验，在国内大型无人机上首次实现“伞降＋气囊”方式的安全回收，标志着集团公司在中高端无人机研制领域取得突破性进展。

3. 重型平板运输车。2008年，完成75T-900T重型平板运输车系列化产品开发，产品订单突破4亿元，成功开辟韩国、越南、印度等十几国外贸市场，一举占领国内船用平板运输车采购的主导地位。在重型平板运输车基础上，开展液压组合挂车、自行式模块化运输车等平板车延伸产品技术创新，将成为后续产业化发展新的经济增长点。

4. 无人飞艇。2008年，进行两次无人飞艇升空试验，完成放飞与回收、搭载有效载荷连续多天滞空、高分辨率稳定可见光与红外成像、雷达波信号探测等多项试验，基本达到预期目标，验证总体设计技术、工艺加工和载荷设计的科学性与合理性，将为争取高分辨率对地观测重大工程任务奠定基础。

【履行社会责任】 集团公司高度重视履行社会责任，“放飞神剑、收获和平”一直是对社会的庄严承诺，存在的价值就是为国家安全提供先进的防务装备，为社会打造优质的高科技产品，为中华民族精神宝库贡献先进文化。

2008年，集团公司认真履行社会责任，在保障我国国防安全，在自主创新领域，在抗震救灾、科技奥运等关键时刻都发挥“顶梁柱”作用。作为具有战略地位的军工企业，维护国家安全始终是首要责任。被国人誉为“中国导弹的摇篮”的集团公司，始终坚持“国家利益高于一切”的核心价值观，以研制高新技术武器装备、维护国家安全为己任；同时，依托航天防务传统技术优势，进军非传统安全领域，进一步凸显全方位保障人民生命财产安全的社会责任感。

在抗击四川汶川特大地震中，向灾区提供一系列应急救援装备，自主研发的移动通信车、紧急抢险车、野外急救车、医疗救护车、野战炊事车等为抗震救灾发挥积极的作用，集团公司研制的应急通信设备率先恢复灾区通讯，率先在唐家山堰塞湖重灾区架起卫星移动通信基站。集团公司及10余万员工为地震灾区累计捐款捐物总额近4000万元，被授予中华慈善奖。开展对口帮扶青海省湟中、大通两县扶贫9个项目，捐助资金145万元，为历年来投资力度最大的一次。充分发挥科技优势，积极参与中国移动村村通工程建设，在西藏成功建设1个主站及138个远端站，实现雪域高原六个地区的移动通信覆盖，为西藏的改革发展和经济建设起到强有力的带动作用。

坚持以国为重，为国家铸造安全基石；坚持军民融合，为社会创造更多财富；坚持自主创新，为发展注入强大动力；坚持以质取胜，为客户提供满意产品；坚持以人为本，为员工搭建成长平台；坚持诚信守法，为市场营造良好环境；坚持绿色发展，为后代承担应尽义务；坚持扶危济困，为和谐做出积极贡献。集团公司将努力从上述八个方面切实发挥好共和国长子的“顶梁柱”作用，为国分忧解难。

【应对金融危机】 2008年，集团公司牢牢抓住发展第一要务，苦练内功，危中寻机，在金融“寒冬”里不仅收获良好的业绩，而且提高企业核心竞争力。一是深刻分析形势变化，准确把握发展趋势，密切跟踪全球金融危机背景下国家出台的宏观调控政策，用积极的心态，审时度势，沉着应对，在严峻的形势中发现机遇，在新一轮发展中抢占先机，把握主动权。二是紧贴形势任务需求，加快武器装备建设步伐，研制满足军队需求的新型装备。三是充分利用航天高科技优势，推动军民融合发展，在具有自主知识产权和比较优势的信息技术及装备制造领域，积极争取国家政策支持，着力抢抓市场机遇，形成新的经济增长点。四是全面推进创新型企业建设。优化科技创新体系建设，强化产学研结合，构建战略合作联盟，创建多种类、分级别的创新平台。各单位真正成为研发投入、技术创新和创新成果应用的主体，加强核心专业和关键专业的建设。加快创新成果转化与推广。加大创新投入牵引力度，完善规范创新投入回馈机制，根据不同项目和产业发展情况，实现3～5年投入回馈目标；从事民用产品生产的单位，每年用于新产品研发的经费不低于产品销售收入的3%；抓好前期创新投入项目的规范管理，加快创新项目产业化步伐，重点支持能够带动和支撑全集团公司军用、民用、军民两用产业发展的重大项目。五是抓住企业优胜劣汰、兼并重组的有利时机，实施资本运作战略，做强做大主业，增强集团公司的整体实力。六是大力加强规章制度建设和落实。建立统一的规章制度体系，实现制度上下一致、制定程序严格、贯彻执行到位、总部控制有力的目标。七是强化全面风险管理。以《中央企业全面风险管理指引》为指导，建立全面风险管理体系，提高应对风险的能力。建立和完善风险预警机制，认真分析、理清风险防范的风险点或薄弱环节；加强投资全过程管理和后评价工作；认真做好普法工作，强化全员诚信守法意识，全面落实三年法制工作规划，保证规章制度、经济合同和重大决策百分之百法律审核，提高风险防范措施的有效性。八是不断增强财务管理能力。加大应收账款的清理清收力度，严格控制赊销额度和赊销条件，切实维护好资金链。强化资金集中管理，提高资金集中度。大力推进成本管理工程，严格控制管理费用支出，启动质量成本管理工作。九是着力加强审计工作。强化经营责任审计，完善内部控制体系。成立集团公司审计委员会，加强对审计的领导，加大审计信息利用，建立审计报告制度，实行特聘审计师制度，完成特聘审计师队伍组建。强化审计监督。

【园区建设】 航天产业园区建设初现规模。2008年，在建的沈阳浑南园区、河北涿州园区、航天信息园区、湖北孝感园区、湖南长沙园区、贵州产业园区、苏州产业园区、南京江宁园区、南京1865园区等航天产业园区蓬勃发展，为融入地方经济发展搭建平台，成为集团公司与地方政府合作的有力途径，形成新的经济增长点。

（撰稿人：赵　充）

中国航空工业集团公司

【基本概况】 2008年11月8日，中国航空工业第一、第二集团公司重组整合成立中国航空工业集团公司（以下简称“中航工业”）。重组整合后的中航工业，坚持市场经济体制的要求，重新构建母子公司和事业部制的管理体制，突出主业，调整结构，完善管理，提升能力，强化基础，各方面工作有序推进，保持持续发展的良好势头。

组织结构。根据党中央、国务院的有关规定，集团公司设立党组，实行总经理负责制；党组书记由中共中央任免、总经理由国务院任免。集团公司总部设14个职能部门，下设14家子公司、事业部、研究院，所属成员单位200多家。集团公司下属企业拥有“哈飞股份、东安动力、洪都航空、昌河股份、成发科技、贵航股份、东安黑豹、力源液压、航空动力、飞亚达、中航地产、深天马、南方宇航、西飞国际、中航精机、三鑫股份、中航光电、成飞集成”18家A股上市公司，“深圳中航集团股份、中航科工”2家H股上市公司和“中国航空技术”1家红筹股上市公司的绝对控股权。

法人治理结构。根据国务院的批复，集团公司主要从事军用和民用航空器、航空动力、机载系统，以及制导武器、武器装备配套系统与产品等的预先研究、设计、研制、试验、生产、销售、维修、保障及相关服务业务；从事相关领域投资和投资管理、金融服务、国内外贸易、国有资产经营管理等国家授权的业务。集团公司领导制度包括党组职责、总经理职责、副总经理职责、集团公司总部各部门职能等内容。集团公司会议制度包括党组会议、总经理办公会议、专题办公会议等。集团公司还建立完备的监督制度和咨询制度。

【主要指标】 据快报统计，全年实现营业收入1668亿元，同比增长14.2%。按经济规模衡量，已经进入世界500强。实现利润和收益71亿元，同比增长11%。资产总额3276亿元。增加值366.65亿元，同比增长18.6%。

中国航空工业集团公司主要经济指标

经济指标	2008年	比2007年增长(%)
资产总额(亿元)	3290	17.9
总收入(亿元)	1668	14.2
利润和收益(亿元)	71	11.0
增加值(亿元)	366.65	18.6

【改革发展】 按照现代企业制度进行设计，集团总部主要承担战略管控职能，子公司、事业部作为利润中心，建立规范的法人治理结构，依据《公司法》规范运作，成员单位将逐步改造为成本中心；突出专业化整合，改变过去布局散乱的状况，消除“内耗式竞争”，提高综合实力和国际竞争力。

【重大项目】 航空产品。实现新舟600、农五B“两机首飞”。“新舟700”可行性论证全面展开。EC175/直15完成首架机体交付任务，与俄罗斯签订新型重型民用直升机合作框架协议，直8F取证工作全面展开。海鸥300、小鹰500、运15-2000、30座级涡桨多用途通用飞机、运12F快速推进。积极支持ARJ21新支线飞机和大型客机研制。“新舟60”新签正式购机合同12架、意向合同11架，至此确认订单和意向订单累计146架；累计已交付40架，其中国外交付20架，在海外七国近百条航线上安全运营，并成功实现国内首航。“新舟600”签订2架确认订单和10架意向订单。瓦努阿图3架运12完成出口交付。转包生产全年交付额完成6.39亿美元，同比增长35%，其中发动机转包生产交付3.3亿美元。

非航空产品。汽车整机及零部件、摩托车、空调制冷、电子产品、新能源设备和机电产品等稳定发展。汽车产业实现销售收入118亿元，全年销售汽车34.3万辆、发动机56.1万台。新能源装备实现销售收入22.4亿元，同比增长40%，实现整机出口。磁悬浮项目签订2台工程样车合同、13台机车订货框架协议。燃机项目完成GT7000“一机鉴定”；R0110、GT25000、QC185、1MW级燃机项目积极推进；QDR20燃气轮机发电机组交付罗马尼亚。锂电池、球墨铸管、TFT液晶显示器等实现当年投产、当年销售。大型高炉煤气余压透平发电装置(TRT)开发项目通过国家发改委评审。

三产业务。与东航合资成立幸福航空公司，首航前准备工作顺利进行。启动上海南汇物流园区项目，设立福州保税库，并购中航技国际储运有限责任公司，努力打造航空物流平台。一航万科的合肥皖安、合肥江淮、成都海蓉、苏州长风等项目实现土地摘牌。

天虹商场成为我国惟一荣获"全球战略执行明星组织"称号的企业。

【重大创新】 技术创新。黎阳公司技术中心成为国家级企业技术中心，结构性碳纤维复合材料国家工程实验室立项获批，高效数控加工技术等5个国防科技工业技术研究应用中心在集团挂牌。创新基金、创新项目和科技规划工作进展良好，共有59个民机科研、技术基础科研、引进消化吸收再创新项目获得国家批准。科技成果喜获丰收，专利申请数量继续增长，共申报专利1500项，同比增长20%。全年完成固定资产投资45.7亿元，完成竣工验收68项，"十五"项目的验收基本完成。

管理创新。综合平衡计分卡在集团成员单位逐步推开，以6S管理和TPM管理工具为重点，精益管理和六西格玛管理持续深入。开展"质量服务保障年"、"隐患治理年"、"百日安全督查"活动，通过质量安全整顿和综合检查、专项督查，克服有关型号的质量问题等带来的不利影响，保持集团质量安全形势的总体稳定。积极加强财务和审计管理，推进财务管理五大体系建设。积极推进政策性破产和第二批债转股项目，南方公司与红原公司项目完成法律终结。法律工作不断加强，总法律顾问制度、法律风险防范体系和法律工作体系不断完善。落实保密工作责任制，安全保密工作有所加强。

【应对金融危机】 面对金融危机严峻形势，坚决执行党中央、国务院有关决策部署，保持清醒头脑，坚定必胜信心，逐级落实责任，以临战姿态开展工作。狠抓产品质量和服务，坚决完成全年科研生产任务；加强资金管理，防止资金断流；强化成本控制，推进集约经营；加强内控体系建设，防范出现新的风险；引导领导人员在应对困难中深思多谋、奋发有为。通过集团上下的共同努力，保持稳定发展。

【其他工作】 党的建设。开展改革开放30周年纪念活动、"五化万亿，富国强军"大讨论、型号立功和质量服务保障竞赛等系列活动，通过"创先争优"活动不断增强各级党组织和党员的先进性，5家成员单位党委和9位同志分别被国资委授予中央企业先进基层党组织、优秀共产党员和优秀党务工作者称号。集团员工抗震救灾捐款逾亿元、党员交纳"特殊党费"逾两千万元。以国有企业领导人员廉洁自律"七项要求"和"三重一大"制度宣贯、效能监察为重点，不断加强反腐倡廉建设。认真做好信访、维稳工作和"送温暖、献爱心"活动，维护集团的和谐稳定。

企业文化。重塑集团宗旨理念体系，召开集团文化推进会，开展重点型号立功、质量服务保障竞赛等系列活动。积极参加奥运驾驶员志愿者活动，支持奥运圣火珠峰传递，提升集团良好的社会形象。集团公司先后获得"全国企业文化建设优秀单位奖"、"改革开放30年企业文化杰出品牌组织奖"等系列奖项。

人才队伍建设。积极稳妥地推进人力资源战略性重组，优化人才结构和人力资源配置，完成总部部门和直属单位的组建工作，子公司、事业部建立董事会、监事会。加强领导班子和高管队伍建设，对各单位党委书记实行年薪制改革，全年共调整44家成员单位的主要领导，交流干部42人次，提拔进入领导班子65人，其中提拔13名1970年以后出生的干部进入领导班子。建立集团与两院院士之间的长效咨询与合作机制。分层分类开展各种培训，中航大学成为各层次管理和科技人才培训提高的重要平台。

（撰稿人：翟林炜）

中国船舶工业集团公司

【基本概况】 2008年，中国船舶工业集团公司（以下简称"中船集团公司"）深入贯彻党的十七大和中央工作会议精神，认真落实集团第六次工作会议提出的"创新做强"战略，按照年度经营生产计划要求，努力扎实推进经营生产工作，经济运行继续呈现良好发展态势，重要项目建设取得重大进展，造船产量继续扩大，增长速度继续保持在高位，各项工作都取得较好成绩。

【主要指标】 2008年，中船集团公司生产经营继续保持稳定增长态势，造船产量继续扩大，全年造船完工150艘、854万载重吨,艘数和吨位分别同比增加3.4%和30.4%,完成工业总产值783.5亿元,同比增长43.6%;收入规模不断扩大,利润总额仍处于较高水平。截至2008年12月31日,集团公司资产总额为1530.56亿元,同比增长13.77%,累计实现营业收入762.88亿元,同比增加19.65亿元,在金融危机的影响下利润水平稳定在高位,累计实现利润总额101.30亿元。

中国船舶工业集团公司主要经济指标

项　　目	2007年	2008年	同比增长(%)
资产总额(亿元)	1345.31	1530.56	13.77
净资产(亿元)	341.25	420.03	23.09
营业收入(亿元)	637.60	762.88	19.65
利润总额(亿元)	142.34	101.30	−28.83
技术开发投入(亿元)	25.90	29.50	13.90
利税总额(亿元)	195.70	145.10	−25.85
全员劳动生产率(万元/人·年)	113.30	167.50	47.84
净资产收益率(%)	46.98	20.21	−26.77
总资产报酬率(%)	12.66	7.74	−4.92
国有资产保值增值率(%)	172.34	125.58	−46.76

【改革发展】 2008年中船集团公司为进一步履行核心民品主业整合重组上市时做出的"避免同业竞争"的承诺,通过上市公司"中国船舶"全资子公司上海外高桥造船有限公司协议收购的方式将长兴1号线资产——上海江南长兴造船有限公司65%股权成功注入中国船舶,进一步实现上市公司的做大做强;在2007年推进改制工作的基础上,相继完成国营西江造船厂和江西航海仪器厂公司制改造;启动并基本完成安庆船用柴油机厂和中船勘察设计研究院的改制工作。融资方面,2008年中船集团公司成功发行96亿元中期票据,中船集团公司所属上市公司"中国船舶"成功发行37亿元分立交易式可转债;广船国际股份有限公司利用配股募集资金受让中船集团公司所持的文船公司100%的股权,实现集团公司中小船资源的整合。主辅分离方面,经国资委审核批准,完成9个主体企业27个主辅分离辅业改制项目国有权益核减,总共核减国有权益5571.53万元,涉及二类资产审计账面净值5131.18万元,净资产评估值9993.48万元,富余人员1859名,支付和预留各种费用8324.99万元。

【重大项目】 2008年以来,在原国防科工委体制变化为国家国防科工局的过程中,原来军工投资规划与投资科目发生重大变化的情况下,中船集团公司上下共同努力,在国防军工保障条件申请方面也取得一定突破。

中船集团公司2008年在建项目总投资约300亿元,投资超过3000万元的项目70项。重大工程主要建设节点顺利完成,长兴一期工程胜利竣工,龙穴造船基地生产线全线贯通,临港一期工程已正式连续投入生产运行,全年交付柴油机超过100万马力。启动华南柴油机基地项目,根据市场需要,就中船集团公司低速机、中速机、辅机等三大主要配套产品生产能力的提升进行补充建设,配套业务生产能力得到较大提升。

【走向海外】 中船集团公司历来十分重视国际合作工作。中船集团公司成立以来,按照"立足国内,面向世界"的发展方针,推行外向型发展战略,统筹"两个市场、两种资源",推动集团公司在更大范围、更广领域、更高层次上参与国际合作和竞争，大力拓展发展空间，全面提高对外开放水平，不断增强引进消化吸收和再创新能力，集团公司国际竞争力显著增强。

【重大创新】 2008年，中船集团公司科技工作紧紧围绕增强技术储备、满足生产经营需要、提高抗风险能力为中心，认真贯彻落实中船集团公司第六次工作会议提出的“创新做强”目标，实施“精品船型战略”，不断加大科技投入和未来市场开发的力度，积极开展新船型研发和优化设计。2008年中船集团公司新产品产值占总产值的比重达到68%，船舶产品结构不断优化，技术含量稳步提升，在细分船型市场的竞争力进一步增强。形成3.3万吨～17.7万吨系列散货船、1700～10000箱系列集装箱船、5万吨级成品油船、31.6万吨油船等产品，推向市场后取得批量订单，成为集团公司接单的主力船型，有力支撑了集团公司生产经营工作。高技术船，如大型LNG船、半潜式平台、汽车滚装客船等产品的开发取得突破，重点船舶配套设备技术水平显著提高。

【履行社会责任】 中船集团公司在自身发展的同时，还积极自觉地履行社会责任，关注民生，回馈社会。中船集团公司旗下的江南重工股份有限公司承建国家体育馆“鸟巢”近三分之一的钢结构工程，并一举通过检查，赢得广泛的赞誉。

“5·12”汶川地震之后，中船集团公司于5月16日发出《进一步做好抗震救灾工作的通知》，要求各地区公司、各企事业单位以高度的政治责任感，站在抗震救灾第一线，及时了解、掌握救灾工作进展情况，组织干部职工支援抗震救灾。中船集团公司累计向灾区捐款2000多万元，并向灾区捐助价值超过200万元的设备。

【应对金融危机】 2008年下半年以来国际经济形势出现新的变化，次贷危机引发的金融危机波及航运和造船市场，人民币汇率波动、劳动力成本上升等因素，均对中船集团公司经营生产及经济效益产生不同程度影响。中船集团公司增强风险意识，积极应对金融风险，引导企业做好“过冬准备”，组织企业和集团下属研究机构加强对世界造船市场动态的跟踪研究，同时对手持订单履约状况、生产状况和经济效益状况进行仔细分析测算，积极研究、制订、落实风险应对措施。在生产管理上着力提高生产效率和产品质量，保证造船周期，为稳定经营创造有利条件。在应对汇率风险上除积极利用各种外汇保值手段及结汇措施外，同时加强成本费用控制，推进成本工程。通过多项措施，在市场明显减弱情况下，全年利润仍然稳定地保持在高位。

（撰稿人：王　尚）

中国船舶重工集团公司

【基本概况】 中国船舶重工集团公司（以下简称“中船重工”）是我国最大的造修船集团，总资产2221亿元，员工14.5万人，拥有工业企业44个、科研院所28个、其他事业单位5个、地区派出机构5个、专业公司21个，2008年发起设立中国船舶重工股份有限公司。

2008年是中船重工实施“新三步走、翻四番”战略（第一步，2010年前主要经济指标在2000年的基础上翻三番；第二步，“十二五”进入世界500强；第三步，2020年前主要经济指标翻四番）的第一年，也是面临形势复杂多变、船舶市场急转直下的一年。中船重工以科学发展观为统领，沉着应对，开拓创新，奋力拼搏，锐意进取，努力克服各种困难和不利影响，各项工作取得新的成绩，保持总量持续扩大、效益同步提升的良好发展态势，实现持续平稳快速发展。2008年，中船重工经济总量和营业收入双超1000亿元，实现年利润60多亿元，在中央企业业绩考核中连续保持A级。

【主要指标】

中国船舶重工集团公司主要经济指标

项　　目	2007年	2008年	同比增长(%)
资产总额(亿元)	1610	2221	38
净资产(亿元)	321	405.8	26.4
营业收入(亿元)	821.05	1034.82	26
利润总额(亿元)	51.51	62.34	21
利税总额(亿元)	74.34	94.54	27.2
全员劳动生产率(万元/人·年)	11.6	12.87	10.95
净资产收益率(%)	15	13.93	
总资产报酬率(%)	4.12	3.93	
国有资本保值增值率(%)	116.81	112.11	
承接合同(亿元)	1410	1482	5.1

2008年,中船重工克服了原材料、能源、设备等价格大幅波动、人民币升值、世界金融危机、船市严重下滑等不利因素,经济运行继续保持持续平稳快速发展势头。主要特点有:

第一,主要经济指标快速增长。2008年完成经济总量1145亿元。经济总量、增加值、营业收入等指标增幅均超过25%,经济运行质量进一步提高。民船及配套、民品非船产业实现较快发展,增幅比上年分别提高1.8和2.3个百分点。

第二,承接合同金额再创新高。面对市场的急剧变化,中船重工开拓经营,全年新承接合同1482亿元,同比增长5%。尤其是较好地抓住前几个月船舶市场仍在高位运行的有利时机,实行积极稳健的经营策略,抓紧承接新船订单,全年新接船舶订单1149万吨,大型化、批量化、系列化进一步显现,单船吨位由上年的9.5万吨提高到10.5万吨。新开发的30万吨矿砂船、9.3万吨散货船、9000吨化学品船等实现批量接单。已累计承接VLCC52艘,4250箱集装箱船49艘,18万吨散货船54艘。具有自主知识产权的2兆瓦和850千瓦风电机组等一批新装备研制成功,并实现批量接单。截至2008年底,中船重工手持合同总金额2003亿元,同比增长10.4%;手持船舶订单3359万吨,同比增长28%,为持续发展打下较好基础。

第三,民船发展进一步提速。深入推进建立现代造船模式,实施精益生产,生产不断提速,一些主要船型建造周期基本达到日、韩先进水平。全年造船开工759万吨,完工421万吨,比合同期提前交付的船舶占全年交付总艘数的68%。全年柴油机完工1154台/266万千瓦,功率同比增长44.6%,大型船用低速机曲轴完工37根,整体制造水平大幅提升。

第四,非船产业持续增长。非船产业在中船重工经济总量中的比重达到38%,产业结构持续优化。钢结构、铁路车辆、采煤装备、水电装备、齿轮箱、烟草机械、医疗器械、自动化物流等传统优势产品持续发展,品牌影响进一步扩大。圆满完成奥运、"神七"等重大配套装备研制和保障任务。

第五,经济效益进一步好转。2008年,中船重工积极应对国际金融危机和原材料、能源、设备等价格上涨以及人民币升值等不利因素,实现利润创历史最好水平,利润总额达到62.34亿元,比上年增长20.63%。主要原因,一是由于总量扩大、生产发展,靠增产来增盈。二是加强成本管理和生产管理,提高生产效率,节能降耗,降低成本。三是通过改革调整,优化产业结构、资产结构,提高资源利用效率。

【改革发展】　2008年,中船重工集中旗下优质的船舶配套企业及相关研究所科技产业,发起设立中国船舶重工股份有限公司,并积极推进上市发行工作。稳步推进北京乐普医疗器械有限公司等三户企业股改上市工作。开展成员单位子公司清理工作，清理80余家参(控)股公司，理顺产权关系，缩短管理链条，减少投资风险。

按照“四好”班子建设要求，加大领导班子考核调整力度，领导班子结构持续优化，活力不断增强，应对风险、驾驭复杂局面的能力进一步提高。以领军型、创新型人才为重点，加强高层次专业技术人才队伍建设和高精尖专业技能人才培养，大批拔尖人才走上关键岗位，部分单位和个人获得全国技能人才培养突出贡献奖、全国技术能手等荣誉称号。深化劳动、用工和分配制度改革，进一步优化人力资源结构，完善劳动工资管理，强化激励约束机制，有效调动和发挥各类人才的积极性、主动性和创造性。

【重大项目】 2008年中船重工重点项目建设取得新进展。大连船舶重工集团有限公司海洋工程基地基本建成，具备年产4座自升式钻井平台的能力；渤海船舶重工有限责任公司第二大坞主体进入全面施工阶段；山海关船舶重工有限责任公司造船大坞基本建成，修船项目开工建设；天津临港造修船基地建设全面启动；青岛海西湾船舶产业集群建设进展加速，北船重工造修船基地全面建成投产，青岛武船海工基地全面施工，低速柴油机等一批船舶配套项目基本达产。大连船用柴油机有限公司等五大柴油机生产基地和武汉船用机械有限责任公司、武汉重工铸锻有限责任公司等重点配套扩能项目部分设备及厂房投入使用。

2008年中船重工不断加强与有关省市政府沟通协商，争取在土地、资金、税收、市政配套等方面的支持。分别与辽宁、重庆、河北签署全面战略合作协议，与辽宁共同建设以大连、葫芦岛为主的船舶制造业集聚区，与河北共同建设秦皇岛造修船基地和邯郸高新技术产业基地，与重庆共同建设风电装备、中小特种船舶、齿轮箱及动力配套、铁路货车及铸锻件等五个产业基地。

中船重工旗下4家企业分别与美国、英国、丹麦相关企业合资成立海洋工程公司、机场物流系统公司、风电控制设备公司、保定风帆光伏有限公司，高起点拓展合资合作发展空间。

【重大创新】 2008年，中船重工在推进创新型集团建设、加快新产品开发和知识产权推进工作等方面取得明显成绩。

启动实施科技创新推进工程，加快在科技创新体系建设、机制建设、重大关键技术、新产品开发、科技产业化等方面实现新的突破。中船重工正式列入国家第二批创新型试点企业。信息化建设取得较大进展，在中央企业信息化水平评价中，中船重工位列军工集团前茅。

加快新产品开发和主流船型优化。深水半潜式钻井平台、自主品牌中速柴油机、深海空间站关键技术研究等一批重大科研项目获准立项。完成13000箱集装箱船、20.5万吨好望角型散货船、11.7万吨成品油船等开发和优化设计，部分船型完成报价设计。小水线面双体船首次自主集成兆瓦级综合全电力推进系统。6S35ME—B智能型主机等一批配套设备研制成功。

知识产权工作成效明显，一批科技成果获奖。在知识产权推进工程取得成效的基础上，将工作重点转为知识产权战略的研究制定和专利技术的实施转化，申请专利960项，其中发明专利480项，专利授权370项。4个项目获得国家科技进步奖，其中一等奖1项、二等奖3项；94个项目获得国防科技成果奖，其中特等奖1项、一等奖7项。

【履行社会责任】 中船重工始终坚持以科学发展观为指导，牢记使命、强化责任、统筹兼顾、积极实践，发挥中央企业履行社会责任的表率作用。

坚持依法经营，诚实守信。中船重工始终模范遵守法律法规和社会公德、商业道德以及行业规则，及时足额纳税，保护知识产权，忠实履行合同，恪守商业信用，反对不正当竞争，杜绝商业活动中的腐败行为。

以“精品战略”提升品牌价值。中船重工把打造精品的经营理念贯穿到产品设计、生产、售后的各个环节。设计上，融入人文理念，统筹产品的技术先进性与使用方便性，从源头上提升产品价值。生产上，不断适应客户需求，积极改善产品性能，同时严把产品质量关，保证产品安全性，提供优质的产品，以质量创品牌。售后服务上，不断完善服务体系，最大限度地满足客户售后需求，保护客户权益，妥善处理客户和船东提出的投诉和建议，取得社会的信赖与认同，用服务推品牌。

中船重工发挥自身装备制造优势，积极参与奥运建设。九环地球、记忆塔、五州乐台、主升降台、地面活动盖板、画轴传动装置、移动雷达探测系统等高新科技产品、设备设施为科技奥运、绿色奥运贡献力量。

参与社会公益事业。在发生重大自然灾害和突发事件的情况下，积极提供财力、物力和人力等方面的支持和援助。汶川地震发生后，积极向灾区捐款捐物，共计6400余万元。积极开展对口扶贫，2008年出资200余万元兴建勐腊县纳卡希望小学，优先扶持教育事业，被评为中央国家机关等单位定点扶贫先进单位。

（撰稿人：朱雪松）

中国兵器工业集团公司

【基本概况】 中国兵器工业集团公司（以下简称"集团公司"）是中央直接管理的特大型国有重要骨干企业，是我国国防现代化建设的战略性基础产业。2008年，集团公司坚持以科学发展观为统领，认真贯彻中央关于加强和改善宏观调控的一系列决策部署，紧紧围绕建设高科技国际化兵器事业，着眼于提升自主创新能力、提高发展质量、履行社会责任，奋力化解各种不利因素的影响和挑战，全面完成年度各项工作任务，连续第5年获A级中央企业。

【主要指标】 2008年，集团公司实现主营业务收入1450亿元，同比增长10.8％。其中，工业企业实现销售收入732.3亿元，同比增长6.3％；流通企业实现销售收入659.9亿元，同比增长19.1％。全系统完成工业增加值148亿元，同比增长13.9％。

2008年，集团公司实现利润45亿元，同比增长15.4％。其中，工业企业实现利润20.6亿元；流通企业实现利润19.6亿元；科研事业单位实现结余7.2亿元。

截至2008年底，集团公司资产总额达到1790.4亿元，同比增长17.3％；净资产629.9亿元，同比增长11.0％；国有资产保值增值率达到105.58％；全员劳动生产率达到7.0万元，同比增长14.8％；净资产收益率达到6.1％，同比提高0.5个百分点；总资产报酬率达到3.7％，同比增长0.2个百分点。

中国兵器工业集团公司主要经济指标

项　　目	2007年	2008年	同比增长(％)
资产总额(亿元)	1526.7	1790.4	17.3
净资产(亿元)	567.5	629.9	11.0
主营业务收入(亿元)	1309.1	1450.0	10.8
利润总额(亿元)	39.0	45.0	15.4
自筹技术开发费(亿元)	25.2	28.5	12.9
全员劳动生产率(万元/人·年)	6.1	7.0	14.8
净资产收益率(％)	5.6	6.1	
总资产报酬率(％)	3.5	3.7	
国有资产保值增值率(％)	105.6	105.58	

【改革发展】 领导班子和队伍建设不断加强。规范公司治理结构试点工作稳步推进，试点企业运行平稳。董事监事队伍专职化建设积极推进，市场化公开选聘高管人员力度不断加大，科技人才职业发展通道进一步完善。

历时四年的政策性破产关闭工作全面完成，主辅分离以及债转股工作也已基本结束。通过政策性破产关闭和主辅分离辅业改制，累计分流安置职工18

万人，消化处理债务230多亿元，为集团公司加快结构调整、推动产业升级创造了良好条件。

北方重工铁路产品与晋西车轴顺利完成重组，为集团公司打造成为我国重要的重型装备制造基地迈出坚实的一步，也为打造全球最大的火车轴产业基地打下良好基础，对推进集团公司资源整合起到积极的示范作用。

【重大项目】 2008年，集团公司重大民品项目建设取得一批新成果。一是在重点民品产业化能力建设方面，45万吨乙烯扩建项目和500万吨油化工程完成主要设备安装；3.6万吨垂直挤压机项目攻克一系列技术难关，进入调试阶段；重型汽车形成4.5万辆整车、3.5万套车桥的能力；特种化工形成10万吨TDI、7万吨TDA、18万吨DNT、6万吨氯碱的产业板块；光伏电池形成60MW的生产能力。二是在重点民品科技创新能力建设方面，金刚石国家技术中心和特种钢集团公司技术开发中心完成认定，新型重车驾驶室等一批民品科技项目完成开发，40余项民品获得国家专利。

2008年，在资本市场低迷的不利情况下，硝化棉公司按计划顺利实现上市，实现融资3.44亿元；北方创业再融资方案成功实施，实现再融资3.13亿元。

【走向海外】 2008年，集团公司战略资源开发在控股经营海外资源方面取得突破。伊拉克艾哈代布油田历经12年的努力，与伊方正式签订开发服务合同，成为伊拉克战后第一个对外石油合作项目，为国家获得了4.3亿吨的海外石油地质储备。哈萨克斯坦KUAT公司股权收购合同正式签署，控股经营海外油田又迈出重要一步。振华石油实现向北沥公司的原油供应，集团公司成为国内第三家为自有炼化企业提供原油的中央企业。战略资源全年实现销售收入191.3亿元、同比增长59%。

【履行社会责任】 质量安全工作得到进一步加强。质量管理以强化责任追究、促进质量保证体系有效运转为重点，对重大质量问题加大责任追究力度。安全管理以安全检查、隐患排查为抓手，强化危险点分级巡回检查，建立三级危险点数据库，对安全隐患排查整治实行闭环管理，促进安全形势的进一步稳定。

坚持把节能减排、保护环境作为履行社会责任的重要内容并积极实践。2008年，集团公司万元工业增加值综合能耗同比下降7.9%，化学需氧量排放同比下降10.6%，二氧化硫排放同比下降9.2%，均好于全国平均水平。

坚持奉献社会、回报社会，主动发挥高科技战略性团队作用，积极参与四川汶川特大地震灾害抗震救灾工作，紧急生产调运红外热像仪、无人机、生命探测仪、重型汽车等一批高科技物资和救援设备，累计捐款捐物达6096万元，缴纳“特殊党费”1308万元，为抗震救灾取得胜利做出应有的贡献。

【应对金融危机】 2008年，集团公司认真贯彻落实中央的各项部署，积极应对国际国内经济环境变化，从自身实际出发采取一系列应对措施，总体经营形势保持平稳，为国家“保增长、保民生、保稳定”做出应有贡献。集团公司培育的30个重点民品累计实现销售收入303.7亿元，同比增长21.5%，占民品销售收入的55.5%；实现出口交货值41.5亿元，同比增长50.6%，占销售收入的13.7%。重车突破2.5万辆，同比增长67%，增速位居重车行业第一；尿素、铁路车辆销售收入分别突破20亿元；矿用车、改装车、汽车零部件、塑料管材、特种钢、铜材、聚烯烃、TDI、沥青、丝束与醋片等产品销售收入分别超过10亿元。

中国兵器装备集团公司

【基本概况】 中国兵器装备集团公司(以下简称“集团公司”)是中央直接管理的国有重要骨干企业，是国防科技工业的核心力量，是我国最具活力的军民结合特大型军工集团之一。2008年，集团公司认真贯彻落实党的十七大精神，切实践行科学发展观，始终坚持“124”指导方针，克服低温雨雪冰冻和汶川特大地震、全球性金融危机、价格剧烈波动等带来的不利影响，经济效益与经济规模同步增长，产业结构与投资结构持续优化，综合实力与日俱增，全面完成国资委预算目标，主要指标再创历史新高。国有资产保值增值率达到110.48%，连续两年被评为中央企业业绩考核A级单位；列中国企业500强第29位、制造业500强第八位，国防科技工业第一位。

【主要指标】 2008年，集团公司累计实现营业收入1506.4亿元，同比增长7.99%，实现主营业务收入1477.3亿元，同比增长8.8%；累计实现利润总额47.5亿元，同比增长13.1%，其中工业企业实现利润总额35.2亿元，同比增长6%；完成工业增加值198.7亿元，同比增长18%；上缴国家税金93.9亿元，同比增长7%。汽车销售86.17万辆，同比增长1.4%，销量继续保持全国第四。摩托车销售591万辆，销量继续保持全国第一。输变电继续保持行业龙头地位，变压器销量达10561万千伏安，其中220千伏以上高端产品市场占有率超过20%。光学玻璃产销继续保持全球第一，大规格石油钻具国内市场份额超过80%，无磁钻铤国内惟一、世界领先，维生素B_1全球市场份额超过50%。

中国兵器装备集团公司主要经济指标

项　　目	2007年	2008年	同比增长(%)
资产总额(亿元)	1338.30	1451.70	8.47
净资产(亿元)	440.3	465.5	5.72
营业收入(亿元)	1394.90	1506.40	7.99
利润总额(亿元)	42.0	47.5	13.10
利税总额(亿元)	130.0	141.4	8.77
净资产收益率(%)	9.6	9.58	－0.02
总资产报酬率(%)	4.34	4.86	0.52
国有资产保值增值率(%)	106.45	110.48	4.03

【改革发展】 改革脱困取得突破性进展。3户企业实现破产法律终结，截至2008年底，累计实现34户企业政策性破产法律终结。5户破产重组企业实现整体退出，战略性退出迈出实质性步伐；11个辅业改制和办社会职能项目顺利分离移交。

退城进郊取得重大成果。继胜利完成三线搬迁之后，又积极推进长安、建设、光明等企业退城进郊，新厂区陆续建成投产；成都汽车零部件工业园开始规划实施。企业生产技术条件发生根本性改变，发展环境得到大幅改善。

资本运营取得积极进展。南方汽车上市方案获国家证监会批复和香港证监会上市申请受理。云南西仪成功上市，开创军品资产国内整体上市先河。成功完成天威集团重组后续工作和济南轻骑股权分置改革。

公司治理结构进一步完善。推行董事会区域化、专业化管理，扩大董事会决策权，增加独立董事；加强片区监事会建设，监事会履职能力明显增强；坚持总会计师委派制并加大交流力度，强化财务监管，初步构建起具有集团特色的国有资产监管体系。

【重大项目】 2008年累计下达固定资产投资计划93.5亿元，投资额度创历史最高水平，投资结构持续优化，其中军工能力建设项目占8.1%，汽车及零部件项目占31.3%，输变电及新能源项目占29.9%。长安CB系列发动机、天威新津多晶硅项目等27个民品项目相继开工建设。一期投资30亿元的保定中国·电谷风电产业园建设投产，自主研发的1.5兆瓦风机成功下线并联网发电试运行；总投资58亿元的成都双流光伏产业园一期工程陆续投产，逐步形成从多晶硅到太阳能组件的完整产业链。

【走向海外】 产品出口快速增长。呈现汽车、摩托车、军品、新能源及输变电设备、光电产品、医药产品、石油机具等产品全面发展的态势。全年完成汽车出口3.7万辆，摩托车出口116万辆，工业企业累计完成出口交货值77亿元。“走出去”战略迈出坚实步伐。截至2008年，拥有境外直接投资企业9家，其中，摩托车生产制造公司5家，摩托车、汽车批发零售公司2家，汽车研究设计公司2家。

【重大创新】 创新型集团建设稳步推进。新增五家国防科技工业技术中心、两家技术研究应用中心以及两家省级技术中心。截至2008年，集团公司已拥有6家国家级技术中心、37家省部级技术中心。全年科技投入比达3.6%，新产品贡献率超过50%，专利授权数及拥有数分列央企第二、三位。自主研制生产的混合动力轿车成功服务奥运，长安志翔入选载人航天飞船工作用车，长安之星Ⅱ代换型等新品顺利投产。研制成功国内首台1000KV特高压交流变压器；研制完成岭奥二期1000MW发电机配套用、国内单台容量最大的400MVA/500KV发电机变压器。

精益管理扎实开展。截至2008年，集团公司已有36家企业着手推进精益生产方式；南方汽车所属7家试点企业全年降成本4000多万元，生产效率和存货周转率大幅提高。继续推进“精品工程”，主要民品质量稳定可靠。强化安全生产管理，全年轻伤事故同比下降61%，21家工业企业实现零事故。节能减排成效明显，全年万元工业总产值综合能耗同比下降5.06%。15项管理创新成果获得军工行业奖励，列十大军工集团第二位；长安汽车的“以开发流程为核心的汽车自主研发管理体系建设”成果获得国家级管理创新成果一等奖。

风险控制能力不断强化。加大年报审计力度，深化任期经济责任制审计，狠抓建设项目过程审计，注重对热点、难点问题的专项审计，促进企业不断规范经营管理。组建全面风险管理委员会，风险预警和控制机制不断完善，严格控制投资风险、运营风险和债务风险。

【党建人才工作】 党的建设进一步加强。加强思想建设，集团公司党组把加强理论学习摆到更加突出的位置，带领广大干部职工深入学习党的十七大精神，不断提高贯彻落实科学发展观的自觉性和坚定性。加强组织建设。深入开展“创先争优”活动，充分发挥党组织的政治核心作用和共产党员的先锋模范作用。5087厂、295厂党委荣获中央企业先进基层党组织称号。加强反腐倡廉建设。认真学习贯彻中纪委二次全会精神，制定《关于贯彻落实〈工作规划〉的实施办法》，层层签订《党风廉政建设责任书》，加强效能监察，加大案件查处力度，推进廉洁文化建设，筑牢惩治预防腐败体系。

“四好”班子建设成效显著。组织开展第二轮“四好”班子考核和评优活动。与2004年相比，班子成员平均年龄下降近两岁，大学本科以上比例提高15个百分点，优秀度提高6个百分点，称职度提高11个百分点，整体素质显著提升。

人才工程扎实推进。制定实施接班人培养计划、院士培养推进计划及首席科技专家与技能大师制度，构建起完整的领军人才培养制度体系，高素质人才队伍不断发展壮大。首批49人通过高级职业经理人认证；选派11名后备干部赴长安集团和浙江民企挂职锻炼；评聘10名科技带头人、5名技能带头人；1人荣获第九届中华技能大奖，13人荣获全国技术能手称号。大规模分层分类培训教育扎实推进，全年组织各类培训班20余个，培训人员839名。三项制度改革不断深化，劳动用工管理更加规范，初步建立起具有行业竞争力的薪酬体系。

【履行社会责任】 建立帮贫扶困长效机制，及时解决职工群众生产生活困难；千方百计改善职工生活条件，全年员工人均收入2.95万元，同比增长13%。扎实开展扶贫工作，集团公司总部累计向对口帮扶的云南省泸西县投入417万元，向中国人口基金会“幸福工程”捐赠总价值超过百万元的汽车和摩托车。全行业抗震救灾交纳“特殊党费”近300万元，向地震灾区捐款2050万元。圆满完成奥运会志愿者服务任务，受到北京奥组委、团中央、国资委表彰。

【应对金融危机】 2008年下半年以来，集团公司调动一切积极因素，采取一切有效措施，通过结构调整促增长，改革创新促增长，集中资源促增长，狠抓市场促增长，加强管理促增长，有效化解金融危机带来的不利影响。制定下发《关于成员单位如何平安度过“经济寒冬”的建议意见》，实施适度从紧的财务政策；制定印发《开拓市场二十二招》，强力开拓国内外市场；创新汽车金融运作方式，努力扩大汽车销量，支持汽车产业发展；向成员单位提供优惠封闭贷款，设置辅业改制和网点建设专项资金。通过强化资金集中管理，将30户三级子公司纳入管理体系，全年节约财务费用3.15亿元；大力开展降本增效活动，全年降低成本17亿元。充分利用社会资源，努力开辟充足、稳定、低成本的资金来源，成功发行40亿元7年期无担保企业债券，国家开发银行承诺提供10年期43.5亿元贷款，中国进出口银行提供200亿元授信额度，央行批复108亿元短期融资额度，为应对挑战提供充足资源保障。

（撰稿人：明栋才）

中国电子科技集团公司

中国电子科技集团公司（以下简称“中国电科”）于2002年3月1日正式对外挂牌成立。

中国电科是以原电子部的科研院所和高科技企业为基础组建而成的。现有职工7.6万人，其中专业技术人员占职工总数53%。中国电科承担的主要任务是：主要负责我国军工电子体系策划、系统集成、设备研制、关键元器件的研发和生产；同时，发展公共安全电子、能源电子、交通电子等主导产业板块。

在党中央、国务院和中央军委的正确领导下，中国电科在出色完成军工电子科研生产任务的同时，经营规模不断扩大，经济效益显著提高。到2008年底，中国电科总收入实现在2002年基础上翻两番的目标，年均增长28.8%。资产保值增值率118%，实现中国电科的“第一次腾飞”。连续4年被国资委考核评定为A级，第一个任期被国资委评定为A级并颁发经营业绩优秀企业奖。作为中央直接管理的企业，中国电科自2002年成立起，就把自己定位成军工电子国家队和国民经济信息化建设的主力军。

凭借独特的军工电子技术优势，中国电科积极参与并解决国民经济发展中的许多重大技术难题，为国家信息化建设提供大量的装备、系统和服务。中国电科面向国内外两个市场，承担许多大型综合信息系统工程，服务于金融、税务、能源、交通、安全等重要行业，在电子政务、公共安全、智能交通、卫星应用、集成电路核心装备等领域，研制并提供一大批达到国际先进水平和自主知识产权的重大装备和关键元器件。

中国电科大力发展对外贸易，业务范围已达南亚、东南亚、中东、非洲、欧洲、南美洲等地区，形成军民并进的态势。同时，相继与几十个国家的政府部门和知名企业建立广泛合作关系，并代表国家参加多个国际组织，开展与欧共体在伽利略导航卫星项目上的合作，在国际市场上树立起中国电科良好的品牌和形象。

中国电科坚持自主创新，建立专业门类比较齐全的技术创新体系，取得一批达到或接近国际水平的重大科技成果。在一些关键技术领域，始终保持着国内领先、国际先进的地位。已建成14个国防科技重点实验室、4个研究应用中心、8个研发中心，基本形成全方位、多层次科技创新平台，建立完善的质量保证体系，科研、生产、服务能力大大增强。

为了贯彻好科学发展观，在我军由机械化向机械化与信息化复合发展和我国由工业化向工业化与信息化融合转型升级中发挥好国家队和主力军作用，并应对好当前国际金融危机，特别是应对危机过后的更高层次、更高水平和更为激烈的国际竞争，中国电科制定实施《推进转型升级，实现“二次腾飞”发展战略纲要》和《核心竞争力跃升计划》，并提出坚持“国家利益高于一切”的核心价值观，以“打造一流电子产品供应商和信息技术体系集成商”为愿景，以“构建国家经络体系，巩固国家富强基石”为使命，坚持以军为本、以民为主、军民融合、国际化的发展模式和强人才、强科技、强产业、强经济的“四强”发展路径，弘扬“创造、超越、团队、荣誉”中国电科精神，树立“科技引领发展，诚信与责任支撑发展”的经营理念，全力推进中国电科又好又快科学发展。

（撰稿人：陈春梅）

中国石油天然气集团公司

【基本概况】 2008年，中国石油天然气集团公司（以下简称“中国石油”）面对南方低温雨雪冰冻、汶川特大地震等重大自然灾害和国际金融危机蔓延、石油市场剧烈波动等严峻困难和挑战，坚持以科学发展观为统领，明确提出建设综合性国际能源公司的发展目标，继续大力实施资源、市场、国际化战略，及时调整生产部署和经营策略，积极优化油气生产、炼化加工和市场营销，全面完成各项业绩目标，实现持续有效平稳较快发展。全年实现营业收入12730亿元，上缴税费2395亿元，利润总额1348亿元。

1. 勘探与生产。坚持资源战略，全面实施储量增长高峰期工程，立足国内主要含油气盆地和重点勘探区域，继续深化整体研究、整体部署，强化新技术应用，大力推进预探和风险勘探，加快老区精细勘探，在四川盆地、鄂尔多斯盆地、渤海湾盆地、准噶尔盆地和塔里木盆地均取得重要发现和突破。新增探明石油地质储量6.43亿吨，新增探明天然气地质储量4168亿立方米，石油储量接替率1.165。探明石油地质储量连续五年超过5亿吨，探明天然气地质储量连续四年超过3000亿立方米。

油气田开发生产针对老区递减加快、新投入开发储量品质变差的现实，积极转变发展方式，稳步推进老油田二次开发和精细挖潜，整体高效开发新油田，科学组织生产运行，实现原油产量稳定增产，天然气产量快速增长。国内生产原油10825万吨，同比增长0.5%；生产天然气617亿立方米，同比增长13.8%；油气总产量15745万吨，同比增长4.3%。大庆油田原油产量超过4000万吨，实现稳产4000万吨的目标；长庆油田继续保持快速发展势头，油气产量突破2500万吨，同比增长20.8%，为实现5000万吨/年油气当量产量奠定基础。

2. 炼化与销售。炼化业务积极应对市场变化，及时调整生产部署和经营策略，发挥炼化一体化优势，推进资源配置、装置运行和产品结构的整体优化，炼化装置实现安全平稳运行，较好完成生产经营任务。大型炼化基地建设取得重大进展，炼化规模实力大幅度提升。大连石化新建千万吨含硫原油加工配套项目全部建成投产，大幅度提高公司含硫原油加工能力。

主要技术经济指标获得全面改善，炼油加工损失率、乙烯收率、合成氨综合能耗等6项指标达到国内领先水平。全年加工原油1.25亿吨、同比增长2.1%；生产成品油7922万吨，同比增长2.5%；生产乙烯268万吨，同比增长3.6%。根据市场变化情况，发挥品牌和终端网络优势，全年销售成品油8293万吨。

表1　　中国石油天然气集团公司国内生产与销售情况

	2006年	2007年	2008年
原油加工量（万吨）	11586.9	12272.0	12529.5
成品油产量（万吨）	7338.9	7726.0	7921.5
乙烯产量（万吨）	206.8	258.1	267.6
成品油销售量（万吨）	7522.4	8279.5	8293.1

3. 天然气与管道。天然气与管道业务抓住国内天然气需求快速增长和能源结构优化以及公司天然气产量连续保持两位数高速增长的重要机遇，积极拓展天然气利用领域，加大天然气市场开发力度，城市燃气和天然气利用项目有序推进，天然气销售持续快速增长，全年销售天然气525.3亿立方米，同比增长15.9%。充分发挥管道联网优势，做好产运销储各环节综合平衡，在实现向重点城市、公共事业和重点用户安全供气的同时，保障年初南方雨雪冰冻灾区充足供气和北京奥运会期间安全平稳供气。

加快推进油气战略通道和油气骨干管网建设，进一步完善储运设施和调控能力，初步形成连接西南、长庆、塔里木、青海四大气区与主要消费市场的全国性天然气管网。国内一批重要油气管道相继建成或投产，西气东输二线全面开工建设，涩宁兰复线、兰郑长成品油管道等一批重要油气管道建设进展顺利。

4. 工程技术、工程建设和装备制造。按照集约化、专业化、一体化原则，对工程技术、工程建设和装备制造业务实施大规模专业化重组与业务整合，促进技术和管理的优势互补，推动生产要素和资源的优化配置，油气核心业务与工程技术服务等业务整体协作的综合优势更加突出。物探、钻井、测录井及井下作业等工程技术服务的实物工作量均有不同程度的增长，服务质量和作业效率持续提升，为油气勘探开发增储上产提供有力保障。工程建设保证中亚天然气管道、西气东输二线、大型炼化基地等一批重点工程项目顺利实施。装备制造积极应对市场变化，加快产品结构调整和升级，加强技术创新和新产品开发，产品集中度和市场竞争力进一步提升，初步形成宝鸡、渤海、大庆、盘锦等几个大型石油装备制造基地。

5. 国际业务。国际业务取得新的突破，产储量继续保持较快增长。在重点油气合作区的风险勘探获得重大发现，全年新增石油可采储量6550万吨；实现原油作业产量6220万吨、权益产量3050万吨，同比分别增长3.5%和1.9%；天然气作业产量67.3亿立方米、权益产量46.6亿立方米，同比分别增长25.6%和32.7%。土库曼斯坦阿姆河右岸天然气产能建设项目、中亚天然气管道项目开工建设，进展顺利。海外新项目开发取得重大进展，分别与委内瑞拉、尼日尔、卡塔尔、古巴、哥斯达黎加、伊拉克等国家新签署项目合同15个。

国际油气投资、工程技术服务和国际贸易保持整体协调发展。全年实现贸易量1.27亿吨，贸易额782亿美元。国际工程技术服务完成营业额45.87亿美元、增长24.8%。特别是与阿联酋签订32.9亿美元的阿布扎比原油管线合同，这是公司单笔最大的海外工程建设总承包项目。物资装备出口到69个国家和地区，年出口额138亿元。

公司构建了规范、高效的组织架构，实行总经理负责制，实施两级行政、三级业务管理。总部各专业委员会和职能部门负责监督、实施和审核公司有关经济、环境、社会及其他相关政策和战略规划，纪检监察监督、审计财务监督、职工民主监督等共同保证公司的规范运行。

2008年，按照集约化、专业化、一体化整体协调发展的方向，继续积极稳妥地推进专业化重组，完善海外业务和成品油销售管理体制，加强内控体系等管理体系建设，公司治理水平得到进一步提升。

【主要指标】 实现销售收入12730亿元，上缴税费2395亿元，同比分别增长27.2%和22.5%。受上缴特别收益金大幅增加和成品油价格宏观调控等政策性因素影响，公司盈利有所下降，全年利润总额1348亿元，同比下降34.9%。截至2008年底，资产总额达到18044.5亿元，同比增长8.1%。

表2　　中国石油天然气集团公司主要经济指标

项　　目	2006年	2007年	2008年
资产总额(亿元)	14090.0	16696.9	18044.5
销售收入(亿元)	8684.8	10006.8	12730.0
利润总额(亿元)	1866.4	2069.7	1348.0
净利润(亿元)	1298.5	1496.4	916.5

【改革发展】 按照集约化、专业化、一体化原则，对工程技术、工程建设和装备制造业务实施大规模专业化重组与业务整合，促进技术和管理的优势互补，推动生产要素和资源的优化配置，油气核心业务与工程技术服务等业务整体协作的综合优势更加突出。工程技术、工程建设和装备制造等业务的专业化服务保障能力和市场竞争能力得到进一步增强。

【重大项目】

1. 西气东输二线。2008年2月，西气东输二线正式开工建设。工程以宁夏中卫为界，分东西两段进行施工，计划2011年底全线贯通投入运营。其中，霍尔果斯—中卫干线（全长2461千米）及中卫—靖边支干线2009年底建成投产；中卫—广州干线（全长2517千米）及广州—深圳支干线2011年6月底建成投产。

西气东输二线输气管道西起新疆霍尔果斯，与中亚天然气管道相连，途经14个省(区、市)并向南延伸至香港特别行政区，包括1条主干线和8条支干线，干线及支干线总长度8704千米，设计输量300亿立方米/年。

正式投入运营后，将把从中亚地区进口的天然气与新疆地区、陕西靖边生产的天然气一同输往沿线中西部地区和长三角、珠三角等下游市场。按照300亿立方米/年的用气量，每年可替代7680万吨标准煤，减少二氧化碳排放量1.3亿吨、二氧化硫排放量144万吨，在优化国内能源消费结构、缓解天然气供需矛盾、改善和提高沿线居民生活条件和居住环境等方面具有重要意义。

2. 中亚天然气管道。2008年7月，中亚天然气管道全线开工，采用双线并行敷设方式，设置压缩机站10座，计划2009年底单线(全长1794千米)建成通气，2012年底建成300亿立方米/年输气能力。

中亚天然气管道西起土库曼斯坦和乌兹别克斯坦边境格达伊姆，穿越乌兹别克斯坦中部和哈萨克斯坦南部地区，从新疆霍尔果斯进入中国境内与西气东输二线相连，将把来自中亚的天然气输送至中国长三角、珠三角等经济发达地区。

该项目的实施，对加强中国与中亚国家经济领域合作有着巨大的推动作用，在改善国内能源消费结构，拉动内需，带动设备制造、工程建设行业发展及人员就业等方面具有重要意义和作用。

3. 独山子石化千万吨炼油、百万吨乙烯工程。独山子石化千万吨炼油、百万吨乙烯工程主要包括9套炼油装置和12套化工装置，计划2009年全面建成投产。工程全面竣工投产后，独山子石化年炼油能力将由目前的600万吨提高至1000万吨，乙烯生产能力将从22万吨/年增至122万吨/年。

2008年，千万吨炼油项目主体装置具备中交条件，百万吨乙烯项目主体装置基本建成，60万立方米原油储备库开始储油。

4. 大连石化含硫原油技术改造项目。大连石化含硫原油技术改造项目主要包括1000万吨/年常减压蒸馏、600万吨/年煤柴油加氢、220万吨/年连续重整、360万吨/年加氢裂化、200万吨/年渣油加氢和27万吨/年硫磺回收6套装置。

2008年8月，项目全面建成投产，大连石化原油加工能力达到2050万吨/年，含硫原油加工能力达到1600万吨/年，成为国内最大的炼油基地和含硫原油加工基地，能够生产出硫含量50ppm以下的清洁柴油。

【重大创新】

1. 技术创新。2008年，中国石油围绕公司业务发展需要，集中力量开展重大科技项目攻关，加快重点实验室和试验基地建设，强化科研成果集成配套和推广应用，努力突破制约主营业务发展的关键技术瓶颈，进一步提升自主创新能力和核心竞争力。

2008年，中国石油有20个重点实验室和试验基地初步建成并投入运行，在基础理论研究、先导试验和人才培养方面发挥重要作用。

中国石油牵头组织和承担的"大型油气田及煤层气开发"项目全面启动。该项目是《国家中长期科学和技术发展规划纲要(2006～2020年)》确定实施的16个国家重大科技专项之一，也是惟一由企业牵头组织实施的科技重大专项。

同时，在勘探领域，创新丰富岩性、前陆盆地、碳酸盐岩、火山岩油气藏地质理论及勘探配套技术研究。前陆复杂冲断带深部构造油气勘探技术取得突破，塔里木盆地库车凹陷克深2井获得20万立方米以上工业气流。

在油气田开发领域，强碱三元复合驱初步形成配套技术，工业化试验效果明显，预计提高采收率19%以上，弱碱表面活性剂驱油技术体系中试成功，将有力支撑大庆油田持续稳产。特低渗透油气田低成本开发取得突破，为长庆油田快速上产提供技术保障。中深层稠油改善蒸汽驱和超稠油开采关键技术进一步完善，增强辽河油田的稳产基础。含CO_2气田开发及CO_2综合利用专项研究，初步形成含CO_2气田开发和低渗透油藏CO_2驱油配套技术，CO_2驱现场试验试采产量比水驱提高一倍以上，预计可提高采收率12%以上，将为松辽盆地4000多亿立方米含CO_2天然气的安全开发和低渗透油藏提高采收率提供技术支持。

在炼化领域，5000吨/年己烯－1工业试验装置投产，填补国内己烯－1产品空白。最大化多产丙烯催化裂化(TMP)工业试验获得成功,丙烯收率等指标达到国际领先水平。润滑油基础油异构脱蜡催化剂实现工业装置应用,液体橡胶产品成功应用于神舟七号载人飞船逃逸系统。

在石油装备、工程技术领域,具有自主知识产权的关键装备和核心技术取得显著进展。大口径、高钢级管材与制管取得重大突破,研制出4类7项新产品;其中,X80钢级1219毫米管径的螺旋和直缝埋弧焊管及热煨弯管等已投入工业化生产,X80钢焊丝焊剂新产品使焊接速度达到1.7米/分钟,焊接合格率98.89%,有力地支撑西气东输二线工程建设。国家863计划重点课题"连续管技术与装备"主要研究内容之一,拥有自主知识产权的国内首台连续管作业机现场试验获得成功,整机操控性能良好,完全可以满足现场施工作业要求。测井处理解释软件LEAD2.0研制成功,与国产测井装备形成配套,累计装机300台(套),测井综合解释符合率达92%。

共有7项科研成果获得国家奖项。其中,输油管道α—烯烃系列减阻剂开发及其制备工艺获得2008年度国家技术发明二等奖。中国陆上重点气区天然气高效勘探开发新理论、新技术与应用;中酸性火山岩测井解释理论、方法与应用;原位晶化型重油高效转化催化裂化催化剂及其工程化成套技术;稠油污水循环利用技术与应用;聚合物驱油工业化应用技术;塔里木沙漠公路防护林生态工程建设技术开发与应用等6项成果获得2008年度国家科学技术进步二等奖。

截至2008年底,公司累计申请专利11139件,获得授权专利达到8247件。其中,2008年申请专利1446件,获得授权专利1287件。

2. 管理创新。持续推进制度创新和管理创新,不断完善符合科学发展要求的体制机制。按照集约化、专业化、一体化发展思路,继续深化内部改革,稳步推进持续重组,初步形成集团公司专业化管理体系架构,基本建立起两级行政、三级业务集中统一的管理体制。严格控制投资规模和优化投资结构,细化成本控制标准,加强人力资源管理,推行集中采购,企业管理水平进一步提高。

【履行社会责任】

1. 实施三大工程,助力绿色奥运。作为北京2008年奥运会合作伙伴,中国石油支持"绿色奥运、科技奥运、人文奥运",积极落实《第29届奥运会空气保障措施》,成立奥运空气质量保障工作领导小组,制定《奥运空气质量保障工作实施方案》,实施油气回收改造、油品升级、天然气供应三大工程,提供清洁能源,助力绿色奥运。

(1)油气回收改造工程。2008年2月至6月30日,投资7亿元,完成公司在北京、天津和河北周边的562座加油站和10座油库的油气回收改造工程,并为262辆油罐车安装油气回收设施,使油气回收量占当月油气挥发量的比例由之前的不足15%达到85%以上,有效地消减油气挥发污染,打造"绿色加油站"。

(2)油品升级工程。为确保2008年1月1日起向北京市场供应国Ⅳ标准汽柴油,投资约100亿元,完成所属炼油企业生产装置产品质量升级的技术改造。一是完成锦西石化、大港石化两家企业加氢脱硫装置改造,同时组织锦州石化、华北石化、大连石化、大庆炼化等企业优化产品结构,保证北京市场国Ⅳ汽油供应能力达到15万吨/月以上;二是以辽阳石化、华北石化、大港石化等企业为主,长庆石化、大连西太平洋石化等企业为补充,全力增产国Ⅳ柴油,确保实现向北京公交系统提前供应国Ⅳ标准车用柴油的需求。2008年1~9月,公司已向北京市场供应国Ⅳ油品140万吨。

(3)天然气供应工程。被誉为"绿色奥运信誉工程"的陕京输气管道,1998年开始持续向北京供气。截至2008年底,陕京管道累计向北京供气271.3亿立方米,天然气在北京市一次能源消费结构中所占比重从陕气进京前的0.4%,提高至2008年底的7%以上,超过全国天然气消费平均水平,北京成为全国利用天然气最多的城市。据北京市环保局统计,北京空气质量达到二级及以上的蓝天数,已从1998年的100天增加到2008年的274天。

2008年,公司向北京供应天然气55.8亿立方米,比上年增长30.4%。其中,仅奥运会期间就输送天然气1.7亿立方米,满足奥运主火炬塔、奥运村餐厅、与北京奥组委签约的几百家定点宾馆、饭店等重点设施的用气需求,并为在奥运会赛区运行的350辆公交大巴供应压缩天然气(CNG)45万立方米。奥运会、残奥会期间,北京空气中各种污染物浓度日平均值同比下降50%左右,达到世界同类城市先进水平,全面兑现保证奥运会空气质量的承诺。

2. 汶川特大地震抗震救灾。2008年5月12日14时28分,四川省阿坝藏族羌族自治州汶川县发生里氏8.0级特大地震。中国石油在川、渝、陕、甘等震区拥有油气田、炼油化工厂、油气管道、油库、加油站和工程技术服务等业务及相关生产设施,肩负着整个西南地区成品油及天然气供应的重大使命,成品油供应量占四川地区市场的80%,天然气供应量约占川渝地区市场的85%。地震造成中国石油12家所属企业严重损失,34人死亡、8人失踪、98人受伤,2.3万名员工及家属一度无家可归,近4万名员工及家属生活受到影响,加油站和采输油(气)场站的受损面分别达到53%和60%。截至2008年10月14日,地震造成中国石油直接经济损失31.39亿元,间接经济损失41.46亿元,总经济损失72.85亿元。

地震发生后,中国石油所属灾区企业立即投入抢险救灾,尽最大努力减少人员伤亡和灾害损失,找到失去联系的全部374名员工,并妥善安置受灾员工及家属4万人。中国石油向灾区提供大量车辆、设备、食品、帐篷、药品、医用氧气等急需装备和救灾物资,捐助各类救灾物资价值1181万元,积极参与各级政府和军队、武警、公安抢险救灾。此外,中国石油紧急提供18部海事卫星电话,为国家应急指挥和救援通信提供有力支持。截至2008年底,中国石油及广大员工累计为地震灾区捐款捐物3.43亿元人民币。

在宝成铁路中断、兰成渝成品油管道紧急停输、南充炼油化工总厂被迫停产的情况下,随着各路救灾大军源源不断开赴四川,抢险用油、发电用油、交通运输用油和群众生活用油急剧增加,调油入川、救灾保供和市场保供面临严峻考验。中国石油将油气保供作为救灾工作重中之重,成立油品供应应急领导小组,果断调整资源调配计划,派出现场工作组,在成都协调组织,从东北、华南、华东和西北紧急调运10万吨成品油资源,管道、铁路、公路和水路4路并进,保障四川地震灾区油品供应。中国石油所有受损较轻的加油站24小时不间断供油,在通往灾区沿途的加油站开辟抗震救灾"绿色通道",优先保障医院以及军队、武警、公安抢险救灾用油。在道路中断、加油站被毁以及堰塞湖抢险中,中国石油通过流动加油车、空投油罐、小额配送、人背肩扛等方式,千方百计送油到抢险一线,确保"救援力量在哪里,油品供应到哪里"。在抢险救灾形势最严峻的5月,中国石油向四川、重庆、陕西、甘肃等四省市调运成品油130万吨,承担重灾区四川90%以上的抢险救灾用油,做到"山塌路断油不断"。

3. 扶贫帮困。2008年,中国石油继续执行开发式扶贫方针,持续协助新疆当地政府改善农牧民的生产和生活状况。投资1095万元,援建托里县和巴里坤哈萨克自治县各60栋抗震安居住房、青河农业培训基地30栋住房、吉木乃县牧民新村二期、察布查尔县阔洪齐乡中学教学楼、尼勒克县中心学校住宿楼和卫生院住院部等7个项目,使当地基础设施建设得到一定改善。

同时,持续开展"智力扶贫",投资兴建职业技术培训中心和村文化室,分两期、选送225名当地县乡干部到北京参加培训,培训内容涵盖国家农业发展政策、管理知识和技巧等。同时,投资36万元,举办农牧业科技人员培训班,并为定点帮扶县订阅报纸500份。截至2008年底,已累计出资414万元为新疆定点帮扶的6个县举办各类科技培训班7期,培训学员464人次。

2008年,中国石油援藏投入方向继续向民生工程倾斜。投资2752万元,援建378户牧民住房配套工程、20套职工周转房和42套牧民新居(小康村),修建一所乡卫生院和9个村委会等项目。同时,捐赠50万元,资助15所大学250名定点扶贫援藏地区的特困大学生。

此外,中国石油及所属企业还分别对河南、四川、重庆、甘肃和内蒙古等省区市贫困地区进行定点帮扶。2008年,公司投入400万元援建河南范县村台中心小学教学楼和台前县中医医院,投入373万元援建了重庆开县迎仙中学教学楼、人畜饮水和道路建设三项工程等。

4. 捐资助学。中国石油通过设立各类石油奖学金,捐建希望小学,资助贫困教师和学生等方式,积极为推进中国教育事业发展做出自己的贡献。2008年，总计投入约1.4亿元用于各种形式的捐资助学活动。

5. 海外社区建设。中国石油秉承“互利双赢、共同发展”的合作理念，追求资源开发与环境保护、社会进步的和谐统一，致力于与业务所在国建立长期稳定的合作关系。在自身业务发展的同时，注重为当地提供就业机会、培养人才、改善当地社区居民的生活条件，努力为当地社区发展作出贡献。

在哈萨克斯坦，与当地政府签订《社会经济合作备忘录》，支持当地经济、文化和社会发展。积极响应哈国政府“支持农业发展”的倡议，向当地农民提供廉价柴油、重油等农机用油。出资成立专项教育基金，用于培养哈国年轻专家和优秀学生，2008年选送25名当地学生在哈萨克斯坦、中国、俄罗斯等国深造。2008年12月23日，哈萨克斯坦政府为中油国际(PK)有限责任公司颁发“最佳企业奖”银奖，以表彰中油国际(PK)有限责任公司在解决当地就业、关爱员工、健康安全环保和履行社会责任等方面取得的突出业绩。

在苏丹，中国石油捐资1000万美元修建的尼罗河麦罗维友谊大桥于2008年1月建成通车，为改善当地交通状况做出贡献。2008年11月，出资与苏丹能矿部、动物资源和渔业部合作发起“文化与医药下乡”活动，改善当地居民的医疗条件。资助的第三批来中国进行专业技术和管理培训的苏丹能矿部高级培训班于2008年11月顺利结业，21人接受培训。截至2008年底，累计投入超过4600万美元，用于苏丹当地的教育、体育、农业、医疗卫生、基础设施等领域的援助项目。

在委内瑞拉，公司积极支持教育、健康与社会保障和基础设施建设等公益事业，当地居民超过10万人次受益。为增加当地居民收入，改善他们的生活条件，我们捐资20万美元在安索阿特吉州卡伊科·塞科村建设当地最大的木薯饼加工厂。2008年8月23日，加工厂建成投产，每天最多可加工1500张当地居民日常食用的木薯饼，在增加村民收入的同时，解决25人的就业。

在缅甸，2008年5月，强热带风暴造成重大人员伤亡和财产损失。为支持当地救灾和灾后重建，及时向缅甸捐款30万美元和价值5万美元的物资援助，其中包括医药、食品、学习用品和建材等，得到缅甸能源部、铁道部及当地社会的高度评价。

（撰稿人：王志明）

中国石油化工集团公司

【基本概况】 2008年是中国石油化工集团公司(以下简称“中国石化集团”)发展历程中非同寻常、极其艰难的一年。这一年，市场波动之剧烈前所未有，生产经营之困难前所未有，安全稳定之压力也前所未有。面对历史罕见的南方低温雨雪冰冻灾害、汶川特大地震灾害，中国石化集团迅速组织抗灾自救，积极支援灾区抢险救灾，同全国人民一道夺取抗灾救灾斗争的伟大胜利。面对成品油市场从供应紧张到资源过剩的急剧变化，及时调整生产经营策略，克服产运销各种困难，既保障国内市场的稳定供应，又保证生产经营的稳定运行。面对国际油价暴涨暴跌、国内油价长期倒挂以及需求骤然下降造成的经营困境，树立过紧日子的思想，发扬“干毛巾也要拧出三滴水”的精神，积极开展“找差距，挖潜力，精细管理增效益”活动，大力压缩各项可控费用，干部职工保持良好的精神状态。面对非同寻常的安全稳定压力，动员一切可以动员的力量，采取一切可以采取的措施，开展主动、深入、细致的工作，确保特殊时期企业安全稳定。面对干部队伍出现的新情况新问题，扎实开展“深入群众促和谐，凝心聚力促发展”和“抓源头、促清廉”主题活动，进一步密切党群干群关系，促进反腐倡廉建设。一年来，中国石化集团各级领导班子和广大干部职工围绕“凝心聚力，加快发展”这个主线，通过艰苦细致、扎实有效的工作，在艰难的形势面前经受住考验，各方面工作取得新的业绩和新的进步。

【主要指标】 国内生产经营平稳运行，技术经济指标不断改善。全年生产原油4180万吨，同比(下同)增长1.76%；生产天然气83亿立方米，增长3.71%；加工原油1.73亿吨，增长4.33%；生产乙烯636万吨，下降5.0%；国内销售成品油1.23亿吨，增长3.0%。原油商品率96.57%，天然气商品率85.24%，分别提高0.06和1.33个百分点；油田自然递减率、综合递减率、综合含水率保持稳定；炼油加工损失率0.75%，降低0.11个百分点；乙烯收率31.22%，提高0.44个百分点；成品油终端销售比例84.4%，提高3.3个百分点；主要化工产品直销率76.8%，提高2.6个百分点。

【改革发展】 各项改革稳步实施，精细管理不断深化。改制分流累计完成808个单位，清理整顿对外投资和多种经营累计完成6495项。勘探体制优化调整，部分上游企业重组整合以及井下作业体制调整顺利实施。部分上市子公司整合等资本运作稳步推进。增产增效、优化增效、降本增效成效显著。资金集中管理模式基本形成，筹融资和日常资金管理成效突出，有效保证生产建设需要，节约财务费用，增加汇兑收益；全面预算管理继续深化，内控制度执行良好，非上市部分会计一级核算开始启动。ERP深化应用全面推进，油品销售、物资采购等管理系统不断提升，资金集中管理系统成功试点，总部生产营运指挥系统顺利投用，信息化应用取得明显成效。物资采购统筹协调和过程控制力度加大，集中采购结构不断优化，有力保障生产建设物资需求，降低采购成本。油品质量升级措施逐步落实，产品质量管理得到加强。法律、审计、纪检监察的服务和监督保障作用有效发挥。积极配合中央巡视组、国家审计署、国务院监事会的巡视和监督检查，各方面工作进一步规范。公司社会责任报告首次发布，社会形象明显提升。

【重大项目】 固定资产投资从紧优化，重点建设任务顺利推进。国内新增石油探明储量2.99亿吨，可采储量4550万吨，新增天然气探明储量1331亿立方米；新建原油产能580万吨、天然气产能13.34亿立方米；川东北元坝、清溪、济阳青东、塔河于奇等油气勘探取得新突破，川气东送工程按计划推进，松南气田产能建设顺利实施。石油工程装备水平不断提高。新增炼油能力1350万吨/年；青岛炼化一次开车成功，南化资源优化和高桥、武汉、洛阳炼油改造等项目建成投运，福建、天津、镇海等大型炼化项目积极推进。青岛三期、曹妃甸、天津实华等30万吨级原油码头投用，镇海岚山和白沙湾原油商业储备库建成。江西九樟、鲁皖二期东线、湖南长株潭、金嘉湖管道苏州支线等成品油管道建成投运；新发展加油（气）站650座。

【走向海外】 国际化经营发展势头良好，海外业务扎实推进。海外油气勘探开发取得重要进展，加拿大TYK项目、澳大利亚EP项目等完成收购，哈萨克斯坦F区块、萨哈林维宁区块等勘探获得重大突破；全年新增权益石油可采储量485万吨，获得权益油901万吨，增长31%。海外石油工程市场布局不断优化，巴西天然气管道等一批工程项目进展顺利，全年新签合同额26.1亿美元，完成合同额18.8亿美元。海外炼化工程市场开拓力度加大，成功中标沙特延布聚烯烃等12个新项目，全年新签合同额6.8亿美元，完成合同额11.29亿美元。国际贸易继续扩大，原油、成品油第三方贸易量分别达到2755.87万吨和360万吨；石化产品和设备材料进出口规模达到50.4亿美元。

【重大创新】 科技创新取得新进展，技术应用取得新成效。海相前瞻性研究继续推进；普光气田开发、碳酸盐岩油藏开发等技术体系初步形成。80万吨/年乙烯、180万吨/年甲醇制烯烃（MTO）、30万吨/年丁烯歧化制丙烯等成套技术工艺包完成开发；合成气制合成油（F-T合成）、生物柴油等技术基本完成中试；己内酰胺、汽油选择性加氢脱硫等技术实现工业化应用。主力油田精细注水开发、自动垂直钻井、大型气相法聚乙烯、大型乙苯及异丙苯等技术开发取得重大进展，深层碳酸盐岩储层预测技术、气体钻井技术、苯乙烯成套技术等推广应用成效显著；煤气化装置生产运行技术攻关取得重大突破。开发生产一批适应市场需求的新产品，长城特种润滑油成功护航神舟七号飞船，聚丙烯专用料、东海牌沥青成功用于奥运场馆建设。中国石化集团被国家确定为首批"创新型企业"。全年申请国内专利1135件、获得授权721件，申请国外专利225件、获得授权173件。

【安全生产】 以深化HSE管理体系运行为主线，严格执行《安全生产禁令》，强化现场安全监督管理，增强干部职工的安全意识和遵章守纪的自觉性，典型违章行为得到有效遏止。认真开展隐患排查治理工作，从源头上消除隐患，巩固安全基础。全年累计投资18.38亿元，对741项安全环保隐患进行集中治理，装置设施的本质安全水平得到进一步提高。

【节能减排】 全面贯彻落实《节约能源法》《国务院关于加强节能工作的决定》和《国务院关于印发节能减排综合性工作方案的通知》以及国家有关部委的要求，大力实施节代自用原油、电网系统改造、天然气回收利用、污水回用、集输系统工艺优化、低温热利用、热联合、节电节汽、烟气脱硫等改造和技术推广项目。通过强化管理、优化调整、综合治理、技术进步和加大投入等措施，节能减排工作取得较好成绩。与2007年相比，全年万元产值综合能耗同比下降4.88%，相当于节约标准煤366万吨；工业取水量下降3.6%；工业水重复利用率保持在96%左右。在生产规模不断扩大的基础上，外排废水中COD总量减少4.3%，二氧化硫排放总量减少8.2%，实现增产减污和稳定达标排放。

【履行社会责任】 中国石化集团始终坚持企业经济责任、政治责任和社会责任的有机统一，在加快企业发展的同时，努力维护国家能源安全，积极参与和谐社会建设，关注和支持社会公益事业。

保障成品油供应：2008年前三季度，国内成品油市场资源供应持续紧张。为保障成品油市场稳定供应，采取提负荷、调结构、增进口、停出口、减乙烯、委托地炼代加工等措施，千方百计增资源，全力以赴保市场，圆满完成抗灾、“三夏”、奥运和“三秋”等用油供应任务，为维护社会稳定做出积极贡献。

抗击冰雪灾害：2008年初，南方低温雨雪冰冻灾情发生后，中国石化集团及时启动应急预案，全力以赴保障灾区抗灾用油需要，千方百计为受灾单位和人员提供救助。努力增加资源，全力加强零售资源配送，确保加油站不限量、不脱销；采取小额配送车辆和人工送油等方式，对堵塞路段急需补充油料的车辆提供上路加油服务，并积极救助滞留、受困车辆和人员。同时，积极组织向受灾省区捐款，分两次共捐出2700万元。

抗震救灾：“5·12”四川汶川特大地震发生后，中国石化集团立即启动Ⅰ级破坏性地震应急预案，组织展开抗震救灾大行动。紧急向灾区增调资源，加大对铁路、军队和民航等专项用户供油，切实保证抗震救灾一线用油，做到“站站不断油、随时能加油”和“抢险设备开到哪里，汽柴油就供到哪里”；积极恢复灾区天然气的生产和供应，为灾区生产生活用气提供保障；先后组织10支应急救援队、23支工程抢险队共1000多人参与地方抢险救灾工作，并积极捐助和援建过渡安置房。公司和员工累计捐赠款物3.08亿元。

服务“绿色奥运”：奥运期间，共向境内各赛区提供价值7586.47万元的各类汽、柴油以及价值415万元的地毯和窗帘，并向香港地区提供742.3万港元的油品；同时还完成国家体育场8万张塑料座椅及138吨跑道沥青的供应工作；对北京地区的24座奥运定点加油站进行改造，奥运服务团队实行24小时工作制，圆满完成为各类奥运车辆加油服务的任务；为27个比赛场馆（场馆群）和7个非竞赛场馆的应急发电机和照明发电机提供即时油品供应。全面推行清洁生产。燕山分公司进行千万吨炼油装置改造，生产出符合欧Ⅳ排放标准的京标Ⅳ油品，并于2008年3月全面投放北京市场。燕山分公司外排污水总量下降50%，外排二氧化硫下降45%，烟尘下降28%。北京石油分公司完成所属500余座加油站、5座输油管线下载油库以及配套设施的改造工作，铺设全长183千米的环北京输油管线，为“绿色奥运”作出贡献。

健康快车：完成冠名赞助健康快车治盲复明任务，治愈新疆喀什和云南楚雄两个地区2338名贫困白内障患者，使这些贫困百姓见到光明、得到救助。捐赠建造的“中国石化光明号”列车于2009年初投用。

扶贫援藏：在颍上、岳西、泸溪和凤凰4个定点扶贫县共实施12个扶贫项目，投入扶贫资金1240万元。扶贫项目涉及基础设施建设、扶贫助学、产业开发、劳务输出培训等。支援西藏班戈县建设资金1847万元，帮助完成9个援藏建设项目，主要包括：牧民安居工程配套，县城部分道路、场地硬化工程，简易桥、人畜饮水工程，牧民群众太阳能照明工程等。

资助“春蕾”女童：中国石化集团于2004年启动“春蕾计划”，积极帮助失、辍学女童重返课堂。先后在四川、甘肃、贵州、湖南四省资助2万多名“春蕾”女童完成小学学业。2006学年度至2008学年度，又在上述部分地区举办春蕾高中班，资助3320名高中女生完成学业。

（撰稿人：蒋　琦）

中国海洋石油总公司

【基本概况】 中国海洋石油总公司(CNOOC，以下简称“中海油”)是我国最大的油气生产加工企业之一，是全球企业500强之一。

近年来，公司紧紧围绕建设国际一流能源公司战略部署，深化改革、加快发展，保持高效高速的发展态势，由一家单纯从事油气开采的上游公司，发展成为主业突出、产业链完整的综合型能源集团，形成上游(油气勘探开发生产及销售)、中下游(天然气及发电、化工、炼化、化肥)、专业技术服务(油田服务、海油工程、海油发展)、金融服务以及新能源等产业板块。通过改革重组、资本运营、海外并购、上下游一体化等重大举措的成功实施，企业综合实力、核心竞争力和可持续发展能力不断增强，产业布局实现从上游到上中下游一体化的跨越，作业领域实现从浅水到深水的跨越，市场范围实现从国内到国际的跨越。在快速发展的同时，公司的影响力不断提高，中海油品牌价值显著提升，国内外评级机构、国际资本市场、国际同行对公司发展均给予积极评价。

中海油按照建立现代企业制度要求，不断推进管理体制和机制改革，公司治理水平不断提高，管理体系、管理机制与国际油公司基本实现接轨，公司已经由一个传统意义上的老国企成功转变为适应市场经济发展要求和全球经济竞争需要的新国企。最近五年来，公司的主要产品产量、销售收入、实现利润、总资产、净资产、上缴利税等指标均大幅上升，桶油全成本、净资产回报率及储量替代率在同类公司中都保持较好水平。用总资产和净资产衡量，2004年以来我们再造三个中海油，有效实现国有资产的保值增值，对国家和社会的贡献不断提高。

【主要指标】 2008年，尽管受自然灾害和全球金融危机影响，公司生产经营仍然创造历史最高水平。全年实现销售收入1983亿元，实现利润总额677亿元，分别较上年增长22.4%和19.8%。年底集团总资产达到4285亿元，净资产达到2916亿元，分别较年初增长23.7%和15.4%。

全年油气产量达到4293万吨油当量，同比增长6%。全年生产化肥313万吨；甲醇77万吨，同比增加7.9%；生产乙烯84万吨，生产沥青119.8万吨，燃料油567.8万吨；天然气发电59.8亿千瓦小时，同比增长14%。上缴税费、特别收益金及留成油共569亿元，比去年同期增长52%。上缴国有资本收益金24.9亿元，比去年同期增长139%。

【改革发展】 2008年，中海油原存续部分基地集团成功改组为中海油能源发展有限公司，这是近年来按照中央关于国有企业改革的有关精神积极推动企业内部改革和现代企业制度建设的重大成果。通过“总体设计、分步实施”的“三大步”改革步伐，公司顺利完成主辅分离和辅业改制，使占集团8%资产和60%人员、长期靠吃补贴的存续部分成功实现改制，把相对不良的资产发展成为优良资产。海油发展的创立，标志着中海油的改革与发展进入一个新的历史阶段，从过去谋生存、求发展的阶段，进入全集团建设现代企业制度、创新企业管理体制、全面打造国际一流能源公司的阶段。在改革过程中，中海油始终做到“以人为本”，在改制过程中，没有一个员工下岗、没有一个员工失业、没有一个员工待业。

2008年，中海油继续着眼公司未来产业发展的战略需要，对产业板块进一步重组。气电集团的组建，提高天然气资源开发、集输和销售一体化能力，促进气电产业的规模发展。销售公司的组建，则使销售服务进一步实现集中化和专业化，使中下游业务链更加完善，为进一步提升集团价值创造条件。

【重大项目】 2008年，虽然遇到初春的低温雨雪冰冻、地震、南方突发的洪水及频发台风等自然灾害严重影响，中海油各单位克服重重困难，扎实推动项目进程，全面完成生产建设任务。油气主业项目进展良好，共完成海上21个在建项目、导管架21座、组块23个、海底管线180公里。中下游一批重大项目的推进，增强公司的整体竞争力，为公司产业布局的顺利实施和效益的持续稳定提高奠定基础。

油气勘探项目进展顺利，取得近年来少有的勘探成果。全年获19个勘探新发现。新增原油地质储量4亿方，新增天然气储量500亿方。发现储量近2亿方的锦州25-1大型轻质油田，预示着辽西凹陷的巨大勘探潜力。

惠州炼油项目是中海油推进综合型能源公司建设的标志性项目。2008年的自然灾害以及人工、原材料价格大幅上涨等因素，导致设备到货滞后，但在项目人员的努力下，惠州炼油项目依然按进度顺利实施，为全面投产打下基础。

深水钻井船及中海油服、海油工程的一批重大装备建设项目进展良好，按计划运行。80万吨甲醇项目、大榭石化800万吨沥青、燃料油扩建项目投入建设。内蒙、海南、甘肃三个风能发电项目，海南和江苏南通生物柴油项目全面启动。福建LNG项目高质量建成及安全投产，标志着中海油在LNG接收站的建设和管理上已达到国际同类水平。

【走向海外】 2008年，中海油国际化迈出新步伐，资源整合能力进一步提高。中海油服完成对挪威Awilco公司总值159亿元人民币的整体收购，标志着中海油国际化进程又向前迈出一大步。这是继收购美国Unical石油公司尝试后的又一重大举措，是中海油第一桩收购国际服务公司的成功案例。这不仅使中海油服一跃晋升为全球第六大钻井服务提供商，大大提高中海油服的国际竞争力，同时也大大提升中海油油气田开发的设备资源能力。

2008年，中海油在海外LNG资源上取得突破。近年来，随着国际天然气市场形势的变化，公司的天然气战略特别是获取海外LNG资源的战略受到极大的挑战，获取海外天然气资源的难度越来越大。中海油加大与海外潜在合作伙伴的工作力度，分别与卡塔尔国家石油公司和道达尔公司签定共300万吨/年的LNG购买合同。彩虹项目的签署，将为中海油长远发展提供重要支撑。

【履行社会责任】 企业是社会公民，积极履行企业社会责任是企业的天职。2008年，中海油继续积极投身救灾、助学、援藏等各种公益事业中，全年用于抗灾救灾、扶贫援藏及其他公益事业的资金达到2.01亿元，创下历年公益慈善投入之最。

汶川大地震发生后，中海油以高度的社会责任感，不惜代价，不讲条件，调动一切力量投入抗震救灾；各级党组织和广大党员行动迅速、组织有力，踊跃缴纳特殊党费；全体员工情系灾区，积极捐款捐物；部分医疗卫生工作者远赴灾区，夜以继日抢救生命。中海油郑重承诺，通过艰苦奋斗、厉行节约，每年省出一个亿用于支持四川灾区灾后民生设施的重建，目前，三所医院的建设正按计划进行。

2008年，除了抗灾救灾，中海油还继续抓好扶贫援藏、修建母亲水窖、捐资兴建中国妇女儿童博物馆、参加健康快车等项目，并在奥运之年将中海油的责任、爱心和祝福送出国界，树立良好的国际公民形象。因在社会公益、扶贫济困等方面的突出表现，中海油荣获"国际企业公民示范奖"以及"中华健康快车"基金会授予的"光明功勋奖"等荣誉。

作为一家资源型企业，中海油特别注重加强环境保护，大力推进节能减排工作，履行好企业的环境责任。2008年，公司节能总量9.66万吨标准煤，减少二氧化硫排放187.3吨，减少化学需氧量排放56.8吨，减少石油烃排放135吨。公司还被接纳为联合国"全球契约组织"成员，这将使公司更加积极主动地履行环境责任，更加自觉地接受社会监督。

【应对金融危机】 这次国际金融危机对石油行业的发展构成严峻的挑战和考验。面对危机，中海油的制度体系建设，尤其是风险防控体系建设的成果经受住考验。公司一直不断完善决策机制，实行有约束机制的总经理负责制，在投资决策中采取"双向否决"制，加强对"一把手"权力的约束，形成决策、执行、监督既相互分离又相互协调的权力运行机制，保证决策的民主、科学和理性，在公司高效高速发展的同时没有发生重大投资失误。多年来，坚持只做主业、做强做大主业的管理理念和制度，确保不乱投资、不乱铺摊子、不投资房地产，不在二级市场炒股票，不从事金融衍生品投资等，有效规避这些领域的风险。长期坚持低成本战略，通过管理创新和技术创新控制成本，桶油成本处在国际同行较低水平，大大提升抗击低油价风险的能力。2008年1月份国际金融危机刚刚显露之初，中海油就积极研究、周密部署，采取有效措施防控风险：一是把在海外存款全部转为安全币种，把外币全部转为人民币；二是把这些存款全部转到安全的银行，把存在外资银行的存款全部转汇中国的商业银行在国外的分行。既有效防止因外国银行倒闭带来的潜在损失，也防止外币因汇率变化导致的汇兑损失；三是全公司多次开会抓现金管理，抓应收、应付款管理、库存管理，抓期货、金融衍生品的内部自查，使公司的生产经营处在透明可控的状态下。

随着国际金融危机持续蔓延，中海油牢记国家石油公司肩负的使命，坚决在政治上、思想上、行动上与中央保持高度一致，把握大势，坚定信心，抢抓机遇，科学发展，努力为确保国民经济平稳较快发展做出贡献。一是加快发展，在保增长上当先锋。继续加大对油气田建设、重大装备建设和下游大项目建设的投资，在保主业、保生产、促发展的同时，所有非生产性开支一律压缩，把资金和资源用在刀刃上。二是自主创新，在调结构上水平。加大科技投入力度，增强自主创新能力。加大资源整合力度，完善产业发展的技术支持系统和工程资源配套系统，完善资源保障体系配套建设，强化科技创新。优化产业结构，推动产业升级。加快清洁能源、新能源、环保产业发展，为迎接下一轮经济增长周期的到来做好准备。三是完善体制机制，在促改革上有突破。进一步完善内控与全面风险管理体系。强化对一把手、对关键部门、关键岗位的监督，突出对权力运行的制约和平衡，对主要领导和关键岗位人员的从业行为加强制度约束。以科学发展观为指导，认真贯彻落实《劳动合同法》，深化劳动用工制度改革，建立和谐劳动关系。四是构建和谐，在保就业上做贡献。坚决贯彻中央保增长、保民生、保稳定的要求，现有员工一个不裁员，同时，2008年新招收2900名大学生，并通过自己的发展拉动钢铁、船舶、机电等相关产业发展，创造近40万个就业岗位。五是抓住机遇，在"走出去"上有斩获。大力实施"走出去"战略，加大资源获取力度，把握低成本并购有利机遇并力争有所斩获，努力提高为国家经济社会发展提供油气保障的能力。六是振奋精神，在作风建设上有新气象。继续大力弘扬石油工人的优良传统和作风，弘扬海洋石油艰苦奋斗的创业精神，不忘本，不忘根。继续大力开展"艰苦奋斗、厉行节约、加强队伍作风建设"活动，领导带头，率先垂范，同时教育引导广大员工增强"万众一心过紧日子"意识，大力开展降本增效活动，继续保持公司的低成本竞争优势。

（撰稿人：胡森林）

国家电网公司

【基本概况】 截至2008年底，国家电网公司（以下简称"公司"）共拥有51个全资、控股公司及单位，管理员工153.7万人，资产总额16462亿元，拥有110(66)千伏及以上输电线路53.39万公里、变电容量16.08亿千伏安，在2009年《财富》全球500强企业中排名第15位。

电网发展全面加快。2008年，电网投资2475亿元，新开工110(66)千伏及以上交流输电线路6.3万公里，变电容量2.9亿千伏安，投产110(66)千伏及以上交流输电线路5.7万公里，变电容量2.7亿千伏安。2009年1月6日，由我国自主研发、设计和建设的具有自主知识产权的晋东南—南阳—荆门1000千伏特高压交流试验示范工程正式投运。该工程是目前世界上电压等级最高、技术水平最高的输变电工程，标志着我国在远距离、大容量、低损耗的特高压核心技术和设备国产化上取得重大突破，对保障国家能源安全和电力可靠供应具有重要意义。

公司保持稳健经营。完成售电量21235亿千瓦时，增长7.5%；国家电力市场交易电量2639亿千瓦时，增长23.9%；主营业务收入11556亿元，增长14.3%。受自然灾害、电价调整等外部因素影响，实现利润总额96.6亿元，下降79.5%；实现利税855.5亿元，下降25%。净资产收益率0.68%，下降6.18个百分点。资产负债率62.8%，较上年提高2.64个百分点。全员劳动生产率29.6万元/人·年。公司连续四年在国资委业绩考核中被评为A级。

电网实现安全可靠供电。面对百年不遇的低温雨雪冰冻灾害和"5·12"特大地震，公司在党中央、国务院的坚强领导下，充分发挥大电网优势和集团优势，万众一心、众志成城，夺取抗灾救灾工作的全面顺利。精心组织、周密部署，圆满完成奥运保电任务，在奥运会历史上创造了供电“零事故”的纪录，得到国际奥委会的高度评价。公司认真落实国务院关于“隐患治理年”的要求，深化“百问百查”，开展安全日活动和隐患排查治理专项行动，消除重大事故风险，电网和设备事故次数分别下降14.8%和57.3%，保障了经济发展和人民生活用电。供电各区域电网频率合格率均在99.99%以上，城市、农村供电可靠率分别达到99.87%、99.55%，用户平均停电时间分别下降1.39小时、0.35小时。

深入开展社会责任工作。公司供电区域除西藏外全部实现“户户通电”，累计解决119万户、439万人的通电问题，改善通电地区的生产生活条件。积极参与社会公益事业，首批百所国家电网希望小学全面竣工，第一阶段爱心助学、助老项目基本完成。开展爱心捐赠，抗冰救灾中，广大员工累计捐款1.15亿元；抗震救灾中，公司累计向地震灾区捐赠救灾款物超过2.1亿元，其中，公司员工和离退休干部捐款7600万元；广大党员缴纳“特殊党费”1.05亿元。加强对外沟通交流，加大媒体宣传力度，公司的品牌价值和社会形象进一步提升。荣获改革开放30年中国品牌成就奖等荣誉，获得中国企业在《财富》全球社会责任百强企业的历史最好排名。

【经营管理】 2008年，公司继续加强资源优化配置和统一运作，重组整合科研、通信、传媒、能源等直属单位，提高产业集中度和竞争力。加大东西帮扶力度，促进集团协调发展。扩大跨区跨省电力交易规模，国家电力市场完成交易电量2639亿千瓦时，同比增长23.9%。

合理安排投资，优化投资方向，严格控制小型基建等非生产项目。加强资金集约管理，网省公司资金归集率达到98%，比年初提高8个百分点。扩大直接融资规模，通过发行电网建设专项债券、短期融资券等方式引入低成本资金，减少利息支出21亿元。管理费用和财务费用比计划压缩5%，消耗性指标持续降低。扩大集中招标规模和范围，全年集中招标金额1879亿元，增长15%；组织集中采购金额191亿元。注重节能降耗，线损率同比降低0.2个百分点。

努力巩固和开拓用电市场，市场占有率达到90%，同比提高1.8个百分点。强化电费预警和回收，陈欠电费比年初下降68.5%，当年电费回收率达到99.97%。积极争取国家财税和电价政策支持。

全面推进资产全寿命周期管理，初步建立有关组织体系和工作机制。标准化建设深入开展。基建“三通一标”管理体系基本建立，“两型一化”变电站全面推广，“两型三新”输电线路开始试点。人力资源管理标准化建设取得突破，劳动定员标准和生产技能人员34个职业种类的培训规范发布实施。以现场标准化作业为重点的生产标准化建设加快推进。计量装置通用设计全面推广应用。同业对标继续深化。

贯彻落实国资委等四部委《关于规范电力系统职工投资发电企业行为的意见》和国资委《关于规范国有企业职工持股、投资的意见》，稳妥推进主多分开。全面清退各级领导干部在有关多经企业的股权和调度、交易、财务人员持有的发电企业股权，逐步规范职工持股、投资行为。网省公司层面多经资产处置整合取得重要进展。深入开展主辅分离改革研究，积极提出改革建议。

积极配合审计署开展审计调查，主动查找薄弱环节，认真进行整改。规范清理社团组织工作取得阶段性成效，清理退出社团组织1458个，相关费用压缩30%以上。加强出国管理，出国团组比计划减少20%。重点加强《物权法》《劳动合同法》和《反垄断法》等法律法规的学习贯彻，提高了依法治企水平。

【重点工程】

1. 东—山东±660kV直流输电工程。西北（宁东）—华北（山东）±660kV直流输电工程是实现西北与华北电网联网，将西北黄河上游水电和宁东火电送往山东，实现资源优化配置的重大输电工程。本工程作为我国第一个±660kV电压等级直流输电工程，是建设±660kV电压等级序列的标志性工程，具有重要的示范意义。工程于2008年12月8日作为“±660kV直流国家级示范工程”获得国家发改委核准，工程静态投资98.7亿元，动态投资103.85亿元。

2. 葛沪直流综合改造（三沪Ⅱ回直流）工程。葛沪直流综合改造工程（简称三沪Ⅱ回直流工程，又称葛上直流综合改造工程）是对原葛沪直流输电工程进行改造，充分利用现有输电走廊，为三峡地下电站送电华东电网提供电力通道的大型直流输电工程。三沪Ⅱ回直流工程由送端和受端换流站工程、接地极及其引线工程、直流输电线路工程、二次系统及通信工程四部分组成。工程起自湖北荆门换流站,终点为上海市的沪西换流站,线路经过湖北、安徽、浙江、江苏和上海等5省市。线路总长度为976km,额定输电功率3000MW,工程静态投资估算为84.8403亿元,动态投资为86.736亿元。

3. 西北750kV输变电工程。2008年,公司总部直接投资的西北750kV输变电工程包括官亭变电站的三期扩建、兰州东变电站的三期扩建和750kV官亭—兰州东Ⅱ回输变电工程。

(1)官亭变电站三期扩建。750kV官亭变电站三期扩建工程是750kV拉西瓦水电站送出工程的配套项目,本工程的建设将满足拉西瓦水电站的电力送出需要。本期规模为:750kV出线1回,安装2台GIS断路器;66kV并联电抗器4×60Mvar。工程静态投资16414万元,动态投资16843万元。工程于2009年4月15日正式投产。

(2)750kV兰州东变电站三期扩建工程。750kV兰州东变电站三期扩建工程,是西北750kV兰州东—平凉—乾县同塔双回路输变电工程的起点,是西北电网750kV兰州东—平凉—乾县输变电工程的配套项目,本工程的建设将加强西北内部电网结构,提高西北电网整体效益和适应性。本期规模为:750kV出线二回,安装3台GIS断路器;2组300Mvar 750kV高压电抗器。工程静态投资为33994万元,动态总投资为34949万元。

(3)西北750kV官亭—兰州东Ⅱ回输变电工程。750kV官亭变电站四期扩建工程是750kV官亭—兰州东Ⅱ回输变电工程的配套项目。四期规模为:750kV出线1回,安装1台GIS断路器。工程静态投资3203万元,动态投资3306万元。

750kV兰州东变电站四期扩建工程是750kV官亭—兰州东Ⅱ回输变电工程的配套项目,本期规模为:750kV出线1回,安装2台GIS断路器;1组300Mvar 750kV高压电抗器。工程静态投资为11259万元,动态总投资为11622万元。

750kV官亭—兰州东Ⅱ回线路工程始于青海省民和县官亭镇东侧2km的750kV官亭变电站,终于甘肃省兰州市东南30km、位于榆中县境内的750kV兰州东变电站,线路长度145km。按新规范抗冰设计后静态投资41 936万元,动态投资43 114万元。

4. 奥运电网工程。公司奥运电网建设工程包括配套输变电工程、比赛场馆及配套设施外电源工程、奥运中心区随路建设电力管线工程、奥运场馆临时供电设施工程、奥运场馆周边及道路架空入地工程等5大类228项工程,涉及华北、北京、天津、山东、上海、辽宁6家网省公司。

5. 高岭直流背靠背工程。高岭背靠背换流站是国家"十一五"电力规划中的重点工程,也是连接东北、华北两大电网的枢纽工程。它是在高岭—河北姜家营双回500kV交流线路投运的基础上,进一步改善东北和华北两大电网互联状态的关键工程,对提高两网电力交换能力和系统的安全可靠性、进一步实现资源优化配置,将起到重要作用。

东北—华北联网高岭背靠背换流站站址在现有高岭开关站站址区域西侧,向东、北、西三个方向扩建,总征地面积21.974公顷,扩建后整个高岭换流站总占地面积24.176公顷。

该工程建设规模:远期规模按3000MW考虑,换流部分按4个单元设置,每个单元额定输送功率为750MW。东北侧交流500kV部分出线6回、换流变压器4组、滤波器3大组(11小组)。华北侧交流500kV部分出线3回、换流变压器4组、滤波器3大组(15小组)。

本期规模为1500MW,本期建设2个背靠背直流单元,每个单元额定输送功率为750MW。

2008年9月19日～10月2日,完成高岭换流站全部改造拆迁、改造、过渡施工任务,交由调试单位进行调试。2008年10月12日～11月14日全面开展站系统调试;2008年11月10日,系统调试顺利结束。2008年11月11日正式进入试运行。2008年11月25日,在高岭现场举行盛大的竣工投运大会。本工程从土建主体开工,到工程投运,工期仅用18个月,创下直流建设工期最短纪录。

【走向海外】 2008年,公司国际化经营取得显著成果。公司各单位利用自身技术、建设和管理优势,参与34个国家的电源、电网的设计、建设和技术服务。截至2008年底,公司系统境外在建工程项目合同总额为148亿美元,主要涉及电网、电站建设、设立和咨询等领域。

2008年6月8日,公司与东方能源公司签署《成立可行性研究合资企业备忘录》,该文件的签署落实俄统公司重组后中俄供电项目合作方的平衡过渡,为项目持续推进奠定基础。

2008年,习近平副主席访蒙期间,两国政府再次将锡伯敖包项目列为重点合作项目,随后国家能源局印发《关于开展蒙古国向我国京津冀地区送电研究工作的通知》。公司与中亚国家的能源合作稳步推进。

中朝水力发电公司在中朝两国政府的大力支持下,在两国电力部门的共同努力下,取得辉煌的成就,对中朝两国经济建设发挥重要作用。中朝两国政府一直高度重视鸭绿江水资源的合理利用,使鸭绿江水资源为两国经济建设服务。在双方共同努力下,开发建设4座水电站,总装机容量161万kW。2008年,中朝水力发电公司发电量超过61亿kWh,并实现安全稳定运行。

根据公司党组的战略决策,公司在现有国际业务、招标采购和商贸物流等业务基础上组建国家电网国际发展有限公司(简称"国网国际")作为公司国际化战略的实施主体之一和开展国际业务的运营平台,并由国网国际牵头进行系统内相关品牌、业务和资源的深度整合。国网国际将下辖三个子公司,即国网技术装备公司、国网深圳能源发展集团有限公司和菲律宾国家电网公司(NGCP),这必将进一步壮大国网国际的实力,加快其发展步伐。

【重大创新】 2008年,公司科技工作紧紧围绕公司工作大局,深入贯彻"一流四大"科技发展战略,认真落实"十一五"科技发展规划,大力推进自主创新,积极应对突发事件,全面完成各项工作目标和任务。获国家科技进步一等奖1项,技术发明二等奖1项,科技进步二等奖2项,获得省部级奖共194项,其中中国电力科技进步奖57项;同比提高40%;管理创新成果取得重大突破,获得全国企业管理现代化创新成果一等奖1项,二等奖10项。申请专利2362项,获得专利授权567项,发布技术标准94项,各项指标创历史最好水平。

1. 特高压建设。特高压交流试验示范工程是世界输变电领域的创新工程,涉及技术研究、工程设计、装备制造、建设运行等方面的重大创新。一是掌握特高压核心技术。二是大力推进特高压设备自主研制,自主研制世界上首套1000kV、300万kVA单体式特高压变压器和电压等级最高、容量最大的1000kV、96万kvar高压并联电抗器等关键设备,生产代表当前最高技术水平的特高压GIS和HGIS开关设备,掌握一批具有自主知识产权的装备制造核心技术,形成全套特高压输变电设备的国内批量生产能力。三是建设特高压交流试验基地、直流试验基地、杆塔试验基地和西藏高海拔试验基地以及国家电网仿真中心,形成世界上试验能力最强、技术水平最高的特高压试验研究体系,28项试验能力和指标创造世界第一。四是建立较为完整的特高压标准体系。依靠科技创新,研究形成一系列特高压技术标准,建立完善全套的特高压工程设计、施工和运行维护技术规范体系。五是特高压直流输电技术研究取得重大进展。

2. 大电网安全。"三华"电网研究取得重大进展。建立具有国际领先水平的全国联网负荷模型,完成世界上最大的特高压同步电网的安全稳定计算,提出区域电网与特高压电网的协调控制措施,得出2012年"三华"电网能够满足安全稳定运行要求的重要结论,建立特高压电网中长期电力交易机制,为"三华"特高压电网的安全、可靠和经济运行奠定重要的理论基础。大电网控制技术取得重要成果。在国际上首次系统提出特高压交流联络线潮流控制策略;电网广域监测分析与保护控制系统成功投入运行;自主开发的电力市场运营系统在网省公司部署实施。

3. 科技抗灾减灾。在抗冰设计方面,发布实施电网差异化设计、抗冰通用设计等技术标准,绘制分省分区覆冰分布图,为电网规划设计和工程建设提供重要技术依据。在除冰技术方面,研制世界上容量最大、融冰距离最长的500kV固定式直流融冰装置,开发世界上首套基于可关断器件的500kV可移动式直流融冰装置。首创基于不可控整流级联结构的500kV可移动式直流融冰装置;研制的220kV交、直流融冰装置相继投入运行。输电线路机械除冰装置研制成功，并具有很强的创新性和实用性。激光、化学等先进除冰技术研究取得积极进展。在预警和应急处置方面，自主研发和建设电网冰灾监测网络，实现大范围区域覆冰状况的快速监测和及时预警；电网应急指挥信息平台综合应用系统投入使用；系列抢修工器具的研制有效提升冰灾现场处置能力。在电网抗震方面，开展现场调研和技术分析，提出电力设施抗震设计标准的改进建议；自主研发的水情实时监测系统在抗灾排险中发挥重要作用。

4. 奥运电力科技。全面实施“奥运电力科技行动计划”，建成国际上第一个高压电缆网运行监控中心，国际先进的奥运电力信息系统投入运行，成功开发多台发电车并列运行技术，定制电力技术在奥运场馆实现应用，公司创造奥运史上供电保障“零失误、零事故”的最好成绩，极大地提高北京电网对重大活动的供电保障能力。组织完成电动汽车充电监控系统开发建设，有效支撑奥运会中心区电动汽车的成功示范运行。完成京津冀地区火电厂烟气排放管理信息系统建设，为保障奥运空气质量做出重要贡献。

【履行社会责任】 2008 年是极不平凡的一年，公司在一系列重大履责实践中彰显企业社会责任的厚重内涵。在抗灾救灾中，公司以最短时间恢复电力供应，以最快速度抢救人民生命财产，以最大努力减少灾害损失。在奥运保电中，公司创造前所未有的“零失误、零事故”奥运会供电纪录，赢得政府和社会的高度赞誉。公司在 2008 年《财富》全球 500 强企业社会责任排名中列第 55 位，是中国企业历史最好排名。

在抗灾救灾和奥运保电中，公司充分发挥大电网优势和集团化运作优势，最大限度地调集全系统资源，全力投入抗灾抢险和电网抢修。公司广大员工以高度的使命感和责任感，发扬不畏艰险、顽强拼搏的奉献精神，夺取重大胜利，以实际行动展现“特别负责任、特别能战斗、特别能吃苦、特别能奉献”的价值追求，书写“努力超越、追求卓越”的企业精神，诠释公司社会责任的生动内涵。公司及广大员工踊跃捐款捐物和缴纳特殊党费，积极奉献爱心，多名员工甚至付出宝贵的生命。

公司深刻体会到保障安全供电责任重大。以全球气候变化为背景的极端天气日趋增多，严重影响着电网的安全稳定运行，对社会公共安全构成威胁。公司积极开展针对不同气候条件的差异化设计，努力提高电网的科技防灾能力和应急管理能力，有效提升保障安全可靠供电的能力。编制《电网差异化设计指导意见》，修订《110kV～750kV 架空输电线路设计技术规定》，开发应对极端冰冻天气的融冰技术。加强应急组织领导机构建设，公司应急指挥中心建成，网省公司应急指挥中心建设全面启动，在四川公司开展应急调度一体化平台试点。全面提升应急处置能力，协调推进应急物资储备管理中心、应急队伍、应急电源、应急通信和三级备用调度建设。

公司加快建设以特高压电网为骨干网架、各级电网协调发展的坚强国家电网，成功投产世界上首个 1000kV 交流输变电工程，在远距离、大容量、低损耗的特高压核心技术和设备国产化方面实现重大突破，促进大煤电、大水电、大核电、大型可再生能源基地的集约化开发，大范围优化配置能源资源，为保障国家能源安全和电力可靠供应作出重大贡献。

公司提出并实践一系列重大社会责任倡议。从 2006 年开始实施“新农村、新电力、新服务”战略，大力推进农村“户户通电”工程，三年累计解决 112 万无电户、416 万人的通电问题。目前，公司经营区域除西藏外，全部实现“户户通电”。深入开展“优质服务进万家”、“金牌服务迎奥运”等重大活动，认真落实供电服务“十项承诺”“三公”调度“十项措施”、员工服务“十个不准”。坚持推进自主创新，掌握世界电网科技前沿技术，为创新型国家建设作出积极贡献。倡导低碳经济理念，推进全面环境管理，全方位落实环境保护和资源节约的要求，服务资源节约型、环境友好型社会建设，公司三峡—上海±500kV 直流输电工程获得中国政府环境最高奖——“国家环境友好工程”奖。积极倡导参与社会公益事业，设立“国家电网爱心基金”，规范化、制度化地开展慈善捐助，支持员工开展志愿服务活动，服务和谐社会建设。关注可持续发展标准，积极参与联合国“全球契约”十项原则、国际标准化组织社会责任国际标准 ISO26000、AA1000 原则标准和审验标准、全球报告倡议组织(GRI)可持续发展报告指南等重要标准的传播和修订。

【应对金融危机】

1. 大力增供扩销，控制欠费风险。规范和优化业扩流程，提高业扩报装效率，提升供电服务水平，加快新增客户早投产、早用电。加强计划检修管理，推行集中检修、状态检修，减少停电时间。实施积极灵活的增供扩销策略，深入挖掘城乡结合部、新建工业园区、经济开发区等供电潜在市场。建立电费回收预警机制，加强对重点行业、重点客户的动态监控，对可能形成坏账的电费及时采取行政、经济、法律等手段进行催收和保全。

2. 优化电网投资结构，科学安排投资计划。贯彻落实国家扩大内需的一系列重大举措，按照国务院提出的扩大投资要"突出重点、认真选择、加强管理、提高质量和效益"的要求，优选电网投资项目，优先保证特高压电网、跨区跨省输电和城乡电网改造等重点项目，避免重复建设和低效无效投入。严格控制资产负债率较高的网省公司扩大投资规模。

3. 加强运行维护及消耗指标管理。加强设备运行维护管理，大力推进状态检修，推广现场标准化作业，提高设备检修质量，有效降低检修费用。加强材料物资管理，认真开展清仓利库工作。高度重视各类拆换设备、配件的回收、修理、再利用，减少重复投入，降低材料消耗。

4. 大力压降管理成本。以管理费用压降为重点，确保可控管理费用比年初预算压降5%。加强对业务宣传、科研开发、中介咨询等项目的审批，减少无效支出。研究制定《差旅费管理办法》，统一开支标准。严格执行出国经费管理制度，从紧控制出国组团数量与规模，从严控制出国出境费用。

5. 创新融资方式、降低融资成本。扩大直接融资规模，优化债务结构，降低融资成本，增强资金保障能力。通过发行电网建设专项债券、短期融资券等方式，2008 年全年低成本直接融资近 1127 亿元。加强与商业银行的战略合作，争取稳定、可靠、优惠的授信支持，巩固公司资金备付渠道。

6. 实施稳健的财务政策，全面加强风险管理。根据内外部形势的变化，科学合理调整公司的财务经营策略，实事求是反映经济效益和财务状况的变化，加强对公司系统重要会计政策的统一管理。认真贯彻落实公司党组关于勤俭节约、增收节支的要求，坚持做紧预算、过紧日子，严格控制各类成本支出。应对更加复杂多变的经济、金融形势，加倍重视资金安全、财务安全和经营安全。加强资金集约化管理运作，保持适当的资金安全备付存量，确保公司资金流稳定。坚持依法理财，健全内部控制制度，加强内部财务监督。

（撰搞人：马伯榅）

中国南方电网有限责任公司

【基本概况】 2008 年是南方电网发展历程中极不平凡、极不寻常的一年，公司坚决贯彻落实党中央、国务院的决策部署，始终把国家利益和人民利益放在首位，发挥中央企业"顶梁柱"的作用，经受住一系列历史罕见的重大挑战和考验，夺取抗冰救灾的全面胜利，全力以赴支援抗震救灾，圆满完成奥运保供电任务。

公司成立 6 年累计完成电网建设投资 2134 亿元。售电量年均增长 14.3%，累计达到 22552 亿千瓦时。西电东送电量年均增长 31.8%，6 年累计达到 3814 亿千瓦时；其中广东受西电 3368 亿千瓦时，广西受西电 446 亿千瓦时，云南送出电量 618 亿千瓦时，贵州送出电量 1243 亿千瓦时。西电东送对保证广东、广西电力供应，促进东中西互联互动、经济社会协调发展发挥了重要的作用。

公司辖属的南方电网覆盖五省区，面积 100 万平方公里，供电总人口 2.3 亿人，占全国总人口的 17.8%；2008 年 GDP 总量 53361 亿元，占全国 GDP 总量的 17.8%；全社会用电最高负荷 9920 万千瓦，全社会用电量 5944 亿千瓦时。

南方电网东西跨度近 2000 公里，网内拥有水、煤、核、抽水蓄能、油、气、风力等多种电源，2008 年末总装机容量 1.4 亿千瓦（不含港澳），网内 220 千伏及以上输电线路总长 67691 公里，变电容量 25036 万千伏安。截至 2008 年底，西电东送已经形成"八交四直"（500 千伏天广、云广各两回，贵广交流四回；±500 千伏天广直流、三广直流各一回，贵广直流两回）12 条 500 千伏大通道，输电能力达到 1800 万千瓦，是 2002 年底的 5 倍。

【主要指标】 2008年电网保持安全稳定，主要生产运行指标持续向好。全网统调负荷最高达到8887万千瓦，增长13.7%。公司售电量达到4826亿千瓦时，增长4.9%；西电东送电量1058亿千瓦时，增长22.58%；调峰调频电厂发电量149.7亿千瓦时，增长2.1%。主营业务收入达到2842亿元，增长7.5%；利税总额291.4亿元。完成固定资产投资632亿元，其中电网建设投资478亿元，投产220千伏及以上输电线路7974公里，变电容量3076万千伏安。

截至年底，公司资产总额3837亿元，资产负债率63%。公司职工总数27万人，全员劳动生产率达到27.91万元/人。公司综合实力大幅提升，在世界500强企业中的排名逐年上升，2008年列第226位。

【抗冰保电】 战胜冰雪凝冻灾害，提高电网抗灾保障水平。2008年初艰苦卓绝的抗冰斗争磨砺南方电网。在危急关头，公司迅速动员一切力量，义无反顾地投入抗险救灾；仅用一个多月就完成原本需要半年修复的任务，向党和国家、向五省区人民交出一份合格答卷。2月份公司研究确定近期采取分线融冰、应急通信网建设、线路加固三大综合措施，中长期着重加强电网建设、优化电源电网规划和适当提高电网建设标准，系统地提高电网抗灾保障水平。经过近一年的努力，各项措施已按计划落实到位。自主研发直流融冰装置并配置到全网23个站点，建立覆冰在线监测和预警系统；建成应急通信网；投入17.4亿元，加固110千伏及以上线路127条、10千伏～35千伏线路638条；研究科学的设防标准，颁布公司线路设计技术规定。

汶川特大地震发生后，公司迅速响应中央的号召，像抗击冰灾一样不遗余力支援抗震救灾。派出支援小组赶赴灾区，干部职工踊跃捐款8975万元，捐款捐物累计达到1.3亿元。

圆满完成奥运保供电任务，提高重大活动保供电的组织水平。

【安全生产】 稳步推进安全生产体系化建设，提高了对大电网的驾驭水平。形成"体系化、规范化、指标化"的安全生产工作思路，初步建立评价安全生产管理水平的指标体系。"三体系、一机制"建设稳步推进，15个单位的试点工作初显成效。健全三级应急指挥机构，编制三级应急预案1560个，成功应对"黑格比"超强台风等自然灾害。落实各级电网风险控制措施，驾驭住南方电网这个世界上最复杂的电网。进一步强化二次系统管理，220千伏及以上保护正确动作率99.89%，同比提高0.06个百分点，直流故障再启动成功率提高了26个百分点。深入开展隐患治理年和安全生产百日督查活动。完成740个变电站运行标准化管理，开展输电线路运行管理标准化试点工作。国资委等三部委确定公司为创新型企业试点单位后，公司制定工作方案，全年科技投入12.7亿元，同比增长44%。国家重点科技项目"大容量、远距离交直流并联电网稳定技术开发"已通过验收；"特高压输变电系统开发与示范项目"已完成6个子课题，获授权专利6项，编写国家标准16项。昆明特高压基地试验线段投运。

【重大项目】 按期完成建设任务，提高电网优化发展水平。初步确定"十二五"西电东送规模，完成溪洛渡、糯扎渡电站至广东直流输电工程的可行性研究报告。克服冰灾对工期的影响，投产13项重点工程，西电东送形成"八交四直"大通道，输电能力超过1800万千瓦。云广特高压直流高端换流变通过型式试验，海南联网工程已开始海底电缆预敷设。出台重点工程管理及考核激励办法，全面推行电网建设标准化。投资14.6亿元，解决38个行政村、16.6万户无电人口的用电问题，广东、广西提前实现电网覆盖范围内的"户户通电"。

【走向海外】 南方电网是国内率先"走出去"的电网。南方电网公司是国务院确定的大湄公河次区域电力合作中方执行单位。从2004年9月份起，南方电网开始通过1条110千伏线路从云南向越南送电，2005年又新增3条110千伏线路分别从云南和广西向越南送电。2006年9月26日，我国最大的跨国电力联网工程——中越220千伏联网工程建成投产，南方电网开始采用两条220千伏线路向越南送电。2007年4月28日，第二个中越220千伏联网工程投产。至此，中国南方电网以3条220千伏和4条110千伏线路向越南送电，2007年送电量达到26.6亿千瓦时。另外，南方电网和香港电网通过4条400千伏线路及7条132千伏线路相联，与香港电力相互支援，互通有无;有4条220千伏和4条110千伏线路向澳门送电。2008年向越南送电32.7亿千瓦时;2008年建成220千伏对澳门送电第四通道,与澳门特区政府签订2010年后中长期电力合作框架协议。

【经营管理】 坚持过紧日子,提高节流开源水平。压缩费用开支,可控供电单位成本在预算基础上降低1.8个百分点,行政费用支出比预算减少5.3%。积极争取政策支持,国家在国有资本经营预算支出中安排公司灾后重建资本金33.4亿元。加强融资统一管理,公司整体授信额度增加至2690亿元,贷款利率均下浮10%。成功发行80亿元企业债券和50亿元短期融资券,年节约财务费用3.1亿元。努力化解欠费风险,应收电费余额与上年基本持平。积极配合监事会监督检查,结合国家审计署电力建设项目专项审计调查和国资委"三重一大"集体决策制度自查,对薄弱环节认真整改。开展资金管理和农电管理审计调查,纠正违规金额1.1亿元,促进增收节支3.1亿元。

加强内部管理,提高治企水平。公司系统继续按照"完善、规范、巩固、提高"的总体要求,持续改进各项管理工作。总部启用标准编写模版,编制修订62项技术、管理标准。落实"抓大放小"的原则,实施集团化运作、集约化发展和精细化管理。改进预算管理,推广应用预算模型,预算对经营活动的约束和引导作用进一步增强。引入经济增加值评价体系,建立投入产出管理机制。加大资金归集力度,加强总部的资金集中结算和直接支付。落实国资委《全面风险管理指引》,完善内控制度。实现对全网所有银行账户的实时监控,完成财务核算数据的集中。创建国际先进水平供电局工作效果初显,创建国内先进水平供电局试点工作开始起步,推动管理上水平。编制公司法治工作三年规划,开展重大法律纠纷案件的清理。县级供电企业中网公司级达标率提高23个百分点,农村供电营业所规范化管理达标率达到98%。股改上市工作取得阶段性成果,农电体制改革继续稳妥推进。

【节能减排】 落实发输配用环节的降耗措施,提高节能减排工作水平。积极推进节能发电调度,通过优先吸纳水电、火电按能耗排序发电等措施,灵活配置电力资源,全年水电发电量同比增长33%,购水电比重提高5.4个百分点,消纳富余水电87.8亿千瓦时,未发生调度和经济原因弃水;折合减少标煤消耗361万吨,相应减少二氧化硫排放6.9万吨。贵州、广东成为全国前两个正式启动节能发电调度试运行的省份。配合政府关停小火电机组327万千瓦。抓好线损"四分"管理,完成5314台高损配变改造,全年综合线损率6.68%,下降0.22个百分点。"绿色行动"向纵深推进,累计为2512家企业开展节能诊断,有580家已完成改造,平均节电率达到8.2%。

【队伍建设】 全面深入地开展干部考核考察工作,提高领导班子和人才队伍建设水平。公司用半年时间对党组管理的领导班子、领导干部和后备干部进行考核考察,收到很好的效果。进一步完善"四好"班子建设责任制考核评价办法,深入推进地市级和县级供电企业"四好"班子建设上水平。各级领导班子对"和而不同"有了统一的认识,更加团结和谐,战斗力更强,得到广大干部职工的充分认可。制定教育培训新的五年规划,强化培训管理和目标考核。加大一线员工的培训力度,制定指导意见,突出抓好班组长培训及员工专业技能培训、普考和竞赛。全员培训覆盖率93.9%,培训积分达标率88.7%;培训班组长1.3万人次,培训一线员工31万人次,用于一线员工的培训经费占总经费的75%。

【精神文明】 以改革创新精神加强党的建设,提高精神文明建设水平。坚持不懈地抓好理论学习,学习内容更广,实际效果更好。研发党建管理信息系统,基层单位"双创建、双连心"、"支部联建"、"三讲一进"等活动特色鲜明。贯彻落实中央《建立健全惩治和预防腐败体系2008～2012年工作规划》,制订公司实施办法和分工方案。开展落实国有企业领导人员廉洁自律"七项要求"的监督检查及述廉议廉等活动。大力推进诚信体系建设,全面推行"双合同"制度。充分发挥主流新闻媒体和内外部载体的作用,大力宣传和弘扬抗灾精神。推进企业文化建设,南网方略在抗击自然灾害、迎峰度夏、应对金融危机中发挥精神支柱作用。召开全系统第一次职代会和团代会,更好地发挥了职工民主管理的作用和青年团员的生力军作用。高度重视信访维稳工作,维护队伍稳定和社会稳定。公司系统涌现出一大批先进典型,获得的荣誉为历年最多。其中，中华慈善奖、全国“五一”劳动奖状奖章、全国文明单位等国家级集体荣誉87个、个人荣誉26个，省部级集体荣誉197个、个人荣誉230个。

（撰稿人：安华云）

中国华能集团公司

【基本概况】 2008年，在前所未有的巨大困难和挑战面前，华能全面贯彻党中央、国务院的重大部署，认真落实国资委等上级单位的具体要求，团结一致，奋力拼搏，装机规模突破8000万千瓦，销售收入超过1500亿元，为在中国发电企业中领先进入世界企业500强打下基础，在建设具有国际竞争力大企业集团的道路上迈出坚实的步伐，为国民经济平稳较快发展做出重要贡献。主要体现在：抗击自然灾害取得重大胜利，安全生产总体保持稳定，经营管理不断加强，企业发展实现新突破，基本建设取得新成绩，节能减排取得新进展，技术创新取得新进步，管理革命工作积极推进，党的建设、队伍建设和党风廉政建设进一步加强，履行社会责任取得新成效。

截至2008年底，拥有境内外全资及控股电厂装机容量8586万千瓦，同比增长19.97%，其中国内装机容量约占全国装机容量的10.5%；国内装机累计完成发电量3645亿千瓦时，同比增长11.5%，约占全国发电量的10.6%；煤炭生产能力达到2724万吨/年；实现销售收入1513亿元，同比增长30.9%；较好地完成国资委业绩考核指标；完成供电煤耗333.57克/千瓦时，同比下降3.73克/千瓦时；投产新机724.5万千瓦。

【主要指标】 面对前所未有的经营困难，公司坚持内抓管理、挖掘潜力、外创环境、争取政策的经营方针，完善指标、考核和薪酬三位一体的绩效管理体系，加强市场研究，深化经营分析，强化预算管理，建立对标通报制度，努力保持经营工作平稳运行。“三电”工作得到加强，成本费用控制取得实效，最大限度地减少亏损，部分企业保持较好的盈利态势。

中国华能集团公司主要经济指标

项　目	2007年	2008年
资产总额（亿元）	3743.05	4635.94
营业收入（亿元）	1116.28	1513.75

【改革发展】 前期工作取得新的进展。全年完成核准电力项目768万千瓦、煤矿项目500万吨/年，储备大量优质风场资源。电源结构继续优化。全年投产水电、风电208.31万千瓦，风电装机突破100万千瓦，水电、风电总装机达到631万千瓦，在总装机中的比例提高1.7个百分点；生物质能和光伏发电开发建设顺利推进。电煤路港运一体化顺利推进。在加快蒙东、呼伦贝尔煤电基地建设的同时，蒙西、甘肃、陕西等地煤炭项目开发全面铺开，开拓煤炭资源取得重要进展，积极参股建设蒙冀、天平、西平等铁路项目，加强天津、京唐、营口港的合作开发，运力达到160万载重吨，瑞宁航运公司完成组建。国内资产收购取得重大进展。

公司制定《关于继续推进管理革命完善公司管理体系的意见》，为完善管理体系奠定基础。坚持以省为实体，整合在山东、甘肃等区域的电力能源项目，加快区域公司建设步伐，进一步完善区域布局和管理格局。制订、修订《企业重大事项决策暂行规定》等有关制度，管理制度更加健全。以风险防范为重点的内控体系建设全面启动，风险评估和风险应对能力得到加强。在2008年全国电力行业企业管理创新成果评选中，公司有3项成果获得一等奖。

【重大项目】 华能上安电厂投产首台国产60万千瓦超临界空冷机组，节能节水环保效果十分显著；华能瑞金电厂投产首台国产35万千瓦超临界机组；华能巢湖电厂投产的60万千瓦超临界燃煤机组，单位造价和单位占地面积达到国内同类型机组领先水平；华能景洪水电站实现“一年三投”，揭开澜沧江流域大型水电机组大规模投产的序幕；华能阜新一期、灰腾梁一期和文昌一期等风电项目投产发电，创公司风电投产规模历史最好水平。小湾工程大坝混凝土浇筑持续高产、稳产，引水发电系统有序推进，实现导流洞下闸蓄水目标。华能玉环电厂一期工程获得2008年国家优质工程金奖；华能小天都电站、淮阴电厂三期、鹤岗电厂二期、威海风电场获得国家优质工程银奖。

【走向海外】 实施“走出去”战略迈出新步伐。公司成功竞购新加坡大士能源公司100%的股权，成为新加坡发电和电力零售市场的重要参与者；缅甸瑞丽江一级水电站投产新机40万千瓦，在探索境外能源合作开发上开辟新的途径；澳洲电力项目继续实现良好投资回报。

【重大创新】 进一步完善创新体系。科技事业部（技术创新中心）完成组建，华能北京温室气体减排实验室在北京市科委备案，华能上海电气温室气体减排研究中心组建协议正式签订。一批重大科研项目取得新的进展。国家重大技术装备研制项目大型循环硫化床锅炉研制通过项目验收；“十一五”863项目高温高尘型烟气脱硝系统关键技术开发已经完成；公司在北京热电厂建设的3000吨/年二氧化碳捕集试验示范装置，于奥运会前成功投运。前沿发电技术示范项目积极推进。国家科技重大专项依托项目华能石岛湾高温气冷堆核电示范工程，实施方案得到国务院批准，前期工作全面开展，并已上报核准；“十一五”863重大项目依托工程华能绿色煤电天津IGCC示范项目，获准开展前期工作，并已启动核准程序。北方公司与科研单位合作，成功实施500千伏系统串补投运与次同步谐振抑制效果的联合试验。

【履行社会责任】 履行社会责任取得新成效。进一步健全社会责任管理体系，制定《履行社会责任行动指引》，发布《2007年可持续发展报告》。履行社会责任工作，得到联合国全球契约组织、国资委、中企联等有关单位专家的高度赞扬。积极捐款捐物，支援灾区抗灾救灾和恢复重建，冰冻灾害期间公司总部向受灾严重的湖南等八个省区累计捐款约1100万元，地震灾害期间公司系统向四川等地捐款7900多万元。与东方电气签订约45亿元的设备订单，支持他们自救重建。积极推进社会主义新农村建设，扎实做好定点扶贫和援疆、援藏工作；向山西贫困地区投入1000万元，支持中小学危房改造；澜沧江“百千万工程”和四川“哺农惠民工程”顺利推进，促进当地经济社会发展。

【应对金融危机】 面对金融危机带来的巨大挑战，华能采取多项措施积极应对。千方百计争取电量，加强营销管理，做好控亏、减亏工作。千方百计控制煤价，加强煤炭管理，尽最大努力降低燃料成本。进一步落实过紧日子的思想，加强成本管理，全力压缩运营成本，严格控制费用支出。切实加强资金管理，防范资金风险。进一步加强节能管理，落实各项节能措施，全面完成节能减排年度目标。认真履行“政治、社会、经济、安全、环保”五项责任，努力提升“安全、效益、发展”三大绩效。

【其他工作】 抗击自然灾害取得重大胜利。面对雨雪冰冻灾害和四川汶川特大地震灾害，集团公司迅速组织、周密部署，领导干部深入一线、靠前指挥，全体员工众志成城、迎难而上，不惜代价保证电煤供应和安全稳定发电，全力以赴开展抗震救灾工作，最大限度地挽救受灾群众生命，最大限度地减低灾害造成的损失，最大限度地保障电力安全供应，夺取抗击雨雪冰冻灾害和汶川特大地震灾害斗争的重大胜利。在抗击灾害斗争中，涌现一批先进单位和先进个人。原沁北电厂副总经理郝法鹏等2位同志，被国资委授予抗击雨雪冰冻灾害先进个人；太平驿水电公司党委书记、总经理程洪同志，被授予全国抗震救灾模范等荣誉称号；太平驿水电公司大坝排险突击队被全国总工会授予抗震救灾重建家园工人先锋号。

节能减排取得新进展。公司加大技改投入，落实节能降耗措施，严格执行新建机组环保设施“三同时”制度，扎实推进节约环保型企业创建工作，全面完成节能减排年度目标和奥运会空气质量保障任务。列入“千家企业节能行动”的19个电厂，完成节能量约116万吨标准煤，完成年度分解目标的192%。二氧化硫排放总量继续下降。2008年华能有51台、1892.4万千瓦的脱硫装置投入运行。截至2008年底，华能安装脱硫设施的机组容量达到6003.4万千瓦，占燃煤机组容量的86.3%。2008年关停小火电机组12台、85.9万千瓦，累计关停小火电机组325.025万千瓦，完成“十一五”关停小火电机组责任书规定关停容量的129%。玉环电厂被国家环保部命名为“国家环境友好工程”。

（撰稿人：杨德邦）

中国大唐集团公司

【基本概况】 2008年,面对突如其来的南方雨雪冰冻灾害和汶川特大地震、艰巨的奥运保电任务、国际金融危机对实体经济影响持续加深以及组建以来最严峻的经营形势等前所未有的困难和挑战,中国大唐集团公司党组顾全大局、沉着应对,始终毫不动摇地坚持以科学发展观统领全局,坚定不移地贯彻执行党中央、国务院的部署,全面自觉地履行社会责任,按照"围绕一个目标,促进两个协调,健全三个机制,实现两个突破"的工作思路和"环保年"的要求,扎扎实实地推进各项工作,圆满完成抗击雨雪冰冻灾害、抗震救灾和奥运保电等各项重大任务,保持安全生产稳定局面,加快发展与结构调整步伐,促进资源节约型和环境友好型企业建设,取得组建以来发展速度最快、结构调整最为突出、节能减排成效最为显著的优异成绩,为提前实现发展战略第二阶段目标奠定坚实的基础,在集团公司发展史上写下闪光的一页。集团公司发电装机规模突破8000万kW,达到8242.03万kW;全年投产机组63台1375.36万kW,居全国同行业之首,也创造集团公司组建以来年度投产容量新高,特别是电源结构和机组结构进一步优化,60万kW等级及以上火电机组占全部火电机组的比例达到42.5%,纯凝机组平均单机容量达到33.27万kW;水电装机规模突破1000万kW,达到1365.47万kW,居五大发电集团之首;风电装机规模突破200万kW,达到215.42万kW;与此同时,核电和生物质能、太阳能发电都实现"零"的突破。建成装机容量67万kW的世界最大的赛罕坝风电场和装机容量540万kW国内最大的燃煤电厂——托克托发电厂。集团公司社会影响力进一步扩大,正式加入联合国全球契约组织,并发布第二份社会责任报告,得到国内众多媒体和国际评估机构的积极评价。2008年集团公司还荣获"中华慈善奖"和"改革开放30周年最具责任感企业"荣誉称号,树立负责任的中央企业形象,打造"中国大唐"品牌,进一步提高集团公司的美誉度和社会影响力。

【主要指标】 2008年主要指标完成情况(直属、全资、控股口径)。

安全生产:没有发生重大及以上人身、设备事故,没有发生恶性误操作事故。发生一般设备事故4起,较同期减少1起;发生2起人身伤亡事故,造成1人死亡4人重伤。

全年发生非计划停运101次,平均0.37次/台年,累计5445h,同比增加1次,台均上升0.1次/台年,累计增加1829h;完成等效可用系数93.76%。有2台60万kW机组、3台30万kW机组被国家电力监管委员会授予"金牌机组"荣誉称号。

装机容量:达到8242.03万kW,同比增长27.15%,比集团公司2002年底组建时增加5857.28万kW,增长245.61%,年均增长22.96%。按机组属性分,火电机组6661.10万kW,占总容量的80.82%;水电机组装机规模突破1000万kW,达到1365.46万kW,占总容量的16.57%,比组建时增长403.49%,为集团公司组建以来的最好水平;风电机组装机规模突破200万kW,达到215.42万kW,占总容量的2.61%。按火电机组容量分,60万kW级机组47台2830万kW,占火电机组总容量的42.49%;30万kW级机组74台2300万kW,占火电机组总容量的34.52%;纯凝汽机组平均单机容量达到33.27万kW。

发电量:达到3529.56亿kWh,同比增长15.82%,比全国平均增长率5.5%高出10.32个百分点,比集团公司2002年底组建时增加2355.09亿kWh,增长200.52%,年均增长20.13%。

发电设备平均利用小时:完成4917h,同比下降462h,比全国发电设备平均利用小时多240h,其中火电设备利用小时5048h,比全国火电设备平均利用小时高137h。

供电煤耗:完成335.15g/kWh,同比降低7.79g/kWh,比全国平均水平349.35g/kWh低14.2g/kWh,比集团公司2002年底组建时降低36.03g/kWh,年均降低6g/kWh。六年共节约标煤2650万t,折合原煤3580万t。

综合厂用电率:完成6.40%,同比下降0.02个百分点,比集团公司2002年底组建时下降0.92个百分点。

销售收入：实现 1026 亿元，同比增长 18.50%，2002～2007 年各容量等级火电机组比重比集团公司 2002 年底组建时增加 753.40 亿元，增长 276.38%，年均增长 24.72%。

资产总额：达到 4120 亿元，同比增长 39.50%，比集团公司 2002 年底组建时增加 3183 亿元，增长 339.70%，年均增长 27.99%。

新投产机组：1375.36 万 kW。

新开工规模：1167.81 万 kW。

期末在建规模：1314.76 万 kW。

【改革发展】 2008 年公司装机规模达到 8242.027 万 kW，其中：火电装机 6661.1 万 kW，占 80.82%；水电装机 1365.457 万 kW，占 16.57%；风电装机 215.42 万 kW，占 2.61%。火电机组结构进一步优化，与组建初期相比，纯凝机组平均单机容量从 17.89 万 kW 上升到 33.27 万 kW；60 万 kW 级火电机组从 2 台增加到 47 台，所占比重上升到 42.5%；30 万 kW 级及以上火电机组的比重由 52.99% 上升到 77.05%；热电联产机组容量从 360.2 万 kW 增加到 1405.3 万 kW。2008 年集团公司在核电、太阳能发电、生物质能发电、垃圾发电等方面取得"零"的突破；水电装机容量从组建时的 271.20 万 kW 增加到 1365.47 万 kW，增长 4 倍以上，居五大发电集团之首；风电从"零"起步，装机容量达到 215.42 万 kW，为五大发电集团第二；清洁能源和可再生能源比重从组建时的 11.37% 提高到 19.22%。集团公司在役和在建资产分布由 14 个省（区、市）扩大到 28 个省（区、市）。受结构优化等因素的影响，供电煤耗完成 335.15g/kWh，同比降低 7.79g/kWh，比组建时降低 36.03g/kWh。

2008 年，集团公司深入研究国家宏观经济政策和电力发展形势，及时把握住国家的政策机遇，到年底共完成 54 个项目总计 1250.39 万 kW 容量的核准工作，核准容量不仅超额完成了 1039.7 万 kW 全年计划任务，而且创造集团公司组建以来历年核准项目容量最多的新纪录。在已核准开工项目中，可再生能源项目约占核准总量的 30%；在火电核准容量中，超超临界机组占 30%，热电联产机组占 43%。电源结构进一步优化。

2008 年底，集团公司完成前期工作并上报国家发展改革委等待核准的项目 13 项，创造集团公司组建以来的新纪录，取得路条项目 7 项，年末正在申请路条的项目 9 项。基本实现"核准一批、上报一批、储备一批"，合理有序的电源项目开发梯队已经逐步形成。

2008 年，集团公司积极把握"上大压小"政策机遇，把握小机组关停的发展良机，不断挖掘"上大压小"潜力，反复优化"上大压小"实施方案，充分利用每一千瓦的关停容量建设项目，"上大压小"成效显著。在"上大压小"实施过程中，有序开展新项目前期工作，通过"压小"有力促进"上大"项目的核准。同时，集团公司与地方政府积极合作，通过关停地方小机组容量争取更多的建设项目。

进一步健全和完善三级责任主体的集团化管理体制和运行机制。根据集团公司多元化快速发展的需要，集团公司本部增设核电部，新组建大唐山东发电有限公司、中国大唐集团技术经济研究院、中国大唐集团煤业有限公司等 3 家分支机构，三级责任主体的集团化管理体制得到进一步完善。

截至 2008 年底，集团公司共有二级上市公司 3 家、分公司 6 家，省发电公司 7 家，直管二人单位 2 家，专业公司 7 家，基层企业 243 家。

引入竞争机制，探索规范化、市场化的人才引进模式。2008 年以推进劳动组织的科学化管理为目标，努力构建精简高效的组织机构体系，探索竞争有序的人才引进模式，完善科学合理的管理制度，促进标准化、规范化的基础工作。扩大集团公司系统内、外公开招聘，竞争上岗的范围和岗位数量。依托集团公司网站和人力资源管理信息系统组织实施 20 多家二级和基层企业的系统内、外公开招聘，涉及岗位 200 多个；集团公司还组织公司系统 60 多家用人单位在长沙理工大学、华北电力大学、东北电力大学等重点院校举办毕业生专场招聘会，参加清华大学组织的能源企业专场招聘会，加强集团公司与高等院校的合作，树立集团公司的整体形象，积极探索人才引进和储备的有效途径。

工效挂钩管理。2008 年，集团公司根据国务院国资委有关文件要求，试行工资总额预算管理办法。集团公司严格执行国家的宏观调控政策，在坚持"两低于"的原则下，结合 2008 年总体经济形势以及集团公司各企业的生产经营、经济效益和内部工资分配的实际情况，对各企业2008年度的工资使用计划进行合理调整，采取总量平衡、人均控制、调整结构、优化支出等措施，员工收入基本得到保障，起到稳定职工队伍的作用。制定集团公司2008年度工资总额分解方案，为进一步规范工资总量和工资分配工作提供制度上的保障。同时，为提高企业经济效益，增强企业市场竞争能力，建立和完善与现代企业制度相适应的企业分配调控体系，出台《中国大唐集团公司关于加强人工成本管理的指导意见》。

绩效考核体系建设。2008年，进一步加强三级责任主体企业负责人责任制考核体系建设。对企业各级领导班子，在资产经营、安全生产、党风廉政建设责任制考核的基础上，按照企业负责人薪酬管理办法，加大对领导人员业绩考核激励的力度，并对节能减排和项目核准完成情况进行单独考核。对“112人才”建立专项津贴，对获得国家级、行业级、央企级等表彰和荣誉的优秀人才给予特殊奖励，并适时建立科技项目奖励制度；对技术、技能竞赛拔尖人才给予奖励的同时，建立优秀人才长期激励计划，并对生产技能津贴、艰苦津贴、海外项目补助等新的人才激励措施进行广泛调研和研讨。起草制定《中国大唐集团公司生产技能津贴暂行办法》，印制下发《中国大唐集团公司所属企业负责人2008年度责任制考核管理办法》。通过一系列制度的建立，促进集团公司年度经营目标的完成。

工资制度改革。努力发挥薪酬对人才激励的主导作用，进一步完善以岗位薪点工资制为主的分配形式，对生产一线运行岗位关键员工的收入分配进行适当倾斜。以市场人才价格做参考，对金融、物流、环保等方面的专业人才，实行薪酬激励模式的尝试。

【重大项目】 龙滩水电工程。龙滩水电开发有限公司龙滩水电站位于广西壮族自治区天峨县境内的红水河上，坝址距天峨县城15km，坝址以上流域面积98500km²，占红水河流域面积的71%，规划总装机容量630万kW，安装9台70万kW的水轮发电机组。工程以发电为主，兼有防洪、航运等综合效益。本工程为I等工程，工程规模为大(I)型，主要建筑物均为目前世界之最。工程按正常蓄水位400m规划设计，初期按375m建设，装机容量分别为630万kW与490万kW，单台机组容量70万kW，工程初期投资327亿元。是红水河梯级开发中的龙头骨干控制性工程，是国家西部大开发十大标志性工程和“西电东送”战略项目之一。

截至2008年底累计发电量已超过215亿kWh，机组安全运行642天，机组台年平均运行小时为6394.53h，机组等效可用系数为95.92%，平均耗水率3.093/kWh，水量利用率96.65%。实现机组“即投产、即稳定、即盈利”的各项目标，实现全年质量安全零事故；主体土建单元工程优良率93.4%，合格率100%，分部工程优良率98%，机电安装工程优良率100%。

重庆乌江彭水水电站工程。重庆乌江彭水水电站位于重庆市与贵州省交界的彭水县境内，是乌江干流开发规划的第十个梯级水电站，是乌江上大型电站之一，是国家十五规划项目，也是重庆市规划的十五重点能源项目。

水电站总装机容量为175万kW，共安装5台35万kW混流式水轮发电机组。工程于2005年9月28日正式开工。公司紧紧围绕工程的安全、质量、工期和造价四个核心，发扬务实和谐、同心跨越的大唐企业精神，精心组织科学管理，工程于2004年12月22日实现大江截流，2008年1月12日下闸蓄水，5台机组分别于2008年2月22日、2月28日、5月15日、9月14日、12月16日顺利通过72h试运行移交商业运行，顺利实现了一年“五投”任务。从2008年年初的2月6日首台机组成功并网发电，到第五台机组商业运行，前后历时仅10个月，创造国内大型水电机组连续建成投产的最快速度。

云南大唐国际李仙江流域水电开发有限公司。李仙江属红河水系，为其一级支流。李仙江干流在云南省境内河道长473km，天然落差1790m，流域南北长约330km，东西宽度北端约35km，南端约85km，形成北窄南宽的帚状地形。流域多年平均降水在1100mm～3000mm之间，年均水面蒸发量1000mm～1400mm之间。由于垂直高差大以及南北纬度的不同，形成南温带、北、中、南亚热带、北热带五个气候带的特殊气候环境。云南大唐国际李仙江流域水电开发有限公司于2002年10月18日在云南省思茅市成立，股东有三家：大唐国际发电股份有限公司、北京国电安融能源投资有限公司和思茅国有资产经营有限责任公司，股权比例分别为70%、25%和5%。李仙江流域由昆明勘测设计院规划分七个梯级开发，分别是崖羊山、石门坎、龙马、居甫渡、戈兰滩、土卡河电站。除石门坎外，其余各级均投产发电。崖羊山水电站是七级电站开发方案的龙头工程，工程等别为Ⅱ等大(2)型，主要建筑物—拦河坝、泄洪建筑物为2级，引水发电建筑物、冲沙建筑物为3级建筑物。枢组由混凝土面板堆石坝、左岸岸边式溢洪道、右岸泄洪（兼导流）洞、冲沙洞、引水发电系统及升压站等组成。设计最大坝高88m，总库容2.47亿m^3，季调节水库，正常蓄水位835m；装机容量12万kW(2×6万kW)，年发电量4.99亿kWh。

2006年9月并网发电，工程较好的控制安全、质量、进度、造价等建设目标。该工程投产运行以来，机组运行稳定，水工建筑物各项原型观监测数据正常。截至2008年底工程累计发电量超过18亿kWh，2008年机组台年平均运行小时为4267.67h，机组等效可用系数为97.21%，平均耗水率6.5/kWh，水能利用率87.8%。

大唐七台河发电有限责任公司二期工程。大唐七台河发电有限责任公司位于黑龙江省重要煤炭生产基地七台河市新市区的东部，距市中心区5km。一期已建2台35万kW国产燃煤机组，两台机组于2000年和2001年相继投入商业运行。本期建设规模2×60万kW亚临界燃煤水冷国产发电机组。该工程于2007年12月27日由国家发展改革委（发改能源〔2007〕3655号）核准。

工程于2006年9月23日破土动工兴建，分别按各自里程碑要求完成施工任务，两台机组分别于2008年8月20日和12月19日完成168h试运。其中3号机组成为集团装机突破7000万kW的节点机组。两台机组工程总投资控制在36.7亿元，单位千瓦造价为3058元/kW，与目前国内同类型机组相比处于领先水平。脱硫运行实现和机组生产同步进行，真正做到环保“三同时”。

大唐韩城第二发电厂二期工程。大唐韩城第二发电厂系国家重点能源项目和20项兴陕工程之一，厂区位于陕西省韩城市龙门镇，东濒黄河，西临侯西铁路和108国道，京昆高速公路东侧，北距煤矿区5km～15km，具有取水、供煤和交通便利等优势。二期工程扩建安装两台60万kW亚临界空冷燃煤机组，同期配套建设脱硫工程。工程通过同步建设的330kV升压站禹信3、4线输送到渭南东信义变电站330侧，为陕西东部区域供电。

二期工程于2006年2月14日获得国家发展改革委核准，项目总投资41.9亿元，由中国大唐集团公司和陕西省投资集团（有限）公司共同投资建设，双方出资比例为60%和40%。

2006年8月19日正式开工。建设期间克服雨雪冰冻灾害、地震灾害的严重影响，两台机组分别于2008年6月27日和2008年8月7日完成168h满负荷试运，实现2008年双投目标，并荣获集团公司装机容量突破7000万kW贡献机组称号。工程投产后，大唐韩城第二发电有限责任公司总装机容量达到240万kW，成为大唐集团公司在陕的主力企业，为陕西电网注入新的活力。

大唐灞桥热电厂热电技改项目。大唐灞桥热电厂热电技改项目厂址位于陕西省西安市东郊。工程安装2台30万kW燃煤供热发电机组，同步配套脱硫设施。

工程总投资24.51亿元，由大唐陕西发电有限公司投资建设。工程于2007年5月30日正式开工建设，两台机组分别于2008年11月21日，28日完成168h试运工作。2台30万kW机组从并网到完成168h试运行，仅用20天时间，在全国电源建设投产项目中创下先例。目前大唐陕西发电有限公司总装机容量达到504万kW，为集团公司装机容量年内突破8000万kW作出贡献。

马鞍山当涂发电有限公司一期2×66万kW工程。马鞍山当涂发电有限公司一期工程位于安徽省马鞍山市当涂县境内长江右岸，规划装机容量2×66万kW+2×100万kW，一期工程2×66万kW机组采用超临界参数机组。

工程总投资45.4亿元人民币，由中国大唐集团公司全额投资。工程于2007年6月28日浇注第一罐混凝土，1号机组、2号机组分别于2008年12月15日和12月30日通过168h试运行。

大唐安庆生物质能发电有限公司2×1.5万kW工程。大唐安庆生物质能发电有限公司2×1.5万

kW 工程位于安徽省安庆市皖河农场，距安庆市主城区 18 公里，与怀宁、望江两县相交，采用一次规划，分期建设实施，本期为 2×75t/h 中温、中压秸秆锅炉、2×1.5 万 kW 凝汽式汽轮发电机组，并预留一炉一机的扩建空间及技术可能性。

项目于 2006 年 12 月 30 日获安徽省发改委核准（发改能源〔2006〕1119 号）。工程总投资为 27866 万元，由中国大唐集团公司、安徽津利电力发展有限公司、安徽省皖河农场、安庆横江实业（集团）公司按 65%、20%、10%、5%的比例共同投资建设。是安徽省和中国大唐集团公司共同开发、第一个开工建设、第一个投产的利用农作物秸秆作为燃料通过秸秆锅炉及汽轮机发电的生物质能项目。

工程于 2007 年 6 月 18 日正式开工建设，两台机组分别于 2008 年 7 月 3 日、9 月 9 日相继通过 72+24h 试运行。工程投产后，每年燃烧秸秆给当地农民增加 6000 万元左右的收入，还可减少棉秸秆等生物质浪费约 22 万 t，节约标煤 10 万 t 左右，减排二氧化碳 8 万 t。项目积极推进 CDM“碳资产”前期开发和后期运营管理工作，于 2008 年 4 月，通过国家发展改革委的核准，完成国内方面的许可手续；2008 年 11 月联合国审查员完成对项目相关数据的审核。

【并购重组】 2008 年，集团公司继续发挥资金优势，大力并购优良资产，迅速提高资产规模和装机容量，为加速进军世界 500 强提供有力保证。

集团公司全年共并购项目公司 12 个，其中发电项目 9 个，非电项目 3 个。发电项目控股容量 382.8 万 kW、权益容量 292.55 万 kW，按照建设阶段分：前期项目容量 55.78 万 kW（权益容量 28.45 万 kW），在建项目容量 27.92 万 kW（权益容量 22.63 万 kW），在役项目容量 299.1 万 kW（权益容量 241.47 万 kW）；按电源结构分：火电项目 205 万 kW（权益容量 164 万 kW）、水电项目 167.9 万 kW（权益容量 118.65 万 kW）、风电项目 9.9 万 kW（权益容量 9.9 万 kW）。具体是：集团公司收购山东黄岛电厂（控股容量 205 万 kW、权益容量 164 万 kW），大唐国际收购直冈拉卡水电站（控股容量 15.2 万 kW、权益容量 13.68 万 kW），桂冠电力收购苍溪江河公司水电项目（控股容量 5 万 kW、权益容量 4.28 万 kW）、香格里拉水电项目（在建容量 8.52 万 kW 和前期项目容量 43.78 万 kW、控股容量 52.3 万 kW 和权益容量 26.67 万 kW）和广能水电项目（在建容量 1.8 万 kW 和在役容量 69 万 kW、控股容量 70.8 万 kW 和权益容量 55.3 万 kW），云南分公司收购铁川桥水电项目（控股容量 4.2 万 kW、权益容量 4.2 万 kW）和柬埔寨斯登沃代水电项目（控股容量 12 万 kW、权益容量 6.12 万 kW），四川分公司收购城东水电项目（控股容量 8.4 万 kW、权益容量 8.4 万 kW），大唐赤峰赛罕坝风力发电有限公司收购富汇风电项目（控股容量 9.9 万 kW、权益容量 9.9 万 kW）。

非电项目 3 个，具体是：大唐国际收购孔兑沟煤矿项目（可采储量 8.88 亿 t）和多伦煤化工配套阜新污水处理厂项目，云南分公司收购柬埔寨金边—马德望输变电国家干线电网项目（302km）。

2008 年，集团公司先后全资和控股组建大唐呼伦贝尔化肥有限公司、大唐川北电力开发有限公司、大唐新疆能源开发有限公司、黑龙江龙唐电力投资有限公司、大唐山西电力燃料有限公司、大唐景泰风电有限责任公司、大唐黑龙江电力技术开发有限公司、大唐辽宁新能源有限责任公司、大唐呼伦贝尔能源开发有限公司、大唐（通辽）霍林河新能源有限公司、江苏大唐国际吕四港发电有限公司、陕西杉长胡家河矿业有限公司、大唐新疆呼图壁水电开发有限公司、大唐得荣唐电水电开发有限公司、大唐桦川风力发电有限公司和大唐昌图新能源有限公司等。

【走向海外】 柬埔寨斯登沃代水电站暨金边—马德望电网工程建设项目是中国在柬埔寨投资建设的最大工程项目，由中国大唐集团公司控股的云南东南亚经济技术投资实业有限公司投资 3.6 亿美元建设。其中，斯登沃代水电站位于柬埔寨西部菩萨省列文县欧桑乡，是柬埔寨工业矿业能源部规划开发西部水电资源、满足柬埔寨全国电力消费增长需求的重要电源点之一。电站总装机容量 12 万千瓦，分两级开发：第一级为坝后式电站，总装机 2 万千瓦；第二级为引水式电站，总装机 10 万千瓦，电站多年平均发电量为 4.55 亿千瓦时，年利用小时为 3989 小时。金边—马德望电网工程包括金边—菩萨—马德望输变电工程的输电线路工程和相关变电站工程，线路总长 294 千米，为柬埔寨国家电网规划的南干线。全线双回路同塔架设，预计2010年5月底竣工。

斯登沃代水电站和金边—马德望电网工程作为柬埔寨能源发展战略和国家电网建设的重要组成部分，是目前中柬两国政府最大的经济技术合作项目，也是中国大唐集团公司在柬埔寨投资建设的第一个电力项目。

2008年5月8日，柬埔寨斯登沃代水电站暨金边—马德望电网工程建设项目开工仪式在柬埔寨菩萨省230kV变电站工程现场举行，标志着中国大唐集团公司在实施国际化战略上取得新的重大突破，同时对促进柬埔寨能源开发和经济社会发展将产生重大而深远的影响。

【重大创新】 积极推进自主创新活动，努力提高集团公司核心竞争力。龙滩碾压混凝土大坝施工技术解决国内首次遇到的龙滩水电站大坝的施工难题；在借鉴国外技术基础上，自主研发的石灰石湿法脱硫技术以及国内首台最大出力的干式排渣机的研发与使用，促进集团公司清洁生产水平的提高；褐煤提质、多伦煤化工褐煤干燥、甲醇制丙烯工艺等新技术的研发应用，为集团公司产业结构的调整，多种产业的发展提供有力的保证；采用超滤和反渗透大流量海水淡化技术、贫瘦煤少油点火技术的研发使用促进资源节约水平的提高。积极推进《国家煤气化甲烷化关键技术与40亿m^3/年煤制天然气示范工程》的研究工作；中国水利电力物资有限公司与清华大学联合开发的“关于新建高效化石燃料并网发电”的CDM项目方法学获得联合国通过，这是我国第一个自主研发并经审核通过的方法学，实现中国自主开发方法学“零”的突破。

科技成果不断丰富。集团公司评选出《城市再生水直接用于电厂循环冷却水处理方案优化与运行试验研究》等9项科技成果为集团公司科技成果一等奖，《国内60万kW锅炉结构优化工程示范及技术研究》等16项科技成果为集团公司科技成果二等奖，《30万kW机组HP型磨煤机煤种适应性优化技术的研究与应用》等33项科技成果为集团公司科技成果三等奖。大唐国际发电股份有限公司《外海开敞海域围堤吹填工程集成创新技术研究与实践》《真空RB新型runback功能在60万kW空冷机组的技术研究与应用》被评为中国电力科技三等奖。云南大唐国际红河发电有限责任公司《30万kWCFB锅炉机组示范工程和国产化》被评为国家科技进步二等奖。

【履行社会责任】 2008年，集团公司始终毫不动摇地深入贯彻落实科学发展观，坚定不移地全面恪守“全球契约”十项原则，勤勉不懈地自觉履行社会责任，取得产业发展结构优化、安全生产局面稳定、节能减排效果显著、扭亏增盈成效良好的优异成绩，迈出优化发展、安全发展、清洁发展、节约发展和共同发展的新步伐。集团公司履行社会责任主要体现在以下几个方面。

始终把保障电力供应作为集团公司应尽的神圣职责，在极其困难的情况下保持安全生产的平稳态势。在巨大挑战和严峻考验面前，顾全大局、从容应对，攻坚克难、无私奉献，为抗击雨雪冰冻灾害和汶川特大地震灾害作出积极贡献，出色地完成奥运保电任务，再次展现大唐人强烈的责任感、使命感和奉献精神，彰显8万员工对社会的责任、对人民的挚爱和对事业的忠诚。

始终坚持速度、结构和质量的统一，在快速发展中实现结构的进一步优化和发展质量的进一步提高。集团公司继续保持又好又快发展的态势，发电装机规模突破8000万千瓦，水电装机规模率先突破1000万千瓦，风电装机规模突破200万千瓦。年度投产容量和水电机组投产容量位居全国同行业之首，电源结构、机组结构、产业结构、区域布局和境外发展达到组建以来最好水平。

始终坚持把节能减排作为促进科学发展的重要抓手，促进资源节约型和环境友好型企业建设。集团公司深入开展“环保年”活动，完善管理体制，健全考核体系，着力构建节能减排长效机制；积极兑现节能减排承诺，加大技术改造力度，加快落后产能淘汰清洁生产水平持续大幅提高；如期完成奥运空气质量保障项目，为绿色奥运作出积极贡献；积极推进循环经济产业化发展，废弃物综合利用率持续提高，消耗性指标和排放性指标继续大幅度下降。

始终把经济效益作为企业的中心工作，通过加大扭亏增盈力度保持企业持续稳定的经营局面。针对国际金融危机蔓延、电力增长放缓、电煤供应紧张等前所未有的严峻挑战，加大优化运行和市场营销力度，发电量增长较大幅度高于全国平均水平，营业收入突破1000亿元;加强预算管理和成本控制,深化经济活动分析,强化绩效考核,扭亏增盈取得显著成效;健全风险防控机制,严肃财经纪律,堵塞管理漏洞,确保企业经营安全。

始终秉承共建共享、共同发展的理念,和谐企业建设取得丰硕成果。集团公司全力维护员工合法权益,员工参与企业管理、实现个人价值的机制不断健全,健康安全得到有效保障,工作和生活条件显著改善;坚持发展成果回馈社会,通过扩大就业、社会公益、扶贫救灾等方式全方位促进地方经济发展和社区建设;坚持依法运作,合作共赢,国内外交流日益加深,合作领域进一步拓展,伙伴关系进一步巩固。

【应对金融危机】 全球性金融危机的蔓延,使我国发电企业的生产经营经受前所未有的重大挑战和严峻考验,面对复杂多变的国内外形势,集团公司顾全大局、沉着应对,始终毫不动摇地坚持以科学发展观统领全局,坚定不移地贯彻执行党中央、国务院提出的一系列政策措施,把思想和行动统一到党中央、国务院的重大决策和部署上来,切实增强责任感和使命感,统一思想,坚定信心,采取积极有效的应对措施,化“危”为“机”。

11月18日至19日,集团公司召开贯彻落实国务院省区市主要负责同志会议及国资委三季度经济形势通报会议精神会议暨应对国际金融危机研讨会,会议深入分析和研究探讨国际金融危机对我国电力行业及集团公司的影响,并结合实际情况提出集团公司应对国际金融危机的措施。集团公司本部各部门、系统各企业也迅速行动起来,积极研究和部署本企业应对金融危机的各项措施,努力克服生产经营中遇到的困难,确保完成全年各项任务。

在国际金融危机影响不断加剧、各种风险加大的情况下,集团公司系统各企业通过采取增发电量、降低燃料成本、强化预算管理、提高资金使用效率、控制投资风险等一系列有效措施,保持正常的生产秩序和生产经营稳定局面。截至2008年底,在全社会用电量增速大幅回落的情况下,集团公司火电设备利用小时达到5048小时,比全国平均水平高出137小时,全年完成发电量3529.56亿千瓦时,同比增长15.82%,比全国平均增速高10.64个百分点。营业收入突破1000亿元,达到1016亿元,同比增长17.19%;在煤炭价格大幅上涨,燃料成本增加180亿元的情况下,把亏损额控制在63.45亿元。

(撰稿人:孙占奎)

中国华电集团公司

【基本概况】 2008年,面对自然灾害严重、煤价大幅攀升、金融危机冲击等诸多难以预料、前所未有的重大挑战,中国华电集团公司(简称“中国华电”)以科学发展观为指导,全面落实公司年度、年中工作会议精神,同心同德,迎难而上,各项工作扎实推进,为国民经济平稳较快发展做出重要贡献。公司系统全年没有发生生产基建较大及以上安全事故,没有发生企业经营和领导人员违法和严重违纪案件,没有发生对公司形象和稳定造成不利影响事件。完成发电量2945亿千瓦时,同比增长14.06;主营业务收入886.62亿元,同比增长21.9%;供电煤耗340.4克/千瓦时,比上年下降6.71克/千瓦时;单位发电量烟尘、二氧化硫、氮氧化物排放量分别为0.55克/千瓦时、4.65克/千瓦时、1.95克/千瓦时。投产发电装机容量737.35万千瓦,关停小火电机组16台144.8万千瓦,控(参)股煤矿在建和投产规模2905万吨/年。

截至2008年底,中国华电装机容量6908万千瓦,其中火电5994.1万千瓦,占86.8%;水电876.21万千瓦,占12.7%;风电37.65万千瓦,占0.55%。总资产2900亿元人民币,资产主要分布在山东、贵州、黑龙江、四川、福建、江苏、湖北、内蒙古、新疆、安徽、宁夏、湖南、云南、浙江、陕西、河南、广西、辽宁、天津、上海、青海、河北、北京、山西、广东共25个省(自治区、直辖市),共有注册单位340个,其中基层发电企业163家。控股华电国际电力股份有限公司(1071.HK,600027.SH),华电能源电力股份有限公司(600726.SH),国电南京自动化股份有限公司(600268.SH),贵州黔源电力股份有限公司

(002039.SZ)等上市公司。荣获第五届"中华环境奖"、2008年度"中华慈善奖"、全国精神文明建设先进单位等荣誉。

【主要指标】

中国华电集团公司主要经济指标

项　　目	2007年	2008年	同比增长(%)
资产总额(亿元)	2421.9	2900.87	19.8
净资产(亿元)	422.2	349.22	−17.3
营业收入(亿元)	727.5	886.62	21.9
利润总额(亿元)	42	−68.81	−263.8
技术开发投入(亿元)	9455	12076	27.7
利税总额(亿元)	119.03	11.9	−90
全员劳动生产率(万元·人/年)	36.4	26.8	−26
净资产收益率(%)	5.92	−35.6	−703.4
总资产报酬率(%)	4.8	1.1	−77.1
国有资产保值增值率(%)	107.7	76.71	−28.8

【改革发展】　适应内外部形势的变化,深入推进内部改革创新,着力增强公司发展活力。创新燃料管理体制,建立起三级燃料管控体系,进一步明确各级燃料管理责任,优化管理流程,形成确保电煤供应的整体合力。调整集团区域管控模式,进一步明晰管理界面,理顺管理关系。深化企业内部改制工作,解决湖北襄樊公司、新疆喀什公司"一厂两制"问题。积极推进检修和运营体制改革,完成贵州区域水电、火电检修业务的整合,清理和规范区域公司、新建电厂兴办的辅业。加强资本运作,华电国际受让杭州半山等四家电厂股权,成功收购河北华瑞公司100%股权,华电能源完成对哈尔滨热电公司的增资扩股工作,黔源电力实现对北盘江公司绝对控股,国电南自通过收购南自机电等13家公司股权实现产业一体化整合,四家上市公司整体实力和控制力进一步增强。华鑫国际信托公司获得银监会筹建批复并完成工商注册。

坚定践行科学发展观,提出既注意合理的发展规模,更把着眼点和落脚点放在质量效益上的价值思维新理念;提出从单一发电集团向综合能源集团转变的集团新定位。同时还制订调整产业结构、优化资产布局、优化电源结构的"一调整、两优化"指导意见,出台沿海发展规划大纲,在资源丰富和市场条件好的地区规划打造一批大型产业集群,努力把国家能源发展战略和宏观调控政策的要求落到实处。坚持有保有压,对电源项目进行全面清理,加快推进发展质量高、效益前景好的项目,从严从紧控制竞争力、盈利能力不强的项目,坚决不上回报率过低的项目,对推动公司步入科学发展轨道进行有益尝试,取得积极成效。

加快结构调整步伐,加大在内蒙古、山西、陕西、新疆、宁夏等煤炭富集区域开发力度,年产1000万吨的不连沟煤矿开工建设,小纪汗、肖家洼、西黑山、淖毛湖煤矿开工准备有序推进,收购内蒙古大雁煤矿20%国有股权。陕西榆横项目取得重要进展,签订曹妃甸、呼伦贝尔等一批重要战略项目合作协议。推进产业延伸,投产年吞吐能力达1800万吨的福建可门储运中心#10、#11码头,参与石太、乌准和国家第三运煤大通道蒙冀铁路建设。印尼阿萨汉、南苏等海外项目扎实推进。加大电源项目前期工作力度,全球首台百万千瓦空冷超超临界机组灵武二期获得核准,公司大比例参股的福清核电开工建设,泸定和乌江、金沙江中游重点水电项目积极推进,怒江开发权得到巩固,金沙江上游开发前期规划正在稳步开展。加强工程管理,芜湖、蒲城等企业8台60万千瓦级火电机组投入运行,公司60万千瓦及以上机组增至34台,黔源光照百万千瓦级水电站实现“一年四投”，库仑、莱州风电和宿州生物质能等一批新能源项目顺利投产。邹县四期、潍坊二期、洪家渡水电站工程荣获鲁班奖，灵武一期、周宁水电站荣获国家优质工程银奖。

【走向海外】 积极响应中央“走出去”战略号召，确立了“以东南亚国家和地区为近期重点开发区域，适时向中亚、中东、非洲和拉美地区发展；以发展中国家为项目发展的主战场，逐步向工业化和中等发达国家、地区进军；有选择地与发达国家开展项目合作”的发展思路。截至2008年底，中国华电境外执行项目共三个，主要集中在印度尼西亚境内。分别为印度尼西亚阿萨汉一级水电站(2×90MW)项目、印度尼西亚印度拉玛燃煤自备电厂(2×30MW)项目和印度尼西亚拉法基电厂(2×16MW)项目。其中阿萨汉一级水电站为投资项目，位于印度尼西亚苏门答腊岛北部地区，距苏门答腊省棉兰市约130公里，是阿萨汉河流域梯级开发的第一级。该项目于2006年12月18日开工建设，2009年底两台机组具备投产发电条件。印度拉玛燃煤自备电厂为工程总承包(EPC)项目，位于印度尼西亚爪哇岛的普瓦卡塔省，厂址位于印尼首都雅加达以南约100公里处，是印度拉玛公司纺织厂的自备电厂，投运后向纺织厂提供电力和中低压工业抽汽。该项目于2008年3月1日完成移交工作，进入质保期。拉法基电厂为工程总承包(EPC)项目，位于印尼苏门答腊西北部的班达亚齐省，距亚奇市约15公里。项目于2007年1月25日正式开工，预计2009年2月机组投运。

经过连续大力开拓，中国华电与印度尼西亚政府及相关部门、能源电力企业建立良好的合作关系，初步确立具有一定优势的投资开发地位。与此同时，积极谋求产业延伸，密切关注跟踪当地煤炭资源领域的项目开发，并以在建项目为依托，逐步向俄罗斯、缅甸、越南、柬埔寨、老挝等国家的电力项目及相关业务进行拓展，努力为中国能源产业“走出去”战略贡献力量。

【节能减排】 深入贯彻国家节能减排工作一系列部署和要求，认真落实“十一五”节能减排目标规划。加强节能技改、节能技术应用和节能评价，大力推广微油点火、电机变频改造等技改项目，取得较好的节能效果。加强环保技术改造，新增脱硫机组21台、脱硝机组4台，单位发电量烟尘、二氧化硫和氮氧化物分别比成立时下降60%、58%和33%。清洁发展机制工作取得积极进展，18个项目获得国家发改委批准。全面推进科技创新，启动百万千瓦超超临界机组空冷技术等3项重大课题攻关，高压大容量变频调速系统项目成功申报国家“863”计划，安排节能降耗等科技项目75项，获得中国电力科技奖8项和全国电力企业管理创新奖12项。公司节能减排工作被中宣部、国资委确定为13家宣传典型之一，公司荣获全国环境保护领域最高奖项——第五届中华宝钢环境奖。

【履行社会责任】 2008年，在国家遭受严重冰雪和特大地震灾害的关键时刻，中国华电坚决贯彻落实党中央、国务院和国资委工作部署，在经营十分困难的情况下，不惜一切代价保人身、保设备、保发电，积极投身地方抢险救灾。各级领导快速反应、靠前指挥、精心组织，受灾企业的干部员工临危不惧、奋不顾身、全力应对，奋起开展抗灾自救，迅速恢复安全生产，保障灾区电力供应，经受住严峻考验，为战胜重大自然灾害做出突出贡献。中国华电在贵州、湖南、四川等受灾严重地区的企业，在危难之际发挥重要电源支撑作用。冰灾期间，中国华电在黔发电企业在电网解列成4个区域电网的情况下，一度支撑着其中3个区域电网的电源供应，最大时承担全省近70%的负荷；贵州华电大龙发电有限公司在59天的抗灾保电攻坚战中，经历3次“黑启动”，成功保住孤立运行的电网，创全国首例；中国华电在湖南的企业承担长沙地区50%的供电任务和湘西60%的用电负荷。汶川特大地震发生后，中国华电迅速启动应急预案，受重灾的四川宝珠寺水电站第一时间启动机组并网发电，为灾区提供有力的电力保证，被党中央、国务院和中央军委联合授予“全国抗震救灾英雄集体”称号。在两次抗击重大自然灾害的过程中，中国华电及所属企业弘扬“顾全大局、高度负责、拼搏奉献、勇挑重担”的抗灾保电精神，受到中央有关领导的充分肯定和灾区党委政府、社会各界的广泛赞扬。公司上下踊跃向灾区捐款6000多万元，交纳特殊党费600多万元，以实际行动支援全国抗灾工作。中国华电及所属上市公司华电国际电力股份有限公司荣获民政部2008年度

"中华慈善奖"。

围绕奥运保电和迎峰度夏等重大任务，中国华电系统各单位坚持"安全第一，预防为主，综合治理"的方针，加强组织领导，完善制度措施，狠抓责任落实，努力夯实安全生产基础。在北京奥运会、残奥会举办期间，认真落实奥运保电方案，在电煤价格大幅上涨、发电即亏损的情况下，千方百计保发电、保稳定，圆满完成奥运保电任务，切实履行经济、政治和社会责任。深入开展隐患治理年、安全生产百日督查和无违章创建活动，重点对大坝专项治理、发电生产、输煤系统等进行安全督查，累计排查各类隐患 1.8 万项，整改率达到 96%以上。加强运行和设备管理，强化技术监督和机组防"非停"措施落实，建立典型缺陷数据库和重大缺陷分析月报制度，抓好新投大机组运行管理，设备健康水平进一步提升。加强应急管理，完善应急管理机制和预案。华电北京热电、青岛发电公司、军粮城发电公司被国家电监会授予"奥运保电先进单位"称号。

【应对金融危机】 面对国际金融危机的严重冲击，中国华电以"对照先进、查错纠弊、持续改善、不断超越"为主题，有效开展对标管理年活动。坚持全员、全要素、全过程对标，将活动延伸到部门、班组和岗位，形成层层有指标、人人有目标的对标链条。根据系统和行业先进标杆值，建立以 52 个系统指标和 16 个行业指标为重点的指标体系，搭建起对标信息发布平台，形成较为规范健全的对标管理体系。把对标管理融入到项目前期、工程建设和发电运营全过程，推进各个环节技术措施、管理制度和运营方式的改进提升，促进主要经济指标的进一步优化，综合供电煤耗同比下降 6.2 克/千瓦时，综合厂用电率同比下降 0.07 个百分点，单位容量材料费和修理费同比分别下降 6%和 8%。公司对标管理的经验得到国资委充分肯定。

面对利润大幅下降的不利局面，中国华电坚持眼睛向内，深入挖潜，确立"控亏、减亏、扭亏"工作重点，连续召开经济活动分析会、经营目标汇报会，研究扭亏增盈措施。先后组织两批专门调研组，由公司领导分别带队，到基层企业特别是系统内 8 家亏损严重企业进行深入调研，查找亏损深层原因。成立学习实践科学发展观试点和生产经营两类 8 个指导小组，进驻企业帮助指导控亏、减亏和扭亏工作，解决一批长期困扰企业经营发展的难点问题。公司上下树立"过紧日子"思想，从紧从严控制各项费用，干部带头降低薪酬，年度预算可控费用压缩 10%。

在融资环境十分严峻的情况下，中国华电不断拓宽融资渠道，积极运用短期融资券、中期票据、信托资金、保险资金等形式多渠道筹措资金，成功发行两期中期票据共募集资金 40 亿元。加强资金预算和集中管理，资金运作平台的功能和效率得到进一步提升，做好公司资金平衡，有效地保障资金衔接和重要发展项目资金需求。高度重视财务风险管理，制订资金应急预案，开展"一改三查"活动，集中清理经济合同，切实维护公司信用安全。完善内控机制建设，集中开展管理制度、燃油专项审计和规范关联交易、关停小机组资产处置效能监察等工作，配合国务院派驻公司监事会和国家审计署做好各类监督检查工作。加强法制建设，制订法制建设三年规划，召开公司系统首次法制工作会议，加大合同审查和法律风险防范工作力度，开展"六个一"系列普法活动，促进企业依法经营。

（撰稿人：陈洪治）

中国国电集团公司

【基本概况】 中国国电集团公司（以下简称"中国国电"）是在原国家电力公司部分企事业单位基础上组建的国有企业，是电力体制改革后国务院批准成立的五大全国性发电企业集团之一，是经国务院同意进行国家授权投资的机构和国家控股公司试点企业，注册资本金 120 亿元人民币。

2008 年以来，中国国电按照"责任层层传递、管理重心前移、法人治理完善、机构精干高效"的原则，管理体制由"两级法人、分层授权、垂直管理"的扁平化组织架构向"三级管理、省为实体"转变，进一步明确管理界面。至 2008 年末，设有 14 个分支机构，拥有 14 家全资企业、7 家内部核算单位、36 家控股（含直管）企业、10 家参股企业和 78 个筹建处，员工人数近

11万人；拥有国电电力发展股份有限公司、长源电力股份有限公司、内蒙古平庄能源股份有限公司、宁夏英力特化工股份有限公司四家国内A股上市公司；初步形成了以发电为主体，煤炭、科技环保、物资物流、金融等相关产业协同发展的格局。截至2008年底，中国国电可控装机容量为7023.58万千瓦，其中，火电装机容量6266.95万千瓦，占89.23%，水电装机容量464.94万千瓦，占6.62%，风电装机容量287.79万千瓦，占4.10%，其他机组3.9万千瓦，占0.06%。电源基地遍布全国29个省、市、自治区。

【主要指标】 2008年，中国国电可控装机容量达到7023.5万千瓦，同比增长16.9%。完成发电量2978亿千瓦时，同比增长12.3%；供热量7919万吉焦，同比增长19.7%；供电煤耗340.5克/千瓦时，同比下降7.5克/千瓦时；发电厂用电率6.07%，同比降低0.16个百分点。煤炭产量2291万吨，控股煤炭资源储量89亿吨。实现销售收入945亿元，同比增长28.17%；资产总额3078亿元，同比增长25.07%。

中国国电集团公司主要经济指标

项　　目	2007年	2008年	同比增长(%)
资产总额(亿元)	2461	3078	25.07
营业收入(亿元)	737.37	945.07	28.17
可控装机容量(万千瓦)	6006.02	7023.58	16.9
发电量(亿千瓦时)	2652.8	2978	12.3
发电厂用电率(%)	6.23	6.07	−0.16
供电标准煤耗(克/千瓦时)	348	340.5	−7.5

【经营管理】 面对煤价飙升等严峻经营形势，中国国电不等不靠、眼睛向内，采取一系列扭亏增盈措施，深入挖掘潜力，最大限度地减少亏损。深化星级企业创建活动，确定新的对标先进值，每月发布企业达标情况。实行滚动预算机制，强化预算约束与考核。重点对亏损大户、减利增亏大户的经营情况进行监控和治理。中国国电全年可控成本比预算下降11.5%，不考虑煤价上涨和电价调整因素，可实现利润总额59.9亿元，同比增长24.6%。

燃料管理得到加强。完善燃料管理责任体系，明确电厂是燃料管理的责任主体。拓宽进煤渠道，加强全过程管理，努力提质控价。深入学习苏龙公司经验，牢固树立企业经营理念，加强管理创新，积极推广混配掺烧等生产经营措施。煤价高峰时，苏龙公司掺烧褐煤达到60%以上，度电可控成本较同类型电厂下降5分左右。

节能减排工作深入推进。加强生产管理和技术改造，优化机组运行方式，主要经济技术指标持续改善。全年关停小火电机组160.5万千瓦，累计关停294.2万千瓦。参加全国千家企业节能行动的电厂全部完成年度节能目标。常州、靖远等电厂煤耗处于国内同类机组领先水平。全年对57台机组(设备)进行节能技改和脱硫技改。部分改造机组的煤耗降幅超过10克/千瓦时。全年签订碳购协议总量达2270万吨，目前已开发100个CDM项目，可实现总减排量5130万吨，在发电行业中开发种类最全，预期总收益可达5亿欧元。

市场营销工作成效显著。千方百计争发电量，争取电价、热价，中国国电全额拿到两次调价，70%的火电企业发电利用小时高于所在区域同类机组平均水平。合理安排发电计划，加强电量置换，共优化电量107亿千瓦时。

【项目发展】 2008年，中国国电集团公司电源结构进一步优化。全年新增装机容量1017.6万千瓦。清洁可再生能源装机容量达到756.6万千瓦，比例持续提升。风电装机已达288万千瓦，继续在全国保持领先地位。注重建设大型环保节能机组，火电机组中30万千瓦及以上机组的比重达到78.5%，60万千瓦及以上机组的比重达到37.7%,火电平均单机容量上升到25.2万千瓦。

电源前期取得新成果。火电项目全年具备核准条件和完成核准1270万千瓦,获得同意开展前期工作批复的400万千瓦,已申请开展前期工作的1462万千瓦。水电开发力度加大,大渡河、新疆、云南、西藏水电项目前期工作积极推进,全年具备核准条件和完成核准334万千瓦。风电开发速度加快,积极参与国家规划的大型风电基地开发,拓展"六大风电基地"发展空间,全年核准178万千瓦,风资源储备超过1500万千瓦;风电产业成为中国国电的重要品牌,龙源集团荣获"亚洲500最具价值品牌奖"。漳州、衡阳核电项目前期工作取得进展。生物质发电稳步推进。IGCC项目整体方案和技术路线更加明确。

电源资产并购力度加大。完成湖南益阳电厂、湖南湘投其他发电资产以及陕西丹江莲花台梯级水电等项目收购,共增加装机容量223.2万千瓦。开展并购内蒙古能源发电公司资产前期工作,并签署框架协议。推进湖北竹溪水电等中小水电项目并购工作。加强并购项目的法律审核,清理和规范海外投资项目,防范了投资风险。

工程建设有序推进。面对外送不配套、设备供货不及时、冰雪地震灾害等诸多困难,中国国电加强组织协调,进一步落实影响机组投产的各项内外部条件,各分(子)公司、项目单位周密制定进度控制目标,优化施工方案,各在建工程有序推进,全年投产容量955万千瓦。江苏如东风电二期项目获得2008年度中国电力优质工程奖。

【企业转型】 2008年,中国国电提出企业转型的战略部署,加强转型战略研究,完善涵盖电力上下游产业的规划体系,初步确定企业转型的发展原则、重点领域、产业布局以及区域分布。明确推进结构调整和企业转型的重点工程,与内蒙、新疆、宁夏等地方政府签订能源开发战略协议。

煤炭产业开发快速推进。完成平庄煤业(集团)公司重组工作。取得同意开展察哈素煤矿前期工作的路条,推进晋北小煤矿整合和准东煤田勘探工作。蒙东和东北煤电化运港一体化项目、赤峰和锡林郭勒煤电运化项目、林白铁路、锦赤铁路等项目有序展开。收购太原南峪、朔州中强伟业等煤矿,开展华中、山东、川渝等缺煤地区中心储配煤场建设。

科技产业优势进一步显现。风机制造进入批量生产阶段,产业链初步形成。积极涉足太阳能发电领域,开工建设宁夏多晶硅项目。等离子点火技术应用已超过1.8亿千瓦,进一步拓展台湾、韩国、俄罗斯等市场。烟气脱硫脱硝技术保持行业领先地位,首个境外脱硫工程——香港南丫项目进展顺利,脱硫特许经营项目进入实施阶段。电站控制系统实现批量应用,市场份额不断扩大。建成国产化火电站空冷岛核心设备生产基地,在行业内占据优势地位。以合同能源管理方式,完成江西新余两台机组综合节能改造。

物资产业集约经营深入推进。开展大修物资、通用物资、紧缺物资的集中配送,服务范围不断扩大。集中采购得到加强,通用物资降低采购成本15%左右,进口四大管道降低采购成本20%左右。现有15家物资超市运营,共减少资金占用6500万元。联合储备范围进一步扩大,基本涵盖国内主机及主要辅机制造企业,节约储备资金1.8亿元。中国国电开展集中采购的经验得到国资委肯定。

金融业务领域不断拓宽。开发了具有自主知识产权的"国电网银"系统,资金集中管理,水平不断提高。进一步推进信贷增值产品、保险经纪等金融服务业务,拓展投资投行业务。启动财险、寿险、基金公司筹建工作,开展财务公司金融债券发行准备工作。入股石家庄商业银行和大连百年人寿公司,实现金融业务突破。

基层企业积极推进转型。大力开展粉煤灰综合利用,积极开展煤炭经营,常州公司对外销售煤炭,实现利润1940万元;长源公司控股地方煤矿,年产煤炭30万吨。

【深化改革】 2008年,中国国电稳步推进体制机制创新工作。建立了总部、分(子)公司、基层企业三级管理体系。调整总部组织机构,部门权责更加清晰,总部战略管理、预算管理、投资决策、资本运营、人力资源配置的职能进一步加强。扩大省公司组建范围,设立江苏、内蒙等五个省级全资子公司。组建国电能源研究院和国电科学技术研究院。加大对区域分(子)公司的授权,明晰了管理界面和管理关系。进一步加强三会业务管理，规范了股东会、董事会、监事会运作。按照装机容量、资产总量、销售收入等要素，对所属企业实行分类管理。改革领导人员职级管理体系，公布施行一批加强干部聘用、管理的制度措施。建立和完善收入分配激励机制，修订工效挂钩管理办法，加大目标责任制考核和兑现力度。做好主辅分离工作，规范主业与辅业多经企业管理，规范职工投资持股行为，坚决清理侵占主业利润的辅业和多经企业。

【科技创新】 科技创新稳步推进。组织实施“火电行业重大工程自动化成套控制系统”等十大重点科研项目，等离子低氮燃烧技术已经试验成功。烟气脱硫等省部级重点实验室、风力发电等企业技术中心建设进展顺利。设立中国国电首个“博士后工作站”。新获专利24项，目前共拥有专利107项，其中发明专利14项。“静电除尘高频电源”研制取得突破。历时3年，开展静电除尘高频电源实用技术的开发工作。截至2008年底，该项技术的试验室指标试验和现场可靠性试验、示范工程均已完成。新产品的输出功率、输出平均电流、电压、供电频率等重要技术指标均达到国内领先、国际先进水平。

300MW引进型汽轮机通流改造设计完成。中国国电2007年开始致力于全面提高300MW引进型汽轮机性能的科研开发工作，攻克低压末级弯扭动叶片、长静叶片组焊等关键生产工艺，自主开发设计大安全裕度叶片。截至2008年底，该项技术的设计方案已全部完成，正在实施第一个示范工程。该项技术目标是实现该类机组降低煤耗15～20g/kWh和全面改善机组安全性。

火电自动化成套控制系统研发有序推进。2008年中国国电通过实施国家863计划，开展“火电行业重大工程自动化成套控制系统”的研发，把1000MW火电机组应用自主化控制系统作为研究目标，目前已完成硬件系统和软件系统原型设计，全部工作计划2010年完成。

【履行社会责任】 在应对冰雪灾害、特大地震灾害和奥运保电的过程中，中国国电迅速启动应急预案和保电方案，加强组织领导和协调，各级领导干部深入一线、靠前指挥，全体员工众志成城、迎难而上，不惜代价保安全、保发电，充分履行中央企业的责任和使命。受冰雪灾害严重的贵阳、凯里、永福等电厂，为支撑城市孤网运行发挥关键作用，受到国家有关部门和地方政府的高度评价。四川公司、大渡河公司全力以赴抢险救灾，最大限度保证电力供应，大渡河双江口公司获得中华全国总工会“抗震救灾重建家园工人先锋号”荣誉称号。担负向北京奥运主会场及奥运协办城市供电的单位，千方百计保供煤，保发电，圆满完成奥运保电任务，仅山东公司、大同二电厂因此增加亏损5亿多元。在抗灾保电、奥运保电工作中，中国国电共有18个基层单位和党组织、9名先进个人受到国家和地方政府表彰。与此同时，中国国电积极参与公益事业，推进员工、企业、社会和谐发展。2008年公司系统抗震救灾捐款捐物7603.16万元，与东方电气公司签订82亿元发电设备合同，向大渡河“同一条河、同一个家”爱心扶贫基金注入资金4000万元。投入扶贫帮困基金646万元。

（撰稿人：柯丰华）

中国电力投资集团公司

【基本概况】 2008年，中国电力投资集团公司完成发电量2051亿千瓦时，同比增长15%；煤炭产量3705万吨，同比增长36%；电解铝产量46万吨，同比增长26%。集团营业收入715亿元，同比增长21%。利润总额在五大发电集团中居第二位。

截至2008年底，集团公司资产总额2842亿元，可控装机容量为51990兆瓦，权益装机容量为40116兆瓦；其中水电机组10539兆瓦，占集团公司可控装机容量的20.3%；火电机组41123兆瓦，占集团公司可控装机容量的79.1%；风电机组328兆瓦，占集团公司可控装机容量的0.6%；核电机组1350.8兆瓦，占集团公司权益装机容量的3.37%。集团公司包括213家成员单位，15家参股企业，职工总数为104018人。

集团公司资产分布在全国28个省、市、自治区及港、澳等地，拥有上海电力股份有限公司、山西漳泽电力股份有限公司、重庆九龙电力股份有限公司、吉林电力股份有限公司、中电霍煤露天煤业股份公司等5家A股上市公司；拥有在香港注册的中国电力国际有限公司，并通过中国电力国际有限公司拥有在香港上市的中国电力国际发展有限公司；拥有承担流域开发的黄河上游水电开发有限责任公司和五凌电力有限公司；拥有在电力设备成套服务领域中业绩突出的中国电能成套设备有限公司；拥有大型煤炭企业中电投蒙东集团有限责任公司；拥有19个已建成的1000兆瓦以上的大型电厂；拥有控股的山东海阳核电项目，等比例控股的辽宁红沿河核电项目一期工程，以及在广西、辽宁、湖南、吉林、重庆等省市进行核电项目前期工作，参股5个运行核电厂和3个在建核电项目。

【主要指标】 发电量2051亿千瓦时，比上年增长15%；煤炭产量3705吨，比上年增长36%；电解铝产量46万吨，比上年增长26%；营业收入715亿元，比上年增长21%；净资产收益率－13.65%；资产总额达到2751亿元，比上年增长26.44%；电源开工容量690万千瓦；电源投产容量685万千瓦。

【安全生产】 中国电力投资集团公司2008年坚持“安全第一，预防为主，综合治理”的方针，一年来，认真落实隐患治理年要求，安全生产局面总体稳定，全年共查出各类安全隐患5163项，整改率97%，一些严重影响企业安全生产的问题得到解决。根据集团公司产业多元化特点，确定归口管理、分口负责的安全生产管理模式，二级单位健全安全管理部门，火电厂全部设立独立的安全监督机构，安全生产管理体系进一步完善。组织开展反习惯性违章专项活动，严格安全生产责任追究制度。加强应急管理，进一步健全应急管理组织和预案体系。全年生产、基建、非电产业未发生较大及以上人身和设备事故，安全生产总体稳定，为集团公司平稳较快发展奠定基础。

【改革发展】 2008年，中电投集团结合实际，科学合理地制定“三步走”的发展战略目标，并在发展中强调突出核心业务，加快电力结构调整；突出协同优势，加快产业结构调整。突出集约发展，优化产业布局，突出资源储备，保证可持续稳定发展。随着发展战略的实施，企业的产业结构特点逐步显现，为一流综合能源企业集团建设奠定了基础，实现“三步走”战略良好开局。

截至2008年底，中电投集团水电和风电装机达到1087万千瓦，比重达到21%，其中水电比重在五大发电公司中居首位。辽宁红沿河核电已核准开工建设，我国引进三代核电技术AP1000的依托项目——山东海阳核电已提前两个月开始负挖，江西彭泽被列为国家第一批内陆核电开发项目，并全面开展各项前期准备工作。

2008年，中国电力投资集团公司大力开展管理体制机制创新。公司以母子公司制为基础，以三级管理为主架构，全面构筑战略管控型能源集团的体制机制，建立完善以战略管理为核心的七大管理体系，强化责任追究，对关键经营指标和发展目标的考核。

加快组织结构调整，管理体制进一步完善。2008年，集团公司完善集团化管控模式，着力增强集团公司控制力、影响力。按照现代企业制度要求，进一步理顺管理体制机制，完成集团公司总部部门设置和机构调整，明确总部“四个主体、两个中心”，即战略规划主体、投资主体、监督考核主体、资本运作主体和决策中心、管理控制中心，二级单位利润中心，三级单位成本中心的管理定位。进一步梳理总部与二三级单位的管理界面、工作界面和责任界面，研究建立权责清晰、运转顺畅、精干高效的集团化管控模式。

2008年，集团公司进一步强化机制建设。研究完善经营考核和绩效评价体系，建立与集团公司发展要求相适应的激励约束机制。蒙东区域资产整合迈出坚实步伐。按照有利于安全生产、有利于提高工作效率、有利于降低运营成本、有利于员工队伍稳定的“四个有利于”要求，进一步完善专业化管理，实行管运一体、运检分离的专业化管理模式。发挥集约化优势，成立集团公司招投标管理中心，开展集中招投标。强化系统管理理念，启动对标管理。优化总部及区域组织体系，组建招投标、燃料管理中心，整合蒙东及东北区域资源，组建蒙东能源公司，完成东北分公司改制，有序推进五凌电力重组。

加强人才队伍建设，完善人才吸引、培养、使用机制。2008年，中国电力投资集团公司在体制改革的基础上，积极探索人事制度、劳动用工制度和工资分配新机制，2008年，启动薪酬制度改革和财务集约化管理试点，优化配置人力资源，建立科学的竞争机制，合理拉大不同岗位之间的收入差距，充分发挥分配的激励作用。公司加大调整配备二级单位和总部部门领导班子；加强干部异地交流，圆满完成首期三年援疆任务，并启动新一轮援疆工作；健全后备干部队伍，加强年轻干部培养，举办首期年轻干部培训班；完成五年大规模培训干部规划，构建较为完善的干部培训体系，形成具有集团公司特色的培训文化理念，同时，集中力量编写完成常规电力 42 个工种技能培训大纲。集团公司成为五大发电集团中惟一的"国家高技能人才培养示范基地"有 11 家二级单位进入"四好"班子行列。

【重大项目】 2008 年，中国电力投资集团公司在前期和工程建设的项目上丰硕成果。全年核准电力项目容量 905 万千瓦，在五大发电集团中居首位，其中核准火电项目平均单机容量 70 万千瓦。乌苏项目获得路条，实现在新疆发展的突破。赤大白铁路全线贯通试运行。白音华 3 号煤矿、锦赤铁路核准并开工建设。获锦州港煤码头控股开发权和滨海港综合开发权。全年电力开工规模 690 万千瓦，新昌、白城、平顶山等项目先后开工。投产 685 万千瓦，阚山、大别山、通辽、霍林河、黔东、开封 8 台 60 万千瓦等级机组连续高水平投产，有效改善集团公司火电结构。开封 1 号机组以 15 个月零 7 天的总工期，创造全国 60 万千瓦等级机组工期标杆。抚顺项目在送出工程严重滞后的情况下，以 21 个月零 9 天的总工期创造同类地区先进水平。长洲项目一年投产 9 台大型贯流式机组，创全国同类项目建设速度新纪录。平圩、姚孟、大别山项目先后刷新 2006 年电监会发布的同类工程造价标杆。田集、苏只项目分获 2008 年度鲁班奖和中国电力优质工程奖。阚山项目性能试验能耗指标居全国同类机组领先水平。

黄河上游流域规模最大的水电站——拉西瓦水电站。2008 年，拉西瓦水电站工程完成石方明挖 3.08 万立方米、石方洞挖 7.48 万立方米，出渣 4.33 万立方米，混凝土浇筑 121.41 万立方米，钢筋制安 2.06 万吨。电站大坝最高坝段达到 186 米高度，平均浇筑达到 2379.9 米高程，最高坝段高程为 2396 米；主坝接缝灌浆平均高程为 2334 米，最高坝段达到 2339.5 米高程。主厂房 5 号、6 号机土建工程项目完成，副厂房土建完成；进水口拦污栅墩及进水塔完成，闸门拼装、启闭机安装调试完成；尾水系统混凝土浇筑、金结安装全部完成；5 号、6 号机无水调试完成，升压变电工程实现年内目标。

山东海阳核电站。2008 年，中国电力投资集团公司在核电发展方面积极推进。确定 2020 年核电投运 1400 万千瓦目标。山东海阳一期主体工程提前两个月负挖。辽宁红沿河工程建设有序推进。江西彭泽被列为国家第一批内陆核电开发项目，并全面开展各项前期准备工作。

【走向海外】 2008 年，中国电力投资集团公司海外拓展实现重大突破。集团公司东南亚项目纳入政府间合作，新增水电规划容量 1650 万千瓦；西非项目取得重大进展，已获得 2269 平方公里的勘探许可，有望拥有铝矾土资源 20 亿吨，将对集团公司电解铝产业发展提供充足的资源保证。

【管理创新】 2008 年，中国电力投资集团公司全面实施生产、经营、基建对标管理。完善指标和标杆体系，搭建对标信息平台，主要经济技术指标持续改善。火电机组 A 级检修全优率达到 68%，平圩 2 号机组在全国 60 万千瓦火电机组竞赛中荣获惟一特等奖。工程建设管理制度体系和激励约束机制不断完善，出台四大控制管理标准，建设水平明显提高。规范火电厂形象设计，推动典型设计和模块化设计，田集二期、白城等一批新项目概算投资达到行业先进水平。完善招标程序和管理标准，规范集中招标，全年节省投资 24 亿元。组织系统内外对口竞赛和对标，创造了行业进度标杆。强化质量过程控制，增加关键节点的质量检查，坚持高标准试运和投产，机组投产水平稳步提高。新投产的 60 万千瓦等级机组全部实现自动、保护、主要仪表 100% 投入，环保设施同步投运并达设计值。开封 1 号机组以 15 个月零 7 天的总工期，创造了全国 60 万千瓦等级机组工期标杆。抚顺项目在送出工程严重滞后的情况下，以 21 个月零 9 天的总工期创造同类地区先进水平。长洲项目一年投产 9 台大型贯流式机组，创全国同类项目建设速度新纪录。平圩、姚孟、大别山项目先后刷新 2006 年电监会发布的同类工程造价标杆。田集、苏只项目分获

2008年度鲁班奖和中国电力优质工程奖。阚山项目性能试验能耗指标居全国同类机组领先水平。

【科技创新】 2008年，集团公司科技创新取得重大进展。集团公司作为主要完成人之一的“超超临界燃煤发电技术的研发和应用”电力科研项目获国家科学技术进步一等奖。

该项目是国家863计划能源技术领域“十五”研究课题，首次提出了我国发展超超临界火电机组的技术选型方案，即容量为600兆瓦级和1000兆瓦级，参数为25-28MPa、600℃/600℃等有关结论；完成三种不同型式的1000MW超超临界锅炉、汽轮机的设计开发、制造软件包研制和材料加工性能研究；自主设计超超临界电站；应用所取得的运行技术自主调试1000兆瓦和600兆瓦机组；开发出配套大机组的选择性催化还原法(SCR)烟气脱硝装置。申请国家技术专利17项，形成我国完整的超超临界电站的开发基础。

中电投阚山电厂等依托工程首批600兆瓦超超临界发电机组也已正式投入运行。依托工程应用大量本课题的研究成果，其中玉环电厂供电煤耗达到283.2克/千瓦时，比2007年底全国平均供电煤耗353克/千瓦时低70克/千瓦时，CO_2、NOx和烟尘的排放大幅减少，具有国际先进的能耗和环保水平，企业经济效益和社会环境效益前景巨大。

【履行社会责任】 2008年，中国电力投资集团公司自觉履行中央企业职责，深入开展节能减排和环境保护。

中国电力投资集团公司认真履行政治责任，积极投入抗击自然灾害和维护奥运安全稳定工作。在南方雨雪冰冻灾害和汶川特大地震中，集团公司反应迅速，措施得力，出色完成抗灾保电任务。积极捐款捐物，踊跃缴纳特殊党费。奥运会、残奥会期间超前策划、制定预案，全面启动应急保障措施，实现安全生产零事故，涉奥电厂零非停，没有发生群访和进京上访等不稳定事件，圆满完成安全稳定任务。上海电力、抚顺公司受到国家电监会表彰。

中国电力投资集团公司推进节能减排。2008年累计关停小火电24台245.5万千瓦，提前两年完成关停任务。把环保脱硫设备纳入主设备管理，在江西贵溪开展取消烟气旁路试点。能耗水平继续下降，供电标准煤耗350.24克/千瓦时，同比下降8.15克/千瓦时。完成27台机组脱硫改造，新增二氧化硫减排能力26.2万吨/年。二氧化硫、烟尘、废水排放总量同比分别减少13.75万吨、4.72万吨、1704万吨。荣获联合国节能环保示范企业称号。

【应对金融危机】 2008年，是中国电力投资集团公司组建以来最为艰难的一年。煤炭价格大幅上涨、融资难度持续加大、财务费用急剧攀升、资金链条高度紧张，集团公司陷入整体亏损。这些困难与抗灾保电、奥运保电、迎峰度夏等重大任务交织在一起，给各项工作增加很大难度。面对严峻形势，集团公司全体员工通过不懈努力，在前所未有的困难条件下，保证生产的正常接续，煤电利用小时数5235小时，在五大发电集团中最高。

2008年集团公司积极进行资本运作，有效应对金融危机。集团公司与金元集团强强联合，完成组建以来资产规模最大的一次主营业务重组，增加控股装机容量628万千瓦，实现年装机规模最快增长和行业地位有效提升，首次在资源大省贵州拥有一大批优质项目和资源；重组青铜峡铝业，电解铝产能跃居国内第二，对推进宁东产业集群发展将起到重要作用；重组内蒙古巴其北煤矿，为实现跨区域煤电联营奠定基础；无偿受让石家庄东方热电，首次拥有省会城市热网资源，境内外上市公司增至7家。

充分发挥财务公司和区域二级公司融资功能，积极构建银企战略合作关系，扩大授信额度，努力开拓融资渠道，低成本引入邮储资金50亿元，发行100亿元中期票据，确保生产和基本建设资金供应，全年没有发生资金断链和全局性财务支付危机。消化小火电关停损失，资产质量进一步提高。财务基本结构总体稳定，资产负债率控制在合理范围，在五大发电集团中处最好水平。成本支出有效降低，全年可比口径原煤采购价格与标煤单价平均涨幅在五大发电集团中均为最低。保持平稳较快增长，除火电(含热电)政策性亏损外，其他产业共赢利33亿元。水电、核电、煤炭结构优势继续显现，产业协同效应充分发挥。金融以及设备成套、工程建设等电站服务业利润贡献率明显提高。有效落实国家政策，部分企业电价问题得到初步解决。推进电价热价调整，上调幅度达到预期目标。争取到财税政策支持 7.2 亿元。

（撰稿人：汪 波）

中国长江三峡工程开发总公司

【基本概况】 2008 年，中国长江三峡工程开发总公司深入贯彻落实科学发展观，精心组织工程建设和电力生产，全面实施企业发展战略规划，稳步推进整体改制和合并重组，积极应对自然灾害和金融危机的挑战，中国三峡总公司的生产经营保持平稳较快发展。

【主要指标】 全年实现主营业务收入 210.17 亿元，同比增长 25.80%；完成发电量 979.03 亿千瓦时（含风电），同比增长 26.98%；实现利润总额 114.70 亿元，同比下降 9.98%，主要原因是投资收益大幅减少，就电力主业经营利润而言，同比增长 23.47%；按考核口径计算的净资产收益率 11.55%；成本费用总额占主营业务收入比重 56.15%。全面完成国资委下达的 2008 年业绩考核指标。

【工程建设】 2008 年，三峡工程建设取得具有里程碑意义的重大进展。右岸电站机组全面投产；三峡工程具备 175 米蓄水条件并实现试验性蓄水目标；初步设计中的工程建设项目除升船机续建项目外提前一年全部完工，工程质量总体优良。右岸电站机组总体性能优于左岸电站机组，国产机组运行情况良好，能量特性和稳定性能等方面都达到国际同等水平，70 万千瓦级大型水轮发电机全空冷技术达到国际先进水平，标志着机组国产化战略取得成功。在建工程项目建设进展顺利，右岸地下电站开挖完成，施工质量优良，混凝土浇筑与金属结构安装进入高峰；升船机船厢室段底板混凝土浇筑完成，土建与部分设备安装合同签订。汛后试验性蓄水完成并积累初步经验，蓄水过程总体安全平稳，枢纽建筑物和机电设备经受高水头的考验，水库库岸稳定好于预期，泥沙淤积对重庆港的影响较小，库区水质无明显类别变化，蓄水后库区地震频率增加，但震级都较小，对枢纽和库区没有危害性影响。

2008 年，三峡工程完成投资 107.37 亿元。截至 2008 年 12 月底，三峡工程累计完成动态投资 1483 亿元，其中枢纽工程静态投资完成 473 亿元，占枢纽工程概算 500.9 亿元的 94.43%；移民工程静态投资完成 402 亿元，占库区移民复核概算 479.5 亿元的 84%；价差 326.5 亿元；贷款利息 151.4 亿元；库区移民概算外补偿费 129.67 亿元。

三峡水库试验性蓄水至 172 米水位后，防洪库容基本形成，三峡工程具备发挥正常防洪功能的条件，荆江河段的防洪标准由十年一遇提高到百年一遇。水位抬升改善川江的航运条件，长江航运事业发展迅猛。2008 年，三峡船闸通过货物 5370 万吨，翻坝转运货物 1477 万吨，合计通过货物 6847 万吨，再创历史新高。据统计，自 2003 年 6 月船闸通航以来，通过三峡坝区的货运总量累计达到 2.8 亿吨，超过三峡工程蓄水前葛洲坝船闸通航 22 年过闸货运量的总和。在进入枯水期后，三峡工程实施补水调度，增加水库下泄流量，为长江中下游补水，满足葛洲坝下游通航条件，同时改善长江中下游供水。三峡工程的社会效益和生态效益日益显著。

金沙江水电开发取得重大进展。在金沙江水电开发中，面对复杂的水电建设环境，全体建设者团结协作，克难攻坚，不但解决一系列工程技术方面的难题，还克服移民规划滞后、汶川大地震等诸多不利因素对工程建设的影响，妥善处理多起移民群众聚集事件，工程建设有序推进。

向家坝水电站建设围绕年内截流目标，抓紧不良地质体的处理，确保工程形象满足截流的设计条件；编制截流围堰移民特殊措施方案，积极稳妥地做好围堰移民搬迁；落实翻坝转运设施建设和断航经济补偿方案；全面履行安全鉴定、枢纽验收、移民验收、档案验收、环境保护专项检查等各项手续。2008 年 12 月 28 日，向家坝水电站成功实现大江截流，标志着工程建设全面进入主体工程施工阶段。

溪洛渡水电站建设按计划全面推进，主要项目实现年度计划目标，大坝基础开挖基本完成，地下厂房将由土建向金结机电安装转移，质量管理、安全管理、合同管理等各项管理工作逐步规范。

2008 年 8 月，在北京签订溪洛渡和向家坝水电站

26台水轮发电机组的招标采购合同，机电安装前期准备工作开始启动。

为加快推进水电开发项目前期工作，中国三峡总公司成立白鹤滩、小南海工程建设筹备组，重点就施工总布置规划等前期工作中的重大技术问题开展专题研究。乌东德、白鹤滩、小南海水电项目的前期工作有序展开。

电力生产与经营超额完成年度目标。面对冰雪灾害、地震灾害、奥运保电等多重考验，长江电力股份有限公司积极采取应对措施，按照精益生产的理念，精心运行和调度，强化应急管理，确保电力供应。2008年，三峡和葛洲坝梯级电站发电978.6亿千瓦时，完成年度计划的106%，其中，三峡电站发电808.1亿千瓦时，葛洲坝电站发电170.5亿千瓦时。通过水库优化调度，节水增发电量48.7亿千瓦时，水能利用提高率为5.28%。

中国长江三峡工程开发总公司固定资产投资完成情况

单位：万元

项　目	2008年计划	2008年完成	占年计划(%)	自开工累计完成
总投资	2709756	1960242.88	72.34	17961156.42
一、水电项目投资	2597610	1884238.42	72.54	17860946.09
1. 在建项目	2478610	1827860.63	73.75	17741389.36
三峡工程总投资	1117582	1073725.38	96.08	14828520.55
三峡地下电站工程	95243	96215.96	101.02	255791.32
溪洛渡水电站项目	546231	337923.94	61.86	1702267.46
向家坝水电站项目	719555	319995.34	44.47	954810.03
2. 筹建项目	118999	56377.79	47.38	119556.73
乌东德水电站项目	33132	18098.10	54.62	39860.47
白鹤滩水电站项目	51400	33860.23	65.88	65389.07
天荒坪抽水蓄能电站	16867	2835.00	16.81	4007.00
小南海工程	17600	1584.46	9.00	10300.19
二、风力发电工程	112146	76004.46	67.77	100210.33
1. 在建项目	112146	76004.46	67.77	100210.33
慈溪风力风电	38729	36948.07	95.40	59478.86
响水风力风电	73417	39056.39	53.20	40731.47

【企业并购重组】 根据中国三峡总公司“十一五”发展战略，贯彻国资委《关于推进国有资本调整和国有企业重组指导意见》精神，初步完成与中国水利投资集团(以下简称国水投)的合并重组。国水投是国资委管理的国有大型水利投资企业，在风电开发和国际水电工程承包等业务方面初具规模，与中国三峡总公司业务可以形成很好的互补关系。中国三峡总公司与国水投在充分协商的基础上，就合并重组事宜达成高度共识，双方联合向国资委上报合并重组的请示。2008年12月，国资委报经国务院批准后正式批复中国三峡总公司与国水投合并重组实施方案。合并重组已进入实施阶段，国水投派出以领导班子、中层干部为主的三批学习考察团，赴三峡开展以“了解三峡、认同三峡、融入三峡”为主题的学习考察活动，增进双方之间的了解和共识。中国三峡总公司领导也到国水投和中水电就下一步发展问题进行座谈，对

下一步合并重组的具体工作做出安排。中国三峡总公司与国水投的重组，满足双方战略发展的需要，可以实现优势互补，发挥协同效应，在风电、国际化经营等业务领域增强总公司的整体实力和竞争能力，同时必将加快国水投和中水电的发展步伐。

中国三峡总公司以长江电力为平台战略投资湖北能源，经过两年多的资产重组和运作，湖北能源整体改制为股份公司，初步按照上市公司要求建立较为健全的公司治理结构和基本管理制度，经济效益显著提升。能达电气公司与武汉事达电气公司进行战略重组，这是国有企业与民营企业的一次重组，是推进体制创新的积极探索。中国三峡总公司还组织编制专业化公司的发展规划，并结合整体上市对部分专业化公司的定位进行调整。

风电、煤化工和核电等新业务也取得新的进展。中国三峡总公司控股的慈溪5万千瓦风电场全部投产发电；江苏响水20万千瓦风电场开工建设；在江苏和浙江的海上测风工作取得初步成果，开展两个10万千瓦海上风电示范工程的预可研工作；与上海电气签订风电设备研发与制造的战略合作框架协议。参与陕西煤业股份公司的发起，参股的第一个煤化工项目开工建设。参股投资的湖南桃花江核电项目已开始前期施工准备。

【走向海外】 “走出去”战略实现突破性进展。中国三峡总公司与马来西亚沙捞越能源公司签订战略合作协议，由三峡发展公司全面负责沐若水电站的设计、采购和施工。这是中国三峡总公司凭借自身实力、品牌和技术优势在海外承包的第一个项目，对于积累海外项目经验、培养国际化的人才具有重要的意义。

【整体上市】 主营业务整体上市工作稳步推进。为做好三峡工程公益性资产运行管理的制度安排和政策衔接，逐步理顺中国三峡总公司水电业务产业链条，构造集团化的管控模式，经国资委、证监会同意，中国三峡总公司5月正式启动主营业务整体上市工作，8月上旬向国务院办公厅报送关于主营业务整体上市总体方案的请示。

长江电力股票停牌以来，受金融危机的影响，国际国内资本市场发生重大变化，中国三峡总公司及时组织力量对整体上市方案进行进一步深入研究，对原上报方案作适当的调整和优化。调整的主要思路为：调减本次整体上市注入上市公司资产规模，金沙江下游梯级电站建设项目暂不纳入本次交易资产范围，待条件成熟时再注入上市公司；调整交易对价支付结构，采用少股多债方式，以承债为主，大幅减少定向发行股票数量。调整后的方案与2003年长江电力上市时国务院批准的三峡机组注入上市公司的安排是一致的，较好地维护国有资本权益，保护中国三峡总公司的利益，也兼顾其他投资者的诉求。

中国三峡总公司就整体上市方案向国家相关部委作汇报并进行深入沟通。财政部在反馈意见中，原则同意比照长江电力改制上市的做法，利用三峡基金解决三峡公益性资产运行维护费用在成本中列支的问题。国资委充分肯定总公司以2008年9月30日作为资产评估基准日的做法，并已将调整后的方案上报国务院办公厅。整体上市的其他各项工作正在抓紧推进。

【履行社会责任】 中国三峡总公司高度重视履行企业社会责任，认真落实“四个一”的水电开发理念，全面做好水电开发中的生态环保、节能降耗、对口扶贫等工作，特别是在战胜特大自然灾害和支持举办北京奥运会中，发挥中央企业的骨干作用。汶川特大地震发生后，中国三峡总公司迅速作出反应，对三峡工程和金沙江在建工程进行全面安全检查，加强应急值班，全力做好三峡和葛洲坝梯级电站的电力供应工作；同时积极支援灾区抢险救灾和灾后重建，累计向地震灾区捐款4300万元。5月底，中国三峡总公司主动致函各扶贫县人民政府，并组织干部协助地方政府对中国三峡总公司出资援建的18所学校、幼儿园进行安全隐患排查和加固，所有费用由中国三峡总公司承担，受到地方政府和人民群众的赞誉。金沙江筹建处干部职工还深入地震灾区慰问受灾群众。奥运项目部圆满完成“水立方”建设管理任务，受到北京奥组委等有关方面的表扬；全面加强奥运会期间三峡和葛洲坝枢纽的安全保卫工作，完成奥运圣火在三峡坝区的传递。

加强水电开发中的环境保护，积极开展生态与环境保护研究，在项目前期规划、工程施工和运行管理的各个阶段，全面落实环境保护措施。宜宾增殖放流站建成并首次实施长江上游珍稀鱼类放流，葛洲坝集团的中华鲟研究所正式移交中国三峡总公司，为大型水电开发中的水生生物保护提供重要技术支撑。加强与国际水电协会、大自然保护协会、世界自然基金会等国际行业组织、环保组织的合作和交流，成功举办“三峡工程与长江水资源开发利用及保护”国际研讨会，来自美国、俄罗斯、法国、巴西、德国、日本等18个国家的政府管理部门、流域管理机构、水电开发商、水电设备制造商、科研学术团体及相关国际组织的200多名国际水电精英参加会议，就水电可持续开发的理念及实践等进行交流，展示和宣传三峡工程建设成就，在国际水电界产生良好影响。

积极探索扶贫工作新思路和新方法，2008年12月，中国三峡总公司被国务院扶贫开发领导小组授予“定点扶贫先进单位”称号。

【应对金融危机】 金融危机发生后，中国三峡总公司认真贯彻国有资产监督和管理委员会(以下简称国资委)会议精神，冷静分析形势，每月进行一次预测，每季度召开一次财务分析会，及时采取综合应对措施，积极化解各种潜在风险。中国三峡总公司长期以来始终坚持差异化的发展战略和稳健的经营策略，生产经营没有受到大的影响，持续发展的基本态势没有改变。

一是科学合理安排投融资计划，增强抵御宏观经济周期波动和外部经济环境影响的能力。在三峡工程开工之初，就对三峡工程总体筹资方案进行策划，根据项目不同阶段的风险特性，规划、指导项目筹融资活动，始终保持安全、合理的资本结构，使资产负债率保持在较低水平；加强债务融资过程中的风险控制，在较低的利率水平下锁定部分债务融资成本，保持较合理的债务期限结构，提高公司长、短期偿债能力。二是坚持差异化的发展战略，注重发展的质量和效益，强调规模与效益同步增长。早在2004年的工作会议上，针对当时的外部环境和公司自身特点，中国三峡总公司提出，要与其他电力企业比较，但不能盲目攀比；要加快发展，但不能浮躁；要扩大规模，但不能不顾效益。三是高度重视风险管控，有效防范投资风险。严格控制对外投资和担保，不从事期货、金融衍生工具的投资，股票、基金、债券等财务性投资仅限定在一级市场申购、战略配售、定向增发等范围内。虽然2008年末持有的金融资产市值较2007年下降，但与投资成本相比，仍然有较好的盈利。

【党建工作】 中国三峡总公司各级党组织认真贯彻党的十七大和十七届三中全会精神，全面落实科学发展观，紧紧围绕中国三峡总公司的改革发展、生产经营等中心工作，切实加强基层党组织建设和党员队伍建设。坚持抓基层打基础、抓班子带队伍，强化党建基础工作，完善党建工作流程，制订并实施中国三峡总公司党建日常工作评价考核制度，努力提高党建工作实效。汶川特大地震发生后，各级党组织和广大干部积极参与抗震救灾工作，为受灾地区捐款195万多元，广大党员响应中央号召缴纳“特殊党费”154万多元。按照中央和国资委党委的要求和部署，各级党组织认真开展“共产党员在抗震救灾中的责任和义务专题组织生活”活动。基层党组织的政治核心作用、战斗堡垒作用和广大党员的先锋模范作用进一步增强。

深入扎实推进反腐倡廉建设。认真贯彻落实中央纪委的“七项要求”，修改完善中国三峡总公司有关廉洁从业规定，并开展专项检查活动，提高各级领导干部和管理人员廉洁从业的意识和自觉性。认真开展“三重一大”自查自纠，不断完善集体决策制度，得到国资委督查调研组的充分肯定。研究制定《落实2008～2012年惩防体系建设规划的实施办法》，明确今后几年惩治和预防腐败工作的目标和任务。同时，还深入开展效能监察，严肃查办违纪违法案件，加大源头防腐的治本力度，为总公司改革发展提供保障。

（撰稿人：乔仁贵）

神华集团有限责任公司

【基本概况】 神华集团公司成立于1995年，为中央直管企业之一，是集煤矿、电力、铁路、港口、煤制油煤化工一体化开发，跨地区、跨行业、多元化经营的特大型能源企业。目前是全国最大煤炭企业、全球最大煤炭供应商。截至2008年底，共有全资及控股子(分)公司25家，职工15.9万人，总资产4253亿元。

【主要指标】 2008年，是神华发展史上不平凡的一年。集团上下以科学发展观为指导，大力推进“五型企业”建设，沉着应对金融危机的冲击和影响，夺取各项工作的全面胜利。原煤生产28125万吨，完成年度计划107.7%，同比增长19.4%。商品煤销售31120万吨，完成年度计划101.4%，同比增长7.5%。铁路运输货运周转量1233亿吨公里，完成年度计划的100.4%，同比增长5.7%。港口装船10110万吨，完成年度计划的100%，同比增长0.7%。发电量1096亿千瓦时，完成年度计划的103.4%，同比增长24.5%。原煤生产百万吨死亡率为0.018，同比下降38%。固定资产投资669亿元，同比增加186亿元，增长38.5%。营业收入1440亿元，同比增加370亿元，增长34.5%。利润总额383亿元，同比增加65亿元，增长21%。缴纳税费271亿元，同比增加56亿元，增长26%。净资产收益率11.58%。主要取得六个方面的新成就：

一是“五型企业”建设取得阶段性成果。神华上下从贯彻科学发展观、转变发展方式、提升管理水平、实现神华事业又好又快发展的高度，充分认识“五型企业”建设的重大意义；经过优化指标、规范程序，初步建立起“五型”考核体系，发挥导向作用；各单位结合实际，积极探索、大力推进“五型企业”建设，极大地推动管理创新，涌现出神东分公司、国华电力分公司、各路港公司、神宁公司等一批先进典型。

二是煤直接液化示范工程打通流程。经过几年的不懈努力和攻坚克难，煤直接液化装置在2008年12月30日14时46分开始投煤，经过16小时运行，31日7时顺利实现油渣成型，打通全流程，产出合格产品。这一重大成果，是煤制油工业化示范工程的里程碑，标志着我国以煤制油替代能源战略取得突破性进展。

三是主营业务的价值创造能力持续提升。煤炭板块资产报酬率和净资产收益率均高于行业优秀水平，集团首次实现成本费用增长低于收入增长水平。主营业务利润率为46.56%，同比升高2个百分点。

四是安全生产创出新水平。煤炭企业杜绝井下3人以上事故，原煤生产百万吨死亡率为0.018，同比下降38%。其中，股份公司实现百万吨死亡率为零，谱写煤矿安全新篇章。铁路消灭了一般以上责任行车事故，港口杜绝水上交通事故，电厂杜绝一般以上设备事故。

五是改革重组与资本运作有了新进展。2008年10月，神华对“西四公司”进行整合、组建乌海能源公司，并将杭锦能源公司归集团直接管理，有利于优化资源配置、形成发展合力、做强做大神华煤焦化板块。集团还整合煤制油、煤化工板块管理体制；启动向股份公司第三批注资工作；与陕煤化集团合资组建榆神公司；与鄂尔多斯市政府就共同开发新街地区煤炭资源签订框架协议。

六是“走出去”战略迈出实质性步伐。澳大利亚项目顺利中标，在澳洲成立全资子公司，已在当地开展相关工作。印尼南苏穆FP项目进展顺利。

【双增双节】 在市场发生急剧变化的情况下，神华积极开展“双增双节”活动，保持效益稳定增长，各板块盈利水平继续提升。

大力调整产品结构，以质量促增收。增产高附加值的优质煤种，全集团增利22亿元。神东分公司块煤和特低灰煤同比增产1097万吨，增利9.8亿元；乌达、海勃湾、神宁公司科学组织入洗配煤，洗精煤同比增产48万吨，增利1.7亿元；神宁公司通过太西煤入洗降灰增利1.8亿元。通过加强煤质管理，销售中心获得用户煤质奖励5.7亿元。国华电力积极参与替代交易等发电权交易，争取计划外售电量41亿千瓦时，获利3亿元。

加强产运销协同运作，实现集团效益最大化。黄骅港出口装船量增加363万吨，按转运成本差计算，节约成本1.7亿元；发挥集团大销售优势，将神东优质煤与“西五公司”部分滞销煤种捆绑销售，配销“西五公司”低热值洗混煤1200万吨。

强化过程控制，努力节支降耗。神东分公司大力实施班组核算，将成本控制推进到生产一线，实现区队班组材料共享，大型周转材料吨煤降低0.33元，节约费用3880万元。国华电力分公司内部挖潜，全年减少公务费、修理费、燃料消耗等可控支出2亿元。销售中心开展“百路增效”活动，全年落实增收节支措施177条，节约支出2.3亿元。神新公司统一物资采购，加强材料消耗定额管理，吨煤材料费同比下降1.9元，节约费用3180万元；神宁公司加大废旧物资回收、修复利用力度，节约支出2450万元。

依靠技术进步增效节支。神东分公司、万利分公司、金烽分公司推广应用加长工作面技术，累计出煤936万吨，增收38亿元；本土化研制的6.3米液压支架在神东矿区应用，多出煤284万吨，增利3.4亿元；神朔铁路分公司创新运行组织方式，同比多运神华煤2634万吨，为集团增效3.9亿元；金烽分公司实验"低热值煤脱水技术"，发热量由4650大卡提高到5200大卡以上，吨煤售价增加110元；神东电力公司采用"锅炉启动降低油耗技术"，节支308万元；中机电公司承担保德矸石电厂的高压变频风机改造，节电率超过30%，年节约标煤8400吨。

盘活资金存量，增加企业收益。通过资金集中运作和统一融资，审慎开展理财业务，集团全年节约资金成本及增加资金收益14.6亿元。集团充分盘活存量资金，向子公司发放委托贷款71亿元，全年节约财务费用5.1亿元；股份公司利用存贷利率优惠，吸引内部子(分)公司的资金上存和内部融资，节约财务费用5.6亿元；财务公司发放内部贷款增加内部收益3.9亿元。

非主业单位获利能力显著增强。非主业单位紧紧围绕主业开展服务，整体效益继续提高，实现利润6.5亿元，同比增长16.1%。财务公司积极发挥内部资金结算和融资平台作用，实现利润3.7亿元；国贸公司拓展神华外部业务，实现利润1.1亿元；物资公司在保证火工品、成品油低价供应的情况下，实现利润5175万元，同比增长35.5%；中机电公司为集团主业提供科技服务和支持，实现利润4233万元；天泓公司抓住奥运商机，拓展特许商品零售业务，实现利润2000万元；房地产公司抓紧华城项目的尾房销售和其他投资回收，实现利润6520万元；北遥公司抓好地质勘探、遥感业务，实现利润1100万元。

【重大项目】 继续加强基建管理，狠抓重点项目建设，进一步增强发展后劲。煤矿生产能力继续扩大。万利分公司、乌海能源公司、包头矿业公司、神宁公司的煤矿项目投产，增加产能3480万吨。神宝公司技改项目、塔然高勒和李家壕煤矿及其配套的洗煤厂获得核准。宁东矿区三个煤矿在国家能源局的大力支持下，于2008年12月份全面开工。骆驼山、乌东选煤厂，宁东煤化工基地、石嘴山选配煤中心等选煤项目，宝日希勒褐煤提质工程开工建设。包头矿业公司和乌审旗梅林庙矿井等前期工作进展顺利。煤炭资源获取又有新进展，取得宝日希勒露天矿等矿权共计34亿吨。

路港运输能力继续提升。黄万线进港铁路神港站扩容工程竣工；神朔、朔黄万吨列试验取得成功；黄骅港实现七万吨级船舶全天候通行；天津煤码头第四条卸车线通过验收。启动一批铁路项目的前期工作：集团规划铁路全部列入国家中长期铁路网规划，神朔、朔黄铁路扩能改造项目等列入国家扩大内需促进经济发展项目，巴准、神池铁路前期工作加紧进行；甘泉铁路项目获得核准。

电力装机容量继续增加。全年新增装机225万千瓦，集团总装机达到2142万千瓦。其中股份公司新增装机193万千瓦，总装机达到1900万千瓦。风电新增并网装机容量32万千瓦。国华宝电、东营风电一期等一批火电、风电项目开工建设。绥电二期、神东电力米东、准能公司和乌海能源公司的煤矸石电厂等项目获得核准。

【自主创新】 科技创新的作用日益显现。加快关键技术的攻关和应用，首套国产化电液控制系统试用成功，连续采煤机国产化研制取得初步成效；神东榆家梁矿薄煤层自动化工作面和保德矿放顶煤自动化工作面投产，实现新的技术突破；准能公司吊斗铲倒堆工艺顺利实施，宝日希勒褐煤提质项目核心设备研制已完成，神宁公司应用浮选药剂技术提高资源回收率。铁路机车重载无线同步操纵控制系统研究有了新进展；国内首套铁路运输综合仿真培训系统研制完成。完成电力企业万吨级低温多效海水淡化和600MW机组空冷运行技术研究，研究成果在各新建电厂中得到应用。全集团完成专利申报110项，获专利授权54项。特大井田浅埋藏易自燃煤层防灭火关键技术等三个项目获国家科技进步二等奖。完成神华研究院、北京低碳能源研究所组建方案；煤直接液化国家工程实验室获得批准。

信息化建设取得新进展。成立信息化工作领导小组，完善信息化管理制度，启动数据中心建设、广域网基础传输、数据网络系统的升级改造项目。自主开发生产装备、产权、煤炭资源等管理信息系统。充分利用内部信息化力量，培养专业信息化队伍，开发、整合信息化资源。神华生产、安全、经营、服务等各领域的信息化单项应用发挥重要作用；神东分公司等单位的信息化应用水平上升到更高层次、延伸到更宽领域。

【履行社会责任】 神华积极履行社会责任，加大节能减排工作的攻坚力度。全年安排节能减排专项70项，投入15.9亿元资金，用于重大工艺、设备、技术的改造。国华电力分公司和乌达矿业公司关停9台1014兆瓦小火电机组，启动了CO_2捕集和处理技术方案及示范性项目、亚临界机组提升经济性、机车信息监控系统开发，以及节能操控技术等重点节能减排科研项目。各单位注重科技节能降耗，煤炭产业万元增加值综合能耗0.88吨标准煤，比上年下降5.3%。国华电力公司供电煤耗继续保持325克/度的国内领先水平。全集团平均采区回采率逐年提高，已超过国家考核标准；污染物排放出现双下降：二氧化硫排放总量同比下降9.5%，COD排放总量同比下降8.7%。

神华积极发扬"一方有难、八方支援"的精神，支援灾区人民抗击冰雪、抗震救灾，神华员工共捐款1784.8万元，捐物价值31.2万元。全年筹措300万资金帮助包头和神新公司的困难职工，体现神华党组的关怀和组织的温暖。

（撰稿人：麻葆钧）

中国电信集团公司

【基本概况】 2008年，中国电信集团公司（以下简称"中国电信"），面对极其严重的自然灾害和严峻的市场竞争，坚持以科学发展观为指导，认真落实国资委工作部署，持续推进企业转型，大力实施聚焦客户的信息化创新战略，统筹兼顾，奋力拼搏，圆满完成抢险救灾、奥运保障、重组改革和生产经营任务，各项工作取得新的进展。

经受住特大自然灾害考验，出色完成抗灾保通信和奥运保障任务，得到各级党委政府的充分肯定和社会各界与广大用户的高度认可。贯彻落实国家深化电信体制改革的精神，扎实推进重组收购和移动业务准备，为全业务经营奠定良好基础。全年完成国资委下达的考核目标任务，保持企业平稳健康发展。深入实施品牌经营，商务领航和我的e家品牌客户渗透率不断提高；开展"金牌服务迎奥运"活动，基础服务功能不断完善，基本服务指标在行业内保持领先。积极推动"光进铜退"，促进网络升级。

【主要指标】 2008年，中国电信全面完成各项业务指标。资产总额为6213亿元，比上年同期增长14.7%；净资产为3704亿元，比上年同期下降8.3%；营业收入为2171.6亿元，比上年同期增长2.5%；利润总额为348.7亿元，比上年同期增长6.7%；技术开发投入11.2亿元，比上年同期增长20.4%；利税总额为493.2亿元，比上年同期下降0.2%；全员劳动生产率为63万元/人·年，比上年同期下降6.3%；净资产收益率为5.94%，比上年同期提高0.64个百分点；总资产报酬率为6.7%，比上年同期提高0.34个百分点；国有资产保值增值率为106.6%，比上年同期提高0.7个百分点。

中国电信集团公司主要经济指标

项　目	2007年	2008年	同比增长(%)
资产总额(亿元)	5416	6212.9	14.7
净资产(亿元)	4038	3703.8	−8.3
*营业收入(亿元)	2118	2171.6	2.5
*利润总额(亿元)	326.9	348.7	6.7

续表

项　　目	2007 年	2008 年	同比增长(%)
技术开发投入(亿元)	9.3	11.2	20.4
*利税总额(亿元)	494.6	493.7	-0.2
全员劳动生产率(万元/人·年)	63	67	6.3
*净资产收益率(%)—不含少数股东权益	5.3	5.94	0.64
*总资产报酬率(%)	6.36	6.7	0.34
国有资产保值增值率(%)	105.4	106.06	0.7

注:带*的指标剔除了自然灾害、小灵通减值和C网等不可比因素。

【改革发展】 按照国家深化电信体制改革的精神,中国电信积极推进C网收购工作,实现网络的平稳交接和安全运行,保证业务不中断、服务不降低,成功实施我国电信业史无前例的大规模用户跨经营主体的迁移。同时,有序开展中国卫通基础电信业务的重组工作。中国电信实业上市公司成功收购中国通信建设集团有限公司,进一步拓展市场空间,提高海外市场竞争力。

大力推进体制改革,不断完善公司组织体系。完成股份公司与各省级有限公司法人体制调整工作,公司管理体制由母子公司制调整为总分公司制,在集团总部和全国31省设立网络资产分公司。完成全业务组织架构调整,明确前端按客户分群营销、后端融合支撑的组织原则,按照南北有别、分类推进的原则,基本统一全集团省、市公司的全业务组织架构。

大力推进机制创新,建立健全激励约束体系。针对不同部门、不同岗位员工的特点,提供以岗位和任职资格管理为基础,以绩效管理和薪酬激励为核心,以员工能力提升为重点,以促进企业和员工发展为目标的人力资源系统解决方案,实现人力资源的差异化管理。以战略为导向优化人工成本配置,探索差异化的薪酬激励机制和人工成本分类管理,完善人工成本配置模型,提高人工成本的投入产出效益;强化薪酬激励的导向作用,针对不同类别岗位特征逐步建立差异化的薪酬分配方案;积极推进提成制、竞标制、协议工资制、虚拟股权激励机制等灵活多样的薪酬分配机制改革。

【重大项目】 2008年,中国电信的各项重大项目进展顺利,主要包括以下几个方面:

移动网络优化扩容项目。中国电信成功接收C网资产后,快速推进移动网络优化扩容工程建设和全业务运营的相关准备工作,并以移动网络和业务平台建设为切入点,积极推进固移架构下网络及业务的统一和融合。截至2008年底,该项目基本完成预定的建设目标任务,CDMA网络规模和网络质量均较C网接收之初有较大幅度的提升和改善,基站数量增加58%,核心网容量增加45%,城镇地区网络覆盖率提升4个百分点。

互联网扩容及宽带提速项目。该项目的主要内容是对互联网骨干网络部分进行带宽扩容、实施宽带接入网速率提速和“光进铜退”等工作,缓解骨干网和国际出入口流量拥塞问题,满足互联网用户日益增长的高带宽业务需求。截至2008年底,南方各省的城市区域已基本全面具备开通2M宽带接入的能力,省际骨干网和国际出入口带宽较上年底分别提升40%和122%。

重点产品平台扩容项目。2008年,中国电信全力以赴保证客户品牌经营和规模化发展,针对政企客户,顺利完成商务领航终端、宽带管理系统平台建设、全球眼平台升级,以及外包呼叫中心的规模扩容和能力提升。针对家庭客户,重点部署e8终端管理平台,完成WLAN、光纤接入网等相关网络建设,推进IPTV2.0标准化升级。针对天翼重点产品,完成189放号的重点融合产品开发和系统建设,以及C网特色产品承载网络的部署。截至2008年底,中国电信全球眼监控终端较上年增加90%左右,呼叫中心规模增加60%，189放号的重点融合产品以及大部分C网的特色产品平台基本上建设完毕。

IT支撑系统扩容工程。2008年，中国电信在已有的IT系统基础上，有针对性的增强对移动业务的支撑能力，形成固网移动融合的IT支撑能力。在此基础上，快速完成联通C网IT系统的割接，及时实现对全网189放号的支撑，有效保证固网、移动融合业务的推出，确保全业务运营和全网服务的顺利开展。

【走向海外】 2008年，中国电信积极响应国家号召，大力实施客户延伸、业务延伸、网络延伸的海外拓展战略，各项工作取得初步成效。

大力拓展海外市场。紧紧围绕服务"走出去"的中资企业和来华投资的外资企业的经营方针，充分发挥网络规模和客户规模优势，走出一条符合企业实际的海外拓展道路，全年新增海外自有客户119家，新签合同金额5.8亿元，成为Microsoft、Google、DELL等知名跨国企业的首选服务提供商，为中国石油、中国石化、中央电视台、新华社、中兴、华为等"走出去"的中资企业和机构提供境外通信网络和IT设施建设维护服务。

加强国际网络建设。顺利完成跨太平洋直达光缆系统(TPE)、中俄2号光缆系统、穗深港西部通道传输系统等工程项目建设；与蒙古铁通、越南VTI、越南EVN合作新建10G传输系统，积极组织APCN2扩容，顺利完成第一阶段扩容建设；建成960G国际专用传输系统，从根本上缓解传输资源紧张的被动局面。大力推进国际网络对外合作，国际传输出口带宽稳步增长，总带宽新增220G，达到460G。

推进海外节点和海外机构的设立。在美洲新设西雅图节点，在日本新建虚拟网络节点，在台湾地区新设ChinaNet合作节点，在德国新建ChinaNet法兰克福节点。收购中国联通澳门公司，欧洲公司新设阿联酋代表处，基本形成以美洲公司、香港公司和欧洲公司为主体的海外拓展格局。随着海外公司的不断壮大，中国电信在全球的品牌影响力逐步提高，得到中外跨国企业客户的普遍认可。

【重大创新】 2008年，中国电信不断加大创新力度，为企业的可持续发展提供强大动力。在制度创新方面，完善公司治理结构，将二级法人体制调整为一级法人体制，为集约化管理创造先决条件；不断优化公司组织架构，组织推动前后端嵌入式工作团队运作模式，探索矩阵管理与考核方式；探索实施"项目制"工作模式，统筹协调各部门力量，共同完成重大任务。

在管理创新方面，继续推进精确管理，夯实基础管理，持续优化资源配置。创新财务管理，强化全面风险管控，推进审计领域拓展和方法创新，促进微观审计向宏观效益审计转变；创新产品研发方式和流程，加大产品统筹力度；初步建立面向政企客户的纵向一体化专业团队，首席客户经理责任制试点取得成功，面向中小企业和聚类客户的销售覆盖得到明显改善。

在产品创新方面，开创账号经营模式，使用户通过手机号、宽带账号实现有线无线等不同接入方式，以及邮箱、即时通信、互联星空等不同业务的统一认证，实现语音、宽带业务的合账计费。结合中国电信的固网资源，开发总机服务、综合办公、无线宽带、全球眼、天翼Live、189邮箱等移动融合新产品。完成号码百事通全国中心平台建设和部分省平台终验，实现信息异地搜索和全国业务加载，并成功推出移动号百业务。

在技术创新方面，继续加大科技投入，2008年科技投入合计近15亿元；不断推进技术与市场的紧密结合，努力推进科学技术转化为现实生产力；积极参加国家发改委、科技部、信息产业部等部委和地方政府组织的各类科技创新项目，共承担8项国家级重大科研项目。多项科技成果获部委和地方政府奖项，其中《电信级数字媒体网络工程及业务开发》项目获2008年度国家科技进步二等奖。

【履行社会责任】 2008年，中国电信积极履行社会责任，把回报社会、服务客户、关爱员工、回馈股东作为企业各项工作的基本出发点，致力于为社会和公众提供便捷、畅通和高效的综合信息服务，在保持企业稳健经营的同时，实现企业发展与社会和环境的和谐统一。

积极促进社会各领域信息化。大力推广电子政务，为各级党政机关提供全程全网全业务的综合信息服务，推动政府信息化建设；面向企业客户提供定制化的全业务整体解决方案，大力促进企业信息化；积极推广号码百事通、电子支付等社会信息化应用，促进社会各领域信息化。

服务农村信息化建设。基于宽带和语音业务，大力推广“乡情网”等融合型业务。大力推广涉农信息化应用，推进信息化乡镇建设，截至2008年底，共建设达标信息化乡镇2812个。积极参与“家电下乡”活动，通过“信息田园”为农村宽带用户提供“三农”政策、法规信息、农业科技、市场行情、外出务工等信息，服务农村信息化建设。

积极开展网络信息安全保障工作，为北京奥运会创造良好的网络信息环境。开展2008年北京奥运会网络信息安全保障工作，建立健全内部信息安全保障制度，贯彻落实奥运信息安全保障专岗专职机制，为北京奥运会创造良好的网络信息环境。

积极承担普遍服务义务，大力推进村通工程。2008年在浙江、福建、四川等15个省市完成13054个自然村通工程任务，在西藏完成310个行政村通工程任务，投入资金约30亿。截至2008年底，中国电信宽带互联网已覆盖93%的乡镇和52%的行政村，江苏等发达省份实现行政村村通宽带。

大力推进节能减排工作。高度重视、积极部署节能减排工作，加大技术节能推广力度，从加强技术应用着手，对老旧设备、耗能大的设备逐步进行更新改造；采用交换机缩容应用，供电系统的谐波治理等多种节能新技术，2008年全集团节省电能2.2亿度，为总用电量的3.16%。

积极投身社会公益事业。积极组织各级企业和员工向地震灾区送温暖、献爱心，共捐款捐物3.3亿元；积极参加援藏活动，共完成8个援藏项目，累计投入资金1500万元；对口扶贫四川省盐源县和木里县，实施23个扶贫项目，累计投入资金520万元，捐助90名贫困大学生，被评为“中央国家机关等单位定点扶贫先进单位”。

【应对金融危机】 面对金融危机带来的困难和挑战，中国电信迎难而上，不断强化内部管理、创新产品服务、增加就业机会，为国民经济平稳较快发展做出贡献。

强化精确管理，加强成本管控，确保资金资产安全。利用金融危机造成原材料价格下跌的时机，通过集中采购、共建共享基础设施等不断降低单位建设成本。大幅压缩传统固网资本支出，加强资产调配，盘活存量资产。大力推进节能降耗，加强对行政及一般管理费用的管控。加强资金集中管理，特别是境外资金资产管理。做好坏账及信用管理，防患于未然。

创新产品服务，挖掘和满足需求，推动信息化建设。充分发挥传统业务与信息服务的协同效应，创新信息化应用和产品，拉动信息服务消费，为社会提供更加丰富便捷的综合信息服务。在老牌国际运营商受金融危机影响发展相对困难的时期，积极拓展与中国相关的国际通信市场，努力使中国电信成为“走出去”的中资企业及越来越多跨国公司的首选合作伙伴。

把增加就业放到更加突出的位置，积极促进社会和谐稳定。一方面，积极解决高科技专业人员的就业问题，扩大大学毕业生招聘规模；另一方面，积极发展呼叫中心等劳动密集型产业，吸收大中专毕业生等多层次社会用工，缓解社会就业压力。

（撰稿人：于明峰）

中国联合网络通信集团有限公司

【基本概况】 中国联合网络通信集团有限公司（以下简称“中国联通”）是在原中国网通、原中国联通的基础上组建而成的。在国内31个省（自治区、直辖市）和境外多个国家和地区设有分支机构，用户规模及上市公司市值均位列全球主要电信运营商的前列。截至2008年底，中国联通资产规模超过5000亿元人民币，员工总数近50万人。

2008年，中国联通在党中央、国务院的亲切关怀下，在国家有关部委的大力支持下，坚持以邓小平理论和“三个代表”重要思想为指导，全面深入贯彻落实科学发展观，积极面对内外部各种挑战和压力，稳步推进改革重组，全力抓好经营发展，充分发挥协同效应，迅速提升网络能力，积极履行社会责任，切实加强队伍建设，基本完成各项主要业绩指标，在改革发展的道路上迈出新的步伐，为我国电信业持续健康发展做出新的贡献。

【主要指标】 截至2008年底，中国联通国有权益金额为1424.5亿元，国有资本保值增值率为101.5%。

中国联合网络通信集团有限公司主要经济指标

项　　目	2007年	2008年	同比增长(%)
资产总额(亿元)	4996.58	5000.99	0.09
净资产(亿元)	2262.48	2321.43	2.61
营业收入(亿元)	1976.87	1880.46	-4.88
利润总额(亿元)	166.93	309.55	85.44
技术开发投入(亿元)	0.88	1.76	99.52
利税总额(亿元)	224.32	375.23	67.28
全员劳动生产率(万元/人·年)		25.04	
净资产收益率(%)	3.70	8.58	132.16
总资产报酬率(%)	4.82	7.86	63.09
国有资产保值增值率(%)		101.50	

注：基于目前的决算会审材料填制，2007年国有资本保值增值率和全员劳动生产率无法取得新公司口径的数据，无法计算。

【改革发展】 生产经营实现稳步发展。2008年，公司上下以全业务经营为主线，以宽带移动互联网业务为重点，全力以赴抓好生产经营，使生产经营态势基本保持平稳。全年净增宽带用户668万户，累计达到3016万户；固话和无线市话用户累计达到1.01亿户；净增GSM用户1280万户，累计达到1.33亿户。宽带、GSM增值业务收入分别以28%、20%的增幅继续保持快速发展势头，占固网、GSM服务收入的比重分别达到23%、25%。

电信改革重组顺利推进。根据国家关于深化电信体制改革的部署要求，中国联通严格遵循境内外有关法律法规和资本市场规则，圆满完成CDMA资产及业务出售、原中国网通与原中国联通红筹公司合并。与此同时，自上而下、稳妥有序地完成新公司组织架构调整和人员融合。上市公司对南方21省固网业务与资产租赁工作全面推进，资本层面的整合取得重大进展。

人事薪酬统一逐步实施。为抓好国家深化电信体制改革工作的深入落实，中国联通在人事改革和薪酬分配方面着力做好以下几项工作：一是积极稳妥地做好原中国联通C网剥离过程中人员划转有关工作。二是顺利完成集团各单位、各部门领导人员配备和人员选任工作，为加快企业融合、加速统一运营提供强有力的组织和人员保障。三是研究并启动集团职位薪酬体系统一有关工作，初步形成一套比较系统的职位薪酬体系统一实施方案。

绩效考核体系不断完善。抓住公司合并重组的契机，围绕公司整体发展目标，建立科学、合理、公平、规范的绩效考核体系，充分发挥考核的市场和效益导向作用：一是以国有资产保值增值为己任，注重收入与成本的匹配，实现规模与效益的有机统一；二是关注用户感知，通过加强行业对标，不断提升客户服务水平；三是关心员工的学习与成长，实现绩效考核体系与薪酬体系、培训体系、员工职业生涯规划的对接和联动；四是加强对分子公司、部门、员工等的考核、评估、诊断的全过程绩效管理。

【重大项目】

1. GSM网扩容工程建设项目。适应重组后新的市场格局和技术演进趋势，进一步改善公司在重点区域的移动网络覆盖质量，提升公司品牌的用户感知度，同时为下一步3G网络建设和发展奠定基础。2008年7月，中国联通正式启动GSM网扩容工程建设项目。2008年10月，完成工程可行性研究报告编制及批复工作，2008年底完成工程的初步设计审批及报备工作。该工程的全面建成并投入生产运行，极大地提升中国联通向用户提供优质通信服务的能力。

2. 奥运保障项目。在举世瞩目的“奥运年”，中国联通圆满完成艰巨的通信保障任务。为及时满足奥运通信网络及业务安全，公司分别对长途数据网、CHINA169骨干网、CNCNET骨干网扩容，满足奥运VIP客户的国内和国际互联网访问需求；对骨干网异常流量监测系统、国际七号信令监测系统、P2P流量监测系统扩容，进一步增强骨干层面互联网预警和安全管理的能力，提高网络系统分析、管理以及流量监控能力；通过对赛会城市IP承载网扩容，满足开通奥运城市间视频通信的业务需要。通过实施奥运保障项目，中国联通的基础通信网络能力和信息通信服务能力显著增强，为北京奥运会的成功举办做出重要贡献。

3. CHINA169骨干网扩容项目。CHIAN169骨干网作为中国联通最重要的业务之一的互联网业务网络，承载了宽带网用户、专线用户、大客户专线和IDC等业务。为进一步提升互联网速率，加速宽带普及，形成强大的宽带业务产业，向用户提供高质量、专业化的通信服务，中国联通在2008年对CHINA169骨干网扩容进行大规模的中继电路扩容。2008年5月，完成该项目的可行性研究工作，共涉及全网62个节点、设备160余台，新增40G长途链路8条，新增10G长途链路278条，新增2.5G长途链路10条，新增155M长途链路8条。项目投产后，新增生产能力3126.24G。

4. 省际长途WDM传输网扩容项目。为进一步提高网络资源的合理配置和调度管理能力，加强传输网络对各种业务的支撑和保障，中国联通结合现有网络资源及目前传输技术发展现状，对省际长途WDM传输网扩容，通过增配OTU设备和T-MUX设备，对已建的WDM传输系统进行扩波，用于满足本期新增169IP通道、SDH系统占用波道、国际电路国内延伸及与其他运营商置换波道需求。对已建的WDM系统扩容建设10G波道390条，扩容建设2.5G波道96条，以满足CHINA169业务、SDH系统、国际电路国内延伸等业务需求。该项目于2008年完成初验。

5. 国家下一代互联网(CNGI)示范网试验工程项目。按照国家发改委和中国工程院的有关要求，中国联通组织国家下一代互联网(CNGI)示范网试验工程项目验收，完成CNGI示范应用项目WWAN和WLAN的互通融合技术研发与应用、基于P2P的数字媒体业务应用研发与应用试验项目验收，开展中国下一代互联网(CNGI)示范工程示范网络驻地网建设。通过开展重大科研开发，取得多项突出成果，还积累推动产、学、研相结合的经验，培养一大批技术人才，使公司在下一代互联网等领域保持技术领先优势。

【走向海外】 2008年，中国联通继续积极开拓海外市场，不断提高在国际电信市场上的综合竞争力。

在国际网络方面，中国联通在世界7个主要城市(中国香港、洛杉矶、圣何塞、纽约、伦敦、法兰克福、东京)拥有12个POP业务节点，建设语音、数据和移动漫游等国际网络和运营平台。中国联通参与投资建设的跨太平洋直达国际海缆(TPE)于2008年9月正式投入使用。

在国际业务方面，中国联通与全球400多家运营商和机构建立良好的合作关系，与全球主导运营商建立了密切的国际移动和固定业务关系。通过在中国香港、美国、英国和日本设立的境外运营公司，积极拓展国际运营服务，为各类国际客户提供全面的ICT服务。奥运期间，为北京奥林匹克转播公司(BOB)以及全球16个转播机构200余家电视台提供电视转播的优质通信服务。

在国际合作方面，中国联通实现与西班牙电信、韩国SK电信和中国香港电讯盈科在战略投资层面的合作，与国际电信联盟(ITU)、GSM协会(GSMA)、第三代移动通信合作伙伴计划(3GPP)、太平洋电信理事会(PTC)、全球电信会议(GTM)等电信国际组织和机构建立了密切的合作关系，并在中国澳门地区成功举办中国联通国际合作伙伴会议。

【重大创新】 2008年，中国联通坚定不移地推进企业创新，为公司可持续发展提供强大动力。

在经营创新方面，中国联通大力开发、推广“固网+移动”融合产品，从“固话+宽带+手机”的简单捆绑逐步向统一账户、共享时长、广域综合VPN等深度融合推进。坚持以客户为中心，建立分客户群的营销服务体系，面向个人客户、家庭客户和集团客户实施专业化营销。积极拓展信息化服务领域，大力推动呼叫中心座席外包、综合信息通信服务（ICT）等信息化应用。奥运期间，共推出三大系列共26项“宽带奥运”产品。

在技术创新方面，中国联通紧密跟踪通信技术发展趋势，积极探索未来网络架构，组织开展和实施GSM/GPRS网络演进一、二期试验项目、手机电视业务管理平台等公司重大新技术试验项目，并获得中国通信学会科学技术奖一等奖两项，二等奖两项，实现多项技术和业务的创新，为公司网络演进及发展积累丰富的经验，有力地支撑公司的战略转型和持续发展。

在管理创新方面，中国联通积极开展管理创新活动，2008年共获得25项企业管理创新成果奖，其中：国家级的企业管理创新成果二等奖1项，全国通信行业企业管理创新成果一等奖3项，二等奖8项，三等奖13项。这些成果涵盖市场营销、客户服务、运维管理、财务管理、人力资源、信息化管理等企业管理的方方面面，反映企业管理创新的方向和趋势，有力地提高中国联通的整体管理水平。

【履行社会责任】 2008年，中国联通努力让信息通信成果普惠全社会，开展一系列企业社会责任实践：圆满完成2008年北京奥运会的通信保障任务，创造了奥运史上通信服务的11项第一，展现中国通信业的发展水平；面对南方雨雪冰冻灾害和“5·12”汶川特大地震灾害，以高度的责任感和使命感，采取有力措施，提供可靠的通信保障与全方位的灾难救援，员工为灾区捐款超过4500万元，党员缴纳特殊党费2683万元；以推进经济和社会信息化为己任，针对家庭、企业和行业客户推出信息化产品，提升客户价值；承担农村普遍服务重任，完成村村通工程3271个村，并以农村党员干部现代远程教育为切入点，推动农村信息化建设；清理整顿互联网接入和重点业务市场，维护消费者权益，关闭非法网站网址290个，清理违规SP39家；开展“和谐社会 联通中国”系列活动，为青少年成长创造健康的网络环境；积极参与扶贫、教育等领域的公益事业；树立节约意识，采取有效措施减少资源消耗和对环境的影响，开展节能降耗技改项目1200多项，减少各种能耗支出2亿多元。

【应对金融危机】 为应对国际金融危机带来的不利影响，中国联通充分发挥自身优势，加速推进网络建设和优化，积极拓展新业务和新市场，不断增强企业的竞争力，并带动相关产业发展。

一是加快移动网络建设优化。2008年，中国联通进行GSM网络补网和GPRS的全面升级，完成GPRS核心网的建设和342个地市的GPRS升级，使GSM网络的覆盖范围、系统容量、信号质量等得到全面提升，并带动通信设备制造商的生产和销售。

二是大力推进宽带升级提速。加速实施“宽带升级提速”工程，通过互联网络扩容改造、接入段“光进铜退”，使互联网接入带宽从512k提高到2M/4M/8M/10M，推动宽带接入能力的提升。配合国家推行“家电下乡”政策，大力推进农村信息化建设，在“村村通电话”的基础上，推动“乡乡能上网”。通过推广视频会议、集团虚拟网、IT服务外包等信息化应用，帮助企业客户降低运营成本。

三是加大产品与业务创新力度。中国联通充分发挥移动、固网的协同效应，推进“内容+应用+接入+服务”的营销模式，提高综合信息服务能力。中国联通在增值业务方面合作的SP/CP厂家达到近500家，其中大部分属于中小型企业，随着增值业务的不断开发和推广，有力地带动整个产业链的共同发展。

四是有效规避投资风险。2008年，中国联通通过加大对投资项目全过程管理力度，强化对固定资产投资活动关键环节的管控，逐步完善固定资产投资项目决策体系，规范管理流程，提高项目审批效率，不断提高投资效益，有效规避投资风险，以增强应对国际金融危机的能力。

（撰稿人：付玉辉）

中国移动通信集团公司

【基本概况】 中国移动通信集团公司是按照国家电信体制改革的总体部署，在原中国电信移动通信资产总体剥离的基础上，于2000年4月组建的国有重要骨干企业。2008年5月，按照国家深化电信体制改革的要求，中国铁通集团有限公司整体并入中国移动通信集团公司。中国移动通信集团公司拥有的全资子公司包括中国移动(香港)集团有限公司、中国铁通集团有限公司、29个省(区、市)通信服务公司和巴基斯坦辛姆巴科公司。由中国移动(香港)集团有限公司控股的中国移动有限公司在中国香港和纽约上市。中国移动有限公司在我国内地31个省(自治区、直辖市)设立全资子公司，负责当地移动通信业务运营管理，并在香港特别行政区全资拥有中国移动香港有限公司。

【主要指标】

中国移动通信集团公司主要经济指标

项　　目	2007年	2008年	同比增长(%)
资产总额(亿元)	7765.96	8816.37	13.53
所有者权益(亿元)	5589.31	6502.12	16.33
营业收入(亿元)	3972.14	4518.52	13.76
利润总额(亿元)	1273.78	1458.52	14.54
科技支出金额(亿元)	66.56	95.42	43.36
净资产收益率(含少数股东权益%)	16.81	18.00	7.08
总资产报酬率(%)	19.08	17.89	-6.24
国有资产保值增值率(%)	115.53	117.46	1.67

【重大项目】 圆满完成奥运通信服务使命，树立中国通信运营企业的良好形象。中国移动是北京2008年奥运会合作伙伴。公司上下高度重视，协调行动，扎实做好奥运城市的通信网络覆盖和网络优化工作，攻克GSM大容量设计、WLAN高密度覆盖的世界性技术难题。深入参与奥运会开闭幕式、赛事现场、火炬传递等移动通信保障服务，保障4万公里火炬传递和开幕式鸟巢周边每小时11万次呼叫的通话畅通。积极开展奥运营销、业务推广和奥运理念传播，推出无线Info、照片即拍即传、奥运手机视频等业务，创新进行服务业务展示，热情周到地完成奥运款待服务。中国移动以一流品质提供奥运历史上技术最先进、业务最丰富、服务最周到的移动通信服务，赢得世界同行的赞许和组委会的好评。国际奥委会主席罗格称赞中国移动，以创新的科技为全世界诠释了科技奥运的理念。

出色完成抗灾保通信的艰巨任务，赢得社会赞誉。2008年接连发生的严重的自然灾害使移动通信网络和服务经受严峻考验。每次灾害来临的时候都是灾区群众和救灾人员最需要移动通信服务的时候。在南方部分地区严重低温雨雪冰冻灾害面前，中国移动紧急行动，克服大面积停电和道路阻断带来的困难，破冰除雪，奋力抢险，想方设法保障通信畅通，全力配合发送灾情及预警信息，设置临时服务点为滞留群众和救援人员提供通信服务，受到社会广泛好评。面对四川汶川特大地震灾害，中国移动上下通力协作，紧急调集设备和人员，果断派出通信突击队，采取空降通信设备等非常规手段恢复通信，率先打通重灾区所有乡镇通信，迅速建立市场应急服务体系，及时传递生命信息，为灾情传报及抢救受灾群众开辟“通信生命线”，谱写抗震救灾保通信的英雄赞歌。中国移动四川公司荣获“全国抗震救灾英雄集体”称号。在抗震救灾期间，张德江副总理两次视察中国移动，慰问干部员工，对公司发挥的作用给予高度肯定。

全力推进TD-SCDMA建设运营工作，取得积极进展。中国移动认真落实国务院领导同志的指示精神，以高度的责任感和使命感，全力以赴开展TD-SCDMA试验网的建设运营。北京、上海、天津等8城市TD-SCDMA试验网建设按期完成，接收青岛、保定试验网，10城市累计开通TD-SCDMA基站超过两万个，覆盖率达到同区域2G网络的95%以上。二期工程28个城市TD-SCDMA网络建设全面启动。成功应用双极化、一体化天线，探索GPS同步替代方案，创新解决了建设发展难题。成功推出基于TD-SCDMA网络的流媒体手机电视、奥运视频点播等特色业务，广播式手机电视业务投入试用，TD-SCDMA业务种类进一步丰富。超常规同步开展TD-SCDMA社会化业务测试及试商用工作，市场运营服务体系初步建立。加大TD-SCDMA服务奥运的市场投入，借助奥运实现TD-SCDMA规模使用。全面部署TD-SCDMA/2G互操作功能开放和设置工作，TD-SCDMA/2G核心网融合组网试点顺利完成，10城市客户可以“不换号、不换卡、不登记”方便地使用TD-SCDMA。建立立体化终端测试体系，协同产业链伙伴推进解决TD-SCDMA手机瓶颈问题。推进TD-SCDMA后续技术发展，借助国际舞台，推动建立开放的TD-LTE产业链。在中国移动全力以赴努力下，TD-SCDMA产业化进程明显加快，建设运营取得积极进展。

按照国家深化电信体制改革的要求，平稳有序接收铁通公司。2008年5月，工业和信息化部、国家发展和改革委员会、财政部联合发布《关于深化电信体制改革的通告》，通告中明确，中国铁通整体并入中国移动，成为中国移动的全资子公司。为落实好这一重组要求，中国移动切实加强组织领导，领导挂帅，成立接收铁通公司工作组。在国家发改委、国务院国资委的指导下，确定铁通公司并入中国移动的总体要求。重组后，铁通公司作为中国移动通信集团公司的全资子公司，独立运营；铁通公司与铁路通信相关的各种机制保持稳定，确保铁路安全，保证通信畅通。在铁通公司独立运营前提下，中国移动按照资产接收、资源协同、战略整合三步走原则，有条不紊开展接收整合工作。要求铁通公司严格控制和压缩资本开支，避免重复建设项目；严禁新的对外投资项目和对外担保；公众电信业务必须坚持经济效益的原则。并要求所属各省公司优先使用铁通公司在当地的各种资源，积极探索业务合作，发挥协同效应。总体来讲，接收铁通公司工作进展平稳。

【走向海外】 中国移动2007年收购巴基斯坦第五大电信运营商巴科泰尔（Paktel），2008年在巴基斯坦成功地推出中国移动的国际品牌“ZONG”，提升公司形象和知晓度。中国移动巴基斯坦公司在当地多变的环境下，克服重重困难，全力加快网络建设，基站总数已达4000个；大力改善支撑系统和服务系统，提升网络运行维护水平，在当地新增客户市场份额方面有了良好进展。同时，中国移动进一步加强对中国移动香港公司业务发展支撑力度，协同效应得以发挥，中国移动香港公司运营能力和效益不断改善。

【科技创新】 中国移动科技创新体系进一步完善，在美国硅谷成立研究机构，国际化研发平台初步搭建。超前研究力度加大，TD-SCDMA增强型技术（TD-LTE）、无线互联网/IP业务环境（WiiSE）、分布式业务网络（DSN）等项目取得重要进展。实施国际标准化战略，在第三代合作伙伴项目（3GPP）、开放移动联盟（OMA）、国际电信联盟（ITU）等重点标准化组织中主导发起成立分布式网络、2G网络IP化等十个标准化工作项目，中国移动在国际标准化组织中的影响力列运营企业第一阵营。成功申请新一代宽带无线移动通信技术应用国家工程实验室和国家电子商务研发中心。智能终端软件平台（OMS）开发进展顺利。科技创新成果共享和推广效果显著，全集团进行成果引入1000余项，推广实施重点成果38项，对现网运营的技术支撑更加有力。结合企业实际和未来发展需求，进一步优化重点领域的专利申请和重要地区的专利布局，2008年获得授权专利数量突破100件，完成国际专利申请量35件，同比增长133%。

【经营管理】 中国移动面向蓝海市场，持续拓展新客户、新业务、新话务，取得新成效。2008年平均每月净增移动通信客户超过700万户，农村市场持续成为新的增长点。移动电话资费调整稳步推进，话务量得到激发。移动通信增值业务拉动作用更为显现，增值业务收入占运营收入的比重不断提升。彩信收入增速良好，全曲下载、无线音乐俱乐部会员、飞信、手机报客户规模持续扩大，139邮箱实现全网商用，增值业务营销模式不断创新。集团客户持续增长，跨省跨国集团客户工作取得进展，以移动终端为载体的集团信息化(MAS)和行业应用解决方案(ADC)初具规模。增值业务健康度评价体系初步建立，业务活跃度进一步提高。量收增幅比例趋于合理水平，发展质量持续改善。加快客户导向服务体系建设，企业管理者深入一线进行流程穿越活动实现常态化，开展"金牌服务、满意100"活动成效明显，客户满意度创历年新高。渠道营销服务能力显著增强，电子渠道平均业务占比达44%。中国移动品牌在"明略行"全球最强势品牌排名中保持第五位，品牌价值提升39%。

【履行社会责任】 中国移动设立专门机构承担责任管理职能，参考国际一流企业的责任指标体系，结合自身实际，初步建立起责任策略管理、执行管理、绩效管理等管理体系。从2008年起，对企业社会责任关键指标进行动态管理和绩效考核。中国移动各级企业全面实施社会责任"五大工程"(农村工程、生命工程、文化工程、绿色工程、志愿工程)，在缩小"数字鸿沟"、应对重大自然灾害、关怀弱势群体、弘扬健康向上的通信文化、推进节能减排、支持员工志愿活动等方面取得突出进展。其中通过全面实施"绿色行动计划"，单位业务量能耗同比下降11%，实现了节能减排阶段性目标。此外，联合全国妇联，启动开展"中国温暖12·1爱心基金——中国移动关爱行动"，为艾滋病致孤儿童健康成长提供帮助。

(撰稿人：陈晓杰)

中国电子信息产业集团公司

【基本概况】 2008年是极不平凡的一年，我国宏观经济受到历史罕见的自然灾害和国际金融危机的严重冲击，中国电子信息产业集团公司(以下简称"中国电子")的发展也经历外部经济环境"冰火两重天"的考验。一年来，中国电子在宏观经济环境日益严峻的形势下，以科学发展观总揽全局，认真贯彻落实党的十七大、十七届三中全会精神，按照"二三五"战略部署，紧紧围绕2008年初工作会议确定的"一个目标、两个转变、三大任务"的三年发展规划和目标，克服重重困难，深化改革创新，上下一心，团结拼搏，集团公司整体生产经营取得平稳发展。

【主要指标】 经过全集团上下共同努力，顽强拼搏，集团公司生产经营保持整体平稳发展，取得来之不易的经营成果。根据财务快报统计，2008年，集团公司实现营业收入685亿元；净资产收益率5.62%；完成科技投入22亿元，技术投入比率3.3%；资产总额达到734亿元。集团公司在国资委电子类中央企业销售收入、利润总额排名中仍然位居第一。

中国电子信息产业集团公司主要经济指标

项　目	2008年
资产总额(亿元)	734.4
净资产(亿元)	252.2
营业收入(亿元)	685.6
技术开发投入(亿元)	22.2
利税总额(亿元)	32
净资产收益率(不含少数股东权益)(%)	5.62
总资产报酬率(%)	4.03

【改革发展】 一年来，集团公司全面落实科学发展观，紧紧围绕年初确定的目标和任务扎实工作，大力推动发展方式转变。

一是不断细化战略规划，进一步理清主业发展思路，加快主营业务发展。按照国资委相关工作要求，集团公司修订完成2008～2010年发展规划。对2007年电子信息行业发展现状及集团公司相关产业实际运营情况进行总结，重点围绕2008～2010年的发展目标、发展措施及步骤进行任务分解，并完成向国资委的上报备案工作。2008年集团公司编制完成软件、计算机关键零部件等核心业务领域专项规划工作，经董事会审议通过并印发企业执行，集成电路等其他核心业务的发展思路也进一步理清，相应的专项规划正在进一步调整完善。

二是进一步规范和完善法人治理结构。2008年，集团公司各层面法人治理结构进一步实现规范有效运作，开始积极探索建立战略控制型的母子公司管控体制，体制机制改革进一步深化，法人治理结构进一步完善。集团总部董事会试点工作继续稳步推进，董事会运作更加规范有效，充分发挥战略性监控职能。集团公司董事会首次向国资委正式报告工作，试点工作得到国资委领导和机关的充分肯定。在所投资企业层面，按照集团公司现代企业制度建设的要求和指导意见，进一步修订完善公司章程和股东会、董事会、监事会议事规则，提高规范有效运作的水平，企业年度股东会和董事会会议的形式和内容得到进一步规范，法人治理结构运行管理得到强化，企业法人治理结构建设进一步加强。

三是继续强化实施业务板块整合和企业重组改制工作。2008年为做强做大主业，集团公司以上市公司为平台对集成电路、软件、高新电子、关键零部件等核心业务板块进行整合购并。

【重大项目】 集成电路业务方面，集团公司初步与上海市政府签署联合重组华虹集团的战略合作协议，华虹集团内与设计业务有关的公司已经开始剥离至集团总部直接管理，设计业务剥离后的华虹集团交由上海方面主导，集团总部在2010年前仍保留华虹集团第一大股东的地位。在坚持集成电路作为核心业务不变的前提下，经营重心由以集成电路制造业务为主，调整升级为以集成电路中高端设计业务为主。统一打造集成电路设计业务发展平台，完成相关业务的重组整合，并通过资本运作解决发展资金不足问题；结合国家科技重大专项的实施，大力提升自主研发能力；依托集团内部及国内整机需求，重点开发中高端产品，以设计带动制造，纵向打造产业链，在更高层面实现IDM发展模式，推进集成电路业务完成“两个转变”。华大集团所属的北京华大电子全部股权正在注入香港中电控股，通过打造国际化资本运作平台，推动集成电路设计业务快速发展。集团公司将不断加大投入力度，通过研发和产业能力建设提升自身在国家集成电路产业领域的影响力和带动力。同时充分发挥上海市政府的积极性，共同继续努力争取国家对华虹“909”项目升级改造的资金和产业政策支持，不断推动国有集成电路产业持续发展。

软件业务方面，集团公司围绕重点进一步加大投入，加大内部资源重组整合及对外购并的工作力度，开始打造软件产业的“一体化”运作平台。集团总部投入4亿元全额认购中国软件非公开发行股份，扩大在中软的持股比例，为下一步软件业务大规模并购整合打开资本运作空间，在资本市场也获得积极反响，国有资本保值增值效果明显。中软与长城软件进行资本整合的基础性工作已经完成，两家公司在经营层面已经实现市场战略协同和资源统筹调度。

对外合作项目上，一是继续拓展和深化与国际跨国公司的合作。采取多种形式，积极探索与日立、思科、英特尔、AMD等跨国公司在信息服务、生产外包、轨道交通、芯片设计等多领域的合作，部分项目已取得阶段性成果。二是继续巩固和推进与地方政府的合作。中国电子北海产业园2008年实现投资超过2亿元，完成产值10亿元以上。海南生态软件园首批入园企业已基本确定。2008年，集团公司还与湖南省政府签署战略合作协议，共建长沙国家软件产业基地。三是积极寻求产学研结合新道路，打造具有核心竞争力的新支柱产业。中软与北京大学、北京邮电大学共建联合数据库和网络化操作系统实验室，整合优势资源共同申请承担科技重大专项课题。长城信息与中南大学共建生物医学工程联合实验室，积极打造信息化新型医疗卫生服务平台。

【走向海外】 2008年，集团公司大力开拓国内外市场，积极强化营销管理，着力在企业信誉、服务、品牌和产品创新上下工夫，根据市场变化适时调整和完善市场营销策略，取得积极成效。

集团所属各企业积极开拓销售、合作新渠道，争取重大项目，开拓军贸、政府信息化等领域的市场，特别是加强新兴市场的开拓，加快培育海外市场增长。在集团公司组织协调和所属企业的共同努力下，2008年海外市场开拓成果开始显现。长城电脑OEM显示器已经占到越南市场的16%，2008年出口同比增长21.5%；电源产品出口欧美、东盟、中东、北非近50个国家，2008年出口同比增长37.4%；长城开发的智能电表业务在德国、西班牙、南美的市场拓展取得成果，2008年出口量保持同比增长态势，长城开发已成为中国最大的网络智能电表研发制造企业和中国最大的网络电表出口企业。对东盟、南美、非洲和中东等新兴市场的开拓，消除欧美市场订单下滑的不利影响，做到“此消彼长”，实现部分产品出口的较大增长。

【重大创新】 2008年，集团公司通过进一步完善科技创新体系，积极申请建立国家级工程中心和申请承担国家各类科技专项，推进研究分院建设，引导人才、技术、资金等创新要素向企业聚集，加强知识产权和标准化管理，企业自主创新能力得到进一步提升。当年，集团公司被科技部、国资委、全国总工会首批联合命名为“创新型企业”。

中国电子所属长城开发通过“引进消化吸收再创新”，研发出拥有核心技术的电力线载波智能系统，应用效率及智能化水平均居国际先进、国内领先水平。该公司已成为中国最大的网络智能电表研发制造企业和中国最大的网络电表出口企业。长城电脑推出代表国内计算机电源最高水平、拥有自主知识产权的千瓦级高端电源。桑达集团成功研发国内首款具有完全自主知识产权的铁路GSM-R手持终端产品，并已通过铁道部技术审查，初步形成产业能力。深圳开发磁记录公司经过多年的自主研发，掌握硬盘盘基片的核心制造技术，作为全球最大的独立盘基片供应商，占全球铝制盘片近30%的市场份额。华大公司2008年共安排80多项研发项目，推出30多个新产品，其中有十多个产品实现量产，当年新产品实现销售收入6000多万元。中原电子共开展新品研制开发项目50项，专题技术研究项目6项，专用仪器设备2项，新工艺、新材料11项，为用户需求的新科研项目打下基础。

另外，中国电子还积极参与国内外行业标准制定工作。长城电脑联合国内企业提出全球3C协同领域的第一个闪联国际标准。深圳易拓科技主持起草的《硬磁盘驱动器通用规范》已经国家标准化管理委员会批准实施。

据统计，2008年集团公司共申请专利总数为798项，其中发明专利374项。当年专利授权352项，计算机软件登记144项，集成电路布图设计登记43项。集团公司拥有的有效专利总数和上年专利授权数在中央企业中双双名列第九。

【履行社会责任】 中国电子积极履行中央企业的政治责任和社会责任，并将其融入企业发展进程之中。2008年，在全集团的共同努力下，中国电子积极开展抗震救灾、援疆扶贫和支持奥运工作，为促进企业自身和社会的和谐发展做出贡献，提升中国电子的社会形象。

在全国抗击低温雨雪冰冻灾害和汶川大地震的抗震救灾斗争中，集团公司共捐款2194万元，其中党员交纳“特殊党费”349万元。十一院、产业开发公司成都中泽公司、系统工程公司二公司四川虹欧项目部等三个单位被评为中央企业抗震救灾先进集体，熊猫电子军用通信产业集团党委被评为中央企业抗震救灾先进基层党组织，综勘院武威总工程师等5位同志分别被评为中央企业抗震救灾先进个人或优秀共产党员，受到国资委表彰。熊猫电子卫星通信系统在雨雪冰冻灾害和“5·12”汶川特大地震抗震救灾过程中，在其他通信手段均不能有效发挥作用的恶劣环境下，为及时传达灾情信息、抗震救灾指挥工作提供通信保障。综勘院、中软、十一院等单位为抗震救灾的灾区工程勘察、应急信息传递、危房评测、重建规划等都做出积极贡献。

在对口支援贫困地区建设上，近三年拨付援疆扶贫资金近3000万元，先后派出10名干部到受援地区挂职，较好地完成上级赋予的援疆扶贫任务，得到当地党委、政府的表彰和人民群众的高度赞扬。集团公司被新疆自治区党委、人民政府授予“援疆工作先进集体”、“抗震安居工程先进集体”称号。

在京12家单位的31名驾驶员志愿者为2008年北京奥运会提供“零缺陷、零事故、零投诉”的金牌服务，集团公司被北京奥组委交通部授予功勋单位称号，树立良好的社会形象。

集团公司还全面推进节能减排和安全生产工作。以“依法节能、全民行动”为主题，集团公司开展节能减排宣传活动，并建立和完善企业节能降耗分类指导与考核机制，推行对标管理，节能减排工作水平进一步提升。集团公司始终坚持“安全第一、预防为主、综合治理”的方针，以落实安全生产责任制为核心，通过层层分解安全生产责任，全面排查治理安全隐患，巩固并改善全系统安全生产状况。2008年，建立中国电子应急救援体系，完善应急救援机制，在防范突发事件和应对自然灾害方面发挥积极作用。2008年，中国电子安全生产状况稳定，没有发生人员重伤、死亡事故和重大责任事故，为企业健康稳定发展创造良好的安全生产环境。2008年，中国电子在安全生产上共完成投入9954.6万元，比上年增加3666.9万元，增长58.3%。

【应对金融危机】 2008年下半年金融危机全面爆发，引起市场需求急剧萎缩，产成品价格大幅下降，企业资金压力不断加大，集团公司的生产经营工作面临前所未有的挑战。面对巨大困难，全集团上下深入学习贯彻科学发展观，深刻领会中央和国家及时出台的各项重大方针政策精神，冷静分析，沉着应对，采取积极措施，克服内忧外患，力保平稳发展。

一是强化指导支持。集团公司在2008年7月特别召开年中工作会议，及时贯彻落实国资委电话会议精神，部署具体措施迎接挑战，推动落实生产经营指标。国际金融危机爆发后，集团公司密切跟踪金融危机发展态势，研究措施对策，加强指导经营，取得明显成效；对于经营出现严重困难的个别企业，集团总部动用大量人力物力，积极拯救，稳定形势，为企业下一步重整解困奠定基础。

二是狠抓扭亏增盈。集团总部大力强化自身经营运作，调整负债结构降低资金成本，两次发行融资券低成本筹资共计26亿元，加大非主业资产变现力度，压缩管理费用，确保实现了盈利。进出口公司准确把握处置资产的时机，在金融危机影响全面显现前完成惠普公司股权转让，实现转让收益9.48亿元。在2008年极其困难的条件下，集团所属中原电子、财务公司、华大集团、科技开发、长城信息、华北所、十一院、爱华、高腾等9户企业收入和利润均保持增长。

三是大力拓展市场。集团公司领导深入一线帮助企业争取重大项目，开拓军贸、政府信息化等领域的市场，成果显著。长城科技、中国软件等企业积极拓展东盟、南美、非洲和中东等新兴市场，消除欧美市场订单下滑的不利影响，力求做到“此消彼长”，实现部分产品出口的较大增长。中原电子顺应新形势积极调整和完善高新电子营销策略，加强市场信息调研与收集，针对各细分市场全面跟踪、重点突破、逐步渗透，成功进入一些新领域。

四是加强内部合作。集团内部企业间积极加强合作，抱团“过冬”。长城电脑提供优质优价产品积极开拓集团内部市场，既增加自身收入，又帮助兄弟企业大幅度降低成本费用；与722厂共同研发生产特种电脑，形成新的业务增长点。科技开发公司与中软、华北所等企业在政府信息化项目建设方面的合作进展良好。

经过集团公司加强科学指导，及时调整策略，企业充分发挥机动灵活优势，采取积极的应对措施，保持全集团整体生产经营的平稳发展，为企业安全“过冬”及迎接下一轮经济景气周期夯实基础。

（撰稿人：李群焕）

中国第一汽车集团公司

【基本概况】 中国第一汽车集团公司简称中国一汽或一汽，总部位于吉林省长春市，前身是第一汽车制造厂，毛泽东主席题写厂名。

【主要指标】 2008年，一汽实现销量153.3万辆，实现销售收入2184亿元，实现利润104.3亿元。解放卡车销售13.4万辆。一汽一大众公司销量达到49.9万辆。一汽丰田体系销量达到36.6万辆。轿车公司奔腾轿车销售4.8万辆，M6轿车7万辆。技术开发费240240万元，全年劳动生产率393754元/人，净资产收益率19.52%，总资产报酬率8.24%，资产保值增值率117.65%。

【改革发展】 2008年，结合集团公司实际，积极、稳妥、规范地推进改制工作，建立现代企业制度和布局结构调整，实现精干主业、搞活辅业、进一步适应市场经济的发展。

组织实施集团公司第四批主辅分离、辅业改制分流安置富余人员工作。改制涉及48户企业（其中集团公司直接投资企业19户，间接投资企业29户），依据集团公司规划调整最终正式发文启动实施改制操作的有44户(其中集团公司直接投资15户,间接投资企业29户)。截至2008年底共完成28户企业的改制工作(其中按辅业改制政策操作并完成工商登记变更和免税审批的有20户企业,按产权转让、关闭破产操作的有8户企业)。

厂办大集体改革工作。为妥善解决厂办大集体问题,促进一汽集团持续发展和维护社会稳定,通过制度创新、体制创新和机制创新,使厂办大集体成为产权清晰、自负盈亏的法人实体和市场主体。到2008年底,在财控部、规划部、人力资源部、社会事业部等相关部门的共同努力下,一汽厂办大集体企业改革的操作程序、人员安置政策、财务处理方式等都基本明确,并完成78户企业的性质界定工作。其中,实业公司11户;哈齿厂1户;富奥股份公司3户;四环公司53户;哈轻厂10户。部分集体企业的财务审计、资产评估工作已完成;还有部分集体企业制定完成改革实施方案、员工安置方案工作。

企业制度建设工作。2008年,对已建立的内部控制程序和制度进行完善,在现有已发布的管理文件基础上对部分文件进行修改,共组织发布和修改管理文件35个,其中包括《对子公司经营管理运行控制的评价规定》《二级经理人员管理程序》《工艺车辆管理规定》《环境保护管理规定》《生产现场环境保护管理规定》《车辆生产企业及产品公告管理程序》《高级经理年薪制实施细则》《高级经理业绩考核结果运用实施细则》《高级经理管理程序》和《高级经理内部公开竞聘实施细则》等。2008年,集团公司共发布管理体系文件310个,基本涵盖集团公司的主要业务流程,满足集团公司开展业务的需要。通过不断完善内部控制制度,保证经营决策及经营活动有据可依。

【重大项目】 2008年一汽基建技改投资计划63项,计划投资78亿元,实际完成投资63亿元。全年完成基建技改项目验收20项,项目批准概算投资69.95亿元,实际完成62.72亿元。完成投资中,已转入固定资产55.7亿元,转入其他资产4.08亿元。

1. 发动机分公司道依茨柴油机曲轴、连杆技术改造项目:年产道依茨系列柴油机曲轴、连杆50000台份。项目总投资25355.44万元,含外汇额度1463.4万美元。完成投资19830.7万元,含外汇1373.2万美元。较比概算节余976.29万元。达到年产道依茨柴油机曲轴、连杆50000台份的能力。

2. 中重柴油机技术改造CA6DL曲轴生产线技术改造项目:CA6DL系列柴油机曲轴,年产50000件。项目总投资18406.28万元,含外汇额度1474.69万美元。完成投资16840.62万元,含外汇1614.08万美元。较比该算节约1563.66万元。达到设计纲领年产CA6DL系列柴油机曲轴50000件能力。

3. 一汽解放公司发动机分公司CA6DL-8.6升柴油机曲轴生产线技术改造项目年产CA6DL-8.6升系列柴油机曲轴50000台份。项目批准总投资17337万元,含外汇额度236.44万美元。完成投资1785.03万元,含外汇175.7万美元。

4. 解放公司无锡柴油机厂CA6DL系列发动机适应欧Ⅲ排放技术改造项目产品,CA6DL欧Ⅲ系列柴油机。生产纲领,满足年产50000辆CA6DL欧Ⅲ系列柴油机的综合能力。项目批准投资概算5246.37万元(含366.41万欧元)。完成投资3992.68万元。综合生产能力已基本达到设计生产纲领。缸体、缸盖生产线年综合生产能力为50000台(套),装配生产线年综合装配能力50000台(套)。

5. 一汽解放汽车有限公司车架纵梁、横梁零件抛丸项目:新建纵梁抛丸线,满足解放牌卡车车架纵梁抛丸需要,年产纲领12万辆;新建横梁抛丸线,满足解放牌卡车车架横梁及中厚板件抛丸需要,年产纲领12万辆。总投资概算537万元。完成投资381.06万元。其中建筑工程完成投资52.46万元;设备安装工程完成投资323.81万元;其他完成投资4.79万元。节余146万元。达到年产12万辆的生产能力。

6. 解放公司总装车轮轮胎合成及物流改造项目:将原车箱油漆及焊装车间改造成车轮轮胎合成车间,负责解放牌系列卡车所用轮胎的合成,年生产纲领10万辆卡车,承担10万辆卡车生产时轮胎存储、周转和发动机总成等物流中转任务。批准总概算投资999.49万元。完成投资997.05万元。

7. 一汽解放汽车有限公司试车跑道项目:建设一汽解放公司调整试车路。项目建设计划投资547.53万元。完成投资468.4万元。

8. 一厂区西区总图一期项目:为中重型卡车生产

基地的焊装、涂装、总装三大工艺生产配套并对该区进行整体规划。总概算 935.17 万元。完成投资 656.73 万元。

9. 铸造公司生产 EA1131.6L2V+RSH 轿车发动机铝缸盖国产化配套工程项目：承担为一汽一大众公司 EA1131.6L2V+RSH 轿车发动机配套铸铝缸盖，形成年产 30 万件 EA1131.6L2V+RSH 轿车发动机铸铝缸盖的配套生产能力。批准总投资 14100 万元（含外汇 834 万美元）。完成投资 10220.31 万元（含外汇 531.15 万美元）。节约投资 3879.68 万元。已实现生产一汽大众 EA1131.6L2V+RSH 轿车发动机铝缸盖铸件 30 万件/年的设计能力。

10. 铸造公司通风除尘环保工程项目：采用先进的通风除尘技术，对铸造一厂 22 处超标排放粉尘污染源，铸造二厂 8 处超标排放粉尘污染源等进行治理，使粉尘及除尘废水全部达到国家和地方环保法规的排放标准。总投资 2710.6 万元（原计划投资 3420.44 万元）。完成投资 2656.62 万元。

11. 天津一汽夏利汽车股份有限公司 X210/220 轿车项目：产品，威志系列轿车（两厢/三厢）。纲领，50000 辆/年（双班）。总概算 21284 万元。完成投资 18667.64 万元，与计划投资相比节支 2616.36 万元，实际投资为计划总投资的 87.7%。达到设计的生产纲领 50000 辆/年（双班）的年生产能力。

12. 天津一汽夏利汽车股份有限公司威姿车身国产化项目：威姿轿车车身国产化，形成年产 5 万辆威姿轿车车身的生产能力。总概算 10528 万元。完成投资 9231.29 万元，与计划投资相比节约 1296.71 万元，实际投资为计划总投资的 87.68%。工程尚未达到设计的生产纲领，主要原因是市场不好。

13. 天津一汽丰田发动机有限公司 ZZ 发动机（改良型）项目：ZZ 发动机（改良型）缸体、缸盖、凸轮轴毛坯的铸造，缸体、缸盖、曲轴、凸轮轴、连杆、凸轮轴室、连杆总成等产品零件的机械加工，发动机总成的装配、试验；双班年产 ZZ 发动机（改良型）总成 21.6 万台。项目总投资 224673 万元。完成投资 147167.01 万元（含外汇 10622.18 万美元）。

14. 四川一汽丰田汽车有限公司长春丰越公司 PRIUS 混合动力车（HV）项目：引进生产丰田公司 PRIUS 混合动力车型，单班 5000 辆/年。总概算 17248 万元，含外汇额度 814 万美元。完成投资 11904.74 万元，含外汇 323.51 万美元。达到单班 20 辆，5000 辆/年的设计生产纲领。

15. 第一汽车集团公司技术中心提高自主创新能力改造项目：项目总投资：5099.55 万元。完成总投资 4796.61 万元（含外汇 419.4736 万美元，9.01 万欧元）。项目实际完成总投资较批准投资概算节余 302.94 万元。

16. 建设企业自有现代化物流体系一汽进出口公司国际物流项目（八期国债）：服务于一汽—大众二厂扩建工程进口汽车零部件拆散配送工作，年拆散配送进口汽车零部件 33 万套。投资概算：新增建设投资 13820 万元。实际完成投资 12350.17 万元，为总概算的 89.36%。节约 1469.83 万元。项目初步设计中纲领为年拆散配送进出口汽车零部件 33 万套，实际已达到设计能力。

17. 一汽进出口公司一汽一大众 PQ35 物流配套工程 CKD 件筐式配送中心项目：服务于一汽一大众公司进口汽车零部件配送工作，年装筐配送进口零部件 33 万套。概算投资：新增建设投资 8785 万元（含外汇 135 万美元）。实际完成投资 7719.77 万元（含外汇 80.4 万美元），为总概算的 87.87%。项目按照可研规划，到 2008 年，满足年配送汽车零部件 330000 套的能力，实际已达到设计能力。

【走向海外】 2008 年，一汽积极整合出口产品生产资源，加强海外基地建设，扩展国际营销网络，创新海外销售模式，全年出口稳中有升。实现销售收入 2660291 万元，同比增长 60%；出口 51883 万元，同比增长 33.92%。其中，整车出口 37870 万元，同比增长 31.83%；零部件出口 14013 万元，同比增长 39.91%；进口 217941 万元，同比增长 43.84%。

1. 出口工作。出口体系方面抵御全球金融危机的影响，全年出口稳中有升。

（1）中重卡增长迅速，出口金额贡献度大。在中重卡产品出口中，继续聚焦战略市场，以 J5 等优势产品，不断做大做强，中重卡产品出口增长迅速。全年中重卡出口同比增长 227.06%。中重卡在同行业中出口中排名第一。在越南，抓住上半年的出口机遇，扩大出口规模，下半年面对金融危机，与银行合作，采取有效措施，规避风险，实现中重卡出口同比增长1.24%。与土耳其TEMAS公司达成合作协议，准备以驾驶室等大总成出口为先导，逐步向整车过渡，以土耳其为核心，辐射中亚、中东、北非和欧洲市场。

(2)克服困难，乘用车出口规模稳步扩大。墨西哥已经建有13个4S店，300家店中店，正在逐渐完善区域经销商选择、经销商价格体系、4S店标准等体系化文件制定。在产品方面，和天津一汽，与合作伙伴携手，狠抓产品质量。使消费者对一汽产品的认知度逐步提高。在非洲，以阿尔及利亚为中心，巩固原有的优势，通过提高产品质量，提升服务水平，实现销售稳中有升。

(3)基地建设取得进展，辐射和拉动作用显现。南非市场，扩大生产基地规模、优化物流体系，有效利用、合理配置资源，降低经营成本。同时，增加销售和服务网络，开展增值服务。全年南非出口数量和金额同比增长29%和61%。在非洲市场复制南非的营销模式，取得明显的效果，坦桑尼亚出口同比增长16%。在乌克兰利用轻型车基地和网络资源，拉动中重卡出口，全年中重卡出口同比增长32.31%。

(4)把握机遇，政府采购市场不断扩大。在安哥拉军车采购项目中，老挝的政府采购项目中，突出一汽产品性价比优势，售后服务保障措施，赢得客户的同时有以政府带动民间，安哥拉一些大的公司主动寻求合作，共同开发安哥拉的市场。在援助项目上积极与受援国政府交流，做好宣传及服务等项工作，对提高产品在受援国市场知名度起到极大促进作用。2008年先后成功竞标几内亚、秘鲁、哥斯达黎加等项目。

(5)高附加值零部件出口规模持续扩大，出口模式不断创新。2008年，零部件大总成出口取得突破，出口印度的驾驶室、出口韩国和俄罗斯的车桥，已经占到零部件出口总量的30%。同时，出口方向由欧美等传统汽车工业发达国家向韩国、土耳其等汽车工业后起国家及伊朗等汽车工业发展中的国家扩展，业务模式也从单纯的售后服务向OEM和更深层次的战略性合作不断扩展。全年已实现出口同比增加40%。

(6)海外营销模式逐步规范，支撑体系有所突破。2008年，在俄罗斯、越南、墨西哥、非洲等汽车市场中，加大营销策划力度；服务网络进一步延伸，对稳定销售提供保障；加强产品质量控制，拉动体系能力提升；完善主推车型服务文件；探索并形成一些新的模式和操作方法，取得明显成效。

(7)出口合力进一步凝聚。随着出口工作的不断深化，进出口公司与技术中心、天津一汽、解放公司出口部门合力进一步凝聚，对重点市场、重点项目组成项目团队，实行强项目管理制，决策果断、实施到位，为俄罗斯中重卡、墨西哥乘用车出口规模迅速扩大提供强有力保证。

2. 进口、物流。进口、物流体系抓机遇，实现经营规模新突破。

(1)以更加优质的服务促进自主体系的建设和发展。轿车公司的KD件进口随着国内市场逐渐转热，对进口件的需求大幅提升，差异件、索赔件量急剧加大，全年完成进口散件3亿多美元，为奔腾车抢占国内市场赢得先机，得到轿车公司的肯定。新增的轿车马自达整车进口项目新增2.55亿美元的进口额。组织集团内企业申请进口先进技术设备贴息，为集团公司各子公司争取国家贴息预计达千万元人民币。

(2)发挥职能作用，支持合资体系，整合物流资源，扩大经营规模。整合一汽—大众公司国产化产前配送体系，大幅度降一汽—大众公司低物流成本，提高工作效率和管理水平，提升产品的市场竞争力。接收一汽—大众公司在大连的进口备件中转库后，深挖潜力，加大管理力度，改进和优化的业务流程，增强服务意识，提高服务质量，被一汽大众评为中转库的“标杆”。承接一汽—大众公司百万辆KD零部件配送中心项目，并已开工建设。大众一汽发动机、大连道依茨发动机产前配送物流管理难度很大，大连物流克服困难，完成配送业务。作为一汽—大众公司整车进口的国内惟一代理商，2008年进口总量增幅达81.44%，为合资企业、为集团创造效益。密切关注国家对合资企业的政策变化，通过努力为集团公司节省进口关税约3.4亿元人民币。

【抗震救灾】 全力开展抗震救灾活动。2008年，一汽积极参加抗震救灾工作。在大地震发生之后，一汽立即行动起来，首批由一汽与丰田共同捐助的1000

万元资金和10辆多功能越野汽车于地震次日就交到成都市慈善总会，随后满载救灾物资的20辆解放宿营车和一汽的抗震救灾医疗队火速赶赴灾区。一汽上上下下也广泛参与，踊跃捐助，企业与员工捐款捐物近7000万元。交纳特殊党费645.3万元。在特大地震灾害面前，一汽很好地履行企业社会责任，展示一汽人的高尚品质。四川一汽丰田、成都一汽、一汽四川专用车等在川企业积极开展震后自救，加快就恢复了生产。

入冬前，各级工会动员组织广大员工捐款、捐物，共捐款1532.9万元。解放公司、技术中心、一汽巴勒特锻造公司等单位工会为本企业川籍受灾员工进行捐款。向黑水县地震灾区捐赠御寒棉衣、被26000件，捐款140万元。在地震期间，集团公司工会及时赶赴四川慰问一汽在川3家企业，送去150万元慰问金，有力支持一汽在川企业的灾后恢复生产，并看望部分驻外人员和营销人员，送去慰问金3万元。选派全国劳模潘春胜、李黄玺等11人先后两次参加全国劳模赴川技术帮扶服务队，为东方汽轮机厂进行技术服务。7月，在四川灾区以"培养一名技工，支撑一个家庭"为宗旨的"333爱心助学工程"启动。9月，中国一汽红旗博爱小学、中国解放博爱中学在四川省都江堰市奠基。在民政部2008年度"中华慈善奖"、"最具爱心内资企业获奖名单"中，一汽名列汽车行业首位。

（撰稿人：杜　克）

东风汽车公司

【基本概况】 2008年，面对历史罕见的挑战和考验，以及国际国内严峻经济形势，东风汽车公司强化精益管理，加强成本费用控制，积极探索新形势下低成本运营的有效途径，高度重视各类风险防范，加强资金管理与投资管理，抢抓机遇，化解风险，继续保持经营快速增长。

【主要指标】 全面实现年度经营目标。全年公司销售汽车132万辆，实现销售收入1969亿元，分别完成预算目标的101.5%与109.4%，实现利润91.3亿元，高出上年18亿元，全面超额完成年初确立的各项主要经营目标。公司经营质量进一步提高，实现收入增幅大于销量增幅，利润增幅大于收入增幅。

高质量完成国资委考核指标。按国资委考核口径，实现利润总额41.96亿元，净资产收益率10.97%，成本费用总额占主营业务收入比重96.52%，流动资产周转率1.95次，四大指标实际完成均好于考核目标。

全面完成D120事业计划。2008年是东风公司中期事业计划——D120计划的收官之年，经过三年的不懈努力，如期完成。实际销量比目标值高出12万辆，三年年均增加20万辆，年均增长22%，实现利润三年年均增长32%，比目标值高出12个百分点，超额完成目标。

【经营发展】 公司克服各种不利因素影响，产销实现逆势增长，全年汽车销售同比增长16.12%，是行业增速的2.4倍；公司综合市场占有率达到14.08%，较上年提升1.14个百分点。在细分市场上，进一步巩固中重卡第一、SUV第一、中型客车第一、轻卡第二、轻客第二和轿车第三的市场地位；实现汽车出口4.5万辆，同比增长73.28%，出口总额突破9亿美元，同比增长48.48%，其中，东风商用车公司、东风汽车股份有限公司、东风渝安车辆有限公司出口突破1万辆。

在保持销量快速增长的同时，公司大力开展经营改善，推进低成本运营，减少库存，谨慎投资，改善现金流，充分发挥出业务布局和产品分布比较均衡的优势，整体抗风险能力明显增强，继续保持盈利性增长的良好态势。

东风汽车有限公司继续保持商用车与乘用车的双轮驱动，销售汽车70.8万辆，同比增长16.19%，高于行业增长速度，1^3中期事业计划实现良好开局。东风商用车公司抢抓市场机遇，积极应对市场考验，销售汽车18.7万辆，基本保持上年的较高水平，东风天龙销量突破4万辆，实现重型车快速成长。东风日产乘用车公司加快新品投放，在行业内继续保持快速增长的势头，全年销售突破35万辆，同比增长28.91%，超额完成年度工作目标。东风汽车股份有限公司提高市场快速应变能力，主营业务实现全面增长。销售汽车17万辆，同比增长13.78%；销售发动机16.2万辆，同比增长 18.69%。零部件事业部强化 QCD 改善，加大降成本力度，大力开拓市场。装备公司加快新产品开发，优化产品结构，汽车产品和装备业务协调增长，保持经营质量的稳定。

东风本田汽车有限公司实现销售 16.4 万辆，同比增长 29%，继续领跑 SUV 市场；东风本田发动机和零部件公司通过提高生产效率、强化内部管理等措施，保持较高的经营质量。神龙汽车有限公司积极开展质量改善，加快新产品投放，新爱丽舍、世嘉、东风标致 207 等多款新产品上市。东风悦达起亚有限公司销售能力大幅改善，实现销售 14 万辆，同比增长 44.63%，大幅度高于行业增速。东风乘用车公司加快武汉工厂建设，有序推进车型开发与生产准备，启动品牌、网络建设，加强投资与费用管控，各项工作有序推进，取得重要进展。东风特种商用车公司调整和优化产品结构，高质量完成军品生产任务，整车销售突破 6000 辆，同比增长 41.4%。东风渝安车辆有限公司、东风南充汽车有限公司等整车业务单元实现销售同比增长均超过 40%。

【自主创新】 自主创新能力建设进一步加强和完善。公司总部技术中心现有研发能力得到补充，新基地建设全面展开，全年共完成投资 2.4 亿元，引进研发人才 229 人，其中社会成品人才 85 人，海归人才 5 人，各事业单元研发软、硬件建设都有新进展。

新品研发取得丰硕成果。重卡产品不断拓展，中卡和轻卡实现产品换型。公司在行业内率先对全系列商用车产品实现升级换代，产品品质与技术处于国际先进水平，商品竞争力处于国内领先地位；自主品牌轿车首款三厢车完成整车试制，两厢车研发正在加紧进行，1.6L 乘用车发动机成功点火；“东风猛士”完成硬顶溜背车开发，中吨位军车完成竞标样车试制；混合动力客车和天然气新能源汽车研发及产业化继续走在行业前列。

自主品牌乘用车项目推进迅速。武汉工厂冲压、焊装、涂装、总装四大工艺第一期建设进入尾声，商品企划、供应商选择、品牌策划、营销策划、网络建设等同步推进，首款产品投放指日可待。

东风猛士荣获“国家科技进步奖”一等奖，这是中国汽车行业获得的最高荣誉。公司全年获得“中国汽车工业进步奖”19 项，获奖数量、质量达历史最高水平。公司全年申请专利 310 项，获得专利授权达到 320 项，专利成果保持行业领先。

【节能减排和安全生产】 全面构建覆盖全公司的节能减排组织体系、检测体系和考核体系，加大工作力度。投资 8600 多万元对两个电厂实施脱硫改造，大幅度降低 SO_2 排放，东风汽车有限公司、东风本田汽车有限公司、神龙汽车有限公司在中水回用、清洁能源、生产工艺等环节推广节能环保新技术，取得良好效果。这些项目的实施，确保公司节能减排“三大指标”有效控制，万元增加值能耗比 2005 年下降 40%以上，COD 排放量比 2005 年减少 22.78%，SO_2 排放量比 2005 年减少 7.83%，较好完成年度控制目标。全年杜绝各类污染事故的发生，主要污染物排放监测达标率在 95%以上。东风日产乘用车公司获得“全国环境友好企业”称号；东风本田汽车有限公司获得我国建设项目环境保护最高奖“国家环境友好工程”与环境保护领域最高奖“中华环境奖”。

公司认真落实安全生产责任制，加强安全生产监督管理、隐患排查、重大危险源管理和应急、安全教育培训等工作，保持事故的逐年下降。杜绝因工较大伤亡以上事故的发生，实现死亡事故为零的目标。工伤事故总起数与上年相比下降 17 起，下降 17.9%。

【深化改革与加强管理】 根据公司战略发展的需要，结合各单位实际情况，公司继续深化改革，积极推进体制机制优化调整，完成部分单位公司体制、产权关系和运行模式的重新构建；实业公司在进一步完善改制总体方案的基础上，启动改制试点工作；制定第二批共 25 家单位的辅业改制方案，重点组织推进部分单位改制、资产处置、隶属关系调整等工作，研究和探讨医院等公共事业移交地方政府管理或融入行业发展的可行性；基本完成清理不规范经济实体工作。

在管理提升方面，公司以信息化规划为框架，着力推进公司财务信息系统、乘用车共用数据平台等信息化建设，被国资委评为中央企业信息化较好水平；启动全面风险管理，构建全面风险管理的组织体系和网络，对主要业务、流程和风险源进行全面梳理，推进总部和

5家基层单位风险管理试点工作；强化公司协同效应的发挥，推动部分材料的集中采购，建立公司内部营销工作交流平台；加强应急管理的实战演练和应急救援工作，公司应对重大突发事件的能力进一步提升。

【履行社会责任】 公司充分发挥中央企业的重要支柱作用，在保证产品质量、上缴税金、抗震救灾、服务北京奥运、参与社会公益事业等多方面做出突出贡献。四川汶川特大地震发生后，公司紧急部署，积极行动，在开展自救和恢复生产的同时，不讲条件，不惜代价，全力投入抗震救灾和灾后重建工作。公司组织各种捐款捐物累计达6329.1万元，捐献总额位居汽车行业首位。公司还组织救援服务队、医疗小分队、青年志愿者奔赴灾区一线参加抗震救灾。灾后，又开展对灾区的助学及就业援助工作。在举世瞩目的北京奥运会中，公司投入15辆混合动力客车和415辆纯电动场地车，圆满完成各项服务任务。公司还积极参与社会公益事业，在抗击雨雪冰冻灾害、支持新农村建设、援藏等方面，累计捐助金额达到3000多万元，得到受助地区政府和人民的好评。

【党建工作】 公司各级党委、纪委、工会和共青团组织，以党的十七大精神为指导，认真学习实践科学发展观，结合事业环境的变化，以服务公司经营发展为中心，全面加强思想建设、组织建设、作风建设、反腐倡廉建设和企业文化建设，维护公司稳定大局，保障和促进公司各项工作目标的全面达成。公司干部员工坚持科学发展的自觉性和责任感得到增强，“强东风”党建工程进一步深化，“四好班子”星级达标取得新的成果，党支部工作创新和党员先锋模范作用充分发挥，反腐倡廉与惩防体系建设不断加强，群众性技术创新活动、文体活动蓬勃开展，对困难员工的帮扶和爱心救助积极有效。在抗震救灾、抗击雨雪冰冻灾害中，公司各级党组织的凝聚力、战斗力和广大党员的先进性得到充分的体现。公司荣获“全国文明单位”、“全国企业文化杰出品牌组织”、“全国‘创争’活动优秀单位”多项荣誉称号。

【奥运服务】 7月6日，东风公司为北京奥运提供的15辆混合动力客车和415辆场地电动车陆续抵达北京并投入试运营。11日，国家科技部、北京市人民政府在北京奥体中心举行奥运节能与新能源汽车示范运行车辆交车仪式。为确保奥运期间“24小时不间断服务”和“车辆运行零故障”的目标，混合动力客车项目组从运行保障、维护保养、车辆管理、备件管理、运行台账、后援支持、后勤服务、应急处置等各方面制定详细的服务保障计划，保障人员做到24小时不间断服务，做到每趟出车对20个项目全面检查，以确保车辆运行万无一失。东风电动汽车奥运服务团队在京服务人员超过700余人。其中，15辆东风混合动力客车运行在以国家体育场(鸟巢)、国家游泳中心(水立方)为中心的奥运场馆群，449辆东风纯电动车主要服务于35个北京奥运场馆，在北京奥运会举办的17天里，15辆东风混合动力客车共发车近1700个班次，载客约136000人次。

(撰稿人：王　英)

中国第一重型机械集团公司

【基本概况】 中国第一重型机械集团公司(以下简称“中国一重”)，是目前中央管理的涉及国家安全和国民经济命脉国有重要骨干企业之一，主要为国民经济发展的各行业提供重大技术装备并开展相关国际贸易。2008年，中国一重完成的主要项目有：鞍钢5500毫米、莱钢4300毫米、汉冶3800毫米等宽厚板轧机，东轻3950毫米铝板轧机，本钢2300毫米、日照2150毫米、首钢京唐1580毫米等热连轧机组，梅钢1420毫米冷连轧机组，宝钢1350毫米高速试验轧机；舞阳、汉冶压平机，马钢油压机；安太堡4100电铲；巴西、俄罗斯、斯洛文尼亚等连铸；首钢京唐300吨转炉；印度、华锦、广西、惠州、金陵等加氢反应器；C2项目反应堆压力容器；专项产品等。

中国一重是按《企业法》注册的国有独资企业，实行总经理负责制。总经理办公会是公司重大事项的决策机构，负责审议、批准公司重大事项，各相关职能部门、子公司是公司决策事项的执行机构。国务院国资委监事会、国家审计署是公司生产经营活动及重大决策的外部监督机构；公司党委、审计监察部门和职代会是公司生产经营活动及重大决策的内部监督机构。

奥为实现企业整体上市目标，经国务院国资委批准，中国一重以其全部经营性资产作为出资，与中国华融资产管理公司、宝钢集团有限公司、中国长城资产管理公司等三家外部投资者于2008年底共同发起创立“中国第一重型机械股份公司”（以下简称“股份公司”）。中国一重现有职能部门8个、二级子公司1个、三级子公司10个。股份公司按《公司法》要求成立股东大会、董事会、监事会等权力和监督机构，并与公司职代会相结合，形成完善的法人治理结构。

截至2008年末，中国一重拥有总资产1929906万元，国有资产保值增值率为150%；在册职工人数为12424人，其中在岗人数11118人。

【主要指标】 2008年，中国一重全年实现商品产值120.95亿元，商品产量29万吨，销售收入101.2亿元，利润14.05亿元，保持连续六年产值近50%的平均增长速度。

中国第一重型机械集团公司主要经济指标

项　　目	2007年	2008年	同比增长(%)
资产总额(亿元)	147.89	198.49	34.21
净资产(亿元)	19.4	36.47	87.98
营业收入(亿元)	71.39	102.11	39.13
利润总额(亿元)	12.06	14.07	16.67
技术开发投入(亿元)	1.9	5.01	163.68
利税总额(亿元)	15.45	16.07	4
全员劳动生产率(万元/人·年)	16.56	19.77	19.38
净资产收益率(%)	39.37	37.78	－4.04
总资产报酬率(%)	11.44	10.08	－11.89
国有资产保值增值率(%)	165.47	148	－10.56

2008年，中国一重加强预算和资金集中管理，使有限的资金发挥更大的作用；积极争取优惠的借款条件，降低资金使用成本；认真管理现有贷款及担保业务，强化风险防范工作；及时办理保函等中间业务，满足招投标及各类货款回收条件；按照新会计准则，完善公司内部会计核算体系。

【改革发展】 2008年，中国一重不断深化企业内部“三项制度”改革，加快企业快速、健康、和谐发展的步伐，真正做到人员能进能出、职位能上能下、收入分配能增能减，促进企业经营机制的转换和发展水平的不断提升，增强国有企业整体竞争力。同时，按照集团公司矩阵式管理的要求和组织机构的调整，对所属子公司、事业部干部管理权限进行调整，实行干部管理分级负责。中国一重薪酬分配实行岗位工资制，以岗定薪，岗变薪变，建立以目标管理（目标责任书）为基础的绩效工资考核体系，充分贯彻多劳多得、按劳动按贡献取酬的分配原则，坚持职工技术水平、工作能力、岗位贡献、工作量与薪酬分配合理挂钩，充分发挥了薪酬分配制度的调节和激励作用。

为进一步完善薪酬福利制度，中国一重集团公司制定《中国第一重型机械集团公司企业年金方案》，经履行职工代表集体协商、国资委审批和劳动部备案程序后，于2008年1月1日起正式实行。

中国一重集团公司采用缴费确定型模式，职工个人缴费比例为上年度工资总额的1%，企业按上年度工资总额的4%与个人缴费匹配。同时，每年按上年度工资总额的0.33%提取特殊年金，用于奖励年度先进人物和做出突出贡献的人员。

中国一重根据企业的发展规划和年度生产经营目标，结合实际情况，对所属各单位负责人的年度业绩考核主要采取签订年度生产经营目标责任书和按月考核相结合的方式进行。

生产管理迈出新步伐。2008年，按照矩阵管理的要求，生产管理部门重点突出计划、指导、协调和考核的工作原则，不断优化业务流程，生产管理基本实现由现场控制向计划控制的转变。按照公司总体计划的要求，各子公司、事业部之间强化横向协调及相互配套管理职能，积极探索和尝试“旬计划、旬报产、旬销售”的新工作方式。此外，严格按照关重件留厂组织生产的原则，积极推行专业化生产；加强产品交货期的考核力度，强化项目管理，编制成套产品项目管理流程，编制毛坯投料顺序计划，合理分配钢水量，确保核电、加氢等重点产品的毛坯投料。与此同时，积极拓展、规范社会配套协作资源，外部零部件采购量由2007年的6亿元提高到14亿元，增幅达133%，基本满足公司辅机生产及单件配套的需求。质量管理方面，修订质量手册和程序文件；完成民品质量体系、压力容器用钢锻件产品安全注册、美国ABS船级社船件认可证书等换证工作；全年接受外部质保监察11次，并对公司42个单位进行质量体系内审；产品售后服务工作通过完善制度，规范管理，逐步实现制度化、规范化、标准化。成本管理方面，建立成本核算检查制度，强化成本管理考核体系；跟踪产品成本形成过程，细化项目、完善台账，逐步建立较为适用的成本分析体系；加强冶金辅具管理，降低消耗量；严格执行比价招标采购，全年节约采购资金6590万元。能源方面，建立节能减排目标考核评价体系，加大节能减排技术改造投入和合理用能管理的力度，单位能耗综合指标、重点设备工序能耗指标均较上年同期有所下降，全年实现能源单耗下降2%的目标。其他管理方面，积极开展工程、经济责任、财务收支及合同管理等审计工作，加强现场管理、制度督察等工作；对重大事项进行督办，促进集团公司重大决策、重要工作部署的有效落实。

【重大项目】 2008年，中国一重紧紧抓住发展机遇，围绕年初制定的目标开展工作，在建设世界最大的铸锻钢基地进程中，10万平方米厂房在中国一重本部全部落成。与此同时，中国一重抓住国家拉动内需的政策机遇，申报“能源装备大型铸锻件检测中心”、“大型石化容器及核岛一回路主设备制造”、“重型技术装备国家工程研究中心试验基地”等项目，并获国家拨款1.94亿元；对大连、天津基地投资进行论证和规划；申报“国家创新型试点企业”，为一重成为高新技术企业奠定基础。

在技术改造方面，2008年是中国一重集团公司基建技改任务量最大、最繁忙、收获最多的一年，大型铸锻钢基地建设全面展开，大连核电化工基地、天津滨海制造基地建设也在陆续推进。核电粗加工、重型热处理及重型加工、重型铸造、新清理等厂房主体工程全部完工；水压机锻造分厂二工部、冶金分公司炼钢厂等厂房接建工程完成收尾工作；160吨精炼炉、550吨锻造吊、550吨运输吊、热处理炉、天然气管道等项目已投入使用；二总降、大循环水、新空压站、铸锻钢理化实验室等项目建设初具规模；大型铸锻钢项目所需的设备陆续订货。全年签订设备及工程合同980份，合同总额23.8亿元，付款16.8亿元。信息化建设方面，成立信息化领导小组和推进组，完成公司网络系统的全面改造。内外网分开，提高网络系统的安全性和访问速度；开发和运行物流系统、生产作业管理系统、会计核算系统等信息化软件；内外部网页换版升级并即将发布，公司信息化管理水平有较大提高。

【走向海外】 2008年，中国一重“走出去”战略实施情况良好，国际市场开拓实现历史性突破。中国一重2008年共签订出口合同4.08亿美元，其中出口伊朗的10台反应器，合同总额17.3亿元，是中国一重有史以来最大的一份石化容器订单，也是单笔金额最大的合同。同时强化同国际知名企业的合作，与西马克公司签订单笔出口合同额最大的轧钢设备订单及连铸设备出口订单；与西门子奥钢联签订189台扇形段的出口合同以及大包转台的首次出口合同。

【重大创新】 2008年，中国一重全年获国家科技经费支持近2亿元，创历年之最。科研工作取得重大进展，核电大型铸锻件研制进展速度较快，为公司赢得国内核电市场创造有利条件；轧辊、曲轴、超超临界转子、上冠等课题也取得重大突破。新产品开发工作初见成效，卧式辊磨已推向市场；筒节轧机已开始安装；海水淡化设备、盾构掘进机采用联合开发模式，正在积极开拓市场；同时面向能源、节能减排等领域，通过调研又确定一批新产品开发课题。全年获得国家、省、市等科技进步奖9项，其中15000吨水压机获国家科技进步一等奖；2150毫米热连轧机组获中国机械工业科技进步一等奖，2130毫米冷连轧机组分别获得省、市科技进步一等奖。全年申报并获得国家知识产权局受理专利43项，制修企业标准324项，更新重型机械、ASME等各类标准900种。基层创新扎实推进，全年评选出基层创新成果912项，促进生产效率的提高。

【履行社会责任】 积极落实中组部《关于做好部分党员交纳"特殊党费"用于支援抗震救灾工作的通知》精神。在支援抗震救灾和灾后重建中，中国一重发扬"一方有难、八方支援"的精神，积极组织向汶川地震灾区捐款活动，公司共有3291名党员交纳特殊党费，累计金额102.7万元。其中，交纳特殊党费千元以上的387人。同时，召开"在抗震救灾中共产党员尽义务和中央企业尽责任"专题组织生活会，提高广大党员的荣誉感和责任感。

【应对金融危机】 随着国际金融危机日益蔓延到实体经济，原有的市场秩序被打破，中国一重生产经营情况受到严重冲击。对此，中国一重以科学发展观为指导，把握科学发展规律，抓住影响企业发展的突出问题、主要矛盾，变压力为动力，化挑战为机遇，保持企业平稳发展。

中国一重在应对国际金融危机采取如下措施：一是着力建设国际一流铸锻钢基地，使产能满足市场需求；二是着力加快技术创新步伐，使新产品有力地支撑市场开发；三是着力提高产品质量，使质量理念向国际标准靠拢；四是着力提高计划管理水平，保证产品按期交货；五是着力降低成本，使资金能保证运营；六是着力加快整体上市步伐，通过融资推动公司平稳快速发展。

（撰稿人：米英心）

中国第二重型机械集团公司

【基本概况】 中国第二重型机械集团公司（以下简称"中国二重"），是关系国民经济命脉和国家安全的重要骨干企业，也是四川省重大装备制造基地的龙头企业。截至2008年末，中国二重拥有总资产159亿元，职工总数11167人，从业人员10977人。2008年，在国务院国资委的坚强领导下，中国二重坚持以邓小平理论和"三个代表"重要思想为指导，认真贯彻落实党的十七大和中央经济工作会议精神，深入贯彻落实科学发展观，团结带领广大职工战胜和克服严重低温雨雪冰冻灾害、"5·12"汶川特大地震带来的困难和影响，加快技术进步和技术改造的步伐，加强企业管理，着力创新发展方式，努力提高经济运行质量，提升社会形象，主要经济技术指标再创历史最好水平。

【主要指标】 全年完成商品产值128亿元，实现销售收入80亿元，利润5亿元。

中国第二重型机械集团公司主要经济指标

项　目	2007年	2008年	同比增长(%)
资产总额(亿元)	107.11	159.67	49.07
净资产(亿元)	14.80	21.33	44.12
营业收入(亿元)	57.73	80.07	38.70
利润总额(亿元)	5.60	5.09	-9.11
技术开发投入(亿元)	3.81	3.89	2.10

续表

项　　目	2007 年	2008 年	同比增长(%)
利税总额(亿元)	9.36	8.06	－13.89
全员劳动生产率(万元/人·年)	15.48	19.22	24.16
净资产收益率(%)	35.95	23.12	－35.69
总资产报酬率(%)	7.77	5.74	－26.13
国有资产保值增值率(%)	136.80	122.61	－10.37

全年实现经营订货128亿元(其中外销合同114亿元),完成年计划的107%,为上年的119%。订货结构不断优化:冶金占比由上年的51%下降到26%,风电增速机占比由上年的1%上升到11%,核电锻件占比由上年的1%上升到6%,石化容器占比达到3%。全年订货均价同比增长35%。成功启动有色金属轧制设备和出口冶金设备总包尝试;承接国内首台卧式辊磨机设备订单;成功签订2.5MW风电增速机试制合同;首次进入冷轧支承辊,核电主管道、主泵壳市场。加强货款回收工作,全年收回货款77亿元。外贸订货突破1.1亿欧元,完成年计划的111%,为上年的225%,其中三菱、西马克、西门子等国际大公司订单占到60%以上,抗风险能力进一步增强。为进一步开拓欧洲市场,中国二重正式启动PED/EC和AD2000取证工作。

【重大项目】 成功研发国内第一件百万千瓦级核电机组管板锻件和百万千瓦级超超临界机组发电机转子锻件;成功研制290吨、340吨、450吨真空钢锭,为开发550吨、600吨特大型真空钢锭积累经验;成功锻制首支国产5米支承辊;成功研制国产第一台PTA工程主装置精制反应器和两台加钒钢大型加氢反应器。实现机电液成套自主设计,制造国内最大规格热卷箱。自主设计、制造立磨减速机、钢屑打包机等新产品。正在研制2.5MW风电增速机样机,并进行1.5MW风电增速机改型设计。空心钢锭研制、树脂砂在大型铸钢件生产中的应用、组合式大型机架加工装配技术等实现重大突破。成立大锻件塑性模拟项目工作组,技术引进及实验室建设工作取得实质性进展。8万吨、2万吨模锻压机设计及制造技术研究稳步推进,制定大型模锻件产品及技术发展纲要。

加快推进"一个中心,两个基地"建设。积极采取措施,确保铸锻联合厂房、重机新装配跨、万力一期工程等重点项目的建设进度,8万吨压机建设顺利推进。全年累计完成固定资产投资额约7亿元,完成单项工程190多项,新增重点设备181台,改造设备11台,施工建筑面积70824m²,竣工建筑面积26925m²。选定镇江作为公司出海口基地,码头水下施工已正式拉开帷幕。成都研发中心项目加紧建设,配套工程设计建设同步跟进。科学编制公司灾后重建规划,其中异地重建项目已纳入《国家汶川地震灾后工业恢复重建规划》。

【重大创新】 中国二重着力抓自主创新能力的培育,经过努力,中国二重被确定为国家级创新型试点企业。承担《大型水电机组关键铸锻件制造技术研究》等8项国家级科研课题和《超临界及超超临界转子锻件研制》等10项省级科研课题。公司的科研创新取得丰硕成果,2008年申报省、市科技进步奖8项,其中"600～1000MW超超临界火电机组大型关键铸件研制"获得四川省科技进步一等奖。加快推进实施知识产权战略规划,启动技术秘密保护工程。全年新获专利权11项,其中发明专利1项、实用新型专利10项。完成"二重"驰名商标申报工作,完成"二重厂徽"马德里商标国际注册申请,并获得国际注册证。

【改革发展】 积极推进股份公司上市进程。完成无形资产权属认定和评估转让等整改工作,11月再次向证监会递交股份公司上市申请。完成万信、万源公司的整合,组建(新)万信公司。优化万力公司股权结构。积极利用民间资本,加快筹备与剑南春、蓝剑合资成立大型锻件制造公司,并已签订三方协议。

中国二重始终高度重视人才队伍建设,在设计院开展首席技术专家评聘推广试点工作，新评聘首席技术专家4人。启动首席技能大师、高级管理专业师评聘试点工作。中国二重被人力资源和社会保障部认定为国家第一批高技能人才培养示范基地。职工职业技能大赛成效显著，组队参加四川省国有企业职工技能大赛维修电工决赛并获得团体第一名。

【履行社会责任】 面对突如其来的特大地震，中国二重快速反应，有效应对，实现第一时间启动应急预案、第一时间组织援救、第一时间安置东汽受灾职工及家属、第一时间恢复生产，把地震灾害造成的损失降到最低程度，取得抗震救灾的重大阶段性胜利。中国二重抗震救灾指挥部等8个英模群体被国务院国资委、国资委党委分别授予"2008年抗震救灾先进集体"和"2008年抗震救灾先进基层党组织"荣誉称号。中国二重被全国总工会授予"抗震救灾、重建家园工人先锋号"。

（撰稿人：胡亚荔）

哈尔滨电气集团公司

【基本概况】 2008年，哈尔滨电气集团公司全面完成各项工作任务。经营订货额达到578亿元、主营业务收入实现315亿元，集团公司控制力、影响力和整体实力进一步增强，保持良好的发展态势。

截至2008年12月31日，哈尔滨电气集团拥有哈尔滨动力设备股份有限公司等12户二级企业，哈尔滨汽轮机厂有限责任公司、哈尔滨电机厂有限责任公司、哈尔滨锅炉厂有限责任公司等35户三级企业，另外还有四级、五级企业22户，总共69户企业。

【主要指标】

哈尔滨电气集团公司主要经济指标

项　　目	2007年	2008年	同比增长(%)
资产总额(亿元)	450	525	16.67
净资产(亿元)	42	54	26.65
营业收入(亿元)	300	330	10.00
利润总额(亿元)	22	18	－18.18
技术开发投入(亿元)	16	22	37.50
利税总额(亿元)	34	27	－20.59
全员劳动生产率(万元/人·年)	20.23	20.87	3.16
净资产收益率(%)	18.66	13.26	－28.94
总资产报酬率(%)	5.59	4.06	－27.37
国有资产保值增值率(%)	126.52	114.9	－9.18

【改革发展】 完成2007年度国有资产产权登记，加强产权管理。规范资产评估管理工作，完成资产评估备案项目20余项，累计评估总资产账面金额14.2亿元。严格履行审核程序做好资产处置审批工作，审批资产处置项目200余项，涉及账面原值3997万元。

根据要求组织编报2008年度国有资本经营预算支出计划，有6户企业共获得2.1亿元财政拨款。抓住国家刺激经济发展的政策机遇，在"重大技术创新及产业化项目"、"军品生产线维持维护费补助资金"两个方面获得财政资金支持。

继续进行对标工作并加强对标分析；组织企业编制建厂以来主要统计数据汇编，并积极开展统计分析工作。组织各企业编制2008～2010年三年滚动目标计划。下发《哈电集团企业负责人经营业绩考核补充规定》，细化指标体系和评分标准，完善业绩考核指标体系。根据国资委要求调整《企业负责人薪酬管理办法》和《企业负责人薪酬管理实施细则》，下发《关于加强企业负责人第二业绩考核任期薪酬管理的意见》，规范企业负责人第二任期薪酬管理工作。

清理、规范临时用工2000余人，近200人终止临时用工关系。在全面实施岗位技能工资分配体系基础上，与绩效考核结果紧密结合在部分企业探索试行新的分配模式。1人入选"百千万人才工程"、5人享受国务院政府特殊津贴、5人获全国技术能手称号、5人获省青年专家称号。共接收包括2名博士、108名硕士在内的551名高校毕业生，近300名大中专生充实到技术工人队伍，188人获高级专业技术职务，120人晋升为技师资格。制定《集团公司本部及成员企业间干部(员工)挂职交流工作实施方案》，首批11人已在集团本部挂职交流。

【重大项目】 组织中介机构完成对主要企业产业发展状况调研工作。为佳木斯电机厂成功引进战略投资者，新公司注册资本1.83亿元(佳木斯电机厂、北京建龙、上海钧能投资比例分别为51.25%、47.07%、1.68%)。

佳木斯电机厂主辅分离辅业改制全面实施。哈尔滨汽轮机厂实业公司主辅分离辅业改制相关测算工作已完成，正制定方案。阿继集团依法破产的资金缺口问题已呈报国资委进行专题研究。完成集团公司所属企业"三供"情况的摸底调查工作。

立足北京资源优势，为实现集团公司战略目标服务的北京分公司已成立开始运营。

完成投资10.76亿元(含企业厂内技措费用2.7亿元)。哈尔滨电气集团(秦皇岛)重装公司核电主设备制造建设项目重型核电厂房已完工，核电主泵电机和电站阀门建设项目厂房已实现冷封闭。大型燃气轮机技术改造项目完成投资5990万元，大型抽水蓄能机组国产化项目完成投资5900万元，核电常规岛国产化完善项目中的百万千瓦汽轮发电机制造基地、哈尔滨汽轮机厂有限责任公司技改项目预计分别完成投资1478万元、7700万元。

【走向海外】 特罗依茨克2×66万千瓦超临界项目实现主机设备首次打入俄罗斯市场，签订土耳其Diler 2×60万千瓦超临界主机项目合同，签订泰国1×15万千瓦生物质能发电机项目合同。

【重大创新】 哈尔滨电气集团公司获得海洋能技术发展IEC标准中国归口资格，截至2008年12月31日，制定11项国家标准，获专利证书31件(正在受理73件)。发电设备国家工程研究中心通过验收，哈尔滨锅炉厂有限责任公司获批设立博士后工作站，哈尔滨电机厂有限责任公司在第六届国际发明展览会上3项发明专利全部获金奖，哈尔滨汽轮机厂有限责任公司张秋鸿竞聘为IEC/TC5(国际电工委员会/汽轮机标准化委员会)主席。

全年共投入科研经费15.11亿元，获得各类经费资助1.87亿元，完成科研课题200多项，申报国家级13项、省部级25项。共有14项科研成果获奖，其中"三峡巨型全空冷水轮发电机组关键技术研究及设备研制"获机械工业科技进步特等奖和省科技进步特等奖，"60万千瓦超临界汽轮机研制"获省科技进步一等奖。世界最长等级全速钢制1200毫米长叶片开发填补国内外空白。"100万千瓦超超临界锅炉国产化关键技术研究"完成验收准备。完成国家863计划"F级中低热值燃料燃气轮机关键技术与整机设计研究"、国家科技支撑计划"100万千瓦超超临界空冷汽轮机和配套辅机关键技术与整机设计研究"等项目的申报工作。

世界首台35万千瓦超临界锅炉研制、国内首台30万千瓦掺烧高炉煤气锅炉开发设计完成，100万千瓦超超临界空冷汽轮机、国际首创30万千瓦双抽汽轮机、35万千瓦60赫兹汽轮机进入设计阶段，AP1000主泵电机全面启动，自主研发的大口径闸阀首次替代进口，直驱式兆瓦级风力发电机组2台样机已完成，佳电双馈式1.5兆瓦发电机6台样机已完成，并与华锐签订2752台供货合同，完成K1类核用电动机样机的试制，签订主氦风机供货合同。汽轮机攻克高铬转子轴径堆焊技术难关，可以大量节约国外协作成本。

【履行社会责任】 哈尔滨电气集团为汶川大地震募集983.96万元的赈灾款，并组成有12名医护人员参加的哈尔滨电气集团医疗救护队，克服困难，深入灾区，积极开展医疗救助工作。不仅为灾区提供及时、有效的服务，更为灾区人民尤其是援建的东电集团职工及家属送去哈尔滨电气集团全体干部职工的真情和关爱。此外，还为攀钢、大冬会捐助400多万元。

（撰稿人：刘浩阳）

中国东方电气集团有限公司

【基本概况】 中国东方电气集团有限公司（以下简称“东方电气集团”）是党中央、国务院确定的涉及国家安全和国民经济命脉的国有重要骨干企业，是我国发电设备制造和电站工程承包特大型企业集团，是我国重大装备制造业重点骨干企业集团。截至2008年底，东方电气集团资产总额689.27亿元，员工2.7万人。2009年3月，国务院国资委正式将东方电气集团列为建立和完善国有独资公司董事会试点中央企业，于4月完成公司制改制并在国家工商总局重新登记为国有独资公司，东方电气集团更名为“中国东方电气集团有限公司”。

东方电气集团以发电设备制造、大型成套设备出口和电站工程总承包为主营业务，拥有包括电站锅炉、电站汽轮机、汽轮发电机、水轮发电机、风电、燃气轮机、太阳能光伏材料等在内的一大批发电设备制造大型骨干企业，是国家重大技术装备国产化基地，拥有国家级企业技术中心。长期以来，东方电气集团始终瞄准世界发电设备制造前沿技术，坚持“引进技术、消化吸收、再创新与自主创新相结合”的技术发展路线，适应国内国际市场需求，不断调整产品结构、产业结构，形成“五电并举”的产品格局，成为世界上惟一一家同时具备火电设备、水电设备、核电核岛主设备、核电常规岛设备、重型燃机、风电设备等各类各型发电设备制造能力和电站工程总承包能力、在国际上享有较高声誉的著名发电设备供应商，并在国内同行业中率先大规模进入太阳能产业链及其他新能源领域的开发。东方电气集团产品国内市场占有率分别为：火电30%，水电50%，核电50%，风电位居国内前三名，市场占有率超过10%。

【主要指标】 2008年东方电气集团产能继续保持较高水平。全年完成发电设备产量35997MW，同比增长8.2%；全年完成工业总产值339.8亿元，同比增长12.7%；实现营业收入339.4亿元，同比增加12.6%，上缴税金10.5亿元。

中国东方电气集团有限公司主要经济指标

项　目	2007年	2008年	同比增长(%)
资产总额(亿元)	480.77	689.27	43.37
净资产(亿元)	85.98	104.93	22.04
营业收入(亿元)	301.65	339.43	12.52
利润总额(亿元)	29.86	−3.36	−111.25
技术开发投入(亿元)	8.5	10.62	24.94
利税总额(亿元)	79.66	2.32	−97.02
全员劳动生产率(万元/人·年)	24.18	21.56	−10.82
净资产收益率(%)	30.16	−3.62	−112

【改革发展】 集团化管理工作。高度重视战略发展管理工作，及时提出并确定新时期集团战略发展目标。加强国有资产管理工作，以推行“五统一”促进集团化财务管理水平的不断提高。以财务公司为平

台，提高资金使用效率，资金集中管理初见成效。积极推进建立集团统一的ERP管理系统；先后成立东方电气集团管理学院和东方电气集团党校，初步形成覆盖全东方电气集团的全员培训体系；组建东方电气集团中央研究院，提升东方电气集团科研一体化建设水平；通过自主培养和人才引进，形成一支结构合理、素质优良的创新型的人才队伍；实施人力资源信息化管理系统(E-HR)建设工作，主要企业实现系统上线，初步建立起集团人力资源管理信息系统；创新属地化管理原则下的党建工作机制，加强全集团干部交流工作，提高东方电气集团化管理水平。

积极推进董事会试点。修订完善东方电气集团章程，修订董事会运作规章制度。以全集团业务重要流程和重大风险为出发点，着手制定符合管理实际的内控制度，为逐步建立全面风险管理体系创造条件。

主业资产整体上市。通过主业资产整体上市，集团主营业务更加突出，核心竞争力进一步得到提升，为实现又好又快发展打下坚实基础。

【重大项目】 积极开拓市场，增添发展后劲。东方电气集团承接四川白马项目的世界首台600MW超临界循环流化床锅炉项目；签订单机容量为1750MW的三代核电(EPR)台山项目常规岛供货合同及三代核电(AP1000)海阳项目核岛主设备稳压器合同；签约白俄罗斯明斯克5＃机组合同订单，使我国400MW级燃机联合循环机组首次成功进入欧洲市场；签订18台世界上单机容量最大的巴西JIRAU水电站75MW贯流式机组供货合同；660MW超临界机组锅炉、脱硝装置、海水脱硫装置首次成套出口土耳其；并在印度市场签订一批600MW等级机组出口订单。

东汽异地重建进展迅速。东汽灾后重建重大投资项目得到国务院国资委、国家发改委等部门的大力支持。集团统筹规划，瞄准世界一流企业，确立建设“更加先进、更加安全、更可持续发展”的新东汽目标。2008年5月下旬开始着手异地重建选址、规划和可行性研究，确定重建基本原则、思路和方案，计划总投资近50亿元，总占地2600亩。2008年8月1日异地重建工程正式开工。2008年底19个主要生产厂房全部开工建设，部分厂房陆续开始安装生产设备。

固定资产投资项目建设进展顺利。2008年，集团固定资产投资呈现投资额度大、跨省跨境异地实施建设项目多，协调难度大的特点。集团百万千瓦核电主设备完善化、高效清洁发电设备锅炉核心部件等项目通过国家发改委专家评审，已纳入2008年四季度国家拉动内需1000亿元资金支持范围；出资1.4亿元向“武汉锅炉集团核设备制造有限公司”增资并取得控股权，将该公司名称变更为“东方电气(武汉)核设备制造有限公司”，主要从事核承压设备堆内构件的生产制造等业务；成立东方电气新能源设备(杭州)有限公司，主要经营直驱式永磁风力发电机组、潮汐发电机组；成立核驱动公司，主要从事核控制棒驱动机构设计、制造、销售；成立风电科技公司，主要从事风电发电设备、普通及专用设备设计、施工、安装、调试、维护；公开发行6500万股A股，募集资金净额12.97346亿元，募集资金用于东方电气集团风电产业化项目、大型清洁高效发电设备核心部件生产基地建设项目。

【结构调整】 产品结构调整取得成效。东方电气集团审时度势，抓住机遇，率先调整产品结构。通过调整，大功率、高参数的超临界机火电机组、巨型水电机组、百万等级核电，以及风电等清洁能源产品已经成为东方电气集团的主导产品。

订单结构进一步优化。在2008年新签合同中，火电占45.1%，核电占23.5%，风电占14.8%，水电占8.2%，燃机占7.9%，其他(服务等)0.5%。从订单结构看，核电、风电等新能源和清洁能源的份额进一步加大，火电、水电等比例更趋合理，合理的订单结构增强东方电气集团抵御全球金融危机而引发的实体经济危机的能力。

【走向海外】 实施“走出去”战略拓宽企业发展空间。充分发挥自身优势，加大国际市场开拓力度，取得丰硕成果，进一步推动东方电气集团成套设备出口产品的系列化、批量化和市场多元化，提升东方电气品牌的国际影响力。

实施“走出去”战略取得实质性突破。东方电气集团出资800万美元在印度建立第一个海外子企业——东方电气(印度)有限公司，这是中国发电设备制造企业在国外建立的第一个公司。从2004年以来，东方电气集团在海外共获得17个电站、52台机组共2000万千瓦发电设备供货合同。

海外工程建设目标基本实现。2008年，东方电气集团在海外工程建设项目37个，合同金额超过426亿元，其中，印度S\D厂三台机组投入商业运行，越南海防一期工程实现倒送电，巴基斯坦阿莱瓦大坝河道截流成功，印尼巴齐丹及龙湾工程主厂房开工。

【重大创新】 技术创新体系建设和技术中心管理进一步加强。以中央研究院为主体的东方电气研发体系不断完善。2007年以来，东方电气集团建立集系统集成研究所、信息化研究所、智能装备与控制技术研究所、新能源与发电技术研究所等多种研究所为一体的东方电气集团中央研究院，初步形成覆盖全集团的、分层次的创新体系，为支撑发展、引领未来奠定坚实基础。被授予国家首批"创新型企业"称号，是中国发电设备行业惟一入选的企业，也是149家中央企业中惟一入选的重大装备制造企业。

主导产品的核心技术发展逐步走上独立发展之路。通过对引进技术的消化、吸收，不断完善、提高已有的水电核心技术，加强蒸汽轮机、锅炉等产品核心技术的自主化开发，主导产品的核心技术发展逐步走上独立发展之路。大型水轮发电机组成功实现自主化开发设计，溪洛渡水力设计性能指标达到当代国际先进水平；三峡右岸机组振动问题得到彻底解决，改造后的15#机组运行稳定性达到三峡电站最好水平；锅炉的生产制造走上独立发展之路，先后自主开发并成功投运600MW超临界锅炉，300MW循环流化床锅炉。600MW超临界"W"火焰锅炉、600MW超临界循环流化床锅炉正在自主开发中。

【节能减排】 东方电气集团建立节能减排的组织领导体系、统计监测体系和考核奖惩体系。强化重点耗能单位、重点耗能领域和重点排污单位的节能减排管理，通过改进生产工艺和提高技术水平等措施切实降低其能耗和污染物排放水平。没有发生环境污染违法事件，企业单位能耗保持在较低水平。采用新技术、新工艺参与电厂老机组的改造，累计改造老机组近百台，超过20000MW。初步测算，经过改造的机组每年可以节约煤炭126万吨，折算相当于每年减少二氧化硫(SO_2)排放3.8万吨，减少烟尘排放0.6万吨。

【履行社会责任】 支持地方经济发展。东方电气集团在自身发展的同时，以定点采购、委托加工、生产扩散等方式与经营、投资活动所在地的中小企业等开展合作，积极支持和带动其发展，帮助解决当地人口就业，带动地方经济发展。充分发挥央企带动作用，积极配合打造四川省"1＋8"工程(一个德阳重大技术装备制造基地，8条产业链)。截至2008年，东方电气集团对四川省地方经济建设提供的火电、水电机组共187台，装机容量达到20775MW。另有48台机组在制，共计24840MW。

扶贫帮困。集团及所属企业都与所在地及省内相关的贫困县、乡形成结对帮扶关系，帮助当地修路架桥，发展特色种植业，改善学校设施环境，开展向贫困地区捐助活动。在海外工程建设中，我们积极为当地修路架桥、资助贫困居民、给居民提供就业机会等，树立良好的中国企业形象。

支教事业。积极参加栋梁工程扶贫助学活动，向四川昭觉县、新疆巴州捐建希望小学。东方电气集团在四川昭觉县援建的希望小学被冠名为"东方电气第一希望小学"。

志愿者行动。东方电气集团众多员工积极参与志愿献血、青年骨髓捐献等志愿者行动，成为对外集中展示东方电气集团员工风采的一道风景线。

在抗震救灾中发挥央企的脊梁作用。面对"5·12"特大地震灾害，东方电气集团在做好自身抗震救灾、恢复生产和灾后重建工作的同时，积极参与地方抗震救灾工作，尽最大努力减轻地方政府负担，支持地方政府抗震救灾。第一时间把企业惟一的救援设备和主要抢救力量用于抢救当地受灾学校的师生，组织力量转移2100余名当地群众；向其他重灾区派出救援队参与地方抗灾抢险；向重灾区绵竹、汉旺、北川、青川等地方政府及慈善机构直接捐款830万元，5000余名共产党员自愿缴纳特殊党费130余万元，还捐赠大量抗震救灾急需物资；为帮助地震灾区群众安全过冬，集团总部及各企业还开展以"捐赠衣被、温暖灾区"为主题的"为灾区送温暖"活动，集团女职工积极为地震重灾区的受灾妇女、儿童手工编织爱心毛衣。

向全世界传播中国优秀传统文化。向全世界传播中国优秀传统文化，回报社会是企业履行社会责任的一种重要方式。2008 年 1 月 19 日，由东方电气集团独家冠名赞助的“中国咏叹·东方电气 2008 维也纳中国新春音乐会”在奥地利维也纳金色大厅成功举行，这是中国企业为弘扬中华民族传统文化、推动中国歌剧艺术走向世界进行的一次有益尝试。东方电气集团首次组织全集团劳模随同参加交流活动并前往欧洲多国学习考察。

【品牌建设】 积极建立知识产权保护体系，全力打造“东方”品牌，切实推进品牌战略的实施。同时，借助司法维权和政府行政许可方式对“东方”企业名称实施保护；不断强化品牌意识，加强品牌推广和企业文化传播，使“东方”品牌在国内外更加深入人心。东方电气集团“东方”和“DEC(及图)”两枚商标同时被工商总局行政认定为驰名商标。

东方电气集团进入国务院国资委中央企业 2007 年度业绩考核 A 级企业行列，是 152 户中央企业中上榜的 40 家 A 级企业之一，也是中央企业装备制造业中惟一的 A 级企业；荣获国家首批“创新型企业”荣誉称号；股份公司被授予“2008 中国最具竞争力上市公司 20 强”。东方电气集团名列中国装备工业品牌价值 50 强第二位；连续多年入选全球最大 225 家国际承包商(ENR)，2008 年名列第 86 位，在国际市场上的影响力不断扩大。

东方电气集团总经理斯泽夫因“在抗震救灾中，把勇敢、坚韧和人道关爱植入全社会最深刻的记忆之中”荣膺 2008CCTV 中国年度经济人物大奖。

【抗震救灾】 5·12 汶川特大地震使东方电气集团成为四川受损最为严重的央企。位于绵竹市汉旺镇的东汽基地严重损毁，大多数厂房倒塌，东汽辖区 600 多人不幸遇难，1000 余人受伤，97 万平方米厂房、生活区建筑物垮塌或受损，5000 余户职工的住房损毁或成危房而失去家园。2100 多台(套)机器设备损毁或报废，大量产成品、半成品、原材料及生产用物资损毁严重，水、电、气、交通等基础设施严重毁坏，直接经济损失 24 亿多元。

面对这场特大自然灾害中，东方电气集团举全集团之力，在党中央、国务院国资委的坚强领导下，在社会各界的大力支持下，发扬“东汽”精神，积极开展抗震救灾、奋力自救、恢复生产、重建家园各项工作，取得阶段性胜利。

上下齐心共度时艰。灾情发生后，东方电气集团当即按照紧急预案，成立集团抗震救灾领导小组，抗震救灾应急办公室开始紧张工作。地震后，通信中断，集团总部与各所属企业完全中断联系。震后一小时，集团总部获悉有关东方汽轮机灾情的重要信息，集团抗震救灾指挥部立即发出要求东汽组织自救，其他企业、单位组织力量全力以赴赶往东汽救援的紧急指令。

地震发生后，通讯中断使汉旺镇几乎成为信息孤岛，救援队伍无法及时到达。由于东方汽轮机是汉旺镇的最主要企业，在外部救援队伍进入受灾现场施救以前的时间里，东方汽轮机主动承担所在相关区域的人员转移和所有救援工作，集团总部、东方电机、东方锅炉、东风电机均在第一时间组织救援队伍和救援设备、物资等赶赴东方汽轮机汉旺基地，与东方汽轮机职工协同配合，转移灾民，解救和安置被困和受伤的职工群众及学校师生。在危急艰难的抢险自救过程中，东汽的广大党员干部临危不惧、奋不顾身、身先士卒，许多职工冒着余震的肆虐和危楼坍塌的生命危险，积极寻找收集救援器材、通讯工具、照明设备、动力装置、交通车辆灯等救援工具，保证抗震救灾工作的急需物资。许多职工的亲属在这次地震中不幸遇难，有的还埋在废墟里生死未卜，但他们依然出现在搜救现场，他们“舍小家为大家”，无私地救助他人。

恢复生产，重建家园。抗震救灾取得阶段性胜利后，东方电气集团组织职工奋力抢救生产资源，努力把地震造成的各类损失减少到最低；地震使企业厂房、设备等遭受严重损毁，企业正常的生产一时难以恢复，许多职工暂时歇业待岗，东方电气集团及时地组织职工抢救设备、产品等生产物资，共组织抢救转移设备物资、技术图纸和文件资料价值超过 30 亿元，抢救出生产设备 800 余台，修复使用 420 余台(其中关键数控设备 30 余台)，为部分分厂在原址恢复生产创造条件；迅速启动恢复生产和重建家园等灾后重建各项工作，没有让一个职工群众因地震而无处安身，也没有让一名在岗职工因地震而失去岗位。

为了履行对用户的承诺，东方汽轮机 5 月 19 日起陆续恢复生产，其他在川企业震后三天起就先后恢复生产。东汽采取多种措施恢复生产，对无法恢复生产的主机一分厂、三分厂、叶片分厂等七个单位，从汉旺的废墟中抢运出设备、成品和在制品，然后在德阳及周边租借厂房，组织恢复生产。东方汽轮机像这样在德阳分散生产的车间共有30多处。与此同时，东汽实行四班三运转，每周只休息一天，极大限度提高生产效率，用最短时间最大限度恢复产能。

震后第三天，东汽人就参加风电招标会拿下3亿多元的33台风力发电机组订单；震后第七天就开始抢修设备；震后的第八天，首批风力发电机组下线发运；震后第39天灾后首批工业汽轮机和岭澳二期核电低压汽缸制造完成发往电厂；同时，还组织市场营销部门人员走访全国各地的用户，向用户通报情况，受到用户高度评价。2008年，东汽在经历巨大灾难的情况下，完成产品产量23200MW，为当年原生产计划的88.88%，实现工业总产值108亿元，比上年增长13%，最大限度地抢回地震造成的损失，东汽人真正做到"泰山压顶不弯腰"。

向社会充分展示抗震救灾中迸发出的、具有时代特征的"东汽精神"。东方电气集团抗震救灾、恢复生产、灾后重建的工作，得到中央领导同志的高度关注和肯定。胡锦涛、吴邦国、温家宝、李长春、李克强、张德江、回良玉、王兆国、郭伯雄等党和国家领导人先后视察东汽。胡锦涛总书记视察东汽时，当看到东汽在灾后的废墟上迅速恢复生产，并在受灾当年实现产值100亿元目标时，盛赞东汽干部职工"发扬了'泰山压顶不弯腰'的精神"，"这些成绩来之不易，充分体现了工人阶级大无畏的英雄气概"。温家宝总理先后四次视察东汽，关心东汽救灾、重建和发展的每一步进程，给予东汽人极大的鼓励。在地震刚刚过去的第12天，他看到在悲痛中站立起来的东汽人在废墟上开始恢复重建时，动情地说，"东汽人是压不垮的，东汽人是站起来的一个真正的巨人。""东汽人坚强勇敢，在废墟中恢复重建，这就是东汽精神"。中央政治局常委李长春视察东汽，对抗震救灾中迸发出的"东汽精神"作出总结和概括，指出"东汽精神就是东汽职工把中华民族的民族精神在抗震救灾中加以升华"，"它体现在严重自然灾害和金融危机冲击下形成的一种不怕牺牲、敢于胜利，坚韧不拔、艰苦创业，自主创新、勇攀高峰的精神。"要求要像当年宣传"大庆精神"一样宣传"东汽精神"。

地震发生后，全国各地有超过200家企事业单位，以各种方式支援东方电气抗震救灾。国家各大电力集团也以包括火电、风电、水电、核电、燃气轮机组等价值200亿元的合同项目为依托，为东方电气重建家园，再铸辉煌铺路搭桥；国家各部委和中央企业、广大用户及社会各界纷纷伸出援助之手，以救灾捐款、送急需物资、派救援队伍、救援设备、医疗队伍等方式积极支援东方电气集团抗震救灾，给予东方电气集团广大干部职工恢复生产，减低损失以巨大的信心和力量，东方人将永远铭记在危难时刻给予无私援助的社会各界朋友的关心和支持。

（撰稿人：武　志）

鞍山钢铁集团公司

【基本概况】　截至2008年末，鞍山钢铁集团公司(以下简称"鞍钢")在职职工14.29万人，其中在岗职工11.87万人，在岗职工中从事钢铁生产的2.74万人，离退休职工10.68万人。共有控股子公司5个，全资子公司15个，直属单位21个，参股公司10个。厂区占地面积197平方公里，其中工业用地149.19平方公里。拥有采矿、选矿、球团、焦化、炼铁、炼钢、轧钢等完整钢铁产业链以及机械、动力、运输、修建、科研、设计等辅助配套单位。固定资产原值934.87亿元、净值578.45亿元。主体生产设备中烧结机7台、焦炉20座、高炉8座、转炉14座、连铸机15台、板材轧机14套、线材轧机1套、管材轧机3套、型材轧机2套、制氧机组12套。具有年产钢2500万吨的综合生产能力。能够生产16大类钢材品种，120个产品细类、600个钢牌号，42000个规格的钢材产品，应用于冶金、石油、化工、煤炭、机械、水电、铁路、汽车、造船、建筑、电子、航空、航天、轻工、国防等行业。

2008年，鞍钢认真贯彻党的十七大精神，深入落实科学发展观，围绕实现第二步跨越目标，努力克服金融危机等不利因素，大力推进"四个转变"发展战略，加快改革发展步伐，各项工作取得新成绩，企业发展再上新台阶，已形成跨区域、多基地、国际化经营格局。

【主要指标】 生产经营实现稳定运行。积极应对国际金融危机给生产经营造成的冲击，强化生产组织、加强资金管控，保证生产经营的稳定运行。全年共生产铁1607.82万吨、钢1603.75万吨、钢材1498.95万吨；生产铁矿石4773.29万吨，铁精矿1685.92万吨，人造富矿2825.4万吨，焦炭762.8万吨，钢坯1599.65万吨。

财务状况基本良好。通过采取压缩费用等应对措施，全年实现营业收入959.58亿元，同比上升17.81%；应缴税金完成120.30亿元，同比上升6.59%；实现利税166.69亿元、利润79.78亿元、工业增加值331.87亿元，全员劳动生产率33.21万元/人·年，全年实际出口创汇23.02亿美元，比上年增加3.97亿美元，增长20.82%，其中出口钢材238.15万吨、创汇22.67亿美元。

【改革发展】 体制机制创新进一步深化。与美世公司合作开发的“管控与人力资源项目”取得重要成果，集团总部、股份公司、矿业公司完成管控模式、组织机构设置和管理职责界定的设计，进入岗位职级平衡和薪酬测算阶段；其他单位相关工作也全面展开；流程优化项目全面启动。对工程自动化产业进行整合，将华冶联公司并入自动化公司。对保卫管理运行体制实施调整，将保卫管理职能与执行功能分开，成立治安保卫总队。深化改制企业改革，成功引入营口港集团参股汽车公司，推进重机公司、钢绳公司和电气公司引入国内外战略投资者。

管理创新进一步推进。围绕资金集中管理和财务风险防范，开展财务集中管控，提高资金配置能力。贯彻落实国务院国资委“过紧日子”精神，加大降低成本费用力度。1995年3月起，集团公司对138.4亿元应收账款开展清理工作，至2008年底大规模清欠工作已经完结，保证资金收回，保护国有资产。深入推进全员安全评价，完善安全管理制度体系，开展安全生产隐患排查治理工作，促进了安全生产长效机制的建立。实施办公用品集中采购和飞机票统一订购，降低费用效果显著。启动全面风险管理及企业履行社会责任的相关工作，编制鞍钢首份可持续发展报告。强化科研项目、成果保密管理，提高计算机信息系统安全保密防范能力。鞍钢荣获“2008年度中国最佳诚信企业”称号。

企业信息化建设进一步推进。产销系统在东区全部投运成功，西区各项工作基本完成，鲅鱼圈厂区ERP系统与主体生产线同步投入运行，实现与财务成本管理系统的集成；ERP设备管理系统上线投入运行。

【重大项目】 国内产业布局基本形成。鲅鱼圈新区于9月10日建成投产，这是鞍钢发展史上具有划时代意义的里程碑，标志着鞍钢沿海布局战略取得重大成果，实现从内陆发展向沿海发展的转变。朝阳项目进展顺利，主体工程土建施工基本完成，正在进行结构和设备安装；公辅项目全面展开。

跨省市兼并重组取得历史性突破。以成为攀钢资产整合整体上市现金选择权第三方为契机，具备重组攀钢的条件，实现在西南地区的战略布局；与天铁冶金集团签订重组协议，持有天铁冶金集团钢板公司50%股权，开始在华北地区进行战略布局。

【多角化经营】 落实资源保障战略，制定今后一个时期矿业发展战略和实施规划，在抓好矿山能力建设、打造数字化矿山企业、推进整合重组、加强矿产资源保护等方面取得了新成绩，大孤山铁矿扩建、东鞍山铁矿二期扩建工程顺利实施。

装备制造业实力进一步增强。形成大型水轮机转轮三大铸件——上冠、下环、叶片的规模生产能力，成为国家重点水电产品生产制造基地。船用曲轴锻件通过了MAN-B&W公司、瓦西兰公司以及世界主要船级社资格认证，成为国内生产范围最广、船级社认证最多的船用曲轴毛坯生产企业。成功制造国产第一条不锈钢板带炉卷轧机和国内第二大无缝管机组主体设备，冶金设备加工制造能力再上新台阶。

自主集成建设的世界一流水平的年产1000吨超细高纯铝粉项目竣工投产。建成国内最大的大型多层股捻制成绳机组；为北京奥运会提供开、闭幕式表演用钢绳。

物流业务和加工配送基地建设取得新成绩。与中国海运签署《战略合作框架协议》。为鲅鱼圈新区配套的成品码头项目进展顺利，与营口港正式签约，合资码头公司开始运营。天津加工线二期和沈阳加工线二期工程的前期准备基本完成。

【走向海外】 国际化经营实现新突破。海外项目建设取得重大成果。首个海外原料生产基地——与澳大利亚金达必公司合资开发的卡拉拉铁矿项目进展顺利；首家海外销售合资公司——与英国斯坦科集团联合组建的鞍钢西班牙有限公司正式投入运营；收购意大利维加诺公司60%股权，拥有首个海外钢材加工基地。

加强与国外著名企业的合资合作，进一步提升国际化经营水平。与德国蒂森克虏伯公司合资建设的第二条镀锌板生产线热负荷试车成功。与世界钢丝制品、钢帘线制品行业排名第一的比利时贝卡尔特公司合资建设重庆钢帘线项目和鞍山钢绳、钢丝项目。与世界耐火材料行业排名第一的英国维苏威公司合资建设高质量耐材生产线项目。与世界冷轧工作辊表面镀铬技术领先企业科德控股（欧洲）有限公司合资建设的冷轧工作辊镀铬项目竣工投产。与世界最大的多元化企业美国通用电气公司在低压电气生产制造、组装技术以及经营管理等方面开展广泛合作。与德国贝克吉利尼有限公司签署水处理项目合作框架协议。与西门子（中国）有限公司和壳牌（中国）有限公司签署合作协议。

依托高附加值产品开拓国际市场。全年出口钢材238.15万吨、创汇22.67亿美元。桥梁钢板中标德国和挪威的两座桥梁项目，首次实现桥梁钢板向欧洲出口，标志着鞍钢桥梁钢板生产达到世界先进水平。

【重大创新】 创新型企业建设取得重大突破。鞍钢被命名为国家首批“创新型企业”，这是近年来提升自主创新能力，加快从核心技术的“追随者”向“领跑者”转变的重要成果。“ASP冷轧汽车用薄板生产技术开发”、“高炉炼铁原料准备技术研究及其平台建设”项目分别通过国家科技部和发改委立项。“大型水轮机转轮铸件制造技术研究及产业化课题”被列入“十一五”国家科技支撑项目，通过国家科技部、全国机械工业联合会组织的中期专家评审。两项专利荣获“第十届中国专利奖”优秀奖，这是1989年后鞍钢再次获得中国专利奖殊荣。

加强产学研战略合作。与中国钢研科技集团合作开展的7个项目已经启动并取得阶段性进展。与中国钢研科技集团共建的国家涂镀工程实验室获国家发改委批准。与铁道科学院合作建立的“轮轨关系实验室”正式启动。

新产品开发力度进一步加大。共开发、试制、推广新产品316.6万吨，生产专用钢材1295.25万吨，专用材比例80.76%，板管比91%。承担的国家科技支撑计划项目中的“高级别管线钢研制”取得重要进展，X80厚规格经济型平板通过新产品鉴定，已向国家重点工程西气东输二线项目供货。出口印度极限规格X70管线钢成功进行试生产。汽车用钢的研制取得新突破，TRIP780钢生产的汽车部件通过马自达6车型使用认可。“鞍钢船体结构及海洋平台用系列钢板”项目荣获2008年首届中国钢铁工业产品开发市场开拓奖。

【履行社会责任】 按照国际组织有关报告的编写要求和鞍钢主动履行社会责任的做法与经验，编制《鞍钢集团2007年可持续发展报告》，并于2008年12月24日正式对外发布。

节能减排工作取得新进展。加强与国际能源减排领域的交流合作，与欧洲碳基金、Camco国际有限公司达成约1300万吨CO_2减排的销售协议，可实现收益1.5亿欧元。制定《鞍钢“十一五”节能工作实施计划》，并启动其中的11项重点节能措施。

环境友好水平不断提升。按照清洁生产一级标准，开展对主要污染物的治理，加强对环保设施运行的监管，烧结机脱硫和电厂锅炉脱硫取得突破性进展，外排废水、污染物总量控制提前一年完成国资委和地方政府控制目标。

循环经济不断完善。第二条钢渣产品深加工生产线竣工投产，设计年产9万吨精块钢、7万吨精铁粉。钢铁渣实现新渣100%加工、渣中钢铁物料全部回收。铁、钢工序余热余能实现全部回收利用。

关心职工生活，千方百计提高职工待遇。建立企业补充医疗保险，形成基本医疗保险、超限额医疗保险、企业补充医疗保险、医疗救济资金“四位一体”的医疗保障制度。调整退休人员基本养老金，总计年增资1.43亿元。调整居家职工待遇，总计年增资5637万元。在纪念鞍钢开工59周年暨鲅鱼圈新区竣工投产之际，为在职职工和全民离退休人员增加一次性收入，总计增资1.33亿元。发放医疗救济资金1565万元，救济3795人。为职工和离退休人员进行健康体检。为居家职工安排临时工作4478人次。投入1.15亿元，用于职工住宅大修和供暖系统改造，改善职工居住条件；解决职工住房困难，分配集资房8万平方米，分配户数1200多户。开展送温暖活动。全年共救济在职职工1.96万人次，发放救济金1082万元；救济离退休人员2.12万人次，发放救济金850万元；发放温暖工程专项资金23.29万元，救济161人。开展"送温暖献爱心，共建和谐鞍钢"职工捐款活动，募集捐款346万元。实施"金秋助学"，救济困难职工子女818人，发放救济金118万元。

全力做好支援灾区抗震救灾和恢复重建工作。"5·12"四川汶川特大地震发生后，鞍钢认真贯彻落实党中央、国务院的部署，组织广大职工以高度的政治责任感，全力投入支援灾区抗震救灾和恢复重建工作。在以企业名义向灾区捐款、派遣医疗小分队和红十字会志愿者参加抗震救灾工作的同时，在全公司掀起向灾区捐款的热潮，共为灾区捐款4658万元。其中：鞍钢公司捐款2500万元；职工捐款1022万元；党员交纳特殊党费1092万元；团员捐献救助基金44万元。为抗震救灾物资的生产开辟"绿色通道"，加班加点生产支援灾区建设过渡安置房急需的钢材6万多吨。充分展示鞍钢人的社会责任感，履行中央企业的责任。

（撰稿人：赵　艳）

宝钢集团有限公司

【基本概况】　2008年，宝钢集团有限公司（以下简称"宝钢"或"宝钢集团"）钢产量达3544.30万吨，在中国钢铁企业排名第一，在全球钢铁企业排名第三。2008年7月，美国《财富》杂志公布，宝钢以2007年299.39亿美元的营业总收入和28.58亿美元的利润在世界500强企业排名第259位，与2004年首次进入时相比，排名提升113位，年营业总收入增加一倍以上。

宝钢立足于生产高技术含量、高附加值钢铁精品，已形成普碳钢、不锈钢、特钢三大系列产品，广泛应用于汽车（尤其是高级轿车）、家电、石油化工、机械制造、能源交通、建筑装潢、金属制品、航天航空、核电、电子仪表等领域，产品实物质量与国际同类产品相当，成为国内市场紧俏商品。

年内，中共中央把宝钢列为学习实践活动的试点单位。2008年，宝钢以开工建设30周年为契机，在全体职工中开展形势任务教育，动员干部员工坚定信心、迎接挑战，并举行系列活动。

2008年，宝钢生产经营外部环境面临前所未有的困难。上半年，在原燃料价格连续5年大幅攀升对成本造成巨大压力的形势下，生产经营继续保持良好局面。但下半年特别是进入四季度，受国际金融危机影响，钢铁业市场形势急转直下，使企业前期为应对铁矿石谈判危机而储备的高价库存成本难以消化，从11月开始，企业面临历史上从未有过的亏损局面。在宝钢生产经营面临最大考验之际，11月22日、12月13日，中央政治局常委、国务院总理温家宝，中共中央政治局常委、国务院副总理李克强分别在中央政治局委员、上海市委书记俞正声等领导陪同下先后到宝钢考察。温家宝总理对宝钢在市场危机面前，沉着应对，坚持发展不动摇的良好精神状态给予充分肯定，勉励宝钢人坚定信心度过寒冬，团结一致、苦练内功，坚持技术创新，实现更好的发展。李克强勉励宝钢发挥领头羊作用，为国家产业发展和节能环保做出更大贡献。

【主要指标】　2008年，宝钢集团资产总值3524.97亿元，比上年下降1.1%；流动资产1239.34亿元，比上年增长3.3%；流动负债983.97亿元，比上年增长5.5%；资产负债率37.75%，比上年增长1.45百分点。完成工业总产值2717亿元，比上年增长33.41%；实现销售收入2468.39亿元，比上年增加191.23亿元，增长8.4%，其中钢铁主业贡献率为83.1%，多元产业贡献率为16.9%；实现利润238.13亿元，比上年减少119.14亿元，降低33.3%。

全年铁产量2924.97万吨，比上年增加494万吨，增长20.32%；粗钢产量3544.30万吨，比上年增加687万吨，增长24.02%；商品钢材产量3506.65万吨，比上年增加726万吨，增长26.13%；钢材实物产销率99.60%。出口钢材（钢坯）306万吨，比上年减少99万吨，降低24.42%；出口创汇31亿美元，比上年增加1亿美元。专利授权785项，企业审定技术秘密2388项。

宝钢集团有限公司主要经济指标

项　　目	2007 年	2008 年	同比增长(%)
资产总额(亿元)	3564.04	3524.97	－1.1
净资产(亿元)	2269.59	2194.35	－3.32
营业收入(亿元)	2277.16	2468.39	8.4
利润总额(亿元)	356.47	238.13	－33.3
利税总额(亿元)	486.94	391.37	－19.63
净资产收益率(%)	12.92	8.18	－36.39
总资产报酬率(%)	12.52	7.94	－36.58
国有资产保值增值率(%)	127.54	107.88	－15.41
在岗职工人数	109379	107578	
在册职工人数	134094	128411	

【重大项目】 年内，一批重大工程建成投产。全年完成钢铁主业固定资产投资 336 亿元。宝钢股份的宝钢分公司一号高炉大修工程、五冷轧工程、UOE(大口径焊管)工程，特殊钢分公司炼钢连铸工程，中厚板分公司宽厚板轧机工程，梅钢二号焦炉等重点项目相继建成投产。1 月 5 日，2007 年度国家优质工程奖在人民大会堂揭晓，宝钢股份不锈钢工程、宝钢分公司四号高炉工程双双获得金奖。

2 月 27 日，罗泾工程宽厚板轧机建成投产，这标志着宝钢集团浦钢搬迁罗泾工程第一步目标已全面实现。宽厚板轧机采用宽度自动控制、板型控制、加速冷却等多项国际厚板生产先进装备及控制技术，性能可靠稳定、易于维护，可生产高质量、多规格的厚板产品。该工程 2005 年 12 月 26 日打桩，比合同工期提前 1 个月实现试轧目标。

3 月 21 日，世界首台大容量、全燃低热值煤气的直流锅炉汽轮发电机组在宝钢电厂成功并网。这是宝钢分公司的第五台发电机组，也是宝钢在引进直流锅炉、汽轮机和发电机等主体设备基础上，第一个自主集成的大型电站建设项目。该机组装机容量 35 万千瓦，可以燃用高炉煤气、焦炉煤气、COREX(熔融还原)煤气等工业煤气以及天然气和轻油，特别是在无高热值燃料辅助的条件下可全烧低热值高炉煤气，其燃用高炉煤气能力最大达每小时 100 万立方米，对提高工业煤气综合利用率、促进节能减排具有重要意义。

5 月 15 日，设计产能为 10 万吨的取向硅钢机组提前三个月投产。该项目是五冷轧工程的重大项目之一，宝钢历经十年艰辛，终于掌握代表钢铁业顶级制造能力的取向硅钢工艺技术。该机组采用独特的工艺技术路线，部分装备在全世界属首次制造。以取向硅钢为代表的硅钢系列产品，将成为宝钢继高等级汽车板之后又一个高效产品发展的引擎。

9 月 19 日，设计年产 50 万吨的大口径直缝焊管生产线投产。该大口径直缝埋弧焊管机组是全世界装备最先进的大口径直缝焊管生产线之一。该项目的投产对推动国家西气东输二线工程及其他重点工程建设具有重要的意义。

年内，八钢公司加快新区项目建设，一号 2500 立方米高炉、二号 265 平方米烧结机、一号干熄焦、三号焦炉、二号和三号 120 吨转炉等项目陆续投产，形成 700 万吨钢的生产能力。

【科技创新】 宝钢股份公司新产品销售率 18.9%，新产品转产数 82 个。汽车板领域，完成 DP980 热镀锌和超高强度性能水淬马氏体钢前工序验证。全年累计销售汽车板同比增长 9.7%，其中高强钢、外板销售量同比分别增长 31%和 25%。全年市场份额超过 60%。管线钢领域，X90 和 X100 管线钢焊管合作试制成功。不锈钢领域，成功研制高强度奥氏体不锈钢 B316L 产品。油井管领域，成功试制出 K55 钢级高频直缝焊石油套管。核电用钢领域，成功研制出 AP1000 核电安全壳用钢 SA738B 并批量供货。特殊钢领域，首次成功批量生产G3合金材料。硅钢领域的研发取得重大突破，成功生产出高磁感取向硅钢和激光刻痕产品，标志着宝钢走开放式自主集成之路，已掌握世界钢铁制造的顶尖技术。

上半年，宝钢经历时5年研究，自主开发成功冷轧板形控制技术，各项指标显示，板形控制能力跻身世界一流水平，并已具备在新建项目以及各冷轧产线上推广和对外技术成套输出的能力。代表国际顶尖水平的1400兆帕级超高强度厚板在宝钢试制成功。宝钢成为全球极少数拥有该项生产技术的企业之一。

1月8日，在2007年度国家科学技术奖励大会上，宝钢的《一种安全环保资源化的炼钢熔渣粒化新技术》和《高强度全密封精整矫直机支承辊技术》分别被授予国家技术发明二等奖和国家科技进步二等奖。7月25日，宝信软件被中国软件行业协会认定为2008年度“中国十大创新软件企业”。7月，宝钢股份高等级乘用车钢板获“中国钢铁工业产品开发市场开拓奖”。7月28日，国家科技部、国务院国资委和全国总工会联合召开国家创新型企业命名大会。宝钢集团和和下属子公司宝信软件成为首批国家创新型企业。10月19日，宝钢84个项目在第六届中国国际发明展上获奖。10月，国务院国资委公布2007年度信息化水平评价结果，宝钢信息化水平指数为92.28，达到最高级别A级。12月1日，宝钢荣获由中国企业联合会和中国企业家协会联合评选的“中国企业新纪录优秀创造单位”称号。

【履行社会责任】 在社会责任体系建设方面，宝钢组建社会责任委员会，将履行社会责任与日常运营有机结合起来。2008年，宝钢股份连续第三年发布《可持续发展报告》。年初，宝钢正式成为2010年上海世博会惟一一家钢铁全球合作伙伴，并成为上海世博会建设钢材总供应商。7月5日，宝钢在“建设和谐社会与企业社会责任论坛”上获“企业社会责任贡献奖”。12月3日，宝钢集团在“中国企业社会责任榜”评选中获“杰出企业奖”。

在环保方面，2008年，宝钢股份烟粉尘、废水、COD(化学需氧量)排放量比上年分别下降22.78%、16.22%、42.97%，创近10年最好水平。二氧化硫排放量比上年下降11.25%；八钢公司2008年也实现环保目标。4月，宝钢成为首批“中国绿色公司标杆企业”。7月，宝钢股份被中国钢铁工业协会授予2007年度“中国钢铁工业清洁生产环境友好企业”称号。

在社会公益活动方面，全体员工心系“5·12”汶川地震灾区群众，采取多种方式救助，企业和员工的捐赠总额达1.17亿元。还完成南极内陆科学考察站——昆仑站、黑龙江军区黑瞎子岛驻军等捐赠项目。

【应对金融危机】 下半年特别是进入四季度，受国际金融危机影响，钢铁业市场形势急转直下，面对前所未有的危机和困难，各钢铁生产单元坚决贯彻“信心、理性、快速、坚决”的动员方针，在产销研方面调整策略、加强协同、强化为用户服务、拓展规格品种，在巩固原有客户的同时迅速进入新市场，内部快速适应合同“按周”接订的应急状态，贯彻执行“经济运行”为基准的工序运行总方针，降低消耗，严控费用。确保生产经营和各项工作稳定进行。相关产业子公司在发挥与钢铁主业协同效应，共度难关的同时，积极拓展集团外市场，基本保持经营的稳定，为集团公司分担经营压力。总部各部门积极动员，在改善经营、降本增效方面向集团公司提出一系列建议，并逐步开始实施。11月22日、12月13日，温家宝、李克强分别到宝钢视察后，集团公司立即召开干部大会，传达贯彻中央领导指示精神，在市场危机面前，提出“战略上要藐视，战术上要重视”，“宝钢应该做到在国内同行中业绩最好”，坚定信心，沉着应对，厉行节约，苦练内功，坚持技术创新，化危机为机遇，实现更好的发展。

【跨区域联合重组】 6月28日，由宝钢控股的广东钢铁集团有限公司揭牌，这标志着宝钢跨区域联合重组在珠三角迈出战略性步伐，也标志着湛江1000万吨钢铁基地项目的建设进入一个新阶段。新组建的广东钢铁集团注册资本358.6亿元，注册地在广州市。宝钢集团以现金出资286.88亿元，持股80%；广东省国资委和广州市国资委分别以韶钢集团、广钢集团的国有净资产折合71.72亿元出资，合并持股20%。

（撰稿人：徐宪民）

武汉钢铁(集团)公司

【基本概况】 2008年,武钢生产铁2622.65万吨、钢2773.39万吨、材2660.06万吨,分别比2007年增长36.43%、37.39%和39.91%。实现营业收入1237亿元,完成利润65亿元,实现利税141.9亿元,完成工业总产值1167.8亿元,工业增加值296.4亿元,比2007年增长60.66%和26.72%。其中,武汉钢铁股份有限公司生产中厚板78.35万吨,大型产品37.88万吨,高速线材88.45万吨,热轧产品1090.72万吨,冷轧产品344.07万吨,硅钢产品115.64万吨;武钢股份公司生产铁、钢、材分别比2007年增长16.69%、17.35%和21.61%。昆钢股份、柳钢和鄂钢实现减值前年度不亏目标。2008年,武钢钢材综合成材率92.23%,"双高"产品比例保持在81.04%以上;桥板、容器板、线材冷镦钢、棒材带肋钢筋4个产品获冶金行业"金杯"奖。顾客满意度水平为92.28%;上门开展技术交流活动47次,实现网上远程订货500万吨。2008年,武钢被中宣部、国务院国资委评为"2008年中央企业十大典型"之一,连续4年在国务院国资委企业绩效考评中评为A级,抗震救灾工作被国家授予"最具爱心内资企业"称号和"2008年全国实施卓越绩效模式先进企业"称号。列中国500强企业第56名、武汉市100强企业第二名。2008年,武钢通过上海联合产权交易所公开挂牌转让国有产权9宗,交易金额12568.4万元,平均增值率为11.66%。

【主要指标】 2008年,武汉钢铁(集团)公司(以下简称"武钢")主要厂区坐落于湖北省武汉市东郊的青山区,位于长江南岸。武钢的重点设备包括烧结系统、炼铁系统、炼钢系统、轧钢系统。武钢还辖有位于鄂东的大冶、程潮、金山店、灵乡4座铁矿山,鄂南的乌龙泉石灰石、白云石矿和河南省的焦作黏土矿两座辅助原料矿山。武钢主要生产热轧卷板、冷轧卷板、镀锌板、镀锡板、冷轧硅钢片、彩色涂层板,以及大型型材、线材、中厚板等近400个品种,还生产除钢铁以外的其他副产品。主要生产热轧卷板、冷轧卷板、镀锌板、镀锡板、冷轧硅钢片、彩色涂层板,以及大型型材、线材、中厚板等近400个品种,还生产除钢铁以外的其他副产品。2008年,武钢被中宣部、国务院国资委评为"2008年中央企业十大典型"之一,连续4年在国务院国资委企业绩效考评中评为A级,抗震救灾工作被国家授予"最具爱心内资企业"称号和"2008年全国实施卓越绩效模式先进企业"称号。列中国500强企业第56名、武汉市100强企业第2名。2008年,武钢通过上海联合产权交易所公开挂牌转让国有产权9宗,交易金额12568.4万元,平均增值率为11.66%。

武汉钢铁(集团)公司主要经济指标

项　目	2007年	2008年	同比增长(%)
资产总额(万元)	11790527	15590118	32.23
净资产(万元)	5083334	6522711	28.32
营业收入(万元)	8193229	12370251	50.98
利润总额(万元)	938263	650100	—30.71
技术开发投入(万元)	212813	332701	56.33
利税总额(万元)	1629051	1419401	—12.87
全员劳动生产率(万元/人·年)	731496	1091391	49.20
净资产受益率(%)	13.09	9.91	—3.18
总资产报酬率(%)	10.62	6.22	—4.4
国有资产保值增值率(%)	118.04	108.92	—9.12

【改革发展】 2008年,武钢对企业组织结构进行调整。结合武钢管控模式的要求,对武钢和武钢股份公司机关机构及其职能进行调整,进一步理顺部门管理职责,并将两级安全环保部门和党群部门进行合并,优化组织机构及职能。武钢股份公司全面推行总厂制改革,先后组建炼铁总厂、热轧总厂、冷轧薄板总厂、冷轧硅钢总厂、条材总厂。对武汉冶金设备制造公司破产后进行企业重组,成立武钢集团武汉冶金重工有限公司。整合硅钢资源和硅钢技术人才,组建国家硅钢工程技术研究中心。组建武钢研究院昆钢分院。将武汉钢铁集团襄樊钢铁长材有限公司委托武钢集团武汉江北钢铁有限公司管理,将冶金渣分公司、粉末冶金公司委托金属资源有限责任公司管理。实施轧辊公司改制工作,改制后的武汉钢铁集团轧辊有限责任公司由国有独资公司变更为多元投资主体的有限责任公司。成立武汉平煤武钢联合焦化有限责任公司。2008年,武钢全面推行企业经营业绩绩效考核,下发《武汉钢铁(集团)公司综合绩效评价办法(试行)》(钢政发〔2008〕83号文),与48家单位签订《经营业绩责任书》。每月召开武钢绩效考评委员会例会制度和专业考核的考前公示制度,做到经营业绩考核和专业考核公平、公正和公开,增强绩效考核透明度。企业经营业绩绩效考核突出单位主要职责、突出培育核心竞争力、突出工序服从、突出节能减排和环保、突出指标与行业对标、突出解决"短板"现象、突出结果与过程相结合、突出从严管理并持续改进。实行分类分片,通过定量和定性相结合方法,对各单位的生产经营结果与管理绩效,分A、B、C、D四档进行综合绩效评价。A、B档推荐武钢"三个文明"竞赛委员会表彰,评价结果作为各单位领导人员年终绩效考核的重要参考依据。

【安全环保】 2008年,武钢安全环保工作以贯彻落实《安全生产法》《环境保护法》和《关于进一步加强安全生产工作的决定》的精神、围绕建设企业污染减排指标体系、监测体系、考核体系,保持武钢持续稳定的良好安全环保局面。2008年,武钢重大伤亡事故为零,重大环境污染事故为零,工亡3人,重伤1人次,轻伤36人次,千人负伤率0.499‰。新建、改建、扩建项目职业安全卫生"三同时"执行率达100%,重大危险源受控率达100%,特种作业人员持证率达100%。全年烟粉尘排放量为11551t,SO_2排放量为26306t,COD排放量为4386t,环保"三同时"执行率为100%。2008年,武钢被评为"湖北省2008年十大节能减排行动环保创新单位"、"安全生产先进单位"、"绿化模范单位",被武汉市评为"安全生产红旗单位"。

【节能减排】 2008年,武钢建立健全污染减排指标、监测和考核三大体系,制定下发《武汉钢铁(集团)公司主要污染物减排管理办法、主要污染物总量统计管理办法、主要污染物总量监测管理办法》。武钢与主要二级单位签订节能减排目标责任书,各单位将节能减排指标进行层层分解落实,明晰各基层生产单位的污染减排指标和责任。武钢建立节能减排工作问责制,对未完成节能减排目标的单位,在"三个文明"评比中实行"一票否决",并追究有关责任人员的责任。武钢将重点环保治理项目纳入限期治理项目进行管理,2008年进行焦化公司废水综合处理工程、7号和8号焦炉推焦除尘工程、耐火活性窑新建布袋除尘器、三炼钢二次烟气除尘改造、北湖清淤工程、三烧脱硫和炼铁排口污水处理工程。同时,实施环专治理项目,完成第一炼钢转炉屋顶烟尘治理、炼铁1号高炉槽下电除尘改造、三炼钢转炉熔剂除尘改造和四烧部分区域噪声治理等项目。武钢积极开展第一次污染源普查工作。全年坚持开展日常巡查和环保综合检查。对企业重点污染源点的40多台套环保设施运行情况、厂区烟粉尘无组织排放、废水排放口水质等指标每周开展至少2次巡查。对检查情况记录摄像,检查结果进行通报,及时下达整改通知。开展"武钢污染源调查及潜在风险分析与对策研究"、"武钢主体工序物料衡算系统统计技术研究"、"武钢能效分析和清洁生产评估"等项目的研发工作,完成高炉炉前除尘系统"电改袋"新技术开发研究成果鉴定,申报一种高效固定二氧化碳的微藻等4项专利。2008年10月13日,武钢研制的环保型家电彩板经上海SGS公司检测,完全符合欧盟Rohs指令的环保要求。武钢研制的环保型家电彩板力学性能、涂层性能优良,属彩涂板中的高端产品,主要应用于电冰箱、微波炉等家用电器产品,代表着未来家电产品的发展方向。至年底,武钢积极争取政府对节能减排工作的支持,利用武汉市政府节能减排研发经费1000万元，开展以武钢为实施主体，包括节能、废水、废气和固废处理等研究项目。

【抗震救灾】 2008年5月14日，武钢领导集体收看了国资委抗震救灾工作紧急视频会，并召开武钢向四川汶川地震灾区捐款大会。武钢办公室下发《关于向四川汶川地震灾区开展捐赠工作的通知》。2008年5月21日，武钢召开组织部长紧急会议，部署中组部和武钢党委关于《认真做好部分党员交纳"特殊党费"用于支援抗震救灾工作的通知》。2008年5月22日，武钢26353名党员，共交纳"特殊党费"7776048元；545名入党积极分子和统战人员交纳108022元。2008年5月22日，武钢再向灾区捐赠1080万元。2008年5月23日，武钢总医院组成赴地震灾区10人小分队。并腾空住院部大楼七楼病房救治40余名伤员。2008年5月23日，武钢召开紧急会议，部署生产2万吨彩涂板。首批1万套简易房于6月25日完成，第二批1万套于7月20日完成，第三批4万套于8月10日完成。2008年5月26日，武汉市援建四川灾后重建过渡安置房工作现场会在武钢宾馆召开。武汉市共承担4.5万套过渡安置房的援建任务，6月15日前第一批9000套过渡安置房送抵四川灾区。湖北省建设厅作为采购方与武钢销售中心签订采购合同，由武钢研究院与湖北省建设厅以及各钢构公司的负责人就地震灾区过渡房建筑用彩涂板进行所需品种、规格、交货技术条件的确认。武钢一是迅速组织生产400t窄带钢，以此满足安置房的结构连接之需；二是以最快的速度生产出2万吨建筑用彩涂板；三是所有援灾钢材一律不外销、不涨价，全力确保救灾所需。2008年8月10日，国务院国资委、国资委党委联合发出《关于表彰中央企业2008年抗震救灾先进集体、先进个人和先进基层党组织、优秀共产党员的决定》，授予武钢"抗震救灾先进集体"、冷轧薄板总厂一分厂党委"抗震救灾先进基层党组织"、邓崎琳总经理"抗震救灾优秀共产党员"、武钢职工总医院分院姚蕾、武汉钢铁建工集团有限责任公司建设分公司容爱明"抗震救灾先进个人"称号。"5·12"四川汶川特大地震发生后，武钢干部职工积极开展捐赠活动，共向灾区捐款4300余万元。2008年9月18日，全国总工会发起组成的技术援助服务队，赴四川德阳东方汽轮机厂帮助恢复生产。武钢选派机械制造有限责任公司机床安装、电器调试方面的技术骨干叶宝亭、杨杰参与技术援助服务。9月28日，叶宝亭、杨杰圆满完成技术援助服务工作。2008年10月30日，武钢职工向四川汶川地震灾区捐赠衣被2万余件，捐款140万元。

【战略合作】 2008年3月5日，武汉钢铁(集团)公司与山东新汶矿业集团公司签订股权转让协议。根据双方签订的《山东新巨龙能源有限公司股权转让协议》，武钢将以2.6亿元的投资，受让新汶矿业集团投资控股公司转让的山东新巨龙能源有限公司5%的股权。新汶矿业公司龙固煤矿建成后，设计生产能力达600万t/a。武钢通过此次股权转让，不仅可以满足武钢生产肥煤100%的供给，还可以利用双方的资源优势和市场优势，通过投资入股丰富武钢生产所需的煤炭资源。2008年5月5日，武汉钢铁(集团)公司与意大利国家电力公司签订清洁发展机制(简称CDM)合作协议。该协议合作的形式为，意大利国家电力公司出资购买武钢温室气体减排量，武钢则利用提供的资金加大推进节约资源、降低消耗、减少排放、保护环境项目的力度，实现节能减排目标。2008年5月20日，武汉钢铁(集团)公司与奇瑞汽车有限公司在安徽省芜湖市奇瑞汽车采购公司签订《奇瑞—武钢技术战略合作协议》。武钢将与奇瑞合作扩大高强钢在奇瑞车型上的用量，共同合作开发未来十年奇瑞轿车新车型的及新型汽车用钢的应用技术研究。2008年8月12日，武汉钢铁(集团)公司与山西焦煤集团在太原市焦煤大厦签署战略合作框架协议和相关资源购销中长期合作协议。2008年8月18日，武汉钢铁(集团)公司与华中科技大学签订共建"华中科技大学——WISCO联合实验室"协议，并举行联合实验室大楼奠基仪式。联合实验室首批将建设先进材料与技术装备、资源与环境工程、能源与动力工程、激光应用技术、信息与控制系统、电力与电气技术、技术创新与知识产权7个研究室。2008年8月22日，武汉钢铁(集团)公司与中国远洋运输(集团)公司在武汉签署战略合作协议。根据双方签署的协议，武钢和中远集团将在进口铁矿石运输、船用钢材采购和物流等领域加强合作。彼此共同化解市场经营风险，控制经营成本，实现双方长期持续稳定的发展。2008 年 9 月 22 日，武汉钢铁(集团)公司与武昌造船厂在武汉市政府大礼堂签署钢材购销战略合作协议。2008 年 12 月 10 日，武汉钢铁(集团)公司与中国石油天然气集团公司在北京签署战略合作框架协议武钢与中石油联手，共同研发新产品，推进石油开采、输送、储运等钢材的国产化，双方发挥各自优势，逐步增加双方采购量，携手共赢；中石油与武钢在生产经营和发展过程中，优势互补，互惠互利，建立双方高层和部门间的经常性磋商协调机制，积极寻求多种合作方式，拓展合作领域。2008 年 12 月 12 日，武钢股份公司副总经理赵昌旭与武汉桥梁与钢结构协会代表签署《战略合作协议》。将进一步推动武汉乃至湖北省桥梁与钢结构产业发展，实现政府倡导、协会支持、钢企共赢。2008 年 12 月 26 日，武汉钢铁(集团)公司中国与葛洲坝集团公司在中国武钢博物馆签署战略合作协议。根据双方协议，武钢和葛洲坝集团将秉承“市场定价、战略合作、长期稳定、互惠双赢、风险共担”的宗旨，在优势互补、优先采购、优质服务、技术研发等方面将进一步加强战略合作，共同提升国企经济实力和竞争力。

【重大项目】 2008 年 3 月 18 日，武钢 1 号 7.63m 焦炉投产。2 号 7.63m 焦炉于 2008 年 6 月投产。两座焦炉投产后，武钢将新增焦炭产能 220 万 t，可新增煤气 8 亿 m^3/a，煤焦油 10 万 t/a，提前实现武钢“十一五”发展规划对焦炭和煤气的需要。2008年 8 月 19 日，高级耐火材料合资公司——武汉武钢维苏威高级连铸耐火材料有限公司投产。维苏威国际集团公司注册资金 5500 万元人民币，投资双方各占 50%股份，投资总额 9800 万元人民币。武汉武钢维苏威高级连铸耐火材料有限公司主要生产连铸“三大件”(整体塞棒、长水口、浸入式水口)等高级耐火材料，设计年产连铸“三大件”等相关耐火材料 8000t。2008 年 10 月 13 日，联合焦化公司脱硫工程竣工。该工程于 2008 年 6 月 15 日动工，其核心部位所采用的“真空碳酸钾焦炉煤气脱硫工艺”技术从德国引进。2008 年 12 月 23 日，炼铁总厂烧结分厂二烧节能环保大修改造工程热负荷试车成功，实现“当年开工、当年竣工投产”目标。该工程于 2008 年 4 月动工建设，将原有的 193m^2 烧结机面积扩大至 280m^2；年烧结矿由 183 万 t 增加至 252 万 t。通过机头加装电除尘，机尾加装布袋除尘，粉尘排放降低 73%；烧结矿吨矿电耗由原来的 84.5 度降至 38 度，下降 55%。

【技术创新】 2008 年 1 月 3 日，有效容积 3200m^3 的武钢 5 号高炉大修改造开炉 3 天，平均利用系数达到 2.17t/(m^3 · d)以上，日产铁 6484.6t，创世界大型高炉大修达产领先水平。2008 年 1 月 8 日，武钢研究院与用户合作开发出 3.2mm 和 6.0mm 的 700～800Mpa 级高强度热连轧板(卷)。700～800Mpa 级高强度热连轧板(卷)具有高强度、易成型、耐腐蚀等特点，已被授予专利，属武钢自主知识产权的新产品。2008 年 2 月 24 日，武钢股份公司质量检验中心与武汉华科公司联合研制出孔洞监测仪。孔洞监测仪可检测到 0.1mm 直径的孔洞缺陷，其精度达到国外同类产品先进水平。2008 年 3 月 27 日，国际权威检测和认证机构——SGS 限用物质测试服务部中国区总监向武钢颁发《无取向硅钢产品 ROHS 认证证书》。武钢成为中国钢铁行业首家获得该通行证的企业。证明武钢无取向硅钢产品能够满足欧盟 ROHS 指令的要求。2008 年 4 月 22 日，武钢桥梁用结构钢产品认证发证仪式在武钢研究院举行。武钢自 20 世纪 90 年代初以来，就形成桥梁钢五大系列 30 多个新钢种，多项钢种拥有自主知识产权，武钢桥梁钢广泛应用于 60 余个国内外重大桥梁工程，武钢成为中国最大的桥梁专用钢研发生产基地。武钢研制开发出国内第五代大跨度铁路桥梁钢 WNQ570，应用于中国大跨度铁路桥梁京沪高速铁路南京大胜关长江大桥；WQ490 桥梁钢成为国内公路、桥梁建设的首选钢种；高性能管桩用钢 WGZ3415 应用于世界上最大的跨海大桥——杭州湾跨海大桥；WNQ690 耐候桥梁钢应用于“南海一号”打捞船悬臂梁；14MnNbq 桥梁钢获国家科技进步一等奖；高强度耐候桥梁钢已应用于建造海上采油平台、深海打捞船，并拓展至沿海铁路建设项目，形成一系列中国跨海大桥集成专有技术。

(撰稿人：袁 翔 刘文龙)

中国铝业公司

【基本概况】 2008年是中国铝业公司(以下简称“中铝公司”)生产经营最困难的一年。年初受雨雪冰冻灾害影响,部分电解铝企业停槽;原材料价格上涨,导致经营成本上升;国际金融危机引发市场萎缩、开工不足、铝价下跌,生产经营步履为艰。在严峻的形势面前,全体员工坚持以科学发展观为指导,继续实施向国际化多金属矿业公司的战略转型,在生产经营、资产重组、海外开发、科技进步、矿产资源、节能减排等方面取得新的业绩,进入世界500强行列。

【主要指标】 全年主要产品产量完成:氧化铝1010吨,铝及铝合金340万吨,铝加工材93万吨,精炼铜39万吨,铜加工材15万吨,海绵钛4450吨。全年实现营业收入1291.21亿元,同比增长21.40%;利润-67.57亿元,同比减少140.51%;截至2008年底,资产总额3465.90亿元,同比增长95.08%。年末平均职工人数202827人。十万人死亡率为1.72,千人负伤率为0.18,同比下降5%。

【并购重组】 中铝公司按照国资委确立的“铝、铜、稀有稀土及其它相关工程技术服务”的主业范围,积极推进结构调整。主要做了以下三个方面的工作:一是将河南铝业等5家铝加工企业和连城铝厂装入中国铝业股份有限公司。二是进行铜板块业务整合,抓紧筹建中国铜业公司。三是并购青海黄河水电再生铝业有限公司、长沙勘察设计研究院、沈阳有色金属加工有限公司,增加中铝公司资产。

【重大项目】 全年完成固定资产投资234亿元。一批建设项目完工,包头铝业高纯铝及炭素环保项目、贵州铝厂熔铸项目、山东铝厂废催化剂和干法水泥项目竣工,广西分公司三期工程建成试产。遵义铝业电解铝项目、兰州铝电、抚顺铝业等企业技改扩建项目完工。大冶铜板带项目、重庆氧化铝、遵义氧化铝项目主体贯通进入试产验收阶段。西南铝冷连轧和厚板项目,东北轻合金铝合金板带项目、中铝洛铜项目部分设备开始调试、试运行。中铝上海铜业公司项目、中铝瑞闽项目主要设备完成订购。广西电解铝项目二期通过环评,成都铝箔、云南铜加工、沈阳有色加工等项目进入前期工作。

【走向海外】 2008年2月,中铝公司联合美铝投资140.5亿美元,收购力拓英国公司12%的股份,成为力拓单一最大股东。秘鲁铜矿项目完成可行性研究,项目建设已经启动。澳大利亚奥鲁昆铝土矿项目可行性研究和环评工作正在进行。沙特100万吨电解铝项目可行性研研究报告完成,已着手进行融资等实质性工作。与英国爱瑞康公司合资建立年产1.5万吨海绵钛项目奠基。

【科技创新】 全年科研投入25亿元,安排科研项目500余项,形成技术成果200多项。2008年国家铝冶炼工程技术研究中心通过验收,首批启动郑州研究院、包铝股份、中铝洛铜等三个重点实验室。氧化铝、铝电解及炭素方面推广一批新技术,提高产品的科技含量。全年申请专利1080件。一批重大科技研发成果获奖:中铝分公司400千伏安大型预焙阳极铝电解技术等10个研发项目获中国有色金属科技进步一等奖。铝板带热连轧技术与工艺开发项目获国家科技进步一等奖。

【节能减排】 2008年节能减排投资总额40.3亿元。其中节能项目投资30.8亿元。预计投产后可节约标煤24万吨/年,节电12000千瓦时/年。减排投资9.5亿元,分别用于二氧化硫、工业废水、烟尘等综合治理项目。中铝公司已形成了5675万立方米/小时废气处理能力,占总排放量的99%以上。

全年累计节能61.2万吨标煤/年。氧化铝综合能耗同比降低480千克标煤/吨,电解铝综合能耗同比降低38千瓦时/吨,铝加工能耗同比降低7千克标煤/吨。全年二氧化硫排放量较同比减少5%,化学需氧量排放减少44%,烟尘排放量减少18874吨,工业废水基本实现零排放。

【矿产资源】 2008年共取得铝土矿矿权20个,资源量有较大的增长。广西分公司氧化铝三期配套矿山,重庆分公司氧化铝配套矿山,矿业公司段村雷沟、渑池贯沟等矿山加快建设。非铝资源获取工作稳步推进，在青海和内蒙古获取多个铜多金属风险探矿权。云铜集团加强老区找矿、新区勘探，普朗铜矿勘探取得进展。成立中铝西藏矿业有限公司。

【党建工作】 中铝公司认真贯彻落实科学发展观，把党建工作融入生产经营和改革发展的全过程，把党的政治、组织优势延伸到企业各个层面。坚决贯彻落实中纪委、国资委的工作部署，认真开展党风和反腐倡廉建设。深入推进惩防体系建设，制订反腐倡廉制度，签订党风廉政建设责任书，加强效能监察、纪检监督工作。2008年中铝公司所属的贵州铝厂党委、青海铝业党委荣获“中央企业先进基层党组织”称号；3名同志分获“中央企业优秀共产党员”、“中央企业优秀党务工作者”称号。山东铝业、兰州分公司等4家企业党委荣获“中央企业思想政治工作先进单位”称号；4名同志荣获“中央企业优秀思想政治工作者”称号。

【履行社会责任】 2008年初发生雨雪冰冻灾害，中铝公司先后向湖南、安徽、广西等地区捐款捐物超过800万元。“5·12”特大地震中，中铝公司第一时间派出救援队伍，向受灾地区提供救灾物资和医疗救治。在支援灾区灾后重建中，向地震灾区捐款近7000万元。对口支援西藏昌都地区察雅县6年来，累计捐资4630万元。对口扶贫湖北阳新县，7年来为当地脱贫致富提供了多方面的支持。

（撰稿人：欧培红）

中国远洋运输（集团）总公司

【基本概况】 中国远洋运输（集团）总公司（以下简称“中远集团”）是以国际航运、物流码头和船舶修造为主业的大型跨国企业集团，是中央管理的国有重要骨干企业，也是《财富》世界500强企业。进入21世纪，中远集团全球化进程加快，经营服务、资本运作、文化管理、合作竞争、社会责任、外交资源全球化成为重要特征。

截至2008年底，中远集团拥有和控制各类现代化商船835艘，5300多万载重吨，年货运量超4亿吨，远洋航线覆盖全球160多个国家和地区的1500多个港口，船队规模稳居中国第一、世界第二；拥有丰富的物流设施资源，控制各种物流车辆超过4000台，堆场249万平方米，拥有和控制仓库297万平方米；在大连、舟山、南通、广东、上海、连云港等地的多家船舶修造基地，拥有含30万吨级、50万吨级的各类型船坞16座，2008年修理改造大型船舶500余艘，年造船能力240万吨，营业额超过200亿元人民币；在全球范围内投资经营32个码头，总泊位达157个，吞吐能力居世界第五位。

中远集团已形成以北京为中心，以中国香港、美洲、欧洲、新加坡、日本、澳洲、韩国、西亚、非洲等九大区域公司为辐射点的全球架构，在50多个国家和地区拥有千余家企业和分支机构，驻外人员400多人，外籍员工4000多人，海外资产和收入已超过总量的半数以上，正在形成完整的航运、物流、码头、船舶修造的全球业务链。

随着“整体上市，分步实施”总体规划的稳步推进，以“中国远洋”为旗舰平台的“资本中远”初具规模，“中国远洋”2008年名列英国《金融时报》全球500强企业排行榜（FT Global 500）第242位。在境内外控股和参股中国远洋、中远太平洋、中远国际、中远投资、中远航运、中集集团、招商银行、远洋地产等8家上市公司。

“COSCO”品牌已成为中远集团重要的无形资产，标有“COSCO”标志的船舶和集装箱在世界各地往来穿梭，成为中国的形象代表。

【主要指标】 2008年度中远集团完成海运量41882.76万吨，货运周转量20791.84亿吨海里，实现营业收入1906.4亿元，其中物流营业额143亿元，修造船营业额205.98亿元。航运市场综合占有率约为5.1%，物流业务连续四次名列中国物流百强企业排行榜榜首，修船业务在国内也处于领先地位。自2003年以来，中远集团营业收入稳步增长，创造航运主业综合竞争力快速提升的奇迹，在世界范围内树立中国民族航运业的品牌。

中国远洋运输(集团)总公司主要经济指标

指标名称	2006 年	2007 年	2008 年
船舶艘数(艘)	715	841	835
载重吨(万吨)	4219	5185	5321
货运量(万吨)	35617.33	41158.12	41882.76
货运周转量(亿吨海里)	17078.8	20602.8	20791.84
集装箱(万 TEU)	39.9	43.5	50
营业收入(万元)	12288250	15851351	19063965
实现利润(万元)	1504100	3405542	1740386
实现税金(万元)	523653	865959	1079733

【改革发展】

1. 抢抓市场机遇,保持企业生产经营的连续增长。根据市场形势变化,中远集团领导班子研究和把握市场趋势,按照全年市场"前高后低"的分析判断,抢抓市场机遇,奋力拼搏效益,前三季度实现主业生产和效益的快速增长。在四季度市场急剧下滑的局面下,千方百计克服困难,保证生产经营的正常进行,确保全年运输生产计划的完成和年度运输生产量的连续增长。

2. 及时采取措施,有效保证应对金融危机的冲击。面对金融危机的严峻挑战,中远集团将控制风险放在企业经营首位,多策并举。坚持大客户战略,发挥稳定效益作用;调整航线布局,推进经济配置;严格控制新增投资和造船项目,加强重大投资项目评估论证;加强现金流管理,开拓融资渠道;强化客户信用风险控制,加强应收账款管理;推进总法律顾问制度建设,落实法律风险防范措施;强化风险审计和管理审计,提升风险防范和规范运作水平。

3. 推进内部改革,提升企业经营中的协同效应。2008 年中远集团上半年完成散货运输经营管理体制改革,成立中国远洋散货经营总部;完善中国远洋总部管理架构和模式的改革也在年底前结束,为实现"整体上市"战略目标做好组织和人员上的准备,也推动了公司治理结构和机制的进一步完善。中远集团及所属各单位还加大非上市公司以及存续公司的整合力度,为缩短管理链条、集中资源发展重点产业创造了条件。

4. 加强企业管理,夯实企业长期发展的基础。一是继续开展精益管理活动,降本增效工作取得新的成效。二是坚持财务集中管理,夯实财务基础工作。三是加强领导班子和员工队伍建设,加强各类人才的管理、使用和培养,建立有效的人才选拔和激励约束机制。四是坚持惩防体系融入企业经营管理,以构建惩防体系为重点,开展监督检查、效能监察和内部审计,为企业持续健康发展提供有力保证。

5. 坚持科学发展,确保企业安全形势的总体稳定。坚持安全发展、节约发展理念,推进安全长效管理机制建设和节能降耗工作。以航行安全为重点,开展"严肃驾驶台纪律,遏制习惯性违章"的防碰撞攻坚活动;加强培训、完善制度、强化监督、提高执行力,全面落实安全责任,比较有效地预防重、特大安全事故的发生。通过加船减速等措施,节能降耗工作取得显著成绩。

6. 履行社会责任,发挥企业应有的顶梁柱作用。中远集团积极响应党中央国务院号召,在抗击雨雪冰冻灾害、抗震救灾、保障北京奥运会安全顺利举行以及扶贫、援藏等工作中,主动参与,认真部署,全力保障电煤、救灾物资等的运输,并按要求向地震灾区免费运送大批集装箱和物资,充分发挥"共和国长子"的顶梁柱作用。中远集团还成为中国第一个签署关注气候变化宣言和《世界人权宣言》的企业。

【节能减排】 中远集团于 2008 年继续进行节能减排调研项目,就企业的能源消耗、设备情况以及环境污染风险等开展全面的调研,以精益管理为指导,确定以航运、船舶修造及物流三大主业为中远集团的节能减排工作重点行业；集装箱船、沥青船、散装化学品船、LPG船为重点船种；船舶主机、副机、锅炉等为重点设备；确定占全集团能源消耗98%以上的航运企业为中远集团节能减排工作的重点企业，占整个中远集团总能耗65%左右的中远集运的集装箱船为中远集团节能减排工作的重中之重。

中远集团紧盯国际船舶节能环保技术的发展动向，投入大量人力、物力和财力，研究、消化和吸收国际上处于领先地位的管理方法和节能环保技术，推广先进成熟的节能产品和环保技术，同时不断开发适用于本系统的节能、环保应用技术，以技术节能、管理节能为抓手，多方面地实施能源的节约。2008年，中远集团拥有和控制超过800多艘远洋船舶，全年消耗462万吨燃油和约4.46万吨润滑油。

【安全生产】 2008年，中远集团积极落实安全生产"隐患治理年"的各项工作，深入开展"百日安全督查专项行动"，全面排查治理各类安全隐患，严格落实"两个主体责任"，深入细致地做好奥运会、残奥会期间的安全防范工作，中远集团全年安全局面稳定，安全工作成效显著。

2008年中远集团劳动安全事故共发生60起，轻伤60人，无死亡、无重伤、同比2007年劳动安全事故明显减少。

2008年共发生海损事故6起，其中一般事故1起、小事故5起，没有发生重、大海损事故，没有发生机损、污染事故，海损事故率同比2007年明显减少。机损、污染事故率仍然保持零记录。

【重大创新】 在全球知识经济和信息化高速发展的今天，为更好地融入企业转型升级，中远集团积极迎接经济全球化、全球信息化的新挑战，逐步加大企业信息化建设方面的投入，不断加强信息化对企业竞争力的支撑作用。

1. 主要航运、物流和修造船企业均引入办公自动化系统，并根据公司的业务性质，投入资金自主开发或引入信息系统，提高工作效率和实现信息的共享。

2. 各航运公司投入资金陆续建设船岸电子信息通信平台，包括机务信息系统、航运管理系统以及船岸中文E-MAIL通信系统等；中远物流和中远集运建立客户服务信息系统；中远船务在已建立的计算机辅助设计生产管理平台、Inteliship、Tribon、Napa等国际先进的专业设计软件的引进应用等基础上，启动企业资源应用系统ERP项目。

在国务院国资委2008年10月16日发布的2007年度中央企业信息化水平评价中，中远集团等10家企业评定为A级。在国家信息化测评中心主办的中国企业信息化500强测评中，中远集团在"中国企业信息化500强"中继续保持同行业之首。在2008年的中国企业信息化500强测评中，中远（集团）总公司位列中国企业信息化500强第二名。另外，中远集运排名第19位，中远散运排名第41位，广州远洋排名第105位，中远船务排名第159位。中远（集团）总公司和中远集运、中远散运、中远船务还分别获得"集团信息化成就奖"、"最佳IT治理"、"优秀信息化建设团队奖"、"最佳ERP应用奖"等多个奖项。

【履行社会责任】 中远集团以世界性的思维和全球化的眼光履行社会责任，承担起一个世界级跨国公司的全球化社会责任。中远集团积极落实国务院国资委《关于中央企业履行社会责任的指导意见》，以及各相关方对社会责任的要求，努力起到表率和带头作用。中远集团从2006年开始每年发布《可持续发展报告》，成为第一个连续三年2005～2007登上全球契约典范报告榜的中国乃至亚洲企业。由中远集团与世界著名跨国公司巴斯夫携手《WTO经济导刊》创建的金蜜蜂企业社会责任·中国榜于2008年4月25日在北京隆重发布。

联合国秘书长潘基文2008年7月2日访问中国，并接见全球契约单位。中远集团魏家福总裁代表中国企业发言，介绍中远践行企业社会责任、执行全球契约的情况，并宣布中远集团正式加入联合国倡导的"关注气候宣言"，会积极落实宣言提出的应对气候变化的一系列基本原则和措施，成为中国第一家签署关注气候变化宣言和《世界人权宣言》的企业，为中国企业赢得声誉。

中远慈善基金会秉承"弘扬民族精神、奉献中远爱心、支持公益事业、促进社会和谐与发展"的宗旨，开展济困、扶贫、救难、助残、助孤、助医、助学、助教等社会救助活动。按照《中远慈善基金会2008年工作要点》，经过严密的调研和可行性分析，2008年中远集团慈善基金会开展包括济困、赈灾、扶贫、扶幼、助医、助学等社会慈善活动，共开发实施项目40余个，捐赠总额14125万元，其中抗震救灾捐赠为8312万元，抗冰雪灾害捐赠为1007万元。

2008年1月，中国南方地区遭遇百年不遇的雪灾，中远集团通过中远慈善基金会向雨雪冰冻灾区捐款1000万元人民币，用于援助灾区抗冻救灾工作和改善受灾群众基本生活。3月，巴拿马海事大学遭火灾焚毁，中远巴拿马公司向巴拿马海事大学捐赠2.9万美元，用于恢复建设被火灾损毁的校舍。5月12日，中国四川汶川地区发生8.0级强烈地震，5月13日，中远慈善基金会向四川省政府拨付第一笔捐款1000万元人民币，用于援助灾区抗震抢险工作。这笔捐款拨出离地震发生还不到18个小时。中远集团通过慈善基金会向汶川地震灾区捐款已超过8552.9万元，中远集团海外的业务合作伙伴也纷纷慷慨解囊，通过中远慈善基金会表达他们对于灾区民众的同情和与中国人民的友谊。募集的抗震救灾捐款已全部落实到具体捐助项目中。

中远集团慈善基金会获得国家民政部的3A评级，这是企业基金会中取得的最好成绩。中远集团于2007、2008年先后获得民政部授予的“中华慈善奖——最具爱心内资企业奖”、“中华慈善奖——特别贡献奖”。

【应对金融危机】 源于美国次贷危机的金融和经济危机发生以来，全球经济形势出现急剧变化，国际贸易大幅萎缩，以国际贸易为依托的航运业由此成为遭受打击最深的行业之一。2007年下半年美国次贷危机以来，中远集团领导班子坚持早警觉、早研究、早应对，业已采取一系列措施来应对经济危机已经或可能对集团经营造成的冲击。

1. 进一步加大资金集中管理力度，信守“现金为王”的原则，手上握有数百亿的现金。

2. 为防范外资银行受到金融危机的冲击发生倒闭风险，将境外企业在外资银行账户及资金头寸，逐步转移到中资银行境外机构，保证境外资金安全。

3. 立即决定停止大规模的船舶投资，2008年年初取消了126条新造船的计划。

4. 积极争取银行的支持，推进、落实各项融资项目。与多家中资银行洽谈综合授信额度，努力拓展融资渠道，保证资金供给。

（撰稿人：马洪进）

中国海运（集团）总公司

【基本概况】 2008年，中国海运（集团）总公司（以下简称“中国海运”）坚持科学发展观，自觉履行央企的社会责任，积极投入抗击年初雨雪冰冻、汶川特大地震灾害的战斗，以效益为中心、市场为导向，积极应对经济危机，经济工作和党的建设都取得较好成绩，确保全年运输生产计划完成，确保年度利润考核指标完成，确保集团平稳较快发展。

年末集团所有者权益总额3677809.36万元，较年初增加450666万元，其中，本年经营积累增加422969.20万元，股本溢价、公允价值变动等增加66769.61万元，本年上缴财政红利39072.82万元，剔除经营以外的客观因素后，国有资本资产保值增值率为113.11%，较上年下降3.5个百分点。

【主要指标】

1. 生产运输平稳增长。2008年货运量完成3.73亿吨、货运周转量6366.8亿吨海里，分别为年度计划的103.8%和103.5%，为前年实绩的100.9%和98.6%；集装箱重箱运输完成1014.6万标箱，同比增长2.2%；石油运量完成6459.5万吨，为前年实绩的98.5%；煤炭运量完成1.22亿吨，为前年实绩的98.6%；金属矿石完成1810.4万吨，为前年实绩的98.03%；客运完成272.6万人次，为前年实绩的91.1%；车运量完成27.9万辆，同比增长2.5%。

2. 继续调整船队结构。2008年集团新接船舶9艘（其中4250TEU集装箱船4艘，8500TEU集装箱船2艘，4.2万吨油轮1艘，4.6万吨油轮1艘，5.3万吨货轮1艘），总计新增55万载重吨，3.4万载箱位。2008年末，集团（含合资公司）拥有经营船舶440艘，1798.4万载重吨，50.3万载箱位，9650载客位，16961载车位；平均船龄下降0.06年。

2008年，集团（含合资公司）新签造船合同30艘（其中4250TEU集装箱船8艘，2万总吨客滚船4艘，3.3万吨散货船6艘，巴拿马型散货船8艘，巴拿马型油轮4艘），总计154.6万载重吨，3.4万载箱位。继续加大船队结构调整，提升主业综合竞争力；同时坚持加强船舶技改，完成技改资金5.88亿元；全年处置老旧船舶30艘；坚持“拥有和控制”并举，通过租赁、合资、合作、购置等途径，调整、优化船队结构和综合实力。

3. 加强增收节支，继续保持较高的盈利水平。2008年营业总收入851亿元，同比下降4.06%，营业总收入同比下降是运价大幅下跌所致；营业总成本777亿元，同比下降1.77%；实现利润约90.56亿元，为国资委下达的利润考核指标的101.69%，国有资产继续得到了保值增值。

总成本继续得到有效控制。船公司综合能耗为0.909吨标煤/万元，低于国资委的考核指标，同比下降0.14吨标煤/万元；受油价高企制约，燃油费用同比增长34.75%；燃油单耗为6.706千克/千吨海里，同比下降4.74%，因单耗下降减少燃油消耗17万吨，相应减少燃油费用7亿元；润料费用3.53亿元，为年度考核指标的91.25%；物料费用1.28亿元，为年度考核指标的93.75%；港口费用较上年同期略有下降；修理费9.39亿元，为年度考核指标的93%；管理费用、人工成本、船舶保险和租赁等成本费用都保持在合理范围内。

4. 资产、权益情况和主要财务指标。

(1)资产。年底，集团总资产达1126.79亿元，较上年增加33.86亿元，增幅3.10%。

(2)净资产。年末，集团净资产为681.15亿元，较上年增加63.89亿元，增幅为10.35%。

(3)偿债能力。集团年末资产负债率为39.55%，集团资产负债率下降了4.09个百分点（主要由于流动负债减少），继续保持在较低水平。集团流动比率1.63，同比增加0.03个百分点，速动比率分别为1.46，比上年同期下降0.03，保持较强的偿债能力。

(4)获利能力。净资产收益率为11.37%，较上年下降6.14个百分点。

总资产报酬率为8.76%，较上年下降4.75个百分点。

中国海运（集团）总公司主要经济指标

项　　目	2007年	2008年	同比增长(%)
资产总额(亿元)	1092.86	1126.79	3.10
净资产(亿元)	617.26	681.15	10.35
营业收入(亿元)	763.32	748.62	−1.93
利润总额(亿元)	110.95	90.56	−18.38
技术开发投入(亿元)	0.28	0.82	192.86
利税总额(亿元)	120.55	99.46	−17.49
全员劳动生产率(万元/人·年)	50.54	38.31	−24.20
净资产收益率(%)	17.51	11.37	−6.14
总资产报酬率(%)	13.51	8.76	−4.75
国有资产保值增值率(%)	116.61	113.11	−3.50

【重大项目】

1. 重大项目和对外合作情况。2008年，集团继续推进大客户合作的战略，分别与中电投集团、中煤集团、鞍钢集团、上海港、大连港、烟台港、深圳市政府等洽谈并签订战略合作协议，进一步加强与相关中央企业的合作，扩大集团的影响力，为集团相关企业创造良好的外部经营环境，促进集团专业公司与大客户的业务合作。

(1)中海发展与宝钢资源共同出资在香港组建航运公司，投入六艘大型矿砂船，从事进口铁矿石运输业务，主要服务于宝钢，同时也面向其他钢铁企业提供服务。合资公司于2008年11月在香港挂牌。

(2)中海发展与上海港下属的上海浦远船舶公司共同组建合资航运公司，投入一艘大型矿砂船，从事进口铁矿石运输业务，该合资公司于2008年6月完成组建。

(3)中海发展与首钢共同出资组建航运公司，从事成品钢材内外贸运输业务，该合资公司正在组建过程中。

(4)中海客运与烟台港共同出资组建烟台同三轮渡码头有限公司，将促进渤海湾客货滚装运输业务的发展。

2. 科技创新方面。中国海运科技创新工作始终坚持"业务需求驱动"，通过引进吸收和自主研发并举，积极推进船舶技术、配套设备、船舶通讯、导航的研究和应用；围绕节能降耗、节约成本开展技术改造；大力加强航运信息系统、财务管理信息系统开发。集团通过整合各方力量，优化资源，坚定不移地开展科技创新，为企业核心竞争力的增强、可持续发展做出积极贡献。

(1)建设有效益的信息化，提升企业全面绩效。中国海运加快信息化建设步伐，打造有效益的信息化取得显著成效。以机务管理为核心的"船舶管理信息系统"集管理科学、计算机技术、网络技术、通讯技术于一体，在实现船岸信息共享、提高管理效率、降低成本中发挥重要作用。建立集团财务管理SPA系统，实现信息资源共享，提高信息交流的水平，大大提高工作效率。

(2)积极开展科技创新，围绕节约成本主题深化技术改造。2008年金融危机给航运业带来巨大的冲击，围绕节约成本的主题，集团深入开展科技创新，不断加强安全、环保和节能技术的应用，通过引进和运用ALAFA主机汽缸油注油器；在一些老旧船上加装燃油均质器等推广使用节能产品，节能效果显著；通过在大型集装箱船舶上改进和推广"INSTEELINK"环保漆的使用，达到降耗和环保双双改善的目的。

(3)引进、消化、吸收后的再创新使得集团造修船业快速崛起。中国海运抓住机遇，大力发展现代化、规模化的修造船企业，一方面与地方紧密合作，通过购买并扩建江都船厂，实现低成本扩张，迅速形成大型集装箱船批量生产能力；同时通过与上游造船企业协作，积极引进先进的船舶设计、制造、管理技术和经验，建设具有国内一流船舶修理水平和能力的中海长兴修船基地，具备大型集装箱、散货和油轮的综合修理能力，达到起点高、见效快、技术领先的效果。2008年12月28日，中海工业江苏造船基地第一艘全过程自主建造的散货船舶——"中海昌运1"轮命名交船，标志着向修造并举方向迈出历史性一步。目前，中海工业江苏造船基地已持有60多艘、350多万载重吨船舶订单；

(4)加强风险管理，着手开发集团风险管理体系。面对危机，全面加强风险研究，开发风险管理体系是当前一项刻不容缓的工作，中国海运按照国资委《中央企业全面风险管理指引》的要求，初步完成风险管理组织体系，设立风险管理中心，建立风险事件库。

【重大创新】 2008年11月29日，中海工业自行设计制造的世界最大的30万吨级"中海峨眉山"浮船坞交付长兴岛修船基地使用。船坞总长410米，型宽82米，型深28米，举力8.5万吨，自重4.2万吨，是目前世界上型体最大，技术最先进的浮船坞。该坞结构合理，稳性可靠，设备先进，设有超大排量的进排水泵，阀门遥控，液位遥测和自动挠度测量装置，实现中央控制室遥控操作。

【履行社会责任】 中国海运作为承担中国沿海重点物资运输的骨干企业，确保安全、确保煤电油运，是集团履行社会责任的突出体现。

1. 自觉履行央企责任，确保运输平稳增长。2008年航运市场剧烈动荡，冰火两重天。集装箱市场年初起就调整下行，供过于求十分明显；干散货运输指数五月份创出历史新高，年底又跌入历史低谷；油运指数也始终在低位徘徊。在党中央、国务院的正确领导下，中国海运一手抓抗击冰冻雨雪和汶川特大地震灾害，全力以赴确保煤电油运和救灾物资运输；一手抓运输生产，冷静观察，积极应对，千方百计拓展市场。

2008年，集团全年完成煤炭运量12237.4万吨，是上年同期的98.6%，其中电厂煤10555.9万吨，是上年的99.88%，签约客户合同兑现率100%。集团完成石油运量6459.5万吨，是上年同期的98.5%，其中内贸原油3567万吨，是上年的97.07%，继续保持在内贸原油市场主导地位。

2. 资源节约。节能工作开展情况对中国海运生产经济产生很大的影响，节能工作不仅是机务管理的重要内容，也已成为中国海运重要管理工作之一。中国海运提出技术节能、管理节能和资本运作节能相结合的节能思路。2008年受油价高企制约，中国海运燃油费用同比增长34.75%；燃油单耗为6.706千克/千吨海里，同比下降0.04千克/千吨海里，因单耗下降减少燃油消耗17万吨，相应减少燃油费用7亿元。

3. 强化船舶防碰撞监督，安全保持相对稳定。中国海运2008年建立健全安全生产长效机制，加强安全管理体系运行和安全文化建设。积极部署和开展“船舶防碰撞攻坚年”活动，持续进行驾驶台纪律整顿，连续六次实现“百日安全无事故活动”目标，未发生重大恶性责任事故，上报事故1起，同比减少7起，下降87.5%，PSC滞留发生三起，各类事故总量在前年基础上继续下降；安全总体上继续保持相对稳定。

中国海运对20家下属专业公司进行了安全生产履职督查，对47个单位进行安全检查；高度重视客轮、油轮、老旧船舶的安全监督；强化季节性、阶段性安全工作的监督指导；继续加大隐患治理和限期整改；切实做好奥运期间的船舶安全和陆岸单位的安保工作；加强船舶防海盗工作；已有98%的船长和驾驶员进行“避碰知识轮训”学习；组织船员观看《船员安全培训电教片》；主动与海事部门联合召开安全专题研讨会，商研船舶航行安全对策；积极参与吴淞VTS控制中心值班，实施监督；加大投入，提高支持保障能力；不断提高广大员工“以人为本”的安全价值观和安全发展观，促进企业安全长效机制建设。

4. 其他方面。在支援抗震救灾战斗中，中国海运累计捐款3063.2万元（其中，单位捐款2065万元，职工捐款达675.1万元，特殊党费316.5万元、港币7.2万元），展示出广大职工崇高的“热爱祖国、热爱人民”的精神风貌。中国海运积极参与和支持2008年北京奥运会举办，奉献出中海人赤诚的爱国之心。精心组织和圆满完成两岸海运直航首发船重任，为国家和集团赢得了殊荣。继续加强国防动员、人武战备和军交运输正规化建设。继续做好云南永德县、新疆柯坪县对口扶贫工作。

【应对金融危机】 结合集团的实际情况，中国海运面对美国金融风暴的影响，始终保持清醒的认识，提出“冷静分析、积极应对”的八字方针，并强调各单位在高度重视和同时，关键要做好自身的工作，加强内部管理，严格控制成本，真正做到在市场不好的时候下滑要比人家要慢。

1. 统一思想，高度重视，积极应对。多次召开形势分析会议和专题会议，明确年内工作三个重点，一是确保安全；二是捂紧钱袋子；三是努力完成今年确定的奋斗目标。并要求在工作中重点抓好：收紧投资，捂紧钱袋子，明确要严格控制投资，就是对一些投资回报好、资产质量高的项目，也采取十分谨慎的态度；在造船、码头、修船等项目上，放缓节奏，冷静观望，不急于出手；对下属目前仍然处于亏损企业进行清理，扭亏无望的坚决关闭。

2. 锁定风险，加强与大客户合作，实现双赢。中国海运在发展主业中始终将控制风险放在首位。2007年和2008年先后订造一大批大型船舶。其中8艘VLCC，已经中与大客户从2006年7月起签订10年长期运输合同。8艘23万吨矿砂船、8艘30万吨大型散货船都与大货主都签订了10～15年等不同的长期运输合同；8艘13330TEU集装箱船在建造时，就与国外航运公司合作组建联合航线，共同经营，降低市场风险。在实施上述方案中，中国海运明确必须一手签货源长期合同，一手签新船建造合同。当时干散货指数在1万点左右，但中国海运始终认为，控制风险是第一位的，在获取合理的投资回报基础上，与大客户签长期合同。实践证明，上述方针是正确的；而且以上新建船舶的出厂期都在2010～2012年。

3. 管牢、管好资金。在美国雷曼兄弟倒闭当天，中国海运立即决定，指令集团海外各大控制公司将原来海外结算资金通过花旗银行流转的资金，全部转入当地的中资银行，防止万一，从花旗转出的资金将近有2个多亿美金。这项工作在指令下去第二天就完成。

强化现金管理制度的执行。集团规定各下属单位,一定要做到账款一致,责任双签、收支两条线。对非生产性资金开支,必须经过下面申请、部门审批、最后由集团审核。

加大应收入账款回收。通过努力,2007年应收账款,除了下属单位仍有40万元没有收回外,其余全部按期收回;2008年应收账款催收正常,应收账款余额都控制在平均进度和控制余额内。

4. 加大资金管理检查和审计。集团经常采取定期或不定期的方式,对集团境内外单位进行资金管理检查和审计,对海外财务人员实行定期轮岗制度;集装箱运输收入费用管理实行船东账户制度,必须上报使用预算和审批后才能使用,并要将使用结果报集团。

(撰稿人:李锦绣)

中国航空集团公司

【基本概况】 中国航空集团公司(以下简称“中航集团”),成立于2002年10月11日,是以中国国际航空公司为主体,联合中国航空总公司和中国西南航空公司等企业,组建的特大型国有航空运输企业,是经国务院批准进行国家授权投资的机构和国家控股公司的试点单位。

经过6年的改革发展,中航集团已初步形成以核心产业为主导、以高相关产业和延伸产业为协同的综合性产业集团。中航集团的经营业务涵盖航空客运、航空货运及物流2大核心产业,飞机维修、航空配餐、航空货站、地面服务、机场服务、航空传媒6大高相关产业,以及金融服务、航空旅游、工程建设、信息网络4大延伸服务产业。

2008年底,中航集团共有包括国家惟一载国旗航空公司—国航股份在内的直属企业8家,三级以上企业108家,员工4.2万人。中航集团的核心主业——国航股份,已于2004年12月和2006年8月分别在伦敦、中国香港和上海成功上市,在全球航空公司综合实力排名中名列第17位,跻身世界品牌500强。中航集团连续4年被国资委评为A级企业,成为荣获“业绩优秀企业”称号的30家中央企业之一,并于2007年被国家三部委评为“全国模范劳动关系和谐企业”。

中航集团的战略目标是创建具有国际竞争力的航空产业集团,近期进入全球航空运输业前10强。

【主要指标】 2008年度,面对多重突发不利因素和发生重大逆转的市场,中航集团始终着力于航空运输主业,积极采取有效措施,克服各种困难,在市场困境中有所作为。一是推迟部分运力的引进,及时处理了8架飞机,从源头上降低成本。二是积极调整运力布局,不断对航线、机型、运力、客货市场和保障能力进行优化匹配,加大对盈利航线的运力投放;围绕枢纽运营的航线网络覆盖范围进一步扩大。三是加强经营分析,完善市场预警和动态调整机制;扩大联动的范围和成果;全年平均客座率达到75%,座公里收入水平为0.48元;在重点监控的100条国内航线中,有74条航线座位价值在三大航中排名第一。四是狠抓货运营销和生产运行,调整运力投放节奏,货运投入产出水平和收入水平均有所提高。五是加大融资力度,部分飞机境外结构性融资当年节约利息支出1.79亿元;完成流动资金融资118.6亿元。

与此同时,中航集团加大专业公司的产业化工作力度,注重挖掘专业公司的内部潜力,提升专业公司的发展素质。加强投资管理,及时盘活资产,抓住有利时机出售香港中航大厦;处置华西证券股权,收回现金4.2亿元;有序推进基本建设项目,保证奥运项目如期完工;完成成都国航大厦的建设和销售。优化媒体资源配置,媒体资源的回报能力逐步增强。经过几年不懈努力,专业公司的资产质量比重组初期有较大提高。2008年,各专业公司整体实现盈利17.3亿元,对集团整体扼制效益下滑起到重要作用。

2008年度,中航集团实现营业收入522.8亿元,同比增加3.1亿元。截至2008年底,中航集团资产总额1095.7亿元,负债总额837.6亿元,净资产(含少数股东权益)258.1亿元,资产负债率为76.4%。

【生产运行】 2008年度,面对特大自然灾害频发,空防形势严峻,北京、上海、天津三大机场相继大规模转场,队伍连续作战、高度紧张、极度疲劳等累积起来的巨大挑战，中航集团上下迎难而上，生产运行成绩显著。

保持平稳的安全态势，创下近年较好的安全成绩。一是进一步夯实安全生产责任，建立安全预警机制，SMS（飞行安全管理系统）正式投入使用，实现QAR（飞行品质监控系统）升级，航段飞行数据监控率达到91.7%。二是推进飞行技术管理标准化、规范化建设；大力开展旨在改进飞行人员和机务人员工作作风的安全整顿；保持飞行员等与安全生产紧密相关的重要队伍的基本稳定；注重提高机务维护品质和机队可靠性，飞机可用率有所提高，延误率、非计划停场率有所降低。三是加强安全管理长效机制建设，推进航空安全审计和航空安全监察、检查的结合，对影响安全的问题及早发现、及时处置。全年共飞行79.3万小时，发生事故征候5起，事故征候万时率0.063，发生航空地面事故1起，安全指标完成情况好于往年，安全管理水平进步明显。

生产运行比较顺畅，运行能力和运行品质有所提升。强化了中枢指挥职能和运行保障能力，SOC（运行控制系统）正式投产，造成航班不正常的内部原因所占比重在全行业最低。在冰雪灾害、“3·14”事件、汶川大地震和奥运保障四个特殊时期，强化应急组织指挥职能，运行组织能力显著提升。全年完成运输总周转量93.9亿吨公里，旅客运输量3425万人，货邮运输量89.9万吨。完成党和国家领导人专机和重要包机41架次。

通过加强软、硬件建设，提升了服务质量。中航集团各企业积极开展“金牌服务迎奥运”活动和“奥运安全、正点、优质服务年”活动，促进服务质量提高，得到社会各界的认可和赞誉。其中，航空运输主业不正常航班服务保障体系进一步完善，客户投诉管理系统已研发并试运行，高端旅客服务得到强化，星空联盟成员值机柜台、休息室、登机区和行李查询服务整合完成，实现“同一屋檐下”的目标；累计开通通程登机的国际航站达到30个、国内航站44个，在国内外43个机场开通网上值机；加强服务战略规划，确定未来三年服务工作的战略重点。

【改革发展】 2008年度，中航集团班子和干部队伍建设得到加强。“四好班子”创建活动推向深入，加强领导班子考核，进行集团机关、主专业公司之间干部交流，与空中客车公司合作强化集团高管培训。航空运输主业实施提升领导力和员工素质战略，启动人力资源规划，初步确定人力资源发展的长远目标。

制约航空运输主业发展的瓶颈有所突破。一方面，飞行员短缺压力有所缓解。全年培养机长206人，引进外籍飞行员29人，共储备飞行学员1675人。另一方面，电子商务、运行控制等核心系统的信息化建设取得较大进展。

发展战略推进迈出新的实质性步伐。航空运输主业推进16个重点战略项目，其中中长期航线网络规划、飞行资源整合、维修资源整合、国货航发展战略、全流程产品服务、常旅客等项目取得阶段性成果；枢纽网络战略推进顺利，进展较大。中航集团整合内部资源，组建中翼航空投资有限公司，打造高相关产业在内地运作的平台。

继续有序推进三项制度改革。航空运输主业进一步深化组织转型工作，优化组织机构和岗位设置，细化专业技术和业务序列的岗位层级编制，全员已纳入新的岗位管理模式。航空运输主业薪酬改革基本完成，专业公司薪酬改革正在推进。调整飞行员薪酬。完善多种用工形式薪酬制度。对集团机关的机构和岗位设置进行优化。

切实加强党风和反腐倡廉建设。大力推进惩防腐败体系建设；认真开展领导人员廉洁自律七项要求的查纠工作；深入进行“三重一大”集体决策制度执行情况的检查；坚决查办违法违纪案件；开展效能监察，加强内部管理监控；落实经济责任审计要求，完成审计项目75项。

抓好思想政治工作和维护稳定工作。加强宣传教育，为纪念改革开放30周年，完成一本画册、一本书、一部电视片、一台晚会、一篇通稿“五个一工程”。以服务奥运为契机，大力推动青年志愿者行动。不间断开展思想动态分析，加强维稳信访工作建设，强化工会组织作用功能，有针对性地解决群众关心的问题，维护和谐稳定的大局。

【履行社会责任】 2008年度，中航集团承担一系列急难险重的任务，挑战性之大、难度之高前所未有。中航集团以坚强的领导，有力的组织，优秀的管理，大量的资源投入,圆满完成各项任务。

在抗击冰雪灾害中,中航集团努力克服种种对安全运行不利的因素,无条件增加大批救灾航班,迅速疏散大批滞留旅客,为春运畅通和灾区保障做出积极贡献,得到受灾地区政府和群众高度评价。在“3·14”事件中,中航集团强化应急指挥职能,保障驻地人员安全和国有资产安全,圆满完成特殊时期的运输任务。国航股份顺利高效完成T3转场,77架航空器、1598台(套)地面车辆和设备一夜转场,一次成功。相比历史以及同期国际大型机场转场中出现的混乱,中航集团的整体组织、协调、管理、创新等综合能力经受住了挑战和检验。

汶川大地震发生后,中航集团全力以赴,不惜一切代价,投身救灾保障,充分体现中央企业高度的政治责任心和强烈的社会责任感。在灾情当天就执行首架救灾航班;率先将通讯器材等急需物资送往重灾区;震后3天内共疏散成都机场滞留旅客21000余人;专门改造2架B757飞机运送重伤员出川治疗。累计执行抗震救灾物资、人员运输和急救飞行975班,运送部队及医务人员18054人,运送救灾物资3627.55吨;累计向地震灾区捐款2511.2万元。在这场抗震救灾的战斗中,全体干部员工表现出前所未有的勇气和斗志,无愧于央企“共和国长子”的称号。国航股份荣获“全国民航抗震救灾先进集体”荣誉称号,国航股份西南分公司飞行部被党中央、国务院、中央军委授予“全国抗震救灾英雄集体”荣誉称号。

经过4年准备、2年攻坚,中航集团圆满完成了北京2008年奥运会火炬境内外传递运输保障和奥运会、残奥会赛时运输保障2项光荣使命。其中,奥运火炬境外传递历时33天,飞抵19个国家和地区的21个城市,行程97000公里,创下中国民航史上单机在外连续飞行时间最长、飞行地域最广、飞行距离最远、起降机场最多、飞越国家和地区最多、保障规格最高、保障难度最大、动员参与人数最多8项纪录。奥运及残奥会赛时保障期间,突破航班抵离集中、旅客集中、专机规模空前、情况多变等难点,共保障涉奥航班6665班,其中专机和要客包机199班、按专机标准保障航班132班、公务机170架次;运送奥运大家庭成员66809人次;保障涉奥行李91005件。保证飞行和空防安全,专包机、公务机迎送顺利,旅客进出港顺畅,行李运输和货物运输井然有序,各项保障工作到位。中航集团所属企业民航快递、国货航密切合作完成奥运鲜花的运送任务;北京国航万丽酒店成功接待斯里兰卡总统和涉奥团体。中航集团在赛场外赢得奥运保障的金牌。国航股份被党中央、国务院授予“北京奥运会、残奥会先进集体”荣誉称号。

2008年度,中航集团应战接踵而至的急难险重任务,在完成重大任务的同时,强化应急指挥能力,积累大规模生产运行组织和保障的经验,提高航空运输网络化运行品质和全流程服务能力。经过这些重大任务的考验,中航集团整体工作上了一个大台阶。

【应对金融危机】 2008年度,在席卷全球的金融危机面前,中航集团及早分析判断宏观形势,立足自身果断采取措施,坚定有力地引领干部员工共度难关。

第一,预警及时。面对一季度良好的经营状况,中航集团保持了清醒的头脑。在经济放缓、金融危机各种迹象还不明显的情况下,及时发出预警。4月中旬组织召开应对资金风险的紧急会议。4月下旬,认真学习贯彻国资委视频会议精神,强化行业冬天即将来临的忧患意识,在第一时间发出“安全过冬”、“过紧日子”的号召。随后,在年中工作会上进一步强调,按照国资委李荣融主任提出的“做好最充分的准备,应对最困难情况的挑战”要求,立足过冬的思路来安排工作。全集团本着“严、慎、实、细”的原则,思考和梳理各项生产经营思路,防范可能的风险。

第二,组织得力。中航集团迅速组织开展增收节支工作,确定15.63亿元的增收节支目标和13个管理点的整体应对方案。各级领导高度重视,亲自上手,迅速组织实施,将应对方案细化为281个分项措施,层层建立责任制,建立与之相配套的考核奖惩办法。同时,夯实节能减排工作基础,加强各种能耗的统计分析,实施节能减排分类管理,促进企业增收节支。全年增收节支效果达到20.3亿元。

第三,措施到位。最大限度地提高资金的集中度和使用效率。2008年度资金集中度已达80%,比上年提高23个百分点。短时间内压缩投资20.2亿元。加快资金回笼和盘活资产,迅速筹集现金进入资金池储备。专业公司按照要求适时处置资产和股权，变现16.65亿元；果断出售战略投资股票，变现11.96亿元，含前期分红累计获得投资收益2.67亿元。对外拓宽渠道融资，争取银行授信总额约1225亿元；成功完成25亿元短期融资券发行，年息2.95厘创年内最低水平，仅置换高息贷款就节约财务费用0.81亿元。国航股份筹备开展中期票据发行工作。积极清收欠款，应收账款同比下降1.02亿元，周转率同比提高0.46次。这些措施有效减轻了中航集团的资金压力，加大应对危机的力度，储备竞争和发展后劲。

（撰稿人：唐中华）

中国东方航空集团公司

【基本概况】 中国东方航空集团公司成立于2002年10月11日，总部设在上海。系以原东方航空集团公司为主体，兼并中国西北航空公司、联合云南航空公司组建而成，是国务院国资委监管的中央企业，我国三大航空运输集团公司之一。

中国东方航空集团公司注册资本25.58441亿元人民币，截至2008年年底，中国东方航空集团公司总资产为903.96亿元人民币，员工5.4万人，拥有大中型运输飞机240架，通用航空飞机21架，通航点132个。

中国东方航空集团公司下属投资公司13家。中国东方航空股份有限公司为东航集团主业公司；东航食品投资有限公司、东航金戎控股有限公司、东航进出口有限公司、东航传媒有限公司、东美航空旅游有限公司、东航酒店集团公司、东方通用航空公司、上海东航投资有限公司等12家公司为东航集团辅业公司。

【主要指标】 2008年，东航共完成飞行76.4万小时，同比增长1.31%；飞行39.4万架次，同比增长1.45%。保证飞行安全、空防安全和航空地面安全，实现年度地面安全指标，安全指标为中国民航的最好水平。2008年，东航集团共实现主营业务收入428.72亿元，同比下降3.21%；受国际金融危机、高油价、市场需求下降等因素影响，发生严重亏损。2008年，东航航班正常率为84.60%，与上年同期相比提高0.54个百分点，国内排名第一；在中国民航运输协会“旅客话民航”活动中，又一次荣获年旅客运输量2000万人次以上组“用户满意优质奖”，实现四连冠。

【改革发展】 围绕“三重一大”决策、固定资产投资等方面执行各项规章制度和管理文件的有关情况，在东航集团范围内正式启动规范化管理自查整改工作，基本建立起规范化运行管理体系。围绕集团定向增持、航空业务资源整合与竞争力提升等问题组织开展重大发展课题研究。加大岗位竞聘力度，在干部管理上实现新突破。以工效挂钩为重点，加强对工资总额的管理。建立工资正常增长运行机制，实行在岗员工基本工资与当地最低工资标准挂钩办法，保证员工工资每年保持一定幅度的增加。完善飞行员长期激励计划，制定《飞行技术人员长期激励补充管理规定》，调动核心人才的积极性，促进企业和谐发展。圆满完成春节等传统节日两岸包机、两会代表、维和部队、紧急赴泰接运滞留旅客等重要保障任务。

获得国家70亿元资本金注入，将以定向增发方式依法注入东航股份公司。

【履行社会责任】 大力抗击冰雪灾害。年初南方低温雨雪冰冻天气造成东航多个航班延误或取消，大量旅客积压、滞留。东航迅速启动应急方案，采取果断有力措施，保证飞行安全，加强服务保障，在最短时间内恢复营运秩序。全力投身抗震救灾。在党中央、国务院的坚强领导下，东航干部员工满怀高度的政治责任感和使命感，紧急启动应急方案，奋力投入到抗震救灾工作中去，确保航班运输畅通，通用航空飞行正常，先后共执行抗震救灾飞行498架次，运送救灾人员和伤员13175人，爱心航班运送重伤员562人，运输救灾物资3592吨。同时，广大干部员工积极奉献爱心，累计为灾区捐款3700多万元，为夺取抗震救灾阶段性胜利做出了重要贡献。奥运期间共执行涉奥航班767架次，运输涉奥旅客4342人，受到上级领导的充分肯定和社会舆论的广泛赞许。

【应对金融危机】 在国际金融危机、航空油价高涨和市场需求滑坡等不利形势下，努力开展生产经营自救，采取多种措施，遏制亏损加剧势头。一是采取有效措施做好飞机减重、降低油耗工作；二是严格控制可控成本，对通讯费、培训费、差旅费和招待费作最大限度的削减，降低管理费用；三是合理安排航班，减少机组过夜费用；四是科学安排维修计划，落实各项费用指标，控制维修成本；五是优化航线航班，合理配置机型，减少运营成本；六是加大催款力度，加快票款回笼速度，保证现金流安全；七是压缩固定资产投资，保证生产急需的投资，从严控制非生产性、消费性、改善性的投资。2008 年 12 月 12 日集团新领导班子到任后，认真研究分析生产经营形势，迅速理清经营发展思路，统一全员思想认识，通过实施止血减亏行动，公司初步摆脱生存危机，员工信心逐步恢复，社会信任有所提升，品牌形象得以改善，为“走向新生，重振东航”目标的实现，奠定良好的基础。

（撰稿人：邵志航）

中国南方航空集团公司

【基本概况】 中国南方航空集团公司（以下简称“南航集团”）成立于 2002 年 10 月，是以南方航空（集团）公司为主体，联合中国北方航空公司及新疆航空公司组建成立的国有航空运输集团，是中国三大航空运输集团之一，总部设在广州。

南航集团公司主营航空运输业务，兼营航空客货代理、进出口贸易、金融理财、建设开发、传媒广告等相关产业。拥有上市公司中国南方航空股份有限公司等 8 家成员企业，在国内 39 个主要城市设有分支机构，在新加坡、东京、首尔、阿姆斯特丹、巴黎、洛杉矶、悉尼、伦敦、拉各斯、迪拜等地设有 52 个国外办事处和代表处。南航集团所属南航股份公司在中国香港、纽约、上海三地交易所实现主业整体上市。

南航是中国运输飞机最多、航线网络最发达、年客运量最大的航空公司。截至 2008 年底，南航经营各种客货运输飞机 342 架，形成以广州为核心枢纽、北京为重要枢纽，密集覆盖国内、全面辐射亚洲，顺畅衔接欧美澳非洲的航线网络，通过与天合联盟成员密切合作，航线网络通达全球 905 个目的地，连接 169 个国家和地区，到达全球各主要城市。

2008 年，南航被国内外权威机构授予“中国最佳航空公司”、“中国最佳商务舱航空公司”、“企业社会责任突出贡献奖”、“最佳雇主”、中国民航最高服务大奖“用户满意优质奖”等荣誉。

【主要指标】 2008 年，南航共完成 556914 起降架次、1106482 飞行小时，航班正常率达到 83.45%。南航旅客运输量 5824 万人次，货邮运输量 83 万吨，运输总周转量 92 亿吨公里，分别占中国民航总量的 30.2%、20.5%、24.4%；南航旅客运输量位列亚洲第一、全球第四，已连续 30 年居国内各航空公司之首，是亚洲惟一进入世界航空客运前五强，国内惟一连续 4 年进入世界民航客运前十强的航空公司。

2008 年受金融风暴影响，航空市场 20 多年来首次出现连续多月的负增长。南航集团沉着应对，快速反应，率先调整确立“跑赢大势、跑赢对手”的思路。根据市场调控运力，抓产投和收益品质，全年产投比为 102.57%，同比提高 2.97 个百分点，在三大航空集团中处于第一位；座公里收入水平同比降低 1.3%，在三大航空集团中降幅最小。在完成压缩成本 5 亿元、投资 8 亿元的基础上，仍实现成本费用节约 1.24 亿元，顺利实现“两个跑赢”目标。

2008 年实现营业收入 564.27 亿元，同比增长 1%。截至 2008 年 12 月 31 日，集团总资产为 830.03 亿元，比年初增长 1.2%，其中流动资产 92.48 亿元，占 11.1%，比年初增加 4.58 亿元。

截至 2008 年底，南航已累计安全飞行 567 万小时，连续保证 174 个月的空防安全，安全运输旅客 2.8 亿人次，安全管理水平在国内、国际均处于领先地位。南航五次夺得中国民航年度安全最高奖“金鹏杯”。2008 年 7 月 16 日，南航荣获中国民航局颁发的飞行安全最高奖“中国民航飞行安全五星奖”，成为国内安全星级最高、安全业绩最好的航空公司。

【改革发展】 对民航业而言，2008 年是殊为不易的一年，受国际金融危机引起的世界经济衰退、国内经济减速、国内油价高企以及一系列特殊事件如雪灾、地震等的影响，2008 年民航业由高速增长转向迅速回落，进入自非典以来最为困难的时期。面对一系列严峻的挑战，南航在党中央、国务院和国资委的坚强领导下，在民航局和地方政府的大力支持下，沉着应对、科学决策、团结拼搏，改革创新取得新成就。

股改工作圆满完成。在国资委、证监会等有关部门支持下，南航集团仅以600万元的最小成本，圆满完成被证券界称为“方案最难确定、持续时间最长、与股东沟通最多”的股改工作，为国家节省20多亿元资金，为公司再融资打下基础。

战略转型稳步推进。面对复杂而严峻的外部环境，南航以构建国际化、规模网络型航空公司为战略目标，进一步推进“双枢纽”战略和“三网”建设，通过加强安全管理，完善航线枢纽网络，调整运力布局及航班班期和时刻，有效利用公司运力，努力提升经营品质；拓展营销渠道，通过发展常旅客及大客户，开发高端旅客服务系统，特色值机以及短信平台等措施提高服务水平，提升公司品牌形象。

联盟工作取得新收获。南航加入天合联盟后，积极组织参加联盟活动，进一步扩大南航在天合联盟内的影响力。通过与联盟成员与其它国际伙伴的双边、多边的合作，增加到达欧洲及世界的57个通航点，丰富营销网络，提升竞争能力，改善航线效益，增加销售收入，2008年天合联盟成员共为南航带来销售收入3.1亿元。

资金管控模式加快完善。2008年，南航集团全面启动以资金集中管控为核心的财务管理改革，建立集中统一的资金管理平台。集团财务公司对本部及所属25家成员单位的资金实行统一结算和集中管控，降低资金使用成本，提高资金使用效率。

三项制度改革继续深化。在分配制度方面，改革工资总额管理办法，完成全公司的调资工作，打破以身份和级别为主的分配形式，提高按岗位能力和贡献进行分配的比例，调动员工的积极性。同时，强化薪资与效益的关系，三级副以上管理人员减薪10%，有效传导经营压力。在用工制度方面，依照“企业定岗、市场定价、合同管理、新老有别”的十六字原则，淡化身份界限，在营销、IT等关键岗位上加大社会化用工的比例，进一步强化合同管理。在人事制度方面，进一步完善竞争选拔机制，推进管理岗位内部竞聘和外部选聘工作。

【重大项目】 加强安全管理基础建设。南航坚持“安全第一”的理念，严格安全管理，安全基础坚实。2008年4月，南航在国际航协运行安全审计（以下简称“IOSA”）的复审中取得“必须整改项为‘零’”的优异成绩。6月，根据新的IOSA审计标准、CCAR－121/135－FS部的规范，完成《安全审计标准》更新。南航对各下属单位实施内部定期安全审计，所有安全信息及监查结果都进行归纳总结，并通过每月安全形势分析会、季度安委会、专项安委会、安全视频会议等形式公布。

加快双枢纽和“三网”建设。广州、北京枢纽增加运力，枢纽航线网络进一步完善，运行和服务保障能力、效率有了新的提高，信息化建设快速发展，B2C、B2B系统不断扩容，B2C日高峰交易达到1800万元，B2B全年销售达到100亿元；沈阳维修基地五机位机库奠基，公司的重要发展项目建设顺利。

加强全面风险管控建设。集团公司制定全面风险管理工作方案，成立全面风险管理委员会。2008年，南航集团公司建立全面风险辨识评估信息系统平台，利用该平台，集团公司建立统一的风险事件库，并开展风险评估工作，对于评估出来的重大风险和重要风险，公司均要求风险所涉单位制定并执行相应的应对措施。通过加强资金管理，拓宽融资渠道与方式，缓解公司资金压力并降低融资成本。为应对居高不下的航油价格，南航集团积极开展节能降耗，并审慎开展航油套期保值工作，既对冲部分航油成本，又规避航油套期风险。

【重大创新】 南航集团大力开展技术创新，通过系统开发和技术升级提升管理水平，为广大旅客提供更加多样化的产品和方便、准点、快捷的服务。2008年，南航进一步完善和优化网上销售系统，与腾讯公司合作推出腾讯销售专区，拓展B2C的销售渠道；完成短信平台的升级改造，发布南航95539一码通服务，推出里程查询、航班时刻查询、航班动态查询、票价查询等多项短信服务；开发高端旅客服务系统，实现高端旅客快速入会等具体功能，并用信息化促进公司的精细化管理和科学运营。

南航五星钻石服务热线95539是国内民航首个全国统一呼叫服务平台，2008年7月向公众推出短信服务(订票、登机、座位、餐食、住宿等多项选择)功能。95539已在广东、北京、上海、湖南、浙江等16个省、市、自治区开通,为广大旅客提供更加便捷、全面、及时的服务。

【品牌建设】 2008年,南航集团积极响应国资委“金牌服务迎奥运”活动倡议和民航局开展“安全、正常、优质服务年”活动的号召,深入开展“品牌服务年”活动,着力打造国内一流服务品牌,促进服务质量全面提升。特别是高端服务系统作用明显,两舱服务质量显著提升,服务意识和技能有效提高,服务管理不断加强。全年航班正常率为83.32%,列全民航第二,有效投诉率为万分之0.023。不仅圆满完成奥运服务工作,而且有效改善了服务质量,公司的品牌形象得到大幅提升。

南航集团深入贯彻落实党的十七大精神,学习实践科学发展观,不断加强党建和思想政治工作。进一步开展“四好”领导班子创建活动,开展“飞行部建设年”活动,深入开展“党员先锋工程”主题实践活动,创建“党员示范岗”420多个。确定南航“CSAIR”(Customer顾客至上、Staff尊重人才、Aviation leader追求领先、Innovation不断创新、Return感恩回报)企业文化核心价值观和“成为顾客首选,员工喜爱的航空公司”的愿景和使命。

【履行社会责任】 面对历史罕见的雨雪冰冻灾害和汶川特大地震,南航始终将国家利益和人民利益放在首位,积极组织抗灾救灾,不惜代价,不遗余力,出色地履行中央企业的社会责任。共执行救灾航班2万多个,飞行3.6万多小时,运送救援人员11000多人,救灾物资2300多吨,疏散旅客和受灾群众4万多人。珠海直升机分公司入川抗震救灾机队飞行班组荣获“全国抗震救灾英雄集体”,是民航系统惟一受到党中央、国务院、中央军委联合表彰的先进集体。同时,全体干部员工慷慨解囊,为灾区捐款超过3000万元。

北京奥运会期间,南航以高度的政治责任感做好航空安全和服务保障工作,承运接近三分之一的涉奥旅客,涉奥航班正常率超过93%,位列全民航之首,确保航班“安全、正常、优质”,树立中国民航的良好形象。

南航“十分”关爱基金会向各高校捐赠1000余万元。此外,还积极配合国家有关部门,及时接回滞留在泰国的中国游客和赤道几内亚的中国劳工,给他们送去祖国的温暖。南航积极支持祖国统一大业,继2005年1月执行两岸首个台商包机后,2008年7月,南航又成为两岸周末直航包机首个降落台湾地区的大陆航空公司。

南航集团在履行社会责任方面的出色表现,赢得社会各界的高度赞誉。在《南方周末》举办的“2008年度企业评选”中,南航位列“国有上市企业公众形象榜”第一位。

(撰稿人:李 洁)

中国中化集团公司

【基本概况】 中国中化集团公司(以下简称“中化集团”)是国务院国资委监管的国有重要骨干企业,已先后18次进入《财富》全球500强,2008年名列第257位。

1998年以来,中化集团积极探索社会主义市场经济条件下国有外贸企业转型发展道路,大力推行理念创新和管理变革,集中资源发展农业、能源、化工、金融和地产五大主业,已经逐步发展为理念先进、管理科学、核心能力突出的新国企,整体实力和产业地位迅速提升,在相关行业的影响力和带动力不断增强。

中化集团在境内外设有多家经营机构,并控股“中化国际”(600500.SH)、“中化化肥”(00297.HK)、“方兴地产”(00817.HK)、“GMG Global Ltd”(GMGG.SI)和“英特集团”(000411.SZ)5家上市企业。3万多名中化员工秉承创业和创新精神,实践着“创造价值,追求卓越”的企业文化理念,不断提升中化的价值。

【主要指标】 2008年,面对急剧变化的外部环境,中化集团以党的十七大精神为指引,深入贯彻落实科学发展观,围绕主营业务持续改善经营内涵,扎实推进战略转型,有效强化风险控制,全面实施精益管理,在上年实现“四大突破”的基础上,继续保持平稳、健康的发展势头，各项事业取得新的进步。

2008年，中化集团营业收入和盈利创历史新高。其中，实现营业收入3089.75亿元，同比增长35.54%；实现利润总额87.76亿元，同比增长1.96%。到2008年底，中化集团总资产达到1354.98亿元，净资产达到478.59亿元，同比分别增长21.17%和13.97%。

继连续4年被国资委评为经营业绩A级之后，2008年中化集团再次较好地完成国资委下达的业绩考核指标。

【改革发展】 在五大主营业务板块经营实力稳步提升的基础上，2008年，中化集团适时作出整体重组改制的战略决策。2008年12月，中化集团整体重组改制方案获国务院批准，国资委正式下发批复，同意中化集团发起设立中国中化股份有限公司。整体重组改制是中化集团发展进程中具有里程碑意义的大事，有利于进一步改革完善公司治理结构和管理体制，加大内部资源整合和管理创新力度，将中化集团带入一个崭新的发展阶段。

【重大项目】 2008年，中化集团继续按照国家战略和产业政策的指引，坚持“一二三四五”发展战略，围绕资源、技术、市场三个关键环节，通过创新、整合、并购、合作等多种手段，坚定不移地推进战略转型，集中力量做强做大主业。

中化集团的农业业务涵盖化肥、农药、种子三大农业投入品。面对化肥价格剧烈波动，中化集团在充分发挥“国家队”作用、全力保障市场供应的同时，继续扩大资源优势，加强网络建设和管理，进一步巩固在化肥行业的领先地位。2008年，中化集团先后收购中化吉林长山和中化平原化工两家氮肥生产企业，使得参控股化肥生产企业增至13家，总产能达到1016万吨，已成为国内惟一拥有氮肥、磷肥、钾肥、复合肥四大产品系列生产能力的大型化肥企业。全年新增分销中心338家，分销中心总数达到2010家，服务能力已覆盖全国主要农业县和超过90%的耕地面积。在农药战略拓展上，继2007年重组沈阳化工研究院后，2008年中化集团控股浙江石化建材集团，形成南北两大农药研发平台，农药综合研发实力位居国内第一；加快推进国家农药重点实验室和GLP体系建设，积极开发和转化高效、环保的绿色农药，提升研发能力，促进产业升级；收购孟山都公司在东南亚地区的酰胺类农药业务，扩大国际营销网络优势，同时增持股权成为江山股份第一大股东，形成沈阳、南通、宁波、连云港四大农药生产基地。种子业务方面，作为全国种业50强之首和国内最大的种子生产营销企业，中化集团聚焦玉米、水稻和蔬菜三大核心业务，着力加强品种研发和营销能力建设，市场竞争力不断增强。与孟山都加大在玉米业务领域的合作，为实现可持续发展、真正成为国内种子行业龙头企业打下良好的基础。

在能源业务方面，面对全年石油价格暴涨暴跌、市场剧烈变化的复杂形势，中化集团进一步完善石油产业链，努力为保障国家能源安全贡献力量。2008年，中化集团不但新收购了也门10区块16.79%权益和印尼MB勘探项目，而且第一个独立开发建设作业的UAQ海上气田成功投产运营。在贸易、分销、仓储等领域，中化集团的传统优势得到进一步强化，原油、燃料油、轻油等业务经营都取得丰硕成果。中化集团在产业链延伸方面取得突破性进展，泉州石化1200万吨/年炼油项目获得国家能源局同意开展前期工作的批复，这是国家近两年来批准的惟一一个千万吨级新建炼油项目，对中化集团巩固石油产业地位、加速战略转型具有重要意义。中化集团承建的舟山500万立方米国家石油储备基地项目提前八个月全面建成，体现了中化集团作为国家石油公司强烈的使命感和优秀的执行能力。

在化工业务方面，中化集团加大投入，集中资源发展氟化工、天然橡胶、化工物流等业务，进一步做好“化”字大文章。氟化工业务方面，控股了浙江石化建材集团，形成较为完整的氟化工产业链和产品线，奠定了在国内氟化工行业的优势地位。化工物流业务方面，在做强液体化学品船和集装罐物流业务的同时，加大对港口和园区物流资产投入，在天津港合资建设的危险品物流中心已投入商业运营，重庆化工园区物流项目正在积极推进中。天然橡胶业务方面，在巩固国内最大天然橡胶营销商地位的基础上，积极向种植和生产环节延伸，成功收购新加坡GMG公司51%股权，在非洲获得1.9万公顷天然橡胶种植资源和11万吨/年的加工能力，境内外总加工能力已达27万吨/年，生产规模位居国内第三。染颜料业务方面，通过加强内部资源整合，搭建起染颜料及相关精细化学品研发、生产、营销、技术服务一体化运作的产业发展平台。

中化集团的金融业务在2008年继续稳步发展。远东租赁稳步推进医疗、印刷等六大业务板块经营战略，继续保持行业领先地位。外贸信托努力开拓新业务，扩大集团外信托资产规模。中化财务公司成立以来，逐步强化集团内部银行和集合金融服务平台功能，提高资金使用效率和效益，控制和降低资金成本，并有效监控资金风险。

2008年，在房地产市场转入衰退的情况下，中化集团在地产主业领域进行一次大规模的战略性重组，完成方兴地产对金茂集团全部股权的收购工作，地产业务形成更大的发展平台，规模实力获得跨越式提升。方兴地产牢牢把握高端商业地产的战略定位，不断提升市场知名度和影响力。金茂集团2008年新开业酒店两家，拥有的高档酒店物业经营面积已近60万平米，全部位居一线城市黄金地段和高档度假区。此外，北京奥运会期间，金茂北京威斯汀、怡生园、王府井大饭店还圆满完成奥运接待工作。

【重大创新】 2008年，中化集团作出全面推行精益管理的重大决策。这是对中化集团十年管理变革的继承和升华，标志着向更高的管理境界迈进。通过实施精益管理，2008年在收入和利润增长的情况下，中化集团可控管理费用比上年下降。一批精益项目取得较好的财务成果。精益理念和思维逐渐渗透到管理工作的方方面面，有效推动公司内在管理素质的进一步提高，对于在急剧变化的形势下提升中化集团应对能力发挥重要作用。

以服务于战略转型、增强可持续发展能力为目的的科技创新工作，在中化集团发挥着越来越重要的作用。中化集团首次制定以“自主创新、重点突破、支撑发展”为核心内容的三年科技发展规划，启动首批集团投入科技项目；全年科技投入达到4.89亿元，同比增长90%；强化科技创新平台和科技人才队伍建设，建立高级专家系统，聘任首批高级专家；承担完成多项国家重大课题，获专利授权36项，省部级奖励12项，组织制定或修订国家及行业标准83项；下属企业沈阳化工研究院被国家科技部、国资委、全国总工会联合授予第二批创新型企业试点单位。

【履行社会责任】 中化集团将履行社会责任纳入发展战略，使企业发展与履行社会责任有机结合，发挥相关行业“国家队”、“主力军”的作用，为国家经济发展和社会进步做出贡献。

在农业领域，中化集团面向全球获取国内短缺的肥料资源、先进的农药生产和育种技术，提供优质、安全、高效的化肥、农药、种子等农业生产资料，并开展多种形式的公益性为农服务活动，促进我国农业增产、农民增收。

在能源领域，中化集团发挥全球化经营优势组织进口优质原油，积极开发海外油气资源，大力推进炼厂设施建设，承建舟山国家石油储备基地，并参与政府有关部门组织的中国可持续发展油气资源战略、国际能源合作战略等行业重大课题研究，参加《中国石油天然气工业中长期发展规划》编制和重大项目评估，努力为国家能源安全贡献力量。

在化工领域，中化集团加快具有国际先进水平的化工产品研发和技术引进，积极推动我国化工行业技术进步和产业升级。集团下属的沈阳院已建成“新农药创制与开发国家重点试验室”，正进行国际GLP体系互认工作，这将为国内相关行业对接欧盟REACH法规及降低我国农药、医药及其他化学品进入国际市场门槛发挥独特作用。下属上市公司中化国际不断致力于在供应链领域推行高标准的危险化学品运输标准来提升行业的EHS管理水平。

中化集团认真落实中央关于发展循环经济的要求，把节能减排纳入绩效考核体系，结合重点业务领域的实际，以技术改造和强化管理为依托，在节能减排和降本增效方面取得双重效果。中化集团以开展隐患排查治理活动为主线，以确保奥运期间生产安全为重点，全面推进总部层面的HSE管理体系建设，认真落实HSE责任制，加大监督检查力度，持续排查和整改各种隐患，HSE总体形势继续保持稳定，全年未发生较大以上生产安全事故、职业病危害事故和较大环境事件。

中化集团长年对西藏、内蒙古的三个贫困县进行对口支援，累计投入资金近6000万元，援建一批当地群众急需的生产、教育、医疗项目，取得良好的社会效益。在2008年抗冰、抗震救灾捐助活动中，中化集团公司及员工捐款捐物达5200余万元，与全国人民一起共克时艰、共度国难。

【应对金融危机】 2008年，在百年一遇的全球金融危机面前，中化集团上下冷静分析形势，提早预防、应对及时、措施有力，使公司顶住金融危机的冲击，保持整体良好的发展态势。

早在2008年年初工作会议上，中化集团即要求各单位对美国次贷危机的影响保持高度警惕。从一季度开始，中化集团陆续出台一系列风险控制和投融资管理措施，进一步防范风险、稳健经营。包括全面排查和评估现有业务和投资项目，重点关注应收账款和库存，加大检查力度和频率，坚决压缩不合理库存；重新评估客户资信状况，从严从紧控制信用政策；加强对证券、期货等高风险业务的监管；对投资采取更加谨慎的态度，除加强现有投资项目管理外，严格控制新上项目，及时停止和退出一批风险较大的新论证项目；加大融资力度，抓住机遇发行59亿元中短期票据，降低融资成本，改善债务结构，同时为应对金融严冬补充新的现金来源。

及时和有力的措施使得中化集团在金融危机的冲击面前不仅保持经营业绩平稳增长，而且实现经营质量总体稳定，全年没有出现颠覆性的风险事故。受主营商品价格大幅下跌影响，中化集团库存跌价损失仅占整体库存的8%，远低于市场价格的跌幅；新增逾期应收账款占比不到营业收入的千分之一，其中无保障措施的仅为万分之0.7；现金流继续保持健康态势，资产负债率保持在65%的良性水平；国内外可使用融资额度达到170亿美元，实际只占用30%，完全满足正常经营发展的资金需求。

2008年，中化集团取得令人鼓舞的业绩，绝不是一夕之功。根本原因在于中化集团十年来坚持不懈地进行管理变革、坚持不懈地进行战略转型，使中化人的观念有了根本的变化，使企业的内在素质有本质的提升，从而为应对危机打下坚实的基础。特别是中化集团十年来一直强调的市场化意识、风险意识和建立起来的一整套风险管理体系和内控机制发挥作用，经受住考验。

（撰稿人：郭凤琳）

中粮集团有限公司

【基本概况】 中粮集团有限公司(COFCO)是中国领先的农产品、食品领域多元化产品和服务供应商，致力打造从田间到餐桌的全产业链粮油食品企业，建设全服务链的城市综合体，利用不断再生的自然资源为人类提供营养健康的食品、高品质的生活空间及生活服务，贡献于民众生活的富足和社会的繁荣稳定。

中粮从粮油食品贸易、加工起步，产业链条不断延伸至种植养殖、物流储运、食品原料加工、生物质能源、品牌食品生产销售以及地产酒店、金融服务等领域，在各个环节上打造核心竞争能力，为利益相关者创造最大化价值，并以此回报全体客户、股东和员工。

通过日益完善的产业链条，中粮形成了诸多品牌产品与服务组合：福临门食用油、长城葡萄酒、金帝巧克力、屯河番茄制品、家佳康肉制品、大悦城Shopping Mall、亚龙湾度假区、凯莱酒店、雪莲羊绒、中茶茶叶、金融保险等。这些品牌与服务塑造中粮高品质、高品位的市场声誉。

作为投资控股企业，中粮旗下拥有中国食品(HK 0506)、中粮控股(HK 0606)两家香港上市公司，以及中粮屯河(600737.SH)、中粮地产(000031.SZ)和丰原生化(000930.SZ)三家内地上市公司。

面对世界市场的日益交融，中粮不断扩大与全球业务伙伴在农产品、粮油食品、番茄果蔬、饮料、酒业、糖业、饲料、肉食乃至生物质能源、地产酒店、金融等领域的广泛合作。利用自身遍及世界的业务网络，中粮积极组织调配各项资源，一直拥有良好的经营业绩，持续名列美国《财富》杂志全球企业500强，居中国食品工业百强之首。

【主要指标】 截至2008年12月31日，中粮集团资产总额1305.86亿元，负债总额766.17亿元，所有

者权益合计539.69亿元，其中归属于母公司所有者权益366.80亿元

2008年中粮集团主营业务收入1000.64亿元，利润总额75.83亿元，净利润61.71亿元，其中归属于母公司所有者的净利润34.81亿元。

中粮集团有限公司主要经济指标

项　目	2008年
资产总额(万元)	13058575.81
归属于母公司所有者权益(万元)	3667972.46
主营业务收入(万元)	10006394.79
利润总额(万元)	758337.93
技术开发投入(万元)	15232.11
净资产收益率(%)	8.01
总资产报酬率(%)	7.29

注：集团2008年1月1日起执行《企业会计准则》，本期相关财务指标不做环比。

【重大项目】 2008年，按照新的投资管理办法，坚持使命引领、突出主业的原则，在全球爆发金融危机、国家宏观经济政策转向的大背景下，中粮集团实际完成投资68.2亿元，占全年计划投资(225.9亿元)的30.2%。2008年中粮集团投资主要分布在地产酒店、粮油食品加工领域，分别占总投资的58.0%、23.9%，两者合计占集团总投资的81.9%。总投资中固定资产投资所占比例达53.1%，股权类投资占12.7%，增资及新设公司等其他类项目投资占34.2%。

按照"集团有限相关多元化，业务单元专业化"的整体战略定位和各业务发展战略的要求，中粮集团2008年通过实施一系列新项目投资及相应的资本市场运作，进一步扩大资产规模、完善产业链和产业布局、改善融资结构，不断增强集团的核心竞争力。

1. 继续加大对粮油食品主业的投资。2008年，中粮集团继续加大对粮油食品主业的投资，其中，对生化能源事业部新增投资7亿元，用于扩大在吉林的玉米加工业务。由于中粮集团的燃料乙醇业务受国家政策的影响比较大，因此，中粮决定在玉米加工业务方面，加大食品原料产品的比重，做大粮油食品主业。

2008年，中粮集团对中粮屯河新增投资5亿多元，用于扩大在新疆、内蒙古等地的番茄加工业务。中粮屯河已经是中国最大的番茄加工企业，通过继续扩大投资、增加产能，中粮将继续强化在番茄加工领域的优势地位。

2008年，中粮投资1亿多元并购陷入经营困境的中旺集团及五谷道场品牌，正式进入方便食品生产领域。以方便面为代表的方面食品是品牌食品的重要组成部分，中粮进入这一领域，对未来做大中粮的品牌消费品业务具有十分重要的意义。

2. 继续完善商业地产投资组合。中粮集团已明确地将商业地产构筑成公司的主业之一。继2007成功投资西单大悦城之后，2008年，中粮继续加大在商业地产领域的投资，对北京市朝阳北路大悦城项目和天津大悦城项目增加投资共计7亿多元，完善商业综合体的投资组合。

2008年，中粮集团还投资30多亿元，购入北京后沙峪的一块土地，用于发展商业和住宅综合地产项目。

2008年，中粮集团对海南公司增资4亿元，用于扩大海南公司在三亚的酒店和旅游地产开发投入。

中粮集团进入商业地产领域的经营思路是长期持有，并力求通过良性的经营来实现物业的升值，以此来建立高品质、高价值的商业物业，繁荣中国的商业零售市场。中粮集团在商业地产项目的总投资已超过百亿元。

3. 投资SmithField，学习国外发展肉食产业的先进经验。2008年，中粮集团决定把生猪养殖和肉食产业作为集团未来发展的重点产业之一，成为集团新的经济增长点，为学习国外先进的规模化生猪养殖和肉食产业的先进发展经验，中粮投资8亿多元人民币购入美国最大的生猪养殖和肉制品企业——SmithField公司5%的股份，并与其开展多方面的经验交流和合作。

4. 其他投资。包括中英人寿、中粮期货、台湾饭店、中谷天科等项目的投资。上述业务的产业布局，增强中粮在行业内的竞争力。

【走向海外】 面对经济全球化趋势的加快以及原料进口依存度的提高，从国家经济安全以及企业自身长远发展的角度出发，中粮集团正在积极探索“走出去”战略。在投资品种选择上，主要考虑国内供需缺口大、国家急需进口的品种包括大豆、棕榈油、糖、木薯、玉米、木材等；在投资区域选择上，主要考虑产量增长潜力大、投资环境良好的国家或地区包括南美、东南亚、俄罗斯和非洲等；在投资方式选择上主要包括参股当地贸易和物流企业、投资加工产业、兴建生产基地和物流设施、技术合作等。

【应对金融危机】 2008年初，面对不容乐观的国际经济形势，国资委领导就曾指出，面对新的形势，中央企业当前和今后一个时期，要增强忧患意识，做好过紧日子的充分准备。中粮集团对此高度重视，集团党组要求各经营中心和业务单元及总部职能部门应严格控制市场风险，加强风险防范并做好以下工作：

1. 增强风险意识，注重市场分析。早在2008年初期，中粮集团就对美国次贷危机可能带来的后遗症有所警惕，集团多次开会，研究有关问题，分析形势发展，部署防范措施，要求所属各单位领导增强风险意识，关注经济形势变化，注重市场分析。

2008年4月，中粮集团党组书记、董事长宁高宁在2008年第2期企业内刊——《企业忠良》上，发表有关美国次贷危机的文章《水中月》，他在文章中指出：“金融产品的虚拟性使它有些像水中月亮，有它美妙的一面，也有虚幻和易变的一面，它未来对我们的影响会越来越大。”由于集团对美国金融海啸的风险早有警惕，使得各级经理人的风险意识比较强，确保集团各项业务做到未雨绸缪。

2. 控制发展节奏，加强财务管理。中粮集团经营的进出口业务、农产品加工业务、地产业务、金融业务等均属资本密集型产业，这就使集团的经营风险更多地暴露在宏观经济形势、金融环境和农产品供需与价格波动的基础上。随着金融海啸愈演愈烈，集团在要求业务板块控制好发展节奏，保持好现金流的同时，也要求集团层面把握好投资速度，严格控制预算；加强财务管理，清理应收（预付）账款，特别是对资金的管理，在资金管理上建立事前、事中、事后资金管理控制体系。事前控制，即：集团建立资金管理制度，集团所属企业建立资金管理流程细则，集团财务部与审计部不定期抽查制度落实情况；集团根据经营计划核定最高融资额度；集团与商业银行确定总对总（集团总部对银行总行）银行授信额度，控制集团总体资产负债率。事中控制，即：建立资金信息管理平台，及时监控集团所属企业存贷余额以及变化情况，通过财务公司归集所属企业资金，监控资金的流向。事后分析，即：按月编制资金月报，逐项分析形成原因，针对存在问题提出解决措施。集团资金管控体系有效提高资金风险防范能力。

截至2008年末，中粮集团资产负债率为58.67%。制造业相对安全的负债比率为50%左右，贸易企业70%左右，中粮集团作为综合性企业，资产负债率控制在60%以下，是相对安全的。

3. 提高经营手段，套保降低风险。2008年下半年，在大豆、粮食、油料市场价格急速下跌过程中，集团的现货农产品经营受到重创。如何在不利的市场环境中，寻找到一条生路，这是中粮集团领导和有关业务板块经理人经常思考的问题。经过研讨，集团认为，充分利用国内外期货市场，严格套期保值制度，冲抵现货商品的减值损失，是一条可行之路。将所有的现货头寸折成现有期货品种，在国内期货市场上卖出保值。在采购方面，密切关注跟踪市场变化，冷静分析，坚持以销定购的策略，加快存货周转速度。采购现货比照期货价格，有盈利时大量采购和卖空保值。现货销售比照期货价格报价，现货价格高于期货价格时大量销售，并在期货市场买进平仓。这一举措取得良好效果，有效地化解价格急跌、市场疲软给集团农产品经营带来的风险。

4. 加强企业管理，提倡过紧日子。美国金融海啸的加剧，使得外部经济环境的变化给集团的生存与发展带来了巨大的压力，不采取切实有效的措施，企业的改革发展难免不出现问题。为此，中粮集团要求集团上下“捂紧钱袋子”、“过好紧日子”，加强管理，开源节流，压缩管理费用，控制员工增长，降低运营成本。

【人才战略】 为满足战略转型的需要，中粮集团围绕人才成长主线，以业绩为导向，积极推动构建具有中粮特色的人力资源管理体系，制定和出台系统的人力资源管理办法和管理细则，建立经理人评价体系、领导力培养体系、绩效评价体系、薪酬管理体系、长期激励体系、员工职业生涯管理体系和劳动合同管理体系等，推动经理人管理能力和员工专业素质的提升，保证集团业务的持续发展。

中粮集团从集团战略和商业驱动力出发，建立以KAAPP(知识、能力、态度、个性、业绩)为主要内容的领导力模型，并以此为基础建立经理人评价体系和领导力培养体系；创新培训理念，把培训作为一种工作方法，大力推广以解决企业发展重大问题和激发团队智慧为主要目标的培训方法，把培训作为推动人才发展的重要方式；建立忠良书院，打造中粮的领导力开发中心，为企业培养中高级管理人才；按照“以岗定薪、按绩取酬、促进能力发展，逐步与市场接轨”的原则完成薪酬改革，建立集团统一的薪酬管理体系；制定集团统一的长期激励政策，在集团所属的中国粮油、中国食品、中粮屯河和中粮地产等四家上市公司实施长期激励措施；贯彻以人为本的管理理念，每年定期组织实施经理人满意度普查和员工满意度调查，不断提升企业管理水平；按照“集团搭台，业务单元唱戏”的原则，统一在各高校组织大规模的校园招聘活动，借助集团的品牌影响力，吸引优秀人才的加入；建立各层级后备人才库，明确员工职业生涯发展路径，创造让优秀人才脱颖而出的环境；完善劳动合同管理体系，真正落实“大中粮无边界”的管理理念。

中粮的人才培养有力地推动企业的转型和业务的发展，也得到上级部门和社会各界的肯定。2008年，中粮荣获中国人力资源新年报告会“中国最佳雇主学院奖”。

（撰稿人：李　舒）

中国五矿集团公司

【基本概况】 2008年，中国五矿集团公司在国内自然灾害与国际金融危机并发的的复杂困难形势下，秉承科学发展理念，稳健经营，实现连续第九年经营增长。全年实现营业额277亿美元，同比增长28%；营业收入1809亿元，同比增长15.9%；内贸业务量126.4亿美元，同比提高31%，占总贸易量的61%；利润总额71亿元，规模效益续创历史新高，提前两年基本实现集团公司五年发展目标。这一年，中国五矿集团公司再次入选“世界500强”，居412位，前移23位。同时继续保持国资委业绩考核A类企业，并获评中央企业信息化A级企业、“重大企业信息化建设成就奖”等一系列殊荣。

【主要指标】 全面超额完成国资委下达的业绩考核指标。利润总额71亿元，净资产收益率27.84%，成本费用占主营业务收入98.62%，流动资产周转率2.67次。全年上缴税收52.8亿元，增长20.45%。

【重大项目】

1. 核心产业积极调整业务结构，稳健发展。中国五矿集团公司黑色金属、有色金属两大核心产业共实现经营额约257亿美元，汇总利润占集团公司总额的79.5%。资源储备能力不断加强，新增资源储量：铁矿3000万吨，铬矿1亿吨，焦煤1.75亿吨，钨矿1.1万吨。

资源开发成就显著。2008年，中国五矿集团公司先后在青海、安徽、广东、广西、甘肃、河南等多省份开发矿产资源，其中，安徽泥河的探矿项目被评为国家2008年十大找矿成果之首，并发现3000万吨的大型硫铁矿和中型石膏矿。通过低成本获取资源战略，有色资源布局雏形初显。同时，进一步加大有色资源的开发力度，仅在甘肃一省的探矿面积就达到453.9平方公里。

生产经营业绩突出。中国五矿集团公司的下属的邯邢局全年生产铁矿石601万吨、铁精矿275万吨。营口中板公司钢坯、中厚板总产量达350万吨，宽厚板升级改造项目进展顺利。有色业务方面，五矿赣州稀土股份有限公司正式成立，稀土资源整合能力和市场地位进一步提高。华银铝业顺利投产，进一步完善铝业务产业链。江钨实现营业收入57.39亿元，同比增长32%，实现利润总额3.05亿元。华锑、南硬公司科技创新成果显著。

中国五矿集团公司全年经营钢材和钢坯共计1740万吨；经营铁矿产品超过1943万吨，增长

23.5%；销售铁合金产品186万吨；煤炭出口336万吨；焦炭出口87万吨；锰矿石、铬矿石进口排名第一，重要商品市场地位继续巩固提高。有色业务以加工、内贸、合作经营等多种形式缓解出口压力，取得良好收效。如铝商品业务通过签订长期合同降低采购成本，完成氧化铝、铝锭总经营量156.06万吨，比上一年增长35.5%；稀土商品业务通过加大出口和内贸力度，圆满完成各项经营指标。此外，铜、钨精矿、锡镍等商品业务根据自身实际积极应对危机，运营稳健。

2. 新兴产业克服市场波动影响，有序发展。中国五矿集团公司的金融、房地产和物流三大新兴产业，面对危机合理控制发展节奏，综合实力均有提升。金融产业有效把握市场变化，实现主营业务收入8.95亿元、利润总额7.7亿元。房地产业务稳步推进既有项目开发，果断停止新增项目立项。住宅及商业地产方面：五矿置业全年共实现营业收入2亿元，利润4170万元；五矿建设新增开发面积17万平方米，实现销售收入10亿元，利润约1.6亿元；二十三冶嘉盛地产获批国家房地产开发一级资质，完成销售收入4.07亿元，利润2803万元。工业地产方面：营口产业园初步确立与地方政府合作开发工业园区的创新模式，积极推进市政基础设施和招商办公大楼建设，营口支线机场项目合作协议顺利签署。五矿物流集团有限公司正式成立，物流一体化服务积极推进，物流基础设施建设取得突破，金融物流业务顺利启动，货物集中仓储、统一管理初见成效，货运代理、船舶代理与保险业务持续增长，全年完成经营额38.8亿元，实现利润总额8500万元，为构建金属矿产品专业物流集团奠定坚实基础。

3. 海外企业推进区域资源整合，稳定发展。中国五矿集团公司的海外企业面对金融危机的冲击，积极采取措施控制经营风险，完成营业额近44亿美元，同比增长32%。香港控股积极稳妥开展业务，实现营业额15亿美元，利润总额5.66亿元人民币；德国五矿铁矿砂长协业务收益良好，营销网络建设成效明显；澳洲五矿克服市场冲击和澳元贬值的双重困难，核心商品业务稳定发展；日本五矿、南美五矿、英国五矿、北欧五矿和美国五矿实现稳步增长；印度代表处在业务协同和业务拓展方面取得积极成效。积极推进海外区域整合，制定北美业务整合细则，明确欧洲区域管理整合方案。

【走向海外】 中国五矿集团积极实施企业“走出去”战略，在海外企业顶住金融危机压力，稳健经营的同时，集团公司还积极开展海外业务。

有色资源储备大幅提升。集团公司与江铜集团08年初联合收购北秘鲁铜业股份公司100%的股权，新增资源量：铜804.6万吨、金198.1吨、钼20.1万吨。2008年底，集团公司与波兰铜业集团公司签署采购协议，协议包括5万吨电解铜年度合同及8000吨现货合同。

海外投资及业务项目不断拓展。2008年2月中国五矿集团公司联合新兴铸管在印度建立综合钢厂，该项目一期总投资7200万美元。2008年4月，集团公司成功完成对德国HPTec公司100%股权收购。在业务项目上，集团公司成功中标巴西COSIPAR公司三号高炉设计和成套设备供货项目，该合同总金额近3亿元人民币。2008年10月，集团公司与俄罗斯米歇尔集团签署车钢轨梁项目，签约金额35514万美元。

【重大创新】 完善战略规划和管理体系。2008年，中国五矿集团公司积极推进管理创新，进一步完善战略规划和管理体系，战略管理务实深入。一是以集团总体规划和主业规划为核心，重点商品规划、重点区域规划、资源开发专项规划为支撑的战略规划体系逐步清晰；二是夯实战略落地的组织基础，推动建立五矿物流集团，研究制订设立地质勘查公司、房地产业务管理整合、黑色金属一体化经营和集团公司业务组织重构等方案，北美和欧洲区域整合实现阶段性目标；三是实现战略对经营的有效指导，密切关注形势变化，精心组织战略质询，大力加强经营指导，多层次运营监控和决策支持体系初步建立；四是强化业绩考核的指挥棒作用，压力层层分解、责任层层落实的业绩考核体系进一步完善，业绩分级管理体系初步建立。

完善人力资源管理制度。这一年，中国五矿集团公司大力完善人力资源管理制度，构建战略人力资源管理体系，为企业改革发展注入活力。集团公司以五矿发展和有色股份两个二级单位作为试点，积极推进人力资源分级管理工作，在分级管理的总体目标和工作思路进一步明晰的基础上，全力推进企业发展。此外，中国五矿集团公司抓好各级领导班子和人才队伍建设，加大干部调整力度，对二级班子进行全面考核，建立“知能愿绩”人才评价体系；进一步完善人才激励机制，成立薪酬委员会，规范员工职等调整，制定企业年金方案，积极推进中长期激励体系建设。

【履行社会责任】 2008年，中国五矿集团公司履行社会责任迈出新步伐。这一年，我国大事要事不断、自然灾害频发，是不平凡的一年，也是悲喜交加的一年。集团公司积极响应中央号召，紧急行动起来，为国分忧，为民解困，做出中央企业应有的贡献。

2008年年初，我国南方地区发生雨雪冰冻灾害，中国五矿集团公司所属的湘、赣、贵三省生产企业因电力中断导致停产。面对困境，中国五矿集团公司紧急部署，一方面组织受灾企业开展生产自救、妥善安置职工，一方面积极支持地方政府抗灾，向湖南、江西二省捐款，并要求所属企业为地方抗灾做贡献。5月12日四川汶川特大地震发生后，中国五矿集团公司第一时间通过中国红十字会向灾区捐款800万元，同时还主动向受地震破坏严重的东方电气集团捐款100万元，向攀枝花钢铁集团捐款500万元，向甘肃陇南地震灾区的中小学校捐助300顶大型教学帐篷。在这次抗震救灾斗争中，中国五矿集团公司各级企业捐款、员工自发捐款和党员上缴特别党费三项合计超过4000万元，创集团公司成立以来的最高捐款记录。

2008年北京奥运会、残奥会是举世关注的一件大事。围绕成功举办奥运，中国五矿集团公司积极配合北京市政府和奥组委工作，精心选送奥运志愿者，组织员工文明观赛。残奥期间，他们还向受到资金短缺困扰的残奥会组委会赞助100万元，使一场开幕式大型表演得以顺利彩排，为“两个奥运同样精彩”贡献一份力量。

2008年9月，中国五矿集团公司运用国际通行的企业社会责任标准体系，编制完成第一份《集团公司可持续发展报告》。报告一经发布，立即引起新闻媒体和社会各界的关注和好评，进一步树立集团公司可信赖、负责任的企业公民形象。

【应对金融危机】 面对突如其来的金融危机，中国五矿集团公司通盘分析经济大势和产业周期变化，慎重研判市场走向，迅速进行战略指导。一面果断调整集团公司资金安排和投资计划，强化对总体运营的实时监控。一面要求各经营单位，调整产销策略、加快生产经营进度、保持合理库存规模、严格防范市场风险。各项应变和防范措施以及必要的干预，使集团公司全年重大投资无一失误、高风险业务控制良好、现金流转安全顺畅、财务指标健康正常，起到化解危机和风险的显著效果。

1. 采取稳健财务政策，保证资金链安全。集团公司坚持完善和优化“集中管理、统一运作”的财务管理体系，一是面对金融海啸冲击，努力稳定融资规模。完成京内授信规模619亿元，较上年增长6.3%；成功发行23亿元短期融资券和48亿元中期票据；为国内企业安排海外融资额度78亿元。二是全面加强预算动态监管，根据市场变化灵活安排经营和投资资金；拓展预算管控范围，海内外预算一体化管理走向深入。三是严控财务风险。强化对核心业务板块财务信息的分析，重点跟踪并控制集团财务考核指标，对高风险业务严格监管，针对不同的业务情况进行风险提示。值得一提的是，集团公司资产负债率指标持续改善，2008年历史性低于75%，位居行业前列。

2. 加强风险管理，集团公司管控能力提高。2008年，集团公司成立风险管理部，完成《全面风险管理报告》，在制度建设、风险分析和预警方面得到加强。积极推动集团公司信息化战略与规划，V5二期工程启动并全面展开，德国五矿、香港控股和工程公司三个推广项目先后上线，ERP评价指标体系等4个深化优化项目相继完成，决策支持子项目完成规划和蓝图设计，提高集团公司管控能力。

3. 强化投资指导功能，有效规避投资风险。面对金融危机冲击，集团公司投资活动秉持聚焦主业、量力而行、低成本发展的方针，根据内外部经济形势的变化，年中及时调整投资策略，控制投资规模总量，优化投资结构，2008年下半年批准投资额较上半年下降57.2%；合理控制投资节奏，积极实施在手项目，做好投资项目现金流管理；抓住上半年资本市场有利时机，五矿发展成功完成配股再融资，净融资额15.14亿元；适时转让金茂大厦股权，资本运作功能突出体现。

4. 转变主业经营策略，积极应对危机挑战。在传统主业黑色金属方面，2008年上半年他们抓住市场高涨机遇扩大销售，下半年重点转向降库存、促成交，新增煤炭、铬矿、锰矿长协量436万吨，长协商品经营量已占总经营量的16.7%。中国五矿集团公司所属的钢铁公司坚持"统一经营、购销协同"的方针，销售能力明显增强。全年完成钢材、钢坯经营额80.21亿美元，同比增长11%。其中，分销量596万吨，占钢铁公司钢材、钢坯总经营量的47%。

中国五矿集团公司所属的钢铁公司与矿产公司，资产结构持续改善，商品库存明显降低，与年内高点相比，流动资产总量下降37%。五金制品公司注重优化业务结构，持续完善内部管理，实现营业收入30亿元，利润总额5515万元，分别增长66.6%和50.2%。京外部分二级贸易公司的调整和处置进展顺利。

此外，投资公司从严控风险入手，及时调整投资结构，实现可观投资收益；财务公司加强资金集中管理，全年资金集中度已达到50%以上；信贷规模有所提高，全年发放信贷99亿元，同比增长35%；证券、期货、保险业务积极拓展新业务，实现稳健经营。

（撰稿人：肖春明　张佳音）

中国通用技术（集团）控股有限责任公司

【基本概况】 中国通用技术（集团）控股有限责任公司是国家投资组建的国有独资公司，是中央管理的国有重要骨干企业之一。

2007年以来，中国通用技术（集团）控股有限公司（以下简称"集团"或"中国通用技术集团"）实施转型升级战略，在中国汽车工程研究院（原名重庆汽车研究所）、煤炭工业济南设计研究院有限公司的基础上，齐齐哈尔二机床（集团）有限责任公司、河南省天方药业集团公司、中国轻工业品进出口总公司、哈尔滨量具刃具集团有限责任公司相继加盟中国通用技术集团，进一步延伸集团的产业链和价值链，形成新的竞争优势。

集团拥有包括上市公司在内的境内二级经营机构25家，境外机构（包括集团公司直属和由子公司管理）49家，形成比较完备的全球经营网络，与世界上100多个国家和地区建立稳定的贸易与合作关系。

中国通用技术集团战略转型的思路是：优先重点发展先进制造业，调整创新发展国际贸易与工程承包业，融资滚动发展医药产业，大力积极发展研发设计咨询业，统筹稳健发展金融、房地产、物流和租赁业。同时加快培育先进制造业、贸易与工程承包、医药和研发设计咨询四大支柱产业，全力推进向先进设备制造商、贸易集成服务商和研发设计咨询商的战略转型，为建设具有国际竞争力的科工贸一体化大型企业集团而奋斗。

2008年，集团坚定不移地推进转型升级发展战略的执行和落实，加大重组联合工作和传统贸易业务转型创新力度，努力克服国际金融危机带来的不利影响，企业规模和综合实力显著增强，与2007年相比实现较大增长，与2006年相比主要经济指标基本实现翻番。

【主要指标】 2008年，集团全年实现营业收入3071025万元，利润总额193295万元，全面完成各项预算目标。与2007年决算相比分别增长120.3%和39.0%，与2006年决算相比分别增长141.1%和121.7%。

中国通用技术(集团)控股有限责任公司主要经济指标

项目	2007年	2008年	同比增长(%)
资产总额(亿元)	217	363	67.3
净资产(亿元)	83	140	68.7
营业收入(亿元)	139	307	120.3
利润总额(亿元)	14	19	39.0
技术开发投入(亿元)	0.63	2.37	276
全员劳动生产率(万元/人·年)	27.21	19.22	
净资产收益率(%)	16.3	9.7	
总资产报酬率(%)	7.4	5.9	
国有资产保值增值率(%)	117.4	107.0	

【改革发展】 2008年,集团公司研究出台《关于加快推进子公司改制的指导意见》,制定中技公司、中仪公司改制的框架方案,积极争取中汽院改制上市工作。制定《关于进一步加强和改进集团人力资源管理工作的意见》,不断改进和完善领导干部的选用体制机制;坚持和完善适应国有企业特点的党组织领导体制,在经营规模较大、员工人数较多的公司实行党政分设、交叉任职模式;加快对转型升级所急需的先进制造业生产、海外工程项目总包管理和资本运作等领域人才的引进和培养。按照"决策科学、管理规范、运转高效、充满活力"的总体要求,修订集团公司议事规则。在经过大量内外部调研、充分听取各个层面意见的基础上,起草完成《集团体制机制创新方案》。制定《集团全面风险管理体系建设实施方案》,积极推进全面风险管理体系建设。制定《关于加强集团境外工作的意见》,明确各境外机构在集团转型升级中的定位和任务,调整完善境外机构激励机制。制定《关于理顺集团部分三级投资企业管理体制的实施意见》,理顺集团和各子公司对投资企业的管理关系。

【重大项目】 2008年,集团把重组联合作为战略实施的主要途径,坚定不移、坚韧不拔地推进重组联合工作,取得重大进展。集团与中国轻工业品进出口总公司实现重组联合,拓展贸易业务的产品领域和市场范围,获得进入太阳能产业的生产基地;完成对我国重型机床行业龙头企业——齐二机床的增资控股,获得发展高端重型数控机床的产业平台;河南省最大的医药企业、我国普药行业重要骨干企业——天方药业集团无偿划转至集团,强化集团医药产业的工业基础,集团旗下拥有第二家上市公司。完成对海口康力元制药公司的产权收购。重组联合企业的加入,使集团资产总额增加106.3亿元,营业收入增加132.3亿元,利润总额增加1.5亿元;集团不但壮大整体实力,提升经济总量,而且迈出以贸易为主的产业结构向科工贸一体化调整和转型的坚实一步。

中技公司、中技招标公司在国内市场新获得一批铁路、公路、环保、能源等领域的重大技术装备引进和招标采购项目;中技公司、中机公司、海经公司在国际市场新获得一批工程承包和大型成套设备出口项目;土耳其安伊铁路项目(合同金额12.7亿美元)、越南金瓯氮肥厂项目(合同金额5.7亿美元)、印尼2×100MW电站项目(合同金额2.87亿美元)、俄罗斯宾萨水泥厂项目(合同金额1.5亿美元)和土耳其水泥厂项目(合同金额6000万美元)等合同相继生效。

齐二机床狠抓高档重型机床产品的技术研发和自主创新,荣获首届中国装备制造业金奖;通用咨询公司大力开拓环境咨询业务,成功开发太湖、滇池流域治理等国家重大咨询项目,赢得国内水务咨询领域领先地位,签订环境产业基金框架协议,在业界的知名度和影响力进一步提升。

【走向海外】 作为集团的传统主业和四大支柱产业之一,2008年国际贸易与工程承包业务在向专业化国际工程承包商、专业化工程项目管理商、专业化商品供应链综合服务商转型的道路上迈出坚实一步。国际工程承包业务2008年成交出口大项目14个，合计金额19.16亿美元，新生效工程承包项目5个，合同总金额23.07亿美元。中机公司和中技公司分别入选全球225家最大国际承包商排名。以商品经营为主的中轻公司、通用国际公司积极调整优化商品结构，大宗资源性商品、世界知名品牌产品的经营比重上升，商品结构逐步由“小而散”向“大而优”的方向转变，夯实可持续发展的基础。

2008年，集团加大市场开发力度，集团高层大力推动重点项目的开发和成交，以印尼2×100MW电站项目、60万千瓦超临界电站项目、白俄罗斯明斯克5号电站项目、安伊高速铁路项目的签约和生效为重点，集团领导多次接待来访业主，前往项目现场进行推动。集团所属企业在电站、煤矿、铁路、建材等重点行业和印尼、越南、土耳其、伊朗、白俄罗斯等重点市场的持续开发、滚动开发成效显著，规模效应初步显现。同时集团运用专项奖、贸易业务发展基金等方式鼓励支持子公司加强市场开发，引导经营机构面向长远和发展积极投入。

在加大市场开发力度的同时，集团海外工程承包业务积极培养工程设计和项目管理能力，推行项目经理责任制，探索BOT等新的经营模式，并通过收购重组相关行业设计院所培育工程设计和总承包能力；一般商品业务积极加强营销网络服务建设，实施品牌战略，培育自有品牌，并积极探索供应链管理模式。集团所属欧洲德玛斯公司还致力于为国内企业在德国和欧洲其他国家获得先进制造技术、品牌、营销渠道等综合资源提供咨询服务。

【重大创新】 中汽院“燃气汽车发动机及关键零部件开发及产业化”项目，打破国外在高技术电喷ECU上的技术垄断，取得显著成果和良好效益，荣获2008年度“中国汽车工业科技进步奖”一等奖；开发的“汽油/压缩天然气两用燃料汽车单一ECM发动机控制(管理)系统”，填补了国内多点顺序喷射式两用燃料汽车自主开发的空白，达到国际先进水平，获得重庆市科技进步二等奖；2008年组织完成5项国家科技部重大、重点项目的申报工作，其中《柴油内燃机不解体清洁车的研发及应用》与《燃气汽车动力系统技术平台与整车开发》项目已获得批准。

济南设计院2008年发布科技创新设计成果《城镇过热蒸汽管网的设计研究》，黑城子矿井可行性研究报告获部级优秀工程咨询成果一等奖，并申报国家级优秀工程咨询成果，新汶矿业集团龙固矿井副井井筒项目获山东省建设厅优秀设计一等奖。

齐二机床大力推进有关产学研合作项目，其中与上海交通大学合作的H2S200新型伺服压力机研制成功，在上海工业博览会上参展；与南京航空航天大学就共同承担国家数控专项“大型复合材料构件铺带机”的研制达成协议，该产品将填补国内空白，重点满足“大飞机工程”、导弹及火箭壳体等关键件加工；与天津大学签订大重型数控装备模块化设计平台项目合作协议，拟申请国家863项目。2008年编制完成公司《2008年度科学技术发展规划》，荣获黑龙江省科学技术进步一等奖。组织完成2008年省产业化项目验收、2001年省科技攻关项目鉴定验收、2007年度公司新产品及国家863计划《新型重型龙门式五轴混联机床》八项成果科技鉴定验收，为科技成果申报和科技计划立项打下良好基础。

天方药业完成国家火炬计划项目“那格列奈原料及制剂”、国家重点新产品计划项目“复方单硝酸异三梨酯缓释片”、“利塞膦酸钠原料及制剂”的工艺创新及产业化研究，正在积极准备进行成果鉴定。

【履行社会责任】 集团认真履行国有企业的社会责任和政治责任，努力完成好党和国家交给的任务。2008年年初，为抗击低温雨雪冰冻灾害，集团积极向受灾地区和群众捐款捐物。四川汶川特大地震发生后，集团捐款捐物并派出技术人员赴现场支援抗震救灾，捐赠款物共计2326万元，其中单位捐赠2096万元，在京员工个人捐赠230万元。集团荣获民政部颁发的“中华慈善奖”。集团所属中国医药荣获“中央企业抗震救灾先进集体”荣誉称号。在北京奥运会和残奥会举办期间，集团所属中仪公司圆满完成11000多台/套防爆安检设备的租赁和服务保障工作，中国医药出色完成应急药品储备保障任务，集团18名驾驶志愿者提供优质服务。按照中央有关要求，集团继续认真做好定点扶贫和对口援疆工作。集团连续第六次被呼和浩特市评为社会扶贫先进单位。

【应对金融危机】 2008年国际国内经济形势给集团经营带来巨大压力，主要包括：人民币升值导致项目收益大幅减少，境外资产严重缩水；国内原材料涨价使在执行项目成本增加，利润减少；国际市场大宗商品价格大幅波动给集团相关业务经营带来较大风险；部分周边国家经济形势恶化、政局动荡，给项目开发、执行和收汇带来多方面风险。

按照国资委"过紧日子"、加强风险控制的部署，集团一手抓转型发展，一手抓风险防范，采取如下措施：

一是初步建立以战略目标为方向、以滚动规划为指引、以年度预算为重点、以绩效考核为手段的战略实施管控激励链条，实现目标层层分解，责任层层落实，压力层层传递，确保战略目标落到实处。集团公司每季度召开转型升级和经营管理专题调度会，及时掌握转型升级的进展和当期经营情况，协调解决有关问题，推进战略执行和落实，收到较好效果。

二是进一步完善内部管控，通过制定和实施《集团大项目管理框架流程及流程细则》等严格的内部管理制度，最大限度降低国际贸易与工程承包业务风险，充分发挥内部审计、法律在风险管理和内部控制中监督与评价的基础性作用，加强对新开发重点业务的风险管控。

三是各经营机构在业务谈判、签约、执行及后续管理等各个环节，切实采取有效措施，降低汇率变动造成的不利影响，并合理运用金融避险工具，规避和化解汇率风险。

四是进一步提高财务管控水平，通过适时调整资金安排，确保资金头寸保持足够的弹性；完善资金集中管理体系，提高资金配置能力；加快现金回流，提高资金周转速度；初步制定并实施转型升级财务风险预警与控制措施，科学把控投资边界和投资强度等，切实防范、规避和化解转型升级和业务经营过程中的财务风险。

五是坚决响应国资委"过紧日子"的要求和部署，采取切实措施降本增效。进一步明确预算控制目标，细化分解到各个业务单元和工作岗位，加大降本增效的考核奖惩力度，各级领导带头践行，做勤俭节约的表率。同口径对比，全年六项可控费用下降5.5%。

六是坚决贯彻落实国资委投资管理有关要求，在重组联合中坚持突出主业，聚焦主业，明确规定筛选项目标准，扎实做好项目前期工作，妥善安排项目资金结构，确保集团投资并购工作的稳健，严格控制投资并购风险。

通过以上有效措施，2008年集团努力克服国际金融危机带来的不利影响，取得较好的经营业绩，总体运行平稳，发展态势良好。

（撰稿人：肖建军）

中国建筑工程总公司

【基本情况】 2008年是我国社会主义现代化建设进程中极不平凡的一年。中国建筑工程总公司（以下简称"中国建筑"）面对各种难以预料、历史罕见的重大挑战和考验，经受百年不遇的南方雨雪冰冻和四川汶川特大地震灾害的考验；经受原材料价格快速上涨，生产成本大幅度增加的挑战；经受国际金融危机导致建设资金紧张，在建项目突然停工的剧烈冲击；经受房地产市场全面萎缩，楼宇销售急剧放慢等一系列困难的考验和挑战。在党中央、国务院的坚强领导下，在国资委等上级部门的关心支持下，中国建筑全系统同心同德，群策群力，攻坚克难，化危为机，取得来之不易的好成绩。

2008年，中国建筑在联合国贸发组织的"发展中国家最大100家跨国公司排名"中列第19位，连续三年成为发展中国家最大跨国建筑公司；在《财富》世界500强排行中，列第385位；在中国500强企业排名中，列第19位。在国资委中央企业年度经营业绩考核中，中国建筑连续第四年评为A级企业，同时授予"业绩优秀企业"称号。中国建筑在香港拥有两家上市公司，其中"中国海外"（香港联合交易所上市编号688）已于2008年成为恒生指数成份股。

2007年12月，中国建筑整体改制，与中国石油天然气集团公司、宝钢集团有限公司、中国中化集团公司共同组建中国建筑股份有限公司，中国建筑占股94%，其他三家分别占2%。2008年6月5日，中国证监会审议通过中国建筑发行120亿A股上市，但受国际金融危机等因素影响，未批出上市挂牌发行文件。

中国建筑为三级法人管理体制。现有二级企业21个，三级法人单位325个。每年在施工程项目大约7000多个，分布在中国除台湾省以外的大中城市，以及国外数十个国家和地区。公司现有职工191093人，其中在岗职工111778人，离退休职工62025人。

2008年，共获得国家级工程质量奖35项，参建奖36项，其中获得15项鲁班奖、17项鲁班参建奖，17项国家优质工程银质奖、2项国家优质工程设计奖、1项国家优质工程监理奖、19项国家优质工程参建奖。

【主要指标】 2008年，"中国建筑"沉着应对国际金融危机，经营生产继续保持增长态势，经营规模再攀新高峰。

中国建筑工程总公司主要经济指标

单位：亿元

指　　标	2007年	2008年	同比增长(%)
合同额	3030	3203	5.7
营业收入	1740	2072	19.1
利润总额(扣除福利费)	80	67	—16.1
归属母公司净利润(扣除福利费)	35	24	—46.7
资产总额	1761	2147	22.0
权益总额	288	331	14.9
归属母公司所有者权益	147	168	14.3
百元收入管理费率(%)	3.3	3.1	—0.2

中国建筑进一步实施"大市场、大业主、大项目"策略，市场经营取得明显进步。京津地区、长三角地区、珠三角地区，新签订合同额占境内总合同额的54.3%。其中，长三角地区合同额较上年增长20%。境内承包工程单项合同额1亿元以上大项目达到603个，占境内建筑业新签合同额的72.5%，同比增长12.4%。设计系统中标2000万元以上的项目10个，其中沈阳龙之梦亚太中心设计合约达到6600万元。海外新签1000万美元以上的大项目64个，1000万美元以上的大项目占海外新签承包工程合同额的94%。

【改革发展】 在国际金融危机的冲击下，尤其在市场急剧恶化的环境下，中国建筑不失时机地抢抓机遇、加快发展，高度重视各种风险的防范和管控。

一是加大经营结构调整力度，专业化发展迈出新步伐。

房地产业取得长足发展。中国建筑以"中海地产"为主的房地产营业收入仍达到213亿元，同比增长29.4%，已占到总收入的10.6%。取得优于同行的销售业绩，"中海发展"股价跑赢大市，成为恒生指数成分股2008年表现最佳前五名。与此同时，"中建地产"开始运行，签订土地出让合同3份，新增土地储备153万平米，总投资超过38亿元。

基础设施业务保持一定增速。中国建筑基础设施签订合同额351亿元，同比增长8.8%；营业收入达到232亿元，已占到总收入的11.5%。基础设施业务的增长，提高基础设施施工和管理水平，带动各工程局经营结构的调整，为全系统基础设施领域大发展打下良好的基础。

专业化发展迈出新步伐。通过加大整合力度，集中和优化系统内资源，成立"中建铁路"、"中建市政"、"中建钢构"、"中建电力"、"中建商品混凝土"五个专业化公司，从组织机构上为加快专业化发展，提高企业综合竞争力创造条件。"中建电力"已实现由施工常规岛向施工核岛的重大突破。

二是积极创新应变措施，拓宽融资渠道取得新进展。

中国建筑抢抓国家“保增长”的政策机遇初见成效。2008年，中国建筑首次62亿元中期票据发行成功。获得中国进出口银行4.3亿美元的五年期贷款，全集团获得银行授信额度预计超过1600亿元，同比增长21.6%。

三是强化集约管理，企业管理水平再上新台阶。

为实现企业资源的整合，充分发挥资金的流动性管理和存量使用效益，继续大力推进资金集中管理。一是强调资金向“二级法人集中”初见成效。显著增强了二级企业的融资能力和投资能力。二是实现总部直营单位或项目的资金集中上网运行，有效地解决部分总部资金存贷利差的问题，减少财务费用的支出。加大工程结算及应收款的回收力度，全系统实现营业收入增长18%的前提下，应收款总量却不增长的目标，进一步减少存量，保证资金及时回流。

四是项目精细化管理推动项目创新、创优工作再上新台阶。中国建筑在以上海环球金融中心、中央电视台新址、广州珠江新城西塔等一大批工程项目上，创出质量最好、速度最快、高度最高、体量最大、成本最低、安全最佳的楼宇工程世界纪录，一批自主创新的科技成果正在申报国家专利。

五是现代企业制度初步建立，董事会、监事会、经理层运转协调。

按照现代企业制度要求，中国建筑成立以来，董事会、监事会、经理层运转协调，充分发挥董事会在公司治理中的核心作用；一年来，董事会研究讨论近百个议题，主要包括经营战略、资本运作、财务资金、人力资源，以及进行投资决策等；建立决策层与经营层责任体系和运行机制；在确定投资战略、集团风险管控，以及抵御国际金融危机冲击方面，起到积极的作用。

六是整合资源，变所属各企业单一优势为企业集团优势。

中国建筑针对在市场竞争中内部竞争激烈，导致资源优势难以集中而使核心竞争力不能充分发挥的问题，创新“整合系统资源、集成集团优势”的竞争模式。上海环球金融中心、中央电视台新址、广州珠江新城西塔、哈大铁路客运专线、兰商高速公路、阳盂高速公路等一大批高端项目的成功实践，使中国建筑实现“变单元竞争力为集团竞争力”的提升。

【履行社会责任】 中国建筑面对百年不遇的南方部分地区雨雪冰冻和四川汶川特大地震灾害，尽管身处灾区的企业和广大员工也蒙受巨大的损失，但始终以央企的社会责任为重，为两次抗灾和灾后重建投入大量的人力、财力和物力。在汶川特大地震中，中国建筑奔赴在抗震救灾第一线，参加抢险救灾人员达到1400多人，投入挖掘机、装载机、吊车、小型机具等各类设备500台（套）。参加地震灾区房屋受损情况评估和鉴定人员200多人，为建筑物地震破坏的分析研究和灾后重建提供第一手资料，中国建筑捐款达8482万元，捐赠各类物资1000多万元。援建临时性安置房超过10万套，总计投入管理人员1252人，劳务人员11600多人，机械机具330余台套，各种费用总计46620万元。

中国建筑在国务院安排部署下，加大对口支援新疆、宁夏等地的帮扶力度，在捐款捐物的同时，发挥专业优势，以无偿援建方式为当地政府和群众勘探打井、修筑公路、建设医院等。

在举世瞩目的北京奥运会工程建设中，中国建筑总共承建28项奥运工程，建筑面积160多万平方米，合同额58亿元人民币。包括“水立方”、沈阳体育馆、北京媒体村、国家射击馆、数码大厦、奥体中心体育场、中国科技馆、香港赛马场等，占北京奥运会场馆及配套设施40%的建设任务。在北京奥运期间，投入3000名职工保障所建场馆的安全运行，妥善安排5.3万名农民工在7、8、9三个月内离京务工或务农。

【其他工作】 中国建筑贯彻落实科学发展观，在领导班子建设、基层党组织建设、党风廉政建设、企业文化建设、“和谐中建”建设等方面都取得新成果。一大批企业和员工获得全国、省市先进称号。全系统一些积累多年的历史遗留问题得到解决，一些不和谐、不稳定因素得到化解，拖欠职工多年的内债得以清偿，一批住在棚户的职工搬进新居。全系统形成以发展保和谐，以和谐促发展的良好局面。

（撰稿人：李成扬）

中国储备粮管理总公司

【基本概况】 中国储备粮管理总公司(以下简称"中储粮总公司"),是经国务院批准组建的涉及国家安全和国民经济命脉的国有大型重要骨干企业,是国家授权投资机构的试点单位,享受国务院确定的国有大中型重点联系企业的有关政策,在国家计划、财政中实行单列。受国务院委托,中储粮总公司具体负责经营管理中央储备粮(含中央储备油,下同),实施国家粮食宏观调控政策。

中储粮总公司对中央储备粮实行垂直管理,采取"总公司(法人)+分公司+直属库(法人)"(三级架构、两级法人)为主体的组织架构,在全国设有24个分公司、4个子公司,经国家有关部门批准,划转上收347个直属库;同时根据国家关于国债建库资产产权归属政策要求,接收管理若干国债粮库。中储粮总公司的人员、机构和业务覆盖全国31个省区市。

2008年,面对历史罕见的严重自然灾害和国际金融危机冲击,中储粮总公司始终坚持以维护农民利益、维护粮食市场稳定、维护国家粮食安全(即"三个维护")为己任,迎难而上,全力以赴落实国家调控任务,创造不平凡的业绩。

高效执行国家调控指令。在国际农产品价格暴涨暴跌的情况下,通过执行国家粮食收购、销售和调运任务,实现粮食基本供给不脱销、不断档,有效减轻国际粮食市场变化对国内的冲击,为控制物价过快上涨和提高粮农收益提供有力支撑。全年共完成各类政策性粮油收购(含轮换)9325万吨、销售6880万吨、跨省移库713万吨,分别是历史最高年份的1.4倍、1.4倍、2.3倍,再创历史新高。

中央储备粮保持数量真实、质量良好、储存安全。国家有关部门年度抽查显示,储粮品质宜存率达到99.6%,质量达标率97.9%,粮食质量保持在较好水平。

企业各项经济指标继续平稳增长。总资产达到2684亿元,销售收入1038亿元,利润15.4亿元,同比分别增长54%、111%、42%;净资产收益率7%,较上年增长2个百分点;营业费用占主营业务收入比率为2%,较上年下降1个百分点。圆满完成国资委下达的各项年度业绩考核指标。

【主要指标】

中国储备粮管理总公司主要经济指标

项　目	2007年	2008年	同比增长(%)
资产总额(万元)	16865320.9	26507892.9	57.17
净资产(万元)	2147235.7	2310707.6	7.61
营业收入(万元)	6553457.7	9619403.8	46.78
利润总额(万元)	109569.3	157045.2	43.33
技术开发投入(万元)	540.6	484.0	-10.47
利税总额(万元)	150762.5	190624.30	26.44
净资产收益率(%)	5.19	7.03	35.45
总资产报酬率(%)	1.9	2.57	35.26
国有资本保值增值率(%)	105.37	107.27	1.80

【改革发展】 全力服务国家粮食宏观调控,"三个维护"取得新成绩。按照国家指令,在部分粮食主

产区执行最低收购价和临时收储政策，涉及全国24个省区市，累计收购稻谷1366万吨、玉米1318万吨、大豆61万吨、小麦4174万吨、油菜籽67万吨，使农民直接增收近150亿元，对保护农民利益和保持粮食持续增产发挥了积极作用。继续在批发市场常年进行政策性粮食销售，拍卖47批次，成交4159万吨，保证市场粮食充足供应。通过定向销售、指定加工、直供市场的方式，落实25万吨中央储备食油销售任务，稳定食用油市场价格。汶川地震发生后，迅速落实三批共64万吨救灾中央储备粮油的出库任务，保证灾区粮油供应。执行国家7批粮食跨省移库计划，涉及全国除新疆西藏以外的省区市，完成小麦、玉米、稻谷三个品种713万吨发运任务，完善库存区域布局。超额完成铁路大客户核定运量，共发运670万吨，为东北粮食外运发挥重要作用。搞活购销轮换，主动服务宏观调控和地方经济发展，跨省区粮食购销总量达580万吨。通过提高订单农业质量、推进粮源基地建设、参与建立农民专业合作组织，发挥龙头企业带动作用，促进农业增产、农民增收。雨雪冰冻灾害期间，主动向南方调运玉米，加大粮食轮出力度，保障市场供应。

继续巩固“两个确保”(即确保数量真实、质量良好，确保国家需要时调得动、用得上)，粮食库存管理和科技水平进一步提升。针对各类政策性粮食快速增加、收储库点增多、一些地区露天存粮、储粮监管难度和潜在风险不断加大的实际，健全仓储监管体系，加大监督检查力度，强化对承储企业行为的约束，在直属库全面推行包仓管理责任制，进一步规范粮食库存管理。严把入库粮食质量关，强化粮食储存期间质量监控，加强质量指标考核，健全质检体系。国家有关部门年度抽查显示：储粮品质宜存率达到99.6%，质量达标率97.9%，粮食质量保持在较好水平。着力提高管理科技水平，三北地区低温准低温储粮比例达到75%，南方地区直属库储存稻谷全面推行控温储粮。全系统储粮减损保水技术应用效果明显，玉米破碎率从成立初期的13.5%降低到9%，水分损失减少0.5%，储粮品质进一步改善。储备粮免熏蒸率达到40%，实现年度节能减排5%的目标，节能减排取得明显成效。

突出风险防控，企业保持平稳健康运营。强化政策性资金实时监控和后续监督，建立财政资金定期报告制度和预算执行进度通报制度，参与国库集中支付动态监控系统互动机制试点，确保政策性资金安全规范运行。有效加强财务管理的核心作用，将全面预算管理覆盖所有直属库点，加大全系统成本费用控制力度，三项费用同比增幅大大低于同期销售收入增幅。继续推进资金集中管理，有力促进轮换购销，降低资金风险。加强市场分析和轮换购销指导，有效控制轮换购销风险。开展对全部所属企业内控评价，推动业务流程调整和控制措施完善。推动审计由事后向事中和事前转移，由静态控制向动态控制转变。启动全面风险管理工作，完成风险初始信息的收集和评估。风险管理工作的扎实推进，各种风险的及时防控，促进企业平稳健康发展。

深化内部改革，企业管理基础工作扎实推进。大力加强人力资源管理，领导干部选任和管理制度更趋健全，各级班子的年龄、知识、专业结构得到优化。继续推进直属库三项制度改革，完善业绩考核办法，加大绩效与收入分配挂钩的力度，树立比贡献、看业绩的市场化分配导向。不断推进员工素质工程建设，技能人才队伍不断发展壮大。资产管理制度框架不断健全，存量资产管理得到加强，中央储备油脂油料经营管理体制改革迈出步伐。积极探索新形势下加强基层党建工作的新路子，扎实推进公司系统职代会制度建设和厂务公开民主管理工作，整体推进惩治和预防腐败体系建设，试行专职纪检监察特派员制度，党风建设和反腐倡廉建设再上新台阶。2008年，广大中储粮人在应对雨雪冰冻灾害、抗震救灾、扶贫济困等方面以实际行动积极承担社会责任，树立中央企业听党指挥、为国分忧、服务人民的良好形象，全系统共有46个集体、25名个人获得省部级以上称号。

【重大项目】 落实国家有关国债投资粮库资产政策，加强国债粮库资产的监管和整体接管。经国家有关部门审批，新上收96个粮库为中央储备粮直属库，扩大仓容，充实管理平台。

科学规划投资工作，着力改善仓储物流设施条件。一批物流项目纳入国家粮食现代物流发展规划，获得国家资金补助。紧密结合国家扩大内需的决策部署，全系统共有52项(套)仓储设施及烘干项目列入2008年国家新增投资补助范围。

业务管理信息系统作为国家"金宏工程"子项目，率先通过系统初验和系统联调，正式上线运行。加密视频会议系统覆盖到所有直属库点，实现"库库通"。国资委组织中央企业信息化建设评价认为，中储粮总公司的信息化建设达到国内企业先进水平。

(撰稿人：魏　强)

国家开发投资公司

【基本概况】 2008年，国家开发投资公司深入贯彻落实科学发展观，积极应对国际金融危机的挑战，各项经营指标再创新高。公司全年完成经营收入375亿元，同比增长22.46%；实现利润50.8亿元，扣除因电煤价格和售电价格倒挂造成的"政策性亏损"，同比增长30%；年末资产规模达到1714亿元，增长17.83%；公司连续五年获得国资委年度业绩考核A级。在全行业严重亏损的情况下，电力业务仍实现整体盈利，全集团过亿元的企业达到16家，盈利企业占集团合并企业的71%。

【主要指标】 公司总资产继续保持快速增长，达到1714亿元，同比增长17.83%；净资产达到375亿元，同比增长22.46%；营业收入达到379亿元，同比增长37%；利润总额达到50.8亿元，同比增长5.24%；技术开发投入达到1.47亿元，同比增长12.4%；利税总额达到86亿元，同比增长13.03%；全员劳动生产率为21万元；净资产收益率为7.77%；总资产报酬率为5.68%；国有资产保值增值率为106%。

国家开发投资公司主要经济指标

项　目	2007年(期末)	2008年(期末)	同比增长(%)
资产总额(万元)	14544222	17136863	17.83
净资产(万元)	3060887	3748374	22.46
营业收入(万元)	2768374	3792682	37
利润总额(万元)	482739	508038	5.24
技术开发投入(万元)	13044	14662	12.40
利税总额(万元)	761909	861223	13.03
全员劳动生产率(万元/人·年)	23	21	-8.70
净资产收益率(%)	8.86	7.77	-12.30
总资产报酬率(%)	6.70	5.68	-15.22
国有资产保值增值率(%)	109	106	-3

【重大项目】 公司全年完成基建投资167亿元，电力新增装机97万千瓦，公司投产及在建的电力装机容量已达到4606万千瓦。煤炭新增产能324万吨，产量首次突破2000万吨，公司投产及在建的煤矿规模达到3544万吨。港口新增吞吐能力4720万吨，公司投产及在建港口吞吐能力达到1.6亿吨。海南洋浦公用原油码头和商业石油储备基地正在积极筹建。迁曹铁路已全线贯通；蒙冀铁路集包段已获得核准并

开工建设。国投罗钾项目一期120万吨硫酸钾工程正式投产和二期170万吨工程奠基，公司在山西的煤炭铁路专用户头正式获批，集煤能力和电煤自给率明显提高，公司海运规划已经开始实施，船舶已陆续签约建造。国投财务公司获得中国银监会开业批复及《金融许可证》；资产管理全年共退出项目109个，回收资金32亿元。公司在基本完成对中包公司的托管后，又托管中国高新投资集团。国投煤炭控股收购新登煤业公司，推动中原地区煤炭资源的整合开发。

【重大创新】 二滩水电《大型水电站安全高效的运行维护管理》获得第15届全国企业管理现代化创新成果一等奖；国投新集刘庄煤矿荣获2007年度中国建筑工程鲁班奖，板集煤矿创造三项世界级的建井记录，获2008年度安徽省科技进步一等奖；中纺物资生产的高强PE纤维被用于神舟7号系统，并获得欧盟的专利授权。

【履行社会责任】 2008年，全集团抗震救灾等各项社会公益捐款以及公司援疆和贵州定点扶贫资金共计7573万元，其中员工个人捐款827万元。

【应对金融危机】 针对当前我国经济运行中需求不足的主要矛盾，公司打造"电—煤—港—运"实业产业链，强化沟通和业务往来，促进成员企业间的业务往来和产业协同，既降低采购成本，提升市场竞争力，又保证稳定的客户需求，提升抗风险能力。

为应对金融危机，保证现金流。公司坚持多渠道扩宽融资渠道，与金融机构保持较好的合作关系，确保国投公司现金流的安全。在充裕现金流的保证下，公司抓住机遇，开展资本运作，相继实施河南王行庄煤矿、河南新登煤业、安徽康源电力集团部分资产等股权收购项目。

面对国际金融危机和国内经济下行的外部环境，公司在集团内部大力推行对重大风险实施"台账式"的管理模式，使各级经营单位和领导对企业自身面临的重大风险做到"心中有数、预警及时、应对有效"。

公司认真对金融衍生业务的开展情况进行清理整顿，评估风险和可能实现的浮动盈亏，同时制定金融衍生业务监管的暂行办法，对金融衍生业务操作的原则，审批授权制度、流程等内控机制，专向风险管理体系的建立等做出较为详细的规定，制定相应的应急措施。

（撰稿人：梁敬东）

招商局集团有限公司

【基本概况】 创立于1872年的招商局是中国民族工商业的先驱，现为香港地区四大中资企业之一，主要从事交通运输及相关基础设施建设、经营与服务；金融资产投资与管理；房地产开发与经营等三大核心产业。招商局国际已发展成为中国最大、全球位居前列的公共码头运营商，拥有全国性的沿海集装箱主枢纽港战略布局；招商轮船拥有中国领先的远洋能源运输船队；招商局物流集团是中国领先的现代物流服务商；华建中心是中国经营性收费公路企业中投资范围最广、参股公司最多的公路投资经营企业；招商局是招商银行、招商证券的创办者和最大股东；招商地产已发展成为享誉全国的房地产开发商。招商局还拥有闻名海内外的工业集团、中集集团和南山集团等修造船舶、生产集装箱和拖车以及平板房的企业。

2008年，在全球金融危机和经济下滑的环境下，招商局集团利润出现近年来的首次下降，全年实现利润总额139.2亿元，下降29.05%；实现母公司净利润84.5亿元，下降22.84%。剔除证券市场波动所导致的浮动盈亏，集团利润与上年基本相同。集团多数企业盈利仍较上年有所上升。集团利润总额在央企的排名，继2007年进入前十后，2008年又上升两位，至第八位。

招商局集团有限公司主要经济指标

主营业务	项　目	业务指标		
		2007 年	2008 年	增幅(%)
港口	集装箱吞吐量(万 TEU)	4173	5048	7.2
	散杂货吞吐量(万吨)	15945	21118	32.4
	集装箱泊位数	79	89	12.6
能源运输	运力变化	完成 2 艘新造油轮和 2 艘 LNG 船接船，出售 2 艘老龄 AFRAMAX 油轮，部署开展 3 艘单壳油轮进厂改造。		
金融	招行自营贷款余额(亿元)	6732	7614	13.1
房地产	土地储备(万平方米)	879.15	742.39	−12.3
	物业结转面积(万平方米)	25.69	24.934	−3
物流	公路运输周转量(亿吨公里)	17.71	23.02	29.95

截至 2008 年 12 月 31 日，招商局集团及所属企业在岗职工总数约为 3.3991 万人。

2008 年，招商局集团资产保值增值率为 109.75%。

【主要指标】 2008 年底，招商局集团总资产 2012 亿元人民币（以下同）；管理总资产 17321 亿元，合并账面净资产 576.37 亿元。期末集团净资产市值折合人民币约 906.43 亿元。实现利润总额 139.2 亿元，母公司净利润 84.5 亿元。总资产报酬率 7.42%，母公司净资产回报率 15.34%，成本费用利润率 53.97%。招商局集团盈利能力、资产质量仍处于较高水平，连续四年被国务院国资委考核为 A 级央企。

【改革发展】 企业产权。集团投资 8.47 亿元，与宁波港集团等共同发起设立宁波港股份有限公司，占股 5.4%。湛江港集团以增资扩股方式引入宝钢作为战略投资者，集团持股由 45%轻微下降至 40.3%。集团增持招商银行至 18.03%，并增持招商局中国基金 1.61%～24.65%。招商局国际增持中集集团至 25%。蛇口工业区南油集团通过与深圳国际控股公司的换股操作，集团实现全资控股平方汽车。

人事用工。集团各单位保持和谐的劳动关系。落实集团 2008 年度高管人员培训计划，举办第三期青年骨干管理知识培训班，组织有关的专业技能培训。加强对集团离退休人员的关注和管理。

业绩考核。进一步完善和强化以 KPI 业绩管理为核心的业绩考评体系。

薪酬分配。调整各一级公司高管人员的薪酬结构，改革、完善物流集团、漳州开发区、华建中心的薪酬管理制度。

【重大项目】 港口业：招商局国际分别与越南航海总公司和越南油气集团签约，在两家合资公司中分别占股 49%和 64%，获得越南边亭金星港口的主导开发权。

海运物流业：天津东疆保税港区海天物流园一期工程 5.6 万平方米仓库建成投产。招商局国际投资 0.66 亿港元收购冷链业务，持股 70%，完善西部港区一体化的物流链。

航运业：招商轮船 2 艘 AFRAMAX 油轮建成投产，2 艘单壳 VLCC 完成双壳改造，1 艘单壳 SUEZMAX 进厂改造，2 艘 LNG 船建成投产。

公路业：集团投资占股 40%且主导其管理的厦漳大桥获国家发改委批准动工，项目总投资 49.98 亿元。华建中心投资 7659 万元于福建三明高速公路。

物流业：物流集团网络物流业务完成投资 4.56 亿元，在 9 省市新购仓储建设用地 1437 亩，新建成分发中心 8.4 万 m^2，在建 9.1 万 m^2。新增网络节点 25 个，在全国一、二类城市的节点覆盖率达到 100%。

修船及海洋工程：深圳孖洲岛修船基地全面建成投产，包括 30 万吨级和超 30 万吨级两个干船坞。

金融业：招商银行顺利发行 300 亿元人民币的次级债，并投资 363 亿港元，全资收购香港永隆银行，纽约分行正式开业。招商局中国基金投资 2300 万美元入股 NBA 中国公司。招商证券的上市工作取得积极进展,IPO 已获批准。

地产业:蛇口工业区规划面积 133 万平方米的蛇口太子湾项目积极推进,并开展园区产业升级研究、规划工作;投资 2.79 亿元兴建科技企业加速器一期项目,正式启动招商局光明科技园的建设。招商地产投资 41.15 亿元,在北京、漳州等 2 个城市新增土地储备 130.49 万平方米。漳州开发区完成征地 3617 亩,造地 2539 亩。

【重大创新】 技术创新。重庆交科院致力于建设国家级交通科技创新基地,该院已拥有"国家山区公路工程技术研究中心"、"桥梁工程结构动力学国家重点实验室"和"桥梁结构抗震技术交通行业重点实验室"。2008 年,重庆交科院获科技部、国务院国资委、全国总工会联合认定为国家首批"创新型企业"。重庆科研设计院全年取得研究成果 24 项,其中各有一项成果被评为"国际领先"和"国际先进";一项成果被评为"国内领先"。

管理创新。招商局集团提出建设"创造价值型"总部的要求,在品牌推广、公关建设、信息系统、财务管控、行业研究等方面加强全集团的统筹与资源共享。法律工作建立集团专职总法律顾问制度。

【履行社会责任】 在 2008 年冰雪与地震这两场重大自然灾害中,招商局集团都以高度的社会责任感挺身而出,招商局系统公司与员工共捐款 6247 万元救助灾区,同时重庆交科院、招商局物流、雅致公司、招商局亚太等企业积极利用自身专业能力或专门资源,为抗击自然灾害作出了积极的贡献,得到社会的广泛认可。2008 年,又投入扶贫资金 265 万元,重点支持贵州省威宁县基础教育硬件设施建设。招商银行向中国儿童少年基金会捐赠 284.5 万元,其中 80 万元定向捐赠给贵州铜仁山区。招商地产继续在清华大学、天津大学设立总计 20 万元的奖学金,共奖励 68 名学生。

【应对金融危机】 2008 年,在外部环境急剧恶化的情况下,集团未雨绸缪,主动防范流动性危机,为确保集团及主要企业的财务安全采取多项措施。集团及时对于一些项目做出放缓节奏、减小规模或取消投资等的调整,资本支出比预算减少 153.24 亿元。在资本市场与地产市场双重下滑的情况下,招商地产完成增发融资 59.4 亿元。支持招商证券向部分股东成功发行了 40 亿元的次级债,及时补足净资本。通过合适的融资工具降低融资成本并积极增加人民币、中长期、非银行和固息债务,通过增量调整债务结构。继续加强资金集中管理。截至 2008 年底,集团自有资金 160 亿元,足以应付各种可能的恶劣的融资环境。继续对一些资产进行优化,招商局国际出售香港西隧 13%股权,回收 4.6 亿港元。招商局亚太出售所持罗梅公路全部 33.4%股权,回收 6800 万元。金融集团售出苏格兰狮项目,彻底了结历史遗留的集团对苏格兰狮的无限担保责任。

【其他情况】 2008 年,集团调整一批高级管理人员,优化了高管团队的结构。召开集团第一次档案管理工作会议,明确档案信息化的工作方向。在管理信息化建设上,招商通、新邮件件和资金管理等新系统建成并部署,基本完成 OA2.0 版本、视频会议系统二期的升级推广。

(撰稿人:邱树荣)

华润(集团)有限公司

【基本概况】 华润(集团)有限公司(以下简称"华润"或"华润集团")是一家在香港地区注册和运营的多元化控股企业集团,2008 年底华润集团拥有 5 家香港上市公司,22 家一级利润中心,在职员工 27 万人。

2008 年,华润集团努力克服重大自然灾害和金融海啸造成的不利影响,围绕主业积极发展,努力深化内部改革,由此进一步巩固主营行业地位,核心竞争力继续提升,整体业务保持平稳发展。

【主要指标】 2008 年华润集团实现销售收入 1307 亿元人民币,利润总额 106.6 亿元人民币,分别比上年增长 15.2%及下降 32.4%。总资产 2745 亿元人民币,净资产 1110 亿元人民币。国有资产保值增值率 108.9%,同比减少 3.8 个百分点。

营业额增长主要来自于零售、电力、饮品、地产、水泥、燃气等业务的拉动。经营利润与上年基本持平。净利润较上年下降，主要因素是，非核心业务出售及资本市场股本融资少于上年；电力净利润减少、微电子盈转亏；华润信托下属国信证券业务受内地股市大跌影响导致利润下降。

2008年华润集团财务状况稳健，风险控制得力。买地节奏放缓使集团现金流上升。长期负债所占比重上升，使整体负债结构进一步优化。集团负债率保持在合理水平。

华润(集团)有限公司主要经济指标

财务指标	2005年	2006年	2007年	2008年
资产总额(万元)	13687542	16938876	22354403	27449266
净资产(万元)	6181580	7573987	9883913	11105896
营业收入(万元)	7942205	10036233	11353411	13078552
利润总额(万元)	752251	1192785	1577193	1066823
社会贡献总额(万元)	1571249	2449139	3173508	3718704
技术开发投入(万元)	6312	9829	15996	20977
利税总额(万元)	963191	1786409	2191316	2261150
全员劳动生产率(万元/人·年)	2.14	13.22	13.26	13.23
净资产收益率(%)	11.96	15.55	16.22	8.75
总资产报酬(%)	7.48	9.17	9.71	6.00
国有资产保值增值率(%)	112.5	116	112.7	108.9

【改革发展】 2008年，华润集团围绕优化资源配置、加快业务重组、推进企业上市、深化人事薪酬制度改革等方面，将企业改革和发展进一步引向深化。一是加大业务重组、企业上市力度。华润燃气业务成功上市，微电子业务进行重大整合，华润怡宝和华润信托分立为一级利润中心作重点发展。二是继续清理非核心业务。通过出售策略性投资项目、清理不良资产，套现资金22.8亿港元，主要项目包括，减持万科、中国联通及大老山隧道、钦州码头等的权益，出售五丰行非核心业务及山东石材业务，出售香港厚丰、上海申富大厦等。三是积极推动人事薪酬改革。在华润置地、华润燃气、华润水泥和华润电力等4家公司开展管理团队薪酬优化及中长期激励制度试点，基本思路是，将3年中长期战略滚动计划完成情况与考核评价结合，全部奖励的一部分分解到年度，3年目标完成后兑现剩余奖励。在华润水泥、华润燃气、华润置地进行梳理关键岗位、对人岗匹配进行评估、推行薪酬优化的试点。此外，还围绕改革年度预算、加强资金统一管理、实施领导力发展项目、探索总部价值创造、强化基础管理、倡导阳光文化等方面，采取一系列有效措施，取得积极的成效。

【重大项目】 2008年重大项目投资并购包括，华润电力投资徐州天能集团、锦州港、收购江苏投资电力项目、开发风电、参股核电。华润置地投得福州540亩地块、获取深圳湾项目、深圳大冲村改造项目开发权。华润燃气收购项目18个。华润水泥在海南、广西等地完成多项重大并购活动。华润万家收购西安爱家超市。华润微电子投资建设8英寸晶圆生产线。华润啤酒在吉林通化等地建设或并购新厂。化工收购常州安德利聚酯。

经过近3年的努力，华润集团对华源、三九的整合进入收尾阶段。2008年基本完成医药股权归集，医药板块转入正常运营；三九医药清欠、股改项目闯关成功；按计划完成不良资产清理、非核心业务出售；人员顺利分流，妥善安置；解决大量债权债务问题。

新业务拓展方面，成功并购珠海商业银行，为进一步打造华润消费金融业务板块创造有利条件;成立大中华停车场发展有限公司,取得9个项目开发权;海南石梅湾旅游地产开发取得突破,规划区内的艾美酒店如期开业 。

【履行社会责任】 为了有利于统筹慈善公益事业,2008年10月华润集团在香港注册成立华润慈善基金,原始启动基金为5000万港元,分别由集团拨付,各利润中心捐助和员工捐款,以后将逐步向社会募集。

建设华润希望小镇。为了感恩和回报社会,切实履行中央企业的社会责任,华润集团董事长宋林于2008年春提出建设华润希望小镇的理念。建设希望小镇不只是扶助贫困、改变居住环境,也是支持社会主义新农村建设的有益尝试,通过这一形式帮助和促进新型农业经济的发展。2008年4月17日,华润集团与广西自治区签署备忘录;5月5日选址百色市右江区永乐乡西北乐村;10月规划设计方案通过;11月28日希望小镇开始动工建设。在此期间,华润万家积极组织小西红柿收购,五丰行扶植生猪生产,以上措施使当地农民收入出现明显增长。此外,为重塑农村经济组织,在华润集团的指导和协助下,当地村民成立希望小镇农业合作社。

开展地震捐助活动。5月12日四川汶川发生强烈地震后,华润集团在积极开展自救的同时,踊跃捐款,奉献爱心。华润集团抗震救灾工作组于地震次日抵达成都,代表华润集团向什邡、绵竹政府捐款50万元人民币和100万人民币;抗震救灾期间华润集团累计为灾区捐赠款物价值6500万元人民币,其中员工捐款4500万元人民币。另出资1000万元人民币用于修复彭州小鱼洞大桥。

继续跟进、做好捐资助学项目。“华润助你上北大、清华项目”已毕业香港学生32人,其余4届正在赞助中。香港岭南大学华润奖学金项目实施第二年,本年度赞助10位内地学生。河北贫困大学生奖学金项目实施第二年,已赞助1000名寒门学子攻读大学,完成学业。

推进节能减排。2008年成立华润集团节能减排工作领导小组,将节能减排指标纳入月度6S运营报表系统。截至2008年底统计,华润集团万元产值综合能耗同比下降2.2%。华润电力在产值增长16.5%的情况下,二氧化硫及粉尘排放量分别降低5%和2%。华润水泥余热发电节约标煤4万吨。华润微电子通过23度水循环利用技术节能效果显著。华润啤酒研发成功“糖化麦汁低压动态煮沸技术”,年节约蒸汽折合4500万元人民币。

建设和谐企业。面对金融危机,华润集团没有加入裁员潮,更对香港和内地低收入员工调薪,为维护社会稳定做出贡献。

【应对金融危机】 2008年10月以来的金融海啸,使华润集团的业务受到多年罕见的挑战,表现在,资本市场萎缩,配股集资难度加大,华润水泥上市计划未能如期落实;流动性收缩,香港银行惜贷,融资成本上升;货币错配,在港融资困难,人民币资金无法有效调剂成为外汇资金;华润电力、华润微电子、华润纺织等受市场需求萎缩影响大,许多企业面对原材料和库存贬值压力。

面对不利环境,华润集团未雨绸缪,有效应对,努力将金融危机造成的损失降至最低。

集团董事会及时提出“把握投资节奏、提升组织能力、加强资金管理、控制运营风险”的年度工作指导方针。为密切跟踪业务发展变化,及时沟通指导加以决策部署,增加季度利润中心经理人工作会议。

投资方面,2008年实际资本性支出较预算减少近200亿港元,全年仅购置一幅土地,放缓已动工的房地产项目和在建电厂的建设速度,较好地控制投资节奏。

2006~2007年,华润集团抓住有利时机出售非核心业务近300亿港元,2008年继续出售非核心业务23亿港元,为渡过经济低潮,准备较为充裕的资金。

在出售非核心业务套现资金的同时,集团积极探索新的融资渠道。成功地赶在金融海啸前,完成150亿港元的融资,并成功将燃气业务上市。

华润集团总部及各级企业还围绕打造资金集中管理平台、加强应收账款管理、压缩企业库存等方面,开展大量工作,确保资金安全,提高资金使用效率,降低了资金成本。

通过上述努力,华润集团的业务保持平稳发展,资产安全得到保证,顺利完成国资委下达的考核指标。

(撰稿人:朱虹波)

中国港中旅集团公司

【基本概况】 中国港中旅集团公司暨香港中旅(集团)有限公司是以旅游为主业，钢铁、地产、物流贸易为支柱产业的国有重要骨干企业。2008年，在突如其来、难以预料、历史罕有的严峻挑战和重大考验下，尤其是在百年一遇的金融危机面前，集团董事会和总经理室在党中央、国务院和国务院国资委的坚强领导下，率领广大干部员工，认真落实集团年初工作会议确定的“稳中求进防风险、好中求快上规模、持续降本促增效”经营方针，冷静分析外部经济形势和经营环境的变化，较好地把握发展大局，沉着应对并及时、有效地调整经营策略，做到了平稳运营保安全，强化管控防风险，深化改革抓优化，夯实基础重实效，节约降本增效益，积蓄力量谋发展，经营工作取得新的成绩。

2008年港中旅集团下属各板块和专业公司奋力开拓，努力完成经营目标，为稳定集团整体的经营做出努力。旅游主业在竞争激烈的市场环境下，仍保持营业额的稳定，业务发展有新的突破，市场占有率有改善；酒店板块全年整体营业额及利润总额指标均高于上年，出租率和平均房价稳中有升；钢铁板块全年营业收入较上年增长49%，为集团经营收入的增长做出重要贡献；电力板块全年较好完成预算计划，实现平稳增长；集团物流贸易板块完成全年预算指标，营业收入和利润较上年分别实现10%以上的增长；世界之窗、锦绣中华和中景公司等企业全面超额完成经营指标；资产经营公司实现资产变现近亿元。

【主要指标】 2008年中国港中旅集团遭受自然灾害、金融危机的严重影响和冲击，集团销售收入仍达到437亿元人民币，较上一年增长36.5%，实现利润总额16.33亿元人民币。集团总资产突破452.8亿元人民币，较上年末增加22%；年末集团资产负债率为53%，流动比率和速动比率较上年均有上升，在手货币资金达百亿元，整体的经营发展状况比较稳定，负债率处于合理水平，现金流状况良好，并成为“无炒外汇、无炒期货、无非关联担保”的“三无企业”；集团全年完成接待游客人数3150万人次，超额完成预算；年末全集团从业人员4.5万人。

【改革发展】 2008年集团以深入开展学习实践科学发展观活动为契机，以此推动集团上下进一步统一思想认识，创新体制机制，解决突出问题，促进科学发展。一是提前三年实现2001～2010年十年发展规划确定的主要经济发展目标，并进一步明确今后三年“三步走”的战略发展目标；二是确立“一主三支”的产业发展格局，有效实现了资源优化配置，经过几年的持续发展，旅游主业已成为中国规模最大的旅游企业集团，钢铁业产能近1000万吨，地产业储备数百万平方米的可开发面积，物流业稳步发展，盈利能力不断提升；三是大力提升旅游主业核心竞争力，在持续整合原有旅游资源，提高集约化经营水平的同时，陆续投资建设适应旅游发展趋势的新项目，初步形成产业要素齐全、综合实力较强的发展格局；四是持续强化管控体系和管理制度建设，努力提升企业管理水平，已形成强总部管控下专业化经营的管控架构和实施方案，形成覆盖主要管理事项的制度体系；五是不断深化内部机制的改革创新，从“三定”和改革薪酬、用工制度入手，完成集团本部和下属板块公司、专业公司、工作机构的内部改革，为增强市场竞争力提供机制保障，集团的可持续发展能力得到进一步提升；六是不断加强领导班子和干部队伍建设，形成比较完整的人才选聘、培养、考核、激励制度，为企业健康发展提供组织保障。

【重大项目】 集团积极推动旅游主业改革和资源整合工作，加强业务创新和市场开拓，拓展和延伸旅游服务链条，提升规模和效益。集团完成旅游资产注资的前期准备工作，资本运作取得阶段性成效；旅行社板块成立中国旅行社总社有限公司管理总部和北京、香港区域公司，推进旅行社管理体制改革，开辟美国、台湾新开放旅游目的地业务，推出新的旅游线路产品；酒店板块公司进行系统内外资源的整合，建立集中采购平台，加大推广和销售力度，进入“2008年度全球酒店集团300强”和“中国饭店业最具规模30家”；咸阳关中温泉年内实现正式开业运营，青岛海泉湾顺利开工建设，珠海海泉湾二期也进入实施阶段；集团证件业务部完成筹办成立京华国际旅行社和开通港中旅独家专营的迪斯尼专线业务；北京天创演艺公司的《功夫传奇》《新白蛇传》等旅游演艺剧目被评选为国家优秀出口文化产品并成功参加奥运演出。

集团三大支柱产业加强结构调整力度，提升后续发展能力。国丰钢厂在保证安全生产的前提下，顺利完成南区技改项目，第二座1780高炉和第二条1450连铸连轧生产线投产，使国丰产能扩大到近千万吨铁和千万吨钢的能力，跨入全国大型钢铁企业的行列，同时切实加强循环经济和节能减排工作，在全国同行业率先实现工业用地下水零开采和煤气零排放；房地产板块进一步规范招投标管理，加强预算控制管理，积极想方设法促进沈阳、苏州等地楼盘的营销；物流板块的各公司积极调整经营思路和销售策略，保持物流业务的上升势头。

【节约降本】 集团从2007年起开展的第一个三年降本增效计划，在2008年实现降本额近3亿元，完成全年计划的120%。集团全方位、全过程的降本增效工作成效为经营业绩做出贡献，在严峻的经营形势下凸现优势和实效。集团积极推进降本增效“大节约”活动，制定降本增效考核及计奖办法，严格控制成本费用增加，努力提高毛利率，确保全年管理费用实现降低7%的目标。集团本部各部室将业务费用在原预算的基础上再压缩800万元，下降幅度达8%。集团各板块公司和经营单位努力在精细化管理降本、流程再造降本、科技降本、安全降本、对标降本、全员降本等方面细化措施，扎实推进。国丰钢厂加强原材料采购，强化关键技术攻关，抓好全员全方位“大节约”活动，全年累计实现降本增效收益数亿元，吨钢降本34元，继续保持同业中低成本的优势；渭河电厂通过加大技术改造力度、降低账外库存、网上招投标，超额完成全年降本计划；中酒公司通过统一采购节省采购成本17%。

【履行社会责任】 2008年港中旅集团认真履行“在商言商”、“在商言政”的职责和任务，切实承担起企业的社会责任，进一步弘扬企业精神，树立企业形象，增强企业的向心力和凝聚力。

集团积极参与香港社会政治事务，在促进香港与内地经济合作交流方面做出积极贡献。集团在2008年初雨雪冰冻灾害发生后，为部分滞留在广东的农民工举办“同乐日”活动，向冰雪灾区扶贫点黎平县紧急拨付20万元救灾款，动员全集团职工捐款53万元。集团在“5·12”汶川大地震发生后，迅速贯彻落实党中央、国务院、国资委抗震救灾工作的部署和要求，动员集团全体员工全力投入抗震救灾工作，捐款1170多万元并率先响应灾区旅游恢复行动，支持灾区恢复重建和企业恢复生产。集团积极做好定点扶贫工作和发动集团员工捐助扶贫活动，向贵州黎平实施项目帮扶和资金援助，全年提供款物近百万元，帮扶救济当地困难群众，促进地区经济发展。

集团在2008北京奥运会举办过程中，是所有央企中承担奥运接待服务项目最多、规模最大、服务内容最广、服务时间最长的企业，启动并开展“金牌服务迎奥运”和为期60天的“奥运安全服务大会战”活动，完成好奥运期间的各项重点接待和安保工作。集团证件部在办理证件业务中加强入境人员证件审查，及时发现“藏独”分子线索，为维护国家安全，保障奥运成功举办做出贡献。集团通过成功举办“港中旅80周年庆祝酒会”和开展“三岗竞赛”、“评优选杰”等一系列活动，展现企业发展历程，塑造企业优秀文化，扩大企业社会影响，涌现出以“全国模范导游员”王新慷为代表的一批先进模范，进一步丰富“爱国、爱港、爱中旅”的企业文化和“敬业、奉献、务实、创新”企业精神的内涵。

【应对金融危机】 针对2008年国际国内经济形势和企业经营环境出现的重大变化，集团密切关注形势，及时调整经营策略，由年初的快速发展，在4月底就调整为“两个坚持、三个从严、四个强化”的稳健经营方针，随着金融危机加深又在7月份进一步制定“一保三压”经营策略，采取各种切实有效的措施，大力压缩成本费用，强化资金管理，严控经营风险，做好过“苦日子、紧日子、险日子”的准备，确保集团和各经营单位的经营安全、资金链安全。集团成功发行5年期20亿元人民币企业债券，通过借长还短、借低息还高息、多外币少人民币等措施，进一步优化债务结构，有效缓解资金压力，为集团发展提供资金保障；集团将下属41家公司资金实施集中管理，进一步提高资金的管控力度和使用效率；集团强化应收账款、存货、担保和“三率”（汇率、利率、税率）管理，应收账款下降

27%，存货降幅为68%，有效控制并降低财务风险；集团对各单位下达全年行政管理费用预算压缩7%以上的要求，进一步减少管理费用成本，集团本部刚性压缩行政费用数百万元，并减少用于80周年庆典活动的500万元预算；集团冻结新上项目投资，对在建项目资金投入再评估，将青岛海泉湾投资规模再进行压缩，同时加强预算管理和效能监察，有效防止投资风险和资本性支出的增加；集团对历史遗留问题和法律纠纷加强清理，保障合法权益，挽回经济损失，进一步消除法律风险和经营风险。各板块公司、各专业化经营单位及时转变经营策略，采取积极主动的应对措施，为实现集团平稳运营和安全"过冬"做出贡献。

【安全生产】 2008年港中旅集团继续保持企业安全生产形势的稳定。各企业以纠正一线员工的习惯性违章、安全隐患排查整治工作作为两个突破点，持续开展安全生产工作，全年未发生一起重大安全生产责任事故。

（撰稿人：雷海粟）

国家核电技术有限公司

【基本概况】 国家核电技术有限公司（以下简称"国家核电"）成立于2007年5月。是经国务院批准，由国务院和中国核工业集团公司、中国电力投资集团公司、中国广东核电集团有限公司、中国技术进出口总公司等四家大型国有企业共同出资组建的有限责任公司；是经国务院授权，代表国家对外签约，受让第三代先进核电技术，实施相关工程设计和项目管理，通过消化吸收再创新形成中国核电技术品牌的主体，是实现第三代核电技术引进、工程建设和自主化发展的主要载体和研发平台。

"国家核电"主要从事第三代核电AP1000技术的引进、消化、吸收、研发、转让、应用和推广，通过自主创新，形成自主品牌核电技术；组织国内企业实现技术的公平、有偿共享；承担第三代核电工程建设、技术支持和咨询服务以及国家批准或授权的其他方面的业务。

党中央国务院高度重视我国核电事业的发展，确定了"积极推进核电建设"的战略方针，做出统一技术路线，引进第三代核电技术，建设两个AP1000依托项目，组建"国家核电"并由其负责组织实施我国第三代核电技术的引进、消化、吸收和再创新工作，开展大型先进压水堆重大专项研究等一系列加快实现核电自主化发展的战略决策。在"国家核电"的筹建过程中，党中央和国务院领导给予亲切关怀和高度重视，2007年5月22日，"国家核电"在人民大会堂正式揭牌成立。"国家核电"是国务院国资委成立以来首家按照《公司法》设立的多元股东的有限责任公司，是由中央直接管理的第54家国有重要骨干企业，实行计划和财政单列。国务院在关于组建"国家核电"的批复文件中指出，组建国家核电技术有限公司是实施国家能源发展战略的需要，是核电体制改革的重大突破，是尽快提高我国核电自主化能力、推进核电建设、加快能源结构调整的重大举措。

【发展战略】 建设创新型现代国有企业，把创新发展作为企业第一要务，坚持制度创新、技术创新、管理创新。在发展战略制定和实施上，强调始终围绕促进我国核电自主化发展这条战略主线；以技术引进和消化吸收为切入点，以依托项目建设为重中之重，以完成国家重大专项研发任务、开发具有自主知识产权的先进核电技术为目标，紧紧抓住这三大战略重点；围绕研发、设计、制造、建设、运行五大环节和七大核心业务板块，进行产业布局，形成协同效应；通过"引进、消化、吸收、再创新"，形成中国自主品牌的核电技术，坚定不移地走出一条"标准化设计、工厂化预制、模块化施工、专业化管理、自主化建设"的三代核电产业化发展道路。

"国家核电"近期的五大任务是：成功实现引进第三代先进核电技术；组织建成AP1000三代核电2个依托项目（浙江三门、山东海阳）4台核电机组；实现三代核电关键设备的国产化和自主化；通过组织大型先进压水堆核电站重大专项研发和示范工程的建设，创新并形成中国自主品牌的大型先进压水堆核电技术；走出一条"标准化设计、工厂化预制、模块化施工、专业化管理、自主化建设"的三代核电产业化发展道路。

【主营业务】 "国家核电"成立以来，在党中央、国务院的正确领导下，在国家有关部委的指导和帮助下，坚持以"科学发展观"重要思想为指导，坚决贯彻落实党中央、国务院关于核电自主化发展的一系列重大决策，圆满完成三代核电国际招标，扎实推进"依托项目工程建设、引进技术消化吸收和关键设备国产化、大型先进压水堆核电站重大专项"三条主线工作，实现了公司经营发展目标。截止到2008年底，公司资产总额达到107亿元，实现营业收入22.7亿元，利润2.27亿元，主要经济指标跨上新台阶，创新发展能力进一步增强，为加快推进我国第三代核电自主化发展和公司做大做强迈出坚实的步伐。

1. 圆满完成三代核电国际招标。

根据国家"采用先进技术，统一技术路线"的重要决策，我国从2003年启动三代核电自主化依托项目的国际招标工作。2006年12月16日，中美两国政府签署《关于在中国合作建设先进压水堆核电项目及相关技术转让的谅解备忘录》。2007年3月1日，"国家核电"、项目业主和美国西屋联合体在北京签署《核岛采购框架合同》和《技术转让框架合同》，美国西屋联合体的AP1000技术方案正式中标中国三代核电自主化依托项目。2007年3月12日，"国家核电"启动与美国西屋联合体的最终合同谈判，牵头组织包括项目业主、电站设计、设备制造和工程建设等有关单位的160余名专家和技术人员，与美国西屋联合体(美方最多时参加谈判人员达到53人)展开历时4个月的艰苦谈判，基本实现中方预定的谈判目标。2007年7月24日，我国三代核电自主化依托项目合同签字仪式在人民大会堂举行。"国家核电"、三门核电公司、山东核电公司与美国西屋联合体及分包商分别签订三代核电自主化依托项目4台机组的核岛采购和技术转让合同。这是我国三代核电技术引进取得的一项重要的阶段性成果，是推进三代核电自主化依托项目工程建设和消化、吸收引进的先进核电技术并实现再创新的新起点。引进三代核电AP1000技术，将推动中国核电技术实现重大跨越，进入世界核电技术的最前沿，使中美两国在核能领域的合作发展达到一个新的高度。

按照合同规定，我国将购买4台先进的AP1000核电机组，美方转让AP1000设计技术、设备制造和成套技术、建造技术等先进的核电技术。中方将完全拥有在引进AP1000核电技术基础上改进和开发的输出功率大于135万千瓦的大型非能动核电站的知识产权，在"中美和平利用核能协定"的框架下，中方拥有出口权，对于美国和日本市场，双方可以进行合作出口。合同体现了中方谈判过程中始终坚持的"三个100%"的基本原则，即：核岛合同和技术转让合同的谈判要保证100%满足4台AP1000核电机组工程建设需要，100%保证AP1000技术转让的完整性和先进性，100%实现AP1000关键设备的国产化。

2. 三条工作主线取得积极进展。

(1)积极推进三代核电依托项目工程建设。

作为世界上第一批AP1000第三代核电站，浙江三门、山东海阳依托项目的工程建设，始终是"国家核电"重中之重的中心工作。

探索形成三代核电依托项目核岛合同结构和项目管理模式。三代核电自主化依托项目核岛合同，由"国家核电"和项目业主作为联合买方，与美国西屋联合体签订。在不改变西屋联合体承担合同责任的条件下，"国家核电"作为核岛的设计、采购和建造(EPC)总承包商。以APM模式，指导JPMO/SPMO工作，负责整体项目管理和"进度、质量、成本、安全"四大控制。为了确保依托项目"四大控制"的成效，一方面高度重视体系内管理能力的提升，定期开展JPMO工作评估；另一方面，积极协助业主开展项目核准工作，认真配合业主的能力评价工作，不断完善提高工程建设管理能力。12月21日，依托项目二级网络进度计划(升级版)正式签署发布，标志着工程设计、建设与设备制造等相关工作有了更为符合工程建设实际的执行计划。有效地保证了依托项目工程建设的有序推进。

三代核电自主化依托项目工程建设前期工作进展顺利。在"国家核电"的组织推进下，依托项目核岛合同于2007年9月24日全面如期生效。2007年12月26日，中外合同各方一致同意发布ATP(开工令)。2007年12月31日作为依托项目工程基准日，实现了按计划计时，标志着项目正式进入工程实施阶段。2008年2月26日和7月29日，三门核电站、海阳核电站的核岛负挖工程分别比原计划提前1个月和2个月正式开工。8月22日，三门核电站1号机组核岛负挖已经通过国家核安全局的专家验收，提前67天顺利完成，相关设计工作正在按三级进度稳步推进。12月底，海阳核电站1号机组核岛负挖提前全部完成。

按计划全面开展设备采购和监造工作。由美国西屋公司负责采购的A1类设备包括反应包括一、二号机组的反应堆压力容器、堆内构件、控制棒驱动机构、蒸汽发生器、主泵等都已经先后在中国、韩国、美国按计划开工制造，已完成进度的23%，能够满足工程建设需要；由"国家核电"负责采购的A2、A3、B、C类设备，已签订合同近60个，符合计划要求。建立"AP1000关键设备信息报告制度"，加强设备监造和跟踪，主动了解并积极协调解决设备和部件供应中出现的质量与进度问题。

(2)AP1000技术转让和关键设备国产化工作稳步推进。

AP1000技术转让工作是我国第三代核电自主化发展的基础。三代核电AP1000技术引进，是国家自80年代引进30万千瓦、60万千瓦火电机组技术以来，再次由国家层面组织的大规模技术引进工作。截止到2008年底，合同项下的34个技转任务包已经正式启动32个，累计接收16个任务包的技转文件61批、548箱、16341份。11月，经过与西屋公司大量的沟通协调，锆材制造技术任务包最终获得美国商务部出口许可证，进入实质性执行阶段。作为技术转让重要工作之一的培训工作已经全面展开。来自一重、哈电、东方电气、上海电气及"国家核电"所属单位的人员参加技转培训工作，已开展课堂培训295天，累计参加约4300人天，开展岗位培训超过1500人天。为公平地将AP1000核电相关技术提供给各有关单位共享，多次开展指定用户的增补工作，指定用户总数累计达到400家。

"国家核电"组织构建完整的AP1000设备国产化统筹协调、分工负责的工作体系。建立相关工作制度、工作程序和质保体系。由国内装备制造企业承担的压力容器、蒸汽发生器、主泵、主管道、爆破阀等关键设备的技术转让和国产化工作正在有序推进。主管道模拟件研制取得阶段性成果。我国一重自主开展的蒸汽发生器管板和反应堆压力容器接管段试制获得成功，已基本具备生产AP1000核电机组全部锻件的能力。另外，从国家核电自主化战略角度考虑，与国内有关企业合资建立4家制造企业，分别生产AP1000的专有设备钢制安全壳和模块、核燃料包壳用材料和锆管产品、AP1000数字化控制系统和安全保护系统和AP1000燃料组件等，承担的设备国产化工作填补多项国内空白。

(3)大型先进压水堆核电站重大专项前期工作取得突破。

大型先进压水堆核电站重大专项是国家中长期科技发展规划确定的重大专项之一，是我国建设创新型国家的一项标志性工程。组织开展大型先进压水堆核电站重大专项研究，是实施国家能源发展战略的重大举措。

2008年2月15日，国务院常务会议审查并原则通过《大型先进压水堆核电站重大专项总体实施方案》，批准由国家核电技术公司作为示范工程实施主体，负责牵头实施重大专项。以此为契机，全面启动和部署重大专项实施工作，基本形成公司重大专项实施管理模式。

公司组织国内30多家单位开展18个课题研究工作，展开AP1000消化吸收研究，积极推进CAP1400概念设计优化等工作。AP1000依托工程、CAP1400示范工程急需的关键设备及材料研制类课题取得较大进展。组织国内有关单位及专家对"反应堆堆芯关键技术"、"严重事故机理及现象学"等9个压水堆重大共性技术研究课题，进行深入研讨，确定研究内容和目标。积极开展国际合作，签署《大型先进压水堆核电站非能动安全性能项目(LPP)合作开发白皮书》，组织专家与西屋公司、绍尔集团、俄勒冈州立大学、宾州州立大学就LPP进行多次技术交流，交流评估表明，公司CAP1400总体方案可行。从国内有关单位选拔访问学者已前往美国俄勒冈州立大学开展相关试验培训。

为了确保重大专项示范工程按照国家批复的实施方案时间表建成投运，在与国家有关部门沟通和汇报的基础上，在山东、辽宁、福建和安徽等省开展重大专项示范工程厂址考察工作。

3. 全面推进内陆AP1000核电站建设的前期准备。

建成内陆核电站是真正消化吸收 AP1000 核电技术的标志之一。按照内陆核电厂址进行设计的 AP1000 是最合适的内陆核电堆型。AP1000 核电技术安全性更高、批量化后经济性明显，在内陆建设 AP1000 具有独特的综合优势。公司按照国家要求，协助有关方面落实内陆核电站厂址的准备，成立内陆核电国产标准化设计联合工作小组，针对内陆厂址的超大型冷却塔等组织重点攻关，确定 AP1000 内陆核电国产标准化设计工作时间表，截止到 2008 年底，已经完成标准化设计的总体设计、关键系统设计、关键设备总体设计。

【资源配置】 为了确保我国三代核电自主化依托项目的工程建设和企业创新发展，“国家核电”有计划、有步骤地推进核心技术体系建设，不断优化内部资源配置，创造条件实现外部优质资源的重组和整合，实现核心业务战略布局的阶段性目标。“国家核电”已构建成为有 9 家核心企业和 2 家参股企业的公司，涵盖设计、制造、建设、运营等领域。

9 家核心企业是上海核工程研究设计院、国核电力规划研究设计院、山东电力工程咨询院有限公司、国核工程有限公司、山东核电设备制造有限公司、国核宝钛锆业股份公司、国核自仪系统工程有限公司、国核电站运行服务技术公司和国家核电技术研发中心；2 家参股企业是中核包头核燃料元件股份公司和湖南核电有限公司。

这些企业都是围绕我国三代核电依托项目工程建设和消化吸收 AP1000 关键技术，为填补我国国内核电产业空白而筹划组建的，产业布局的协同效应已经初步显现。

【管理创新】 “国家核电”成立以来，围绕创建以核安全文化和质量保证体系为核心内容的企业文化，提出“以核为先，以合为贵，以和为本”的“三和”文化价值理念，倡导积极进取、开放合作，不仅保障公司高效有序运行，推进国内各合作方的工作融合与发展，而且与美国西屋、绍尔等公司达成广泛的核电业务战略合作协议，扩大国际合作的广度和深度。

公司所属单位及总部的质量管理体系认证工作，已经相继完成，公司上下安全质量意识、管理流程与效率、工作质量与水平均得到普遍提升。

（撰稿人：李　娜）

中国商用飞机有限责任公司

【基本概况】 2008 年 5 月 11 日，中国商用飞机有限责任公司（以下简称“中国商飞公司”）在上海成立。中国商飞公司是经国务院批准成立，由国务院国有资产监督管理委员会、上海国盛（集团）有限公司、中国航空工业集团公司、中国铝业公司、宝钢集团有限公司、中国中化集团公司共同出资组建，由国家控股的有限责任公司。公司董事长兼党委书记：张庆伟，总经理：金壮龙。公司注册资本 190 亿元，注册地和总部在上海。中国商飞公司在国家大型飞机重大专项领导小组的领导下开展工作，有关部门按各自职能对公司的相关业务进行指导或管理。公司所属单位主要有中航商用飞机有限公司、上海飞机设计研究所、上海飞机制造厂、上海飞机客户服务有限公司以及上海航空工业（集团）有限公司，在北京设有办事处，并将在欧洲、美洲设立办事机构。截至 2008 年底，公司有从业人员 5225 人。中国商飞公司是实施国家大型飞机重大专项中大型客机项目的主体，也是统筹干线飞机和支线飞机发展、实现我国民用飞机产业化的主要载体。公司主要从事民用飞机及相关产品的设计、研制、生产、改装、试飞、销售、维修、服务、技术开发和技术咨询业务；承担与民用飞机生产、销售相关的租赁和金融服务业务；经营本公司或代理所属单位的进出口业务；承接飞机零部件的加工生产业务；从事业务范围内的投融资、外贸流通经营、国际合作、对外工程承包和对外技术、劳务合作等业务。公司按照“主制造商—供应商”的运行模式，重点加强飞机设计集成、总装制造、市场营销、客户服务、适航取证等五种能力建设，发动机、机载设备、材料等主要运用市场化机制，采用招投标方式择优选用。同时，充分利用好国内现有的航空工业资源，努力完成拥有自主知识产权、具有国际竞争力的大型客机和支线飞机研制并取得商业成功，创建国际一流航空企业，早日让中国的大飞机翱翔蓝天。

【主要指标】 中国商飞公司自 2008 年 4 月开展

正常经营活动，全年经济运行情况良好。公司2008年4～12月实现营业收入108785万元、利润总额5733万元、工业总产值57257万元、工业增加值17621万元；2008年底，公司资产总额2323792万元、负债总额412696万元、所有者权益1911096万元。

1. 收入完成情况。2008年4～12月公司实现营业收入108785万元，其中，航空工程技术及服务收入39563万元（大型客机项目研制收入32809万元、ARJ21新支线飞机研制收入3000万元、民用航空科研及工程技术服务收入3754万元），飞机制造及销售收入27781万元，其他机械制造及三产收入41441万元。

2. 利润完成情况。2008年4～12月中国商飞公司营业成本91989万元、销售费用1786万元、管理费用25561万元、财务费用14855万元，实现利润总额5733万元。

3. 资产情况。截至2008年底，中国商飞公司资产总额2323792万元，其中：货币资金1775479万元，占资产总额的76.4%，主要是公司初创，各股东单位投入的资本金。

存货157989万元，占资产总额的6.8%，主要构成为ARJ21新支线飞机项目自筹科研支出、供应商免费提供的装机和试验件、研制及批生产原材料等，占存货的80%；航空产品制造必备的原材料、库存商品及在制品，占存货的19%。

固定资产165547万元，占资产总额的7.1%。

无形资产108500万元，占资产总额的4.7%，主要是土地使用权。

4. 负债情况。截至2008年底，中国商飞公司负债总额412696万元，其中：长短期借款136000万元，占负债总额的33%，主要是新支线飞机项目批生产流动资金借款。

其他应付款124723万元，占负债总额的29.5%，主要是国外供应商为ARJ21新支线飞机提供的研制支持资金。

专项应付款44708万元，占负债总额的10.8%，主要是ARJ21新支线飞机研制保障条件建设资金。

其他非流动负债14518万元，占负债总额的3.5%，为新支线项目供应商免费提供的装机及试验件。

5. 所有者权益情况。截至2008年底，中国商飞公司所有者权益合计为1911096万元，其中实收资本（股本）190亿元，占所有者权益的99%，具体为：国务院国资委60亿元，占股本的31.58%；上海市人民政府50亿元，占26.32%；中航工业50亿元，占26.32%；中国铝业公司、宝钢集团有限公司、中国中化集团公司各10亿元，各占5.26%。

【改革发展】 2008年8月27日，中国商用飞机有限责任公司《2008～2010年发展战略纲要》（简称《纲要》）正式发布。《纲要》是指导公司2008～2010年建设和发展的纲领性文件，共分七个部分：发展方针、指导思想和总体思路；建设方略；发展目标；公司体制；公司建设；产品发展；实施计划。《纲要》明确公司的发展方针，即“发展民机，壮大产业，开拓创新，勇创一流”。公司制定“实现一个目标、发展两种系列、打造三大中心、实施四项支撑、形成五种能力、统筹六大关系”的总体发展思路。具体讲：一个目标，即创建国际一流航空企业的目标；两种系列，即干线飞机和支线飞机两大系列产品；三大中心，即飞机总体设计研发中心、总装工程制造中心和满足客户需求的全球客户服务中心；四项支撑，即企业文化战略、人才强企战略、品牌战略、信息化战略支撑；五种能力，即飞机设计集成能力、总装制造能力、市场营销能力、客户服务能力、适航取证能力；六大关系，即安全性同经济性的关系、自主创新同利用全球科技资源的关系、体制机制创新同发挥现有技术人才和企业作用的关系、研制攻关同实现产业化的关系、政府主导同市场机制的关系、干线飞机同支线飞机的关系。《纲要》发布后，中国商飞公司编制《公司2008～2010年发展战略纲要实施方案》。

中国商飞公司坚持以人为本，深化改革与发展，主要包括：一是积极做好干部人事管理工作。通过组织调配和公开选拔，加强公司总部及所属单位干部队伍的建设；制定公司型号领导干部管理办法，建立C919大型客机和ARJ21新支线飞机项目总指挥系统队伍，建立C919大型客机和ARJ21-700飞机总设计师系统队伍；组建大型客机项目专家咨询组和ARJ21-700飞机督查组；积极开展海外人才引进工作，被中央确定为海外高层次人才创新创业基地；通过召开社会招聘会，汇聚国内各类社会英才；响应国家“创新型企业多招大学生”的号召，积极扩招大学应届毕业生，招聘人数比原计划增加212%。二是开展与市场接轨的现代企业薪酬体系建设。制定与公司绩效挂钩的薪酬体系方案;指导和规范所属单位薪酬发放;研究制定公司所属单位负责人经营业绩考核办法。三是完善公司员工的福利保障体系。认真贯彻落实《中华人民共和国劳动合同法》,不断规范企业用工行为;建立公司的社会福利保障体系,解除广大员工的后顾之忧。四是依托相关资源加强产学研合作。设立博士后科研工作站;分别在西北工业大学和南京航空航天大学设立"大飞机"奖学金;支持上海交通大学、北京航空航天大学、西北工业大学等高校开设大飞机班,加快航空工业人才培养。针对国内民机产业人才培养的不足,积极开拓海外人才培训渠道。与英国克莱菲尔德大学、法国国立航空航天大学等国际知名航空院校及GE、CFM等知名供应商企业达成培训意向,拟与其开展培训合作。

【重大项目】

1. ARJ21新支线飞机项目进展情况。ARJ21新支线飞机是我国"十五"规划的重大高技术项目。2002年6月国务院批准立项,项目总投资61.35亿元,其中研制费用51.97亿元,国拨25亿元。ARJ21新支线飞机项目由原中国航空工业第一集团公司负责研制。公司成立后,根据国务院批复的组建方案,ARJ21新支线飞机项目由中国商飞公司负责。

ARJ21新支线飞机是我国自行研制的具有自主知识产权中短程新型涡扇支线飞机,标准航程型为2225公里,座级为78~90座,具有适应性、舒适性、共通性、经济性、系列化等特点。研制进程主要包括概念设计、预发展、工程发展和批生产四个阶段。研制批飞机共六架:101、102、103、104架飞机作为试飞飞机,01架作为静力试验机、02架作为疲劳试验机。为完善设计安排03机头作补充静力试验用。2003年11月,完成预发展评审,转入工程发展阶段。2006年5月,从详细设计阶段转入全面试制阶段。

中国商飞公司成立以后,高度重视ARJ21新支线飞机的研制工作。一是明确ARJ21新支线飞机项目为公司重中之重任务;二是成立联合指挥部,加强与原中航一集团合作与协调;三是加强组织领导,层层落实责任制,向项目和各研制单位负责人颁发重点任务责任令;四是强化质量管理,进一步健全和完善新支线飞机的质量管理体系;五是成立新支线飞机督查组,加强研制过程的督查工作;六是成立项目成本价格联合领导小组,组织、协调、决策新支线飞机成本价格工作;七是建立激励机制。经过公司广大干部职工和各参研单位的共同努力,顺利完成责任令任务,研制工作取得重要进展。

8月27日,飞机正式转入试飞站;10月25日,飞机进行首次滑行;11月9日,通过首飞技术评审;11月28日,飞机在上海首飞圆满成功,实现新支线飞机研制的重大突破;12月18日,通过工业和信息化部组织的转入试飞取证阶段审查。

与山东航空公司等签订总数为208架ARJ21新支线飞机的确认订单和意向订单。2008年珠海国际航展期间,公司与美国GE金融航空服务有限公司签署25架购机协议,总金额为50亿元人民币,这标志着我国国产民用喷气飞机走出国门,进入国际市场。

中国民用航空局高度重视ARJ21飞机的适航审定工作,成立ARJ21飞机适航审定领导小组,接受ARJ21新支线飞机型号合格证(TC证)和生产许可证(PC证)申请。美国联邦航空局(FAA)于2008年5月28日,复函正式同意受理ARJ21新支线飞机型号合格证申请。

10月7日,成立上海飞机客户服务有限公司,填补我国民机产业的空白,促进ARJ21新支线飞机客户服务工作的开展。开展飞行训练软硬件设施等六大业务能力建设,备件支援、客服培训、技术出版物等工作都取得新的进展,初步建立ARJ21新支线飞机客户服务体系。

2. 大型客机项目进展情况。大型客机项目是一项极其复杂的系统工程,公司成立以来,举全国之力,聚全国之智,科学组织,统筹规划,迎难而上,全力以赴开展大型客机研制工作。

一是组织力量,按照"市场导向、自主创新、统筹兼顾、中国特色"的论证原则,开展大型客机项目技术经济可行性研究工作,基本完成《大型客机项目可行性研究报告》、21份分报告、80份支持报告。二是打破常规,创新机制,举全国之力,聚全国之智,组建由全国47家单位,468名专家组成的联合工程队,开展大型客机项目联合论证工作,完成大型客机初步总体技术方案,明确飞机的设计目标与要求。对材料、发动机、机载系统和设备的国产化研制思路途径进行专题论证。以联合工程队的形式开展方案论证，人员之多、时间之长、规模之大，在国家重大项目论证和我国民用飞机研制史上是一次重大的创新，也是大型客机项目研制组织模式的重大创新。三是大力开展技术准备和关键技术攻关，梳理出第一批需要启动的关键技术攻关项目近百项。四是充分发挥专家智囊的决策支持作用，组建以张彦仲院士为组长，由21位院士和知名专家组成的专家咨询组。五是开展大型客机的项目管理、市场营销、适航管理、客户服务、质量管理等体系建设工作。制订项目研制程序和零级网络计划，开展国内外供应商的调研、交流和接洽工作，加强民用飞机市场营销模式的研究。

【重大创新】 组建中国商飞公司，体现党中央、国务院对大型客机项目的高度重视，是我国航空工业实现体制和机制创新的重大举措。

公司在组建过程中坚持科学发展，创新体制机制，结合航空工业50多年的发展经验，借鉴国际上航空工业的管理运行体制和民用飞机的发展模式，按照中国特色与国际惯例相结合、产品研制与产业化相结合的原则，积极探索"主制造商一供应商"的民机发展模式。

在大型客机研制征程中，公司打破常规，创新机制，召开大型客机项目论证动员大会，组建一支由47家单位、先后有468位专家组成的大型客机联合工程队，以联合工程队的形式开展方案论证，人员之多、时间之长、规模之大，在国家重大项目论证和我国民用飞机研制史上是一次重大的创新，也是大型客机研制组织模式的重大创新。

成立上海飞机客户服务有限公司，是中国商飞公司抓紧实施大型客机项目、创建国际一流航空企业的重要举措，是公司重点打造的"三大中心"(即飞机总体设计研发中心、总装工程制造中心、满足客户需求的全球客户服务中心)之一，也是公司重点建设的"五大核心能力"(即飞机设计集成能力、总装制造能力、市场营销能力、客户服务能力、适航取证能力)之一。填补我国民机产业的空白，对于完善大型客机和支线飞机产业链，提高我国民用飞机客户服务能力具有重要意义。

公司大力实施知识产权战略，建立企业知识产权实施体系，争创上海市知识产权示范企业，成为2008年度上海市专利工作试点企业。完成国家高新技术企业的认定申请。启动ARJ21新支线飞机知识产权风险与保护专项工作。

【履行社会责任】 四川汶川特大地震自然灾害发生后，中国商飞公司迅速落实国资委抗震救灾视频会议精神，认真做好抗震救灾工作，心系灾区，奉献爱心，踊跃捐款。中国商飞公司向灾区捐助200万元，公司4083名干部职工共计捐款65.63万元。在参加向汶川地震灾区捐款献爱心活动后，公司全体党员又以缴纳"特殊党费"的形式再次向灾区人民献爱心。在公司党员领导干部带领下，全体党员积极行动，中国商飞公司1199名党员共缴纳"特殊党费"69.7571万元。公司总部还举行向汶川地震灾区捐赠棉衣被仪式。共计捐款298406元，捐赠棉被240条，捐赠棉衣裤5340件(套)，参加捐赠总人数4768人，在这次捐赠活动中，公司拨出专项捐赠款20万元，用于购买1000床棉被、1000套棉衣裤，捐赠给地震灾区。同时，公司向中国航空工业第一集团公司等受灾严重的7家中央企业及总装备部第29基地等单位发出慰问信。

【应对金融危机】 面对经济危机和严峻经济形势，中国商飞公司领导班子高度重视，认真贯彻落实党中央、国务院的重大部署，学习贯彻国资委李荣融主任在2008年三季度经济形势通报视频会议上的重要讲话精神，认真分析形势，研究新情况，解决新问题。

1. 加快研保条件和批产能力建设。国家采取进一步扩大内需、促进经济增长的十项措施，包括加快中西部干线机场和支线机场建设，推进产业技术进步，加强国产支线飞机自主设计与规模生产能力。中国商飞公司积极争取国家政策支持，加快公司"三大中心"的建设和ARJ21新支线飞机批产能力建设，争取尽快形成批产能力，确保按照飞机销售合同要求，按时交付。

2. 加强预算控制，节约开支。做好公司预算的编制、控制工作，充分发挥预算在公司各项管理中的统筹牵引作用。强化预算的"过程控制"，保证预算实施，控制成本，节约开支。

3. 强化资金的集中管理。中国商飞公司采用母子公司制管理体制，实行"统一经营，两级管理"，按照"主业突出、结构清晰、精干高效"的原则对成员单位进行整合，对财务实行集中统一管理，优化、提高资金的使用效率，降低财务成本。通过合理配置资金，减少外汇融资，规避汇率风险。

4. 加强投资管理，有效控制投资风险。统筹干线飞机和支线飞机发展是中国商飞公司的主业，公司紧紧围绕"主制造商—供应商"模式，优化配置现有资源，加快推进ARJ21新支线飞机研制和大型客机项目研制。为确保主业，按照董事会要求，公司不进行股票、基金、债券和委托理财等金融性投资。

（撰稿人：殷　瑛）

中国节能投资公司

【基本概况】 中国节能投资公司是国务院国资委监管的中央企业，拥有全资控股子公司93家，员工2万人，是中国节能环保领域最具特色、最具竞争力的产业投资集团和集成服务运营商。

中国节能投资公司致力于推动节能环保技术进步与产业升级，围绕节能减排、环境保护、新能源和清洁技术三大主业方向，各主业板块已形成较强的核心竞争力和较大的产业规模。公司规划到2012年，资产规模突破1000亿元，年营业收入500亿元，年利润总额50亿元。形成年节能能力425万吨标煤，减排化学需氧量40万吨，减排二氧化碳1200万吨以上，为国家建设"资源节约型、环境友好型"社会作出一个中央企业应有的贡献。

中国节能的愿景：为建设资源节约型、环境友好型社会，为全球应对气候变化提供优质的产品和服务，成为这个领域优秀的贡献者，打造中国节能环保领域的旗舰企业。

【主营业务】

1. 城市水务板块。截至2008年12月，水务公司资产规模已达到51.98亿元，日产能达454.3万吨，全年实现营业收入5.29亿元，在国内同行业位居第一集团行列。2008年，水务公司总生产水量（包括厦门制水）40525.59万吨，较2007年39184.50万吨增加1341.09万吨；完成售水总量（包括厦门制水）35792.08万吨，较2007年35312.64万吨增加479.44万吨。2008年，水务公司完成污水处理总量2.4亿吨，同比增长15.6%。

2. 风电板块。几年来，风电公司一直保持项目拓展、建设和售电业务的快速增长。截至2008年底，公司装机容量达79.4万千瓦，其中投入运营风电项目总装机容量为24.45万千瓦，在建总装机容量为54.95万千瓦。2008年，风电公司总资产达43.10亿元，全年实现营业收入2.28亿元，全年实现上网电量42313万千瓦时，同比增加20012万千瓦时，增幅89.7%。

3. 生物质与垃圾发电板块。2008年，中国节能对系统内生物质发电、垃圾焚烧发电和污泥干化焚烧发电产业进行整合，形成可再生能源产业的专业化管理，设立可再生能源公司，使之成为一家总资产超过20亿元的专业化新能源投资平台，在国内同行业处于领先地位。

宿迁生物质直燃发电2.4万千瓦示范项目，作为拥有自主知识产权的首个生物质项目成功投入商业运营，全年累计发电13659万千瓦时，同比增加33.41%，实现上网电量超过11991千瓦时，同比增加37.68%；利用国内先进的技术，将城市生活垃圾和污泥混合燃烧的绍兴污泥和垃圾综合利用项目已基本完成两炉两机的建设，截至12月底，共发电3174.29万千瓦时；山东临沂日处理800吨垃圾的焚烧发电项目，2008年度共处理垃圾17.6万吨，发电10500万千瓦时；通过激烈竞争中标的深圳宝安区白鸽湖日处理1000吨的BOT垃圾焚烧发电项目完成项目工程设计招标，已开工建设。公司成功收购杭州绿能垃圾焚烧发电项目。

4. 新型节能建材板块。2008年，新型节能建材板块总资产达15.34亿元，拥有各类新型建材生产线17条，全年实现营业收入2.91亿元，同比增长9324万元，增幅47%。2008年，新材料公司共生产KP1砖4.18亿块，标砖0.55亿块，非承重砖22.67万立方米，路面砖0.24亿块，加气混凝土12万立方米、蒸压砖500万块，折合标准砖共计10.07亿块，比上年的7.87亿块，增加2.2亿块，增幅为27.95%。

5. 节能减排技术服务板块。2008年是科技公司明确发展目标，统一发展思路，沿着中国节能战略发展方向大力发展节能服务业务的一年。各项节能服务业务开展顺利，所承担的北京双山水泥集团纯低温余热发电、四川达州钢铁集团高炉炉顶煤气余压发电、天津天铁冶金集团高炉炉顶煤气余压发电项目已经进入收益期，并成功签约安阳城市路灯节电改造和天津天铁冶金集团饱和蒸汽余热发电节能服务项目。截至2008年底，科技公司资产规模达到3亿元，实现利润3481万元。

6. 节能环保产业园区板块。浙江公司以建设节能环保特色园区，努力成为先进技术的推广孵化平台为核心战略，经济效益显著，资产总额达到17.80亿元，全年实现营业收入1.39亿元，利润总额10918万元。目前，该公司经营的特色园区由2007年的4个扩展到9个，所涉及的地域有杭州、昆山、嘉兴、无锡、成都等地，总规划面积达到110.45万平方米，已竣工45.72万平方米，在建项目64.73万平方米。杭州科技园西湖国际科技大厦成为杭州市区最具规模、最有现代特色的产业园之一。

7. 贸易业务。天津公司以资源循环利用为主业，以现代贸易物流为支撑，近年主要从事废旧金属回收配送贸易，营业收入占集团总收入的一半以上。受金融危机影响，天津公司2008年实现营业收入638061.71万元，同比下降7.57%。天津公司2008年主要产品销售情况为：钢坯等黑色金属销售79.09万吨，同比减少63.48万吨；废钢50.18万吨，同比减少9.31万吨；生铁及金属矿100.22万吨，同比增加4.11万吨；石油及制品3.75万吨，同比减少0.55万吨；本年新增热力、布袋尘铭、多管尘的销售33.21万吨。

【节能减排】 公司自身节能减排工作成效显著：风电、水电、可再生能源等企业共计生产“绿色电力”18亿千瓦时，实现CO_2减排约120万吨。水务公司全年完成污水处理总量2.4亿吨，同比增长15.6%，实现COD总消减量7.3万吨，同比增长50%以上。截至目前，公司共开发的19个CDM项目(共计272万吨CER/年)，其中15个得到中国政府的批准，其中风力发电项目7个(90万吨CER)，生物质发电项目4个(46万吨CER)，水力发电项目4个(51万吨CER)。中国节能在联合国EB成功注册的CDM项目有12个，年减排量共计160万吨，累计实现CDM收益4783万元。绿脑包风电项目预收亚洲开发银行510万美元预付款。

（撰稿人：廖　望）

中国国际工程咨询公司

【基本概况】 中国国际工程咨询公司(以下简称“中咨公司”)是顺应国家改革开放新形势、贯彻落实投资决策民主化、科学化的要求而成立的，自1982年成立以来，始终肩负着为国家重大经济建设项目服务的历史重任。经过20多年的发展，中咨公司已经成为业务领域覆盖国民经济主要行业、拥有一支16000多人的专家队伍、国内最大的综合性工程咨询机构。

2008年，全集团共接受和完成各类咨询任务3233项和2063项，营业收入5.65亿元，利润总额6700万元，政府业务完成率为78.66%，全面超额完成了国资委的考核指标。

【主要指标】

中国国际工程咨询公司主要经济指标

项　目	2007年	2008年	同比增长(%)
资产总额(亿元)	12.79	13.02	1.80
净资产(亿元)	8.67	8.79	1.38
营业收入(亿元)	5.29	5.65	6.81

续表

项　　目	2007 年	2008 年	同比增长(%)
利润总额(亿元)	0.76	0.67	—11.84
技术开发投入(亿元)	0.04	0.05	25
全员劳动生产率(万元/人·年)	8.08	8.48	4.95
净资产收益率(%)	6.00	6.32	0.32
总资产报酬率(%)	6.60	5.22	—1.38
国有资产保值增值率(%)	106.65	106.52	—0.13

【改革发展】 管理部门按照五年规划部署和年度管理工作安排,改进和完善有关管理机制和办法。为加强人力资源管理基础工作,制定《公司劳动合同管理办法》《公司岗位管理暂行办法》等 9 个规章制度,开展中层管理岗位人才社会公开招聘试点,研究设计《典型代表岗位胜任力模型》,进一步完善人力资源管理信息系统。在全面执行《企业会计准则》的基础上,修订成本管理相关办法,完善财务支出控制体系和财务管理信息系统,规范所属企业项目预算管理。大力加强信息化建设工作,业务管理信息系统、水电行业数据库及决策支持系统建设已完成主要工作,集团公司数据交换平台已开始应用。进一步完善业务管理,通过环境管理体系和职业健康安全管理体系认证,初步建立覆盖全部业务范围、比较健全的质量管理认证体系。

【重大创新】 工程咨询理论方法创新工程(简称创新工程)进展顺利。继 2007 年 4 月中央领导作出重要批示后,2008 年初温家宝总理和曾培炎副总理再次对中咨公司创新工程作出重要批示。中央领导高度评价创新工程咨询理论方法所取得的明显成效和宝贵经验,充分肯定中咨公司认真贯彻落实科学发展观,在工程咨询领域践行党的创新理论所起的引领和示范作用。为了加强对创新工程的领导和组织工作,中咨公司研究制定《关于创新工程下一步实施的指导意见》,在 39 个咨询评估大纲编制完成并已在咨询实践中逐步贯彻执行的基础上,专门成立 4 个由公司领导牵头的课题领导小组,进一步明确咨询指南、评价准则、操作规范等课题研究边界;确定在课题研究工作中加强各部门矩阵协作、发挥公司专家顾问作用、充分利用外部资源、倡导开放式研究的工作原则。截至 2008 年底,10 个咨询指南、10 个评价准则和 22 个操作规范已按计划形成初稿,正在陆续征求专家顾问和有关方面意见。

【履行社会责任】 中咨公司始终坚持把履行社会责任作为企业的光荣义务,利用自身优势,长年支持定点扶贫县的经济社会发展,2008 年被中央国家机关等单位授予定点扶贫先进单位的称号。发生汶川特大地震灾害后,中咨公司和全体职工积极向地震灾区人民和受灾严重的中央企业捐款,广大党员以缴纳特殊党费的方式再次捐款,充分体现对灾区人民的深情厚谊。

【应对金融危机】 2008 年四季度,为应对国际金融危机对我国经济带来的不利影响,党中央、国务院审时度势,果断做出一系列扩大投资、拉动内需的政策措施,加快了民生工程、铁路、公路和机场等重大基础设施建设、生态环境建设和灾后重建,先增加安排中央投资 1000 亿元。中咨公司党组及时传达中央精神,迅速进行广泛动员和安排部署,要求举全公司之力,急国家所急,超前介入,特事特办,在保证咨询质量的前提下,创新工作方式,加快工作进度。各部门集中组织,密切配合,连续作战,加班加点,为国家发改委及时下达投资任务和安排建设项目提供高效率、高质量的咨询服务。同时,中咨公司还先后开展一大批对国民经济和社会发展有重大影响的项目和规划评估,包括福建宁德、广东阳江等核电站,沪杭客专、哈齐城际以及贵广、南广等铁路,广州、四川、锦西千万吨炼油和西气东输二线（东段）项目，东方电气灾后重建，湛江、防城港千万吨级钢铁基地，航空遥感系统国家重大科技基础设施等航空航天和国防科技工业建设项目，全国第二批循环经济试点方案，钢铁、石化等10大行业振兴规划，25个省区市巩固退耕还林成果规划，16个城市轨道交通规划，全国新增千亿斤粮食生产能力规划等，得到政府有关部门的认可。

（撰稿人：邓　朝）

中商企业集团公司

【基本概况】 2008年，中商企业集团公司（以下简称"公司"或"集团"）在国资委、监事会的领导、支持和帮助下，以邓小平理论和"三个代表"重要思想为指导，全面贯彻党的十七大精神和国资委工作会议精神，落实科学发展观，遵循企业战略规划，立足主业发展，在扩大主营规模，做实主营业务，强化企业基础管理，继续推动企业改革的发展进程，使企业改革发展迈上一个新台阶。

截至2008年12月，纳入集团业绩考核范围的9家二级企业实现收入68320万元，与上年同期同口径比较减少2285万元，降幅3.2%，毛利20396万元，与上年同期同口径相比增加1623万元，增长8.6%。当年利润总额4500万元，与上年同期同口径相比将有较大幅度增长。

【主要指标】

中商企业集团公司主要经济指标

项　　目	2007年	2008年	同比增长(%)
资产总额(万元)	155949	168734	−7.58
净资产(万元)	20533	12375	65.92
营业收入(万元)	79501	70605	12.6
利润总额(万元)	6300	2500	152
社会贡献总额(万元)	20747	14291	45.18
技术开发投入(万元)			
利税总额(万元)	10727	4573	134.58
全员劳动生产率(万元/人·年)	6	18	−66.67
净资产收益率(%)	20.90	8.46	147
总资产报酬率(%)	4.54	3.74	80
国有资产保值增值率(%)	80.2	94.8	−15.4

【改革发展】 2008年，公司着重夯实基础管理，全面实施规范化管理。加强责任监管力度，完善制度，实行精细化管理，确保企业的每一项运行都制度化、规范化。公司继续坚持项目责任人制度。落实到人，工作到位，分工合作，明确职责。全面推行内部稽核制度。促进企业内控制度的健全和完善，提高企业会计核算和财务管理水平，为企业健康发展保驾护航。加强财务监管和培训，进一步规范企业运作，加大企业风险防范。

在加强专项管理的同时，公司还坚持日常综合基础管理工作，分别在劳动、人事、分配、纪检监察、外事、离退休人员管理等日常工作方面也加大管理力度，提高了公司综合管理水平。

【重大项目】 2008年，公司重点子企业及投资项目进展顺利。

北京八里桥农产品中心批发市场，是国家农业部确定的农业产业化国家重点龙头企业，商务部“双百市场工程”，北京市首都文明市场。2008年，市场在各级政府和双方股东的大力支持下，加强管理、增加投入，不断创新，扎实做好各项工作，经济指标保持增长，企业实力和贡献能力逐年增加。上年实现交易量8.73亿公斤，交易额37亿元，分别比上年同期增长11.1%和21%。全年实现营业收入6600万元，实现利润3100万元，分别比上年增长17.6%和3%，再创交易额、利润新高。同时，市场还继续保持全国综合性农产品批发市场20强和北京市前5强的地位，并获得各级政府和协会颁发的荣誉9项，新的荣誉覆盖企业发展、规范诚信、企业品牌、治安文明、工会计生、金融资信和信息工作等诸多方面。

南阳市华山路蔬菜批发市场改造项目，通过硬件改造，实施电子结算，全年交易量和交易额比上年同期都有较大幅度提高。其中年交易量将突破8亿元人民币，比上年增加30%以上，市场占有率超过85%，成为豫西南最大的蔬菜交易批发市场。一个原始的农民自发市场已被成功改造成一个融现代化管理为一体的新型批发交易市场。

除这两个成熟的农产品项目外，集团还不断开拓新的农产品流通项目，其中海南中心市场项目各项工作进展顺利。已成立项目公司并开始高效运行，规划设计方案及项目运作思路已基本定型，贷款前期工作也准备就绪。同时，这个项目还得到海南省政府和国家商务部的肯定和支持。海南省把海南中心市场列为全省农产品流通龙头单位，组织整合全省的农产品资源。商务部也列为重点支持项目，将给予政策上的支持。总体来看，海南农产品项目发展势头非常好。另外，山东寿光农产品项目，集团已代表国家发改委以2500万元入资，占有10.6%的股权。

莫斯科中国友谊商城，主营中国名优商品，是我国在俄罗斯开设的第一家商场，是俄罗斯中国总商会会长单位；已进入莫斯科大中型百货商场前20名。下属的中国友谊海关保税库也开始陆续营运。2008年3月，中国友谊商城凭借优异的业绩和较高的社会知名度，荣获俄罗斯商业奥林匹克为商场机构设立的惟一奖项——“最受家庭欢迎商场”。

（撰稿人：郭君彦）

中国华孚贸易发展集团公司

【基本概况】 中国华孚贸易发展集团公司（以下简称“华孚集团”）是由原商业部、国内贸易部直属的主要从事副食品储备及经营的一批业务范围相近的企事业单位组建起来的商贸型企业集团。1999年1月1日与行政主管部门脱钩，1999年4月注册成立集团公司。注册资金13.3亿元，主要从事中央储备糖、中央储备肉的管理、操作及经营食糖、肉类、酒类等副食品的批发、零售、进出口、物流、仓储和生产加工，同时从事会展、零售连锁、工程设计（同行业全国领先）、食品检测，是全国副食品行业覆盖生产、流通、储备、销售和设计、检测全过程的龙头企业。

华孚集团拥有中国糖业酒类集团公司、中国食品集团公司、华商储备商品管理中心、华孚中商铁莱蔬有限公司、国内贸易工程设计研究院、国贸食品科学研究所等子公司。通过上述子公司控股或参股的三级公司有60多家。

【主要指标】 2008年全集团实现销售收入72.46亿元；实现利润总额3899万元。集团超额完成国资委下达的2008年经营业绩考核指标。

【改革发展】 2008年我国食糖产量大幅度增加，市场供大于求，糖价基本处于一路下跌的情况，给食糖经营带来极大难度。针对这种低迷的市场状况，食糖经营企业及时调整经营策略，加强对各企业食糖业务的指导，统一思想，提高公司内部业务沟通能力；采取开拓市场，顺势销售，套期保值，勤进快销等措施，加强食糖产销调研，掌握产销动向，拓展终端用户，抓住扩大销售的有利时机，食糖经营取得较好成绩。2008年销售食糖176.59万吨，同比增长25.7%；在全国食糖产量大幅度增加的情况下，仍然占有全国14%左右的市场份额，确保全国第一大糖商的地位。

2008年春季成都、秋季长沙糖酒交易会，成交额都在170亿元左右，创历史新高。参展企业都在4000余家，参会专业观众都在15万人以上，为全国及国际糖酒食品企业展示、交流、合作提供一个很好的平台，已发展成为除广交会外国内会展业界的第一品牌。

酒鬼酒公司的经营管理工作逐步走上正轨，摘掉ST帽子。通过清理资产、加强销售、整合市场、调整产品结构、完善制度等工作，实现销售额4亿多元，利润3000多万元。酒鬼酒公司隆重推出的“酒鬼洞藏文化酒”得到业界的广泛认同，提升酒鬼酒公司的高端品牌形象。

2008年，生猪市场形势不稳定。肉类经营企业采取多项措施，及时调整经营策略，并瞄准市场变化，适时调整屠宰数量。继续加强内部核算和减员增效，建立一套完整的成本核算考核系统，实时监控。全年完成生猪屠宰62万头，同比增长12.73%；销售额8.7亿元，同比增长70.59%，全年销售猪肉6万吨，同比增长83%；销售猪副产品1.2万吨，同比增长20%。

零售连锁业务中，北京华堂商场在2008年新开五棵松店，截至2008年底，已有8家商场，全年销售额24.44亿元，同比增长15.6%；实现利润总额5725万元，同比增长9.7%。成都伊藤洋华堂3家商场2008年完成销售额24.74亿元，同比增长43.8%；实现利润总额1.59亿元，同比增长25.3%。北京7—11便利店已开店70余家，销售额3.16亿元，首次实现利润178万元。上述三家中日合资企业都保持良好发展势头。

工程设计咨询业务是设计院的主业，经过50多年的发展，已经形成品牌优势，特别是工业类项目，得到业界的高度认可。2008年设计院依靠技术优势和良好信誉，实施高端市场战略，通过坚持不懈的努力，战胜市场低价竞争的困难，保持设计院在食品加工、冷藏领域的优势。2008年共签订设计咨询合同72项，合同额4590万元，完成设计咨询收费6413万元，较上年增长12%，创历史最好水平。另外，2008年工程总承包保持稳步提升的发展势头，完成工程承包产值1.36亿元。设计院在专业资质、技术水平、管理经验、人才等方面已经具备承接大型项目的总承包能力，为加快发展工程总承包业务提供条件。

国贸食品科学研究所拥有一批多年从事食品检验和食品开发工作，具有丰富实践经验的技术人员，并拥有现代化和大型精密仪器和设备。2008年完成科技部下达的两个科研项目，并通过专家验收，申请专利1项。继续承担并完成国家食品药品监督管理局、国家质检总局、国家工商总局等有关单位的食品质量监督抽检任务。按时高质量地完成食药局《奥运食品安全保障督查》项目。2008年共承担80万吨成品糖和40万吨进口古巴原糖的抽样、公检工作。食品所所属国家副食品质量监督检验中心，凭借专业资质和技术优势，成为国家质检总局首批公布的可检测“三聚氰胺”的国家级第三方检测机构。

【储备工作】 中央储备糖、中央储备肉在国家对食糖市场、肉类市场的宏观调控中发挥巨大的作用。2008年，我国食糖和肉类两大商品的供求和价格出现历史罕见的剧烈波动。对此，党中央、国务院和有关部门高度重视，并通过储备吞吐等措施连续出手，稳定食糖和肉类市场，调控的力度之大、方法之多，内容之广、时间之长前所未有，全国食糖和肉类市场总体上逐步趋于平稳。

集团通过华储电子网络交易系统连续进行9期收储交易，合计挂牌收储80万吨国产白砂糖全部成交，大大缓解国内食糖市场供过于求的局面，延缓糖价下跌的速度，保证糖农增收，保证制糖行业连续第9个榨季赢利。

2008年古巴原糖实际到港共14条船合计40.76万吨，原糖质量较好，全部顺利接卸运输入库。中央储备糖年末库存数量达到创记录的182万吨，是储备糖制度建立以来实际入库数量最多的一年。

与此同时，圆满地完成国家有关部门下达的2008年度中央储备肉管理和操作任务，国家对肉类市场宏观调控取得明显成效。2008年活畜储备三轮次累计17.67万吨，签订储备合同504份。顺利完成储备冻牛羊肉更新出库和招标入库工作。

针对这两年全国肉类市场价格猛涨的情况，国家决定分两批建设10座万吨级直属冷库。国家发改委明确华孚集团为中央直属储备肉冷库的建设项目法人单位，集团立即专门成立中央直属储备肉冷库建设领导小组，确保冷库建设各项工作顺利进行。

【履行社会责任】 2008年春节期间，在猪肉价格较高且供应偏紧的30个大中城市以及后来的南方冰冻雨雪灾区，合计投放 2.4 万吨中央储备肉，保证市场供应。

顺利完成中央储备冻牦牛肉投放西藏拉萨市场任务。2008 年 3 月 14 日西藏拉萨市区发生打、砸、抢、烧的非法事件。为保证肉类市场供应，维护边疆地区社会安定，国家有关部委决定动用中央储备冻牦牛肉投放西藏拉萨市场。在投放地区社会秩序尚未完全稳定，商业网点尚未全面恢复营业的时候，中央储备肉 4 个投放销售点悬挂横幅，开门营业，以低于市场价进行挂牌销售，效果很好，为促进民族团结、社会稳定做出积极的贡献。

顺利完成中央储备冻猪肉投放四川地震灾区任务。在 5·12 汶川特大地震发生后，华商中心提前做好储备肉紧急投放的准备工作。在接到投放通知后，在一个月内就把 3223 吨中央储备冻猪肉全部投放完毕。本次投放范围重点是救灾部队和灾区群众，由于部署及时、直接到位，投放工作得到灾区人民和救灾部队的广泛称赞。

按照国家有关部门要求，在北京奥运会召开前，紧急在奥运城市周围储备冷库入储进口冻猪肉 1.1 万吨，为北京奥运会胜利召开做出贡献。

【企业管理】 集团的企业管理和改革工作取得进一步成绩。经营业绩考核工作是国有资产出资人进行监管的有效手段，也是落实国有资产保值增值责任的有效形式，集团一直把经营业绩考核作为重要工作抓紧抓好，促进激励约束机制的建立。同时，重点加强对财务、投资及高风险业务的审批和管理工作。按照国资委关于加强资金管理防范财务风险的有关要求，做好对账户、存货、应收款项、高风险业务、担保、对外借款及逾期债务等事项的全面清理工作，重点加强对子公司贷款、担保的管理。

2008 年，共完成内部审计项目 18 项，审计金额 19.24 亿元。并在全集团开展资产质量与财务内部控制调查和评价工作，较好地发挥审计监督职能。

【其他工作】 加强安全生产应急管理工作。2008 年专门召开两次集团安全生产工作会议，布置落实国家安监总局、国资委关于安全生产、应急管理的有关要求，强调安全生产工作的重要性。提高员工识别隐患、排查隐患和治理隐患的意识，确保全年无安全生产事故发生。经过多年的安全隐患治理工作，集团建立安全生产责任制和应急预案管理体系，提高应急管理水平和应对突发事件能力，构建安全生产管理的长效机制。

在各方面的共同努力下，2008 年集团的信息工作取得较好成绩。2008 年集团上报国资委的信息，多条信息被中办、国办采用，集团信息工作综合得分在中央企业中排第 22 位，再次被国资委评为中央企业信息工作先进单位。

按照国资委的要求，集团及各单位都明确节能减排工作机构，划分重点单位，制订具体目标，部分企业取得明显的节能节水减排成效，同时继续做好法律事务、人事、外事等工作。

集团党委不断探索新形势下党建工作的新思路新途径。2008 年，在集团党委的带领下，各级党组织和广大共产党员坚持以邓小平理论和"三个代表"重要思想为指导，认真学习贯彻十七大、十七届三中全会精神，贯彻落实科学发展观，紧紧围绕集团中心任务，团结带领广大职工群众，加强党的思想、组织、制度、作风和反腐倡廉建设，加强企业领导班子和干部队伍建设，加强基层党组织和党员队伍建设，党员队伍进一步扩大，党组织战斗堡垒作用和党员先锋模范作用进一步显现。中糖成都公司及总经理曾林同志分别被国务院国资委授予中央企业抗震救灾先进集体、先进个人光荣称号。

（撰稿人：程春艳）

中国诚通控股集团有限公司

【基本概况】 2008 年，面对连续自然灾害和国际金融危机的不利影响，中国诚通控股集团有限公司（以下简称"诚通集团"）在国资委的正确领导和监事会的指导下，董事会、党委统揽全局，各级经营团队齐心协力，积极应对。

集团坚持产业持续创新和结构调整，以独特的经营模式和稳健发展化解风险，资产规模扩大，经营质量提高，赢利能力和市场抗风险能力增强，主业和骨干企业经营规模、利润实现双增长，产业板块发展平稳健康。资产经营工作取得重大进展和突破，基本结束国资委划转的普天集团8户企业、寰岛集团、中国唱片总公司及11家军工企业的改制重组和大规模人员分流安置工作，阶段任务胜利完成。新接收一批重组整合企业，进一步打造专业化、市场化和政策性相融合的独特资产经营公司。

【主要指标】 诚通集团2008年末资产总额227.6亿元，负债总额130.1亿元，归属于母公司所有者权益66.6亿元，少数股东权益30.9亿元，资产负债率57%。

2008年实现营业收入314亿元(其中主营业务收入313亿元)，营业成本296亿元(其中主营业务成本296亿元)，利润总额4.4亿元，净利润3.3亿元。净资产收益率为2.51%。2008年末职工人数11997人。

中国诚通控股集团有限公司主要经济指标

项　目	2007年	2008年	同比增长(%)
资产总额(亿元)	215	227.6	5.86
净资产(亿元)	101	97.5	－3.47
营业收入(亿元)	250	314	25.60
利润总额(亿元)	4.2	4.4	4.76
技术开发投入(亿元)	0.02	0.04	100.00
利税总额(亿元)	9.4	9.2	－2.13
全员劳动生产率(万元/人·年)	13.14	13.76	4.74
净资产收益率(%)	2.21	2.51	13.57
总资产报酬率(%)	3.65	3.48	－4.66
国有资产保值增值率(%)	103.93	102.12	－1.74

【改革发展】 2008年，诚通集团董事会在前两年建章立制、有效运作的基础上进一步深化试点，作出《关于加快、扎实推进资产经营工作的决定》，明确一段时间内资产经营工作的方向、目标和任务；组织修订《经营者经营业绩考核与薪酬管理暂行办法》和相关细则，对经理层实施综合考评，对集团高管人员进行360度综合打分评价。

为深化资产经营工作，诚通人力资源有限公司合并中国国际企业合作公司人力资源与咨询部，扩充功能。2008年先后完成桂林、成都、贵阳、洛阳、天津、上海等六个地区的平台搭建，接收离退休人员6064名；在普天505厂、525厂摸索政策配套与接收工作同步的操作方式，取得积极效果。人力资源服务咨询、人才招聘、派遣、培训等业务网络扩展至全国51个城市，获得北京市奥组委外国新闻机构中方雇员人事服务授权，被评为北京市4A级人才服务机构。

整体运作能力提高。2008年，集团启动产权平台工作，为统一资产经营业务财务核算、资金调拨、资源配置打下基础。选取破产、改制企业开展资产经营项目后评估工作，研究资产经营业务规范化、制式化流程。集团与中国农业银行达成互为客户黄金协议，实现京外企业“统一上线”。

【重大项目】 2008年，诚通集团资产经营首次实现与国有资本预算对接，国资委、财政部从当年国有资本经营预算中拨付资金，注入资本金并给予政策性破产企业财政补贴，有力支持集团的改革发展。

集团2008年以前接收的资产经营项目通过内部整合、引资改造、股权转让、清算关闭等方式，圆满完成大规模企业清理退出和人员分流安置工作。截至2008年底，普天集团8户企业全面完成职工分流、离退休人员安置工作，5户企业清理退出；3户政策性破产企业中，2户破产程序终结，1户程序过半；5户改制企业中，2户完成股权整体转让，企业平稳退出，3户实现人资分离，资产内部整合，有效资源陆续进入集团物流、旅游、养老等相关产业。寰岛集团全面解除债务问题，企业实现正现金流，酒店旅游呈现新的发展态势；完成大部分困难企业清理退出，整合形成有效资产5亿元，进入资产整合期。中国唱片总公司完成总部机构再造和富余人员安置，清理退出企业完成过半；音像编辑出版业务整合初见成效，演艺业务继续做强，成功举办维也纳新春音乐会、"第六届金唱片奖"颁奖典礼等重大活动。中国资产经营管理公司基本结束11户企业改制破产工作，延伸开发项目取得实效。集团总部发挥专业能力，完成国资委交办的康利公司部分职工托管安置工作。列入2007年计划的5户政策性破产企业在职职工全部完成分流，离退休人员移交地方管理或交由集团人力资源平台统一管理；2户破产程序终结，3户完成大部分清算工作。集团76户预算外企业的清理重组工作平稳有序完成，累计分流安置职工5892名，4户企业回归集团主业。

2008年，集团新接收并重组中国国际企业合作公司，快速推进4户企业政策性破产工作，1户进入程序，3户完成准备工作。华诚投资管理有限公司整体托管工作全部到位，9户依法破产企业中的4户进入程序，本部政策性破产工作顺利推进。哈尔滨电站设备集团公司所属阿继公司交由诚通集团托管。

集团积极探索资本增值多元化路径，参与中央企业整体上市与改制工作，共同发起设立中国北车股份有限公司，成功参股5000万元，持有3391.81万股。集团所属中国物资开发投资总公司推进佛山华新发展有限公司（以下简称"华新发展"）小股权收购，以资产方式完成对珠海经济特区红塔仁恒纸业有限公司的重组，资产规模增加30亿元，重组后的新公司是烟草包装业的龙头企业和国内首家液体包装纸供应商。

【走向海外】 诚通集团对中国诚通发展集团有限公司（以下简称"诚通发展公司"）的注资增持工作在2008年底取得突破。成功利用香港上市规则灵活的配售安排和制度空间，以6.5亿元人民币的资产，获得约21.1亿股新股，对诚通发展公司的持股比例由29.67%提升至60.67%，实现绝对控股，打通集团境内外企业资源配置通道。

【重大创新】 诚通集团加大生产经营创新力度。2008年，新开拓国家专项进口业务，经过有效组织和运作，共进口铜、锌等有色金属3万吨，取得良好业绩。质押监管业务快速放大，全年融资额400多亿元，质押量达1700多万吨，实现收入1.55亿元，比2007年增长94%，在21个省、73个地级市开展业务。

一体化管理不断深化。诚通大丰海港开发有限公司交由诚通发展公司整体托管，提高地产业务集中度。新华通投资发展有限公司完成股权改造，成为集团全资资产经营操作平台。中国物资储运总公司和中储发展股份有限公司两个总部进行组织结构调整，实现一体化运营。中国物资开发投资总公司与"华新发展"融合，直接管理上市公司——佛山华新包装股份有限公司，缩短管理链条。

全面强化风险管理。集团组织开展全面风险管理试点工作，编报《2008年全面风险管理报告》，中国物资储运总公司开展"风险管理年"活动。集团成立法制工作领导小组，建立总法律顾问制度，制定法制工作三年规划（2008～2010年）。

【履行社会责任】 5·12汶川特大地震发生后，诚通集团迅即启动应急机制，采取措施确保集团驻川企业职工生命财产安全，参与抗震救灾。集团及有关二级公司领导专程赴川慰问受灾职工，指导救灾和恢复生产。集团第一时间为受灾企业拨出专款，周密部署、有序开展抗震救灾工作，研究解决职工生活、安居等具体问题。集团各单位和员工个人捐款、特殊党费、特殊团费、诚通青年联合会"特殊会费"累计510

多万元，参与人数之广、捐赠数额之多为集团历史之最。

集团驻川企业在自身受灾的同时，踊跃投身支援重灾区。中国物资储运总公司和中国物流公司驻川企业先后出动车辆278台次，参与救援人员473人，运送救灾物资3037吨。中储北京物流中心义务承担北京市红十字会抗震救灾物资运输任务，获得表彰。成都505厂连夜组织生产，将救灾急需的价值6万元的光通信设备送往灾区。中国唱片总公司紧急赶制抗震救灾歌曲专辑《心心相连》《生死不离》送达灾区，鼓舞了士气，受到中宣部表彰，被评为全国新闻出版系统抗震救灾先进集体。

集团加大在湖南江华瑶族自治县扶贫工作力度，被国务院扶贫开发领导小组授予"中央国家机关等单位定点扶贫工作先进单位"称号。集团选派13名志愿者参加北京奥运会交通保障工作，荣获"中央企业系统北京奥运会驾驶员志愿者工作优秀组织奖"，11名志愿者受表彰。

【应对金融危机】 2008年，面对不确定因素多、复杂多变的严峻外部环境，诚通集团始终保持清醒头脑，发挥统率作用，稳妥处理各种矛盾和问题，把握好发展与稳定、速度与效益、扩张与有效管理的关系。

根据董事会要求，集团经营班子在2008年度工作会、季度经营分析会上都提出强化风险控制的要求。提高防控意识，特别关注外贸业务风险，重点监控经营风险。针对国内外形势巨变，集团在2008年第三季度明确要求"把控制风险、减少损失放在突出位置"，"以收定支，控制费用，做好长期过紧日子的准备"。由于分析预判及时，防范比较到位，应对措施得当，基本实现平稳发展，金融危机带来的冲击对集团整体影响有限。

【其他情况】 诚通集团在资本市场主体长期信用等级由AA⁻上调至AA，并维持2007年5亿元企业债券3A的信用评级，为更大规模和持续的债券融资奠定了基础。

（撰稿人：孙乾飞）

中国华星集团公司

【基本概况】 2008年，中国华星集团公司（以下简称"华星集团"）克服自然灾害的影响，积极应对国际金融危机的严重冲击，围绕集团确定的"治散做强"的基本方针，采取积极有效措施，稳步推进集团战略转型，全面完成国资委下达的各项经营指标，实现国有资产保值增值。华星集团现有全资、控股、参股企业21家。

【主要指标】

中国华星集团公司主要经济指标

项　　目	2007年	2008年	同比增长(%)
资产总额(亿元)	20.65	17.71	－14
净资产(亿元)	8.45	8.71	3
营业收入(亿元)	27.66	8.86	－68
利润总额(亿元)	1.19	0.5	－58
利税总额(亿元)	1.86	0.55	－70
全员劳动生产率(万元/人·年)	22.00	10.25	－53
净资产收益率(%)	3.83	5.74	50
总资产报酬率(%)	5.10	2.82	－45
国有资本保值增值率(%)	103.98	101.69	－2

【改革发展】 华星集团加大力度实施集团经营布局和投资结构调整，有进有退，实现国有资本投资收益最大化。集团确定江西氟化工项目为重点投资方向后，对现有投资企业实施调整、退出的具体方案，从战略和市场化运作角度，反复论证调整项目，选择确定集团退出、调整的最佳时机，实现战略调整和投资效益最大化的双赢目标。在组织实施上，对每一个调整项目，明确目标、时间表和责任人。2008年实施对外转让股权项目7个，其中完成转让4个，共收回投资12067万元。

华星集团加强投融资管理，增强集团风险管控能力，强化对国有资产监管力度。集团是以资本为纽带，按照现代企业制度要求对全资、控股和参股企业实施管理。一是集团对所属企业的投资管理实行严格监控制度，对拟投资项目要求进行可行性研究，并从资金使用方向、资金回报、还款等各个环节实行监控，做到资金保重点项目、回报有保障。二是在融资管理上，集团根据资金需要统筹安排，合理筹措资金，降低资金成本，集中力量支持主业发展；并完善集团有关融资、担保额度及审批程序的具体细则。三是集团加强对所属企业委派董事、党组织负责人、财务负责人的管理，完善委派董事管理制度，目前集团委派董事22人，在集团所属全资、控股和参股企业中担任企业主要经营管理者；同时坚持对集团全资、控股和重要投资企业实行委派财务总监制度。四是强化财务预算管理，按照国资委的要求和集团实际，要求集团所属企业做好预算工作，并将预算管理与企业经营业绩考核有机结合，实现业务预算、资本预算和财务预算相统一。五是提高风险管控意识，完善企业内控机制，从财务风险控制入手，保持一个适度的负债比例和合适的现金流，保证企业良性运转。

【重大项目】 稳步推进华星集团战略转型，做强做大氟化工产业。按照集团"治散做强"的基本方针，年初确定以江西氟化工项目为重点投资方向，将集团现有投资企业进行整合。为尽快实现集团发展氟化工产业的战略，打造氟化工投资、生产、经营平台，将集团所属的中国华星汽车贸易集团有限公司更名为中国华星氟化学投资集团有限公司（以下简称"华星氟化学投资集团"），公司注册地由北京市迁至江西省赣州市。2008年3月，华星集团与赣州市政府签订氟化工项目《投资合作协议书》，通过加大投资将氟化工产业打造为集团的主业，为实施集团的战略转型奠定基础。2008年华星氟化学投资集团实现营业收入3.6亿元，利润总额2647万元，净利润2359万元；并确定"以萤石资源开发为基础、以强化技术队伍和开拓资本市场为两翼，打造赣州最大、全国一流的氟化工企业"的发展战略。在具体实施中，华星氟化学投资集团认真贯彻集团战略部署，一方面加大对非氟化工资产处置力度，为赣州项目筹集资金；一方面深入调研，加快落实萤石资源配置，慎密布局氟化工项目规划及建设方案。

【履行社会责任】 汶川特大地震后，华星集团积极组织做好抗震救灾"特殊党费"的收缴和捐款捐物等工作。集团发扬"一方有难、八方支援"的精神，紧急动员，按照"自觉自愿、量力而行"的原则，组织部署集团党员交纳"特殊党费"，广大党员职工积极响应，踊跃捐款，奉献爱心，集团及所属党组织289名党员交纳"特殊党费"104850元，其中38名党员一次性交纳1000元（含）以上。集团广大职工积极主动捐款捐物，通过中国红十字会、街道向灾区和贫困地区捐款总计229550元，捐物134件。

（撰稿人：王树坚）

中国中煤能源集团有限公司

【基本概况】 中国中煤能源集团有限公司（简称"中煤集团"）是国务院国资委管理的国有重点骨干企业，前身是1982年7月成立的中国煤炭进出口总公司。经过多次资产重组，成为中国煤炭行业最具特色的大型企业集团之一。中煤集团主业包括煤炭生产及贸易、煤化工、煤机制造、煤层气开发、坑口发电、煤矿建设及相关工程技术服务，具有完整的产业链优势。中煤集团现有全资、控股和均股子公司21户、境外机构4户，参股企业11户。截至2008年12月31日，中煤集团资产总额1229.5亿元，在册职工11.4万人。

中煤集团在煤炭行业连续四年排名第二位，在全国企业500强居于前列。

【主要指标】 2008年，中煤集团保持稳定较快发展，煤炭产量连续两年过亿吨，利润总额突破100亿元，各项经济指标创历史新高。原煤产量11411万吨，同比增长8.7%；煤炭贸易量10266万吨，同比增长0.8%；焦炭产量526.1万吨，同比增长1.8%；煤机产量213224吨，同比增长5.4%；发电量30.89亿度，同比增长5.8%；电解铝产量10万吨，同比增长1.6%；煤气产量11.5亿立方米，同比增长9.2%。

中国中煤能源集团有限公司主要经济指标

项　　目	2007年	2008年	同比增长(%)
资产总额(亿元)	864.29	1229.46	42.25
净资产(亿元)	477.64	790.56	65.52
营业收入(亿元)	567.92	712.53	25.46
利润总额(亿元)	87.51	112.91	29.03
技术开发投入(亿元)	8.96	14.59	62.72
利税总额(亿元)	150.38	216.92	44.25
全员劳动生产率(万元/人·年)	50.0	57.8	15.60
净资产收益率(%)	16.30	11.56	−29.08
总资产报酬率(%)	10.83	11.44	5.63
国有资产保值增值率(%)	117.23	106.60	−9.07

【改革发展】 2008年，中煤集团按照国资委的工作部署，突出主业发展，推进机制创新，深化内部改革，强化企业管理，各项工作都取得新进展。

规模实力和可持续发展能力进一步增强。一是煤炭生产快速发展。推进安全高效矿井建设，提高煤炭生产技术水平。2008年中煤集团原煤工效21.2吨/工，同比增长6%，比国有重点煤矿平均原煤工效高4.2倍。所属平朔公司露天矿原煤工效127.8吨/工，井工矿原煤工效137.7吨/工，保持行业领先。5座煤矿被评为全国特级安全高效矿井，3座煤矿被评为一级安全高效矿井。二是煤化工产业实现起步。加快鄂尔多斯300万吨/年二甲醚项目前期工作，完成呼吉尔特矿区总体规划，获得门克庆、葫芦素井田55亿吨优质煤炭资源。黑龙江25万吨/年甲醇项目主体流程顺利打通。三是煤矿装备具备井下"三机一架"综采、综掘工作面成套装备研制能力，高端煤机产品市场占有率进一步提高。所属北京煤机公司5.5M以上液压支架占订单总量的70%以上，张家口煤机公司2×885KW以上重型刮板输送机市场占有率达80%以上。四是煤矿建设设计企业保持较好发展势头，实现施工产值70亿元，同比增长17.3%。所属中煤一建公司开拓非煤矿山市场，中煤建安公司承接选煤厂生产运营，中煤五建公司向地铁施工转型，增强了抗风险能力。所属设计企业积极开展工程总承包，新签总承包合同5亿元。

上市公司治理水平和发展能力进一步提高。完成东坡煤矿资产注入，启动朔南煤田矿权和所属龙化公司业务资产注入中煤能源股份公司的工作。认真落实证券监管要求，加强上市公司治理。中煤能源股份公司建立生产经营信息通报制度、独立董事质询和实地调研机制，为独立董事发挥作用创造良好环境。认真做好年报、季报、中报编制和其他重大生产经营信息的披露工作，多次组织业绩路演、反向路演和投资者见面会，加深投资者对公司的了解。中煤能源股份公司荣获上交所、深交所联合评选的"2008年度IPO最佳投资者关系奖"。

安全生产理念和管理水平进一步提升。创新安全生产理念，提出"零死亡"目标，进一步增强各级负责人的安全责任意识。认真落实责任,加强监管,及时治理隐患,确保春节、两会、奥运会、国庆节等重点时段的安全稳定。所属龙化公司、进出口公司、华晋公司、一建公司、建安公司等生产施工企业均实现零死亡,所属平朔公司原煤生产百万吨死亡率0.013,保持世界先进水平。继续加大安全投入,全年共投入安全费用10.8亿元。加强安全培训教育,对企业主要负责人、安全生产管理人员、特殊工种三类人员进行安全培训21633人次。落实"隐患治理年"工作部署,加强隐患排查整改。

风险控制和经营管理工作取得新成效。加强投资计划管理,积极开展投资项目后评价工作,加强投资的事中和事后监控。坚持资金集中管理,对资金使用实行预算约束、实时监管,合理调剂内部资金使用,保证资金安全和生产经营的正常进行。启动全面风险管理工作,进一步完善内控制度。加强合同管理,全集团合同审查率超过95%。继续做好不良资产清收工作,当年清收盘活不良资产13.2亿元。积极应对市场变化,加强经营管理。所属平朔公司建立内部市场链考核机制,建安公司强制推行项目部报账制,增强管控力,减少管理漏洞。秦皇岛公司加快煤炭周转,搞好客户服务,始终将港存保持在合理水平。平朔公司、大屯公司、五建公司大力压缩三项费用支出,增收节支取得较好效果。

节能减排完成工作目标。2008年中煤集团投入3.7亿元实施重点节能环保项目70余项,所属平朔安太堡露天矿原煤运输系统改造等三项节能技改项目被列为2008年国家财政奖励项目。中煤集团完成国资委下达的年度节能减排工作目标,万元产值综合能耗为0.643吨标准煤,同比下降36.6%。

【重大创新】 一是中煤能源回归A股。中煤集团抓住资本市场的机遇,完成中煤能源A股发行工作,拓宽融资渠道。2008年2月1日中煤能源在上交所上市,融资总额256.7亿元,是2008年亚洲最大的单一市场IPO。二是进行国有独资公司董事会试点。2008年10月15日,国资委在中煤集团进行国有独资公司董事会试点,建立外部董事占多数的董事会,标志着管理体制创新取得新突破。三是推进技术创新。专利申请大幅增长,2008年中煤集团共申请专利125件,其中发明专利30件,分别比2007年增长145%和87%。关键领域核心技术取得重要进展,所属大屯公司矿井风网监控关键技术开发项目通过国家重大技术开发专项验收鉴定,装备公司高效矿井SGZ1000/3×855型刮板输送机成套设备项目填补国内空白并替代进口,西安、邯郸设计公司荣获一批优秀设计、咨询成果。四是加快信息化建设,改进管理手段。启动建设综合管理信息系统(ERP),对资金集中管理系统进行升级,建成办公自动化系统。

【履行社会责任】 在雨雪冰冻灾害和奥运会期间,中煤集团坚决响应党和国家号召,全力保障重点电力用户煤炭供应,重点电煤合同兑现率超过100%,同时严格执行国家关于稳定煤炭价格的要求,切实履行煤炭大企业的责任。面对汶川特大地震灾害,中煤集团及所属企业踊跃捐款捐物,全力支援灾后重建。中煤集团及所属企业捐款4204万元,广大干部职工捐款444万元,全体共产党员捐款417万元;向地震灾区派出3支援建队伍,圆满完成援建任务。中煤集团被中国红十字会授予"中国红十字勋章",3支援建队分别被授予"中央企业抗震救灾先进集体"和"中央企业抗震救灾先进基层党组织"称号,两支援建青年突击队被国家住房和城乡建设部授予"全国抗震救灾先进集体"称号。

【应对金融危机】 中煤集团采取"一调"、"双降"、"三提"等措施,积极应对金融危机,全力保证经济持续平稳快速发展。"一调":调整产品结构。在确保安全的前提下,科学合理组织生产,调整产品结构,增加煤炭供应品种。坚持以市场为导向、以客户为中心的经营理念,加强市场营销,开展港口配煤,实行差异化服务,提高市场占有率。巩固煤电联盟,密切与战略伙伴的合作关系,共同抵御市场风险。"双降":一是加强精细化管理,降低成本费用。全面开展节能降耗全员活动,重点控制电耗、油耗、钢材消耗等材料单耗,加强区队、班组单耗管理,强化生产流程控制,降低成本费用。二是全力抓好账款回收,降低应收账款余额。开展账款回收攻坚,特别是加大逾期账款和零星账款的清欠,对客户资信进行跟踪评价,改进合同支付条款,密切关注账龄变化,及时调整清收策略,实现逾期账款和欠款户数双下降。"三提":一是提升服务水平。通过改善服务态度，完善服务手段，提升服务水平，积极地根据国际、国内、企业所在地的煤炭市场变化情况，采取有针对性的、切实可行的营销措施，积极出击，认真培育，不断打造、稳定煤炭销售渠道，有效开拓煤炭市场。二是提高煤炭质量。严格按照合同质量规格指标组织煤炭生产、装车发运工作，进一步建立健全煤炭质量管理控制体系，从原煤生产、洗选加工、装车发运、港口装船等环节严把质量关，确保煤炭质量的稳定性。三是项目建设提速。积极响应国家扩大内需的方针，加快重点项目建设，促进经济平稳较快增长。通过采取以上措施，2008 年中煤集团煤炭产量再次超过亿吨，利润总额突破 100 亿元，主要经济指标再创新高。

（撰稿人：阮仕俊）

中国煤炭科工集团有限公司

【基本概况】 中国煤炭科工集团有限公司（以下简称“中国煤炭科工”）是经国务院批准，由中煤国际工程设计研究总院（以下简称“中煤国际”）、煤炭科学研究总院（以下简称“煤科总院”）两家原中央企业于 2008 年 4 月合并组建。2008 年 8 月，在国家工商行政管理总局按照《公司法》完成注册，注册资本 35 亿元。

中国煤炭科工直属 2 家全资子企业（中煤国际、煤科总院）和 1 家控股高科技上市公司（天地科技股份有限公司，以下“简称天地科技”），共有独资或控股重要子企业 43 家，分布于北京、上海、重庆、西安、太原、杭州、武汉、沈阳、南京等 10 多个省市，有着优越的地理资源优势。建设有 24 个煤炭工业重点实验室和 7 个国家级、6 个行业级质量监督检验测试中心，国家煤矿安全技术工程研究中心等 4 个国家级工程技术研究中心以及国家矿用产品安全标志办公室等机构。

中国煤炭科工现有职工 16000 多名，中级职称以上专业技术人员 4600 多名，高级职称以上专业技术人员 2000 余名，其中，中国工程院院士 2 名，国家勘察设计大师 6 名，特聘兼职院士 6 名。拥有工程总承包及工程设计、勘察、监理等十数项甲级资质；建设有 5 个博士后科研工作站、2 个博士学位授权点、8 个硕士学位授权点。

中国煤炭科工主营业务为：煤炭等工程勘察、设计、服务、工程承包和矿用设备研发制造；煤炭工程技术研发、服务与煤机装备、安全技术装备研发和制造。

【主要指标】 2008 年，中国煤炭科工生产经营总体保持平稳运行态势，经济效益整体良好，2008 年国有资本保值增值率为 124.26%。

生产经营稳步较快增长。中国煤炭科工 2008 年全年实现营业收入 149.0 亿元，完成全年预算的 113.74%，与 2007 年比增长 19.84%；2008 年累计新签合同额达到 186 亿元，同比增长 18.1%。

经济效益整体状况良好。中国煤炭科工 2008 年全年累计实现利润 16.8 亿元，与 2007 年比增长 29.93%，完成国资委下达的考核目标值的 144.4%。净资产收益率（不考虑少数股东权益及金融资产的公允价值变动）为 22.68%，超额完成国资委下达考核目标值 3.18 个百分点。

经济运行质量比较平稳。截至 2008 年 12 月 31 日，中国煤炭科工所有者权益总额达到 61 亿元，与年初相比增长 27.23%；总资产 136.8 亿元，与年初相比增长 30.56%；负债总额 75.7 亿元，资产负债率为 56.4%；货币资金 25.7 亿元，与年初相比增长 27.1%。

【改革发展】 中国煤炭科工认真贯彻落实国务院国资委关于重组组建中国煤炭科工的重要决定，顺利完成组织架构和人员的重组工作，积极调整管理体制和管理方式，初步启动资产和业务板块的重组工作，全面推进发展战略和制度体系建设，各项重组改革工作有序推进。

中国煤炭科工按照精简高效原则和国有独资公司法人治理结构的要求，及时组建现中煤国际和煤科总院的领导班子，确认天地科技股份有限公司的原领导班子；完成集团公司总部组织架构设置和部门负责人的选聘工作；天地科技股份有限公司国有股权由煤科总院划转至集团公司；形成 3 家二级子企业、47 家三级子企业的组织架构，初步建立以战略控股为核心、以资产为纽带的母子公司管理体制。

中国煤炭科工成立伊始，领导班子集体研究决定，在法人治理尚未建立健全期间，由集团公司党政联席会议集体研究决策重组期间的重大事项。为保证重组工作依法规范操作，保证国有资产安全，及时制定《关于明确集团公司组建期间企业管理若干事项的暂行规定》。公司治理结构与运行机制创建工作初见成效，确保科研生产经营工作的正常推进。

中国煤炭科工组建后，将发展战略和制度建设作为工作重点。成立战略规划制定工作领导小组，选择北大纵横管理咨询公司提供战略规划咨询服务，已经基本完成集团公司战略规划制订工作，开展进入战略规划宣传贯彻和实施阶段。按照“统一规划、有序编制、急用先立、逐步健全”的原则，开展制度体系建设工作，已经完成公司章程、组织制度和基本管理制度等方面的72项制度的起草工作，其中已经批准发布38项规章制度，制度体系建设取得初步成效。

【走向海外】 在“走出去”战略思想指引下，中国煤炭科工加大海外市场的开拓力度，拓展海外市场步伐加快，国际化经营水平逐步提高，海外项目运作取得明显成效。截至2008年12月，越南、土耳其、尼日利亚、韩国、印度尼西亚、蒙古、乌兹别克斯坦等国煤田地质勘探、矿井设计、选煤厂技改、水煤浆工程等项目正在积极进行，合同总额超过人民币2亿元。这些国外市场的成功开拓，为开展国际业务打下良好基础，为防范国内市场风险起到积极作用，也为未来更大规模的发展开辟市场空间。

【重大创新】 2008年，中国煤炭科工主持研发的“年产600万吨综采成套装备研制”获得中国煤炭科技进步奖特等奖。作为国家“十一五”科技攻关项目和国家十大重大装备研制项目，该项目2004年在国家科技部立项，2007年1月通过国家相关部委和专家验收，2008年4月通过专家鉴定。该项目在我国首次提出大采高高效开采工作面工艺系统配套模式、参数确定方法、大采高工作面片帮机理及防治对策，研制出具有自主知识产权和高可靠性能的两柱掩护式大采高电液控制液压支架、大功率电牵引采煤机、大功率长运距带式输送机以及大运量重型工作面输送器械等设备。此外，该项目在我国首次研制开发出大采高综采成套装备和技术，成套装备开机率达到94%，国产化程度达到90%以上，实际生产能力年产近1000万吨，与国外同类设备相比，可节省投资成本约47.5%。

【履行社会责任】 中国煤炭科工认真履行社会责任，一直致力于为煤炭工业科技进步服务，积极承担煤炭工业的国家科技攻关任务，努力建设国家煤炭工业科技进步和安全技术保障体系，坚持开展科技万里行走进矿区活动，坚持以高新技术和先进装备服务煤炭企业，保持着良好的社会信誉。2008年，集团公司范围内未发生重大安全责任事故，未发生重大质量事故，节能减排工作完成预期目标，树立良好的社会形象和社会信誉。

中国煤炭科工积极支持地方与社会建设。特别是汶川地震发生后，中国煤炭科工积极行动起来，伸出援助之手。企业集体捐款454万余元，党员交纳特殊党费165万余元，职工个人捐款240万余元。积极参与抗震救灾工作，所属重庆设计院作为参加抗震救灾地质灾害应急排查工作的企业，先后组织两批设计人员到灾区参与抗震救灾工作，受到国土资源部的表彰；所属规划院参加四川震后重建煤炭规划工作。

【应对金融危机】 2008年，中国煤炭科工高度重视应对金融危机的工作，实现生产经营平稳运行，继续保持健康快速发展的好势头。

坚持改革，优化资源配置。一是优化组织结构。重组组建中国煤炭科工的同时，集团公司与中煤国际、煤科总院职能调整和部门设置同步到位，确保企业重组过渡中的平稳运行。二是积极进行产业结构优化调整。加快在京单位产业发展步伐，收购宁夏西北煤机制造公司和常熟煤机厂，进一步加强和完善煤机装备产业链。

坚持创新，增强科技实力。2008年累计实现科技投入近4.7亿元，获国家批准立项项目88项，获批准国拨经费3.76亿元，正在建设煤矿安全技术国家重点实验室。进一步建立和完善首席科学家制度，自主创新取得丰硕成果。

坚持品牌建设，全面开拓市场。中国煤炭科工坚持发挥品牌优势，以全新的品牌形象参加中国国际煤炭展览会。继续开展科技万里行活动，扩大市场影响力。全面开拓市场，2008年新签合同额达到186亿元，实现了快速增长。加快海外市场开拓步伐，已经与土耳其、尼日利亚、韩国等多个国家进行海外项目合作。

加强管理，有效控制风险。加强战略投资管理，对投资项目和产业建设用地进行清查，加强对已投资项目的监管，加快各产业基地的建设步伐，以有效控制由于金融危机带来的风险。加强财务管理，强化资金管理，加强应收账款、存货和净现金流量的监控。高度重视全面风险管理工作，初步建立风险管控架构。

强化责任，实现安全生产。加强节能减排工作，所属企业万元增加值能耗与上年同期相比均有不同程度下降。重视安全生产工作，开展"安全生产隐患排查治理百日督查"专项行动和"安全生产月"活动。2008年度，中国煤炭科工范围内未发生重大安全责任事故，未发生重大质量事故，树立良好的社会信誉。

（撰稿人：刘　鹏）

中国机械工业集团有限公司

【基本情况】 中国机械工业集团有限公司（以下简称"国机集团"），是中国机械工业覆盖面最广、业务链最完善、研发能力最强的大型中央企业集团。拥有50多家全资及控股子公司，6家上市公司，70多家海外服务机构，全球员工总数近8万人。国机集团连续多年保持30%以上的高速增长，2008年主营业务收入974亿元。

国机集团主要业务包括机械装备研发与制造、工程承包、贸易与服务。服务领域覆盖工业、农业、交通、能源、建筑、轻工、汽车、船舶、矿山、冶金、航空航天等国民经济重要产业领域，为全球140多个国家和地区提供专业化服务。

国机集团锐意改革、开拓进取，企业保持持续、快速、健康发展。十年来规模实力不断增强，各种综合排名不断提升。2008年，国机集团在全球最大225家国际承包商排名中列第48名，比上年上升7位；在全球最大200家国际工程设计商排名中列第87名，比上年上升5位。在2008年中国企业500强排名中列第67名，比上年上升11位。在中国服务业企业500强排名中列第28名，比上年上升5位。

【主要指标】

中国机械工业集团有限公司主要经济指标

项　　目	2007年	2008年	同比增长(%)
资产总额(万元)	6105798	8051402	31.9
净资产(万元)	935773	1298185	38.7
营业收入(万元)	6830273	9741658	42.6
利润总额(万元)	327944	387090	18.0
技术开发投入(万元)	151810	204318	34.6
利税总额(万元)	443431	541169	22.0
全员劳动生产率(万元/人·年)	13.34	9.2	—31.0
净资产收益率(%)	22.56	16.76	
总资产报酬率(%)	6.7	5.86	
国有资产保值增值率(%)	125.93	116.26	

【改革发展】

2008年，国机集团资本运营稳步推进。一是积极推进内外部资源整合。外部重组方面，2008年，与洛阳市政府签订重组协议，并经国务院国资委批准，中国一拖集团有限公司加入国机集团；与湖南省国资委签订重组长沙汽电汽车零部件有限公司的协议。同时国机集团密切关注行业知名度高、资产状况良好的装备制造企业，并对部分企业进行调研和重组的可行性论证，为下一步开展工作创造条件。

内部重组方面，重点开展以上市公司为平台或以上市为目的的内部资源整合工作。按照"轴研科技股权上划、辅业剥离改制、洛阳轴承研究所整体改制、定向增发"的改制步骤，使轴研科技成为旗下第一家整体上市的企业；济南铸造锻压机械研究所改制重组和资源整合工作正在进行，将为打造国机集团高端数控锻压及铸造成套机械装备研发与制造基地奠定基础。

二是稳健推进核心企业改制。2008年，国机集团完成中国机械设备进出口总公司(CMEC)改制前期的基础性工作，剥离非主业且不宜纳入上市范围的业务和资产，完成拟纳入上市范围的子企业改制，上市工作取得阶段性成果；成立甘肃蓝科石化高新装备股份有限公司，将兰州石油机械研究所的有效资产及主营业务全部注入该公司，完成整体改制工作，发行A股上市具备条件；将中国重型机械研究院改制为有限公司，并确定战略投资者，上市平台搭建成型；完成中国进口汽车贸易有限公司(中进汽贸)的整体改制，正在努力寻求上市途径。

【管理创新】

2008年，国机集团风险管理能力不断增强。为应对金融危机，按照"加强全面风险管理"的工作部署，国机集团采取多项有效措施，切实提高风险防范和控制能力，确保业务的稳定发展。

通过严格控制担保规模，加强担保项目的后续跟踪和监管，积极采取有效可行的反担保措施，使整个集团的担保金额呈下降趋势，担保风险有所降低。积极探索内部控制评审，对照国家颁布的内部控制规范，在关键控制环节上查找差距，促使各所属企业及时建章立制，完善内控制度；加强对审计结果的跟踪检查，督促企业认真落实审计意见，纠正错误，规范管理，尤其是加大对工程承包项目的审计力度，对项目执行过程进行事中审计，及时披露存在的问题和风险，督促项目执行单位采取有效应对措施。

通过向生产经营单位派驻法律顾问，实现对生产经营中法律风险的防范和动态化监控，有效减少和规避法律风险；围绕改制重组、投资担保、上市融资、资产转让等重大事项，严把法律审核关，较好地防范和控制企业重大决策中的法律风险。

所属企业进一步增强风险意识，逐步构建完善的风险防范与控制体系，提高风险管理能力。CMEC严格执行项目评审制度，采取分阶段的评审办法，在项目立项、签约和合同生效等阶段进行多方面评审，加强全过程风险防范与管理。中国重型机械总公司适时调整国际市场开发策略，适当控制项目规模，不单方面追求规模和成交指标，而以项目利润为前提，进行认真分析和取舍，避免市场波动等不利因素带来的风险与损失。中进汽贸通过加强市场分析预测、业务运作管控和财务风险监控能力体系建设，筑起三道防范风险的"闸门"。江苏苏美达集团公司加强内控制度建设，在业务运作流程中增加风险控制点，明确每个控制点的详细内容和责任人，并设置风险预警提示，有效防范和控制经营风险。

财务管理与服务成效显著。国机集团继续加强预算与资金管理。在预算执行过程中，按季度进行预算执行分析，并密切关注执行中出现的偏差，不断整改；通过加强资金集中管理，已基本实现在京所属企业的账户集中管理和结算限额管理。2008年所属企业在国机财务有限责任公司的日均存款余额已达25亿元，日均贷款余额保持在20亿元以上，为国机集团节省利息支出超过1亿元，对控制财务成本、提高资金使用效率起到重要的作用。

【走向海外】 国机集团坚持实施"走出去"战略，充分发挥和利用国外营销服务网络广泛、经营业绩优良、工程经验丰富及外向型专业人才队伍齐全等优势，创新经营模式，最大限度地利用国内外两种资源、两个市场，大力发展国际工程总承包和出口贸易业务，取得突出业绩。

1. 工程承包持续发展。2008年国机集团工程承包业务实现持续稳定发展，完成业务收入334亿元，占集团业务收入的35.7%；实现毛利润31亿元，占集团毛利润的32.4%。

（1）新签单个项目的规模增大。2008年，国机集团新签1亿美元以上的对外工程承包项目20个，其中CMEC签署的巴基斯坦水电站、喀麦隆保罗比亚体育中心、土耳其BIGA三期机组项目，中国电工设备总公司（中电公司）签署的博茨瓦纳循环硫化床电站、印尼2×35万千瓦电站、马来西亚沙巴州火电站，中国重型机械总公司（中国重机）签署的柬埔寨达岱水电站等项目合同额均超过3亿美元。新签1亿元以上的国内工程承包项目15个，其中中国汽车工业工程公司（中汽工程）新签的上汽通用五菱汽车、内蒙古载货汽车等项目合同额超过2亿元。大项目的增多，充分体现集团市场开拓能力不断增强。

（2）重大工程项目执行良好。国机集团正在执行的工程承包与设备成套项目934个，合同总额176亿美元，创历史新高。

从重大项目的执行情况看，CMEC承建的刚果（布）输变电工程、赤道几内亚吉布劳水电站输变电工程、巴基斯坦水电站、斯里兰卡普特拉姆火电站、土耳其60万千瓦电站，中电公司承包的印尼3×33万千瓦电站、阿塞拜疆电站大修项目，中国工程与农业机械进出口总公司（CAMC）承包的委内瑞拉输水项目、吉尔吉斯水泥厂等大型项目均按合同进度稳步推进，总体进展顺利。中海航承建的青岛海西湾造船基地50万吨、30万吨两个超大型干船坞，总造价7亿多元，占地面积60万平方米，单体船坞宽度为“中国第一、世界第二”，主体工程已经完工。

（3）设计与施工业务迈上新台阶。2008年，国机集团的工程设计与施工业务继续保持健康发展的良好势头。中国联合和中机建设在“培育电站设计和施工力量，完善电站板块业务链”的战略指引下，与中电公司密切合作，依托大型非实体经营项目，着力提升电站设计和施工水平，既增强自身的专业能力，也为完善整个国机集团电站工程承包业务链做出重要贡献。中国海洋航空集团公司的加入，填补国机集团水工施工资质的空白，增强水工工程的施工能力。中国中元国际工程公司（中国中元）承担中国驻美使馆新办公楼的施工图设计和全过程项目管理等任务；同时，该公司利用在医疗建筑和航空物流设计领域的优势地位，积极开拓国内市场，近期先后完成新疆、西藏、宁夏、甘肃等地的医疗设计项目，承建的医疗设计项目已基本覆盖全国。中机六院承揽的我国烟草行业史上规模最大的技改项目——杭州卷烟厂“十一五”易地技术改造项目，工艺技术和装备水平达到国内一流、国际先进。中汽工程的涂装、总装、焊装等工艺专业在国内同行业居领先地位。中电公司设计的山西晋城煤层气发电厂是世界上最大的煤层气发电厂，在煤层气发电技术设计方面达到国际领先水平。

中国中元和中国联合荣获首批全国工程设计综合甲级资质，中电公司、中国中元、中机六院荣获全国工程监理综合资质，为工程设计和项目管理提供更高的发展平台。

（4）项目运作模式不断创新。为实现业务升级、提高效益、做实做强工程承包业务，国机集团近年不断推进项目运作模式创新，取得积极成效。

一是投资类项目开发取得突破。中国重机与柬埔寨政府签订达岱水电站BOT项目，合同金额5.4亿美元，是中国企业在柬埔寨投资额最大的水电项目。二是市场开拓策略不断改进。中电公司发挥在电力行业的技术优势，积极采取区域市场滚动开发策略，相继在印尼和马来西亚分别签署17亿和5亿美元的电站项目；中国汽车工业国际合作总公司（中汽国际）深耕印度市场，稳扎稳打，两年内承揽4套电站机组。三是加强与国际大型工程承包商的互利合作。四是延伸项目服务链条。中电公司在承建一批新电站建设项目的同时，承接阿塞拜疆火电站大修项目，拓展新的服务领域。

（5）非实体经营取得新进展。2008年，国机集团新签2个非实体经营项目，分别是印尼2×35万千瓦电站项目和利比亚4000套住宅建设项目，合同总额12亿美元；正在执行的项目9个，合同总额35亿美元。非实体经营项目的开展促进中机建设、中国联合等企业的业务发展。

2. 贸易与服务业务创新发展。2008年，在国内外环境剧烈波动的影响下，通过大力开拓市场、加强模式创新和业务升级，国机集团贸易与服务业务实现收入412亿元，占整个业务收入的44.2%；实现毛利润 34 亿元，占整个集团毛利润的 35.5%。

(1)产品结构不断优化，业务领域稳步拓展。贸易企业积极应对严峻形势，着力优化产品结构，大力拓展业务领域，保持了持续健康发展。江苏苏美达集团(苏美达)加大新产品开发力度，在功能设计、外观造型等方面进行不断创新，提高产品的技术含量和附加值；同时有选择地进入新能源领域，太阳能光伏组件和风电机械部件的出口达 1.5 亿美元，推进产品结构的优化升级。中进汽贸在巩固进口汽车批发、零售服务、汽车物流园区业务竞争优势的同时，着力开拓新业务领域，在二手车连锁经营、汽车租赁、汽车电子商务等方面取得积极进展。

(2)市场领域进一步扩大，服务链条逐步延伸。面对日趋激烈的市场竞争环境，国机集团所属贸易与服务企业不断开拓市场领域，延伸服务链条，创新贸易模式，提高市场竞争力。中汽国际不断创新，大力开拓国内外展览市场，三年内展览面积从不足 20 万平方米扩大到 100 多万平方米，展览领域从单一的汽车扩展到机电、建材等多个领域，已经成为我国综合实力最强、影响力最大的展览公司。中国汽车工业进出口总公司(中汽进出口)成为菲亚特授权的中国进口整车总经销商，这是国内企业第一次获得国际著名汽车品牌的总经销商资格。中进汽贸持续加强汽车贸易服务体系建设，加快推进从单纯的汽车进口商向综合汽车贸易服务商的全方位转型，在为跨国汽车公司提供市场分析、车型选择、订货管理、资金融通、通关物流等服务的基础上增加进口前的 3C 认证、环评认证、工程改造等服务及进口后的 PDI 检测、维修、销售信息反馈等服务，向两端延伸了服务链条，提升汽车贸易增值服务能力。苏美达稳步推进"贸工技"结合战略，着力向业务链上游的技术研发、核心产品制造、质量保证和业务链下游的品牌、渠道延伸，确保核心产品在行业和区域内的领先地位。2008 年，苏美达船舶、园林工具、电动工具、新能源产品等出口规模、利润总额均保持健康快速的发展态势；进口业务已连续三年保持江苏省同行业第一。

【科技创新】

2008 年，集团的自主创新能力进一步提升，创新成果不断涌现，产业化规模日益扩大，装备制造实力继续增强。装备研发与制造业务实现收入 186 亿元，占集团业务收入的 20%；实现毛利润 31 亿元，占集团毛利润的 32.4%。

1. 科研成果不断涌现。国机集团共获得省部级以上各类优秀成果奖 219 项，其中科学技术奖 94 项，勘察设计咨询奖 84 项。申请专利 452 项，其中发明专利 130 项；授权专利 326 项，其中发明专利 33 项。主持或参与标准制定、修订 886 项，其中国家标准 570 项。中国重型机械研究院(中国重型院)荣获国家首次设立的"企业科技创新奖"，是我国转制院所中惟一获此殊荣的单位；中国福马机械集团有限公司(中国福马)江苏林海动力机械集团被国家发改委认定为国家级企业技术中心；洛阳轴承研究所(洛轴所)牵头研发的"提高航空发动机主轴轴承寿命"项目荣获 2008 年度中国机械工业科学技术一等奖。

2. 装备制造业务实力增强。通过推进科研成果产业化，增强装备制造能力。在国机集团大力支持下，所属科研院所的产业化水平显著提高。合肥通用院研制一系列先进的球罐产品，在乙烯球罐工程中占有全国 70%以上的份额。济南铸造锻压机械研究所(济南铸锻所)凭借自身技术优势，研制的静压造型生产线和汽车纵梁成形、冲孔、折弯生产线等车架生产成套设备的国内市场占有率均超过 80%。郑州磨料磨具磨削研究所研究开发的高精度超硬材料切割片具有高技术、高质量、高附加值的优势，占有近 60%的国内市场份额。中国电器科学研究院(中国电器院)的大中型水电励磁产品处于国内领先水平，占据 50%的国内市场份额。兰石所、中国电器院、洛轴所等结合自身技术的发展，着力进行大规模生产基地建设。

中国福马、中国一拖等企业的加入，给国机集团带来大量的现代化装备制造产业资源和多个优势品牌，使集团的装备制造业务实现跨越式发展。

【履行社会责任】 2008 年，国机集团积极参与到抵御冰雪灾害、抗震救灾等公益活动中。尤其是在抗震救灾中，国机集团共为灾区捐款捐物累计超过 4600 万元，其中包括价值近 2600 万元的数十台推土机、挖掘机、装载机、压路机等救灾工程机械以及百余台发电机组，并派出救援队员、机械师、后勤服务人员等近百人次。在灾后重建过程中，国机集团勇担东方汽轮机有限公司（东汽）异地重建项目的设计重任，派出义务收割服务队并调用两台新型“新疆—2”小麦联合收割机为灾区农民抢收小麦，无偿为地震灾区设计4万套安置房，并为灾区大型危险储存装备、水电站等重要设施提供相关技术服务。

由于在履行央企社会责任方面的突出表现，2008年12月5日，国机集团在由国家民政部主办的“第二届中华慈善大会暨2008年度中华慈善奖评选表彰”中荣膺中华慈善奖“最具爱心内资企业”称号。该奖项是我国公益慈善领域中的最高政府奖。此前，国机集团被评为中国“最具社会责任企业”，时任国机集团总裁任洪斌被评为“最具人文关怀企业家”。

（撰稿人：于雪娟）

机械科学研究总院

【基本概况】 机械科学研究总院（以下简称“机械总院”）长期从事装备制造业基础共性技术研究开发，研究领域包括先进制造技术、制造业信息化技术、机电一体化高新技术、新材料及工程应用技术四大领域中的22个研究方向；科研和技术成果广泛应用于机械制造、航空航天、能源交通、信息产业、环境保护等多个领域，能为客户提供装备制造全过程的技术解决方案；机械总院拥有多个行业服务机构，提供从工程设计与监理到质量检验与认证等多方面的技术服务。近年来，经过加强集团建设、组织结构调整和建立新的运行机制，机械总院不仅经营业绩大幅提高，还承担数亿元政府下达的科研任务，为国家三峡工程、载人航天、西气东输和重点军工项目以及众多装备制造业企业提供重要技术、大量创新型产品以及优质的服务。

2008年，机械总院继续深入贯彻落实科学发展观，在“抓住发展机遇、控制经营风险、提高经济效益”总体工作思路的统领下，深化改革、苦练内功，科学发展，降本增效，科技创新能力明显增强，经济效益取得显著成绩，主营业务收入和利润总额较上一年度均有较大幅度增长，全面完成各项工作目标，实现国有资产保值增值和持续又好又快发展。

【主要指标】 2008年，机械总院全年实现营业收入22.2亿元，增长10.45%；利润总额1.3亿元，增长18.18%；科技创新能力持续提升，当年新增纵向项目122项，合同额10344.6万元，在研科研项目达391项，合同额30481万元，均创历史新高。

机械科学研究总院主要经济指标

项　　目	2007年	2008年	同比增长(%)
资产总额(亿元)	28.3	31.4	10.95
净资产(亿元)	8.5	10.4	22.35
营业收入(亿元)	20.1	22.2	10.45
利润总额(亿元)	1.1	1.3	18.18
技术开发投入(亿元)	1.5	2.7	80.00
利润总额(亿元)	2.2	2.5	13.64
净资产收益率(%)	10.27	11.40	11.00
总资产报酬率(%)	4.07	4.43	8.31
国有资产保值增值率(%)	110.35	119.34	8.15

【改革发展】

1. 加强调研，提升管理水平。2008年机械总院组织多层面多业务的调研工作。年初由机械总院主要领导组织有关业务部门深入到各直属单位宣讲机械总院年度工作思路和重点工作安排，检查各单位2008年工作计划落实情况，了解各单位在发展中存在和急需解决的重大瓶颈问题等。在调研的基础上分别召开经营工作专题会议和科研工作专题会议，研究和部署落实解决问题的办法。针对各单位存在的会计核算、成本管理和对外投资监管等方面的薄弱环节，引导企业调整管理与核算方式，重视经营管理中重大问题研究，完善会计制度，加大对财务的监管力度，促进管理水平的提高。2008年机械总院还相继开展档案工作调研、军工和保密工作调研等。通过调研，使总部对各单位的工作有比较全面的了解，同时也促使相关部门进一步提高责任意识，提高引领集团发展的能力。

2. 认真落实《人力资源规划》，加强人才队伍建设。为更好地落实《人力资源规划》，在调研的基础上提出人才队伍建设的设想以及落实《人力资源规划》的措施等，使加强人才队伍建设工作真正落到实处。

3. 贯彻中央企业收入分配政策，启动企业年金工作。2008年，集团组织召开收入分配和财务政策研讨会，认真分析收入分配情况以及新政策带来的机遇和挑战，推动中央企业工资分配政策在集团收入分配办法中得到落实；为更好地保障员工退休后的生活，完善社会保障体系，启动企业年金工作，组织召开年金培训会，成立在京单位企业年金管理委员会，通过公开招标确定企业年金受托人。

【重大项目】

1. 技术开发取得新突破。一批重点技术开发项目取得新进展。例如，沈阳铸造研究所在国家自然科学基金项目"钨基屏蔽材料液态金属一次成型的基础研究"中，采用普通铸造方法液态金属一次成形出高密度钨基合金；武汉材料保护研究所积极开发环保产品，其中"电镀和涂装工艺有毒有害物质研究与应用"已在对外出口产品质量控制与检测中发挥重要作用；郑州机械研究所的"高参数特种齿轮泵关键技术及系列产品研发"项目，已达到国际先进水平。

2. 策划一批高水平的科研项目，为未来发展奠定基础。借助汽车制造装备创新联盟等工作，积极落实、推荐课题和策划一大批共同开发项目。为满足科技部对重点行业的调研要求，组织院内外专家提出能源、冶金、汽车等重点行业关键技术与装备项目建议，为获得科技部的未来支持奠定基础。

3. 扎实做好国家级创新企业试点工作，提高技术创新能力。作为国家首批36个企业重点实验室之一的"先进成形技术与装备国家重点实验室"，是机械总院承担国家和地方重大科研任务新的高端平台，已全面展开建设工作。2008年一批行业和地方政府批准的科技创新机构建设也在有序进行，这些均为今后进一步提高技术创新能力打下坚实基础。

4. 进入新领域、开拓新市场取得明显进步。先进制造技术研究中心积极开拓在海洋潮流发电、虚拟现实技术、镁铝合金材料及锂离子电池等新领域的研究，争取到一批新项目；哈尔滨焊接研究所在焊条焊剂领域相继开发23个新产品，其中成功研发的"封头接管埋弧自动焊机"等产品在行业具有广阔的应用前景；郑州机械研究所承接大唐国际内蒙古克什腾旗煤制气项目1.18亿元的特大合同，顺利进入煤化工领域。

5. 推进资源整合，增强发展后劲。2008年，集团积极推进科技资源整合，稳步推进制度改革。为了做强主业，加大对企业进行技术改造的力度。通过加大投入不断提高主业生产能力，逐步培养并形成新的经济增长点，增强企业发展的后劲。

【走向海外】

1. 积极拓展国际市场，出口业务实现突破性进展。2008年，沈阳铸造研究所与法国阿尔斯通公司签订包括预定到2011年产能的采购框架协议；与波音公司签订铝合金舱门铸件和高温合金铸件的研制合同；2008年，沈阳铸造研究所被日本东芝公司评为2007年度全球最佳供应商，以其优良的产品质量、严格的交货期和良好的信誉得到东芝公司的充分肯定；机科发展科技股份有限公司积极开拓国际市场，出口合同额创历史新高。

2. 加强国际科技合作交流，创新国际合作研发领域。根据机械总院科技、产业的发展需求，有针对性地组织国际科技合作与交流，研讨在智能维护和可靠性设计与性能试验、重型锻压设备的故障分析和诊断、在线监测、风能发电设备的智能维护、铸件、锻件及类似零件生产中的节能、新能源、生物质发电、纳米蜂窝技术、绿色制造等先进制造技术领域，与相应的国外伙伴深入开展项目合作，不断创新国际合作研发领域。

3. 构建国际科技合作基地，扩大科技创新空间。为充分发挥国际科技合作基地的作用，积极组织策划重点国际科技合作项目近50项，使其进入国家科技合作项目库。其中一些项目从国家已获得部分经费支持，取得建院以来的最好成绩。截至2008年底，机械总院已同美国、德国、俄罗斯、瑞典、乌克兰、韩国等6个国家建立国际科技合作基地和国际合作机构。

【重大创新】

1. 完善战略管理，坚持科学发展。连续四年的战略质询和战略管理工作，为机械总院的持续稳健发展明确方向。2008年，机械总院继续完善战略管理，企业文化战略、资本运营战略和信息化规划等职能战略规划相继公布和征询意见。各单位在2007版战略规划的基础上，编写2008版业务竞争战略初稿，并进行集中战略质询，为集团战略换版和今后如何科学发展奠定良好的基础。

2. 加强管理，规避财务和税收风险。2008年是执行《新会计准则》和《新企业所得税》的第一年，机械总院制订《银行信贷资金和对外担保管理办法》，规范银行信贷资金和对外担保行为，防范财务风险和经营风险。同时申请办理集团2008年度1.5亿元的银行综合授信额度，并分配给部分申请贷款的单位。通过集团统一授信，不但降低企业的资金成本，而且还有效地防范财务风险。

3. 推进质量管理体系工作，全面提升管理水平。2008年，机械总院在集团层面深入推进ISO9001质量管理体系工作，优化管理体制与管理模式，发挥集团总部的引领作用和服务功能，全面提升集团管理水平。

【履行社会责任】 2008年，机械总院在“南方雪灾”、“汶川地震”救灾工作中，积极发挥专业技术优势，为灾区人民提供及时的技术和经济支持，为抗击自然灾害做出贡献。

2008年1月，南方地区发生50年未遇的低温雨雪冰冻灾害，给社会经济生活带来巨大损失。面对灾情，机械工业第一设计研究院紧急组织有关技术人员奔赴抗灾救灾第一线，为安徽叉车集团、美的集团和江淮集团等20多家企业现场指导除冰除雪，帮助企业最大限度地减少冰雪灾害造成的损失。

2008年5月12日，我国四川汶川地区发生强烈地震。震后，机械工业第一设计研究院又及时指导灾区有关企业科学防震，并组织专业技术人员到中国二重集团，提出科学的厂房修复措施，为中国二重集团尽快恢复生产赢得宝贵的时间。

在地震救援行动中，机械工业工程机械军用改装车试验场积极配合政府相关部门，充分利用行业资源优势，在第一时间内向国家有关部委提供有效救援设备生产企业的通讯信息、产品构成、库存产品数量和规格等信息，为抗震救灾发挥独特的作用。

机械工业档案馆保存机械工业最原始、最珍贵的档案和资料。为方便有关单位在评估灾情和重建工作中借鉴与查考，机械工业档案馆主动将有关案卷目录进行整理，呈报机械总院、国资委和国家档案局，为东方汽轮机厂等受灾企业提供建厂初期归档案卷目录，主动为抗震救灾和灾后重建工作做好信息资源服务。

此外，机械总院在抗震救灾活动中共有4318名员工参与捐款活动，捐款总额为695090.50元，共收到1536名党员交纳的“特殊党费”605827.20元。赢得社会的广泛赞誉，较好地履行国有企业的社会责任。

（撰稿人：向北鸽）

中国农业机械化科学研究院

【基本概况】 2008年，是中国农业机械化科学研究院（以下简称“中国农机院”）较快发展、健康发展之年。面对历史罕见的特大自然灾害，面对复杂多变的国际形势，面对突如其来的金融海啸，在国资委的正确领导下，中国农机院全面贯彻党的十七大精神，认真落实科学发展观，积极应对各种挑战，深化改革，开拓市场，加强管理，防范风险，生产经营总体保持较快、健康发展，全面完成2008年初制定的经济、科研、改革等各项目标。

【主要指标】 2008年，中国农机院继续推行内部经营业绩考核，加强经营管理，实现营业收入增长、经济效益增长、科技投入增长，全面、超额完成2008年的经营目标。

2008年，中国农机院营业收入15.02亿元，同比增长33%；总资产21.3亿元，同比增长15%；利润总额1.42亿元，同比增长32%；净资产收益率13%。经济效益增长较快，超过近年来平均20%的增长速度，圆满完成国资委对中国农机院的年度考核指标。

【改革发展】 2008年中国农机院继续积极稳妥地推进主辅分离改制工作，建立与现代企业制度相适应的现代经营机制，着重解决体制和机制的问题，采取有效措施，推动院属二级企业各项改革稳步前进。

按照辅业改制程序，2008年7月，机械工业第三勘查研究院（以下简称"三勘院"）完成资产评估和审计工作。11月，召开职工代表大会审议并通过《三勘院主辅分离辅业改制职工安置方案》，中国农机院下发关于转发《国务院国有资产监督管理委员会〈关于中国农业机械化科学研究院主辅分离改制分流安置富余人员第二批实施方案的批复〉的通知》和《中国农业机械化科学研究院关于申请审核机械工业第三勘察设计研究院改制〈职工安置方案〉的报告》。同月，湖北省劳动和社会保障厅审核通过《三勘院主辅分离、辅业改制职工安置方案》，中国农机院已下发《关于同意机械工业第三勘查设计研究院改制更名的批复》。现改制工作正在稳步推进。

为了精干主业，做大做强主业板块，以及根据国资委有关清理整顿亏损企业的文件精神，2008年11月，中国农机院决定从铸业公司的股权中依法撤出，转让中国农机院在铸业公司40.1%的国有股权。股权转让工作正在进行之中。

【科技创新】 2008年，中国农机院科技工作紧紧围绕"以重大项目为依托，构建技术创新体系，推进全院自主创新能力建设"的中心任务，瞄准《国家中长期科学和技术发展规划纲要》的重点内容，开展以多功能、智能化、经济型农业装备为主的科技规划与立项、重大项目实施、平台与条件建设等重点科技工作，拓展中国农机院科技产业发展的空间。全院"四技"服务合同额为2001.2万元，技术交易额1938.2万元。顺利通过华夏认证中心的换证审核，取得质量管理体系认证（ISO9001：2000）证书。

1. 积极参与建设国家科技创新体系，强化科技平台建设。2008年，中国农机院成功通过由国家科技部、国资委、中华全国总工会联合推动的"创新型企业试点"建设评估，成为国家首批"创新型企业"。由中国农机院牵头组织的"十一五"国家科技支撑计划《多功能农业装备与设施研制》重大项目从2007年1月开始实施，2008年3月，在北京组织召开项目执行工作会，2008年8月完成全部17个课题的中期检查，取得阶段性成果。研究开发完成新产品、新工艺、新装置、计算机软件等122项；在共性关键技术与试验检测技术方面建立7个示范平台，并在企业得到应用；突破78项关键技术，研制61项新产品，建立农业装备与设施重大产品试验示范基地18个；建成试验示范生产线8条；发表科技论文163篇，其中向国外发表34篇；出版科技著作6部共201万字；申请国内专利117项，其中发明专利63项；获得国内专利授权25项，其中发明专利9项；研制标准27项，其中完成国家标准2项、行业标准7项、企业标准18项；已有5项成果推广应用，3项成果转让；获得省部级科技奖励3项，有效促进先进技术的研究开发与应用，对行业技术进步起到较强的推动作用。

2. 全面抓好国家科技项目申报工作，持续提升科研创新能力。2008年，中国农机院发挥集团优势，充分调配和整合资源，全年共落实国家科技项目16项，国拨资金2464万元。其中，国家科技支撑计划项目5项，国家"863"高技术发展计划项目3项，科技成果转化项目2项，科研院所研究开发资金项目3项，国际合作项目1项，重点新产品2项。

3. 推进规范化、制度化、系统化的项目执行与管理，强化目标与绩效。52项在研项目按计划顺利实施。

4. 一系列重点实验室的建设使中国农机院的科

研条件进一步得到改善。"土壤植物机器系统技术国家重点实验室"建设顺利开展。实验室基础建设改造基本完成，经过多次专家论证，研究确定仪器设备，已完成设备招标工作；论证确定田间工况模拟与植保机械实验室、农业雾化工程技术实验室及土壤植物信息与智能化技术实验室等实验室建设方案和土槽实验台等18个实验台架(装置)及2个自动测试系统，为实验室进入实际运行奠定基础。

组织申报机械工业工程(技术)研究中心和重点实验室，获得批准建设。申报机械工业土壤植物机器系统技术重点实验室、机械工业生物质能装备工程研究中心，获中国机械工业联合会批准，实现中国农机院在农业装备基础理论与共性技术研究、农业装备新领域等方面的产业布局。

依托呼和浩特分院组建的内蒙古自治区"饲草料收获及加工机械装备重点实验室"和"太阳能烘干设备实验室"已通过自治区批准，为申报国家级重点实验室奠定基础。

【产业优化】 2008年是国内外经济格局和世界经济秩序发生重大变革的一年，原材料和用工成本大幅度上升使得众多农机企业举步维艰。在这种内外部环境急剧动荡的形势下，中国农机院加强全面风险管理，并对院属企业风险管理现状开展调查，内容涵盖企业风险管理基本现状、企业风险管理体系建设情况、企业对全面风险管理认知程度及建议等，重点加强战略风险、财务风险、市场风险、运营风险和法律风险等方面的风险管理，中国农机院保持健康良好的发展状态。同时，院对院属二级企业资金链的支持保证各子公司不受金融危机的影响，逆势而上，全年有7家企业营业收入超亿元，取得增速超过30%的佳绩，确保国有资产保值增值。

2008年，中国农机院通过内部资源不断整合，加大对主业的投资力度，扶持对行业科技进步和院产业发展具有引领作用的优势专业：现代农装科技股份有限公司(以下简称"现代农装公司")通过中关村"三板"的融资渠道增发股份1000万股，成功融入资金5500多万元；2008年6月，中国农机院表面工程技术研究所(以下简称"表面所")业务并入北京金轮坤天特种机械有限公司(以下简称"金轮公司")，中国农机院在金轮公司的持股比例由34.52%提高到45%，之后，再以金轮公司资本公积同比例转增股本，将金轮公司的注册资本由530万元增加到1000万元；2008年7月，北京天顺长城液压科技有限公司(以下简称"天顺公司")按同比例增资扩股，中国农机院在天顺公司的持股比例为56.308%；现代农装株洲联合收割机公司(以下简称"株洲公司")通过增资并实施搬迁技改项目提高企业装备能力，2008年10月，中机南方机械股份公司向株洲公司同比例增资840万元，株洲公司注册资金由的1100万元增资到2100万元，确保优势产业的后续发展；2008年10月，中机南方机械股份公司向安达汽配增资1683.65万元，增资后中机南方机械股份公司在安达汽配中的股权比例由56.92%上升到68.47%。

完成中国包装和食品机械总公司与北京中农康元粮油技术发展有限公司、固安嘉峰机械工程有限公司的重组。农产品加工技术装备的研发制造是我院后发兴起的主导产业之一。2008年，为了把农产品加工板块做强做大，进行大力度的产业整合，将原中国包装和食品机械总公司(以下简称"中包公司")与北京中农康元粮油技术发展有限公司(以下简称"中农康元公司")、固安嘉峰机械工程有限公司重组，组建新的中包公司。加上中包公司和日本日磁株式会社合资组建的中日合资北京中日磁石科技有限公司、中农康元公司控股的北京恩希培养基技术有限公司，现中包公司已初具农产品加工技术研发、设备制造、工程承包、农产品加工与销售综合能力为特征的院属二级集团公司。

2008年7月，现代农装公司成立华北分公司，进行系列播种机、系列喷药机等主导产品的产业化生产。

2008年8月，中国农机院在长春投资设立中机农业发展投资有限公司，具体负责"现代农机物流科技园"建设、实施、运行及其他相关工作。

【国际合作】 2008年，中国农机院组织实施赴境外培训项目——"2008年中国—斯里兰卡农业机械新技术培训班"；成功申请中斯国际科技合作项目——"高效奶牛健康养殖系统联合研究"；与德国农业协会(DLG)合作，共同承办"2008年可持续农业发展与农产品安全供应国际论坛”，并在论坛期间与DLG达成共识，协助DLG完成2009年德国汉诺威农牧业机械展的部分组织实施工作，并通过德国《农业未来》杂志对中国农机院进行宣传。

组织农产品及食品加工领域专家参加在智利举办的“第十届国际食品工程大会”，并前往巴西参加“国际农业工程大会暨巴西农业工程第三十七届国际会议”，出席CIGR的常务理事会会议；赴泰国的亚洲理工学院(Asia Institute of Technology)参加亚洲农业工程学会常务理事会会议，与理事们交流中国农业工程领域的新技术发展情况；应“第十四届世界食品科技大会”主办方之邀，中国农机院承担该专题的学术论文征集和评审工作，担任专题分会主席，确定13位来自6个国家的专家学者作学术报告；参加上海交通大学和美国康奈尔大学共同主办的“生物质能：机遇与挑战”国际研讨会并做题为《生物质能技术装备发展》的大会主旨报告，得到来自9个国家70多位生物质能源领域专家学者的好评。

(撰稿人：王　可)

中国中钢集团公司

【基本情况】 中国中钢集团公司(简称“中钢集团”或“集团”)是国务院授权国资委履行出资人职责的国有独资企业，是一家为钢铁工业和钢铁生产企业提供综合配套、系统集成服务的集资源开发、贸易物流、工程科技、设备制造、专业服务为一体的大型跨国企业集团。所属企业86家，其中境内60家、境外26家。

近年来，中钢集团认真贯彻落实科学发展观，在国务院国资委的正确领导下，按照“改革开放、市场经济”的要求，着力推进资源重组优化，精心谋划产业调整升级，持续深化经营模式创新，稳步实施企业战略转型。在企业发展思路的指导下，中钢集团由传统商贸型企业逐步成长为中国钢铁工业领域规模最大、综合实力最强的现代生产性服务企业，引起社会的广泛关注。

【主要指标】 经营工作实现稳健进展。2008年实现营业收入1684亿元，同比增长36%；资产总额993亿元，同比增长35%；净资产总额99亿元，同比增长25%。依据国务院国资委统计，截止到2008年底，集团销售收入在国资委企业排名第16位，在商贸企业排名第三位。

管理水平得到明显提升。集团的各项基础管理工作进一步改进，规章制度进一步健全，经营管理的薄弱环节进一步改善，建立稳健安全的财务运行体系，风险识别、风险控制、风险化解能力进一步增强，企业管理体系和管理关系进一步理顺，管理效率进一步提高。

综合实力逐年显著增强。2008年，集团在中国企业500强排名第33位，较上年提高27位；在中国最大500家企业集团排名第21位，较上年提高21位；在中国服务业企业500强排名第15位，较上年提高13位；在中国企业信息化500强排名第15位，较上年提高5位。

社会影响日益持续扩大。2008年，集团被中宣部、国资委联合推选为全国十大国有企业典型，人民日报、新华社、中央电视台等主流媒体对集团进行集中宣传报道，得到社会各界广泛赞誉。集团大力发展面向钢铁生产的现代生产性服务业的“中钢模式”，引发有关政府部门、高等院校的关注，产生积极的示范效应。集团编制发布《可持续发展报告》和《可持续发展非洲报告》，树立良好的企业形象，赢得社会的认可和尊重。

【改革发展】 中钢集团围绕资源开发、贸易物流和相关设备制造三大主业，初步建立为钢铁产业提供综合配套服务的产业链，为集团可持续发展奠定坚实基础。

1. 深入贯彻落实科学发展观，统筹兼顾、沉着应对，努力确保当期经营平稳运行。2008年1～8月份，在焦炭、铁矿石等上游原材料成本快速上升以及国际钢铁价格攀升的带动下，钢铁产品价格一路攀升。在这一轮快速增长中，集团所属企业积极扩大经营规模，努力提高经济效益，各项预算指标同比大幅增长。

2008年9月份以后，国际金融危机对我国实体经济的负面影响开始显现。集团采取一系列积极有效的应对措施，有效降低金融危机带来的不利影响，战胜经营发展当中的诸多困难和严峻挑战，最终实现全年资金运行、业务运行、员工队伍的基本稳定，为中钢集团未来发展积累经验，积蓄力量。

2. 进一步加强管理创新，提升风险防控能力和水平。制定并修订有关人员管理、财务管理、内部控制等新的管理制度及实施细则数十项。进一步完善集团资金、会计和内控方面的制度体系。制定"弹性预算"内控预案，平衡投资规模与资金风险，严格控制流动资金占用，确保资金链条安全。进一步规范投资管理，对集团所属企业实业投资项目进行梳理分析排队，避免投资风险；进一步加强法律事务管理，将法律服务和监控提早介入到投资、销售、采购、大额资金支付等重要环节中，对主要经营品种的业务模式和业务流程中可能存在的法律问题进行分析研究，防范潜在风险。积极推进 ERP 三期建设，不断提升集团信息化水平，以信息化促进管理升级。

重视加强内部审计和效能监察工作，逐步实现由财务收支审计向风险管理审计转变。对集团部分所属企业的客户、合同、投资项目的招标程序、薪酬管理等多个方面进行检查。开展对生产企业的审计，逐步完善审计方法，制定规范化的审计流程。对集团核心商品、核心业务经营情况，重大投资项目（含大型设备的采购）的决策、组织、建设、价格、回报情况及所属企业的经营管理、经济效益情况进行专题效能监察。

3. 立足当前，着眼长远，努力实现国际化经营新突破。2008 年集团进一步确立实施国际化经营战略的四项主要任务，并明确国际化经营及管理的主体。

在矿产资源开发过程中，重点以权益矿为主，形成格局多元、形式多样的海外矿产资源开发模式，海外资源开发不断取得新进展。

在铁矿开发方面，中钢集团在澳大利亚证券市场成功收购澳大利亚 MIDWEST 公司，实现集团海外矿产资源开发的重大突破。完成全面要约收购，实现 100%控股，成功获取近 20 亿吨的资源储量，为集团的长远发展奠定基础。在铬矿开发方面，南非 ASA 合资公司新获取 4900 万吨铬矿资源。在镍矿开发方面，入股菲律宾汇洋矿业公司开发当地镍矿资源，印尼镍矿项目开发进展顺利。在铀矿开发方面，南澳 PNN 铀矿项目勘探开发工作稳步推进。此外在津巴布韦、印尼、澳大利亚、喀麦隆、新西兰、加蓬、吉尔吉斯斯坦等国家和地区正积极跟踪推进铁矿、镍矿、铀矿、锰矿等相关项目。

在海外实业项目建设方面，南非 ASA、南非 Samancor、津巴布韦 Zimasco 等相关改扩建项目，均根据国际金融危机影响和国际市场变化情况及时做出相应的调整和安排。

在海外工程项目承包和机电设备出口方面，成功拓展土耳其 TOSYALI 集团短流程钢厂连铸和热连轧项目、印度 JSPL 公司焦炉化产和 MSPL 公司球团项目、巴西 VALE 公司新建球团厂设备供货项目、日本住友金属和歌山钢铁厂焦炉项目等多项海外工程，进一步扩大中钢集团在海外工程建设领域的影响。

4. 注重科技创新，着力加强实业发展，不断增强专业服务功能。圆满完成一批进入世界一流水平和填补国内空白的项目。中钢邢机成功研制大型高铬钢轧辊，打破国外的技术垄断。中钢耐火高炉长寿命陶瓷杯耐材精加工技术改造项目完成，达到世界大型高炉的要求。中钢西重风电工作从零起步，制造拥有完全自主知识产权的 1.5 兆瓦直驱型风力发电机组。中钢洛耐院高性能二硅化钼发热元件研究开发项目通过验收，性能指标达到国际先进水平。中钢制品院研制的钢丝绳产品，为神舟七号载人飞船圆满回收做出贡献，受到国家嘉奖。

集团生产、科技企业申报年度集团科技创新项目共 33 个。中钢西重、中钢衡重、中钢洛耐院、中钢天源申报 2008 年度重大产业技术开发专项。

5. 稳步推进集团股份制改革，初步构建起规范的公司法人治理结构。完成对集团投入股份公司全部企业的资产审计评估工作，取得中钢集团重组改制设立股份公司资产评估核准和股份公司国有股权管理方案批复；由中钢集团联合中钢资产管理有限责任公司共同作为发起人，发起设立中国中钢股份有限公司，全面完成企业改制重组、设立股份公司的各项工作。顺利完成中钢天源、中钢期货的股权变更手续，对所属 16 家全民所有制企业进行公司制改制和股权变更。基本确定募集资金投向,按时完成上市环保核查。

建立健全股份公司董事会、监事会和经营层领导班子,为股份公司的规范运作提供组织保障。制定股份公司股东会、董事会、监事会议事规则、总经理工作制度等文件,为股份公司的有效治理奠定制度基础。初步理顺集团公司与股份公司的管理关系、管理架构,以及过渡期间的运转方式,为股份公司的顺利起步创造必要条件。

6. 众志成城,迎难而上,努力夺取抗击特大自然灾害的全面胜利。2008 年接踵而来的特大自然灾害,给我国人民造成巨大的生命和财产损失,中钢集团所属部分企业也受到较大影响。面对突如其来的灾难,集团领导紧急研究、立即部署,中钢川炭、中钢四川、中钢衡重、中钢安环院等所属受灾企业全面开展抢险自救和灾后恢复重建工作,将人员生命和财产损失降到最小程度。在抢险自救的同时,组织人力物力,冒着生命危险为灾区群众送去急需的救灾物资,组建志愿者服务队赴现场展开救助,支援灾区,夺取抗击特大自然灾害的全面胜利。

7. 加强人力资源管理,努力适应集团改革发展需要。大力加强干部员工队伍的能力建设,认真组织二级单位领导班子考核,不断加强班子配备,优化班子结构。加强后备干部培养,分三批举办中层干部轮训班,集团各职能部室、51 家所属企业领导班子成员 220 人次参加培训。举办五期部门经理培训班,培训 1200 人次,全面提升干部队伍综合素质。

按照《劳动合同法》的新规定,针对集团劳动合同管理存在的问题,进行全面整改。制定集团新的劳动合同文本,努力减少劳动争议,确保和谐与稳定。按照国务院国资委《关于中央企业试行企业年金制度的指导意见》,集团 2008 年正式建立企业年金,进一步完善集团薪酬福利制度。

【走向海外】

1. 明确国际化经营战略,优化全球运营体系和布局。中钢集团根据国际化经营的整体需要,结合海外业务拓展重点,在海外设立 26 家子公司和代表处,着力打造中钢国际、中钢澳洲、中钢南非、中钢德国、中钢印度五大海外区域核心公司,分别辐射东南亚地区、澳洲地区、非洲地区、欧洲地区及南亚地区。通过发挥海外公司贴近市场、资源、客户的优势,中钢集团实现海外企业之间、海外企业与国内企业之间客户、商品、市场动态、行情、资金运用等资源的充分共享,形成业务联动、优势互补的协同经营格局,大大提升国际市场的开拓能力。

2. 突出主业,重点突破,努力实现冶金矿产资源的全球优化配置。中钢集团充分发挥自身的传统优势,突出冶金矿产资源开发的主业,将海外矿产资源开发作为对外投资的核心重点突破,并逐渐形成格局多元、形式多样的海外矿产资源开发模式。

中钢集团在大力开发海外矿产资源的同时,带动国产设备、原材料、半成品的出口,以及关系国计民生的重要战略资源的进口。中钢集团是中国市场铁矿、铬矿的最大供应商,萤石、焦炭、矾土、镁砂、稀土、冶金机械装备等多种商品的出口逐年大幅增长,位居中国前列,进出口总额保持稳定较快增长。对外工程承包也屡获突破,先后完成和正在实施的有巴基斯坦、土耳其、越南、印度等国家的几十个大中型工程项目。

【履行社会责任】

1. 编制并发布可持续发展报告,积极履行企业社会责任。2008 年初,编制并发布《中钢集团可持续发展报告》,这是以国资委指导意见为依据编制并发布的第一份中央企业社会责任报告。10 月份,集团又对外发布《中钢集团可持续发展非洲报告》,这是中国企业发布的第一份面向非洲的可持续发展报告,也是国内企业发布的首份国别报告。

2. 踊跃捐款捐物,抗击自然灾害,将爱心送达灾区。年初,在雨雪冰冻灾害发生后的紧要关头,中钢集团第一时间向灾区捐助 100 万元,广大员工也积极捐款捐物。"5·12"地震发生当晚,集团公司决定立即提供 500 万元紧急援助,后又为中央企业东方电气捐助 100 万元。集团所属企业、广大员工纷纷慷慨解囊,累计捐款近 2800 万元,为抗震救灾和灾后恢复重建做出应有的贡献。

3. 节能降耗,保护环境,增强集团公司的市场竞争力。大力促进炭素、耐火材料、铁合金、冶金装备制造等产业的优化升级和技术进步,不断提升产业集中度和市场竞争力,进一步节约资源、能源,降低制造成本，提高环保水平。

作为全国第二批循环经济示范试点单位的中钢西重，2008年在易地搬迁改造项目中按照循环经济理念进行余热、余气、水、物料的回收循环利用，提高资源利用率。中钢衡重优化公司供用电方案，在全公司推行峰谷分时电价，而且从9月份开始，公司对12台带发电机组的重点机床进行节能电气改造工作，逐步用节能型发电机组替代能耗高的老式发电机组，降低机加工电能消耗，据测算，年节约电费将达到100万元；中钢邢机一项“提高电力系统功率因数”创新项目，大幅度降低电缆、网线、变压器等电力设施自身电损，每年为企业节约用电800万Kwh，每年减少400多万元的用电损失。

中钢吉铁加快高耗能设备改造和更新，提高能源利用率，公司26台主要生产电炉均配备烟气除尘设施，电炉冶炼烟气全部实现达标排放。

【应对金融危机】 面对全球金融危机，中钢集团明确提出“密切关注、保持冷静、坚定信心、审慎处事、及时调整”要求，作为今后一段时期集团经营管理工作的指导方针。各所属企业密切关注全球金融危机的发展态势，根据变化的市场，有针对性地调整经营策略、经营模式和经营做法，努力适应市场，克服困难局面。

努力实现集团“三个稳定”，即资金安全稳定、业务运行稳定和员工队伍稳定。

1. 资金安全稳定。集团对所有资金进一步强化集中统一管理，密切关注全集团的资金安全。一方面结合各经营单位的实际情况，科学组织资金调配，及时合理地做好资金筹措和调度，为当期经营提供资金保障。另一方面，要求所属企业加强预付款、应收账款的管理，加快资金周转和资金回笼速度，特别是对逾期的应收账款，要采取包括法律手段在内的各种措施，加大清欠力度。

2. 业务运行稳定。坚持稳健经营政策，适当收缩经营规模，严格控制对外投资，加强库存管理，盘活物资存量，全面排查客户资信、合同和存货物权等，有效防范经营风险，防微杜渐，确保业务安全。

3. 员工队伍稳定。力求不下岗、不裁员、不停产、不减薪，扎实有效地推进各项具体工作，战胜金融危机给集团带来的不利影响。

围绕重点工作，突出关键环节，认真落实应对措施。

在项目开发上，对集团现有项目进行全面清理，并根据实际情况进行排队。做到新项目慎重开工、优中选优；在建项目稳步推进，强化监督。有保有压，确保重点，提高投资效益。

在生产经营上，根据市场变化，阶段性压缩生产规模，集中优势资源保市场有需求的生产，适时安排生产检修，降低生产成本，努力规避市场风险。

在市场营销上，发挥集团整体优势，整合海内外销售网络及客户资源，开展协同经营，最大限度地发挥既有资源效力。紧贴市场，加大销售工作力度，既防止惜售，又避免盲目抛售，有效降低库存，减少资金占用。

在内部管理上，压缩各项费用支出，精打细算，增收节支，过好紧日子。做到两个结合，练好内功，为集团持续稳定健康发展创造良好条件。

一是迎接挑战与抢抓机遇相结合。进一步增强应对市场变化的意识和能力，化“危”为“机”，充分利用国家扩大内需、促进国民经济平稳较快增长的宏观调控政策机遇，充分利用钢铁行业生产将逐步回暖、需求逐步回升的市场机遇，充分利用钢铁工业并购重组、结构调整的行业机遇，增强企业市场开拓能力，不断提高企业核心竞争力。

二是促进发展与结构调整相结合。充分利用资源和市场约束力增强的“倒逼”机制，立足当前，着眼长远，大力推进企业自身结构调整，加快自主创新，优化产品结构，提升产品质量和效益，切实转变经营发展方式，进一步夯实现代服务企业功能，为企业的可持续发展奠定坚实基础。

（撰稿人：蒋振宇）

中国冶金科工集团公司

【基本概况】 中国冶金科工集团公司（简称“中冶集团”）是由国务院国资委监管，以EPC工程总承包及相关服务、资源开发及相关服务、纸业及相关服务、技术装备制造及相关服务和房地产开发及相关服务为主业，集科、工、贸于一体，多专业、跨行业的国际化综合性集团。

2008年，中冶集团提前两年跻身世界企业500强，排名第480位。在全球企业225家国际知名承包商中排名第12位，比2007年排名上升6位。在中国企业500强排名第32位，比2007年排名上升2位。

【主要指标】 2008年，中冶集团围绕做强做大做优和提升核心竞争力，深化改革改制，改善管理素质，推进企业转型，调整产业结构，改进发展方式，积极应对金融危机带来的挑战，努力克服经营困难和消除不利因素，生产经营保持稳定运行态势。

中国冶金科工集团公司主要经济指标

项　　目	2007年	2008年	同比增长(%)
资产总额(万元)	15558143	20276692	30.3
净资产(万元)	1244363	1933469	55.4
营业收入(万元)	13321765	16518137	24.0
利润总额(万元)	645002	421830	—34.6
技术开发投入(万元)	238629	367317	53.9
利税总额(万元)	1368622	1637186	19.6
全员劳动生产率(万元/人·年)	92.4	109.5	18.5
净资产收益率(%)	27	20.6	—23.7
总资产报酬率(%)	6	4.2	—30.7
国有资产保值增值率(%)	120	138.49	15.4

新签合同额达到2125亿元，较上年增长2.2%。营业收入1651.8亿元，再创历史新高，较上年增长24%。实现收入在中央企业中排名达到第17位，在销售收入超过1500亿元的中央企业中，中冶集团营业收入增幅排名第6位。利润总额42.2亿元，受国际金融危机影响利润总额十年来首次出现下降。

反映经营效益的主要指标均接近或超过行业良好值。营业收入增长率24%，超过行业良好值3.6个百分点。主营业务利润率8.85%，接近行业良好值。总资产报酬率4.2%，接近行业良好值。净资产收益率为20.6%，超过行业优秀值3.1个百分点。

2008年国有资本保值增值率达到138.49%，连续6年超过行业优秀值。

【改革发展】

1.设立中国冶金科工股份有限公司。按照“依法改制、规范操作；深化改革、创新体制；确保国有资产保值增值，确保企业长远发展，确保职工队伍稳定”的思路，对中冶集团进行重组改制，并引入宝钢集团有限公司作为战略投资者，于2008年11月29日共同发起设立中国冶金科工股份有限公司，中冶集团出资比例为99%。

2008年，较为妥善地解决职务(工)股回购、福利精算、审计评估、土地房产确权办证、资产边界确定、募集资金投向、环保和房地产三号令核查、小改制等大量问题。6月10日，国务院国资委以“国资改革〔2008〕528号”文件批准中冶集团整体重组改制及上市方案。

2.内部资源整合工作继续推进。2008年将中冶集团所持中冶陕压重工设备有限公司、中冶陕西轧辊有限公司、西安电炉研究所有限公司三企业的股权无偿划转给重庆钢铁设计研究总院有限公司管理。同年，将阿根廷铁矿业有限公司交由华冶资源公司管理。

3.在澳大利亚出资设立中冶澳大利亚控股有限公司。

4.推进用人和分配制度建设。对中冶东方等56家子公司的领导班子进行调整充实，共调整领导班子成员310人次。其中任职239人次，免职71人次。

规范做好薪酬分配管理工作。组织完成子公司年度绩效考核，兑现子公司负责人年薪。完成集团年度工效挂钩方案向国资委申报及对子公司的批复和清算工作。做好集团福利精算年度数据的收集汇总。完成集团大龄职工特定政策中央财政补助资金的预拨申请和年度清算工作。按照财政部要求，组织完成集团职工内部收入分配情况的调查工作。深化薪酬分配制度改革，建立和完善创新人才的激励机制。起草并向国资委分配局提交《中国冶金科工集团公司薪酬管理情况分析报告》。召开中冶集团驻海外机构薪酬分配座谈会，研讨拟定《中冶集团驻海外人员薪酬管理指导意见》。配合集团上市工作要求，拟定《离退休、离岗、遗属三类人员费用管理办法》。

5.积极推动和谐企业建立，进一步完善劳动用工管理。根据《中华人民共和国劳动法》及《北京市劳动合同规定》，继续办理剥离子公司的职工劳动合同变更及人事档案转移等工作。推动子公司集体合同的订立，建立完善劳动用工备案制度。组织召开人力资源管理工作座谈会，促进《劳动合同法实施条例》的贯彻实施工作。进一步理顺总部劳动和劳务关系，制定《中国冶金科工集团公司(总部)聘用退休人员管理办法》和《中国冶金科工集团公司(总部)借用人员管理办法》。根据国家《职工带薪年休假条例》规定，制定完善并实施职工带薪年休假办法。

6.完善各类人才培训工作，强化人才引进与培养。2008年，中冶集团加大各类培训力度。主要是，培训59名子公司领导班子成员和后备干部，培养高级工以上技能人才562名，8万多人次的技能人才参加岗位技能、职业资格等培训，2694人参加职业技能鉴定考核，2478人获得职业资格证书。

【重大项目】

1.建研院(中国京冶)新余钢渣“零排放”项目。为响应国家节能减排号召，中冶集团建研院投资7.82亿元分两期建设钢渣“零排放”新余项目。目前，一期工程已按计划实施，国家环保部已批准“新余钢渣热闷加工处理及零排放项目”列为环境污染防治与循环经济技术示范工程。

2.中冶集团中国有色工程设计研究总院多晶硅项目。中国有色工程设计研究总院控股并设计的洛阳中硅公司投资14亿元年产2000吨多晶硅的高科三期工程项目于2008年11月18日建成投产。

3.陕西轧辊年产2万吨锻钢轧辊制造及热加工项目。设计规模为产值17.79亿元；销售收入16亿元。扩建后使其成为西北地区最大的热加工基地，2008年共完成投资3.88亿元，该项目车间钢结构制作已基本完工。

4.巴新瑞木镍钴项目。该项目位于南太平洋第一大岛国巴布亚新几内亚马丹省，是世界级的大型红土镍钴矿采、选、冶工程。该项目总投资额为13.74亿美元，投产后将成为我国境外最大的镍矿。2008年该项目完成投资43.09亿元人民币，5万吨级码头和瑞木河大桥已经建成投入使用，详细设计工作完成98%。

5.马江至梧州高速公路建设BOT项目。该项目由中冶集团和珠海市卡都公司共同投资以BOT方式建设。截至2008年底，累计完成投资27.05亿元。路基桥隧工程接近尾声，开始路面施工，交通安全设施工程、机电工程、绿化工程、房建工程开始招标。

6.中冶银河20万吨文化纸项目。中冶纸业银河有限公司年产20万吨低定量涂布文化用纸项目计划总投资11.61亿元。2008年完成投资5.82亿元，主体设备已经在国外订货，正在进行土建施工。

7.中冶京诚营口中试基地。该项目固定资产总投资27.4亿元，其中一期铸锻工程12.6亿元，二期煤气配套及连铸工程14.8亿元。到2008年底，一期铸锻工程已投产，二期煤气配套及连铸工程正在热试车。截至2008年底，该项目共投资27.41亿元，其中2008年完成投资15.70亿元。

8.杜达铅锌矿项目。中冶集团在巴基斯坦俾路支省南部拉斯贝拉(Lasbela)地区开发建设的杜达铅锌矿项目，总投资额预计为1.13亿美元，截至2008年底累计完成投资4.77亿元，并已经实现部分投产。

9.澳大利亚兰伯特角铁矿项目。2008年在开展大量前期尽职调查的基础上，中冶集团购得澳大利亚兰伯特角的铁矿，并在澳大利亚出资设立中冶澳大利亚控股有限公司。

10.承建的工程承包项目。2008年集团工程承包实现营业收入1280.41亿元，其中冶金工程实现营业收入889.31亿元，占工程承包营业收入的69.46%；非冶金工程实现营业收入391.10亿元，占工程承包营业收入的30.54%。国内重大项目主要有：首钢京唐钢铁联合有限责任公司钢铁厂一期项目；鞍钢集团公司营口鲅鱼圈钢铁项目；河北钢铁工业结构调整邯钢新区一期工程；新钢三期技改300万吨薄板工程；重庆钢铁集团环境保护搬迁工程；沙钢节能减排中区改造五大项目；宝钢集团公司湛江钢铁工程项目；2010年上海世博会主题馆钢结构工程项目。其他建设项目，如施工的北京金融街B3大厦工程，参建的国家体育场、北京奥林匹克篮球馆、武汉新芯集成电路制造有限公司12英寸集成电路生产线项目FAB12a厂房工程荣获建筑工程"鲁班奖"；由中冶集团设计施工的天津钢铁工业结构调整易地改造工程360平米烧结工程，莱钢大型H型钢轧钢工程，本溪钢铁（集团）有限责任公司二冷轧（1700毫米）及涂镀生产线工程，参建的西南铝业集团公司"1＋4"热连轧工程荣获国家优质工程银奖。

【走向海外】 按照国家"走出去"战略的发展要求，中冶集团根据自身特点，发挥自身优势，积极开拓海外矿产资源。

2008年5月25日，备受全球瞩目的阿富汗艾娜克世界级大型铜矿项目合同正式在阿富汗首都喀布尔签订，开创阿富汗精炼铜的历史，也是中冶集团贯彻"走出去"发展战略的硕果。

2008年6月11日，中冶集团与澳大利亚兰博特角矿业公司在北京举行西澳兰博特角铁矿项目收购协议签字仪式，标志中冶集团向海外进军资源又迈出坚实的一步。

2008年11月28日，中冶集团杜达铅锌矿上部采区竣工投产庆典仪式在巴基斯坦杜达项目现场隆重举行。这是继成功租赁经营巴基斯坦山达克铜金矿后，中冶集团在巴基斯坦投资兴建的又一大型矿山类项目。

2008年6月23日，中冶集团巴布亚新几内亚瑞木镍钴项目主体工程施工全面展开，12月11日，中冶集团巴布亚新几内亚瑞木镍钴项目瑞木镍钴大桥举行隆重的通车典礼。

马来西亚金狮集团2580立方米高炉高炉项目。该项目是中冶南方按EPCS模式与马来西亚金狮集团公司签订的工程总承包项目。包括一座2580立方米高炉和满足高炉生产的相关公辅设施，以及炼钢的铁水脱硫系统和焦炉煤气柜设施。合同总额1.65亿美元，于2008年2月4日签订。该项目是中冶南方在海外的第一个大型主体综合性系统工程，也是中冶集团在海外承接的最大高炉系统工程。

土耳其ICDAS220吨电炉项目。2008年9月26日，中冶集团在土耳其ICDAS项目部承接的ICDAS 220吨电炉项目和8流方坯连铸EP（设计＋采购）项目一次热负荷试车成功。该项目的220t电炉是土耳其国内目前最大的电炉。

中冶长天中标安赛乐米塔尔集团在乌克兰的2×500m^2烧结EP项目以及在巴西的360m^2烧结EP项目，合同金额分别达到2.44亿欧元和1亿美元，奠定中冶长天和安赛乐米塔尔集团长期战略合作的基础。

格鲁吉亚伯悦酒店公寓办公楼项目。由中冶二十冶总承包的格鲁吉亚五星级酒店——"第比利斯柏悦酒店"项目，是近年来中国公司在格鲁吉亚的第一个设计施工工程承包项目，也是中国公司在格承包合同金额最大的项目，合同总额1.55亿美元。

新加坡圣陶沙名胜世界环球影城项目。中国京冶以EPC模式总承包的新加坡圣淘沙环球影视城项目，于2008年7月28日全面开工。合同总金额达7.05亿新元（约合36亿元人民币），开创中国建筑公司在新加坡建筑市场单项合同之最，填补中冶集团承包大型综合娱乐项目的空白。

日本住友金属和歌山烧结项目。中冶长天在2006年6月与日本住友金属和歌山签订185m^2烧结工程EP承包合同，总合同金额为1550万美元。历经20多个月于2008年12月19日投产，标志着我国承制的钢铁设备已成套出口到发达国家，改变我国钢铁工业以往核心设备依靠进口、自行研发设备只能内销的历史。

【科技创新】 2008年,中冶集团继续大力推进科技创新和知识产权工作,年科技投入达36.73亿元,占营业收入比重为2.2%,超过行业优秀值1.3个百分点。新申请专利1366件,其中发明专利551件;新授权专利553件,其中发明专利39件。截至2008年年底中冶集团拥有有效期内授权专利共1339件,其中发明专利167件。这些专利主要集中在钢铁和有色冶金工程领域,在采、选、焦、烧、铁、钢、轧等专业和土建施工、钢结构工程、机电安装、节能环保等方面均拥有大量核心技术,其中部分达到国际水平。

12月29日,中冶集团授予中冶东方工程技术有限公司等13家单位"中冶集团创新型企业"称号。至此,中冶集团共有22家子公司成为创新型企业。

【履行社会责任】 履行中央企业责任,积极投入抗震救灾。面对汶川特大地震灾害,在中冶集团驻川、渝地区的子公司直接财产损失1.7亿元,间接经济损失7.6亿元的情况下,一方面积极组织好抗灾自救,另一方面认真贯彻落实党中央、国务院的部署,紧急行动,积极组织,全力投入灾区的抗震救灾工作。中冶集团共出动救灾设备86台(套),参加前线救灾983人。广大员工充分发扬一方有难、八方支援的精神,踊跃捐款捐物。据不完全统计,中冶集团通过各种渠道共向灾区捐款3603万元,缴纳特殊党费722.65万元。

【文化创新】 一是认真落实中冶集团企业文化认证三年工作规划和要求,完成12家子公司"企业文化全国示范单位"认证活动,累计通过认证子公司达42家。二是完成第三届企业文化管理师培训工作,使中冶集团持证的企业文化管理师接近300人,覆盖到五大产业所有子公司。三是利用国内主流媒体作为宣传中冶的阵地,在新华社、中央电视台、中央政府门户网站、国务院国资委网站及时、准确发布集团改革发展成果及重要动态,高效传播中冶集团良好形象。同时,充分利用中冶集团"三刊一网"和子公司的传媒体系全面宣贯中冶文化,取得良好成效。

(撰稿人:张青虎　王　昊)

中国钢研科技集团公司

【基本概况】 中国钢研科技集团公司(以下简称"中国钢研")是2006年12月26日经国务院批准,由原钢铁研究总院(创建于1952年)更名为"中国钢研科技集团公司",冶金自动化研究设计院(创建于1973年)作为全资子企业并入其中而组建的大型科技型企业集团公司,是我国冶金行业最大的综合性研究开发机构,是国家首批创新型试点企业。控股包括上市公司安泰科技(000969)和金自天正(600560)在内的10余家高新技术企业。

中国钢研是国民经济和国防军工新材料研发基地,承担冶金系统85%以上国防军工新材料研制任务,为"两弹一星"、"长征系列运载火箭"和"神舟号"系列飞船等诸多国家重点工程研制生产大量的关键材料,为我国国防军工建设做出重要贡献。中国钢研是我国冶金行业重大关键与共性技术的创新基地,承担冶金行业50%以上共性和前沿技术开发任务。中国钢研作为国家冶金分析测试技术的权威机构,先后通过英、美权威机构的第二方认证、国家实验室认可、美国NADCAP材料检测实验室认可。

中国钢研科技基础雄厚,设有11个国家级工程技术研究中心、重点实验室等,到2008年底,全集团员工总数近8400人,其中研发人员2350人,高级技术职称人员730人(1500人)。包括两院院士6人,博导45人,硕导102人,国家级有突出贡献中青年专家23人,百千万人才工程国家级人选3人,享受政府特殊津贴306人。拥有10个博士授予权和13个硕士授予权,拥有5000余项科研成果,包括国家级奖励293项、省部级科技进步奖1035项,授权专利783项。

【主要指标】 2008年,中国钢研实现营业收入52.30亿元、利润总额3.70亿元、净利润3.28亿元,分别比上年同期增长16.16%、4.62%和7.64%,净资产收益率、总资产报酬率和国有资本保值增值率分别达到8.83%、4.90%和108.88%。

2008年全年科技支出达3.94亿元,同比增长11%。

2008年中国钢研实现外贸进出口总额达1.16亿美元,同比增加上缴各种税金2.5亿元,同比增长10%。银行授信达34亿元,其中新增银行授信5.9亿元,有力保障中国钢研的资金发展需求。

【改革发展】 中国钢研非常重视改革发展,首先,采取具体措施,严格落实发展规划,对下属公司进行清理整合,清晰产权关系、减少管理层级、规范基础管理。

2008年中国钢研启动全面风险管理,围绕战略风险、财务风险、市场风险、运营风险、法律风险等重点,推进制度建设,梳理业务流程,强化监督体系。已在总部层面完成风险辨识评估工作,制定投资风险管理解决方案,编制全面风险管理手册。并契合应对金融危机,采取相应的风险防范措施,如加强内控机制建设,严格控制投资风险、强化成本费用控制等。

全面预算管理工作按照"以战略为出发点、以价值创造为主线、以标准化流程为对象、以关键业绩指标为重点、以信息化为手段"的原则,扎实推进、初见成效。基本实现预算管理同战略规划、绩效评价体系的对接。将预算指标和经营目标统一,"预算达成率"引入考核体系,试行预算报告的专项批复,强化预算刚性和严肃性。

根据新的高新技术企业认定办法,完成中国钢研及下属主要控股公司共21家的认证工作。

根据国资委要求和中国钢研实际发展需求,2008年制定信息化规划方案,成立信息化领导小组和工作小组,拟尽快推进信息化建设步伐。在改革发展过程中,中国钢研始终坚持促进员工与企业共同进步的理念,以人为本,建设和谐钢研。

【重大项目】 第一,产业项目建设取得新的进展。根据中国钢研战略部署,第一轮产业投资建设的6大产业基地、17个高技术产业化项目获得初步成功。以金属新材料、工艺工程与自动控制及分析测试仪器产业为主的高新技术产业群初具规模。

绿色节能材料"万吨级非晶带材及制品项目"完成一期生产线的建设工作,实现全流程贯通,热试期间已获得最大单卷卷重1.8吨的非晶带材,带材物理和力学性能良好,并已进入下游铁芯和变压器的试制阶段。4万吨非晶产能所需的生产用土建工程、水电气生产辅助设施、市政配套工程建设也已全部完成。薄膜太阳能电池项目关键材料及工艺技术取得实质性进展,作为北京2008年奥林匹克公园示范项目,已成功并网发电。完成粉末高速钢工业化制备技术开发项目的产能配套条件建设。

药芯焊丝扩产项目5条新建生产线已全部投入试生产;高纳公司永丰基地2#厂房一期,主要产业包括固体自润滑材料、ODS以及纳米材料等,该项目已经投产;RD1250热等静压机完成修复建造,成为目前亚洲最大型、技术性能指标最高的热等静压机,大型自动化设备生产线正在进行建设,该项目将为解决产能瓶颈问题,尽快形成规模效益。2008年,安泰科技联合日本住友商事株式会社等投资者,再次向河冶科技股份公司增资,其中安泰科技投资1亿元,河冶科技股份有限公司新区已开工建设。

为了改善研发条件,中国钢研启动的"1116"工程,结合先进钢铁材料技术中心、重点实验室的建设,采购大型科研仪器为51台套,新建的新材料研发大楼总建筑面积29430平方米,预计2009年竣工入驻。

第二,对外技术承包项目成绩显著。2008年,面对金融风暴带来的不利市场形势,为开辟增量市场空间,加强对内部营销资源的整合,加大对品牌营销战略和差异化营销战略的实施力度。加强对大型冶金、石化、军工企业整合营销力度。与中石油宝鸡钢管厂确立全面战略合作关系;某些钢种项目已与鄂钢、中船集团形成较稳定的服务和代理关系,成为中国钢研新的经济增长点。

【技术创新】 2008年,中国钢研坚持"以创新促发展、以技术破危机",大力倡导科技创新,改革创新机制,加大研发投入,加强人才队伍建设,技术创新能力稳步提高,科技成果创历史新高。

第一,科技创新成果创历史记录。在广大科技人员长期不懈努力下,中国钢研科技创新成果在2008年集中迸发,技术创新成果创历史记录。共获得国家级大奖7项,包括:国家自然科学二等奖1项;国家技术发明二等奖1项;国家科技进步一等奖1项、二等奖3项;何梁何利科学基金奖1项,光华工程科技奖1项。

其中，钢铁研究总院名誉院长殷瑞钰院士2008年荣获“何梁何利科技进步奖”；李崇坚教授荣获“第七届光华工程科技奖”。在国家级大奖获得丰收的同时，集团公司还获得10项省部级奖励。包括：国防科技奖1项，冶金科技奖5项，北京市科技奖1项，其他省、部级科技奖3项。另外，在专利、论文方面也获得丰硕的成果。累计获得授权专利81项，其中发明专利55项；获得计算机软件著作权登记5项；制订、修订国家标准32项。发表科技论文（含著作）383篇。

第二，科研立项稳步增长，在研课题进展顺利。中国钢研对国家项目的竞争和承接能力继续提高，全年新签纵向课题50余项，累计落实国拨经费3.27亿元。包括国家重点科技支撑计划、国家“十一五”第三批军品配套课题、“国家高新研保条件二期”等。“新一代高性能合金钢技术研发”成为“国家材料领域高技术创新团队首批试点”，特别是国家“十一五”重大专项“新一代可循环钢铁流程工艺技术”项目取得重大进展，一系列关键技术取得突破，项目依托首钢京唐钢公司的曹妃甸钢厂工程已进入热试阶段，钢铁可循环流程及节能环保技术正在向行业推广。科技部向国务院提出推广“新一代可循环钢铁流程工艺技术”的建议，得到温家宝总理、张德江副总理以及工业和信息化部领导的认同，相关推广措施正在制定之中。

冶金自动化研究设计院积极整合科技资源，科研任务承担能力显著上升，特别是在节能减排、环保和流程模拟等领域取得长足的进步，开发的能源管控系统达到国际先进水平，承担江苏沙钢集团、首钢京唐钢铁公司、涟源钢铁公司等企业的能源中心建设工程。

第三，积极推进与企业间的横向科技合作。钢铁行业市场形势十分严峻，对技术的需求空前强烈。中国钢研及时抓住这一机遇，找准与企业合作的“接点”，选择关键技术突破口，行业企业的横向科技合作进一步深化。

继与首钢、武钢、宝钢之后，2008年中国钢研与鞍钢签订全面战略合作协议，首批启动五个开发项目；继钢铁可循环流程技术创新战略联盟之后，与辽宁省政府组织的本钢、东北特钢等4家冶金企业签署战略合作协议，与河北省政府、唐钢、邯钢、河北理工大学等共同签署《中国钢研和河北省建立政产学研联盟协议》。

2008年，中国钢研与行业大型企业签署的横向技术合作取得新的进展。与宝钢合作的10个课题正有条不紊开展，其中部分课题阶段成果已提交给宝钢；与首钢合作建设的电工钢中心经过3年努力，系统掌握实验室条件下生产工艺技术，试制产品达到日本同类产品水平，培养一支技术队伍，圆满实现预期工作目标，签订第二期合作协议。

第四，科研基础条件建设稳步推进，创新环境进一步改善。通过实施“1116工程”（着力调整改善科研基础设施计划），中国钢研科研条件基础平台得到巨大的改善。2008年重新核实新建专业实验室的工艺需求，制定仪器设备采购计划，投资1241.9万元，新购117台仪器。在实验室建设方面，2008年，中国钢研两个工程实验室“钢铁制造流程优化国家工程实验室”及“先进金属材料涂镀国家工程实验室”获得国家发改委批准建设，并获得国家专项资金3000万元。中国钢研在军用金属材料基础能力建设得到国家国防科工局的大力支持。科技基础条件建设取得新的进展。

2008年，中国钢研被科技部等授予“创新型企业”称号。钢铁可循环流程技术创新战略联盟可作为“科技计划组织部门”牵头组织各项科技项目，联盟完成并提交“钢铁行业技术创新服务平台的建设方案”，中国钢研在行业技术进步中的引领作用得以进一步发挥。

【走向海外】 近年来，中国钢研把“走出去”作为重要目标之一，开展卓有成效的工作。2008年中国钢研在非洲、东南亚、南亚、美洲、欧洲等都取得新的进展，如年产8万吨钢带连续热镀铝锌硅生产线项目成功进入越南，实现中国钢研直接出口完整冶金成套技术和装备零的突破；承接印度、乌克兰的高炉喷煤工程；承接巴西、尼日利亚等冶金工程项目。中国钢研的产品出口欧盟、日本、韩国、美国、土耳其、马来西亚等20余个国家和地区。同时，中国钢研和国外10余个国家和地区开展各种富有成效的科技合作和学术交流，牵头举办4个具有重大影响的国际学术交流大会。

【履行社会责任】 中国钢研始终把履行社会责任作为企业发展重要目标之一，首先中国钢研始终坚持诚信为本，安泰科技连续多年被评为中关村科技园"重合同守信誉"单位，2008年中国钢研下属5个单位被北京市税务部门评为"纳税"先进单位。由于中国钢研推广的主要技术都是节能减排降耗的先进工艺和技术，在促进行业技术进步和提高效益减少污染方面有着重要的作用。中国钢研积极落实《劳动合同法》，全体员工基本都签订劳动合同。加强安全生产，签订安全生产责任书，确保职工生命健康。积极参与社会公益事业，党委紧紧抓住冰雪灾害、汶川地震、北京奥运等积极开展工作。在抗震救灾工作中，累计捐款600余万元，党员缴纳"特殊党费"近60万元。安泰科技还发动员工和股东捐献股利。中国钢研连续多年在陕西山阳建立6所希望小学，并采取一对一资助贫困学生、招收当地农民工来京工作、派驻科技副县长等，帮助地方脱贫。近年来，中国钢研累计派驻7名博士西部行或者到边远地区挂职扶贫。

【应对金融危机】 2008年上半年，中国钢研经营发展持续快速增长，下半年，面对国际金融海啸的挑战，中国钢研积极贯彻落实党中央、国务院的一系列部署，按照国资委"过紧日子"的要求，研究制订降本增效相关策略，努力开拓新的增长点。出台一系列"加强经营工作，提高运营质量"的文件、措施。总部压减5%的部门业务招待费，并对投资项目加强审核，压缩投资20%以上，暂停四个项目，有效降低投资风险。各部门分兵把守，积极营造有利于产业发展和市场开发的环境。各二级单位积极降本降耗，严格控制成本费用，努力提高资产运营质量，采取多种方法回收应收账款，千方百计压低库存，加速资金周转。经过全体职工的不懈努力，中国钢研保持稳步快速发展的势头。

第一，金属新材料产业快速发展。2008年，以安泰科技、高纳公司为代表的新材料研发生产单位，努力减降成本，提高产品竞争力和经营效益，采取一系列有力措施，超额完成董事会下达的年度经营指标，特别是难熔材料、药芯焊丝、非晶材料、粉末高速钢以及高温材料等新材料产业，克服各种不利影响，实现持续快速发展。

第二，工程及测试仪器产业稳步发展。由于国内外经济环境尤其是钢铁行业发展形势的恶化，中国钢研的工艺工程、自动控制产业、仪器仪表产业受到较大影响。面对这种严峻形势，各业务单位积极采取应对措施，化解危机。冶金自动化研究院严格审核控制资金支出，积极寻求横向和纵向研发经费来源，有效降低经营风险，生产经营基本面保持良好。另外，2008年自动化院努力开拓经营工作新领域，成功进入铁路、军工、化工、水泥、新能源等行业。为了保证工程项目的稳定承接，中国钢研及时将工程项目的发展重点向国内大企业和海外转移，杜绝垫资工程和风险贸易，对现金流、项目成本、海外项目信用证及汇率风险加强控制，并大力开发新的经济增长点，特别是通化钢铁集团年产35万吨热镀锌工程冷试成功标志着涂镀工程技术水平又上新台阶，"ERW660/ERW355焊管项目"在天津大无缝成功中标。在分析仪器领域，以永丰产业基地仪器项目建设为契机，迅速将火花光谱分析仪、金属原位分析仪等一批拥有自主知识产权的成果实现产业化转化，实现从仪器代理到仪器的研制、生产、销售的跨越式发展，利润率大幅提升。

2008年12月27日，国务院总理温家宝视察永丰基地高纳公司车间，对中国钢研近年的改革发展予以肯定，勉励广大员工继续大力依靠技术创新，提高对抗金融危机的能力和效率。

（撰稿人：刘掌权）

中国化工集团公司

【基本概况】 2008年，中国化工集团公司努力克服冰冻雨雪灾害和"5·12"汶川特大地震造成的影响，积极应对国际金融危机，不断深化改革，加快结构调整，着力开拓市场，积极推进国际化经营，切实强化企业管理，进一步转变增长方式，改革发展取得较好成绩。

【主要指标】 2008年，中国化工集团公司在国际金融危机蔓延，国际原油价格暴跌，市场需求萎缩，化工产品、原材料价格剧烈波动，化工行业增速放缓、利润下降、库存增大、开工不足等严峻形势下，积极应对，使全年的生产经营在大起大落的市场条件下基本保持平稳运行，营业收入继续保持增长势头，实现销售收入 1220 亿元，实现利润总额 14.6 亿元。

中国化工集团公司主要经济指标

项　　目	2007 年	2008 年	同比增长(%)
资产总额(亿元)	1236.5	1568.9	26.88
净资产(亿元)	134.1	174.6	30.20
营业收入(亿元)	1074.9	1220.4	13.54
利润总额(亿元)	28.3	14.6	−48.41
技术开发投入(亿元)	31.0	30.0	−3.23
利税总额(亿元)	75.9	77.6	2.24
全员劳动生产率(万元/人·年)	12.24	11.25	−8.09
净资产收益率(%)	8.72	0.85	−90.25
总资产报酬率(%)	5.57	4.06	−27.11
国有资产保值增值率(%)	109.66	100.97	−7.92

注：以上数据来源于经审计的合并报表，未剔除地震、雪灾、奥运限运和金融危机等客观事项的影响。

【改革发展】 2008 年，中国化工集团公司加快结构调整进程，加大内部整合力度，主业优势更加突出。一是完成业务板块重组。为进一步推进集约化经营，增强各专业公司的主导业务和竞争优势，按照突出主业和专业化协作的原则，加大业务板块重组力度，对涉及到的 47 家法人单位的业务、资产、人员进行调整。形成化工新材料、基础化学品、石油加工、农药、橡胶、化工装备 6 个业务板块。二是加快政策性破产和辅业改制分流工作。为了抓住政策机遇，减轻部分企业的历史负担，加强政策性破产和辅业改制分流工作，有 8 户企业获准启动破产程序，有 21 个辅业改制项目获得批准实施。三是加大清理三级以下企业的力度。根据优化资产业务结构和管理变革的要求，通过注销、合并、产权转让等方式，完成 67 户三级以下企业清理工作。

【重大项目】 2008 年，中国化工集团公司加大项目投资力度，积极推进基地建设。在化工新材料、基础化学品、石油加工、农药、橡胶、化工装备、信息化等领域建成重点项目 21 个，包括上海 4 万吨/年聚甲醛、南通 6 万吨/年 PBT 和 5 万吨/年环氧树脂、兰州 20 万吨/年甲醇、四平 20 万吨/年离子膜烧碱和 20 万吨/年 PVC、山东昌邑 70 万吨/年 DCC、大庆 8 万吨/年苯乙烯、湖北 5 万吨/年离子膜烧碱和 1.5 万吨/年草甘膦改扩建、山西 90 万套/年载重子午胎改扩建、济南 100 万吨/年延迟焦化等项目。同时，加快建设沈阳等化工产业基地和长三角、环渤海等产业集群，并实施汶川地震灾后恢复重建规划，清平磷矿已恢复生产，德阳化工装备基地灾后异地重建项目全面启动。

【国际化经营】 2008 年，中国化工集团公司引进战略投资取得重大突破。在“走出去”成功实施国际并购的同时，加快引进国际战略投资的步伐，促进资本结构优化和治理结构改善。对所属子公司蓝星公司整体重组改制，引进美国黑石集团战略投资 6 亿美元，改制后的中国蓝星(集团)股份有限公司正式挂牌运营，成为中央企业非上市引进海外战略投资的成功首例。公司还积极开展国际贸易，出口市场逐步拓宽，实现进出口总额 19.3 亿美元，同比增长 7.9%。其中出口创汇 10.9 亿美元，同比增长 13.1%。一批具有国际市场竞争力的产品，包括橡塑机械、除草剂、感光材料、碳黑、钡锶盐、轮胎、聚氯乙烯等产品及成套装置、技术出口不断扩大。

【重大创新】 2008 年，中国化工集团公司加强技术创新,承担国家“十一五”科技支撑计划、“863”计划、重大科技开发专项以及“节能减排”等课题747项,149项成果通过鉴定验收,获得国家和省部级以上科技奖励38项。申请专利388件,获得授权专利317件,分别比上年增长76.4%和9.7%。中国化工集团公司被纳入首都知识产权“百千对接工程”支持体系。连海化工设计研究院和长沙化工设计研究院“100万吨/年钾肥技术及产业化”项目获2008年国家科技进步二等奖。申报建设节能减排、工程塑料、特种弹性体、功能性纤维、海洋涂层及功能材料等国家重点实验室。承担和参与起草制订、修订国家标准199项、行业标准25项、企业标准238项,8家企业新增为全国标准化工作机构。加强科技创新带头人及骨干队伍建设,17人获得国务院特殊津贴。全系统发表科技论文746篇,其中SCI、EI、ISTP收录116篇。成功举办“天津国际化工新材料峰会”。开展“化工新材料产业技术创新战略联盟”工作。中国化工集团公司被批准成为国家创新型试点企业。

推进管理创新,以信息化建设为契机,引入国际先进的管理理念和全球化工最佳实践,对企业生产经营进行业务梳理、流程再造。集团总部设计开发数据收集平台,实施关键业绩考核。在所属部分企业试点,建立集中采购管理系统,形成58个采购改进和成本节约方案,将“人、财、物”等进行统一协调,优化企业资源配置。

【节能减排】 2008年,中国化工集团公司把树立“零排放”管理理念、推进节能减排作为全年工作的重中之重和主要抓手,贯穿于企业管理全过程,将目标分解落实到项目规划、技术改造、生产运行各个环节,通过“零排放”管理改善产业布局,调整产品结构,淘汰落后装置,打造中国化工“零排放”品牌,节能减排各项工作成效显著。编制《中国化工集团公司环境保护工作规划》;推进企业排放物计量和统计的信息化系统建设,建立数据通报和反馈制度;研究制订企业温室气体排放检测方法及标准;持续开展“对标活动”,不断改进操作工艺,降低产品综合物耗能耗。有11家所属企业被评为全国节能减排先进单位,有15家企业被评为全国石油和化工行业节水先进单位。通过综合治理,2008年废水、COD、SO_2排放量分别比2007年下降5.2%、7.8%、6.9%,COD达标排放率98.98%,同比提高0.21个百分点;SO_2达标排放率97.6%,同比提高2.36个百分点;氨氮达标排放率98.47%,同比提高0.19个百分点。

【安全生产】 2008年,中国化工集团公司加快安全健康环保(SHE)体系建设,安全管理持续改善。积极引入所属海外企业澳大利亚凯诺斯公司的SHE体系到国内企业试点,深入推进安全环保管理体系建设,提高企业安全管理水平。严格执行项目安评环评的行政许可制度,上报安监总局危化品安全许可的项目全部通过专家评审。积极开展重大危险源普查及其应急救援预案建设,有效防止较大以上安全生产事故的发生。组织建立并实施应急预案桌面演练系统和安全环保管理信息系统,不断夯实企业安全管理基础。积极开展各类安全检查活动,查出隐患11195项,整改11015项,整改率98.4%,累计落实治理资金5390万元,有效降低事故风险。2008年各项主要安全指标均达到国家要求。

【履行社会责任】 2008年,中国化工集团公司认真履行社会责任,在我国接连发生冰雪、地震等自然灾害后,积极组织协调所属企业为灾区紧急生产和捐赠消毒液、临时居住帐篷、纯净水设备等救灾物资,并按时完成国务院下达的灾区活动板房所需原料生产任务。所属各企业和广大党员、职工群众踊跃捐款捐物,奉献爱心。在抢险救灾斗争中涌现出一批以清平磷矿为代表的全国及中央企业英雄集体和先进个人。

【应对金融危机】 2008年10月以来,中国化工集团公司积极应对国际金融危机带来的影响,结合实际采取了多项措施:一是根据市场变化加强生产经营的组织协调,加大市场开拓力度,合理安排生产,根据季节特点和市场变化规律,对化肥、农药等产品适度实施淡季储存。二是充分利用国家出台的扩大内需促进经济平稳增长的措施,拓展各项业务;三是加强资金集中管理,实行统一调度,提高资金使用效率,保障企业流动性的宽松,防范化解各类风险。四是加强成本控制,强化大宗原材料集中采购、项目建设招标采购,压缩非生产性开支。通过强化运营管理与控制,取得较好效果。

(撰稿人:贾仲德)

中国化学工程集团公司

【基本概况】 中国化学工程集团公司(以下简称“中国化学工程”,英文简称CNCEC)是国务院国资委直接监管的大型企业集团,拥有22家工程公司和1家投资实体,是一支集勘察、设计、施工、监理、项目管理为一体的大型企业集团。

公司主业为建筑工程;环境治理;相关工程及工艺技术研发、勘察、设计及服务。主要从事国内外化工、石油化工、轻工、纺织、机械、市政、环保、橡胶、电力、医药、建筑等项目建设的工程总承包。具有项目融资、技术咨询、工程设计、设备材料采购、施工组织、开车指导、工程监理等项目建设全过程为一体的、工程总承包综合能力。第一批获得工程设计综合甲级资质的企业全国仅有8家,其中2席属于中国化学工程,显示出在工程设计领域的龙头地位。2008年已有4家企业获得工程设计综合甲级资质,约占全国的10%。

中国化学工程自2002年起连续进入“中国企业500强”排名,且位次不断提高,2008年位列第126名,比2007年上升5位在2008年公布的全球最大225家国际承包商(ENR)排名中,集团公司全球业务位列68位,排名比2007年又提升8位,是中国内地上榜企业中第10名。在中国承包商60强排名中,中国化学工程位列第12名。在中国工程设计企业60强排名中,中国化学工程旗下2家企业上榜,分列第四名和第43名。

2008年中国化学工程共获得国家专利授权31项,其中发明5项,实用新型26项;专有技术30项;国家级科技进步奖3项;省部级科技进步奖9项;省部级优秀设计奖11项;省部级优秀咨询奖10项;鲁班奖1项;工程总承包奖4项;优质工程奖17项;优秀施工项目奖14项。

截至2008年12月31日,年末职工47065人。具有各类职业资格的专业技术和管理人员18917人,其中高级职业资格的专业技术人员4648人。有工程院院士1人,全国工程勘察设计大师10人,中国工程监理大师1人,其中,2008年新增全国工程勘察设计大师1人,中国工程监理大师1人。有突出贡献的中青年专家24人,享受政府特殊津贴专家328人,教授级高级工程师(在职)877人。

【主要指标】 中国化学工程超额完成2008年确定的各项经济指标,连续多年保持国内同行业优秀值水平,较好地完成国有资产的保值增值目标。

2008年末企业总资产为264.2亿元,同比增长46.1%;净资产为47.4亿元,同比增长47.2%;

实现利润总额8.9亿元,同比增长22.8%;企业净资产收益率为19.02%,高于国内同行业优秀值指标;

实现保值增值率127.32%,比2007年增长4.8个百分点,很好地完成国有资产的保值增值目标。

实现主营业务收入253.98亿元,比上年增加52.5亿元,增长26.1%。

新签合同额485.2亿元,比上年增加69亿元,增长16.6%。非化工、石化类项目比重比上年继续提升,经营结构进一步优化。新签合同额中,总承包合同额占新签合同总额的43.3%。

中国化学工程集团公司主要经济指标

项　　目	2008年	2007年	同比增长(%)
资产总额(万元)	2642226	1807930	46.1
净资产(万元)	473952	322085	47.2
营业收入(万元)	2539830	2014741	26.1
利润总额(万元)	88972	72464	22.8
技术开发投入(万元)	29170	21846	33.5

续表

项　目	2008 年	2007 年	同比增长(%)
利税总额(万元)	179723	162892	10.3
全员劳动生产率(万元/人·年)	10.01	8.7	
净资产收益率(%)	19.02	24.52	
总资产报酬率(%)	4.59	6.11	
国有资产保值增值率(%)	127.32	122.5	

【改革发展】 2008 年,中国化学工程提出贯彻落实科学发展观,走"新、特、精"强企之路的发展思路。企业要创新发展理念,创新企业模式,创新体制机制;要体现企业在经济社会中的独特地位和作用,形成行业特色、技术特点和优势;要主业突出,管理精细,人员精干,品牌精良。

2008 年 9 月,中国化学工程整体改制完成,成功地引进中国神华和中国中化作为战略投资者。经国务院批准,中国化学工程股份有限公司于 2008 年 9 月 23 日正式成立,所属的 18 家企业改制为一人有限责任公司,其优质资产注入股份公司。成为股份公司的全资子公司。

2008 年设立诚东资产管理中心,负责剥离资产的优化和处置。两个二级子公司、三个三级子企业完成主辅分离辅业改制工作。中国化学工程第十二建设公司改制为非国有法人控股的有限公司,中国南海工程有限公司改制为民营企业。中国化学工程二级子公司减少至 22 家。

以整体改制为契机,完成股份公司及所属子公司的董事会、监事会、高级管理人员配备,相关企业负责人充实,企业党委、纪委和工会换届调整等工作。相继建立股东大会、董事会、监事会和高管层,构建规范的法人治理结构。

【重大项目】 中国化学工程组织开发的甲醇制丙烯(FMTP)技术工业试验装置已经建设完成,进入试车阶段。FMTP 的催化剂项目 2008 年 3 月 18 日开工建设,已顺利投产,产品指标优于小试试验结果,向工业化试验成功迈出重要一步。

发挥拥有专利技术、专有技术的优势,对具有良好市场前景的项目,采取技术入股、投资参股、并购重组等形式抢占国内外市场先机。先后在多晶硅、甲苯二异氰酸酯、洁净煤、尼龙树脂、炼油、绿色能源等 17 个项目投资近 5 亿元。

由中国化学工程承担的国资委研究课题《重点骨干中央企业与国际著名企业对比分析及调整发展思路》,已完成中期报告。

与德国企业联合开发褐煤干燥成型技术,进展顺利。

【走向海外】 进一步完善比较成熟和有良好业绩的南亚、东南亚市场,积极布局具有发展潜力的中东、非洲市场,初步形成较为完善的经营网络,工程签约量大幅增长。并开始以高端工程承包形式占领市场。

2008 年新签境外合同额为新签合同总额的 25%,实现境外营业收入 35 亿元,占主营业务收入的 13.8%,同比增长 28.8%;先后有 6770 余人次赴海外执行任务。

成功中标巴基斯坦 PARCO 和 TRL 炼油项目,实现公司在海外炼油领域的战略性突破。再次签约 3 个国外电站项目,巩固在发展中国家电力工程领域的市场地位。

在多个境外项目上,分别采用与国外专利商、工程公司合作执行项目,以有特色的投资、融资带动总承包业务发展,以进入设计咨询层次带动工程总承包等方式提升经营模式,扩展高端业务量。

充分利用具有自主知识产权的专利技术、专有技术和强大的工艺开发、工程集成能力,向国外转让技术、开展项目合作与工程建设。以成熟的合成氨技术优势,在越南承揽年产 45 万吨合成氨、80 万吨尿素工程,总承包合同额达到 5.7 亿美元。与美国最大的石油公司 VALERO 能源公司签署的石油焦气化项目合同,第一次将中国煤气化技术在海外推广，标志着多年开发发达国家市场尤其是美国工程市场有重大突破。

【重大创新】 2008年中国化学工程被科技部、国资委、全国总工会正式授予首批国家"创新型企业"称号。

2008年技术创新经费投入2.92亿，比上年增长33.5%。研发人员队伍发展到近3000余人。与高等院校、科研机构建立长期联盟6个，投资参股成立研发中心和开发公司5个。

30余个产学研项目正在推进中。完成甲醇制汽油(MTG)中试装置试验，并一次试车成功；合作开发的煤固体热载体制氢工程已完成设计；正在合作开发TDI工艺技术自有知识产权项目；联合开发的固态排渣多元料浆煤气化技术已在实际工业化生产装置上取得成功；联合开发的浆态床甲醇合成中试装置已完成建设安装；联合开发的羰基镍中压转动釜已进入设备制造阶段；合作开发的霞石正长岩制白炭黑、氧化铝和碳酸钾工业化示范项目已完成工艺包设计；合作开发的农用矿物基硝酸钾中试装置正在进行工艺包设计；水煤浆气化炉烧嘴的研发正在进行中；联合开发的2000t/110m门式液压提升系统已投入使用等。

【履行社会责任】 在2008年的抗震救灾和抗击雨雪冰冻灾害期间，累计捐款1200余万元，缴纳"特殊党费"178万元；获得国务院国资委、国资委党委授予的荣誉称号：中央企业2008年抗震救灾先进集体1个，中央企业2008年抗震救灾先进个人1名，中央企业2008年抗雨雪冰冻灾害先进个人1名，中央企业2008年抗震救灾先进基层党组织1个，中央企业2008年抗震救灾优秀共产党员1名。

【其他情况】 2008年8月，公司投资购建的办公大楼落成，总部迁入位于北京市东直门内大街2号的新址办公。

（撰稿人：孟　玫）

中国轻工集团公司

【基本概况】 2008年，中国轻工集团公司全系统以党的十七大精神为指导，深入贯彻落实科学发展观，按照国资委对中央企业的工作部署，积极应对国际金融风暴所带来的巨大挑战，继续巩固"科工贸"一体化发展成果，积极构建贸易、科研和实业为主体的主业平台，努力探索重组发展的有效途径，进一步强化风险管理与监控，全面超额完成国资委下达的各项任务目标，实现国有资产保值增值，为确保第二任期考核任务的如期完成打下坚实的基础。

【主要指标】 2008年，是国资委对中央企业第二个任期考核的第二年，也是完成第二个任期考核任务目标的关键之年。据统计，2008年全系统实现营业收入35.73亿元，比上一年增长7.17%；实现利润总额1.02亿元，超额完成目标值8000万元的27.18%；净资产收益率达到13.51%，比目标值8.06%高5.45个百分点；流动资产周转率达到2.63次，比目标值2.1次快0.53次；应收账款周转率27.81次，比目标值23.81次快4次。从总体上看，中国轻工集团公司在严峻的形势面前，不仅全面超额完成国资委下达的年度业绩考核目标，实现经济效益的稳步增长，而且保证资金链的安全顺畅和资产质量的持续提高，维护国有资产的安全，保证经营工作的正常进行，为下一步的发展创造十分有利的条件。

【改革发展】 2008年以来，中国轻工集团公司以财务管理为主线，重点加强对各项规章制度的执行和监督力度，不断提高集团公司对全系统的管控能力，收到较好的效果。

一是在资金安全管理方面，按照国资委《关于加强中央企业资金管理防范财务风险的紧急通知》精神，将文件向全系统进行转发，要求各企业要认清当前国内外经济形势，特别是国家实施从紧货币政策对企业融资环境的影响，不断提高财务风险意识，统筹规划，稳健运作，进一步加强资金管理工作。对于重大支出项目（包括资本性支出和费用性支出）必须实行集体决策、内部联签，并做好资金的统筹运作，未经集团核准严禁从事股票、期货及衍生品投资等高风险业务，严禁擅自对集团外企业、个人等提供担保，严禁对集团外企业、个人等拆借资金。

二是根据国资委制定的《中央企业资产损失责任追究暂行办法》，及时将文件转发全系统，要求各单位高度重视资金的安全问题，制定和完善相应的规章制度，严格财务规定和纪律，防范各类风险，确保资金的安全运行和国有资产不流失。

三是按照"规范、透明、高效"的管理原则，按照ERP计划进度，在搭建集团信息化管理平台的基础上，完成集团财务管理、供应链管理、资金计息、人员信息、薪资管理系统等的建设。通过系统建设，对集团全系统的会计科目、核算口径、报表管理、存货挡案、客商挡案、人员信息等实现统一管理，形成集团本部与下属企业财务、业务的有效连接，使集团公司可以及时、准确地了解下属单位的财务、业务状况，为增强集团公司的控制力，加强财务资金管理与监控，开展科学、有效的决策提供有效的手段及途径。2008年，集团公司又对ERP系统进行全面升级，并在原有的基础上增加预算管理和绩效分析系统，为实施全面预算管理，全面完成国资委下达的业绩考核任务提供必要的保证。

四是为强化财务管理，完善制度建设，提高集团控制力，集团公司正在研究制定《中轻集团资金集中管理暂行办法》，并进入征求意见阶段。

【重大项目】 按照国资委关于加快中央企业重组工作步伐的总体要求，在国资委的统一领导下，中国轻工集团公司和中国海诚国际工程投资总院、中国轻工业对外经济技术合作公司进行联合重组工作。这次重组的目的，就是要充分发挥三家企业在轻工各自领域中的特长和优势，进行上下游的衔接，实现优势互补，促进轻工业行业提高层次、上水平。经过一年多的细致工作，国务院已经批准三家企业重组的请示，并下发重组的通知，重组工作已开始步入具体实施阶段。

【重大创新】 面对错综复杂的外部环境，中国轻工集团公司以科技为龙头，继续认真落实国家"十一五"科技发展纲要，围绕建设科研主业平台的总体要求，充分发挥自身优势，不断实现自主创性，积极探索以自身科研为主体，不断提升科技成果产业价值比重和符合企业长远利益的成果转化方式，取得可喜的进展。所属中国制浆造纸研究院的"涂布水转原纸的技术开发与应用"、"全热空气换热器纸的研制"项目获得中国轻工业联合会科技进步二等奖，"高性能壁纸原纸的研究和生产"通过由中国轻工业联合会组织的鉴定，"废纸再利用技术要求"被国家标准化管理委员会评为2008年"中国标准创新贡献奖"二等奖。在年内举办北京奥运会和发生的"三鹿奶粉事件"中，所属中国食品发酵工业研究院成为全国首批具备食品中兴奋剂检测资质的实验室及指定食品类商品检验检测实验室，获得三聚氰胺检测国家授权和北京市公布的首批六家具备三聚氰胺检测资质的实验室之一，为确保奥运会的食品安全及解决奶制品安全隐患做出贡献。所属中国日用化学工业研究院"新型绿色表面活性剂烷基糖苷(APG)的工程化与产业化"、"FJEEⅡ型实验室三氧化硫磺化装置"分别获得中国轻工业联合会2007年度科技进步一等奖和二等奖。"烷基糖苷(APG)的清洁生产技术"获2007年度山西省科技进步二等奖。所属中国皮革和制鞋工业研究院申报国家自然科学基金项目"皮革废弃物的超微粉碎及其表面改性机理研究"和"皮革涂饰用聚碳化二亚胺交联剂的性能、稳定机理机器作用机理研究"获得成功，标志着申报质量和运作能力有较大提高。2008年，各研究院在研国家和省部级项目91项，横向在研项目275项，在研其他项目41项。申请专利27项，其中发明专利27项，授权专利11项(均为发明专利)，目前已累计授权专利75项，其中发明专利69项，占累计授权专利的92%。发表科技论文94篇。获省部级奖励6项。制定国际标准1项，国家标准254项，行业标准40项。

【履行社会责任】 在2008年举世瞩目的抗震救灾斗争中，集团公司党委和全体党员干部积极响应党中央、国务院的号召，按照国资委、国资委党委的统一部署，一手抓抗震救灾，一手抓生产经营，以实际行动支援灾区的救灾和恢复重建工作。截至2008年5月28日，集团公司共捐款捐物140万元，其中职工个人捐款20多万元，交纳"特殊党费"17万元，共青团员、青联委员交纳"特殊团费"7910元，这也是集团公司历史上规模最大、数额最多的一次捐款行动，充分体现中央企业职工的精神风貌和崇高境界。

【应对金融危机】 2008年，由于受国际金融危机的影响，我国的经济形势发生重大变化，市场低迷，资金沉淀，销售不畅，风险加剧等因素严重影响贸易工作的正常开展，使公司的经营工作面临着近十年以来最严峻的困难形势。所属中轻物产公司按照集团公司的统一部署，继续坚持“安全、效益、规模”的经营原则，认真分析形势，积极采取措施，及时调整经营策略，努力防范经营风险，全力确保资金流的顺畅，在严峻的形势面前保持生产经营工作的正常进行。所属中轻化工公司按照集团公司的工作部署和公司董事会的要求，针对市场低迷，销售不畅的严峻形势，积极调整工作思路，转变营销策略，重点开发中小客户，在控制风险的基础上确保生产经营的正常运转。为不断提高公司的管理水平，中轻化工积极推行全面预算管理，不断完善绩效考核体系，逐步实现企业内部管理的制度化、规范化和流程化。

【其他工作】 在党建工作的引领下，2008年中国轻工集团公司多次获得国资委等有关部门的表彰，所属中国食品发酵工业研究院党委被国资委党委授予“中央企业先进基层党组织”称号，曹振雷同志获得国资委党委、中央统战部授予的“中央企业优秀归国留学人员”称号，王万绪同志荣获中华全国总工会授予的全国五一劳动奖章。集团公司本部和所属中国制浆造纸研究院获中央国家机关文明单位称号，所属中国食品工业（集团）公司获首都文明单位标兵称号，中国皮革和制鞋工业研究院获首都文明单位称号。

（撰稿人：董伟弘）

中国恒天集团有限公司

【基本概况】 中国恒天集团有限公司（以下简称“恒天集团”）是隶属于国务院国有资产监督管理委员会监管的国有独资大型企业集团，是惟一一家以纺织机械制造与供应、纺织原料贸易为主业的大型中央企业。成立于1998年9月，由原国家纺织工业部所属企业组建而成。2006年12月，成为国务院国资委董事会试点的十九家企业之一。恒天集团注册资本25.79亿元，员工6万余人；拥有直属二级子公司11家，三级以上全资及控股企业90家。其中，经纬纺织机械股份有限公司（000666）为H、A股上市公司，恒天凯马股份有限公司（900953）为沪市B股上市公司。企业分布在国内20多个省市，及境外近20个国家和地区。

恒天集团业务包括纺织装备制造、载货汽车装备制造、纺织生产贸易、新型纤维材料、地产和投资等六大业务板块。其中，纺织装备制造是恒天集团的核心业务板块之一，其综合实力在国内纺织机械行业第一，在全球纺织机械领域居于前三名之列。载货汽车装备制造包括载货汽车、矿山机械、通用机械等生产和销售，是恒天集团的重要的装备制造业务板块，其“凯马”系列轻型载货汽车在国内轻卡行业位于前五名的位置。纺织生产贸易业务是恒天集团的传统业务。新型纤维材料是恒天集团近年来致力于运用现代科技，着力开发高性能、新型环保新一代纤维材料。地产和投资业务是恒天集团的新兴业务之一，近年来得到迅速发展。2006～2008年，连续三年被评为中国企业500强，列中国制造业500强，居中国工业（含精密）机械、设备及零配件制造业第一名。

【主要指标】 2008年，恒天集团面对全球金融危机和纺织行业新一轮周期性调整，积极应对环境变化，生产经营总体保持平稳运行。恒天集团资产总额182.74亿元，净资产66.43亿元。截至2008年末，实现营业收入132.39亿元，利润总额1.36亿元，进出口总额5.1亿美元，国有资产保值增值率95.76%。纺机生产企业万元增加值综合能耗低于1.1吨（标准煤）/万元；安全生产形势整体稳定，全年实现无重大伤亡和火灾事故。

中国恒天集团有限公司主要经济指标

项　　目	2007 年	2008 年	同比增长(%)
资产总额(亿元)	188.66	182.74	－3.14
净资产(亿元)	61.21	66.43	8.53
营业收入(亿元)	173.65	132.39	－23.76
利润总额(亿元)	4.29	1.36	－68.29
利税总额(亿元)	12.55	7.54	－39.92
全员劳动生产率(万元/人·年)	70032	32942	－52.96
净资产收益率(%)	4.55	0.52	4.03 个百分点
总资产报酬率(%)	4.22	2.51	1.71 个百分点
国有资产保值增值率(%)	102.8	95.76	7.04 个百分点

【改革发展】 2008 年，恒天集团以求真务实的精神，抓住机遇积极应对挑战，坚持不懈地推进体制改革，强化管理，夯实基础，各项工作取得新的成绩。

进一步明确总体发展思路，科学制定业务发展策略。构建机械、纺织、地产和投资等三类业务，暨纺织机械、载货汽车、新型纺织材料、纺织服装贸易、地产和股权投资等六大业务单元，力争用七到十年的时间，将恒天集团建设成为具有国际竞争力的现代产业集团，纺织机械业务规模位居世界首位，在纺织贸易和新型纤维材料领域成为国内最具影响力供应商，在载货汽车领域成为国内主要制造商之一。

颁布《恒天集团企业文化建设纲要》。提出“讲业绩、讲规则、讲诚信”的重要企业文化要求，是恒天集团不断发展的基本要求和根本原则，也是恒天集团企业文化核心价值理念的创新和发展。

坚持年度经营目标和重点工作分解落实工作制度，明晰经理层和部门目标任务的责任，规范子公司经理层的业绩考核与薪酬管理；根据年度财务预算，强化财务预算动态监控，注重业务、资本、筹资与财务预算的协同，为建立全面预算管理体系奠定良好基础；组织开展首次风险评估，确定 2008 年面临的 5 项重大风险和 2 项重要风险；实施重大风险管控措施，开展企业投资管理制度和执行情况专项检查，加强投资项目管理；制定应收账款风险管控调研报告和流程改进方案，以及国有资本收益收取管理办法和土地资产管理办法；完成 8 家五级企业的清理工作；推进法律风险防范体系建设，规范法律事务的管理流程；审计体系化管理工作运行良好，圆满完成国资委纪委委托的监察项目。

恒天集团工会第一次会员代表大会在北京召开，恒天集团工会宣告成立。来自恒天集团所属企业的 127 名工会会员代表出席大会，选举产生第一届工会委员会委员、工会委员会主席，以及工会经费审查委员会委员。

【重大项目】 2008 年，恒天集团加大重组整合力度，通过积极推进企业重组并购与战略合作，为企业的产业结构调整奠定基础，进一步改善资产结构。

2008 年 4 月，恒天集团成功竞购华源凯马股份有限公司 B 股股权(证券代码 900953)，成为凯马股份第一大股东。华源凯马股份有限公司更名为恒天凯马股份有限公司。凯马股份的加入，为恒天集团进一步拓展产业发展空间创造条件，是恒天集团载货汽车及配件、矿山机械及通用机械业务板块的主导力量。

2008 年 8 月，成功收购华源(墨西哥)纺织实业有限公司 100%股权。华源(墨西哥)纺织实业有限公司成为恒天集团的境外全资企业。

2008 年 9 月，恒天集团与河南省人民政府签订战略合作框架协议，与郑州市政府签订所属企业郑州纺机退城进园及载货汽车项目建设实施协议。根据协议，恒天集团将把郑州纺机整体搬迁至郑州纺织产业园，河南省和郑州市政府将给予相关政策支持；双方将共同推进载货汽车建设项目，实现郑州纺机产业结构的调整。双方还将共同推动纺织、装备制造等产业重组，实现恒天集团和河南省资源的优化和共享，并积极吸引国内外战略合作者，实现河南省纺织等产业的快速发展。

【走向海外】 近年来，恒天集团积极响应国家“走出去”号召，在国家商务部、中国进出口银行等国家部委和金融机构的支持下，先后在海外收购及投资建设墨西哥纺织有限公司、贝宁纺织有限公司以及埃及无纺布有限公司等，为集团开拓国际市场、拉动集团设备出口等方面做出重要贡献。

2008年5月，备受中埃两国领导人关注的，由恒天集团所属中国纺织机械（集团）有限公司投资兴建的埃及无纺布项目在埃及苏伊士湾西北经济区举行开业典礼。该项目是2004年胡锦涛主席访埃期间，列入中埃两国政府签订的苏伊士项目政府备忘录的项目，是中国在苏伊士湾西北经济区投资规模最大的项目，于2006年动工，2007年完成工程建设及设备安装调试，所生产的手术服等产品已出口到法国等国家。

恒天集团严格执行ISO9001质量方针，恪守国际贸易和经济技术合作准则，在纺织机械、纺织工业技术的进出口和工程承包等多个领域，与世界50多个国家及地区建立广泛合作。纺织机械和技术进出口由棉纺拓展到毛纺、麻纺、丝绸、化纤、针织、印染等多个行业。成立至2008年，累计出口60多个棉纺织成套项目，总锭数达到300万锭；累计承担80多个对外援建纺织工程项目，总规模达180多万棉纺锭；累计为国内企业引进先进设备和技术达25亿美元，承担一大批国家重点纺织、化纤建设项目的引进工作。

纺织原材料、纺织品、丝绸、服装等纺织品生产贸易是恒天集团的传统业务，具有稳固的业务渠道和成熟的风险控制系统。出口业务遍布世界各国，拥有多家国外办事处或贸易和制造基地；进口业务客户遍及国内大部分地区。

所属企业凯马股份走外向型科研发展道路，“凯马”牌单缸风冷柴油机等产品销往欧美等100多个国家和地区，出口率达70%。

【重大创新】 恒天集团建立完整的科技开发体系，拥有完善的研究、开发、试验条件，具有较强的科技开发能力。建设经纬纺织机械股份有限公司和郑州纺织机械股份有限公司2个国家级企业技术中心，1个国家工程技术研究中心，1个博士后科研工作站，11省级技术中心，2个省级工程技术研究中心，1个市级企业技术中心家，6个市级工程技术研究中心，以及棉纺织机械、非织造布机械等产品试验基地。拥有一大批享有国务院政府特殊津贴的高级专家、博士（后）、中青年技术专家以及中高级技师等训练有素、经验丰富的科技人才。拥有专利289项，其中发明专利22项。2008年获得专利57项，其中发明专利6项。

先后承担“七五”、“八五”、“九五”、“十五”和“十一五”国家科技攻关项目、国家重大技术装备项目、国家863高新技术项目等，“十一五”期间承担国家重大科技项目26项。2008年，组织申报第二、第三批新型纺织机械重大技术装备专项9项，6项已获得发改委批准；参与国家及行业标准制订，起草国家标准58项，行业标准56项。

2008年，共获得省部级奖13项；评选出新型自动络筒机、新型高温高压气流染色机、新型大容量粘胶黄化机等13项恒天集团科技进步奖；14人获得2008年度恒天集团“科技之星”称号。纺机企业全年科技投入占销售收入的3.6%，高于行业平均值2.6个百分点；新产品贡献率35%，高于行业平均值12个百分点。凯马股份新产品贡献率达到30.1%。

【履行社会责任】 恒天集团秉承“为股东创造效益、为客户创造价值、为员工创造机会、为社会创造财富”的经营宗旨，在加快企业发展，实现经济效益持续增长，提高职工收入和生活水平，为国有资产保值增值和国民经济发展做出积极贡献的同时，认真履行企业的社会责任。

统一安排组织，调拨配套资金，对口支持湖北省郧县扶贫开发工作，所属企业中国丝绸工业总公司在郧县发展蚕桑基地，实施产业化扶贫，取得显著成效。面对雨雪冰冻灾害，恒天集团各级领导高度重视,迅速行动,亲临地处湖南、湖北、江苏的9家受灾企业一线,带领企业员工进行生产自救,迅速恢复生产、生活秩序,最大限度减少国有资产损失。同时,积极履行社会责任,先后组织开展向受雨雪冰冻灾害企业和汶川地震灾区捐款救灾活动,共捐款人民币538.07万元、港币5000元,其中党员交纳特殊党费134.90万元。所属企业宜昌纺机、黄石纺机和中服股份等企业积极完成为地震灾区加工和提供急需救灾物资的工作。参加北京奥运会、残奥会志愿服务工作,受到奥组委表彰,被评为优秀组织单位。充分展示公司员工良好的精神风貌,树立良好的社会形象。

【应对金融危机】 2008年,面对全球金融危机和经济危机,以及纺织行业新一轮周期性调整,恒天集团以开拓市场、保持产品市场占有率为目标,以产品研发、增强市场竞争力为核心,以降本增效、控制两项资金占用为重点,以资源整合、结构调整为途径,维护企业和职工队伍稳定,带领全体员工坚定信心,积极应对挑战,在极其艰难的环境下,实现生产经营的稳步发展,各项工作取得积极进展。

加强运营管理。恒天集团主要领导深入企业进行调研指导,协调解决运营过程中的突出矛盾和主要问题。通过对经济运行动态监控,建立预警机制,采取应对措施,保障企业平稳运行。组织管理培训和行动学习,开拓思路,提高经营管理水平。

努力开拓市场。在复杂的市场环境下,各企业加大市场营销和产品推广力度,领导主动走访客户,了解客户需求,做好售后服务,创新营销模式,努力寻求市场突破。运用多种金融产品,拉动成套设备销售。加强出口营销,在保持棉纺机械出口的同时加大化纤机械的出口,实现纺机出口稳定增长。同时,积极拓展通用机械制造业务。

加强风险管控。各企业高度重视现金流管理工作,千方百计拓宽融资渠道,改善融资方式,严格控制现金流出,降低成本费用支出,积极回笼货款,防范经营风险和财务风险。持续开展应收账款风险管理活动,成效显著。

(撰稿人:景小川)

中国纺织科学研究院

【基本概况】 2008年是不平凡的一年,在举世瞩目的北京奥运会圆满举办和全面总结回顾改革开放30年丰硕成果的同时,雨雪冰冻灾害、特大地震灾害、全球性的金融风暴也给我国带来深重的影响。随着国际经济形势对我国的影响不断加剧,纺织行业遭遇多年未遇的困境。在这样的形势下,中国纺织科学研究院(以下简称"中纺院")的科技人员着眼大局,推动重大科研项目取得突破性的进展,各子公司沉着应对经济形势的不利影响,干部职工团结一心,奋力拼搏,各方面工作取得新的成绩。被科技部、国资委、全国总工会命名为创新型企业。

【主要指标】 2008年中纺院完成营业收入13.26亿元,完成年度预算的106.16%,同比增长5.22%;实现利润总额6595万元,完成年度预算的108.2%,同比降低20.11%;全年科技投入超过8055万元,完成年度预算的111.88%,同比增长35.28%;全面完成2008年预算指标。

【改革发展】 2008年,在市场规模和利润空间不断被挤压,经营回落,存货积增,应收款问题日益凸显等严峻考验下,院属各企业积极应对,充分发挥自身优势,依靠技术积累,优化产品结构,努力降低成本费用,保持经营工作的平稳运行。中丽制机、中纺精业、中纺化工、中纺优丝、中纺纤建、聚友化工、中纺新材料等几家公司已成功通过高新技术企业的审核。在生产经营工作中,院属企业面对日益萎缩的国内外市场,积极采取措施,调整市场结构,将市场营销作为重中之重,企业主要负责人转向集中精力访客户、抓订单,取得良好成效;具有科技优势产品和服务的院属企业销售业务稳步增长,利润水平大幅度提高;中纺精业、中纺优丝、中丽制机、中纺新材料等院属子公司通过加强新产品的研制推广,优化产品结构,在热辊系列产品、导电纤维、双胞胎卷绕头、TPU复合材料、纺织助剂等领域充分发挥高新技术的竞争优势;院属企业还积极采取措施节能降耗,在降低生产成本,推广节能减排新技术等方面取得成效。

中纺院注重集中优势资源强化科技创新，推进重点科研项目攻关，做好平台项目建设。2008年，中纺院承担国家发改委、科技部、地方政府、企业技术开发、院自选等各类型科研开发项目共62项；共有18个项目完成验收、鉴定、评议和结题；对外申报的新项目中22项获得批准立项。全院共申请专利23项，获得专利授权11项；6项科技成果获得纺织工业协会科学技术奖励。2008年，中纺院知识产权工作取得显著进步，被北京市授予首批20家专利示范单位的光荣称号。

2008年，中纺院继续推进现代企业制度建设。加强集团和子企业发展战略研究以及规划的推进和实施，深化体制机制改革，着手推进制度框架体系的整体修订工作，加强成本控制与风险管理，在三项制度改革方面取得新成效；深化企业高管层及骨干的激励和约束机制的研究，完善院属企业工资总额管理制度，进一步规范子公司负责人薪酬管理和员工录用制度；结合成熟型、成长型等子公司的不同特点，研究制定新的考核办法，提高业绩考核的有效性。在前期进行大量测算、论证的基础上，初步启动企业年金计划，为中纺院健全职工养老保障体系、稳定骨干员工队伍，推进退休人员社会化管理打下基础。2008年是奥运年，安全生产工作的重要性尤为突出，中纺院以“隐患排查治理年”和“百日督查行动”为契机，全面加强安全生产的监督管理，进一步完善突发事件应急预案，全院未发生重大安全事故。物业后勤改革也得到稳步推进。

【重大项目】

1. 2008年，中纺院在绍兴产业化基地购置百亩土地，投资5000万元设立凯泰特种纤维科技有限公司，用于新建复合纺丝生产线，进一步扩大功能性差别化纤维的市场开发和生产能力。生产线将于2009年完成基本建设和设备安装，形成年产2000吨复合长丝的生产能力。

2. 中纺院新科研大楼和职工住宅的建设工作稳步推进，拟于2009年竣工验收。

3. “生物源纤维制造技术国家重点实验室”的建设计划获得批准，正式进入为期两年的建设期。

【重大创新】

1. 重点科研项目“新溶剂法纤维素纤维国产化工程技术的开发”（即绿色纤维项目），中纺院统一调动并集中全院技术力量和优势科技资源进行联合攻关，多项关键技术取得突破。2008年9月份，顺利通过由中国纺织工业协会主持的科技成果鉴定。正在进行1000吨/年的工业化试验线的工程设计。

2. 中纺院承担的纺织专项资金项目总体完成情况良好。4个纺织公共服务平台均已实现建设目标。其中，“纤维材料工程化技术创新服务平台”完成中试试验基地的建设，共建成不同功能实验室13个，配置各类中试设备10台（套），形成覆盖熔融纺和溶液纺等纺丝工艺、可实现各种化学纤维配套研究开发的综合工程化技术创新平台。由中纺院和中国化纤行业协会牵头、基于该平台建设的“化纤产学研合作创新联盟”，经过准备和酝酿，也开始进入运行阶段；“纺织标准检测公共服务平台”建立国内最权威的纺织标准化资源网、资源中心和技术信息库，能充分发挥标准、检测、计量、认证四位一体的综合优势，为企业提供更加权威公正的标准、检测服务；“绍兴纺织产业创新公共服务平台”通过技术资源的整合，为区域内纺织企业提供了强有力的技术、信息和研发条件支撑和服务；“纺织科技文献库”以中纺院现有图书馆为基础，顺利完成纺织文献网络中心平台建设，即将投入使用。

3. 中纺院在德阳实施的“5000吨/年聚苯硫醚纤维产业化”建设项目短纤维生产线年初一次投料即试车成功，已实现生产线的连续稳定运行。

4. “桐昆三釜流程连续聚合直接纺阳离子项目”优化工艺参数，形成自有的工艺技术，2008年9月底开始正式生产CDP，12月份熔体直纺POY，全部达到合同指标。

5. “应用导电纤维生产毛纺抗静电面料一条龙开发”和“新一代复合纺丝生产线产业化”两个项目实现较好的应用推广，并完成科技成果鉴定。

6. “毛纺低温染色工艺及助剂的工业化应用推广”项目在开发产品、配套技术及应用推广等方面均取得实效，获得纺织工业协会的科技奖励。

7. “高性能聚苯硫醚纤维的产业化技术开发聚苯

硫醚纤维”和“载银抗菌涤纶短纤维及其产品一条龙开发”也已完成研究内容。

8. 依托于中纺院的工程化技术在仪化实施的“300吨/年高性能聚乙烯纤维干法纺丝建设”，2008年12月已投料试车，整条生产线工艺流程已打通。

9.“高性能危险化学品事故应急防护服研发”完成防护面料的开发和防护服的设计制作，经试用基本符合化工企业应急防护使用要求。

10. 2008年，围绕国家标准化发展战略，在国家标准化管理委员会的领导下，标准所完成106多项国家标准的制、修订工作。

11.“纤维素纤维涂料成衣染色改性剂的开发”项目已经合成出性价比优良的环保型涂料成衣染色改性剂，已进行市场推广阶段。

12.“高牵伸力产业用丝热辊中试开发”项目已完成科技成果鉴定。

【履行社会责任】 2008年，国家大事多、喜事多，难事也多。在汶川特大地震等自然灾害发生后，中纺院党员职工积极响应党中央的号召，踊跃捐款捐物，奉献爱心，全院职工共捐款73.9万元；党员积极响应中央号召，共交纳特殊党费15.6万元。

【应对金融危机】 2007年下半年以来，中纺院积极采取措施，应对金融危机的不利影响。一方面抓宣传教育，引导全院职工充分认识金融危机对我国经济发展和纺织行业的影响，统一思想，坚定信心；另一方面，结合自身实际，认真研究对策，及时采取措施，先后多次召开经济工作分析会、院属企业销售经理座谈会和科研工作研讨会，重点在加强自主创新，集中全院资源抓好科研项目的研究开发，扎实做好基础管理工作，加大新产品开发力度，增强核心竞争力和持续发展能力以及在防范资金风险等方面加大工作力度。针对国家支持自主创新和产业结构调整所出台的相关措施，结合科研开发工作的优势和特点，中纺院及时提出一系列已有良好基础、具备产业化实施条件、具有良好经济和社会效益、对纺织企业技术改造有较强适用性的自主创新和高技术产业化项目、技术改造项目，分别报送国家发改委、科技部、工信部和纺织行业协会，将逐步在国债资金项目、振兴行业重大科技任务及《纺织工业调整和振兴规划》中得到落实。为应对市场萎缩的现状，院属企业紧密关注市场变化，特别是国家对纺织行业优惠政策引起的市场变化，适时抓住机遇；与客户加强沟通、共渡难关；加强资金回收，防范资金风险。院属企业之间也注重加强合作，相互提供市场空间。由于院领导班子重视、院属企业估计充分、应对较早，中纺院2008年总体经营情况比较平稳。

（撰稿人：房　舒）

中国中材集团公司

【基本概况】 中国中材集团公司（以下简称“中材集团”）组建于1983年，是国务院国有资产监督管理委员会直接管理的中央企业，是我国惟一在非金属材料业拥有系列核心技术和完整创新体系的集团公司，是集科研、设计、制造、工程建设、国际贸易于一体的科技型、产业型、国际型企业集团。中材集团做为国务院首批56家大型试点企业集团之一，在国家计划内实行单列，连续多年位居中国企业500强。

中材集团拥有“三大主导产业”——非金属材料制造业、非金属材料技术装备与工程业、非金属矿业。支撑集团产业发展的有“六大系列核心技术”——玻璃纤维技术、复合材料技术、人工晶体技术、工业陶瓷技术、新型干法水泥生产工艺及装备技术、非金属矿深加工工艺与装备技术。

中材集团现有直属单位及控股公司68家，其中：制造与工程服务业企业29家，国家级科研设计院及科技型企业13家，资源地质类单位26家，分布在全国各地。拥有5个国家工程研究中心，5个国家级企业技术中心，2个发展中心，6个国家级产品质量监督检验中心，6个国家级计量认证测试单位，9个国家标准化技术委员会及标准技术归口单位。

2008年集团深入贯彻落实科学发展观，继续实施“创一流企业”战略，积极应对国际金融危机，克服国内外环境变化带来的影响，紧紧抓住发展这一主题，坚持创新、做优产业、拓展市场、加强管理，继续保持快速稳健发展，圆满完成全年任务。

【主要指标】 2008年全年实现主营业务收入287.49亿元，比上年同期增长24.62%；利润总额20.01亿元，比上年同期增长46.27%；净利润16.28亿元，比上年同期增长58.21%，其中归属母公司的净利润3.38亿元，比上年同期增长20.28%。

截至2008年底，集团资产总额为507.17亿元，比上年同期增长33.35%；负债总额为361.49亿元，比上年同期增长48.61%；所有者权益合计为145.68亿元，少数股东权益为92.38亿元，比上年同期增长10.82%；国有资产保值增值率为108.04%。

中国中材集团公司主要经济指标

项　　目	2007年	2008年	同比增长(%)
资产总额(亿元)	380.34	507.17	33.35
净资产(亿元)	137.08	145.68	6.27
营业收入(亿元)	230.69	287.49	24.62
利润总额(亿元)	13.68	20.01	46.27
技术开发投入(亿元)	5.26	7.22	37.26
利税总额(亿元)	24.48	26.38	7.76
净资产收益率(%)	6.78	6.78	
总资产报酬率(%)	5.87	5.95	1.36
国有资产保值增值率(%)	111.02	108.04	

【改革发展】 为适应市场竞争和矿山企业发展的需要，中材集团旗下中材股份设立中材矿山工程有限公司(一人有限)，按照《公司法》的要求建立股东会、董事会、监事会和现代企业制度，然后将天津、兖州、南京矿山公司资产全部注入中材矿山公司，同时通过审计评估、沟通、内部决策、集团批准和挂牌交易等手续收购西安矿山公司100%股权并转让给中材矿山公司，公司设立、受让、转让等手续全部完成。

为了集中资源，提高企业盈利能力，中材集团旗下中材股份将持有的凯迪蓝天20%股权转让给中盈长江国际信用担保有限公司。股权转让通过审计评估、沟通、内部决策和集团批准、挂牌交易等程序，转让工作全部完成。

为加快建立现代企业制度，中材集团对武汉建材院进行改制。通过审计评估、沟通、内部决策和集团批准等程序，将武汉建材院改制成一人有限公司，改制工作已经完成。

为解决利益主体分散、资源利用效率低下的问题，中材股份控股子公司中材国际积极推进统一员工持股平台进程，以形成利益共同体，提升公司整体竞争力。员工统一持股平台的建立使中材国际内部环境发生重大变化，员工价值取向统一，在随后一些重大事项的安排中显示出高涨的积极性和合作精神，中材国际的发展进入一个崭新的阶段。

结合中材股份上市，中材集团以全面风险管理为重点，推进管理创新，管控能力和风险防范能力有明显提高。

经营目标管理进一步完善。重新修订“中材集团所属单位法人年度经营业绩考核暂行办法”。完善经济运行分析和经济运行预警机制，加强运行信息反馈，强化措施落实。启动全面预算管理体系设计。中材集团统计工作受到国家统计局、商务部的表彰。

财务管理继续加强。执行新《企业会计准则》和国务院国资委统一审计，建立比较完善的财务筹资、核算、监管、收益及产权评估交易等方面的财务监管制度体系。

人力资源管理不断加强。加强管理团队和人才队伍建设，全年调整加强40余家单位领导班子，从社会引进人才180人，接收高校毕业生989人，新评定高级工程师和教授级高工任职资格270名。继续探索机制创新，提升人力资源整体实力。成立中材学院并开班办学，学院按基础性、系统性要求开始举办半年期学制领导干部培训班。

不断完善审计监督。新建和完善H股和A股上市公司及各板块的控股公司内部审计工作制度。进一步完善以年度目标责任考核、风险预防为重点的年度例行审计及届满、离任审计制度，共组织实施各类审计106项，各项审计制度得到有效执行。

【重大项目】 2008年1月，中材集团下属企业中材水泥有限责任公司在湖南省湘潭县响塘乡荷花村日产5000吨水泥熟料生产线项目正式复工建设，计划总投资64380万元。

2008年3月中材集团旗下泰山玻璃纤维有限公司收购山东泰山复合材料有限公司。

2008年3月，中材集团下属企业新疆天山水泥股份有限公司投资建设的一条利用电石渣替代石灰石原料的2000t/d的水泥熟料生产线正式投产。

2008年5月，在库尔勒塔什店，中材集团下属企业新疆天山水泥股份有限公司的塔里木分公司投资新建一条2500t/d水泥熟料生产线。

2008年6月，在江苏溧水，中材集团下属企业新疆天山水泥股份有限公司的控股子公司江苏天山水泥集团有限公司投资建设一条日产5000吨水泥熟料生产线。

2008年7月，中材集团下属企业新疆天山水泥股份有限公司完成对宜兴市恒来建材有限公司的收购，恒来公司的日产2500吨水泥熟料生产线和日产5000吨水泥熟料生产线已全部划归新疆天山水泥股份有限公司的华东事业部管理，使公司水泥产能增加300万吨，扩大公司在"苏锡常"市场占有率。

2008年9月，年产500套兆瓦级复合材料风电叶片建设项目在北京八达岭经济开发区正式开工建设，形成年产500套1.5MW复合材料风电叶片生产线的生产能力。

2008年10月，湖南省株洲市荷塘区黄塘镇，中材集团下属企业中材水泥有限责任公司投资新建的中材株洲日产5000吨新型干法熟料水泥生产线点火仪式隆重举行。

2008年10月24日，中材集团下属企业中材水泥有限责任公司在广东省罗定市拟投资建设三条4500t/d新型干法水泥熟料生产线项目。

2008年11月30日，中材集团下属企业中材水泥有限责任公司对所属子公司中材汉江水泥股份有限公司的老线拆除工作开工，并计划投资建设一条2500t/d带余热发电新型干法熟料水泥生产线。

2008年12月，江西省萍乡市上栗县福田镇，中材集团下属企业中材水泥有限责任公司中材萍乡水泥有限公司正式接管江西正大水泥有限责任公司生产经营权。

2008年12月，中材集团旗下中材股份收购宁夏共赢投资持有的宁夏建材集团有限责任公司30.4%的股权并增资宁夏建材集团行为获得中国证券监督管理委员会的豁免要约收购义务的核准批复。

2008年12月28日，中材甘肃天水2条日产2500吨熟料水泥生产线项目奠基，天水2X2500t/d新型干法水泥项目将建成为在环保、节能、资源综合利用等方面达到国际先进水平的示范生产线。项目总投资6亿多元，规模为年产高标号优质水泥200万吨。

2008年12月，中材甘肃白银日产4500吨新型干法水泥项目签约暨开工仪式、中材青海2条日产2500吨新型干法水泥奠基仪式隆重举行。中材集团甘肃、青海日产2500吨新型干法水泥项目奠基，标志着中材集团在西北的投资建设项目已全面进入实施阶段。

2008年12月底，中材集团下属企业中材水泥有限责任公司在湖南省常德市桃园县热市镇温泉村投资新建的中材常德日产2500吨新型干法熟料水泥生产线点火投产。

【走向海外】 2008年中材集团最大主业——非金属材料技术装备与工程业继续保持国际先进水平，品牌和竞争力持续提升。全年集团的营业收入接近50%来自境外。2008年全年新签合同额392亿元，同比增长52.43%，其中新签海外合同金额294亿元，同比增长72.9%，占新签合同总额75%；技术装备工程业不仅占据国内绝大部分市场份额，而且国际市场份额达到34%，跃居全球第一，非金属材料技术装备与工程业已进入欧洲、美洲、亚洲、非洲的44个国家的市场，继续保持全球最大规模的水泥技术装备与工程服务供应商地位。

中材集团最大主业——非金属材料技术装备与工程业中的余热发电业务2008年共签约国内外EPC/EP项目合同18项，共28条水泥生产线，装机规模超过200MW，合同额超过15亿元。其中海外项目合同额1.38亿美元，占全部合同额的比例达62%，在国际市场的占有率超过60%。

中材集团玻璃纤维产业居国际第四大制造商，并出口60多个国家和地区，创汇20557万美元，国际市场占有率达到11%。CNG气瓶成为亚洲惟一获得欧盟ECE Rll0认证的产品，并出口16676只，出口比例达到46%。老挝铝土矿资源项目前期工作进展顺利。SINOMA已成为国际知名品牌。

【重大创新】 2008年中材集团围绕培育一流科技创新能力，加强技术创新体系建设，核心竞争力进一步增强。

中材集团和中材高新被认定为"国家创新型试点企业"，中材科技被正式命名为"国家创新型企业"，天津院被国家批准建设"水泥节能环保国家工程研究中心"，中材科技技术中心、中天仕名技术中心、泰山玻纤邹城公司技术中心被认定为"国家级企业技术中心"，中材节能等一批企业技术中心被认定为省（市）级企业技术中心。中材集团有26家所属企业被列入各省高新技术企业公示名单。中材集团新申请批准成立4个国家级标准化委员会。人工晶体院承担的行业级石材质量监督检验测试中心升级为"国家级石材质量监督检验中心"。

实施行业共性关键性技术研究。组织实施"新型干法水泥生产线节能减排技术与装备研究"和"高性能非金属矿物材料的制备技术研究"2个国家科技支撑计划项目，承担各类科研项目185项，投入研发经费约8亿元。中材集团系统获省部级以上科技进步奖60项，建材行业科技进步奖（省部级）9项，其中一等奖4项。获建材行业技术革新奖22项，国家重点新产品6项、火炬计划项目4项。2008年中材集团新申请专利135件（其中发明专利69件，实用新型专利66件），获得授权专利88件（其中发明专利16件，实用新型专利72件）。

依靠科技进步推动产业发展。通过不断创新建成国际上第一条在线连续作业过程全自动化联动CNG气瓶生产线；风电叶片制造技术突破瓶颈实现规模化生产，创造良好品牌和效益。多晶硅熔炼器制造技术达到国外同类产品水平，成为国内惟一一家拥有自主知识产权的生产企业。优化新型干法水泥生产线技术，开发的由大型生料辊式磨、行进式稳流冷却机、大推力燃烧器等核心装备组成的新一代水泥生产技术成功应用于生产实践；自主研发的日产5000吨水泥熟料生产线辊式磨成功投产并通过行业鉴定。新型干法水泥生产线纯低温余热发电系统专利荣获第十届中国专利优秀奖。

【履行社会责任】 中材集团主动履行企业的社会责任，积极回报社会，对经济社会发展的贡献进一步提高。在年初南方雨雪冰冻灾害和"5·12"汶川特大地震灾害面前，中材集团在湘、在川单位积极投入抢险救灾工作，其他单位积极捐款捐物、奉献爱心，展示中材集团的良好风貌。据统计，中材集团向湖南、四川、甘肃等灾区捐款捐物总计超过3000万元。中材集团荣获2008年度中华慈善奖，有2个单位被国务院国资委授予抗震救灾先进集体、先进基层党组织，2名个人评为抗震救灾先进个人、优秀共产党员。与此同时，集团单位出资400万元在新疆援建一批希望小学，天津院有限公司职工还捐款30万元资助贵州省黔西南州弄朗村小学建设。

2008年9月，中材集团成为联合国全球契约组织成员。为贯彻全球契约关于能效方面的原则，中材集团积极实施纯低温余热发电项目，下属企业中材水泥、天山股份和宁夏建材4条生产线余热发电项目建成投运，另有多条生产线余热发电项目开工，促进节能减排，增强盈利能力。中材集团旗下泰山玻纤实现通路纯氧燃烧，通路耗能降低50%；研制低氟低硼等新型配方，减少废气排放，降低了成本。中材集团立足于发展循环经济，采用当前国内外先进的新型干法水泥生产和纯低温余热发电技术，使水泥生产线项目在环保、节能、资源综合利用等方面均达到国际先进水平，为我国水泥工业结构调整，产业优化升级做出贡献。

【应对金融危机】 2008年，为应对金融危机，中材集团及各单位及时部署措施，加大国内外市场开拓和收款力度，加强资金管理，紧缩开支；调整延缓投资项目，差异化布局不同产业、不同地区投资等。为积极应对国际金融危机，中材集团采取如下措施：

(1)加强资金管理。严格控制开支，加大收款力度，做好融资工作，保证生产经营和企业发展；(2)调整投资计划。根据国内外市场情况，国家加大投资拉动内需情况，集团不同产业近、中、远期发展前景情况，对不同投资项目有压、有缓、有保、有扩；(3)加大国内外市场开拓力度。发挥比较优势，强化竞争力度，巩固现有市场，开拓潜在市场，赢取同行业竞争者市场；(4)推进技术进步。应用新技术，开发新产品，节能降耗，提高效益，争取减产不减收、降价不降效；(5)加强管理。完善制度，苦练内功，控制支出，开源节流，降本增效；(6)伺机重组整合本行业优良资产。跟踪有关企业状况，寻觅时机，及时出手，根据双方情况收购、兼并优良企业资产。这些措施从较大程度上避免损失，保存实力。

在全球金融危机大背景下，集团技术装备与工程业继续保持强劲势头。依靠品牌优势和竞争实力，巩固现有市场，积极开拓新市场，在中东、非洲、东欧、中亚、北美及东南亚地区市场取得新突破，市场份额继续领先全球同业。虽然有部分业主受金融形势影响，延后或取消部分合同，但集团总体合同保有量仍然数额可观，2009 年全年生产经营有充分保障。

【其他情况】 2008 年 1 月，中材集团与唐山市政府在唐山市正式签署合作协议。继 2007 年 10 月 22 日双方在北京签署战略合作协议后，此次正式签署具有实质性内容的合作协议，标志着双方的合作将进入实质运作的新阶段。

2008 年 1 月 23 日，中材集团旗下新疆国统管道股份有限公司在深圳证券交易所正式挂牌上市。这是中国 PCCP 管道制品行业第一家上市公司。

2008 年 1 月 29 日，中材集团与江西省新余市人民政府在江西省南昌市正式签定战略合作框架协议。协议的签定，标志着中材集团与江西省新余市人民政府建立起长期战略合作关系，构建起中材集团与江西省新余市在非金属领域更加广泛合作的平台，双方的合作将由此进入一个新的阶段。也标志着中材集团在新能源和新材料领域进入一个崭新的阶段。

2008 年 3 月 12 日，中材集团与江苏省东海县人民政府在北京正式签定战略合作框架协议，中材集团拟在东海投资发展石英原矿的勘探、开采及硅材料深加工等相关高科技产业，拟在东海经济开发区建设硅材料高科技产业园，打造集石英勘探、开采、深加工、研发于一体的特色产业链。

2008 年 6 月，中材集团与甘肃省兰州市政府、临夏州政府、甘南州政府、定西市政府、白银市政府在兰州市签署战略合作框架协议。随后中材集团相继与甘肃省天水市政府、秦州区政府、武山县政府、天水永固水泥有限公司签署战略合作框架协议。

(撰稿人：樊　星)

中国建筑材料集团公司

【基本概况】 2008 年，中国建筑材料集团公司(以下简称“中国建材集团”)深入贯彻落实科学发展观，积极应对雨雪冰冻和汶川特大地震等自然灾害以及国际金融危机带来的不利影响，坚持科技创新，推进重组联合，强化管理整合，加快国际化进程，强化集团控制力和抗风险能力，积极承担社会责任，各项工作取得显著成绩。特别是战略布局和资源整合取得重大进展，南方水泥和中联水泥联合重组顺利推进，集团新型干法水泥产能一跃过亿吨；华光集团、中联玻璃的正式加盟进一步奠定集团玻璃平台的建设基础；集团被确定为第二批国家级创新型试点企业，及时启动试点工作，组织承担和申报一批国家、行业重大科技项目，加强科技研发与应用，促进产业升级和结构调整；积极履行央企社会责任，大力推进节能减排，通过援建新型抗震房屋、开展灾区项目建设等全力支援灾区重建，为奥运会提供优质产品和检测服务。

截至 2008 年底，中国建材集团直接管理的全资、控股企业 20 家，拥有 6 家国家级技术研发机构和 12 家国内一流的建材科研设计院所，控股上市公司 6 家(含海外上市公司 2 家)。

【主要指标】 业务规模持续发展，经营指标全面超额完成。2008年，集团营业收入629亿元，同比增长83%；利润26.7亿元，同比增长49%；资产总额达到918亿元，同比增长67%。

主要产品销量稳步增长。与上年相比，水泥增长226%，玻璃纤维增长23%，耐火材料制品增长55%，石膏板保持稳定增长。新型干法水泥产能跃居全国第一、世界第二，玻璃纤维跃居世界第一，浮法玻璃排在行业前列，纸面石膏板跃居亚洲第一，轻钢龙骨、高档耐火材料、兆瓦级风力发电叶片、玻纤薄毡、啤酒饮料灌装设备等保持全国第一。

【改革发展】 按照国资委的要求，以继续推进董事会试点为基础，加强规范治理，强化管理整合，提高企业经济效益；继续完善内控机制，降低和防范经营风险，保证集团持续健康发展。

一是强化管理整合，重视降本增效。在稳步推进联合重组的同时，重点加强对重组企业的管理整合，全面推进"五化"（一体化、模式化、制度化、流程化、数字化）+KPI（关键经营指标）管理，进行系统内对标；加强区域市场协同，提高市场话语权，进一步提高企业效益；强化管理培训，推动企业管理水平提升。

二是加强风险管理和投资管理，内控机制进一步完善。作为国资委全面风险管理报告编报试点企业之一，认真编报全面风险管理报告，显著提升风险管理水平。加强资金预算管理，严格资本支出审批流程，修订完善借款及担保等管理办法，规避降低财务风险。

三是强化安全生产管理。集团各级企业进一步完善和落实安全生产管理体系，特别是结合水泥业务发展快、企业多、管理水平差异大的特点，组织专题会议和专项督导，加强隐患排查和现场检查，保持安全形势总体良好。

四是加强法制建设，提出落实央企法制建设三年目标的具体计划和措施，确定法制建设重点骨干企业。此外，薪酬、考核、培训体系建设加快，信息化建设全面启动，对集团提高管理水平和风险防范水平起到积极作用。

【重大项目】 联合重组项目取得重要进展，为行业结构调整和产业升级做出重要贡献。南方水泥重组整合东南沿海经济区53家企业，产能达到8700万吨，成为东南经济区最具影响力的大型水泥集团；中国联合水泥成功重组8家企业，产能突破4000万吨，稳居淮海经济区水泥企业龙头；继洛玻之后，华光集团、中联玻璃正式加入集团，进一步奠定玻璃平台的建设基础；相继与10余个省市政府以及中国铁路物资、中国水电集团等大型央企签署战略合作协议。完成固定资产投资项目约50亿元，水泥熟料、石膏板、风机叶片、玻璃纤维、耐火材料、碳纤维、Low-E玻璃等一批高水平生产线投产，产业布局全面推开。

【重大创新】 中国建材集团被确定为第二批国家级创新型试点企业，及时启动试点工作，成立试点工作领导和工作机构，完成创新试点工作方案的编制。同时集团技术中心作为产研结合体系，组织建设和实施方案全面落实，逐步发挥着集团产研结合的主体平台作用。

2008年，共组织、承担和申报国家级项目137项；国家"十一五"支撑计划项目、973项目、科技部"三个一批"节能减排科技专项、国家发改委高性能纤维复合材料高技术产业化、绿色建材国家重点实验室建设等项目顺利推进。全年获省部级以上科技奖励76项，其中国家级奖励2项；共申请专利191项，其中申请发明专利87项，获得授权专利80项（其中发明专利19项）。所属单位承担的"新型干法水泥生产线重大配套装备研制和工程化应用"、"浮法玻璃'逐级澄清'与熔窑大型化成套工程技术开发及应用"两个项目获国家科技进步二等奖；印尼日熔化900吨浮法玻璃生产线获全国优秀工程总承包项目铜质奖；"奥运珠峰火种灯燃烧室保温层"保证奥运珠峰火炬成功登顶；承担神舟飞船重要配套研制任务，为神七载人航天飞行圆满成功做出重要贡献；太阳能玻璃项目获中国企业自主创新记录重大项目第四名；研发制造的、拥有完全知识产权的国产化大型水泥生料立磨顺利投产，标志着大型水泥生料立磨长期依赖国外引进的局面被打破。

加强新型建材、新能源材料和新型节能住宅的研发推广。大力发展石膏板事业的同时，加大新型外墙板和屋面瓦的开发力度；坚持自主创新发展碳纤维事业，碳纤维首期项目千吨线的正式投产打破国际技术壁垒，实现新突破；成功研发国内第一套最长2兆瓦级风电叶片并成功下线；大力发展Low-E玻璃、信息显示玻璃、太阳能玻璃，新建项目成为又一科技亮点；援建的都江堰水电十局万米医院，以先进的房屋结构体系和优异的节能与抗震性能引起广泛关注，起到良好的示范作用；“地震灾区建筑废弃物资源化与抗震节能房屋建设科技示范”项目获得科技部批准，都江堰瑞泰科技5个新型节能住宅示范楼工程和建筑垃圾生产线在建。

围绕节能减排和循环经济建设加强科技研发与应用。水泥生产线已建成51套余热发电设备，年可节约标煤59万吨，在建和拟建达53项，全部建成后年节约标煤约72万吨；加快发展以脱硫石膏为原料的大型石膏板生产线，大量消纳工业废弃物，年消纳工业脱硫石膏390万吨；玻纤生产线率先研发并使用全氧燃烧技术，单位能耗降低50%，能耗水平国际领先；部分企业加强技术改造降低能耗，实现经济效益；所属科研院所通过科技创新、技术转化和编制行业标准，对行业节能减排和循环经济建设起到重要的促进和导向作用。

【走向海外】 继续加快国际化步伐，积极应对国际环境变化带来的困难与风险，进出口贸易继续保持稳定增长。实现进出口总额同比增长95%，其中出口总额同比增长63%；进口总额同比增长124%。

2008沙特推介会、越南水泥技术推介会圆满成功。沙特北方日产6000吨水泥厂高质量提前竣工，成为当地样板工程。沙特纳吉兰日产6000吨、3000吨两条生产线顺利投产，越南缘何系列项目进展顺利。土耳其日产6000吨水泥生产线顺利竣工，并成为集团进入国际水泥高端市场的样板工程。各企业共计新签越南、缅甸、伊拉克、利比亚水泥、玻璃项目7项。风机叶片、船艇业务进入国际市场。这些项目的顺利签约和实施，进一步提升集团企业的海外形象，加强集团在建材装备和工程建设方面的国际竞争力。

进一步扩大国际合作领域。继续加强与三菱、拉法基、圣戈班等国际一流企业的合作关系；与中非发展基金合作成立中非建材投资发展公司，进入非洲建材制造与分销业；承办发展中国家政府官员研修班顺利结业，圆满完成商务部援外培训任务；成功主办和参加国际大型展会，进一步扩大品牌国际影响力，巨石第十四届国际玻纤年会创下国外订单增长六成的历史纪录。

【履行社会责任】 面对年初的雨雪冰冻灾害，向湖南省及郴州市、安徽省石台县、江西省等受灾地区捐款650余万元。“5·12”特大地震灾害发生后，迅速启动应急预案，全力投入抗震救灾工作。向东方电气捐建、援建800套新型抗震快装房屋，与科技部共同捐建宁强县1个医院和3个学校，援建的都江堰水电十局医院是灾区第一个竣工并投入运营的医疗卫生服务项目。承担的科技部地震灾区建筑垃圾与抗震房屋项目进展顺利。积极参与灾区重建，与成都市、广元市、北川县签署战略合作协议，年产200万吨新型干法水泥生产线率先在北川开工。捐款、捐物近4000万元，涌现出“全国抗震救灾模范”刘贵平等一批抗震救灾先进集体和个人。

高度重视奥运期间的保障与稳定工作，中标产品和检测项目在奥运场馆、城市建设方面为奥运会提供有力支持，所属北新建材、中国建材检验认证中心先后获得北京市环保局、第29届奥组委表彰。

【应对金融危机】 作为行业排头兵企业，积极应对国际金融危机的冲击，中国建材集团明确“三个确保”，即：确保2008年的经营任务顺利完成，确保公司的资金链安全运行，确保企业和员工稳定；提出要做中央扩大内需政策的坚决执行者，紧紧抓住行业结构调整、企业联合重组等历史性机遇，勇挑重担，积极化解金融危机的冲击，确保企业平稳较快发展。

一是面对机遇，承担责任，应对挑战。中央出台扩大内需和启动基础建设的有关政策，集团要全力以赴确保材料供应，以行业领先的产品质量、生产规模和供应能力，进行重点区域，重点项目跟踪，促进国民经济建设。

二是继续强化技术创新，优化产业结构，发挥央企引领作用。明确四方面的创新、投资重点：水泥、玻璃等领域先进生产工艺技术、淘汰落后生产力项目；服务于新农村建设的新型节能房屋项目；风电叶片、碳纤维、Low-E玻璃等附加值高、市场潜力较大的产品项目；地震灾区和中西部地区项目；水泥、玻璃生产线配套余热发电设备以及利用电厂脱硫石膏的石膏板生产线。

三是强化管理整合，提升企业竞争力。积极调整结构，优化资源配置，加强对联合重组企业的管理整合、人员培训和市场协同等一系列工作，压缩管理链条，增强集团的控制力。

四是防范风险，确保企业平稳运行。加快完善全面风险管理体系，加强投融资管理，确保资金链安全。继续加强董事会建设，通过加强科学决策和预决算、审计、法律等监督体系建设，强化重大事项和关键环节的管控。进一步发挥党组织的政治核心作用和战斗堡垒作用。

（撰稿人：张　静）

中国有色矿业集团有限公司

【基本概况】 2008年是很不寻常、很不平凡的一年。中国接连经历严重低温雨雪冰冻和汶川特大地震等自然灾害，遭遇国际金融危机的严重冲击。面对这些难以预料、历史罕见的重大挑战和考验，特别是在有色金属价格大幅下滑的不利形势下，中国有色矿业集团有限公司（以下简称“中国有色集团”或“集团公司”）深入贯彻落实科学发展观，团结一致，努力拼搏，资产规模、营业收入和产品产量三项指标仍然创下历史最好水平，较好地完成国务院国资委下达的经营指标，保持生产经营总体平稳运行。

【主要指标】 2008年，集团公司实现营业收入176.2亿元，利润总额9.88亿元，净利润7.59亿元，归属于集团公司的净利润3.82亿元，海外有色金属产品产量11.17万吨。成本费用总额占营业收入比重94.55%，净资产收益率8.78%。截至2008年12月31日，集团公司资产总额267.93亿元，负债总额177.44亿元，所有者权益90.49亿元。

中国有色矿业集团有限公司主要经济指标

项　　目	2007年	2008年	同比增长(%)
资产总额(亿元)	203.77	267.93	31.5
净资产(亿元)	80.62	90.49	12.2
营业收入(亿元)	141.10	176.20	24.9
利润总额(亿元)	15.62	9.88	−36.7
技术开发投入(亿元)	0.55	0.49	−10.9
利税总额(亿元)	17.52	13.11	−25.2
全员劳动生产率(万元/人·年)	13.44	16.50	22.8
净资产收益率(%)	20.26	8.78	−56.7
总资产报酬率(%)	10.73	5.57	−48.1
国有资产保值增值率(%)	117.76	106.47	−9.6

【改革发展】 兼并重组取得重要成果。2008年，集团公司重组柳州中色锌品有限责任公司，进一步提高在锌行业的地位和竞争力，与天津市国资委签订资产重组协议，无偿划转天津市中色有色金属有限公司85%股份。天津中色拥有较强的国内外有色金属贸易和铜、铝加工能力，具有区域优势、技术优势和良好的发展前景。对这两家企业的兼并重组有力地促进集团公司产业链的延伸和核心竞争力的提高。

贸易整合成效明显。完成对广东洋迪实业有限公司、北京中色建物资有限公司、北京中色机电设备有限公司的资产整合和对大连五矿中色进出口有限公司、中色鑫海有色金属工贸公司的管理整合，对出资企业物资采购、产品销售初步实现统一管理。全球贸易网络和平台初步建立，形成贸易业务的自身特色，贸易领域、品种、总量不断拓展，业务涵盖铜、铝、铅、锌、镍等20余个有色金属品种，辐射能源、化工原料、钢材、建材等多个领域。

降本增效力度加大。针对能源及原材料价格上涨、产品价格下跌的突出问题，认真组织开展"双增双节"活动，通过对生产成本构成的调查研究，召开月度、季度成本分析例会和成本管理研讨会，查找成本控制的薄弱环节，通过技术改造、修旧利废、强化管理等措施，实现降本增效，取得明显成效。

财务管理工作进一步加强。为了降低融资成本，优化融资结构，积极推进企业债券的发行工作，成功发行额度为10亿元人民币、我国有色金属行业第一只无担保企业债，加强银行综合授信工作，2008年取得授信140亿元，为集团公司生产经营的正常运行和重点项目建设提供可靠的资金保障。

审计工作针对性加强。内部审计坚持将正常审计与开展管理缺陷诊断相结合，把降本增效、风险防范作为2008年审计工作重点，认真分析查找出资企业成本费用上升、应收账款增加的原因，在披露审计问题的同时，有针对性提出挖潜增效、加强管理的整改建议，促进企业提高管理水平和做好增收节支工作。

加快实施"人才强企"战略。在加强干部考核基础上先后对12户出资企业董事会、监事会和领导班子进行补充、调整和配备。组织中高级专业技术职称评审等工作，进一步建立健全专业技术人才评价体系。2008年8月，沈阳有色金属研究院博士后科研工作站挂牌成立，连同中色东方的博士后科研工作站，集团公司已拥有两家博士后科研工作站，为集团公司的人才交流和科研工作发挥积极的作用。加强工资总额调控、深化三项制度改革，使收入分配向一线岗位、重要岗位和关键岗位倾斜，向工作业绩突出的优秀人才倾斜。

节能减排和环保工作稳步推进。根据中央企业节能减排工作会议精神，积极采取节能减排措施，努力降低能耗和各种污染物的排放量，2008年集团公司没有发生较大及以上环保事故。集团公司建立环境信息报告等各项环保及节能减排制度，强化动态监管力度。各出资企业加大节能环保投入，优化生产工艺，提高环保绩效。

【重大项目】 赞比亚中国经济贸易合作区建设取得明显成果。赞比亚中国经济贸易合作区是集团公司实施海外资源开发的重要基地和产业集群平台。2008年9月9日，与赞比亚政府签署《赞比亚中国经济贸易合作区投资促进与保护协议》。这是我国第一份境外合作区投资促进与保护协议，具有很好的示范效应，对合作区下一步的开发建设和招商引资工作以及促进当地经济社会发展都将起到强有力的推动作用。截至2008年12月31日，合作区的入区企业已达10家，其中8家完成在当地政府的入区手续，协议投资额达7亿美元，完成投资额超过4亿美元。

15万吨粗铜冶炼项目建设基本完成。总投资3亿美元的15万吨粗铜冶炼项目是合作区又一标志性工程，也是集团公司完善产业链、加快实施中南部非洲发展战略的重要步骤。经参建各方艰苦努力，项目如期投产。

谦比希铜矿西矿体和东南矿体项目建设进度加快。西矿体项目是集团公司海外资源开发加快发展的重要在建项目，总投资1.6亿美元，投产后年产铜精矿含铜1.88万吨，对于进一步提高谦比希铜矿产能具有重要意义，也将为粗铜冶炼提供资源保障。西矿体开发建设已全部开工，并按计划进度顺利进行，将于2010年竣工投产。东南矿体项目是经贸合作区发展的中长期项目，建成后将使谦比希铜矿的总产能达到年产精矿含铜10万吨以上。

缅甸达贡山镍矿项目建设具备全面开工条件。缅甸达贡山镍矿是我国"十一五"期间境外资源开发的重点投资项目，边界品位1.4%以上的镍储量70万吨，总投资近8亿美元。建成后将年产镍铁8.4万吨，极大地缓解国内镍资源紧缺矛盾。缅甸达贡山项目生产分成协议已于2008年7月28日正式签订。截至2008年12月31日，已完成地表测量、地震评估、工程勘察和基本设计。

【走向海外】 境外有色金属矿产资源开发的可持续发展能力不断提升。赞比亚中国经济贸易合作区在政策争取、规划设计、基础设施建设、招商引资等方面取得重大进展，赞比亚15万吨粗铜冶炼项目建设基本完成，缅甸达贡山镍矿项目具备全面开工条件，中色非矿各项工作稳步推进，谦比希铜矿东南矿体完成勘探施工初步设计和合同谈判工作，中色刚果湿法炼铜项目与当地合作方签署合作意向。同时，中国有色集团对澳大利亚、加拿大和赞比亚等国的资源项目进行积极的跟踪和研究。

国际工程承包取得长足发展。中色股份2008年国际工程总承包项目新签合同额超过50亿元人民币，在建项目进展顺利。中国十五冶的国外市场开发保持强劲势头，与中信集团合作，分别签订阿尔及利亚东西高速公路项目施工合同和安哥拉当前最大的社会住房项目，合同额超过6亿美元。

贸易业务成绩显著。与赞比亚、蒙古、刚果、南非等十多个国家的企业建立良好的合作关系，实现重点突出、经营多元的贸易业务布局，并通过国际贸易取得国家建设急需的有色金属资源，为缓解我国资源短缺做出积极贡献。

【重大创新】 2008年，集团公司科技工作迈出坚实步伐。全年获得省部级科技成果奖励15项，获得授权专利22项。集团公司被确定为国家第二批创新型试点企业。中色东方荣获“国家高技术产业化十年成就奖”，东方钽业被授予全国首批“创新型企业”称号。

集团公司完成国家“十一五”科技支撑计划项目“难处理有色金属资源开发关键技术与设备研究”项目等5个课题的评审与申报工作，首批国拨资金已经下达。向国家发改委申报的《低品位红土镍矿高效利用关键技术开发》项目通过专家评审。

集团公司投资815万元建设的红土型镍矿中试基地在沈阳有色研究院建成投入试生产，已于2008年12月6日产出第一炉镍铁。中试厂的成功运行填补我国红土型镍矿火法冶炼工艺技术在中间试验领域的空白，也是集团公司引进国外先进技术消化吸收基础上实现工艺技术的再创新。

沈阳有色研究院科研和生产取得明显进步。经济效益逐步提高，科技创新能力明显增强。2008年全年开展科研课题25项，科研收入429万元。获省部级三等奖1项，申请国家发明专利1项。沈阳有色设计院狠抓设计质量，强化服务意识，不断提高设计水平和管理水平。2008年获省部级优秀设计一等奖1项，优秀咨询二等奖2项。

集团公司的信息化工作也取得新的进展。信息化规划工作基本完成；以信息化促进节能减排的工作顺利开展；新办公大楼基础网络和中心机房的规划和建设工作取得积极进展，集团公司广域网和视频会议系统完成初步设计。

【履行社会责任】 中国有色集团积极履行社会责任，在增加国内资源供应、落实宏观调控政策、维护国家经济安全、促进对外经济技术合作等方面，发挥积极作用，展示中央企业良好的形象。特别是海外企业和项目部，通过促进当地经济社会发展、加强环境保护、提供就业、纳税、公益捐助等途径积极回报所在国和所在地，为赞比亚、蒙古、泰国、越南、伊朗、哈萨克斯坦等国提供就业岗位5000多个，当年缴纳税收近2000万美元，捐赠总额超过200万美元。制定经常性的社会公益计划，坚持长年出资，开展助学、捐赠、修路、绿化等社会公益活动。赞比亚、蒙古、伊朗、哈萨克斯坦等国总统多次出席中国有色集团的公益活动。其中，中色非矿先后举行社会公益事业计划发布和向非洲第一夫人防治艾滋病组织捐赠仪式，总价值近75万美元。在国内，中国有色集团积极履行企业社会责任，大力开展社会公益活动。在2008年初抗击冰雪灾害和地震灾害活动中，共为灾区捐款1200万元；为宁夏回族自治区50周年大庆捐款2000万元，支持地方经济建设；常年定点扶贫云南省梁河县，帮助当地发展经济等。

【应对金融危机】 2008年前三季度，集团公司资产总额、主营业务收入、利润和产品产量同比大幅增长，保持很好的发展势头。但从10月开始，全球有色金属价格急剧下滑，价格跌破或逼近成本线。经过全体干部职工共同努力，2008年资产规模、经营规模和产品产量三项指标仍然创下历史最好水平，较好地实现企业的平稳经营。

充分发挥中央企业顶梁柱作用，拉动国内需求。中国有色集团积极应对金融危机，努力发挥中央企业的“顶梁柱”作用。特别是在赞比亚、蒙古的各国矿业公司纷纷减产、停产的大背景下，中国有色集团没有一家企业停产，没有一名员工被裁减，没有一个项目缩减投资，树立中国企业的良好形象。由于坚持境外投资和项目建设，有力地带动国内设备、物资的出口。特别是赞比亚中国经济贸易合作区，新上的15万吨粗铜冶炼项目和谦比希铜矿西矿体开发项目，总投资近6亿美元，其中80%以上的设备、物资都从国内出口。中国有色集团当前承建的哈萨克斯坦电解铝厂、伊朗阿拉克电解铝厂、越南大龙铜冶炼厂、印度铅冶炼厂等工程项目，大部分设备及物资也从国内出口，有效地拉动国内需求。

抢抓机遇，化危为机。抓住机遇进行并购重组。国务院《有色金属产业调整和振兴规划》提出大力推进企业重组、开发利用境外资源，这是中国有色集团加快发展的重大契机。中国有色集团紧紧抓住这一机遇，积极推进并购重组。在国内，积极与多家企业商谈并购重组事宜，以重组为契机，推动技术进步，淘汰落后产能，整合行业资源；在国外，加快推进在赞比亚、澳大利亚、埃塞俄比亚的新项目谈判。有色金属价格低迷期间，原材料价格及基建成本降低，正是新项目加紧基建的黄金期。中国有色集团加快在建项目的建设步伐，并利用价格低迷之机，投入更大力量开展技术改造，为下一阶段的发展奠定基础，红透山铜矿、中色东方等技改项目取得积极进展。

同时，中国有色集团在进一步探索企业和行业的发展规律的基础上，正在调整、充实和完善战略规划，为下一步的发展积蓄力量，为迎接危机后新一轮的更高层次、更高水平、更为激烈的国际竞争创造更加有利、更加主动的条件。

（撰稿人：邱　竞）

北京有色金属研究总院

【基本概况】　2008年，北京有色金属研究总院（以下简称“有研总院”）全面超额完成国资委下达的业绩考核目标。全院（集团）资产总额26.2亿元，净资产18.1亿元，较上年增长8%。国有资本权益11.2亿元，同比增长7.7%。全年实现总收入36亿元，同比增长14%；营业收入32.1亿元，同比增长13.5%。利润总额1.67亿元，归属于母公司净利润7836万元，增长7.4%。纵向和横向科研经费到款1.29亿元，同比增长3.6%；科技投入2.18亿元，同比增长7.3%。进出口贸易总额1.45亿美元，增长7%。缴纳各类税金1.76亿元，增长34.3%。

【主要指标】

北京有色金属研究总院主要经济指标

项　目	2007年	2008年	同比增长(%)
资产总额(万元)	262391.59	261561.57	-0.3
净资产(万元)	167789.81	181140.88	8.0
营业收入(万元)	282748.65	320964.54	13.5
利润总额(万元)	16393.01	16662.05	1.6
社会贡献总额(万元)	53050.6	56024.91	5.6
技术开发投入(万元)	20344.92	21826.44	7.3
利税总额(万元)	25002.11	25735.76	2.9
全员劳动生产率(万元/人·年)	17.09	15.16	-11.3

续表

项　　目	2007 年	2008 年	同比增长(%)
净资产收益率(%)	7.25	7.24	
总资产报酬率(%)	7.15	7.33	
国有资产保值增值率(%)	107.72	107.45	

【改革发展】 2008 年，有研总院继续深化改革，加强管理，进一步完善内控体系，规避风险，提高效率，改进服务。

配合国资委完成经济责任审计工作。2008 年 7 月至 11 月，国资委对有研总院开展了任中经济责任审计，审计范围包括院本部及 12 个所属公司，涉及财务、经营、投资、管理、决策、绩效等多个方面。

加强机构改革调整。根据发展需要，成立改革重组领导小组、平面规划领导小组、奥运期间突发事件应急领导小组以及技术经济咨询委员会办公室、总工程师办公室、知识产权办公室、信访工作办公室。

强化财务、审计工作。加强集团账户管理，发挥资金集中优势，保障资金供给。完善财务管理制度体系，出台《应收账款管理制度》《网上银行客户证书使用管理办法》等文件。加强税务政策研究，做好税收服务工作。完成财务收支审计、干部离任经济责任审计和专项审计共 19 项，涉及金额 4.7 亿元。对 27 项课题经费的使用情况进行内审。侧重对控股公司、全资公司、参股公司开展审计，出台《关于控股公司开展内部审计工作的暂行办法》。

加强公司管理。对各公司投融资、担保、大额固定资产投资、利润分配、工资总额等重大事项实施有效规范的监管。对公司的现金流量、经营状况、应收账款和存货等进行全方位的动态监控，加大对控股公司的资金支持。为促进有研硅股的长远发展，增强广大股民的信心，自愿将解禁上市流通的股份锁定两年，并投入一定资金在二级市场增持有研硅股流通股，成为首批锁定限售股和增持流通股的中央企业。

加强人事、法律和信息化工作。继续完善劳动合同管理，与一批骨干人员签订竞业限制协议，开展外来务工人员劳务派遣，试点人力资源优化设计工作。严格合同审查，积极受理法律咨询，并为全院重要专项业务、催收货款提供法律支持；出台《法律纠纷案件管理暂行办法》，规范集团范围内法律纠纷案件的管理。加快信息化建设，一期人力资源系统建成并投入使用，科研管理系统开始试运行，集团财务信息化系统已完成招标工作并签订合同。

加强安全环保和节能减排工作，保障企业可持续发展。出台《奥运期间防范恐怖袭击工作方案》《出租房屋安全防火管理规定》《粉末冶金科研生产安全管理制度》等规章制度。积极推进“隐患治理年”活动，出台《安全生产隐患排查治理工作实施方案》，累计整改隐患 70 余项。积极配合北京奥运会，制定停产、限产方案，提前安排危险品供应、储存、使用等安全工作。实施锅炉脱硫除尘系统改造，达到北京市城区燃煤锅炉污染物排放Ⅱ时段标准。各基层单位加大节能减排投入，安装一批节能节水装置，实施一批技改项目，有效降低能耗和污染排放。2008 年，有研总院万元增加值综合能耗降低 9%，化学需氧量、二氧化硫排放量分别减少 9.26% 和 2.34%。2008 年，有研总院被评为北京市“节水型先进单位”。

加强精神文明建设，增强企业凝聚力。广泛开展捐助活动，切实履行社会责任，全年累计捐款捐物超过 300 万元。积极投身奥运志愿服务，圆满完成奥运驾驶员志愿者培训、演练和赛时驾驶服务工作，被奥组委、团中央联合授予北京奥运会志愿者工作优秀组织单位，13 名志愿者获表彰。2008 年，有研总院被中央精神文明办公室评为全国精神文明建设先进单位。

【科技创新】 2008 年，有研总院在研课题 276 项，其中纵向课题占 90%。申请专利 259 项，授权专利 88 项；获省部级科技成果奖励 13 项，通过部级鉴定和验收成果 61 项；制定、修订国家和行业标准 43 项；发表科技论文 280 篇。

2008 年，有研总院被科技部、国资委和全国总工会联合授予首批国家创新型企业，被评为中关村国家知识产权制度示范园区的“知识产权重点单位”。稀土材料国家工程研究中心在国家发改委组织的评估中取得优异成绩。有研亿金、有研粉末被批准建设北京市企业技术中心。高纯稀土金属、形状记忆合金两个项目荣获“国家高技术产业化十年成就奖”。院本部及各所属公司再次认定为高新技术企业。

一年来,有研总院持续加强领域建设,完善创新平台,科研争项和科技成果取得新进展。

在微电子材料领域:围绕国家重大科技专项“极大规模集成电路制造装备及成套工艺”,有研硅股、有研亿金、康普锡威、电子所等单位积极组织项目申请,落实“12英寸硅片产业化技术开发”、“超高纯铜靶材的研制”等课题。有研亿金牵头申报并获批863重点课题“大尺寸超高纯铝靶材制造技术”;向国家发改委申报“半导体用超高纯金属靶材”产业化示范工程项目。

在矿物资源加工与冶金领域:生物冶金国家工程实验室承担的863重点课题“生物冶金关键技术研究”取得重要突破,西藏玉龙铜矿一期一万吨生产线开工投产。有研稀土自主开发的稀土非皂化萃取分离专利技术,逐步成为新一代稀土萃取分离的主流工艺;“氟碳铈矿共伴生资源高效利用”被列为国家发改委重大产业技术开发专项。矿冶所承担的“锆英石资源综合利用共性技术研究”取得进展,建成年产30吨锆铪分离试验线。

在有色金属结构材料与制备加工领域:“金属熔体分散凝固技术”获得科技部高技术创新团队项目,“高性能轻合金结构材料”获得国防科技创新团队项目。国家重点实验室积极争取承担国家“大飞机”重大专项中有关材料的研发项目,其中新型高性能铝合金材料的研究取得重要进展。加工中心申请的自然科学基金重点课题“镍基管材热挤压变性机理研究”,通过立项论证。粉末所开发的多个钛合金部件成功应用于“神舟七号”的发射。

在有色金属特种功能材料领域:国晶辉公司牵头申请的国防973项目,通过立项论证,落实经费2600万元。能源所承担的863计划重大课题“电动汽车用镍氢动力电池组及控制系统研制”进展顺利,配备镍氢动力电池的燃料电池客车圆满完成奥运示范运行任务;“电动工具用锂离子电池清洁生产技术”被列为国家发改委重大产业技术开发专项。国晶辉公司开发的锗镜头成功应用于奥运场馆设施红外要防系统。

在分析测试和机电设备制造领域:测试所承担的科技支撑重大项目“高纯无机试剂核心单元物质及共性关键技术研究与开发”顺利通过中期评估。机电中心和粉末所共同设计开发的电子束轰击炉,将提供用户开展多晶硅的制备。稀土金属及其化合物、铜及铜合金等化学分析方法,获得全国有色金属技术标准一等奖。

此外,组织申报超导材料北京市前沿技术实验室;组织编写高介电材料基础研究重点项目建议书;支持开展第三代半导体、铁基超导材料等新方向的研究。加强与行业骨干企业和地方政府的合作,签订横向技术合同57项。与中国铝业公司在电解铝、铝合金等方面的技术合作继续深化;与中国有色矿业集团等单位签订海外有色金属资源开发利用技术创新战略联盟;与金川集团公司合作开发球形电池材料的工程化技术;与江西铜业集团、西部矿业集团、紫金矿业集团、宝鸡钛业集团等单位合作承担国家课题研究;与广西河池市和安徽铜陵市签订产学研合作协议。

【走向海外】 2008年,有研总院共接待来访团组200多个,800余人次,执行出访团组66个,160人次。

组织申报国际科技合作重点项目、政府双边合作项目、引进外国智力专家等项目26项。

2008年,有研总院克服出口退税调整、人民币升值、国际市场需求不旺等诸多不利因素,积极开拓市场,产品出口连续第二年超过1亿美元。有研硅股硅片及大直径硅单晶出口4400万美元。有研稀土特种金属及合金等产品出口近3600万美元。国晶辉公司锗单晶、四氯化锗出口1140万美元。加工中心、矿冶所等单位的防腐阳极、光学镀膜材料出口960万美元。

【人才建设】 2008年,有研总院共招聘、引进各类人才77名,具有硕士以上学历的人员占69%,进一步充实科研、产业队伍。

加强中层干部和高层次创新人才队伍建设。对7个单位的12名中层干部进行调整,新聘任4名干部;推出9个单位副职干部岗位开展竞聘上岗,52人次参加竞聘。相继出台《关于聘用副总工程师的暂行办法》《关于聘用责任教授的暂行办法》《关于聘用兼职教授的暂行办法》。

加强继续教育体系建设，提高员工的学习能力和实践能力。多次邀请国内外知名学者和院内的老专家做学术报告。举办中层干部和业务骨干短期培训班，邀请专家讲授科学发展观、劳动用工、奥运安保、企业文化等方面的课程，130多人参加培训。批准10余名科技人员攻读在职博士或硕士学位，选派3人出国进修。组织环境管理体系、6S现场管理、商标、财务和税务等项目的培训，约650人次参加。组织职工技能大赛，涉及34个工种，有450余人参赛，评选14名技术能手。

【应对金融危机】 2008年，有研总院产业遇到极大的挑战和考验，尤其是下半年以来，全球金融危机迅速蔓延，市场需求明显回落，有色金属价格大幅下跌。有研总院及时调整策略，在强化管理、降本增效、严控风险等方面做了大量细致的工作，取得较好的效果。尽管部分公司因受到市场的严重冲击，利润有不同程度的下滑，但全院生产经营总体保持平稳发展，主营业务收入增长8.9%。

有研硅股把握半导体和太阳能产业发展形势，及时调整产品结构，增加大直径硅单晶、太阳能用硅单晶等产品的产量。积极改进生产工艺，提高成品率，降低消耗。在多晶硅市场发生变化的初期，迅速处理库存，有效化解跌价损失。全年销售收入首次突破10亿元，增长48%左右，利润总额增长29%。

有研粉末继续推进电解铜粉、雾化粉、预合金粉等生产线的技术改造，改善产品质量，提高生产效率，实现节能降耗。面对金融危机，迅速降低原料库存，以销定产，以产定料，稳健经营。全年销售收入超过4亿元。

国晶辉公司以质量和价格优势，大力推进锗单晶的国际市场开拓，现成为全球第三大供应商。完善硫化锌头罩、太阳能电池用低位错锗单晶的生产工艺，批量进入市场。加强存货和应收账款管理，改善现金流。全年销售收入增长20%，利润增长46%。

此外，加工中心钛铝复合板、铜包铝排、高性能锌带、镁阳极等新品开发取得一定成效，逐渐形成新的增长点。康普锡威积极筹划新产业基地的建设，完成高附加值焊粉的生产线技术改造，出粉率提高1倍。矿冶所积极开拓光学镀膜材料的国内外市场，首次完成大尺寸钛锰电极在国内企业的推广使用。有研稀土大力开发粘结磁粉，完善产业链，提高生产计划、原辅材料采购等管理水平。有研亿金开发系列化高纯靶材，拓展太阳能、磁记录应用市场。粉末所加强弥散强化铜、合金靶材等生产线建设，新产品开发取得一定进展。机电中心积极承揽合同，真空冶金、食品机械、无损检测等设备销售形势较好。国瑞公司积极引进磷化镓单晶炉，改善砷化镓、磷化镓多晶制备工艺。

（撰稿人：高　杰）

北京矿冶研究总院

【基本概况】 北京矿冶研究总院成立于1956年，是中国以矿产资源开发利用技术与装备和先进材料技术与产品为核心主业，学科齐全、专业配套的大型综合性研究与设计机构，是有色金属行业的技术开发基地。业务领域包括矿山工程、工业炸药与爆破工程、矿物工程、冶金工程、材料工程、环境工程、矿冶装备、矿冶过程测控与装备、资源评价与检测。主要开展新技术新装备及系统工程的科学研究、技术服务等，拥有工程设计、工程咨询、环境影响评价和建筑工程设计甲级资质。

北京矿冶研究总院设有11个职能部门，10个研究设计所，1个工程公司，10个科技产业公司，2个直属工厂，3个国家级工程技术研究中心、1个国家重点实验室和1个国家重有色金属质量监督检测中心。截至2008年底，全院在岗职工3320人，研究开发人员占25%。

【主要指标】 2008年，北京矿冶研究总院干部员工认真学习党的十七大精神，贯彻落实科学发展观，围绕全院可持续发展这一中心工作，继续深化改革，切实加强管理，推进技术创新，在复杂多变的宏观环境中，认清形势、抓住机遇，在科技创新、工程设计与承包、科技产业和国际化经营等方面均取得较好成绩。全年实现主营业务收入18.51亿元，同比增长22.26%，完成利润总额6263万元，同比增长112.89%，年末资产17.57亿元，净资产收益率5.5%，科技投入增长率67.69%。全年新增科研合同额2.13亿元；新增工程设计和工程承包合同额3.82亿元；主要科技产业单位销售额达到15.61亿元，同比增长14.99%，销售回款同比增长16.91%；全年进出口总额9405万美元，同比增长14.35%。2008年全院新批准立项和新签订合同的科研项目279项，新签订的工程咨询、工程设计及工程承包类项目116项。

全年共获得各类科技成果奖励26项，其中“多元复合稀土钨电极及其制备技术”项目获国家技术发明二等奖，4个项目获省部级奖，21个项目获社会力量设奖。全年共有37项成果通过国家或地方有关部门组织的验收和技术鉴定。

全年申报31项国家专利，获授权专利13项，其中发明专利9项，实用新型4项。

2008年，作为全国有色金属标准化技术委员会的委员单位和中关村标准化示范区的首批标准化试点企业，负责或参与制(修)订的标准共33项，其中国家标准32项，行业标准1项。

全年发表学术论文276篇，出版学术专著4部。

【改革发展】 2008年进一步加强战略规划的研究和制定工作，成立规划发展部，对全院的科研、产业和工程的整体布局进行规划研究。制订并颁布《北京矿冶研究总院发展战略和规划管理办法(试行)》，对全院的战略规划工作起到规范和促进工作。

为加强和改进工程设计业务，2008年将分散在原工程设计院、矿物工程所、矿山工程所、信息技术与自动化所等多个二级部门的设计人员进行整合，成立工程公司，并通过在工程公司内部全面推行ISO9000管理体系，使全院的工程设计和工程承包业务在发挥综合优势的同时，以流程更顺畅、管理更规范的模式运行。

对部分职能部门进行机构调整、重组，调整部门职责，提高人员效率，优化全院的内部管理。

为了进一步加强风险防范和内部管控水平，2008年出台重新修订的《北京矿冶研究总院合同管理办法》。新的合同管理办法将以往合同、印章的分散管理改为集中管理，强化法律审计部门对合同的指导监管作用，优化合同的审批流程，使业务、管理部门各司其职，层层把关。

为了更好地建立健全以预算管理为核心、面向决策支持的财务管理体系，2008年开始在全院内推行涵盖合同管理、采购管理、销售管理、库存管理、存货核算、应收款管理、应付款管理的ERP系统，解决财务业务脱节的问题，实现财务业务的一体化，为业务部门加强经营管理和管理部门监控生产经营状况提供强有力的平台。

2008年继续加强制度建设工作，全年制定、发布各类制度及管理办法18项。进一步健全“三重一大”集体决策制度；通过推行“内部借款管理办法”和“担保管理办法”加大对资金使用的管控力度，提高资金使用效率，并着手开展“资金集中管理系统”的建设工作；通过实行“安全生产管理办法”和“产品质量及标准化管理办法”等一系列制度，提高全院的企业化管理水平。

同时，积极推进审计监督、财务监督和法律监督相结合的内部风险防范体系建设，强化内部监督控制，深入开展经济责任审计和专项审计工作。

【重大项目】 2008年，以科技创新为核心，科研工作成果丰硕，工程业务稳步发展，科技产业保持增长态势，涉外技术服务发展势头良好。

“200m³超大型充气机械搅拌式浮选机”通过技术成果鉴定。具有自主知识产权的200m³超大型浮选机的研制成功，有力地推进我国选矿装备的科技进步，标志着我国已经成为世界上少数几个完全掌握超大型浮选设备关键技术的国家之一，牢固确立我国超大型浮选设备在国际矿物加工领域的地位。

“镍红土矿冶炼集成新技术”已完成小型和半工业试验研究，正处于工业化应用阶段。该技术以国内外镍红土矿为对象，开发多项具有自主知识产权的集成新技术，其核心技术均为自主创新，包括：镍红土矿湿法粗炼组合新工艺和“火法—湿法相结合”的精炼新工艺，该集成技术为世界首创，具有原料适应性强、流程高效简短、精炼过程有价金属回收率高、投资和加工成本低、三废排放少等显著的特点。

星宇惠龙公司以“装药车和配套地面站”为主的

成套技术装备业务继续保持强劲发展势头，传统膏状和粉状乳化炸药技术转让业务的下滑局面初步得到扭转。公司业务拓展转型取得实质性进展，逐渐步入“科研—生产—爆破服务一条龙”的发展新模式，年销售收入同比增长 23.5%。

国家“十五”科技攻关计划课题“大型矿业节水治污技术综合集成研究与工程示范”通过国家科技部组织的验收，总体上达到国际先进水平，并成功应用于德兴铜矿、辽宁有色金属集团公司葫芦岛锌厂等四个水治污工程中，显著改善矿区的生态环境，有效解决行业用水短缺和环境污染的难题，取得显著的环境效益、经济效益和社会效益。

国际工程项目“安赛乐米塔尔（南非）公司 Vanderbijlpark 工厂直接还原铁回转窑扩建 EPC 项目”，已完成主体工程。安赛乐米塔尔集团为全球最大的国际化钢铁企业，2007 年，北京矿冶研究总院在安赛乐米塔尔（南非）公司扩建 EPC 项目竞标中脱颖而出，成为该项目的总承包方，建设范围包括回转窑、冷却器、后燃烧室、沉降室、电除尘器、产品分离和原材料处理系统，在设计、生产、施工、调试、安全管理和质量管理等方面均得到安赛乐米塔尔（南非）公司的肯定和赞扬。该项目的成功，标志着北京矿冶研究总院能够设计承担大规模工业化生产的直接还原铁回转窑系统工程。

【承办矿物大会】 国际矿物加工大会（IMPC）是国际矿冶领域最具影响的学术会议之一，被誉为矿物加工行业的奥林匹克大会。自 2003 年申办成功以来，经过长达 5 年的筹备工作，由中国工程院等六家机构主办、北京矿冶研究总院独家承办的第二十四届国际矿物加工大会于 2008 年 9 月在北京成功举行。来自 45 个国家的 1169 名代表注册参会，56 家国内外展商参展。大会出版 3 卷论文集，收录 591 篇论文。本次大会继承往届 IMPC 的传统模式，同时在论文撰写格式、论文版权转让、设立青年论文奖、组委会层面的国际合作等方面推出一系列新举措，这些新举措都将被今后的 IMPC 沿用。第二十四届矿物加工大会以众多的参会人数、丰富的学术内容、高规格的接待水平以及精彩纷呈的社会活动，堪称 IMPC 历史上规模最大、最成功的会议之一，而大会收录的论文数量更是创历届 IMPC 之最。

【履行社会责任】 认真贯彻落实国资委《关于中央企业履行社会责任的指导意见》，对外坚持依法经营，诚实守信，切实提高产品质量和服务水平，并发挥科技型企业特点，通过科技创新促进相关企业的节能减排、清洁生产和资源循环利用工作；对内坚持以人为本，关心员工发展、维护职工合法权益，积极参与社会公益事业，营造和谐发展的企业文化。

全年共接收应届高校毕业生 85 人，其中博士研究生 5 人，硕士研究生 55 人，是近年来录用人数最多的一年。

全年为 35 名下放回乡人员发放补助；解决残疾人就业 11 人；为南方冰雪灾害、汶川地震灾区累计捐款近 100 万元，捐赠衣被 6000 件。

积极开展节能减排工作，把节能减排纳入到目标考核体系，收到很好的成效。

（撰稿人：刘耀青）

中国国际技术智力合作公司

【基本概况】 中国国际技术智力合作公司（以下简称“中智公司”，英文缩写 CIIC）成立于 1987 年，是中央直属国有重点骨干企业，是国务院国资委系统中惟一一家专业从事人力资源服务的全国性公司，是中国 500 强企业。

中智公司总部设在北京，截至 2008 年底，集团业务系统直属两个业务部门，分公司 4 家，另下属二级子公司 21 家，三级子公司 28 家，三级分公司和代表处共 15 家，在 76 个国家和地区开展业务活动。

自 2003 年起，中智公司在中国外企人力资源服务领域营业规模列居行业前三位，自 2004 年起在全国对外劳务人力资源合作领域营业规模列居第一位。中智公司 1999 年、2000 年度在财政部中央直管企业（集团）效绩评价中连续列第一位，2001 年度列第五位。中智公司 2003 至 2008 年度连续被国资委评价确认为社会服务业优秀企业。自 2005 年起中智公司连续进入中国服务业企业 500 强，在 2006～2009 年连续列技术、智力、人力资源国际合作及其他对外经济合作服务业第一名，2008年中智公司上榜中国企业500强，成为首个入选中国企业500强的人力资源服务业企业。

中智以人力资源整体服务供应商为企业定位，以先进IT技术为手段，以可靠的全国性服务网络为平台，聚合海内外资源优势，已发展成为在新兴智力服务产业具有独特国际竞争优势的全新创业集团，成为国务院国资委系统人力资源的服务平台和管理资源，成为国内外企业客户可信赖的战略合作伙伴。

【主要指标】 经国资委审核确认，中智公司2008年营业收入增长率达34.22%，利税总额增长率达20.81%，经营业绩连续保持二十余年快速增长的良好势头。

【业务发展】 中智公司核心业务为人力资源服务，投资与贸易服务。人力资源服务包括人力资源外包服务、人力资源管理咨询服务和人力资源出国服务三大板块，彼此紧密结合兼容，形成中智公司人力资源服务的整体竞争力。投资与贸易是中智公司成熟的两大业务板块。中智公司投资业务集中在风险投资管理、投资咨询服务、有控制的证券业务等领域，贸易业务集中在国别资源引进、环保、贸易代理等领域。

1. 人力资源外包服务。中智公司切合国际资本在华企业及其机构运用前沿人力资源工作方式的特点，进入人力资源代理服务，通过规模运作逐步发展成为全方位人力资源外包服务。中智公司人力资源外包服务在全国最早实现以15个重要城市为中心、以110个城市为区域的全国性协同服务网络，为1.7万家企业客户（包括世界500强中157个品牌379家公司）的52万名技术管理人员提供多元化人力资源外包服务。公司通过国际权威认证机构“英国劳氏船级社”ISO9001:2000质量认证体系。公司是最早实现全国多城市协同作业流程管理计算机化、人员服务信息查询自动化、客户管理维护系统化、客户终端数据交付互动平台化的公司。公司规模效益领先于全国总行业，2008年底外包规模占行业总数的28.78%，效益占行业总效益的38.17%。

中智公司人力资源外包服务集中于六项：即员工关系管理（用工、退工、合同管理、人事档案管理及劳动纠纷）、薪酬管理（薪酬及所得税计算发放，多种类型薪资福利、财务报表及工资单）、员工招聘（候选人推荐、校园招聘、人才测评、筛选背景调查）、福利管理（社会保险住房公积金、商业保险、团体医疗、企业年金、补充福利）、员工培训（入职培训、职业资格培训、技能培训）、HR系统管理（HR软件定制和维护企业内部管理门户网站）。

2. 人力资源管理咨询服务。中智公司人力资源管理咨询服务集中在测评、在线调查、员工援助、胜任能力、互联网业务、培训、薪酬、激励认同和网络教学九大领域，围绕人事外包、团队能力、组织文化和科学绩效四大管理功能，自主创新人力资源管理咨询竞争力价值公式，推出九系列三十二种产品的产品链，向诸多企业和政府机构（如中国银行、中石油、中钢、国航、中国网通、联想、海尔、广发行、首信、TCL、摩托罗拉、意法半导体、三菱等）提供服务。公司目前拥有二百人的专业咨询团队、十个业务发展中心、一个现代人力资源研究院，具有自主开发系统软件的技术核心能力和经验，已成为国内规模最大、功能最全、团队最强的服务商。公司努力主导人力资源管理咨询领域的创新服务。

中智人力资源管理咨询服务中重大特色是为中央企业提供服务。中智已向中央企业提供多项服务：即中央企业领导班子职位标准建设；中央企业领导班子能力测评与选拔；中央企业高级管理人员领导力模式；中央企业总法律顾问招聘；中央企业人力资源外包；中央企业人力资源咨询；中央企业人才队伍现状调查；中央企业薪酬调查咨询和中央企业培训。

中智承担起国家“企业经营管理人才队伍建设”的重大课题并向中央企业提供了20份研发报告。中智已成为国资委对中央企业的重要服务平台，进一步巩固在中国人力资源高端服务领域的核心地位。

3. 人力资源出国服务。中智公司在全球范围内开展国际人才交流与劳务合作业务，重点发展区域为具备技术智力交流条件的国家和地区，累计派遣各类技术管理人员和劳务人员80000余名。中智公司在保持日本、韩国、新加坡、香港地区、澳门地区等传统劳务市场优势的同时，积极开拓澳大利亚、英国、以色列等新兴市场。中智公司在日本、加拿大、以色列、阿联酋、香港地区、澳门地区等地设有分支机构，在中国的主要城市和地区设有劳务基地。中智公司自2004年起连续五年营业规模列全国对外劳务合作第一位。中智公司建立完善的项目风险评估系统和安全保障系统，获中国质量认证中心(CQC)ISO9001(2000版)质量管理体系认证资质和国际认证联盟(IQNet)国际质量管理体系认证资质。中智在国际留学咨询和出入境咨询业务领域居行业前茅。

4. 投资服务。中智公司以高新技术风险投资和金融资本运作服务为基础搭建投资服务平台，充分发挥专业人才和专业策划优势，积极帮助中国成长型企业进入国际资本市场，在风险投资、引进外资、金融资本运作和创业投资咨询等领域为海内外客户提供各项增值服务。服务范围包括：为创业投资机构提供市场调研、风险决策、谈判代理、价值认定、商业计划书编制、外资进入策略、公司战略设计等投资管理咨询服务；与外国企业合资开展投行企业咨询服务；为各类企业机构的重组、兼并、融合提供专业咨询及代理服务；为中国潜力型项目和企业提供国际融资服务；为中小企业高效获得金融机构贷款提供全过程咨询服务等等。

5. 国际贸易服务。中智公司适应境内外技术和产品贸易服务需求，选择引进位于世界前沿的技术及产品进入中国市场，同时为国内成长型企业的技术和产品进入国际市场提供市场顾问服务和贸易促进服务。中智在国内外开展品牌产品自营、代理业务，产品涵盖机械设备，化工产品，电子产品，工业原料等；开展投标业务，代理国际投标项目，涉及行业包括能源、环保、冶金、建筑、通讯、医疗卫生、广播电视等；开展利用世界银行、亚洲开发银行、日本国际协力银行等国际金融组织及外国政府贷款的贸易项目、国家技术改造项目；提供货物运输、报关报检、海关备案、个人物品进关等外贸相关业务咨询服务，提供全程商贸服务以及其它增值服务。中智公司具有中国银行、中国农业银行、中国招商银行AAA级信誉保证，采用最新国内贸易结算工具(国内信用证)从事采购代理服务。

中智公司努力贯彻国家“走出去”战略，负责阿联酋中国商品(迪拜)分拨中心招商工作，并在加拿大等国运筹开发集招商、管理于一体的国际贸易服务平台，利用全新的经营运作模式和国外市场宽松的贸易投资环境以及优良的基础设施，帮助中国成长型优秀企业及其具有国际竞争力的技术和产品进入国际市场。

【自主创新】 中智公司自主创新优势主要体现在产品服务的智能系统化和领先产业性。信息技术系统的智能化和服务产品的领先性，给传统企业的经营模式与管理带来前所未有的挑战与创新空间，对一个行业和企业的兴盛起着至关重要的作用。中智公司深切体会到信息技术和知识密集型服务紧密联结是现代服务业的主特点。中智产品服务的智能化和领先性集中体现在自身IT系统和产品两方面。

中智公司IT系统的先进性主要体现在人力资源外包服务全流程质量控制操作系统的标准化、智能化、系统性、互动性上，也体现在运用国际最新“SAAS”技术(software as a service)建立的开放式互动服务平台上。中智系统下的智源通、智灵通、智翼通、智翔通、智信通充分体现民族性，而建立的服务平台则大幅减少企业成本，解决中小企业的服务瓶颈，有效提高企业的管理效率。

公司“智源通”潜在客户管理系统对潜在客户进行深入管理，从客户询报价起，自动存储与客户的往来信息，作出客户安排，并进行客户诉求跟踪管理。

公司“智灵通”外包服务ERP管理系统是覆盖外包服务全业务流程的操作系统，于1998年研发成功后即投入使用，期间经历多次修改升级与功能完善。该系统研发智能化模板，细分服务产品，完善自动生成功能，提高系统预警能力，充分体现多年累积的管理理念和优化流程结构。

公司“智翼通”全国委托管理系统是采用SaaS(Software as a Service)软件模式开发的大型系统，用于主营业务全国委托受托项目的管理。该系统已成为全国分支机构间城市间多对多委托、受托的操作平台和受托结算平台。该系统能自动汇总、完整体现大客户委托全数据，体现全流程化、高智能化的特点。

公司“智翔通”客户交付平台系统由公司自主开发并付诸使用。该系统运用数据仓库技术，整合由“智灵通”、“智翼通”系统采集的各类数据，将公司提供外包服务的细节直输企业客户端，是连接公司与企业 HR 管理者之间的平台，能清晰反映公司为客户服务的全过程，实现互动，是全国业内首个客户交付平台。

公司“智信通”客户服务平台与公司 ERP 数据贯通，汇总客户需要数据，通过短信、邮件及时通知公司服务进程，即将被动服务查询转换成主动告知服务结果，连同公司呼叫服务中心与“智翔通”客户交付平台，形成完整系统性。

以上五通构成中智人力资源外包服务 IT 主旋律。

中智产品服务的领先性还表现在人力资源诸多服务产品上。

中智在测评领域研发的招聘助手测评系统和职鉴通、在在线调查领域研发的员工满意度调查系统和个人薪酬查询平台、在胜任能力领域研发的 CMS 胜任能力快速建模应用管理系统平台、在培训领域研发的雇员学习卡管理系统、在薪酬领域研发的在线薪酬数据查询系统、在激励认同领域研发的关爱通平台和在网络教学领域研发 MLEARNING 学习平台均为业内领先的专业应用信息系统和系统分析管理软件。中智人力资源管理咨询系统下的专业研究院和十一个业务发展中心（现代人力资源研究院、人才评荐中心、领导力发展中心、薪酬绩效咨询中心、认可与激励中心、培训中心、职业心理健康中心、软件服务中心、网络教学服务中心、市场调查中心、薪酬调查数据中心、职业技能鉴定考务服务中心）形成人力资源研发和服务的强大基地。

（撰稿人：张玥晗）

中国建筑科学研究院

【基本概况】 中国建筑科学研究院（以下简称“中国建研院”）是全国建筑行业最大的综合性研究和开发机构。全院设有 16 个研究所（分院、中心），科研工作涵盖建筑结构、地基基础、工程抗震、建筑环境与节能、住宅体系及产品、智能化建筑、建筑软件、建筑机械化、建筑防火、施工技术、建筑材料等专业中的 70 个研究领域，拥有 77 个试验室，拥有北京和廊坊 2 个研发基地，正在建设中的建研院通州研发基地是建筑安全与环境国家重点实验室所在地，已建有幕墙实验室、防火实验室、风动实验室和国内最大、最先进的模拟地震振动台实验室。改企转制后，中国建研院面向市场，建立 16 个全资或控股二级公司，形成集科研开发、科技服务、综合设计、规划、勘察、建设工程质量与产品检测、高新技术及产品研发生产、工程承包为一体的多元化发展格局。

建院以来共完成科研成果 2614 项，完成标准规范编制、修订项目 577 项，其中荣获国家发明奖、国家科技进步奖、国家自然科学奖、全国科学大会奖等共 93 项，各类省部级科技进步奖 430 项，获得专利 204 项，为推动我国工程建设标准化、促进建设事业科技进步、加强工程质量管理，以及为我国建设事业的发展做出应有的贡献。

2008 年，中国建研院认真贯彻落实科学发展观，克服汶川特大地震灾害和国际金融危机等诸多不利因素影响，深化改革，科学发展，以推进科学技术进步和创新为己任，经济效益保持平稳增长，综合实力不断提高，顺利完成年初制定的工作目标，实现国有资产保值增值率 111.47%。

【主要指标】 2008 年，中国建研院经济效益总体保持平稳增长。全年新签合同额 37.51 亿元。全年实现主营业务收入 33.64 亿元，同比增长 14.12%。全年利润总额 1.12 亿元，同比增长 22.59%。

国有净利润 7291 万元，同比增长 42.9%。全院资产总额 22.43 亿元，同比增长 11.25%；国有净资产 4.94 亿元，同比增长 21.72%；净资产收益率 15.57%，国有资本保值增值率 111.47%。全院共缴纳各项税金 2.02 亿元。全院科技支出 1.62 亿元，科技投入增长率为 9.61%，技术投入比率为 4.82%。国家拨给院科学事业费 1690 万元。“十一五”国家科技支撑计划课题到账 8530 万元。

中国建筑科学研究院主要经济指标

项　　目	2007 年	2008 年	同比增长(%)
资产总额(万元)	201594	224267	11.25
净资产(万元)	40565	49377	21.72
营业收入(万元)	295348	336805	14.04
利润总额(万元)	9124	11185	22.59
国有净利润(万元)	5102	7291	42.90
科技支出(万元)	14801	16224	9.61
利税总额(万元)	21787	25310	6.17
净资产收益率(%)	13.42	15.57	2.15
总资产报酬率(%)	4.91	5.21	0.30
国有资产保值增值率(%)	114.39	111.47	

【改革发展】 2008 年,中国建研院组织完成控股公司建研科技股份公司、建研抗震工程技术有限公司、建研建材有限公司重组合并工作。

以市场为导向,加快分支机构建立,加大对西南市场和天津环渤海地区的市场开拓力度,扩大市场占有率,分别在天津和成都两地成立天津分院和西南分院。

加强制度管理,出台《自筹基金科研项目管理实施细则(试行)》《标准规范管理办法》《标准规范解释工作实施细则》《优秀专利奖暂行办法》《学术论文奖暂行办法》和《学术著作奖暂行办法》。

以全面贯彻劳动合同法为契机,规范劳动用工,制定颁布贯彻执行劳动合同法实施办法、带薪休假管理办法,编制员工手册,全面完成新劳动合同签订工作。

加强对"十一五"科技支撑课题的过程管理,对院内承担的全部"十一五"项目和课题进展情况进行中期检查和评估。

强化安全生产建设,建立院所两级与生产安全、实验室安全和院区安全分区管理相结合的安全管理体系,开展安全生产应急救援演练,提高安全生产应急救援能力。

在财务监督管理上,规范财务决算报告编制工作,进一步完善经营业绩考核管理,首次与院属单位签订年度经营业绩责任书。

提升信息化水平,组织开展重要信息系统安全等级保护工作,完成局域网等系统的安全建设,并通过公安部审查,获得相关证书。开展信息化水平评价工作。

完成高新技术企业重新认定工作。取得北京市科技研究开发机构认定资格证书。

在"建筑安全与环境国家重点实验室"建设方面,根据我国建设行业的发展需要,加大实验能力和原始创新能力的建设力度,加快实验基地建设和试验设备升级改造进度,2008 年底,风洞试验室已建成并投入试运行。

【科技创新】

1. 科研项目。2008 年全院共承担科研任务 384 项,其中国家和省部级项目 193 项。完成第二批"十一五"国家科技支撑计划课题任务书和预算书的签订工作。协助科技部、建设部、国资委开展"十一五"国家科技支撑项目的论证和课题申报工作。3 项国家自然科学基金项目、3 项科技部科研院所科技开发专项、16 项建设部科技项目、9 项院抗震科研专项、52 项院自筹基金科研项目、3 项院长基金项目被批准立项。

2008 年全院通过验收的科研项目 102 项,其中国家和省部级项目 40 项。《结构抗震混合试验方法研究》《YDQ26X25-7 液压顶升平桥》等项目成果达到国际领先水平;《罕遇地震作用下工程结构动力非线性仿真系统研究》《混凝土耐久性标准化试验及评价方法研究》《带裙房高层建筑桩基设计与沉降计算研究》等成果达到国际先进水平。

在保障2008北京奥运工程的防火安全方面，中国建研院成功地将性能化防火设计的理念和方法，应用于国家体育场、国家游泳中心等大部分新建场馆以及奥运会配套工程的建设中，同时对奥运工程或赛事的火灾风险进行全面综合的分析与评估。奥运会举办期间，派技术人员在鸟巢屋顶主火炬塔附近进行现场测试，随时监控现场温度的变化，确保国家体育场钢结构的防火安全。

2. 标准规范。2008年全院共承担标准规范制修订项目183项，国家标准《公共建筑技术规范》、行业标准《绿色建筑设计规范》等50项标准获准立项。其中，《公共建筑技术规范》是继《住宅建筑规范》之后，中国建研院主编的又一部以功能和性能要求为基础的全文强制标准；《党政机关办公用房节能改造建设标准》是继《科学技术馆建设标准》之后，主编的又一部工程项目建设标准。

中国建研院负责编制的国家标准《洁净室施工及验收规范》、行业标准《混凝土标准养护箱》等50项标准完成报批工作，负责编制的国家标准《工程结构可靠性设计统一标准》、行业标准《镇(乡)村建筑抗震技术规程》等31项标准获准发布。

【重大项目】

1. 技术咨询与服务。建筑环境与节能研究院完成"国家机关十大建筑能耗测评诊断"等节能测评、诊断和改造。

建筑防火研究所完成国家体育场主火炬塔消防性能化设计和奥运工程、赛事等火灾风险评估工作；完成"神州"飞船总装测试厂房防火设计研究。

上海分院完成的上海张江集电港办公中心(公建)和南宁裕丰英伦小区(居建)2个项目获建设部与美国能源基金会评选的"十佳绿色建筑示范项目"称号。

2. 软件与产品研发。建研科技股份有限公司2008版结构软件成功推出，结构建模和分析模型使用性能得到很大提高；节能软件、新版图形平台TCAD功能有了较大改进；施工企业信息化软件取得新成效。

北京建筑机械化研究院"分体式连接套筒"等2项、建筑环境与节能研究院"平推式气密阀"等3项实用新型专利取得授权；北京建筑机械化研究院"SC系列施工升降机"等4项产品获得"河北省自主创新产品"认定证书，列入政府工程采购目录。

3. 规划与设计。建筑设计院与德国gmp公司合作设计的中青旅大厦获"北京市第十三届优秀工程设计二等奖"。中国建筑技术集团有限公司完成新乡市科技馆、青少年活动中心、妇女儿童活动中心综合楼和重庆海悦蓝庭等综合设计项目。建研科技股份有限公司完成成都凯德风尚一期高层住宅隔震设计和兖州市消防指挥中心设计。建研城市规划设计研究院完成四川省什邡市师古镇灾后重建规划。

4. 施工与监理。中国建筑技术集团有限公司承担的北京奥林佳苑小区(5#、6#楼)、301所综合科研楼工程获北京市结构长城杯银奖；四川省出入境检验检疫局综合楼工程获四川省结构优质工程奖。建研凯勃建设工程咨询有限公司监理的广电总局真武庙二条住宅建设工程(1#、2#楼)等14项工程获"长城杯"、"西夏杯"等省级以上优质工程奖。中国建筑技术集团有限公司监理的中国海洋大学崂山校区图书馆工程获"中国建筑工程鲁班奖"。

5. 检测与认证。国家建筑工程质量监督检验中心完成主要奥运场馆的结构质量检测和30余座奥运场馆的声学性能与场地照明检测；完成廊坊大学城一期结构工程检测鉴定、四川中国工程物理研究院抗震性能鉴定、重庆等地近50座桥梁检测与监测、国家博物馆改扩建地基工程检测和冰岛歌剧院幕墙检测。认证中心对6家企业实施工厂检查，给2家企业发放认证证书。

【走向海外】

1. 国际科技交流与合作。2008年，中国建研院负责的科技部国际科技合作项目"真空挖掘系统及无损伤点探技术"进展顺利；与美国能源基金会合作进行绿色建筑设计规范研究；与美国、加拿大、日本等6个国家合作进行亚太清洁发展与气候新伙伴合作计划——建筑节能项目；与参加的第四期JICA项目顺利进行、与日本建筑中心等四家单位共同主办第三届日中建筑住宅技术交流会。承办 2008 SAC/TC196(全国电梯标准化技术委员会)及 CEN/TC10(欧洲电梯标准化技术委员会)第四次技术交流会。

2. 海外市场的开发。2008 年,全院经贸类项目及进出口项目等收入超过 1 亿元人民币,较上年有大幅增长。机械化院特种升降机、钢筋生产线、钢筋连接技术、混凝土输送等设备、产品进入印度、中东、白俄罗斯、越南、美国、朝鲜、俄罗斯等国家和地区。建研科技股份有限公司进一步扩大中东市场,积极开辟越南新市场。中国建筑技术集团有限公司在继续做好援外工程承包和设计监理业务的同时,承接利比亚施工及项目管理,合同面值达 12 亿元人民币。

【履行社会责任】

1. 发挥技术优势,积极参加抗震救灾。汶川地震发生后,中国建研院先后派出专家 80 余名,冒着余震危险,赶赴灾区一线开展应急评估工作。在灾区工作期间,专家组累计完成灾区震后房屋应急评估面积 800 余万平方米。

做好抗震救灾技术支撑工作。提出启动灾区过渡安置房建设准备工作的建议,其中,过渡安置房的采用形式、建设模式等核心内容被国务院"解决受灾群众过渡安置房工作方案"所采纳。完成国家标准《建筑抗震设计规范》《建筑工程抗震设防分类标准》的修订。主编出版《地震灾后建筑修复、加固和重建技术手册》和《2008 年汶川地震建筑震害图片集》。及时研发出"建筑抗震鉴定加固设计软件"和"地震灾区临时建筑设计软件",并向灾区捐赠 100 多套"地震灾区临时建筑设计软件"。

中国建研院抗震救灾工作得到国家部委、当地政府和灾区人民的一致好评。被建设部授予"抗震救灾先进集体"荣誉称号,中国建研院抗震救灾技术专家组被国资委授予"中央企业 2008 年抗震救灾先进集体"荣誉称号,建研科技与建研抗震联合支部被授予"中央企业 2008 年抗震救灾先进基层党组织"荣誉称号,20 余名专家受到国资委、建设部等单位通报表彰。

2. 发挥"国家队"作用,为奥运工程保驾护航。在从奥运场馆开工建设到奥运会落下帷幕的整个过程中,中国建研院充分发挥建设领域"国家队"的技术优势,在建筑结构、地基基础、建筑防火、建筑环境与节能、建筑材料、施工技术以及性能检测等众多领域,为奥运工程做出应有的贡献。

奥运会前期,中国建研院对国家体育场、国家游泳中心等奥运比赛场馆结构工程施工质量进行监督抽查。科学制定检测方案,高质量按期完成累计 48 万平米的主体结构安全性鉴定以及 8 万余个临时看台座位的工程质量和安全性检测。还完成奥运场馆的环境质量、空调系统、声学性能和场地照明检测。完成奥林匹克国家会议中心、国家游泳馆等幕墙检测。开发北京射击馆颁奖仪式国旗升降系统。

(撰稿人:余莎莉)

中国北方机车车辆工业集团公司

【基本概况】 中国北方机车车辆工业集团公司(以下简称"中国北车")是由国务院国有资产监督管理委员会领导和监管的国有大型骨干企业。总部设在北京。

经国务院同意,国务院国资委批准,2008 年 6 月 26 日,中国北车联合大同前进投资有限责任公司、中国诚通控股集团有限责任公司和中国华融资产管理公司发起设立中国北车股份有限公司。

中国北车主营业务范围包括:铁路机车车辆(含动车组)、城市轨道车辆、工程机械、机电设备、电子设备及相关部件产品的研发、设计、制造、维修及服务和相关产品销售、技术服务及设备租赁业务;进出口业务;与以上业务相关的实业投资;资产管理;信息咨询业务。

中国北车作为中国轨道交通装备制造业的领军企业,铁路机车车辆和城市轨道车辆产品占国内市场份额的一半以上,并出口到 40 多个国家和地区。

在铁路机车领域,中国北车拥有四个国际一流的大功率交流传动机车设计制造平台,和谐 2 型、和谐 3 型电力机车大批量投入运营,担当大秦、京沪、京广等重要线路的牵引任务;具有国际领先水平的国内首台国产化和谐3型大功率交流传动内燃机车、自主研制的6轴9600KW大功率交流传动货运电力机车成功下线。

在铁路客车、动车组领域，中国北车拥有两个国际一流的动车组设计制造平台，CRH5动车组批量投入运营，CRH3动车组创造时速394.3公里的“中国铁路第一速”。自主研发的25型系列铁路客车，满足我国铁路客车升级换代和铁路提速的需要。

在铁路货车领域，中国北车持续领跑中国铁路货车技术发展方向，自主设计开发我国铁路80%以上的货车车辆品种。以70吨、80吨级提速重载货车成功运用和时速120公里货车提速改造完成为标志，主导我国铁路货车第三次大的升级换代。

在城轨车辆领域，中国北车率先研制国内各型城轨车辆，产品数量占国产城轨车辆总量的80%，覆盖国内90%以上开通城轨交通的城市，并在海外建立合资企业，实现技术输出。

在工程机械和机电装备领域，中国北车承担铁道部路基处理车、钢轨打磨列车两个国际领先的大型养路机械技术引进项目。同时，依托在柴油机、电机电器等方面形成的核心技术优势，在风力发电、油田、港口、矿山电机、船用柴油机等机电装备领域均确立国内领先地位。

中国北车作为国家创新型企业试点单位，具有强大的研发设计能力。拥有高速列车系统集成国家工程实验室，电力牵引、客车、货车和客车电气四个研发中心，机车和车辆两个专业研究所，四个博士后工作站，六个国家认定的企业技术中心。被国务院国资委授予“科技创新特别奖”。在首批“十一五”国家科技支撑计划重点项目立项中，承担轨道交通运输装备所有自主研发项目。2008年，中国北车及所属企业作为主要完成单位的“青藏铁路工程”项目、“大秦铁路重载运输成套技术与应用”项目分别获得国家科技进步特等奖和一等奖。

【主要指标】 2008年是中国北车积极应对宏观经济形势的变化，以“更快、更高、更强”的追求，采取有力措施，克服重重困难，整体改制取得实质性突破，经营业绩再创历史性新高。全年新造各型内燃机车338台，比上年增加126台，增幅59%；新造各型电力机车311台，比上年增加67台，增幅27%；新造铁路客车564辆，比上年减少160辆，减幅22.1%；生产动车组264辆（33组），比上年增加72辆，增幅为37.5%；新造城轨车辆439辆，比上年增加60辆，增幅15.8%；新造铁路货车22607辆，比上年增加3858辆，增幅20.6%；内燃机车厂修完成548台，比上年增加10台，增幅1.8%；电力机车厂修完成217台，比上年增加64台，增幅41%；修理客车完成1717辆，比上年减少181辆，减幅9.5%；厂修货车完成24497辆，比上年减少843辆，减幅3.3%。根据集团公司合并报表，全年实现营业收入368.9亿元，较上年增幅25.1%；实现主营业务收入331.3亿元，较上年增幅22.4%；实现利润总额139094万元，较上年增幅169.1%；实现归属于母公司所有者的净利润108449万元，较上年增幅108.1%。全面超额完成国资委下达的经营业绩考核指标。

中国北方机车车辆工业集团公司主要指标

项　目	2008年	项　目	2008年
年末从业人员人数(人)	89161	新造机车(台)	649
其中:中国北车股份公司(人)	75905	其中:内燃机车(台)	338
资产总计(万元)	4799192	电力机车(台)	311
固定资产总计(万元)	1665937	新造客车(辆)	564
固定资产净额(万元)	981459	新造动车组(辆)	264
营业收入(万元)	3689066	新造城轨车(辆)	439
主营业务收入(万元)	3312517	新造货车(辆)	22607

续表

项　目	2008 年	项　目	2008 年
利润总额(万元)	139094	修理机车(台)	778
净利润(万元)	122568	其中:内燃机车(台)	559
工业总产值(万元)	3545997	电力机车(台)	219
工业销售产值(万元)	3574921	修理客车(辆)	1717
增加值(万元)	787712	修理货车(辆)	26922
固定资产投资完成额(万元)	287508	其中:段修(辆)	2425
研究开发费用(万元)	68435	钢水(吨)	166848

注:本表为中国北车集团公司合并数据。

【改革发展】 经过一年多的精心筹划和艰苦细致的工作,在国家各有关部委的大力支持下,2008 年 2 月,经国务院同意,国务院国资委批复中国北车重组改制上市整体方案。6 月 26 日,国务院国资委批准设立中国北车股份有限公司,同日,股份公司在国家工商总局正式注册。7 月 1 日正式开始运作;7 月 17 日,举行揭牌仪式暨成立大会。通过公司上下共同努力,首次公开发行 A 股股票并上市的申请和招股说明书于 9 月 26 日上报证监会。建立公司权力机构、决策机构、监督机构与经理层之间权责分明、各司其职、有效制衡、科学决策、协调运作的法人治理结构。公司运营体制和管理机制发生深刻的变革,向建立现代企业制度迈出实质性步伐。

在市场开拓方面,全年中国北车制造的和谐型大功率电力机车共计交付 304 台,市场占有率达到 80.2%。国产化 CRH5 动车组批量投入运营,共计交付 45 列;CRH3 动车组投入小批量运营,并创造时速 394.3 公里“中华第一速”。在铁路机车车辆传统市场招议标中继续保持较高的市场份额。城轨地铁市场,相继取得近 10 个城轨项目订单。为北京奥运会提供的近千辆地铁车辆,运行状态稳定可靠。香港地铁项目的中标,标志着中国北车已具备与世界一流轨道客车制造商同台竞争的实力,对中国城市轨道交通装备制造业来说具有里程碑的意义。相关多元化市场,不断加大柴油机、电机电器以及钢结构等产品市场拓展力度,共签订船用柴油机、发电机组的销售合同 60 台(套),合同额 2.6 亿元;风力发电机、油田电机、挖掘机电机等产品实现销售收入 11 亿元;风电塔筒大型钢结构、环保产品、智能机械等相关产业实现销售收入 5 亿元。国际市场开拓,在巩固传统市场的基础上,不断拓展新兴市场,努力增加自营出口数量,全年成交额首次突破 11 亿美元,实现销售收入 20.4 亿元人民币,再创历史新高。

【技术创新】 以消化吸收再创新和自主创新为主线,在突破核心技术、建立创新体系、构建产品技术平台等方面取得新成效。大功率交流传动电力机车和高速动车组批量投入运营。250km/h 综合检测列车投入使用。国内首台国产化和谐 3 型大功率交流传动内燃机车、自主研制的 6 轴 9600KW 大功率交流传动货运电力机车成功下线。具有国际先进水平的高速动车组、大功率交流传动电力机车、内燃机车等产品技术平台基本形成。路基处理车和钢轨打磨列车两个大型养路机械项目进展顺利。继续加强自主研发力度,形成电力机车网络控制系统、钢轨打磨车网络控制系统的自主创新能力和相关产品配套能力。具有自主知识产权的 200km/h 客运电力机车实现年内落车目标。100%低地板轻轨系统等一批重要项目有序进行。继续领跑货车,完成一大批货车新产品的开发。承担国家科技支撑计划 160～200 高速货车转向架及其配套系列货车研制项目。2008 年,公司及所属企业共获得国家有关部委科技项目支持近 7000 万元。积极组织申报机车电力牵引与控制国家重点实验室。认真抓好以专利为重点的知识产权工作。当年累计申报专利 805 项,与上年同比增长 220%;其中发明专利 151 项,与上年同比增长 236%。截至 2008 年底,公司共有专利 1459 项,其中发明专利 238 项。

【战略管控】 为适应股份制改革,推进战略目标的实现,对公司组织架构进行调整,进一步明确公司总部"战略管控"的定位。建立健全一系列基本管理制度和内控制度。强化目标牵引,提出"三步走"的发展战略。围绕战略导向,编制公司中长期发展规划,研究确定公司募集资金的投资项目。紧紧抓住国家扩大内需应对国际金融危机的有利机遇,依托地域和产业优势,相继与长春、大连、太原、西安、济南市等地方政府签署战略合作框架协议,为公司进一步实施产业、产品结构调整,优化资源配置,加快轨道交通装备及相关多元化产业发展创造良好环境和有利条件。坚持战略管理与效绩管理相结合,根据公司上市和发展需要,对效绩指标进行适时调增。坚持目标管理与过程控制相结合,持续抓好重点效绩指标的动态监控与考核。坚持效绩考核与持续改进相结合,在按月考核通报的基础上,更加重视和加强月度运营情况的分析。结合月度绩效考核,对完不成指标的企业领导人员给予警示、通报批评或诫勉谈话。根据运营中发现的问题,以财务系统为主导组成工作组,以纪委监察、审计系统为主导组成督导组,迅速启动"四清两降"工作(清理高额贷款和高额存款并存,清理应收款项过高,清理存货过高,清理不良长期投资;降低产品成本,降低期间费用),并取得阶段性成效。加强和规范用工管理,劳动效率不断提高。强化工资总量调控,完善分配机制,工资发放在符合两低于原则下实现适度增长。

根据新的管控模式和整合发展的需要,股份公司成立后,新设八个事业部。按照"明确目标,分步实施;积极探索,稳步推进;逐步授权,规范运作"的原则,事业部各项建设工作有序推进。按照精干原则,明确各事业部日常工作负责人和综合管理部门负责人,做好与股份公司总部和成员企业的业务对接。积极组织开展以事业部为单元的月度运营情况分析。积极研究探索事业部内业务整合与资源重组,事业部建设起到积极的带动作用。机车与动力事业部,通过业务联合,扩大产能,不断提高市场占有率。轨道客车事业部,团队合力明显提升。货车车辆事业部,齐心协力开拓市场,规避内部竞争,着力资源共享,有效降低企业间的技术转移壁垒。机电产品事业部,注重内部资源整合,产业结构调整步伐明显加快。工程机械事业部不等不靠、主动出击,成绩突出。海外事业部面对全球金融危机的冲击和国际市场的严峻形势,信心不减,出口签约再创新高。物流事业部经营规模逐年翻番。研究院积极进取,各项工作卓有成效。

【信息化建设】 国际一流的数据中心在总部投入使用,广域数据专网覆盖整个集团,信息标准化体系初步构建,为全面推进全集团资源共享奠定基础;办公自动化系统全面升级,提供高效协同的办公平台;IP电话及视频会议系统全面开通,促进办公效率的进一步提升;新版网站于股份公司挂牌之日正式开通,有效加强中国北车的整体意识;企业资源计划(ERP)项目实施,助推客车业务板块形成合力,整合运作效果明显;货车业务板块企业资源计划(ERP)项目按总体规划启动,为货车持续领跑增加新的优势。在国资委145家中央企业信息化水平评价中排名第24位,机械行业排名第一,被评为B级企业。信息化建设逐步从各企业分散建设、孤立应用阶段向整个集团集中统一建设方向转变,信息化建设的支持服务作用进一步增强。

【履行社会责任】 认真贯彻落实国务院国资委《关于中央企业履行社会责任的指导意见》,注重资源节约,推进节能减排,加大环保投入,实施清洁生产,建设环境友好型企业。积极响应党和国家号召,主动参与抢险救灾、扶贫捐助等社会公益事业。切实做好定点帮扶工作,公司被国务院授予全国定点扶贫开发工作先进集体荣誉称号。面对汶川特大地震等自然灾害,中国北车及所属各企业以实际行动支援灾区建设,受到国资委和有关省市的表彰。全集团党员共缴纳特殊党费441万元。公司总部和各企业共捐款1000多万元。积极参与奥运服务,中国北车奥运志愿者集体被评为"奥运金牌志愿团队"。同时,各企业按照构建和谐企业、促进社会和谐的总体要求,认真落实党中央、国务院国资委以及集团公司关于维护稳定的一系列工作要求,切实做好维护稳定工作。特别是在北京奥运会期间,各级组织认真落实应急预案和值班制度,做到信息畅通,反应迅速,处置妥善有力,保持和谐稳定的良好局面。

(撰稿人:陈建强)

中国南车股份有限公司

【基本概况】 中国南车股份有限公司(以下简称“中国南车”,英文简称缩写CSR),是经国务院国有资产监督管理委员会批准,由中国南车集团公司联合北京铁工经贸公司共同发起设立,设立时总股本70亿股。成立于2007年12月28日,2008年8月实现A+H股上市,现有16家全资及控股子公司,分布在全国10个省市,员工8万余人。

中国南车主要从事铁路机车、客车、货车、动车组、城轨地铁车辆及重要零部件的研发、制造、销售、修理、租赁,和轨道交通装备专有技术延伸产业,以及相关技术服务,信息咨询,实业投资与管理,进出口等业务。

中国南车具备铁路机车、客车、货车、动车组、城轨地铁车辆及相关零部件自主开发、规模制造、规范服务的完整体系。拥有中国最大的电力机车研发制造基地,全球技术领先的高速动车组研发制造基地,行业领先的大功率内燃机车及柴油机研发制造基地,国内高档客车研制的领先企业,全球领先的铁路货车研发制造基地,三家城轨车辆国产化定点企业,以2008年新签合同总额计,中国南车是中国最大的城轨地铁车辆制造商。同时,中国南车利用轨道交通装备专有技术,积极开发并成功扩展延伸产品市场,包括电动汽车、风力发电设备、汽车配件、船用曲轴和柴油机、大功率半导体元件、工程机械等。

中国南车还拥有变流技术国家工程技术研究中心、国家高速动车组工程实验室和5家国家认定技术中心、4个博士后工作站,并在美国成立我国轨道交通装备制造行业第一个海外工业电力电子研发中心。公司的技术研发和制造水平已达到或接近世界同行业先进水平,主要产品向着“先进、成熟、经济、适用、可靠”的技术目标不断迈进,不仅服务于中国轨道交通运输的需要,而且实现批量出口。

【主要指标】 2008年中国南车及所属各单位认真贯彻落实“新南车、新发展”战略,围绕改制上市这条主线,克服年初冰冻灾害和5·12特大地震灾害等困难,生产经营整体运行良好,收入稳步增长,经营效益同比大幅提高。全年中国南车实现营业收入380亿元,同比增长16.21%。其中南车股份全年实现营业收入357.68亿元,同比增长30.54%;净利润13.84亿元,净资产收益率8.62%。各项指标均将创历史最好水平,全年可超额完成国资委经营业绩考核指标和董事会制定的目标,赢得上市开门红。

【改革发展】 面对国内外资本市场持续低迷,在国资委、证监会和相关部委支持下,中国南车迎难而上,攻坚破难在金融危机到来前,成功实现“A+H”上市。8月18日、21日中国南车A股、H股分别在上交所、香港联交所成功上市,募集到发展资金103亿元人民币,为更好地适应市场变化,满足用户需求,推进自主创新创造了有利条件。上市以来,中国南车品牌得到资本市场和投资者的充分认可,股价表现良好,在国内外的品牌形象和市场地位得到显著提升。产权制度改革的重大突破,标志着中国南车建立境内外两个融资平台,成为一个活跃在国内和国际两个资本市场上的公众性公司,为更好地服务铁路建设,成长为世界轨道交通装备业前三强奠定坚实基础。

基础管理持续提升。全面启动精益生产,8家试点单位取得较好成效,部分非试点单位也加入启动行列或编制完成实施规划。杜绝浪费、改善品质的理念深入人心,贴近客户、善待员工、低成本、零缺陷的精益制造文化初步形成。加强预算管理,完善预算管理体系。切实加强应收账款管理,定期分析跟踪,加大货款回笼力度。强化资金集中管理,降低资金成本。利用集团采购优势,加大大宗物资集采力度,有效降低采购成本。狠抓审计监察工作,取得较好成效。导入风险管理理念,初步建立全面风险管理体系,推动风险管理流程正常运转。加强安全管理体系和队伍建设,全面落实安全生产管理责任,基本实现安全管理目标。突出加强应急管理工作,紧张高效、有条不紊地开展自然灾害应急抢险和灾后重建工作,取得显著效果。加强节能减排和环保工作,各一级子公司全部通过ISO14001环境管理体系认证,长江公司株洲分公司获得国家“环境友好型企业”称号。加强企业信息化建设，积极推广ERP建设。完善质量管理制度建设，开展质量审核，全面提升产品质量和服务水平。按照铁道部要求，组织各单位深入开展产品质量安全大反思、大检查、大整改活动，积极查改产品质量隐患，确保铁路运输安全可靠和奥运期间的和谐稳定。

内部改革方面。探索建立适合上市公司要求的管理体制，完善管控模式，初步搭建母子公司管理体系。结合新南车对一级子公司领导班子的新要求，建立多层面、重业绩的考核新体系。大力加强干部考评和交流工作，加强对关键重要岗位人员的管理，建立后备人才库，有效激活干部任用机制。重视人才引进和培养工作，初步构建具有新南车特色的教育培训体系，开展中国南车首届技能专家和技术能手评选，不断加大对技术人才的培养、使用和激励力度。全面推进薪酬预算管理，指导所属企业进行内部分配制度创新。贯彻落实《劳动合同法》及实施条例，积极推进和完善劳动用工管理。启动人力资源信息化建设，促进人力资源管理水平不断提升。积极推进并基本完成主辅分离改制分流和移交企业办社会职能工作，其中资阳公司和眉山公司公安系统移交工作取得突破。加强存续资产管理，有序开展存续资产处置，突出主业优良资产。

在市场营销方面。积极研究和应对市场变化，公司把国铁市场作为中国南车最主要的市场，精心培育和满足用户需求，产品市场竞争能力不断提升。进一步加大路外市场开拓和协调力度，避免无序竞争，提升盈利空间，取得较好成效。资阳公司经过艰苦努力，依托市场，走出一条机车、发动机和曲轴等产品新的发展之路。加快城轨地铁市场发展，年内分别中标上海、南京、杭州、武汉、广州等地城轨车辆项目，国内市场占有率超过65%。

海外市场成绩突出，株机公司和资阳公司连续签订出口中亚机车合同。浦镇公司签订印度孟买地铁合同，实现中国南车地铁整车出口"零突破"。自营项目取得突破，分别中标沙特货车和突尼斯内燃动车组并首次申请到中国政府优惠贷款，中国南车品牌在国际市场上影响不断扩大。

【重大创新】 在技术创新方面，加快国家工程实验室和国家认定技术中心建设步伐，承担科技部与铁道部"中国高速列车自主创新联合行动计划"相关项目，积极构建中国南车三级试验验证体系和协同仿真设计平台，持续推进"三大技术平台"建设。进一步加强标准化工作和科技项目管理，确定88项科技研发项目，不断夯实技术基础。加强知识产权保护，截至年底共申请专利582项，获得授权专利382项。进一步落实引进技术国产化工作，加快新产品研制。9600千瓦八轴大功率电力机车在大秦线运营良好，自主设计的六轴大功率交流传动电力机车实现首台机车总组装。具有世界一流水平的首台6000马力大功率交流传动内燃机车顺利下线，7200千瓦六轴大功率电力机车初步设计方案已确定。京津线高速动车组、长大编组座车、卧车动车组已投入运营，京沪线新一代高速动车组已基本完成方案设计，中国南车高速动车组逐步形成系列化产品。京八线NDJ3型"和谐长城号"准高速内燃动车组在奥运期间投入使用，中外游客将动车牵引的八达岭观光列车称为国内"顶级观光专列"，不仅满足奥运期间国内外游客游览八达岭长城及北京西北部景区需求，也为京西地区构建一条连接北京中心城区的快捷通道，受到广泛称赞。在铁道部指导下技术引进消化吸收再创新取得的的阶段性重大成果，国内首列自主设计、自主集成、具有自主知识产权的A型铝合金地铁车辆下线，标志着中国南车城轨地铁车辆自主创新取得突破性进展。

【重大项目】 在产业结构调整与重组整合方面，根据中国南车发展战略和业务整合规划，继续深化产品结构调整工作。有序推进中南—华东地区五厂货车业务重组整合工作，新建的长江公司武汉分部已投产运营。加快推进电力机车整合项目，资阳南车电力机车有限公司正式运营。齿轮传动系统产业整合取得阶段性成果。推进部分机车修理企业业务整合，新的南车洛阳机车有限公司挂牌运行。

在投资改造与产品制造方成，围绕南车战略和产能提升，在动车组车体生产线、大功率电力、内燃机车、机车车辆重大零部件等方面进行密集型投资改造，同时对城轨地铁车辆、专有技术延伸产品等项目也做了专项投资。投资总额在500万元以上的新开工重点项目54个（含募投项目17个），均为满足市场订单和用户需求的项目，将极大提升中国南车的核心竞争力。

专有技术延伸产业快速发展。根据"新南车、新发展"战略部署，积极发挥科技型企业优势，大力发展轨道交通装备专有技术延伸产品，形成一批具有一定规模的新产业。风力发电机组、电动汽车、曲轴、船用发动机、汽车零部件、工程机械等经营规模逐步扩大，隧道掘进机项目取得市场突破，混合动力公交车获得国内批量采购合同。发展专有技术延伸产业，为中国南车带来新的经济增长点，有助于实现主业产品的有序扩张和快速突破。

【履行社会责任】 积极履行社会责任，认真做好广西壮族自治区那坡、靖西两县定点扶贫工作。直面雨雪冰冻、汶川地震等自然灾害，组织员工爱心捐款，上交特殊党费，支援灾区重建。共青团、各协会、老干部工作等都有新进展。

（撰稿人：周秀梅）

中国铁路通信信号集团公司

【基本概况】 2008 年，中国铁路通信信号集团公司(英文缩写：CRSC，以下简称"中国通号")立足铁路、城市轨道交通领域，坚持自主创新，全面参与大规模客运专线/高速铁路建设，相继承担京津、合武、武广、温福、甬台温、广深港等客运专线的四电系统集成项目，并抓住国内城轨交通基础设施大规模建设的机遇，先后承揽北京、天津、上海、广州、深圳、长春、重庆、武汉等 18 个城市的地铁轻轨通信信号项目。与此同时，中国通号的产品和技术还广泛应用于亚、非等十多个国家和地区，在伊朗德黑兰地铁一、二、四号线、北延伸线项目中承担全部通信信号和电力控制系统的交钥匙工程；完成坦赞铁路、尼日利亚铁路修复工程；ZDJ9 转辙机在巴基斯坦铁路建设中得到成功推广，开拓乌兹别克斯坦铁路通信信号工程、安哥拉和埃塞俄比亚通信项目，带动集团产品和器材的批量出口。

截至 2008 年末，中国通号由集团母公司和 16 家二级全资企业、3 家二级控股企业、2 家二级参股企业组成。中国通号设有海外、工程、通信信息、基础设备 4 个事业部、1 个客运专线项目管理中心和北京、天津、济南、广州 4 个工程分公司、1 个城市轨道交通分公司，以及 11 个职能管理部门。三级控股公司 27 家，另在伊朗德黑兰设有一个办事处。

2008 年，对中国通号总部管理职能进行调整和规范。原城市轨道交通事业部注册成立城市轨道交通分公司，产权管理部与法律事务部合并为法律事务部。明确了客运专线项目管理中心主要职责、内设机构和岗位编制。

截至 2008 年末，中国通号及其全资企业均为按《企业法》注册的非公司制企业，实行厂长(经理)负责制。重大问题决策由总经理办公会或厂长(经理)办公会集体做出决议，并按决策权限和相关规定报请中国通号或国资委审批后执行；国资委国有企业监事会、企业内部审计监察机构和职工代表大会履行相应的监督职责。

卡斯柯信号公司、上海工程有限公司等几家控股、参股企业分别按照《中外合资经营企业法》或《公司法》注册成立，设有股东会、董事会、监事会等公司治理结构。中国通号通过委派董事、监事履行国有资产监管职能。

2008 年末集团国有权益 253936 万元，比年初 214699 万元增加 39237 万元。其中，因当年经营收益增加国有权益 40995 万元，因财政部拨付科技创新资金增加国有权益 1200 万元，因资产评估增加国有权益 410 万元，因接受无偿划入增加国有权益 490 万元，其他原因增加 23 万元；因主辅分离核减国有权益 265 万元，因上交国有资本收益减少国有权益 1618 万元，因股票公允价值变动减少国有权益 2000 万元。2008 年度国有资产保值增值率为 119.09%。

【主要指标】 2008 年，中国通号紧紧抓住铁路铁跨越式发展和城市轨道交通加快建设的良好机遇，以系统技术带动集团快速健康发展，实现主营业务收入 60.6 亿元，首次突破 60 亿元大关，创集团历史新高。完成年度预算目标 52.9 亿元的 114.4%，同口径比上年 47.2 亿元增长 28.4%。从 2004 年至 2008 年度，主营业务收入年平均递增 22.3%。

2008 年，中国通号实现利润总额 56703 万元，比上年同期50786万元增长11.7%。2008年实现利润总额占预算利润总额42692万元的132.8%,从2004年到2008年度,中国通号利润总额年均递增46.7%。

中国铁路通信信号集团公司主要经济指标

项　　目	2007年	2008年	同比增长(%)
资产总额(亿元)	60.01	72.02	20.01
净资产(亿元)	21.47	25.39	18.28
营业收入(亿元)	48.80	62.14	27.32
利润总额(亿元)	5.08	5.67	11.65
技术开发投入(亿元)	2.22	3.09	38.90
利税总额(亿元)	8.02	9.02	12.48
全员劳动生产率(万元/人·年)	8.60	10.53	22.44
净资产收益率(%)	18.19	17.79	−0.40
总资产报酬率(%)	10.35	9.45	−0.90
国有资本保值增值率(%)	119.64	119.09	−0.55

【改革发展】 2008年,中国通号启动整体改制上市工作,围绕"加快推进整体改制上市"重点工作,按要求展开尽职调查和评估工作,在清理三级企业、清晰管理线条,理顺出资关系、完善资产权属等方面取得明显的成效;在重要子企业产权多元化改制上,也探索有益的经验。

根据国家有关监管部门对央企整体改制政策的调整,中国通号将原计划的"整体改制上市"调整为"整体改制、再择机上市"。

成立资产管理公司,对不纳入股份公司的股权及资产进行划转,并已完成其中部分公司的股权挂牌出让、清理关闭。根据国家有关监管部门对央企整体改制政策的调整,集团将原计划进行调整,并正在研究确定下一步工作策略和方法。

在重要子企业产权多元化改制上,取得有益的成果和经验。经过两年多的不懈努力,通过国有产权挂牌转让、引进外部战略投资者,于2008年2月完成上海工程有限公司工商注册登记,整体改制成为多元投资主体的有限责任公司,中国通号终于迈出重要子企业公司制改制的第一步。实现对重要合资企业的实际控股,搭建内部业务发展平台,谋划实施海外设立合资企业,各项工作都有进展并仍在继续努力实施。

所属天水铁路信号厂政策性关闭破产项目取得重要进展,制订工作推进计划,正式启动破产前期准备工作。关闭破产企业职代会已通过安置方案,完成地方政府的会审和审查。

进一步建立和完善企业领导人员管理制度,制定改制企业领导人员选拔任用管理细则、所属企业领导人员薪酬管理办法、修订下发所属各企业副总工等职务任免备案管理暂行规定、制定加强登记备案人员因私事出国(境)管理文件。

2008年,中国通号进一步加强高技能人才队伍建设,经劳动和社会保障部批准,组织专家开发"通信工、信号工、信号组调、信号钳工"四个特有职业国家职业标准。加强高技能人才培养,中国通号被人力资源和社会保障部确认为企业技能人才评价试点企业,北京铁路信号工厂被人力资源和社会保障部认定为"国家高技能人才培养示范基地"。

【重大项目】

1. 2008年,中国通号沈阳铁路信号工厂实施"电子产品生产设备及环境改造项目"。项目总投资1221.2万元。项目完成后新增电子产品生产加工能力3倍以上。

2. 2008年,中国通号天津铁路信号工厂为满足铁路及客运专线建设对外锁闭装置、ZDJ9转辙机等产品的更高标准和要求，优化企业产品结构，提高企业生产加工能力，实施“外锁闭装置ZDJ9转辙机底壳加工设备技术改造项目”。该项目至2008年底完成投资984.2万元。

3. 2008年，中国通号。在铁路、地铁、轻轨、海外等领域的许多重点工程项目中取得突出成果，承担一些具有划时代意义和重要战略影响作用的建设项目。其中：

承担中国第一条时速350公里高速铁路——北京至天津城际线通信信号专业系统集成建设项目，于2008年8月1日成功开通，保证2008年奥运以来的安全运营。

参与设备器材提供和施工技术服务的时速250公里合肥至南京客运专线建设项目，于2008年4月18日顺利开通。

承担合肥至武汉客运专线建设系统集成工程项目，于2008年12月31日如期交付用户，投入正常运营。

承担迄今为止在我国建设里程最长、技术等级最高的时速350公里武汉至广州客运专线系统集成建设项目，于2008年11月15日成功完成武汉综合试验段通信信号工程。

相继中标并组织开工实施温州至福州、宁波至温州、广州至珠海、广州至深圳至香港等客运专线的系统集成工程项目。

4. 2008年，中国通号的主要产品拓展取得较大突破，如视频监控系统、融雪装置、ZD(J)9转辙设备等在北京至天津城际、温州至福州、宁波至温州客运专线上得到推广应用。地铁轻轨项目主要集中在北京2、4、5号线，上海2、5、6、7、9、10号线，天津1号线，大连3号线，南京1号线，成都1号线，武汉1号线等部分设计、施工、运营维护以及设备供应。海外业务逐年增长，其营业收入占集团总收入比例从2006年的1%上升到2008年的4%。

5.“城市轨道交通列车自动驾驶ATO系统设备研制”项目，完成具有自主知识产权的ATO系统的研发，该系统已开始在长春轻轨进行现场试验。

6.“客运专线与高速铁路综合视频监控系统”项目，在先后完成青藏铁路视频监控系统、铁路编组站货运监控系统、京津城际视频监控系统的基础上，新的综合视频监控系统正在合武客运专线上安装。中国通号在视频监控方面的拥挤分析、数字水印、列车车厢分割与合成、重大路基桥梁变化侦测等方面的技术研发取得突破性进展，处在国内领先的地位。

7. 2008年，启动3个产品的安全评估，“基于庞巴迪的C2车载”、“临时限速服务器”“城市轨道交通基于DS6-60的区控中心”，在2009年通过安全评估，使集团在产品安全认证或评估方面的工作有了实质性的发展。

在铁路信号基础设备领域，中国通号在国产客运专线道岔转换系统的设计、高速铁路道岔转换系统的研究、京津城际铁路和武广客专道岔配合试验研究、客运专线道岔动力试验测试、新型轨枕式转辙机、道岔融雪系统、ZD9系列转辙机性能优化等项目，都取得很大的进展。

【重大创新】 2008年，中国通号加大对产品的研究开发和推广应用，众多项目取得成绩。客运专线列控地面子系统、国产化应答器设备、分散自律调度集中系统、ZPW-2000A微机监测及辅助维修系统、城市轨道交通列车自动驾驶ATO系统设备、客运专线与高速铁路综合视频监控系统、电务管理信息系统、ZD(J)9型电动转辙机、道岔融雪系统、新型铁路信号室内箱柜、模块化集装箱式信号机械室、新型轨枕式转辙机、新型密贴检查器、解决站内轨道电路分路不良项目、ZPW-2000A设备电磁兼容改进设计项目、雷电防护试验站设备升级及车站信号系统防雷等一批项目都取得成果，为集团在客运专线、铁路提速、城轨交通的通信信号系统方面提供配套设备或器材。

2008年，中国通号获得铁道科学技术奖特等奖2个、一等奖2个、二等奖2个；1人获詹天佑青年奖、3人获茅以升铁道工程师奖、2人获政府特殊津贴。

2008年，中国通号与北京交通大学、中国铁道科学研究院三方共同出资设立“北京轨道交通运行控制系统国家工程研究中心有限公司”，公司注册资本1000万元，中国通号出资300万元，占股30%。三方将以国家工程研究中心为平台开展轨道交通运行控制系统关键和共性技术研究，增强我国在轨道交通运行控制系统方面的自主创新能力。

2008年,中国通号与北京交通大学、铁道科学研究院联合参加筹建的国家工程研究中心的工作进入实施阶段。

2008年2月26日,国家科技部、铁道部决定通过高速铁路核心技术体系的自主创新,支撑《中长期铁路网规划》的全面实现、满足我国铁路科学发展的重大战略需求,共同签署《中国高速列车自主创新联合行动计划合作协议》。12月25日,《中国高速列车自主创新联合行动计划》——"中国高速列车关键技术研究及装备研制"可行性研究通过国家科技部和铁道部联合组织的审查。

【走向海外】 2008年,中国通号继续推进设立境外合资公司工作,与伊朗德黑兰城交地铁公司达成框架协议。

2008年,中国通号海外业务有较大提升,全年共完成对外营业收入3026万美元,占集团年度营业收入的3.24%,较上年提高112%。全年新签海外业务合同5301万美元,较上年提高58%。

2008年实施的承包工程项目有德黑兰地铁4号线项目、乌兹别克斯坦铁路通信信号改造项目、安哥拉通信光缆项目、埃塞俄比亚ETC传输工程、安哥拉铁路通信信号重建工程项目。

在产品销售方面,分别向韩国、美国、印度等国家出销相关产品,特别是焦作电缆厂在印度获得大量射频电缆出口合同。

初步建立对外产品销售技术体系,构建适用于地铁、大铁不同技术等级的系统及其他基础产品。ZDJ9型转辙机已在伊朗推广使用。集团自主研发的地铁ATP系统拟在伊朗德黑兰地铁四号线进行试验。适用于轻轨的车载ATP已获得项目合同,进入实施阶段。

2008年,中国通号分别通过中国机电产品进出口商会和中国对外承包工程商会组织进行的企业信用等级评价,获得AAA级证书,使中国通号资质更加完善。

【履行社会责任】 2008年,中国通号作为关系国家铁路、城市轨道交通运输安全的国有企业,大力弘扬"励精图治产业报国"的企业精神,积极履行社会责任,努力打造中国在轨道交通领域信息和自动控制产业,系统集成及配套能力最强的企业集团。

1.坚持依法经营诚实守信,牢固树立"诚信 共赢"的经营理念,模范遵守法律法规和社会公德、商业道德以及行业规则。集团及各企业均能及时足额纳税,维护投资者和债权人权益。忠实履行合同,恪守商业信用。连续多年荣获信用等级AAA级企业;"重合同守信誉"企业;"全国用户满意企业"。

2.切实提高产品质量和服务水平。实现"产品质量零缺陷"、"现场运行设备零故障"的要求,强化全员质量意识,建立和贯彻质量、环境、职业健康安全管理体系,完善服务体系,不断改进产品性能,提高产品可靠性,为铁路、轨道交通安全运输提供优质产品和服务。

3.加强资源节约和环境保护。认真落实节能减排责任,带头完成节能减排任务;提高各类资源综合利用效率;增加环保投入,改进工艺流程,降低污染物排放,实施清洁生产。全集团大部分企业均已获得当地不同层次的"花园式企业"和"绿化先进单位"称号。总部被北京市政府和首都绿化委员会授予"首都绿化美化花园式单位"。

4.保障生产安全。严格落实安全生产责任制,加大安全生产投入,严防重、特大安全事故发生。建立健全应急管理体系,为职工提供安全、健康、卫生的工作条件和生活环境,保障职工职业健康,预防和减少职业病和其他疾病对职工的危害。近年来没有发生重大人身伤亡事、重大设备事故和一般设备事故;产品达到了国家法律法规和铁路规则规定的安全标准。

5.参与社会公益事业。积极承担和热心参与扶贫、助困、捐助等社会公益事业。在汶川大地震发生后,工厂连夜生产铁路电务设备,组成抢险救灾小组协助铁路运营部门调试安装。正在成都施工的上海公司五分公司主动加入救灾志愿者行列,表现十分突出,被全国总工会授予"全国抗震救灾,重建家园,工人先锋号"。集团及所属企业捐款捐物722.23万元。党员自愿交纳"特殊党费"105.24万元。

【应对金融危机】 面对金融危机所带来不确定因素增多的情况,中国通号要求所属企业对自身资金承受能力做出合理预判,在对现金流量、债务规模和效益水平影响进行充分预估基础上，以装备技术进步引领企业发展、杜绝低水平重复投资、严格控制非生产性投资支出为原则，安排全年投资活动。积极推广应用新工艺、新方法、新技术、新产品和新能源，降低能耗，节约开支。并加强对投资项目实施全过程监控，尤其加强项目前期评估和后期评价工作，提高项目评估论证水平，降低投资项目实施风险。加大项目执行力度，及时回收各种款项，规避汇率风险，在金融危机中没有造成损失。

（撰稿人：马立军）

中国铁路工程总公司

【基本概况】 中国铁路工程总公司（以下简称"总公司"）是集勘察设计、施工安装、房地产开发、工业制造、科研咨询、工程监理、资本经营、金融信托、资源开发和外经外贸于一体的多功能、特大型企业集团，总部设在北京。总公司具有国家建设部批准的铁路工程施工总承包特级资质、公路工程施工总承包一级资质、市政公用工程施工总承包一级资质以及桥梁工程、隧道工程、公路路基工程专业承包一级资质，城市轨道交通工程专业承包资质，拥有中华人民共和国对外经济合作经营资格证书和进出口企业资格证书。2007 年 9 月 12 日，经国务院同意，国务院国资委批准，总公司独家发起设立中国中铁股份有限公司，并于 2007 年 12 月 3 日和 12 月 7 日，分别在上海证券交易所和香港联合交易所挂牌上市。截至 2008 年末，全公司实有职工 267188 人，其中干部 131447 人，占总数 49.2%；工人 135741 人，占 50.8%。有专业技术人员 121050 人，其中中国工程院院士 3 人，国家勘测设计大师 8 人，国家突出贡献专家 6 人，享受国务院特贴 243 人，教授级高工 569 人，高级技术职称 10524 人。

总公司整体上市后，主要从事股权管理、非上市单位和存续资产管理。中国中铁股份有限公司是总公司经营业务的运营主体，拥有 43 家下属子公司和分公司、项目机构，主要有中铁一局、二局、三局、四局、五局、六局、七局、八局、九局、十局和中铁大桥局、电气化局及隧道、建工集团有限公司等 15 家特大型施工企业；中铁二院和中铁工程设计咨询集团、中铁大桥勘测设计院有限公司等 3 家大型、特大型勘察设计企业；中铁西北、西南科学研究院有限公司 2 家大型科技研开企业；中铁山桥集团有限公司、宝桥股份有限公司、中铁科工集团有限公司等 3 家大型工业制造企业；中国海外工程有限公司、中铁国际经济合作有限公司等 2 家国际业务公司，中铁置业有限责任公司、中铁信托投资有限公司和公路、矿业等 10 余家子（分）公司。全系统的工程项目遍布除台湾省外的全国各省、直辖市和自治区，并在 60 多个国家和地区设有办事处、代表处、公司和项目部等境外机构 72 个。中铁宏达资产管理中心为总公司成立的具有法人资格的全民所有制企业，负责管理学校、医院、主辅分离资产等未进入上市范围的机构和资产。

【主要指标】 2008 年是总公司发起设立中国中铁股份有限公司并在境内外成功上市后的起步之年，生产经营又实现新的跨越。年内总公司共实现营业收入 2359.52 亿元，同比增长 27.82%。建筑业分类别完成情况为：基建建设板块 2082.7 亿元，其中铁路 1009.29 亿元，公路 416.57 亿元，市政 46.5 亿元，勘查、设计及咨询服务板块 46.52 亿元，工程设备和零部件制造板块 61.95 亿元，房地产开发板块 39.34 亿元，其他 129.01 亿元。中国中铁股份有限完成营业收入 2346.19 亿元，同比增长 27.4%，完成新签合同额 4284.5 亿元，同比增长 72.42%。

中国铁路工程总公司主要经济指标

项　　目	2007 年	2008 年	同比增长(%)
资产总额(亿元)	2182.35	2549.73	16.83
净资产(亿元)	609.09	625.78	2.74

续表

项　　目	2007 年	2008 年	同比增长(%)
营业收入(亿元)	1845.98	2359.52	27.82
利润总额(亿元)	42.90	18.59	—56.68
技术开发投入(亿元)	8.60	17.45	102.91
利税总额(亿元)	97.00	92.72	—4.41
全员劳动生产率(万元/人·年)	6.81	9.04	32.75
净资产收益率(%)	6.30	2.18	—65.40
总资产报酬率(%)	2.99	0.79	—73.58
国有资产保值增值率(%)	484.44	101.05	—79.14

【改革发展】　总公司作为中央企业董事会试点单位,2008 年,随着整体重组并改制上市,不断完善制度,通过严格程序、狠抓规范,实现董事会运行有序、决策科学,试点工作进一步深化,公司治理水平进一步提高。全公司积极推进企业重组,进一步优化资源配置。加快工业企业合并重组,中铁宝工顺利并入中铁宝桥,武研院、中铁重工、大桥局七公司成功组建为中铁科工集团,进一步提高工业企业的综合研发与生产能力;整合海外业务资源,股份公司所属香港、马来西亚、中东、新加坡公司与中铁二局川铁公司合并,组建中铁国际公司,增强海外市场的开发能力;推进矿产资源整合,中铁资源完成由分公司向子公司的重组改制,并将总公司和股份公司所属的境内外资源类公司股权整合到中铁资源,壮大矿产资源板块;加强区域化、专业化经营管理,先后组建中铁南方、西南、佛山和海西投资公司,进一步提升经营管理能力。实现广东中海工程建设总局并入式重组,并在此基础上成立中铁港航工程局有限公司,填补企业在港航业务上的空白。

对股份公司总部机构职能进行全面梳理和重新定位,编制总部机构设置、部门调整和定员方案,并根据总部职能的变化,组织完成部门职能、员工岗位职责的制定。机构调整后,股份公司总部设 16 个职能部门、3 个管理中心,其中 9 个部门增设内设二级机构 34 个,总部定员 271 人(不含党群部门 36 人),机构设置更加趋于合理。以统一标准为重点,规范所属企业负责人薪酬管理,完成所属企业负责人 2007 年薪酬结算和 2004、2005 年所属企业负责人延期绩效兑现工作。制定新设立企业负责人过渡性临时工资标准制度,规范新设立企业负责人薪酬管理。通过全面检查,对存在的问题进行整改,维护公司对所属企业负责人薪酬管理工作的严肃性。

在生产经营上,坚持建筑业"上中下"游协调发展的方向,在巩固和扩大传统业务板块的基础上,积极采取应对措施,有效防范规避经营风险,构建主业突出、有限相关多元化的产业结构布局。基建建设业务规模不断扩大,全年铁路一级市场中标总额 2051.7 亿元,占铁路市场招标总额的 43.53%;公路、市政、城轨等市场份额较上年分别增长 28.7%、10.1%、17.7%,其中城市轨道交通项目占全国市场份额的 52.6%。勘察设计业务加快拓展非铁路市场,股份公司获得工程咨询甲级资质,中铁二院、中铁设计咨询取得了设计综合甲级资质,进一步提升综合设计能力和市场竞争能力。工业制造业务先后中标一批高速道岔、钢结构制造安装项目,实现设备和工业产品出口成倍增长。上游业务提高投融资项目水平,股份公司总部成功运作佛山顺德市政道路、莆田妈祖城、柳州"三桥一路"BT 项目。特别是以中国中铁为主组成中国企业联合体,投资实施了刚果(金)资源财政化支持基础设施建设项目,市政和公路三个优先基建项目已正式开工。房地产业务适时调整营销策略,相继运作开发青岛国际贸易中心、西安缤纷南郡、石家庄党校项目,前期开发的一批项目已进入销售期。资源业务先后在国内获得 27 个矿权,完成了蒙古国萤石矿权收购。金融业务以"服务主业"为方向,积极发挥融资功能,全年共发行各种信托产品 125 只,并为成员企业提供资金支持53.5亿元。各板块协同效应不断加强，建筑业一体化的优势逐步显现。

【重大项目】 由公司承建的中国第一条时速达350公里的京津城际铁路按期开通，世界最长的跨海大桥杭州湾大桥建成通车，万里长江第一隧武汉长江公路隧道顺利贯通，亚洲最大的现代化火车站北京南站投入使用，国内首个地铁BT项目北京奥运支线建成开通，合宁、合武、石太、胶济铁路客运专线先后建成通车；哈大客专超额完成年度计划，宜万、武广、郑西、太中银铁路进入攻坚阶段，京沪高铁全面掀起施工高潮，石武客专、沪宁城际及向莆、大瑞、贵广、渝利铁路开局良好；武汉天兴洲长江大桥提前合龙，北天山、云雾山、浏阳河等一批高难度隧道提前贯通，厦门翔安、青岛胶州湾两大海底隧道施工取得突破；公司投资建设的岑梧、岑兴、全兴、德商、富砚、忠垫高速公路提前开通运营，深圳地铁5号线、淮南新城、莆田妈祖城项目有序推进。全公司共获得鲁班奖6项，国家优质工程13项，火车头优质工程58项。

【走向海外】 2008年企业实施"走出去"战略，全系统在41个国家和地区新签境外业务项目合同191个，合同总额共计34.6769亿美元(其中：境外承包工程合同113个，合同额29.8440亿美元)，同比增长32.4%；全系统完成境外业务营业额13.3780亿美元(其中：境外承包工程10.3286亿美元)，同比增长54.1%。

截至2008年12月底，全系统境外在建项目总数206个，总合同额51.4945亿美元；未完成合同35.3888亿美元，其中500万美元以上的较大项目有132个，上亿美元的项目有10个(含设计项目1个)，项目涉及51个国家和地区。

公司全系统从事外经工作的人员有2833人，其中：境内管理人员1015人，外派境外工作的职工有1818人。另外，国内外派劳务3969人；雇佣当地人员12963人。

股份公司下属21个全资子公司拥有对外经营资质，主要经营境外承包工程业务，兼有对外进出口业务。

【重大创新】 全公司积极推进管理体制和经营机制创新，全面提升规范运作水平。通过总部机构调整设置、业务重组、管理流程优化，进一步强化公司总部的决策、监管、控制、协调和服务职能；加强内控机制建设，先后修订和新建规章制度123项，保证公司有效管理和运行；进一步健全母子公司管理体系，选聘下派专职外部董事监事，明确各子公司章程制定、修改、审批权限，加强对各子公司的战略管控，严格财务资金、集团授信、对外担保和高风险业务投资管理，明确重大事项报告制度，强化各子公司经营绩效考核，提高企业的控制力和执行力。建立健全法律风险防范机制，加强重大纠纷案件协调管理，进一步加大"双清"工作力度，全年共收回各类外欠款132.72亿元；积极开展上市公司治理专项活动，认真做好企业定期报告发布及日常信息披露，不断优化与投资者关系，有效维护资本市场的良好形象。

全公司加快实施"两个加强、三个集中"，集中管控能力不断提升。加大对投融资项目决策和监管力度，严格控制投资规模，加强对既有项目的过程监管，有效降低企业运营风险。加快组织结构调整，共清理和注销四级及以下法人企业64家；推进项目扁平化管理，有效压缩管理层次，缩短管理链条。加强资金集中管理，建立并运行全公司资金管理系统，上线账户近6000个，17家二级企业已通过该系统开展了资金集中管理工作，存贷比由上年的97%下降到57%。推进物资集中采购，中铁一、二、四、五、七、八局、中铁大桥、隧道8家单位建立物资集中采购平台，绝大部分单位成立物资管理机构和专业公司，全公司先后在78个重点工程项目上实施物资集中采购，管理成效已初步显现。全面加强大型设备集中采购，对TBM、盾构等大型设备全部实行集中采购，900吨运架设备、盾构机、板式无砟轨道施工等大型设备实现统筹协调使用，有效降低采购成本，提高大型设备的利用率。

企业科技创新体系进一步健全，股份公司总部及16家二级企业通过国家级或省级技术中心认定，轨道技术、先进工程材料及检测技术和施工装备技术三个研发中心相继组建，高速铁路建造技术国家工程实验室建设全面展开。重点领域和关键技术上的自主研发取得重大进展，先后完成京津城际、武广客专等铁路无砟轨道施工、成套装备研制及施工技术，越江跨海隧道施工技术，大型客站综合修建技术等一大批科研成果；打造出以图号 GLC 命名的“工联岔”，研制的具有完全知识产权的复合式土压平衡盾构机成功下线并投入使用。全公司信息化建设全面加强，各项业务管理信息系统的开发及应用不断加快，有力促进企业管理水平的提高。2008 年，全公司 54 项科技研发成果通过省部级鉴定或评审，获国家科技进步奖 4 项，其中青藏铁路科研项目获得特等奖；获省部级科技进步奖 41 项，获中国土木工程詹天佑大奖 8 项；获全国优秀工程勘察设计奖 6 项，获全国优秀工程咨询成果奖 9 项；取得 103 项省部级工法、204 项专利。中国中铁还荣获全国首批“创新型企业”、“中国企业信息化 500 强”称号，6 家单位被评为“全国建筑业科技进步与技术创新先进企业”。

【履行社会责任】 2008 年，企业共缴纳各项税费 73.8 亿元，同比增长 13.5%；共吸纳 120 余万农民工就业，全面实行“五同”管理，公司荣获“全国农民工工作先进单位”称号。落实安全生产责任制，加强现场安全管理，确保企业员工生命健康。贯彻国家节能减排和环境保护的要求，建立健全监测、奖惩、考核三大体系，不断降低能源消耗，减少污染物排放。积极开展定点扶贫和社会公益活动，组织参加奥运会驾驶员志愿者服务活动，为北京奥运会的成功举行做出积极奉献。特别是在汶川特大地震抢险中，全公司广大干部职工全力以赴，奋勇拼搏，组织 100 多支抢险突击队，10800 名突击队员，救出生还者 102 人，抢通宝成线 109 隧道等 5 条铁路和 213 国道等 8 条公路运输“生命线”，捐资 1004 万元，定向援建中国中铁映秀幼儿园，并为灾区承建 11000 多套安置房，累计捐款 5577 万元，为全国抗震救灾做出了重要贡献。坚持扶贫助困，广泛参与公益事业，将湖南省汝城县、桂东县确定为扶贫县，各子公司也分别与多个贫困县、贫困乡、贫困村建立对口扶贫关系，持续开展对口扶贫工作。中国中铁股份有限公司累计投入扶贫款 1344 万元，援建教学楼、医院大楼、水电站、档案馆等基础设施 50 余项，资助贫困学生 4000 多人。经测算，2008 年中国中铁企业社会贡献值为 545.27 亿元，每股社会贡献值为 2.56 元(人民币)。

【应对金融危机】 2008 年，随着金融危机向实体经济的蔓延，不仅给企业的生产经营带来严重影响，也给刚刚起步的房地产、矿产资源开发业务以及海外市场的拓展带来较大冲击，使公司实现“上、中、下游”协调发展面临着严峻的考验。面对国内外宏观经济环境的急剧变化，全公司深入贯彻国资委有关会议精神，认真应对市场变化，采取有效措施，在积极防范经营风险的同时，努力化“危”为“机”，推动企业又好又快地发展。

为集中力量抓好重点工程建设，切实承担起国家扩大内需、促进经济增长的重大责任，公司成立加快建设领导小组，进一步充实重点工程建设的领导力量，加强统筹协调，科学组织安排，确保各项重大工程建设项目有序展开。进一步优化企业资源配置，加大相关机械设备购置投入，不断提高施工生产能力，全力以赴打好基本建设的攻坚战。

为稳妥应对金融危机带来的风险，公司成立投融资监管领导小组，进一步健全全公司风险管理体系和监控机制，并根据目前宏观经济形势的变化，决定暂停 BOT 项目运作，严格控制上游业务投资新项目，集中力量抓好在建和已决定实施的项目，加大监管力度，严格控制风险，确保企业的经营安全。

为适应市场变化，抓住国家加快民生工程、基础设施、生态环境建设和灾后重建的契机，根据铁路、公路、港口、水利、市政等基础建设投资不断扩大的走向，积极拓展市场领域，进一步做强做大主业，同时积极稳妥地调整企业产业结构，不断完善建筑业“上中下”游协调发展的格局。

适时调整房地产业务开发策略。抓住国家对房地产市场“回稳”政策的颁布实施，把握好市场节奏，紧密追踪一些土地成本低、市场预期好的房地产开发项目，有选择地储备一些低成本的开发项目，为房地产形势好转时能够迅速发展壮大奠定基础。

妥善处理好现有矿产资源项目，对于市场行情较好的矿产品种，尽快提高生产能力，形成稳定的现金流；部分铅锌矿暂时停产，转入勘探阶段；对于勘探类项目加大勘探步伐，根据品种、品位和市场需求，或产业开发，或矿权转让等不同形式进行处理。密切跟踪有色金属市场走势，积极寻找潜力项目，增加优质资源储备。同时加强和国内大型矿业企业合作，强强联手共担风险。抓住有利时机吸引紧缺的高素质矿业人才，充实人力资源储备。

为加强集中管理，锁定企业经营和财务风险，全面推行融资和资金集中管理调度使用、大宗物资材料集中招标采购、大型设备集中采购调配，"拧紧螺母"，从严治理，切实提高总部的控制力，强化基层的执行力，提高企业运行质量。

针对外汇市场的大幅波动，公司进一步加强外币资产运营管理，强化公司外币资产和海外经营业务管理，加强对各种金融避险工具的研究和合理运用。同时就超额发行的募集资金申请结汇，积极与国家外汇管理部门沟通汇报，申请将比预期多募集的折合人民币100亿元的外币资金调回境内结汇并予以使用，最大限度地回避汇率风险，更好地发挥募集资金效益。

（撰稿人：景　象）

中国铁建股份有限公司

【基本概况】 中国铁建股份有限公司（以下简称"中国铁建"或"股份公司"）的前身为组建于1948年7月的中国人民解放军铁道兵，1984年集体转业并入铁道部，改称铁道部工程指挥部；1989年成立中国铁道建筑总公司，2000年9月28日与铁道部脱钩，先后划归中央企业工委和国务院国资委管理；2007年11月5日，由中国铁道建筑总公司独家发起成立中国铁建股份有限公司，于2008年3月10日、13日分别在上海证券交易所和香港联合证券交易所成功上市。

中国铁建下辖中国土木工程集团有限公司，中铁十一至二十五局集团有限公司，中铁建设集团有限公司，中铁建电气化局集团有限公司，中铁房地产集团有限公司，中铁第一、四、五勘察设计院和上海设计院集团有限公司，中铁物资集团有限公司，昆明中铁大型养路机械集团有限公司，中铁轨道系统集团有限公司，北京铁城建设监理有限责任公司，中国铁道建设（香港）有限公司和北京培训中心29个二级单位。在岗职工187536人，拥有1名工程院院士、5名国家勘察设计大师、195名享受国务院特殊津贴的专家、2名新世纪百千万人才工程国家级人才。资产总额2201亿元，较2007年增长40.3%。主要机械动力设备48654台（套），总功率396.9万千瓦，技术装备率5.50万元/人，动力装备率18.17千瓦/人。业务范围涵盖工程承包、勘察设计咨询、工业制造、房地产开发、资本运营及物资流通，打造包括科研、规划、勘察、设计、施工、监理、运营、设备制造等在内的全面完整的建筑业产业链和业内最完善的资质体系，在高原铁路、高速铁路、高速公路、桥梁、隧道和城市轨道交通工程设计及施工领域确立行业领先地位。兵改工以来，在工程承包、勘察设计等领域获得国家级奖项276项。

中国铁建经营范围遍及除台湾省以外的31个省、直辖市、自治区，香港、澳门特别行政区，以及世界60多个国家和地区，是中国乃至全球最具实力、最具规模的特大型综合建设集团之一。连续3年入选"世界企业500强"，2008年排名第356位；连续11年入选"全球225家最大承包商"，2008年排名第四位；连续4年入选"中国企业500强"，2008年排名第17位；连续5年工程承包业务收入居全国首位，是中国最大的工程承包商。

【主要指标】 2008年，中国铁建经营规模持续快速发展。全年新签合同总额4231亿元，较2007年增长47.42%。主营核心业务继续加强，全年新签工程承包合同3990亿元，占新签合同总额的94.3%，较2007年增长50.21%。其中，新签铁路工程合同2296亿元，占新签合同总额的60.06%，占国内市场份额的45%，创15年来新高；新签公路工程合同616亿元，占新签合同总额的14.6%，同比增长58.68%；城市轨道交通、市政、房建工程分别比2007年增长92.02%、82.39%和40.86%。

经济效益稳步提升。全年实现营业收入2261.41亿元，较2007年增长27.41%；实现净利润37.06亿元，同比增长17.71%。由于受国际金融危机冲击，H股募集资金和海外业务发生部分汇兑损失，致使营业利润受到一定影响。

企业竞争实力明显增强。与2007年相比，资产总额由1568.78亿元增加到2201.02亿元，增长40.3%；净资产由52.74亿元增加到483.01亿元，增长815.83%；资产负债率由96.64%下降到78.06%，下降19.23%；货币资金由274.88亿元增加到574.7

亿元，增长 109.07%；银行借款由 257.96 亿元下降到 218.29 亿元，下降 15.38%；全年设备购置投入 121.03 亿元，大大提升企业的施工能力。

中国铁建股份有限公司主要经济指标

项　　目	2007 年	2008 年	同比增长(%)
资产总额(亿元)	1568.78	2201.02	40.30
净资产(亿元)	52.74	483.01	815.83
营业收入(亿元)	1774.87	2261.41	27.41
利润总额(亿元)	49.77	45.69	−8.20
技术开发投入(亿元)	10.49	17.56	67.40
利税总额(亿元)	120.60	131.75	9.25
全员劳动生产率(万元/人·年)	11.76	13.76	17.01
净资产收益率(全面摊薄)(%)	62.15	7.63	−87.72
总资产报酬率(%)	4.44	3.10	−30.18
国有资产保值增值率(%)	119.80	122.98	2.65

【改革发展】 2008 年，在全球股市疲软、大盘一路下挫、许多企业推迟 IPO 发行上市的情况下，中国铁建逆市而上，于 2008 年 3 月 10 日、13 日分别在上海证券交易所和香港联合证券交易所成功上市，两地共募集资金 407 亿元，居亚洲第一、全球第二。通过股改上市，公司由传统的相对封闭的国有企业向国有控股的公众公司、中外合资公司转变，实现股权多元化，转换经营机制，增强企业活力，完成一次具有里程碑意义的脱胎换骨的历史变革。2008 年，中国铁建以改革创新精神切实加强领导班子建设，规范公司治理机制，加大产业结构调整力度，企业改革发展取得新成效。

1. 领导班子结构明显改善。年内由 4 名常委带队，对全系统领导班子进行全面考核，本着"注重品行、科学发展、崇尚实干、重视基层、鼓励创新、群众公认"的用人导向，对 22 个单位的 102 名领导人员进行调整配备。通过考核调整，领导班子的年龄结构、专业结构、知识结构明显优化，经营管理能力显著增强。

2. 公司治理机制逐步规范。作为国务院国资委确定的董事会试点单位，中国铁建境内外上市后，按照《公司法》、国资委相关法规和监管机构的公司治理准则，建立规范的法人治理结构。董事会 9 名成员中外部董事占 5 名，董事会下设的战略与投资、薪酬与考核、审计与风险管理、提名委员会中，独立董事担任主席的占 3 个，董事会结构进一步优化。董事会相继出台《公司章程》《股东大会议事规则》《董事会议事规则》《总裁工作细则》等 20 余项公司治理制度，股东会、董事会、监事会、经理层各负其责、协调运作、有效制衡的公司治理机制基本形成。

3. 产业结构调整成效显现。年内，工程承包核心业务继续巩固和加强，无论从市场占有到价值贡献均处于绝对优势。产业结构沿产业链和价值链方向深度调整，六大创效板块呈现良好发展势头，全年完成营业收入 415 万元，占营业总收入的 20.2%，同比增长 67%；实现利润 16.4 万元，占利润总额的 37.5%，同比增长 70%。(1)海外市场渐入佳境，已经形成规模。全年新签合同 419 亿元，完成营业收入 193 亿元，较 2007 年翻了两番。(2)设计咨询板块承担国内 60%以上的高速铁路和客运专线铁路的勘察设计任务，全年新签合同 46.74 亿元，同比增长 28%；完成营业收入 52.5 亿元，同比增长 35.4%。(3)工业制造板块任务饱满，生产能力进一步释放，全年完成营业收入 44.4 亿元，实现利润 2.52 亿元，同比增长 68.75%。(4)物流贸易板块全年完成营业收入 77.3

亿元，实现利润1.67亿元，实现收入、利润双翻番。(5)“四电”集成板块奋起直追，全年新签合同184亿元，同比增长173%；完成营业收入84亿元，同比增长27%；实现利润2.12亿元，同比增长18.4%。(6)房地产板块经历阵痛蓄势待发，全年销售房屋7.54万平方米，完成营业收入9亿元，实现利润0.88亿元。

4. 工程创优成绩斐然。中国铁建坚持“以质创誉，以优取胜”的质量工作方针，不断增强质量意识，健全质量保障体系，加强过程监控，全力打造精品工程。年内创铁道部火车头优质工程73项、省部优质工程67项、国家优质工程18项，8项工程获中国建筑工程鲁班奖，8项工程获詹天佑土木工程大奖，是历年来获奖最多的一年。

【重大项目】 2008年，中国铁建在建工程近5000亿元，完成施工产值1998亿元，完成实物工程量再次刷新纪录。其中，桥梁5650座3388公里，完成1036公里；隧道1809座3399公里，完成811公里；完成土石方6.3亿平方米，正线铺轨2076公里，通信线路7737条公里，供电线路6935公里；建成公路1190公里，房屋391万平方米。

铁路工程施工。全年完成施工产值867亿元，占施工总产值1998亿元的43.4%。年内京津城际、胶济、铜九、合宁、合武铁路相继建成通车，石太铁路客运专线主体工程完工；京沪高速铁路完成投资89亿元，占投资总额的23%；包西铁路完成投资51亿元，占投资总额的42%；武广、郑西、甬台温、温福铁路线下工程基本完工，开始铺设无砟轨道，洛湛铁路全线铺通。重点工程宜万铁路野三关、大支坪、马鹿箐隧道双线贯通，齐岳山隧道进口段如期掘进至分界点、出口段施工步入正轨；成遂铁路云顶高瓦斯隧道顺利贯通，宝成铁路109隧道改线工程提前30天通车，广珠铁路西江大桥主跨桩基平台完工；广深港铁路狮子洋隧道、土库铁路二线中天山隧道等施工有序可控，进展顺利。

路外工程施工。全年完成施工产值938亿元，占施工总产值1998亿元的46.9%。年内世界上首座同桥面公路、轻轨两用桥——重庆鱼洞长江大桥顺利竣工，设计的武汉长江隧道建成通车；京津、浦南高速公路建成通车，奥运配套工程北京地铁10号线提前开通运营；南京长江隧道施工攻克世界级技术难题，创造在特殊不良地质条件下单线日掘进20米、单月掘进450米的水下隧道施工世界新记录。重点工程厦门翔安海底隧道、青岛胶州湾海底隧道、南水北调穿越黄河工程、四川锦屏电站引水隧洞等施工进展顺利；沪蓉西高速公路支井河特大桥成功实现临时刚性合龙锁定，清江源大桥主跨悬浇梁双幅合龙，取得关键阶段施工胜利。

海外工程施工。全年完成施工产值193亿元，占施工总产值1998亿元的9.7%。境外在建工程160余项，分布在近40个国家和地区。安哥拉罗达铁路年内建成通车；安哥拉本格拉铁路施工进展迅速。阿尔及利亚东西高速公路中段进入施工高峰期，开工累计完成投资11.59亿美元，占工程总投资的51.7%。土耳其安卡拉—伊斯坦布尔高速铁路二期工程全长157公里，设计时速250公里，合同投资12.7亿美元，工程已开工。沙特阿拉伯南北铁路全长453公里，合同投资5.24亿美元，开工累计完成投资1.20亿美元，占工程总投资的22%。以色列卡迈尔隧道开工累计完成总投资的80%，创单口月掘进203.9米的以色列隧道人工钻爆法施工纪录。此外，阿尔及利亚铁路更新及复线建设，尼日利亚拉各斯防波堤、达迈高速公路及阿布贾城市铁路，利比亚沿海铁路和南北铁路，以色列特拉维夫红线轻轨，博茨瓦纳和坦桑尼亚房建，阿曼苏尔—库尔亚特公路和马达加斯加国道，泰国曼谷苏瓦拉米机场联络线轻轨和汤加首都CBD重建项目等工程均已开工，施工进展顺利。

【走向海外】 2008年，中国铁建承揽包括利比亚沿海铁路、南北铁路，阿尔及利亚和沙特阿拉伯铁路复线，尼日利亚堤防、公路、市政、房建等在内的163个工程项目，全年新签海外合同额421.69亿元，占新签合同总额的9.97%，比2007年增长47.4%。完成海外营业收入172亿元，占营业总收入的7.61%，同比增长170.5%。此外，积极探索海外投资渠道，参与尼日利亚莱基自由贸易区开发建设并实现由公司控股。

【重大创新】 2008年，中国铁建把坚持科技创新、提升核心竞争力摆到企业发展的战略高度，进一步健全科技创新体系，加大科技投入，完善激励机制，科技创新取得丰硕成果。通过引进、消化、吸收再创新和技术交流，系统掌握铁路客运专线路基、桥梁、隧道、“四电”集成和大型站房的设计与施工技术，主持或参与铁路客运专线相关技术标准制定；无砟轨道及高速道岔施工技术取得突破，掌握CRTSⅡ型板式无砟轨道、双块式无砟轨道的制造安装和双块式无砟轨道组合排架、500米长钢轨铺设以及无砟轨道高平顺性测量与精细调整、高速道岔铺设等关键技术和施工工艺。大跨、高墩桥梁施工技术连连创新，建成的沪蓉西高速公路支井河钢管拱桥桥跨430米，是目前世界上跨度最大的上承式钢管拱桥；承建的沪蓉西高速公路龙潭大桥墩高179.5米，居亚洲第一；创新桥梁结构体系设计的湘潭莲城大桥，主跨为400米斜拉拱组合桥，为世界首创。隧道专业施工技术继续保持国内领先地位，兰武二线乌鞘岭特长隧道修建技术获中国铁道协会科学技术特等奖，掌握过江越洋盾构隧道带压进仓和换刀作业技术，年内有15座10公里以上的长大隧道贯通。装备制造专业技术迅速发展，高速铁路道岔及Ⅳ、Ⅴ、WJ-7、WJ-8型弹条扣件生产技术达到国际先进水平，自主开发生产的Ⅲ型调高弹条扣件填补企业短板。“四电”系统集成技术逐步提升，年内完成时速250公里的合宁铁路客运专线“四电”系统集成与施工，承担的国家863计划项目——“时速350公里以上高速铁路新型接触导线及相关零部件的研制”通过技术方案审查。阿尔及利亚东西高速公路攻克高填高挖泥灰岩路基技术难题，施工进度领先欧洲公司。年内有75项科技成果通过省部级以上鉴定，其中2项居国际领先水平，29项达到国际先进水平，31项居国内领先水平。获省部级以上科技进步奖29项，其中“青藏铁路综合施工技术”成果获国家科技进步特等奖，“建筑结构减振防灾关键技术研究与应用”和“高海拔地区大型公路隧道建设与营运关键技术及应用”成果获国家科技进步二等奖，8项工程获詹天佑土木工程大奖。获省部级以上设计“四优”奖51项，授权国家专利102项，69项工法被认定为国家级工法。

在管理创新方面，一是着力建设规制型企业，先后出台有关法人治理、生产经营、经济管理、人事任免、项目管理五大类120项制度。二是着力加强工程公司建设，下发《关于加强工程公司建设的指导意见》和《关于严格经济责任的决定》；扎实推进工程公司领导班子建设，班子整体功能得到有效发挥；全力实施专业化战略，专项施工能力显著提升；生产要素向工程公司集聚，资源整合取得积极效果；加大对工程公司的帮扶力度，先后投入数十亿元购买施工设备；造血功能得到恢复，盈利能力明显提升，全系统有215家三级公司实现盈利，同比上升8%。工程公司建设正逐步实现八个方面的转轨变型：即从救火式管理转向加强预控管理，从押宝式管理转向模块化组织、专业化施工，从人海战术转向机械化施工、技术制胜，从单纯进度管理转向质量、安全、工期、投资、环保、技术创新六位一体的闭环管理，从无序失控转向有序受控，从垂直管理转向平台式管理，从零散分割式管理转向相对集中管理，从依赖包工队、受制于包工头的大包模式转向以我为主、推行架子队的管理模式。通过管理创新，全面提升对施工队伍及管理要素的管控能力。三是着力加强项目管理，认真落实“项目管理十八项制度”和“双预控”措施，推行项目管理流程复制、强化过程监控、落实终端责任，项目管理逐步改善，安全质量形势稳定，创利水平总体提高，项目亏损面同比下降5.1%，企业基础管理工作进一步强化。四是着力推进人事制度改革，逐步推行公开招聘、竞争上岗的干部选拔任用新模式，年内8个单位的24名干部通过公开竞聘走上领导岗位。五是顺利完成总部机关机构改革和职能调整，理顺部门职责，提升总部机关的综合协调能力。

【履行社会责任】

1. 照章纳税，支援社会发展。全年实现利税总额131.75亿元，其中缴纳各类税费87亿元，同比增长29.85%。

2. 诚信经营，建造精品。公司始终坚持“以人为本、诚信守法、和谐自然、建造精品”的经营理念，逐步形成企业诚信文化，全年获国家级优质工程奖和科技进步奖35项，连续三年荣获“中国最佳诚信企业”称号。

3. 尊重、依靠员工，构建和谐企业。面对金融危机，坚持企业不裁员、员工不降薪，并在提高效益的基础上增加一线员工的收入，维护企业的和谐稳定。

4. 创造就业机会，缓解就业压力。每年吸纳上百万社会劳动力参与工程建设，缓解社会就业压力，增加农村富余劳动力的收入，为农民致富和农村稳定作出积极贡献。

5. 抢险救灾，彰显本色。积极参加南方雨雪冰冻灾害抢险，2 个单位、3 名员工受到国资委表彰，4 个单位、9 名员工分别获得“火车头奖杯”和“火车头奖章”。公司在汶川地震中遭受重大损失，除奋力组织自救外，还奋力还参与救援活动，被中宣部、国资委授予“全国灾后重建先进典型”称号。

6. 心系奥运，奉献奥运。公司参建的北京地铁、首都国际机场、奥林匹克公园、奥运比赛场馆、南水北调等奥运工程均如期完工，奥运志愿者服务队创造“零缺岗、零事故、零投诉”的高质量服务记录。

7. 热心公益，回馈社会。坚持把履行社会责任作为上市公司的神圣职责，通过支持社会公益事业、扶贫助困、赈灾救灾、支教助学、支农助农、支持新农村建设等多种方式，最大限度地回馈社会、奉献民众，被评为“中国国有上市公司履行社会责任十佳企业”。在海外经营中，坚持“合作共赢，共同发展”理念，积极培养当地建设人才，支持当地经济发展，吸纳当地群众就业，造福当地民众，提升公司的国际竞争力，被评为“中国对外承包工程 AAA 级信用企业”和“中国对外劳务合作 AA 级信用企业”。

8. 注重节能环保，打造绿色工程。公司建立健全节能减排管理与监控体系，实现企业与环境协调发展，建成以青藏铁路为代表的一大批绿色工程。

【应对金融危机】 2008 年，中国铁建积极应对金融危机，紧紧抓住国家加大基础设施建设投资规模的历史机遇，制定“抢抓机遇保增长，调整优化上水平，加强管控增效益，深化改革转机制”的应对举措，在继续巩固和发展工程承包核心业务的同时，进一步加大对海外经营、设计咨询、工业制造、物流贸易、资本经营和房地产开发等创效板块的培育力度，逐步形成新的经济增长点和利润增长点。在巩固公司中国建筑业领军地位的同时，积极转变经营思路，转换经营模式，力争实现由劳动密集型向技术、资本、管理密集型转变，由粗放管理向精益生产、集约经营转变，由单一工程承包为主向工程承包与六大创效板块并重、协调发展转变，由传统企业制度向现代企业制度转变，努力把中国铁建建成全球最具竞争力的大型建设集团。

【抗震救灾】 5 月 12 日汶川地震发生时，中国铁建有一个集团公司、7 个公司、112 个项目部分布在成都及周边地区，其中分布在重灾区的 16 个项目部受灾严重，施工人员死亡 32 人、失踪 5 人，直接或间接经济损失 11 亿元，是受灾最重的五户中央企业之一。在连续数月的抗震救灾中，中国铁建不畏艰险、团结奋战、勇往直前、敢打能胜，再次彰显昔日铁道兵风采。一是面对突发灾难，临危不惧，当机立断，把救人摆在第一位。地震发生后，公司立即作出紧急部署，在成都成立抗震救灾前线指挥部，由赵广发副总裁任总指挥。受灾严重单位的主要领导在第一时间赶赴现场，指挥抢险。先后从灾区倒塌的房屋中搜救出施工人员 495 人，救出当地群众 37 人，从重灾区向外转移群众 1840 人。二是面对救灾需要，不讲二话，不畏困难，全力以赴参加抢险。中国铁建的 17 个集团公司组成 35 个抢险队、30 余个小分队，调集人员 7786 人次、机械设备 1004 台(套)支援抢险救灾。先后抢修公路 500 余公里，打通通往汶川的西线生命线；连续奋战三天四夜，抢通宝成铁路 109 隧道，打通进川救灾铁路生命线；在第一时间抢修甘肃重灾区文县通讯基站，恢复文县通讯救灾生命线。三是面对灾后重建，不打折扣，不辱使命，充分展示铁军风范。中国铁建 8 个集团公司的 6100 余名员工组成援建队伍，深入都江堰市、理县、茂县等重灾区的 13 个市县、52 个乡镇，按期完成 20474 套 381513 平方米过渡安置房援建任务。四是面对灾民需要，干部职工慷慨解囊，捐款捐物，真诚奉献爱心，共向灾区捐款 5334 万元。有 41 个先进集体和先进个人受到中组部、国资委、建设部和当地政府表彰，其中中国铁建被中宣部、国资委授予“全国灾后重建先进典型”称号；中铁第一勘察设计院集团公司抢险队被中共中央、国务院、中央军委授予“全国抗震救灾英雄集体”并被中组部授予“先进基层党组织”称号；中铁十二局集团公司宝成铁路 109 隧道抢险突击队被国家人力资源部、铁道部授予“铁路系统抗震救灾英雄集体”称号。

(撰稿人：刘贤福　杨启燕)

中国交通建设集团有限公司

【基本概况】 中国交通建设集团有限公司(以下简称“中交集团”)作为中国第一家成功实现境外整体上市的特大型国有基建企业,主要从事港口、码头、航道、公路、桥梁、铁路、隧道、市政等交通基础设施建设,业务足迹遍及世界70多个国家和地区。2008年,中交集团跻身世界500强,名列第426位。中交集团是中国最大的港口设计及建设企业,设计承建建国以来绝大多数沿海大中型港口码头;世界领先的公路、桥梁设计及建设企业,参与国内众多高等级主干线公路建设,在全球跨度超千米的26座桥梁中,设计承建监理其中10座;中国最大、世界第二疏浚企业,拥有中国最大的疏浚船队,耙吸船总舱容量和绞吸船总装机功率均排名世界第一;全球最大的集装箱起重机制造商,集装箱起重机业务占世界市场份额的78%以上,产品出口73个国家和地区;中国最大的国际工程承包商,拥有13家骨干工程局,CCCC、CHEC、CRBC、ZPMC品牌享誉全球;中国最大的国际设计公司,拥有10家大型设计院、2个国家级技术中心、7个省级技术中心、6个重点实验室、2个博士后科研工作站。

【主要指标】 集团全年新签合同额2830亿元,为全年计划的125.8%,同比增长20.8%;完成营业收入1806亿元,为年度计划的111.2%,同比增长18.7%;实现利润总额同比增长10.8%。截至2008年底,集团资产总额2255亿元,同比增长29.4%;负债总额1659亿元,同比增长46.3%;净资产596亿元,同比减少2.0%。截至2008年底,集团全部人员104198人,在册职工92691人,在岗职工84544人。在岗职工中,经营管理人员18106人,占21.4%;专业技术人员37530人,占44.4%;技能人员17639人,占20.9%;其他人员11269人,占13.3%。

中国交通建设集团有限公司主要经济指标

项　　目	2007年	2008年	同比增长(%)
资产总额(亿元)	1759.9	2254.9	28.1
净资产(亿元)	621.8	595.8	—4.2
营业收入(亿元)	1520.5	1805.8	18.8
利润总额(亿元)	82.5	95.4	15.6
技术开发投入(亿元)	4.9	6.4	30.6
利税总额(亿元)	153.8	191	24.2
全员劳动生产率(万元/人·年)	30.2	32.6	7.9
净资产收益率(%)	11.77	12.91	1.1
总资产报酬率(%)	6.20	5.97	—0.2
国有资产保值增值率(%)	128.1	109.1	—19.0

【改革发展】 继续深化“管理效益年”活动,各项基础管理工作稳步推进。对发展战略进行研究和评估,启动“战略优化及能力提升咨询项目”,不断提升战略的针对性和目的性;港机业务实现战略重组,上海港机人员、业务全部并入上海振华,基本实现平稳过渡;缩短管理链条,天津振华、天津工贸整体划归一航局管理,相关划转手续进展顺利;启动并完成“内部控制体系构建研究”课题,建立风险管控机构,夯实集团全面风险管理基础;加大应收账款催收力度,各级单位均成立应收账款催收及调价小组,取得初步成

效；加大经营协调力度，减少或杜绝同业竞争，实现集团整体利益最大化；适应公司业务及组织模式变化，完善绩效考核体系，出台新的《子公司负责人绩效考核办法》；进一步健全分配制度，激发员工工作热情，为80%的员工（近7万人）建立了企业年金；加强财务管理，降低主营业务成本，分板块制定《成本管理办法》；组建海外资金结算中心，成功发行50亿元中期票据，申请发行120亿元公司债券；广泛推行精细化管理，严格执行全面预算管理制度，成本管理水平不断提高；科学审核投资项目，注重后续跟踪和动态监管，投资得到有效监控；加强安全管理，重点防范重、特大责任事故，保持安全生产形势平稳；强化质量管理，突出过程控制，确保工程质量水平整体提高；拓宽审计范围，建立内部审计新模式，加速审计成果转化；延伸监察领域，扩大监察范围，新增效能监察工作联系点30个；开展普法活动，规范合同管理，有效防范法律风险；加强信息报送，提升信息质量，信息采用量在国务院国资委监管的中央企业中排名第一；推进信息化建设，建立公司广域网，启用视频会议系统；开展三标体系认证，不断强化标准流程，持续提升企业管理水平。

加强领导班子建设，注重在实践中考察和选拔任用干部。经调整充实，截至2008年底，集团各单位领导班子成员平均年龄为48岁，大学本科以上学历占80.8%，文化、年龄、专业结构更趋合理。打造企业核心人才，制定三优人才评选及管理办法，推荐申报享受政府特贴人选10名、入选设计大师2名、入选“新世纪百千万人才工程人选”3名，获评“2007年度全国建筑业企业优秀项目经理”11名、“全国技术能手”1名，通过各系列高级职称评审人员990名。加大人才培训力度，依托工程学院和鉴定中心，为铁路项目举办“十一”大员及关键岗位人员业务培训2300多人次；组织四期船员考证，1400名非自航船员取得等级适任证书；联合清华大学、北京大学、中科院等知名院校，先后举办四期高级管理人员培训班、三期高级项目经理研修班和项目管理高峰论坛；与国家会计学院和清华大学合作，启动公司百名会计硕士培养项目。

【重大项目】 传统业务优势地位进一步巩固。苏通大桥、杭州湾大桥建成通车；罗泾码头二期工程、南堡油田人工岛通过验收；金塘大桥、天兴洲大桥全线贯通；重庆朝天门大桥、上海长江大桥胜利合龙；洋山深水港、曹妃甸港区、长江口深水航道、中船龙穴造船基地、江苏泰州长江大桥、青岛海湾大桥等大型重点项目进展顺利。设计业务经营领域不断拓宽，传统勘察设计业务稳中有升，铁路勘察设计业务实现突破，公路养护及桥梁加固业务逐步创出品牌，一举中标合同额1.9亿元的广州至乐昌高速公路勘察设计项目。疏浚业务品牌优势更趋加强，“通旭”、“新海凤”等一批国内领先、世界一流的疏浚船舶陆续投产。装备业务竞争实力进一步提升，上海振华继续保持领先优势，产品出口73个国家和地区，集装箱起重机业务占据全球78%的市场份额；成功打开海上重型装备市场，世界最大的“蓝鲸”号(7500T)全回转浮吊交付使用。

投资业务运营项目进一步增多。无锡凤翔路、青祁路BT项目提前三个月建成通车，岳阳城陵矶新港（一期）BOT项目按期完工；江阴城市干道BT项目、广西隆百高速公路BT项目、重庆茄子溪码头BOO项目稳步推进；相继签订连云港海滨新城围海造地项目、重庆大渡口双山房地产开发项目、资阳市沱东新区一期土地整理项目、株洲湘江五桥BT项目、山东海阳填海造地（一期）项目、天津滨海新区滨海大道北段二期项目、重庆涪陵至石柱高速公路BOT项目、江苏武进“三路一河”项目，涉及金额总计206.8亿元。

铁路业务综合实力进一步增强。集团加大铁路市场开发力度，快速融入铁路文化，实现铁路份额较快增长，全年新签合同额315亿元，在建铁路工程已达到450亿元，累计完成施工产值150亿元，先后中标京沪高铁、沪宁城际、石武客专、贵广铁路等国家重点工程。各项目进展顺利，京沪高铁项目进场快、开工早，做到“高标准起步、高质量建设、高效率推进”；哈大客专项目紧紧围绕制、架梁关键线路，精心组织施工，超额完成年度目标；太中银铁路项目积极履行合同承诺，施工生产全面推进，项目管理日益完善。集团中标大瑞铁路大理至保山段施工监理二标，成为首家进入铁路监理市场的路外企业；签订塔韩线、甘泉线铁路勘察设计合同，成功进入铁路设计市场。

【走向海外】 集团加快“走出去”步伐，海外业务市场份额进一步扩大。2008年，公司外经新签合同额96.7亿美元，同比增长58.3%；完成营业额29.1亿美元，同比增长49.2%；实现利润总额2.11亿美元，同比增长62.3%。中港公司、中路公司认真落实“大海外”战略，组织引领和“窗口”作用日益突出。各单位以CCCC、CHEC、CRBC为依托，不断加快“走出去”步伐，海外业务进入稳健发展快车道。2008年又成功打入埃及、多哥、马拉维、阿曼、刚果（布）等新市场，集团已在57个国家设有67家分公司、办事处、代表处。目前，境外在建超过1亿美元的项目已达28个，其中安哥拉洛比托港11.9亿美元、利比亚房建及基础设施11.8亿美元。在建的印度尼西亚马都拉大桥、斯里兰卡汉班托塔港、沙特吉达港、塔吉克斯坦塔乌公路等项目实施顺利，海外项目的经济效益也大幅提高。

【重大创新】 集团围绕跨海大桥、越海隧道、离岸深水港等工程，着力研发设计施工关键技术，不断抢占技术制高点；加大科技研发力度，全年立项特大和重大科技研发项目18项，其中“港珠澳大桥沉管隧道设计、施工及耐久性关键技术研究”等7个项目确定为特大科技研发项目，“环保疏浚及软基加固新技术研究”等11个项目确定为重大科技研发项目；加强科研平台建设，上海振华、一公院被批准设立博士后科研工作站，同时上海振华成为我国首批创新型企业之一，一公院“寒区（多年冻土）公路建设与养护技术交通行业重点实验室”通过评审认定；一航局技术中心被认定为天津市企业技术中心，二航局技术中心被认定为湖北省企业技术中心。

2008年，集团获得国家科学技术进步奖5项，其中“多年冻土青藏公路建设和养护技术”项目被授予一等奖；“润扬长江公路大桥建设关键技术研究”、“ZPMC新一代港口集装箱起重机关键技术研制平台建设”、“先进疏浚技术与关键装备研发及产业化”、“高海拔地区大型公路隧道建设与营运关键技术及应用”等4个项目被授予二等奖。8个入选国家“863”计划项目和3个国家科技支撑计划项目，正在稳步实施。2008年，集团获全国优秀工程设计奖9项、国家优秀工程咨询成果奖9项；省部级科技进步奖53项，其中，中国航海学会科学技术奖8项，中国公路学会科学技术奖22项，中国港口协会科技进步奖11项，省（直辖市）级科技进步奖12项。集团3家企业获“技术创新先进企业奖”，6人获“技术创新先进个人”。

【履行社会责任】 全力投入抗震救灾工作。“5·12”地震发生后，集团迅速部署抗震救灾工作，先期通过中国红十字基金会捐款500万元，向东方电气集团定点捐赠50万元，各有关单位立即行动，积极协助当地政府抗震救灾，第一时间投入挖掘机、推土机、吊车等大型设备136台（套）；快速组织人员设备迅速赶赴受灾现场，共计救出幸存者38名；及时抢通广青公路、小渔洞大桥，确保救灾物资运达灾区；紧急组成抢险救灾突击队，抢修受损的公路桥梁，并承担灾区10万平方米过渡安置房援建任务；及时派出地质、路基及桥梁专家，分赴抗震第一线，为灾区重建提供技术支持；组织集团员工积极捐款捐物，捐赠物品价值223万元，累计捐款5951万元，其中特殊党团费940万元。

积极承担各种社会责任。为抗击冰雪灾害，集团灾区项目部在保证施工正常进行的同时，深入江苏无锡、湖南株州的医院、学校、车站协助当地抗雪救灾；集团驻广州单位员工积极为滞留广州火车站旅客购买棉被、大衣和食品。为保障北京奥运会顺利进行，集团驻青岛单位积极组织力量，不计成本，投入人力、物力、财力清理浒苔；集团组织20名奥运志愿者，提供交通、场馆保障服务。为帮扶贫困地区发展经济，集团向四川革命老区捐款200万元，用于支农投入；向云南怒江州定点扶贫40万元，建立林果基地；以“特殊团费”形式向怒江民族中学捐款25.8万元，用于建设多媒体网络教室；向广东阳江捐赠55万元，修建小水利及养殖场。为认真落实胡锦涛主席提出的“推动中非新型战略伙伴关系新措施”的要求，集团为苏丹培养留学生10人，并向肯尼亚内罗毕捐赠122万先令修建小学。

（撰稿人：李国栋）

中国普天信息产业股份有限公司

【基本概况】 中国普天信息产业股份有限公司(以下简称“中国普天”)为国务院国资委管理的中央企业,主营业务为通信制造业、行业电子信息化应用、广电通信与信息化。

中国普天历经百年历史,是推动中国信息产业飞速发展的实践者和主力军。近年来,中国普天大力发展通信、行业电子、广电三大支柱产业,全面提升企业核心竞争力,在长江三角洲、珠江三角洲、京津冀经济圈以及中西部地区均建立重要的产业制造基地,有5家子公司分别在香港、上海、深圳等地上市。

中国普天积极开拓国内国际市场,为全球70余个国家和地区提供产品和服务,与爱立信、索尼爱立信、诺基亚、松下、摩托罗拉、德州仪器、三星、康宁等众多跨国公司建立重要的合作伙伴关系。

【主要指标】

中国普天信息产业股份有限公司主要经济指标

项　目	2007年	2008年
资产总计(亿元)	194.93	208.94
归属于母公司所有者权益合计(亿元)	45.52	48.54
营业收入(亿元)	266.03	251.94
利润总额(亿元)	1.58	2.62
本年科技支出合计(亿元)	8.80	11.18
利税总额(亿元)	7.49	7.77
全员劳动生产率(万元/人·年)	5.98	6.85
净资产收益率(不含少数股东权益)(%)	1.43	4.89
总资产报酬率(%)	2.49	3.56
国有资本保值增值率(%)	98.29	107.6

【改革发展】 2008年,公司继续加强资产重组和企业改革工作,提高资源配置的有效性,资产结构与产业结构的匹配更趋合理。

围绕鸿雁品牌的产业重组工作全面完成。通过股权收购等系列措施,完成杭州鸿雁对南京鸿雁、北京鸿雁、西安鸿雁等鸿雁成员企业的资产重组。“鸿雁”品牌的整合彻底解决多年来内部同业竞争的问题,有力提升鸿雁品牌价值。

完成上海普天的定向增发工作,有力支持上海普天的产业转型和可持续发展;按照盘活闲置资产、补充产业发展资金的思路,完成天津三洋、武汉高科、首信二灯厂等股权转让和北京普天慧讯等12家公司的清理处置工作;北京首信集团、北京电话的重组工作有序推进。

2008年企业改革工作继续取得良好进展。西安普天、济南普天通过改革发展和技术改造,实现产品升级,销售收入和利润创历史最好水平。景德镇普天通过加强管理、盘活资产、减员增效等措施,明晰发展方向,有望实现扭亏为盈。天津电话、武汉电话推进改革工作,取得明显进步。多年来的老大难企业巨龙公司在重组和改革方面也取得阶段性成果。

截至2008年底,公司所有出资企业都明确产业定位,确立改革和发展的方向,为下一步持续健康发展打下基础。

【重大项目】 2008年,公司立足自主创新、自主品牌,继续深化研产销一体化的产业运作体系,集中资源加快发展通信产业、行业电子、广电产业三个核心产业。加强技术项目和知识产权管理,积极申请并获得产品入网证、计算机系统集成资质等重要资质,有力地支持产业发展。通过产业链整合和合理分工,提升对目标市场的整体开发能力,自主品牌产品的销售规模不断提高,夯实产业可持续发展的基础,公司核心产业实力得到进一步提升。

1. 通信产业。2008年,公司通信产业在产品研发、生产与市场等各个方面均取得了显著成果。自主品牌TD-SCDMA产业又取得实质性的进展:完成天津、秦皇岛两城市TD网络一期建设并实现HSDPA全面升级;率先在意大利成功建设开通首个欧洲TD-SCDMA试商用网络,将TD-SCDMA产品推向国际市场；公司在国家下一代移动通信重大研发项目中担纲重要角色，获得国家重点资金支持；在TD二期招标中，公司获得比一期翻一番的市场份额，跻身TD核心设备厂商行列，进一步巩固和发展在通信领域的主流供应商地位。

专网通信市场的开拓取得新的成绩，公司推出的数字集群专网系统，成功中标杭州地铁通信工程。

自主品牌核心产业的发展，带动通信配套产品技术的更新升级，市场规模不断扩大，配线架、微波、天线、馈线、开关电源、蓄电池和光纤等产品销量得到提高。

增值服务业务起步良好，创新与运营商协同推广业务的商业模式，拓展市场空间，实现质的突破。

系统软件业务取得重大进展，智能网彩铃软件和移动C网分组数据核心软件在运营商市场上占据90%以上的市场份额。

2008年公司系统集成能力明显提升，中标环保部电子政务系统设计项目和南水北调干线应急供水工程通信系统电源设备采购项目。

2. 行业电子产业。2008年行业电子产业完成发展规划，通过自主创新和系统集成，在财税金融、轨道交通、行业物流等领域实现快速发展，市场影响力明显提高。POTEVIO品牌商业POS机、税控POS机巩固了市场地位，并扩大到烟草POS市场领域；具有自主知识产权的自动柜员机（ATM）产业通过创新经营模式，实现销售快速增长，达到550台的销售批量；智能卡业务继续保持中国第一、全球第五的产业实力，产品出口50多个国家，并筹备在孟加拉、印尼、俄罗斯建厂扩张；普天智能存储卡完成产业化，在中国银联移动支付领域得到应用；轨道交通售检票系统（AFC）在城市轨道交通建设中继续得到拓展应用，成为上海、大连等城市轨道交通的领先供应商。

通过投资重组，成立普天物流公司，建成物流产业链，实现研产销及工程服务一体化经营，产业核心竞争能力得到显著提升。继成功实施北京、天津、江西等烟草物流项目后，又中标河北全省、浙江四城市烟草物流项目；承担国家烟草总局《卷烟物流配送中心的分拣设备技术条件》行业标准的制定工作，物流产业的技术水平处于行业领先地位。同时，物流产业在邮政、图书、医药等领域也取得较好的开拓。

3. 广电产业。作为进入广电产业惟一的中央企业，公司2008年集中全力，积极谋划广电产业布局，确定产业规划，获得包括移动多媒体（CMMB）无线发射机产品入网许可证等多项资质，为发展奠定基础，经营态势良好。公司围绕广电传送网、支撑网及增值业务，创新经营理念，促进广电网综合业务的规划发展，推动广电增值业务逐步形成机卡分离的发展模式，拓展市场机会。

2008年广电产业取得重要的市场进展：广电卫星通信车取得市场突破，并为"5·12"大地震的新闻报道提供传输保障；数字电视机顶盒等终端产品销售收入大幅度提升；多媒体业务（CAS）管理系统开通两个试验局。

发挥央企优势，积极参与国际市场竞争，主导推动中国地面数字电视（DTMB）技术标准向拉美地区拓展，在古巴、秘鲁等国开展技术标准测试，测试结果优势明显，应用前景广阔，为2009年公司广电产业的大发展奠定良好的基础。

【走向海外】 2008年公司加快国际化战略的实施步伐，公司技术水平、产品质量、工程服务、组织管理体系按照国际化竞争的要求，整体水平有了明显提升。公司自主知识产权产品50%以上参与国际市场竞争。

国际贸易规模进一步扩大。普天TD-SCDMA出口欧洲；智能卡和微波天线出口几十个国家及地区；鸿雁品牌产品成功进入东南亚和非洲市场。

根据市场需求及产业生产要素低成本扩张的需要，智能卡产业开始尝试在成本较低的国家投资建立生产基地，实现产业资本在海外的扩张，开展国际经济合作。

公司进一步巩固和发展与索爱、摩托罗拉、爱立信、松下、诺基亚等跨国公司的战略合作伙伴关系，合资合作继续健康推进。

公司产业发展规划的深化实施、产业实力的增强和市场影响力的提升，拓展更多的国际合作机会，展示出新一轮投资合作的良好前景。

【重大创新】 近年来，公司由行政型总部向经营管理型总部转变，通过实施管理创新和技术创新，突出主业、集中资源，做实做强，全面提升公司经营能力和产业竞争实力。

中国普天以提高自主创新能力和产业竞争力为主要目标，以市场为导向，集中资源，加快新产品研发、产业化应用和市场拓展进程，提高以自主研发带动产业发展的能力。

1. 管理创新。

(1)经营业务创新——公司以市场为导向，不断研究跟踪市场变化和技术演进，强化战略规划，通过调整产业结构，开拓新的产业领域，拓展海外市场等手段，提升公司的市场竞争能力。

(2)经营模式创新——公司根据经营业务发展需要，不断优化资源配置方式，完善事业部经营模式，提高经营效率，提升公司的产业经营能力。

(3)管理体系创新——公司通过创新企业文化，实施两个"三位一体"管理体系等一系列举措，进一步提升经营管理能力，支撑公司更大规模地推进实体化运作，向卓越绩效企业迈进。

2. 技术创新。

(1)产业链运作创新。中国普天以产业发展规划为指导，以事业部带动所属企业开展专业化经营为中心，建立完整的产业链分工运作体系，结合生产外包、服务外包和系统集成等形式，为客户提供全面解决方案和系列产品线。至2007年末，中国普天相继调整成立通信产业、行业电子、广电行业事业本部和国际事业本部，从而完成产业链运作的新一轮布局。

(2)研发基地建设创新。公司持续加大对核心研发基地(普天信息技术研究院)的投入，推进普天研究院的研发能力建设。主要体现在：普天研究院购置测试设备、开发工具和项目管理平台，创建一流的研发环境；注重研发项目进程管理，通过CMMI/IPPD(集成产品和过程开发)5级评估，保证研发进度和质量；完善知识产权管理激励制度，奖励创新成果，大幅度提升创新能力；根据项目研发需要，引入一大批博士、硕士和技术带头人作为研发骨干，有效带动研发水平的迅速提升；近年来，普天研究院承担公司重点新技术和新产品的研发任务，相继完成一批有影响力的重点产品研发，并通过产业化运作以及市场规模应用，为公司的经营发展发挥有力的支撑作用。

(3)流程管理创新。

公司根据中国普天的发展目标，充分研究技术发展方向、市场需求和竞争环境，制定产业发展规划和新产品研制计划；项目承担单位制定具体的产品开发总体要求，编制项目预算计划，通过立项决策程序，完成研发项目的开发立项；产品研制单位组织新产品研制，试生产和市场试用，完善生产工艺等技术文件；项目决策单位通过新项目/新产品验收程序，完成生产(批量)定型鉴定；公司组织安排产业化生产，以多种形式开展应用推广，组织市场营销。

3. 创新能力的建设。围绕着提高自主创新能力和产业竞争力的目标，中国普天着重实施技术创新的机制，加大研发能力建设的力度，拓展承接重点产品和重点项目的能力，带动公司在通信、行业电子、广电领域的产业升级。

(1)研发能力建设。中国普天的研发能力建设主要包括：组织落实、基础设施、项目承担、人才培养、专利开发、技术标准制定等。

组织落实：普天研发机构主要包括以普天信息技术研究院为核心单位的国家级"企业技术中心"，以及东信和首信等10家企业的技术中心研发机构，其中东信技术中心和首信技术中心是国家级企业技术中心，贵阳万向技术中心、上海邮通技术中心和珠海东信和平技术中心是省级企业技术中心。通过分工承担研发任务，形成符合公司战略规划的研发组织体系。

基础设施：普天研究院等已经具备非常良好的研发环境和先进的仪器仪表，以及开发与试验的设备设施。通过建立较为完善的移动通信技术研发平台和智能存储卡技术应用研发平台，全面提高产品研发与专用实验环境的通用支撑能力；东方通信移动终端测试中心、杭州鸿雁电器有限公司计测中心已经成为国家认定实验室。

项目承担：普天研究院等研发机构承担国家重点新产品计划、国家科技支撑计划、国家重大专项、电子基金计划等下达的重大研发项目，以及公司计划立项的研发项目，主要集中在通信产业、行业电子、广播电视领域。其中，TD-SCDMA系统的自主研发和产业化取得良好进展；移动智能存储卡研发取得重大突破。

人才培养：公司近年来一直通过招聘、内部培训等多种方式培育高水准的研发队伍。公司每年还投入一定的培训费用，培养人才；以合理有吸引力的待遇和通畅的职业晋升渠道激励人才。到2007年底，普天研究院的研发队伍中全都具有本科学历，拥有博士、硕士学位的占60%以上。

专利开发：公司建立相关的管理制度，强化专利知识培训，推进知识产权保护，做好研发过程中的专利查新、专利申请工作，对在专利开发中表现突出的单位、个人进行奖励、表彰，近年来，中国普天的专利申请数量逐年递增，2006年在中央企业专利排名中列28位。

标准制定：公司积极参与相关标准组织的活动，并成为中国移动存储器国家标准组的组长单位、中国通信标准化协会(CCSA)的全权会员、中国RFID国家标准组的全权会员，以及中国IP电信网论坛发起单位之一。近年来，中国普天已完成或参与80多项国家标准、行业标准的制定。

(2)产品和项目能力建设：公司根据产业规划，立足自主创新，通过开发一批重点项目，在通信、行业电子应用、广播电视等领域拥有一批关键技术和系列产品，带动通信信息、行业电子、广电领域的产业升级，奠定中国普天健康、持续发展的坚实基础。

【履行社会责任】

1. 抗击冰雪。2008年初，我国南方大部分地区出现持续的雨雪和低温冷冻极端天气，发生新中国成立以来罕见的雪灾和低温冷冻灾害。公司党组、工会号召广大职工积极行动起来，向南方雪灾地区群众伸出援助之手，公司总部组织"支援灾区做贡献，普天员工献真情"灾区(抗冰)捐赠的活动，广大干部员工积极、踊跃为灾区人民捐款、捐物。

2. 抗震救灾。"5·12"四川汶川地区震情发生后，中国普天当日立即启动应急工作预案。公司成立中国普天抗震救灾工作领导小组，一方面及时了解公司在川渝两地及其他受灾严重地区企业的受灾情况，组织企业做好抗震救灾工作，清查职工及家属安全情况，组织好救治和安置，检查生产设施，确保安全。另一方面，立即与中国移动、中国联通等通信运营商沟通，组织企业为灾区恢复通信做好设备提供和工程服务保障工作。

截至2008年5月22日，中国普天向灾区捐助现金和救灾物资共计2134万元。

截至2008年5月21日，普天连续向灾区发运12车市话电缆；发运60多套活动机房；提供200多套微波设备，用于恢复通信工作。

同时公司派出多名工程技术人员，奋斗在灾区一线，努力为恢复灾区通信设施、线路畅通服务。

与此同时，普天集团内部发起大规模的捐助救灾活动，领导干部带头，员工积极参与，普天广大干部职工纷纷慷慨解囊，向灾区人民奉献自己的一份爱心。

3. 服务奥运。作为通信制造业的国家队，中国普天结合在通信领域的优势和特长，肩负起为奥运通信作贡献的责任。

从为奥运举办城市天津、秦皇岛提供绿色环保的TD-SCDMA系统设备和全方位服务保障，到为8个奥运城市提供3G视频彩玲服务平台，24小时职守确保系统安全运行；从为奥组委提供CMMB电视手机实现随时随地观看比赛，到研发智能存储卡存储接收奥运视频和信息；从为奥运合作伙伴定制富有收藏价值的智能卡系列产品，到为全国网民提供移动互联网服务的无线上网卡；从广泛应用在各项奥运工程的综合布线系统，到鸟巢、水立方等体育场馆应用的电工产品；从体现科技奥运理念的体育报名资格审查和火炬接力信息管理系统，到疏导城市交通提高公众出行效率的奥运交通管理公众信息服务系统。中国普天在服务奥运的过程中，以真诚的态度履行着自己的使命。

(撰稿人：鲍莉婷)

中国邮电器材集团公司

【基本概况】 2008年，中国邮电器材集团公司(以下简称"邮电器材集团")坚持以发展为主线，继续深化改革，进一步优化以规范法人治理结构为核心的管控模式，加强以财务管控为核心的全面风险管理体系建设，全面推进以核心信息系统为标志的执行力建设，夯实各项基础管理工作。通过业务整合和架构重组，邮电器材集团已经具备通信及电子产品分销业务、物流业务、零售业务、电子商务业务、维修业务的协同发展优势，在完全竞争的市场环境中，有效连接着用户和手机厂商、运营商，向着成为通信终端销售和电信增值业务的服务商，电信服务价值链和电子产品分销产业链的整合者的企业目标迈出坚实的一步，为成为通信及电子产品销售和服务领域具有国际竞争力的企业而不懈奋斗。

在分销业务方面，邮电器材集团连续第八年占据国内手机销售市场份额第一的位置，进一步巩固在通信终端分销领域的领先地位；在零售业务方面，邮电器材集团已拥有200家的自营零售店、800家合作营业厅以及1个维修工厂、48个维修中心和252个维修网点；在物流业务方面，拥有6个区域物流中心和38个地区分拨中心，有效覆盖各主要地级市，除企业内部物流配送外，还承担了MOTO、LG等手机生产厂商的部分物流业务；在展览业务方面，在连续16年成功承办"国际通信展"的同时，还承办国家工信部组织的所有赴国外"中国信息产业展团"的组织工作；在国际贸易方面，邮电器材集团具备20多年外贸进出口业务经验，长期为运营商设备采购提供招标、商务代理和运输一条龙服务，在电子商务业务方面，创建国内最大的手机实体店网络交易平台——天机网，并在全国25个省拥有超过15000家加盟手机零售实体店。

2008年是邮电器材集团将主营业务板块进行重组，成立中邮普泰通信服务股份有限公司（以下简称"普泰股份"）后，运行的第一个完整的会计年度。为有效监控风险、提高管控效率，结合普泰股份以事业部纵向管控为主的业务管控模式的建立，按照规范的公司治理结构的要求，普泰股份履行董事会、监事会和股东大会的相关工作，建立与普泰股份新的组织架构相适应的经营管理体制，基本形成普泰股份管理制度框架体系，增强业务管控能力，法人治理结构逐步规范，为企业健康持续发展夯实基础。

【主要指标】

中国邮电器材集团公司主要经济指标

项　目	2007年	2008年	同比增长(%)
资产总额(亿元)	140.52	108.21	−22.99
净资产(亿元)	23.55	20.48	−13.03
营业收入(亿元)	271.72	228.66	−15.84
利润总额(亿元)	4.28	0.31	−92.75
利税总额(亿元)	7.94	3.98	−49.87
全员劳动生产率(万元/人·年)	9.46	6.17	−34.78
净资产收益率(%)	11.28	−2.43	−13.71
总资产报酬率(%)	4.66	2.60	−2.06
国有资产保值增值率(%)	113.40	97.09	−16.31

在经历连续4年的跨越式发展后，2008年，邮电器材集团的利润大幅降低，究其原因，主要是由于手机整体市场销量增速放缓、通信行业运营商重组和运营商定制手机市场份额逐年递增、手机厂商渠道政策变化和受金融危机以及雨雪冰冻灾害、地震灾害等影响导致营业收入下降，毛利额较上年减少等因素所致。这是邮电器材集团历史上经营形势最为严峻的一年。在面临内外部诸多不利因素的情况下，邮电器材集团充分利用自身在资源、品牌、网络、资金和管理上的优势，大力开拓零售维修、物流、展览、电子商务和电信增值业务，多项业务保持着行业的领先地位，经受住严峻形势的

考验。

【改革发展】 2008年，邮电器材集团进一步完善管控模式，加强管控力度，一是按事业部板块完善考核体系，责任更加明确；二是明确各省分公司定位，充实职能，加强协同，使邮电器材集团在资源配置、库存管理、融资贷款方面得到有效整合。同时进一步加强人力资源开发管理，积极开展全员培训工作，按岗位价值实行"薪点制"薪酬制度，加强领导干部选拔任用、考核等工作的科学化、规范化和各业务板块间以及总部与下属公司间的横向、纵向干部交流，有效地提高员工队伍的素质水平。

【重大项目】 2008年，邮电器材集团继续深化与电信运营商的战略合作，以强化"提供全方位优质服务、成为运营商的服务商"为发展思路，对内整合资源，对外加强与各运营商的对口服务，扩大与运营商的合作内容和范围，积极研究探索新服务合作模式。一是巩固中国移动定制机销售合作，参与中国电信和中国联通集采手机销售，二是发挥各地优势，拓展营业厅外包、售后服务外包、业务代理、增值业务、招标代理、物流配送等服务。运营商业务的全面开展，不但增加邮电器材集团拓展新业务、获取新利润的机会，更巩固企业与运营商之间互为依托，合作共赢的关系，稳固企业在通信产业链中的地位，增强企业的核心竞争力。

2008年，邮电器材集团正式加入TD-SCDMA产业联盟，作为国内最大的手机分销商，邮电器材集团的加盟将使TD市场化更加深入，进一步促进技术提供商、终端制造商、运营商、渠道商的平行推进，形成完整协调的TD产业市场链。

【走向海外】 邮电器材集团做为手机分销领域的排头兵，一直是国际主要手机生产厂商在国内最重要的业务合作伙伴。2008年，邮电器材集团与诺基亚、摩托罗拉、LG等手机生产厂商分别签署包括手机采购协议在内的多项深度合作框架协议；同时大力加强与全球GSM协会在国际展览业务上的合作、积极与美国ADOBE公司、IBM公司、DELL公司在电信增值业务、IT电子产品业务等方面的合作，进一步巩固、深化邮电器材集团与海外客户间的长期友好的战略合作伙伴关系。

【重大创新】 2008年，邮电器材集团以财务管控为核心的全面风险管理水平得到提高，通过加强资金的集中管理工作，提高资金利用效率，降低资金使用成本，同时构建库存清理和销售回款的长效机制，通过多种财务手段，有效地监控资金风险，改善经营现金流状况，降低财务费用开支。

同时，邮电器材集团大力加强核心信息系统建设，在2008年，财务系统、分销业务系统和报表合并系统均已成功上线，并实现与物流仓储系统、资金管理系统的集成。决策支持系统也投入应用，基本实现业务财务一体化以及透明、实时监控。

通过管理创新和业务创新，邮电器材集团不断完善各项管理制度和业务规范，进一步提高企业对经营风险的控制能力和管理效率、应变能力以及科学决策水平，推动企业核心竞争力的提升。

【履行社会责任】 为了更好地体现邮电器材集团作为中央企业应尽的企业社会责任，2008年，邮电器材集团编制通信流通行业第一份《企业社会责任报告》，阐述2005～2007年度邮电器材集团在坚持诚信服务和依法经营、倡导公平竞争的市场秩序、科学发展和不断提高持续盈利能力、切实提高产品质量和服务水平、加强资源节约和环境保护、推进自主创新和技术进步、保障安全生产和维护职工合法权益、参与社会公益事业8个方面为履行企业社会责任所做出的努力；报告还对今后履行社会责任做出承诺，体现邮电器材集团在追求经济效益的同时，对利益相关者、环境以及社会肩负的相应责任，开创国内通信流通行业发布企业社会责任报告的先河，得到国资委领导的肯定。

邮电器材集团积极参与开展"绿箱子环保计划"活动，在所属各零售门店回收各类废弃手机、电池和零配件，减少环境污染，积极回收资源；利用自身遍布全国的销售渠道网络和售后服务体系，全力推动国产手机的发展；在抗震救灾中，邮电器材集团积极捐款，派遣物流车队运送救灾物资，配合灾后重建工作，发挥中央企业履行社会责任应有的表率作用。

【应对金融危机】 金融危机对企业的影响综合

体现在其对市场消费需求的影响上，主要表现为：

1. 金融危机导致国内失业率上升，因失业返乡引发的人口流动加剧，导致城市人口的换机率下降、移动电话的新增用户速度放缓，手机市场容量下降。

2. 由于全球市场的下滑，手机厂家对新产品的研发进度和推出力度明显趋缓，严重影响邮电器材集团的产品资源。

金融危机暴发后，国家采取相对宽松的金融政策，降低贷款基准利率，对于邮电器材集团，可以减轻银行借款的负担，节约资金成本。

针对以上因素，邮电器材集团一是继续整合和完善企业销售网络，优化渠道结构和布局，加强精细化管理，不断提高渠道的执行力和对渠道的掌控能力；二是继续加强和深化与主要手机厂商的战略合作伙伴关系，努力争取优质产品资源。同时积极主动寻求更多合作伙伴，特别是加强与国产手机的合作，优化产品结构，保证销售规模；三是全力加强与运营商的合作，抓住3G的发展机遇，进一步扩大销售规模和市场份额；四是进一步加强市场调研和分析，及时应对市场变化，巩固已有市场，发现新的市场机会；五是提升精细化管理水平，进一步加强以财务管控为核心的全面风险管理，建立全业务环节的风险意识，保障企业快速应变和可持续发展。

（撰稿人：张　璇）

电信科学技术研究院

【基本概况】 2008年是电信科学技术研究院（以下简称"电信科研院"）"十一五"战略规划深入落实、主导产业快速发展的一年。一年来，电信科研院以大唐电信科技产业控股有限公司（以下简称"大唐控股"）为平台，建立健全现代企业制度，完善治理结构，紧紧围绕"创新发展模式，提升经营业绩"的总体思路，锐意改革，不断超越，经营工作取得历史最好成绩。

【主要指标】 2008年度，电信科研院整体生产经营状况良好，共实现营业收入53.52亿元，实现利润总额2.87亿元，与上年同期相比增长13.5%；归属母公司所有者权益83.74亿元，2008年度国有资本保值增值率为101.45%，圆满完成年度经营目标。

电信科学技术研究院主要经济指标

项　　目	2007年	2008年	同比增长(%)
资产总额(亿元)	136.83	194.51	42.15
净资产(亿元)	66.94	112.19	67.60
营业收入(亿元)	57.61	53.52	−7.10
利润总额(亿元)	2.53	2.87	13.50
技术开发投入(亿元)	7.31	7.82	6.98
利税总额(亿元)	4.01	4.15	3.49
全员劳动生产率(万元/人·年)	15	18	20.00
净资产收益率(不含少数股东权益)(%)	4.75	2.03	−2.72
净资产收益率(含少数股东权益)(%)	4.84	2.57	−2.27
总资产报酬率(%)	5.33	3.50	−1.83
国有资产保值增值率(%)	126.45	101.45	−25.00

【改革发展】 2008年，电信科研院完成9项非主业公司的产权清理工作，并积极整合内外部资源，加大产业整合力度，实现TD-SCDMA产业链高附加值环节的关键布局，有力地推进核心芯片研发、系统设备和终端解决方案产业化，提升TD-SCDMA核心竞争力，并大力推动自主创新技术的产业化，形成“技术专利化、专利标准化、标准产业化、产业市场化”的发展模式。

1. 大唐控股进一步做实做强，平台作用日益凸显。大唐控股是电信科研院开展经营管理的平台，也是资本运作的平台，肩负着打造核心产业链、增强经营管理能力、提高核心竞争力的重大任务。大唐控股自成立以来，通过资源优化配置及平台建设，使经营管理和资本运作进一步落实，聚合效应得到有效发挥。

2. 整合内部资源，着力提升主体产业更大价值。电信科研院以产业发展规划为指引，以大唐控股为平台，以促进TD-SCDMA主体产业发展、占据产业链高端和高附加值环节为目标，推动内部优势资源整合，成立联芯科技有限公司（以下简称“联芯科技”），充分发挥相关产业板块的辐射效应，完善TD-SCDMA核心产业链布局。成立大唐联诚信息系统技术有限公司，为特通产业的发展打造新平台和窗口，电信科研院各产业间的协同效应正在显现。

3. 战略入资中芯国际，基本完成产业链关键部署。在电信科研院党组的统一部署下，大唐控股科学论证、审慎决策，遵循国际资本市场惯例及市场化运作的原则，2008年11月，大唐控股以1.72亿美元入资中芯国际集成电路制造有限公司，持有16.6%的股份成为其第一大股东，从而成功进入集成电路制造环节，此举将实现芯片设计与制造的良性互动，为提高产业整体竞争力奠定基础。

在人力资源管理方面，2008年，电信科研院在认真分析自身人力资源工作现状以及取得的成绩和存在问题的基础上，制定《2009～2010年人力资源发展规划》，提出“打造一个平台、实施三项计划、培养三支队伍”的战略目标，进一步明确未来两年的人力资源工作方向与目标，并以“做实、做强”大唐控股平台为目标，加快推动组织变革。此外，电信科研院还稳步推进收入分配制度改革，指导所属各企业逐步建立起与产业竞争力、经营效益等相匹配，与市场接轨，以业绩和价值提升为导向的激励约束体系，以顺应企业改革发展的要求，有效激发各类人才的积极性和创造性。

【重大项目】 2008年，电信科研院按照“紧抓机遇，谋求产业大发展”的总体要求，落实科技创新，大力降本增效，在市场上顽强拼搏，主导产业TD-SCDMA在中国移动通信集团公司（以下简称“中国移动”）二期试验网招标中再获40%的市场份额，再一次刷新单笔最高合同额纪录；TD-SCDMA终端解决方案和数据卡在中国移动的三次终端招标中，均占有50%以上的市场份额，处领先地位。在北京奥运会和残奥会举办期间，电信科研院专门成立奥运工作领导小组，大力加强TD-SCDMA服务保障、技术保障和安全保障，坚持全网监控，开展奥运站点告警分析、7×24小时热线支持，圆满完成通信保障任务，为实现我国在奥运期间提供3G服务的承诺做出重要贡献。

【走向海外】 2008年，电信科研院不断加强与国外业内机构的交流与合作。TD-SCDMA海外市场拓展取得较大进步，由电信科研院承建的韩国SK电讯的TD-SCDMA试验网项目建成，并完成网络的HSDPA升级，开展12种基于TD-SCDMA的3G业务应用。5月份，韩国总统李明博莅临电信科研院参观“中韩TD-SCDMA通信合作项目”，并在北京向韩国首尔拨打世界上第一个CDMA2000与TD-SCDMA间的跨国跨网络视频电话。继SK电讯之后，电信科研院所属大唐控股又与微软、戴尔签署战略合作备忘录，实现TD-SCDMA通信、电脑、软件三者的捆绑式发展。

同时，电信科研院还与喀麦隆、尼日利亚、莫桑比克、斯内兰卡、挪威、马拉维、巴西等十几个国家和地区签订商务合同，建成不同规模的McWiLL宽带无线接入商用网络，有力地支持中国自主知识产权技术在海外市场的发展应用。

【重大创新】

1. TD-SCDMA技术与产业方面。2008年3月，电信科研院率先推出能够全面支持HSDPA的

TD-SCDMA 系统设备，此外，电信科研院还成功推出多项解决方案，均为全球首款，如支持多媒体 TD-MBMS 的终端解决方案、首款 TD-HSDPA 手机解决方案、首款 TD-HSDPA/EDGE 自动双模无线上网卡 DTM5731E 和第一款 TD-LTE 的原理样机系统（峰值速率可达 150Mbps），2008 年 10 月，又在中国国际信息通信展上向公众首次展出 TD-LTE 高清电视业务。电信科研院还在 TD-SCDMA 后续技术标准研发方面保持领先优势。2008 年，电信科研院组织实施的 TD-LTE 标准化工作和 IMT-Advanced 关键技术预研工作成果显著，拥有 TD-LTE 核心知识产权，TD-LTE 方面提交文稿总数和通过数在 3GPP 企业中居首位，从而进一步确立电信科研院在 TD-SCDMA 后续技术和标准演进上的主导地位。

2. SCDMA 技术和产业方面。2008 年，在原有 SCDMA 窄带无线接入技术与产品的基础上，电信科研院积极推进其具有自主知识产权的新一代宽带 SCDMA 无线接入系统—MCWILL 系统的市场化进程，全面进入宽带无线接入领域，市场向行业信息化领域拓展。

3. 微电子领域。在积极为政府提供安全可靠的身份证芯片的同时，在非接触射频技术的基础上，自主研发出完整的安全芯片解决方案，申报的《第二代居民身份证系统》项目荣获 2008 年度国家科学技术进步奖一等奖。

2008 年，电信科研院作为国家首批“创新型企业”，承建“无线移动通信国家重点实验室”和“新一代移动通信系统技术国家工程实验室”，并以此为平台，与北京大学、清华大学、北京邮电大学、中科院计算机所等国内 17 家知名高校、院所就无线移动通信领域的合作事项签订战略合作协议，达成合作项目 8 个，从而初步建立以 TD 技术标准为主线，企业为主体、产学研用相结合的具有特色的自主创新体系。

【履行社会责任】

1. 全力进行灾害通信保障与救援。2008 年，面对频繁发生的自然灾害，电信科研院在充分利用自身技术优势为通信网络的恢复与畅通提供技术支撑的同时，积极捐款捐物，以实际行动体现着中央企业高度的社会责任感。“5·12”大地震使电信科研院为中国网通四川分公司（原）生产的、位于重灾区的三百余个 SCDMA 基站受到不同程度损坏，SCDMA 网络的正常通信遭遇严峻挑战。在此紧要关头，电信科研院员工临危受命，第一时间与中国网通四川分公司（原）联系并火速前往处置，仅短短几日，四川 SCDMA 通信基站数量和网络覆盖区域均已基本恢复到震前水平，受到包括中国网通（原）在内的所有 SCDMA 用户的一致赞誉。并在全力组织自救的基础上通过国资委和中国红十字等渠道向四川灾区捐赠资金和设备，为灾区的通信恢复和灾后重建贡献力量。

2. 高度注重资源节约与环境保护，确保可持续发展。2008 年，电信科研院在健全组织机构、加大宣传力度的基础上，着力积极努力通过观念创新、技术创新和管理创新，不断提升节能减排工作水平，大力推广和应用节能新技术、新工艺、新材料、新设备，结合精细化管理，将能耗、物耗指标分解到班组、个人，积极创建“节约型企业”，在提供低功耗、高性能设备的基础上，进一步控制通信设备在运营中的能耗，在对移动网络话务量分布的统计和分析，针对设备处理话务量的变化情况，通过软件节能算法精细化控制设备的工作状态，达到节能降耗的目的。

【应对金融危机】

1. 加强成本管理，降本增效，切实增强市场竞争能力。在产品研发、材料采购、生产制造、工程实施等环节开展成本控制，积极采取招标竞价、质量控制、委托生产、流程优化等多项措施降低各项费用，产品盈利能力和竞争优势明显增强。在中国移动 TD-SCDMA 二期招标中，电信科研院提供的产品成本比一期下降近 40%。

2. 战略规划、业绩考核与全面预算管理一体化深入推进。2008 年，电信科研院初步建立以技术与产品路标、研发管理为基础，通过业绩考核与全面预算管理，促进战略发展规划得到落实的完整保障体系。通过建立全面预算管理流程，推动建立战略执行对战略规划的反馈调整机制，促进全面预算发挥资源优化配置职能。

3.开展资金集中管理，增强资金整体调控能力。推行主办行制度，初步实现内部资金集中管理和外部融资的统一谈判、统一“采购”，通过整体资金的统筹规划、合理利用发挥资产规模管理效应。

4.以财务风险控制作为切入点，进一步健全风险防控体系。在企业管理中首先建立以财务内控为主要核心内容的风险管理体系，并通过信息系统(ERP)的建设，收集较为全面的风险管理信息，进一步强化内审监督工作，揭示异常变动，及时预警，提高企业整体风险防范能力。

5.加强投资管理，有效控制投资风险。针对国内外经济形势变化和经济发展中不确定因素增多的情况，电信科研院在投资管理方面遵循以下几个原则：非主业坚决不投；经济效益低的项目坚决不投；超出自身能力的项目坚决不投。并进一步健全投资管理体系，邀请相关行业专家组成投资咨询委员会，利用外脑为重大投资事项提供决策支撑，保证投资项目得到充分论证，实现科学决策。

(撰稿人：张　旭)

中国农业发展集团总公司

【基本概况】　2008年是中国农业发展集团总公司(以下简称“集团”)新发展阶段的关键之年。在国资委的正确领导下，在监事会的指导下，集团各级领导班子带领广大员工，贯彻落实科学发展观，积极抓住国家高度重视“三农”的机遇，充分利用政策资源，加快改革发展，克服汶川特大地震灾害、国际油价剧烈波动、全球性金融危机等不利因素的影响，取得良好的业绩，生产经营状况在上年实现根本性转折之后又有可喜的变化，全面完成国资委下达的经营考核指标。集团产业布局和结构更趋优化，体制机制改革步伐加快，自主创新能力不断提升，资产质量明显改善，抗风险能力显著增强，企业总体安全稳定，广大员工保持奋力拼搏、昂扬向上的良好精神状态。

【主要指标】　2008年，集团生产经营连续遭遇三个大的冲击：一是高油价的冲击，国际原油价格一度飙升至140美元以上，对远洋渔业造成空前的成本压力；二是特大地震的冲击，集团位于灾区周边的企业受到不同程度的影响；三是金融危机的冲击，面向高端市场的部分水产品价格出现明显下降，大型船用柴油机订货量有较大回落。针对复杂多变的外部经营环境，集团采取积极措施，及时调整经营策略，加强现金管控，严防投资扩张，强化风险管理，清理亏损企业，开展财务整顿，大力挖潜增效，生产经营在逆势中保持平稳发展。全年实现营业收入70.49亿元，完成预算的108%，较上年增长11%；利润总额2.37亿元，完成预算131%，较上年增长32%；归属母公司净利润2760万元，完成预算257%；流动资产周转率1.16次，完成预算的102%，较上年加快0.01次；成本费用率98.9%，比预算增加0.2个百分点，较上年降低2.8个百分点；主要产品市场占有率有所上升。主要指标创历史最好水平，全面超额完成国资委下达的经营业绩考核指标。

中国农业发展集团总公司主要经济指标

项　目	2007年	2008年	同比增长(%)
资产总额(亿元)	97.88	101.02	3.11
净资产(亿元)	32.12	32.49	1.14
营业收入(亿元)	63.41	70.49	10.04
利润总额(亿元)	1.80	2.37	24.05
技术开发投入(亿元)	1.01	0.91	-10.99
利税总额(亿元)	5.75	6.43	10.58

续表

项　　目	2007 年	2008 年	同比增长(%)
全员劳动生产率(万元/人·年)	6.43	5.24	—22.71
净资产收益率(%)	0.21	1.20	82.50
总资产报酬率(%)	3.96	4.48	11.60
国有资产保值增值率(%)	100.27	101.19	0.91

【改革发展】 2008 年,集团现代企业制度建设有新的进步。董事会、党委、经营层各司其职、协调运转、有效制衡的体制不断完善,促进集团科学决策水平和管理水平的提高,为集团又好又快发展提供组织保证和体制支撑。下属企业董事会建设取得重大突破。舟渔公司、淄柴公司、乡企公司、中水公司、中牧公司、中农发国际公司、新组建的资产经营公司等二级企业先后建立规范的董事会,部分企业建立监事会。二级企业法人治理结构坚持务实创新,一是起点高,大部分实行董事、监事、财务负责人"三委派",实现董事会运作实体化、董事任职专职化、经营层选拔市场化。舟渔公司在原模拟竞聘的基础上自加压力,提升标准,采取条件公开、指标选人、组织考察、择优选聘的办法,对经营班子进行二次竞聘,既体现党管干部的原则,又发挥市场化选聘机制的作用,实际效果明显。二是范围广,集团 11 家二级企业中有 8 家建立规范的法人治理结构,资产比例达到集团总资产的 90%以上。中牧公司加快现代企业制度建设,在完成自身法人治理结构建设的同时,不失时机地对下属山丹马场、农资连锁公司和乾元浩公司进一步建立和完善法人治理结构,在建立现代企业制度方面起带头作用。三是运行规范,已建立规范法人治理结构的企业,整体运作走上规范有序的轨道,对维护出资人利益,激活企业内部用人制度改革、促进企业管理和发展起到明显作用。

【重点项目】

1. 组织制定集团发展战略,积极推进企业重组整合为适应集团重组后新的发展形势需要,2008 年集团正式启动发展战略制定工作。通过内外结合、上下结合的方式,在大量访谈调研的基础上,形成集团发展战略规划及方案。集团发展战略进一步明确集团要成为建设我国现代农业和农业国际化经营的主力军与排头兵的战略愿景和使命,在集团发展史上具有里程碑的意义。

在集团发展战略框架引领下,按照突出主业、有进有退的原则,资产重组整合工作快速推进,效果明显。企业政策性破产和辅业改制工作加快步伐。烟渔公司政策性破产工作正式进入司法程序,集团抽调一批骨干人员开赴烟渔公司,在一线帮助实施推进。集团组织和主导对破产后有效资产进行重组,建立职工再就业平台。集团破产办、清算组、重组小组、烟渔公司原班子等几个方面多管齐下,分兵把口,依法操作,有序推进,取得阶段性成果。集团托管的中垦公司对所属 91 户拟实行政策性破产企业分类处置,内部清算 15 户,进入司法程序 51 户,共计 66 户,占全部 91 户企业的 72%,超额完成国资委要求 2/3 进入司法程序的目标要求。集团第一批列入辅业改制计划的企业基本完成改制或划转退出,申报的第二批辅业改制方案得到上级部门的审核批复。

集团内部企业重组也取得新的进展。为了突出主业,做强主业,稳妥地整合辅业,盘活存量资源,根据集团发展战略,以华农公司为平台组建资产经营公司,将原华农公司、广海厂、荣成厂、温州公司整体资产,集团总部直接管理联营项目的股权债权资产,以及集团总部清产核资后帐销案存资产划转给资产经营公司。新公司法人治理结构已建立并投入运转。

2. 切实抓好安全和稳定工作,为企业改革和发展创造良好氛围。集团系统全年累计在安全生产方面投入资金近 1 亿元。烟渔公司、农垦公司在十分困难的情况下也拿出一定的资金对安全隐患进行整治。集团层层签订安全生产责任书,落实安全生产责任制;积极开展"安全生产月"活动,组织开展安全生产大检查和专项整治活动;制定和完善安全应急预案并加强演练;突出对远洋渔业、建筑施工、化学制药、生物制药等重点高危行业的安全管理；严格安全生产奖惩制度；抓好重大安全生产隐患、重大危险源的治理和监管，对部分隐患严重、无法保证安全的设施，责令立即停产、依法关闭。负责总部大楼物业管理的中水嘉园物业公司采取积极措施，在奥运年保持良好安全稳定状态。通过集团上下的共同努力，较好地完成年初确立的安全生产目标，保持集团安全生产形势的总体稳定。集团系统没有发生安全生产责任死亡、重伤和重大财产损失事故，再创安全生产历史最好成绩。

针对集团困难企业多、政策性破产企业多的状况，集团上下把做好企业稳定工作作为重中之重，确保全年尤其是在我国举办奥运会的敏感时期未出现不稳定事件。一方面加强维稳制度建设。集团各级党组织普遍建立和落实维稳工作领导第一责任人制度，构建一支专、兼职结合的维稳工作队伍。集团制订维稳工作应急预案，出台关于加强破产、改制、产权转让企业党建工作的意见，指导各级党组织化解矛盾，抓党建保稳定促发展。另一方面，针对重点企业、重点人群开展维稳工作，努力解决破产和特困企业实际问题，争取政策支持，取得实效。加强破产和特困企业党组织建设，关注和了解职工群众尤其是特殊人群的诉求，做好思想政治工作，及时化解矛盾，及时应对妥善处理突发事件，维护企业和社会稳定。集团积极帮助山丹马场争取政策支持，国资委、农业部、财政部、人力资源社会保障部、银监会等派出联合调研组实地调研，落实解决一批遗留问题，企业脱困进度明显，人心稳定。广大员工怀着感恩之心，在抗震救灾中踊跃捐款捐物，自行组织车队，将所捐款物送往灾区，以实际行动回报社会。

【走向海外】 中农发集团依托现有项目基础，积极承担一批国家在非洲的农业综合开发示范项目，建立新型的复合型高科技农业基地，承担的我国政府援助贝宁、南非等国农业示范中心建设项目全面启动，坦桑尼亚剑麻等国内战略性稀缺性的农业资源开发项目进入扩张阶段。为加快推进农业种植业“走出去”，集团组建专业化的国际农业开发公司作为新的运作主体。集团还与中非发展基金达成合作意向，在非洲共同建立一批大型综合农业开发基地，为大规模发展海外农业创造条件。集团海外农业项目显示良好的经济效益和社会效益。一些项目满足当地的粮食需求，自身也取得一定的盈利水平，如集团在赞比亚的农场项目，农业种植、养殖综合开发，成为当地市场农畜禽产品的主要提供者，大大缓解当地市场的紧张状况。

【重大创新】 集团在抓好当期经营的同时，通过科技创新，调整结构，培育较强的发展后劲，畜牧制药业全年有3个产品获准申报国家新兽药证书，一批产品通过临床试验审批；第一次列入国家“十一五”科技支撑计划项目单位，成为行业惟一承担国家重大科技项目的企业，一批新的科技攻关项目正在展开。柴油机产业全年有6项技术获得国家实用新型专利，大型机关键设备技术研发和国产化取得突破，并产生突出效益。远洋渔业通过一批大型船舶和先进船舶的投产，获取和掌控新的资源，赢得新的发展空间。

【履行社会责任】 集团在抓好自身发展的同时，认真履行社会责任，大大提升社会形象。集团作为惟一的中央农业企业，核心价值的重点是围绕“三农”、服务“三农”，在建设我国现代农业和农业国际化经营中发挥主力军与排头兵作用。在重大动物疫病防控方面，中牧公司研发和生产一批高端疫苗提供市场，为国家动物食品安全和公共卫生安全做出贡献。在四川汶川发生特大地震灾害后，中农发集团和广大员工积极响应国资委的号召，捐款捐物1700多万元。中牧公司、淄柴公司、中水公司、中水渔业及华农保险公司等企业捐款超过百万元。为确保大灾之后无大疫，集团及时组织向灾区免费提供价值1000多万元的各种动物疫苗制品，并考虑灾区实际困难，及时免费提供储运冷链系统，为控制次生疫病灾害发挥积极作用，受到农业部和四川省政府的肯定和赞扬。中水公司继续发挥中央企业作用，在开发公海资源，巩固和增强与第三世界国家合作关系，配合国家和平外交方面做出新贡献，受到国家有关部门的高度肯定。中水公司南太作业渔船救助基里巴斯海上漂流长达20多天的遇险渔民，受到国内外有关方面的广泛称赞。中农发国际公司承担的我国援非农业示范中心项目建设进度走在全国前列，受到国家有关部门的肯定，扩大我国在农业“走出去”领域的影响力。华农财产保险公司以涉农保险为特色，做到保险下农村、保险进农户，开始承担起国家农业类保险企业的社会责任和使命。农资连锁公司立足服务“三农”，加快扩展，将放心农资和科技服务送到乡村基层。淄柴公司参与农村农业新能源的研发，成功研制生产农业生物质气体机，在促进农民增收、节能减排、保护生态环境方面具有重要作用。

【应对金融危机】 随着世界金融危机愈演愈烈和对实体经济影响日益加深，集团公司也面临着严峻的形势，如金融危机带来的需求回落对集团相关业务产生较大影响，国际国内市场上水产品价格下降幅度平均在20%以上；公司利润主体之一的大型船用柴油机制造因外贸运输萎缩传导到造船业而受到影响，订单减少；因粮价上涨和肉类价格下降，国内养殖业积极性受到影响，存栏量呈现阶段性减少趋势，影响到公司兽药和饲料添加剂产业增长；由于经济形势的急剧变化，与集团合作的上下游企业有的资金短缺，支付能力下降，增加应收款项，给集团造成资金安全压力。

但是中农发集团有自己的特点：一是集团没有从事金融业，也没有参与金融衍生品投资，金融危机对集团没有造成直接的冲击。二是集团从事的是农业和高端农业服务业，由于农产品属于一次性消费品，虽受消费需求不旺的影响，但仍然有消费需求，只是有结构性的变化和调整。三是集团开展全面风险管理，企业抗风险能力不断增强。从机遇上看，金融危机导致的能源、原材料价格大幅下降、就业形势紧张以及资产价值的回归，为集团降低运营成本、扩大企业规模、抢占市场和资源份额都有较大的促进作用。

集团公司上下密切关注大环境，积极研究小气候，反复研究面对的挑战和机遇，并积极采取相应的措施。坚定信心，把握机遇，趋利避害，化危为机，保持企业持续发展。在应对金融危机中，主要采取以下措施：

一是苦练内功，努力提升竞争能力。集团按照国资委提出的调整优化上水平要求，推进决策、管理、技术、队伍上水平。同时，加强财务和资金管理，千方百计增收节支，挖潜降耗，开拓市场，确保资金链安全，提升市场份额，维护生产经营稳定。

二是调整结构，积极应对市场变化。如柴油机制造业抓住国家扩大内需带动国内内河航运高速发展的机遇，大机不畅做小机，船用不畅做陆用，国内不畅抓出口，在大功率机订单减少的条件下，小功率机型产销量出现近100%的增长。同时，还针对国内高度重视保护资源环境的机遇，研发生产利用秸秆、稻壳等农业废弃物的生物质气体发电机，进入农村新能源建设领域，2008年销售90多台套，已成为新的效益增长点。

三是扩大规模，占领资源和市场份额。远洋渔业受世界渔业资源配额的影响，近几年发展趋缓。受金融危机影响，欧盟、日本在非洲的一些项目开始考虑退出，一些项目本身带有资源额度，集团乘势购置部分带有配额的先进船舶，获得长久的发展空间。畜牧制药业加快对掌握核心技术和关键资源的企业的并购，迎来外延发展的机遇。

（撰稿人：邢　华）

中国中纺集团公司

【基本概况】 中国中纺集团公司（以下简称“中纺集团”）前身为中国纺织品进出口总公司。中纺集团以大宗原料和纺织服装产品贸易、研发与生产为主业。在50多年的发展历程中，中纺集团审时度势，科学发展，在全国棉花、羊毛、大豆及纺织贸易企业中名列前茅，拥有分布在海内外的棉田、棉纺厂、针/梭织成衣、粮油生产加工基地，在国内外树立起良好的中纺品牌信誉。2008年是极不寻常的一年，在全球金融危机的猛烈冲击下，中纺集团纺织和油料油脂两大业务板块深受外部市场环境变化的影响。作为外向型和劳动力密集型的纺织行业首当其冲，外销受阻，产能紧缩，逐步波及上游的棉纺和原料等领域，行业利润严重下滑。受诸多不利因素的影响，中纺集团纺织出口业务下滑、纺织原料销售规模下降。尽管如此，中纺集团的纺织板块仍然实现65.4亿元的销售规模，特别是棉花、棉纺、成品业务顶住压力、沉着应变、积极调整，仍然维持相当的利润水平。2008年中纺集团营业收入达268.9亿元，同比增长28%。整体来看，中纺集团的业务基础和财务状况都没有遭受实质性影响，发展的基本面依然是稳健和扎实的。

中纺集团为母子结构公司体制，未建立股东会和董事会，实行总裁负责制，总裁为法定代表人。中纺集团建立总裁办公会、党委会联席会议决策制度，联席会是中国中纺集团公司最高决策机构，并设立风险管理委员会、投资管理委员会、绩效薪酬管理委员会，为进一步规范投资活动、有效防范风险、完善薪酬激励机制提供组织上的保障。

中纺集团组织结构分为两部分，一是职能部门，二是主营业务单元，包括棉花业务、粮油业务、棉纺业务、羊毛/化纤业务和纺织品服装业务。在组织结构上配套实行6S管控体系（包括战略分解体系、预算管理体系、管理报告体系、风险及审计管理体系、责任单元考核体系和经理人考核体系），从而为第二个中长期发展战略规划的实施和战略目标的实现提供支持和保障。

【主要指标】 百年不遇的金融危机，导致大宗商品市场行情巨幅波动，企业经营风险陡增。2008年中纺集团面对近年来最为复杂动荡的经营环境，承受巨大的压力，在紧要的关头，中纺集团采取一系列应急处理措施，最大限度地控制不利的局面，经过上下共同努力，营业收入创下新高，达268.92亿元，比上年同期增加60.27亿元，增幅为29%；实现利润总额3.24亿元，同比有所下降；资产总额达88.66亿元，同比有所下降；技术开发投入0.12亿元，同比增加140%。

【改革发展】 2008年中纺集团的业绩考评在2007年的基础上进一步改进，从而更好地体现绩效管理和薪酬体系服务于战略发展的作用。2008年在考评业务公司2007年业绩时，考核指标由原来单一的从量化与质化两个方面考核转变为突出业绩指标，将总体考核目标分解细化到经营、能力、发展三个方面，同时，考核周期由原来的单一年度考核转化为年度与3年任期考核兼顾的方法，辅以发展目标（360度评价）的综合考核。

职能序列的绩效考核，由原来的单一质化指标转化为关键业绩指标与一般业绩指标相结合，重点考核关键业绩指标。这样不但能够体现职能部门日常事务性工作的完成情况，更能准确的监测并考核到职能部门工作中的直接可控效果，充分体现集团整体战略目标与各部门分解指标完成情况的匹配度，有助于集团整体战略目标的实现。

薪酬分配方面，中纺集团修订后的薪酬管理制度完善整体工资总额管理办法，将“以岗付薪”改为“在工资总额下的对岗付薪”，经营单位工资总额与实际完成值挂钩。各单位负责人薪酬与年度考核和任期考核相结合，并首次试行延期支付绩效薪金的办法。

【重大项目】

1. 中纺集团日照油脂加工二期项目正式立项。二期工程总投资2.7亿元，拟建设大豆预处理与浸出车间、大豆毛油精炼车间、成品油小包装车间、锅炉变发电车间、厂区工程和公用工程；预计年加工大豆100万吨。

2. 中纺集团在业务遭遇极其严峻形势的背景下，充分利用信息手段，加强自身管理，提高风险防范能力，多个信息化项目如中纺ERP（一期）、中纺ERP（二期）、久其预算、月报及财务分析平台、东软集团e-HR系统等在2008年开始实施，初步实现集团型央企加强集中管控的目标，真正以实际行动践行科学发展观的要求。

3. 中纺集团下属浙江春江轻纺集团有限责任公司2007～2008年自主研发两项节能减排技术改进项目，分别是ESPERO-M自动络筒机节电降耗的改进项目和溴化锂制冷机空调机组技改项目，现已投入使用，并取得良好的节能效果。其中ESPERO-M自动络筒机经过改进后每小时用电量为14.6kwh，比改前的每小时耗电量21kwh大大下降，节电43.8%，达到预期的效果；溴化锂制冷机空调机组技改项目总投资130万元，按照实际制冷开机时间进行计算，每年节电30万kw，年直接经济效益节约电费支出20万元，并为生产提供良好的生产环境，取得较好的节能减排作用。

【重大创新】 在科技创新方面，中纺集团公司及下属控股企业制定多项政策，积极推动科技开发工作，设立研发中心，组建专业团队进行此项工作。在新产品开发、设备技术革新、工艺改进、生产管理系统的改进创新等多方面展开，促使企业的产品质量档次、生产效率显著提高，产品品种增多、生产成本降低、管理优化，极大地推动企业的经济效益、增强企业的综合竞争能力。

中纺集团的棉纺织业务，本着差异化、高档化的发展方向，在纺织科技创新领域取得显著成果。2008

年中纺集团所属浙江春江轻纺集团有限责任公司（以下简称“春江公司”）成功实现“涤棉包芯纱”批量生产，并被解放军总后定为军服用纱定点生产企业，此项目在2008年获得浙江省科技成果三等奖；中纺依棉纺织有限公司《一种传动平稳的电动落纱机》《一种纺织下脚料联合处理机》获实用新型专利。《聚乳酸针织品生产技术研究》《细旦Lyocell纺纱技术及产品开发》两个项目获中国纺织工业协会科学技术进步三等奖。另外，中纺集团所属深圳格瑞普电池有限公司被评定为国家级高新技术企业，其发明专利《一种用于制造镍氢电池正极的正极粉、其制备方法及应用》基本上已经全部产业化，并取得良好的效果。

【履行社会责任】 2008年我国相继遭遇历史罕见的低温、雨雪冰冻灾害和四川汶川特大地震灾害，给人民的生命财产造成巨大损失。国家危难当头，作为国有企业，中纺集团义不容辞地担负起应尽的责任，迅速组织救助活动。在发生雨雪冰冻灾害后，中纺集团及时与中国红十字会联系，并以中纺集团公司名义向灾区捐款30万元人民币。四川汶川发生特大地震后，中纺集团以及公司系统的广大员工积极向地震灾区捐款捐物，共折合人民币450多万元。组织下属企业向受灾的东方电汽集团捐赠价值50万元的衣物，还通过北京东城区红十字会和民政局向灾区捐赠价值70余万元的衣物，表达中纺集团帮助灾区人民度过难关的真挚情意。

（撰稿人：陈宇为）

中国外运长航集团有限公司

【基本概况】 中国外运长航集团有限公司（以下简称“中国外运长航”）由中国对外贸易运输（集团）总公司与中国长江航运（集团）总公司于2008年12月18日重组成立，总部设在北京。2008年，中国外运长航的资产总额超过1000亿元人民币，营业收入接近1000亿元人民币，利润总额接近60亿元人民币。

中国外运长航的组建是国务院国资委优化国有资本布局，调整国有企业产业结构，提升中央企业实力的重大战略决策；有利于优化企业资源配置、延长业务链条，完善服务网络、扩大资产规模、实现规模效应；有利于增强企业抵御风险能力，增强企业竞争力；对于促进企业持续健康发展有着深远的意义。

中国外运长航以综合物流、航运和船舶工业为主营业务。其中，综合物流业务包括海、陆、空货运代理、船务代理、供应链物流、快递、仓码、汽车运输等，是中国最大的国际货运代理公司、最大的航空货运和国际快件代理公司、第二大船务代理公司。航运业务包括船舶管理、干散货运输、石油运输、集装箱运输、滚装船运输、燃油贸易等，拥有和控制各类船舶运力达1800余万载重吨，是我国内河最大的骨干航运企业集团，是我国惟一能实现远洋、沿海、长江、运河全程物流服务的航运企业。船舶工业形成以船舶建造和修理、港口机械、电机产品为核心的工业体系，在国内外享有知名声誉。其他主要业务还包括旅游、科研院校等。中国外运长航控股三家A股上市公司、两家香港上市公司，服务网络覆盖全国30个省、自治区、直辖市，以及香港地区、韩国、日本、加拿大、美国、德国等国家和地区。

【主要指标】 2008年，在严峻复杂的国际经济环境下，中国外运长航各项业务稳步增长，经营状况良好，完成各项主要考核指标。

中国外运长航集团有限公司主要经济指标

项目	2007年	2008年	同比增长(%)
资产总额(亿元)	968.47	1004.86	3.76
净资产(亿元)	486.26	465.38	-4.29

续表

项　　目	2007 年	2008 年	同比增长(%)
营业收入(亿元)	841.05	946.25	12.51
利润总额(亿元)	51.46	58.50	13.68
利税总额(亿元)	58.52	66.73	14.03
净资产收益率(不含少数股东损益)(%)	6.71	9.26	38.00
总资产收益率(%)	3.18	3.04	−4.40

注:为了同口径比较,表中 2007 年数据为重组前的原中国外运集团与中国长航集团的合并数。

【改革发展】

1. 按照企业战略部署,稳步推进资源整合工作。中国外运长航实施综合物流第二批资源整合项目和航运资源整合项目,并取得阶段性成果。同时,成立陆运事业部,整合陆运口岸资源,逐步将陆运口岸公司纳入陆运事业部的管理体系。中国外运股份公司还在长江资源整合方面迈出重要步伐,集装箱运输资源整合进展顺利。

2. 加强绩效管理。(1)国务院国资委委托董事会对企业的整体经营和管理工作进行全面和细致的考核;(2)董事会首次启动对高级管理人员的业绩考核工作;(3)集团公司加强对子公司的绩效跟踪和分析,提高和改进对子公司的绩效管理水平。

3. 调整劳动用工管理。中国外运长航绝大多数下属公司按照新劳动合同法,对原有的劳动合同与相应的管理办法进行修改,对原有的不规范用工方式进行梳理与调整。

【重大项目】

1. 进一步加大战略合作力度。一是与中国建材集团、中铁集装箱运输有限公司、湖北省联合发展投资有限公司、广州宝洁公司等国内外大型企业签订战略合作协议。二是与中外金融机构的战略合作取得新进展。截至 2008 年 12 月 31 日,中国外运长航已经与 20 余家中外银行开展战略合作。

2. 积极调整经营结构,优化综合物流的业务格局。一是大力推进化工物流等新兴业务的发展。已初步形成集国际国内海运、危险品道路运输、TANK 箱运输于一体的较为齐备的化工物流服务体系。中国外运股份有限公司以中国外运天津有限公司为运作主体,搭建 TANK 箱业务平台,并将业务拓展到华东、华南地区,延伸服务的环节与项目。相继成功开发拜尔、中海壳牌、巴斯夫、卡博特等国内外知名化工企业为大客户。二是加快内贸货运业务的发展。中国外运股份有限公司在巩固原有广东、山东、天津、辽宁公司内贸业务的基础上,又积极组织华东、福建地区内贸货代业务的拓展,2008 年内贸货代业务量在上年基础上翻了一番。同时,还进行南北内贸航线经营的有益尝试。为解决发展内贸运输的运力问题,中国外运长航成立中外运天泽轮船有限公司,负责将来内贸船队的运力建设、管理工作。

3. 优化船队结构,提高航运业务核心竞争力。按照航运业务板块分战略,中外运航运有限公司完成 4 艘新造集装箱船和 1 艘合资建造的 31 万吨级超大型油轮交付。长航集团完成船舶购置投资 66 亿元,全年实际新增运力 60 余万载重吨,全年处置老旧船舶运力 30 多万载重吨。通过出售及建造船舶,进一步优化船型和船龄结构,扩大运力规模,提高船队的竞争能力。

【科技创新】　中国外运长航加大科技创新的力度。长航集团重点开发"铁矿石江海直达专线浅吃水肥大船型",开发和批量建造 9.2 万吨、5.73 万吨散货船、8000 吨近洋件杂货船、具备顶推功能的 5000 吨长江散货船等新船型;青山、东风船厂船台滑道、3500 吨和 5300 吨浮船坞、蓝鲸号游船等一批技改项目投入使用。长航集团大力推进节能减排工作,燃油综合单耗控制在 3.55 千克/千吨千米,比年度目标下降 2.7%,重质燃料油使用比重达到 72%,船舶掺烧重油和使用非标燃油共减少燃料费用支出 6500 万元。

【管理创新】 2008年，中国外运长航在风险控制、应收账款管理、资金管理、投资管理、成本管理等方面加大力度，并取得新成效。

针对风险控制，中国外运长航制定《中国外运集团全面风险管理建设规划》并付诸实施。着重加强对信用风险、投资风险、行业风险、业务风险的管控，收到良好的效果。在应收账款管理方面，以海运和货代业务为突破口加大管理力度，并取得良好成效，获得国资委的好评。在资金管理方面，确定并积极推行资金收支两条线管理模式。在复杂严峻的经济形势下，坚持科学决策，从严控制投资规模和速度。同时还努力控制生产成本和管理费用，确保收益稳定。

中国外运长航还在人力资源管理体系、国有产权管理体系、安全生产管理体系等方面逐步完善，进一步加强基础管理，不断提高集团管控能力。

【走向海外】 中国外运长航加快在南美和非洲等新兴市场的海外网络建设速度，与巴西、埃及、摩洛哥等14个国家和地区的合作伙伴建立代理关系，海外签约代理已达44家，网络覆盖亚洲、欧洲、北美洲、大洋洲、非洲和南美洲等45个国家和地区。同时，还启动在海外关键节点设立分支机构的工作。

【履行社会责任】 中国外运长航在落实国家宏观调控政策、支持北京奥运会、残奥会、上海世博会等方面，都发挥积极作用。特别是2008年发生"5·12"特大地震灾害后，中国外运长航立即开展抗震救灾活动，长航集团、广西、四川、山东、安徽等公司充分利用物流设施组织运力支援灾区；中国外运长航上下踊跃捐款，累计捐款达3000余万元。由于在雨雪冰冻和汶川大地震中的突出贡献，中国外运长航被民政部授予2008年度中华慈善奖和"最具爱心的内资企业"称号。

【应对金融危机】 中国外运长航在金融危机中，经营受到的主要影响：一是外贸出口增幅下降，导致物流服务需求减少。2008年中国外贸出口增幅大幅下降，导致2008年下半年中国外运长航在东部沿海地区企业的各项涉外物流均有不同程度下降。二是金融危机导致航运业务急剧下滑。2008年上半年，BDI指数最高达到11793点，下半年BDI指数最低达到663点，半年内跌幅达94%。航运市场的突然暴跌导致中国外运长航航运板块收入、利润同比大幅减少，经营难度加大。三是应收账款回收受到影响。由于许多中小外贸企业经营困难，还面临贷款、融资难，尤其受金融危机影响，出口订单下降、资金紧缺甚至出现资金链条断裂等风险。对中国外运长航各级企业而言，客户的信用风险加大，形成坏账隐患，造成应收账款风险增大，并影响到综合物流业务的经营质量。

中国外运长航采取的主要措施：一是充分认识金融危机的严峻性，坚定战胜困难的信心，做好越冬准备。面对金融危机的冲击，中国外运长航密切跟踪航运物流行业变化，把握市场动向，做好预测、预警、预案，努力化解危机带来的冲击。做好越冬准备的重点是要管好"钱袋子"。二是既积极应对金融危机的冲击，做好风险管理预案，更要积极发现和把握其中蕴含的机遇，从变化的形势中捕捉和把握难得的发展机遇，在逆境中发现和培育有利因素，在逆境中求得发展。三是既做好当前工作，更立足长远，着眼发展，切实练好"内功"。加强干部、职工培训，努力提高干部员工的综合素质，在完善体制机制、提高管理水平、加强风险管控、增强创新能力、提升企业文化等基础工作上下更大的功夫。

（撰稿人：敬　准）

中国丝绸进出口总公司

【基本概况】 中国丝绸进出口总公司（以下简称"中丝公司"）是我国成立最早、规模最大的丝绸进出口企业之一。中丝公司的主营业务是茧丝绸原料商品、丝绸服装服饰成品的生产与贸易，还经营其他商品的国内外贸易，以及物流、对外咨询和展览、杂志出版、广告等业务。2008年，中丝公司经受住世界金融危机的严重冲击，克服国际丝绸市场下滑、人民币升值、茧丝价格动荡、运营成本高涨等挑战和困难，加强丝绸主业的实业建设，夯实企业生存和发展的基础，完成国资委下达的考核指标，实现国有资产的保值增值。

中丝公司注册资本1.5亿元人民币，拥有全资子公司22家，国内参股企业40家，在世界丝绸主销国家和地区设立贸易机构4个，现有职工1000余名。

【主要指标】 2008年，中丝公司实现销售收入20.52亿元，实际完成利润0.80亿元；资产总额14.73亿元，资产负债率为39.50%。

中国丝绸进出口总公司主要经济指标

目　标	2007年	2008年	同比增长(%)
资产总额(亿元)	13.72	14.73	7.36
净资产(亿元)	8.03	8.91	10.96
营业收入(亿元)	21.90	20.52	−6.30
利润总额(亿元)	0.25	0.80	
利税总额(亿元)	1.72	2.14	24.42
全员劳动生产率(万元/人·年)	9.97	9.50	−4.71
净资产收益率(%)	3.79	6.67	
总资产报酬率(%)	2.81	6.04	
国有资产保值增值率(%)	106.84	102.63	

【重大项目】 为加快由贸易中间商向生产商的经营业态转型，做强做大丝绸主业，提高企业的核心竞争力，中丝公司加强主业投资，在浙江、广西的丝绸主产区进行布局和选点，兴建蚕桑基地和生产实体，打造丝绸产业链。

重点项目淳安丝绸工业园区2008年开始一期工程建设。一期工程占地约60亩，1月份经公开招投标后开始施工，项目建设进展顺利，招标范围内的建设主体和配套的供水、供电等工程已经完成，相关设备即将运抵现场进行安装调试。全部一期工程将于2009年一季度如期建成，主要用途为附合丝、白厂丝的生产厂房及办公楼等配套设施。

另一个重点项目广西来宾市缫丝加工项目也已开工建设。来宾公司的各项工程按计划顺利完成方案设计、环保评估、工程招标、施工建设等工作。截至12月底，缫丝车间等主体工程及锅炉房等配套设施已相继完工。生产设备及配套设施的定购、安装调试等前期准备工作也在有序进行。来宾公司还承接商务部"东桑西移"工程的蚕桑基地建设，通过"公司+基地+农户"的模式，扩大蚕桑生产基地的面积，蚕种的发种数量也有新突破。

通过以上重点项目的布局，中丝公司在传统丝绸主产区浙江省和新兴的丝绸主产区广西自治区都有蚕桑基地和丝绸生产实体。浙江省淳安县的实体将以生产抱合丝和服装为主，产品为中高档，面向欧美市场；广西自治区的实体以生产蚕茧和丝类商品为主，产品为中低档，面向印度和东盟市场。中丝公司的产品线更加丰富，为丝绸主业的发展奠定基础。

【走向海外】 面对世界金融危机的冲击和海外市场需求的萎缩，中丝公司进一步加强海外市场的开拓。2008年，为了巩固丝绸出口的市场份额，中丝公司采取以下措施：一是坚决"走出去"，充分利用国内外两种资源和两个市场。主要是外派海外推销小组，加大营销力度，保持世界丝绸市场的份额，即巩固欧美、日本、韩国、香港地区等传统市场；拓展印度主销市场；开发中东、东盟等新兴市场。通过巩固传统市场的份额，开发新兴市场来保持丝绸出口业务的规模。二是探索总公司海外企业与境内出口单位及生产实体结合经营的模式，通过加强内部合作，实现资源互补，实现产供销、海内外经营一体化，从而降低经营成本，抵御市场风险。三是提升服务。通过良好的服务为海外客户提供增值服务，如商品质量和交货期的保证，商品价格波动情况与客户及时沟通等，以增强客户关系，巩固合作基础，促进成交。

【应对金融危机】 面对来势猛、蔓延快、影响深，愈演愈烈的国际金融危机，中丝公司多次召开不同层面的会议，分析形势，研究对策，积极采取加强营销、细化管理、降本增效、严控风险、快进快出、灵活应对的措施，保持经营管理总体的平稳运行。

1. 对职工进行深入思想动员，迎难而上。一方面向职工介绍企业面临的外部经营形势，以消除恐慌，稳定人心；另一方面积极宣传国资委及公司应对金融危机的对策，以激发职工的主观能动性，做好各项本职工作，努力完成全年的经营任务。

2. 采取多项经营措施，力保全年销售和利润不滑坡。一是实施市场多元化战略，加大营销力度，除传统欧美市场外，加强对中东、东南亚、印度等新兴市场的开拓。二是调整出口产品结构，加强新产品的开发，提升出口商品的档次和附加值。在巩固蚕茧、厂丝、坯绸等附加值较低商品的市场份额的同时，努力扩大捻线丝、抱合丝等高端原料产品和服装服饰制成品以及其他新产品的出口。三是加强品牌建设，提高出口商品的利润率，主要是通过提高产品品质，加强宣传，扩大中丝公司的"梅花"、"红梅"丝绸品牌的知名度与市场占有率，增加出口利润。

3. 加大主业的项目投资，继续打造丝绸产业链，增强公司的发展潜力和后劲。通过实业投资和项目建设，从向出口单一环节转向向丝绸产业的多个环节要销售收入和利润。

4. 加强财务管理。一是继续执行全面预算管理，每月对销售、利润、费用等财务数据实行动态管理和监控，并根据业务进展情况采取相应措施以确保全年经营指标的完成。二是提高理财技巧，降低经营成本。重点控制成本，以约束性的预算开支降低管理费用，严控超额；以精细的管理降低经营费用，把业务流程各个环节的费用和外包业务的支出控制在行业的平均价格范围内；以理财技法和财务杠杆，减少资金的占用，如减少库存、加快应收款的回收、提高资金周转率，以提高经济效益。

5. 防范经营风险。一是注意防范原料价格波动的风险，在贸易中不留或少留库存，采取随需随买的做法，尽可能避免因货物价格下跌而造成损失。二是注意规避汇率风险，要求经营人员加强与客户的联系与沟通，缩短结汇周期，尽可能在较短时间内收回货款。三是注意客户资信的风险。由于金融危机的影响，国内外客户随时都有倒闭的可能，为此要求业务人员密切注意客户的信息和动态，随时调整经营做法，以保证资金和货物的安全。

经过多方面的努力，把金融危机的不利影响降到最小，2008 年中丝公司的销售收入略有下降，实现利润比 2007 年有较大增长，取得来之不易的成绩。

（撰稿人：陆　珺）

中国成套设备进出口（集团）总公司

【基本情况】 中国成套设备进出口（集团）总公司（以下简称"中成集团"），前身为中国成套设备出口公司，1959 年 11 月 9 日经国务院批准成立，1993 年 2 月，公司正式改企组建为中成集团。中成集团以成套设备与技术进出口贸易、工程承包及租赁经营、相关服务为主营业务。近年来，中成集团努力进取，企业综合实力不断增强，各项业务保持良好的发展势头。

中成集团是全国进出口额最大的 500 家企业之一，2007 年、2008 年连续两年入选中国服务业企业 500 强。自 1996 年开始，中成集团连续多年入选美国《工程新闻记录》杂志评出的全球最大 225 家国际承包商。

中成集团拥有境内外全资子、分公司 15 个、控股公司 8 个、办事机构 11 个、驻外机管站 4 个、参股企业 5 个；年末职工人数为 1881 名。

【主要指标】 截至 2008 年底，中成集团拥有总资产 34.8 亿元人民币，全年新签合同额 37.22 亿元人民币，实现营业收入 30.2 亿元人民币，国有资本保值增值率为 103.75%，全面完成国资委下达的 2008 年的各项业绩考核指标。

中国成套设备进出口(集团)总公司主要经济指标

项　　目	2007 年	2008 年	同比增长(%)
资产总额(亿元)	32.47	34.8	7.18
净资产(亿元)	6.39	7.2	12.68
营业收入(亿元)	29.41	30.2	2.69
利润总额(亿元)	1.26	1.0	-20.63
利税总额(亿元)	1.25	2.4	92
全员劳动生产率(万元/人·年)	27.82	19.44	-30.12
净资产收益率(%)	1.69	4.73	180.41
总资产报酬率(%)	4.09	4.19	2.44
国有资本保值增值率(%)	100.89	103.75	2.83

【改革发展】 积极推进和深化“三项制度”改革。中成集团在人事、用工、分配制度上根据国资委有关要求,结合企业实际情况,不断创新工作思路,大胆探索改革办法,努力提升人力资源管理水平,以适应集团生存和发展的需要。

在人事制度改革方面,中成集团坚持按照德才兼备、任人唯贤的标准,采取组织推荐与个人自荐相结合、组织考察与民主测评相结合、聘任与竞聘相结合等方式,逐步建立管理人员竞聘上岗、领导干部能上能下的选人用人机制。通过这一机制,集团发现、培养和造就一支高素质的领导干部队伍。

中成集团用工制度改革的重点是建立员工择优录用、能进能出的机制。对在岗员工实行动态考核,依据考核结果实行内部淘汰;对不胜任工作和未竞争到岗位的人员,进行转岗或培训;对不服从转岗或经培训仍不能胜任工作的人员,依法与其解除劳动关系。

2008 年 9 月 18 日,《中华人民共和国劳动合同法实施条例》出台。该细则对《劳动合同法》中的焦点问题进行详细说明和补充。为了深入学习理解《劳动合同法实施细则》的主要内容,中成集团派专人参加国资委组织的有关培训。根据《劳动合同法》和《劳动合同法实施条例》,中成集团修订《中国成套设备进出口(集团)总公司劳动合同管理办法》,适度调整劳动合同的期限,修改与新法规不相适应的条款,进一步完善集团的劳动合同管理制度,为员工工作的稳定提供有力的保障。

中成集团分配制度改革的重点是建立收入能增能减、有效激励的机制。为此中成集团进一步完善内部分配办法,建立以岗位工资为主的基本工资制度,明确规定岗位职责和技能要求,实行以岗定薪、岗变薪变。集团岗位工资标准和员工收入水平与集团的效益和员工的实际贡献挂钩,坚持收入分配重点向关键岗位倾斜。

【重大项目】 2008 年,中成集团坚持做强做大主业,围绕重点国别和重点市场,加大成套设备出口和工程承包业务市场的开拓力度。全年新签成套设备出口和工程承包项目合同额近 4 亿元人民币。

成套设备出口和工程承包业务稳步发展,在建项目正常实施。2008 年,中成集团在建工程 30 个,分布在亚洲、非洲和拉美等 16 个国家和地区,主要项目有:援塞内加尔国家剧院、莫桑比克检察院办公楼、援南非住房、牙买加会展中心、英属特克斯和凯克斯岛度假村和中国驻南非使馆馆舍等。此外,摩洛哥医疗诊所、援加纳剧场维修、乌干达克洛洛公寓、乌干达麦克雷雷大学二期、乌干达财政部大楼装修等项目顺利竣工。

糖联租赁经营进展良好,新投资的两家糖联恢复建设进展顺利。生产方面,2008 年四家糖联共产糖 5.31 万吨,同比减少 2.21%;酒精 9886 立方米,同比增长 26.60%。销售方面,2008 年四家糖联共销售白糖 6.09 万吨,同比增长 21.07%;酒精 10921 立方米,同比增长77.98%。投资方面,集团投资的马达加斯加昂比卢贝糖联和那马吉亚糖联恢复建设工作取得积极进展。

一般商品贸易业务持续发展,进出口总额有所增长。2008年,中成集团进出口总额2.06亿美元,同比增长14.04%,其中,出口17180万美元,同比增长25.35%;进口3443万美元,同比减少21.36%。

其他相关服务业务经营稳定。国际货运代理业务,2008年完成海运集装箱54240标准箱,同比减少8.18%;散杂货663357运费吨,同比增长40.87%。该项业务创造收益840万元,比上年增长4.22%。中成假日酒店紧抓奥运良机,采取积极的营销策略,提升服务质量和安全意识,扩大社会知名度,取得自2004年开业以来的最好经济效益。

【管理创新】 加强财务管理。中成集团顺利完成新旧会计制度衔接转换和会计准则全面执行工作,并以执行新会计准则为契机,进一步规范企业基础管理工作。初步完成企业财务信息管理系统平台建设,推动财务信息化工作进程。深入推行全面预算管理工作,定期召开财务预算执行分析会,加强全面预算执行情况动态监控,为经营决策提供有效的财务信息。2008年底对内对外实际担保余额同比降幅达34.4%,压缩担保规模,降低财务风险。

加强风险管理。为积极应对国际金融危机,切实做好风险防范工作,中成集团总公司专门下发《关于积极应对金融危机,切实做好防范经营风险工作的通知》和《关于进一步加强资金、担保和抵押等事项管理工作的通知》,要求各单位高度关注国内外经济形势的发展变化,切实强化风险管理意识,重点加强业务运营操作风险、合同纠纷法律风险、财务资金结算风险、投资风险等方面的防范,努力将金融危机可能给企业造成的损失和危害降到最低。各单位以规避经营风险作为首要任务,积极采取有效应对措施,取得一定成效。

加强安全生产管理。2008年是奥运年,也是安全生产"隐患治理年"。中成集团深入宣传"安全发展"理念,进一步落实安全生产责任制,认真组织开展安全生产隐患排查治理、应急救援演练等多项活动;突出重点领域和关键环节,全面排查治理安全生产隐患。2008年,中成集团未发生安全生产事故,创造安全稳定的经营局面。

(撰稿人:张世杰)

中国出国人员服务总公司

【基本概况】 中国出国人员服务总公司(China National Service Corporation 缩写CNSC),于1983年经国务院批准成立,现由国务院国有资产监督管理委员会直接管理,属于国有大型综合性对外经贸服务企业,各年度均入选中国服务业企业500强。

2008年是中国出国人员服务总公司(以下简称"公司")成立25周年,是公司2004~2008年五年发展规划圆满收官之年,是公司经营结构调整的第10年,对公司具有特殊意义。10年来,在巩固发展传统业务的基础上,公司经过经营结构调整和业务管理创新,实现从单一的政策性业务向多元化的市场性业务的转变,完成二次创业和管理再造,进入持续、稳定、健康的发展阶段。

公司以科学发展观为指导,以"打造中服对外服务品牌"为总体发展战略目标,拥有相对稳定的主营业务、市场化的运作体系、良好的资产结构、有效的管理构架、较完备的内控体系、初具职业化标准的经营管理骨干队伍和具有较强凝聚力的企业文化。公司与国内外众多大型企业保持着长期稳定的良好合作关系,与多家国际著名跨国企业开展卓有成效的经贸合作,经营实力和国际影响力不断扩大。

【主要指标】 2008年公司超额完成国资委下达的考核指标和全年预算目标。实现营业收入22.72亿元,比2007年增长28%;对外贸易额2.67亿美元,比2007年增长69%。2008年公司营业收入和经营效益创下10年以来的新高。营业收入和利润分别是前一个五年发展规划结束时的2倍和3.7倍,五年发展规划提出的"规模翻番、利润翻番"的经营目标全面超额完成。

【改革发展】 2008年公司以"创新经营模式、打造服务品牌"为核心,整合各项业务,实施"打造中服对外服务品牌"的总体战略,借鉴综合商社等模式,在更新对外服务理念、创新对外服务经营方式、扩大对外服务业务规模方面，做了很多有益的探讨和实践，取得一定成绩。

1. 积极倡导创新思维，鼓励创新实践，以创新业务模式为突破口，全面提升竞争优势。

(1)创新贸易模式，综合金融服务、物流服务等手段，为客户提供具有增值效益的整体解决方案。公司在“打造高端工程机械行业知名服务商”的战略实施过程中，以国际贸易为基础，以金融服务和物流服务为手段，综合各种元素，不断创新业务模式，为客户提供全面的解决方案和全方位的服务，通过帮助客户快速发展，与客户结成战略合作伙伴，增强相互的依赖性，不断做强做大，实现双赢。通过不断努力，公司2008年相关业务实现跨越式发展，攀上一个新高度。

(2)整合市场资源，以敏捷地把握市场的能力应对市场变化，不断开发新产品，控制上下游市场。公司根据市场情况，充分利用市场资源，整合国内外货源和经销渠道，不断探索和开发新产品，扩大产品组合，延长产品线，进口业务取得很大发展，不但全面满足客户的需求，还形成完整、有机的产品结构，扩大营销规模，提高销售渠道的效率。凭着较强的市场敏感度，公司在2008年下半年金融风暴来临之前，敏锐地感觉到市场即将发生变化，提前果断销售掉库存产品，确保经营成果。公司正在成为国内重要的医药化工原料出口商和非战略原料进口商。

(3)着眼于现代城市的功能补充，建立符合现代服务业标准的免税店网络。2008年，公司着力打造中服免税品牌，以为现代城市提供功能补充的经营理念转变思路、贴近市场，提高标准，主动加强与国际著名免税品公司的合作，在国际品牌引进、销售网络开发管理、店面形象建设等方面取得良好成效，初步建立起符合现代服务业要求的免税品物流采购配送、品牌推广、营销管理的一条龙服务和管理体系，进一步提升“中服免税”业务的品牌价值。

(4)创新思维，以商业流程外包服务拓展传统业务，做走出去中国企业的专业生活物资供应商。公司于2004年获得的向我国驻外机构供应免税国产香烟、名酒的业务，为公司的传统生活物资业务注入新的活力。2008年，公司认真贯彻“做走出去的中国企业的专业生活物资供应商”的战略要求，开展新的探索和尝试。首先，进一步理顺向驻外经商机构供应生活物资的业务流程；其次，积极探索海外工程项目生活物资供应的外包服务业务模式，以免税国产烟酒为依托，与“走出去”的中国工程公司开展战略合作，以人才、团队、信誉度等方面的优势，为其非核心业务提供商业流程外包服务，以此作为生活物资供应业务的拓展方向和经营目标。经初步实践于海外项目，取得良好效果。

2. 强化对外服务网络布局与功能补充，完善对外服务能力与体系。

(1)以公司核心业务为中心有效带动业务一体化，加强对外服务网络建设。在公司一体化战略的指导下，京内外、境内外企业加强横向联系、扩大业务交流，充分发挥各自的业务资源和区位优势，在市场开发、物流配送、信用保险方面主动开展合作，逐步实现业务的对接、市场和服务链条的延伸，实现公司在业务开发和运作上的集群效应，为构筑功能齐备、布局合理的对外服务体系和服务网络发挥积极作用。

(2)积极进行对外服务功能布局和补充，提高对外服务运营能力。2008年，公司的物流业务正式投入运营，现已初步搭建经营运作平台，取得初步效益。公司通过为国内外客户提供集采购、物流、保险为一体的整体解决方案，填补公司对外经贸服务体系中现代物流服务功能的空缺，为现有商贸流通业务的发展提供功能性补充，与各项业务形成互动、互补、互助，提升总公司整体服务竞争力。

3. 深化企业管理，为对外服务业务平稳较快发展提供保障。

(1)加强战略研究，明确新阶段发展战略思路。通过近两年深入探讨研究，2008年，公司编写的《关于开展现代服务业的战略与发展方向》，提出借助现代服务业蓬勃发展的大趋势，打造中服对外服务品牌的总体战略思路。为编制公司2009～2013五年发展规划和今后的发展方向奠定基础。

(2)深化人力资源管理，加强员工队伍建设。2008年，公司依法用工，科学管理，推进人力资源管理创新，进一步完善总公司人才队伍建设。公司以员工队伍的职业化建设为核心，深化绩效管理，引导和支持各单位建立符合自身特点的员工绩效管理体系，加强绩效考核工作，完善激励约束机制，将京外企业纳入考核体系，全面落实绩效管理制度，着力促进员工绩效的全面提升；继续落实任职资格管理制度，开展任职资格评价工作，2008年任职资格评价工作基本涵盖公司的各业务层面，框架体系已经初步建立，为各项工作的进一步顺利开展打下基础。

(3)加强财务管理，确保各项经营业务顺利开展。面对宏观经济形势的巨大变化、公司经营规模不断扩大等情况，公司积极应对，进一步加强财务管理建设。在国家金融政策紧缩时，努力筹措资金和争取银行授信额度支持，保证公司各项经营业务开展的资金需要；加强对应收账款和库存的监控管理，按月编报应收账款和存货情况分析报告，密切关注客户的经营、资信和资金状况，积极敦促经营单位注意清理、处置滞销存货，控制经营风险；加强财务分析，细化分析内容，为公司改善经营管理工作提供参考依据；根据国家相关政策的变化和公司业务发展的情况，建立和完善八项财务管理制度，进一步规范财务管理和会计核算行为。

(4)加强企业基础管理，完善公司治理结构，规范业务流程，防范经营风险。2008年，为优化广东地区公司的组织管理结构，促进业务发展，公司对在广东地区的相关公司和业务进行重组。对规范公司治理结构、加强激励机制、优化资源配置和业务的发展起到积极的推动作用。

公司继续强化风险防范意识，进一步完善业务流程管理。一方面，公司注重日常业务风险控制和业务流程的动态管理。为及时应对市场变化，公司简化合同管理流程，提高运营效率，在风险可控前提下适当提高各经营单位日常业务审批权限；另一方面，公司和中信保公司达成全系统联保框架协议，初步实现公司系统在短期出口信用、国内贸易信用方面实施联保，为化解信用风险提供保障。

(5)加强思想政治工作，提炼企业理念文化，为改革和发展提供动力。2008年，公司党委按照国资委党委的统一部署，坚持融入中心、服务大局，从促进企业创新发展和维护企业内部稳定出发，在纪委、工会、共青团密切配合下，扎实推进员工队伍素质化建设和企业软环境建设，积极倡导核心理念、营造良好氛围，保证企业的平稳运行和改革优化的稳步实施。公司编印的《企业概览》，提炼公司文化的精髓，鼓励业务和管理模式创新，为公司企业文化注入新的内涵。

（撰稿人：韩宝东）

中国生物技术集团公司

【基本概况】 中国生物技术集团公司(以下简称“中生集团”)为国务院国有资产监督管理委员会管理的国有重要骨干企业，下辖中国科学器材进出口总公司，北京、长春、成都、兰州、上海、武汉六个生物制品研究所和北京国生医药开发中心，并控股北京天坛生物制品股份有限公司(上市公司)和北京微谷生物技术有限公司。在近万名职工中，科技人员达到4000多名，有包括国家工程院院士在内的病毒学、细菌学等多学科的数百位高级研究人员。拥有多个博士、硕士学位授予单位和博士后流动站。现拥有具有自主知识产权的多项成果和近百条符合国家GMP标准的生产线，生产预防、治疗、诊断用生物医药产品200多种。是集科研开发、生产、经营为一体的全国最大的生物技术企业集团。

2008年，中国生物技术集团公司在国务院国资委的正确领导下，以邓小平理论和“三个代表”重要思想为指导，认真贯彻落实科学发展观，深化改革，强化管理，在党建工作、经济工作、改革发展稳定等各方面都取得新的成绩，实现生产经营和经济效益的持续快速增长。2008年，中生集团实现营业收入48.95亿元，比上年增长21.36%；上缴税金5.55亿元，比上年增长52.28%；截至2008年底，中生集团资产总额76.30亿元，比上年增长19.30%。

【改革发展】 2008年，中生集团编制完成中生集团战略规划报告(2008～2017)，通过对外部环境与内部能力的深入分析，明确提出企业2008～2017年十年发展战略和关键战略举措，指导企业统一思想、明确目标、深化改革、整合资源、加快发展。

按照企业总体规划和国务院国资委关于加快推

进股份制改革、完善公司法人治理结构的要求，中生集团继续积极推进企业重组改制工作，中生集团控股的北京天坛生物制品股份有限公司与集团下属成都蓉生药业有限责任公司和北京生物制品研究所资产重组项目方案于2008年12月23日获得国资委批复，该项目的实施将为中生集团进一步整合资源和加快改革发展奠定基础。

为了配合企业改制，中生集团积极推进土地转性工作和住房制度改革。各子企业土地转性工作按照计划顺利进行。《中生集团深化住房制度改革实行住房分配货币化的实施方案》获得国资委批准，集团公司总部住房分配货币化工作于2008年圆满完成，各子企业的房改实施方案正在抓紧实施。

【科研开发】 中生集团科研实力雄厚，科研成果丰硕，拥有十多项具有自主知识产权的研究成果。近年来，有十余项成果获国家科技进步一等奖和二等奖，数十项成果获国家技术发明奖和省部级奖励。2008年，中生集团进一步加大科技投入，加快企业创新体系建设，增强企业创新能力，全面提高企业整体实力和技术水平。经过科技部、国务院国资委和中华全国总工会的评定，中生集团被命名为国家首批“创新型企业”。由国家发改委立项的新型疫苗国家工程研究中心项目进展顺利，2008年中生集团投资并控股该项目依托单位北京微谷生物医药有限公司，加快项目建设步伐。2008年，中生集团科研投入合计2.52亿元，比上年度增长38.42%。全年中标多项国家科技支撑计划、“艾滋病和病毒性肝炎等重大传染病防治”科技重大专项课题、“重大新药创制”科技重大专项课题，特别是国家科技支撑计划“疫苗关键生产技术研究项目”九项课题中，中生集团有八项中标。截至2008年底，中生集团共承担国家级科研课题45项，获得国家资助资金超过2亿元。

2008年中生集团有3项成果获得省部级科技进步奖、1项成果获得省级技术创新优秀产品奖，7项成果获得中生集团科技进步奖；2名专家获得“中华预防医学会公共卫生与预防医学发展贡献奖”。

【生产经营】 中生集团具有强大的产业化能力，现生产着各类预防、治疗、诊断用生物医药产品200多种，其中拥有自主知识产权的国家级一类新药6种，二类新药19种。2008年，中生集团实现工业产值(现价)39亿元，累计生产各类预防性生物制品6.2亿剂次，血液制品投浆700余吨，并圆满完成国家特种生物制品生产和储备任务。2008年中生集团共有16类21个规格的产品在27个国家和地区正式注册，生物制品出口1674万美元，较上年度增长32%。

2008年，中生集团进一步加强质量管理和质量保证体系建设，全面建立起生产月报和质量月报制度，针对“三鹿奶粉事件”，组织开展对原辅材料质量监督检查和对单采浆站的监督检查，组织召开产品质量分析会，切实加强制品不良反应的信息反馈、统计分析和风险监控。2008年，中生集团产品质量总体良好，疫苗批签发合格率达99.45%；血液制品批签发合格率达到100%。

2008年，中生集团不断完善安全生产管理体系，进一步健全安全生产责任制，与所属企业负责人签订《安全生产责任书》。完善应急预案体系，全面开展安全生产隐患排查治理工作，通过演习演练与现场排查，企业自查与互检，发现和整改近百项安全隐患，确保安全生产形势总体保持稳定，全年未发生安全生产事故，为企业生产经营正常进行创造良好的安全环境。

中国科学器材进出口总公司是国内最早获得外贸权的企业之一，具有国际招标预乙级资质、政府采购招标甲级资质和援外物资A级资质，在科学器材、化学试剂、实验动物、高新技术产品进出口业务领域，在国内外享有很高的声誉并专业从事为全国医疗卫生机构、医药院校、科研单位、各级医院引进世界先进水平的大型医疗设备和提供技术服务。2008年，中科器公司积极应对人民币升值和国际金融危机对外贸行业的冲击，一方面抓住国家鼓励扩大进口的机遇，以科技、卫生、教育、环保等领域的仪器、设备及相关产品为主攻方向，加大市场开拓力度，增加政府采购业务比重，在经营模式转型上狠下功夫，稳妥地延伸业务链条，进一步扩大进口业务规模、提高进口业务的盈利能力；另一方面积极应对出口业务面临的困难和危机，有效遏止出口业务下滑势头。加强各项基础性建设，着力拓展招、投标业务，巩固扩大药品销售和对外合作业务，积极开发向产品代理转型的新兴业务，经营模式转型成效明显。当年实现主营业务收入超过13亿元，同比增长19.5%；实现进出口总额2.4

亿美元，同比增长18.5%，经营规模达到历史新高。

【履行社会责任】 2008年是扩大国家免疫规划实施的第一年，全国80%的扩大免疫规划疫苗由中生集团生产供应。中生集团克服重重困难，放弃可观的经济利益，全力保证扩大国家免疫规划疫苗生产供应任务完成。历史罕见的汶川特大地震发生后，中生集团积极行动、不惜代价，全力以赴投入抗震救灾。中生集团领导班子成员先后多次赶赴灾区，慰问救灾一线干部职工、指导支援灾后重建和恢复生产工作。中生集团各企业竭尽全力做好保障抗震救灾药品供应，向灾区调拨各类赈灾药品6119件、127万瓶，合计金额2500万元。向灾区捐款捐物1000多万元。中生集团荣获2008年中国医药卫生行业社会责任孺子牛奖。中生集团所属成都所和蓉生药业受地震影响，直接财产损失1700万元，销售收入损失5000余万元，他们在积极开展抗震自救的同时，承担起中生集团向灾区捐赠药品和国家调拨的各种防疫制品的中转和储运职能，为控制灾区疫情做出特殊贡献。成都所等6个先进集体(个人)受到国务院国资委表彰，成都所储运部被全国总工会授予"抗震救灾重建家园工人先锋号"。

中生集团将今后的发展战略定位为以现代生物技术为导向，以自主创新的科研能力为核心竞争优势，在生物制品的研发、生产、营销领域具有突出竞争力，始终保持国内最强，努力成为具有国际影响力、亚洲领先、全球知名的生物制品企业。

(撰稿人：刘大为)

中国林业集团公司

【基本概况】 2008年是不寻常的一年。我国接连经历严重的低温雨雪冰冻和汶川特大地震等自然灾害，遭遇国际金融危机的严重冲击。面对这些难以预料、历史罕见的重大挑战和考验，中国林业集团公司(以下简称"中林集团")在国资委的直接领导和国有企业监事会以及国家林业局的指导、帮助下，认真贯彻落实党中央、国务院及国资委的各项方针政策和工作部署，按照年初确定的工作任务和目标，突出主业、加强管理、改善经营，完成年度各项经营目标。经营工作取得新的成效，国外森林资源开发有重大突破，资源基地和产业项目建设力度进一步加强，企业的活力和竞争力进一步提高，控制风险能力进一步增强，改革、发展、稳定各方面工作都取得新的进展。

中林集团是通过资产划转、理顺内部产权关系，按照母子公司体制组建的，依据《公司法》及建立现代企业制度的有关要求，实行集团公司与子公司两级管理，按照集权与分权相结合、职权与功能分工的原则确定集团公司对子公司的管理。集团公司作为子公司的出资人，行使选择经营者、重大决策和资产受益等权利。子公司是独立法人，在集团公司的统一组织和协调下，自主经营、独立核算、自负盈亏，独立承担民事责任，按要求完成集团公司安排的生产经营任务，除按规定应报集团公司审批的重大事项外，子公司各项日常生产经营活动均以其独立的企业法人身份直接对外联系和办理。集团公司没有设立董事会，实行总经理负责制，对于重大问题，由党政联席会议或总经理办公会集体决策。集团公司职能部门和相关子公司是集团公司重大事项的执行层，执行集团公司的决策并对集团公司领导负责。国资委向集团公司派出监事会，依法履行监督职责。

【主要指标】

中国林业集团公司主要经济指标

项　　目	2007年	2008年	同比增长(%)
资产总额(万元)	296853	299130	0.76
净资产(万元)	85323	93743	9.86

续表

项　　目	2007 年	2008 年	同比增长(%)
营业收入(万元)	365159	424259	16.18
利润总额(万元)	4372	5232	19.67
利税总额(万元)	10858	11700	7.95
净资产收益率(%)	2.89	3.31	0.42
总资产报酬率(%)	3.94	4.55	0.61
国有资产保值增值率(%)	102.35	102.81	0.46

【重大项目】 在集团层面的重组上，根据形势发展的需要，2008 年 11 月，中林集团按照国资委的有关要求并结合企业实际，适时成立重组整合领导小组及办公室，在推进企业重组整合方面进行积极的探索。先后与中国冶金科工集团、中国农业发展集团两家中央企业及吉林森工进行商谈和沟通，并积极争取行业主管部门、国资委有关部门和国有企业监事会的支持和帮助。在集团内部的结构整合上，加大对所属管理不力、盈利能力不强的公司和项目的清理，将一些公司逐步转让或者拍卖，针对一些不具有转让条件的公司，通过破产清算解决。

中林集团围绕机制创新这一主题，大力推进项目建设。雷州林业局广西岑溪租地造林工作通过全体员工齐心协力，艰苦奋斗，扎扎实实地开展已租土地的催交、林区道路建设和造林工作。签订林地租赁合同 60 宗，涉及面积 7.3 万亩，累计完成造林面积 6 万亩，所营造林木长势良好，将成为企业发展新的经济增长点。杭州千岛湖发展公司钓鱼岛项目一期建设完工，渔港建设项目前期工程通过验收。坪山园区项目建立了鮰鱼专养区，通过国家检验检疫局的对美注册，取得美国 FDA 反恐注册。顺利通过食品安全管理体系和 BRC 认证，完成标准化南美白对虾加工车间建设，企业品牌形象得到进一步的提升，公司被评为全国水产行业十佳企业，千岛湖鱼味馆被授予国家特级酒家。

【走向海外】 加蓬华嘉木业股份公司采取多项措施，抓住机遇，开拓进取，积极引进外部资金，经营结构调整取得重大进展，新购入 TLP10 万公顷林地，完成与中金汇世对加蓬森林开发出口公司和华嘉公司的增资扩股合作，新增股本金 2038 万元。资产规模进一步增加，资金状况明显好转，自身特色基本形成。全年生产原木 4.4 万立方米，锯材 1.3 万立方米，实现销售收入 1.25 亿元，比 2007 年同期增加 40%，实现净利润 1142 万元，比 2007 年的 200 万元增加 942 万元，资产总规模达到 1.9 亿元，比 2004 年增加近一倍，企业步入良性循环、健康发展的轨道。巴西华西木材工商股份有限公司改造工程已全部结束，正在试生产，一旦关键岗位技术工人到位，企业就会有大的发展。向在俄罗斯境内注册的中林友谊林业投资有限责任公司注入资本金 15 万美元，并争取到国家对外经济技术合作专项资金项目下的资源回运和投资贴息政策补贴 156 万元，为下一步开发俄罗斯森林资源工作奠定坚实基础。进一步巩固和深化与缅甸林业部门的合作，缅甸木材经营规模和效益平稳发展。

【重大创新】 按照现代企业制度要求，中林集团对总部内设机构进行调整，将资产运营部改为企划部，进一步明确工作职责。将审计工作从财务部分离出来，成立审计部，加强审计工作力度。进一步完善集体决策、会议管理、网站管理等各项制度。加强信息化建设，更换网站运营商和集团网页。以执行新企业会计准则为切入点，初步构建起集团公司统一的财务管理信息化平台，实现会计核算“一本账”，信息系统“一个平台”。对子公司负责人经营业绩考核办法进行调整补充，进一步提高集团公司的管理水平和风险控制能力。

中林集团进一步规范和加强森林资源的培育工作，开展高密度造林试验，加大对低产林的改造力度，积极做好林木病虫害的防治工作，广泛推广应用优良无性系品种，坚持小班经营，细化管理，森林经营水平不断提高。全年共完成迹地更新面积 8.9 万亩、幼林抚育面积 27 万亩，生产桉树苗木 681 万株，活立木蓄积量达到 244.9 万立方米，林木年总生长量 72.8 万立方米。大力实施科技兴林战略，继续开展对桉树良种选育、桉树无性系繁殖、测定与中试、桉树栽培技术、病虫害防治等五个方面的课题研究，成功推出多个优良无性系品种，其中雷 9、雷 11 已在生产中发挥越来越重要的作用，产生巨大的经济效益。

【履行社会责任】 面对历史罕见的低温雨雪冰冻和汶川特大地震灾害，中林集团始终把国家利益和人民利益放在首位，主动履行中央企业应有的社会责任，先后向四川卧龙熊猫保护区、甘肃省白水江自然保护区等震区捐款 120 万元人民币，用于自然保护区的救灾和重建工作。所属中国林木种子公司面对低温雨雪冰冻给森林造成的巨大破坏，积极主动向国家有关部门提出建议，并克服时间短、任务紧、国外货源紧缺以及正值春节休假期间等许多困难，紧急进口高遗传品质的种子园种子数千公斤，支援灾区，受到国资委的表彰。在北京奥运会筹备和举办过程中，所属森林国际旅行社圆满地完成奥运会和残奥会接待任务。同时，积极做好中国林业产业协会森林旅游分会的筹备工作，精心组织森林旅游分会成立大会。森林旅游分会的成立，将进一步推进中林集团森林旅游业务的发展，从而促进全国森林旅游业又好又快发展。

（撰稿人：张金贵）

中国医药集团总公司

【基本概况】 中国医药集团总公司（以下简称“国药集团”）成立于 1998 年，是由中国医药（集团）公司、中国医药工业公司、中国医药对外贸易公司、中国医疗器械工业公司于 1998 年 11 月 26 日组建而成，并于 1999 年 1 月 1 日被列为中央直管企业。

国药集团是国资委直接管理的惟一一家以医药为主业的贸科工一体化的大型全国性医药集团公司，下属 8 家全资或控股子公司、2 家上市公司、13 家药品生产企业、5 家全国性医药物流中心、1 个药物研究所、1 个传统中药研究中心和 2 个医药设计院，业务涵盖医药商贸流通、医药制造、传统中药产业、医药科研和医药工程设计、医疗器械生产销售及医药展览等相关产业，是中国医药商业、化学制药工业、麻醉精神药品、传统中药行业、医疗器械等全国专业协会的会长单位，是国内医药商业网络覆盖最广、销售额最大的综合性医药集团，在国内外医药行业有着重要影响。

国药集团作为国资委第一批董事会试点单位，建立健全各项规章制度，按照新的公司章程组建董事会，成立常务、战略、提名、薪酬和审计五个专业委员会，董事会外部董事人数超过半数，并于 2006 年 8 月开始实行由外部董事担任董事长的制度，实现决策层与管理层相互独立，分工明确，责权匹配、各负其责。集团在项目投资、人员聘用、薪酬奖惩等方面有更多的自主权，决策更加科学，管理更加有效。

建国以来，国药集团就承担着国家突发公共卫生事件和重大灾情疫情的中央医药产品储备和应急供应工作，负责按照国家统一部署承储和供应原料药、化学制剂、中药材和中药饮片、中成药、医疗器械和防护用品，是承担医药储备品种最全、数量最多的医药企业。在 2008 年奥运会期间，国药集团又被国家反恐办确定为紧急事件中央医药物资供应单位。

国药集团是国家批准的特殊药品（麻醉药品和精神药品）定点生产和销售单位，长期承担特殊药品的生产、科研和专营工作，具有丰富的管理经验和完善的制度，是我国最大的麻醉药品生产和经营单位；国药集团拥有中药种植、饮片加工、中药研究、中成药生产和销售完整的传统中药产业链，是国家管控的濒危中药材专营单位之一。

国药集团是国内医药行业与跨国医药公司最早开展合作的企业，从 1980 年国内第一家医药合资企业中国大冢制药有限公司诞生开始，国药集团先后建立了西安杨森、无锡华瑞、苏州胶囊、上海施贵宝等合资企业，积累丰富的国际合作经验和人才资源。

2006年，国药集团与越南政府共同出资，兴建了符合欧盟标准的越中制药有限公司并正式投产，为国药集团跨出国门迈出坚实的第一步。国药集团与世界上30多家跨国公司有着业务合作关系，国药集团控股和参股中外合资企业17家，境外投资独资企业3家。

【主要指标】 2008年，国药集团实现营业收入452.72亿元，较上年同期增加78.44亿元，增长20.96%，；实现利润总额18.58亿元，较上年同期增加5.58亿元，增长30.80%。

截至2008年末，资产总额为238.04亿元，比上年同期增长51.65%；所有者权益74.16亿元，比上年同期增长15.62%，净资产收益率19.10%，国有资本保值增值率为111.33%，处于行业良好水平，较好地实现国有资产保值增值。

中国医药集团总公司主要经济指标

项　　目	2007年	2008年	同比增长(%)
资产总额(亿元)	192	238	23.79
净资产(亿元)	32	49	51.65
营业收入(亿元)	374	453	20.96
利润总额(亿元)	13	19	42.92
技术开发投入(亿元)	0.35	0.41	22.10
利税总额(亿元)	23	30	30.80
净资产收益率(%)	16.50	19.10	
总资产报酬率(%)	8.54	9.50	
国有资产保值增值率(%)	118.06	111.33	

【改革发展】 按照国药集团发展战略的需要，在严格履行程序的情况下，规范国有产权转让行为，做好国有产权转让的审批、资产评估备案、产权交易等项工作，保证国有资产的保值增值。2008年度，国药集团完成产权对外转让和内部资产重组15项，涉及交易金额3030万元；清理关闭“非主业或缺乏发展前景”公司4家；根据国药集团战略发展需要，批准12个增资项目，累计增资金额43680万元；批准股权收购项目17项，投资金额19970万元，促进国药集团产业结构的调整和优化。

薪酬与考核方面，按照国资委的要求，结合企业实际情况，国药集团董事会对经营班子绩效与薪酬管理暂行办法进行修订，尝试与预算申报和完成情况紧密挂钩，鼓励自我加压和准确完成预算，使考核措施更完善、计算方法更合理、薪酬激励更有效。加强人力资源管控力度，制定高管人员社会团体任(兼)职、高管人员选拔任用、顾问聘用、员工福利管理等工作制度，统一规范程序和标准。改进二级子公司高管人员绩效薪酬管理办法，调整业绩考核项目，明确薪酬激励标准，使绩效合同更加量化、透明。

【重大项目】 根据国药集团“十一五”规划提出的实现医药商业运营一体化的目标，按照“区域整合—业态整合—产品整合—管理整合”四个步骤，通过整合分散的医药商业资源，形成长三角、珠三角、环黄渤海、华中、西南、西北、东北等多个销售大区；通过扁平化管理，推进分销与物流网络布局，深化集中采购，满足战略供应商、下游客户、股东等不同需求，实现资源的集约化经营，形成供应链的集成服务，管理的统一、协同和高效；实现国药集团内部产品统一编码，同时对部分产品进行集中采购和配送，减少采购和配送环节与成本，提高工作效率；随着商业一体化程度的增强，国药集团不断地完善管理职能，制定业务流程，完成系统优化，提升管理水平。

医药工业方面，国药集团在大力发展原有工业企业的同时，加大工业项目并购力度，经过尽职调查和商业谈判，成功收购哈尔滨百达制药和苏州万庆制药，为国药集团建立原料药生产基地提供新的平台，也为产业链一体化打下坚实基础。

【走向海外】 面对国际市场的动荡局面，紧紧把握对外合作的机遇，审慎积极地推进成熟项目。与日方医院增值服务项目成功签约，开拓医药流通服务领域的新模式；与天津医药集团达成中国大冢股权问题解决方案，明晰产权关系，解决历史遗留问题，并积极探索与广东大冢的重组工作。加强对合资企业的管理，积极引进新产品实现国产化；及时了解和掌握企业的生产经营情况，充分发挥派出董事的作用，实现生产经营稳步增长，中国大冢和无锡华瑞的销售收入和利润均创历史最高水平，为股东带来较丰厚的投资回报。越中制药积极采取应对措施，努力降低越南经济衰退对生产经营的影响，压缩销售成本，提高生产效益，保持稳定的发展。

【重大创新】 国药集团注重创新管理模式，提高管理水平。2008 年，完成对所属二级子公司财务总监的轮换，促进财务管理经验的交流，给财务管理工作带来新思路、新方法，提高财务管理水平。实施资金集中管理，形成国药集团总部及在京二级子公司之间经常性的资金调配机制，减少银行贷款，为资金一体化管理积累经验；外地子公司也在系统内开展自下而上的资金集中和调剂工作，有效地促进业务的发展。

积极开展内部控制审计专项调查。以内部控制体系为主线，结合业务、财务、全面预算、风险及战略管理，对企业内部控制体系的状况和水平进行调查及评价。认真开展 2007 年年报的内审分析，对反映出的问题和整改情况及时跟踪，发挥内审的监督作用。

科技创新工作迈上新台阶。2008 年，国药集团被国资委和科技部批准为第二批“创新型试点企业”，积极参与国家创新计划，获得国家创新药物研究等 25 个项目，申请发明专利 12 项；完成国药集团新产品开发、质量标准及工艺改进等创新项目 218 项，取得新药证书和临床批件 20 项。

【履行社会责任】 国药集团积极贯彻“关爱生命，呵护健康”的理念，认真履行中央医药企业保障社会公共卫生安全和人民生命健康的使命，在承担企业责任、奉献社会方面做出积极贡献。

保证医药物资供应。地震灾害发生后，国药集团全体员工迅速全力投身于抢险救灾，紧急采购和调拨抗震救灾医药物资近千吨、价值 3 亿元，启动专用包机 6 架，火车车皮 50 余节，大型货车 80 多辆，出色地完成中央医药储备物资供应任务，受到国家发改委、国资委等部门的充分肯定和温家宝总理的表扬。

积极奉献爱心。面对灾害，在做好医药储备及时供应的同时，企业和员工伸出了援助之手，为受冰冻灾害的群众捐款 21 万元，为地震灾区捐款物共计 1400 万元，2000 多名党员交纳“特殊党费”88 万元，共青团募集“扬起希望”专项基金 12 万元。

（撰稿人：于　莉）

中国国旅集团有限公司

【基本概况】 中国国旅集团有限公司（以下简称“国旅集团”）是经国务院和国务院国资委批准，由中国国际旅行社总社有限公司（以下简称“国旅总社”）与中国免税品（集团）有限责任公司（以下简称“中免公司”）合并重组成立的，是集旅行服务、免税品经销、旅游景区（点）开发与管理、交通运输、电子商务等综合服务内容于一体的国有重点大型旅游企业（集团），是中国旅游行业的旗舰企业。2008 年，“中国国旅、CITS”品牌名列《2008 中国 500 最具价值品牌》第 54 名，旅游服务类第一名，品牌价值 115.27 亿元；在“2008 中国企业 500 强”排序中，国旅集团名列中国服务业 500 强企业第 170 位；在“亚洲品牌 500 强排行榜”上，“中国国旅 CITS”品牌荣获第 131 名；被 TTG 旅业报评为“中国最佳旅行社”奖；“中国国旅、CITS”是中国驰名商标和海内外知名品牌。

2008 年，面对难以预料、历史罕见的重大挑战和考验，国旅集团在国务院国资委的坚强领导下，深入贯彻落实科学发展观，同心同德，坚定信心，共克时艰，抓住旅游业发展和中央企业改革的历史性机遇，不断深化内部改革，继续保持主营业务高速增长，积极推进整体改制和对外合资工作，开创跨越式发展的新局面，在超额完成经营指标、增长质量明显改善的同时，企业体制改革稳步推进，战略性项目取得实质性突破。

【主要指标】 2008年，国旅集团在外部经营环境突变，收入大幅下降的情况下，全面完成国务院国资委下达的经营指标和各项任务，全年实现合并主营业务收入60亿元，实现利润总额4.67亿元。

中国国旅集团有限公司主要经济指标

项　　目	2007年	2008年	同比增长(%)
资产总额(亿元)	43.18	47.3	9.54
净资产(亿元)	17.12	25.6	49.53
营业收入(亿元)	63.56	60.59	−4.67
利润总额(亿元)	3.03	4.67	54.13
技术开发投入(亿元)			
利税总额(亿元)	3.91	5.5	40.66
净资产收益率(%)	5.97	10.05	4.08
总资产报酬率(%)	8.28	9.9	1.62
国有资产保值增值率(%)	110.79	110.92	0.13

【改革发展】 2008年2月22日，国旅集团与华侨城集团在人民大会堂签订关于建立战略合作关系的框架协议，结成战略联盟，整合资源，拓宽主营发展业务链，共同寻求在中国乃至世界旅游业的发展空间。3月，国旅集团与华侨城集团共同发起设立中国国旅股份有限公司(以下简称“国旅股份”)。

2008年上半年，国旅集团整体改制上市工作取得阶段性成果，国旅总社和中免公司根据各自的改制方案，分别完成一人有限责任公司的工商注册手续，顺利实现小改制。经过国旅股份和中介机构长达三年的不懈努力，2008年3月，国务院国资委先后下达《关于中国国旅集团有限公司发起设立中国国旅股份有限公司资产评估项目核准的批复》《关于中国国旅股份有限公司国有股权管理有关问题的批复》和《关于设立中国国旅股份有限公司的批复》等文件，对国旅集团出资的资产评估结果予以核准，对国旅股份的国有股权管理方案和设立国旅股份做出正式批复。国旅股份随即召开创立大会、第一届董事会第一次会议和第一届监事会第一次会议，选举产生国旅股份第一届董事会成员、第一届监事会股东代表监事和高管人员，并顺利完成国旅股份的工商注册手续。2008年4月8日，国旅股份正式宣告成立，国旅集团整体改制上市工作迈出关键性的一步。

2008年5月，在完成三年加一期模拟合并报表审计工作和全套上市申请文件的汇总、审核工作，并报请董事会审批后，国旅股份向证监会上报首次公开发行股票并上市文件。2008年7月16日，国旅股份向证监会提交意见回复和修改后的招股说明书。

【重大项目】 2008年，国旅集团在做厚、做实庐山旅游风景区项目和吴桥杂技大世界项目的同时，加快与法国地中海俱乐部的合作步伐；考察广西和东北的多个滨海景区项目及滑雪场项目，大力推进组建合资公司。

以国旅总社对外合资工作为切入点，顺利完成国旅总社的战略咨询项目，逐步推进旅行社业务的战略转型。继续推进国旅总社与世界大型旅游集团的合资谈判工作，与美国OEP集团就合资项目及合资进程进行谈判，完成国旅总社的战略咨询项目。根据麦肯锡咨询公司所做的“实施国旅总社战略，打造全球领先的旅行企业”、“重塑组织架构与业务流程再造”

和“华东区域总部创建”等三个战略规划方案，国旅总社成立战略转型办公室和入境游、公民游、MICE. 业务单元等七个工作组。2008 年 11 月，华东总部正式成立，标志着国旅集团旅行社业务三大区域总部战略的正式落地。

抓住海南建设“国际旅游岛”的大好机遇，积极推进海南“国际免税城”项目。中免公司提出以离岛旅客购物的新型市内免税店为核心的海南“国际免税城”项目得到海南省委、省政府的高度重视和大力支持。2008 年 8 月，国旅集团向国务院递交新政策的申请报告，2008 年 12 月 4 日，《海南省人民政府关于推进海南新型市内免税店建设的意见》出台，同意“中免公司发挥免税专营优势，在海南开设新型市内免税店”。海南“国际免税城”项目将成为首个具有“免税加旅游”的国旅特色的重大战略性项目。

【管理创新】 2008 年，国旅集团不断完善制度体系，以《企业国有资产法》为龙头，以《企业国有资产监督管理暂行条例》为基础，以国务院国资委 21 个规章和 115 件规范性文件为具体内容，制定《中国国旅集团有限公司国有资产评估管理暂行方法》《中国国旅集团有限公司国有资产评估机构选聘制度》《中国国旅集团有限公司国有资产产权登记管理方法》《中国国旅集团有限公司国有产权受让和转让管理暂行规定》，资产监管法规体系基本形成，制度建设取得积极成效。

2008 年，按照国旅集团董事会的要求和上市公司监管的有关规定，国旅股份定期召开预算执行情况分析和经营工作会议，对国旅总社、中免公司和其他下属企业的预算执行和经营情况进行全程滚动式监控，对发现的问题及时进行分析、指导；通过开展过程监管，以及建立下属公司投资项目基本信息库和经营情况数据库等手段，强化对下属公司日常运营的监控力度。

2008 年，国旅集团健全和完善财务管理制度，加强集团化统一管理，进一步深化和加强全面预算管理。强化对成本费用的事前、事中、事后控制，将预算指标按月度层层分解，落实到各责任主体，实现预算的全过程控制，从而有效地降低成本费用。要求所属企业严格控制成本费用，利用规模优势降低采购成本和资金成本，督导和推动所属企业进一步规范财务基础核算，夯实财务管理工作基础。对内实现统一资金调配，减少企业贷款规模，对外集中银行资源，发挥规模优势，有效降低资金成本，提升财务的总体控制力和决策支持力，扩大盈利空间。开发财务智能数据库，建立信息化工作平台，优化财务分析系统。通过多维度、多层次、多视点的数据分析，为管理层提供有效、直观的决策数据支持。

【服务奥运】 作为中国旅游企业中的“国家队”，国旅集团站在讲政治、顾大局的高度，克服种种困难，以中央企业“金牌服务迎奥运”活动为契机，投身奥运服务保障任务，确保奥运服务工作万无一失。国旅总社设计针对运动员、教练员和奥运宾客观光旅游的 32 种奥运产品线路，制作产品小册子和电脑自助查询系统，包租专用旅游车和高级酒店客房。通过国家旅游局、北京市旅游局的推荐和竞标，国旅总社共承接四个奥运官方服务项目：境外和境内奥运火炬接力后勤保障、奥运村惟一指定旅游服务商、奥林匹克总部饭店惟一旅游咨询服务柜台和国际奥组委邀请的宾客(配偶)旅游接待。承接境外和境内奥运火炬接力后勤保障工作，境外传递 30 余天，历经 20 多个国家和地区，行程 9900 公里，境内传递 101 个城市。在历时 82 天的工作中，两个保障小组以严谨专业的态度和无私奉献的精神，圆满地完成各项任务，得到北京奥组委及相关部门的一致赞赏和高度评价。奥运会和残奥会期间，国旅总社设在奥运村旅游信息中心和奥林匹克总部饭店的旅游咨询柜台共接待涉及 150 多个国家的 674 批访客，发放旅游文化宣传材料 10000 多份，先后接待国际奥委会主席罗格的夫人、希腊国王和王后、前国际奥委会主席萨马兰奇邀请的贵宾等各国嘉宾 510 人次。国旅总社被北京市政府和北京奥组委评为北京奥运会、残奥会先进集体，8 位同志被授予奥运服务先进个人称号。天马旅游汽车有限公司为奥运提供运营服务保障工作，合计出车 8820 次，载客 79320 人次，安全行车 60.6 万公里，实现无交通安全事故、无服务投诉事故、无治安隐患事故的“三无”目标，被北京市评为“北京奥运会、残奥会交通保障工作先进集体”。作为北京奥组委首批奥运特许产品零售商，中免公司通过在机场、口岸、交通枢纽等渠道开设的78家奥运特许零售店，向海内外宾客销售奥运特许产品，取得良好的社会效益和经济效益。

【履行社会责任】 2008年，国旅集团积极参与社会公益事业，积极履行社会责任。在我国南方部分地区遭受雨雪冰冻灾害和“5·12”四川汶川特大地震期间，国旅集团不但以公司名义捐款，同时还积极组织全体员工踊跃捐款献爱心，党员主动缴纳“特殊党费”。捐款职工累计达3000人次，捐款额为310多万元，其中缴纳特殊党费近40万元。国旅总社积极稳妥、想方设法撤出身处四川震中灾区的中外旅游团队，使组织和接待的游客无一伤亡。通过与中国青少年发展基金会联合设立的“中国免税·希望基金”，中免公司从免税品各供应商、免税品购物客人和各参控股免税店募集141.06万元善款。中免公司为海南省儋州捐款100万元新建一所“希望小学”。

【应对金融危机】 针对国际金融危机引发的旅游客人骤减、购买力下降等新情况，国旅总社积极推进内部改革，及时调整产品结构，重视开发细分市场，积极促进产品销售，认真做好客户维护，不断压缩成本费用，保持旅行社业务的市场份额，继续在同行业中处于领先地位；中免公司继续贯彻执行“免税、有税并重，批发、零售共举”的战略，落实全面预算管理，严格控制成本费用，努力拓展免税业务空间，大力发展有税业务，着重提高零售能力，积极向主业相关业务延伸，经营业绩继续保持高速增长，主营业务收入和利润均创历史新高。

国旅集团通过推出加强区域总部建设，拓展市场零售渠道，扩大奥运产品销售等措施，使工作部署、决策谋略更加符合变化中的市场需求和企业发展实际；通过全面预算管理，强化对外投融资、担保及高风险业务的预算控制与管理；通过合理调动资金、加强应收账款管理、提前归还银行借款等举措，使融资风险不断降低；通过加强欠款回收、预收款、改变结算方式和使用汇兑工具等办法，有效进行财务风险防范与控制。同时，更加关注增长模式的改善和增长质量的提高，继续开展“降低应收款、降低库存”和“严控期间费用、降低成本费用率”的专项工作，收到实效，资产运营质量进一步提高，企业经营风险得到有效控制。

（撰稿人：陈振海）

中国保利集团公司

【基本概况】 2008年，中国保利集团公司以邓小平理论和“三个代表”重要思想为指导，全面贯彻科学发展观，认真落实中央、国资委的各项要求和部署，冷静分析，沉着应对，及时调整经营策略，采取有力措施，团结一心，奋力拼搏，各项工作取得较好的成绩，主业的盈利能力继续增强，集团总资产达857亿元，位列中央企业资产规模500～1000亿元的第二方阵；利润总额48.7亿元，同比增长31%，已连续八年实现两位数增长，集团整体上保持平稳较快的发展态势。

集团公司经过数次结构调整和企业重组，最终形成精干、高效的组织结构。集团公司采取董事会领导下的总经理负责制，经理班子成员包括总经理、副总经理、总会计师、总工程师和总经济师。集团公司本部设综合事务部、企业发展部、财务部和房地产部等四个部门，集团公司下属5个一级子公司，分别是保利科技有限公司，主业为贸易、矿产资源领域投资开发；保利南方集团有限公司，主业为房地产开发；保利香港（控股）有限公司，主业为房地产开发、收租物业；保利文化艺术有限公司，主业为文化艺术经营；保利财务有限公司。

【主要指标】 截至2008年底，集团公司合并总资产857.9亿元，所有者权益合计（含少数股东权益）254.9亿元。全年实现利润总额48.7亿元，在央企中排名第28位；集团公司上缴各项税金35亿元。

截至2008年底，集团公司共有从业人员13409人，其中，年末在岗职工人数12839人，年末其他从业人员572人。

中国保利集团公司主要经济指标

项　　目	2007 年	2008 年	同比增长(%)
资产总额(亿元)	682.6	857.9	25.7
所有者权益合计(亿元)	223.4	254.9	14.1
营业收入(亿元)	140.1	236.2	68.6
利润总额(亿元)	37.8	48.7	31
社会贡献总额(亿元)	45.9	75	63.4
利税总额(亿元)	51.5	70.7	37.3
全员劳动生产率(万元/人·年)	44.82	62.38	39.2
净资产收益率(%)	15.58	11.22	—27.9
总资产报酬率(%)	7.98	6.72	—15.8
国有资产保值增值率(%)	116.35	108.8	—6.5

【主营业务和重大项目】 国资委已经明确保利集团公司有 4 个主业：贸易、房地产、文化艺术和矿产资源领域投资开发。

2008 年，军民品贸易业务实现进出口签约总额 20 亿美元，其中军品出口签约继续排名国内第二，在国内军品出口行业整体下滑的形势下仍然实现稳定增长，市场占有率、签约质量、经营效率同时也得到显著提升。

房地产主业完成投资额 271.1 亿元，新开工面积 565.6 万平方米，竣工面积 347.7 万平方米，共有在建拟建项目 103 个，在建面积 1429 万平方米。保利地产抓住市场短暂转暖的机会，成功发行 43 亿元公司债。“保利地产十五年”的品牌传播活动取得可喜成果，全年获得各类奖项 180 余个，其中保利地产品牌价值升至 60.41 亿元，连续三年蝉联国有房地产企业品牌价值榜首，被国务院发展研究中心 TOP10 研究组评为“中国房地产上市公司投资价值第二名”，被《大众证券报》和新浪财经联合评选为“十佳最具持续投资价值上市公司”；北京公司以 29.3 亿元销售额摘得 2008 年北京市场销售冠军，获得北京地区房地产年度贡献大奖；上海公司获得上海地区最具影响力地产企业；成都公司获得第六届金芙蓉杯(2008)“成都地产年度企业金奖”。保利集团公司始终坚持经济效益和社会效益并重，积极参与全国限价房投标与建设，在北京、广州两个重点城市引起广泛关注和赞誉。

文化业务进入良好发展阶段，已形成以演出与剧院管理、艺术品经营与拍卖、电影院与院线经营管理为主的业务格局。演出业务方面，全年举办“中国爱乐乐团新年音乐会”、“迪士尼舞台剧全国巡演”等大中型演出 1650 场；完成奥运中心区“祥云剧场”舞台设计制作等有影响力的项目，成功中标第十一届全运会闭幕式主办权。剧院管理业务新拓展河南、惠州、温州、常州项目，经营管理剧院已达 13 家。艺术品经营与拍卖业务实现成交总额 17.28 亿元，继续保持国内行业前两名的优势地位。影院投资经营业务已在重庆、郑州、深圳、南海和北京建成 5 家影城，全年实现票房收入 3471 万元。其中，深圳影城开业第一年就进入全国影院票房收入第 17 位，观众人次数第五位。旅游卫视全年保持稳定状态，全年广告收入 1.54 亿元，税前利润 4141 万元。

矿产资源业务全年实现利润总额 1.03 亿元，成为集团公司一个新的利润来源。山西铁新、水峪、沙峪 3 家煤矿完成基建和技改，即将正式投产。思普瑞煤矿、汇海公司平山煤矿的技改方案也已报批。新疆的别斯库都克煤矿已完成精查，项目已列入新疆“十一五”规划。另外，还重点考察 28 个煤炭项目，完成山西离柳、内蒙太西煤矿等 4 个项目的尽职调查。在海外，已获得多个石油、有色金属矿产资源的勘探开采权。

【走向海外】 保利集团积极实施“走出去”战略，

拓展海外资源业务，与中非发展基金签约成立中非投资发展公司，共同开发非洲地区的矿产资源；与中国石油天然气勘探开发公司签订开发中非石油项目合作协议。在搭建开发架构的同时，确定苏丹21区块金矿的勘探方案，首个靶区的地质勘探工作即将开始。海外工程业务进展顺利，苏丹鲁法大桥预计2009年3月前竣工，将是苏丹第一座提前完工的大型工程项目。杜维姆大桥也已开始施工，建成后将成为尼罗河上的标志性建筑，保利的品牌、声誉和影响力将进一步提升。

【应对金融危机】 2007年底以来，国际国内经济形势日益严峻，保利集团的四个主业受到不同程度的影响。面对复杂困难的形势，集团公司党组、董事会和经理班子先后召开20次会议分析形势，研究对策，较好地把握形势发展变化的脉搏和趋势，提出具有前瞻性的应对措施，把风险防范摆到全年工作的突出位置，下发若干风险防范的指导性意见，使集团在经济下行的环境中依然取得较好的经营业绩。

一是捂紧钱袋子，确保资金链安全。要求各级企业狠抓以现金流为核心的全面预算管理，强调在经济困难时期要坚持现金为王，积极构建资金蓄水池，资金存量原则上不低于资产总额的5%，负债率严控在70%左右。2008年下半年以来集团每个月的存量资金都保持在100亿元以上，占集团总资产的12%左右。

二是压缩房地产投资，减少开工量。共取消或暂缓项目16个，核减投资项目13个。全年实际完成投资272.8亿元，比原计划439亿元减少37.9%，其中保利地产减少87.5亿元，保利香港减少78.3亿元。全年实际完成新开工面积579万平方米，比原计划935万平方米减少38.1%，其中保利地产减少233万平方米，保利香港减少136万平方米。

三是加强销售力度，千方百计加快资金回笼。各企业主动应对市场变化，采取加快工程进度、完善楼盘形象、灵活促销等一系列措施，全年回笼资金188.4亿元，同比增长22.2%。其中，保利地产回笼资金158亿元，同比增长18.9%；保利香港30亿元，同比增长87.4%。

（撰稿人：伍镇杰）

中国新时代控股(集团)公司

【基本概况】 中国新时代控股（集团）公司（以下简称"集团"）是国务院国资委管理的中央企业，是立足国防军工，坚持军民结合，充分利用国内外资源，为国防科技工业发展提供高端服务和高技术产品的综合性集团。主营业务为：军民品贸易；工程承包及技术服务；相关实业投资及管理。

集团于2004年、2006年先后与原中机国际工程咨询设计总院（以下称"国际工程公司"）和中国地质工程集团公司（以下称"中地集团"）进行重组。近年来，集团坚持做特做优、做强做大主业，不断进行内部资源优化配置，逐步形成六个各具特色的核心子公司，保持持续、快速、健康发展。主要经营指标快速增长，企业规模不断扩大，行业地位和影响力显著提升。

【主要指标】 2008年，集团面对前所未有的严峻形势，认真贯彻落实科学发展观，坚持改革创新，加强内部管理，主要经营指标再创历史新高。实现营业收入85.6亿元、利润总额5.8亿元，同比分别增长22%、13%。成本费用占营业收入的比重为93.76%，优于上年0.27个百分点；主营业务利润率25.78%，优于上年1.87个百分点；净资产收益率14.66%，国有资本保值增值率115.16%，继续保持较好的盈利能力和较高的资本运营效率。

【改革发展】 2008年，集团继续坚持推进内部重组整合和体制机制创新，优化配置内部资源，集中有限、有效资源在做特做优上下功夫，企业竞争力、活力进一步增强。

集团进一步理顺军工安全板块内相关公司的产权关系和管理关系，咨询公司、招标公司、国展公司的产权正式并入科技公司，壮大军工板块实力。国际工程公司结合子公司业务特点、规模和发展方向，将环保公司、建三公司和窑炉公司组建成以环保与节能工程为主要业务的新公司，完成石化事业部、上海分院与启源设计的业务重组工作，壮大企业经营规模，提升市场竞争力和抗风险能力。中地集团清理注销23

家国内分支机构。华达玻璃钢公司 2005 年改制后，微利状况未有明显改观，集团再次引进战略投资者将公司国有股权全部转让，获得较好收益。厦门科技公司经营风险较大，利润贡献不大，集团在妥善安置职工的情况下，坚决将其股权全部转让。

集团积极推进人事改革。2008 年 10 月，集团安排总部 3 个部门级和 8 个处级岗位在全集团实施竞聘上岗，24 人参加竞聘，16 人通过笔试 、面试和心理测试后被确定为考察人选。与此同时加强总部与子公司干部岗位交流，促进母子公司融合和经营管理水平的提升。此外集团还委托国资委面向社会公开招聘总法律顾问。2008 年，集团改进员工考核评价办法，完善薪酬激励机制，新订和修订《集团公司总部劳动合同管理办法》等九项人事及薪酬管理制度，人力资源管理基础工作迈上新台阶。

【走向海外】 集团继续实施"走出去"战略，进一步巩固和开拓国际市场。新时代交易团继续组团参加广交会。组团参加巴黎防务展、第七届约旦特种装备展等展会，新设约旦等三个驻外办事处，特种贸易业务渠道进一步巩固和拓宽。高质量完成印尼军工企业技改咨询项目研究报告，得到中国和印尼政府部门的赞许。海外工程承包除继续巩固非洲水、路领域外，新承接哈萨克斯坦玛依那水电站项目，跨入新的建设领域。2008 年，海外工程承包新签合同额 50 亿元人民币，实现营业收入 22.6 亿元人民币。

【重大创新】 科技创新方面，集团高度重视科技创新工作，将自主创新、引进消化吸收再创新、集成创新有机结合，紧跟国际先进水平，努力保持主导产品的技术国内领先地位。2008 年，共申请专利 23 项，其中发明专利 3 项，授权专利 8 项。荣获部(省)级科学技术奖 1 项、优秀工程设计奖 1 项、工程咨询成果奖 2 项，2 个项目荣获省优秀环保工程。西安启源公司开发的 150 米纵剪线是国内速度最快、承载重量最大的纵剪线，新研制的"饼式顺磁电抗器铁芯双 L 剪切生产线"被科学技术部评定为国家重点新产品。民爆科技股份有限公司拥有自主知识产权的专利产品"可移动爆炸物品库"得到公安部的大力推荐，并获得多个省市的采用。该公司开发的新型高爆速震源药柱为中国民爆行业推荐发展项目。

集团积极参与国家标准的制订。国际工程公司编制完成《通用用电设备配电设计规范》《电镀废水治理设计设计规范》等国家标准的送审稿。

管理创新方面，在母子公司管理体制成熟、集团控制力有效增强的基础上，对子公司实施授权经营。2008 年，集团按照"管大、管少、管好"原则，继续探讨对核心子公司授权经营工作，并选择科技公司作为授权经营试点单位进行试点。

进一步完善风险控制体系。调整集团重大经营决策建议委员会，成立预算与经营业绩考核委员会和安全生产委员会，健全"上下结合，下审一级"的内部审计管理体系，在规范运营防范风险方面发挥作用。

管理基础进一步夯实。集团财务信息化全面实现经营单位财务数据集中管理和实时传输。大力推进集团融资整体授信并统一管理，严格对外担保审批，有效控制负债规模。全年修订、新颁制度 29 个，适应集团发展需要。

【履行社会责任】 集团坚持企业与社会、自然环境和谐共融，努力使企业发展理念和实践与社会基本价值相符合，认真履行社会责任。

安全与环境保护方面。集团成立安全生产委员会，建立安全生产责任制度和安全生产事故上报制度，修订安全生产事故应急预案，并开展安全生产检查，排查隐患，坚决杜绝事故的发生。对从事环保业务的工程公司进行整合，增强废水、废气以及固体废弃物的处理和利用能力。

扶贫方面。继续开展对湖北省竹山县对口扶贫工作，帮助建设一批关系竹山县发展和广大农民利益的项目，为促进该县新农村建设做出贡献。

扶危助困方面。多次为社会贫困群体和受灾地区组织捐助活动，特别是四川汶川特大地震发生后，捐款捐物达 1509 万元。

【应对金融危机】 国际金融危机及汇率变动、原材料价格上涨对集团国际业务造成巨大冲击。对此，集团采取一系列措施。一是加强对在建项目的管理，加强工程款的回收和现金流管理，尽量减少风险和损失。二是在新项目投标中加强风险防范，对项目投标严格把关，审慎决策。三是加强汇率趋势分析，降低汇兑风险。通过上述措施，保持生产经营增长态势，实现平稳运行。

（撰稿人：李淑芳）

中国建筑设计研究院

【基本概况】 中国建筑设计研究院（简称建筑设计集团，以下简称“集团”）2008年企业改革与发展经历一系列严峻考验，集团全体员工同心同德团结协作，历尽艰辛不懈努力，勇于探索排除万难，勇挑重担顽强拼搏，使企业业绩取得历史性的重大突破。集团2008年生产经营总体情况比2007年又有大幅增长，全年新签合同总额29亿元人民币（下同），同比增长38%，与2006年相比实现翻番；主营业务收入和利润总额双双再创历史新高，再次超额完成国务院国资委下达的业绩考核指标。同时，2008年是集团成立以来在建筑设计、科技创新和荣誉称号等方面获奖最多的一年。

【主要指标】 2008年集团顺利完成各项经济指标主营业务收入17.38亿元，同比增长17.36%；利润总额1.68亿元，同比增长0.4%；资产总额20.08亿元，同比增长28%；净资产8.8亿元，同比增长11.11%；国有资本保值增值率116.51%，同比增长0.59%；技术开发投入0.98亿元，同比增长64.87%。

【生产经营】 2008年集团加强市场开拓和设计过程质量管理，主营业务取得历史性突破，生产经营取得重大进展：中标鄂尔多斯机场扩建项目，机场建筑实现零的突破和质的飞跃。超高层建筑取得重大突破，先后承接130米以上高度的大型项目18个，其中广州东塔高488米和京基金融中心高439米，分别为广州、深圳的第一高楼，将成为两市的新地标。医疗建筑突破10年内基本空白的局面，连续中标5个大型医院，包括3个综合医院和2个专科医院。轨道交通建筑拓展新的领域，先后承接石家庄南站和北京地铁站房工程等项目，实现京内京外全面开花。体育建筑项目优势进一步巩固，继国家体育场“鸟巢”之后，连续承接鄂尔多斯东胜体育中心（合同额4050万元）等十几个体育场项目。城市垃圾处理研究与项目承接稳居行业之首，承接南昌市泉岭垃圾焚烧发电厂等十几个项目，市场占有率居全国领先。签署“宜兴经济开发区科创新城EPC-BT”项目（合同总额不低于6000万元），承接成都市固体废弃物卫生处理场垃圾渗滤液处理厂（合同额7915万元），创下集团历史上单项合同额之最。2008年集团累计新签超过1000万元合同45项，占合同总额25%。据不完全统计，2008年设计作品获国际奖（亚洲建筑师协会2007～2008年度建筑奖）金奖1项，国家级奖金奖3项、银奖2项、铜奖1项；省部级奖一等奖10项、二等奖18项、三等奖12项。

【改革发展】 2008年集团在健全企业规章制度、调整企业组织结构、深化干部聘用制度改革促进领导班子整体结构优化、重视专业技术领导人才培养等方面取得成效。2008年陆续出台50多项制度，涵盖技术经济管理、工程设计项目专业配合、行政办公、科研项目核算和技术岗位设置等方面。健全董事监事制度，集团18家公司（企业）中，15家设立董事会，其中有5家设立监事。开展管理创新，整合集团所属公司（企业）和单位，全面发展建筑技术全过程咨询服务业务。调整19个单位和部门的领导班子，聘任干部34人、免职干部7人。通过内部竞聘、公开招聘、市场选聘等多种形式，采取干部轮岗、换岗、制度性退出等方式，促进干部能上能下，待遇能高能低，从而增强广大干部的工作责任心和使命感。2008年集团认真抓好全国勘察设计大师的申报工作，任庆英总工程师被评选为“第六批全国工程勘察设计大师”。

【重大项目】 2008年集团在研课题327项，新增课题120项，同比增加36项；完成课题118项，同比增加46项；经费收入同比增加5781万元，科技投入同比增加881万元。组织完成《“十二五”城镇化与村镇发展领域科学和技术发展规划建议》《村镇基础设施建设科技工程建议》和《村镇宜居社区与安居住房建设产业化工程方案》等重大课题。2008年科研成果获华夏建设科学技术奖6项，省科技进步奖二等奖1项，省创新工作贡献奖1项。集团被华夏建设科学技术奖励委员会特别授予“建设行业科技发展突出贡献奖”。

2008年集团及各单位成功举办“第三届中日建筑·住宅技术交流会”、“中国城市住宅与房地产业发展高峰论坛”、“第二届全国钢结构施工技术交流会”、

“汶川地震震灾调查及对今后工程抗震的建议报告会”等国际国内大型会议 40 多次，“国际体育建筑设计论坛暨国际建协体育与休闲建筑工作组年会”总结第 29 届北京奥运会场馆设计的成功经验，为第 30 届伦敦奥林匹克运动会场馆的设计工作提供有益借鉴。集团主办的《建筑结构》《暖通空调》《给水排水》《建筑经济》和《小城镇建设》等十几本专业期刊全年刊发数以万计的学术论文，研讨行业发展中的热点难点问题。承办商务部“医院建设与医院管理培训班”，培训 14 个国家的 29 名学员。组织建筑师与 20 世纪文化遗产保护论坛，组织全国文物系统各类培训班，讲授保护规划和文化遗产知识。宣贯《村庄整治技术规范》，培训江西、云南、贵州等地建设厅村镇处长、县镇长约 2500 名；讲授小城镇建设知识，培训北京、湖北、贵州、重庆等地县镇长 400 多名。

【履行社会责任】 集团牢记央企责任，为国争光，为民出力，始终把国家利益和人民利益放在首位。面对“5·12”汶川特大地震，集团先后派出二十多批专家近 200 人次奔赴地震灾区执行科技支援任务，研究编制完成《地震灾害后村镇重建规划技术》《地震灾区过渡安置房建设技术导则》《地震灾后重建相关图集目录》和《地震灾后新农村建设集成与示范》等一大批技术手册和规范文件，为抗震救灾、灾后重建工作做出特殊贡献。全集团为灾区捐款总计 312 万元，其中职工自愿捐款 3601 人次，共计 69 万元；党员自愿交纳“特殊党费”1246 名，共计 82 万元；单位捐款共计 161 万元。在汶川特大地震的考验面前，集团各级党组织坚强有力，党员领导干部冲锋在前，共产党员发挥先锋模范作用。一批优秀设计科研人员纷纷向党组织提出入党要求，自觉在抗震救灾第一线经受考验。住房和城乡建设部、科学技术部分别两次发来感谢信，司法部、四川省委省政府、四川省文物局、四川省政府驻京办、成都市规划管理局和成都市温江区房产管理局等政府部门也先后发来感谢信。集团获得“全国住房城乡建设系统抗震救灾先进集体”称号，2 个单位获得“中央企业 2008 年抗震救灾先进集体和基层党组织”称号，3 位同志获得“中央企业 2008 年抗震救灾优秀共产党员、先进个人”称号，8 位同志获得“全国住房城乡建设系统抗震救灾先进个人”称号。

集团组织最权威技术骨干力量，圆满完成国家体育场“鸟巢”、多功能演播塔“玲珑塔”、数字北京大厦、奥林匹克水上公园和北京体育大学国家队训练基地等奥运场馆的技术保障任务，确保奥运场馆各项功能正常运行，为北京奥运会残奥会的顺利召开和胜利闭幕作出独特贡献。集团所属企业发挥技术优势和设备优势解决火炬熄火问题，完成传递火炬与气瓶的检测监造工作和鸟巢奥运主火炬燃气供应保障任务，确保火炬全球传递成功和主火炬安全正常运行。集团的奥运工程运行保障工作和志愿者工作成效显著，多次荣获表彰。李兴钢同志被中共中央、国务院授予“北京奥运会残奥会先进个人”。集团先后荣获“北京奥运会残奥会先进集体”、“奥运工程建设先进集体”、“科技奥运先进集体”、“北京奥运会残奥会志愿者工作优秀组织单位”、“中央企业系统北京奥运会驾驶员志愿者工作优秀组织奖”和“北京奥运工程建设勘察设计测绘行业先进集体”等称号，13 位同志分别荣获“北京奥运会残奥会先进个人”、“北京奥运会残奥会特别荣誉奖”、“奥运工程建设功臣”、“奥运工程优秀建设者”、“奥运工程建设标兵”和“北京奥运工程建设勘察设计测绘行业先进个人”称号，11 位同志分别被授予“北京奥运会、残奥会志愿者先进个人”。

【党建工作】 2008 年集团党委紧密围绕企业战略发展目标，以科学发展观为统领，准确把握党的建设“五位一体”的总体布局，以改革创新精神加强党的执政能力建设和先进性建设，以方法创新、制度创新、载体创新为保障，形成一条具有时代特征和集团特色的党建和思想政治工作新路子。以提高领导班子的领导水平和执政能力为主线，努力造就一支政治强、业务精、作风正、形象好的高素质领导干部队伍。通过举办支部书记培训班、中层以上领导干部培训、选派各级领导干部参加中央党校、国资委党校组织的培训等形式对领导干部普遍轮训。健全党的基层组织，不断增强基层党组织的创造力、凝聚力、战斗力。新组建党总支 1 个、组建和调整支部 30 个。选派专职支部书记 8 名。按照“坚持标准、保证质量、改善结构、慎重发展”的方针，做好党员发展工作，2008 年发展党员 23 名。加强入党积极分子培养教育，举办入党积极分子培训班，61 名同志参加培训。大兴廉政之风。

各级领导班子和领导干部以高度的政治责任感和使命感，紧密结合我集团生产经营工作实际，探索创新廉政教育和管理的有效途径及工作举措，为推进集团持续快速发展提供强有力的保障。充分发挥工、青、妇、侨联、统战和老专家、老同志作用，共同推动集团的建设和发展。2008年受表彰奖励的单位和个人最多。多个单位及个人获得全国青年文明号、中央企业先进集体、中央企业思想政治工作先进单位、中央企业先进基层党组织、中央企业劳动模范、中央企业青年文明号和中央企业优秀党务工作者等称号。据不完全统计：获国资委、建设部表彰集体10次、个人30人次，获集团表彰集体15次、个人60人次。

（撰稿人：王　锐）

中国电子工程设计院

【基本概况】 2008年，中国电子工程设计院（以下简称“设计院”）贯彻落实党的十七大和中央经济工作会议、中央企业负责人会议精神，深入贯彻落实科学发展观，以发展战略为引领，坚持解放思想，不断推进管理创新、技术创新、商业模式创新，做强做大工业工程、民用建筑、节能环保三大业务板块，企业规模进一步扩大，不断开拓高端市场，海外市场拓展初见实效，积极应对国际金融危机，不断提升设计院的品牌形象和综合实力，取得令人振奋的成绩。

截至2008年，设计院连续五年跻身于由美国《工程新闻纪录》杂志与《中国建筑时报》联合推出的“中国承包商和工程设计企业双60强”行列。这充分体现出设计院工程设计业务发展的成长性与可持续性，并在更为权威与宽广的业界平台上扩大品牌效应，有力提升知名度和美誉度。

截至2008年12月底，设计院注册资本1.2亿元人民币，总资产9亿元人民币，在职员工1600余人。拥有7家控股公司、3家参股公司、4家全资子公司。

设计院具有国家认证的工程设计综合资质证书，工程咨询、建设监理、环境影响评价、造价咨询等甲级资质以及房屋建筑工程施工总承包、电子工程专业承包、机电设备安装工程专业承包、建筑装饰装修专业承包等一级资质。可为工程建设、固定资产投资提供投资策划、整体规划、可行性研究、工程设计、项目管理、建设监理、工程总承包以及环境影响评价、节能评估和工程造价咨询等技术服务。

【主要指标】 2008年，设计院全体员工积极应对金融危机挑战，同心同德，共同奋斗，保持设计院健康发展的良好局面。2008年，集团主营业务新签合同额22亿元，同比增长53.4%，实现主营业务收入11.66亿元，同比增长34%。这是设计院历史上合同额第一次超过20亿元，也是主营业务收入第一次跨越10亿元大关，2008年成为设计院发展史上的重要里程碑。

中国电子工程设计院主要经济指标

项　　目	2007年	2008年	同比增长(%)
资产总额(万元)	66000	90000	36
净资产(万元)	34000	44000	29
营业收入(万元)	88000	118000	34
利润总额(万元)	7000	8000	14
科技支出(万元)	1400	2000	43
净资产收益率(%)	14.36	13.6	－5
总资产报酬率(%)	12.31	10.64	－14
国有资产保值增值率(%)	118.50	114.99	－3

【改革发展】

1. 加强制度建设，整合资源，搭建可持续发展平台。2008年，设计院进一步加强制度建设，先后颁布和修订经营管理、资质管理、安全生产管理和合同管理等规定，顺利通过质量、环境、职业健康安全三体系认证，提高管控能力和规范化管理水平，集团化的监管、协调和服务职能不断完善，集团管理逐步纳入有序、良性发展轨道。初步编制完成《集团信息化建设发展规划》，加强信息化建设成果的技术培训和推广应用，继续推进专业CAD、异地协同设计、办公自动化、经营管理信息系统和档案、标准、规范资源信息网上查询的应用，信息化平台的建设与完善进一步整合相关资源，有效提升工作效率，促进企业协同效应的发挥。2008年，举全院之力，成功获得工程设计综合甲级资质证书，同时还获得工程监理综合甲级资质证书，为设计院的可持续发展搭建一个崭新而宽广的平台。

2. 完善业绩考核工作，明确管理目标，提高风险管控能力。在对公司的业绩考核工作中，加入经济附加值作为考核指标，同时加强平衡计分卡内部经营过程维度指标的过程考核。完善安全生产组织体系，建立相关制度，强化监管，促进设计院安全生产管理建设的规范化和制度化。加强合同风险、对外投资和担保风险的控制，提高风险防范的能力。为应对国际金融危机的影响，及时召开经营工作会议，商讨对策，采取措施，确保经营目标的完成。

3. 优化人才梯队建设，强化培训交流，提供人力资本支持。设计院坚持"人力资源是企业首要资源"的理念，不断完善和优化人才梯队建设。2008年，根据设计院发展需要，参与首次由中组部和国资委共同组织的面向全球中央企业高级经营管理者公开招聘，设计院多位同志积极报名，以优异的成绩展现设计院人的风采，招聘岗位的最终人选经多轮严格测评后从中脱颖而出。加强人才培养，通过开展系列专业技术讲座和外派管理者培训，以及项目实践中的锻炼，提高人才的素质。积极参加各项专家评选活动，向国家和社会推荐专家型人才。成功申请博士后科研工作站，为今后培养高层次人才搭建更高更好的平台。随着"走出去"战略的实施，加强驻外人才的引进，驻外机构外派人员已经发展到一定规模，为战略的实现提供人力资本的支持。

【重大项目】

1. 持续推进业务拓展，增强自主核心技术优势。设计院控股的节能环保公司依靠持续创新技术总承包和技术服务模式，其业务已步入良性发展轨道。在钢铁行业诸多环节占领市场制高点后，向有色金属行业、水泥行业拓展，并已初见成效。在融资方面所取得的突破性进展，更为业务发展提供强大助力。

2."产学研用"相结合，加速科技创新工程化。2008年，设计院围绕企业发展战略进一步加大科技创新力度，在技术管理平台、科技创新平台、成果转化平台、技术交流平台建设方面着力耕耘。设计院承担的国家"863"计划项目子课题已完成中间性试验；承担的电子行业污染源产排污系数核算课题圆满完成；其他科研项目也都按计划取得阶段性成果。2008年，在电子信息产业发展基金、北京自然科学基金等科研领域获得成功申报。这一切都有力激发和调动科技人员的积极性，加速推动科研成果的工程化进程。

3. 主编参编标准规范，塑造行业领域专业形象。在标准规范方面，2008年设计院申请的国家工程建设标准《机场导航指挥塔台设计规范及》及《电子信息系统机房环境检测标准》已获得住房和城乡建设部审批通过。此前申请的一批国家标准陆续完成报批稿，《电子信息系统机房设计规范》《电子工业洁净厂房设计规范》已经正式发布实施。同时，受国家环保部委托，由设计院担任总技术协调工作并颇有社会影响的《电子工业污染物排放系列标准》，于2008年底进入编制送审稿阶段。这一切都充分体现设计院在专业领域中的影响力和权威性。

4. 承接国家重大项目，提升设计院品牌竞争力。2008年是中国的奥运年，设计院承接并顺利完成一批奥运工程的设计、监理、代建，并以此为契机，培养和锻炼队伍，在工程实践中强化为顾客提供增值服务的理念，紧抓机遇，敢于竞争，在取得较好的社会影响和经济效益的同时也大大提升设计院的品牌竞争力。

【走向海外】 2008年,设计院合理规划,充分整合国内国际资源,继续加大海外市场开发的步伐和力度。在如期完成欧优市政府、欧优区政府项目后,凭借优质的服务和业主的信任,顺利承接马里安·恩古瓦比大学等建设项目。

为了加强对海外机构的财务和资金管理,设计院积极探索,由财务和审计部门派专人前往刚果(布)地区进行实地调研和检查,形成较为完善的财务核算制度和工程管理制度。

【重大创新】 作为2008年重点业务拓展领域,新能源工程技术应用取得突破性重大进展。设计院顺利完成多晶硅工艺预定参数的实验验证,掌握多种规模工厂的多晶硅工艺设计。对已有的工艺技术做大量的优化和改进工作,完成核心设备的调研和开发,形成新的自主技术特点和核心优势。

【履行社会责任】 "5·12"汶川地震发生后,设计院坚决贯彻落实党中央、国务院的决策部署,立即启动自救和支援灾区工作,把支援四川灾区抗震救灾工作作为一项政治任务和头等大事来抓,多次召开会议,进行专题部署,明确支援抗震救灾工作的各项任务。全院员工纷纷奉献爱心、伸出援助之手,为灾区捐款捐物共计130余万元;并派遣技术专家、志愿者相继投身抗震救灾第一线,积极参与灾区的项目评估、结构评估、过渡安置房建设、恢复灾后生产、灾区新校园设计等工作,为灾区安置、重建和恢复生产工作做出贡献,受到有关部委和当地政府的充分肯定和灾区群众的广泛赞誉。

此外,设计院为迎接奥运、维护稳定积极排查不稳定因素,进行耐心细致的思想工作。

【应对金融危机】 金融危机导致上、下半年经营形势迥异的变化,设计院积极应对,及时调整监控重点,财务分析更加注重实效,加强以现金流为核心的财务管理分析,通过及时了解二级企业运行情况,对可能影响年终决算的因素逐一关注,及时发现经济运行波动异常、预算完成差距较大等问题,促进设计院经济的平稳运行。

(撰稿人:王师兰)

中国冶金地质总局

【基本概况】 中国冶金地质总局(以下简称"总局")是中央管理的地质勘查事业单位,前身是中国冶金地质勘查工程总局。国务院国资委确定总局主业是:固体矿产地质勘查、研究、开发、服务;超硬材料生产及机械装备制造。

2008年总局实现对外经营总收入43.06亿元(其中主营业务占99.47%),完成年度预算的106.99%,比2007年增长3.99%;资产保值增值率112.99%。全年执行国家计划各类地质项目37个,探获铁矿8.17亿吨、锰矿2468.92万吨、金矿41.88吨、银矿506.75吨、铜矿57.15万吨、铅锌矿31.41万吨、钼矿11.5万吨、钨矿5万吨、煤5.2亿吨、煤层气12亿立方米、铝土矿3800万吨,新增矿产地6处。

总局下属11个局(院、所、中心)和6个控股公司,分别是:一局、二局、三局、山东局、中南局、西北局、矿产资源研究院、地球物理勘查院、昆明地质勘查院、广州地质调查所、矿产资源信息中心;中基发展建设工程有限责任公司、黑旋风锯业股份有限公司、黑旋风工程机械开发有限公司、晶日科美超硬材料有限公司、正元国际矿业有限公司、正元置业有限公司。

所属局(院、所、中心)为事业单位性质;所属控股公司实行董事会领导下的总经理负责制,法人治理结构健全。

【主要指标】

1. 利润总额为2.51亿元,完成年度预算的114.98%。

2. 净资产收益率为11.82%。

3. 分类指标经中国地质调查局组织专家评审,2008年度国家地质调查项目设计质量指标平均得分为85分。

中国冶金地质总局主要经济指标

	2007 年	2008 年	增加额	同比增长(%)
资产总额(万元)	492303	554528	62225	12.64
负债总额(万元)	336705	368733	32028	9.51
少数股东权益(万元)	16135	15132	—1003	—6.22
所有者权益(万元)	139463	170663	31200	22.37

【改革发展】

改制重组。一是对黑旋风各企业实施一系列的调整、重组。按照国资委有关规定变更黑旋风有关公司的股权,"黑旋风锯业股份有限公司"创立并进入上市辅导期;重组黑旋风投资公司、机械公司和建材公司,组建"黑旋风工程机械开发有限公司"。二成立正元置业有限公司,纳入总局控股公司管理。三是把清理整顿亏损、微利小企业纳入年度授权经营业绩考核指标,削减三级及以下小企业 23 个,压缩管理层级和核算主体。

劳动人事。在劳动用工上,运用市场机制调节人力资源的新型用工制度已基本形成,局院对新进人员推行人事代理制;对原固合职工实行全员竞聘上岗和劳动者合同化管理的企业人力资源管理制度,职工原有的事业身份、行政级别、技术职务和事业性工资标准一律纳入档案管理。在干部人事管理上,完善法人治理结构,建立和完善董事、监事委派机制;在条件成熟的单位实行企业负责人和经营管理者的公开竞聘、择优上岗机制。按照人事部的部署,启动事业单位岗位设置管理工作。

业绩考核。完善授权经营责任制,修订授权经营业绩考核管理办法,对授权经营考核与国有资产经营预算制度的衔接进行研究、探讨。所属各单位结合本单位实际情况,从建立业绩考核责权体系入手,采取不同形式和措施,进行指标分解,完善激励和约束机制,加强管理和考核。

薪酬分配。适应市场经济体制要求的收入分配调控体系已建立,二级单位负责人年薪制和以岗位工资为主的基本工资制度已稳步实施,职工收入随企业经济效益上下浮动。各局院实行以岗位工资为主的绩效工资制,积极探索管理、资本、技术等生产要素按贡献参与收益分配的方法,制定经营业绩突出奖励办法、专项奖励办法等。

【重大项目】 西藏勘查基地已初步形成,普查预期可完成铜 50 万吨、钨 5 万吨、钼 10 万吨的战略目标。新疆西天山金矿普查发现 12 条矿化带,展示该区良好找矿前景。新疆金资源量从 6 吨增加到 16.3 吨,且外围找矿前景较好。冀东铁矿控制大—特大型铁矿床,估算资源量 8 亿吨。新疆东天山铜多金属成矿带矿区发现钨多金属矿体,展现出良好的找矿前景。内蒙古工程控制单层最大厚度达 134 米的钼矿,钼品位最高达 1.9%,有望获得中—大型钼矿。广西金矿探获 332+333 金资源量 7 吨多,进一步工作有望达到大型规模。胶东金矿区钼矿普查探获钼金属量 1 万多吨,且有良好的找矿潜力。国家危机矿山接替资源勘查进展突出,胶东金矿区 4 个项目探获金资源量 32.5 吨,湖北新增铁矿石 333+334 资源量近 7000 万吨,山西省灵丘县支家地银矿新增金属量铅锌 11.33 万吨、银 302.86 吨,被评为 2008 年度全国十大找矿成果。

【重大创新】 总局出台关于建设技术创新型中国冶金地质的若干意见,制定科技创新项目管理办法。西藏地质科研项目初步查明铜多金属矿的成矿特征和矿床成因类型;冀东铁矿项目初步选出 5 处可供进一步工作的航磁异常区;山东局创造小口径钻探单孔进尺 2060.5 米的全国记录,成功研制轻便式全液压金刚石岩芯钻机;中南局"深孔绳索取芯钻具研究"通过技术鉴定并获得省扶持资金,热压金刚石钻头获得国家专利;西北局西部盐渍土地基处理工艺研究处于国内领先水平;山东正元地理信息公司"全球导航卫星系统(GNSS)高精度单点定位系统"总体技术达到国内领先水平;黑旋风锯业公司年内新增9项实用新型和发明专利，一些项目列入国家火炬计划和省级重大科技专项；黑旋风机械公司自主研发的"新型泥浆处理系统"设备达到国际先进水平。

【走向海外】 在蒙古、秘鲁、赞比亚、加蓬、菲律宾、哈萨克斯坦、越南、马来西亚、缅甸、吉尔吉斯、加拿大等12个国家实施境外风险勘查项目23项，获取一批有价值的矿权，境外新增有权益的合作勘查区面积一万多平方公里。

【履行社会责任】 "5·12"汶川大地震发生后，总局系统迅速行动起来，向灾区捐款524万元，交纳特殊党费、团费133万元，捐献衣被3000余件，用实际行动诠释冶金地质人强烈的社会责任感。北京奥运会和残奥会期间，有关局院高度重视维稳工作，全系统未发生进京上访和群体事件。在国内经济下行压力不断增大的背景下，总局系统职工收入稳步提高、下岗职工进一步减少，为社会稳定做出自己的贡献。此外，山东冶金技术学院坚持面向社会办学的理念，在校生达到7000余名，就业安置率高达100%；主动接收四川地震灾区学生并承担他们的学习费用。阿勒泰正元国际公司筹措资金支持当地政府建设牧民定居点，吸纳复转军人就业。黑旋风锯业公司切实关心农民工生活，采取不少措施为他们解决实际困难。

【应对金融危机】 面对金融危机对冶金地质经济发展造成的冲击，总局系统高度重视、冷静分析、认真研究、沉着应对。在深入研究分析的基础上，总局提出"保持平稳、抢抓资源、风范风险、促进发展"的工作方针。在保持平稳方面，一是高度重视资金安全，严防资金链断裂；二是对年度预算、投资要严格把关，对于非主业新上项目、超出自身能力的项目和投资回报率低的项目坚决刹住；三是留足"口粮"，确保职工队伍的稳定。在抢抓资源方面，一是充分利用各种有利条件，加快在南美、非洲、海湾、东南亚、东北亚等境外矿业大区的勘查开发的扩张步伐；二是择机并购、收购境外有上市融资背景、具备一定成熟度的矿产勘查项目，争取进入国际矿业融资市场，取得权益或进行项目储备；三是建立境外综合地质实验室，配备具有世界领先水平的勘查设备仪器，创造条件开展海外航空物探工作；四是进一步加强国内重点工作区域的地质找矿，以自主矿权勘查为主体，抓住时机储备优质矿权，把握矿权流转的时间点。在防范风险方面，制定全面风险管理体系，落实《中央企业全面风险管理指引》精神。在促进发展方面，高度重视市场转型问题和科技创新，不断增强可持续发展能力，坚定不移地走"内涵式"发展的路子。

（撰稿人：安　竞）

中国煤炭地质总局

【基本概况】 2008年，面对我国接连发生的低温雨雪冰冻、汶川特大地震等自然灾害和国际金融危机的冲击，中国煤炭地质总局全面贯彻落实科学发展观，坚定不移地推进企业化改革，立足主业，加强管理，稳健经营，经济规模进一步扩大，经济效益显著提升，经济发展实现新的跨越。

【主要指标】 完成营业收入53.45亿元，经营收入46.54亿元，同比分别增长36.1%、45.3%；实现利润总额1.91亿元，同比增长75.9%；上缴国家税金1.57亿元，同比增长67%；国有资产保值增值率107.9%，同比提高3.86个百分点；净资产收益率7.53%，同比提高2.76个百分点；职工年人均工资收入同比增长18.7%。

实施国家地质勘查项目20项，承揽社会地质勘查项目260余项，其中国外地质勘查项目11项。完成钻探工程量188.74万米，地震物理点18.14万个，电法物理点15.78万个。提交各类大型地质报告78件，煤炭资源储量148亿吨。对2001～2006年实施的34个国家矿产资源补偿费项目进行审查验收，获得煤炭资源量600多亿吨。新增探矿权10个，面积113km²。

中国煤炭地质总局主要经济指标

项　　目	2007 年	2008 年	同比增长(%)
资产总额(亿元)	39.24	43.54	10.96
净资产(亿元)	17.85	20.8	16.53
营业收入(亿元)	39.22	53.45	36.28
利润总额(亿元)	1.09	1.91	75.9
技术开发投入(亿元)	0.21	0.4	90.48
利税总额(亿元)	2.08	3.48	67.31
全员劳动生产率(万元/人·年)	5.57	7.34	31.78
净资产收益率(%)	4.77	7.53	57.86
总资产报酬率(%)	3.36	5.11	52.08
国有资产保值增值率(%)	104.04	107.9	3.71

【改革发展】 加强发展战略研究，制定并积极实施做强做大战略，提出通过做精主业、做优产品，发展成为经济充满活力、行业内具有带动力、国内外具有影响力的中央地勘队伍和“三年三大步”的近期目标。

深化企业化改革，推进现代企业管理模式建设，理顺3个二级公司的产权关系，初步建立总局—二级公司—三级企业管理体系。推行全面预算管理和二级单位资金集中管理；开展二级单位经济增加值考核试点和主要负责人任中经济责任审计、三级单位内控制度评审和风险管理等工作，健全企业法律顾问制度，提高管理效益。确立并注册总局标识，研究制定视觉识别系统。

拓展地质勘查工作服务领域，主业发展能力大幅提高。国内施工区域涉及26个省市(区)，施工领域扩展到水文地质、工程地质、灾害地质、矿山环境及煤层气、石油、岩盐、金属等资源勘查，在盐井施工、煤层气勘查与测试、矿山抢险等领域形成特色技术优势。矿权经营与探采一体化取得进展，有2个矿权项目签署初步转让合同，在陕西省投资开展煤炭资源矿权运作，实现矿权直接投资经营。加强与政府、企业间的合作，与青海省人民政府签订风险勘查框架协议，与山西能源集团签订战略合作协议。

【重大项目】 《全国煤炭资源潜力评价》研究完成3个矿区典型示范工作，提出赋煤单元、含煤地层和层序地层划分初步方案，推动我国各省(区)煤炭资源潜力评价工作。完成《我国大型煤炭基地暨煤炭规划区水文地质环境地质现状及对策研究》《晋陕蒙煤炭资源开发与水资源、生态环境协调发展研究》。承担国家863项目《高性能航空InSAR系统地形测绘应用示范》研究，申请的地理空间信息工程技术研究中心经陕西省政府批准并获科技创新专项资金。组织制定《煤炭科技术语—煤炭地质勘探》《煤层气资源勘查规范》《煤矿床水文地质勘查质量标准》等国家标准和行业标准。实施的国土资源大调查Ⅰ类项目“云南昭通市煤炭资源调查项目评价”提交煤炭资源量9.74亿吨，预测埋深1000米以浅资源量33.44亿吨，为我国近年来在南方发现的最大煤田，被列为2007年度中国地质找矿十大成果之一。

【走向海外】 大力实施“走出去”战略，国际市场拓展到欧美、东南亚、非洲、澳大利亚、蒙古等近20个国家和地区。签订越南重点能源规划项目——红河煤田勘探协议并进行前期踏勘工作。组织实施蒙古国多个煤矿地质勘查、刚果(金)石油勘查及多金属矿等资源勘查项目和一大批国际测绘项目。在澳大利亚获得合作探矿权1个，实现国外风险勘查基金的突破。在印尼获得临时探矿权3项，面积156 km^2。设立中煤(印尼)矿业开发有限公司和澳大利亚地质工程有限公司。

【重大创新】 国家重大产业技术项目《西部煤炭资源高精度三维地震勘探技术》研究通过验收，在非均匀介质成像技术、高精度三维地震静校正技术、高密度采集技术、特观技术、岩性反演技术、三维可视化及属性体解释技术6项重大关键技术上取得突破性进展，为我国中西部复杂多变地区开展地震勘探提供依据；建立的高精度三维地震勘探技术体系以及相应的煤炭地质勘查能力和成果精度达到国际领先水平。《首批煤炭国家规划矿区资源评价》研究摸清资源家底和生产状况，建立资源信息系统和典型矿区三维地质模型，创新资源评价理论和方法。煤炭资源地震精细高效探测技术研究在煤炭工业中首创采用地震属性体技术，提高资料解释精度；建立煤层厚度多项式回归模型和BP人工神经网络预测模型，开发具有自主知识产权的软件"PMCT基于地震属性的煤层厚度分析系统"，提高利用地震数据预测煤层厚度的精度。

【履行社会责任】 汶川特大地震发生后，积极开展为四川地震灾区捐助活动和共产党员交纳特殊党费活动，及时制定5套援救方案提交国家抗震救灾总指挥部，向国家有关部门提供171幅四川汶川及周边地区地震灾区分布图，先后选派40余名地质专家赴灾区开展抗震救灾和恢复重建工作。积极开展扶贫工作，为甘肃省张家川县捐助救灾款物共计20多万元，并捐资建成希望小学。建立节能减排组织和监测体系，节能减排达到预定目标。

【应对金融危机】 提出积极应对挑战，及时捕捉发展机遇，努力促进"开拓市场保增长，促进改革发展上水平；抓住机遇调结构，促进投资融资上水平；自主创新强支撑，促进产品科技上水平；稳健经营防风险，促进科学决策上水平；规范运行抓管理，促进管控服务水平；培训引进增储备，促进队伍素质上水平"的"六个上水平"的工作要求。强化重大事项和关键环节管控，制定《重大事项报告制度》和压缩出国等三项经费预算支出的具体措施，加大预算执行过程中的监督检查和考核力度；围绕煤炭资源勘查和非煤地质勘查，以及国家基础设施工程建设，积极开拓国内地质市场，发展基础工程施工业；抓住国际技术装备价格走低的时机，就购置先进技术设备及配套软件进行研究并制定了方案。

【其他情况】 在中国煤炭地质总局建局55周年之际，开展系列庆祝活动，并以此为契机，加强对外宣传，扩大社会影响；组团参加国际探矿者年会、地质大会和矿业大会，加强与国内外同行的联系与沟通，为实施"走出去"战略创造有利条件；对中国煤炭地质总局馆藏的我国建国以来10万余件地质报告进行重新整理，并组织专家做级鉴定。

（撰稿人：于运强　董　明　刘银海）

新兴铸管集团有限公司

【基本情况】 新兴铸管集团有限公司是国务院国资委监管的中央企业，是集资产管理、资本运营和生产经营于一体的大型国有独资公司。主营业务包括黑色金属冶炼及加工、纺织服装、专用设备制造以及房地产开发等。主要产品有球墨铸铁管、管件、钢格板、钢材、工程机械、特种和专用车辆改装、油料器材、纺织品、服装、染整、皮革皮鞋、橡胶制品、装具等。拥有国家级企业技术中心和军需品检测中心，拥有国家级企业博士后工作站，是铸管、钢格板、钢塑复合管、胶布鞋等产品国家或行业标准的制定者。主要有四大业务板块：

新兴铸管股份有限公司，该公司连续6年入选"中国最具发展潜力上市公司50强"、连续7年入选深交所成分指数样本股和企业创新样本股，被CCTV评为"中国最佳投资回报上市公司"。主要产品有新兴铸管、新兴铸件、新兴格板、新兴钢材、新兴复合管、新兴机械等系列产品。其中离心球墨铸铁管年生产能力150万吨，综合技术实力、生产规模居中国第一、国际领先，国内市场占有率约占40%，30%以上的产品行销到79个国家和地区；钢格板和钢塑复合管综合技术实力、生产规模居中国第一。在中国行业内率先整体通过ISO9002、ISO14001、ISO28000（OHS）三大体系认证。

际华轻工集团有限公司，是军队、武警部队军需品生产保障基地和外军军需品市场的主要采购、加工基地；是中国最大的职业装生产基地和职业鞋靴生产基地；是中国最大的高端纺织品生产研发基地，年生产各种职业服装6000多万套，鞋类产品1.4亿双，80～200高支高密经纬密度1000根家纺产品占中国市场的40%。

新兴重工机械集团有限公司，主要有六大产品系列:冶金、矿山成套装备,离心球墨铸管生产线成套设备,压力容器产品,特种车辆,起重装备,汽车铸件。有填补国际空白的高压气瓶,有美国 ASME 颁发的 U、U2 钢印及授权证书,有中国一、二、三类压力容器设计和制造许可证;是中国第一台推土机的制造者。

新兴铸管置业(投资)有限公司,在北京、武汉、广州、西安、南京、上海、天津等城市有大量土地储备,立项 36 个土地开发项目。其中,北京"财富中心"和广州"中华广场"项目在中国有一定影响。

【主要指标】 2008 年底,集团公司资产总额 309.87 亿元,负债总额 151.80 亿元,资产负债率 48.99%,净资产 158.07 亿元,同比增长 10.71%。2008 年集团公司实现营业收入 373.63 亿元,同比增长 52.42%;利润总额 15.29 亿元,同比增长 5.89%;利税总额 31.45 亿元,同比减少 0.29 亿元;全员劳动生产率 7.65 万元/人·年,同比增加 0.65 万元;净资产收益率 8.71%,同比降低 1.75 个百分点;总资产报酬率 6.16%,同比降低 1.69%;国有资产保值增值率 107.37%,同比降低 2.57%。

新兴铸管集团有限公司主要经济指标

项　　目	2007 年	2008 年	同比增长(%)
资产总额(亿元)	260.48	309.87	18.96
净资产(亿元)	142.78	158.07	10.71
营业收入(亿元)	245.13	373.63	52.42
利润总额(亿元)	14.44	15.29	5.89
技术开发投入(亿元)	0.85	7.78	815.29
利税总额(亿元)	31.54	31.45	−0.29
全员劳动生产率(万元/人·年)	7.00	7.65	0.65
净资产收益率(%)	10.46	8.71	−1.75
总资产报酬率(%)	7.85	6.16	−1.69
国有资产保值增值率(%)	109.94	107.37	−2.57

注:利润总额已扣除一次性减持股票收益 3.13 亿元。

【改革发展】 2008 年新兴铸管集团有限公司董事会试点工作进一步深入,集团公司董事会由 11 名董事组成,其中外部董事 6 名、职工董事 1 名。董事会下设常务委员会、提名委员会、薪酬与考核委员会、审计与风险管理委员会,其中薪酬与考核委员会全部由外部董事组成;提名委员会、审计与风险管理委员会外部董事超过成员半数。各专门委员会作为董事会下设的专门工作机构,在董事会授权范围内按各自工作规则履行职责,为董事会提供重要的决策支撑。

按《公司章程》相关规定,董事会、监事会、党委、经理层职责划分清晰;根据集团公司《分权手册》具体划分,董事长与总经理职责明确,权利分别受董事会和总经理办公会的制约,保证按规定办事,按程序履职。同时,党组织参与重大决策的方式方法兼顾原则与效果,重点体现在程序、标准方面。在此机构框架下,董事会着重增强决策力、控制力,监事会着重增强监督力、审计力,经理层着重增强执行力、反应力,党委着重增强凝聚力、感召力,工会着重增强关心力、亲和力,从而确保企业增强创造力、竞争力。

按照试点工作的指示精神和要求,公司不断健全完善公司治理的有关制度,同时,根据试点工作的需要,集团公司内部管理机构也做相应的调整,修订一些基本管理制度,出台重大的风险控制制度及财务管控制度,相继制订(修订)、颁发《新兴铸管集团有限公司经营班子经营业绩考核暂行办法》《新兴铸管集团有限公司经营班子成员薪酬管理暂行办法》《新兴铸管集团有限公司外部董事、外部监事管理办法(试行)》《新兴铸管集团有限公司内部审计管理暂行规定》《新兴铸管集团有限公司分权管理手册》《新兴铸管集团有限公司投资管理暂行办法》《新兴铸管集团有限公司法律事务管理制度》《新兴铸管集团有限公司合同管理办法》等基本管理制度之后,进而制订、颁发《新兴重工有限公司监事会工作条例》《际华轻工集团有限公司监事会工作条例》《新兴铸管置业(投资)有限公司监事会工作条例》《新兴铸管集团有限公司三大板块年薪考核办法》《新兴铸管集团有限公司三大板块经营班子薪酬管理暂行办法》等,使董事会履职渠道更加通畅,决策依据更坚实、流程更科学、效果更明显,初步建立起现代企业管理体制和经营业绩考核体系。

【重大项目】 2008年,集团公司与新疆国际实业合资建立新兴铸管(新疆)资源发展有限公司,有望成为集团公司向新疆地区及其周边国家进行战略性投资的平台。

新兴铸管股份公司收购湖北新冶钢铁有限公司持有黄石铸管厂的60%股权,整合中南地区的铸管市场,优化产业布局;中国证监会发审委在2008年第131次会议上审核通过股份公司的增发方案,择期实施股份增发。

际华轻工重组改制并在境内上市的方案获得国务院批准,标志着际华轻工重组上市工作取得实质性的进展。

新兴重工正式启动上市工作,建立组织机构,完善运行机制,侧重于解决历史遗留问题,为上市募集资金打下良好基础。

新兴置业收购邯郸昌泰房地产开发有限公司38%的股权,实现相对控股,变更成立邯郸新兴铸管置业发展有限公司,成为新兴置业新的增长点。

【重大创新】 2008年,集团企业普遍加强科技创新工作,随着科技支出比例的增大,企业研发成果逐年增多。2008年集团公司共申请专利137项,同比增加103.8%,其中发明专利53项,同比增加110.8%;获得授权专利43项,同比增加65.4%,其中发明专利13项,同比增加85.7%。集团公司召开第二届科技工作大会,展示科技成果,表彰科技人才,明确集团公司的科技发展战略,赋予集团企业全新的创新任务。

同时,集团企业坚持"以装备换市场,以技术换市场"的理念不动摇,2008年共投资约18亿元用于技术改造项目,其中股份公司投资12.9亿元,新增收入5.85亿元;际华轻工累计投资3.1亿元,主要用于提升产品附加值项目、产业链延伸和产能扩张技术改造项目、"三废"和噪音处理改造项目等,3506、3542、7555、5302公司从瑞典引进7条全智能服装生产线(含智能升级线),使企业的装备水平明显提升;37户轻工企业共研制开发3400多个新产品,批量投产640个,累计新增收入4.78亿元,并荣获中国纺织工业协会"2008年度产品开发贡献奖"。

【履行社会责任】 2008年是极不寻常的一年,面对罕见的冰冻雨雪灾害和汶川大地震,集团公司企业迅速启动应急预案,展开全面的抗灾、救援和生产自救活动。集团领导第一时间奔赴受灾一线,慰问职工,指挥抗灾自救。集团企业在积极开展生产自救的同时,认真履行社会责任,勇担救灾物资生产任务。集团公司受灾企业面临冰雪灾害、重大地震灾害,坚持一手抓自救,一手抓恢复生产,并自我加压,减灾不减经营指标,主营业务收入和利润双双超额完成预算计划。集团公司在"5·12"汶川大地震发生后,弘扬"大爱无疆"精神,千方百计筹措各种救灾物资18万套件,价值3700余万元,组织27家企业、2万多名职工夜以继日生产服装被褥696万套件、价值近4亿元的救灾物资。集团公司所属3611、3523公司在冰冻雨雪灾害和汶川地震发生后迅速行动,按总后勤部要求连夜生产500台计量泵和100台炊事车、运水车火速发往灾区,并赶制灾区急用的帐篷支架2500多套。由于表现突出,集团公司所属3521、3502、新三零、5303、3535公司等5户企业和3539公司胶鞋成型一班被全国总工会授予"工人先锋号"称号。集团公司的出色表现,受到来自军队、武警部队等社会各界的肯定,为中央企业争得"抗震救灾中流砥柱、军需保障钢铁脊梁"的荣誉。

【应对金融危机】 为应对金融危机,集团公司广泛深入开展"管理效益年"活动。

加强应收账款和存货管理,降低资金占用成本。集团公司先后召开三次专题会议,研究部署应收账款清收和存货管理工作,从治理角度严抓应收账款和存货管理。相继下发《关于加强企业应收账款和存货管理工作的通知》《关于下发集团公司销售与收款管理及存货管理指引的通知》和《关于进一步加强集团公司流动资金管理的通知》,资金占用情况得到明显好转。截至2008年12月31日，集团公司应收账款和存货占用资金88.20亿元，虽比上年同期上升7.56%，但低于营业收入44.86%的增长幅度；应收账款周转率15.42次，同比加快4.89次，存货周转率4.86次，同比加快0.93次，资金运行效率有所好转。

狠抓成本费用管理，提高企业盈利能力。面对2008年原燃料价格"过山车"式的变化，集团企业快速反应，在上半年经济运行分析会上就提出，不管严冬是否到来，都要准备"过冬"。为此，集团企业纷纷提出预防措施，坚持每周召开原燃料结构优化会议，采取多批次、小批量采购策略，降低成本，压缩库存，在存货管理方面免遭更为严重的打击；根据行业特点，推进大宗物资与装备集中招标采购工作，努力降低采购成本。

练好管理内功，狠抓质量管理。集团公司将质量管理提高到战略高度，长期持续地强调质量管理的重要性。股份公司制定年度质量考核指标，全部完成公司计划，与上年同期相比进步17项，有10项指标19次创历史最好水平；顺利通过英国劳氏公司质量认证复审；积极参加国家标准的制订工作，完成3个国家标准的制订修订工作，申报的2个国家标准已经获得批准。际华轻工在2008年9月下旬召开质量工作会议，组织企业开展一系列提高产品质量活动，效果明显，在军队统检中，受检的品种多次全部获得第一。新兴重工高度注视企业质量制度建设，编制《半成品检验流程卡》《外购/外协件全过程检验工作细则》《售后服务管理规定》，按照企业价值链对质量过程实施控制；2008年又完成质量管理体系认证、军品认证、压力容器认证、3C认证等一系列质量认证活动。

进一步提高市场应变能力。股份公司通过积极开拓国际、国内市场，实现铸管绝对销量和市场占有率的稳步提升，2008年销售量增长20%以上；坚持"市场需要什么，我就生产什么"的理念，进口替代产品——双金属复合管和特殊钢管的产品产业化和市场开发取得新的进展；强化市场意识，通过实践模拟法人运行机制，实现产、供、销、运快速联动，充分利用地区差、时间差、价格差、品种结构差，保证产品销往价格高的地区和用户，提高市场反应力。际华轻工在充分研究国内外市场变化的基础上，以市场为导向，在积极拓展民品和外贸市场的同时，抓住军队换装机遇，积极争取军品市场，全年分15个批次共承揽军队、武警被装生产任务876个品种、实物量10233万套件、价值47.23亿元，实现军品、民品双丰收。新兴重工新能源装备研发生产基地一期工程于2008年12月27日正式竣工，车用CNG高压气瓶产品正式下线，产品供不应求，成为公司新的经济增长点，标志着新兴重工在产品结构调整上迈出关键性的一步。

建立风险管理体系，提升风险管理水平。2008年，集团公司被国务院国资委列为风险管理建设试点单位，正式启动全面风险管理体系建设，完成集团总部、股份公司、3502三个试点单位的风险管理体系框架设计的阶段性工作，取得全面风险管理指引、预警体系设计、风险分析与控制报告、风险管理组织手册等重要成果。2008年试行编制《企业风险管理报告》上报国资委，并在中央企业全面风险管理经验交流会上介绍经验。

（撰稿人：宋春利）

中国民航信息集团公司

【基本概况】 2008年是中国民航信息集团公司（以下简称"中国航信"）实施"五年三翻番一提高"发展目标的开局之年，是奥运保障之年，也是战略调整和战略布局的关键之年。在国资委、民航局的正确领导下，在监事会的有力指导下，中国航信全体员工团结协作，共同努力，克服南方低温雨雪灾害、汶川特大地震以及国际金融危机等不利因素的影响，较好地完成全年各项工作任务，保持良好的发展势头。

2008年全年，中国航信各系统运行平稳，无三级以上重大系统故障。航空公司订座系统（ICS）、代理人机票销售系统（CRS）和离港控制系统（DCS）系统故障时间为零，核心网络、接入网络故障时间为零，结算系统运行平稳，实现系统安全、生产安全、资金安全。奥运保障期间各系统没有发生任何等级故障，圆满完成保障任务。中国航信因此荣获党中央、国务院授予的"北京奥运会、残奥会先进集体"荣誉称号。

2008年，中国航信被CECA国家信息化测评中心评为年度“中国企业信息化500强”第49位，排名较2007年度第108位大幅提升。同时，中国航信还获得“最佳IT服务管理奖”年度单项奖，中国航信全球分销奥运保障项目荣获“重大企业信息化建设成就奖”。

截至2008年12月31日，中国航信实现主营业务收入22.67亿元，同比增长0.37%；实现利润总额6.79亿元，同比F降13.62%。中国航信国有资产保值增值率为105.9%，实现国有资产的保值增值。

【主要指标】

中国民航信息集团公司主要经济指标

项　目	2007年	2008年	同比增长(%)
资产总额(万元)	718127	739125	2.92
净资产(万元)	270454	285064	5.40
营业收入(万元)	226541	227759	0.54
利润总额(万元)	78588	67886	－13.62
社会贡献总额(万元)			
技术开发投入(万元)	48462	59084	21.92
利税总额(万元)	105528	91591	－13.21
全员劳动生产率(万元/人·年)	51.89	50.09	－3.47
净资产收益率(%)	6.37	5.75	－0.62
总资产报酬率(%)	11.71	9.32	－2.39
国有资本保值增值率(%)	106.69	105.9	－0.79

主要业务方面，2008年订座系统处理国内航空公司订座量2.03亿航段，外航订座839万航段，离港系统处理旅客量1.9亿人次。电子客票销售1.8亿航段，酒店业务完成45.9万间夜，同比分别增长22.3%和7%。实现国际客、货、服务费结算金额13.56亿美元，国内邮件结算金额10.86亿元人民币，同比分别增长14%和5%。中国BSP数据处理1.32亿个单位交易量，国际国内客、货系统处理3.23亿个单位交易量，同比分别增长7%和2%。

【改革发展】

1. 完成主营业务整体上市。中国航信主营业务和资产重组并境外上市，是以中国航信下属核心控股公司中国民航信息网络股份有限公司(以下简称“航信股份公司”)为主体，通过向中国航信定向增发内资股，将中国航信的主要资产和下属骨干全资子公司中国航空结算有限责任公司(以下简称“结算公司”)注入航信股份公司。本次注入航信股份公司的资产和股权总计作价为11.15亿港币(10亿元人民币)，发行价格为6.39港币(约5.73元人民币)，发行股数为174491393股，中国航信的持股比例由原22.35%上升至29.29%。2008年7月31日，航信股份公司临时股东大会表决通过定向增发收购中国航信三里屯资产和结算公司100%权益的事项。

2. 完成组织机构调整。在主营业务整体上市完成后，中国航信调整重组组织架构，将中国航信领导班子及职能部门与航信股份公司领导班子及职能部门合二为一，设立13个新职能部门和5个业务部门，明确部门职责、干部安排、人员整合划归方案，基层单位形成市场、研发、运行三大体系，建立适应长远发展的组织机构和管理体制，激活创新机制，夯实内部管理基础。

3. 调整发展规划。按照国资委《关于对中央企业发展规划进行滚动调整的通知》要求，对2008～2010三年发展规划进行滚动调整。对发展战略与指导思想、企业发展规划目标、规划期内调整重点与实施计划等主要内容作修订；对固定资产投资总额等主要经济指标进行调整；在规划中详细报告新一代系统研发、北京新运行中心和长三角共用信息服务中心建设的投资计划。在规划的上报沟通过程中，国资委规划发展局二处领导到中国航信调研，研讨企业未来发展规划，并实地考察数据中心建设用地。

4. 企业年金缴费开始实施。在国资委正式批复中国航信集团年金方案的基础上，中国航信向原劳动和社会保障部报送年金方案并于2008年1月获得正式批复。随后，中国航信成立企业年金管理委员会，遴选确定企业年金受托人、账户管理人、托管人和投资管理人。2008年3月，中国航信与受托人平安养老保险公司签订年金基金受托管理合同并报人力资源和社会保障部备案。2008年4月，中国航信收到人力资源和社会保障部的确认函，取得年金计划登记号，年金工作正式进入实施阶段。2008年8月，中国航信启动企业年金正常缴费工作，中人补偿缴费工作正在研究推进过程中。

【重大项目】

1. 积极推进数据中心、共用信息服务中心建设前期报批工作。在数据中心建设方面，2008年1月16日，中国航信与北京顺义区政府签署意向性合作框架协议。3月底，新运行中心建设项目总体方案经战略管理委员会和董事会审议通过，新运行中心建设用地及相关事项提交集团总裁办公会扩大会议审议通过。9月20日，航信新一代数据中心和公司总部项目签约仪式在北京隆重举行，标志着航信在加强主业资产整体运作和提升可持续发展能力上进入快速发展的轨道。

在共用信息服务中心建设方面，为共用信息服务中心建设的选址做前期考察调研工作，组织遴选灾备系统初步规划设计单位，并对灾备项目进行总体规划设计。2008年11月20日和12月26日，中国航信分别与浙江省和嘉兴市人民政府就远程共用信息服务中心建设项目签署意向性战略合作框架协议。

2. 根据中国航信发展战略，增加用于数据中心建设的土地购置、新一代系统建设、电子商务、货运系统等方面的资金投入。

3. 传统业务能力不断增强。截至2008年年底，中国航信已为所有国内航空公司和部分外国及地区航空公司在国内提供全面运价解决方案，国内私有运价自动计算比例达到92%；与SITA合作完成国际运价自动计算功能；首都机场T3航站楼国航个性化离港前端等三大项目的投产并验收，首次实现超大型机场从前端旅客服务系统到运营指挥系统均由中国航信实施完成，使航信航空产品成功延伸到航空公司核心运营管理系统；完成BSP电子客票100%的目标；与上航、中联航及21家机场分别签订货运系统使用协议，运单处理量增长293.7%；结算业务与国际航协签订《BSP数据处理及应用软件开发维护服务协议书》，负责40多个国家和地区BSP数据处理和系统维护服务，成为全球第二大BSP数据处理服务商。

4. 新业务开展取得突破。酒店分销方面，国内酒店上线5000余家，实现营业收入近1800万元，净收入563万元，同比增长30%，占据中国B2B酒店分销的榜首；保险业务，成功实现美亚保险系统和航联国航系统的投产，并完成与德国安联保险的前期洽谈，全年实现销售保单59万张。

【走向海外】 离港系统投产39家海外机场，并在东京、巴黎等超大机场取得突破，全年处理旅客量865万余人次，使用率达到75%；与澳航在港澳台地区的分销市场合作初见成效，分销比例同比增长5%；在新加坡、韩国等地实施创新的航空公司本票电子票解决方案，仅新加坡一地就累计销售8万余航段，为航空公司节约大量的分销成本。启动航空公司海外电子商务项目，拓展航空公司海外销售渠道，筹办欧洲、美国办事处，进一步扩大股东航空公司海外本地化服务支持，拓展航信海外业务市场。

【重大创新】

1. 航信统一消息服务平台Type B转报功能开通三大航的直连，将离港、订座系统大部分报文从天航信、SITA网络转到航信内网和Internet VPN，仅天航信报文费用就从投产前的月平均80万元降到35万元。

2. 完善电子商务平台核心功能，积极探索航空公司实现海外直销所需的技术手段。2008年电子商务平台成功交易订单已超过870万笔，同比增长110%；航空公司B2C网站成功订单从9万段/月增长到年末的20万段/月，网站的总体访问量增长将近5倍。

【履行社会责任】 2008年5月四川汶川特大地震发生后，中国航信发出“情系灾区会员，携手重建家园”倡议书，号召全体干部职工行动起来，帮助震区受灾职工渡过难关。各方积极响应，为受灾职工捐款11.4万余元，并在第一时间送到灾区。在震后百天之际，公司领导再次慰问地处震区的分子公司，使历经大灾后的灾区职工再次感受到中国航信大家庭的温暖，极大地增强灾区职工战胜灾害、恢复生产的信心和决心。

【应对金融危机】

1. 2008年，中国航信股价走势基本与大市同步，交易量稳定。但由于受国际金融危机波及全球航空业、公司股票本身流动性小等因素的影响，公司股价和交易量在10月连续发生异常波动。公司适时组织路演，及时稳定市场信心，截至2008年12月31日，公司股票收市价最高6.89港元/股，最低1.81港元/股。

2. 向股东派发特别红利。为应对金融危机造成的影响，中国航信积极落实民航局关于应对国际金融危机促进行业平稳较快发展的十项措施，在保持对现有航空公司系统服务收费优惠的基础上，除正常派发2008年年度分红外，向包括国航、南航、东航等国内航空公司在内的各股东另外派发约1.56亿元人民币(相当于每10股派发1港元)的特别分红，帮助股东航空公司增加收入。

3. 从2008年10月开始，按照全体人员的薪酬水平不同采取不同程度的降薪措施，最高降薪幅度达到30%，以降低公司运营成本，共克时艰。

2008年，随着美国次贷危机引发的国际金融危机向实体经济蔓延，近几年快速发展的中国航空运输市场不可避免地受到冲击，增长速度明显放缓。经过努力，中国航信系统处理的国内外航空公司航班订座量达到约2.11亿人次，较2007年增长约3.3%。

(撰稿人：杨　森)

中国航空油料集团公司

【基本概况】 2008年，中国航空油料集团公司(以下简称“中国航油”)共销售油品1554万吨，其中：销售航油1276万吨，其他成品油和化工品278万吨；实现销售收入1063亿元，首次突破千亿元大关。截至2008年末，公司总资产为239亿元。在2008年142家中央企业排名中，中国航油销售收入位列第28位，利润位列第52位。

中国航油总部设11个职能部门，共有19个成员企业，其中全资、控股公司10个，参股公司9个。截至2008年末，中国航油共有员工9059人。其中，拥有各级各类经营管理人才2423人，专业技术人才2379人，有4447人通过民航油料特有工种职业技能鉴定及劳动部各类职业技能鉴定，获得从业资质。

【主要指标】 面对历史罕见的低温雨雪冰冻、汶川特大地震灾害以及金融危机的影响，中国航油稳健经营，保持良好的发展态势。2008年，集团公司累计实现营业收入1063亿元，比2007年增长29.39%，经营性利润比2007年增加23.5%。业绩考核指标完成情况：人均销售收入为1321万元/人，完成考核指标的161%；利润总额17.13亿元，完成考核指标的108%；净资产收益率为6.73%，完成考核指标的80.21%；总资产报酬率9.4%，完成业绩指标的123.85%。

【改革发展】 2008年，中国航油进一步调整优化发展战略，不断深化企业改革，强化内部管理，提升队伍素质，夯实发展基础，各项工作取得积极成效。

1. 优化组织架构。进一步明确以航油业务为核心，油化贸易、物流、海外业务四大板块协调发展的战略格局，将承飞公司、浦航公司纳入物流公司管理，更加强化专业化管理；在集团公司审计部基础上组建审计与风险管控部，加强集团公司的风险管控能力；完善法人治理结构，对15家控股、参股企业董事、监事进行调整。

2. 业务板块协调发展。一是航油业务稳步增长，在2007年突破1000万吨的基础上，2008年突破1200万吨。二是其他成品油业务发展顺利，新购建、租赁加油站27座，公司地面加油站总数已增至85个，石化业务也取得突破性进展，实现销售收入32亿元。三是加快物流系统相关业务发展，中国航油首艘万吨级油轮正式启用，中国航油已拥有油轮34

艘，营运航线45条，国内航油水运市场控制力已超90%。

3. 基础管理进一步加强。一是全面开展对达标活动，明确目标和工作内容，根据各成员企业生产经营特点，建立技术经济指标考核体系，加强对集团公司所属各成员企业经营管理的考核。二是加大分配制度改革工作力度，建立健全中国航油统一的管理岗位职级体系和工资体系，核定机构编制，实施分级管理，形成经营管理、专业技术和生产技能三个序列的内部等级体系，较好地拓宽职工职业生涯发展通道，为实施全员绩效考核奠定坚实基础。三是先后制定和修改完善60多项规章制度，优化20多项工作流程，提高公司的运转效率。

【重大项目】 一是加快环渤海、长三角、珠三角航油基地建设，环渤海基地可研工作已进入收尾阶段，长三角基地投资建设的18公里输油管线、32万立方米中转油库和4泊位专用油码头已可投入运营，珠三角基地已开展现场勘查等工作。二是投资5.1亿元，新开工航油供油工程项目14个。其中，大型机场6个，即首都机场奥运保障工程、上海虹桥机场、广州白云机场二期扩建、成都双流机场、昆明新机场和杭州萧山机场供油工程项目，中型机场8个，即乌鲁木齐、咸阳、合肥、重庆、贵阳、长沙、济南、长春机场供油工程项目。三是与中海油达成战略联盟，加快输油管线建设步伐，以确保华南地区航油供应。

【走向海外】 一是中国航油新加坡公司全面恢复正常运营，逐步开展国际贸易业务和航油期货套期保值业务。同时，与BP加强合作，大大增强航油采购模式的灵活性，并实现向中国以外的地区销售油品。公司股票入围富时海峡时报中国TOP指数，在“新加坡国际企业100佳排行榜”中名列第九位。二是境外供油业务取得新突破，中国航油先后获得在美国、欧洲、香港地区等机场25万吨供油合同，并首次获得部分国内航空公司飞往台湾地区的全部正常航班以及临时包机的供油合同。同时，中国航油将开始代理台湾地区航空公司飞大陆航班的加油业务。

【重大创新】

1. 安全管理。在航油业务板块全面推行SMS体系，标志着航油安全体系建设迈向更高水平。同时，加强体系相关配套制度的建设，围绕强化安全生产责任体系和监督管理，先后下发7个规章制度、1项标准及配套文件。

2. 集约化经营。在系统内实现全系统过滤器材等生产易耗品的集中采购，加强资金的集中管理，全年为成员企业提供近40亿元的银行授信额度，通过委托贷款调剂集团资金12亿元，有效提高资金使用效率。

3. 风险管控。加大依法治企工作力度，规范法律工作管理体系，编制下发合同示范文本，从源头上有效控制法律风险；加强重大项目的法律跟踪服务工作，法律参与企业经营管理的广度和深度得到提升；在全系统建立三级客户关系管理体系，加强客户的信用管理，加大应收账款的催收力度，确保资金风险受控。

4. 信息化建设。完成ERP系统核心业务流程的优化整合，人力资源管理系统和资金管理信息系统建设顺利推进，建立两层三级运维支持体系，信息系统更加安全可靠。

【履行社会责任】

1. 支持支线机场建设。为履行央企社会责任，保障中小机场航油供应安全，中国航油2008年先后接收朝阳、济宁、舟山等15个支线机场，并与13个小机场签订接收意向书。

2. 抗灾保供。抗震救灾期间，中国航油安全保障航班23万架次，加注航油138万吨。其中，保障救灾航班3273架次，加注航油20288吨。特别是在唐家山堰塞湖抢险疏导的战斗中，中国航油将加油作业延伸到北川震区擂鼓镇，共为20个架次直升机加油51吨。

3. 奥运保障。奥运期间，中国航油共为6.89万架次航班安全、正点、优质地供油47.2万吨。其中，涉奥航班7327架次，专机330架次，要客包机、公务机1067架次，创造单个航空加油站单日加油8244吨、保障专机13架次、要客包机85架次、涉奥航班162架次等历史记录。

（撰稿人：张　剑）

中国航空器材集团公司

【基本概况】 中国航空器材集团公司是在中国航空器材进出口总公司基础上于2002年10月组建的民航三大服务保障集团公司之一。企业的愿景目标是:成为航空业界值得信赖的、以航空器材保障为主业的综合性服务提供商。

2008年对中国航材集团公司而言,是加快实施发展战略、全面实现业务转型的关键一年。在国资委、民航局的领导和大力支持下,在监事会的监督和帮助下,集团公司全体员工同心同德,认真贯彻落实年初提出的工作目标,加快业务转型,规范企业管理,各项工作取得新的成绩。

【主要指标】 2008年集团公司在连续四年盈利的基础上,经济效益继续保持较大幅度的增长,完成营业收入70198万元,利润总额10440万元;净资产收益率达到3%;集团公司资产总额由2007年的35.7亿元增长至47.19亿元,资产状况进一步改善,全面完成国资委下达的各项经营业绩考核指标,实现国有资产的保值增值。

中国航空器材集团公司主要经济指标

项　　目	2007年	2008年	同比增长(%)
资产总额(万元)	356988.00	471904.97	32.19
净资产(万元)	185018.00	248969.71	34.56
营业收入(万元)	44672.00	70197.78	57.14
利润总额(万元)	6820.00	10439.52	53.07
净资产收益率(%)	1.94	3	54.64
总资产报酬率(%)	2.75	2.92	6.18
国有资产保值增值率(%)	102	102.78	0.76

注:所有数据均来自于财务决算报告。

【改革发展】 2008年,集团公司在努力实现业务转型与发展的同时,继续加大内部管理力度,进一步夯实发展基础,为业务发展提供有力保障与支持。

1. 加快结构调整,优化业务布局。完成西南公司、航工公司和泰科公司的改制重组工作。确定中航材(北京)物流有限公司、上海公司、西南公司、武汉华中公司、新疆公司以无偿划转方式并入中航材有限责任公司的整合方案,基本完成中航材(北京)物流有限公司并入中航材有限责任公司的整合工作和西南公司的改制工作。集团公司业务板块和服务保障板块的整体架构日趋完善。

2. 强化投资管理,严控新增项目。通过加强对董事、监事的管理和对投资企业股东会、董事会、监事会议题的审议等工作加大对投资项目的管控力度。对股权类停滞项目进行梳理,制定清理方案。遵循国资委提出的"从严从紧控制投资"的要求,集团公司严格控制新增投资项目,强化投资决策程序,将投资决策失误的风险降到最低。

3. 规范财务基础工作,加强财务集中监管。完成第三次清产核资工作,逐步夯实集团公司国有资产。不断规范财务管理,修订和重新制定包括资金管理、预算管理、往来账款管理、税务管理等在内的46项财务管理制度。为提高资金使用效率,防范资金风险,建立适合集团公司特点的资金集中管理模式,资金集中管理信息系统正式运行,16家公司在资金结算中心开户,户数归集率100%。2008年全年实现收益1400

万元。集团公司财务基础工作进一步规范，财务集中监管逐步加强。

4. 加强岗位职级和薪酬管理，夯实人力资源基础平台。优化岗位职级管理，为集团公司各类人才的职业生涯规划和长远发展提供更多的成长通道，为各级各类人才的成长创造条件。在2003年、2006年薪酬规范方案的基础上，本着“统一薪酬制度，优化薪酬结构”的原则，调整工资福利结构，制定全集团统一的工资定薪标准，推进集团薪酬制度的转换。在薪酬规范工作中，尽可能地兼顾在岗、内退、离退休等各类人员的利益，为建立集团公司统一的薪酬激励约束机制创造条件。

5. 加强分支机构管理，加大业务支持力度。修订《中航材集团企业负责人业绩考核管理暂行办法》，实行科学的分类考核，进一步完善企业负责人经营业绩同激励约束机制相结合的考核制度，真正实现“业绩上、薪酬上，业绩下、薪酬下”。探索制定集团企业董事会管理制度，为完善公司法人治理结构，建立健全现代企业管理制度，促进企业发展奠定基础。加大对各分支机构的业务支持力度，定期解经营情况，为集团公司决策提供依据。协助各分支机构与集团内部各单位及政府部门的协调沟通，帮助解决经营活动中遇到的实际问题和困难。

6. 完善法律顾问和内部审计体系建设，加强风险防范。适应业务发展要求，向中航材有限责任公司和民航技术装备公司派出法律顾问，强化法律事务管理，完善集团法律顾问体系建设。严格合同审查工作，实行合同统一编号管理，有效防范法律风险。建立健全内部审计制度体系，制订《集团公司经济责任审计具体实施办法》《集团公司公司清算管理暂行办法》，规范经济责任审计和企业清算工作流程。认真开展财务例行审计、企业负责人经济责任审计、特定业务专项审计等工作，有效防范财务和运营风险。

7. 加强各项综合管理，为企业发展提供保障。根据国资委关于中央企业节能减排工作的要求，集团公司制定节能减排工作方案，完善节能减排工作组织机构，制定节能减排各项具体措施。继续落实信息化发展规划，为适应集团公司财务管理、人力资源管理、资产管理等各项管理工作对信息系统的要求，做好管理信息系统项目的前期准备工作，同时完成办公自动化系统一期优化，进一步提高办公效率。

【重大项目】 2008年继续推进发展战略的实施，为全面实现业务转型而努力。

1. 贸易分销与物流。积极推进飞机批量采购框架协议的落实和执行，2008年经批量采购引进飞机83架。配合民航局开展高原救援直升机采购及客舱监视系统安装工作，完成第一架图－204飞机的引进。中航材有限责任公司及各相关分支机构在继续努力保持飞机、模拟机、零备件及设备代理采购、送修等传统航材贸易业务市场份额的同时，努力实现业务转型，航材设备自主销售增幅明显，并通过发动机租赁、起落架租赁等项目探索新的业务模式。工业合作出口业务稳步发展，对俄业务尝试大规模自营出口，出口创汇和实现利润继续增长。进一步完善AS9120质量管理体系和航材计算机管理系统，获得国内多家企业的供应商资质及多家供应商的产品分销权，不断探索新的销售渠道和销售模式。富余航材共享项目取得突破，启动客户东航股份公司已书面确认全方位参与。完成普惠、恩布雷、香依、波音、庞巴迪等保税库协议的修订与续签，各保税库运转顺利，物流保障服务能力增强。

2. 航空维修与制造。集团公司与香港远东控股国际有限公司就凯兰公司成功实现合资，引入资金和先进管理经验的成效逐步显现。继续以凯兰公司为平台整合维修与制造板块，确定“以飞机机轮刹车装置的制造、销售与维修为核心业务，以航空制造与维修领域相关多元化投资为依托”的发展方向。整合飞机刹车销售与维修业务，调整、延展维修产品结构，并以维修为依托进一步拓展飞机刹车市场，扩大市场占有率。与德方合作的西安凯龙航空技术有限公司正式开业，获得中国民航维修许可证和多家维修企业的合格供应商认证并已开始业务合作。与美方合作的北京凯美兰兴航空科技公司已经具备大批量隔音隔热棉的生产能力，顺利完成相关质量体系认证工作和空客公司400条隔音隔热棉试生产任务。参股的北京航空工艺地毯公司仍是国内惟一生产高端航空织物的大型企业，利润继续增长；深圳汉莎技术有限公司已步入持续快速发展轨道；厦门太古的盈利能力继续保持高速增长。

3. 航空租赁。奇龙航空租赁公司重点围绕订购的13架A320系列飞机开展市场营销和融资工作，与四川航空、上海吉祥航空及法国航空公司签署租赁合同，完成10架飞机的合同签署工作，并抓紧进行另外3架飞机的市场推广工作。其中预计于2009年6月份交付由四川航空公司经营租赁的A320飞机将是空客天津生产线交付的第一架飞机。2007年引进并经营租赁至上海吉祥航空公司及泰国曼谷航空公司运营的2架A320—200飞机运营良好，租赁收入稳定。此外，还参与多项售后回租业务竞标，加强航空租赁业务关键能力的培育，积累宝贵的实战经验，与相关航空公司建立起良好的业务联系，在国内外航空租赁市场获得较高的知名度。

4. 地面设备与工程。继续保持民航业内地面设备与工程招标代理业务的优势地位并获得新突破。配合民航局圆满完成除冰雪设备、奥运安保设备等集中采购项目，为预防灾难气候及奥运安保做出积极贡献。通过澳门机场招标采购项目及北欧投资银行贷款项目分别开创境外机场招标业务和民航行业外招标代理业务的先河，积累宝贵经验。同时，积极寻求契机，为向实业型企业转变而努力。国内外多项展览组织业务有序开展，投资参股的物流输送和行李分拣业务取得突破，助航灯光业务进展顺利，同时开始探索与制造厂商合作，涉足民航地面设备制造业。

华欧航空培训中心作为具有国际最先进水平的航空培训机构继续为中国的航空公司提供优质的航空培训服务，2008年创造华欧成立以来最好的盈利水平。安置一台为民航局购买的A320系列飞机全动飞行模拟机，并将更换一台A330/340全动飞行模拟机，2009年将逐步投入运营。随着中国引进空客飞机数量的增加，未来5年华欧航空培训中心可保证较高的培训增长量，将继续为集团公司带来良好的经济效益和社会效益。

【走向海外】 爱尔兰奇龙航空有限租赁公司自2006年11月成立以来，业务开展顺利，已有多架飞机租赁至中国、法国、泰国等多家航空公司。2008年，为适应机队规模不断扩大的需要，爱尔兰奇龙航空租赁公司注册资本金由5000万美元增至9000万美元，融资、运营及抗风险能力显著增强。

【应对金融危机】 国际金融危机对我国经济造成的冲击越来越大，对我国民航发展的负面影响也逐步显现并日益加重，民航行业发展面临十分严峻的形势，中国航材集团作为民航业界以航空器材保障为主业的综合服务提供商，也受到各种影响，面临各种困难和问题，但集团公司积极采取应对措施，解决困难，化解风险，确保公司业务的正常开展和收入的稳定获取。

1. 大力加强航材分销业务，应对飞机批量采购及贸易业务受到的不利影响。

国际国内航空市场急剧萎缩，市场压力显著加大，民航业对飞机增长的需求降低，民航局制定的应对国际金融危机促进行业平稳较快发展的十项措施中的一条就是严格控制运力增长，2010年以前原则上不受理新设航空公司的申请，严格2009年新增引进运输飞机项目的审批，鼓励航空公司尽可能取消或推迟已订购并于2009年引进的飞机，这些措施对集团公司的飞机批量采购及贸易业务带来不利影响。对争取新的飞机批量采购业务增加难度，同时，也对按计划引进飞机从而实现集团公司的有关收入带来困难。

集团公司积极应对这一不利影响，大力加强航材分销业务，努力争取波音COS等国际第三方航材供应物流保障项目，努力建立长久、稳定、畅通的采购、销售渠道，扩大航材分销业务规模。一定程度上弥补飞机批量采购及传统航材贸易领域业务的萎缩、收入的减少，保障贸易分销与物流板块的正常运作和稳步发展。

2. 努力拓展新市场，快速解决航空租赁业务遭遇的重大困难。

由于航空公司严格控制运力，对集团公司的航空租赁业务带来不利影响。特别是2008年本已与国内某航空公司签订三架A320飞机的租赁意向书，在合同即将签订时该航空公司高层被更换，该公司决定不予接收这三架飞机，这一事件一度对奇龙租赁公司的业务开展带来十分不利的影响，这三架飞机原计划于2009年4月、8月和2010年2月交付，加上金融危机对融资工作的影响，曾经对奇龙航空租赁公司的业务开展造成重大困难。

遭遇这一困难后，集团公司积极应对，快速拓展新市场、新客户，通过努力将2009年4月份交付的飞机转给法国一家包机公司，针对2009年8月份、2010年交付的飞机积极联系客户，将在2009年得到解决。集团公司快速反应，化解风险，将公司的损失降到最低，使得租赁业务稳步推进。

3. 应对危机，压缩各项开支，降本增效。

集团公司努力压缩各项开支，全部管理费用均通过办公自动化系统报销，每笔费用报销都需要提供详细说明、经过严格的审批程序，坚决消除浪费现象。全集团上下发扬艰苦奋斗的作风，“过紧日子”，“捂紧钱袋子”，节约各项开支，坚持量入为出，留足资金头寸，实现稳健经营。

4. 积极配合民航行业落实扩内需、保增长等宏观调控政策。

民航行业积极落实中央扩大内需的方针，加大机场等基础设施建设的投资力度，采取措施促进国内通用航空的发展，有力促进当前发展和长远发展。集团公司努力配合，民航技术装备公司积极参与相关机场的建设项目，天津公司积极参与通用航空保障服务工作，努力为扩内需、保增长做出贡献。

（撰稿人：李晶晶）

中国电力工程顾问集团公司

【基本概况】 2008年经历低温雨雪冰冻灾害、汶川特大地震灾害和国际金融危机的考验。中国电力工程顾问集团公司在国务院国资委、监事会的正确领导下，坚持以党的十七大精神为指导，深入贯彻落实科学发展观，积极应对严重自然灾害带来的挑战，客观分析世界金融危机和国内电力需求下降对集团公司生产经营可能产生的影响，努力工作，埋头苦干，各项生产经营和资产运营指标保持良好的增长态势。全年实现主营业务收入96亿元，实现利润总额9.77亿元，净资产收益率40.63%，成本费用总额占主营业务收入比重89.5%，技术投入比率6%，超额完成经营业绩考核指标。2008年末，集团公司的资产总额112亿元，所有者权益24.78亿元，超额完成国有资产的保值增值任务。凭借良好的经营业绩和资产质量，集团公司再次进入《美国工程新闻记录》(ENR)“全球150强工程设计商”和“国际200强工程设计商”行列，排名较上年又有提升。荣获2008年度中国服务业500强，列第145位。集团公司及七个子企业均获得全国电力行业首批AAA级信用企业。各设计院都取得国家颁发的工程设计综合资质。

【市场开发】 2008年，签订合同总额181.44亿元，全年完成产值71.6亿元，完成收费87.69亿元，全员劳动生产率96.59万元/人·年。全面完成全年各项经营指标。

高端技术、新能源领域。承接一批百万千瓦USC机组、IGCC发电、核电、生物质发电、风电和垃圾发电等项目。积极开展特高压交直流输电工程的研究工作，精心做好特高压交流中线、东线工程和云广、向上、锦苏特高压直流工程设计工作。加大核电市场开发力度，新承接5个核电项目前期工作，连续取得3个核电工程设计合同。中标国电龙源等5个新能源发电项目的勘察设计，巩固公司在新能源发电领域的市场地位。中标世界上首台百万超超临界空冷机组——华电宁夏灵武二期2×100万千瓦超超临界机组工程空冷岛设计、供货合同，进一步巩固集团公司在该领域的领先地位。

工程总承包领域。全年新签山西古交二期2×60万千瓦、海勃湾2×20万千瓦、新疆米东2×30万千瓦、内蒙古萨拉齐2×30万千瓦等14项总承包项目合同，合同总额113亿元，占全年新签合同总额的62%。

境外市场领域。全年新签境外工程项目合同总额14.58亿元。有三个院发电工程境外合同额超过发电业务总合同额的50%。中标目前我国承接的最大境外工程——印度莎圣超大规模6×66万千瓦机组BTG项目。

【生产能力】 全年完成发电工程勘测设计项目326项，33275万千瓦，同比减少20%；500千伏及以上送电工程勘测设计项目198项，40410公里，同比减少8%；500千伏及以上变电工程勘测设计项目238项，30806万千伏安，同比增加35%。完成电力规划研究项目65项，评审发电项目180项，总容量17639万千瓦。电网330千伏及以上输变电工程初步设计评审363项,变电容量14263万千伏安,线路长度13630公里。

【体制改革】 围绕集团公司整体重组改制工作目标,开展大量前期准备工作。完成中介机构的选聘,组织制订集团公司内部整合方案,理顺各类股权投资,明确辅业发展方向,指导各单位开展职工股收购。各单位按照集团公司要求,配合中介机构开展尽职调查和资产审计、评估,积极推进房屋和土地确权工作。组织各单位实施内部重组方案。在认真征询国务院国资委、证监会等有关部委意见后,及时调整、修订完成集团公司整体改制的总体方案,并已正式上报国务院国资委。

【科技创新】 完成国家发展和改革委重大技术装备研制项目《大型空冷机组空冷系统关键设计技术研究》,依托工程项目顺利投产。国家重大项目《±800千伏直流输电系统设计规范研究》和《60万千瓦超临界循环流化床锅炉关键辅机选型研究》进展顺利。完成《±800千伏级直流输电系统工程设计专题研究》等27项特高压交直流关键技术研究、《高效、节能、环保、节水型电厂的设计技术研究》等22项集团公司科技项目。《110~750千伏架空输电线路设计规范》《电厂标识系统编码标准》等国家标准及《火力发电厂、输变电工程经济评价导则》等行业标准通过送审稿审查。集团公司与中科院电工所签订具有我国自主知识产权兆瓦级太阳能塔式热发电试验示范电站工程合作框架协议。集团公司加入燃气轮机与煤气化联合循环国家工程研究中心。

2008年,集团公司获得国家、省部级及行业奖项195项,其中,《超超临界燃煤发电技术的研发和应用》《我国第一条750千伏输变电示范工程及其关键技术研究》获国家科技进步一等奖,《恰希玛核电工程技术研究设计》获国家科技进步二等奖。《30万千瓦CFB锅炉机组工程示范及国产化工程技术研究》《能源基地建设及电力中长期发展规划深化研究》《北方主要产煤地区水资源研究》等14个项目获中国电力科学技术奖。晋东南—南阳—荆门1000千伏输电线路工程设计、邹县电厂四期工程1.2万平方米超大型冷却塔等31个项目创世界、亚洲及国内设计新纪录。获得国家"四优"奖18项,电力行业"四优"奖55项。获国家及行业优秀工程咨询成果奖74项,评选出集团公司2008年度科学技术奖15项。

【信息化建设】 及时修订"十一五"信息化规划,提出2010年信息化应用效果的量化目标。建立信息化组织保障体系,以三维设计过程为切入点,开展管理变革与体制创新,信息化建设走上有序、有效、科学、规范的发展道路。在国资委开展的2007年中央企业信息化水平评价工作中,集团公司名列中央企业第19位,评为B级。获得"中国企业信息化标杆企业"称号。

【企业管理】 制定集团公司2008~2010年发展战略与规划,明确集团公司三年的发展思路和规划。完善企业标准体系,初步形成以集团公司技术标准、管理标准和工作标准为主要内容的企业管理标准体系。启动集团公司对标工作。加强人力资源管理,集团公司已有1482人获各类执业资格。继续提升财务管理能力,围绕企业改制工作,加强债权债务管理和合同台账管理,夯实风险控制型财务工作基础,加强重大财务事项管理和财务部门职责管理,财务制度体系日趋完善。

【党建工作】 以深入学习党的十七大精神为重点,全面贯彻落实科学发展观,充分发挥党组织的政治核心作用和党员的先锋模范作用,党的思想、组织、作风和廉政建设得到加强和改善,企业党组织的政治核心作用得到进一步发挥。涌现一批"五好党支部"、"优秀共产党员"、"优秀党务工作者"、劳动模范和先进集体。集团公司工会和职工代表大会的成立,标志集团公司民主管理民主监督工作迈上一个新台阶。提出《〈惩防体系2008~2012年工作规划〉实施办法》和任务分工方案。通过"三重一大"集体决策制度执行情况自查自纠和贯彻落实国有企业领导人员廉洁自律七项要求检查,进一步完善决策制度和机制。党风廉政建设责任制进一步落实。规范视觉应用系统,塑造集团公司形象。总部和各单位继续保持党建和精神文明先进荣誉称号。

【抗灾救灾】 在历史罕见的我国南方地区雨雪冰冻和四川汶川地震灾害面前,集团公司高度重视、加强领导,举集团之力做好抗灾救灾、恢复电力设施和灾后重建工作。

在雨雪冰冻灾害中，集团公司行动迅速，组织专家和技术人员第一时间赶到现场，开展现场收资、灾情分析工作，集中研究解决一批受损电网恢复重建的关键技术课题，结合实际修订完成电网工程国家和行业设计标准。共投入人力 9283 人/天，完成专题报告 127 份，出版图纸 998 卷（册）、26930 张，开展冰害调查 2000 余人次，收集观冰资料 1500 份，为取得抗灾救灾的全面胜利做出积极贡献。

在地震灾害中，集团公司组织专家深入四川映秀、绵竹、汉旺等重灾区，实地调研有关电力企业和电力设施受损及重建情况，有针对性地帮助灾区电力企业解决恢复重建中的技术难题。先后派出几十名技术专家，参加地震灾区灾情房屋结构安全鉴定、电力设施受灾情况踏勘调查，参与国家四川汶川特大地震灾区恢复重建规划的编制工作，为灾区的电力恢复和重建做出积极贡献。集团公司广大职工和党员发扬“一方有难，八方支援”的精神，通过多种渠道向灾区捐款捐物，总计捐款 1153 万元，其中个人捐款 503 万元。集团公司 6 个先进集体和 10 名先进个人获国务院国资委表彰。集团公司被国家电网公司评为“抗冰抢险特别贡献单位”；南方电网公司向集团公司赠送了“抗击冰雪彰显服务真情，心系电网展现精湛技术”的锦旗。

（撰稿人：刘　军）

中国水电工程顾问集团公司

【基本概况】 中国水电工程顾问集团公司（以下简称“中国水电顾问”）是一家以水电综合技术服务为主的大型企业集团，行政关系归国资委管理，业务由国家发改委具体指导，财务在财政部计划单列。中国水电顾问在国内成员单位包括 1 个事业单位、9 个全资子公司和 1 个控股公司。拥有在职员工 10244 人，其中全国工程勘察设计大师 9 人、享受政府特殊津贴的专家 134 人、国家有突出贡献的中青年科学技术管理专家 5 人、教授级高级工程师 1091 人、高级工程师 2296 人、工程师 1849 人。

中国水电顾问注册资金 6 亿元，截至 2008 年 12 月 31 日资产总额为 129 亿元。

中国水电顾问主要从事水电和新能源（风电和潮汐发电等）发电项目的勘测设计、咨询、审查、评估、安全鉴定、工程竣工验收、监理、施工、项目管理、总承包及相关技术、中介业务等；从事河流（河段）水电规划、风电规划；从事水电站、新能源及相关产业的开发、投资、经营和管理；相关的信息、软件等新技术开发利用、服务和转让，材料与设备销售，房地产开发；从事工业与民用建筑、水利、电力、环保、交通、桥梁、市政等工程的勘测设计、咨询、监理、施工、项目管理、总承包及相关中介业务，以及岩土工程；经国家主管部门批准，自主开展外贸流通经营、国际合作、对外工程承包和对外劳务合作等业务。

中国水电顾问是中国水电和风电建设技术标准和规程规范的主要编制修订单位，具有强大的技术和管理实力，已完成水电规范标准 160 余个，风电标准 15 个。

中国水电顾问具有丰富的水电风电建设实践经验，拥有先进的生产设备及专有的技术工艺和覆盖广泛的信息资源。中国水电顾问完成的河流规划累计装机总容量约 3 亿 kW，承担全国的 80%的大中型水电项目前期规划、勘测和设计工作，完成或正在进行前期规划、勘测和设计工作的水电装机容量约 2 亿 kW；承担并完成 40 余个水电建设项目（包括举世闻名的三峡工程）的安全鉴定工作，约占安全鉴定全部项目的 70%（以装机容量计算）；承担风电前期勘测设计约占全国的 60%。中国水电顾问还投资部分水电和风电项目，截至 2008 年底，中国水电顾问已拥有的权益总容量（含已建设、在建、已获开发权的前期及预备项目）约 315 万 kW。

中国水电顾问的产品和服务屡获殊荣。中国水电顾问共获得国家级勘测设计金奖 18 项、银奖 15 项、铜奖 19 项；省、部级“工程四优奖”104 项。获国家级科技进步一等奖 4 项、二等奖 16 项、三等奖 15 项；获部级科技进步一等奖 23 项、二等奖 73 项、三等奖 97 项；获水电勘测设计系统各种进步奖数百项；拥有专利 85 项，累计获得软件著作权数量 11 项。仅 2008 年就新获得国家科技进步奖 47 项、省部级科技进步奖

341项、优秀勘察设计奖45项等奖。2003～2007年，连续参加中国《建筑时报》和美国《工程新闻纪录》评比，位列第一名或第二名。

【主要指标】 中国水电顾问资产总额突破百亿元达到129亿元，比上年增长45%，所有者权益19.2亿元，比上年增长43%。国有资本保值增值率152.19%，比上年上升8个百分点。

2008年经济效益继续增长。全年共新签经营合同总额164.1亿元，比上年增长74%，实现经营收入76.6亿元，比上年增长25%。全年共实现利润总额7.3亿元，比上年增长35%，其中净利润5.9亿元。

中国水电工程顾问集团公司主要经济指标

项　目	2007年	2008年
资产总额(亿元)	89	129
净资产(亿元)	13.4	19.2
营业收入(亿元)	61.3	76.6
利润总额(亿元)	5.4	7.3
全员劳动生产率(万元/人·年)	58.3	73.0
净资产收益率(%)	36.9	36.24
总资产报酬率(%)	7.17	7.22
国有资产保值增值率(%)	144.3	152.19

【改革发展】 根据国资委关于推进中央企业整体改制上市的要求，中国水电顾问制定有关工作计划和目标。2008年，根据工作计划，通过努力，平稳完成非国有股的清退工作，基本解决历史遗留的土地和房产变更登记及取证问题，完成资产的清理及经营与非经营资产的界定工作；基本落实集团公司改制的战略合作伙伴，组建有限公司和整体上市的方案也上报国资委。由于受国际金融危机的影响，国内资本市场发生很大的变化，国家有关部门对有关政策做重大调整，集团公司根据新的情况，及时审慎调整在2008年初确定的年内完成整体上市工作的目标，下一步将根据国资委新的总体部署进行重新安排。

【重大项目】 中国水电顾问积极主动，做好水电和风电发展规划。根据国家风电发展战略的需要，克服许多困难，完成世界上我国独有的2个千万kW级风电能源基地规划、5个百万kW级风电能源基地规划，并通过国家主管部门的审查批准、开始组织实施。同时，还在开展4个千万kW级风电能源基地规划、3个百万kW级风电能源基地规划的编制工作。

完成在建116项水电、10项抽水蓄能电站、57项风电场工程的年度勘测设计工作，为这些项目顺利建设、投产等提供必需的保证；完成28项水电、2项抽水蓄能电站、7项风电场工程的预可行性研究和13项水电、3项抽水蓄能电站、29项风电场工程的可行性研究；总体顺利地继续开展54项水电、4项抽水蓄能电站、15项风电场工程的预可行性研究和69项水电、5项抽水蓄能电站、57项风电场工程的可行性研究。此外，还完成了审查265项、评估6项、安全鉴定17项、验收61项和大量的咨询工作，承担工程监理148项、移民综合监理22项。

受国家有关部门的委托，完成《我国“十一五”可再生能源发展规划》修编工作、《2008中国风电发展报告》编制工作和《水电建设促进地方经济社会发展政策研究》的研究工作，按计划开展《在保护生态基础上有序开发水电政策措施研究》《藏东南水电能源基地开发战略规划研究》和《中国水电中长期(2030、2050)战略规划研究》等重大课题研究。

汶川特大地震发生后，根据国家有关部门的要求，集团公司组织大批工程技术人员，对震区构造活动情况进行分析，对震区流域和支流在建和已建水电项目技术参数进行研究，认真开展水电工程震损情况调查、抗震复核和防震抗震研究设计，完成《关于水电工程抗震复核工作的报告》及《西南地区水电工程防震抗震研究课题规划》和《关于汶川地震灾区水电工程震损调查和工程抗震复核工作中间成果检查情况的报告》，为国家决策西南地区水电建设提供有力支持。

受国家有关部门的委托，进一步加强水电、风电等可再生能源行业管理工作。根据国家发改委和国家能源局的要求，中国水电顾问加强水电工程的各类技术审查、建设项目的各阶段验收和相关的管理工作，组建可再生能源(水电、风电、潮汐发电)定额站并很快推动水电、风电、潮汐发电等可再生能源工程的定额和造价有效管理；经国家审计署同意，开始负责组织开展水电工程竣工决算审计和验收工作；受国家档案局委托，承担水电工程档案验收工作。

根据行业技术标准制修订计划要求，在编技术标准42项，完成“中小型水电水利工程地质勘察规范”等12项标准审查和报批稿。完成5项技术标准英文版审查，颁布集团公司企业技术标准2项。

【重大创新】 “水电站过渡过程关键技术与工程实践”和“重大泄流结构耦合动力安全理论及工程应用”两个项目荣获国家科技进步二等奖。“西南地区水电工程高边坡稳定性和支护设计研究”等20个项目荣获省部级科技进步奖。《金沙江白鹤滩水电站预可行性研究咨询报告汇编》等咨询成果，荣获全国优秀咨询成果奖11项。提出“水利水电工程结构可靠度设计统一标准”及“工程岩体试验方法标准”等2项国家标准的申报材料，申报“水工建筑物抗震设计规范”等17项行业技术标准的申报材料，并得到国家发改委、城乡住房部的批准。

【履行社会责任】 2008年5月12日，四川汶川发生了8.0级特大地震。面对突如其来的特大地震灾害，中国水电顾问牢记责任、沉着镇定、反应迅速、应对得当，认真贯彻落实党中央、国务院、国资委的部署，在奋力做好自救并取得很好成效的同时，不讲价钱、不惜代价，认真履行中央企业的社会责任，积极主动承担起震区水电工程和堰塞湖的安全评估和排险除险方案的研制工作。在第一时间组建灾区第一支水电技术专家队伍奔赴现场开展工作，在第一时间提出第一份岷江上游水电站安全评估报告和除险方案，在第一时间空降第一个专业技术人员到唐家山堰塞湖堰塞体，在第一时间提出第一份唐家山堰塞湖除险技术方案报告，承担大量的水电工程和堰塞湖的除险工作，灾后水电工程震损调查、恢复重建规划等工作，为抗震救灾和灾后恢复重建做出重要贡献，受到国家发改委、水利部、国家电监会、国家能源局以及四川省各级政府的高度赞扬，先进单位和个人受到国资委和国资委党委的表彰，子公司成都院郑声安同志被中共中央、国务院、中央军委授予“全国抗震救灾模范”称号。

（撰稿人：唐　艳）

中国水利水电建设集团公司

【基本概况】 中国水利水电建设集团公司是中央管理的、跨国经营的综合性大型企业，是中国规模最大、最具实力的水利水电建设企业。集团公司注册资本金40亿元，在中国各大区域分别设有17个全资企业和10个控股企业，在世界上32个国家分别设有33个经理部、代表处和分公司。2008年，集团公司资产总额763.87亿元，营业收入608.13亿元，在“中国企业500强”中排名第84位，在全球最大225家国际工程承包商排名第50位。

公司主要从事国内外水利水电建设工程的总承包和相关的勘测设计、施工、咨询、监理等配套服务，以及机电设备、工程机械的制造、安装、贸易业务，电力、公路、铁路、港口与航道、机场和房屋建筑、市政公用、城市轨道等方面的工程设计、施工、咨询和监理业务；投融资业务；房地产开发经营业务；进出口贸易业务等。公司已由单一的水利水电施工企业发展成为工程承包、投资开发、国际经营等多元发展的大型企业集团。

自20世纪50年代以来，中国水利水电建设集团公司承担国内70%以上的大中型水利水电工程的建设任务，总装机容量突破一亿千瓦，为中国常规水电装机容量、水电在建规模跃居世界第一作出突出贡献。公司承建的多项工程获得国家及地方政府颁发的鲁班奖、金质奖、银质奖、优秀工程奖。在交通、市政、工业与民用建筑等非水电建筑领域也取得显著业绩，2008年中标京沪高速铁路工程对集团公司全面开拓非水电建筑市场产生深远影响，在世界建筑市场进一步彰显“中国水电”品牌。

集团公司在从事工程建设的同时，积极稳健地开展融投资业务，投资建设水电、煤电、风电等一批优质能源项目和房地产开发项目、BOT高速公路项目。2008年，集团投资规模稳步扩大，投资结构得到优化，从水电、火电延伸到风电、水务、房地产、基础设施等领域。控股及参股在建电力项目总装机容量约667万千瓦，其中权益装机402万千瓦。

集团公司积极推进国际化战略，是中国水电产业“走出去”的排头兵和中国企业“走出去”的重要力量，先后在亚、非、欧、美的50多个国家和地区进行工程承包建设和经济技术合作，拥有全球50%的水利水电建设市场份额，树立起“水电建设第一品牌”的良好形象。2008年，在中国对外承包工程企业中以营业额排名第三位，“中国水电”在国际上已成为中国水电建设行业的第一品牌和行业代表。

集团公司确立全面建设“行业领先，管理一流，品牌影响力明显，具有持续成长性和较强国际竞争力的质量效益型跨国企业集团”的发展目标，确立“四大主业协同发展；建筑工程承包、资产经营两条主线稳健延伸；国际、国内两大市场双向拓展、良性发展”的战略发展模式。

【主要指标】 2008年，中国水电集团新签合同总额965.8亿元，同比增长56.5%。累计合同存量1455亿元，其中国内存量883亿元，国外存量572亿元。集团实现营业收入608.13亿元，其中：主营业务收入598亿元，较上年同期增加102亿元，同比增长20.56%。营业成本531亿元，其中：主营业务成本522亿元，较上年同期增加90亿元，同比增长20.83%。主营业务毛利76亿元，较上年同期增加12亿元，四大板块综合毛利率13.75%。全年实现利润总额16.16亿元，净利润13.18亿元，全面完成国资委下达的各项业绩考核指标。

中国水利水电建设集团公司主要经济指标

项　目	2007年	2008年	同比增长(%)
资产总额(亿元)	506.2	763.87	50.90
净资产(亿元)	86.7	102.03	17.68
营业收入(亿元)	504	608.13	20.66
利润总额(亿元)	16.2	16.16	—0.25
技术开发投入(亿元)	1.6	3.1	93.75
利税总额(亿元)	37.5	41.56	10.83
全员劳动生产率(万元/人·年)	39.50	48.30	22.28
净资产收益率(%)	18.38	13.49	—26.61
总资产报酬率(%)	4.77	4.36	—8.60
国有资产保值增值率(%)	126.71	114.17	—9.89

【改革发展】

1. 整体改制上市工作。2008年，中国水电集团响应国资委提出的推动有条件的中央企业整体改制上市的号召，积极推动整体改制上市工作。集团整体改制上市方案于2008年2月获得国务院同意和国资委正式批准。

2008年，集团全面完成对工程局、厂所属44家全民所有制企业的公司制改建工作，对法人机构和产权关系进行清理，共注销没有存在必要的法人资格单位52家。拟订法人机构剥离及后续管理办法。部分企业(如租赁控股公司)在改制上市工作的推动下，取得新的业务资质。

集团完成发起人协议、股份公司章程、股份公司战略规划等文件起草和相关准备工作。

集团公司整体改制上市工作正在有序推进中。

2. 以构建完整的产业价值链为重点，积极推动外部重组工作。集团经过反复论证、征询领导专家意见，2008年向国资委等部委上报《关于尽快启动中国水利水电建设集团公司外部重组工作的请示》，提出具体重组目标企业名单。

2008年,启动科研设计企业的重组工作。以尽快落实920万千瓦发电资产分配为目标,继续保持与国资委、国家电力体制改革工作小组办公室等单位的沟通,努力推进电力辅业大重组方案的落实。

3. 成功实施内部管理体制改革,为集团改制上市和外部重组奠定基础。2008年,集团出台《关于集团公司所属原工程局(厂)实施公司制改建后继续执行集团公司有关管理规定的通知》《关于规范子公司内部管理体制改革与调整中有关工作程序的通知》等文件,支持、鼓励并规范子公司积极开展企业内部管理创新。

4. 建立适应市场需要的集团化管理体制。随着集团的发展壮大,根据内外部环境的变化,集团逐步建立起适应市场需要的管理体制和机制。对于国内经营业务,集团实行高度集中的战略与财务管控和充分授权的自主经营相结合的混合型管控模式,即主要从战略层面引导子企业,同时从财务上给予监督管理,具体经营业务的开展则充分授权于子企业。对于国际经营业务,集团实行高度集中的战略管控和主要经营要素管控相结合的管理模式,即侧重从战略、营销规划、营销网络、项目履约、重大合同风险、财务风险和经营风险方面进行管控。在集团总部层面统筹资源,发挥海外事业部和国际公司在集团国际经营中的引领、示范、管控和支持、服务作用;在子公司层面着力提高外经合同执行力和项目管理能力,提高其对在建项目国国际业务营销能力和开发能力。在营销模式上,实现集团公司、子企业两级营销模式,分层营销,分工协作,区域统筹,统分结合。

5. 强化战略管控,促进战略转型和产业结构优化升级。根据内外环境的深刻变化,特别是集团重组和改制上市的新情况,滚动编制三年发展规划,不断完善战略管理,发挥战略的引领和先导作用,推进集团产业链及主业结构优化升级。根据国资委对集团的主业定位,结合集团经营实际,集团对产业结构进行调整,形成四大主业协同发展的产业结构。

经过几年努力,集团产业调整的效果已经初步显现,在保持国内水电建设市场领军地位的同时,国内非水电市场和国际市场开拓取得较大发展,截至2008年底,国内非水电营业收入、国际营业收入和国内水电营业收入分别占营业收入的20%、22%、49%。

【重大项目】 2008年,中国水利水电建设集团公司在国资委支持指导下,按照集团公司发展战略的总体要求和产业结构调整的需要,根据国家产业政策,坚持围绕主业并结合企业的实际情况,在电源、房地产、水务和基础设施等相关领域积极稳步推进。

截至2008年底,集团公司正式批复开始项目前期工作、在建项目以及建设竣工项目共计50个(含股权投资),其中电源项目27个;房地产项目9个;股权投资9个;水务项目1个;路桥项目3个;国外水泥项目1个。参与在建电力项目总装机容量约667.13万千瓦,权益装机约402.19万千瓦,投资项目涉及总规模约650.37亿元,投资范围涉及电源、房地产、国际项目的水泥生产等领域。

2008年,中国水电集团中标工程总额为965.8亿元,其中1亿元以上项目137个。

【走向海外】 2008年,面对国际金融危机的巨大挑战和考验,中国水利水电建设集团公司深入贯彻落实科学发展观,在大力实施国际业务优先发展战略的同时,不断加强内部建设和管理,集团国际化事业保持健康快速的发展,国际业务规模和效益继续增长。

2008年,中国水利水电建设集团公司国际业务营业收入146.57亿元,同比增长33.25%,约占集团公司总收入的24%。

在2008年商务部统计中,中国水利水电建设集团公司海外营业额列中国企业50强第四位,与2007年持平;在美国新闻实录(ENR)全球最大225家国际承包商排名中,列50位,上升一位。

2008年,中国水利水电建设集团公司国际业务实现利润9.71亿元,同比增长8.73%,约占集团利润总额的60.31%。

中国水利水电建设集团公司2008年新签海外合同51个,合同额36.32亿美元,同比增长28%,约占集团总签约额的31%。集团国际业务分布在亚洲、非洲、美洲和大洋洲等43个国家,其中亚洲22国、非洲19国、美洲1国、大洋洲1国。在建项目合同168个,在建项目合同额达到116.27亿美元,在建项目合同余额约70亿美元。

与此同时,中国水利水电建设集团公司进一步开拓EPC总承包、出口信贷融资承包领域，同时多元化扩展建筑产业链条，在火电、燃气发电等产业领域有所突破。其中：水电站项目31个，路桥项目27个，投资项目2个，水处理和灌溉项目26个，矿产项目2个，房建及市政项目68个，其他项目14个。总的来说，2008年中国水利水电建设集团公司新签非水电合同额18.38亿美元，占年度新签合同额的50.59%。

截至2008年底，中国水利水电建设集团公司海外在建投资项目(BOT)情况如下：

1. 柬埔寨甘再水电站BOT项目。2007年8月主体工程开始施工，2008年11月18日顺利实现主河道截流。截至2008年底，该项目完成投资10544万美元。

2. 老挝南俄5水电站BOT项目。2008年10月1日，主体工程正式开工。截至2008年底，南俄5水电站BOT项目完成投资1250万美元。

此外，中国水利水电建设集团公司投资的老挝水泥厂2008年生产水泥36.5万吨，实现销售额2434万美元，实现现金流730万美元，经营情况正常，完成年度目标和任务。

2008年，中国水利水电建设集团公司还继续推进投融资条件较为成熟的缅泰哈吉、塔山、印尼佳迪格德、尼泊尔上马相迪等水电融资项目的进程，与当地相关主管部门进行多回合具有推动性意义的会谈；在矿产类开发项目上也取得长足进步：刚果(金)铜钴矿项目的洽谈稳步向前，中方企业集团与刚果(金)政府的合作协议已商签，矿权已转入正式成立的华刚矿业公司；老挝钾盐矿项目前期勘探及预可研工作正在进行。

【重大创新】

1. 集团公司科技创新体系建设。2008年，在集团公司持续推进中，科技创新体系建设得到进一步加强。一是通过加强督促和指导，使得七个水利水电特级企业全部通过省级技术中心的认定，集团两级技术中心的建设取得新突破；二是加强两级科技委员会的建设，改组成立集团公司新的科学技术委员会和其下属的专业委员会，新的科技委层次高、专业面广，由集团各专业的技术带头人和水电、铁路、交通等行业的院士、专家、学者组成，形成集团科技发展与决策强有力的智力支持系统；三是继续以科技考核为手段，以两级技术中心建设为契机，推动子企业健全科技管理制度体系，包括科技管理、考核、奖励制度，以及科技立项、评审制度、专项资金使用等制度。各子企业科技管理与创新工作更加重视，科技工作不断规范化，子企业的科技工作普遍得以加强，集团科技工作呈现新的面貌。

2. 集团公司科技攻关项目。2008年，集团公司批准科技立项项目共42项，科研经费2780万元，科研投入逐年提高。其中，非水电业务项目共14项。

2008年，集团公司继续以科技课题带动科技创新工作，不断加大总部的指导与监管力度，在研科研项目进展良好。累计结题并完成鉴定28个项目，被专家鉴定为国际领先水平的4项，国际先进水平13项，国内领先水平7项。

3. 科技获奖项目。2008年，集团公司继续开展科技奖励工作，共有40项科研成果获得集团公司科技进步奖，其中，特等奖2项、一等奖6项、二等奖18项。

2008年，集团公司国家及行业科学技术奖再获丰收："大型水利水电工程可视化仿真技术及其工程应用"和"峡谷地区200m级高面板堆石坝筑坝技术研究及其洪家渡坝工程"项目获国家科技进步奖二等奖；获中国电力科学技术奖9项，其中，一等奖1项、二等奖3项。

4. 工法及专利。2008年，集团公司工法编制与申报国家专利工作取得新突破，获得国家级工法45项，获国家发明专利1项，实用新型专利16项，正在接受国家受理审查的发明专利项目40项。

5. 标准化工作。2008年，挂靠在集团公司的水电施工标准化技术委员会与水轮发电机及电气设备标准化技术委员会在标准制修编工作中成绩突出，组织完成标准编制和审查12部。继续加大集团牵头制(修)订标准的工作力度，2007年、2008年两个标委会国家批准标准计划27项，集团公司牵头编写的有18项。

2008年，集团公司牵头的水电施工标准国际化工作取得了突破性进展。截至2008年底，近200万字的39部主要水电施工标准翻译工作已基本完成，已审查报批 26 部、出版 8 部。

6. 优质工程。2008 年，集团公司创优工作取得新突破，共获得鲁班奖 2 项、国家优质工程奖 3 项、中国电力优质工程奖 5 项。

【履行社会责任】 作为中国乃至全球水利水电建设行业的领导者，中国水电集团在多年改革发展中，以"为社会担责任"为重要核心价值观，在全球范围内积极主动履行中央企业所肩负对国家、民族和社会的"共和国长子"特别责任，全力为社会提供优质产品和服务，努力为促增长、调结构、保民生贡献力量，高度重视环境保护和节能减排，以各种形式支持经营所在地社会经济全面发展，以实际行动推进和谐社会建设，打造中国中央企业良好的社会形象。

1. 打造精品工程，提供优质服务。

中国水电集团高度重视产品质量管理。集团公司及所属成员企业均通过 ISO14000 质量管理体系认证，实现从技术设计、材料管理、工序工艺管理到产品交验、售后质保的全方位、全过程质量管控。2008 年，公司获得行业最高奖项——鲁班奖 2 项、行业专业最高奖项——土木工程詹天佑奖 3 项、国家级优质工程奖、省部级优良工程奖等奖项。

中国水电集团高度重视以管理和技术创新提高产品和服务的价值创造力。公司近年来加快产业结构重组整合步伐，不断向产业上下游延伸，弥补产业链短板，打造为客户提供整体解决方案的能力，不断完善产品和服务功能，提高产品和服务水平。同时，公司大力实施"科技兴企"战略，以企业"国家技术中心"为载体，创新科技管理体系、转化机制、和人才队伍建设，每年都有一大批具有国际领先水平的科技成果和具有自主知识产权专有技术。仅在 2008 年，集团就获得 21 项中国企业新纪录和 4 项中国企业记录，42 项施工工法被确定为国家级工法。

中国水电集团每年向客户交付的近 2000 项类型各异的产品质量水平均符合或超越项目相关国家、行业和协议约定的验收规范或标准。特别是在汶川 8.0 级特大地震中，中国水电集团承建的紫坪铺水电站大坝、碧口水电站大坝等数十座不同类型的位于震中地带的百米水电站大坝成功地经受住严峻考验。

2. 响应中央政府号召，全力以赴促就业保民生。

作为中央国有大型企业，中国水电集团时刻铭记国家赋予的使命，积极主动承担和履行企业公民的社会责任，以多种形式参与和谐社会的建设与发展。特别是在世界金融危机不断蔓延、实体经济遭受严重冲击的形势下，中国水电集团紧抓国家巨额经济刺激计划所带来的历史机遇，坚定信心顺势而为，调整优化转型升级，促进企业稳步持续发展，对上确保国有资本保值增值、对中确保员工队伍稳定和谐，对下提携合作伙伴共同发展，为整个国家保增长、促就业、保民生做出基础性贡献。

中国水电集团积极履行对国有资产的增值保值和依法纳税的基本责任，自 2003 年成立以来的国有资产增值和纳税总额处于逐年上升态势。2008 年，在自身遭受特大地震损失的情况下，中国水电集团的国有资产保值增值率依然达到 127.91%，实现纳税总额 20.20 亿元，为增强国有资产在国民经济中的控制力和国家财税实力做出贡献。

水利水电及基础设施建设作为劳动力密集型产业，是吸纳城镇失业人员和农民工就业的大户。金融危机显现后，就业成为中央确保经济增长和社会稳定的头等大事，中国水电集团主动肩负责任，多方为国分忧。集团公司要求系统子企业努力做到不裁员、不降薪，并抓住市场机会，赢得更多市场领域和份额，尽最大能力为社会特别是农民工提供就业岗位，保障其待遇福利水平不打折。集团公司通过大力开拓非水电基础设施市场和积极推进国际业务优先发展战略，业务规模和经营水平不断发展和提高，每年为社会提供分布全球 40 多个国家的 20 万至 30 万个就业岗位，实实在在为保增长、促就业、保民生贡献力量。

3. 重视生态保护和节能减排，促进产业与自然和谐共存。

结合行业特点，中国水电集团以理念、科技和管理为手段全面加强企业经营发展中对环境的保护工作，近年来，集团公司以可持续方式加速水利水电建设，更加重视国家利益、集体利益，重视改造、利用、保护和适应自然的发展要求，重视技术上可行、经济上合理、社会接受、环境友好的发展要求，在我国从水电大国到水电强国的转变和水电绿色能源开发中，成功地走出一条人与自然和谐、开发环保并重、企业社会双赢的新路子，基本做到既要精品工程，又要青山绿水，既发展生产获得效益，又促进人与自然和谐共存。例如在世界上最大的人工砂石系统——向家坝砂石系统的建设运行中，集团公司以科技创新推动绿色环保，加强生产生活污水处理、粉尘控制、噪声控制、生产生活垃圾处理工作，实现废水废渣零排放，创造高强度生产加工能力、长距离胶带机输送、大容量料仓蓄量、快速施工建设周期、环保投入5项世界之最，打造一个绿色环保的电站工地，被中国工程院院士和专家们高度评价为“绿色粮仓”，并建议在今后的水电站建设中优先采用和推广。

水力发电是当前市场最成熟、应用最广泛、技术最安全的可再生能源之一，在节能减排方面具有天然的先发优势。当前，温室气体排放引起的全球气候变化备受国际社会广泛关注，中国作为以煤炭为主的能源生产大国和消费大国备受西方国家压力，进一步加强节能减排工作是中国“十一五”发展规划的重要目标。中国水电集团充分发挥行业优势，积极建议国家充分发挥水电产业自然属性，以最低成本履行节能减排国际义务。同时，中国水电集团积极利用联合国CDM(清洁发展机制)，获得对价资金，主要用于水电产业和环境保护项目的研究推进，全面履行中央企业所承担的环境保护和节能减排义务。

4. 发挥骨干中坚作用，全面履行社会责任。

近年来，中国水电集团坚持每年拿出一定量的资金，专项用于促进经营所在地的社会经济发展和为困难群体雪中送炭。2006年公司捐赠现金200万元支持四川省部分地区抗击百年不遇的特大旱灾，2007年捐款100万元为平凉市建设两所农村希望小学，2008年向甘肃阿坝州捐赠现金200万元用于防治大骨节病等等。

在举世震惊的“5·12”汶川特大地震中，中国水电集团自身遭受144人死亡、13000余人无家可归、50亿元直接和间接经济损失的情况下，在举全集团之力开展自救的同时，主动向国务院、灾区政府请战，不计代价地调集人员、设备参与灾区清墟救人、道路抢修、水库排险、医疗卫生防疫等各方面的抗震救灾工作，累计向灾区捐款捐物达5200余万元，得到温家宝总理、国务院国资委的充分肯定以及灾区各级政府和人民的赞誉。

【应对金融危机】 2008年，中国水电集团积极应对严峻经济、金融形势的巨大挑战，认真贯彻落实集团“三控三强一确保”的综合风险防控措施，围绕集团整体战略目标，以加强现金流监控、巩固资金链稳定为重点，以控制资产负债率上升、提高资金使用效率为重要任务，以强化资金监管、融资管控、担保管理为重要举措，切实提高全集团资金管理水平，增强集团防范金融风险的实力，确保集团的融资渠道畅通，以充足的现金流确保集团持续稳步发展。

1. 逐步建立健全集团资金集约化管理体系，持续推进资金集约化管理进程。

在集团公司指导和推动下，各子公司对所属单位和工程项目建立银行网络系统，普遍具备对内部资金的现代网络监管手段，对资金的控制力得到加强。集团逐步完善资金管理业绩评价指标体系的建设，有效促进集团公司和子公司两个层面资金集中度的进一步提高，资金集约化管理效益逐步显现。

2. 注重深化和加强银企高端合作，改善集团外部融资环境。

2008年集团在中国建设银行集团授信增加到476亿元，集团成为建行总行63家重点客户之一，享有在建行的特殊优惠政策和绿色通道；中国银行授予集团公司2008年～2010年度总行级A类重点客户，集团与中行的银企高端合作逐步展开；2008年国家开发银行对集团的授信总额205亿元。

集团公司外部融资环境良好，2008年面对金融危机的冲击和国家复杂多变的紧缩融资信贷政策，集团公司及各子公司均未受到影响。

3. 加强集团融资的统筹管控，严控集团融资规模，强化融资风险控制。

集团在全系统内实行严格的融资计划审批制度，强化集团融资管控。通过对子企业对外融资实行融资计划审批制，严格控制和合理确定其融资规模，确保子企业对外融资规模与经营规模、财务能力协调，确保集团负债规模整体受控，防范财务风险。

在集团经营规模不断扩张、新增项目融资需求增长的前提下，集团整体融资规模仍未突破融资计划额度，保持合理增长。

4. 稳步推行资金预算管理制度，建立健全资金预算管理体系。

集团要求各子企业建立资金计划制度，将资金收支纳入严格的预算管理程序中，尤其加强对大额资金支付和预算外资金支付的监管力度，提高资金预算的执行力度，逐步完善资金预算管理制度，健全资金预算执行体系，规范资金使用流程。

随着资金集约化管理水平的提高，各子企业以现金流量控制为核心进一步加强资金预算管理，普遍建立资金年度计划编制制度等。

5. 建立资金风险预警机制，关注子公司资金状况。

2008年，集团公司密切关注对因生产经营资金完全依靠银行贷款支持的弱势子公司的资金状况，先后对水电房地产公司、水电九局、水电一局、崇信电厂、新能源公司下达风险预警提示，提出防范措施，确保资金安全，严防子公司出现资金链断裂财务风险。

（撰稿人：李霞林）

中国黄金集团公司

【基本概况】 2008年，中国黄金集团公司面对冰雪、地震等自然灾害和国际金融危机带来的不利影响，在国务院国资委的正确领导下，在国家有关部委和地方各级政府的大力支持下，坚持“超常规思维、跨越式发展”的理念，以“四年翻两番”为奋斗目标，努力优化发展思路，不断调整经营策略，不仅在规模和效益上翻一番，实现跨越式前进，而且积累适应市场竞争的宝贵经验，为未来的竞争提前做出准备和积累。一是以金为主、多金属发展的战略格局基本成型，奠定公司长远发展的基础；二是主要指标与2006年相比已经超过翻一番，企业应对困难的能力大大增强；三是全新的管理体系基本建立，管理水平全面提高；四是队伍建设成果显著，锻炼一支肯吃苦、能战斗的优秀干部职工队伍；五是行业地位和影响力不断增强，发展的外部条件更加优越。

【主要指标】 2008年，中国黄金集团公司累计生产黄金89.9吨，其中矿产金同比增长18.36%，是2006年的1.39倍。实现主营业务收入233.1亿元，同比增长42.99%，是2006年的2.72倍。实际利润同比增长97.23%，是2006年的3.55倍。资产总额同比增长59.5%，是2006年的2.71倍。保有金金属量1149吨，与2006年相比翻两番。

【改革发展】

1. 通过实行“五个集中”管理，管控能力进一步提高。基本完成财务、投资、销售、人事、供应五大集中管控，突出和强化集团总部的战略决策能力、运营管控能力和投资风险防范能力，降低成本和财务风险，增加效益。

2. 推行管理流程再造和建章建制，管理框架日渐成熟。实行以战略为导向的管理流程及工作流程的调整与再造，建立以业绩为导向的目标体系、岗位责任体系、考核评价体系与激励体系，建立信息收集分析、方案论证、风险控制评估、集体决策和项目后评价制度，各项管理工作纳入规范化的轨道。仅集团总部就制定规章制度102项，建立流程80项，建立台账115个，规范和优化办事程序，提高效率。

3. 开展基础管理达标活动，基础管理水平持续提高。进一步完善计量、定额体系，开展定置和标准化管理，加强班组建设和安全、设备和技术三大规程建设，完善激励和竞争机制，夯实并提高企业基础管理水平。

4. 拓宽融资渠道，创新融资方式，资本运作水平明显提高。建立长、中、短期搭配的多渠道和多品种的债务融资体系，收购加拿大多伦多上市公司——金山矿业有限公司，初步搭建起海外资本运作平台。

5. 全方位全过程加强重要环节的纪检监察工作。把“制度是否健全、程序是否合规、监督是否到位、工作是否有效”作为监督标准，以“围绕中心、服务大局、融入管理、过程监督”为原则，将纪检监察工作全面进入到资源购并，大宗物资（设备）采购，重大建设项目的招投标、过程审计和竣工决算等各个方面，加强对制度、程序、合同协议、执行结果等各个环节的监督，对规范项目运作、防止国资流失、加强廉政监督发挥有效作用。

【重大项目】

1. 成功竞标甘肃阳山金矿。甘肃阳山金矿是亚洲第一、世界第六大金矿，累计探获的金资源量超过308吨，预计在矿区范围内还将有很大的找矿潜力。成功获取甘肃阳山金矿标志着中国黄金集团公司得到国家和地方政府、武警黄金部队的认可，确立在国内行业中的龙头地位。

2. 成功收购加拿大金山矿业有限公司。金山矿业有限公司是加拿大多伦多的上市公司，其所属的长山壕金矿是加拿大国内规模最大的低品位露天金矿之一，已探明储量100多吨。

3. 大基地战略布局基本形成。已基本形成15个大型黄金及有色生产基地，其中有五个黄金生产基地的资源储量在100吨以上，两个有色金属基地的铜金属保有量在100万吨以上。这些项目的建设和投产，将逐步改变中国黄金集团公司所属企业多、小、散的状况，提高整体竞争力。

4. 项目建设方面。全年新开工项目7个，建成投产项目6个，新增铜钼矿石处理能力990万吨/年、铁铜矿石处理能力49.5万吨/年、金矿石处理能力75.9万吨/年、氧化铁红（黄）生产能力4万吨/年、低品位矿堆浸能力100万吨/年。

【走向海外】 收购在加拿大上市的金山矿业有限公司，初步搭建起实现“走出去”战略的海外平台，为中国黄金集团公司下一步在北美获取资源创造条件。通过在香港设立的中国黄金集团香港有限公司，推进对西藏甲玛项目境外股权的收购和整合工作。

【重大创新】

1. 2008年共有8项成果获中国黄金协会科学技术奖，5项成果获得国家实用新型专利。

2. 中国黄金集团公司所属的内蒙古乌努格吐山项目作为内蒙古自治区的重点建设项目和支持少数民族地区社会经济发展的重点工程，打破当地冬季不施工的惯例，创造国内有色矿山建设的“九个第一”：第一次采取膏体堆放工艺；第一次使用自主研发的最大规格半自磨机（φ8.8米×4.8米）、球磨机（φ6.2米×9.5米）、隔膜泵（DGMB450/8）、磁力弧（MA－221）等设备；第一次大规模使用自主研发的浮选机（160m3）；第一次使用世界最大的φ40米深锥浓密机；单系列处理能力为国内最大（15000吨/日）；自动化系统在国内有色矿山中为一次到位装备水平最高；采用国内最大规模的封闭式储矿仓；是国内高纬度、高寒地区快速建成的第一座现代化大型有色金属矿山。

【履行社会责任】 在冰雪灾害和汶川地震灾害发生后，中国黄金集团公司积极组织捐款、捐物支援灾区，全年累计向受灾的四川、甘肃、广西、贵州等省区捐款近千万元。所属的有关子公司积极奋战在抗灾救灾一线，支援灾区的救灾重建工作，受到当地政府和人民群众的赞誉。其中集团所属的贵州金兴黄金矿业有限责任公司被授予2008年中央企业抗雨雪冰冻灾害先进集体，广西贺州金琪矿业有限责任公司毛佐国同志被授予2008年中央企业抗雨雪冰冻灾害先进个人。

【应对金融危机】

1. 深入开展“成本管理年”活动，苦练内功，降本增效，全面增强抗风险能力。以成本管理为核心，通过推进所属企业的基础管理达标活动，加强成本预算控制，全面减少可控性费用支出，加大各子公司各项经营指标和业绩考核的管理力度，加大技术革新，创新采矿方法和选矿工艺等措施，降低生产成本，增加效益。

2. 有保有压，实现生产企业稳产高产，提高整体盈利水平。采取不同支持措施和激励手段，根据企业规模、盈利能力、生产成本、发展潜力等因素，提高企业的生产经营积极性，支持短平快的改造项目，提高产量和利润。

3. 加强项目建设管理。加快重点项目建设速度，使其尽快投产见效，严格控制建设费用，降低投资成本。

4. 以资金管理为核心加强各项专业管理，控制投资风险。强化资金集中管控体系，加强现金流管理，完善内部投资管理制度，有效控制投资风险。通过创新融资方式，优化资本结构，置换高息贷款等方式降低财务费用近5000万元。

（撰稿人：蒲　阆）

中国储备棉管理总公司

【基本概况】 2008年，中国储备棉管理总公司（以下简称“中储棉公司”）以科学发展观统领工作全局，深入贯彻落实十七大和十七届三中全会精神，坚持以邓小平理论和“三个代表”重要思想为指导，求真务实、扎实工作，认真完成国家下达的棉花市场调控任务，切实发展企业综合实力，提高核心竞争力。2008年公司资产总额达到270亿元，比上年增长82.4%，总资产报酬率为0.73%；净资产达99506万元，同比增长16.13%；净资产收益率为14.92%，同比增长2.18个百分点；利润总额13848万元，同比增长34.23%；国有资本保值增值率116.13%，比上年的114.15%增加1.98个百分点。

【棉花收储】 2008年度（2008年9月至2009年8月）新棉收购开始后，受国际金融危机的影响，国内棉花价格呈现快速下跌趋势，为稳定棉花市场，保护棉农利益，在收储5.8万吨2007年度陈棉的基础上，国家有关部委分三次向中储棉公司陆续下达272万吨收储任务。巨大的棉花收储量对于中储棉公司既是严峻挑战，也是绝佳机遇。对此，中储棉公司高度重视，及时成立由公司领导班子和相关部室负责人组成的收储工作领导小组，全面部署、统筹安排，并召开动员大会，强调这次收储是认真贯彻落实十七届三中全会关于增加农民收入、保障农民权益的精神，要求全体员工提高认识，切实增强责任感和使命感，忠实履行社会责任，努力做好服务工作，树立良好的企业形象，从思想上、组织上和物质上保障收储工作的全面实施。中储棉公司广大干部职工全力以赴执行国家调控棉花市场政策。2008年度收储规模大、范围广，承储库点多，为了使新增加的库点迅速适应收储要求，收储工作领导小组从公司总部及直属库抽调78名业务骨干分赴新疆等地，配合各收储库做好棉花入库及质量检验工作。

同时，按照地理相近原则，继续推行直属库监管代储库做法。承担监管任务的直属库及时编制代储库安全管理检查项目，组织专人对监管库进行逐项检查，对存在的问题提出意见，限期整改。在直属库的有效监管下，各代储库没有发生安全事故。针对2008年度收储工作的特点，中储棉公司完善棉花收储流程、严格控制入库时间、配备相应的设施设备、努力提高服务质量，并加大监督力度，设立收储工作举报监督电话。随着收储工作的逐步推进，宏观调控效果逐渐显现。籽棉价格稳中有涨，国内皮棉市场价格止跌，呈现小幅上涨态势。

【安全工作】 中储棉公司深入贯彻落实十七大报告中关于“坚持安全发展，强化安全生产管理和监督，有效遏制重特大安全事故，完善突发事件应急管理机制”的精神，进一步加强安全培训和岗位练兵，定期进行安全评比、定期组织安全检查、定期召开安全交流会，逐级落实安全生产责任制，初步建立储备棉安全生产长效机制。积极推进安全文化建设，着力强调安全工作要内化于心，外化于行，在全系统内形成良好氛围，真正使安全从思想意识上扎根，从实践行动中落实。同时，针对2008年收储工作中出现的新情况，中储棉公司及时总结安全管理新问题，积极探索工作新方法新思路，确保国家储备棉安全工作万无一失。

【风险管控】 2008年，中储棉公司加强财务控制力，进一步完善以资金管理为主的预算管理制度，扩大预算管理范围，根据各部门、各直属单位所承担的任务分别下达预算指标，并在预算管理过程中重点安排储备棉经营管理的各项支出，对日常管理费用本着适度从紧的原则，做到有保有压。进一步完善企业内部审计和法律事务工作，制定《内部审计管理办法（暂行）》《任期经济责任审计暂行办法》和三年法制计划，规范内部审计工作，逐项明确直属库必须提交总部审核的合同范围。全年开展专项审计、任期经济责任审计、基本建设审计等工作，积极开展形式多样的普法教育，进一步提高企业风险管理水平，保持较好的持续赢利能力，增强企业竞争力，促进企业稳步发展。

【企业文化】 企业文化是企业的灵魂和精神支柱，中储棉公司切实加强企业文化建设，努力创建和谐诚信企业。2008年3月28日，中储棉公司成功举办成立5周年庆典联谊会。联谊会的节目主要由中储棉公司全体干部职工自编自演。表演形式多样，内容丰富多彩，歌颂中储棉公司为南方雪灾捐款，颂扬中储棉公司精心经营管理国家储备棉，反映中储棉公司全体干部职工经过5年的辛勤劳动所取得的丰硕成果，充分展示中储棉公司5年来艰苦创业的历程，展现中储棉公司员工团结协作、积极向上的精神面貌。

2008是奥运年，中储棉公司在全系统内开展“迎奥运、讲文明、树新风”活动，组队参加国资委组织的中央企业"迎讲树"知识竞赛,公司内部掀起学礼仪、学奥运知识及相关知识产权法的热潮,进一步提高广大干部职工的法律意识和综合素质。通过开展各种形式的活动,增强全体员工的团队精神、安全素养和合规意识,全面提升企业文化,塑造中央企业勇挑大梁、敢担责任的企业形象。

【信息化建设】 通过5年的持续建设和完善,国家棉花市场监测系统的监测网络体系、棉花监测系统支撑平台、棉花监测系统应用系统、国家棉花数据库、棉花监测信息安全系统、配套基础设施及业务保障系统等重点工程的各项建设工作全部完成,圆满实现项目建设的目标,即将通过竣工验收。2008年,国家棉花市场监测系统开展大量市场监测工作,取得较丰富的市场监测成果。截至2008年12月中旬,共提交各类报表70800份,各类专题调查36495份,还开展8次大规模的种植面积、生长情况及产量专题调研,完成171篇棉花信息期刊,为国家有关部门制定科学合理的宏观调控政策提供有效参考。

2008年,中储棉公司管理信息化建设取得新的突破。公司管理信息系统集成及主营业务软件开发项目进展顺利,完成主营业务系统软件开发、硬件及软件集成和用户测试。公司的网络办公系统(OA)应用越来越广泛,提高公文办理效率,节省办公费用。信息报送工作取得优异成绩,在国资委召开的信息工作会上,中储棉公司被评选为先进单位。

【党建工作】 2008年,中储棉公司党委全面贯彻党的十七大和十七届三中全会精神,始终坚持以人本,以科学发展观统领工作全局。面对历史上最大的收储量,中储棉公司党委的坚强领导、果断决策、有力指挥,最广泛地凝聚起全体员工的共识,最大限度地调动全体员工的积极性和主动性,从容应对严峻挑战。各级党组织、领导干部和广大党员,奋力投入收储工作第一线,发挥领导核心作用和战斗堡垒作用以及共产党员的先锋模范作用。

中储棉公司党委在2008年的抗震救灾中,积极响应党中央、国务院和国资委的号召,大力发扬"一方有难、八方支援"的精神,用实际行动为抗震救灾做贡献。根据中储棉公司特点,紧急加工5000条棉被,派专人在第一时间将救灾物资送到救灾第一线,公司还捐款150万元,并自发筹集特殊党费等捐款共计15多万元,帮助灾区人民渡过难关、重建家园,为抗震救灾工作贡献一份力量、奉献一片爱心。兰州直属库和泾阳直属库受四川汶川发生强烈地震的影响,库区建筑物和棉垛左右摇摆,地震危害程度达六级。两库党支部沉着应对,迅速安排全体员工撤离库房,没有造成任何人员伤亡;地震发生后,按照总公司党委的要求,组织全体员工对库区建筑物、库房棉垛进行全面细致的检查,及时拆除危险棉垛,修缮破损的围墙和裂缝的地面,确保人员和国有资产安全。

(撰稿人:赵建淑)

中国印刷集团公司

【基本概况】 中国印刷集团公司(以下简称"中印集团")是国务院国有资产监督管理委员会直接管理的惟一从事印刷及相关业务的大型国有企业,有着较高的知名度和较强的影响力,作为印刷行业"国家队",是我国出版印刷事业的一支骨干力量,具有"中国印刷"的品牌优势。

中印集团主要成员单位包括10家二级子公司,主要从事出版物、包装装潢印刷品及其他印刷品的生产经营;印刷及相关专业的图书、期刊、音像、电子、网络出版物的出版发行;纸张、纸浆、印刷复制设备、印刷器材、装帧材料的生产经营;承办国内外印刷复制设备、器材、出版物、艺术品等展销,代理或协助外商在国内外举办上述范围的展销;印刷、复制、信息、媒体行业的新技术、新工艺、新设备、新材料及相关领域的研究开发、生产、经营、技术服务,印刷及相关领域的技术培训、咨询、交流、服务,印刷质量检测标准化等行业服务;广告代理、办公用品、宾馆、招待所、餐饮业的经营及房地产开发、房屋出租、物业管理;印刷品、印刷复制设备、印刷器材、纸张及相关领域的进出口经营;国内外投融资等业务。

【主要指标】 2008年1~12月,中印集团累计实现营业收入9.85亿元,利润总额0.79亿元,基本上完成国资委确定的主要经济指标。

中国印刷集团公司主要经济指标

项　目	2007年	2008年	同比增长(%)
资产总额(亿元)	14.05	15.06	7.19
净资产(亿元)	5.12	6.54	27.73
营业收入(亿元)	9.09	9.85	8.36
利润总额(亿元)	0.21	0.79	271.48
技术开发投入(亿元)	0.004	0.01	150
利税总额(亿元)	0.51	1.14	123.53
全员劳动生产率(万元/人·年)	4.67	7.97	70.66
净资产收益率(%)	3.34	12.8	283.23
总资产报酬率(%)	2.47	6.18	150.20
国有资产保值增值率(%)	102.01	116.51	14.21

2008年末，中印集团从业人员人数为2769人，年末职工人数3915人，其中：在岗人员2679人，内退等不在岗人员为1236人，离休职工89人，退休职工4731人。全年平均职工人数4006人，其中全年平均在岗职工人数2654人。

【改革发展】 中印集团结合自身实际，积极完善产业结构，形成完整的六大板块格局。

2008年，中印集团在打造器材生产销售板块品牌，恢复印刷科研开发板块能力，培育图书发行零售板块建设上取得重大进展。

一是在中印印刷器材有限公司进行CTP版选型、工艺条件选择、配套药品性能测定等工作。北京科印近代印刷技术有限公司控股的中印周晋公司，在生产、销售数字化直接制版机方面，较好完成生产和销售计划。数字化直接制版对开机研制成功，得到国家科技部的肯定和印刷企业的认可，并被列为2009年国家重点新产品计划。科印近代公司取得的成果，为打造中印品牌和实现从版材、设备到流程一体化“捆绑式”销售铺平道路。

二是中国印刷科学技术研究所致力于通过新技术的开发、新材料的研制，促进印刷企业在技术创新、降低成本、节能减排等方面增强自身发展优势。在设计、安装、调试新生产线的过程中，研究所科研团队发挥重要作用，研制开发能力不断增强。

三是以中印集团文化有限责任公司第一家书店开业为标志，图书发行零售板块初具雏形。在短短的五个月里，文化公司中印书店经过不断探索、创新和开展多项主题活动，积累一定的图书零售经验，形成部分较为稳定的读者群，收到“实验店”投石问路的效果，为2009年正式启动马连道图书城项目奠定基础。

推进企业重组，为中印集团战略发展创造条件。

2007年末，中印集团出资成立中印集团投资中心，搭建集团主业平台、整合资源、逐步装入主业企业，进而深化主辅分离的工作开始实施。

一是完成北京科印传媒文化有限公司的股权整理工作，同时，经新闻出版总署批准，印刷工业出版社改制方案开始实施。为下一步将目前以研究所名义开展的四刊一网、展会论坛、培训和咨询四项主要业务装入科印传媒，进而通过增资引入战略投资者做好准备。

二是经中印集团批准，科印近代公司出资，对原北京周晋科技有限公司进行增资、控股，并更名为北京中印周晋科技有限公司。

三是通过北京产权交易所公开转让中印集团持有的北京华联印刷有限公司股权、收购百花公司外方股权、收购研究所投资的汉仪科印信息技术有限公司外方股权等工作取得一定进展，为实现中印集团战略发展创造有利条件。

【重大项目】 2008年，中印集团有三个重点基建项目处于在建阶段。

一是中印大厦项目，年初正式开工，经过奋战，地下四层、地上十五层，共计4.15万平方米建筑面积的大厦工程已于12月28日完成结构封顶，实现“当年开工、当年封顶”的预期目标，而且项目全面符合质量、安全和文明施工等要求。

二是中印南方项目，在整个施工过程中，中国印刷总公司和文字六〇三厂倾注全力，正确处理成本、进度与质量的关系。截至2008年年底，办公楼、车间、综合楼、成品库房基础工程以及泵房等工程全部通过结构验收。与此同时，文字六〇三老厂区改造项目已进入调研阶段。

三是新华公司项目，2008年9月取得建筑施工许可证，10月8日，基建工程正式开工。由于项目用地周边市政条件较差等客观难题，中印集团一方面积极与相关政府部门反复沟通，另一方面采取有效应急措施，基本保证施工的合同进度。

在建的3个基建工程和已经竣工投产的三河版厂项目，是集团公司发展规划中的4个重点项目，按照规划要求，2009年年底前全部竣工。基建工程的稳步推进，将加快产业调整进程，为集团公司持续发展提供有力保证。

【重大创新】 完全依靠中印集团内部技术力量设计完成的既能生产PS版材，又能生产CTP版材的新生产线，在工艺和设备技术方面实现多项创新，有9项技术正在申报专利。整线装机水平和运行能力在国内处于领先地位，某些方面达到国际先进水平。CTP直接制版对开机研制成功，是又一项自主创新的重要成果，得到国家科技部的肯定，并被列为2009年国家重点新产品计划。科印近代公司在CTP技术方面跻身领先地位，成为能够提供从版材到设备、流程一体化解决方案的国内惟一企业，为集团公司可持续发展增添后劲。

集团公司开拓的数字印刷项目是符合印刷行业发展方向并蕴含巨大商机的先进技术，集团公司抓住机遇，加大数字印刷投资，扩展业务渠道，现已初具规模。这是集团公司印刷板块的新生力量，具有潜在市场优势和发展优势。

【履行社会责任】 汶川地震发生后，中印集团组织系统内部员工踊跃捐赠，党员同志积极缴纳特殊党费，中印集团累计捐赠款项近50万元。

在三河新生产线已完全达到当地环保要求的情况下进一步加大投入，将废酸排放工艺改为内部再生循环系统，实现零排放，提高环保标准。

【应对金融危机】 面对复杂多变的国内外经济环境，中印集团和各下属企业沉着应对，采取积极有效措施，努力将不利因素的影响压至最小，继续保持集团公司效益的平稳增长。

一是中印物资贸易有限公司及时调整销售结构，由原来单一经营苇浆品种，拓展为多品种经营，同时还增加化工原料的销售，增加收益。二是北京科印近代印刷技术有限公司在年初南方雨雪灾害，导致长达两个多月的时间内，市场供货与原材料运输受到严重影响的困难面前，采取积极应对措施，确保物流供应渠道畅通。三是美航快速彩色印刷公司在摩托罗拉的经营效益大幅下滑，产量锐减的冲击下，保持与客户的真诚合作与沟通，承接订单上升至摩托罗拉业务总量的50%。四是中国印刷总公司的数字印刷逐步驶入良性发展的轨道，产量、销售与2007年同比都有较大提高，同时带动其他业务的扩展和增长。五是中国印刷科学技术研究所在全球经济不景气的大背景下，成功举办第三届中国国际全印展，吸引652家厂商参展。展会期间，有来自80个国家和地区的7万多人次参观展览，国内外众多业内厂家和知名人士踊跃参加同期举办的50多场次活动，使本届全印展成为2008年度继德鲁巴印刷大展之后，又一次最具影响力的国际印刷盛会。

【其他情况】 2008年，中国印刷集团公司获得“中国出版政府奖—先进出版单位奖”。

（撰稿人：高德涛）

攀枝花钢铁(集团)公司

【基本概况】 2008年，攀枝花钢铁（集团）公司（以下简称“攀钢”）先后经受住年初南方冰雪灾害、“5·12”汶川特大地震、“8·30”攀枝花地震等自然灾害以及国际金融危机带来的严重影响和破坏，牢固树立“过紧日子”思想，贴近市场优化品种结构，全力抓好原燃料安全经济保供，积极开拓市场降库促销，狠抓严格管理降本增效，着力深化改革、自主创新和节能减排，抗震救灾取得阶段性胜利，最大限度降低国际金融危机带来的损失，生产经营基本实现总体平稳运行。全年共完成营业收入 522.31 亿元，同比增长 31.66%，成为四川首家营业收入突破 500 亿元的企业。

狠抓产供运销平稳衔接，全力抓好生产组织。上半年，钢材产品价格和原燃料价格均大幅度上涨，但受年初南方冰雪和汶川地震等灾害影响，公司产供运销衔接异常困难。攀钢突出抓好原燃料保供和运输组织协调等重点工作，积极开辟煤炭供应新渠道，把“5·12”汶川特大地震、“8·30”攀枝花地震对生产组织的影响降到最低，确保奥运会期间的资源保障和生产平稳运行，1～8 月主要产品产量同比均有所增长。9 月份以后，受国际金融危机影响，钢材市场价格出现前所未有的急剧暴跌，但原燃料价格回落滞后，攀钢及时调整经营策略，严格按边际效益最优化原则配置资源，积极调控周边地区原燃料价格，对新钢钒 1 号高炉、新钢业 2 号高炉及时实施阶段性停产，减少亏损。尤其是发挥自有矿山优势，狠抓本部矿山稳产高产和白马矿一期达产达效攻关，全年共完成铁精矿 626.53 万吨，同比增长 14.14%，全年共完成铁 771.48 万吨，同比减少 1.07%；钢 751.01 万吨，同比增长 0.73%；钢材 702.98 万吨，同比增长 2.02%；钛精矿 25.25 万吨，同比降低 0.98%；钒制品 1.97 万吨、高钛渣 4.71 万吨，同比分别增长 4.97%和 40.95%。

坚持以效益最大化为原则，强化品种结构调整。上半年抓住热轧板、建材等产品利润率高、市场需求旺盛的机遇，调整资源流向，热轧板、建材、带钢产量分别达到 146.59 万吨、55.61 万吨、28.50 万吨，创造较好的经济效益。三季度钢材市场下跌后，削减热轧、建材等产量，增加重轨、无缝钢管等效益品种产量，其中重轨、无缝钢管产量均创历史最好水平。全年累计完成重轨 86.23 万吨，同比增长 10.34%；无缝钢管 106.01 万吨，同比增长 23.91%。钒制品规模进一步扩大，三氧化二钒、高钒铁产量分别达到 8029 吨、6239 吨，同比分别增长 42.46%和 81.16%。

坚持以市场为导向，采取积极、稳妥、灵活的营销策略应对市场变化，狠抓降库促销，全年产销率为 99.54%。特别是抓住国际市场价格相对较高的机遇，在有效规避风险的前提下，全力开拓国际市场，全年共实现出口销售收入 10.23 亿美元，同比增长 80.88%；出口钢材 75.61 万吨，其中，无缝钢管 30.58 万吨、板材 19.79 万吨，同比分别增长 52.01%、8.39%。

【工程与技改】 2008 年，攀钢坚持以钒钛资源综合利用项目为重点，突出主业、有保有压，集中精力抓好钒钛、钢铁、环保节能等一批关系公司长远发展的重点工程建设。全年计划安排限额以上项目 79 个，已完工项目 27 个，全年完成投资 43.88 亿元。

西昌钒钛资源综合利用项目推进取得积极进展，国家发改委已同意该项目开展前期工作，项目环评、可研、初步设计等各项工作顺利推进，已完成前期水电工程施工，表土剥离、场平、挡墙施工等工作全面展开。

钒钛钢铁重点项目进展顺利，新钢钒 7000 吨/年三氧化二钒生产线、攀成钢 Φ159 连轧管机组配套石油管加工线和 Φ177 轧管机组配套管加工线、眉山冷弯新建 LW700 冷弯型钢生产线、攀长钢 50 万吨/年棒材生产线等结构调整项目建成投产；新钢钒烧结系统改造一期、1-3 号高炉 TRT、煤化工厂 3、4 号焦炉易地改造，攀成钢新建第三管加工车间、A-R 轧机重建，50 万吨高速线材、攀长钢钛材一期等项目按计划稳步推进；钛业公司 1.5 万吨/年海绵钛、选钛厂扩能改造、攀成钢旺苍 60 万吨焦化工程陆续开工建设；启动高钛渣二期等项目前期工作。

新钢钒 6 号烧结机烟气脱硫、发电厂烟气脱硫技改工程、0 号和 3 号排放口工业污水治埋等限期治理环保项目按期建成并投入使用。

资源控制战略稳步实施，白马铁矿二期建设顺利启动；矿业公司川南硫铁矿开发、凉山州境内矿产资源整合、会东和会理等地区矿产资源风险勘探，攀成钢旺苍 60 万吨/年焦化项目，与重能集团合作开发富源煤矿等进展顺利；与钢城集团公司战略合作，启动矿业公司排土场废石、表外矿、富余风化矿资源的开发利用；实施“走出去”战略，成立攀钢美洲公司；承揽沙特杰斯柯无缝钢管厂的试车协助及人员培训等对外服务项目，在国际上树立攀钢无缝钢管技术品牌；与中国机械设备进出口公司及加蓬政府共同开发贝加林铁矿、与新西兰钢公司等国外企业在钒钛产业的国际合作取得新进展。

【改革与改制】 2008年，攀钢加快集团整体上市和流程再造步伐。整体上市方案获国务院国资委和中国证监会审核通过，公司聘请中介机构（求是咨询公司）设计整体上市后集团管控模式方案，各项工作正按要求稳步推进。整合旅游与接待业务资源：以攀钢国际旅行社有限责任公司为平台，通过增资扩股，将南山宾馆与攀钢国际旅行社有限责任公司进行人员、业务与资产的整合。撤销原攀钢接待处的二级单位建制，在公司办公室增设接待处，负责公司的接待管理职能。撤销原接待处北海接待站。根据国资委《中央企业全面风险管理指引》（国资发改革〔2006〕108号）的要求，成立风险管理部，风险管理部与审计部合署办公。撤销原（集团）公司线材厂。成立攀枝花钢铁（集团）公司重庆化工烧伤医院，列为（集团）公司直属单位管理。随着攀枝花城镇职工基本医疗保险的并轨，调整（集团）公司基本医疗的征缴与补充医疗保险的业务运行职能。采购职能授权管理：为更好地满足科研、医疗、教学用物资、设备及备件的采购需求，简化委托采购管理办理程序，公司对相关单位实行采购职能授权，授予其自行采购本单位所需物资、设备与备件的权力。根据公司整体上市计划，辅业单位编制改制方案，银山冷轧、蓝星清洗等单位改制工作正在积极推进。新钢钒公司分离辅助、精干主体，整合成立维检中心，炼铁、炼钢部分辅助系统实现整体作业外协。

积极推进三项制度改革。深化干部人事制度改革，继续推进领导干部公开招聘和竞聘上岗，开展基层党委书记直选试点，基层工会主席直选进入制度化，基层党支部书记直选试点全面推开，全年累计公开招聘处级干部6名，直选处级干部4名；加大干部交流力度，大规模组织干部挂职锻炼，总计挂职交流干部130名；新钢钒积极推行首席工程师和首席操作维修师制度，初步形成管理干部、专业技术和操作技能人才等分层分类的员工职业生涯发展模式。深化劳动用工制度改革，贯彻落实新《劳动合同法》，努力建设灵活、规范、和谐的用工机制。深化分配制度改革，坚持工资总额与经济效益挂钩，分配向操作骨干、科技骨干、管理骨干倾斜，在全年经济效益没有完成的情况下，扣减领导干部薪酬。

【创新工作】 2008年，攀钢成为国家首批创新型企业。攀钢抓好重大工艺技术研发和科技攻关，围绕加快钒钛提取核心技术和共性关键技术研究，启动钒钛磁铁矿高效分离、高炉渣提钛、富钛料制取等三条中试线建设；"氧化钒清洁生产工艺开发"完成重大技术创新，其成套关键工艺技术处于世界领先水平；"金属钛新型提取技术研究"取得重大进展，钛产品深加工技术正稳步向工程化、产业化方向推进；高炉渣综合利用研究、高品质钛原料产业化技术研究等取得进展；转炉提钒复吹工艺研究实现全炉役复吹提钒；钒钛矿非高炉冶炼技术研究打通铁、钒、钛同时提取的工艺流程。加大新产品开发力度。全程铺设攀钢百米高速铁路用钢轨的京津线创下394公里/小时的世界第一轨道交通速度，客运专线用350km/h钢轨试制工艺基本成熟，PG4热轧和热处理钢轨的全流程生产工艺打通，具备工业化生产能力；5个规格核二级传热管通过鉴定，具备生产核二级、三级传热管能力；铁道车辆车轴钢、高速道岔翼轨、工程机械用高强度热轧钢板等实现批量生产。全年完成新产品产量191万吨。科技创新创效成果显著。共通过各级科技成果鉴定185项，其中省部级45项；获各级科技奖励114项，其中省部级以上20项，"大型深凹露天矿陡坡铁路运输系统研究"获国家科技进步二等奖；申请专利263项，同比增长53%，其中发明专利158项；获专利授权126项，同比增长85%，其中发明专利24项；拥有有效专利424项。

【节能减排】 2008年，攀钢节能减排和环境保护工作取得较好成效，被中宣部确定为全国节能减排先进典型，受到中央、省、市新闻媒体集中采访宣传报道。狠抓技术研究和攻关，攀钢承担的《攀钢高炉渣钛资源利用关键技术开发》被列为国家科技部支持的四川省重点节能减排技术示范项目；积极开展社会协作，攀成钢与化工研究院开展脱硫技术项目合作、与川化股份有限公司合作发展循环经济。大力推进节能减排项目建设，重点抓好对国家环保总局承诺的整改项目和省市下达的限期治理项目建设，其中，新钢钒6号烧结机烟气脱硫、发电厂锅炉烟气脱硫、0号和3号排放口工业污水治理等环保治理项目已建成投入使用；攀成钢转炉煤气回收、烧结机烟气脱硫等重点项目按计划稳步实施。加大监督检查和考核力度，强化环保设施的维护检修和运行管理，能耗指标不断优化，全年万元产值能耗 1.157 吨标准煤，吨钢综合能耗 759 公斤标准煤，同比分别下降 212 公斤标准煤和 11 公斤标准煤；二氧化硫排放量 7.47 万吨，同比降低 9.6%；化学需氧量排放量 676.3 吨，同比降低 43.05%。按照国家对循环经济试点企业的要求，抓好循环经济体系建设，大力发展循环经济，高炉、焦炉煤气回收利用率分别达到 94.8%和 97.1%。

【资本运营】 2008 年，攀钢资本运营工作取得重大突破。整体上市方案先后获国务院国资委和中国证监会批准。资源控制战略稳步实施，先后成立攀钢矿业宜宾有限责任公司、攀钢矿业凉山有限责任公司，收购云南省富源县龙蟒矿产品有限责任公司部分股权。

整体上市方案获批准。2008 年，攀钢加强与国资委、证监会以及投资者的沟通，完成国资委对整体上市方案、资产评估及国有权益变动的批复，获得证监会对整体上市申请的有条件通过。2008 年 4 月 11 日，国务院国有资产监督管理委员会以《关于攀枝花钢铁(集团)公司整体上市的批复》(国资改革〔2008〕364 号)批准攀钢整体上市总体方案。攀枝花新钢钒股份有限公司拟非公开发行股票吸收合并攀渝钛业、ST 长钢实行整体上市。2008 年 10 月 24 日，经中国证券监督管理委员会上市公司并购重组审核委员会审核，攀枝花新钢钒股份有限公司发行股份购买资产、换股吸收合并暨关联交易申请获得有条件通过。2008 年 12 月 25 日，中国证监会以《关于核准攀枝花新钢钒股份有限公司发行股份购买资产及吸收合并攀钢集团重庆钛业股份有限公司、攀钢集团四川长城特殊钢股份有限公司的批复》(证监许可〔2008〕1445 号)，批准攀钢的整体上市方案。

合资设立攀钢矿业宜宾有限责任公司。5 月 25 日，攀钢集团矿业有限公司与兴文县川南矿业有限责任公司和四川省锦巍实业集团兴鑫化工有限公司共同出资设立攀钢矿业宜宾有限责任公司，矿业公司以货币资金出资占 80%的股权，兴文县川南矿业有限责任公司以其拥有的硫铁矿矿权、硫精砂生产线等资产出资，四川省锦巍实业集团兴鑫化工有限公司以硫酸生产线等资产出资。该公司拥有约 800 万吨的硫铁矿储量。

出资设立攀钢矿业凉山有限责任公司。经与凉山州政府协调及与凉山州矿山企业接洽沟通，攀钢集团矿业有限公司出资，设立全资子公司攀钢矿业凉山有限责任公司。2008 年 6 月 19 日，攀钢矿业凉山有限责任公司在西昌成立。主要承担攀钢在四川凉山州的矿产资源开发、收购、整合、配置及风险勘探等工作，为西昌钒钛钢铁新基地提供原料保障。

收购云南省富源县龙蟒矿产品有限责任公司部分股权。2008 年 8 月 6 日，攀钢与重庆能源投资集团、四川龙蟒集团在成都攀钢金贸大厦举行富源矿产品公司股权转让签字仪式，攀钢和重庆能源投资集团合作受让富源龙蟒矿产品公司 95%股权。收购完成后，攀钢持有富源县龙蟒矿产品有限责任公司 44%的股权。该公司主要从事云南纳左煤矿煤炭开采，以及富源县杉树林煤矿和宜良县张家窑煤矿的探矿业务，预计产能将超过 100 万吨/年。

【抗震救灾与灾后重建】 2008 年，攀钢先后遭受“5·12”汶川特大地震和“8·30”攀枝花地震带来的严重影响和破坏，造成经济损失 14.2 亿元，职工群众死伤数十人，生产设施及职工住房受损严重，部分生产线停产，产供运销衔接极度困难，企业生产经营和职工群众生活受到严重影响。

地震发生后，攀钢及下属各单位认真贯彻落实党中央、国务院和国务院国资委、四川省委、省政府关于抗震救灾工作的一系列重要指示和部署，一手抓抗震救灾、一手抓生产经营发展。迅速启动应急预案。(集团)公司及各单位第一时间成立抗震救灾指挥部，实行 24 小时值班制度；(集团)公司及各单位领导班子成员第一时间赶赴救灾第一线靠前指挥；(集团)公司第一时间从职工总医院、冶金工程公司抽调医务和工程技术人员，集团内各兄弟单位第一时间组织矿泉水、食品、帐篷等救灾物资，援助人员和物资于震后次日陆续抵达受灾企业。全力开展抗震自救。坚持把职工生命安全和生活保障放在第一位，紧急排除各种险情，抓紧抢修和搭建生活设施，全力做好救灾食品发放、帐篷发放搭建、房屋鉴定、消毒防疫、过渡安置房建设，最大限度保障职工群众基本生活。在唐家山堰塞湖泄洪期间，完成组织 4500 余名居民安全转移任务。累计发放帐篷6400余顶，安置受灾职工及家属入住板房2700余户，开展房屋鉴定1100余栋，为受灾职工发放帮扶金、慰问金；全力开展生产自救，各受灾单位已全面复产。发挥各级党组织战斗堡垒作用，党员发挥先锋模范作用，团结广大职工，做好宣传引导和职工思想和人心稳定工作。积极履行社会责任，组织医护、防疫、工程技术人员及突击队支援抗震救灾，在两次抗震救灾中累计救治伤员1500余人，累计向社会捐款捐物6465万元。积极开展灾后重建，成立攀长钢灾后重建工作小组，制定完善灾后重建规划并上报国家相关部门，积极争取国家、省、市政府各项政策支持，攀长钢灾后重建稳步推进。

（撰稿人：黄长银）

鲁中冶金矿业集团公司

【基本概况】 鲁中冶金矿业集团公司（以下简称“鲁矿集团”）是国有大型地下黑色冶金矿山企业，始建于1970年，隶属国务院国有资产监督管理委员会管理，党群关系以上海市管理为主。集团公司本部地处山东省莱芜市，矿区环境优美，交通便利。

鲁矿集团矿产资源丰富，在莱芜、烟台拥有三个矿区，铁矿地质储量3亿吨，含铁品位在45.5%以上，矿石可选性好。鲁矿集团现生产能力为年产铁矿石350万吨，铁矿产品150万吨，是山东省境内最大的钢铁原料生产基地。鲁矿集团的主产品铁精矿，含硫、磷极低且保持全自熔，是高炉冶炼、造球和炼特钢的优质原料，畅销山东及河南、河北等省的钢铁企业。鲁矿集团的铜材、电线、特缆系列产品销往省内外，钢材质量稳定，钎具、铲运机等已打入外部市场。鲁矿集团已建成一座以铁矿石采选为主，轧钢、铜材、运输、机修、井建安装为一体且辅助设施配套的大型独立矿山企业。2008年末鲁矿集团拥有资产总值28.6亿元，在册职工6772人，其中专业技术人员1132人。鲁矿集团一直是“市级守合同重信用”企业，连续四年被山东省工商行政管理局、山东省企业信用协会评为“省级守合同重信用企业”，被山东省企业信誉评级委员会评为“AAA特级信用企业”。

2008年，是鲁矿集团生产经营创历史最好成绩的一年。一年来，在国务院国资委的正确领导下，按照集团公司的“十一五”发展思路，全面落实科学发展观，积极应对金融危机，精心组织采选生产，加快二期工程建设，强化市场营销，加强企业管理，抓住机遇，经受考验，企业保持良好发展态势。

【主要指标】 2008年，生产矿岩量321.8万吨，比2007年矿岩量274.6万吨增加47.2万吨；生产铁矿产品129.4万吨，比2007年铁矿产品115.3万吨增加14.1万吨。2008年集团公司外销铁矿产品124万吨，实现主营业务收入17.3亿元，企业总产值21亿元，利润总额3.347亿元，上缴税费2.89亿元，实现净资产收益率27.98%，成本费用总额占主营业务收入比重为74.46%，流动资产周转率1.58次，超额完成国资委下达的业绩指标。

2008年，采矿回采率70.45%，贫化率29.15%，选矿金属回收率78.34%，磁性铁金属回收率97.66%，选矿比为2.45。

【重大项目】 二期工程是鲁矿集团实现“十一五”发展目标的关键工程，是关系到集团公司生存和发展的生命线工程。2008年二期工程进入攻坚阶段，为了加快工程进度，合理协调二期工程建设和采选生产之间的关系，在资金、人员等方面加大倾斜力度，精心部署，加大指导、检查、协调力度，及时解决技术问题，积极创造条件，加快施工进展。全年，二期工程井下掘支5860米，完成年计划的120%。井下溜破和运输系统通过验收，小官庄铁矿2#主井井塔楼设备进行调试，选矿厂5系列进入试车阶段，新皮带、干选系统调试运行，新尾矿输送系统投入运行，实现尾矿输送一次上坝，总降压变电所改造基本完工，完成小洼村搬迁，二期工程建设进入收尾阶段。同时，外部莱新铁矿完成二期工程《项目安全与评价报告》，环评和工程设计通过审查；莱州铁矿洼子矿区可行性研究报告、环评、地质灾害评价通过评审，前期准备工作基本结束。

【节能减排】 2008年，严格按照上级部门的要求，进一步加强对节能减排工作的领导和监督，层层落实节能减排责任，对主要耗能单位下达节能减排指标，纳入经济责任制考核。加大节能减排考核和资金投入力度，制定《2008 年节能减排工作要点》，修订完善《鲁中冶金矿业集团公司能源管理制度》，同时还建立健全节能减排的统计监测体系。全年，共投入节能减排资金 1460 万元，比 2007 年同期增加 41%；综合能源消费量为 45562.7 吨标准煤，比 2007 年同期减少 1712.6 吨标准煤；万元工业产值综合能耗为 0.394 吨标准煤，比 2007 年同期下降 11.6%；SO_2 排放量为 375 吨，比 2007 年同期减少 214 吨；COD 排放量为 121 吨，比 2007 年同期减少 13 吨；烟粉尘排放量为 394 吨，比 2007 年同期减少 218.6 吨。

【管理创新】 2008 年，鲁矿集团确立"集中、规范、高效"的管理模式，以规范化管理为抓手，加强内部管理，取得较好效果。

一是科技管理效果突出。进一步加大技术攻关力度，开展提高爆破效果综合技术研究，采取了增大爆破补偿空间的掘进方式，引进新型起爆器，增强爆破的稳定性、安全性，提高爆破效率；开展软破岩巷道喷射聚合物薄层支护研究，对边角、难采复杂矿体回采进行攻关，延伸采矿下降速度，提高资源回收率；开展提高选矿磨矿系统综合效率和提高铁矿回收率技术攻关，全年自磨台时量比 2007 年提高 5 吨，作业率提高 2.1%，金属回收率提高 2.3%。

二是安全管理得到加强。以开展"安全生产隐患治理年"活动为抓手，通过不断夯实管理基础，建立健全安全规章制度，持续推进职业管全健康和环境管理体系运行，深入开展安全标准化建设、应急救援演练、安全事故案例教育、安全知识答题等活动，不断提高公司本质安全水平和职工安全意识和防范技能。

三是财务管理严格规范。认真执行各项财务管理制度，深入学习新《企业会计准则》，保证新旧会计制度平稳转换；认真抓好全面预算管理，严格预算指标的测算、考核；强化资金管控，严格执行资金收支规定，加大应收账款清理力度，杜绝坏账损失。

四是成本管理取得成效。认真落实生产物资集中采购管理规定，严格执行招议标采购制度，继续加强供货商管理，实行代储方式，降低二级库存，全年节约采购成本 700 余万元；加强设备点检、维护力度，提高运行性能，降低备品、备件和油料消耗；加强矿岩品位管理，加大矿岩分离力度，提高原矿品位，减少入磨量；大力开展 QC 小组、合理化建议等活动，降低生产成本。

五是规范化管理扎实推进。按照"集中、规范、高效"管理模式的要求，全面实施规范化管理，成立规范化管理领导小组，制定实施意见，举办培训班，召开动员会。各二级单位完成岗位规范的编写，并汇编成册，四季度开始实施，机关部分部门完成工作规范的编写。

（撰稿人：石春雷）

长沙矿冶研究院

【基本概况】 长沙矿冶研究院成立于 1955 年，于 1999 年转制为企业，经过 50 年的发展，已成为一家拥有采矿、选矿、冶金、材料等多学科的大型科技企业。本着有限相关多元化的发展思路，长沙矿冶院已形成矿产资源综合开发与利用、新材料开发与生产两大主营业务体系。主要产品有：电解金属锰、四氧化三锰、氢氧化镍、软磁铁氧体磁芯、钴酸锂、触媒一体化块、人造金刚石及制品等。长沙矿冶研究院已按照现代企业制度的要求，建立"母公司—子公司—子公司以下企业"的组织构架，集团公司整体及各成员企业运作协调有序，现设 11 个职能部门和 7 个直属单位，拥有 17 家子公司及子公司以下企业，具有自营科技产品进出口权。

【主要指标】 2008 年，长沙矿冶院深入贯彻落实科学发展观，进一步加大产业结构调整力度，有效控制运营成本，不断提高科技创新水平，在广大干部职工的共同努力下，克服冰冻自然灾害及金融危机影响，确保生产经营的较为稳定运行。截止到 2008 年底，院集团总资产为 199947 万元，同比增长 1.9%；全年实现主营业务收入 165926 万元，同比减少4.35%；实现利润总额 7105 万元，同比减少 16.87%。主要产品产销量，如：四氧化三锰、电解金属锰、氢氧化亚镍虽较上年有不同程度的下降，但仍稳居全国前列，产品广泛应用于钢铁行业、电子行业及电池制造等。

2008 年，院集团从业人员人数 3440 人，离退休人数 818 人。在岗职工中，40 岁以下职工占 75%，具有大专及以上学历的职工占31%，职工年龄结构日趋合理，整体素质不断提高。

长沙矿冶研究院主要经济指标

项　目	2007年	2008年	同比增长(%)
资产总额(亿元)	19.62	19.99	1.89
净资产(亿元)	9.89	10.72	7.48
营业收入(亿元)	18.22	17.17	−5.76
利润总额(亿元)	0.85	0.71	−16.47
技术开发投入(亿元)	0.55	0.65	18.18
全员劳动生产率(万元/人·年)	6.73	8.21	21.99
净资产收益率(%)	5.71	4.00	−29.95
总资产报酬率(%)	7.2	5.89	−18.19
国有资产保值增值率(%)	103.49	91.97	−11.13

【经营管理】 经营管理永无止境，长沙矿冶研究院不断完善管理制度，创新工作方法，2008年经营管理取得长足进步。

1. 战略规划制定科学，执行有力。为适应新一轮战略发展要求，长沙矿冶院按照两大主营业务方向，三大业务板块划分，组织制定以矿产资源综合开发利用业务、新材料开发业务、民爆业务为主的战略规划体系。战略规划以技术为依托，以创新为基础，以市场为导向，以资本为纽带，为企业未来全面协调可持续发展确定战略方向。2008年，长沙矿冶院紧紧围绕战略规划，组织机构布局合理，各项工作扎实推进，科研与产业更趋协调，为今后一段时间的战略发展打下良好的基础。

2. 产业结构调整进一步深化，产业竞争力不断增强。为了适应国家宏观调控和外部环境变化，提升企业核心竞争力，长沙矿冶研究院审时度势，不断加快产业结构调整步伐。为优化矿产资源板块的资源配置，以提高技术创新能力和工程化能力、扩大规模经营水平以及提升整体赢利能力为目标，将矿产资源板块相关专业进行内部业务重组，为矿产资源板块实现快速发展注入活力。主辅分离工作取得实质性进展，辅业资产和业务进一步剥离，原物业公司国有股完全退出，改制为由企业高管、职工共同持股的非国有股份制企业，促进主业资产结构、组织结构、人员结构的优化，实现辅业独立运行、自我发展，使主业精干化，后勤服务社会化的发展格局得以形成。

3. 职能部门建设工作继续推进。为适应建立现代企业制度的要求，提高职能部门运转效能，更好地发挥职能支撑作用，长沙矿冶院出台《职能部门工作规范》，就职责管理、执行力、团队建设、形象维护等方面提出明确要求，制定《职能部门考核办法》，进一步完善目标管理考核体系。年内还通过各职能部门自查、召开座谈会研讨等方式查找分析运行管理中存在的职能模糊、交叉、空白等问题，为理顺关系、推进职能调整做好前期准备工作。

4. 风险防范体系进一步巩固。一是狠抓现金流管理，实行收支配比，强化资金控制链；二是加强内部审计监督。将审计工作重点由财务审计转移到内部控制审计，以对内部控制的掌握、测试和评价作为开展财务收支审计、经济责任审计和专项审计的重要环节；工程审计方面建立重点项目跟踪监审制度，围绕影响工程造价的预算、合同、结算等环节严把审核关；三是完善风险管理体制。全院各子公司根据自身业务特点，结合风险管理薄弱环节，分别编写本单位年度风险管理报告，分析存在的风险、原因以及应对办法，在控制经营风险、市场风险和资金风险方面取得实效。

2008年，在金融危机的困难局面下，全院经营性净现金流较上年增长81%；应收账款净额增长率同比下降13.4%，存货净额增长率同比下降7.6%；三项费用占销售收入比同比下降1.11%，净资产收益率同比提高1.37%，资产负债率较上年下降2个百分点。

【技术创新】 2008年，长沙矿冶院继续发扬不畏艰难、勇攀高峰的创新精神，科技创新工作成绩显著。

1. 自主创新平台建设进一步加强。“深海矿产资源开发利用技术国家重点实验室”建设计划顺利通过科技部组织的可行性论证，制定第一步实施计划和预算，对于巩固长沙矿冶研究院在我国深海矿产资源开发利用领域的领先地位具有积极意义；完成大型仪器实验室的改扩建工作，科研基础条件建设再上台阶；此外，顺利通过湖南省高新技术企业认定，是省内实行新的认定办法以来第一批获得高新技术企业证书的高新技术企业，同时，还有两家重要子公司获得省级高新企业称号，成为湖南省新型工业化和富民强省的重要力量。

2. 技术创新取得多项重要成果。2008年，全院获省部级一等奖两项，二等奖两项，三等奖三项；申请专利22项，其中发明专利11项。授权专利20项，其中发明专利3项；制定国家标准三项，其中两项已颁布实施。制定行业标准一项，已颁布实施。其中最具影响力的成果有：

“陕西大西沟低品位难处理菱铁矿选矿技术研究”获陕西省政府科技进步一等奖。该项目针对我国最大的、最具典型代表的陕西大西沟菱铁矿的高效利用，创造性的解决回转窑焙烧菱铁矿的多项技术难题，使微细粒人工磁铁矿磨矿选别技术取得突破，为我国几十亿吨储量的菱铁矿的大规模开发利用奠定技术基础，具有广泛的应用前景。

“AE-HLC型乳化炸药连续化自动化生产工艺与设备”获中国钢铁工业协会、中国金属学会冶金科技进步一等奖（部级）。该项技术在实现良好经济效益的同时，还带动相关原辅材料的生产销售。

国家发明专利产品覆钴氧化型氢氧化镍技术水平处于国内领先水平，产品性能达到国际先进水平。批量生产取得显著经济效益。2008年，该项目被湖南省经委授予“省优秀技术创新项目”称号。

所制定的YB/T4169-2007《钎杆寿命试验方法》行业标准经国家发展和改革委员会批准，正式实施，将解决过去采用现场凿岩试验方法过程中出现的条件变化大、数据分散、可比性差、信息反馈慢、试验费用高等问题，极大地满足生产和科研发展的需要。

3. 工程技术与装备能力不断提高。在工程技术与装备方面，以自有核心技术为基础的工程化应用能力得到拓展和提高。

电选新设备、新工艺的研究取得突破。长沙矿冶院电选技术、设备工艺及电子控制居国际领先水平，在国际同类产品中具有明显竞争优势。自主研发的电选机控制技术，成功地将全数字化显示和自动控制技术应用到电选机中，并实现上位机远程监控，在俄罗斯奥廖科姆选矿厂项目中，一举击败德国、美国和澳大利亚的竞争对手；研究开发的筛板和弧板电选机，成功应用于澳大利亚独资公司阿斯创矿业有限公司的选矿项目中；研发的大处理能力YD31300-21型高压电选机，在越南普莱电厂、贵州遵义鸭溪电厂等得到成功应用。

人工智能可控钟罩炉系列产品2008年经湖南省科技厅成果鉴定，有3项成果达国际先进水平，1项为国际领先水平，并取得专利4项，连续4年实现国内行业市场占有率第一。

大型高压浓密机研制与应用成绩突出，技术推广的覆盖面在快速加大，2008年进行13项浓密机项目的研发、生产与调试工作，经济效益创历史新高。

大产能乳化炸药生产工艺与设备研究开发成功，在国内首先实现产能大、操作人员少、淘汰不安全隐患生产设备等目标，推动行业科技发展。

【履行社会责任】 努力建设资源节约型和环境友好型企业，通过技术改造实现降本增效，使低能耗、低排放的清洁生产始终贯穿科研、生产的各个产品、各个环节，如：通过自主创新，使RVD一体化块金刚石转化率提高20%，优化合成工艺，提升金刚石品质，并获得政府节能专项资金资助；电解槽同名极距改造项目使生产成本大幅减少；与贵州省环科院合作开展的锰渣综合利用试验项目，得到贵州省科技厅、国家环保示范工程专项资金支持等等。随着节能减排机制的不断建立完善，员工意识的不断加强，节能减排已经逐渐成为各科研、生产单位的自觉行为，2008年，院顺利完成“十一五”期间节能减排工作目标。

此外，长沙矿冶院还热心社会公益事业，在与湖南花垣县的定点扶贫工作、冰冻自然灾害以及四川地震灾后重建工作中伸出援手，奉献爱心，努力返哺社会。

【应对金融危机】 2008年，随着金融危机对实体经济的影响不断蔓延加深，长沙矿冶研究院全年经济运行呈现出“前高后低”、“冰火两重天”的态势。自8月份以来，经济运行中出现销售规模萎缩、盈利水平下滑、资金利用率降低等突出问题，导致主要经济指标一路走低。为了确保完成院总体经济目标，院领导班子高度重视，加强情况调研，认真分析形势，研究对策，就加强经济运行管理提出一系列指导意见。一是加强财务管理。组织制定《当前增收节支、降本增效的若干指导意见》，从加强目标管理、加强资金管理、加强成本管理、严格控制费用、调整营销和生产策略、加强应收账款和存货管理、加强主要财务指标的动态监管等几个方面提出明确的工作要求；定期组织财务分析、专题分析与月度《财务动态》相结合的方式，针对集团及下属子公司在经营中存在的突出问题或变化异常的财务指标进行分析、调研，强化产品分析、利润影响因素分析等内容，密切跟踪各项管理措施落实情况，及时提示经营风险；强化预算的管控和引导，严格各项预算内支出的审批，压缩部分非刚性的或非生产经营急需的预算内支出，为全院降本增效起到积极作用。二是苦练内功，依靠转型升级，积极转变经济增长方式。金融危机对于企业来说既是严峻挑战，同时也为企业积极转型升级提供机遇。因此，长沙矿冶院院以更大的决心、以更有力的措施推进内部业务重组以及结构调整，不断强化技术创新以及管理创新，努力培育具有鲜明特色和竞争优势的支柱产业，蓄势待发，以便迎接复苏后新一轮竞争的挑战。

（撰稿人：李　理）

中国乐凯胶片集团公司

【基本概况】 中国乐凯胶片集团公司（以下简称“乐凯集团”）隶属于国务院国资委，是国内影像信息和印刷材料两大领域最具竞争力和影响力的大型企业集团。公司主营感光材料、磁记录材料、片基、信息记录材料、薄膜、涂塑纸基、精细化工产品等，产品涉及影像记录材料、印刷材料、光学薄膜及膜涂层材料、精细化工等四大系列100多个品种，出口80多个国家和地区。乐凯集团有全资子公司8家、控股子公司10家、参股公司39家、直属单位及分支机构10家，其中上市公司1家。生产经营单位主要分布在河北保定、河南南阳、辽宁沈阳、广东汕头、深圳、安徽合肥、上海、天津，销售网点遍布全国各主要城市。公司拥有“乐凯”、“华光”两个知名品牌。公司在职职工7149人，其中各类专业技术职称人员2186人，中级以上职称人员878人。

2008年，在国务院国资委的正确领导下，乐凯集团坚持“以科学发展观为指导，以结构调整项目建设为主线，以技术创新和管理创新为支撑，大力拓展国内外市场”的工作方针，克服国内雨雪冰冻、特大地震等严重自然灾害和人民币持续升值、能源原材料价格大幅动荡以及美国金融危机带来的种种不利影响，坚定不移地推进“十一五”发展规划，大力调整结构，努力开拓市场，切实强化管理，继续深化改革，各项工作都取得较大进展。

【主要指标】 2008年，乐凯集团实现销售收入26.3亿元，同比下降1%；利润总额3.6亿元，同比增长227%。

中国乐凯胶片集团公司主要经济指标

项　　目	2007年	2008年	同比增长(%)
资产总额(亿元)	39.6	46.4	17
净资产(亿元)	24.8	29.0	14

续表

项　目	2007年	2008年	同比增长(%)
营业收入(亿元)	26.6	26.3	—1
利润总额(亿元)	1.1	3.6	227
技术开发投入(亿元)	0.9	1.0	10
利税总额(亿元)	1.78	4.89	63
全员劳动生产率(万元/人·年)	6.88	7.79	13
净资产收益率(%)	3.51	10.93	211
总资产报酬率(%)	3.09	9.19	197
国有资产保值增值率(%)	103.61	114.65	10

【改革发展】 根据国资委"精干主业"的要求和公司发展战略定位,乐凯集团进一步整合资源,实施业务重组,提高资源配置和管理效率。一是贯彻落实"深化股份制改革,建立现代企业制度"的要求,加快第二胶片厂整体改制步伐,成立专门的工作组,积极谋划,完成各项基础工作。二是按照国家相关政策,将所持乐凯胶片股份有限公司7%的股权转让给柯达中国公司,柯达向广州诚信创业投资有限公司出售其所持有的全部20%乐凯股份,完成股份公司的股权分置改革工作,同时股份公司实施管理层持股,强化管理层责任。三是通过多次谈判和争取,完成建行所持保定薄膜公司股权的回购,保定薄膜公司成为全资子公司。对PET薄膜生产业务进行整合,将乐凯集团所持保定薄膜、天津薄膜公司的股权无偿划转给合肥科技产业公司。四是整合集团动力分公司和环保分公司,成立公共事业部。进一步推进沈阳院、化学公司资源整合。通过业务重组和整合,缩减机构设置,缩短管理链条,减少管理层次,优化资源配置,提高管理效率。

2008年,乐凯集团进一步完善二级单位经营管理者年薪方案,加大激励力度。将国资委的考核目标与公司战略规划衔接、与全面预算管理紧密联系,使经济责任制考核成为保障年度预算完成的重要工具。制定《职工薪酬管理制度》,完善内部工资管理办法,使职工工资收入与企业效益紧密挂钩。建立健全多支柱养老保障体系,企业年金方案经国资委批准与人力资源和社会保障部备案,从2008年起正式实施。不断健全各项考核管理制度,完善考核体系,提高考核的科学性和精准性。在继续加大对企业盈利能力、资产质量和发展能力考核的同时,重点关注结构调整和新业务发展。2008年,集团公司管理的领导干部动态优化调整率46.8%,其中晋升15人,占19%;降职和解聘12人,占15.2%;调整10人,占12.7%。

【重大项目】 2008年,乐凯集团进一步强化项目管理,集中资源,落实责任,加强协调与统筹,积极争取各方面支持,全年项目投资3.5亿元,为实现乐凯"十一五"规划提供强有力的支持。TAC生产线,2008年通过自身努力攻关,学习和借鉴国外技术,生产工艺条件优化取得突破,产品内在质量显著提高。合肥乐凯工业园2.5万吨光学聚酯薄膜生产线 先后经过四次试车和一次试生产,优化工艺条件,中、厚光学薄膜产品在薄厚公差、雾度、尺寸稳定性等主要性能指标上取得成功。合肥乐凯工业园TFT-LCD背光源用扩散膜生产线2008年2月开工建设,完成土建厂房建设、主要设备及相关配套设施的安装。南阳华光工业园一期1600万 m^2/年CTP数码版材生产线 完成全部厂房建设和设备安装,完成设备联动试车,为下一步化工试车奠定基础。股份公司太阳能电池背板生产线2008年5月开工建设,完成厂房建设和设备安装,进入联动调试阶段。信息化建设项目第一阶段工作全面完成,基本实现财务和供应链系统上线。第二阶段工作已经启动。

【走向海外】 面对国际金融危机蔓延,国际市场需求下降的不利影响，乐凯集团认真分析市场，积极应对形势变化，千方百计寻求新的机遇，建立健全快速反应机制，加大市场走访与服务频次，及时解决客户反馈的质量问题，采取灵活的经营策略，国际市场开发取得成效。2008 年实现出口创汇额 10784 万美元，同比增长 13.3%。

【重大创新】 2008 年，为了使研发工作紧密结合公司发展战略，贴近市场，乐凯集团对企业技术创新组织体系进行重大调整，搭建以集团公司高层为技术创新决策层，以研究院（技术中心核心机构）、子公司事业部研发机构、国内科研院所、大专院校与国外专家为技术创新实施层，以提供资金、条件、资源、服务等内容的职能部门为支持层的多层面技术创新组织体系。结合研发管理体系咨询，加强月度计划的分解与考核评价；修订《技术创新奖励管理办法》，健全激励机制，使研发对公司结构调整更好地发挥支撑作用。

1. 较好完成技术创新项目。2008 年，新产品开发及产业化项目完成 43 项，其中，太阳能电池背板膜、光学级 PET 薄膜等新产品，初步实现生产放量；热敏阳图 CTP 版材、商业与报业用紫激光 CTP 版材等重点产品实现上市，并超额完成年度指标。质量改进和降成本项目完成 51 项，其中，改善 SA-6 彩纸隐青和改善 SA-5 彩纸药液加工适应性，提高产品竞争力；火车票用磁记录纸生产质量问题得到改善，成品率稳步提高。2008 年专利申请完成 28 件。其中，发明专利 21 件，申请国际专利 1 项。2008 年技术开发费用占集团公司销售收入的 3.4%，全年技术进步降成本完成 3314 万元。

2. 技术标准再创佳绩。2008 年，光学功能薄膜材料、数码影像材料与数字印刷材料、磁记录材料三个新的全国专业标准化技术委员会相继依托乐凯集团组建并成立，加上原有的感光材料标准化技术委员会，乐凯集团开创四个全国专业标准化技术委员会挂靠一个企业的先河。2008 年由乐凯集团起草的 41 个国家标准、8 个行业标准完成报批或发布，2 个国家军用标准完成可研的申报，乐凯彩色相纸企标继 2007 年获得中国标准创新贡献三等奖后，2008 年再次获得该项殊荣。

【履行社会责任】 一是积极组织抗震救灾献爱心活动。汶川地震发生后，乐凯集团全体员工心系灾区民众，迅速组织抗震救灾献爱心活动。黑白厂加班加点赶制医用 X 光片满足灾区人民的用片需求。各级领导、党团员带头，员工踊跃向灾区捐款。据统计，乐凯集团捐赠总额 335.2078 万元。其中，集团公司捐款 113.52 万元，捐物 118.278 万元；员工个人捐款 62.5978 万元；党员缴纳特殊党费 37.3539 万元；工会系统捐款 3.4581 万元，捐赠衣物 2960 件，捐新棉被 100 条。二是下大力抓节能减排工作。2008 年实现万元产值耗标煤 0.1963 吨，同比下降 5.76%；万元增加值耗标煤 0.9106 吨，同比下降 7.25%。超额完成年度目标。SO_2 排放总量 309.24 吨，同比下降 39.76 吨；COD 排放量 508.46 吨，同比下降 118.78 吨；废水排放量 385.2 万吨，同比下降 42.27 万吨。成效显著，较大幅度超额完成年度节能减排目标。三是关心职工生活。切实提高员工收入，2008 年员工人均薪酬比上年增长 3.68%。改善后勤管理，解决员工的安居问题，生活区完成 4 栋新住宅楼建设，并对供热系统和供电系统进行了改造。继续做好关心和帮助困难员工工作，2008 年先后对 316 户困难员工给予及时救助，发放困难补助 14.5 万元。四是做好扶贫帮扶工作。乐凯集团积极参与河北省帮扶工作以及保定市生态文明村、保定市社区帮扶工作。公司领导赴曲阳县实地了解情况，与当地领导沟通信息，制定帮扶计划，并捐款 1 万元。向保定市生态文明村捐款 1 万元。组织“献爱心”活动，为幼儿园、小学赠送价值 5 千元儿童用品。

【应对金融危机】

1. 精耕细作，稳中求进，扑下身子拓市场。在激烈的竞争条件下，营销人员奋力开拓，在继续巩固传统市场的同时，加大新产品市场开发力度。投入力量调研、收集新产品市场信息，针对特定产品特定区域开展专项推广；加大对重点客户和问题客户的走访，提升服务水平；加强对宏观形势分析和区域市场的跟踪，密切关注税率和利率变化，及时对客户信誉和支付能力进行分析，确保安全收汇。基本保持国内外市场的稳定和增长。

2. 苦练内功，扎扎实实抓管理，实现降本增效。

实施质量、环境管理体系整合运行,提高体系运行的有效性,纳入统计的13个有可比数据产品中,9个产品质量稳定提高。加强财务风险识别与管控,强化内部审计和风险控制机制建设,做好经营活动分析工作和成本分析工作,及时发现生产经营过程中的异常情况,防范化解不利因素影响;继续深化全面预算管理,发扬艰苦奋斗的优良传统,反对未富先奢。提高洁净化生产和现场管理水平,加强检查监督和评价;认真落实安全生产责任制,保证全年无重大火灾、爆炸和伤亡事故发生;加强原材料储备管理,全年降低采购成本2022万元。与2007年相比,集团公司可比产品成本降低率3.97%,降低4361万元。

3. 加强党建和形势任务教育,增强企业凝聚力。加强党员干部队伍思想作风建设,贯彻"双培"方针,推进"做模范,创一流"活动。广泛开展形势任务教育,动员全体员工既要积极应对危机带来的挑战,也要善于把握和捕捉机遇,趋利避害,号召全体员工与企业同甘苦、共患难,以实际行动为企业发展献计献策,应对挑战。

【50周年庆典】 2008年,是乐凯事业发展50周年。为庆祝这历史性的一年,乐凯集团开展以弘扬乐凯文化为主题的词曲创作征集、"我心中的乐凯"文学征文、摄影展、竞技比赛等系列活动,设立乐凯综合展览室,第二胶片厂、进出口公司、片基事业部、黑白厂等单位组织献礼项目。9月5日,在乐凯集团礼堂,隆重而又简朴的"乐凯事业发展五十周年庆祝大会"成功召开,国务院监事会领导、保定市委市政府领导、部分同行业单位领导、驻公司军代表以及集团公司离退休老同志老领导、部省市级劳动模范和职工代表近600人出席大会。乐凯集团党委书记、总经理张建恒作题为《继往开来 再创辉煌》的讲话,讲话振奋人心、催人奋进,进一步增强乐凯集团的凝聚力和向心力。乐凯人会牢记胡锦涛总书记两次视察乐凯时的嘱托:"发扬永争第一的精神,为国家争光,为民族争气",继续发扬艰苦奋斗、顾全大局、求真务实的精神,以生产经营和项目建设的新成就创造乐凯新的辉煌。

(撰稿人:刘振辉)

中国广东核电集团有限公司

【基本概况】 中国广东核电集团有限公司(以下简称"中广核集团")是由国务院国有资产监督管理委员会监管、以核电为主的清洁能源企业。该公司1994年9月注册成立,注册资本102亿元。

到2008年底,中广核集团拥有大亚湾核电站和岭澳核电站近400万千瓦的在运行核电机组。广东岭澳核电站二期、辽宁红沿河核电站、福建宁德核电站、广东阳江核电站等超过1700万千瓦核电机组已经开工建设。广东台山核电项目、广西防城港核电项目、湖北咸宁核电项目等约800万千瓦核电机组正在开展前期工作。风电投产装机总容量47万千瓦,在建70万千瓦;水电在运装机容量23万千瓦,在建45万千瓦。

【主要指标】 2008年,中广核集团实现核电上网电量300亿千瓦时,先后开工建设福建宁德、广东阳江核电项目,获得国家核安全局颁发的核电设备设计资质、国务院授予的核燃料进出口专营资质、国家发展改革委等五部委联合认定的国家级企业技术中心资格。到2008年底,集团年初制定的各项主要工作目标全面实现,全年实现营业收入125.9亿元,集团总资产1072亿元,净资产370亿元。

【安全生产】 2008年,中广核集团坚持"安全第一、质量第一"方针,深入开展安全文化教育,加强设备管理,开展隐患治理与排查,大亚湾核电基地四台机组继续保持稳定运行,三道保障屏障完整,环境监测结果正常,安全状况良好,创造国内百万千瓦核电机组最短大修工期纪录和运行新纪录。岭澳核电站1号机组第6次换料大修创造25.92天的国内核电机组最短大修工期纪录,大亚湾核电站1号机组实现无非计划停堆安全运行2355天。在国际核运营者协会(WANO)衡量核电站安全水平的9项指标中,大亚湾核电站和岭澳核电站各有4项指标达到世界先进水平。2008年7月4日,大亚湾核电站偿清共计56.74亿美元的全部基建贷款本息。在南方地区冰雪灾害和抗震救灾期间，四台核电机组保持满功率运行，充分发挥核电机组保供电、保电网安全的骨干支撑和主力电源作用。北京奥运会和残奥会期间，圆满完成历时51天的保电任务。

【工程建设】 2008年，中广核集团积极应对汶川特大地震对设备制造进度的影响，着力推进岭澳核电站二期等五大核电项目建设。

岭澳核电站二期重要里程碑均按期或提前完成，项目进入设备安装高峰期，总体工程进度提前6天。1号机组压力容器和3台蒸汽发生器全部吊装就位，2号机组核岛穹顶整体吊装提前44天完成并进入安装阶段。

红沿河核电站现场施工进展顺利，1号机组常规岛土建工程提前33天开工，2号机组核岛工程提前48天开工，联合泵房土建正式开工。

宁德核电站于2008年2月18日正式开工。1号机组常规岛提前18天浇筑第一罐混凝土，2号机组核岛提前33天开工。

阳江核电站6台机组于2008年12月16日正式开工，开创我国核电建设史上首次按厂址规模一次核准的先例和一次核准机组数量最多的纪录。

台山核电站于2008年3月获得国家批准采用第三代核电技术(EPR)开展前期工作，2008年8月26日提前实现1号机组核岛负挖。核岛、常规岛及BOP等主要设备采购合同全部落实。

在全面推进核电项目建设的同时，中广核集团依托项目建设着力提高核电国产化水平，岭澳二期首台百万千瓦级蒸汽发生器和半速汽轮机等重要核电主设备依托国内企业制造完成，一批关键设备国产化安排得到落实，在核电标准体系建设、设备鉴定、工艺评定标准等方面取得进展。

【核心能力】 2008年，中广核集团核心能力建设得到加强并实现提升。

1. 运营核心能力。2008年，中广核集团区域运营战略迈出实质性的步伐，成立运营公司阳江分公司；建立集团多基地生产协调机制，生产准备评估标准和方法、运营核心业务领域标准化工作方案及多基地核岛大修总承包方案等一系列管理标准发布。

2. 工程核心能力。2008年，中广核集团取得民用核安全机械设备设计许可证，在工程核心能力培育方面迈出一大步；中广核工程公司和中广核工程设计公司按照一体化运作，核电AE公司架构进一步优化；工程管理能力不断增强，确立多项目集约化的标准管理模式；工程设计能力不断提升，CPR1000标准设计工作基本完成，后续相关改进设计工作全面展开。

3. 技术创新能力。2008年，中广核集团企业技术中心通过国家相关部委组织的企业技术中心认证；完善集团科技创新体系，整合技术资源，成立集团第六届科技委、工程线科技委和生产线科技委；重点推进核电站18个月换料研究和LOCA实验炉等项目建设工作。

4. 经营管理能力。2008年，中广核集团资本运营和并购工作取得一定进展，完成集团第一个控股水电项目——柳州红花水电站的并购工作，开展相关成员公司引入战略投资者、企业改制等改革探索工作；融资渠道不断拓展，2008年融资额1500亿元人民币；优化成员公司董事会运作机制。

【市场开拓】

1. 核电项目。2008年，积极开展湖北咸宁核电站前期工作，成立湖北咸宁核电有限公司。广西防城港核电项目获国家发展改革委批准开展前期工作，并于2008年12月20日举行前期工程开工仪式；广西防城港核电有限公司揭牌。为落实《珠江三角洲地区改革发展纲要》，积极推进广东省内核电项目开发，陆丰核电项目正在开展前期准备工作；岭澳核电三期项目、揭阳乌屿项目、韶关核电项目前期工作也在积极推进；基本完成广东省内核电厂址比选工作。安徽芜湖、吉林松江等核电项目已向国家上报项目建议书。

积极响应中央提出的企业“走出去”战略，与白俄罗斯签署集团第一份海外核电合作意向书；完成为泰国电力公司开展的核电高级人员培训；在越南、土耳其等国开展相关工作。

2. 清洁能源。2008年，中广核集团大力推进风电、水电等清洁能源的开发建设，实现风电和水电收入“零”的突破。到2008年底，内蒙古灰腾梁、苏右、杜尔伯特、乌力吉、乌兰察布，以及甘肃瓜州、吉林大安、河北张家口察北、广东台山等风电项目已开工建设，吉林大安、甘肃瓜州、内蒙古灰腾梁等风电项目并网发电。水电方面，除并购柳州红花水电站外，还开展湖北白河、四川脚基坪等水电项目的开发工作。

3. 铀资源。2008 年，中广核集团大力推进海外铀资源开发，在获取核燃料进出口专营资质基础上，成立集团第一家海外铀资源合资企业，落实业已签署的多项铀资源合作开发协议和天然铀长期采购协议。到 2008 年底，通过与法国、哈萨克斯坦、乌兹别克斯坦等国企业签署协议，共获得 14.8 万吨的天然铀供应保障。

【管理创新】

1. 启动全员绩效管理行动。2008 年 9 月，为加强执行力，提升带队伍能力，改进绩效考核办法，优化薪酬分配机制，中广核集团启动全员绩效管理改进行动，决定自 2009 年起全面实施全员绩效管理改进行动(简称 TOP 行动)。通过建立目标层层分解传递、责任纵向到底到人的绩效管理体系，实现经营目标、考核指标与集团战略的有机结合，充分发挥绩效考核、绩效辅导、培养发展、薪酬分配等机制的牵引作用，为实现集团发展战略目标，实现企业与员工的共同和谐发展提供保障。

2. 建立成本控制激励机制。2008 年 7 月，中广核集团召开成本控制重大专题研讨会，提出分层次实施精细化管理和建立集团成本控制机制的要求，努力塑造和培育厉行节约的成本控制文化。完成集团成本控制总体方案和成本费用控制标准制定，在集团范围内初步建立起与各单位定位相匹配的成本控制激励机制，从 2009 年开始正式实施。

3. 加快人力资源管理改革。2008 年，中广核集团以强化领导干部带队伍能力、建立领导力素质模型、建立后备干部人才库等“三项突破”为关键，组织五期以“提高领导干部带队伍能力”为主题的集团高层干部管理(EDP)培训。加大核心人才培养力度，实施工程、设计领域核心人才能力提升计划，集团高级商务人才培养项目正式开班。加大薪酬改革力度，制定成员公司工资总额核算办法和成员公司高管薪酬暂定发放标准，进一步发挥工资薪酬的激励作用。

4. ERP 项目建设有序推进。2008 年，中广核集团 ERP 项目建设按计划有序推进，业务蓝图设计基本完成。在 2008 年国资委首次发布的中央企业信息化水平评价结果中，中广核集团总得分在中央企业中排名第 18 位，其中信息基础设施建设、信息安全管理两项指标排名第一。

（撰稿人：娄　云）

上海船舶运输科学研究所

【基本概况】　2008 年是国资委对中央企业第二轮经营业绩考核的第二年，面对宏观调控、金融危机等诸多不确定因素造成的复杂市场形势，上海船舶运输科学研究所全体员工勇于挑战，努力开拓，扎实工作，克服各种不利因素的影响，科研生产稳步发展，圆满完成国资委下达的经营业绩考核目标和全所各项工作任务，进一步增强企业核心竞争力，实现国有资产的保值增值。

【主要指标】　2008 年上海船舶运输科学研究所各项经营指标完成情况良好，截至 2008 年底，签订合同额 5.45 亿元，同比增长 3.2%；完成销售收入 4.98 亿元，同比增长 14.44%；实现利润总额 5965 万元，同比增长 18.94%；科技投入额达到 2882 万元，同比增长 41%；实现科技创新收入 1.32 亿元，同比增长 1.85%。

此外，研究所 2008 年四技合同登记额达 4.11 亿元，继续在上海市技术交易市场中名列前茅。

【改革发展】　为适应企业中长期发展的需要，进一步提升自主创新能力，增强主业核心竞争力，2008 年 4 月，上海船舶运输科学研究所在原研究部的基础上正式组建成立研发中心。研究所已明确提出要将研发中心建设成为企业开展创新活动的主体、输出创新技术的主体和培养创新人才的主体，从而全面提升企业的自主创新能力。研究所以市场需求为导向、研发中心为主体、产研部门相结合的技术创新体系已初步形成。

研发中心的成立是研究所继 2001 年成立交技公司、2004 年成立军品分所、2007 年成立民品分所后，企业改革发展进程中的又一件大事，是根据研究所的发展战略和近中期规划，深化机构改革、整合内部资源的又一项重大举措。它的成立将有效改进研究所科研管理和企业技术创新体系建设中存在的问题，使企业的自主创新能力和主业核心竞争力迈上一个新台阶。

上海船舶运输科学研究所在军品分所开展试点的基础上，2008年在所部机关（含二线）推进绩效考核和薪酬改革试点工作。通过大量卓有成效的准备工作，制订《机关员工职位管理暂行办法》《机关员工绩效考核暂行办法》和《机关员工薪酬管理暂行办法》等具有企业自身特色的人力资源管理文件；并从2008年8月1日正式在所部机关等部门范围试行。

此外，研究所还进一步探索改进所管干部的年度绩效考核工作；在原有考核内容的基础上，将所管干部年度的重点工作逐一明确和量化。同时坚持德才兼备的原则，对所管干部综合素质的民主测评、工作绩效的自我评价和主管评定等结果作符合实际的权重处理，把品德、能力和业绩作为衡量干部的主要标准，从而形成一套具有自身特色的干部绩效综合评价系统。

【重大项目】 2008年上海船舶运输科学研究所共组织实施科技研发项目16项。其中，海军装备部项目三项：《舰电力监控系统科研样机研制》《舰电力监控系统装舰设备》《“十一五”预研项目》；国防科工委项目一项：《机舱检测报警系统、主机遥控系统、电站及能量管理系统关键技术研究》；科技部项目八项：《船舶电力推进综合监控系统研究》《船舶主动力装置故障诊断系统研究》《船舶航行安全综合检测基础平台装置研发》《机舱监控系统“三化”技术研究》《移动式桥梁安全检测分析管理系统研究》《船舶机舱自动化监控系统研究》《船舶性能预报系统推进因子修正模块开发》《船舶主推进控制系统研发》等；交通运输部项目一项：《西部地区内河桥梁船舶防撞标准和设计指南研究》；上海市项目三项：《船舶机舱自动化监控系统研究》《上海内河游艇通航及码头技术研究》《世博游船方案研究》。

作为中央科技型企业，为增强市场竞争力，该所十分重视专利等科技成果的申报工作。2008年该所向国家知识产权局申请“道路声屏障声学设计方法”等三项发明专利，均已通过初审，正在公示期间。

另外，以研究所为主承担的船舶综合性能快速优化及预报系统项目还获得2008年度中国航海学会科技进步二等奖。该项目根据汇集该所多年来从事民船线型设计、优化、船舶水动力性能研究成果的船型性能数据库，建立依托互联网、面向行业、实时远程预报船舶性能的共性技术平台，供航运和造船部门查询，科学地确定船舶技术要求和航行安全性能，技术性能达到国际先进水平。已有数十家航运企业、设计单位和造船厂使用本平台，在百余艘船性能评估中应用，受到好评。

研究所控股公司上海交技发展股份有限公司参建的东海大桥建设项目荣获2008年度国家优质工程金质奖，其中公司具体承担综合交通监控系统工程总包；该系统是一个集计算机技术、通信技术、图像技术和光纤网络等高新技术于一体的综合系统，体现当今先进的智能交通系统设计及施工水平。该项目的获奖是继该所参建南浦大桥工程项目荣获国家科技进步一等奖之后，又一次在参建的工程项目上荣获国家级褒奖。

研究所承担的上海市重大工程——外环线噪声治理一期工程项目荣获2008年度上海市市政工程金奖；该噪声治理工程项目分两期实施，该所分别在一期和二期工程中各承担一个重要标段的工程总包，2008年10月已全部完成施工并通过主管部门组织的竣工验收。该工程项目在施工期间还获得上海市市政工程文明工地称号。

此外，上海船舶运输科学研究所为进一步改善科研生产条件，严格按照国资委和上海市关于投资项目管理的有关规定，2008年积极开展航运科研大厦的各项前期筹建工作。航运科研大厦总投资近2亿元，地上总建筑面积为41600平方米，建筑总高度近100米。2008年10月，该建设项目完成方案设计的审批工作，目前已正式确定建设方案。

【履行社会责任】 作为国家最大的交通运输综合技术研究开发基地，上海船舶运输科学研究所承担着国内交通运输行业共性技术、前瞻性技术的开发研究和促进行业科技创新的重要使命。

依托研究所建设的船舶运输控制系统国家工程研究中心，引进国际先进水平的柔性设计与制造系统，系国家级船舶自动控制系统科研成果转化基地。

该中心对船舶自动化技术领域内重要科研成果进行后续的工程化研究和系统集成;对引进技术进行消化吸收和创新;培养从事科技产业化的转化人才,为行业和相关领域的发展提供技术支撑;开展船舶自动化研发成果的产业化,使其成为适合规模生产的成熟技术、固化技术;利用市场运行机制不断进行技术创新、转移和扩散,以增强我国船舶自动化产品的自主创新能力和市场竞争力,促进交通运输和造船产业的技术改造及其装备的更新换代。

研究所拥有国内一流水平的行业重点实验室——航运技术交通行业重点实验室。该实验室主要为我国建造新型船舶提供前期可行性方案,具体为船舶线型(即快速性和适航型等水动力性能)和船舶操作性能的实验研究。作为我国船舶运输行业航运技术开发研究的实验基地,在国内舰船水动力实验研究领域该实验室代表国家水平,正在申报"航运技术与安全"国家重点实验室。

研究所自主开发的基于互联网技术、面向全行业的"船舶综合性能预报平台(简称SPPS)"网络咨询服务平台,是为航运企业、船厂、设计院等航运企业,以及政府决策部门提供行业共性技术咨询的具有社会公益性的公共服务平台。

2008年5月12日发生的四川汶川特大地震灾害震撼着每个人的心灵,牵动着上海船舶运输科学研究所每位干部职工的心。研究所作为中央企业,积极履行央企的社会责任,响应党中央、国务院和国资委抗震救灾的号召,积极开展抗震救灾捐款捐物活动。单位募捐100万元;工会募捐30000元;员工个人捐款128989元,捐物1916件(折合人民币63880元);此外,253名党员缴纳特殊党费92495元;136名团员缴纳特殊团费9435元;全所捐献款物总计132.4799万元,分别通过上海市红十字会、上海市慈善基金会等组织将捐款捐物及时送到受灾地区,参与灾后援建。该所还被上海市红十字会评为"抗震救灾杰出贡献银奖"。

(撰稿人:张力炜)

中国华录集团有限公司

【基本概况】 2008年,在面临诸多困难和不确定性因素的背景下,中国华录集团有限公司(以下简称"集团公司")积极履行央企责任,转变经营思路,探索新的产品盈利模式,加大结构调整力度,抓住机遇,主动迎接各种挑战,生产经营活动取得新的进展,各项经营指标均有大幅度的提高。2008年完成营业收入82.9亿元,为年度计划的112%,比"十一五"规划规定的当年目标提高3.63%;全年实现利润6.5亿元,为年度计划的203%,比2007年增长36%,相当于"十一五"规划确定的当年目标的2.03倍,继2007年利润实现翻番后再次实现大幅度增长,实现经营业绩的历史性突破。在2008年由国家工业和信息化部统计的中国电子百强企业中,集团公司位列第28位,较2007年提升15位;在由国家统计局发布的"第八届中国大企业集团暨第三届企业集团竞争力500强"中,排名第158位,继2007年以446位首次入围后,2008年再次上榜,而且名次提升288位。

截至2008年12月31日,集团公司投资企业共有30家,分布在大连、北京、深圳、湖南郴州等地,其中:二级控股企业9家、三级控股企业14家、四级控股企业2家,参股企业5家。建有大连国家级技术研发中心和北京研究所、深圳研究所等研发机构和国际国内营销网络。

【主要指标】

中国华录集团有限公司主要经济指标

项　　目	2007年	2008年	同比增长(%)
资产总额(亿元)	50.35	62.01	23.16
净资产(亿元)	24.67	30.44	23.39

续表

项　　目	2007 年	2008 年	同比增长(%)
营业收入(亿元)	83.77	82.90	－1.04
利润总额(亿元)	4.74	6.5	37.13
技术开发投入(亿元)	3.67	5.99	63.22
利税总额(亿元)	6.65	9.42	41.65
全员劳动生产率(万元/人·年)	26	45.16	73.65
净资产收益率(%)	13.82	15.88	14.91
总资产报酬率(%)	10.61	11.53	8.67
国有资产保值增值率(%)	114.08	113.74	－0.3

【改革发展】

1. 产权改革。2008 年进一步加强经营资源配置工作，将优质资源配置到有利于强化产业链、有利于提高核心竞争力的子公司。一方面继续加大非主业和经营不佳的子公司的清理力度，全年完成 3 家子公司的清算退出工作；另一方面，对发展状况优异、具备发展前景的子公司引入风险投资并进行股份制改造，借助资本市场的力量谋求长远发展。截至 2008 年 12 月 31 日，已有 1 家子公司完成股份制改造，进入上市辅导阶段；1 家子公司成功引入风险投资者，为股份制改造奠定基础。

2. 人事制度建设。结合新出台的《劳动合同法》及相关管理办法，修改《中国华录集团有限公司劳动合同管理办法》《中国华录集团有限公司员工考勤管理办法》，同时启动技能人才培养鉴定工作，出台《中国华录集团员工职业资格管理暂行办法》，全年组织员工参加各类职业技能培训总计 7958 人次。

3. 业绩考核。结合国资委出台的《考核暂行办法》和经营工作实际，不断充实完善经营者业绩考核案，做到按制度考核、按业绩奖励，通过考核来体现责权利相统一、激励约束机制相结合的考核原则，即业绩上，薪酬上，业绩下，薪酬下。同时加强对党建工作者的考核，把考核结果作为职务任免的重要依据。

4. 薪酬分配。为促进集团公司内部人才的有序流动，增强薪酬水平在吸引紧缺高层次人才方面的竞争力，2008 年对薪酬管理制度做出修改和补充。修改后的制度提高基本工资标准，有利于集团内部人员的调动；完善基层岗位工资级别，通过增设基层岗位级别吸引紧缺的高层次人才；调整高学历人才试用期工资，使薪酬水平逐步与市场接轨，有利于改善现有的人才结构。

【重大项目】

1. 重大项目。集团公司把全力以赴打造蓝光产业链作为 2008 年的首要任务。推动拥有中国自主知识产权的 DRA 音频编码标准和 AVS 视频编码标准成为国际标准，建立中国蓝光编辑中心和复制中心，从蓝光高清内容编辑、复制开始推动中国蓝光高清产业链的发展，并建成蓝光播放机、蓝光刻录机从关键件到整机的生产体制。同时顺应国家信息产业发展趋势，进行产品的结构升级，由单纯的硬件产品销售，向硬件与软件结合、单体与系统并举、产品与服务捆绑转变。

2. 重大科研开发。2008 年集团公司紧随国家经济及产业形势变化，加快技术和产品升级更新步伐，确立以高清、网络、移动、互动为重心的产品发展战略。高清板块：全力推进蓝光关键件、整机、母盘、光盘、节目源、标准一条龙体制的建设。网络板块：推出高清网络服务和与之关联的高清网络终端，以擅长的终端核心软件为突破口，重点掌握高清网络终端核心技术，再以点带面在与网通及微软的合作中逐步掌握网络后台技术。移动板块：经历从集成创新到技术原创创新的发展阶段，首次提出设备互通互联为目标的总线结构和公交系统服务视频化的概念，并推出公交智能化终端，实现数字电视技术、导航技术、网络技术和公交服务的创新融合。互动板块：主要围绕体验家庭数字互动游戏娱乐平台展开，重点开发体感互动手柄“如意棒”。

3. 对外投资与经营。为了提升集团公司产业链的综合竞争能力，加强主业投资力度，集团公司向主业子公司累计增资1亿元，并投资2400万元建成我国惟一的蓝光光盘编辑中心和蓝光光盘生产线。

【重大创新】

1. 技术创新。(1)技术创新取得实质进展。2008年7月，由集团公司提交的具有我国自主知识产权的音频标准DRA通过国际蓝光光盘协会的技术评估，这意味着，DRA技术已经成为蓝光光盘格式的一部分，也是中国自有技术在音视频领域第一次被国际标准采用。作为新一代高清播放器的主流产品，集团公司完成蓝光播放器的国际标准产品的设计并达到量产，实现批量出口北美和日本。网络相关产品集成高清数字电视的接收将成为下一代高清产品的趋势，集团公司在国标DMB-TH，DVB-T HD方面投入大量研发资源，不断扩展产品功能和产品系列。同时加大对应国际国内市场高新技术数字AV产品的研发力度，车载电视系列产品和国标车载电视接收器DMB-TH已成为多个城市公交车全面解决方案。

(2)深入组织开展群众性经济技术创新工作。2008年举行首次“讲理想、比贡献”群众性科技创新活动，集团内立项156项，参与人数658人次。所完成项目创造销售收入达7.1亿元，利润7550万元，并获得科技部、国资委等四部委颁发的全国“讲理想、比贡献”活动优秀组织者荣誉称号。

2. 管理创新。(1)组织架构创新。为有效提升集团公司的整体经营水平和集团化战略管理水平，2008年集团公司组建产业发展中心和经营管理中心。产业发展中心从集团产业长远可持续发展出发，以产业战略发展与布局的角度立足当前，着眼未来，为整个集团提供产业发展战略决策及执行管理支持。经营管理中心则代表集团对各事业部和子公司行使经营管理职能，协调解决各子公司和事业部在研、产、销经营过程中出现的问题，通过协调提升管理链条上各相关方的核心竞争力来实现集团整体能力的提升，切实弥补战略执行能力上存在的不足。

(2)信息化系统建设。2008年集团公司信息化系统建设全面启动，并完成ERP系统的整体上线及试运行工作。作为强化内部基础管理能力的重要工作，集团公司根据自身的情况，明确信息化实施分三步走的战略，实现全集团的财务系统、OA系统基础模块的集成，初步实现内部信息化资源的共享，为提升管理精度、效率，实现动态管理，做好基础性准备。

(3)财务管理。针对金融危机带来的宏观财政政策的变化，充分发挥集团的综合优势，2008年保持银行授信额度11.6亿元，其中新增授信额度3.1亿元，保证经济运行“血液”的畅通。同时，应用网上银行加强内部理财能力，降低财务成本。通过资金的集中管理，强化集团总部的筹资谈判能力及对内部闲置资金的统一调度能力，大幅度节约财务费用。

【履行社会责任】 2008年，中国华录集团有限公司进一步增强企业社会责任，创建和谐企业，获得广泛认可。按照国务院安全生产委员会的要求，4月开展“百日安全监督专项行动”，加大从源头治理安全隐患的力度。通过扎实工作，全年实现重大伤亡事故为零、火灾为零、环境污染事故为零。在节能减排方面，通过完善能源管理制度、能源消耗定额，强化人员培训、能源计量管理等措施，使得节能减排工作走上新的台阶，电力能耗下降明显，比2007年降低4.55%，万元增加值能耗指标比2007年下降达42.27%。

2008年国家经历年初特大雨雪灾害以及年中的特大地震灾害，作为中央企业，中国华录集团有限公司积极参与到抗震救灾的队伍中去，得到政府与社会的赞誉。集团公司下属子公司郴州华录数码科技有限公司在冰雪灾害中沉着应对，周密组织，安全度过难关，荣获国务院国资委颁发的“2008年抗雨雪冰冻灾害先进集体”称号。四川汶川发生特大地震后，集团全体员工急灾区人民所急，主动捐款，在大连市委、市政府联合召开的“大连市支援四川地震灾区总结表彰大会”上，被授予“大连市支援四川地震灾区工作先进单位”称号。

【应对金融危机】 2007年7月、8月间爆发的美国次贷危机愈演愈烈，到2008年9月引发一场百年不遇的全球金融大地震，中国华录集团有限公司作为专业从事数字音视频产业的出口创汇型企业，首当其冲地受到冲击，主要表现在出口市场萎缩、产品降价、汇率不确定三大方面。

面对宏观经济形势的不利影响，公司全体干部员工坚持以科学发展观为统领，紧紧抓住高清数字音视频产业全球启动的机遇，建立双层经营体制，发挥两个积极性，调整产品结构，压缩成本费用，取得较好的效果。具体措施包括以下五个方面：

1. 坚定不移地围绕主业求发展。一是对数字音视频主营产业链进行系统规划，提出"AV四次方"价值相乘战略，即把全体员工的工作统一到以AV关键件为核心的AV终端、AV服务、AV内容产业链协同发展的思路上来。二是围绕"AV四次方"的产业链对具体产品技术方向进行前瞻性规划开发，开发适合时代发展需要的"高清、网络、移动、互动"的数字音视频产品。三是围绕主营业务进行资源重组，对非主业企业、亏损企业、参股企业进行清理退出，共清理退出近1.5亿元资金用于发展主业，做到集中资源办主业。

2. 坚定不移地走技术创新发展道路。一是通过公司的国家级技术中心平台，集中高端技术人才进行技术创新。二是深入组织开展群众性经济技术创新工作。三是集团公司工会在全集团征集合理化建议33000条，其中实施合理化建议21111条。实施合理化建议产生的经济效益达1640万元。

3. 坚定不移地抓住扩大内需的发展机遇。充分发挥公司的"国际品质"和"央企信誉"两个优势，抓住全国文化资源信息共享工程、数字高清广播电视网络建设、新一代网络互动系统应用、文化工程建设、智能交通基础设施建设等市场机会，提供有竞争力的产品、服务和内容，努力成为"高清互动新媒体网络全面解决方案提供商"，成为中国高清第一品牌。

4. 坚定不移地抓好降本增效，走内涵式发展之路。2008年，中国华录集团严格按照国家要求，立足苦练内功，抓好降本增效。一是通过降低销售成本费用增加投入产出效益，2008年百元销售成本费用比2007年同期下降2.4%。二是加强三项费用的控制，2008年中国华录集团的三项费用比2007年同期下降15%。

5. 坚定不移地化解汇率风险。2008年中国华录集团针对美元贬值采取一系列规避汇率风险的措施：一是选择相对稳定的货币进行结算。二是采取美元对人民币固定汇率进行结算，防止汇率波动带来的风险。三是扩大用美元采购原辅材料的供应量，通过美元的对冲来减少汇率风险。通过以上措施，2008年获得汇兑收益1.5亿元人民币。

（撰稿人：李玉梅）

上海贝尔股份有限公司

【基本概况】 2008年是不寻常、不平凡的一年，上海贝尔阿尔卡特股份有限公司（2009年1月8日更名为上海贝尔股份有限公司，以下简称"公司"）在国务院国资委等国家相关部委的大力支持下，全力克服国际金融危机和国内冰雪地震灾害、奥运会电信封网、电信运营商重组以及市场竞争日益激烈等不利条件，积极应对各种危机，严密监控各类风险，全力谋求稳健经营，不断提升企业经营质量，并在"危"中寻"机"，最终在极为困难的市场环境下保持较为稳健的经营态势，成绩来之不易。

2008年，公司在国资委及股东的大力支持下，董事会严格按照公司章程规定，实施公司治理层面组织的按时换届选举，并保证治理层面的正常运作。特别是在国际金融危机及通信产业环境极为不利的环境下，董事会把握大局，严密监控，及时应对，进一步发挥公司治理架构在企业经营中的决策领导作用，为公司全年实现稳健发展打下坚实的基础。

【主要指标】 根据公司经过审计后的财务报告，2008年，公司共实现主营业务收入172亿元，同比增长近5%，人均销售收入290万元；产品出口71.78亿元，较上年稍有增长；实现利润总额9.46亿元，上缴国家各类税收19亿元；人均利税45万元，全员劳动生产率继续处于业内领先水平；期末净现金超过62.6亿元，同比增长35%，在市场环境极为恶劣的环境下，保持良好的抗风险态势。

【改革发展】 在企业精细化管理方面，2008年，公司紧紧围绕企业发展战略和目标，通过对公司经营过程实施有效、透明的财务控制，从而实现公司利润最大化和资源利用的最优化。全面加强企业精细化管理，把降本增效、风险控制等工作落到实处。一是在降低成本方面，严格控制成本支出、费用支出和固定资产投资；二是在提升企业经营效率方面，进一步提升劳动生产效率、研发创新效率以及内部协同效率；三是在企业资金与物流管理方面，严格内部财务预算制度和现金流管理，提高应收账款回收速度及库存管理；四是在控制风险方面，严控投资、运营和购并风险。

在建设国际化区域中心方面，2008 年，公司充分利用自身国际资源，与全球跨国公司开展国际间合作，承接更多的国际业务，进一步完善国际化的区域中心，全球化的技术服务中心、采购和物流中心以及财务管理结算中心等。通过自身国际区域中心的打造，特别是面向跨国公司整体运营和总部区域中心，拓展面向市场、技术及生产性服务业领域的业务能力。

在建设供应链平台与产业化基地方面，2008 年，公司产业化基地持续开展降低生产成本、提升劳动效率，以不断发挥公司的成本优势，更多地引进新产品落户中国。公司产业化基地进一步加快国际化推进，一是做好新技术转让和新产品产业化工作，有一系列新产品生产制造工作从欧美转移到中国，并进一步加强与阿尔卡特朗讯全球供应链和采购团队联络工作，确保新产品转移工作的顺利进行；二是在降低成本方面，进一步优化采购流程、现金流管理，加强对供应商的管理，把好原材料质量关，并关注固定资产投资、固定与可变成本、人力成本；三是高度重视产品质量，在生产制造上严格推行“六西格玛”管理，同时提高交货及时率和齐套率，持续提高客户满意度；四是通过细致全面的年度生产任务预测、计划和执行，做好库存管理；五是优化、调整平台的管理结构，以新组织、新面貌、新思路，创造新效率。

在国内市场开拓方面，受自然灾害、奥运封网、运营商重组的不利因素影响，国内市场压力前所未有，但公司积极应对危机，深入挖掘市场机遇，国内销售实现稳步增长，并在无线移动市场、网络转型以及信息化建设等领域出现较多的市场亮点。一是抓住国内移动市场发展机遇，实现重大突破；二是抓住新市场领域发展机遇，协助运营商网络转型；三是抓住信息化与工业化加速融合机遇，为各行各业信息化建设做出贡献。

【重大项目】 在新产品产业化及多个战略业务领域，公司实现重大突破。圆满完成 TD-SCDMA 2.8/3.0 版、TDB184AE 及第四代绿色基站、宽带接入系统、光传输、FTTU-GPON 等新产品的产业化及制造任务；与大唐移动组成的投标联合体在中国移动 TD-SCDMA 试验网二期招标中获得最大的市场份额，实现在 3G 领域的重大突破；公司还获得中国电信 CDMA 大单；在 2G 领域保持良好的发展势头；在信息化促进工业化方面，公司同样全力出击，赢得上海、广州、深圳地铁等项目大单，并参与国务院新闻办电子政务系统建设；在国际化运作方面，公司不但巩固了东南亚、独联体及非洲市场，而且实现众多新的市场突破，并加速建设国际性的区域运营中心。

2008 年，在努力拓展市场、为中国通信事业做出贡献的同时，公司高度重视自己的社会责任，承诺向社会提供绿色的全面通信解决方案，全面推行节能减排的管理措施，将节能、环保理念融入到研发、生产和服务等环节之中，不但构建完善的组织机构和管理职能，而且关注公司整个业务链的节能减排管理，积极打造绿色通信网络，不断响应客户和政府对未来网络的环保需求。

【走向海外】 由于受到国际金融形势动荡、人民币持续升值对出口的不利影响，公司在国际市场开拓领域受到较大的挑战，特别是第四季度外加工业务出现较大幅度的下降。但公司继续坚定不移地贯彻国家“走出去”战略，迎难而上，克服困难，利用自身的海外营销服务网络以及跨国公司全球营销网络，开展国际化市场开拓。与此同时，公司海外业务质量与服务也得到不断提高，无论是出口合同还是售后服务的项目执行，公司的抗风险能力和赢利能力都得到提高。公司海外业务已占公司销售总收入的 40%。

【重大创新】 2008 年，公司研发投入 15.01 亿元，约占公司净销售额的 8.7%；公司拥有研发工程师 2600 多名，约占公司总人数的 40%，其中 32 位研发技术精英成为阿尔卡特朗讯全球技术研究院新成员。

公司2008年的发明披露近300项，申请发明专利近130项，绝大多数为核心发明专利。此外，公司投入2亿元建造的内部总面积达4.5万平方米的创新大楼也于5月顺利竣工，8月底正式投入使用。

2008年，公司持续加大研发投入，进一步加强自主创新工作，在通信信息技术的关键技术等领域和前瞻性领域取得重大进展。公司在中国标准化协会(CCSA)凭借雄厚的技术实力获得大量的技术职位，成为相关标准领域的技术带头人，共牵头9个项目，参与编写78个项目，跟踪百余个项目。在国际标准方面，向3GPP提交百余篇文稿，向OMA提交37篇文稿，向IEEE提交60余篇文稿，向ITU提交10篇文稿。2008年，CCSA共评选三个项目为CCSA科学技术奖一等奖，公司荣获其中两项，另有多人获得工信部颁发的ITU优秀文稿奖。在推进3G技术创新发展方面，公司在三种3G技术上全面完成技术储备、产业化和市场推广，为3G的规模化部署作好准备，并同时获得中国移动TD-SCDMA和中国电信CDMA巨额订单。在推进TDD-LTE新一代无线宽带重大专项方面，公司已组建数百人的研究开发队伍，形成从前瞻技术研究到产品开发及其产业化的完整梯队，并进入新一代宽带移动通信国家重大专项专家组，成为核心成员单位，积极贡献于国家通信领域的重大专项。

【履行社会责任】 在国内发生特大冰雪灾害、西藏自治区拉萨市出现少数人打、砸、抢、烧的破坏活动以及"5·12"汶川地震中，公司在第一时间内紧急成立由公司高层领导为首的应急小组，统一协调、周密安排公司各方面人财物资源，部署现场安全保障值守和远程应急响应，全力支持用户确保网络通信设备的正常运行。在奥运通信保障项目中，公司在全国共投入600多名工程师，其中北京地区投入300人，在重要网络机房的现场进行24小时值守，使得各运营商在北京和青岛、上海、沈阳等其他几个奥运协办城市的骨干网和全国其他地区的网络运行正常无碍。作为优秀的企业公民，公司还努力推进社会公益事业发展。在倡导绿色产品、消除数字鸿沟、节能减排、捐资助教等方面积极承担更多的社会责任。为了帮助四川地震灾区的孩子重返校园，公司向中国青少年发展基金会捐赠15万多美元，为14所四川抗震学校提供电影放映设备、图书和体育器材公司已为希望工程等全国公益事业捐资达4000多万元，资助18个省份的58所希望学校的建设和发展。

(撰稿人：徐　翔)

彩虹集团公司

【基本概况】 彩虹集团公司的前身是陕西彩虹彩色显像管总厂，是我国"六五"期间为"引进彩色显像管成套技术和设备"而设立的国有独资企业，是中央企业中惟一一家从事显示器件生产、研发和销售的特大型国有骨干企业。

自1982年建成投产并生产出中国第一只CRT(彩色显像管)至2008年底，资产总额从6.89亿元发展到88.34亿元，员工2万余人；已累计生产彩管1.66亿只，实现工业总产值1131亿元，实现利润60.5亿元，上缴税金51.7亿元，取得显著的经济效益和社会效益。彩虹集团的显示器件产业位居"中国第一、世界第三"，电子玻璃、发光材料、光电子等产业均处于行业一流水平。

彩虹集团的注册地在北京，主要生产基地位于陕西咸阳。同时在西安、北京、上海、深圳、珠海、昆山、厦门、张家港、佛山等地拥有多家子公司。彩虹集团拥有二级全资、控股公司11家，参股公司9家；拥有两家上市公司：1996年在上交所上市的彩虹显示器件股份有限公司(彩虹股份)；2004年在香港联交所上市的彩虹集团电子股份有限公司(彩虹电子)。

彩虹集团是国家级知识产权示范创建单位、国家级创新型企业试点单位，拥有国家级技术中心，具有CRT用光电子材料及器件研发和成套技术输出能力。已经建立的CRT研发分中心具有同行业最完整的CRT整管研发能力，发光材料研发分中心具有很强的固体发光材料及相关化工材料研发能力。平板显示器件、新型光电子等领域的研发机构正在建设之中。

彩虹集团公司正在以"光电子领域中材料、器件和整机的研发、生产制造和销售"为产业定位，全面增强企业活力、控制力、影响力，围绕显示器件、部品材料、光电子相关等三大主业集群，把彩虹打造成中国电子信息产业光电子领域中最具成长性的企业集团。

2008年，彩虹集团全面贯彻党的十七大、中央经济工作会议和中央企业负责人会议精神，深入践行科学发展观，深化机制体制改革，深化"做强彩管、创新产业"，优化资产结构和业务结构，强化三大产业、三大创新和三大投资主体的高效运行和管理，提高企业投资能力和风险防范能力，确保新建项目成功投产和高质量发展，努力实现企业转型的新跨越，取得可喜的成绩。

【主要指标】 2008年，彩虹集团实现营业收入52.08亿元，同比增长11.78%；实现利润总额7597万元，同比下降29.27%(剔除预期跌价损失等调整性因素外，实现利润1.2亿元，同比增长11.7%)；完成工业总产值64.64亿元，同比下降3.98%；上缴税金2.67亿元，同比增长23.29%。

2008年，彩虹集团新业务投资3.94亿元，科技投入5.49亿元。截至2008年底，彩虹集团资产总额88.34亿元，同比增长6.56%；净资产58.25亿元，同比增长5.71%；净资产利润率为1.03%，同比降低0.29个百分点；总资产周转0.58次，同比增加0.05次；资产负债率为34.06%，同比增加1.19个百分点；应收账款周转率7.13次，同比增加1.56次；总资产报酬率为1.7%，同比降低0.43个百分点；资本保值增值率100.03%。

2008年，彩虹集团全资、控股的子公司有13家，列为二级公司管理的有13家，其中有业务经营的11家，实现销售收入与利润同步增长的有5家，占45.45%；实现新业务收入的有4家，占36.36%。

2008年，彩虹集团强化成本刚性管理，取得显著成效。总成本降低率为5.53%，成本降低额为3.09亿元。彩虹集团管理费用、销售费用、财务费用占总营业收入的比重为12.84%，同比降低1.13个百分点。

彩虹集团公司主要经济指标

项　　目	2007年	2008年	同比增长(%)
资产总额(亿元)	85.8	86.35	0.64
净资产(亿元)	37.83	36.01	−4.81
营业收入(亿元)	46.59	49.53	6.31
利润总额(亿元)	1.07	0.92	−14.02
技术开发投入(亿元)	2.21	2.44	10.41
利税总额(亿元)	2.49	3.07	23.29
全员劳动生产率(万元/人·年)	4.61	4.78	3.69
净资产收益率(%)	1.18	1.07	
总资产报酬率(%)	2.13	1.85	
国有资产保值增值率(%)	101.47	100.86	

【创新产业】 2008年，彩虹集团的显示器件、部品材料和光电子相关等三大产业布局基本到位，新兴产业已经开始回报企业，企业战略转型迈出坚实的一步。

一是彩管竞争力进一步增强。2008年，CRT业务实现销售收入30.29亿元，利润3382万元，全年累计生产彩管1484万只，同比降低3.46%；销售1470万只，同比下降3.68%，其中出口701万只，同比增加0.36%；全球市场占有率为17.7%，同比增加3.9个百分点，名列全球第三；国内市场占有率为29.9%，同比增加2.6个百分点，名列国内第一。产能利用率达到92.75%，为行业最高。CRT业务完全成本较2007年降低5.36%，成本降低额为1.67亿元，产品竞争力进一步增强。彩虹股份大力推进技术进步降成本课题，已完成的55项课题共实现经济效益2241万元。其中，免清洗内屏蔽工艺方法应用，截至12月底实现效益104万元。

二是部品材料优势进一步显现。2008年，部品材料产业实现销售收入25.85亿元，利润7814万元。完全成本同比下降5.95%，成本降低额为1.42亿元。其中，彩色玻壳业务实现销售收入8.2亿元，利润2942万元。生产玻屏1582.4万只，产能利用率达到102%；生产玻锥1386.6万只，产能利用率达到99%。发光材料业务实现销售收入3.74亿元，利润2645万元。生产发光材料2288吨，同比增长24%；销售2174吨，同比增长18.2%。CRT荧光粉的全球市场占有率为60%，同比增加20个百分点，居全球第一；自主研发的节能灯粉项目于2008年一季度完成年产1200吨的扩产改造，国内市场占有率为23%，同比增加1个百分点，居国内第二；填补国内空白的CCFL(冷阴极灯)粉已经建成国内首条年产50吨的生产线并顺利投产，用户认定和市场开拓同步展开。已有部分用户开始批量采购；PDP(等离子显示器)用荧光粉初步确定产品应用性能评价方法，部分性能指标达到先进水平，并已经开始送样认定。低玻粉业务实现销售收入1.01亿元，利润706万元。共生产低玻粉4125吨，同比下降4.8%；销售3920吨，同比下降12.6%。全球市场占有率60.23%，同比增加16.5个百分点，居全球第一。金属部品业务实现销售收入8.1亿元，利润4570万元。其中生产电子枪1550.4万只，产能利用率达到93.9%；生产网版1257.7万片，产能利用率达到104%。电子线圈业务实现销售收入2.7亿元，利润1487万元。共生产1296.6万套，产能利用率达到97.5%。

三是光电子综合实力快速提升。2008年，上海蓝光公司实现销售收入1亿元，利润304万元；全年生产芯片24.2亿只，同比增长1.89倍；销售芯片19亿只，同比增长1.69倍。全年A品率达到86.3%，同比提高近7个百分点；劳动生产率平均32.7片/人/月，同比提高39.86%；市场占有率10%，同比增长3.5个百分点，位居国内第三。2008年，LED(发光二极管)业务完成二、三期扩产改造，四期扩产正在进行，届时月产能将达到3亿只。为快速提升企业核心技术水平，上海蓝光公司通过强化技术进步课题管理、加大技术成果奖励等措施，先后攻克亮度、光衰和绿光芯片等“三大”问题，芯片亮度同比提升50%以上；图形衬底技术和微米级的光子晶体技术成功量产运用，成为国内惟一一家能够自制PSS(蓝宝石图形衬底)的企业；自主研发出绿光芯片，并实现量产，形成新的利润增长点。2008年，上海蓝光公司引进高技术专业人才8名，其中专家2名，博士后1名，硕士5名，此外招入本科生20余名，技术队伍的整体实力和水平大幅提高。

【改革发展】 2008年是彩虹集团实施资产重组后，以二级管理公司为主体进行业务运营管理的第一年。面对市场萎缩、产品降价、灾害频发、汇兑损失加大、金融危机、平板电视替代效应加速等种种困难，彩虹集团依托价值链优势，坚持企业转型方向，合理配置资源，适度下移权责。彩虹股份、彩虹电子等单位以大局为重、紧密配合、协同作战，通过强化市场分析预测，动态调整营销策略，积极培育价值型客户等措施，使市场占有率稳步提升，实现二级管理公司管理模式的平稳转变，以三大投资主体突出主业发展三大产业的管理格局基本形成。

2008年，彩虹集团修订下发《彩虹集团公司产权管理办法》和《派出董事、监事业务管理办法》，进一步强化母子公司的管控力。根据经营和发展的需要，先后对电子玻璃公司、香港瑞博公司、热电公司、工程公司、彩虹医院等单位的资产和股权进行重组，使得业务关系更加明晰、规范，管理层级更加明确，组织架构的保障性显著增强，为企业后续发展奠定坚实的基础。

2008年，彩虹集团继续稳妥推进第三批主辅分离、辅业改制工作，相继完成彩虹房地产公司和物业管理公司的改制。涉及资产1542万元，人员144人。此外，彩虹公安处整体移交地方的工作已完成编制审批、公务员资格培训与考试等工作，正在进行接收前的干警政审。截至2008年底，彩虹集团已累计完成改制单位 9 家，涉及资产 4.96 亿元，涉及人员 738 人。

【重大项目】 2008 年，新兴业务实现销售收入 5.36 亿元，利润 1014.5 万元；全年调研、论证的产业项目共 29 个，确定进入的主业项目 5 个，分别是第六代液晶面板、光伏玻璃、OLED（有机发光显示器）、LED 封装、节能灯。建成投产的项目 2 个，分别是液晶玻璃基板、节能灯。完成并购的项目 1 个，为 LED 封装。完成新业务产能扩张的企业 3 家。

液晶玻璃基板项目在 2008 年取得项目建设以来最为关键的突破，生产线顺利打通，中国第一块第 5 代液晶玻璃基板胜利下线。面对自然灾害频发等客观因素的种种不利影响，电子玻璃公司全体干部员工不辱使命、沉着应对、无私奉献，于 2008 年 9 月 8 日 11 时，成功生产出第一块合格产品，填补国内空白，打破国外垄断，改写行业历史。在 2008 年 10 月，一次良品率最高达到 46%。电子玻璃公司正在全力以赴进行优化调整工艺设备、提升良品率、开拓市场、加强员工培训、规范现场管理等工作，力争早日实现稳定达产运营。此外，二期扩建项目正在积极筹备中。

TFT-LCD（薄膜晶体管液晶显示器）第六代面板生产线项目是彩虹集团投资额最大的创新产业项目，总投资约 146 亿元，年产 32/37 英寸液晶电视面板 437.2 万块。经过广泛调研、严密论证、全面比对，彩虹集团与江苏省张家港市政府于 2008 年 10 月 7 日签署合作协议，共同进行项目建设，彩虹（张家港）平板显示有限公司已经成立并开始运行，项目备案已经完成，正在进行技术准备、环评、土建方案、设备采购、人员招聘等各项工作，计划于 2009 年上半年开工建设。

OLED 项目是彩虹集团在第三代显示技术领域进行产业布局的第一个项目。经过多年的密切跟踪和积极研发，以及后期对建设方式的推敲和合作方的遴选，2008 年 12 月 23 日，股份公司、深圳虹阳公司与广东省佛山市顺德区政府签订《合作建设彩虹（佛山）光电产业基地协议》，同步启动首期 OLED 项目建设。彩虹（佛山）平板显示有限公司已经完成注册，设备购买合同已经签订，项目备案也于 2008 年底前完成，其他各项筹备工作正在有序进行中。

太阳能光伏玻璃项目是彩虹集团顺应新型能源发展潮流，立足自身玻璃制造资源和技术优势筹建的电子玻璃产业项目。该项目计划建设一座日熔化能力为 250 吨/天的玻璃熔窑，并配套两条 125 吨/天压延玻璃生产线和一套年加工能力为 680 万平方米的玻璃钢化生产线，年产太阳能光伏玻璃 502.6 万平方米。

LED 项目在进行四期扩产改造的同时，积极延伸产业链。2008 年 10 月 6 日，公司以股权收购和增资扩股的形式，取得宜兴市亿光电子有限公司 50%的股权，正式进入下游封装领域，使 LED 产业的布局更趋完善。下一步将快速提高封装技术水平。

节能灯项目于 2008 年初开始筹建，经过光电材料总公司的精心组织和科学安排，彩虹首条 T5 节能灯生产线于 10 月 28 日全线贯通，生产线良品率已经达到 75.6%，送样产品取得国家相关机构颁发的合格证书。

PDP 显示屏项目在世纪双虹公司全体干部职工的努力下，克服地震灾害等不利影响，顺利完成厂房建设、设备安装调试、新品开发等工作，生产线于 2008 年 11 月 28 日顺利打通。

【重大创新】 2008 年，彩虹集团加大对技术研发的资源投入，着力探索新途径，进一步健全集“创新组织、创新管理、创新平台、创新文化”为一体的技术创新体系。2008 年，彩虹集团共设立科研新品计划 35 项，其中显示器件 9 项、部品材料 17 项、光电子相关 6 项、研发平台 3 项。截至 12 月底，启动实施的 34 项中已经完成 30 项；其中 CRT 新品研发项目 8 项，已经完成 7 项。34 英寸 FED（场致发射显示器）样机研制、染料敏化太阳能电池、DBD（介质阻挡放电）平面光源、LED 背光源等前瞻性技术研究也取得可喜成果，为企业后续发展提供核心技术保障。其中，自主研发的 LED 背光源的产品技术性能很好，在 2009 年将加速实现产业化。

2008 年彩虹集团共申请专利 202 件，其中发明专利 96 件；获得授权的专利共 93 件，其中发明专利 39 件。彩虹集团拥有的专利总量已经达到 538 件，其中发明专利82件。

与此同时，彩虹集团还积极参与到国家行业标准的制修订工作当中，2008年已经有3项国家技术标准正式通过评审并正式实施，另有7项正在制修订当中。随着企业自主创新能力的不断提高，国家对企业的扶持力度也在不断加大。2008年，彩虹集团正在实施的科技部"863计划"项目5项，工信部"电子发展基金"项目3项，发展改革委"国家平板显示专项"项目3项，全年累计获得国家政策支持资金8085万元，呈现出逐年递增的好势头。

2008年，彩虹集团以技术进步为手段，全面推进节能减排、发展循环经济工作，实现单位产值能耗0.4吨标煤/万元，同比下降8.7%；单位产品耗水量为3.5吨，同比下降10.09%，节约资金496万元；单位产品耗水蒸汽量为0.02吨，同比下降8.71%，节约资金273万元。

【履行社会责任】 作为中央企业，彩虹集团一直高度注重社会责任的履行。在环境保护、节能减排、解危救困、奉献爱心等方面力所能及地持续发挥作用。2008年，彩虹集团在履行社会责任方面重点开展两项工作：

一是大力推进节能降耗，兑现企业和谐发展承诺。根据国家创建资源节约型企业的总体要求，积极贯彻实施国家《电子信息产品污染控制管理办法》，彩虹集团于年初成立"节能降耗工作推进小组"，建立有害物质控制体系，制定下发《彩虹集团公司年度节能降耗工作推进计划》，全面推行节能减排、水循环利用、高效照明等工作，全年立项节水节汽项目61个，节能项目192个，已全部完成并取得显著的经济效益。此外，彩虹集团还荣登2008年中国电子质协的"绿色电子产品企业名录"。

二是积极投身抗震救灾。2008年，我国遭遇百年不遇的雨雪冰冻灾害和汶川特大地震灾害，给企业生产经营造成一定的影响。面对灾害，彩虹集团第一时间启动应急预案，在稳妥做好企业人员安全和稳定、物资财产安全、生产经营秩序恢复、贯彻落实国资委抗震救灾会议精神等工作的同时，积极履行央企责任，及时向灾区人民和受灾客户捐款捐物、奉献爱心。彩虹集团广大员工累计捐款捐物共计179.5907万元，其中捐款164.5907万元，捐赠物资价值15万元。此外，580名彩虹员工参与为灾区无偿献血活动，共献血18万毫升。

【应对金融危机】 2008年10月以来，金融危机对彩虹集团生产经营的影响日益凸显，市场需求不断下降、产品价格逐步下滑、资金压力持续增加，企业的生产经营压力剧增。面对金融危机造成的更加复杂的宏观经济形势和行业形势，彩虹集团采取以下应对措施：

一是高度重视、冷静分析、主动应对。彩虹集团通过各种方式和途径保持决策层、管理层和执行层的思想认识一致、工作行为一致。同时，从形势研究分析、资金细化管理、政策资金支持、信息收集整理、内部管理协调、全面预算安排、动态管理强化等方面重点细化应对金融危机的措施。为了增强应对措施的实施效果，彩虹领导班子的分工也按专业、按项目、按对口政府资源进行调整，强化对各专业工作的领导和协调力度。

二是高度关注现金流，力保生产经营和新产业建设所需资金足额按时到位。通过强化"现金为王"的资金管理意识、加强资金的集团化调控管理、加大全面预算管理力度、设定存货资金和应收账款减少30%的刚性指标、优化企业负债结构、拓宽融资渠道、力争国家政策支持资金和产业扶持、加大宣介沟通力度等措施，全面加强资金管理力度，提高资金管理水平，努力保证现金流状态良好。

三是深化生产运营管理，提升企业应对危机的硬实力。在"做强彩管、创新产业"经营发展思路的指导下，彩虹通过持续深化营销拉动、新技术支撑和总成本领先等三大战略，继续在三大产业中做大市场、做新技术、做低成本，持续增强产品的竞争力和盈利能力，通过苦练内功，继续使彩管、彩管荧光粉、节能灯粉、低玻粉、发光二极管芯片等主营产品稳居行业领先地位，有效增强企业应对金融危机的硬实力。

四是完善技术创新体系，提升自主创新能力。彩虹集团以国家认定的企业技术中心为核心，创新组织、创新管理、创新平台、创新文化，持续提升企业自主创新能力。

五是高效推动新产业建设，蓄足企业持续发展后劲。经过科学严谨的分析和判断，彩虹看到金融危机给重点新产业项目带来的建设成本降低、建设周期缩短、高级人才流动加快、国家政策和资金支持力度加大等难得机遇，进一步加快新产业项目的建设速度。重点对第六代液晶面板、OLED、液晶玻璃基板、太阳能光伏玻璃、CCFL粉产业化、PDP荧光粉产业化、LED等新产业项目加强项目管理和推进，各新产业项目目前正在有序推进。

六是健全全面风险防范体系，提高全面风险防范能力。通过强化风险管理意识、完善管理制度、健全内控机制、加强过程管理、明确审计重点、发挥职能管理作用等措施，重点加强投资、财务、运营、法律等方面的风险预警，进一步健全风险防范体系，理顺业务流程和监督机制，有效提高企业全面风险防范能力。

（撰稿人：王　辉）

武汉邮电科学研究院

【基本概况】 2008年，在国资委的正确领导和大力支持下，武汉邮电科学研究院（以下简称“武汉邮科院”）深入贯彻落实科学发展观，克服雨雪冰冻灾害、汶川大地震、奥运封网、全球金融风暴等重重困难和不利因素，推动企业又好又快发展。产业继续保持平稳较快增长态势，合同额和销售额连续三年创造历史最好水平。全年完成合同额69亿元、销售额66.9亿元，分别比2007年增长26.9%和31.7%。国际市场保持稳定增长，合同额首次突破1亿美元，比2007年增长8.3%；完成销售额9849万美元，比2007年增长37.4%。系统设备制造能力已达百亿元以上，已能提供光纤700万芯公里、光缆700万芯公里、光传输及接入设备58万台套、无线通信产品4万端、数据通信产品41万端、光电器件3000万只的现代化大规模生产的产能。在中国电子信息百强企业中排名第58位，中国软件收入百强企业排名第35位。在“2007～2008年度中国光通信最具竞争力企业10强”评选中，再次荣登“年度中国光通信最具综合竞争力企业10强”三项产品组（光传输设备、光纤光缆、光器件）榜单之首，并囊括七项大奖。

2008年，主要产品市场份额均有不同程度增长。接入产品销量大幅增长，FTTH产品进入原南电信（除宁夏）、北网通所有省份，在江苏、浙江、湖北等省份电信，北京、天津等省份网通的应用中处于主导地位；获得武汉电信FTTH商用项目中的最大份额。在中国电信EPON集采中，中标OLT设备份额超过30%，FTTH ONU超过50%，进一步巩固优势地位。传输产品取得好成绩，成功获得湖北移动、山东移动TD配套传输网建设项目；成功获得中国电信江苏、安徽、湖北、湖南、黑龙江等二十多个省市的CDMA配套传输工程，进一步扩大光传输产品在中国电信传送网中的影响力。通过不断创新体制，加强对外合作和对内挖潜，光纤光缆产品近三年保持每年超过100万芯公里以上的高速增长，其市场地位和品牌形象进一步得到巩固，已经树立起烽火光纤品牌，形成和康宁、长飞三足鼎立的局面；在中国电信光缆集采中，光缆分配量占据第一位，光纤份额排名第二；在中国网通光纤光缆集采中，光纤、光缆均排名第三；在中国移动光纤光缆集采中获得光缆分配128万芯，光纤34万芯。数据产品在中国移动以太网交换机、路由器采购中，形成较大突破，市场份额有所增加；成功中标中国网通光纤收发器、协议转换器集采，继续保持国内市场占有率第一的位置；分别中标中国网通高、中、低端交换机集采；在广电行业市场方面取得一定突破。无线产品全面入围中国移动、中国联通、中国电信网络覆盖设备集采，完成上海移动TD项目的初验，并获得追加基站合同188套，在中国移动TD二期的招标中，中标5%的份额，包括宁夏银川、内蒙古呼和浩特、贵州贵阳、浙江宁波四城市。光电子产品合同额和销售额继续保持平稳快速增长，高于行业平均增长水平，10G等高端产品成功进入主流通信设备制造商选型，EDFA产品产销旺盛，OLP产品保持市场领先地位，市场份额超过70%以上，SFP、XFP、PON等主要转型产品销售均出现大幅增长，占到有源器件产品销售的60.8%，成为主要销售增长点。

【主要指标】

武汉邮电科学研究院主要经济指标

项　　目	2007 年	2008 年	同比增长(%)
资产总额(亿元)	79.74	88.16	10.55
净资产(亿元)	36.75	38.68	5.24
营业收入(亿元)	38.44	52.97	37.79
利润总额(亿元)	1.74	2.49	42.91
技术开发投入(亿元)	2.75	4.37	58.56
利税总额(亿元)	4.75	5.65	18.92
全员劳动生产率(万元/人·年)	11.73	11.91	1.49
净资产收益率(%)	4.9	6.24	27.35
总资产报酬率(%)	2.96	3.88	31.08
国有资产保值增值率(%)	102.47	103.44	0.95

【改革发展】　下属光迅公司的首次公开发行股票上市申请顺利通过审核，成为湖北 2008 年首家过会的公司，将成为武汉邮科院旗下第二家上市公司，有利于进一步提升整体竞争力，并促进光电子产业的又好又快发展。经国务院国资委同意，启动了上市公司烽火通信公司的股权激励计划，并已获得证监会的报备批准。下属非上市公司器件公司中长期激励方案也已初步形成。为进一步推动资本运作战略的实施，孵化新的产业增长点，成立武汉光谷烽火科技创业投资公司。

进一步深化全面预算管理，梳理预算流程，完善预算制度，积极开展执行过程分析跟踪，强化全面预算管理；在年初货币政策从紧的情况下，进一步加大资金管理创新力度，继短期融资券、政策性优惠贷款等融资渠道后，又成功发行 3 亿元信托产品，拓宽融资渠道，降低资金成本；针对新企业所得税的全面实施，成立专班，加强政策研究，加大税务协调，精心筹划，降低企业税负。

【走向海外】　进一步完善国际市场布局。除巩固原有的优势市场之外，通过集中优势资源，先后实现对沃达丰、MTN、西班牙电信、马来西亚电信、意大利电信等几大跨国运营商的重大突破，产品海外销售累计达到 70 个国家和地区。在重点投入的新市场——马来西亚获得较大突破，成功获得马来西亚电信 FTTH 一期 75%的份额。获得印度电信年度集采微波项目的最大份额，这是武汉邮科院在海外市场获得的单笔最大的无线设备合同，实现多元化产品海外销售的突破。继续保持对伊朗主流运营商的影响地位，中标伊朗西阿塞拜疆 12 万线 MSAN 接入网项目，传输设备进入伊朗电信 20 个省份。除传统优势市场外，在非洲、南美等新兴市场 2008 年也取得一系列突破，光缆产品连续进入安哥拉、刚果(金)以及肯尼亚等国家；独家中标西班牙电信阿根廷光缆项目，实现对世界电信跨国集团的重要突破。器件产品国际市场布局成效突出，在印度市场及欧美市场获得快速增长，主流产品在国际一流厂家获得突破。

【重大创新】　面向市场的自主创新能力进一步增强。承建的国内最大 FTTH 工程——青海油田信息化基础设施改造(接入网)工程顺利通过验收，并被青海油田评为优良工程，标志着武汉邮科院成熟的 EPON 设备技术和 ODN 线路技术得到实践的检验，达到国内一流水平。2008 年 FTTH 产品已经成为下属上市公司烽火通信公司除传输及线缆外的第三大产品，在国内市场继续处于领先行列，形成光通信领域产品新的增长点。OTN、PTN、40G 等新产品在运营商测试中取得较好成绩，综合表现位居前列；MSTP、ASON、DWDM 三条主流产品线得到均衡发展，光网络产品解决方案更加完整、竞争力明显提升。

顺利完成光纤拉丝塔技术改造，大幅提高光纤产能和质量，色散补偿光纤、新一代多模光纤等特种光纤新产品均实现批量销售，为光纤产业未来更好发展打下良好的基础。研制的SLED被成功地应用在神七载人航天飞船上，为我国航天事业做出重要贡献。以太网中高端产品在三大运营商的应用规模提升，IP网络视频产品销售大幅增长。移动信息化解决方案在中国电信首批工程招标中独家中标，标志着该类产品成功进入运营商应用服务领域。电信增值业务等其他新产品开发也取得一系列进展。天线产品从研发到市场开拓仅用一年时间，年销售额超过7000万元，并全面入围三大运营商室内分布天线、基站天线招标，形成无线产品领域新的增长点。此外，移动视频监控系统、GSM-R直放站、数字光纤直放站、TD检测仪器等一批新产品、新业务陆续中标一系列重要工程项目，为武汉邮科院未来相关领域的更好拓展奠定良好的基础。

自主创新能力得到国家有关部门充分肯定和支持，成为我国首批91家“创新型企业”之一。“光纤通信技术和网络”国家重点实验室得到科技部批准，全面启动建设。“光纤通信技术国家工程研究中心”创新能力建设项目已通过国家发改委组织的项目评估，获得批复。“40Gb/s SDH(STM-256)光纤通信设备与系统”获得国家科技进步二等奖，电信级以太网项目获湖北省科技进步一等奖。全年争取到各类项目经费超过6100万元，比2007年有大幅度提高。全年共申请专利159件，其中申请国外专利1件；授权专利超过60件；共牵头完成国家和行业标准35项。至此，武汉邮科院累计申请专利841件(其中发明专利比例超过70%)，已获授权专利超过350件。

【履行社会责任】 积极承担起相应的社会责任，树立良好的央企形象。特别是在年初的抗击特大冰冻雨雪灾害和汶川地震灾害中，武汉邮科院在第一时间做出积极响应，在发动干部职工积极为灾区捐款捐物的同时，向相关运营商积极请战，为用户准备系列通信产品，确保相关紧急救灾通信物资的及时供应以及工程维护的全力保障。先后向灾区发送物资7000余万元，其中捐赠1500余万元，累计现金捐赠330万元，缴纳特殊党费35万元。涌现许多可歌可泣的英雄事迹，许多相关单位和个人先后受到上级有关部门表彰，下属烽火通信公司线缆部被国资委评为“2008年中央企业抗雨雪冰冻灾害先进集体”，驻四川办事处被全国总工会授予抗震救灾“工人先锋号”称号，烽火通信、虹信公司受到四川移动感谢，王猛等同志也受到个人表彰。武汉邮科院还积极参与四川雅安汉源对口就业援助活动，招聘8名来自灾区的劳动者。为支持贫困地区广播电视事业发展，向建始县支援一批光缆产品。为三峡移民对口支援也做了大量工作。2008年北京奥运会的成功举办是一件举世瞩目的大事，武汉邮科院光纤光缆、无线通信覆盖、数据网络等多项产品先后服务于相应奥运通信建设项目，通过积极加强奥运通信服务保障，确保各项工程建设及服务保障工作圆满完成，先后获得奥组委以及奥运会举办城市各运营商的锦旗和表扬信。

【应对金融危机】 在国资委的正确领导下，武汉邮科院有信心，也有决心，抓住机遇，克服困难，积极调整优化发展战略、管理构架、管理流程和资源配置等，在“过冬”中进行“冬训”，练好内功，打牢基础，不断提升自身竞争能力，加快建设“国内一流、国际知名”的通信企业集团。

武汉邮科院要求所属各公司经营管理者必须增强忧患意识，始终居安思危。不断加强生产质量管理，严格控制成本，在保证合同和销售持续增长的情况下，严格防止成本和费用随之大幅上升，特别是固定成本的控制。坚持精打细算，厉行节约，管好、用好每一笔资金。进一步强化现金管理，加快应收账款的回收工作，加强现金流管理，有效巩固资金链，更加审慎投资，加强风险防范，以应对可能的危机。武汉邮科院进一步加强安全生产和质量控制，以加强企业的稳定。

考虑到企业长远发展，武汉邮科院也将审慎采取一些积极措施，抓住可能出现的一些有利时机。武汉邮科院将根据可能出现未来就业形势不太乐观以及沿海加工业向内地转移的趋势越来越明显的形势，加快实施人才强企战略，在总人员规模不扩大的基础上，有选择地吸纳一些相应领域的关键人才。武汉邮科院也将根据自身信贷规模不大的特点，着眼企业未来长远发展，在充分论证的基础上，整合一些被低估的资源。武汉邮科院将在国际市场上采取更加灵活的经营策略，利用一些竞争对手自顾不暇的机会，积极切入一些未来增长潜力大的新兴市场，为加快实施“走出去”战略打下良好基础。

（撰稿人：王闽晋）

上海医药工业研究院

【基本概况】 上海医药工业研究院创建于1957年，曾隶属于化工部、国家医药局、国家药监局，2000年10月转制为国有重要骨干企业，为中央企业序列中惟一的医药行业科研院所。2001年7月工商注册登记，注册资金3692万元。根据国务院国资委确定的发展规划，研究院作为应用型科研院所，处于行业集中度甚低的医药行业，应当在自身做强做赢的基础上，为行业技术创新提供广泛服务。研究院的主业为创新药物及工艺的研发、药品生产、销售。

研究院现有科研部门5个：化学制药部，生物制药部，中药研究室，制药过程与装备研究室，药理研究室。国家级中心、国家重点实验室5个：国家发改委医药工业信息中心，国家药物制剂工程研究中心，国家上海新药安全评价研究中心，国家药品包装材料检测中心，创新药物与制药工艺国家重点实验室（筹）。该院科研机构设置及科研方向涵盖了整个药学领域。

主要控股公司2个：上海现代制药股份有限公司，上海现代药物制剂工程研究中心有限公司。其中，上海现代制药股份有限公司于2004年6月上市融资，2006年完成股改，研究院控股比例为37.69%，进入上海市工业企业500强、中国制药企业100强名单。主要产品有阿奇霉素、齐多夫定、硫辛酸、尿激酶、格列齐特、甲硝唑等原料药、制剂，其中部分产品已经在国内市场份额中占据主导地位。

研究院拥有博士点5个，硕士点7个，博士后流动站1个，系国家药学一级学科单位，先后为国内医药工业界培养博士、硕士500余人，并自2000年2月起，与上海交通大学共建“上海交大药学院”，学院在2004年全国药学院评估排序中已居第六位，院在读研究生267人（内含博士生57人、硕士生210人）。

【主要指标】 2008年末，全院（合并报表）资产总额12.47亿元，负债总额2.69亿元，所有者权益9.78亿元；2008年营业收入达到9.3亿元，实现利润1.47亿元（年度目标值1亿元），净资产收益率8.2%（年度目标值7%），技术创新收入7350万元（年度目标值5500万元），成本费用总额占主营业务收入比重91%（年度目标值94%），国务院国资委年度经营业绩考核结果确定为B。

【改革发展】 产业发展。2008年，上海医药工业研究院稳健推进产业体系的改革，在国资委的支持下，将上海医工院医药股份有限公司（以下简称“医工股份”）整合进入上海现代制药股份有限公司（以下简称“现代制药”），在医药行业内也成为关注焦点之一。两个公司的营销体系、管理体系、技术成果转化体系的整合顺利有序，近期将完成相关法律手续，一个新的现代制药企业已经形成。一年来，现代制药继续走差异化产品开发之路，在做精做优经典产品“阿奇霉素”、“依那普利”，继续扩大市场份额的同时，对“齐多夫定”、“奈必洛尔”、“屈螺酮”等药物工艺不断优化、扩大产出，使现代制药的拳头产品链条不断更新。同时，强化企业管理，节约能源消耗，控制人工成本，也力促企业效益实现最大化。在国家中长期发展规划16项重大专项之一的“重大新药创制”十一五计划的专项平台评审中，现代制药申报的“建立具有过程控制的新型药物制剂及工艺技术平台”和“上海现代制药药物集成创新技术平台”，在与众多实力强劲的医药企业的竞争中胜出。这两个平台的建设，为现代制药的未来发展积聚后劲。

团队建设。2008年，新引进研究人员31名，新招收研究生87名，其中博士13名，硕士74名，为创新人才的持续积聚夯实基础；主办国际性、国内性或全院性学术交流活动多次，选送科研人员出国交流30余人次，接待国外专家学者60余人次，学术氛围得到进一步优化，一批中青年科研骨干走向前台，该院创新团队的影响力创造力不断扩大。

【技术创新】 2008年共申报发明专利135项，获得授权专利31项，其中美国专利3项，专利申请的结构在改善、质量在提高。至此，该院申报专利总数达到568项，获得授权专利总数117项。全年获得新药证书12本，使新药证书总数达到259本。获得国家各部委及地方政府各类科技攻关项目36项，新立项纵向课题合同额5009万元。向有关合作企业转移科研成果85项，年度横向合作合同额9877万元，到款5096万元。与恒瑞、华海、海正、浙江医药等知名医药企业多种形式的技术合作，进一步推动这些企业成为技术创新的主体。“普利类药物关键技术开发及产业化”获得2008年度国家科技进步二等奖，这是该院科研成果连续第四年获得国家级大奖，体现引领医药行业技术创新的综合实力和贡献率。

【管理创新】 战略管理。在调查研究的基础上，院领导班子在2008年完整提出“二三四五发展战略”，制定2008年—2015年的技术创新规划和产业发展规划。按照这一战略，研究院将在今后一个时期，坚持“双重角色定位”（医药行业的技术创新基地，产、学、研一体化的创新示范型企业集团），完善“三元结构”（以国家重点实验室为龙头的研发体系、以上市公司为主干的生产体系、以研究生培养为重点的人才支撑体系），突出“四个着力点”（适度规模，核心技术，特色产品，创新文化），达到“五大目标”（在体制上，2010年完成对科研体系的整合与再造，完成对上市公司的优质资产注入，2015年实现整体上市；在规模上，2015年资产总额达到30亿元；在效益上，2015年销售收入30亿元，利润率保持在15%左右；在核心技术成果培育上，2010年前有10个临床批件、2—3项重大成果转化为产品，2015年前有8—10项重大成果转化为产品；在技术创新团队建设上，院集团科研体系从事研发的人员2010年达到400人左右，2015年达到600人左右，实力、成果在国内应用型医药研究机构中处于引领位置）。“二三四五发展战略”的明确提出和两个发展规划的制定实施，是研究院2008年战略管理的重要收获，为其未来健康发展指明方向和路径。

基础管理。2008年，研究院按照集团主业发展的要求，对集团职能部门进行调整并明确职责边界，消除与事业发展不相适应的管理职能空白点和责任盲点。与此相适应，对2006年以来的制度体系进行重新梳理修正，并推出一批有针对性、有可操作性的管理制度，《上海医药工业研究院制度汇编（2008年版）》编撰完成。在财务管理和审计监督管理上，继续加强对投融资、担保、固定资产支出等重大财务事项的集中管理、控制和对所属公司经营行为的监督，全年完成内部审计6项。在人力资源、业绩考核和薪酬管理上，按照今年开始实施的《劳动合同法》的要求，进一步完善员工管理机制，做好关键岗位职工的引进、技能培训和继续教育，根据企业效益情况和技术创新事业发展的要求，适度增加科研人员的岗位津贴。在合同管理和法律事务管理上，重点对各类待签订的国内、海外技术合同和其他合同进行规范性审查，规避风险，维护权益。在安全生产、环保管理上，在两个重点企业进行事故应急预案演练，对排查出的数十个安全隐患进行整改，保持全院平安的好局面。

【党团工作】 2008年，在党建和思想政治工作上，继续抓好十七大精神的贯彻落实，“知名学者季度形势报告会”吸引全员党员的参与，各种形式的主题活动也及时把全院党员、职工的思想统一到院领导班子的工作意图上来，基层党支部换届改选工作也顺利完成。在党风廉政建设上，加强各种形式的反腐倡廉教育，廉政谈话、诫勉谈话制度坚持进行，“能力强、贡献大、作风正”成为院、公司两个层面上管理者的自觉追求。在统战工作和知识分子工作上，按照建设高水平创新团队的要求，加强与党外知识分子的联系，“政治交接学习教育活动”收获大、影响好。在企业文化建设上，以构建和谐企业为指导思想，以创建上海市文明单位活动为载体，加强企业民主管理和企业稳定工作，开展职工体检、疗养和职工文体活动、环境美化活动，解决广大职工、研究生关心的涉及切身利益的若干问题，适度增加员工工资，为职工办理三种疾病保险，研究院成为“上海市职工最满意的企业”，院内改革、发展、稳定的良好局面进一步形成。

（撰稿人：余向东）

华侨城集团公司

【基本概况】 2008年，华侨城集团公司保持稳步发展。旅游景区全年接待游客1168万人次，同比增长5.5%，参照国际旅游行业权威机构TEA（主题休闲娱乐行业协会）& ERA（经济研究事务所）联合发布的全球景区入园人数年度报告，华侨城已经可与美国迪士尼乐园、环球影城、六旗集团等一起进入年入园人数千万人次以上的全球旅游景区集团八强。同年11月，华侨城首次率队参展全球休闲娱乐业的最大协会组织——IAAPA（国际游乐园及景点协会）的美国年展，获得最佳整体营销类、最佳现场表演类、最佳纪念品类等在内的三大类七大奖项。

华侨城房地产公司在整体经济形势不利的情况下保持稳健发展，实现收入54.56亿元，成为集团规模和效益的重要增长点。凭借在高端住宅市场的突出表现，华侨城地产获得2008年深圳豪宅销售冠军；在"博鳌·21世纪房地产论坛2008届年会"上，获得"2008年度中国地产企业公民大奖"；波托菲诺项目获"2008年度最具价值项目大奖"。

华侨城酒店业务覆盖从白金五星到经济型连锁酒店等多个领域，客房总数近6000间。至2008年城市客栈共有23间连锁酒店，入住率达59%；高星级酒店平均房价907.50元，入住率达62%，在深圳市高端酒店市场占据绝对领先地位。

康佳集团通过产品和营销方式创新，实现健康发展。获得专利350项，同比增长55%；新申请专利600余项，增长25%；彩电售量市场份额为14.87%，继续保持第一位；CRT产品的市场占有率达24%，稳居市场第一；平板电视LCD零售量占有率达10.54%，居国产第三名。康佳集团以实际行动响应温家宝总理"用创新赢得尊严"的勉励。

香港华侨城充分发挥境外资本平台优势，通过境外银行取得低利率信贷额度为成都华侨城提供股东借款，并增资云南华侨城，支持重点项目建设。包装印刷业务努力开发国内市场，加快新基地建设，保持健康发展，连续五年完成集团下达的各项经营计划指标。

【主要指标】 2008年，华侨城集团实现销售收入208亿元，同比增长超过10%；实现利润总额21.5亿元，同比增长超过12%；销售收入、利润总额、总资产、净资产均创历史新高，超额完成国资委下达的预算任务。2008年，华侨城集团收入规模在141家中央企业中位居第79位，经营效益指标在中央企业中前进到第42位，实现新的突破。

华侨城集团公司主要经济指标

项　　目	2007年	2008年	同比增长(%)
资产总额(亿元)	336.68	408.68	21.39
净资产(亿元)	129.65	148.91	14.86
营业收入(亿元)	188.29	207.93	10.43
利润总额(亿元)	19.17	21.74	13.41
净资产收益率(不含少数股东权益)(%)	14.89	12.33	－17.19
国有资产保值增值率(%)	116.55	111.70	－4.16

【重大项目】 2008年，华侨城借助长期积累的成片开发、综合开发能力推进全国战略布局，北京华侨城、上海华侨城、成都华侨城、深圳东部华侨城、云南华侨城等重点项目继续保持稳步发展。

东部华侨城如期建成开放华兴寺、云海索道、云中漫步、登峰造极等12个创新项目。天麓一区、二区、七区依托珍稀山海资源和9平方公里"国家生态旅游示范区"，积极发挥景区、球场、酒店联动营销的整体优势，全年实现销售金额16.44亿元，销售均价达7.5万元/平方米，销售率超过80%，全年接待游客187万人。

北京华侨城借力奥运平台，圆满完成奥运史上规模最大的"第29届奥林匹克青年营"北京欢乐谷营地活动，被授予"奥林匹克青年营杰出贡献单位"等荣誉称号，品牌影响力进一步提升。2008年全年营业收入89014万元，利润总额21515万元，全年接待游客204万人。

成都华侨城精心打造产品，深入推广品牌，创造逆市飘红的佳绩，2008年成都华侨城纯水岸一期1128套房源共完成近90%的销售率，累计实现销售金额8.77亿元。成都欢乐谷建设顺利，欢乐谷一期如期开园。

2008年是上海华侨城上海欢乐谷建设的关键一年，在规划设计、工程建设、设备安装、园林绿化等方面做了大量富有成效的工作，为实现2009年暑期开园的目标打下坚实的基础。

【管理创新】 2008年，集团继续推进"007工程"，深入探索"主营业务＋信息化"的发展模式，即将信息化建设与康佳电子信息企业的全系统管理，与旅游、地产企业业务流程的全方位管理，以及与市场营销、产品销售、生产工艺等管理紧密结合起来，增强各项业务行业竞争力。公司协同办公和门户系统正式上线运行，知识管理与企业信息门户项目、主营业务运营及项目监控系统正在积极推进。

华侨城还在各业务管理方面进行创新，组织编撰并推广实施《华侨城旅游服务规范》《华侨城主题公园标准体系》，为主题公园的开发建设和经营管理构建重要软平台。2008年，应国家旅游局的邀请，华侨城承担《旅游娱乐场所设施与服务规范》和《游乐园(场)安全和服务质量》两项国家标准的起草制订工作并圆满完成任务。

【履行社会责任】 2008年，华侨城集团主动通过多种方式，参与公益事业，履行社会责任。年初雪灾发生后，华侨城集团迅速向对口帮扶单位贵州黔东南州三穗县、天柱县拨付救灾款60万元、扶贫款300万元，共计360万元，支援贵州地区抗灾救灾工作。

"5·12"汶川大地震发生后，华侨城集团携旗下各子集团第一时间向地震灾区捐款1100万元；随后，又开展"特别·爱"慰问巡演活动，组织大批演艺人员深入灾区一线进行慰问演出。

华侨城还以实际行动助力北京奥运会，开展特色化服务，服务奥运市场。在奥运会期间，北京华侨城协助北京奥组委举办"2008第29届奥运景观雕塑展"，诠释"和谐奥运"精神，传播奥林匹克宗旨。

【企业文化建设】 2008年，华侨城集团继续实施"八个一工程"，即一报(《华侨城报道》)、一刊(《华侨城》杂志)、一网(华侨城内外网的建设与运营)、一纲要(《华侨城企业文化发展纲要》)、一手册(VI手册的修订)、一画册(华侨城综合形象宣传画册)、一宣传片(华侨城形象宣传片)、一位新闻发言人(建立集团和媒体之间的联系通道)；完善华侨城基础性品牌宣传渠道体系，夯实品牌基础。

华侨城借助"携手国旅开展战略合作"、"特别·爱企业社会责任行动"、"最佳品牌建设案例评选"、"成都欢乐谷开业庆典"等一系列重要事件精心策划的品牌推广活动，使华侨城品牌在全国知名度、美誉度稳步提升。欢乐谷连锁发展进入实施阶段，欢乐谷连锁品牌正式发布。华侨城还频频亮相"中国西部(西安)文化产业博览会"、"上海国际旅游交易会"、"澳门休闲旅游展"、"IAAPA美国年展"，使华侨城——中国最强旅游集团的企业形象广为传播。

(撰稿人：关　山　薛　晔)

南光(集团)有限公司

【基本概况】 南光(集团)有限公司(以下简称"集团")是总部设在澳门的由国务院国有资产监督管理委员会直接管理的中央企业，集团前身南光贸易公司成立于1949年8月，是澳门最早的中资企业。

集团下设11家直属二级公司，分别为南光石油化工有限公司、澳门中旅(国际)酒店管理有限公司、澳门中国旅行社股份有限公司、南光实业有限公司、南光恒丰置业有限公司、南光贸易有限公司、南光物流有限公司、广东南光实业贸易公司、上海浦东实华经济发展有限公司、上海实华国际旅行社和上海华高房地产开发经营有限公司。有全资及控股企业30余家。

集团是澳门最大的石油化工产品和主要的鲜活冷冻食品、酒店旅游、物流服务供应商；在澳门、杭州、桂林、加拿大拥有7家星级酒店，其中四星级以上酒店4家；拥有澳门最大的内港码头、干冻仓库和跨境运输车队；与美国、欧盟、独联体、韩国、东南亚等十几个国家和地区有着长期贸易往来。

【主要指标】 2008年集团共实现主营业务收入106.08亿元，比2007年增长19.01%；实现利润总额

5.04亿元，比2007年减少34.19%。2008年底集团总资产为50.06亿元，员工总数2533人。

南光(集团)有限公司主要经济指标

项　　目	2007年	2008年	同比增长(%)
资产总额(亿元)	50.64	50.06	-1.14
净资产(亿元)	31.01	33.99	9.60
营业收入(亿元)	89.14	106.08	19.01
利润总额(亿元)	7.66	5.04	-34.19
技术开发投入(亿元)			
利税总额(亿元)	8.65	5.94	-31.37
全员劳动生产率(万元/人·年)	33	29	-11.21
净资产收益率(%)	23.92	14.54	-39.21
总资产报酬率(%)	16.31	10.05	-38.38
国有资产保值增值率(%)	128.47	108.94	-15.20

【改革发展】 集团继续深化用工和分配制度改革，加大面向社会公开招聘人才力度；进一步完善二级机构经营业绩考核办法；适应澳门本地特点，提高基层员工月度固定收入比重，并在澳门率先实行本地员工退休公积金制度；在下半年经营承受巨大压力的情况下，不仅没有减薪、裁员，反而使经营一线的基层员工的收入保持适度的增长比例，对稳定员工队伍、调动工作积极性起到积极的促进作用。这些措施对于在澳门发挥中央企业的政治作用具有积极意义。

鉴于澳门发展空间狭小以及经营环境特殊，积极探索实现业务转型。一方面是寻求现有业务的产业链延伸，更重要的是试图培育一些新的发展项目，逐步向内地寻求发展空间。除继续加大在澳门的投入、稳定和发展现有业务的规模和盈利能力以外，积极与内地企业以及国际企业间加强联合与合作，重点在房地产业、现代物流业方面寻求突破。

【重大项目】 与中国石化资产经营管理公司签约合作开发海南海口市西海岸地产项目。该项目位于海口市西海岸，东距市区约5公里，西邻国家帆船训练基地、观海台、印象海南岛等旅游景区，环境宜人、地理位置优越，是海口市的优势地块之一。项目占地230亩，计划打造一个集酒店、高档住宅、旅游休闲、游艇码头于一体的综合项目。

收购并控股上海广丰货运有限公司股权，开展无包装特色货运业务；相对控股上海中连物流有限公司，进军特色物流产业；珠澳跨境工业园区南光珠海通宇物流配送中心项目正式开工建设，为澳门经济多元化和珠海物流发展助力。

【走向海外】 与葡萄牙MOTA-ENGIL集团属下"TERTIR港口特许经营股份有限公司"在葡萄牙合资成立CHINALOG物流服务和咨询有限公司。通过澳门葡语系国家平台迈出跨国经营的重要一步。

【重大创新】 以深入开展学习实践科学发展观活动为契机，及时研究调整管理模式，为今后的进一步发展打好基础。突出战略管理对企业发展的引领作用，实事求是地认真研究分析集团的历史、现状与未来，以高度的责任心和使命感认真做好战略研究，初步确立"根植澳门、进军内地、实业与投资并举"的发展战略和"强化二级公司的经营管理和业务拓展责任、强化总部的战略、投资、财务、人事管理职能"的管控方向，适时将集团的管控模式由经营管控型向战略管控型转换。并开始为实施平衡计分卡战略管理工具做准备。

【履行社会责任】 一年来南光集团积极履行中

央企业的责任与义务。在经营领域，一方面在市场价格大幅波动、甚至在供销价格倒挂的情况下，尽最大努力保持澳门民生商品的稳定供应；另一方面坚持不与澳门中小企业争利的原则，支持和扶助爱澳爱国力量。在履行社会责任方面，不讲条件、不计代价，克服一切困难勇于承担。属下濠璟酒店勇挑重担，在时间紧、任务要求高、先天条件不足的情况下依靠周密安排和温馨服务感动顾客，圆满完成奥运圣火传递团队和航天英雄访澳团的接待任务；中旅公司办证中心在特殊时期体现出大局意识和高度的政治敏感性，严把关口，为北京奥运的成功举办做出积极贡献。在社会公益事业方面，在困难的经营环境中继续保持向澳门公益金百万行和同善堂等慈善机构以及医院、学校等社会机构的捐助规模。在内地遭受低温雨雪冰冻灾害和特大地震灾害时，企业和广大员工都纷纷慷慨解囊，用爱心积极参与抗灾救援行动。还专门会同全国人大办公厅和伊利集团等单位，共同向西藏自治区捐赠环保公共卫生厕所，有力支援少数民族地区的环境保护和社会公益事业。据不完全统计，2008 年集团共向澳门和内地捐款捐物总计近 500 万元，其中广大员工个人捐款就有 100 余万元。在集团面临经营压力的情况下，不仅没有裁员、减薪，还严格按照年初制定的考核方案兑现奖惩，维护企业的和谐与稳定。

【应对金融危机】 受到国际金融危机影响，澳门本地生产总值由一季度高达 33% 的增长速度跌至四季度的负增长，由于集团的主要业务集中在澳门，各项业务均受到不同程度的影响。值得指出的是，除直面国际金融危机以外，2008 年下半年还受到国际油价急速下跌、国家调整对内地居民赴澳"自由行"政策、两岸"大三通"的实现等因素影响，集团业务经营遇到较大困难。在这样困难的情况之下我们勇于承担、没有退缩，坚持 2008 年年初确定的经营目标不作调整，各二级公司通过认真研究、积极应对市场形势的变化，适时调整经营策略，将不利影响减小到最低限度，在困难之年仍然取得较好的经营业绩。

（撰稿人：窦宝森）

西安电力机械制造公司

【基本概况】 西安电力机械制造公司（以下简称"西电集团"）是国务院国资委监管的我国输配电行业中惟一的中央企业，筹建于 1953 年，是以我国"一五"计划期间 156 项重点建设工程中的 5 个项目投产后形成的科研院所和骨干企业群为基础发展而成的，是我国高压、超（特）高压输配电成套设备和其他电工产品的研究开发和生产制造的重要基地。截至 2008 年末，西电集团由 38 家企业组成，其中：由西电集团直接控股的一级企业 11 家（独资子企业 4 家，非独资子企业 7 家），间接控股的二级子公司 16 家、间接控股的三级子公司 10 家；非控制范围的合营公司 2 家、联营公司 5 家、参股公司 22 家。2008 年 4 月，西电集团成功发起并设立了一级子公司——中国西电电气股份有限公司，截至 2008 年末，西电电气共拥有全资或控股子公司 26 家，其中大中型生产制造骨干企业 13 家，研究院所 3 家（含 3 个国家级检验中心），专业公司 3 家。

西电集团的主营业务是高压、超（特）高压交直流输配电设备制造和技术研究，是中国最具规模、成套能力最强的高压、超高压交、直流输配电设备和其他电工产品的生产制造基地，是集科研、开发、制造、贸易、金融为一体的大型企业集团，是中国 500 强企业，居中国电气百强企业之首。

2008 年，在国务院国资委的正确领导和监事会的监督指导下，继续保持行业龙头地位，连续第四年位居中国电气百强之首和中国电气竞争力十强之首。获得国家科技进步一等奖，被中华全国总工会授予全国"五一劳动奖状"。

【主要指标】 西电集团 2008 年实现现价工业总产值 155.9 亿元，比 2007 年增长 35.3%；营业收入完成 142.39 亿元，同比增长 27.34%；利润总额实现 11.09 亿元，同比增长 22.13%；实现净资产收益率 24.25%，国有资产保值增值率 123.25%，处于行业优秀水平；年末资产总额达到 206.58 亿元；全员劳动生产率达到204204元/人·年，应缴各种税金12.19亿元，在岗职工年人均收入提高到43570元。主要产品实物量增幅较大，完成变压器8297万千伏安，同比增长20.4%；组合电器2743间隔，同比增长23.0%；高压隔离开关8348组，同比增长30.4%；电力电容器2329万千乏，同比增长40.8%；高压电瓷13760吨，同比增长2.2%。

西安电力机械制造公司主要经济指标

项　　目	2007年	2008年	同比增长(%)
资产总额(万元)	1614076	2065799	27.99
净资产(万元)	325331	462935	42.30
营业收入(万元)	1118187	1423901	27.34
利润总额(万元)	90770	110857	22.13
社会贡献总额(万元)	257189	345871	34.48
技术开发投入(万元)	58875	83039	41.04
利税总额(万元)	169442	232725	37.35
全员劳动生产率(元/人·年)	162542	204204	25.63
净资产收益率(%)	24.36	24.25	－0.11
总资产报酬率(%)	7.49	7.06	－0.43
国有资产保值增值率(%)	127.26	123.25	－4.01

【改革发展】 主业整体改制上市工作取得阶段性成果。西电集团主业改制上市工作从2007年正式启动，得到各级政府和国务院国资委的通力支持，主业板块重组改制方案经国务院同意、国务院国资委批准，中国西电电气股份有限公司(以下简称西电电气)已于2008年4月30日依法设立，并于2008年9月将首次公开发行股票上市的申请报中国证监会，进入首发行政许可审核阶段。西电电气虽然设立运行还不到一年时间，但新公司的整体运营状况良好，生产经营呈现持续快速发展的好势头，为成功首发上市打下坚实的基础。

优化调整结构取得初步成效。一是进一步明确发展战略，加强战略管理。西电集团在"十一五"发展战略与规划的基础上，制定《西电集团2008～2020年战略发展规划》。二是加大集团内部资源的整合优化力度。进一步规范产权关系，压缩产权链。实施同业归并，为西电电气消除同业竞争。充分利用集团内部资源，以完善变压器、开关两个主导企业产品为重点，拓宽产品品种，做强中压配电设备，提升核心零部件制造技术，积极谋划发展方式的转变。2008年，将原西高所、西瓷所和西容所三个行业归口所合并重组为西安高压电器研究院，为西电集团搭建统一的研发平台。三是继续实施行业资源的有效整合，进一步优化产业布局。对已经整合的项目加强运营管理，西电常州变压器和西电常州开关两个企业的生产经营和改造建设等各项工作进展顺利，巨型变压器已开始投产；广州西电开关的首期工程建设已经完成，新设立的五矿西电钢材有限公司也已开工建设。已有意向整合的项目也在积极推进，有些已进入尽职调查和审计评估阶段。

【重大项目】 2008年，西电集团以自主创新为主线，构建产学研相结合的具有国际竞争力的自主创新体系。

坚持自主创新，特高压及直流项目的科技研发取得显著成效。一是成功研制1100kVHGIS电流互感器、1000kV32万千乏并联电抗器、1700kV试验变压器、±800kV特高压换流变压器、1000kV特高压套管、±125kV胶浸纸直流套管、±800kV直流避雷器等一系列高水平的新产品。直流场成套设备研发也已全面启动。二是科技创新工作稳步推进。鉴定验收科技研发项目91项；累计完成新产品产值484240万元，新产品产值率达32.9%，科技投入经费7.92亿元，科技投入比5.8%。2008年西电集团共评出科技成果特等奖2项、一等奖6项、二等奖11项、三等奖21项。组织申报政府各级科技进步奖32项。"750kV交流输变电关键技术研究、设备研制及工程应用"项目获得国家科技进步一等奖，"高压直流输电重大技术装备研制"项目获中国机械工业科学技术特等奖。其他还获得陕西省科学技术奖9项、西安市科技进步奖8项。全年共获国家政策支持研发资金3759万元。三是专利成果显著。2008年西电集团申请专利115项，授权专利92项，同比增长206%；荣获2008年"陕西省知识产权优势培育企业"和"2007年度陕西省专利申请十佳企业"光荣称号。在国资委前80名中央企业专利情况排序中，西电集团拥有有效专利权数排名由第72位提升至第51位，知识产权各项指标的增长率也高于中央企业的平均水平。

技术改造进展顺利，重点项目基本完工。2008年，西电集团完成固定资产总投资165795万元，是2007年同期的1.98倍，固定资产投资创历史新高。西电常变的"超高压(特高压)核电站用巨型变压器技改项目"已完成，巨型变压器已投入生产；西电西变的"超高压、特高压大容量交直流变压器设备产业化项目"新增产能约1000万kVA；西电西开有限公司完成"超高压(特高压)敞开式开关及配套设备产业化项目"，顺利实施工厂整体北迁，为改善企业布局和提升企业产能奠定基础；西电避雷器"超高压(特高压)避雷器产业化项目"年前正式投运，实现避雷器产业的整合和产能的提升；西电西容"高压电容器新厂区建设项目"的实施与投产，提升产品质量、产能，提高市场竞争力。西电西开电气"超高压(特高压)开关设备产业化项目"建设的126/252kV GIS装配厂房已开始发挥作用；西电西瓷"超(特)高压交、直流用绝缘子产业化项目"的主厂房和辅助厂房也已建成投运，为企业创造良好的生产、经营环境。

2008年，西电集团的技术改造在国家产业政策的支持下，共获得5068万元的减免税政策支持，其中采购进口设备共免税2250万元，采购国产设备共抵扣企业所得税2818万元。

【走向海外】 积极拓展海外市场。在海外业务方面，实施"走出去"战略，努力开拓国际市场，在国际经济环境严峻、汇率变化对产品出口不利的情况下，出口创汇仍保持平稳增长。完成出口创汇25729万美元，同比增长25.6%。

2008年，西电集团先后中标印度VEDANTA电解铝厂220千伏整流变压器的3亿元人民币合同，实现220千伏级产品在印度市场零的突破；在中亚市场，首次获得与乌兹别克国家能源公司签署的塔什干市电力系统改造与扩建工程变电站2774万美元的成套供货合同；在沙特市场首次签定阿尔泰祁150吨精炼炉设备333.8万欧元以及沙拉绍斯275KVGIS 6907万元人民币的合同；在菲律宾与菲律宾国家输电公司签定500KV超高压电抗器、500KV避雷器、以及电站控制保护设备成套交钥匙工程合同，这是西电集团超高压产品继07年500KV电力变压器和罐式断路器成功出口之后500KV电抗器、500KV避雷器首次进入国际市场；集团公司220KVGIS首次闯入埃及市场；252KVGIS首次进入外蒙古、斯里兰卡；变压器首次进入埃塞俄比亚、俄罗斯等多个国家和地区。西电国际公司被授予陕西省出口名牌企业。

在产品走出去的同时，2008年在越南、印尼分别设立西电国际公司办事处，恢复泰国办事处。为开拓非洲及中东市场，经国家有关部门批准，与埃及EGEMAC公司共同投资在埃及设立合资公司。

【重大创新】 2008年是西电集团全面提升管理、加强制度建设的一年，通过完善制度，加强和改进管理，在制度建设中提升和强化各项专业管理，进一步提升集团的整体管理水平。

以维护所有者权益和落实国有资产保值增值责任为轴线，按照产业公司、专业公司、科研单位等不同类型制定相应的考核办法，编制年度经营绩效考核方案，下发《子公司经营业绩考核及评价制度》《经济责任审计管理办法》以及企业财产处置等一系列相关制度。

以人才战略为轴线，加强人力资源管理，不断深化"三项制度"改革。开展与机械行业中央企业间的人力资源对标、评选科技带头人、岗位技术比武等活动，设计并首次应用了校园人才招聘测评软件和中高层管理人才能力素质测评系统，在全国重点高校招收大学本科及以上学历人员218人，占当年接收同学历人员的70%。选送15名领导干部到国资委及国家有关机构举办的专业理论培训班学习。对在职的95名后备领导干部进行能力素质测评，举办6期班组长培训班，共培训班组长434人，为改进和加强班组建设培养人才。

以年度生产经营目标为轴线，推动产、供、销管理的精准化、科学化。2008年在企业组织结构调整面广、调整力度大、技术改造和作业场地搬迁调整的工作量大、产销规模增长快等困难条件下，加强内部协调，边改造边生产，开展产能分析，消除产能瓶颈，最大限度地挖掘产能潜力。在生产制造环节广泛推行准时化，初步形成西电特色的标准化管理模式，提高工作效率和工作质量。建立和规范“战略供应商”、“合作供应商”和“合格供应商”等物资采购的供应链体系。围绕提高产品本质质量，推行“产品质量改进计划”、产品质量改进效果分级评审、群众性的QC活动及“培养注册质量工程师计划”。在安全生产方面严格贯彻“一岗双责”制度，将2008年确定为“隐患治理年”，逐级签订“安全生产目标责任书”，明确落实安全生产责任，使安全生产形势稳定，全年安全事故由上年的11起减少到8起。进一步落实节能降耗减排措施，加大节能改造的投入力度，2008年节能改造投入7000万元，环保措施投入2900万元，取得较好的效果。在集团内发布节能成果19项。对营销系统做部分机构和职能的调整，制定下发《国内营销服务系统管理办法》《营销策划工作细则》等相关制度，加大市场开拓力度，使国内订货总体上保持较快增长的势头。

以防范风险为轴线，修订和完善内控制度，强化企业经济运行的监控，重视对外部经营环境变化的分析研究和跟踪。2008年进一步完善全面预算管理体系，以“体制清晰、权责明确、人员到位、流程高效”为原则，制定相关制度，加强企业月度资金计划的执行监控和对子企业开设银行账户的管理，较好地解决资金集中管理的源头性问题，发挥财务公司的金融和资金平台作用。结合“三重一大”制度的完善和修订，强化工程项目审计、能源审计等专项审计，加强“三重一大”事项决策前的风险分析和可行性研究，没有发生重大决策的失误。

以信息化建设为轴线，逐步优化管理流程，提高工作效率。围绕实施西电集团信息化规划，制订下发《信息化管理制度》《OA办公自动化系统管理制度》，在全系统有计划、分步骤地开展软件正版化工作，对集团整体信息化情况进行调研摸底，制订和启动实施相应的措施，扩展和改造西电集团企业数据网，编制西电集团数字化制造平台整体解决方案，实施财务软件升级。

积极探索适应现代企业制度和新形势下党组织发挥作用的有效形式和党委工作融入并服从、服务于中心工作的有效方法与途径，积极开展工作，组织一系列有利于促进企业中心工作的活动，取得良好的效果，党建和宣传、思想政治工作已经成为集团核心竞争力的有机组成部分。建立中层领导干部交流机制，子企业主要领导充实集团部室，集团部室领导到子企业任职，加强基层管理，推动子企业领导班子和集团部室领导结构的优化，形成集团公司核心人才的双向流动机制；开展党员先锋工程、“树旗帜、当先锋”主题实践、党员承诺制等活动，彰显新时期党支部的战斗堡垒作用，发挥党员先锋模范作用；建立“四好班子”考评系统，重视后备干部队伍的培养、培训，为实现公司战略目标进行人才和智力储备，促进领导干部全局意识、大局意识和适应能力的提高。颁布西电《责任之道》并大张旗鼓地宣贯，宣传集团改革发展的思路、方针和目标，统一职工思想，凝聚职工的精、气、神，使企业文化建设和宣传思想工作成为增强企业核心竞争力和可持续发展的动力。

【履行社会责任】 在抗击冰雪和地震灾害工作中，积极履行中央企业的社会责任。2008年初，面对突如其来的雨雪冰冻灾害，以承载社会责任为己任的西电集团，积极响应党中央、国务院抗灾救灾的紧急号召，加强统一领导，强化应急指挥，落实工作责任，全力支援受灾地区，千方百计保障灾区输变电设备供应和应急抢险服务需求，开展捐款献爱心活动，西电集团累计捐款320多万元，为抗灾救灾工作做出积极的贡献，受到国家电网公司、南方电网公司的高度赞扬。

汶川特大地震发生后，西电集团视抗震救灾为己任，在第一时间启动应急预案，迅速组织用户急需设备的生产、发运，并派出现场服务队和医疗救助队急赴灾区，向灾区发送用户紧急求援的电力设备60批次，价值769万元，发动、组织企业和职工、共产党员、共青团员踊跃捐款，西电人共捐款234.1万元，交纳特殊"党费"、"团费"71.6736万元，另外上千名职工自愿参加了义务献血活动。企业向地震灾区捐款499万元。为帮助地震灾区人民御寒保暖，西电集团职工又捐赠棉被、毛毯、棉衣等26361件，表现出西电人崇高的社会责任感。在奥运保电中，西电集团组织成立专业保电服务队，建立奥运服务绿色通道，派专家驻京提供专业服务，并提供电力设备支持，为成功举办奥运会发挥积极的作用。

（撰稿人：王贵青）

中国葛洲坝集团公司

【基本概况】 中国葛洲坝集团公司是2002年12月29日经国务院批准，在中国葛洲坝水利水电工程集团有限公司及原国家电力公司部分企业基础上组建的国有大型企业。公司前身是国家1970年为兴建长江葛洲坝水利水电枢纽工程而组建的"三三〇工程指挥部"，1974年更名为"三三〇工程局"，1982年更名为"长江葛洲坝工程局"。1994年，经国务院批准，改制组建葛洲坝集团，是国家首批56家试点企业集团之一，实行国家计划单列，享有对外经贸权、外事审批权和国际招标业务权，并被确定为国家512户重点企业。2001年实施债转股，改组为中国葛洲坝水利水电工程集团有限公司。2002年底，在国家电力体制改革后，新组建中国葛洲坝集团公司并划归中央企业工委管理，2003年初划归国务院国资委管理，2007年9月实现主业资产整体上市。

主业资产整体上市后，集团公司下辖中国葛洲坝集团股份有限公司、旅游公司和上海葛洲坝阳明置业有限公司三家子公司，城区管理建设局、技术中心（科技管理部）两个管理服务单位，以及总经理办公室（党委办公室）等11个机关职能部室。集团所属中国葛洲坝集团股份有限公司于1997年在上海上市，是全国水电行业第一家上市公司。

工商部门核定的集团公司经营范围是：水利和水电建设工程的总承包以及勘测设计、施工、监理、咨询、技术培训，电力、交通、市政、工业与民用建筑、机场等方面工程项目的勘测设计、施工总承包、监理、咨询，机电设备、工程机械、金属结构压力容器等制造、安装、销售及租赁，电力等项目的开发、投资、经营和管理；经国家主管部门批准，自主开展外贸流通经营、国际合作、对外工程承包和对外劳务合作等业务，国内外投融资业务，房地产开发，以及国家批准或允许的其他业务。

集团公司拥有的资质：一个水利水电工程总承包特级资质，水利水电、公路、市政公用、港口与航道等16个总承包一级资质，房地产开发一级资质，机电与起重设备安装、水工金属结构制安、桥梁、隧道、公路路基、地基与基础处理、城市与道路照明、机场场道、消防等32个专业承包一级资质，以及一批二级资质。

集团公司水电施工技术水平居同行业领先地位，"葛洲坝"已经成为大江大河截流、筑坝、水电机组与大型金属结构制作安装方面的国内顶尖品牌。在三峡工程建设中，集团公司承担近70%的施工任务。

集团公司具有土石方挖填2.5亿立方米、混凝土浇筑1500万立方米、机组安装850万千瓦的年施工能力，并具有制作人字门、大型压力钢管、液压启闭机等各种金属结构4万吨的年生产能力。拥有水电施工行业首家国家级企业技术中心和博士后科研工作站，还是国内惟一拥有移动式地面工作站乳化炸药混装技术的企业，代表国家或行业制定《水轮发电机组安装技术规范修编》等20多项水电施工技术标准，拥有50多项国家专利。

【主要指标】 全年新签合同总额为年度计划的138%，其中国内签约占年计划的157.8%，国际签约占年计划的114.24%；全年实现营业收入占年计划的122.94%，同比增长35.64%，其中，主营业务收入同比增长33.28%；全年实现利润占年计划的102.22%，同比增长29.76%；净利润同比增长39.61%。

主要建安实物工程量均创历史最好水平，共完成土石方挖填10618万立方米，混凝土浇筑1356万立方米，钢筋制安24.7万吨，金属结构制安12.67万吨。水轮机组安装19台，804.5万千瓦，创造新的全国纪录。水泥生产511.73万吨，炸药生产销售72902吨，发电49905万度。

【改革发展】 以减少管理幅度,打造一批综合实力较强、核心竞争力突出的优势企业为目标,加快子分公司重组整合步伐:将原一公司、四公司重组,成立新的一公司;将原六公司、八公司、建筑公司重组为新的六公司;将溪洛渡施工局、向家坝施工局、四川施工局与三峡指挥部重组为三峡分公司;合并房地产公司与佳鸿公司,组建成立新的中国葛洲坝集团房地产开发有限公司;合并中葛项目公司与监理公司,组建成新的葛洲坝集团项目管理有限公司;根据行业管理的需要,组建成立水电分公司、水泥分公司、西南分公司。

以调动、激发全员积极性和创造性为目标,深化薪酬制度改革;出台所属企业负责人任期经营业绩考核兑现办法,建立所属企业负责人的中长期激励约束机制;调整分配结构,突出各单位工资分配向专业技术人员和一线员工倾斜。

以突出主业为目标,进一步推进中小企业和辅业改制。全年完成7家集体企业改制和关闭,至年底,所属集体企业改制全部完成。同时,完成化工公司改制收尾和鲟科所移交工作。

成功发行6年期分离交易可转债,募集资金13.9亿元,上市公司融资功能进一步增强。

【重大项目】 2008年是集团公司项目履约任务最为繁重的一年,承包施工合同多达569个,分布在国内28个省、市、自治区和国外16个国家。集团公司面对特大自然灾害和年初建筑材料价格飞涨、盈利空间紧缩的不利形势,积极应对,全面推进"程序化、标准化、规范化"管理,化解不利因素,确保项目履约,实现经济与社会效益双丰收。

三峡右岸地下电站土建开挖创造样板工程;向家坝圆满完成一期工程施工,顺利实现截流;小湾左岸大坝多次在业主组织的评比中综合指标名列第一。水布垭、溪洛渡、拉西瓦、锦屏一级、锦屏二级等一批大型项目均出色地实现年度履约目标;金安桥、丹江口大坝加高等21个项目,受到业主或监理来函表彰;瀑布沟等位于地震灾区的项目部,在积极支持地方抗震救灾同时,全力恢复生产,确保履约。30多个国际项目总体履约良好。缅甸耶涯电站大坝全线达到设计高程,主体工程比合同工期提前半年完工;赤道几内亚马拉博项目、利比亚房建项目、巴基斯坦尼鲁姆·杰卢姆项目等均有序推进。

2008年,共完成单元工程65049个,合格率100%,优良率94.66%。承建的海南大隆工程获得中国水利工程大禹奖;参建的上海东海大桥获得国家优质工程金质奖;公伯峡水电站、三峡至上海500千伏直流输电工程两个项目被评为"国家环境友好工程";漫湾二期、四川小天都、贵州洪家渡、黄河苏只、肇花博500千伏输变电工程5个项目被评为中国电力优质工程;云南思小公路被评为"云南省优质工程一等奖";三峡三期碾压混凝土围堰工程施工与拆除获得2008年度国家科学技术进步二等奖;参建的贵州洪家渡水电站被评为"鲁班奖"。全年获得省部级及以上科技奖励9项,获得专利授权8项,组织编写工法36项。

2008年,集团公司被确定为水电施工企业中惟一的国家创新型试点企业,并在时隔20年后再次整体荣获"全国五一劳动奖状",葛洲坝品牌形象进一步提升。

【走向海外】 全年海外项目签约、完成产值、实现利润均超额完成年度计划指标。在《ENR》2008年度全球最大225家国际承包商排名中,中国葛洲坝集团股份有限公司名列排名榜第129位,较2007年上升21位。

2008年,集团公司海外经营领域进一步扩展,涉及水电、房建、市政、桥梁、公路、港航、输变电、船舶制造、设备供货等十多个专业;在保持缅甸、巴基斯坦、尼泊尔、埃塞、尼日利亚、伊朗等传统市场优势竞争力的同时,成功进入赤道几内亚、利比亚、苏丹、马里等新的市场;EPC项目、总承包项目、设计咨询项目、国家对外经援项目等高端项目所占的比例迅速增长。

集团公司国际公司总部搬迁北京后,积极与主管部门、金融机构、行业商会以及多个国家的驻华使馆及其经参处加强联系;利用"奥运"和各种国际会议,接待和拜访多个国家的元首和政要;邀请中外多批团组参观访问集团公司总部和国内的工程项目;积极走出去拜访项目业主、政府高官以及我国驻外大使和参赞,在目标市场国建立良好的人脉关系。一年来,各市场部门、各海外分支机构、对外联络部、宜昌办公室采用各种方式广交朋友、收集信息,进一步提升CGGC品牌形象和市场竞争能力。

海外项目管理水平大幅提升。通过管理创新,合理配置资源，加强自身控制力，有效地规避经营风险，保证各海外项目的顺利进行。集团公司在赤道几内亚、利比亚、埃塞俄比亚、尼日利亚、缅甸、印度、伊朗、科威特等国的在建项目各项管理工作走上正轨，履约情况良好。

【投资兴业】 2008年，集团公司召开首次投资工作会，适时确立“控制规模、控制节奏”和“量入为出、有保有压”的对策，采取分门别类、区别对待的措施，有效防范投资风险，促进“投资兴业”战略的稳步实施。

在高速公路板块，湖北大广北高速公路全线建成，即将进入收益期；四川内遂公路项目正积极筹备。在民爆板块，通过投资并购、技术创新，产能位居全国第二，炸药年产量创历史新高。在水泥板块，抓住国家等量淘汰落后水泥生产线的机遇，加快新型干法生产线建设，兴山、当阳、嘉鱼、宜城、老河口等项目先后开工，荆门子陵项目建成投产。在房地产板块，宜昌“锦绣天下”一期楼盘如期竣工交房；武汉“葛洲坝国际广场”奠基，进入全面建设期；上海“葛洲坝大厦”顺利封顶。大力实施新疆战略，完成葛洲坝新疆工程局（有限公司）组建工作，伊犁克孜河流域水电开发工作稳步推进，争取水电、煤炭重要资源取得积极进展。

【履行社会责任】 集团公司始终把履行社会责任作为一项重要政治任务来对待。面对特大雨雪冰冻灾害，集团公司迅速组织人力物力，全力支持抗灾救灾，下辖的电力公司、大广北公路公司等单位受到国务院国资委表彰。“5·12”汶川大地震后，在自身遭受重大损失的情况下，集团公司以央企的高度使命感和责任感，迅速行动，在搞好自身救灾和恢复重建的同时，全力支持地方抗震救灾工作。地震发生的第二天，集团公司即向四川省人民政府捐款300万元，向东方电机厂捐赠50万元；5月21日，在湖北省委宣传部等单位组织主办的赈灾义演中再次捐款100万元。集团公司上下先后向灾区捐款、捐赠物资总额累计超过1000万元。集团公司还全面参与救灾援建项目建设，承担中央下达给湖北省对口援建的繁重任务。继续履行对宁夏西吉县的对口帮扶工作；继续负担葛洲坝城区市政建设维护、社区管理、疾病防控、人武、消防等社会职能，履行央企的社会责任，树立企业良好形象。2008年，葛洲坝集团在由南方周末—中国企业社会责任研究中心主办的“南方周末2008年度企业评选”中，入选“国有上市企业社会责任榜”榜单。

【应对金融危机】 2008年，受金融危机的影响和市场不确定因素增多，葛洲坝集团面临着越来越大的经营风险，因此，集团上下始终把风险控制与预防放在首要位置，有效地抵御风险：一是完善集团风险管理机制，组建成立专门风险管理部门，颁布出台相应的风险管理制度，并进一步健全财务监督、过程审计、效能监察方面的制度建设和在资金调拨、融资担保、股权转让、资产处置等方面的约束机制；二是积极构建集团经营风险评价体系，认真做好企业面临的政治风险、法律风险、金融风险、市场风险、汇率风险等各种风险因素的识别与辨识，逐步建立一套行之有效的风险规避机制，实现经营风险的例行化、常规化管理；三是加强投资风险管理，认真做好项目前期风险调研和尽职调查工作，严格把握投资节奏和控制投资规模，重点围绕主业的投资，全面推行投资项目的退出机制；四是结合当前金融危机发展趋势，积极研究金融危机对我国资本市场和上市公司的影响，特别是对国际经营业务和投资业务的影响，主动借鉴其他企业在预防金融风险方面好的做法，不断增长抵御风险的能力。

在受金融危机影响较大的国际业务中，集团公司抓紧工程结算，及时回笼资金，科学汇兑，有效减少汇率损失；合理调度资金，确保国外资金安全；及时把握阶段性通货紧缩的有利时机，大幅降低工程成本。

（撰稿人：肖　泉）

中国铁路物资总公司

【基本概况】 中国铁路物资总公司（以下简称“中铁物资”）是国务院国有资产监督管理委员会管理的中央大型商贸流通企业。总部设在北京，下设33家全资子公司，4家控股公司，6家境外企业。所属子公司分设在北京、上海、天津、广州、哈尔滨、沈阳、武汉、西安、成都、深圳等大中城市，三级以上分支机构97个，形成以总部为首，各子公司、分公司协同运作的全国性经营网络。

中国铁路物资总公司是国家计划单列企业，财政部一级预算单位，商务部重点联系指导的大型流通企业，是中国铁路重要物资采购供应的主要服务商，是铁道部基本建设项目部管物资代理公司。具有国家授予的国际招标资质、铁矿石进口资质、外事审批权，具有钢材、机电产品和非金属产品一级代理商资格和国家批准的成品油经营许可证、煤炭经营许可证、特种行业经营（废旧物资）许可证，是中国机电商会、五矿商会、中国物流与采购联合会的会员单位。

2008年，中铁物资完成营业收入1002亿元，比上年增长26.8%。全年净资产收益率11.28%，同比提高2.64个百分点，流动资产周转率4.55次，同比加快0.57次，成本费用占营业收入比重99.52%，同比下降0.1个百分点，完成国资委经营业绩考核指标。2008年底，全系统在册职工9161人。

【主要指标】

中国铁路物资总公司主要经济指标

项　　目	2007年	2008年	同比增长(%)
资产总额(亿元)	252.3	267.9	6.19
净资产(亿元)	38.3	44.9	17.23
营业收入(亿元)	791	1002	26.66
利润总额(亿元)	6.3	6.6	4.76
本年实际上缴税金(亿元)	6.77	7.52	11.07
净资产收益率(%)	10.72	12.65	18
总资产报酬率(%)	4.47	4.37	－2.3
国有资产保值增值率(%)	109.4	110.8	1.2

【主营业务】

1. 保障铁路物资供应。2008年，在铁路应急任务紧、计划调整多、供应难度大的情况下，中铁物资确保了铁路抢险救灾和“奥运”、“暑运”期间的燃油、枕木、钢轨、配件等重要物资的及时供应，圆满完成铁道部赋予的集采专供任务，为确保铁路运输安全畅通做出应有贡献，受到铁道部和国资委的表彰。全年销售成品油672万吨，其中供应铁路623万吨，为铁路节约运输成本33.5亿元。全年供应钢轨142.4万吨，同比增长14%。在鞍钢、攀钢、包钢、武钢设立钢轨质量监督站，全面加强钢轨质量监督，保证钢轨特别是百米钢轨和客运专线钢轨的质量。全年供应配件136.19万件，完成供应总值45.23亿元，同比增长27%，满足机车车辆造、修用配件的需要，承担机电设备接运项目6个。

2. 铁路建设项目部管物资代理公司。2008年，中铁物资中标成为包括京沪高速在内的21个铁路建设项目的部管物资代理公司，承担物资代理服务任务的项目达到近百个。取得中央投资项目招标代理资质。全年组织开评标21次，完成招标金额549.2亿元。组织供应钢材350万吨、水泥1370万吨、桥梁支座12.6万个、道岔1688组、轨枕114万根、钢轨扣配件218万套。派驻25个工作组，保证对重点建设项目的服务。对桥梁支座和隧道防水板等重要物资实施驻厂监造，产品的工地验收合格率达到100%。积极协助铁道部有关部门与钢厂就钢材价格和资源保证进行谈判，节约投资15亿元。

【改革发展】　2008年，中铁物资以国家有关国有企业改革政策和国资委要求为导向，积极稳妥推进企业改革改制工作，努力提高企业经营管理水平。经国资委批准，所属隆昌工务器材厂无偿划转中国铁道建筑总公司。继续深化对标管理，完善经营运行分析制度。资金管理、财务监督、财务决算管理、预算管理、产权管理、经营业绩考核、经济活动分析等各项管理工作得到进一步加强。开展全面风险管理体系建设的基础性工作，制定《一般钢材经营内部控制制度》。

【重大创新】 2008年，在铁道部的大力支持下，中铁物资运用成熟的供应链理论和先进的信息技术，加大研发和设施改造投入，先后建设完成铁路燃油配送系统、铁路钢轨供应链系统（一期）、铁路建设物资招评标系统、钢材信息平台等供应链系统和信息系统，并在全路上线使用。通过供应链创新，实现对铁路物资供应链流程、运输规划、库存水平的全方位优化，实现信息共享和在途实时追踪，实现库区作业的监控与互动，提高铁路物资管理和供应的集约化、信息化水平，降低铁路库存成本，节约采购资金，强化物资保障能力，全面提升铁路物资管理和服务水平。

【走向海外】 中铁物资积极实施"走出去"战略，利用好国内国际两种资源、两个市场。全年完成外贸额5亿美元，同比增长53%。积极推进海外市场开拓和资源开发，资源型外贸业务发展迅速，铁路专用设备和钢材出口大幅增加。在继续推进西澳基础设施项目的同时，积极调查研究跟踪澳大利亚、智利的铁矿和铁路运输等项目，取得积极进展。

【履行社会责任】 在南方雨雪冰冻灾害和"5·12"汶川特大地震灾害面前，中铁物资积极投入抢险救灾工作，积极捐款捐物、奉献爱心，展示良好的企业风貌，履行了中央企业的社会责任。全系统向四川等灾区捐款总计超过770万元。中铁物资油品部和武防厂党委分别被铁总和国资委党委授予抗震救灾火车头奖杯和先进基层党组织称号，2人被评为先进个人。

【应对金融危机】 面对2008年下半年国际金融危机带来的严峻形势，中铁物资及时成立风险管理应急防范工作小组，提出应对危机的总体思路和各项举措。所属各企业及时调整经营策略，有效降低风险，减少损失，一般钢材、煤炭、矿石等业务取得较好的经营业绩。市场业务全年营业收入达到555亿元，占总营业收入的55.3%。全年销售一般钢材852万吨，营业收入370亿元。销售铁矿石411万吨、煤炭840万吨。完成仓储物流业务收入4.96亿元，金融物流等创新型物流业务快速发展。租赁业务全年新签合同金额5.19亿元，展现出良好的发展态势。

【党建工作】 2008年，中铁物资召开第一次党员代表大会，选举产生中国共产党中国铁路物资总公司第一届委员会和纪律检查委员会。深入开展创建"四好"班子活动。对所属单位领导班子、领导干部和人才队伍建设情况进行全面考核，选拔、交流、调整领导干部143人次，班子结构进一步优化，整体功能普遍提高。对先进基层党组织、优秀共产党员和优秀党务工作者进行表彰。哈尔滨公司党委被评为中央企业先进基层党组织。加大宣传力度，创造良好的舆论环境。加快惩防体系建设，进一步落实党风廉政建设责任制，有效开展效能监察等工作。企业文化建设和文明创建活动进一步深化。召开工会第一次代表大会、共青团第一次代表大会，成立工会和团委。深入开展民主管理，实行厂务公开。关心员工生活，重视员工成长发展，在企业快速发展的同时，员工收入同步增长。协会、学会等组织扎实开展工作，为中铁物资的发展发挥积极作用。

（撰稿人：杜晓辉）

[illegible]

2009

CHINA'S STATE-OWNED ASSETS SUPERVISION AND ADMINISTRATION YEARBOOK

中 国 国 有 资 产 监 督 管 理 年 鉴

国有资产统计资料

第五篇

2008年全国国有企业户数、从业人数、国有资产总量综合分析表

项目	一级企业数量（家）	所属三级以上户数（户）	从业人员人数（万人）	年末国有资产总量（亿元）
全国合计（合并）	52859	113731	3672.3	131828.7
一、按企业规模分类				
（一）大型	1744	54627	2896.6	109195.2
（二）中型	4357	10090	429.9	7402.5
（三）小型	46758	49014	345.8	15231.0
二、按组织形式分类				
（一）国有独资企业、公司	32751	70906	2429.3	99612.1
（二）国有控股企业	13154	34731	1143.9	30136.0
（三）企业化管理事业单位	6954	8094	99.1	2080.6
三、按盈利或亏损分类				
（一）盈利	28822	81409	2822.1	111991.2
（二）亏损	24037	32322	850.3	19814.8
四、按隶属关系分类				
（一）中央	4275	23592	1701.7	72926.1
（二）地方	48584	90139	1970.6	58902.6
五、按经济带分类				
（一）东部沿海地区	24602	70908	2377.4	105798.9
（二）中部内陆地区	14142	20953	739.0	11810.4
（三）西部边远地区	14096	21747	552.0	13657.3
六、按产业作用分类				
（一）基础性行业	15507	36852	2024.4	80974.3
（二）一般生产加工行业	11263	25461	1068.6	19877.8
（三）商贸服务及其他行业	26038	51191	576.4	30834.9

注：①本表数据汇编范围为国务院国资委监管企业、79个中央部门（单位）和全国36个省（自治区、直辖市、计划单列市）各级政府直接投资的非金融国有及国有控股企业（集团）52859家，所属三级及三级以上国有及国有控股企业11.4万户，以下简称国有企业；

②中央国有企业包括国务院国资委监管企业和中央部门管理企业，下同。

2008年全国国有企业户数、从业人数、国有资产总量行业分析表

项　　目	一级企业数量（家）	所属三级以上户数(户)	从业人员人数（万人）	年末国有资产总量（亿元）
全国合计(合并)	52859	113731	3672.3	131828.7
一、农林牧渔业	5046	6333	373.6	1295.2
其中：农业	1730	2282	272.1	584.3
林业	1507	1569	61.6	436.1
畜牧业	489	766	17.4	56.1
渔业	315	469	5.9	56.6
二、工业	11543	36297	1858.7	64557.5
其中：煤炭工业	664	3330	351.1	5707.5
石油和石化工业	39	971	259.7	18143.9
冶金工业	379	3909	246.7	8694.1
建材工业	591	1381	39.5	378.9
化学工业	711	2750	89.2	1517.0
森林工业	142	180	5.4	28.3
食品工业	1554	1946	22.1	210.6
烟草工业	19	134	55.4	6344.8
纺织工业	344	1175	34.8	272.3
医药工业	214	790	20.6	229.1
机械工业	1714	5078	194.8	3034.6
其中：汽车工业	212	1163	62.1	1282.0
电子工业	211	1556	41.4	599.2
电力工业	1383	4270	232.3	12823.3
市政公用工业	2038	2635	45.7	1885.7
其他工业	1470	2677	60.6	889.1
三、建筑业	2134	6690	276.4	5597.5
四、地质勘查及水利业	800	1228	11.4	909.9
五、交通运输业	1564	5786	402.3	18168.1
其中：铁路运输业	45	329	212.1	8183.8

续表

项　　目	一级企业数量（家）	所属三级以上户数(户)	从业人员人数（万人）	年末国有资产总量（亿元）
道路运输业	769	1869	48.0	3744.3
水上运输业	149	1435	30.2	2082.4
航空运输业	54	655	29.0	1297.1
六、仓储业	7466	8027	29.2	653.6
七、邮电通信业	23	428	169.8	10742.6
八、批发和零售、餐饮业	10382	20296	211.2	4892.1
(一)贸易业	9798	19618	206.1	4854.5
(二)餐饮业	584	678	5.1	37.6
九、房地产业	2514	4993	35.2	6388.0
十、信息技术服务业	320	483	8.6	178.9
十一、社会服务业	6178	14719	207.8	14962.5
十二、卫生体育福利业	190	191	0.9	92.3
十三、教育文化广播业	2450	4615	44.6	1683.2
十四、科学研究和技术服务业	1816	2769	25.0	497.5
十五、机关社团及其他	383	650	15.0	1068.3

2008年全国国有企业户数、从业人数、国有资产总量地区分析表

项　　目	一级企业数量（家）	所属三级以上户数(户)	从业人员人数（万人）	年末国有资产总量（亿元）
全国合计(合并)	52859	113731	3672.3	131828.7
一、中央小计	4275	23592	1701.7	72926.1
(一)国资委监管企业	148	17638	1136.8	55574.0
(二)部门监管企业	4127	5954	564.9	17352.1
二、地方小计	48584	90139	1970.6	58902.6
北京市	1317	5810	108.6	4004.8

续表

项　目	一级企业数量（家）	所属三级以上户数(户)	从业人员人数（万人）	年末国有资产总量（亿元）
天津市	1169	3557	42.8	3102.9
河北省	2097	2860	77.7	1472.3
山西省	3245	4242	123.3	1806.8
内蒙古自治区	625	815	44.4	762.2
辽宁省	1787	2983	109.4	2370.4
其中:大连市	181	586	23.6	456.0
吉林省	521	827	34.2	472.9
黑龙江省	2269	2973	90.9	593.2
上海市	2670	9608	117.3	6350.7
浙江省	2646	4902	63.1	4303.8
其中:宁波市	352	589	5.6	750.0
江苏省	1935	4109	72.8	4899.2
安徽省	1061	2285	76.9	1970.1
福建省	2100	3644	54.5	1980.9
其中:厦门市	116	684	9.5	637.7
江西省	1129	1697	52.2	775.2
山东省	2159	4683	148.8	2802.9
其中:青岛市	305	872	20.7	503.1
河南省	2532	3457	107.7	1592.1
湖北省	1457	2172	57.3	784.2
湖南省	1337	2037	58.6	1062.8
广东省	3216	6886	114.8	5187.5
其中:深圳市	71	707	16.3	1139.0
海南省	487	688	6.4	232.8
广西壮族自治区	2940	3578	57.3	1726.3
贵州省	1720	2103	39.2	800.3
四川省	1668	2993	66.6	2311.2
重庆市	605	1882	44.7	2527.3
云南省	1319	2347	49.0	1434.3
陕西省	1820	2956	64.7	1927.4
甘肃省	934	1286	36.5	634.1
青海省	248	520	8.9	272.2
西藏自治区	316	417	3.0	140.0
宁夏回族自治区	293	501	8.6	162.8
新疆维吾尔自治区	962	1321	30.4	439.1

2008 年全国国有企业资产负债综合分析表

单位:亿元

项目	资产总计	负债合计	所有者权益(净资产)	资产负债率(%)
全国合计(合并)	425472.8	254755.3	170717.5	59.9
一、按企业规模分类				
(一)大型	361482.7	215600.9	145881.7	59.6
(二)中型	24164.7	15346.9	8817.8	63.5
(三)小型	45626.7	29608.8	16017.9	64.9
二、按组织形式分类				
(一)国有独资企业、公司	303758.2	180035.9	123722.4	59.3
(二)国有控股企业	122894.7	78099.3	44795.4	63.5
(三)企业化管理事业单位	4621.1	2421.4	2199.7	52.4
三、按盈利或亏损分类				
(一)盈利	349204.3	203500.8	145703.5	58.3
(二)亏损	82395.3	57339.4	25055.9	69.6
四、按隶属关系分类				
(一)中央	212780.0	119365.1	93414.9	56.1
(二)地方	218494.1	141191.5	77302.6	64.6
五、按经济带分类				
(一)东部沿海地区	330991.1	194134.7	136856.4	58.7
(二)中部内陆地区	47617.0	31341.8	16275.1	65.8
(三)西部边远地区	50622.3	33956.4	16665.8	67.1
六、按产业作用分类				
(一)基础性行业	245953.8	141976.0	103977.8	57.7
(二)一般生产加工行业	68957.3	42619.0	26338.3	61.8
(三)商贸服务及其他行业	115956.9	75749.9	40206.9	65.3

2008年全国国有企业资产负债行业分析表

单位:亿元

项　　目	资产总计	负债合计	所有者权益(净资产)	资产负债率(%)
全国合计(合并)	425472.8	254755.3	170717.5	59.9
一、农林牧渔业	3768.6	2448.5	1320.0	65.0
其中:农业	1921.1	1366.1	555.0	71.1
林业	838.1	392.8	445.2	46.9
畜牧业	222.9	156.0	66.9	70.0
渔业	238.9	173.7	65.1	72.7
二、工业	206162.9	120070.0	86092.9	58.2
其中:煤炭工业	20051.9	11453.7	8598.2	57.1
石油和石化工业	33661.6	12380.8	21280.8	36.8
冶金工业	32321.3	19383.2	12938.1	60.0
建材工业	3407.5	2393.7	1013.8	70.2
化学工业	8085.5	5415.8	2669.7	67.0
森林工业	122.8	93.3	29.5	76.0
食品工业	1077.2	756.7	320.5	70.2
烟草工业	7836.1	1424.7	6411.4	18.2
纺织工业	1413.4	1050.7	362.7	74.3
医药工业	1518.1	893.3	624.8	58.8
机械工业	17648.7	12118.2	5530.5	68.7
其中:汽车工业	6868.8	4329.8	2539.0	63.0
电子工业	3901.1	2407.8	1493.3	61.7
电力工业	51389.3	34973.0	16416.4	68.1
市政公用工业	4892.1	2777.4	2114.8	56.8
其他工业	3430.3	1948.3	1482.0	56.8
三、建筑业	28702.9	21585.1	7117.8	75.2
四、地质勘查及水利业	1720.3	708.0	1012.3	41.2
五、交通运输业	50019.9	27744.3	22275.6	55.5
其中:铁路运输业	17375.8	7821.0	9554.8	45.0
道路运输业	13809.1	9343.0	4466.2	67.7

续表

项　　目	资产总计	负债合计	所有者权益(净资产)	资产负债率(%)
水上运输业	5961.8	2692.1	3269.7	45.2
航空运输业	5769.9	4073.6	1696.2	70.6
六、仓储业	5523.4	5085.6	437.7	92.1
七、邮电通信业	21282.5	8022.4	13260.2	37.7
八、批发和零售、餐饮业	22611.4	15673.7	6937.7	69.3
(一)贸易业	22479.0	15578.9	6900.1	69.3
(二)餐饮业	132.4	94.8	37.6	71.6
九、房地产业	24488.5	16812.6	7675.9	68.7
十、信息技术服务业	888.0	474.7	413.4	53.5
十一、社会服务业	50573.6	30831.7	19741.9	61.0
十二、卫生体育福利业	163.4	56.7	106.7	34.7
十三、教育文化广播业	3313.0	1377.3	1935.7	41.6
十四、科学研究和技术服务业	1420.3	756.8	663.5	53.3
十五、机关社团及其他	10230.7	8698.6	1532.1	85.0

2008年全国国有企业资产负债地区分析表

单位:亿元

地　　区	资产总计	负债合计	所有者权益(净资产)	资产负债率(%)
全国合计(合并)	425472.8	254755.3	170717.5	59.9
一、中央小计	212780.0	119365.1	93414.9	56.1
(一)国资委监管企业	176287.6	102998.5	73289.2	58.4
(二)部门监管企业	36492.3	16366.6	20125.7	44.8
二、地方小计	218494.1	141191.5	77302.6	64.6
北京市	15172.7	9663.6	5509.1	63.7
天津市	11305.2	7219.6	4085.6	63.9
河北省	5971.7	3895.9	2075.9	65.2
山西省	7999.2	5444.1	2555.1	68.1
内蒙古自治区	2585.3	1739.0	846.4	67.3

续表

地　　区	资产总计	负债合计	所有者权益(净资产)	资产负债率(%)
辽宁省	7700.2	4986.1	2714.2	64.8
其中:大连市	1719.4	1057.2	662.3	61.5
吉林省	1850.5	1168.8	681.8	63.2
黑龙江省	2266.3	1704.9	561.5	75.2
上海市	25132.2	15874.6	9257.6	63.2
浙江省	13252.4	8052.6	5199.8	60.8
其中:宁波市	2342.4	1521.7	820.8	65.0
江苏省	16854.4	10862.2	5992.2	64.4
安徽省	7994.3	5108.5	2885.8	63.9
福建省	6495.4	4008.5	2486.9	61.7
其中:厦门市	2461.4	1687.5	773.9	68.6
江西省	2837.0	1776.9	1060.1	62.6
山东省	12195.2	7869.1	4326.1	64.5
其中:青岛市	2180.6	1400.3	780.4	64.2
河南省	7495.1	5222.4	2272.7	69.7
湖北省	4518.8	3408.2	1110.5	75.4
湖南省	4268.3	2770.8	1497.5	64.9
广东省	17175.4	10393.0	6782.4	60.5
其中:深圳市	3004.5	1338.3	1666.2	44.5
海南省	914.7	649.9	264.8	71.1
广西壮族自治区	4441.0	2650.5	1790.5	59.7
贵州省	3297.2	2270.3	1026.9	68.9
四川省	8940.3	6020.5	2919.9	67.3
重庆市	9469.6	6510.9	2958.7	68.8
云南省	4892.8	3031.5	1861.3	62.0
陕西省	6922.9	4690.1	2232.8	67.7
甘肃省	2297.2	1378.9	918.3	60.0
青海省	1249.0	739.9	509.2	59.2
西藏自治区	283.4	105.6	177.8	37.2
宁夏回族自治区	1280.7	1026.8	253.9	80.2
新疆维吾尔自治区	1435.3	947.8	487.5	66.0

2008年国有工业企业户数、从业人数、国有资产总量地区分析表

项目	一级企业数量（家）	所属三级以上户数(户)	从业人员人数（万人）	年末国有资产总量（亿元）
工业企业合计	11543	36297	1858.7	64557.5
一、中央小计	615	10174	838.8	44848.3
（一）国资委监管企业	58	9412	764.7	38280.0
（二）部门监管企业	557	762	74.1	6568.4
二、地方小计	10928	26123	1019.9	19709.1
北京市	202	1775	35.2	1610.9
天津市	229	1481	24.2	489.8
河北省	509	1021	59.5	1126.6
山西省	790	1376	94.4	1227.8
内蒙古自治区	147	209	19.1	434.9
辽宁省	501	1044	53.7	1142.9
其中：大连市	34	195	6.5	120.7
吉林省	104	291	18.6	166.7
黑龙江省	397	552	40.8	218.3
上海市	511	1947	35.8	846.2
浙江省	398	978	17.1	995.1
其中：宁波市	27	39	0.7	112.1
江苏省	281	759	26.3	697.2
安徽省	182	626	53.5	777.5
福建省	394	709	20.6	380.6
其中：厦门市	4	47	1.2	69.9
江西省	342	779	26.7	469.2
山东省	694	2040	110.9	1630.6
其中：青岛市	66	324	13.0	167.6
河南省	543	1166	81.9	834.1
湖北省	372	689	18.9	381.1
湖南省	417	785	31.9	378.6

续表

项目	一级企业数量（家）	所属三级以上户数（户）	从业人员人数（万人）	年末国有资产总量（亿元）
广东省	682	1505	37.6	1278.1
其中：深圳市	5	100	2.3	151.3
海南省	111	141	1.5	48.3
广西壮族自治区	721	908	23.3	424.4
贵州省	489	694	23.7	387.6
四川省	391	864	34.4	601.0
重庆市	132	707	24.2	522.8
云南省	255	756	23.0	579.3
陕西省	536	1120	45.9	1204.1
甘肃省	235	458	23.5	493.0
青海省	68	197	5.1	78.4
西藏自治区	67	109	1.2	99.0
宁夏回族自治区	60	157	3.0	59.9
新疆维吾尔自治区	168	280	4.2	125.3

2008年国有工业企业资产负债地区分析表

单位：亿元

地区	资产总计	负债合计	所有者权益(净资产)	资产负债率(%)
工业企业合计	206162.9	120070.0	86092.9	58.2
一、中央小计	124363.7	68641.8	55721.9	55.2
(一)国资委监管企业	115431.9	66526.6	48905.4	57.6
(二)部门监管企业	8931.7	2115.2	6816.5	23.7
二、地方小计	81799.2	51428.2	30371.0	62.9
北京市	5439.9	3225.4	2214.5	59.3
天津市	3324.1	2329.4	994.7	70.1
河北省	4568.0	2885.8	1682.2	63.2
山西省	5859.6	3954.7	1904.8	67.5
内蒙古自治区	1623.6	1118.0	505.6	68.9

续表

地　　区	资产总计	负债合计	所有者权益(净资产)	资产负债率(%)
辽宁省	4332.9	2990.2	1342.7	69.0
其中:大连市	777.3	551.7	225.7	71.0
吉林省	1034.5	675.1	359.4	65.3
黑龙江省	1057.1	809.1	248.0	76.5
上海市	4862.0	3182.0	1680.0	65.4
浙江省	2851.0	1596.1	1254.9	56.0
其中:宁波市	220.5	106.4	114.1	48.2
江苏省	2682.4	1725.9	956.5	64.3
安徽省	4076.0	2583.6	1492.4	63.4
福建省	1347.4	721.8	625.5	53.6
其中:厦门市	176.7	90.9	85.9	51.4
江西省	1634.6	933.0	701.6	57.1
山东省	7750.8	4823.8	2927.0	62.2
其中:青岛市	920.7	576.1	344.5	62.6
河南省	4053.4	2620.3	1433.1	64.6
湖北省	2160.9	1610.9	549.9	74.6
湖南省	2045.0	1360.2	684.8	66.5
广东省	4923.3	2789.6	2133.7	56.7
其中:深圳市	540.6	242.5	298.1	44.9
海南省	108.1	42.8	65.3	39.6
广西壮族自治区	1587.7	984.2	603.5	62.0
贵州省	1563.4	961.2	602.1	61.5
四川省	2207.3	1271.9	935.3	57.6
重庆市	1630.1	921.5	708.6	56.5
云南省	2262.8	1380.3	882.5	61.0
陕西省	3626.4	2149.4	1476.9	59.3
甘肃省	1772.5	1027.4	745.1	58.0
青海省	598.9	309.4	289.5	51.7
西藏自治区	167.1	41.8	125.3	25.0
宁夏回族自治区	333.4	252.8	80.6	75.8
新疆维吾尔自治区	314.9	150.2	164.7	47.7

2008年国有商业企业户数、从业人数、国有资产总量地区分析表

项目	一级企业数量(家)	所属三级以上户数(户)	从业人员人数(万人)	年末国有资产总量(亿元)
商业企业合计	10382	20296	211.2	4892.1
一、中央小计	439	3065	73.7	2775.4
(一)国资委监管企业	30	2626	71.9	2719.7
(二)部门监管企业	409	439	1.8	55.7
二、地方小计	9943	17231	137.5	2116.7
北京市	347	1063	10.3	171.2
天津市	239	797	3.1	104.1
河北省	620	713	4.7	35.1
山西省	1140	1373	12.2	200.8
内蒙古自治区	70	72	0.8	7.5
辽宁省	322	546	16.0	57.0
其中:大连市	22	55	12.8	19.5
吉林省	42	61	0.6	4.4
黑龙江省	337	529	1.1	5.1
上海市	488	2199	24.3	351.1
浙江省	356	815	6.1	160.2
其中:宁波市	34	42	0.2	12.2
江苏省	195	652	5.5	143.2
安徽省	165	526	5.8	182.0
福建省	503	806	3.7	130.2
其中:厦门市	18	124	1.2	67.8
江西省	174	220	1.5	18.0
山东省	337	506	4.1	25.4
其中:青岛市	39	58	0.2	3.4
河南省	744	816	5.2	37.9
湖北省	185	284	5.9	44.1
湖南省	231	292	2.6	33.6

续表

项目	一级企业数量(家)	所属三级以上户数(户)	从业人员人数(万人)	年末国有资产总量(亿元)
广东省	661	1139	6.5	165.8
其中:深圳市	4	11	0.3	20.5
海南省	114	114	0.5	3.2
广西壮族自治区	697	811	2.9	27.3
贵州省	547	667	1.7	33.2
四川省	200	335	2.4	58.3
重庆市	53	213	3.6	37.7
云南省	143	201	0.5	8.8
陕西省	540	753	3.0	28.7
甘肃省	184	248	1.1	10.9
青海省	49	78	0.2	4.8
西藏自治区	66	94	0.2	6.5
宁夏回族自治区	49	82	0.4	2.8
新疆维吾尔自治区	145	226	0.9	18.0

2008 年国有商业企业资产负债地区分析表

单位:亿元

地区	资产总计	负债合计	所有者权益(净资产)	资产负债率(%)
商业企业合计	22611.4	15673.7	6937.7	69.3
一、中央小计	12539.3	8201.8	4337.4	65.4
(一)国资委监管企业	12223.9	7947.7	4276.2	65.0
(二)部门监管企业	315.3	254.1	61.3	80.6
二、地方小计	10072.2	7471.9	2600.3	74.2
北京市	668.6	425.8	242.8	63.7
天津市	750.3	581.2	169.1	77.5
河北省	212.4	182.5	29.8	86.0

续表

地　　区	资产总计	负债合计	所有者权益(净资产)	资产负债率(%)
山西省	861.4	666.7	194.7	77.4
内蒙古自治区	30.4	20.1	10.3	66.0
辽宁省	421.1	309.1	111.9	73.4
其中:大连市	130.6	89.8	40.8	68.7
吉林省	38.6	27.8	10.8	72.0
黑龙江省	82.2	122.6	−40.4	149.1
上海市	1720.3	1170.7	549.7	68.0
浙江省	808.0	571.0	236.9	70.7
其中:宁波市	27.6	13.9	13.7	50.3
江苏省	750.2	540.6	209.6	72.1
安徽省	732.6	528.5	204.1	72.1
福建省	534.4	364.6	169.9	68.2
其中:厦门市	369.3	261.1	108.2	70.7
江西省	54.5	40.0	14.5	73.4
山东省	218.9	205.7	13.2	94.0
其中:青岛市	27.8	22.1	5.7	79.4
河南省	217.0	210.2	6.8	96.9
湖北省	260.1	162.9	97.2	62.6
湖南省	154.2	114.1	40.1	74.0
广东省	568.0	426.3	141.7	75.1
其中:深圳市	32.6	12.1	20.5	37.1
海南省	14.7	14.0	0.7	95.1
广西壮族自治区	151.6	152.2	−0.6	100.4
贵州省	85.2	55.6	29.6	65.3
四川省	158.0	82.9	75.2	52.4
重庆市	174.5	127.8	46.7	73.2
云南省	60.2	61.5	−1.3	102.2
陕西省	185.6	189.8	−4.2	102.3
甘肃省	56.5	42.6	13.9	75.4
青海省	10.1	5.5	4.6	54.4
西藏自治区	21.2	15.4	5.8	72.5
宁夏回族自治区	12.7	12.0	0.7	94.3
新疆维吾尔自治区	58.8	42.2	16.5	71.9

2008年北京市国有企业主要指标表

项目	一级企业数量（家）	所属三级以上户数(户)	年末国有资产总量（万元）	资产总额（万元）	人均利润（元/人）	人均税收（元/人）
合计	1317	5810	40048250.5	151727042.5	22724.2	40479.2
一、农林牧渔业	39	259	237592.6	1265715.1	10862.9	9281.3
其中:农业	8	8	3119.4	17170.8	336.6	160.4
林业	2	2	559.7	1373.1	−30679.0	1466.9
畜牧业	5	216	212418.6	1200919.5	12574.1	10565.6
渔业	6	6	10865.5	14242.0	−153756.0	2748.1
二、工业	202	1775	16108946.2	54399320.2	23655.8	58666.3
其中:煤炭工业	5	104	442981.7	1347689.5	30643.1	31502.6
石油和石化工业						
冶金工业	8	158	6774064.5	20656040.2	38416.6	80807.0
建材工业	10	210	344261.4	3742103.7	32661.5	55599.4
化学工业	22	79	279190.6	748203.5	50645.1	23918.0
森林工业	2	2	96.1	3811.5	8115.6	6251.6
食品工业	17	136	532983.3	1840115.7	26392.8	50878.3
烟草工业						
纺织工业	3	110	297205.0	931388.2	11966.4	14035.0
医药工业	15	147	195927.4	746880.7	47325.3	44214.3
机械工业	56	310	1239910.3	7104857.3	27823.4	81639.6
电子工业	10	242	552100.3	3392815.0	−14110.4	38411.8
电力工业	1	73	2049980.9	6935809.2	25276.5	156904.6
市政公用工业	16	107	2901102.3	5469375.4	−36987.2	27010.0
其他工业	37	97	499142.4	1480230.3	22853.1	34190.9
三、建筑业	66	527	1981816.0	13091652.8	16450.2	47267.1
四、地质勘查及水利业	7	7	1766.6	6018.2	12035.4	11382.4
五、交通运输业	19	151	8024525.5	19105300.9	2736.2	4902.8
其中:铁路运输业	1	1	2982.0	3710.6	−1863.1	3812.8
道路运输业	10	42	2643729.7	6554979.3	7988.6	10020.1

续表

项　目	一级企业数量(家)	所属三级以上户数(户)	年末国有资产总量(万元)	资产总额(万元)	人均利润(元/人)	人均税收(元/人)
水上运输业						
航空运输业						
六、仓储业	23	68	54119.8	444253.4	—3380.7	4936.8
七、邮电通信业						
八、批发和零售、餐饮业	347	1063	1711519.1	6685635.0	21462.2	28909.0
(一)贸易业	319	1011	1662055.9	6522407.4	22408.8	30369.9
1. 商业贸易	221	628	1040396.8	4494511.4	24084.7	31375.6
2. 粮油贸易	16	115	196825.2	583964.7	23519.7	19235.8
3. 物资贸易	78	258	406023.7	1393612.3	13563.2	29185.3
4. 商业经纪与代理业	4	10	18810.2	50319.1	121670.1	70786.9
(二)餐饮业	28	52	49463.2	163227.6	8640.8	9120.3
九、房地产业	155	494	3305676.8	19755915.9	43627.7	67037.3
十、信息技术服务业	11	11	6533.4	14464.6	—2287.8	14070.8
十一、社会服务业	299	1189	7527127.6	34546060.6	33662.4	38066.9
十二、卫生体育福利业	5	5	889.0	1495.3	44946.6	33156.9
十三、教育文化广播业	74	156	933774.6	1951550.8	15633.2	25074.4
十四、科学研究和技术服务	60	95	152053.0	446543.1	21132.9	22062.7
十五、机关社团及其他	10	10	1910.4	13116.5	84020.6	2117.6

注：人均利润＝利润总额/全年平均职工人数；人均税收＝实际上缴税金总额/全年平均职工人数。

2008年天津市国有企业主要指标表

项　目	一级企业数量(家)	所属三级以上户数(户)	年末国有资产总量(万元)	资产总额(万元)	人均利润(元/人)	人均税收(元/人)
合　计	1169	3557	31029453.8	113052056.2	28688.0	33761.5
一、农林牧渔业	36	36	21711.0	60874.6	—2554.0	9289.1
其中：农业	12	12	6667.7	15684.2	—8951.6	3591.0
林业						

续表

项　目	一级企业数量（家）	所属三级以上户数(户)	年末国有资产总量（万元）	资产总额（万元）	人均利润（元/人）	人均税收（元/人）
畜牧业	12	12	1084.0	9152.6	−15419.2	602.8
渔业						
二、工业	229	1481	4897931.9	33241127.8	21321.5	30661.2
其中:煤炭工业	3	23	287194.6	845569.2	13211.2	26377.5
石油和石化工业						
冶金工业	5	65	1141495.9	11918473.1	72814.1	91079.3
建材工业	18	18	47512.8	81551.3	−32923.2	42465.0
化学工业	29	131	854359.7	3857745.5	4675.3	20378.6
森林工业						
食品工业	17	208	219280.9	1162350.3	7359.9	12535.4
烟草工业						
纺织工业	5	266	141270.6	1517100.7	796.7	2838.3
医药工业	5	62	352871.3	2830988.4	47918.1	47679.7
机械工业	68	266	523394.3	5483666.0	7073.2	15589.9
电子工业	5	204	498294.0	1838055.0	18739.8	12095.7
电力工业	2	2	0.0	13405.4	−51617.2	8262.2
市政公用工业	11	28	292661.9	1288535.3	−15208.8	27224.1
其他工业	59	206	537609.9	2398880.4	19567.1	33928.6
三、建筑业	95	223	10189714.2	28058518.4	62337.2	58222.0
四、地质勘查及水利业	7	7	20083.8	28223.6	107418.0	45710.3
五、交通运输业	16	198	2123947.5	6422086.2	36985.5	21669.5
其中:铁路运输业	1	21	139182.4	274123.3	46883.5	35017.8
道路运输业	5	67	210526.8	374961.7	6024.6	8371.5
水上运输业	1	44	0.0	266320.3	−66412.2	3346.6
航空运输业	1	1	5.4	1281.7	800.4	4040.4
六、仓储业	52	52	187899.7	379338.7	4274.1	5233.9
七、邮电通信业	1	1	1162.9	3271.7	657.7	1338.6
八、批发和零售、餐饮业	239	797	1040606.6	7502547.9	16277.2	50486.5
(一)贸易业	221	779	1025394.7	7453731.6	15302.8	50880.8
1. 商业贸易	151	346	185687.0	1912786.4	1346.8	28458.1
2. 粮油贸易	18	34	75077.0	279469.7	7013.6	6300.8
3. 物资贸易	48	160	342701.0	1419950.6	14116.1	15205.6
4. 商业经纪与代理业	4	239	421929.8	3841524.9	73443.1	223039.9

续表

项　目	一级企业数量（家）	所属三级以上户数(户)	年末国有资产总量（万元）	资产总额（万元）	人均利润（元/人）	人均税收（元/人）
（二）餐饮业	18	18	15211.9	48816.3	48869.8	37299.0
九、房地产业	176	279	2002747.2	9009244.3	94699.5	80863.4
十、信息技术服务业	9	9	1330.9	4159.5	－580.7	5950.9
十一、社会服务业	178	325	10345194.5	27623705.2	46469.5	28128.3
十二、卫生体育福利业	4	4	94.6	779.4	5503.7	14990.7
十三、教育文化广播业	54	72	137623.7	571966.2	－2966.4	27865.9
十四、科学研究和技术服务	68	68	48417.0	115638.3	24422.2	17727.3
十五、机关社团及其他	5	5	10988.0	30574.5	2925.9	4995.3

2008年河北省国有企业主要指标表

项　目	一级企业数量（家）	所属三级以上户数(户)	年末国有资产总量（万元）	资产总额（万元）	人均利润（元/人）	人均税收（元/人）
合　计	2097	2860	14722772.4	59717459.7	16055.4	28837.5
一、农林牧渔业	58	58	16639.4	47646.2	461.8	910.4
其中：农业	16	16	9908.7	27773.9	2255.5	1145.2
林业	13	13	1614.9	3481.4	667.3	0.0
畜牧业	2	2	169.5	537.5	3229.5	285.2
渔业	2	2	2117.5	2899.5	－52898.0	0.0
二、工业	509	1021	11265610.0	45679956.9	16281.3	33836.1
其中：煤炭工业	30	157	2466849.8	8547164.5	29584.3	34739.2
石油和石化工业	2	4	14503.8	159088.2	35655.0	46946.0
冶金工业	15	88	3754202.4	20524828.5	28167.8	63178.5
建材工业	35	128	344146.9	2334895.5	1859.7	15405.0
化学工业	30	74	207099.6	1933079.6	3313.8	28651.7
森林工业	3	3	0.0	3158.9	－9072.1	47.2
食品工业	50	50	18333.2	109452.3	－11353.0	3464.7

续表

项　目	一级企业数量（家）	所属三级以上户数(户)	年末国有资产总量（万元）	资产总额（万元）	人均利润（元/人）	人均税收（元/人）
烟草工业						
纺织工业	21	50	233958.8	960754.4	−1180.2	4525.5
医药工业	8	34	101089.7	961863.0	13635.0	20672.9
机械工业	70	119	442645.4	1226433.3	59.1	4722.3
电子工业	5	13	0.0	233909.0	−20239.9	4174.3
电力工业	108	149	2911573.6	6133387.4	23432.9	44248.9
市政公用工业	79	99	639817.3	1996919.4	−35420.2	7296.7
其他工业	53	53	131389.6	555022.8	1121.2	17460.5
三、建筑业	70	95	319926.7	1701604.5	2008.8	13132.3
四、地质勘查及水利业	21	21	14971.7	27089.6	−2456.2	1694.7
五、交通运输业	42	103	1641674.2	3825732.3	45746.2	19948.8
其中:铁路运输业	2	2	2145.4	2620.7	−18402.1	1353.8
道路运输业	19	32	254404.2	1014204.8	129508.6	28910.4
水上运输业	4	42	1230864.6	2519222.0	31797.6	32293.4
航空运输业	1	11	78117.0	86419.1	−28982.6	7297.7
六、仓储业	517	517	215305.3	841337.9	163.4	984.5
七、邮电通信业						
八、批发和零售、餐饮业	620	713	350957.2	2123589.5	−1884.2	7767.8
(一)贸易业	598	691	348385.6	2040428.5	−1589.4	8262.8
1. 商业贸易	291	331	238112.9	1258532.1	−697.4	10021.8
2. 粮油贸易	182	192	40602.8	249793.3	−2980.6	788.2
3. 物资贸易	120	163	68082.0	528603.7	−3497.8	6734.4
4. 商业经纪与代理业	5	5	1587.9	3499.4	−4403.4	3733.4
(二)餐饮业	22	22	2571.5	83161.0	−4821.4	2835.7
九、房地产业	27	27	142600.5	1408723.4	−20937.0	29889.1
十、信息技术服务业	3	11	2088.2	24970.5	−129200.8	2209.3
十一、社会服务业	95	150	483215.8	2913418.4	−2380.2	11832.4
十二、卫生体育福利业	3	3	59.4	3126.2	−11150.9	286.7
十三、教育文化广播业	71	71	148012.7	236821.9	7213.9	7950.5
十四、科学研究和技术服务	52	52	34954.9	85231.0	1833.1	5870.0
十五、机关社团及其他	9	18	86756.3	798211.4	26987.8	24154.5

2008年山西省国有企业主要指标表

项　目	一级企业数量（家）	所属三级以上户数(户)	年末国有资产总量（万元）	资产总额（万元）	人均利润（元/人）	人均税收（元/人）
合　计	3245	4242	18068166.7	79992372.9	27115.3	38591.9
一、农林牧渔业	66	75	24488.7	89751.2	−235.1	7523.7
其中：农业	21	30	10709.8	44922.5	75.6	12219.6
林业	16	16	5451.1	12330.1	−4612.4	366.9
畜牧业	6	6	1082.8	9604.4	2685.9	1.6
渔业	1	1	63.5	479.5	−5910.3	945.7
二、工业	790	1376	12278279.2	58595583.7	27730.4	41218.6
其中：煤炭工业	145	551	7417343.4	39166503.5	37833.3	45638.6
石油和石化工业	2	2	423.2	23278.9	−3225.3	36518.9
冶金工业	31	104	2753944.0	11874593.9	−4126.8	50035.2
建材工业	57	64	81563.6	372082.9	−11064.7	7398.3
化学工业	49	64	271719.7	1393319.5	11374.2	12953.4
森林工业	5	5	24.5	3032.2	−5167.9	83.7
食品工业	182	200	60183.2	344184.3	−1536.6	3800.0
烟草工业	1	1	446.1	2367.7	60869.8	77720.2
纺织工业	15	15	27986.8	149856.1	−16401.9	1431.8
医药工业	10	10	8088.5	56473.7	306.7	11082.8
机械工业	83	101	270663.4	2032334.1	6424.3	10280.6
电子工业	7	7	6457.7	29553.1	3781.8	2387.3
电力工业	22	45	844526.6	1784836.6	39455.0	51968.4
市政公用工业	101	101	388538.2	909110.8	−12906.1	13268.4
其他工业	80	106	146370.3	454056.6	21085.7	59402.5
三、建筑业	83	127	687671.4	2659364.3	−3632.2	10646.8
四、地质勘查及水利业	28	28	451722.4	491909.2	−1638.5	5190.1
五、交通运输业	69	123	730818.6	3962883.9	22428.9	7502.3
其中：铁路运输业	6	15	202271.4	577539.4	1656.9	5759.6
道路运输业	46	91	477264.0	3259357.9	46722.4	12303.5
水上运输业						

续表

项　目	一级企业数量（家）	所属三级以上户数（户）	年末国有资产总量（万元）	资产总额（万元）	人均利润（元/人）	人均税收（元/人）
航空运输业	1	1	23141.3	26407.2	—76542.8	2435.2
六、仓储业	698	699	131395.8	1186243.9	—4278.3	369.9
七、邮电通信业	1	1	575.4	1069.3	—35784.6	12858.0
八、批发和零售、餐饮业	1140	1373	2008463.8	8613731.3	50148.0	56047.5
（一）贸易业	1055	1288	1997055.8	8571514.7	52348.4	58398.2
1. 商业贸易	464	515	66559.6	818560.5	—4901.0	3081.2
2. 粮油贸易	310	310	15606.7	216813.8	—5151.8	433.3
3. 物资贸易	263	445	1896753.9	7420803.8	84728.7	87931.9
4. 商业经纪与代理业	18	18	18135.5	115336.6	—22703.5	144288.8
（二）餐饮业	85	85	11408.0	42216.5	—1211.6	1180.2
九、房地产业	50	50	22753.3	299340.2	—7677.2	12878.2
十、信息技术服务业	2	2	134.2	270.1	7975.6	534.1
十一、社会服务业	207	275	1561917.2	3636138.9	569.0	16096.7
十二、卫生体育福利业	2	2	208.0	488.4	—28891.2	333.3
十三、教育文化广播业	50	50	36290.5	116494.2	—1808.0	6946.9
十四、科学研究和技术服务	50	52	34802.2	82342.3	7096.5	13243.7
十五、机关社团及其他	9	9	98645.9	256761.9	75835.8	27965.0

2008年内蒙古自治区国有企业主要指标表

项　目	一级企业数量（家）	所属三级以上户数（户）	年末国有资产总量（万元）	资产总额（万元）	人均利润（元/人）	人均税收（元/人）
合　计	625	815	7622234.5	25853488.1	6534.7	19845.0
一、农林牧渔业	114	167	458076.9	1456646.0	2071.4	631.8
其中：农业	53	53	60556.3	173389.2	2203.7	963.8
林业	14	67	329565.2	973256.1	2254.5	666.3
畜牧业	20	20	10822.5	50122.3	—143.1	51.6

续表

项　目	一级企业数量（家）	所属三级以上户数(户)	年末国有资产总量（万元）	资产总额（万元）	人均利润（元/人）	人均税收（元/人）
渔业	2	2	1048.3	8741.0	—1333.2	2616.3
二、工业	147	209	4349176.8	16236326.0	6823.9	40014.4
其中：煤炭工业	6	9	383703.1	820567.9	23062.1	12262.0
石油和石化工业						
冶金工业	3	49	2270855.1	7130630.0	20258.1	49499.7
建材工业	6	6	34526.9	48570.7	13150.7	13689.5
化学工业	2	2	71.5	36072.2	15692.2	13366.1
森林工业	1	1	0.0	359.1	—3240.6	6969.7
食品工业	14	17	174064.6	318539.8	—16222.7	5193.1
烟草工业						
纺织工业	2	2	68.9	12657.6	—67389.2	3428.5
医药工业						
机械工业	7	7	21164.2	66539.8	2265.8	4066.0
电子工业	36	44	1089750.8	6569765.4	—16549.2	51810.0
电力工业						
市政公用工业	60	62	371135.1	1196198.6	—5567.5	6310.3
其他工业	10	10	3836.4	36424.9	13562.5	26223.5
三、建筑业	16	16	116595.0	460655.7	—11629.8	7245.9
四、地质勘查及水利业	5	44	135518.4	344526.6	532031.8	158859.4
五、交通运输业	12	38	1403640.0	4120134.3	7835.9	13094.9
其中：铁路运输业	2	2	44870.6	77747.7	24801.5	1606.7
道路运输业	2	2	1094803.9	3568270.4	64776.6	41757.7
水上运输业						
航空运输业	1	27	245785.2	389159.5	—54234.2	5306.8
六、仓储业	187	187	97804.8	547907.5	—2475.8	2659.2
七、邮电通信业						
八、批发和零售、餐饮业	70	72	75098.7	304148.3	4466.4	14435.2
（一）贸易业	70	72	75098.7	304148.3	4466.4	14435.2
1. 商业贸易	24	26	54330.8	161378.0	5550.7	11435.5
2. 粮油贸易	34	34	7592.3	74067.3	—7019.0	2414.3
3. 物资贸易	10	10	12145.7	65228.6	8584.1	80927.6
4. 商业经纪与代理业	2	2	1030.0	3474.4	—53817.5	158.6

续表

项　目	一级企业 数量（家）	所属三级以上户数（户）	年末国有资产总量（万元）	资产总额（万元）	人均利润（元/人）	人均税收（元/人）
（二）餐饮业						
九、房地产业	7	7	8229.6	28534.1	－6882.4	57334.2
十、信息技术服务业	1	1	200.0	354.0	－2146.1	579.4
十一、社会服务业	30	35	874515.7	2112247.9	52841.3	24689.1
十二、卫生体育福利业	1	1	0.0	678.2	－14937.4	0.0
十三、教育文化广播业	28	28	61167.2	122112.2	70586.5	31524.4
十四、科学研究和技术服务	2	2	3154.1	31167.5	1528843.5	1583135.7
十五、机关社团及其他	5	8	39057.3	88050.0	78322.0	66700.1

2008年辽宁省国有企业主要指标表

项　目	一级企业 数量（家）	所属三级以上户数（户）	年末国有资产总量（万元）	资产总额（万元）	人均利润（元/人）	人均税收（元/人）
合　计	1787	2983	23703934.7	77002413.7	7917.8	22033.8
一、农林牧渔业	163	251	260235.2	1019285.0	1508.5	2436.1
其中：农业	73	154	100552.0	492801.4	－24.2	1743.8
林业	31	31	36216.1	57136.7	4117.5	2391.6
畜牧业	19	19	2553.2	40338.5	－1784.5	335.0
渔业	5	12	114562.1	357972.4	78748.5	40923.3
二、工业	501	1044	11429003.1	43328939.2	6811.7	30341.4
其中：煤炭工业	21	59	1550311.8	4885725.6	9644.1	22026.5
石油和石化工业						
冶金工业	17	77	5667511.0	14430175.3	9509.0	42108.6
建材工业	27	31	55507.6	425253.6	－1255.1	14086.9
化学工业	35	69	269605.3	2623671.2	－35044.3	9653.0
森林工业	5	5	14.2	1012.2	－37982.7	1621.4
食品工业	47	59	29693.8	257789.9	1378.3	13241.8

续表

项　目	一级企业数量（家）	所属三级以上户数(户)	年末国有资产总量（万元）	资产总额（万元）	人均利润（元/人）	人均税收（元/人）
烟草工业						
纺织工业	20	20	3326.1	96533.5	－13091.5	698.9
医药工业	10	28	46442.2	623823.0	27628.0	33683.2
机械工业	141	314	1405044.8	13369558.0	21542.6	40601.3
电子工业	25	73	28834.3	822928.2	－44985.1	18801.7
电力工业	16	121	1026875.9	2104388.8	9566.3	33091.1
市政公用工业	73	88	1169044.3	2737215.9	－15280.7	6986.5
其他工业	63	99	176791.8	950428.4	－1400.3	36857.8
三、建筑业	75	88	1214725.3	3566046.2	30845.6	14850.3
四、地质勘查及水利业	34	50	3096795.8	3327875.8	－117185.4	14688.7
五、交通运输业	95	231	2859353.0	8686025.4	15181.5	13020.1
其中：铁路运输业	2	2	5260.9	9236.4	21054.5	11396.1
道路运输业	47	104	92038.2	393851.5	2238.3	7493.8
水上运输业	5	5	32216.2	58970.2	－6825.5	3700.8
航空运输业	2	18	214311.4	372365.2	9260.3	32733.8
六、仓储业	245	262	219418.7	1532238.7	84999.5	6286.3
七、邮电通信业	1	1	15.3	47.0	－45.5	0.0
八、批发和零售、餐饮业	322	546	569954.1	4210673.7	17325.2	24840.7
（一）贸易业	310	534	567746.5	4103533.5	17668.8	25128.6
1. 商业贸易	148	253	462718.4	2777369.8	19603.0	26154.6
2. 粮油贸易	67	76	29863.7	127954.0	－8224.3	2460.7
3. 物资贸易	85	165	73972.0	844914.8	2733.5	15833.0
4. 商业经纪与代理业	10	40	1192.4	353294.9	15386.6	32267.9
（二）餐饮业	12	12	2207.6	107140.2	－10443.4	1568.0
九、房地产业	59	66	1226835.6	3920671.2	－64827.6	33672.1
十、信息技术服务业	8	8	7917.7	27048.2	30815.4	15983.2
十一、社会服务业	143	232	2316243.2	6118046.8	42799.6	22113.0
十二、卫生体育福利业	9	9	4753.5	16386.6	473.0	939.2
十三、教育文化广播业	66	115	268657.8	721571.4	25295.8	21176.0
十四、科学研究和技术服务	58	65	55735.0	116805.7	20529.5	26095.4
十五、机关社团及其他	8	15	174291.3	410752.9	－297066.4	120039.4

2008 年大连市国有企业主要指标表

项　目	一级企业数量（家）	所属三级以上户数(户)	年末国有资产总量（万元）	资产总额（万元）	人均利润（元/人）	人均税收（元/人）
合　计	181	586	4559637.1	17194170.9	23850.4	26338.8
一、农林牧渔业	9	48	24897.6	102464.7	3640.3	8674.4
其中：农业	8	47	23285.3	95828.9	3401.0	9116.5
林业						
畜牧业						
渔业						
二、工业	34	195	1207336.2	7773443.9	24372.7	27798.9
其中：煤炭工业	1	5	68096.6	75488.7	−18718.3	2033.1
石油和石化工业						
冶金工业						
建材工业	1	3	15241.6	125089.0	1437.9	13932.7
化学工业	2	30	138898.4	1697324.4	−2065.8	10425.8
森林工业						
食品工业	2	5	10882.8	98859.2	6832.7	18508.3
烟草工业						
纺织工业						
医药工业						
机械工业	8	86	460108.5	4140390.6	66730.3	38373.8
电子工业	2	33	3285.7	462166.5	−69137.2	28557.8
电力工业	2	6	30166.7	421848.0	17941.1	35653.3
市政公用工业	14	16	477161.7	662148.9	−26858.5	13822.7
其他工业	2	11	3494.3	90128.5	3776.5	44018.3
三、建筑业	10	18	91284.5	1487954.8	58491.1	56497.3
四、地质勘查及水利业						
五、交通运输业	11	101	1565373.8	3427778.3	38365.0	25930.1
其中：铁路运输业						
道路运输业	4	34	4267.1	84417.4	−12211.0	12270.1
水上运输业	1	1	5630.5	7442.5	−135241.0	2850.7

续表

项　目	一级企业数量（家）	所属三级以上户数(户)	年末国有资产总量（万元）	资产总额（万元）	人均利润（元/人）	人均税收（元/人）
航空运输业	1	4	122663.2	186801.6	21975.9	28928.3
六、仓储业	29	33	33782.7	109741.9	9067.5	3341.2
七、邮电通信业						
八、批发和零售、餐饮业	22	55	195200.6	1305840.5	8937.2	25416.6
(一)贸易业	21	54	195000.3	1305451.6	8939.9	25424.9
1. 商业贸易	8	41	192167.7	1299156.3	9013.5	25465.7
2. 粮油贸易	9	9	658.9	2765.2	-18743.0	1674.5
3. 物资贸易	3	3	1899.5	3101.8	-64573.8	1926.2
4. 商业经纪与代理业	1	1	274.2	428.3	13440.6	2249.1
(二)餐饮业	1	1	200.2	388.9	2918.4	7298.9
九、房地产业	8	8	78998.8	150600.5	-536.6	32130.6
十、信息技术服务业						
十一、社会服务业	35	94	1320716.9	2603739.1	75115.4	28919.8
十二、卫生体育福利业	4	4	3413.8	12323.0	2046.7	820.4
十三、教育文化广播业	8	17	30312.2	203217.9	16007.8	19530.5
十四、科学研究和技术服务	8	10	2058.0	5534.9	-478.0	15463.8
十五、机关社团及其他	3	3	6262.1	11531.3	-66852.2	4254.5

2008年吉林省国有企业主要指标表

项　目	一级企业数量（家）	所属三级以上户数(户)	年末国有资产总量（万元）	资产总额（万元）	人均利润（元/人）	人均税收（元/人）
合　计	521	827	4729458.4	18505366.3	811.1	16380.9
一、农林牧渔业	73	73	1145066.0	1477021.7	210.5	191.7
其中：农业	29	29	5022.3	76025.8	-1354.3	32.7
林业	19	19	1129701.0	1377224.3	949.1	295.6
畜牧业	12	12	1565.5	5557.3	-590.5	9.9
渔业	9	9	5782.8	13095.9	12249.4	51.7

续表

项　目	一级企业数量(家)	所属三级以上户数(户)	年末国有资产总量(万元)	资产总额(万元)	人均利润(元/人)	人均税收(元/人)
二、工业	104	291	1667202.8	10345235.8	1413.2	26878.1
其中:煤炭工业	10	47	428481.2	1350829.1	8432.2	16902.4
石油和石化工业	2	2	1573.5	34151.1	223821.8	151055.6
冶金工业	3	62	388319.0	4456524.2	9297.5	81552.4
建材工业	3	28	102614.0	1427338.2	31512.0	34633.4
化学工业	4	31	17338.2	715497.9	—49994.7	18565.5
森林工业	4	25	193394.1	653456.5	1225.3	5770.4
食品工业	2	2	0.0	1403.6	—4949.4	9919.3
烟草工业						
纺织工业	1	1	0.0	255.8	—6031.2	0.0
医药工业	6	6	14237.8	286577.8	—100800.5	11240.6
机械工业	12	21	45446.8	250143.7	6329.0	9491.1
电子工业						
电力工业	3	8	18027.6	219788.2	5748.3	4086.9
市政公用工业	46	46	427398.3	864746.9	—9161.3	6836.5
其他工业	8	12	30372.3	84522.8	49251.0	21219.4
三、建筑业	15	49	1203685.2	3050832.8	56456.8	27287.5
四、地质勘查及水利业	2	2	20428.4	21022.8	8642.9	6516.8
五、交通运输业	29	51	69568.3	567932.1	—10423.6	2492.3
其中:铁路运输业						
道路运输业	16	29	13476.1	48797.9	—1751.1	1623.2
水上运输业	2	2	168.0	6945.7	—14764.7	668.2
航空运输业						
六、仓储业	206	221	150788.6	1195340.2	—7941.7	9874.4
七、邮电通信业						
八、批发和零售、餐饮业	42	61	44396.0	385649.1	27717.9	22917.8
(一)贸易业	41	60	44396.0	385425.7	28283.4	23378.1
1. 商业贸易	9	14	16954.7	294337.1	46404.1	33078.6
2. 粮油贸易	23	23	7252.9	18745.0	7377.2	2050.3
3. 物资贸易	6	20	20023.8	65098.6	5182.7	11489.8
4. 商业经纪与代理业	3	3	164.6	7245.0	—22315.4	724.3
(二)餐饮业	1	1	0.0	223.4	—22.0	340.2

续表

项　目	一级企业数量(家)	所属三级以上户数(户)	年末国有资产总量(万元)	资产总额(万元)	人均利润(元/人)	人均税收(元/人)
九、房地产业	5	8	6611.8	316159.5	7864.3	16149.8
十、信息技术服务业						
十一、社会服务业	19	24	81766.0	131780.8	－10885.6	4270.1
十二、卫生体育福利业						
十三、教育文化广播业	21	38	175647.2	492619.7	－42216.7	3347.0
十四、科学研究和技术服务	1	1	0.0	717.9	－11538.5	2373.5
十五、机关社团及其他	4	8	164298.2	521053.9	161051.6	31806.1

2008 年黑龙江省国有企业主要指标表

项　目	一级企业数量(家)	所属三级以上户数(户)	年末国有资产总量(万元)	资产总额(万元)	人均利润(元/人)	人均税收(元/人)
合　计	2269	2973	5932034.6	22663464.4	3858.0	7357.3
一、农林牧渔业	567	567	845537.5	1866123.2	320.1	164.7
其中：农业	131	131	23757.2	119602.7	－74.3	135.3
林业	258	258	748492.3	1531606.7	479.7	175.7
畜牧业	70	70	6277.7	34885.3	523.6	26.8
渔业	31	31	4705.4	22879.3	－706.7	10.9
二、工业	397	552	2183417.7	10571219.3	8504.4	14016.1
其中：煤炭工业	13	84	989248.1	4718344.5	6802.5	12015.8
石油和石化工业	4	4	34098.3	91609.6	－17063.7	6433.3
冶金工业	9	9	7524.0	99361.7	16369.4	24489.9
建材工业	27	28	41789.7	97090.1	－2541.8	6560.2
化学工业	23	29	33892.6	166865.5	－2244.4	9543.0
森林工业	20	20	13220.9	177145.8	－19937.0	1629.6
食品工业	68	68	34750.2	156089.9	－6430.7	8096.1
烟草工业	1	1	0.0	193.6	－33401.6	172.6

续表

项　目	一级企业数量（家）	所属三级以上户数（户）	年末国有资产总量（万元）	资产总额（万元）	人均利润（元/人）	人均税收（元/人）
纺织工业	8	8	2225.4	83579.0	-87030.7	471.2
医药工业	9	29	151097.8	1571721.5	66722.8	57331.1
机械工业	85	102	285097.5	1722357.0	12418.3	11040.4
电子工业	5	14	9760.1	69520.2	2726.8	8434.7
电力工业	17	17	86986.3	474042.6	46580.2	19271.6
市政公用工业	62	86	268976.0	652196.9	-9839.9	5016.8
其他工业	46	53	224750.8	491101.3	-48301.3	17254.9
三、建筑业	65	172	218875.6	1466529.2	262.4	7816.1
四、地质勘查及水利业	8	8	9471.3	14242.1	-5178.6	685.6
五、交通运输业	65	128	328616.4	749397.6	-570.9	4246.2
其中：铁路运输业	2	15	46894.6	205816.4	2245.8	5346.5
道路运输业	40	45	34781.6	100586.2	3933.4	6030.4
水上运输业	1	36	24107.4	78659.0	6683.0	4452.7
航空运输业	6	16	214692.1	277405.8	6053.3	10658.7
六、仓储业	617	617	148256.3	2457877.9	-4245.7	2956.8
七、邮电通信业						
八、批发和零售、餐饮业	337	529	50549.2	822437.4	-15577.0	8121.9
（一）贸易业	323	515	47922.4	816990.2	-16716.2	8668.5
1. 商业贸易	158	158	20916.3	178901.7	-4393.2	6748.6
2. 粮油贸易	95	174	18318.2	270129.5	-8581.4	5017.7
3. 物资贸易	64	108	8607.3	195711.4	-21512.3	3971.2
4. 商业经纪与代理业	6	75	80.6	172247.5	-93516.2	39242.2
（二）餐饮业	14	14	2626.8	5447.3	-1379.5	1309.6
九、房地产业	38	82	649277.9	1671415.4	-14922.3	7183.6
十、信息技术服务业	2	2	106.4	30597.6	-39033.9	8468.2
十一、社会服务业	70	123	1272229.9	2589823.3	27835.3	18367.3
十二、卫生体育福利业						
十三、教育文化广播业	72	162	176565.8	341596.3	7754.0	10657.0
十四、科学研究和技术服务	28	28	14440.9	32187.6	11277.9	13336.2
十五、机关社团及其他	3	3	34689.6	50017.4	-33341.0	29052.1

2008年上海市国有企业主要指标表

项　目	一级企业数量（家）	所属三级以上户数(户)	年末国有资产总量（万元）	资产总额（万元）	人均利润（元/人）	人均税收（元/人）
合　计	2670	9608	63506716.6	251321932.4	37650.6	60518.5
一、农林牧渔业	100	176	327516.9	1184719.7	3203.2	6525.9
其中：农业	35	49	119215.3	273200.3	26593.4	6985.5
林业	5	5	5893.8	10589.3	7941.8	10213.7
畜牧业	11	11	2906.2	9315.4	—2878.8	5539.5
渔业	12	44	80838.0	411108.6	818.2	4994.9
二、工业	511	1947	8462058.2	48620418.8	5549.1	91822.7
其中：煤炭工业	7	7	38987.7	138456.8	25065.0	30252.6
石油和石化工业						
冶金工业	26	28	92443.0	634876.6	—219825.1	10817.1
建材工业	32	43	28848.1	261615.2	2088.2	10150.8
化学工业	47	287	1348063.6	4485851.2	—1325.8	41412.1
森林工业	11	11	1573.5	13750.9	—13714.7	1993.0
食品工业	31	31	4439.5	28044.2	—9594.9	6710.0
烟草工业						
纺织工业	23	213	572155.1	2111143.4	2155.3	39260.4
医药工业	18	163	20141.6	2158003.5	9711.5	38724.2
机械工业	151	778	3727176.2	30901394.2	153.8	122441.7
电子工业	10	41	29574.4	181345.3	30421.2	39850.8
电力工业	2	58	2260205.9	6067832.3	146599.2	156755.5
市政公用工业	18	22	219324.4	579262.7	—36258.3	17062.8
其他工业	134	264	118925.2	1058339.8	9146.2	31175.3
三、建筑业	187	477	3072965.5	15966765.0	41072.7	76154.0
四、地质勘查及水利业	32	40	214786.8	348268.2	28171.8	51060.8
五、交通运输业	45	177	4399747.3	13450153.2	123903.3	64448.6
其中：铁路运输业	1	1	5309.1	10161.5	79691.1	3686.2
道路运输业	12	12	13872.8	42593.0	27146.7	20622.2
水上运输业	6	80	1500045.7	6047005.7	266308.2	75018.8

续表

项　目	一级企业数量（家）	所属三级以上户数(户)	年末国有资产总量（万元）	资产总额（万元）	人均利润（元/人）	人均税收（元/人）
航空运输业	2	56	2503032.2	6372106.8	-8623.8	58119.8
六、仓储业	62	99	37384.6	186927.6	2323.8	38064.6
七、邮电通信业						
八、批发和零售、餐饮业	488	2199	3510661.0	17203325.3	27603.4	36114.5
(一)贸易业	456	2167	3506469.8	17172477.8	27867.3	36295.9
1. 商业贸易	342	1055	1305916.2	8143190.3	27567.3	31519.2
2. 粮油贸易	12	80	425830.6	1334537.1	3287.4	44547.0
3. 物资贸易	89	864	1395451.0	5844501.4	25914.2	35707.1
4. 商业经纪与代理业	13	168	379272.0	1850249.0	63867.0	88694.1
(二)餐饮业	32	32	4191.2	30847.5	-13234.3	8050.8
九、房地产业	325	1447	14359363.7	64906208.4	242558.4	147554.4
十、信息技术服务业	28	42	24399.1	67127.5	39014.6	19972.9
十一、社会服务业	606	2159	25163586.3	81889739.9	24001.0	25323.1
十二、卫生体育福利业	51	51	782822.8	1050881.3	64017.7	19149.4
十三、教育文化广播业	126	576	2733313.7	5117616.5	61327.5	45712.4
十四、科学研究和技术服务	105	213	316338.3	856126.2	44412.4	38427.2
十五、机关社团及其他	4	5	101772.5	473654.6	7932711.3	1199866.4

2008年浙江省国有企业主要指标表

项　目	一级企业数量（家）	所属三级以上户数(户)	年末国有资产总量（万元）	资产总额（万元）	人均利润（元/人）	人均税收（元/人）
合　计	2646	4902	43037598.4	132524051.4	42648.8	56066.7
一、农林牧渔业	239	248	194458.4	716064.5	6036.5	8411.0
其中:农业	49	49	41722.1	96327.5	-3611.9	613.8
林业	96	96	67984.2	118424.7	-1177.5	1223.1
畜牧业	12	12	5653.3	23143.0	43587.4	1746.3

续表

项　目	一级企业数量（家）	所属三级以上户数(户)	年末国有资产总量（万元）	资产总额（万元）	人均利润（元/人）	人均税收（元/人）
渔业	12	21	35036.1	164623.3	33510.3	13342.6
二、工业	398	978	9950517.5	28510341.3	26781.4	80661.0
其中：煤炭工业	10	29	300830.1	639086.5	8830.5	20482.5
石油和石化工业						
冶金工业	3	151	1004306.2	5146592.1	−15461.1	95456.4
建材工业	10	21	62635.0	295934.2	12975.2	20863.5
化学工业	13	94	282775.0	1372226.0	4863.9	27078.5
森林工业						
食品工业	45	45	37519.8	108756.5	−18812.9	15216.3
烟草工业						
纺织工业	3	15	33211.2	212116.1	16409.4	11497.6
医药工业	4	7	77221.0	260168.1	19094.8	24637.6
机械工业	26	123	896401.3	2944248.9	65481.7	46870.0
电子工业	7	15	82246.1	348190.8	114279.5	57902.7
电力工业	110	233	5395055.2	12447302.2	55199.2	195466.9
市政公用工业	131	176	1543293.6	4052508.0	−11063.9	25853.3
其他工业	33	66	220538.8	471356.0	30018.6	43661.6
三、建筑业	121	269	2876988.6	10031045.6	7347.8	62401.0
四、地质勘查及水利业	83	94	511853.8	1427431.2	−7799.0	26341.6
五、交通运输业	133	405	9199716.8	26660502.2	56811.9	51311.8
其中：铁路运输业	2	2	6770.0	17326.3	−19185.3	2516.8
道路运输业	75	197	3651215.5	15647163.5	69124.1	77889.6
水上运输业	18	27	64056.6	243248.3	29929.6	17376.3
航空运输业	5	20	397860.1	1020411.8	45678.0	24150.0
六、仓储业	151	159	240283.3	866082.6	−1369.7	2308.3
七、邮电通信业	1	1	52.2	230.7	291.9	730.4
八、批发和零售、餐饮业	356	815	1602082.7	8079510.8	59344.8	56357.1
（一）贸易业	339	798	1593097.4	8058627.5	60265.4	57190.1
1. 商业贸易	119	257	494740.9	1251003.1	28425.4	34366.4
2. 粮油贸易	63	70	74695.1	240898.2	8706.1	9578.2
3. 物资贸易	144	454	1012679.8	6460663.3	80239.4	71665.1

续表

项　目	一级企业数量（家）	所属三级以上户数(户)	年末国有资产总量（万元）	资产总额（万元）	人均利润（元/人）	人均税收（元/人）
4. 商业经纪与代理业	13	17	10981.7	106062.8	23279.9	98730.7
（二）餐饮业	17	17	8985.3	20883.3	7212.6	9185.4
九、房地产业	284	323	4663478.4	17511371.7	127200.8	89547.0
十、信息技术服务业	17	17	35536.5	336340.4	6222.3	10616.2
十一、社会服务业	564	1063	11934346.7	34524697.5	48647.1	33401.4
十二、卫生体育福利业	6	6	36024.1	64206.8	53292.4	38317.6
十三、教育文化广播业	155	369	1249115.9	2147033.5	41272.0	25195.4
十四、科学研究和技术服务	121	135	154081.8	328263.4	33661.7	34984.6
十五、机关社团及其他	17	20	389061.7	1320929.3	695303.0	331512.1

2008 年宁波市国有企业主要指标表

项　目	一级企业数量（家）	所属三级以上户数(户)	年末国有资产总量（万元）	资产总额（万元）	人均利润（元/人）	人均税收（元/人）
合　计	352	589	7499849.8	23424477.1	79408.0	60263.4
一、农林牧渔业	16	16	28820.8	63394.7	−6243.1	1326.4
其中：农业	3	3	10769.3	18945.8	85.1	619.0
林业	2	2	2914.6	4473.1	−385.4	1339.3
畜牧业	1	1	240.3	573.0	24974.1	0.0
渔业	1	1	7962.6	26448.9	−7982.1	794.3
二、工业	27	39	1120795.9	2205050.1	46434.5	101377.7
其中：煤炭工业						
石油和石化工业						
冶金工业						
建材工业						
化学工业	1	1	1841.4	2481.2	0.0	0.0
森林工业						

续表

项　目	一级企业数量（家）	所属三级以上户数(户)	年末国有资产总量（万元）	资产总额（万元）	人均利润（元/人）	人均税收（元/人）
食品工业	2	2	611.9	3775.1	−87872.6	33178.0
烟草工业						
纺织工业						
医药工业						
机械工业						
电子工业	10	17	580002.8	918198.4	113494.7	200441.0
电力工业						
市政公用工业	10	15	526768.4	1266913.4	−16570.3	25430.1
其他工业	4	4	11571.4	13682.1	27262.6	15954.2
三、建筑业	18	18	109011.6	428608.9	−21938.6	35282.3
四、地质勘查及水利业	11	11	92516.2	150087.6	−11293.6	1938.9
五、交通运输业	24	79	1672616.8	2830085.6	168168.4	90541.7
其中:铁路运输业	1	1	6770.0	7439.5	−19756.8	2591.8
道路运输业	12	12	73189.0	222517.5	−8467.0	8464.5
水上运输业	3	3	19424.5	22508.5	255723.3	93281.7
航空运输业						
六、仓储业	18	18	31599.8	116588.9	−3071.8	2373.7
七、邮电通信业						
八、批发和零售、餐饮业	34	42	122472.2	275981.9	−71.8	16985.6
(一)贸易业	31	39	118378.8	266104.1	−399.4	17364.3
1. 商业贸易	13	18	81028.6	109251.3	39271.1	10035.1
2. 粮油贸易	6	8	11032.1	49873.3	32466.1	27347.1
3. 物资贸易	11	12	26266.5	90462.2	−121510.5	20921.8
4. 商业经纪与代理业	1	1	51.7	16517.3	−230197.4	0.0
(二)餐饮业	3	3	4093.4	9877.9	6221.1	9710.7
九、房地产业	67	82	1151908.6	5753881.3	105583.7	91921.3
十、信息技术服务业						
十一、社会服务业	100	214	2926069.6	11185621.1	49827.8	36211.9
十二、卫生体育福利业						
十三、教育文化广播业	18	51	229003.9	397277.6	30710.1	22101.8
十四、科学研究和技术服务	19	19	15034.4	17899.5	48880.2	21114.8
十五、机关社团及其他						

2008年江苏省国有企业主要指标表

项目	一级企业数量(家)	所属三级以上户数(户)	年末国有资产总量(万元)	资产总额(万元)	人均利润(元/人)	人均税收(元/人)
合计	1935	4109	48992227.3	168543569.8	45324.4	41783.7
一、农林牧渔业	258	448	1285150.9	2952785.1	12213.2	4936.7
其中:农业	101	267	1123457.5	2536534.3	11945.5	5660.4
林业	57	61	38742.3	81863.2	11954.9	460.7
畜牧业	22	22	5251.6	16343.8	3402.4	11315.1
渔业	21	21	3468.8	18975.3	−1084.6	31.3
二、工业	281	759	6972484.4	26824181.3	35432.1	40705.8
其中:煤炭工业	14	117	2079927.6	6333236.2	16782.6	22631.7
石油和石化工业	2	2	25495.9	191290.9	−53920.2	312116.5
冶金工业	4	11	46175.6	115863.1	−2919.7	11920.6
建材工业	6	30	14595.2	274929.6	1087.2	5897.7
化学工业	28	90	766432.0	2949689.3	48054.6	36371.0
森林工业	1	1	42.9	42.9	−11621.3	514.7
食品工业	26	33	33505.4	441597.7	875.5	11973.5
烟草工业						
纺织工业	15	69	196662.4	1187169.4	2546.7	8876.0
医药工业	4	4	5107.7	36170.8	16504.9	8084.0
机械工业	53	155	1028297.4	5865837.5	99754.5	55891.5
电子工业	5	12	897072.6	3037641.2	−195922.6	49158.8
电力工业	11	11	692827.9	2795894.5	5480.1	114528.5
市政公用工业	62	62	677448.9	2114680.4	12735.6	21755.2
其他工业	46	158	499232.1	1398494.1	71193.1	67795.1
三、建筑业	73	90	1564557.9	4922083.1	20017.9	24386.7
四、地质勘查及水利业	53	58	957321.4	1973179.5	−685.2	15207.4
五、交通运输业	45	180	5036029.1	25362397.7	48650.9	28984.7
其中:铁路运输业						
道路运输业	13	105	4396054.2	22216843.0	79442.2	41797.7
水上运输业	6	6	49963.4	121820.0	−31338.1	1911.8

续表

项　目	一级企业数量（家）	所属三级以上户数(户)	年末国有资产总量（万元）	资产总额（万元）	人均利润（元/人）	人均税收（元/人）
航空运输业	3	12	243064.9	406991.6	28586.4	17618.1
六、仓储业	385	390	308060.5	2249482.4	5017.3	1919.5
七、邮电通信业						
八、批发和零售、餐饮业	195	652	1431906.1	7501895.1	39064.5	73450.8
（一）贸易业	180	622	1308116.8	7258132.7	40491.2	76779.2
1. 商业贸易	87	199	327580.7	1795218.1	18996.8	44917.3
2. 粮油贸易	42	72	100154.8	496419.9	26244.9	21784.2
3. 物资贸易	43	280	604514.6	3370580.1	53940.2	95622.6
4. 商业经纪与代理业	8	71	275866.7	1595914.5	82004.6	159284.6
（二）餐饮业	15	30	123789.3	243762.5	11897.1	10073.4
九、房地产业	136	174	7683358.4	22596298.0	433577.1	137635.7
十、信息技术服务业	13	13	17306.1	46602.8	—23058.3	17652.1
十一、社会服务业	298	945	19786298.5	60857319.3	74600.8	44653.5
十二、卫生体育福利业	5	5	1257.6	6963.6	6628.5	8337.4
十三、教育文化广播业	101	245	1444637.4	2598833.7	45366.2	43384.8
十四、科学研究和技术服务	68	68	51356.4	221251.9	26180.0	19964.6
十五、机关社团及其他	24	82	2452502.5	10430296.4	129118.0	222356.9

2008 年安徽省国有企业主要指标表

项　目	一级企业数量（家）	所属三级以上户数(户)	年末国有资产总量（万元）	资产总额（万元）	人均利润（元/人）	人均税收（元/人）
合　计	1061	2285	19700615.4	79943319.1	27117.9	45072.4
一、农林牧渔业	156	210	80558.1	293522.6	639.2	733.4
其中：农业	75	129	52593.3	224572.7	766.6	805.9
林业	16	16	7012.4	17505.8	—4062.8	233.4
畜牧业	16	16	673.2	2529.6	385.0	0.5
渔业	29	29	2963.9	8991.4	—4153.7	49.9
二、工业	182	626	7774887.9	40760028.1	21095.1	54850.7

续表

项目	一级企业数量（家）	所属三级以上户数(户)	年末国有资产总量（万元）	资产总额（万元）	人均利润（元/人）	人均税收（元/人）
其中:煤炭工业	5	75	2317118.0	10809526.4	18007.2	25717.7
石油和石化工业						
冶金工业	6	64	2000630.4	10764008.5	19364.4	74646.3
建材工业	6	14	402134.9	4715169.7	115906.1	130041.1
化学工业	12	71	217995.6	1869983.2	5169.1	26657.6
森林工业	4	4	683.6	3916.9	−6872.4	2131.7
食品工业	42	42	18495.6	70635.3	−6752.6	1814.4
烟草工业						
纺织工业	5	15	139093.6	528884.0	8246.0	7537.8
医药工业	1	1	0.0	1146.3	2467.6	6208.1
机械工业	20	182	1088493.4	7336689.2	17978.2	122138.0
电子工业	1	1	605.5	806.6	3696.9	1586.2
电力工业	10	30	661185.2	2227305.5	−43199.8	72633.9
市政公用工业	54	56	650965.1	1219492.9	23662.7	5572.6
其他工业	15	53	239170.4	1078515.1	4842.0	36788.2
三、建筑业	43	121	2333421.9	5929392.8	52109.7	17574.7
四、地质勘查及水利业						
五、交通运输业	32	66	1112014.0	6322229.2	28341.1	44485.8
其中:铁路运输业	1	1	277.1	319.6	−8041.8	782.0
道路运输业	21	48	863019.9	5668092.9	38808.0	61205.0
水上运输业	2	2	5004.5	17622.2	12162.5	10658.7
航空运输业	1	8	48775.6	127844.6	421.6	12115.0
六、仓储业	358	358	105308.1	1066152.7	7743.7	341.9
七、邮电通信业						
八、批发和零售、餐饮业	165	526	1819917.2	7326290.7	12644.6	23029.2
(一)贸易业	158	519	1819180.1	7321046.0	12838.5	23317.2
1. 商业贸易	46	246	1683234.0	5456024.1	12921.1	19108.3
2. 粮油贸易	88	104	32693.7	265642.4	2923.6	1595.5
3. 物资贸易	21	166	103252.5	1597867.3	16972.2	50070.6
4. 商业经纪与代理业	3	3	0.0	1512.2	−4552.7	241.6
(二)餐饮业	7	7	737.1	5244.7	−1673.7	1753.3

续表

项　目	一级企业数量（家）	所属三级以上户数(户)	年末国有资产总量（万元）	资产总额（万元）	人均利润（元/人）	人均税收（元/人）
九、房地产业	32	46	3109507.6	6699938.8	1054242.6	65794.6
十、信息技术服务业	2	2	21983.0	58083.5	346332.3	116085.0
十一、社会服务业	55	206	2452339.7	7825109.6	23372.2	24504.5
十二、卫生体育福利业						
十三、教育文化广播业	22	63	228522.4	694485.9	28071.9	24358.7
十四、科学研究和技术服务	5	15	12511.7	34284.4	44672.7	28110.7
十五、机关社团及其他	9	46	649643.8	2933801.0	208811.8	180937.7

2008 年福建省国有企业主要指标表

项　目	一级企业数量（家）	所属三级以上户数(户)	年末国有资产总量（万元）	资产总额（万元）	人均利润（元/人）	人均税收（元/人）
合　计	2100	3644	19808880.5	64953643.0	39393.6	33064.4
一、农林牧渔业	291	292	167247.0	582780.3	268.2	1188.4
其中：农业	115	116	35017.2	130539.8	－371.6	259.6
林业	88	88	107078.6	351085.0	4850.8	5460.7
畜牧业	11	11	2956.2	9734.6	11152.0	1474.2
渔业	21	21	4839.4	26003.0	2501.3	1448.4
二、工业	394	709	3805837.6	13473618.4	41765.3	41998.5
其中：煤炭工业	17	91	575834.9	1925647.3	15210.9	34893.6
石油和石化工业						
冶金工业	7	47	1289303.6	4749316.5	160023.9	87905.2
建材工业	20	41	65549.3	319925.6	－527.8	30971.8
化学工业	10	58	210683.1	685604.1	－23038.3	19699.7
森林工业	5	15	30747.7	108849.6	12354.1	22299.6
食品工业	83	83	46055.9	86683.3	－1333.1	4329.7
烟草工业	1	1	1704.5	4700.5	－42190.7	26118.9

续表

项　目	一级企业数量（家）	所属三级以上户数(户)	年末国有资产总量（万元）	资产总额（万元）	人均利润（元/人）	人均税收（元/人）
纺织工业	3	17	52904.4	156961.8	10527.9	12077.7
医药工业	3	11	79220.2	262300.0	96989.7	50376.2
机械工业	27	65	423838.8	1929071.4	－10951.3	63042.6
电子工业	6	23	79560.0	419713.7	20637.5	20027.4
电力工业	57	57	157751.1	369412.4	7242.4	15901.4
市政公用工业	79	106	584098.8	1379030.3	8369.5	17699.1
其他工业	74	74	127156.7	230911.3	10271.5	13177.4
三、建筑业	61	168	1294259.0	5193537.8	16289.7	24896.1
四、地质勘查及水利业	39	43	100312.2	175648.6	－6535.9	13373.4
五、交通运输业	63	236	4086334.4	13728013.0	68696.6	24422.3
其中：铁路运输业	1	3	321736.5	667536.5	773394.5	96175.5
道路运输业	20	80	2775931.8	10410026.8	185866.6	50471.6
水上运输业	10	10	8257.9	25749.3	－4126.0	2552.7
航空运输业	2	34	288437.9	607835.5	51831.7	33235.8
六、仓储业	187	193	160080.0	679123.1	14659.0	2848.8
七、邮电通信业						
八、批发和零售、餐饮业	503	806	1301663.0	5344255.6	36335.3	52835.0
（一）贸易业	473	738	1265055.3	5256598.3	39663.7	57288.0
1. 商业贸易	188	235	243703.9	738418.9	3900.2	9882.0
2. 粮油贸易	117	117	58043.6	163874.0	2077.3	2681.6
3. 物资贸易	139	239	314847.5	1147934.1	37005.8	59845.1
4. 商业经纪与代理业	29	147	648460.4	3206371.4	95739.7	128357.9
（二）餐饮业	30	68	36607.7	87657.3	2144.3	7092.2
九、房地产业	138	220	2843862.0	11332576.9	110002.3	131389.4
十、信息技术服务业	9	9	14615.4	61410.0	16568.1	10904.7
十一、社会服务业	248	768	5592280.0	13711050.4	51017.4	28967.9
十二、卫生体育福利业	3	3	1437.9	1454.0	71494.2	4855.8
十三、教育文化广播业	105	133	353909.6	530694.4	18649.1	20375.1
十四、科学研究和技术服务	51	56	57166.5	88603.6	26912.1	28140.1
十五、机关社团及其他	8	8	29875.8	50876.8	38870.2	14621.0

2008年厦门市国有企业主要指标表

项　目	一级企业数量（家）	所属三级以上户数(户)	年末国有资产总量（万元）	资产总额（万元）	人均利润（元/人）	人均税收（元/人）
合　计	116	684	6377067.2	24614223.5	55317.7	60490.4
一、农林牧渔业	4	4	1404.1	8006.8	—694.9	142.3
其中：农业	2	2	867.3	5520.1	—57.4	77.8
林业						
畜牧业						
渔业	1	1	536.8	2321.2	333.4	6953.4
二、工业	4	47	698542.6	1767099.6	26966.4	59293.0
其中：煤炭工业	1	6	74380.8	175469.5	10978.8	28156.9
石油和石化工业						
冶金工业						
建材工业						
化学工业						
森林工业						
食品工业						
烟草工业						
纺织工业						
医药工业						
机械工业	1	24	281574.7	1046473.0	33284.2	71573.7
电子工业						
电力工业						
市政公用工业	1	16	340006.3	542310.9	11909.2	30258.3
其他工业	1	1	2580.7	2846.2	4248.9	8282.2
三、建筑业	6	33	709181.1	3099775.2	78989.4	65822.1
四、地质勘查及水利业						
五、交通运输业	5	102	996864.7	2885047.9	39010.3	20670.1
其中：铁路运输业						
道路运输业	1	1	92413.4	537671.7	94749.2	51023.7
水上运输业						

续表

项　目	一级企业数量（家）	所属三级以上户数(户)	年末国有资产总量（万元）	资产总额（万元）	人均利润（元/人）	人均税收（元/人）
航空运输业	1	28	272855.3	578855.9	54625.7	33975.6
六、仓储业	1	6	31518.8	77001.4	6651.1	5623.7
七、邮电通信业						
八、批发和零售、餐饮业	18	124	678492.3	3693247.4	110984.7	142987.0
（一）贸易业	18	124	678492.3	3693247.4	110984.7	142987.0
1. 商业贸易	7	7	10231.5	37536.8	-25176.9	16996.3
2. 粮油贸易	1	1	2267.5	3427.3	11461.5	5574.3
3. 物资贸易	9	42	176787.3	789627.5	102850.5	145581.5
4. 商业经纪与代理业	1	74	489206.0	2862655.8	115045.7	143849.1
（二）餐饮业						
九、房地产业	21	88	2214102.0	8707349.5	168708.5	175630.3
十、信息技术服务业	1	1	9596.1	43312.5	25066.4	16691.9
十一、社会服务业	38	256	954029.3	4213143.1	35642.7	42980.7
十二、卫生体育福利业	2	2	400.2	416.2	0.0	0.0
十三、教育文化广播业	11	16	56553.4	73849.3	67658.4	43480.9
十四、科学研究和技术服务	3	3	16292.3	25332.2	115292.5	102263.3
十五、机关社团及其他	2	2	10090.3	20642.4	62665.5	9007.1

2008 年江西省国有企业主要指标表

项　目	一级企业数量（家）	所属三级以上户数(户)	年末国有资产总量（万元）	资产总额（万元）	人均利润（元/人）	人均税收（元/人）
合　计	1129	1697	7751679.2	28370034.0	14608.0	21542.0
一、农林牧渔业	193	193	141246.6	701468.7	404.2	1163.9
其中：农业	55	55	67461.7	445880.2	629.2	1172.9
林业	105	105	66213.6	211046.1	-229.0	947.9
畜牧业	4	4	923.3	1592.9	2347.5	0.0
渔业	16	16	3804.3	25303.7	485.5	17.1
二、工业	342	779	4691710.6	16345703.7	18074.1	30617.3

续表

项　目	一级企业数量（家）	所属三级以上户数(户)	年末国有资产总量（万元）	资产总额（万元）	人均利润（元/人）	人均税收（元/人）
其中:煤炭工业	10	94	258766.8	1056741.8	3403.8	12819.6
石油和石化工业	2	18	170063.5	541586.5	10118.8	41169.5
冶金工业	13	217	2214343.3	8599500.6	44356.9	68525.1
建材工业	28	47	219391.2	657035.8	1763.2	9918.6
化学工业	22	39	30324.4	489080.5	—1158.1	7557.0
森林工业	13	13	608.0	28700.9	1413.1	469.0
食品工业	59	59	16898.9	153866.7	—120.4	2172.2
烟草工业						
纺织工业	14	21	29696.1	134248.3	—3980.9	1882.0
医药工业	4	24	87147.9	613229.7	16658.3	45378.4
机械工业	44	70	1414702.5	2970656.1	30565.2	28464.2
电子工业	9	52	34057.4	401867.5	2677.5	9689.0
电力工业	29	29	32102.2	175184.2	—7644.6	10924.8
市政公用工业	60	61	168836.0	359645.4	—619.6	6851.9
其他工业	34	34	14772.3	160612.6	—1538.8	2530.6
三、建筑业	52	74	538446.4	1964587.6	3555.2	16932.7
四、地质勘查及水利业	2	2	137407.7	149168.5	—4455.5	6312.6
五、交通运输业	50	73	733067.4	2199996.9	69668.1	20758.2
其中:铁路运输业						
道路运输业	26	49	684229.8	2027460.2	125811.2	34273.3
水上运输业	9	9	17032.2	35592.3	3505.7	5915.2
航空运输业						
六、仓储业	140	140	64015.6	821891.1	167.7	282.7
七、邮电通信业						
八、批发和零售、餐饮业	174	220	179830.6	545305.2	6070.3	8741.5
(一)贸易业	160	206	177122.0	534005.4	6844.2	9512.6
1. 商业贸易	80	101	107526.9	293798.6	6803.8	9070.2
2. 粮油贸易	16	16	29033.4	77709.3	—26817.9	524.4
3. 物资贸易	58	83	36735.2	152925.1	10927.4	10108.5
4. 商业经纪与代理业	6	6	3826.5	9572.4	—20170.4	76237.1
(二)餐饮业	14	14	2708.6	11299.8	—1914.0	786.0

续表

项　目	一级企业数量（家）	所属三级以上户数(户)	年末国有资产总量（万元）	资产总额（万元）	人均利润（元/人）	人均税收（元/人）
九、房地产业	37	37	174745.0	510737.4	39456.3	40101.8
十、信息技术服务业	3	3	22939.3	32170.9	3502.8	311.3
十一、社会服务业	71	107	895607.6	3498412.6	-28470.1	54283.0
十二、卫生体育福利业	1	1	95.3	286.1	-15719.0	0.0
十三、教育文化广播业	22	22	8496.3	21025.7	-436.4	5652.5
十四、科学研究和技术服务	37	41	34213.9	79978.6	12480.0	9956.1
十五、机关社团及其他	5	5	129857.0	1499301.1	336465.5	210902.1

2008 年山东省国有企业主要指标表

项　目	一级企业数量（家）	所属三级以上户数(户)	年末国有资产总量（万元）	资产总额（万元）	人均利润（元/人）	人均税收（元/人）
合　计	2159	4683	28028903.6	121951967.1	35085.4	46343.8
一、农林牧渔业	109	139	70399.2	280966.8	-11750.0	2489.7
其中:农业	24	24	15988.6	60166.4	-2235.2	3002.8
林业	10	10	4378.2	10181.3	-5220.0	3745.6
畜牧业	18	18	3640.4	16235.2	-4511.8	495.5
渔业	10	34	2748.5	76270.8	-34982.0	761.1
二、工业	694	2040	16305583.2	77508364.8	39926.2	53857.4
其中:煤炭工业	98	500	4971942.9	20993337.3	60907.8	48569.1
石油和石化工业	5	5	60531.3	325272.2	23959.0	1755526.5
冶金工业	15	317	3519439.2	16054409.4	35238.0	81391.6
建材工业	17	20	81224.0	324013.1	12094.2	20845.3
化学工业	33	230	1342009.9	9465353.9	30623.8	46411.9
森林工业	4	4	279.4	25210.5	12881.4	23723.2
食品工业	65	65	47451.2	503755.4	1034.2	2071.3
烟草工业						

续表

项　目	一级企业数量（家）	所属三级以上户数(户)	年末国有资产总量（万元）	资产总额（万元）	人均利润（元/人）	人均税收（元/人）
纺织工业	30	50	210569.6	1499230.9	－5658.8	6442.9
医药工业	4	4	4853.7	18759.7	42293.7	28683.5
机械工业	116	309	2195947.2	11444812.0	39326.3	35109.1
电子工业	14	80	304383.4	2486045.8	53253.8	49228.6
电力工业	93	120	2140573.3	5893226.6	6856.2	40055.4
市政公用工业	144	222	1001094.5	2896773.1	－28339.9	8566.9
其他工业	52	105	388986.4	5308796.3	46673.6	73077.8
三、建筑业	115	212	377275.9	2933515.5	6595.0	23530.0
四、地质勘查及水利业	24	24	29918.0	56008.5	－15842.5	7467.6
五、交通运输业	79	377	4132880.5	15693299.0	36590.1	23322.5
其中：铁路运输业	3	3	53851.7	113951.2	－24929.4	1294.3
道路运输业	33	172	1621607.7	9076127.9	38247.2	30835.2
水上运输业	3	14	57811.5	177768.4	52337.7	25233.2
航空运输业	5	34	232230.9	586451.3	11301.7	22945.2
六、仓储业	166	169	188500.7	976376.7	－638.7	2516.9
七、邮电通信业						
八、批发和零售、餐饮业	337	506	254183.3	2188806.0	－2493.3	9762.9
（一）贸易业	313	475	227027.1	2011104.6	－4197.0	9653.5
1. 商业贸易	154	276	138374.6	1264084.3	－3232.0	11323.9
2. 粮油贸易	56	65	23688.6	259768.0	－6730.8	2663.4
3. 物资贸易	92	123	63553.0	459953.6	－7177.5	4439.3
4. 商业经纪与代理业	11	11	1410.8	27298.6	－13236.1	11339.6
（二）餐饮业	24	31	27156.3	177701.4	8525.0	10470.2
九、房地产业	110	158	1469470.7	4258037.0	－5627.7	29711.1
十、信息技术服务业	24	24	66740.9	170578.5	24950.2	13722.7
十一、社会服务业	258	634	3878768.1	11796148.0	15141.6	31722.3
十二、卫生体育福利业	6	6	5268.1	7301.5	3787.6	298.4
十三、教育文化广播业	131	281	552729.2	1153179.1	9374.9	26862.0
十四、科学研究和技术服务	89	89	24639.6	88171.4	22936.2	14599.9
十五、机关社团及其他	17	24	672546.1	4841214.3	270259.3	136000.1

2008 年青岛市国有企业主要指标表

项　目	一级企业数量（家）	所属三级以上户数（户）	年末国有资产总量（万元）	资产总额（万元）	人均利润（元/人）	人均税收（元/人）
合　计	305	872	5031454.1	21806350.8	24615.5	45463.8
一、农林牧渔业	23	23	5561.4	19075.9	2914.9	5429.0
其中：农业	6	6	2782.5	4835.7	2283.8	7956.4
林业	3	3	236.2	1296.3	－1377.4	566.6
畜牧业	6	6	1298.0	5968.7	－1818.5	4522.6
渔业						
二、工业	66	324	1675706.8	9206691.6	12342.6	51935.8
其中：煤炭工业	1	8	206120.2	358119.4	11271.4	121172.5
石油和石化工业						
冶金工业	2	67	216168.9	1331864.2	5612.5	68903.0
建材工业	1	1	13823.3	13823.3	4079.7	25352.0
化学工业	5	68	212599.0	1626203.1	－8433.0	23347.2
森林工业						
食品工业	5	5	4211.2	33679.9	－12966.6	321.4
烟草工业						
纺织工业	1	10	61171.9	292537.8	－8291.1	4014.7
医药工业						
机械工业	13	42	87819.7	438938.9	4405.7	5817.3
电子工业	3	48	255121.5	2152479.2	59665.1	57913.8
电力工业	9	9	198103.0	391562.8	6439.5	55188.1
市政公用工业	17	44	233544.9	780306.2	－42085.5	12759.8
其他工业	7	18	182770.8	1776289.8	21670.2	81827.3
三、建筑业	24	106	155664.7	1165370.6	930.3	28409.7
四、地质勘查及水利业	3	3	812.9	3174.3	5892.9	69718.0
五、交通运输业	9	129	1424136.0	2935073.8	69535.0	25069.5
其中：铁路运输业						
道路运输业	3	47	147074.8	409306.8	2586.6	10109.7
水上运输业						

续表

项　目	一级企业数量（家）	所属三级以上户数(户)	年末国有资产总量（万元）	资产总额（万元）	人均利润（元/人）	人均税收（元/人）
航空运输业	1	13	106133.3	250639.4	16615.5	27748.5
六、仓储业	19	22	34471.7	153151.8	2438.6	4535.4
七、邮电通信业						
八、批发和零售、餐饮业	39	58	34188.4	277867.0	29338.2	33463.4
（一）贸易业	39	58	34188.4	277867.0	29338.2	33463.4
1. 商业贸易	30	49	32473.5	267216.8	31629.8	35643.2
2. 粮油贸易	5	5	563.8	2582.6	−6895.2	223.8
3. 物资贸易	4	4	1151.2	8067.6	−1844.9	553.9
4. 商业经纪与代理业						
（二）餐饮业						
九、房地产业	19	26	251231.8	908961.5	−26758.3	46806.3
十、信息技术服务业	2	2	1940.0	12584.9	−48594.7	15122.0
十一、社会服务业	50	128	1328316.9	3706296.7	8277.5	23995.2
十二、卫生体育福利业	4	4	2694.2	3577.3	574.3	368.5
十三、教育文化广播业	31	31	54081.3	121722.3	21903.8	190385.5
十四、科学研究和技术服务	14	14	14321.7	32857.5	90409.9	36971.4
十五、机关社团及其他	2	2	48326.3	3259945.5	381809.7	200880.7

2008年河南省国有企业主要指标表

项　目	一级企业数量（家）	所属三级以上户数(户)	年末国有资产总量（万元）	资产总额（万元）	人均利润（元/人）	人均税收（元/人）
合　计	2532	3457	15920759.6	74951074.0	16974.9	29526.8
一、农林牧渔业	112	115	77186.0	220833.3	−51.6	680.3
其中：农业	52	54	50194.1	157527.7	−249.8	683.3
林业	15	15	10561.9	24574.6	2400.8	427.6
畜牧业	5	5	3059.1	7540.5	−1078.1	176.8
渔业	1	1	36.4	2365.2	0.0	0.0
二、工业	543	1166	8340902.1	40534262.1	23253.8	33955.1

续表

项　目	一级企业数量（家）	所属三级以上户数(户)	年末国有资产总量（万元）	资产总额（万元）	人均利润（元/人）	人均税收（元/人）
其中:煤炭工业	27	363	3254135.4	18362472.5	30405.9	32814.1
石油和石化工业	2	3	185.9	29136.6	-35744.5	9515.6
冶金工业	25	69	2107150.1	6959649.0	49204.8	98188.8
建材工业	33	67	152642.9	607054.6	-2230.9	7610.4
化学工业	41	63	375358.5	2118225.4	-5061.1	29387.2
森林工业	3	3	107.1	5452.2	-3624.3	4826.0
食品工业	85	90	45487.8	253676.2	1361.3	1488.0
烟草工业						
纺织工业	25	48	208170.4	1759947.6	-6882.3	9467.6
医药工业	7	7	21649.8	89612.7	2594.0	6239.3
机械工业	68	177	421230.4	3813375.8	18862.0	20436.2
电子工业	4	7	20562.9	94314.2	2886.2	14232.3
电力工业	105	141	1056830.7	3465419.9	20964.1	33041.9
市政公用工业	70	77	489492.4	1468499.2	-9486.1	9125.3
其他工业	47	50	186454.3	1505585.5	6164.4	18110.6
三、建筑业	50	92	229350.8	1442723.2	-5440.5	7164.3
四、地质勘查及水利业	19	19	161541.3	187025.5	-12637.1	3237.7
五、交通运输业	66	119	2243162.4	10527847.5	10784.8	13150.2
其中:铁路运输业	4	13	148612.4	261972.0	8249.5	2707.9
道路运输业	38	61	1802049.2	9695766.0	20700.4	20921.7
水上运输业	1	1	0.0	1047.0	-2115.6	174.9
航空运输业	1	11	198490.3	295618.2	-22620.1	12916.7
六、仓储业	682	692	268978.6	1855595.2	-1252.1	932.6
七、邮电通信业	1	1	0.0	996.9	-22471.5	0.0
八、批发和零售、餐饮业	744	816	379219.8	2169869.7	1168.9	5505.7
(一)贸易业	712	784	374787.8	2154432.6	1246.2	5637.3
1. 商业贸易	455	468	244776.6	1112323.1	168.0	5279.8
2. 粮油贸易	123	139	76820.2	358496.3	-573.8	1281.5
3. 物资贸易	122	155	51625.5	647581.7	5935.3	9993.1
4. 商业经纪与代理业	12	22	1565.6	36031.4	27368.6	6290.6
(二)餐饮业	32	32	4432.0	15437.1	-1414.2	1110.9

续表

项　目	一级企业数量（家）	所属三级以上户数（户）	年末国有资产总量（万元）	资产总额（万元）	人均利润（元/人）	人均税收（元/人）
九、房地产业	44	50	791196.9	1664857.7	13499.0	93978.2
十、信息技术服务业	5	10	55371.1	275896.8	10191.7	10425.4
十一、社会服务业	122	195	2663396.1	8738788.2	−45659.3	70709.2
十二、卫生体育福利业	1	1	1294.2	1976.0	−10642.2	1298.7
十三、教育文化广播业	79	101	280396.6	605573.0	17655.6	24900.0
十四、科学研究和技术服务	47	63	26069.5	69559.2	12463.3	7394.5
十五、机关社团及其他	17	17	402694.1	6655269.7	174180.3	96179.9

2008 年湖北省国有企业主要指标表

项　目	一级企业数量（家）	所属三级以上户数（户）	年末国有资产总量（万元）	资产总额（万元）	人均利润（元/人）	人均税收（元/人）
合　计	1457	2172	7841891.9	45187758.7	10935.6	18214.7
一、农林牧渔业	191	210	258519.2	854735.8	175.1	8265.2
其中：农业	71	71	143317.5	597454.3	−95.5	8259.3
林业	32	32	19377.6	44376.1	−671.0	168.3
畜牧业	14	33	42662.8	100070.7	10283.3	8643.2
渔业	44	44	16508.1	47805.1	1079.8	205.9
二、工业	372	689	3811069.2	21608855.4	17258.7	27799.9
其中：煤炭工业	6	6	25447.8	135897.5	20518.3	19864.0
石油和石化工业	1	1	0.0	24240.8	10126.0	37609.2
冶金工业	12	46	242898.5	1303898.3	18063.9	32377.8
建材工业	23	58	102331.7	1390945.6	40995.3	73559.7
化学工业	25	51	314860.3	3053777.1	39305.1	31013.0
森林工业	3	9	9396.6	26278.3	1759.4	6368.5
食品工业	30	37	45173.4	272561.9	25492.2	21545.2
烟草工业						

续表

项　目	一级企业数量（家）	所属三级以上户数(户)	年末国有资产总量（万元）	资产总额（万元）	人均利润（元/人）	人均税收（元/人）
纺织工业	24	42	36922.1	484767.0	—3432.5	4105.0
医药工业	4	4	1173.0	9639.3	—10002.4	2932.1
机械工业	74	159	366240.6	2390608.9	8431.7	14537.2
电子工业	9	11	21431.0	89886.3	—6686.7	1136.7
电力工业	58	82	869631.0	3934975.4	37519.2	74996.1
市政公用工业	73	134	1717415.6	7674091.5	4495.4	14329.3
其他工业	30	49	58147.6	817287.6	—7030.5	11164.9
三、建筑业	42	74	435215.8	2581499.6	3936.4	27642.0
四、地质勘查及水利业	55	55	51295.1	69600.1	—625.6	412.4
五、交通运输业	53	142	400494.4	2221946.0	—301.8	3572.0
其中：铁路运输业	2	9	66783.8	340757.4	38010.7	27426.1
道路运输业	26	50	59964.5	212464.0	4052.1	4967.4
水上运输业	3	34	31830.3	109170.5	1895.2	6388.7
航空运输业						
六、仓储业	366	366	133952.1	1015303.9	3643.1	1561.7
七、邮电通信业						
八、批发和零售、餐饮业	185	284	441146.8	2601386.6	18473.3	20800.8
（一）贸易业	175	274	438182.8	2585950.5	18788.0	21051.4
1. 商业贸易	89	109	300295.9	1968162.4	17640.8	18667.9
2. 粮油贸易	35	49	16538.2	103115.9	5701.2	3567.2
3. 物资贸易	41	83	113594.9	421177.2	42816.8	49038.2
4. 商业经纪与代理业	10	33	7753.8	93495.1	—6296.4	33402.0
（二）餐饮业	10	10	2964.0	15436.1	—5702.9	1549.4
九、房地产业	39	78	888731.9	3157348.6	78134.8	84063.5
十、信息技术服务业	3	3	12061.6	96016.6	10110.7	4023.4
十一、社会服务业	52	130	492593.5	2829239.6	3945.0	18290.4
十二、卫生体育福利业	3	3	412.1	4124.0	—6695.8	11927.5
十三、教育文化广播业	43	75	398092.7	733571.6	22484.5	22941.3
十四、科学研究和技术服务	36	46	39401.0	145107.3	5085.4	19229.6
十五、机关社团及其他	17	17	478906.4	7269023.5	156568.5	73349.9

2008年湖南省国有企业主要指标表

项　目	一级企业数量（家）	所属三级以上户数（户）	年末国有资产总量（万元）	资产总额（万元）	人均利润（元/人）	人均税收（元/人）
合　计	1337	2037	10627968.7	42683356.1	11033.3	23590.0
一、农林牧渔业	136	153	128813.4	311158.3	-310.7	724.4
其中：农业	29	29	2518.2	23326.1	379.9	211.6
林业	53	53	64722.0	139116.3	-814.8	482.9
畜牧业	8	25	41167.0	110046.2	2398.5	7082.6
渔业	19	19	4178.4	12350.1	-240.3	9.0
二、工业	417	785	3786088.7	20449963.6	13154.2	30843.3
其中：煤炭工业	49	96	262222.5	842217.9	4620.6	8476.3
石油和石化工业						
冶金工业	9	178	1713474.3	10114155.1	23509.2	60548.5
建材工业	13	13	10058.6	68212.5	-26448.9	5725.6
化学工业	15	52	81373.4	522201.1	1833.4	10785.6
森林工业	4	4	93.2	51666.9	-704.7	335.8
食品工业	28	28	8120.7	42391.7	-3040.9	7506.0
烟草工业						
纺织工业	14	21	48767.7	181769.3	-10696.6	3585.4
医药工业	4	4	5578.5	46237.9	-2411.3	3324.2
机械工业	43	120	484488.6	4253812.0	35532.2	37471.8
电子工业	2	2	1153.6	14047.2	-39373.6	6706.8
电力工业	106	112	538322.0	1653488.5	-8957.3	17094.8
市政公用工业	105	105	333495.9	797637.2	-4810.4	5775.4
其他工业	23	40	286281.0	1731436.4	10392.0	28525.5
三、建筑业	50	122	325162.5	2375725.8	1186.8	15779.1
四、地质勘查及水利业	44	44	32818.1	159707.5	-6412.8	1889.4
五、交通运输业	57	69	543488.0	1617270.8	3180.3	5764.9
其中：铁路运输业	2	2	2217.0	4632.3	2381.9	1455.6
道路运输业	29	29	239679.4	1038854.6	-108.0	5517.5
水上运输业	4	6	37798.9	74726.9	61716.7	21136.9

续表

项　目	一级企业数量(家)	所属三级以上户数(户)	年末国有资产总量(万元)	资产总额(万元)	人均利润(元/人)	人均税收(元/人)
航空运输业	1	11	226203.6	335529.2	15171.3	16824.0
六、仓储业	124	125	126300.2	1104820.8	—219.2	1273.3
七、邮电通信业						
八、批发和零售、餐饮业	231	292	335791.6	1541884.7	7044.2	20378.0
(一)贸易业	222	283	334905.1	1538695.8	7249.8	20765.7
1. 商业贸易	104	125	263255.6	1126319.1	10337.4	23736.7
2. 粮油贸易	30	30	16535.2	72306.1	84.1	901.1
3. 物资贸易	83	83	30825.9	206269.0	5574.3	9184.8
4. 商业经纪与代理业	5	45	24288.4	133801.6	—27108.4	19268.2
(二)餐饮业	9	9	886.5	3188.8	—3345.6	783.9
九、房地产业	68	92	2827520.1	8204069.1	121802.7	38425.3
十、信息技术服务业	7	7	23495.3	76437.2	44802.9	8600.1
十一、社会服务业	74	175	1538296.4	3865842.2	18849.6	15511.9
十二、卫生体育福利业	2	2	873.1	3444.4	—28813.5	4736.1
十三、教育文化广播业	65	98	678929.4	2019988.7	—25434.0	16909.2
十四、科学研究和技术服务	49	51	63698.6	120202.2	38862.2	22829.4
十五、机关社团及其他	13	22	216693.4	832840.8	449920.7	177226.9

2008 年广东省国有企业主要指标表

项　目	一级企业数量(家)	所属三级以上户数(户)	年末国有资产总量(万元)	资产总额(万元)	人均利润(元/人)	人均税收(元/人)
合　计	3216	6886	51874943.3	171753959.3	40562.4	52473.7
一、农林牧渔业	291	383	481407.3	1677050.6	9717.1	8121.7
其中:农业	62	73	47675.0	236790.7	2393.2	3109.6
林业	128	128	138372.3	254945.8	3524.0	2201.2
畜牧业	18	33	38563.8	154706.0	7249.2	23758.5
渔业	31	33	40136.6	117098.0	—8771.8	4971.5
二、工业	682	1505	12780539.3	49233079.0	46228.4	91073.9

续表

项　目	一级企业数量（家）	所属三级以上户数(户)	年末国有资产总量（万元）	资产总额（万元）	人均利润（元/人）	人均税收（元/人）
其中:煤炭工业	12	59	221939.9	916792.7	29502.0	40874.7
石油和石化工业	4	4	49.9	1413.7	—40207.7	588.2
冶金工业	13	212	2006880.3	9063112.1	—29343.3	46237.5
建材工业	44	67	60795.3	285007.5	—7115.7	7450.2
化学工业	45	69	876175.1	2014034.2	—11340.4	22634.4
森林工业	9	9	1537.0	22998.9	3553.9	6459.3
食品工业	136	136	63330.9	184517.8	—559.4	7208.4
烟草工业	9	9	8560.4	26970.7	179463.4	10078.4
纺织工业	20	46	190944.3	375326.6	7222.9	15366.9
医药工业	11	59	234700.7	1107635.2	30814.5	41611.1
机械工业	79	227	1839144.9	9549142.9	152849.4	213595.8
电子工业	20	109	421569.8	5083940.9	74347.2	62298.0
电力工业	102	231	5020309.4	16437173.2	98111.1	180425.8
市政公用工业	75	131	1520307.8	3290681.1	7437.8	23425.0
其他工业	98	132	312212.7	856550.0	16419.4	49409.9
三、建筑业	154	376	4280270.5	14224108.6	7877.1	34294.3
四、地质勘查及水利业	32	32	39249.4	55770.5	—1241.0	1861.4
五、交通运输业	137	535	10718919.8	22837579.6	22720.6	17282.4
其中:铁路运输业	4	4	11875.9	73186.4	—37006.7	4494.0
道路运输业	55	142	2167589.8	6911498.9	—4673.2	10655.7
水上运输业	24	163	1458080.0	2708904.5	169878.6	29783.4
航空运输业	4	34	1570831.1	3335300.2	48342.7	45000.9
六、仓储业	339	362	360318.7	1479630.3	2554.9	11543.5
七、邮电通信业	1	1	424.7	418.5	—65481.8	4928.2
八、批发和零售、餐饮业	661	1139	1658321.9	5680368.8	56839.0	41550.8
(一)贸易业	626	1094	1618726.0	5568059.3	59735.9	43147.0
1. 商业贸易	309	583	1248669.4	3173359.5	88361.9	58611.6
2. 粮油贸易	80	97	28056.5	230109.2	—2453.5	4620.1
3. 物资贸易	208	365	326465.2	1958129.7	25565.4	24409.9
4. 商业经纪与代理业	29	49	15535.0	206460.9	4503.3	20851.8
(二)餐饮业	35	45	39595.9	112309.4	19985.5	21244.8

续表

项　目	一级企业数量(家)	所属三级以上户数(户)	年末国有资产总量(万元)	资产总额(万元)	人均利润(元/人)	人均税收(元/人)
九、房地产业	179	325	1645564.9	7338260.8	91231.9	84871.3
十、信息技术服务业	16	17	2249.6	192558.0	2106.2	28277.3
十一、社会服务业	458	1797	16740934.4	57064946.8	52796.0	42652.7
十二、卫生体育福利业	13	13	2347.3	15655.8	—156.6	1439.3
十三、教育文化广播业	139	203	1377643.5	2054899.6	22830.5	29008.3
十四、科学研究和技术服务	89	122	254240.0	561145.1	24061.1	25609.8
十五、机关社团及其他	25	76	1532512.0	9338487.2	101028.1	69565.3

2008 年深圳市国有企业主要指标表

项　目	一级企业数量(家)	所属三级以上户数(户)	年末国有资产总量(万元)	资产总额(万元)	人均利润(元/人)	人均税收(元/人)
合　计	71	707	11389668.1	30045162.9	84327.7	51443.9
一、农林牧渔业	5	42	152297.4	756091.9	23861.7	27100.1
其中:农业	2	2	8035.1	15189.6	—16275.0	5682.8
林业	1	1	1456.4	3230.4	431.1	1776.5
畜牧业	1	16	32704.7	124394.0	5053.3	27448.3
渔业						
二、工业	5	100	1512627.0	5406484.2	92463.9	83080.0
其中:煤炭工业	1	21	83711.0	477523.0	57049.1	54125.9
石油和石化工业						
冶金工业						
建材工业						
化学工业						
森林工业						
食品工业						
烟草工业						

续表

项　目	一级企业数量（家）	所属三级以上户数(户)	年末国有资产总量（万元）	资产总额（万元）	人均利润（元/人）	人均税收（元/人）
纺织工业						
医药工业						
机械工业	1	1	1563.9	5984.3	80968.5	51362.5
电子工业	1	17	62143.1	703206.1	37724.3	17160.4
电力工业	1	22	1003270.3	3080707.9	393839.5	353298.6
市政公用工业						
其他工业	1	39	361938.8	1139062.9	24584.9	40097.0
三、建筑业	2	22	81860.3	581156.2	19920.8	114989.8
四、地质勘查及水利业						
五、交通运输业	8	82	3283803.1	5526118.8	60959.2	20046.6
其中：铁路运输业						
道路运输业	2	30	15092.9	140417.6	—4158.8	9390.2
水上运输业	2	24	1033756.7	1862952.5	988077.1	97211.1
航空运输业	1	16	486171.5	808194.8	115548.6	59119.2
六、仓储业	1	8	68995.6	252585.5	22471.9	152169.3
七、邮电通信业						
八、批发和零售、餐饮业	4	11	205087.5	325766.5	113314.6	36338.6
(一)贸易业	4	11	205087.5	325766.5	113314.6	36338.6
1. 商业贸易	4	11	205087.5	325766.5	113314.6	36338.6
2. 粮油贸易						
3. 物资贸易						
4. 商业经纪与代理业						
(二)餐饮业						
九、房地产业	10	56	282366.4	1691183.0	179690.1	116929.3
十、信息技术服务业	1	1	25.0	634.7	11164.4	8271.9
十一、社会服务业	24	364	5272716.3	14551598.1	101950.0	54729.0
十二、卫生体育福利业	1	1	326.5	1043.4	219.2	16621.1
十三、教育文化广播业	3	3	475343.0	808191.9	27270.4	38744.8
十四、科学研究和技术服务	6	16	53727.7	119266.6	26152.8	17057.2
十五、机关社团及其他	1	1	492.2	25042.1	37591.4	47203.1

2008 年海南省国有企业主要指标表

项　目	一级企业数量（家）	所属三级以上户数(户)	年末国有资产总量（万元）	资产总额（万元）	人均利润（元/人）	人均税收（元/人）
合　计	487	688	2327594.0	9146861.8	8911.1	12790.5
一、农林牧渔业	73	77	74355.2	225083.0	72.4	894.6
其中：农业	20	21	35637.3	77319.8	−563.9	660.1
林业	28	30	25166.7	92189.6	4922.8	1434.0
畜牧业	3	3	5959.6	7147.3	4582.5	0.0
渔业	4	5	929.1	22867.1	351.6	1927.9
二、工业	111	141	482647.7	1081112.2	14088.0	15267.7
其中：煤炭工业						
石油和石化工业						
冶金工业	3	3	143838.4	327960.8	2762576.4	328923.6
建材工业	2	2	1897.3	4818.6	320.6	0.0
化学工业	2	2	0.0	2943.8	864.5	0.0
森林工业	1	1	106.0	236.4	−9343.9	152.1
食品工业	34	37	19530.6	159581.0	−38481.1	23412.8
烟草工业						
纺织工业	5	8	34213.6	123150.2	32162.3	13237.1
医药工业						
机械工业	11	11	3750.7	5556.3	−1345.8	295.7
电子工业						
电力工业	13	21	106561.7	136063.0	13464.7	9596.5
市政公用工业	12	28	153008.6	277209.8	−2136.3	8744.5
其他工业	28	28	19740.8	43592.3	−4802.0	7414.8
三、建筑业	21	66	64330.1	639437.7	137.2	67227.7
四、地质勘查及水利业	4	4	1006.3	2073.4	−11.4	890.1
五、交通运输业	13	86	257900.6	767200.6	14894.0	11786.8
其中：铁路运输业						
道路运输业	2	38	80180.8	343158.1	14680.4	12497.0
水上运输业	3	10	11306.1	66256.7	−6053.6	2083.7

续表

项　目	一级企业数量（家）	所属三级以上户数(户)	年末国有资产总量（万元）	资产总额（万元）	人均利润（元/人）	人均税收（元/人）
航空运输业						
六、仓储业	29	29	9289.7	55422.4	-2080.4	3806.0
七、邮电通信业						
八、批发和零售、餐饮业	114	114	32309.2	147206.7	-162.2	1079.2
(一)贸易业	103	103	30299.7	142120.7	-105.4	1142.2
1. 商业贸易	54	54	2638.5	29694.5	-570.0	843.7
2. 粮油贸易	22	22	2836.3	37853.6	-10066.9	707.2
3. 物资贸易	20	20	24502.7	71288.3	3223.0	2134.8
4. 商业经纪与代理业	7	7	322.1	3284.2	-626.9	105.1
(二)餐饮业	11	11	2009.5	5086.0	-619.8	571.4
九、房地产业	36	44	320962.4	2869072.1	39260.9	31874.2
十、信息技术服务业	1	1	0.0	406.9	15128.3	37.7
十一、社会服务业	55	96	902304.5	3038432.6	21653.4	23653.2
十二、卫生体育福利业	1	1	5.8	56.3	0.0	2853.4
十三、教育文化广播业	17	17	165948.7	198396.8	30982.2	9429.5
十四、科学研究和技术服务	9	9	1702.8	2879.5	6549.0	13455.2
十五、机关社团及其他	3	3	14830.9	120081.6	28331.1	21255.3

2008 年广西壮族自治区国有企业主要指标表

项　目	一级企业数量（家）	所属三级以上户数(户)	年末国有资产总量（万元）	资产总额（万元）	人均利润（元/人）	人均税收（元/人）
合　计	2940	3578	17263440.3	44410139.7	9551.6	21211.8
一、农林牧渔业	342	358	1641343.7	2801919.5	2504.1	1530.8
其中：农业	96	110	872764.1	1412308.1	1796.1	744.1
林业	155	155	712316.1	1223140.1	2069.3	2572.1
畜牧业	12	12	12144.3	35087.2	55578.0	8065.1
渔业	10	12	842.2	9692.0	-4096.8	540.8
二、工业	721	908	4244393.5	15877475.4	11234.9	28897.6

续表

项　目	一级企业数量（家）	所属三级以上户数（户）	年末国有资产总量（万元）	资产总额（万元）	人均利润（元/人）	人均税收（元/人）
其中：煤炭工业	10	12	69574.1	164316.6	22001.4	13926.6
石油和石化工业	2	3	25776.1	65058.9	1435.4	104818.8
冶金工业	35	102	1189549.5	4008875.1	8307.9	62073.9
建材工业	50	57	83051.2	373697.0	－6181.1	10579.4
化学工业	31	45	253230.0	1040901.9	4562.9	23651.7
森林工业	15	15	2992.3	11789.1	－10245.1	3089.4
食品工业	170	178	303042.4	1811460.6	9574.0	30139.2
烟草工业	1	1	2029.3	3147.2	－3221.5	2717.5
纺织工业	15	15	36885.4	143600.3	284.2	4327.5
医药工业	9	9	5923.9	62832.0	19472.3	33131.4
机械工业	51	119	521090.9	3169063.0	26311.5	26817.2
电子工业	7	7	21271.0	114770.8	31353.6	27579.5
电力工业	143	143	1137618.2	3130018.4	10744.9	23493.7
市政公用工业	86	97	526327.2	1154295.4	12888.4	10650.0
其他工业	79	88	60642.1	511498.9	－4763.5	5485.4
三、建筑业	76	118	998645.2	3100041.5	1702.0	27822.1
四、地质勘查及水利业	49	49	52903.8	175468.4	－6284.5	7302.1
五、交通运输业	57	135	5316258.3	6889531.4	22168.0	12027.5
其中：铁路运输业	3	23	447959.3	784871.6	20786.2	20963.5
道路运输业	21	22	3839582.1	3579907.2	26885.4	2183.6
水上运输业	5	5	8218.8	10107.5	－2690.4	2173.1
航空运输业	1	24	163452.0	209171.2	22492.6	9189.6
六、仓储业	583	584	134386.7	728108.1	3745.7	2278.6
七、邮电通信业						
八、批发和零售、餐饮业	697	811	273257.3	1515763.1	－2870.5	9124.9
（一）贸易业	651	765	266996.5	1492632.7	－2972.7	9694.9
1. 商业贸易	333	355	154792.3	718490.4	1465.3	9376.2
2. 粮油贸易	155	155	14635.7	81874.4	－2744.1	498.0
3. 物资贸易	154	246	97301.9	678559.2	－17511.0	13672.6
4. 商业经纪与代理业	9	9	266.6	13708.8	－879.1	179.7
（二）餐饮业	46	46	6260.8	23130.4	－1647.3	2302.8
九、房地产业	78	88	1228498.6	3062356.6	69001.7	140851.5

续表

项　目	一级企业数量（家）	所属三级以上户数（户）	年末国有资产总量（万元）	资产总额（万元）	人均利润（元/人）	人均税收（元/人）
十、信息技术服务业	2	88	22813.9	542351.7	−14210.8	2211.9
十一、社会服务业	168	236	2974268.8	9087592.8	18858.6	29621.9
十二、卫生体育福利业	6	6	595.9	5683.3	−677.4	2195.2
十三、教育文化广播业	101	118	219311.0	315102.6	26481.6	20654.4
十四、科学研究和技术服务	53	70	41924.3	111173.4	11138.2	10371.6
十五、机关社团及其他	6	8	114464.0	196368.9	88583.4	20695.5

2008 年贵州省国有企业主要指标表

项　目	一级企业数量（家）	所属三级以上户数（户）	年末国有资产总量（万元）	资产总额（万元）	人均利润（元/人）	人均税收（元/人）
合　计	1720	2103	8002545.1	32971940.8	25233.0	31203.0
一、农林牧渔业	139	139	61338.4	155820.4	−3365.2	2070.4
其中：农业	45	45	21709.7	59275.9	−852.9	3270.0
林业	59	59	28863.2	60726.8	−2828.2	1298.7
畜牧业	9	9	2985.5	8426.3	−5059.9	1416.1
渔业						
二、工业	489	694	3875872.9	15633685.0	38101.7	41175.5
其中：煤炭工业	29	57	645903.6	2431229.1	21253.8	17256.0
石油和石化工业						
冶金工业	18	32	277184.2	1554028.2	−12904.5	22794.6
建材工业	32	42	62750.4	267885.2	−1224.9	8850.0
化学工业	43	120	1101793.5	3984772.3	34612.3	65729.3
森林工业	5	5	467.6	6669.1	−36594.9	9598.4
食品工业	97	97	69667.7	191816.5	−2526.5	8070.7
烟草工业	2	2	1706.2	3399.8	−11412.4	3712.9
纺织工业	7	7	3420.3	13077.3	−265.6	5625.9

续表

项　目	一级企业数量（家）	所属三级以上户数(户)	年末国有资产总量（万元）	资产总额（万元）	人均利润（元/人）	人均税收（元/人）
医药工业	4	4	4050.3	8212.2	—1264.8	6642.0
机械工业	55	66	113335.1	546723.5	725.9	7813.1
电子工业	2	42	89813.6	510995.8	7380.1	10287.3
电力工业	49	56	316549.3	3492104.0	43787.6	59038.5
市政公用工业	83	88	103980.9	491375.2	—5569.7	8153.8
其他工业	63	76	1085250.2	2131396.8	366819.6	236398.0
三、建筑业	57	86	1101079.1	8673914.0	—14309.8	14681.7
四、地质勘查及水利业	10	10	13628.1	31514.1	66988.4	8354.0
五、交通运输业	50	52	317711.9	1062262.0	—1287.1	6380.8
其中：铁路运输业	2	2	81066.8	321706.2	15770.1	30830.9
道路运输业	26	26	205092.9	609140.2	864.3	4140.2
水上运输业	3	3	511.8	4751.4	1628.7	797.4
航空运输业	1	1	0.0	29020.5	—58454.2	43205.0
六、仓储业	152	152	64729.6	363494.0	1058.2	914.2
七、邮电通信业	1	1	57.1	356.2	124.7	2090.3
八、批发和零售、餐饮业	547	667	331718.4	851927.2	34438.9	19660.0
（一）贸易业	515	635	323976.8	834349.7	36672.8	20685.8
1. 商业贸易	308	397	135859.7	325609.2	4958.2	9439.1
2. 粮油贸易	83	83	14003.1	61587.1	831.8	1049.9
3. 物资贸易	118	149	171847.4	436667.9	137894.7	59152.5
4. 商业经纪与代理业	6	6	2266.5	10485.5	—7408.4	1266.9
（二）餐饮业	32	32	7741.6	17577.5	—4915.0	1588.2
九、房地产业	51	51	813106.3	3377089.0	—21898.2	18844.9
十、信息技术服务业	2	2	1533.2	1966.0	101671.3	78880.5
十一、社会服务业	121	140	707716.7	1434277.4	4166.7	19237.1
十二、卫生体育福利业	1	1	69.0	159.9	0.0	0.0
十三、教育文化广播业	45	45	54554.8	194552.6	12331.5	14617.5
十四、科学研究和技术服务	31	31	21275.8	82836.1	14841.1	14775.0
十五、机关社团及其他	12	20	493388.4	667921.5	271875.4	47021.3

2008年四川省国有企业主要指标表

项目	一级企业数量(家)	所属三级以上户数(户)	年末国有资产总量(万元)	资产总额(万元)	人均利润(元/人)	人均税收(元/人)
合计	1668	2993	23112144.1	89403152.2	19096.6	27425.6
一、农林牧渔业	169	169	331101.1	987989.2	36.8	2160.8
其中:农业	27	27	26367.6	163145.9	-2104.1	3853.1
林业	98	98	106922.9	369455.7	-461.8	631.8
畜牧业	15	15	9276.0	17978.3	644.0	3.8
渔业						
二、工业	391	864	6009625.3	22072731.0	25608.5	29682.7
其中:煤炭工业	28	110	213025.3	1993999.8	3200.1	13209.2
石油和石化工业	1	1	29.3	37271.3	-12791.7	20587.7
冶金工业	20	25	406983.3	768981.0	95488.8	78002.9
建材工业	6	6	1265.5	38163.9	-7038.2	4877.9
化学工业	16	115	974053.1	4214469.4	29821.6	37805.1
森林工业	5	6	2924.4	23994.3	1646.1	3436.3
食品工业	33	37	40370.1	82979.8	-16278.4	2760.4
烟草工业						
纺织工业	8	22	33939.1	430469.0	-2448.4	5540.2
医药工业	3	5	0.0	39544.3	-40569.9	9923.8
机械工业	24	40	79350.6	363447.5	7805.1	15389.4
电子工业	9	96	560352.3	4397400.1	9033.3	14688.3
电力工业	95	146	1114688.4	3587130.2	7496.7	17459.9
市政公用工业	109	129	741765.9	1925589.1	13946.9	10926.0
其他工业	34	126	1840877.9	4169291.2	94195.5	84188.7
三、建筑业	66	211	1583669.9	7897928.9	2051.2	18568.9
四、地质勘查及水利业	8	8	80079.7	91118.4	-108569.6	9269.1
五、交通运输业	62	210	4403098.6	13451951.2	-2865.1	12500.8

续表

项　目	一级企业数量（家）	所属三级以上户数（户）	年末国有资产总量（万元）	资产总额（万元）	人均利润（元/人）	人均税收（元/人）
其中：铁路运输业	1	16	422544.8	886968.9	－22903.4	8845.1
道路运输业	34	115	2800851.4	9611704.5	1715.7	20349.5
水上运输业	2	2	0.0	12865.0	－3962.5	68.0
航空运输业	5	24	397297.0	911087.4	7144.5	21515.5
六、仓储业	365	386	209548.5	895221.0	－277.4	2822.9
七、邮电通信业						
八、批发和零售、餐饮业	200	335	582582.0	1580458.7	18126.5	17143.2
（一）贸易业	192	327	573219.8	1538224.3	19343.3	17731.2
1. 商业贸易	80	163	421232.2	1040778.6	24423.6	20092.0
2. 粮油贸易	59	66	45486.7	172080.8	－3278.4	2788.2
3. 物资贸易	52	95	106500.9	324448.8	10573.0	14999.4
4. 商业经纪与代理业	1	3	0.0	916.1	－54761.7	958.5
（二）餐饮业	8	8	9362.2	42234.3	－13470.6	1875.2
九、房地产业	76	168	3464161.4	11700346.9	87350.6	47352.6
十、信息技术服务业	14	14	34887.0	110162.8	628.8	6317.4
十一、社会服务业	163	359	4686895.2	17105588.7	－3183.9	59550.0
十二、卫生体育福利业	6	7	14009.5	17647.8	－1617.6	3258.5
十三、教育文化广播业	87	183	467209.9	1110241.5	8995.8	28133.3
十四、科学研究和技术服务	12	22	33505.4	47965.7	4706.7	28761.7
十五、机关社团及其他	49	57	1211770.3	12333800.7	258997.9	90376.1

2008 年重庆市国有企业主要指标表

项　目	一级企业数量（家）	所属三级以上户数（户）	年末国有资产总量（万元）	资产总额（万元）	人均利润（元/人）	人均税收（元/人）
合　计	605	1882	25273441.9	94696209.6	25103.3	23991.2
一、农林牧渔业	59	91	167022.5	584246.9	11033.5	11569.4
其中：农业	25	25	11161.6	39337.8	5817.9	2846.5
林业	11	11	32289.1	50871.4	－10408.9	354.6

续表

项　目	一级企业数量（家）	所属三级以上户数（户）	年末国有资产总量（万元）	资产总额（万元）	人均利润（元/人）	人均税收（元/人）
畜牧业	5	5	18773.1	67823.9	12064.4	2379.1
渔业	4	4	389.6	3893.2	11014.6	4414.2
二、工业	132	707	5227706.3	16301267.4	16627.3	26245.9
其中：煤炭工业	12	114	1297456.0	2777502.1	2194.8	13107.4
石油和石化工业	1	5	12154.7	35217.7	43213.1	33289.3
冶金工业	1	50	459364.6	2607033.9	29921.5	41456.5
建材工业	3	3	5417.5	34492.4	12036.5	13400.7
化学工业	8	102	548475.0	2134938.2	24538.2	28898.2
森林工业	1	1	0.0	207.3	－6367.6	0.0
食品工业	5	8	11813.6	53150.7	13205.9	17894.3
烟草工业						
纺织工业	5	9	8567.0	47467.9	－14958.8	2380.2
医药工业	1	26	197102.4	754990.8	－1699.1	17761.8
机械工业	22	144	879519.9	2866147.6	20522.5	27989.7
电子工业	2	2	9587.5	20487.1	－27748.2	8548.7
电力工业	12	34	282369.8	1188483.7	30178.5	38470.6
市政公用工业	38	93	821641.9	1638885.1	93331.9	48039.5
其他工业	21	116	694236.4	2142262.9	11429.2	36250.8
三、建筑业	53	124	1375143.3	4878259.6	9413.3	19488.9
四、地质勘查及水利业	12	34	1090294.4	2196485.7	9795.9	7177.2
五、交通运输业	25	210	5078426.5	15273034.0	23176.5	13113.2
其中：铁路运输业						
道路运输业	11	104	3673049.2	11688012.6	26684.2	22754.0
水上运输业	3	51	224093.2	736613.2	6874.0	6686.7
航空运输业	1	3	24705.7	34815.0	－168254.3	5383.2
六、仓储业	8	9	2144.8	24798.7	－4746.8	1168.7
七、邮电通信业	1	1	281.1	590.6	1001.9	8206.7
八、批发和零售、餐饮业	53	213	377066.9	1744555.0	8175.8	19826.2
（一）贸易业	51	211	376694.2	1743472.0	8219.1	19879.9
1. 商业贸易	23	93	251220.9	1305373.2	10750.6	23219.4
2. 粮油贸易	4	94	116103.4	405835.9	－7775.7	2733.0

续表

项　目	一级企业数量（家）	所属三级以上户数（户）	年末国有资产总量（万元）	资产总额（万元）	人均利润（元/人）	人均税收（元/人）
3. 物资贸易	23	23	9369.9	31369.9	42220.9	35635.0
4. 商业经纪与代理业	1	1	0.0	893.0	—2960.0	19698.3
(二)餐饮业	2	2	372.7	1083.0	—4698.1	3848.5
九、房地产业	78	127	6005324.6	14697258.7	152250.9	45879.9
十、信息技术服务业	4	8	14376.3	27904.0	7868.4	53182.3
十一、社会服务业	100	199	5566397.5	15405147.2	120714.9	38080.3
十二、卫生体育福利业						
十三、教育文化广播业	48	113	180010.8	673742.9	21412.3	15831.7
十四、科学研究和技术服务	16	17	9266.4	30542.2	11905.9	14548.3
十五、机关社团及其他	16	29	179980.4	22858376.8	84684.1	42389.0

2008年云南省国有企业主要指标表

项　目	一级企业数量（家）	所属三级以上户数（户）	年末国有资产总量（万元）	资产总额（万元）	人均利润（元/人）	人均税收（元/人）
合　计	1319	2347	14342827.0	48028187.3	7496.2	31609.5
一、农林牧渔业	189	267	473666.9	1208339.3	1614.7	1024.5
其中：农业	58	132	347654.0	941995.3	1684.9	988.9
林业	87	87	71430.1	164588.2	2293.6	1285.5
畜牧业	10	10	1569.7	5649.2	—1630.3	27.0
渔业	4	4	153.4	305.8	—19872.0	48.2
二、工业	255	756	5793211.3	22627802.3	6171.2	52668.1
其中：煤炭工业	13	17	278791.2	598179.4	42352.9	62156.1
石油和石化工业						
冶金工业	10	323	2858975.7	9802421.9	—13933.5	57322.1
建材工业	5	5	17328.5	52809.5	—2915.2	25407.0
化学工业	10	146	1594990.6	8418063.5	19089.2	59508.2

续表

项　目	一级企业数量（家）	所属三级以上户数(户)	年末国有资产总量（万元）	资产总额（万元）	人均利润（元/人）	人均税收（元/人）
森林工业	3	3	9209.6	16828.5	1767.8	6224.1
食品工业	15	25	13095.9	55441.7	−9388.1	6565.1
烟草工业						
纺织工业	2	5	12769.6	127560.4	17655.4	10053.6
医药工业	7	10	92149.6	717347.9	104842.7	109205.1
机械工业	31	46	274120.3	1011397.3	26961.8	20121.1
电子工业	1	3	0.0	12901.8	1081.2	3864.7
电力工业	33	33	222018.1	876693.4	15805.0	46586.3
市政公用工业	99	114	406483.3	894043.2	−17243.1	17613.5
其他工业	26	26	13279.0	44114.0	9285.6	10458.4
三、建筑业	38	151	854232.3	2971209.6	5531.0	30088.4
四、地质勘查及水利业	33	33	92232.0	182529.2	−23982.4	4481.0
五、交通运输业	26	80	1105367.2	2580726.9	2678.1	8597.6
其中:铁路运输业	1	1	47462.4	48943.9	28065.2	21177.1
道路运输业	14	25	226847.1	1127386.9	−5448.3	7410.1
水上运输业	2	2	2367.6	7055.6	−14030.0	2233.5
航空运输业	1	41	752884.5	1223597.6	25305.1	19483.0
六、仓储业	137	144	168790.3	687751.0	4393.0	5358.1
七、邮电通信业						
八、批发和零售、餐饮业	143	201	88039.9	601678.0	3982.8	23030.5
(一)贸易业	137	195	84805.8	596943.0	4318.7	23926.1
1. 商业贸易	40	42	31551.7	139687.1	−11996.3	6505.5
2. 粮油贸易	56	56	15322.7	76824.7	−9196.3	2292.9
3. 物资贸易	40	96	37931.4	369561.0	19384.1	41413.4
4. 商业经纪与代理业	1	1	0.0	10870.2	−20459.2	22265.0
(二)餐饮业	6	6	3234.1	4735.0	−2558.6	5592.0
九、房地产业	47	64	251359.5	1374794.4	64006.1	50679.2
十、信息技术服务业	4	5	90821.7	473011.1	1205.2	5452.3
十一、社会服务业	255	377	4999146.1	14540008.6	32465.1	22497.6
十二、卫生体育福利业	6	6	1459.5	2612.9	−104.5	2923.3
十三、教育文化广播业	71	145	201028.4	436343.1	31120.2	18847.4
十四、科学研究和技术服务	75	78	24795.2	58852.3	21166.7	10333.0
十五、机关社团及其他	40	40	198677.3	1182528.7	104861.6	44645.1

2008年陕西省国有企业主要指标表

项　目	一级企业数量（家）	所属三级以上户数（户）	年末国有资产总量（万元）	资产总额（万元）	人均利润（元/人）	人均税收（元/人）
合　计	1820	2956	19273526.8	69229055.1	29639.0	51455.2
一、农林牧渔业	119	124	71485.4	194559.6	—522.4	403.4
其中：农业	30	35	20682.3	65645.3	57.5	274.7
林业	40	40	26849.3	58620.5	—830.7	222.2
畜牧业	16	16	5609.7	13773.0	11442.1	347.6
渔业	3	3	4.1	869.2	—5631.6	299.8
二、工业	536	1120	12041434.4	36263540.2	38536.0	69356.8
其中：煤炭工业	37	169	2666580.5	11422858.4	25255.0	28612.1
石油和石化工业	4	30	4297293.3	9078957.1	165715.0	329312.8
冶金工业	25	162	2567142.5	5964178.5	51921.7	76869.2
建材工业	38	52	30331.6	331206.4	—18629.9	3968.8
化学工业	36	42	162159.5	411869.3	5417.8	14997.7
森林工业	9	9	2667.0	12338.4	—5522.8	1521.5
食品工业	89	91	17434.5	113695.5	—3333.3	1019.9
烟草工业	1	1	382.0	4795.3	—4663.8	0.0
纺织工业	31	41	112697.7	429347.7	—3343.3	3105.5
医药工业	16	45	113585.0	520954.3	41868.7	64004.4
机械工业	93	151	496102.2	1608415.2	17451.5	8631.6
电子工业	4	115	155164.1	1108591.8	3700.9	7261.2
电力工业	17	73	1119074.8	4401889.5	23078.9	56963.4
市政公用工业	83	83	262545.6	629487.4	—13184.5	3629.7
其他工业	53	56	38274.1	224955.3	4607.6	19474.8
三、建筑业	46	75	352135.1	2359436.9	2022.1	15255.2
四、地质勘查及水利业	11	11	20004.2	30715.5	—1756.0	5384.5
五、交通运输业	55	104	3738694.1	13737281.6	4727.1	8409.8
其中：铁路运输业						
道路运输业	35	57	3421186.9	12545163.7	7035.3	8566.8
水上运输业						

续表

项　目	一级企业数量(家)	所属三级以上户数(户)	年末国有资产总量(万元)	资产总额(万元)	人均利润(元/人)	人均税收(元/人)
航空运输业	1	28	301035.3	708013.6	767.4	13199.9
六、仓储业	260	265	121731.5	825773.3	-1765.3	2264.3
七、邮电通信业						
八、批发和零售、餐饮业	540	753	286667.2	1856003.8	6720.1	8746.3
(一)贸易业	502	715	280538.5	1820498.8	7171.4	9193.9
1. 商业贸易	298	405	129164.0	597224.8	-1790.9	4478.6
2. 粮油贸易	81	81	8917.6	105416.3	-7269.8	934.1
3. 物资贸易	115	218	141559.3	1088911.0	27451.4	20108.9
4. 商业经纪与代理业	8	11	897.5	28946.7	-2704.6	442.3
(二)餐饮业	38	38	6128.8	35505.0	-649.6	1437.2
九、房地产业	62	141	1107316.8	3909966.6	14954.3	33849.4
十、信息技术服务业	1	1	98510.0	134541.9	1091945.9	93797.4
十一、社会服务业	92	249	1122121.6	3928810.7	8757.4	17054.9
十二、卫生体育福利业	4	4	485.9	1361.0	-1012.1	897.5
十三、教育文化广播业	70	85	221895.7	544682.2	7823.7	10136.4
十四、科学研究和技术服务	20	20	57188.3	108674.6	71245.8	35037.7
十五、机关社团及其他	4	4	33856.4	5333707.3	402422.5	144216.2

2008 年甘肃省国有企业主要指标表

项　目	一级企业数量(家)	所属三级以上户数(户)	年末国有资产总量(万元)	资产总额(万元)	人均利润(元/人)	人均税收(元/人)
合　计	934	1286	6341314.0	22972216.7	18594.5	27090.2
一、农林牧渔业	49	74	282853.7	997079.7	4917.4	3504.2
其中:农业	15	15	12940.9	246268.7	33864.4	1798.9
林业	12	12	21004.8	52477.0	818.2	154.4
畜牧业	7	7	19781.6	29976.3	1796.0	109.2
渔业						
二、工业	235	458	4929752.8	17725093.9	26933.8	37555.3

续表

项　目	一级企业数量（家）	所属三级以上户数(户)	年末国有资产总量（万元）	资产总额（万元）	人均利润（元/人）	人均税收（元/人）
其中:煤炭工业	14	40	580619.7	2016448.6	12308.6	24707.3
石油和石化工业						
冶金工业	16	103	3518955.8	11361525.6	53847.8	71043.2
建材工业	10	30	56137.4	496772.0	22080.9	24255.3
化学工业	9	17	72907.3	344701.7	13453.8	11345.5
森林工业						
食品工业	10	10	2802.9	11751.3	-21094.8	2051.3
烟草工业						
纺织工业	1	5	0.0	71774.3	-3963.8	7704.5
医药工业	4	4	17023.5	47872.7	16447.8	16467.9
机械工业	32	84	226823.7	1164491.2	11015.0	9788.1
电子工业	6	10	26994.1	206239.9	623.8	2880.8
电力工业	55	77	259669.8	1680498.5	15814.7	22912.6
市政公用工业	66	66	107789.8	205579.8	-21334.1	3166.6
其他工业	12	12	60028.8	117438.2	-860.5	6928.8
三、建筑业	31	53	50019.7	1300216.6	560.9	6407.4
四、地质勘查及水利业	69	69	329205.1	394922.6	-7643.5	159.5
五、交通运输业	25	39	54467.0	166684.7	-1291.0	2520.4
其中:铁路运输业						
道路运输业	17	17	11752.4	47585.8	-582.1	3185.3
水上运输业	1	1	653.3	2663.2	635.6	2635.0
航空运输业						
六、仓储业	182	182	92175.1	543123.1	-2915.4	2402.4
七、邮电通信业						
八、批发和零售、餐饮业	184	248	108713.0	565244.7	3538.1	6504.7
(一)贸易业	180	244	108275.6	563894.3	3489.2	6593.5
1. 商业贸易	125	151	74076.3	333021.0	3107.0	4590.2
2. 粮油贸易	31	31	16466.2	85056.5	2102.3	1665.2
3. 物资贸易	23	61	17707.1	144975.1	4744.7	12463.0
4. 商业经纪与代理业	1	1	26.0	841.8	30.9	61.3
(二)餐饮业	4	4	437.4	1350.4	6656.9	838.2

续表

项　目	一级企业数量（家）	所属三级以上户数(户)	年末国有资产总量（万元）	资产总额（万元）	人均利润（元/人）	人均税收（元/人）
九、房地产业	14	14	9476.2	43222.2	2904.5	7576.8
十、信息技术服务业	3	3	6301.3	30504.6	1085.1	13504.2
十一、社会服务业	74	78	287871.4	681487.3	−1840.0	33245.4
十二、卫生体育福利业	3	3	335.8	645.2	−574.3	670.7
十三、教育文化广播业	34	34	79517.5	105585.0	60468.8	13589.5
十四、科学研究和技术服务	25	25	15992.1	66196.5	12494.4	10502.9
十五、机关社团及其他	6	6	94633.2	352210.5	103513.8	71769.1

2008 年青海省国有企业主要指标表

项　目	一级企业数量（家）	所属三级以上户数(户)	年末国有资产总量（万元）	资产总额（万元）	人均利润（元/人）	人均税收（元/人）
合　计	248	520	2721891.8	12490367.6	57932.4	46729.6
一、农林牧渔业	12	30	43319.2	111697.8	5203.4	2683.3
其中：农业	5	23	41766.5	107035.4	5332.5	2108.0
林业						
畜牧业	3	3	657.3	3291.3	2029.1	20777.6
渔业	1	1	5.3	90.7	78.1	0.0
二、工业	68	197	783657.1	5988537.6	95141.0	71638.6
其中：煤炭工业	3	16	22858.7	82239.5	6321.2	23089.2
石油和石化工业						
冶金工业	3	81	317986.6	3705658.0	39249.4	75611.9
建材工业	5	7	23632.3	117634.8	41910.3	20907.4
化学工业	3	26	331138.1	1754637.8	336476.6	124690.5
森林工业						
食品工业	12	12	3169.8	9734.1	−3048.9	1726.1
烟草工业						

续表

项　目	一级企业数量（家）	所属三级以上户数(户)	年末国有资产总量（万元）	资产总额（万元）	人均利润（元/人）	人均税收（元/人）
纺织工业						
医药工业	2	4	13336.7	31915.8	17855.3	11289.7
机械工业	5	7	15778.1	40513.3	33374.0	5241.1
电子工业	8	17	44328.9	192941.5	15599.4	12815.0
电力工业						
市政公用工业	19	19	5824.5	30714.7	—12747.8	3689.6
其他工业	8	8	5603.5	22548.1	4261.0	10640.4
三、建筑业	9	22	18476.2	228776.0	—5078.5	10330.9
四、地质勘查及水利业	1	1	5238.0	6942.3	—138382.3	35513.4
五、交通运输业	15	27	25347.4	88945.2	—127.6	3799.6
其中：铁路运输业						
道路运输业	10	22	8906.5	30229.9	2098.1	11771.3
水上运输业						
航空运输业						
六、仓储业	38	38	27609.0	100566.3	1158.3	598.2
七、邮电通信业						
八、批发和零售、餐饮业	49	78	48105.0	100598.8	15342.0	12087.6
（一）贸易业	49	78	48105.0	100598.8	15342.0	12087.6
1. 商业贸易	25	31	9147.2	28948.1	3289.1	5648.8
2. 粮油贸易	18	18	1979.2	9440.1	—4611.6	1012.3
3. 物资贸易	6	29	36978.6	62210.6	31494.5	20821.3
4. 商业经纪与代理业						
（二）餐饮业						
九、房地产业	10	19	38214.7	257705.3	—34142.6	23802.5
十、信息技术服务业	2	2	11588.4	29435.6	—35025.0	12884.5
十一、社会服务业	19	68	1560082.1	4278704.1	26979.1	33714.9
十二、卫生体育福利业						
十三、教育文化广播业	14	14	6461.0	19059.9	—5596.6	5211.0
十四、科学研究和技术服务	6	19	3744.5	19094.2	1995.8	6370.7
十五、机关社团及其他	5	5	150049.2	1260304.6	103636.0	43203.2

2008 年西藏自治区国有企业主要指标表

项　目	一级企业数量(家)	所属三级以上户数(户)	年末国有资产总量(万元)	资产总额(万元)	人均利润(元/人)	人均税收(元/人)
合　计	316	417	1399921.2	2834040.5	—6669.3	25269.2
一、农林牧渔业	21	21	20846.2	46584.7	17021.9	21553.3
其中:农业	9	9	11706.3	31175.7	17857.3	2657.6
林业	3	3	6375.9	10002.8	29353.9	76045.5
畜牧业	5	5	1681.5	3452.0	—23226.6	35476.3
渔业						
二、工业	67	109	989800.0	1670975.5	2416.7	39206.5
其中:煤炭工业	3	3	3156.7	3645.5	—47366.3	4324.1
石油和石化工业						
冶金工业	3	20	58727.4	180873.2	115153.8	76910.1
建材工业	5	14	49030.6	74675.8	1341.3	23618.2
化学工业	1	1	503.2	1229.4	—18007.9	352.9
森林工业	3	3	11487.3	21406.2	42870.4	59559.2
食品工业	3	3	3532.4	3716.6	—25416.1	4841.2
烟草工业	1	1	1203.7	3648.2	142072.6	97874.1
纺织工业	1	1	3103.8	3644.5	0.0	0.0
医药工业	3	3	7056.2	25652.8	18822.0	28245.2
机械工业	3	6	7951.3	23297.6	53720.0	42223.0
电子工业						
电力工业	24	32	784415.8	1166331.6	—66067.0	28076.0
市政公用工业	7	7	40309.8	35429.6	10004.4	12528.3
其他工业	10	15	19321.9	127424.4	76504.1	43526.2
三、建筑业	15	27	61833.8	346124.9	—49399.0	34870.6
四、地质勘查及水利业						
五、交通运输业	19	30	31126.5	79026.4	9284.6	12020.3
其中:铁路运输业						
道路运输业	17	27	30244.2	74800.3	9968.6	12368.9
水上运输业						

续表

项目	一级企业数量（家）	所属三级以上户数(户)	年末国有资产总量（万元）	资产总额（万元）	人均利润（元/人）	人均税收（元/人）
航空运输业						
六、仓储业	72	72	40668.5	123092.6	-5958.1	1604.3
七、邮电通信业						
八、批发和零售、餐饮业	66	94	64607.5	212251.5	-7162.2	10513.6
(一)贸易业	66	94	64607.5	212251.5	-7162.2	10513.6
1. 商业贸易	29	43	30159.2	99183.1	346.6	8123.0
2. 粮油贸易	21	21	9239.9	28075.6	-38481.6	16455.6
3. 物资贸易	12	21	16143.8	68908.3	9523.4	10811.8
4. 商业经纪与代理业	4	9	9064.6	16084.5	-68333.1	9146.1
(二)餐饮业						
九、房地产业						
十、信息技术服务业						
十一、社会服务业	43	51	166561.6	318385.4	-17385.2	5357.2
十二、卫生体育福利业	1	1	133.4	961.3	-34929.7	12580.0
十三、教育文化广播业	7	7	14821.2	22267.8	51479.4	3733.5
十四、科学研究和技术服务	5	5	9522.6	14370.5	-29771.9	25658.4
十五、机关社团及其他						

2008年宁夏回族自治区国有企业主要指标表

项目	一级企业数量（家）	所属三级以上户数(户)	年末国有资产总量（万元）	资产总额（万元）	人均利润（元/人）	人均税收（元/人）
合计	293	501	1627902.9	12807388.9	31842.8	20265.0
一、农林牧渔业	39	42	57949.8	163935.2	220.6	829.3
其中：农业	22	25	51866.3	144475.6	541.0	784.5
林业	3	3	1205.0	2592.5	6314.0	896.7
畜牧业	3	3	725.7	1107.1	-18554.8	4585.4
渔业						
二、工业	60	157	598983.9	3334205.9	9485.1	26216.4

续表

项　目	一级企业数量（家）	所属三级以上户数(户)	年末国有资产总量（万元）	资产总额（万元）	人均利润（元/人）	人均税收（元/人）
其中:煤炭工业	6	8	17812.3	119014.4	21177.4	27914.2
石油和石化工业						
冶金工业	1	14	156126.4	1027957.6	15181.0	34047.8
建材工业	1	1	0.0	2633.4	—131481.2	68148.5
化学工业	4	10	8020.6	25747.4	—24716.6	9016.5
森林工业						
食品工业	6	6	4327.7	12307.4	—18706.4	2214.8
烟草工业	1	1	528.4	1482.0	3555.3	58081.9
纺织工业	1	1	2110.7	5269.9	6758.1	13760.1
医药工业						
机械工业	3	11	1244.0	12693.4	1212.4	6231.1
电子工业						
电力工业	4	47	244863.1	1713837.8	17848.4	34845.9
市政公用工业	26	51	145546.4	371245.9	—11489.2	7099.6
其他工业	7	7	18404.3	42016.7	—2876.9	5276.6
三、建筑业	20	35	496727.3	1327749.7	162769.1	17756.6
四、地质勘查及水利业	16	25	100035.2	267246.4	—11519.2	7442.1
五、交通运输业	11	12	31478.4	337668.9	6364.3	8782.6
其中:铁路运输业	1	1	10695.3	285357.5	61114.6	33237.1
道路运输业	8	8	6376.6	25396.3	2687.2	11691.2
水上运输业	1	1	493.6	529.2	—7311.6	6226.2
航空运输业						
六、仓储业	27	30	32675.6	164564.8	—4476.2	746.8
七、邮电通信业						
八、批发和零售、餐饮业	49	82	27978.6	127026.7	—4676.4	12107.4
(一)贸易业	48	81	27854.8	126722.4	—4616.2	12143.3
1. 商业贸易	28	38	11006.9	69659.3	—4212.1	13817.1
2. 粮油贸易	13	13	3766.2	11496.2	—2447.4	1782.6
3. 物资贸易	7	30	13081.7	45566.9	—8716.0	8973.5
4. 商业经纪与代理业						
(二)餐饮业	1	1	123.8	304.3	—21175.2	2281.8
九、房地产业	9	12	47874.7	144741.9	21213.5	48788.9

续表

项　目	一级企业数量（家）	所属三级以上户数(户)	年末国有资产总量（万元）	资产总额（万元）	人均利润（元/人）	人均税收（元/人）
十、信息技术服务业						
十一、社会服务业	21	24	43940.1	128866.8	—2019.6	1797.6
十二、卫生体育福利业						
十三、教育文化广播业	15	27	21160.9	88576.6	—1427.3	8477.6
十四、科学研究和技术服务	21	21	32159.9	56951.8	9523.3	9357.4
十五、机关社团及其他	5	34	136938.6	6665854.0	229636.3	101958.5

2008 年新疆维吾尔自治区国有企业主要指标表

项　目	一级企业数量（家）	所属三级以上户数(户)	年末国有资产总量（万元）	资产总额（万元）	人均利润（元/人）	人均税收（元/人）
合　计	962	1321	4390717.7	14353447.6	6258.0	7241.2
一、农林牧渔业	247	271	269475.3	594964.4	—878.7	157.7
其中：农业	80	92	120108.0	278148.5	—1706.3	120.4
林业	35	38	43247.5	70846.4	4049.4	562.2
畜牧业	98	107	73946.7	158526.4	15.9	85.5
渔业	5	5	1701.1	5113.3	199.6	3598.9
二、工业	168	280	1253061.0	3149093.0	28349.3	19370.7
其中：煤炭工业	7	7	20785.4	62225.8	31051.8	17598.9
石油和石化工业	1	1	34366.5	97880.8	1856.5	9596.2
冶金工业	3	61	549193.0	1078847.9	39076.0	23799.3
建材工业	6	6	35533.1	49599.1	53086.8	59901.7
化学工业	6	25	112111.2	225065.8	32482.3	20855.2
森林工业	2	2	1346.8	5305.8	—33330.8	580.5
食品工业	12	12	7416.3	60361.6	63561.6	10909.7
烟草工业						
纺织工业	5	14	29039.1	48551.3	—25265.7	3368.9

续表

项　目	一级企业数量（家）	所属三级以上户数（户）	年末国有资产总量（万元）	资产总额（万元）	人均利润（元/人）	人均税收（元/人）
医药工业						
机械工业	4	6	139188.6	886565.6	88401.2	32354.7
电子工业						
电力工业	15	15	85321.1	117730.1	164118.7	7911.0
市政公用工业	83	83	171298.6	312321.2	－6412.1	7044.1
其他工业	24	48	67461.4	204638.1	5119.0	24906.6
三、建筑业	23	82	431689.6	1403233.1	7262.7	11881.0
四、地质勘查及水利业	19	19	133941.0	161135.2	－7265.8	399.1
五、交通运输业	39	75	1057172.0	2567754.9	－9368.8	7034.5
其中：铁路运输业						
道路运输业	29	39	36490.8	124512.9	1304.8	5874.9
水上运输业						
航空运输业	1	7	205710.8	308908.8	－37439.2	11638.6
六、仓储业	103	110	58978.9	549981.4	9355.4	1376.9
七、邮电通信业						
八、批发和零售、餐饮业	145	226	179983.2	587738.9	22747.9	22783.0
（一）贸易业	144	225	179892.7	587374.0	22789.9	22811.0
1. 商业贸易	46	108	117905.0	370165.5	34696.4	30761.2
2. 粮油贸易	72	85	39308.9	129184.4	6885.2	7037.7
3. 物资贸易	25	25	9110.8	61853.4	－14916.7	18807.9
4. 商业经纪与代理业	1	7	13567.9	26170.6	5677.5	12052.8
（二）餐饮业	1	1	90.5	364.9	－7422.8	2632.9
九、房地产业	21	26	192609.2	372042.6	－6094.3	14762.9
十、信息技术服务业	7	9	9863.7	119843.1	41714.1	9548.3
十一、社会服务业	106	138	678755.5	4239306.4	17051.7	27629.5
十二、卫生体育福利业	3	3	34.7	307.7	－3547.3	4046.2
十三、教育文化广播业	40	41	70140.0	116862.8	15605.7	10238.5
十四、科学研究和技术服务	29	29	6790.9	22340.7	9236.9	9249.6
十五、机关社团及其他	12	12	48222.8	468843.2	45632.2	15517.9

2009

CHINA'S STATE-OWNED ASSETS SUPERVISION AND ADMINISTRATION YEARBOOK

中国国有资产监督管理年鉴

国有资产监督管理政策法规选编

第六篇

关于印发《关于中央企业履行社会责任的指导意见》的通知

2007 年 12 月 29 日　国资发研究〔2008〕1 号

各中央企业：

为了全面贯彻党的十七大精神，深入落实科学发展观，推动中央企业在建设中国特色社会主义事业中，认真履行好社会责任，实现企业与社会、环境的全面协调可持续发展，我们研究制定了《关于中央企业履行社会责任的指导意见》，现印发你们。请结合本企业实际参照执行，并将企业履行社会责任工作中的经验、做法和问题及时反馈我委。

关于中央企业履行社会责任的指导意见

为了全面贯彻党的十七大精神，深入落实科学发展观，推动中央企业在建设中国特色社会主义事业中，认真履行好社会责任，实现企业与社会、环境的全面协调可持续发展，提出以下指导意见。

一、充分认识中央企业履行社会责任的重要意义

（一）履行社会责任是中央企业深入贯彻落实科学发展观的实际行动。履行社会责任要求中央企业必须坚持以人为本、科学发展，在追求经济效益的同时，对利益相关者和环境负责，实现企业发展与社会、环境的协调统一。这既是促进社会主义和谐社会建设的重要举措，也是中央企业深入贯彻落实科学发展观的实际行动。

（二）履行社会责任是全社会对中央企业的广泛要求。中央企业是国有经济的骨干力量，大多集中在关系国家安全和国民经济命脉的重要行业和关键领域，其生产经营活动涉及到整个社会经济活动和人民生活的各个方面。积极履行社会责任，不仅是中央企业的使命和责任，也是全社会对中央企业的殷切期望和广泛要求。

（三）履行社会责任是实现中央企业可持续发展的必然选择。积极履行社会责任，把社会责任理念和要求全面融入企业发展战略、企业生产经营和企业文化，有利于创新发展理念、转变发展方式，有利于激发创造活力、提升品牌形象，有利于提高职工素质、增强企业凝聚力，是中央企业发展质量和水平的重大提升。

（四）履行社会责任是中央企业参与国际经济交流合作的客观需要。在经济全球化日益深入的新形势下，国际社会高度关注企业社会责任，履行社会责任已成为国际社会对企业评价的重要内容。中央企业履行社会责任，有利于树立负责任的企业形象，提升中国企业的国际影响，也对树立我国负责任的发展中大国形象具有重要作用。

二、中央企业履行社会责任的指导思想、总体要求和基本原则

（五）指导思想。以邓小平理论和“三个代表”重要思想为指导，深入贯彻落实科学发展观，坚持以人为本，坚持可持续发展，牢记责任，强化意识，统筹兼顾，积极实践，发挥中央企业履行社会责任的表率作用，促进社会主义和谐社会建设，为实现全面建设小康社会宏伟目标作出更大贡献。

（六）总体要求。中央企业要增强社会责任意识，积极履行社会责任，成为依法经营、诚实守信的表率，节约资源、保护环境的表率，以人为本、构建和谐企业的表率，努力成为国家经济的栋梁和全社会企业的榜样。

（七）基本原则。坚持履行社会责任与促进企业改革发展相结合，把履行社会责任作为建立现代企业制度和提高综合竞争力的重要内容，深化企业改革，优化布局结构，转变发展方式，实现又好又快发展。坚持履行社会责任与企业实际相适应，立足基本国情，立足企业实际，突出重点，分步推进，切实取得企业履行社会责任的成效。坚持履行社会责任与创建和谐企业相统一，把保障企业安全生产，维护职工合法权益，帮助职工解决实际问题放在重要位置，营造和谐劳动关系，促进职工全面发展，实现企业与职工、企业与社会的和谐发展。

三、中央企业履行社会责任的主要内容

（八）坚持依法经营诚实守信。模范遵守法律法规和社会公德、商业道德以及行业规则，及时足额纳税，维护投资者和债权人权益，保护知识产权，忠实履行合同，恪守商业信用，反对不正当竞争，杜绝商业活动中的腐败行为。

（九）不断提高持续盈利能力。完善公司治理，科学民主决策。优化发展战略，突出做强主业，缩短管理链条，合理配置资源。强化企业管理，提高管控能力，降低经营成本，加强风险防范，提高投入产出水平，增强市场竞争能力。

（十）切实提高产品质量和服务水平。保证产品和服务的安全性，改善产品性能，完善服务体系，努力为社会提供优质安全健康的产品和服务，最大限度地满足消费者的需求。保护消费者权益，妥善处理消费者提出的投诉和建议，努力为消费者创造更大的价值，取得广大消费者的信赖与认同。

（十一）加强资源节约和环境保护。认真落实节能减排责任，带头完成节能减排任务。发展节能产业，开发节能产品，发展循环经济，提高资源综合利用效率。增加环保投入，改进工艺流程，降低污染物排放，实施清洁生产，坚持走低投入、低消耗、低排放和高效率的发展道路。

（十二）推进自主创新和技术进步。建立和完善技术创新机制，加大研究开发投入，提高自主创新能力。加快高新技术开发和传统产业改造，着力突破产业和行业关键技术，增加技术创新储备。强化知识产权意识，实施知识产权战略，实现技术创新与知识产权的良性互动，形成一批拥有自主知识产权的核心技术和知名品牌，发挥对产业升级、结构优化的带动作用。

（十三）保障生产安全。严格落实安全生产责任制，加大安全生产投入，严防重、特大安全事故发生。建立健全应急管理体系，不断提高应急管理水平和应对突发事件能力。为职工提供安全、健康、卫生的工作条件和生活环境，保障职工职业健康，预防和减少职业病和其他疾病对职工的危害。

（十四）维护职工合法权益。依法与职工签订并履行劳动合同，坚持按劳分配、同工同酬，建立工资正常增长机制，按时足额缴纳社会保险。尊重职工人格，公平对待职工，杜绝性别、民族、宗教、年龄等各种歧视。加强职业教育培训，创造平等发展机会。加强职代会制度建设，深化厂务公开，推进民主管理。关心职工生活，切实为职工排忧解难。

（十五）参与社会公益事业。积极参与社区建设，鼓励职工志愿服务社会。热心参与慈善、捐助等社会公益事业，关心支持教育、文化、卫生等公共福利事业。在发生重大自然灾害和突发事件的情况下，积极提供财力、物力和人力等方面的支持和援助。

四、中央企业履行社会责任的主要措施

（十六）树立和深化社会责任意识。深刻理解履行社会责任的重要意义，牢固树立社会责任意识，高度重视社会责任工作，把履行社会责任提上企业重要议事日程，经常研究和部署社会责任工作，加强社会责任全员培训和普及教育，不断创新管理理念和工作方式，努力形成履行社会责任的企业价值观和企业文化。

（十七）建立和完善履行社会责任的体制机制。把履行社会责任纳入公司治理，融入企业发展战略，落实到生产经营各个环节。明确归口管理部门，建立健全工作体系，逐步建立和完善企业社会责任指标统计和考核体系，有条件的企业要建立履行社会责任的评价机制。

（十八）建立社会责任报告制度。有条件的企业要定期发布社会责任报告或可持续发展报告，公布企业履行社会责任的现状、规划和措施，完善社会责任沟通方式和对话机制，及时了解和回应利益相关者的意见建议，主动接受利益相关者和社会的监督。

（十九）加强企业间交流与国际合作。研究学习国内外企业履行社会责任的先进理念和成功经验，开展与履行社会责任先进企业的对标，总结经验，找出差距，改进工作。加强与有关国际组织的对话与交流，积极参与社会责任国际标准的制定。

（二十）加强党组织对企业社会责任工作的领导。充分发挥企业党组织的政治核心作用，广泛动员和引导广大党员带头履行社会责任，支持工会、共青团、妇女组织在履行社会责任中发挥积极作用，努力营造有利于企业履行社会责任的良好氛围。

关于印发《中央企业负责人年度经营业绩考核补充规定》的通知

2008年2月13日　国资发考核〔2008〕36号

各中央企业：

为推动中央企业年度考核工作上水平、更规范、更精准，引导中央企业完善考核目标确定机制，以同行业先进企业为标杆，通过持续改进，逐步达到标杆企业先进水平，我委在认真总结考核工作经验的基础上，制订了《中央企业负责人年度经营业绩考核补充规定》。现印发你们，请按照有关要求，合理确定年度考核目标值，提高考核工作水平。

中央企业负责人年度经营业绩考核补充规定

为正确引导中央企业经营业绩考核工作的开展，科学核定中央企业负责人年度经营业绩考核目标，客观评价中央企业负责人年度经营业绩，根据《中央企业负责人经营业绩考核暂行办法》（国资委令第17号，以下简称《考核办法》），特制订本补充规定。

一、考核目标核定原则

（一）稳步发展原则。经济效益不断提高是实现国有资产保值增值的重要手段，鼓励企业抓住市场机遇稳步发展，不断提高市场竞争能力。

（二）行业对标原则。按照“同一行业，同一尺度”的要求，实施对标管理，引导企业以同行业先进企业的指标为标杆，通过持续改进，逐步达到标杆企业的先进水平。

（三）精准考核原则。引导企业合理确定考核目标，将实际完成值与考核目标值的差距控制在合理范围内，不断提高中央企业经营业绩考核工作水平。

（四）实事求是原则。对增长快、基数大及行业下降等客观因素影响予以统筹考虑，实事求是确定企业考核目标值，使业绩考核工作更加符合实际。

二、基本指标计分规则

（一）利润总额指标。

1. 利润总额计算是以经审核的企业合并报表实现利润为基础，反加经审核的当期企业消化以前年度潜亏，扣除变卖企业主业优质资产等取得的非经常性收益。

2. 根据《考核办法》第十一条的有关规定，企业利润总额考核目标值原则上应不低于前三年考核指标实际完成值的平均值（上年实际完成值尚未经审核的，以上年财务快报数计算）。凡满足这一条件，该项指标按《考核办法》附件1计分。

3. 企业利润总额目标值低于前三年考核指标实际完成值的平均值，该指标按以下规则计分：

（1）目标值比前三年考核指标实际完成值的平均值低20%（含）以内的，企业完成目标值时，得基本分30分；超过目标值时，每超过3%，加1分，最多加5分；低于目标值时，每低于3%，扣1分，最多扣6分。

（2）目标值比前三年考核指标实际完成值的平均值低20%～50%的，企业完成目标值时，得基本分30分；超过目标值时，每超过3%，加1分，最多加4分；低于目标值时，每低于3%，扣1分，最多扣6分。

（3）目标值比前三年考核指标实际完成值的平均值低50%（含）以上的，企业完成目标值时，得基本分30分；超过目标值时，每超过3%，加1分，最多加3分；低于目标值时，每低于3%，扣1分，最多扣6分。

（二）净资产收益率指标。

1. 净资产收益率指经审核的企业合并报表净资产收益率。计算公式为：净资产收益率＝（净利润÷平均净资产）×100%，其中：净利润不含少数股东损益、净资产不含少数股东权益。

2. 根据《考核办法》第十一条的有关规定，企业净资产收益率考核目标值原则上应不低于前三年考核指标实际完成值的平均值。凡满足这一条件，该项指标按《考核办法》附件1计分。

3. 企业净资产收益率目标值低于前三年考核指标实际完成值的平均值，该指标按以下规则计分：

（1）目标值比前三年考核指标实际完成值的平均值低20%（含）以内的，企业完成目标值时，得基本分40分；高于目标值时，每高于0.4个百分点，加1分，最多加7分；低于目标值时，每低于0.4个百分点，扣1分，最多扣8分。

(2)目标值比前三年考核指标实际完成值的平均值低20%～50%的，企业完成目标值时，得基本分40分；高于目标值时，每高于0.4个百分点，加1分，最多加6分；低于目标值时，每低于0.4个百分点，扣1分，最多扣8分。

(3)目标值比前三年考核指标实际完成值的平均值低50%(含)以上的，企业完成目标值时，得基本分40分；高于目标值时，每高于0.4个百分点，加1分，最多加5分；低于目标值时，每低于0.4个百分点，扣1分，最多扣8分。

4. 企业净资产收益率目标值达到行业优秀水平(依据国资委每年制订的《企业绩效评价标准值》)的，企业完成目标值时可直接加满分。

(三)企业基本指标目标值虽低于前三年考核指标实际完成值的平均值，但属于以下情形之一的，该指标可按《考核办法》附件1计分。

1. 目标值在所处行业中处于领先水平；

2. 受行业发展周期影响，行业整体效益出现负增长，净资产收益率高于同行业平均水平；

3. 前三年指标增幅较大(高于同类中央企业平均增幅)，目标值高于同类中央企业目标值平均水平；

4. 前三年业绩增长较快，利润总额基数较大(高于中央企业平均户均水平)，目标值高于同类中央企业目标值平均水平。

(四)基本指标目标值为负数的企业，减亏部分折半计算，盈利部分正常计算；超额完成考核目标，利润总额最多加3分，净资产收益率最多加4分；减亏但仍处于亏损状态，考核得分不超过C级最高限；扭亏为盈，考核得分不超过B级最高限。

三、分类指标基本要求

(一)分类指标原则上应达到2个，指标的确定既要体现行业特点，又要突出企业管理"短板"。

(二)分类指标加分与扣分的上限与下限为该项指标基本分的20%。

(三)对分类指标目标值达到行业优秀水平的，企业完成目标值时可以直接加满分。

四、未能完成考核目标的计分方法

凡有一项指标未能完成考核目标，则未完成考核目标的指标正常计分，其他指标只得基本分，企业综合得分不再乘以年度经营难度系数。

计算公式为：年度经营业绩考核综合得分＝利润总额指标得分＋净资产收益率指标得分＋分类指标得分。

五、其他事项

(一)企业发生生产安全责任事故，国资委按有关处罚细则给予降级降分处理。

(二)企业发生违规违纪或存在财务管理混乱等问题，国资委根据有关处罚细则视情节扣0.5～2分。

(三)企业完成国资委托管其他企业任务，国资委根据有关规定细则视任务完成程度加0.5～2分。

(四)为促进企业考核水平更加精确，对目标值与实际完成值差异过大企业，适当扣减考核得分。剔除合并、重组和会计准则调整等客观因素影响，利润总额目标值与完成值差异超过50%以上的、净资产收益率目标值与完成值差异超过5个百分点以上的，依据差异程度分别扣减该指标0.1～2分。本条款不受其他条款限制。

(五)由于国家经济政策发生重大调整、国际市场发生重大变化，或者企业发生经国资委核准批复的重大资产重组、购并及整体上市等情况，且对企业经营业绩考核指标的完成产生了较大影响的，国资委给予追溯调整。

(六)国资委在经济责任审计工作中发现企业以前年度经营成果严重不实的，将对企业以前年度业绩考核结果予以调整，并相应扣减有关责任人当期绩效薪金。

(七)企业取得非经常性收益影响利润总额指标完成在15%以上，未在核定考核目标值时剔除计算的，在计算考核结果时，对影响超出15%部分减半计算。

(八)企业实施新会计准则后，按公允价值计量的"交易性金融资产"和"可供出售金融资产"，可在核定考核目标值时作扣除因素。企业经营业绩考核口径经确认后不得随意变更。

(九)军工、科研类等企业考核目标的核定及计分依据本规定和企业指标实际权重执行。

(十)本补充规定由国资委负责解释，自2008年起施行。

关于印发《中央企业国有资本经营预算建议草案编报办法(试行)》的通知

2008年2月15日 国资发产权〔2008〕46号

各中央企业:

根据《国务院关于试行国有资本经营预算的意见》(国发〔2007〕26号)的有关规定,国资委负责"提出本单位年度国有资本经营预算建议草案"。为明确国资委与中央企业在编制预算建议草案中的职责分工,做好中央企业国有资本经营预算建议草案的编制工作,现将《中央企业国有资本经营预算建议草案编报办法(试行)》印发给你们,请遵照执行。

中央企业国有资本经营预算建议草案编报办法(试行)

第一条 为做好国务院国有资产监督管理委员会(以下简称国资委)所监管企业(以下简称中央企业)国有资本经营预算建议草案的编制工作,根据《中华人民共和国公司法》、《企业国有资产监督管理暂行条例》、《国务院关于试行国有资本经营预算的意见》以及相关规定,制定本办法。

第二条 中央企业国有资本经营预算建议草案(以下简称预算建议草案),是指国资委组织中央企业上交国有资本经营预算收入、安排国有资本经营预算支出编制的预算建议草案。预算建议草案包括中央企业国有资本经营预算收入和支出两部分内容。

第三条 中央企业国有资本经营预算收入(以下简称预算收入),是指中央企业上交的利润、股利、股息,以及中央企业产权转让和清算收入等。

中央企业国有资本经营预算支出(以下简称预算支出)包括资本性支出、费用性支出和其他支出等。资本性支出是指根据产业发展规划、国有经济布局和结构调整、国有企业发展要求,以及国家战略、安全等需要安排的资本性支出。费用性支出是指用于弥补国有企业改革成本等方面的费用性支出。其他支出是指国资委用于中央企业结构调整和企业重组重大项目聘请中介机构的费用,中央企业外部董事薪酬,以及用于预算支出项目的各项管理费用等。

第四条 预算建议草案按照以收定支编制,预算支出按照当年预算收入规模安排,不列赤字,结余结转下年使用;预算收入与预算支出实行两条线管理,不能以收抵支;预算收支必须严格按制度和程序办事,公开、公平、公正,依法合规,防止暗箱操作。

第五条 每年5月上旬,国资委根据中央企业财务预算,结合宏观经济形势和企业生产经营发展状况,测算中央企业本年度预计可实现的国有资本收益,作为编制下年度预算建议草案的预算收入(以下简称下年度预算收入)。

第六条 每年5月下旬,国资委根据下年度预算收入和预算支出范围、重点,向有关中央企业提出下年度预算支出计划编制要求。

第七条 每年7月下旬,有关中央企业根据国资委下达的下年度预算支出计划编制要求,申报本企业下年度预算支出计划,并按照内部决策程序,形成书面申请报告报国资委。企业申报的预算支出包括资本性支出和费用性支出,其他支出由国资委直接提出。

国有独资企业的预算支出计划,应由总经理办公会议审议;国有独资公司的预算支出计划应由董事会审议;国有控股、参股公司的预算支出计划按《中华人民共和国公司法》有关规定和本公司《章程》审议。

第八条 中央企业报送的申请报告包括本企业下年度国有资本经营预算支出计划申报表(附件1)和编制说明。

资本性支出计划编制说明应当包括以下主要内容:

(一)申请资本性支出的中央企业及涉及企业基本情况;

(二)资本性支出拟投入项目名称及主要内容;

(三)实施项目要达到的主要目的和阶段目标;

(四)项目投入的必要性、可行性分析,项目投资方案与资金筹措,项目实施进度与年度计划安排,项目经济效益和社会效益分析等；

（五）落实绩效考核及其有关责任；

（六）其他相关资料。

费用性支出计划编制说明应当包括以下主要内容：

（一）申请费用性支出的中央企业及项目承担企业基本情况；

（二）费用性支出拟投入项目名称及主要内容；

（三）实施项目要达到的主要目的和阶段目标；

（四）项目实施方案，包括立项依据，项目具体的支出范围，项目资金测算依据、测算标准及计算方法等；

（五）落实绩效考核及其有关责任；

（六）其他相关资料。

第九条　国资委对有关中央企业报送的预算支出计划，建立项目库，实行滚动管理。

第十条　国资委按照下年度预算收入，对项目库中的预算支出项目统筹安排、综合平衡，于10月底前编制完成预算建议草案，报财政部审核。

第十一条　预算建议草案包括国资委国有资本经营预算表（附件2）和编制说明。

编制说明应包括以下主要内容：

（一）预算建议草案编制原则和依据；

（二）中央企业基本情况（包括企业户数、经营状况、行业分布和企业国有资本经营状况等）；

（三）预算建议草案主要收支内容；

（四）预算支出规模及分类；

（五）预算支出所要达到的政策目标；

（六）预算编制的组织及企业编报情况；

（七）其他有关说明。

第十二条　国资委在财政部批复中央企业国有资本经营预算之日起15个工作日内，批复有关中央企业。

第十三条　中央企业国有资本经营预算调整，由国资委于执行年度9月底前提出调整方案，报财政部批准后执行。

附件：建议草案编报办法附表（略）

关于加强中央企业经济责任审计工作的通知

2008年3月5日　国资发评价〔2008〕53号

各中央企业：

为进一步推动中央企业深入开展经济责任审计工作，规范审计工作行为，提高审计工作质量，充分发挥审计监督作用，促进中央企业依法经营、规范运作、健康发展，根据《中央企业经济责任审计管理暂行办法》（国资委令第7号）等有关规定，现就进一步加强中央企业经济责任审计工作的有关事项通知如下：

一、进一步提高对经济责任审计工作的认识

党的十七大明确要求加强领导干部的经济责任审计，增强监督实效。经济责任审计是实现"管资产和管人、管事"相结合、落实国有资产管理责任的重要措施，是客观、公正评价企业发展绩效，全面总结企业发展经验，深入揭示企业存在问题，促进企业提高管理水平的有效途径，也是促进企业负责人勤勉尽职、廉洁自律的重要手段。各中央企业要高度重视这项工作，充分认识其重要性，保障企业内部经济责任审计工作的有效开展，发挥经济责任审计工作在完善企业内部控制、建立健全激励与约束机制、提高经营管理水平、规范企业负责人履职行为等方面的作用。

二、加强经济责任审计工作制度建设

各中央企业要在认真总结工作经验的基础上，按照现代公司治理的要求，建立健全经济责任审计工作制度体系，促进实现经济责任审计工作的制度化和规范化。一是加强制度建设，根据《中央企业经济责任审计管理暂行办法》（国资委令第7号）和《中央企业经济责任审计实施细则》等有关规定，结合实际工作需要，完善本企业经济责任审计工作制度，明确职责，规范运作；二是结合《中央企业综合绩效评价管理暂行办法》（国资委令第14号），积极探索建立适合本企业的绩效评价体系，将绩效评价运用到经济责任审计工作中，科学评判经营者业绩，建立相应的约束激励机制；三是在全面了解子企业负责人任期情况的基础上，结合企业的分布、规模、行业等特点，制订切实可行的集团总体经济责任审计五年计划，保证经济责任审计工作的连续性和全面性。

三、加强经济责任审计工作的组织领导

经济责任审计工作政策性、专业性较强，程序严谨，标准要求高，各中央企业要切实加强领导。一是建立健全企业内审机构，严格按照“统一要求、分级负责”的原则，明确经济责任审计的领导机构和工作职责，加强审计队伍建设，维护内部审计人员权利，切实保障经济责任审计工作所必需的经费。二是企业负责人要将经济责任审计工作纳入企业经营管理的重要日程，加强审计工作协调和督促检查，支持内部审计机构独立履行经济责任审计职责，促进审计部门与干部管理部门、年薪管理部门的合作，及时研究解决审计工作中的困难和问题。三是根据现有审计力量，结合审计工作需要，采取内部审计、委托审计、联合审计和聘用外部审计人员等适当的方式组织实施经济责任审计工作。

四、全面开展主要负责人经济责任审计工作

各中央企业要认真做好各级子企业主要负责人的离任和任中经济责任审计工作，将离任审计与任中审计、事后监督和事中监督有机结合起来。一是做到“离任必审”，凡子企业主要负责人离任，必须开展离任经济责任审计工作，客观评价任职期间的经营业绩和经济责任，做到未经审计，不得解除经济责任和兑现任期全部效益薪金；二是积极开展任中经济责任审计工作，任期五年内未开展经济责任审计的企业应组织开展任中经济责任审计，将经济责任审计关口前移，充分发挥事中监督的重要作用；三是逐步开展境外投资项目主要负责人经济责任审计工作，积极探索开展境外投资项目经济责任审计工作的有效方法，逐步建立相关企业负责人的任中或离任经济责任审计制度。

五、积极开展企业副职和主要业务部门负责人经济责任审计工作

各中央企业在开展主要负责人经济责任审计工作的同时，应当建立企业副职和主要部门负责人的离任或任中经济责任审计制度，积极开展企业副职和主要业务部门负责人的经济责任审计工作，加强责任监督和管理。一是认真组织开展从子企业负责人岗位或业务部门提拔到集团副职领导人员的经济责任审计工作，并将审计结果报国资委备案；二是认真组织开展兼任子企业负责人的集团负责人任中或从子企业负责人岗位离任的经济责任审计工作；三是开展对重要业务部门负责人履行职责情况的经济责任审计工作；四是探索开展对拟提拔领导人员任职前经济责任审计工作，将审计结果作为考察干部的重要依据。

六、认真开展专项经济责任审计工作

各中央企业应结合日常监管工作，及时跟踪了解子企业的经营管理状况，对重大决策事项的执行情况或异常财务事项开展专项经济责任审计。一是认真开展重组子企业的经济责任审计工作，对子企业发生改制、改组、兼并、出售、拍卖、破产等重组行为的，应按照国资委有关规定进行经济责任审计；二是对在企业日常监管过程中发现的异常情况或内部控制制度执行中的薄弱环节，应开展专项经济责任审计，及时指出企业经营管理活动存在的问题，查错纠弊，堵塞漏洞，保障企业持续健康发展；三是结合企业的发展战略和重大经营决策，开展风险导向专项审计，提升风险应对能力，保障企业战略顺利实施。

七、切实提高经济责任审计工作质量

审计质量是审计工作的根本，各中央企业在经济责任审计工作中应当严把审计质量关。一是企业内部审计机构负责制订切实可行的审计工作计划，采取有效组织方式开展审计工作；二是严格规范经济责任审计工作程序和工作方法，注重经济责任审计深度，避免工作流于形式、“走过场”，全面揭示企业存在的问题并提出切实可行的整改建议；三是采取多种方式积极开展经济责任审计工作交流和培训，不断拓展工作思路，提高工作水平，推进企业内部经济责任审计工作；四是建立审计结果考核体系和审计责任追究制度，对违反经济责任审计工作程序、出具虚假不实经济责任审计报告、应披露而未披露问题等情况，要追究相关审计人员的责任。

八、进一步推动经济责任审计结果的应用和落实

开展经济责任审计，不但能够客观评价企业经营者的业绩与责任，而且能够及时发现和纠正企业存在的各种问题，帮助企业加强内控，提高管理水平。为此，各中央企业要进一步加强对经济责任审计结果的应用和落实。一是高度重视经济责任审计结果，将经济责任审计报告纳入个人档案管理，作为企业考核、任免和奖惩的重要依据；二是要根据经济责任审计意见和建议，制订切实可行的整改措施，对存在的问题进行客观分析，狠抓整改落实，形成以整改促管理的良性循环；三是要指定相应部门跟踪检查经济责任审计结果的落实情况，对审计结果的整改情况进行评价，对应落实而未落实问题，认真查找原因，督促落实并界定责任；四是要对因未履行职责和履职不当造成重大资产损失、企业资产状况不实、经营成果虚假等问题，追究相关负责人的责任，并将有关情况向国资委报告；五是积极探索建立审计结果公告制度，借助企业简报等媒介定期或不定期地公布审计结果，不断提高经济责任审计工作的透明度，发挥审计监督的警示作用。

九、加强对各级子企业经济责任审计工作的监督和指导

各中央企业要加强对子企业经济责任审计工作的指导。一是结合集团的管理重点和子企业负责人管理需要，制订集团年度经济责任审计工作计划，合理安排子企业的审计工作任务，督促子企业认真落实；二是加强对子企业经济责任审计项目的检查和复核，根据企业实际情况，适当开展优秀审计项目评选，促进集团审计工作整体水平提高；三是及时掌握子企业经济责任审计中发现的重大问题，并积极协调解决；四是督促子企业对审计发现的问题进行认真整改，适时开展跟踪检查。

十、积极开拓和研究经济责任审计的新领域和新方法

各中央企业应当在实践中加强审计相关知识学习和工作方法创新，积极推动经济责任审计工作深入开展，使审计成为企业依法经营的“经济卫士”。一是结合企业经营发展目标，积极拓展经济责任审计工作的领域，研究创新经济责任审计方法和审计手段，采取适合本企业实际的多种形式开展专家评议工作，有效提升审计工作的质量和效率；二是提高经济责任审计的信息化程度，本着降低成本、提高效率的原则，加快审计项目管理软件、审计作业软件的开发和应用，积极探索开展远程审计。

关于印发《关于规范电力系统职工投资发电企业的意见》的通知

2008年1月28日　国资发改革〔2008〕28号

各省、自治区、直辖市人民政府，新疆生产建设兵团，国务院各部委，各直属机构，各有关中央企业：

国资委、发展改革委、财政部、电监会《关于规范电力系统职工投资发电企业的意见》，已经国务院同意，现印发给你们，请认真贯彻执行。

关于规范电力系统职工投资发电企业的意见

近年来，各地一些国有电力企业通过成立职工持股会等方式，组织职工在发电企业改制中持股和投资新建发电企业，对于形成企业多元股东结构、鼓励职工参与公司治理、调动生产积极性起到了一定作用，但由于操作不规范，引发了不公平竞争、国有企业利润转移和国有资产流失等问题。根据《国务院办公厅转发电力体制改革工作小组关于“十一五”深化电力体制改革实施意见的通知》（国办发〔2007〕19号）精神，经国务院同意，现就规范电力系统职工投资发电企业行为提出以下意见：

一、指导思想和基本原则

规范电力系统职工投资发电企业的指导思想是：以邓小平理论和“三个代表”重要思想为指导，深入贯彻落实科学发展观，按照深化电力体制改革的要求，妥善解决电网企业职工持有发电企业股权问题，理顺发电企业产权关系，优化资源配置，维护公平竞争，防止国有资产流失，促进电力工业又好又快发展。

规范电力系统职工投资发电企业的基本原则：一是尊重历史，实事求是；二是区别对待，分类指导；三是稳妥操作，确保稳定；四是加强领导，强化监督。

二、规范电力系统职工投资发电企业行为

电力系统职工投资发电企业应当遵循自愿、公平和诚实守信、风险自担的原则，依法享有投资者权益。国有电力企业不得以企业名义组织各类职工投资活动。

规范电网企业职工持有发电企业股权的行为。地(市)级电网企业的领导班子成员和省级以上电网企业的电力调度人员、财务人员、中层以上管理人员,不得直接或间接持有本省(区、市)电网覆盖范围内发电企业的股权,已持有本省(区、市)电网覆盖范围内发电企业股权的,应自本意见印发之日起1年内全部予以清退或转让,发电企业可以优先回购。电网企业其他职工自本意见印发之日起不得增持本省(区、市)电网覆盖范围内发电企业的股权,自愿清退或转让已持有股权的,发电企业可以优先回购。存在电网企业职工持股行为的发电企业应依照有关法规规定披露电力交易信息,自觉接受电力监管等机构的监督检查。

规范发电企业职工投资发电企业的行为。发电企业职工不得直接投资于共用同一基础设施或同一生产经营管理系统的发电机组,不得在水坝溢流洞、泄洪洞投资安装发电机组。已持有共用同一基础设施、同一生产经营管理系统的不同发电机组股权的,应自本意见印发后逐步予以清退或转让,发电企业可以优先回购。国有发电企业应当针对共用同一基础设施或同一生产经营管理系统的不同发电机组,制定合理分摊各项费用和合理分配对外供热比例的具体办法并严格执行,严禁侵占和损害国有权益。

三、加强组织领导,强化监督管理

国有电力企业是规范电力系统职工投资发电企业工作的责任主体。要认真贯彻执行本意见各项要求,加强领导,认真组织,周密部署,强化企业内部管理,规范企业投资和改制行为,避免国有资产流失。同时,要加强政治思想工作,强化宣传教育和舆论引导,切实维护电力系统安全稳定运行和职工队伍稳定。

各级国有资产监督管理、发展改革、财政、电力监管等部门要加强协调配合,强化监督管理,进一步规范电力调度秩序和交易行为,维护公平竞争的市场秩序,确保规范电力系统职工投资发电企业的各项工作落到实处。国有资产监督管理机构、电力监管机构具体负责本意见贯彻执行情况的督促检查,对违反国家有关法律法规及本意见要求并造成国有资产流失的,要予以严肃查处并追究有关人员责任,涉嫌犯罪的,依法移送司法机关处理。

关于印发《中央企业债券发行管理暂行办法》的通知

2008年4月3日　国资发产权〔2008〕70号

各中央企业:

为加强对中央企业的监督管理,规范中央企业债券发行行为,根据国家有关法律、行政法规,特制定《中央企业债券发行管理暂行办法》。现印发给你们,请结合实际,遵照执行,并及时反映工作中有关情况和问题。

中央企业债券发行管理暂行办法

第一条　为加强对国务院国有资产监督管理委员会(以下简称国资委)履行出资人职责企业(以下简称中央企业)的监督管理,规范中央企业债券发行行为,防范和控制企业债务风险,根据《中华人民共和国公司法》、《中华人民共和国证券法》和《企业国有资产监督管理暂行条例》(国务院令第378号)等有关法律、行政法规,制定本办法。

第二条　中央企业公开发行企业债券、公司债券等中长期债券(以下统称债券)应当符合国家有关法律法规的规定,并按本办法的规定履行相应的决策程序。

中央企业发行前款规定以外的其他债券,按照有关法律、行政法规的规定,由中央企业董事会或总经理办公会议决定。

第三条　中央企业应当加强风险防范意识,建立健全有关债券发行的风险防范和控制制度。

中央企业发行债券或为其他企业发行债券提供担保,应当符合国资委有关风险控制的相关规定。

第四条　中央企业应当按照突出主业发展的原则,做好债券发行事项的可行性研究,可行性研究报告应当包括下列主要内容:

(一)宏观经济环境、债券市场环境、企业所处行业状况、同行业企业近期债券发行情况;

(二)企业产权结构、生产经营、财务状况和发展规划,本企业已发行债券情况;

(三)筹集资金的规模、用途和效益预测,发行债券对企业财务状况和经营业绩的影响,企业偿债能力分析;

(四)风险控制机制和流程,可能出现的风险及应对方案。

第五条 中央企业在可行性研究基础上制订债券发行方案。国有独资企业的债券发行方案由总经理办公会议审议,并形成书面意见;公司制企业的债券发行方案由董事会负责制订。

第六条 中央企业中的国有独资企业和国有独资公司发行债券,由国资委依照法定程序作出决定。

国有独资企业、国有独资公司应当向国资委报送下列文件资料:

(一)债券发行申请;

(二)债券发行可行性研究报告;

(三)债券发行方案(国有独资企业同时附送总经理办公会议审议意见);

(四)企业章程及产权登记证;

(五)具有相应资质的会计师事务所出具的近三个会计年度的审计报告;

(六)国资委要求提供的其他材料。

第七条 中央企业中的国有控股或参股公司的发行债券,由其股东会(股东大会)作出决议;公司在召开股东会(股东大会)前,应当按照《中华人民共和国公司法》和公司章程的有关规定,将债券发行方案及相关材料报送包括国资委在内的全体股东,国资委出具意见后,由其股东代表在股东会(股东大会)上行使表决权,并及时将审议情况报告国资委。

国有控股或参股公司向国资委报送的文件资料比照第六条第二款的规定执行。

第八条 国资委根据国有经济布局和结构调整的总体要求,主要从企业主业发展资金需求、企业法人治理结构、资产负债水平、风险防范和控制机制建设等方面,对中央企业债券发行事项进行审核,并作出决定或出具意见。

第九条 国资委作出同意发行债券的决定、股东会(股东大会)作出同意发行债券的决议后,中央企业按规定向国家有关主管部门报送发行债券的申请。

第十条 国家有关主管部门对企业债券发行作出核准或不予核准的决定5日内,中央企业应将有关情况报告国资委。

中央企业应当在债券发行工作结束15日内及兑付工作结束15日内,将发行情况、兑付情况书面报告国资委。

债券存续期内,发生可能影响债券持有人实现其债权的重大事项时,中央企业应当及时向国资委报告。

第十一条 中央企业发行债券未按本办法规定履行相关决策程序的,国资委将按照《企业国有资产监督管理暂行条例》等有关规定,追究企业及其相关责任人员的责任。

第十二条 中央企业应当根据本办法精神,制订各级子企业的债券发行事项管理工作规范。

第十三条 国资委建立中央企业债券发行情况统计报告制度,中央企业应将本企业及各级子企业已发行债券、还本付息等情况随同年度决算一并报国资委。

关于印发《国有企业法律顾问职业岗位等级资格评审管理暂行办法》的通知

2008年4月29日 国资发法规〔2008〕95号

各省、自治区、直辖市及新疆生产建设兵团国资委,各中央企业:

为进一步加强国有企业法律顾问队伍建设,完善企业法律顾问制度,规范国有企业法律顾问职业岗位等级资格评审工作,根据《国有企业法律顾问管理办法》(国资委令第6号),特制订《国有企业法律顾问职业岗位等级资格评审管理暂行办法》,现印发给你们,请结合实际,认真遵照执行,并及时反映工作中有关情况和问题。

国有企业法律顾问职业岗位等级资格评审管理暂行办法

第一条 为进一步加强国有及国有控股企业(以下简称国有企业)法律顾问队伍建设,完善企业法律顾问制度,规范国有企业法律顾问职业岗位等级资格评审工作,根据《国有企业法律顾问管理办法》等有关规定,制定本办法。

第二条 国有企业法律顾问职业岗位等级资格评审管理工作适用本办法。

第三条 国务院国资委负责指导、监督全国国有企业法律顾问职业岗位等级资格评审工作。

省级国资委负责指导、监督本地区国有企业法律顾问职业岗位等级资格评审工作。

第四条 企业法律顾问职业岗位等级资格评审范围是指取得企业法律顾问执业资格,在企业从事法律事务工作的专业人员。

第五条 企业法律顾问职业岗位等级资格评审应当履行以下程序:

(一)个人申请;

(二)单位评议推荐;

(三)评审委员会评审;

(四)授予岗位等级资格;

(五)备案。

第六条 企业法律顾问职业岗位等级资格分为企业一级法律顾问职业岗位、企业二级法律顾问职业岗位和企业三级法律顾问职业岗位。

第七条 企业一级法律顾问职业岗位资格相当于正高级专业技术职务任职资格。企业二级法律顾问职业岗位资格相当于副高级专业技术职务任职资格。企业三级法律顾问职业岗位资格相当于中级专业技术职务任职资格。

第八条 企业法律顾问职业岗位等级资格评审应当坚持客观公正,强调专业知识和管理能力,突出工作能力和业绩的原则。

国务院国资委和省级国资委应当健全制度,严格条件,规范程序,加强对企业法律顾问职业岗位等级资格评审工作的监督。

第九条 申请企业法律顾问职业岗位等级资格的人员应当具备下列基本条件:

(一)具有良好的职业操守和敬业精神;

(二)取得企业法律顾问执业资格,并按照规定进行注册备案;

(三)具有相应的法律专业基础理论水平,以及分析和解决实际法律问题的工作能力,在企业内从事法律事务工作或其他相关专业工作符合规定年限,经考核合格;

(四)具有履行相应岗位职责所必需的计算机、外语等基本能力。

第十条 取得企业法律顾问执业资格,并按照规定进行注册的企业法律事务工作人员,经个人申请,单位考核合格,可以评定为企业三级法律顾问职业岗位资格。

第十一条 申请企业二级法律顾问职业岗位资格的人员应当系统掌握法学理论和专业知识,具有较高的政策水平和较为丰富的企业法律事务与企业管理工作经验,能有效地组织和协调处理企业重大、疑难法律事务,并具备下列条件之一:

(一)本科以及本科以上学历,取得企业三级法律顾问职业岗位资格满5年;

(二)取得中级专业技术职务5年以上,从事企业法律事务工作10年以上,并取得企业法律顾问执业资格满2年;

(三)现任副高级专业技术职务以上,从事企业法律事务工作10年以上,取得企业法律顾问执业资格满2年。

第十二条 申请企业一级法律顾问职业岗位资格的人员应当精通法学理论和专业知识,具有较高的政策水平和丰富的企业法律事务工作和企业管理工作经验,能胜任企业一个部门或一个系统法律事务的组织协调工作,并具备下列条件之一:

(一)本科以及本科以上学历,取得企业二级法律顾问职业岗位资格满5年;

(二)取得副高级专业技术职务5年以上,从事企业法律事务工作10年以上,并取得企业法律顾问执业资格满5年;

(三)取得正高级专业技术职务5年以上,并从事企业法律事务工作10年以上。

第十三条 国务院国资委负责指导中央企业一级法律顾问职业岗位资格的评审工作。

省级国资委负责指导本地区地方国有企业一级、二级、三级法律顾问职业岗位资格的评审工作。

具有专业技术资格评审权的中央企业负责本企业二级、三级法律顾问职业岗位资格的评审工作。

具有专业技术资格评审权的中央企业是指经政府人事部门批准、授权和备案的具有高级专业技术资格评审权的企业。

第十四条 不具备专业技术资格评审权的中央企业,可委托有评审权的机构或企业进行企业法律顾问职业岗位等级资格的评审。

第十五条 企业法律顾问职业岗位等级资格证书由国务院国资委统一印制。

第十六条 企业法律顾问在履行职责时,出现下列情形之一的,应当降低其岗位等级直至取消其职业岗位等级资格,并由评审机构收回岗位等级资格证书:

(一)违反职业操守,恶意串通,损害企业利益;

(二)因疏忽或重大过失,给企业造成较大经济损失,或严重损害企业声誉;

(三)连续2次不按照规定进行注册备案。

第十七条 有关评审机构在企业法律顾问职业岗位等级资格评审过程中,违反本办法规定,弄虚作假的,由国务院国资委给予通报批评或者警告;情节严重的,提请有关部门取消专业技术资格评审权。

有关评审人员在企业法律顾问职业岗位等级资格评审过程中,徇私舞弊、滥用职权、谋取私利的,应当给予行政处分。

第十八条 在企业从事法律事务工作满一定年限,具有相当学历,尚未取得企业法律顾问执业资格或者虽已取得企业法律顾问执业资格但尚未注册的人员可由有关评审机构评审为企业法律顾问助理岗位资格。

企业法律顾问助理岗位资格相当于初级专业技术职务任职资格。

第十九条 国有参股企业法律顾问职业岗位等级资格评审工作可以参照本办法执行。

第二十条 中央企业、省级国资委和有关评审机构,可以按照本办法制订实施细则。

第二十一条 本办法由国务院国资委负责解释。

第二十二条 本办法自2008年6月1日起施行。

关于落实中央企业法制工作三年目标有关事项的通知

2008年6月5日 国资发法规〔2008〕109号

各中央企业:

为全面总结国资委成立以来特别是近三年来中央企业法制工作,部署今后三年中央企业法制工作的目标和任务,国资委于2008年5月组织召开了中央企业法制工作会议。会议提出,今后三年中央企业法制工作的总体目标是:以建立健全企业法律风险防范机制为核心,力争到2010年在中央企业及其重要子企业全部建立总法律顾问制度,企业规章制度、经济合同和重要决策的法律审核把关率达到100%,因违法经营发生的新的重大法律纠纷案件基本杜绝,历史遗留的重大法律纠纷案件基本解决,企业法制工作在提高企业市场竞争力和发展壮大具有国际竞争力的大公司大集团中的保障促进作用得到进一步发挥。

为进一步指导和推进中央企业落实法制工作三年目标,按照中央企业法制工作会议的部署和要求,现将有关事项通知如下:

一、准确把握三年目标的内涵

中央企业法制工作三年目标,以"一个核心,三项指标"为主,即以建立健全企业法律风险防范机制为核心,中央企业应当将建立健全法律风险防范机制作为今后三年加强企业法制工作的出发点和落脚点。"三项指标",一是组织保障,即在中央企业及其重要子企业全部建立总法律顾问制度。二是业务要求,即企业规章制度、经济合同和重要决策的法律审核把关率达到100%,时间跨度是2008—2010年期间。三是检验标准,即因违法经营发生的新的重大法律纠纷案件基本杜绝，历史遗留的重大法律纠纷案件基本解决。

落实中央企业法制工作三年目标，必须进一步加强法制宣传教育，依法完善企业规章制度，创新企业法律管理模式，加强企业知识产权的依法管理和保护，严格企业实施“走出去”战略过程中的法律审核，切实加强重大法律纠纷案件的管理，全面落实企业法律事务工作职能，实现法律顾问队伍的专业化。力争到2010年底，中央企业及其重要子企业法律事务机构作为独立职能部门的比例达到70%；中央企业总法律顾问专职率达到70%；中央企业全系统法律人员中具有企业法律顾问执业资格的比例达到70%。

二、明确三年目标的有关指标要求

（一）关于重要子企业。是指在境内、外开展公司主营业务的实际运营，并由集团公司直接管理和控制的下属重要经营单位。以2007年度会计报表为依据，列入重要子企业范围的企业资产总额和利润总额的合计占集团公司的比例应达到60%以上。中央企业可以按照上述原则确定重要子企业的范围。

（二）关于重要决策。重要决策是指涉及企业分立、合并、破产、解散、增减资本以及重组改制、重大投融资、制订和修改公司章程、产权（股权）变动、对外担保、知识产权等对企业生存发展有重大影响的经营决策。中央企业可以根据企业自身实际具体细化标准，切实提高重要决策的法律审核率。企业在重大事项决策之前，应当由企业总法律顾问或法律事务机构出具相应的法律意见，保障企业依法决策。

（三）关于重大法律纠纷案件。是指具有下列情形之一的诉讼、仲裁或者可能引起诉讼、仲裁的案件：（1）涉案金额超过5000万元人民币的；（2）中央企业作为诉讼当事人且一审由高级人民法院受理的；（3）可能引发群体性诉讼或者系列诉讼的；（4）其他涉及出资人和中央企业重大权益或者具有国内外重大影响的。中央企业可以按照上述标准界定重大法律纠纷案件的范围，并根据涉外案件、金融债权债务诉讼、知识产权纠纷、劳资纠纷、涉及企业改制和上市公司规范运作等案件的上升趋势，进一步落实重大法律纠纷案件的备案制度。

（四）关于专职总法律顾问。是指专门担任总法律顾问职务并取得专业资格。中央企业要进一步提高总法律顾问的法律专业素养，鼓励总法律顾问由兼职逐步向专职过渡。要加强总法律顾问后备人才队伍的培养，采取内部调配、公开招聘等多种形式，广泛吸引优秀人才。

三、制定落实三年目标的工作计划

中央企业要根据法制工作三年目标，结合企业改革发展的实际，进一步细化本企业的具体目标，科学、合理制定工作计划。工作计划应当包括以下内容：

（一）企业法制工作现状，与三年目标要求的差距和薄弱环节，以及改进措施。

（二）实现三年目标的时间进度安排。

（三）重要子企业名单和重要决策的范围。

（四）其他与完成三年目标有关的情况。

四、加强反馈和交流

中央企业要将贯彻法制工作会议精神的做法以及落实法制工作三年目标的有关情况和问题，及时向国资委反馈。本企业落实三年目标的工作计划，请于今年7月底前报国资委备案。今后三年每年1月底前，请中央企业将上一年度目标完成情况报送国资委。国资委每年对中央企业完成三年目标的进度情况进行综合测评，对中央企业总法律顾问制度建设情况，规章制度、经济合同和重要决策法律审核情况，重大法律纠纷案件处理情况等进行定期通报。同时，把企业因违法经营造成重大资产损失，依照有关规定纳入中央企业经营业绩考核和企业绩效评价，并予以责任追究。

关于印发《中央企业信息化水平评价暂行办法》的通知

2008年7月4日　国资发〔2008〕113号

各中央企业：

为加快推进中央企业信息化工作，提高信息化水平，根据国资委《关于加强中央企业信息化工作指导意见》（国资发〔2007〕8号），特制定《中央企业信息化水平评价暂行办法》，现印发给你们，请遵照执行。

中央企业信息化水平评价暂行办法

第一章　总　则

第一条　为贯彻落实《关于加强中央企业信息化工作的指导意见》(国资发〔2007〕8号,以下简称《指导意见》),通过开展中央企业信息化评价,更好地指导和推进中央企业信息化,实现信息化与工业化融合,促进中央企业做强做大,提高核心竞争力,结合中央企业实际,制定本办法。

第二条　本办法适用国务院国有资产监督管理委员会(以下简称国资委)履行出资人职责的企业(以下简称中央企业)。

第三条　本办法以《指导意见》提出的中央企业信息化的基本原则、发展目标、主要任务和措施要求为依据,建立特定的指标体系和权重体系,通过定量定性对比分析,对中央企业一定时期内的信息化过程和信息化效果作出评价。

第四条　中央企业信息化水平评价遵循的原则是坚持实事求是,客观反映企业信息化现状,数据采集要真实准确,做到评价办法公开,评价过程透明,评价结果公正。

第五条　中央企业信息化水平评价以中央企业的总体水平为对象,实行初评和复评相结合。评价结果共分五个级别。

第六条　国资委根据年度评价结果编制中央企业年度信息化报告。

第二章　初　评

第七条　初评是通过指标数据采集计算各中央企业年度信息化水平指数,确定初评结果。

第八条　初评指标体系由指标和指标权重两部分构成。指标包括要素指标和要素分项指标;指标权重是指按照德尔菲法确定的要素指标和要素分项指标的权重。

第九条　指标数据采集与指数计算方法。

(一)按照要素指标和要素分项指标,国资委编制《年度中央企业信息化水平评价数据采集表》(以下简称《数据采集表》),并由中央企业根据企业信息化的总体情况,真实、准确地填报数据。

(二)指数计算方法。

1. 对数据进行无量纲化处理,使量纲不同的各类指标值转化为可以直接进行计算的数值。

2. 从具体的指标开始,逐项分层加权计算,形成要素级指数分值。

3. 对各要素指数分值进行加权合成,得出各中央企业年度信息化水平指数。指数计算公式为:$I=\sum_{i=1}^{n}(\sum_{j=1}^{m}P_{ij}W_{ij})*W_i$,其中:I为中央企业信息化水平指数,$n$为信息化水平构成的要素个数,$m$表示信息化水平第$i$个构成要素的指标个数,$P_{ij}$为第$i$个构成要素的第$j$项指标标准化后的值,$W_{ij}$为第$i$个构成要素的第$j$个指标在其中的权重,$W_i$为第$i$个要素的权重。

第十条　根据各中央企业填报的数据计算出各自的年度信息化水平指数,作为企业的初评结果,并在此基础上进行复评,确定各中央企业年度信息化水平级别。

第三章　复　评

第十一条　复评是通过复议审核各中央企业在不同级别的各项特征指标上的得分,确定其年度信息化水平级别。

第十二条　中央企业年度信息化水平被划分为A、B、C、D、E共五个级别。根据五个级别的定义,在指标体系中选取部分指标作为不同级别的特征指标,明确不同级别在特征指标项上的达标分数。

第十三条　复评分为两个步骤。第一步,根据各企业的初评结果,将其划分到不同的级别。划分标准为:90～100分为A级、80～89分为B级、60～79分为C级、40～59分为D级、39分以下为E级。第二步,审核其在各个级别特征指标项上是否达标。其中80%以上的特征指标项得分均达标时,方可判定年度信息化水平达到该级别。否则,将年度信息化水平调整至下一个级别。

第十四条　对特征指标项的部分数据进行现场核查,并根据核查情况确定最终级别。现场核查对象为复评后确定为A级的企业和部分确定为B、C、D级的企业。

第十五条 复评由国资委组织专家组进行。专家组一般由5～7人组成。

第十六条 企业在复评中发生级别调整时，其年度信息化水平指数不变。

第十七条 复评结束后，形成年度中央企业信息化水平评价最终结果，包括各中央企业年度信息化水平指数、水平级别和评价报告。

第四章 评价组织与程序

第十八条 本办法中的《中央企业信息化指数评价指标及权重》和《复评级别特征指标及达标标准》的基本原则和框架，国资委可根据新阶段的中央企业信息化发展目标、任务和要求组织修订。《数据采集表》每年度由国资委根据实际情况组织调整。

第十九条 第一次评价在本办法印发后组织实施。之后，每年度3月底前，国资委将评价年度的《数据采集表》发送各中央企业；4月底前，各中央企业按照要求将填写的《数据采集表》报国资委办公厅；6月底前，国资委组织完成评价工作，并公布评价结果。

第五章 附 则

第二十条 中央企业可参照本办法评价总部及所属子企业的信息化水平。

第二十一条 本办法由国资委负责解释。

第二十二条 本办法自下发之日起施行。

附件1 中央企业信息化指数评价指标及权重（略）

附件2 中央企业信息化水平级别定义（略）

附件3 复评级别特征指标及达标标准（略）

关于印发《国有企业监事会兼职监事管理暂行办法》的通知

2008年8月7日 国资发监督〔2008〕126号

各国有重点大型企业监事会，各中央企业：

为进一步规范兼职监事管理，更好地发挥其在国有重点大型企业监事会工作中的作用，根据《中华人民共和国公司法》、《国有企业监事会暂行条例》，现将《国有企业监事会兼职监事管理暂行办法》印发给你们，请按照执行。执行中的问题，请及时反馈。

国有企业监事会兼职监事管理暂行办法

第一章 总 则

第一条 为进一步规范兼职监事的管理，更好地发挥兼职监事在国有重点大型企业监事会（以下简称监事会）工作中的作用，根据《中华人民共和国公司法》（以下简称《公司法》）、《国有企业监事会暂行条例》（以下简称《条例》）制定本办法。

第二条 本办法适用于国务院国有资产监督管理委员会（以下简称国资委）履行出资人职责的企业。

第三条 本办法所指兼职监事是指监事会中由企业职工代表担任的监事。

第二章 兼职监事的条件

第四条 兼职监事应具备以下条件：

（一）基本条件。

1. 认真贯彻执行党和国家的各项方针、政策，与党中央保持一致；

2. 了解并掌握国家有关法律、法规，熟悉企业经营管理情况，具有与担任兼职监事相适应的工作经验和专业知识，有较强的综合判断和沟通协调能力；

3. 有较强的事业心和责任感，恪尽职守，严守工作秘密；

4. 能代表企业广大职工意愿，公道正派，在群众中有较高威信；

5. 廉洁自律，坚持原则，依法办事，无违法违纪记录。

（二）资格条件。

1. 企业本部（不含子企业）职工，且在企业本部（新成立的企业集团须在核心企业）工作3年以上；

2. 具有大学以上学历和中级以上技术职称；

3. 身体健康，年龄在35岁以上。

第五条 下列人员不得担任兼职监事：

（一）董事长、副董事长、董事、高级管理人员；

（二）总裁（总经理）助理，办公室主任（副主任），财务、资产经营、投资管理等部门的工作人员；

（三）《公司法》规定的其他情形。

第三章 兼职监事的任免

第六条 兼职监事按以下程序产生：

（一）企业研究提出推荐人选；

（二）国有企业监事会工作办公室（以下简称国监办）对推荐人选进行初审；

（三）初审合格人选，经企业职工代表大会、职工大会或其他民主形式选举；

（四）国监办审核批复选举结果。

第七条 兼职监事每届任期为3年，任期届满后可以连选连任。

第八条 国资委不再履行出资人职责的企业，兼职监事职务自然免除。

第九条 出现以下情况，按程序选举产生新的兼职监事：

（一）任期届满；

（二）由于工作变动，不宜再担任兼职监事；

（三）其他情形。

第四章 兼职监事的职责与管理

第十条 兼职监事在监事会主席领导下开展工作。

（一）经监事会主席授权，参与制订监督检查计划、编制监督检查方案和开展实地监督检查工作；

（二）参加监事会会议，审议监事会监督检查报告；

（三）收集与监事会工作相关的企业信息，及时向监事会主席或专职监事反映；

（四）根据需要，承担与企业相关部门和单位的工作联系；

（五）完成监事会主席授权的其他工作。

第十一条 兼职监事应当按要求参加国监办组织的有关业务培训，不断提高履职能力。

第十二条 各派出中央企业监事会要保证和切实发挥兼职监事作用。

（一）建立兼职监事参加监事会工作的制度；

（二）保护兼职监事参加监事会工作的积极性，维护兼职监事的合法权益；

（三）发挥兼职监事联系企业、熟悉企业情况的特点和优势；

（四）兼职监事因执行监事会工作任务，离开企业本职岗位超过1日以上的，须通知企业。

第十三条 企业要积极支持兼职监事参加监事会工作，为兼职监事履行职责创造条件。

（一）严格按照规定程序选举产生兼职监事；

（二）承担兼职监事履行职责发生的费用；

（三）不得要求兼职监事作出违反《条例》和本办法禁止的行为；

（四）不得因兼职监事履行监事职责，对其降职、降薪或解除劳动合同等。

第十四条 兼职监事参加监事会工作作出重要贡献的，给予奖励。

第五章 兼职监事的纪律

第十五条 兼职监事应严格执行廉政建设各项规定，履行监事职责时应严格遵守监事会“六要六不”行为规范。

（一）未经监事会主席授权和批准，不得擅自以兼职监事身份安排、组织和开展监督检查工作；

（二）严守工作秘密，不得向所在企业以及监事会以外人员通报、汇报、议论有关监事会及个人参加监事会工作的情况，不得泄露监事会会议内容，不得发表监督检查结论性意见；

（三）对群众反映的企业的重大违法违纪违规问题不得隐匿不报；

（四）遵守回避原则，工作中遇到涉及本人、与本人有关联或利害关系的情形时，应申请回避；

（五）不得参加有可能影响公正履行兼职监事职责的活动。

第十六条 兼职监事有下列行为之一，给予行政或者纪律处分，直至撤销兼职监事职务；涉嫌犯罪的，依法移送司法机关处理。

（一）对了解的或应当了解的企业重大违法违纪违规问题隐匿不报的；

（二）不履行兼职监事职责且无正当理由的；

（三）泄漏监事会工作秘密，给监督检查工作造成重大影响的；

（四）参与企业编造虚假报告的；

（五）其他违反法律、行政法规及本办法相关规定且情节严重的。

第十七条 企业发现兼职监事有违反本办法所列行为时，有权向国监办报告，也可以直接向国资委报告。

第六章 附 则

第十八条 本办法由国监办负责解释。

第十九条 本办法自印发之日起施行。2000 年 11 月 7 日国监办颁布的《企业职工代表参加监事会工作若干问题的规定（试行）》（国监办发〔2000〕24 号）同时废止。

中央企业资产损失责任追究暂行办法

2008 年 8 月 18 日

国务院国有资产监督管理委员会令 第 20 号

《中央企业资产损失责任追究暂行办法》已经国务院国有资产监督管理委员会第 63 次主任办公会议审议通过，现予公布，自 2008 年 10 月 1 日起施行。

第一章 总 则

第一条 为加强企业国有资产保护，完善中央企业资产管理责任制度，规范中央企业资产损失责任追究行为，根据《中华人民共和国物权法》、《企业国有资产监督管理暂行条例》等国家有关法律、行政法规，制定本办法。

第二条 国务院国有资产监督管理委员会（以下简称国资委）履行出资人职责的企业（以下简称企业）及其独资或者控股子企业（以下简称子企业）资产损失责任追究工作，适用本办法。

第三条 企业及其子企业经营管理人员和其他有关人员违反国家有关规定以及企业规章制度，未履行或者未正确履行职责，造成企业直接或者间接资产损失的，经调查核实和责任认定，应当追究其责任。

第二章 工作职责

第四条 国资委在资产损失责任追究工作中的主要职责包括：

（一）研究制定企业资产损失责任追究有关规章、制度；

（二）负责管理权限范围内相关责任人的资产损失责任追究工作；

（三）负责特别重大和连续发生的重大资产损失责任追究工作；

（四）指导和监督企业资产损失责任追究工作；

（五）受理企业直接处罚的相关责任人的申诉或者复查申请；

（六）其他有关资产损失责任追究工作。

第五条 企业在资产损失责任追究工作中的主要职责包括：

（一）研究制定本企业资产损失责任追究工作制度；

（二）负责管理权限范围内相关责任人的资产损失责任追究工作；

（三）指导和监督子企业资产损失责任追究工作；

（四）配合国资委开展特别重大和连续发生的重大资产损失责任追究工作；

（五）受理子企业处罚的相关责任人的申诉或者复查申请；

（六）国资委交办的其他有关资产损失责任追究工作。

设立董事会的企业对经营管理层的责任追究工作，应当由董事会负责组织实施，并报国资委备案。但按照规定应当由国资委组织实施的除外。

第六条 企业应当明确监察、审计、财务、法律和人事等部门在资产损失责任追究工作中的职责。

第七条 企业发生资产损失，应当及时采取有效措施，减少或者挽回损失；发生重大或者特别重大资产损失的，应当及时向国资委报告。

第八条 开展资产损失责任追究工作按照以下流程进行：

(一)组织调查、核实资产损失情况；

(二)明确资产损失性质，进行责任认定，听取相关责任人的陈述；

(三)研究作出责任追究决定，或者按照有关规定移交相关部门处理；

(四)受理相关责任人的申诉，组织复查；

(五)组织落实处理决定，监督检查执行情况。

企业内部下一级单位应当向上一级单位报告资产损失责任追究情况，企业应当向国资委报告资产损失责任追究情况。

第九条 企业资产损失相关责任人对处理建议有异议的，可以提出书面陈述意见，并提供相关证明材料；对处理决定有异议的，可以在处理决定下达之日起30个工作日内，向上级单位申请复查。上级单位复查过程不影响处理决定的下达和执行。

第三章 资产损失认定

第十条 对企业发生的资产损失，应当在调查核实的基础上，依据有关规定认定损失性质、情形及金额。

第十一条 企业资产损失责任追究中能够证明资产损失真实情况的各种事实，均可作为损失认定证据。主要包括：

(一)司法机关、公安机关、行政部门、专业技术鉴定部门等依法出具的与本企业资产损失相关的书面文件；

(二)会计师事务所、资产评估机构、律师事务所、税务师事务所等社会中介机构对企业某项经济事项出具的专项经济鉴证证明或者意见书；

(三)企业内部涉及特定事项的资产损失的会计记录、内部证明材料或者内部鉴定意见书等；

(四)可以认定资产损失的其他证明材料。

第十二条 认定资产损失金额应当包括直接损失金额和间接损失金额。直接损失金额是与相关人员行为有直接因果关系的资产损失金额；间接损失金额是由相关人员行为引发或者导致的、除直接损失金额之外的、能够确认计量的其他资产损失金额。

第十三条 资产损失金额应当依据有关会计账簿记录，按照会计核算确认的损失分类分项进行认定。

未在会计账簿记录或者账面价值与公允价值相差较大的资产，应当按照市价、重置价值等公允价值认定资产损失金额。

第十四条 相关的交易或者事项尚未形成事实损失，但确有证据证明在可预见的未来将发生事实损失，且能计量损失金额的，应当认定为资产损失。

第十五条 资产损失根据企业实际情况，按照金额大小和影响程度划分为一般资产损失、较大资产损失、重大资产损失和特别重大资产损失：

(一)一般资产损失是指企业资产损失金额较小且造成影响较小的；

(二)较大资产损失是指企业资产损失金额较大或者在企业造成一定不良影响的；

(三)重大资产损失是指企业资产损失金额巨大或者在企业及社会造成严重不良影响的；

(四)特别重大资产损失是指企业资产损失巨大并影响企业持续经营和发展能力，或者在国际、国内造成严重不良影响的。

第四章 资产损失责任追究范围

第十六条 在企业采购产品、服务过程中，企业经营管理人员有下列情形之一造成资产损失的，应当追究相关责任人责任：

(一)未按照规定订立合同的；

(二)未按照规定进行招标的；

(三)未进行必要的资信调查支付预付款项的；

(四)采购标的物与市场同类商品价格相比明显偏高的；

(五)采购标的物与合同约定严重不符而未采取有效措施的；

(六)虚报、瞒报物资(劳务)采购价格的；

(七)授意、指使或者串通进行违规采购的；

(八)未按照规定造成资产损失的其他情形。

第十七条 在销售产品或者提供服务的过程中，企业经营管理人员有下列情形之一造成资产损失的，应当追究相关责任人责任：

（一）未按照规定订立合同的；

（二）擅自压低价格销售产品或者提供服务的；

（三）擅自提供赊销信用或者超出信用额度、期限提供赊销信用的；

（四）应收账款未进行及时催收、对账，以及对异常应收款项未及时追索或者未采取有效保全措施的；

（五）签订虚假合同，提供虚假产品或者服务的；

（六）未按照规定造成资产损失的其他情形。

第十八条 在资金管理和使用中，企业经营管理人员有下列情形之一造成资产损失的，应当追究相关责任人责任：

（一）未按照规定使用、调度资金的；

（二）超越权限或者违反程序授权、批准资金支出的；

（三）违规拆借资金的；

（四）因资金管理不严，发生贪污、失窃、携款潜逃等事件的；

（五）支票等票据丢失未及时采取有效措施的；

（六）违反有关规定委托其他机构或者个人从事理财业务的；

（七）未及时核对银行存款余额、清理未达账项的；

（八）现金未及时入账、留存现金超过核定限额或者私存私放资金的；

（九）未按照规定造成资产损失的其他情形。

第十九条 在投资决策和投资管理中，企业经营管理人员有下列情形之一造成资产损失的，应当追究相关责任人责任：

（一）未履行规定的投资决策程序的；

（二）对投资项目未进行必要、充分可行性研究论证的；

（三）越权审批或者擅自立项扩大投资规模和生产经营规模的；

（四）未履行规定程序超概算投资的；

（五）对投资项目未进行有效监管，发生损失未及时采取有效措施的；

（六）未按照规定进行非主业投资的；

（七）未按照规定造成资产损失的其他情形。

第二十条 在从事股票、期货、外汇，以及金融衍生工具等投资业务中，企业经营管理人员有下列情形之一造成资产损失的，应当追究相关责任人责任：

（一）违规经营或者超范围经营的；

（二）风险控制制度存在重大缺陷的；

（三）资金来源违反国家有关规定的；

（四）以个人名义使用企业资金从事投资业务的；

（五）违规买卖本企业股票、债券的；

（六）未履行规定程序或者未经授权擅自决策的；

（七）未按照规定造成资产损失的其他情形。

第二十一条 在从事保证、抵押、质押等担保活动中，企业经营管理人员有下列情形之一造成资产损失的，应当追究相关责任人责任：

（一）违规进行保证、抵押、质押的；

（二）对担保项目未进行有效监管，发生损失未及时采取有效措施的；

（三）未履行规定程序或者未经授权擅自为其他企业及个人提供担保的；

（四）未按照规定造成资产损失的其他情形。

第二十二条 在资产转让、收购和改组改制过程中，企业经营管理人员有下列情形之一造成资产损失的，应当追究相关责任人责任：

（一）企业管理层转（受）让资产或者产权（股权），主导制订改制方案、指定中介机构、确定转让、收购价格的；

（二）未按照规定进行清产核资、财务审计和资产评估的；

（三）干预或者操纵清产核资、财务审计和资产评估，造成鉴证结果不实的；

（四）向中介机构提供虚假材料，造成审计、评估结果不实的；

（五）将国有资产低价折股或者无偿分给其他单位、个人的；

（六）未按照规定进场交易（国家另有规定的除外）或者超越规定权限，擅自转让资产或者产权（股权）的；

（七）在企业资产租赁或者承包经营中，以不合理低价出租或者发包的；

（八）以不合理低价或者无偿转让资产、主要业务的；

（九）未按照规定造成资产损失的其他情形。

第二十三条 对房屋建筑物、机器设备、运输设备、原材料、在产品、产成品等实物资产保管不当、维护不善，造成非正常毁损、报废或者丢失、被盗的，应当追究相关责任人责任。

第二十四条 未按照会计制度及会计准则规定核算或者披露已发生的资产损失，导致企业严重账实不符、会计信息失真的，应当追究相关责任人责任。

第二十五条 除第十六条至第二十四条以外，因企业内部控制存在重大缺陷或者内部控制执行不力等其他情形造成资产损失的，应当追究相关责任人的责任。

第五章 资产损失责任划分

第二十六条 企业资产损失责任分为直接责任、主管责任、分管领导责任和重要领导责任。

（一）直接责任是指相关人员在其职责范围内，未履行或者未正确履行职责，以及违反法律、法规和相关规定，对造成资产损失起决定性作用时所应当承担的责任。

（二）主管责任是指企业部门主管负责人在其职责范围内，未履行或者未正确履行主管工作职责，以及违反法律、法规和相关规定，造成资产损失时所应当承担的责任。

（三）分管领导责任是指企业分管负责人在其职责范围内，未履行或者未正确履行分管工作职责，以及违反法律、法规和相关规定，造成资产损失时所应当承担的责任。

（四）重要领导责任是指企业主要负责人在其职责范围内，未履行或者未正确履行管理职责，以及违反法律、法规和相关规定，造成资产损失时所应当承担的责任。

第二十七条 企业因未建立内控管理制度或者内控管理制度存在重大缺陷，造成企业重大或者特别重大资产损失的，除按照本办法对其他相关责任人进行责任认定外，企业分管负责人和企业主要负责人应当分别承担分管领导责任和重要领导责任。

第二十八条 子企业发生重大或者特别重大资产损失，除按照本办法对子企业相关责任人进行责任认定外，其上级企业相关负责人应当承担相应的分管领导责任或者重要领导责任。

第二十九条 企业因违反有关规定，未履行或者未正确履行职责，导致决策失误造成重大或者特别重大资产损失的，企业主要负责人应当承担直接责任，参与决策的企业其他人员应当承担相应的责任。

参与决策的人员经会议记录证明决策时曾表明异议的，可以免除相应的责任。

第三十条 企业发生重大或者特别重大资产损失隐瞒不报或者少报资产损失的，除按照本办法对相关责任人进行责任认定外，总会计师或者企业分管财务负责人和企业主要负责人应当承担分管领导责任和重要领导责任。

第三十一条 企业发生重大或者特别重大资产损失，未对相关人员进行责任追究的，一经查实，除按照本办法对相关责任人进行处罚外，对企业主要负责人应当比照直接责任人进行处罚。

第六章 资产损失责任处罚

第三十二条 对资产损失责任人的处罚包括经济处罚、行政处分和禁入限制：

（一）经济处罚是指扣发绩效薪金（奖金），终止授予新的股权。

（二）行政处分是指警告、记过、降级（职）、责令辞职、撤职、解聘、开除等。

（三）禁入限制是指在1至5年内或者终身不得被企业聘用或者担任企业负责人。

以上处罚可以单独适用，也可以合并适用。

第三十三条 企业发生资产损失，经过查证核实和责任认定后，在依据国家或者企业有关规定要求予以赔偿的基础上，应当根据程度及影响对相关责任人分别给予以下处罚：

（一）企业发生一般资产损失的，在责任认定年度对直接责任人和主管责任人处以扣发一定比例的绩效薪金（奖金）的经济处罚，以及警告、记过或者降级（职）等处分。

（二）企业发生较大资产损失的，在责任认定年度对直接责任人和主管责任人处以扣发一定比例的绩效薪金（奖金）的经济处罚，以及降级（职）、责令辞职、撤职、解聘或者开除等处分；对分管领导责任人处以扣发一定比例的绩效薪金（奖金）的经济处罚，以及记过、降级（职）、责令辞职或者撤职等处分。

（三）企业发生重大资产损失的，在责任认定年度对直接责任人和主管责任人处以扣发一定比例的绩效薪金（奖金）、一定期限内不授予新的股权的经济处罚，以及撤职、解聘或者开除等处分；对分管领导责任人和重要领导责任人处以扣发一定比例的绩效薪金（奖金）、一定期限内不授予新的股权的经济处罚，以及降级（职）、责令辞职或者撤职等处分。

（四）企业发生特别重大资产损失的，在责任认定年度对直接责任人和主管责任人处以扣发一定比例的绩效薪金（奖金）、一定期限内不授予新的股权的经济处罚，以及解聘或者开除等处分；对分管领导责任人或者重要领导责任人处以扣发一定比例的绩效薪金（奖金）、一定期限内不授予新的股权的经济处罚，以及撤职、解聘或者开除等处分。

第三十四条 企业发生特别重大资产损失，以及连续发生重大资产损失的，除对相关责任人处以经济处罚和行政处分外，应当同时给予禁入限制。

第三十五条 有下列情形之一的，应当对资产损失相关责任人从重处罚：

（一）情节恶劣或者多次造成资产损失的；

（二）发生资产损失，未及时采取措施或者措施不力，导致资产损失继续扩大的；

（三）干扰、抵制资产损失责任追究工作的；

（四）对企业发生资产损失隐瞒不报或者谎报、漏报的；

（五）强迫、唆使他人违法违纪造成资产损失的；

（六）伪造、毁灭、隐匿证据，或者阻止他人揭发检举、提供证据材料的；

（七）其他应当从重处罚的。

第三十六条 有下列情形之一的，可以对相关责任人从轻或者免予处罚：

（一）及时采取措施减少或者挽回损失的；

（二）主动反映资产损失情况的；

（三）主动检举其他相关人员，经查证属实的；

（四）有其他重大立功表现的。

第三十七条 对调离工作岗位或者已离退休的资产损失相关责任人，应当按照本办法相关规定给予经济处罚、行政处分和禁入限制。

给予经济处罚的，若离职后薪金尚未发放完毕，应当扣发相应的薪金；对继续在中央企业担任职务的，应当在其以后年度薪金中予以扣发；对调离中央企业的，应当向其工作单位提出处罚建议。

第三十八条 建立董事会制度的企业（含董事会试点企业），董事未履行或者未正确履行职责给企业造成资产损失的，除依法承担赔偿责任以外，国资委应当依照本办法及公司法规定的有关程序对其选任的董事进行处罚。

第三十九条 除按照本办法对资产损失相关责任人进行责任追究外，对违反国家有关法律法规规定的，还应当依法承担相应的法律责任。涉嫌犯罪的，依法移送司法机关处理。

资产损失相关责任人违反《中国共产党纪律处分条例》等有关规定的，建议党组织进行处理。

第四十条 国资委及企业负责资产损失责任追究工作的相关人员收受贿赂、徇私舞弊、泄露工作秘密以及协助资产损失相关责任人逃避责任的，视情节轻重给予相应的处罚；涉嫌犯罪的，依法移送司法机关处理。

第七章　附　则

第四十一条 根据本办法制定的中央企业资产损失责任追究实施细则另行公布。

第四十二条 企业应当根据本办法，结合本企业实际情况，制定子企业资产损失责任追究具体工作规范。

第四十三条 各地区国有资产监督管理机构可以参照本办法制定所出资企业资产损失责任追究办法。

第四十四条 本办法自 2008 年 10 月 1 日起施行。

中央企业安全生产监督管理暂行办法

2008年8月18日

国务院国有资产监督管理委员会令　第21号

《中央企业安全生产监督管理暂行办法》已经国务院国有资产监督管理委员会第67次委主任办公会议审议通过，现予公布，自2008年9月1日起施行。

第一章　总　则

第一条　为履行国有资产出资人安全生产监管职责，督促中央企业全面落实安全生产主体责任，建立安全生产长效机制，防止和减少生产安全事故，保障中央企业职工和人民群众生命财产安全，维护国有资产的保值增值，根据《中华人民共和国安全生产法》、《企业国有资产监督管理暂行条例》、《国务院办公厅关于加强中央企业安全生产工作的通知》（国办发〔2004〕52号）等有关法律法规和规定，制定本办法。

第二条　本办法所称中央企业，是指国务院国有资产监督管理委员会（以下简称国资委）根据国务院授权履行出资人职责的国有及国有控股企业。

第三条　中央企业应当依法接受国家安全生产监督管理部门和所在地省（区、市）、市（地）安全生产监督管理部门以及行业安全生产监督管理部门的监督管理。国资委按照国有资产出资人的职责，对中央企业的安全生产工作履行以下职责：

（一）负责指导督促中央企业贯彻落实国家安全生产方针政策及有关法律法规、标准等；

（二）督促中央企业主要负责人落实安全生产第一责任人的责任和企业安全生产责任制，做好对企业负责人履行安全生产职责的业绩考核；

（三）依照有关规定，参与或者组织开展中央企业安全生产检查、督查，督促企业落实各项安全防范和隐患治理措施；

（四）参与企业特别重大事故的调查，负责落实事故责任追究的有关规定；

（五）督促企业做好统筹规划，把安全生产纳入中长期发展规划，保障职工健康与安全，切实履行社会责任。

第四条　国资委对中央企业安全生产实行分类监督管理。中央企业依据国资委核定的主营业务和安全生产的风险程度分为三类（见附件1）：

第一类：主业从事煤炭及非煤矿山开采、建筑施工、危险物品的生产经营储运使用、交通运输的企业；

第二类：主业从事冶金、机械、电子、电力、建材、医药、纺织、仓储、旅游、通信的企业；

第三类：除上述第一、二类企业以外的企业。

企业分类实行动态管理，可以根据主营业务内容的变化进行调整。

第二章　安全生产工作责任

第五条　中央企业是安全生产的责任主体，必须贯彻落实国家安全生产方针政策及有关法律法规、标准，按照“统一领导、落实责任、分级管理、分类指导、全员参与”的原则，逐级建立健全安全生产责任制。安全生产责任制应当覆盖本企业全体职工和岗位、全部生产经营和管理过程。

第六条　中央企业应当按照以下规定建立以企业主要负责人为核心的安全生产领导负责制。

（一）中央企业主要负责人是本企业安全生产的第一责任人，对本企业安全生产工作负总责，应当全面履行《中华人民共和国安全生产法》规定的以下职责：

1. 建立健全本企业安全生产责任制；

2. 组织制定本企业安全生产规章制度和操作规程；

3. 保证本企业安全生产投入的有效实施；

4. 督促、检查本企业的安全生产工作，及时消除生产安全事故隐患；

5. 组织制定并实施本企业的生产安全事故应急救援预案；

6. 及时、如实报告生产安全事故。

（二）中央企业主管生产的负责人统筹组织生产过程中各项安全生产制度和措施的落实，完善安全生产条件，对企业安全生产工作负重要领导责任。

（三）中央企业主管安全生产工作的负责人协助

主要负责人落实各项安全生产法律法规、标准，统筹协调和综合管理企业的安全生产工作，对企业安全生产工作负综合管理领导责任。

（四）中央企业其他负责人应当按照分工抓好主管范围内的安全生产工作，对主管范围内的安全生产工作负领导责任。

第七条 中央企业必须建立健全安全生产的组织机构，包括：

（一）安全生产工作的领导机构——安全生产委员会（以下简称安委会），负责统一领导本企业的安全生产工作，研究决策企业安全生产的重大问题。安委会主任应当由企业安全生产第一责任人担任。安委会应当建立工作制度和例会制度。

（二）与企业生产经营相适应的安全生产监督管理机构。

第一类企业应当设置负责安全生产监督管理工作的独立职能部门。

第二类企业应当在有关职能部门中设置负责安全生产监督管理工作的内部专业机构；安全生产任务较重的企业应当设置负责安全生产监督管理工作的独立职能部门。

第三类企业应当明确有关职能部门负责安全生产监督管理工作，配备专职安全生产监督管理人员；安全生产任务较重的企业应当在有关职能部门中设置负责安全生产监督管理工作的内部专业机构。

安全生产监督管理职能部门或者负责安全生产监督管理工作的职能部门是企业安全生产工作的综合管理部门，对其他职能部门的安全生产管理工作进行综合协调和监督。

第八条 中央企业应当明确各职能部门的具体安全生产管理职责；各职能部门应当将安全生产管理职责具体分解到相应岗位。

第九条 中央企业专职安全生产监督管理人员的任职资格和配备数量，应当符合国家和行业的有关规定；国家和行业没有明确规定的，中央企业应当根据本企业的生产经营内容和性质、管理范围、管理跨度等配备专职安全生产监督管理人员。

中央企业应当加强安全队伍建设，提高人员素质，鼓励和支持安全生产监督管理人员取得注册安全工程师资质。安全生产监督管理机构工作人员应当逐步达到以注册安全工程师为主体。

第十条 中央企业工会依法对本企业安全生产与劳动防护进行民主监督，依法维护职工合法权益，有权对建设项目的安全设施与主体工程同时设计、同时施工、同时投入和使用情况进行监督，提出意见。

第十一条 中央企业应当对其独资及控股子企业（包括境外子企业）的安全生产认真履行以下监督管理责任：

（一）监督管理独资及控股子企业安全生产条件具备情况；安全生产监督管理组织机构设置情况；安全生产责任制、安全生产各项规章制度建立情况；安全生产投入和隐患排查治理情况；安全生产应急管理情况；及时、如实报告生产安全事故。

第一类中央企业可以向其列为安全生产重点的独资及控股子企业委派专职安全生产总监，加强对子企业安全生产的监督。

（二）将独资及控股子企业纳入中央企业安全生产管理体系，对其项目建设、收购、并购、转让、运行、停产等影响安全生产的重大事项实行报批制度，严格安全生产的检查、考核、奖惩和责任追究。

对控股但不负责管理的子企业，中央企业应当与管理方商定管理模式，按照《中华人民共和国安全生产法》的要求，通过经营合同、公司章程、协议书等明确安全生产管理责任、目标和要求等。

对参股并负有管理职责的企业，中央企业应当按照有关法律法规的规定与参股企业签订安全生产管理协议书，明确安全生产管理责任。

中央企业各级子企业应当按照以上规定逐级建立健全安全生产责任制，逐级加强安全生产工作的监督管理。

第三章 安全生产工作基本要求

第十二条 中央企业应当制定中长期安全生产发展规划，并将其纳入企业总体发展战略规划，实现安全生产与企业发展的同步规划、同步实施、同步发展。

第十三条 中央企业应当建立健全安全生产管理体系，积极推行和应用国内外先进的安全生产管理方法、体系等，实现安全生产管理的规范化、标准化、科学化、现代化。

中央企业安全生产管理体系应当包括组织体系、制度体系、责任体系、风险控制体系、教育体系、监督保证体系等。

中央企业应当加强安全生产管理体系的运行控制，强化岗位培训、过程督查、总结反馈、持续改进等管理过程，确保体系的有效运行。

第十四条 中央企业应当结合行业特点和企业实际，建立职业健康安全管理体系，消除或者减少职工的职业健康安全风险，保障职工职业健康。

第十五条 中央企业应当建立健全企业安全生产应急管理体系，包括预案体系、组织体系、运行机制、支持保障体系等。加强应急预案的编制、评审、培训、演练和应急救援队伍的建设工作，落实应急物资与装备，提高企业有效应对各类生产安全事故灾难的应急管理能力。

第十六条 中央企业应当加强安全生产风险辨识和评估工作，制定重大危险源的监控措施和管理方案，确保重大危险源始终处于受控状态。

第十七条 中央企业应当建立健全生产安全事故隐患排查和治理工作制度，规范各级生产安全事故隐患排查的频次、控制管理原则、分级管理模式、分级管理内容等。对排查出的隐患要落实专项治理经费和专职负责人，按时完成整改。

第十八条 中央企业应当严格遵守新建、改建、扩建工程项目安全设施与主体工程同时设计、同时施工、同时投入生产和使用的有关规定。

第十九条 中央企业应当严格按照国家和行业的有关规定，足额提取安全生产费用。国家和行业没有明确规定安全生产费用提取比例的中央企业，应当根据企业实际和可持续发展的需要，提取足够的安全生产费用。安全生产费用应当专户核算并编制使用计划，明确费用投入的项目内容、额度、完成期限、责任部门和责任人等，确保安全生产费用投入的落实，并将落实情况随年度业绩考核总结分析报告同时报送国资委。

第二十条 中央企业应当建立健全安全生产的教育和培训制度，严格落实企业负责人、安全生产监督管理人员、特种作业人员的持证上岗制度和培训考核制度；严格落实从业人员的安全生产教育培训制度。

第二十一条 中央企业应当建立安全生产考核和奖惩机制。严格安全生产业绩考核，加大安全生产奖励力度，严肃查处每起责任事故，严格追究事故责任人的责任。

第二十二条 中央企业应当建立健全生产安全事故新闻发布制度和媒体应对工作机制，及时、主动、准确、客观地向新闻媒体公布事故的有关情况。

第二十三条 企业制定和执行的安全生产管理规章制度、标准等应当不低于国家和行业要求。

第四章 安全生产工作报告制度

第二十四条 中央企业应当于每年1月底前将上一年度的安全生产工作总结和本年度的工作安排报送国资委。

第二十五条 中央企业应当按季度、年度对本企业（包括独资及控股并负责管理的企业）所发生的生产安全事故进行统计分析并填制报表（见附件2、附件3），于次季度首月15日前和次年度1月底前报国资委。中央企业生产安全事故统计报表实行零报告制度。

第二十六条 中央企业发生生产安全事故或者因生产安全事故引发突发事件后，应当按以下要求报告国资委：

（一）境内发生较大及以上生产安全事故，中央企业应当编制生产安全事故快报（见附件4），按本办法规定的报告流程（见附件5）迅速报告。事故现场负责人应当立即向本单位负责人报告，单位负责人接到报告后，应当于1小时内向上一级单位负责人报告；以后逐级报告至国资委，且每级时间间隔不得超过2小时。

（二）境内由于生产安全事故引发的特别重大、重大突发公共事件，中央企业接到报告后应当立即向国资委报告。

（三）境外发生生产安全死亡事故，中央企业接到报告后应当立即向国资委报告。

（四）在中央企业管理的区域内发生生产安全事

故，中央企业作为业主、总承包商或者分包商应当按本条第(一)款规定报告。

第二十七条 中央企业应当将政府有关部门对较大事故、重大事故的事故调查报告及批复及时报国资委备案，并将责任追究落实情况报告国资委。

第二十八条 中央企业应当将安全生产工作领导机构及安全生产监督管理机构的名称、组成人员、职责、工作制度及联系方式报国资委备案，并及时报送变动情况。

第二十九条 中央企业应当将安全生产应急预案报国资委备案，并及时报送修订情况。

第三十条 中央企业应当将安全生产方面的重要活动、重要会议、重大举措和成果、重大问题等重要信息和重要事项，及时报告国资委。

第五章 安全生产监督管理与奖惩

第三十一条 国资委参与中央企业特别重大生产安全事故的调查，并根据事故调查报告及国务院批复负责落实或者监督对事故有关责任单位和责任人的处理。

第三十二条 国资委组织开展中央企业安全生产督查，督促中央企业落实安全生产有关规定和改进安全生产工作。中央企业违反本办法有关安全生产监督管理规定的，国资委根据情节轻重要求其改正或者予以通报批评。

中央企业半年内连续发生重大以上生产安全事故，国资委除依据有关规定落实对有关责任单位和责任人的处理外，对中央企业予以通报批评，对其主要负责人进行诫勉谈话。

第三十三条 国资委配合有关部门对中央企业安全生产违法行为的举报进行调查，或者责成有关单位进行调查，依照干部管理权限对有关责任人予以处理。

第三十四条 国资委根据中央企业考核期内发生的生产安全责任事故认定情况，对中央企业负责人经营业绩考核结果进行下列降级或者降分处理(见附件6)：

(一)中央企业负责人年度经营业绩考核期内发生特别重大责任事故并负主要责任或者发生瞒报事故的，对该中央企业负责人的年度经营业绩考核结果予以降级处理。

(二)中央企业负责人年度经营业绩考核期内发生较大责任事故或者重大责任事故起数达到降级起数的，对该中央企业负责人的年度经营业绩考核结果予以降级处理。

(三)中央企业负责人年度经营业绩考核期内发生较大责任事故和重大责任事故但不够降级标准的，对该中央企业负责人的年度经营业绩考核结果予以降分处理。

(四)中央企业负责人任期经营业绩考核期内连续发生瞒报事故或者发生两起以上特别重大责任事故，对该中央企业负责人的任期经营业绩考核结果予以降级处理。

本办法所称责任事故，是指依据事故调查报告及批复对事故性质的认定，中央企业或者中央企业独资及控股子企业对事故发生负有责任的生产安全事故。

第三十五条 对未严格按照国家和行业有关规定足额提取安全生产费用的中央企业，国资委从企业负责人业绩考核的业绩利润中予以扣减，并予以降分处理。

第三十六条 授权董事会对经理层人员进行经营业绩考核的中央企业，董事会应当将安全生产工作纳入经理层人员年度经营业绩考核，与绩效薪金挂钩，并比照本办法的安全生产业绩考核规定执行。

董事会对经理层的安全生产业绩考核情况纳入国资委对董事会的考核评价内容。对董事会未有效履行监督、考核安全生产职能，企业发生特别重大责任事故并造成严重社会影响的，国资委对董事会予以调整，对有关董事予以解聘。

第三十七条 中央企业负责人年度经营业绩考核中因安全生产问题受到降级处理的，取消其参加该考核年度国资委组织或者参与组织的评优、评先活动资格。

第三十八条 国资委对年度安全生产相对指标达到国内同行业最好水平或者达到国际先进水平的中央企业予以表彰。

第三十九条 国资委对认真贯彻执行本办法，安全生产工作成绩突出的个人和集体予以表彰奖励。

第六章 附 则

第四十条 生产安全事故等级划分按《生产安全事故报告和调查处理条例》(国务院令第493号)第三条的规定执行。国务院对特殊行业另有规定的,从其规定。

突发公共事件等级划分按《国务院关于实施国家突发公共事件总体应急预案的决定》(国发〔2005〕11号)附件《特别重大、重大突发公共事件分级标准(试行)》中安全事故类的有关规定执行。

第四十一条 境外中央企业除执行本办法外,还应严格遵守所在地的安全生产法律法规。

第四十二条 本办法由国资委负责解释。

第四十三条 本办法自2008年9月1日起施行。

附件1 中央企业安全生产监管分类表(略)

附件2 中央企业生产安全事故季报表(略)

附件3 中央企业生产安全事故年度报表(略)

附件4 中央企业生产安全事故快报(略)

附件5 中央企业生产安全事故报告流程图(略)

附件6 中央企业生产安全责任事故降分降级处理细则(略)

关于规范国有企业职工持股、投资的意见

2008年9月16日 国资发改革〔2008〕139号

各中央企业,各省、自治区、直辖市及计划单列市和新疆生产建设兵团国资委:

近年来,国有企业职工(含管理层,下同)投资参与国有中小企业改制、国有大中型企业辅业改制以及科技骨干参股科研院所改制,为推进企业股份制改革、完善公司法人治理结构、增强企业活力起到重要作用。但由于目前缺乏统一的规定,操作不规范,企业改制引入职工持股以及职工投资新设公司过程中出现了一些问题。为规范国有企业改制,加强企业管理,防止国有资产流失,维护企业和职工合法权益,根据《国务院办公厅转发国务院国有资产监督管理委员会关于规范国有企业改制工作意见的通知》(国办发〔2003〕96号)、《国务院办公厅转发国资委关于进一步规范国有企业改制工作实施意见的通知》(国办发〔2005〕60号)和《关于印发〈关于规范电力系统职工投资发电企业的意见〉的通知》(国资发改革〔2008〕28号)精神,现就国有企业(包括国有独资和国有控股企业)职工持股、投资的有关问题(国有控股上市公司实施股权激励以及企业职工在证券市场购买股票除外),提出以下意见:

一、指导思想和基本原则

(一)指导思想:以邓小平理论和"三个代表"重要思想为指导,深入贯彻落实科学发展观,深化国有企业股份制改革,完善公司法人治理结构,促进国有资本有进有退合理流动,规范国有企业改制和企业职工投资行为,防止国有资产流失,维护企业和职工合法权益,实现国有企业又好又快发展。

(二)基本原则:一是区别对待,分类指导。进一步规范企业管理层持股、投资行为,妥善解决职工持股、投资存在的问题。二是规范操作,强化管理。引入职工持股应当公开透明,公平公正,严格执行国家有关企业改制和产权转让的各项规定;加强企业内部管理,防止通过不当行为向职工持股、投资的企业转移国有企业利益。三是维护企业职工合法权益,增强企业活力。职工持股要有利于深化企业内部人事、劳动、分配制度改革,切实转变经营机制;落实好职工参与改制的民主权利,尊重和维护职工股东的合法权益。

二、规范国有企业改制中的职工持股行为

(三)积极推进各类企业股份制改革。放开搞活国有中小企业,鼓励职工自愿投资入股,制订改制方案,要从企业实际出发,综合考虑职工安置、机制转换、资金引入等因素。国有大中型企业主辅分离辅业改制,鼓励辅业企业的职工持有改制企业股权,但国有企业主业企业的职工不得持有辅业企业股权。国有大型企业改制,要着眼于引进先进技术和管理、满足企业发展资金需求、完善公司法人治理结构,提高企业竞争力,择优选取投资者,职工持股不得处于控股地位。国有大型科研、设计、高新技术企业改制,按照有关规定,对企业发展作出突出贡献或对企业中长期发展有直接作用的科技管理骨干,经批准可以探索

通过多种方式取得企业股权，符合条件的也可获得企业利润奖励，并在本企业改制时转为股权；但其子企业（指全资、控股子企业，下同）改制应服从集团公司重组上市的要求。

（四）严格控制职工持股企业范围。职工入股原则限于持有本企业股权。国有企业集团公司及其各级子企业改制，经国资监管机构或集团公司批准，职工可投资参与本企业改制，确有必要的，也可持有上一级改制企业股权，但不得直接或间接持有本企业所出资各级子企业、参股企业及本集团公司所出资其他企业股权。科研、设计、高新技术企业科技人员确因特殊情况需要持有子企业股权的，须经同级国资监管机构批准，且不得作为该子企业的国有股东代表。

国有企业中已持有上述不得持有的企业股权的中层以上管理人员，自本意见印发后1年内应转让所持股份，或者辞去所任职务。在股权转让完成或辞去所任职务之前，不得向其持股企业增加投资。已持有上述不得持有的企业股权的其他职工晋升为中层以上管理人员的，须在晋升后6个月内转让所持股份。法律、行政法规另有规定的，从其规定。

（五）依法规范职工持股形式。国有企业改制，可依据《中华人民共和国公司法》等有关法律法规的规定，通过向特定对象募集资金的方式设立股份公司引入职工持股，也可探索职工持股的其他规范形式。职工投资持股应当遵循自愿、公平和诚实守信、风险自担的原则，依法享有投资者权益。国有企业不得以企业名义组织各类职工的投资活动。

（六）明确职工股份转让要求。改制为国有控股企业的，批准企业改制单位应依据有关法律、行政法规对职工所持股份的管理、流转等重要事项予以明确，并在改制企业公司章程中作出规定。

（七）规范入股资金来源。国有企业不得为职工投资持股提供借款或垫付款项，不得以国有产权或资产作标的物为职工融资提供保证、抵押、质押、贴现等；不得要求与本企业有业务往来的其他企业为职工投资提供借款或帮助融资。对于历史上使用工效挂钩和百元产值工资含量包干结余以全体职工名义投资形成的集体股权现象应予以规范。

三、规范国有企业职工投资关联企业的行为

（八）关联企业指与本国有企业有关联关系或业务关联且无国有股份的企业。严格限制职工投资关联关系企业；禁止职工投资为本企业提供燃料、原材料、辅料、设备及配件和提供设计、施工、维修、产品销售、中介服务或与本企业有其他业务关联的企业；禁止职工投资与本企业经营同类业务的企业。

国有企业中已投资上述不得投资的企业的中层以上管理人员，自本意见印发后1年内转让所持股份，或者辞去所任职务。在股权转让完成或辞去所任职务之前，不得向其投资企业增加投资。已投资上述不得投资的企业的其他职工晋升为中层以上管理人员的，须在晋升后6个月内转让所持股份。

四、规范国有企业与职工持股、投资企业的关系

（九）国有企业剥离出部分业务、资产改制设立新公司需引入职工持股的，该新公司不得与该国有企业经营同类业务；新公司从该国有企业取得的关联交易收入或利润不得超过新公司业务总收入或利润的三分之一。通过主辅分离辅业改制设立的公司，按照国家有关规定执行。

（十）加强国有企业内部管理。国有企业要严格依照有关法律、行政法规规定，采取招投标方式择优选取业务往来单位，不得定向采购或接受职工投资企业的产品或服务，产品、服务交易应当价格公允。国有企业向职工投资企业提供资金、设备、技术等资产和劳务、销售渠道、客户资源等，应参考资产评估价或公允价确定有偿使用费或租赁费，不得无偿提供。不得向职工投资企业提供属于本企业的商业机会。

国有企业应当在年度财务报告中披露与职工投资企业构成关联交易的种类、定价、数量、资金总额等情况。

（十一）国有企业中层以上管理人员，不得在职工或其他非国有投资者投资的非国有企业兼职；已经兼职的，自本意见印发后6个月内辞去所兼任职务。

五、加强对国有企业职工持股、投资的管理和监督

（十二）严格执行企业改制审批制度。国有企业改制引入职工持股，必须履行批准程序，严格执行国家有关规定。由集团公司批准的引入职工持股的企业改制，完成改制后须由集团公司将改制的相关文件资料报送同级国资监管机构备案。

（十三）国有企业是规范职工持股、投资的责任主体，要认真贯彻执行本意见各项要求，加强领导，认真组织，规范企业改制，强化内部管理，做好职工思想工作。各级国资监管机构要加强监督管理，对本意见的贯彻执行情况进行督促检查，发现违反本意见要求的，要立即予以制止和纠正，并按照相关规定追究有关责任人的责任。

关于整体上市中央企业董事及高管人员薪酬管理的意见

2008年9月16日　国资发分配〔2008〕140号

各中央企业：

为规范整体上市中央企业董事及高级管理人员（以下简称高管人员）薪酬管理工作，切实履行出资人职责，现就有关问题提出如下意见。

一、董事及高管人员薪酬管理的原则

（一）依法管理的原则。根据《中华人民共和国公司法》，中央企业整体上市后股份公司（以下简称上市公司）董事报酬由股东大会审议决定，高管人员薪酬由董事会审议决定。国有控股股东根据本意见依法行使股东权利。

（二）管资产与管人、管事相结合的原则。由中央和国资委提名的上市公司董事及高管人员，其薪酬管理应与国资委对中央企业负责人薪酬管理的政策保持一致。由上市公司董事会自主选择聘任的高管人员，未纳入中央企业负责人管理范围的，其薪酬管理由董事会参照国资委薪酬管理办法自主确定。

二、董事报酬管理

上市公司国有控股股东按以下原则，分类提出董事报酬方案，在股东大会召开前，以书面形式与国资委沟通一致后，提交股东大会审议决定。

（一）由上市公司及其国有控股股东以外人员担任的董事，其报酬参照国资委关于董事会试点企业外部董事报酬确定的原则及标准，按法定程序决定。

（二）由上市公司高管人员兼任的董事，不以董事职务取得报酬，按其在管理层的任职取得薪酬。

（三）由上市公司控股股东负责人兼任的董事，不以董事职务取得报酬，由国资委根据《中央企业负责人薪酬管理暂行办法》等有关规定确定其担任控股股东负责人的薪酬事项。

三、高管人员薪酬管理

（一）纳入国资委董事会试点的整体改制上市公司，外部董事超过董事会全体成员半数的，由董事会参照国资委关于董事会试点企业高级管理人员薪酬管理的相关指导意见，对上市公司高管人员薪酬进行管理。

（二）未纳入国资委董事会试点或外部董事未超过董事会全体成员半数的整体改制上市公司，其高管人员薪酬事项由国有控股股东根据《中央企业负责人薪酬管理暂行办法》等有关规定提出方案，报国资委审核批准后，提交董事会审议决定，国有控股股东提名的董事应根据国资委批复意见履行职责。

关于进一步加强中央企业投资管理的通知

2008年9月19日　国资发规划〔2008〕143号

各中央企业：

为进一步规范中央企业投资管理，国资委印发了《关于进一步规范中央企业投资管理的通知》（国资发规划〔2007〕114号，以下简称《通知》），重申了遵守投资报告制度，加强企业投资风险管理与控制，严禁违规使用银行信贷资金，严格落实责任追究制度等有关规定。绝大部分中央企业认真贯彻执行，减少了市场前景不明朗、投资风险大的项目建设。但仍有部分企业投资规模明显超出了企业经济合理承受能力；发展战略不清晰，主业不突出，存在盲目收购、扩张和重复建设的倾向；不严格履行投资活动报告制度，投资风险加大。针对当前中央企业投资活动中存在的问题，现将加强中央企业投资管理的有关事项通知如下：

一、加强企业投资决策管理

企业投资活动必须符合企业发展战略，并纳入规划管理。进一步明确战略定位和发展方向，制定方向明确、主业清晰、重点突出的发展战略和规划。根据发展战略和规划选择投资项目，不符合企业发展战略和主业的重大投资项目要慎重决策，原则上不作安排。国资委将加大对企业非主业投资活动的监管力度,遏制企业投资冲动和盲目投资的倾向,将有限资源集中投向关系国家安全和国民经济命脉的重要行业和关键领域,优化中央企业布局。

二、企业投资规模应与企业经济合理承受能力相适应

国资委将加强对高负债率企业投资活动的监管,企业投资规模应严格控制在合理负债率之内。根据企业滚动发展规划,企业资产负债率处于"红灯区"的,原则上不应安排重大投资活动;资产负债率处于"黄灯区"的,投资要严格履行内部投资管理制度。企业年度投资安排和具体投资项目均要落实自有资金,自有资金比例原则上不应低于40%。集团公司应加强对所属子企业投资活动的管控,子企业的重大投资活动应纳入集团公司规划、计划,统一公司内部资金平衡。

三、清理调减投资项目

根据"聚焦主业、突出重点、量入为出、有保有压"的指导方针,对固定资产投资、产权收购和长期股权投资项目进行全面清理,在确保重点项目建设的同时,调整核减不必要的投资项目,严格控制非主业投资,将有限资源管好、用好。国资委将要求部分投资规模偏大、资产负债率较高的企业对建设项目进行清理排队,调减市场前景不明朗、资金不落实、潜在风险大、不确定因素多的投资项目;确保市场前景好、发展潜力大、经济效益好,有利于产业结构调整优化升级、能够尽快见效、投资回报率高的重点项目。对已启动的重点投资项目要做好资金平衡与落实工作。

四、加强对并购重组工作的管理

并购重组工作要以企业发展战略和规划为指导,做好前期准备和全过程跟踪工作,搞好尽职调查,必要时聘请中介机构进行法律、财务、风险防范等方面的咨询、评价,禁止不符合企业发展规划和主业发展方向、超出自身投资能力、投资回报率低的并购重组项目。要统筹安排并购后新企业的战略调整、管理体制建设、业务流程再造、资源合理配置及企业文化融合等工作。适时开展并购重组项目后评价工作。

五、加强对境外投资项目的协调和管理

企业境外投资项目要符合企业发展战略和规划,符合国资委确认并公布的企业主业。企业境外投资要遵循必要的优先原则,后进入的企业应主动与先进入的企业沟通和协调,鼓励企业之间通过股份制方式开展业务合作。通过相应渠道争取到境外开发项目,缺乏开发优势和经验的企业,应主动寻求有经验、有实力和有优势的企业合作,共同开发。对在境外投资开发中采取不正当竞争手段、损害国家形象的,国资委将根据情节轻重,依照有关规定追究当事人和企业相关责任人的责任。

六、严格遵守重大投资活动报告制度

企业要认真执行《中央企业投资监督管理暂行办法》(以下简称《办法》)及相关实施细则的规定,进一步规范投资管理。企业主业投资项目应纳入企业年度投资计划并报国资委备案;非主业投资项目须经国资委核准。对需由国务院或国务院有关部门批(核)准的投资项目,企业在报送的同时,应抄送国资委。境外投资项目在向有关部门报告的同时应抄送国资委,签署有法律效力的文件前应正式报国资委(包括子企业的境外投资项目)。严格控制高风险领域投资活动,禁止企业违规使用银行信贷资金投资金融、证券、房地产、保险业等项目。

中央企业要严格执行《办法》及相关实施细则、《通知》和本通知有关规定,根据实际情况对企业投资进行专门研究,采取措施,进一步建立健全企业内部投资管理制度,严格重大投资项目管理的流程控制,规范企业内部决策程序,加强投资管理,有效规避投资风险。国资委将依照有关规定进行检查,将中央企业投资活动纳入监督和考核的范畴,对违反有关投资规定的行为,提出批评;情节严重的,追究企业相关人员的责任。

关于贯彻实施《中华人民共和国企业国有资产法》有关问题的通知

2008年11月12日　国资发法规〔2008〕194号

各中央企业:

《中华人民共和国企业国有资产法》(以下简称《企业国有资产法》)已于2008年10月28日经十一届全国人大常委会第五次会议审议通过,自2009年5月

1日起施行。现就贯彻实施《企业国有资产法》的有关问题通知如下：

一、深刻认识贯彻实施《企业国有资产法》的意义

《企业国有资产法》是我国市场经济法律体系中的一部重要法律，对于完善国有资产管理体制，加快推进国有企业改革与发展具有重要意义。

（一）贯彻实施《企业国有资产法》，是坚持我国基本经济制度，促进国有经济繁荣发展的需要。我国实行以公有制为主体，多种所有制经济共同发展的基本经济制度。包括国有经济在内的公有制经济，是我国社会主义制度的经济基础。《宪法》第7条明确规定："国有经济，即社会主义全民所有制经济，是国民经济中的主导力量。"改革开放30年以来，我国基本经济制度不断完善，国有经济不断发展壮大，为国家富强和提高人民生活水平发挥了巨大作用，积累了数量巨大的企业国有资产。《企业国有资产法》作为国有资产监管领域的基本法律，对企业国有资产的权益归属、国有资产管理体制、国家出资企业及其管理者的选择与考核、关系国有资产出资人权益的重大事项、国有资本经营预算及国有资产的监督等基本问题作出了规定，《企业国有资产法》的颁布和实施，必将对巩固我国基本经济制度，促进国有经济繁荣产生积极影响。

（二）贯彻实施《企业国有资产法》，是坚持改革方向，推进国有资产管理体制改革的需要。党的十六大报告在总结我国国有资产管理体制改革经验的基础上，确立了国有资产管理体制改革的目标。根据党的十六大精神和十届人大一次会议审议通过的国务院机构改革方案，2003年3月，国务院国有资产监督管理委员会成立，并依据国务院授权对中央企业履行出资人职责。2003年5月，国务院公布了《企业国有资产监督管理暂行条例》，以行政法规的方式确定了企业国有资产管理体制改革的方向和原则，为企业国有资产管理体制改革奠定了法律基础。各省、自治区、直辖市和市（地）人民政府相继设立国有资产监督管理机构，分别依照本级人民政府授权对相关企业履行出资人职责。党的十七大报告充分肯定了五年多来国有资产管理体制改革的实践，进一步提出了"完善各类国有资产管理体制和制度"的目标。《企业国有资产法》比较完整地反映了国有资产管理体制改革取得的成果，把企业国有资产管理体制的成功做法上升为国家法律。目前，以《企业国有资产法》为龙头，以《企业国有资产监督管理暂行条例》为基础，以国务院国资委制定公布的21个行政规章和115个规范性文件为主要内容，包括各省市国资委起草制定的1800多件地方规章和规范性文件的国有资产监管法律体系基本形成，完善国有资产立法取得重大进展。认真贯彻实施《企业国有资产法》，必将进一步推进企业国有资产监管体制改革，为完善各类国有资产管理制度创造良好的条件。

（三）贯彻实施《企业国有资产法》，是深化国有企业改革与发展，维护国有资产出资人权益，防止国有资产流失的需要。加快推进国有企业公司制股份制改革，健全现代企业制度，是党的十七大对国有企业改革提出的要求。实践证明，按照党的十六大确定的国有资产管理体制改革目标，各级国有资产监督管理机构成立以来，我国企业国有资产出资人逐步到位，企业国有资产监管制度逐步健全，各级国有资产监督管理机构依法履行出资人职责，强化企业国有资产监管，积极推进国有企业公司制股份制改革，使国有企业改革和国有经济进入了全新阶段，取得了举世瞩目的成就。各级国有资产监管机构积极采取措施维护国有资产安全，防止国有资产流失，有效遏制了改革改制过程中企业国有资产流失现象。《企业国有资产法》吸收了国有企业改革与发展的成功经验和基本做法，对于国家出资企业管理人选任与考核、关系国有资产出资人权益的重大事项等作出了进一步规定，贯彻实施《企业国有资产法》将进一步加快推进国有企业改革与发展。

二、全面理解《企业国有资产法》的主要内容

（一）《企业国有资产法》明确了调整对象。《企业国有资产法》明确规定其调整对象为企业国有资产，即国家对企业各种形式的出资所形成的权益。从企业所涉及的领域看，不仅包括工商企业，还包括金融企业。从企业组织形态上看，包括国有独资企业、国有独资公司、国有资本控股公司和国有资本参股公司等各类国家出资企业。

（二）《企业国有资产法》确立了企业国有资产监

督管理体制。根据党的十六大、十七大精神,《企业国有资产法》对企业国有资产管理体制作出了相应规定:一是国务院和地方人民政府依照法律、行政法规的规定,分别代表国家对国家出资企业履行出资人职责,享有出资人权益。二是明确规定了政府履行出资人职责时应当遵循的原则:"国务院和地方人民政府应当按照政企分开、社会公共管理职能与国有资产出资人职能分开、不干预企业依法自主经营的原则,依法履行出资人职责。"三是明确了代表政府履行出资人职责的机构。国务院国有资产监督管理机构和地方人民政府按照国务院的规定设立的国有资产监督管理机构作为履行出资人职责的机构,根据本级人民政府的授权,代表本级人民政府对国家出资企业履行出资人职责。

(三)《企业国有资产法》明确规定了履行出资人职责的机构及其职权和责任。《企业国有资产法》在总结国有资产监管体制改革实践成果的基础上,在第二章明确规定履行出资人职责的机构,并对其依法享有的职权和应承担的责任作了原则性的规定。根据《企业国有资产法》的规定,国务院国有资产监督管理机构和地方人民政府按照国务院的规定设立的国有资产监督管理机构,是根据本级人民政府的授权,代表本级人民政府对国家出资企业履行出资人职责的机构。国有资产监督管理机构对国家出资企业依法享有资产收益、参与重大决策和选择管理者等出资人权利,有权依照法律、行政法规的规定,制定或者参与制定国家出资企业的章程,委派股东代表参加国有资本控股公司、国有资本参股公司召开的股东(大)会会议等。同时,国有资产监督管理机构应当对本级人民政府负责,保障出资人权益,对国有资产保值增值负责,防止国有资产流失,维护企业作为市场主体依法享有的权利,除依法履行出资人职责外,不得干预企业经营活动。

(四)《企业国有资产法》规定了国家出资企业的财产权及其对出资人的相关责任。《企业国有资产法》规定的国家出资企业,包括国有独资企业、国有独资公司、国有资本控股公司和国有资本参股公司。《企业国有资产法》规定,国家出资企业对其动产、不动产和其他财产依照法律、行政法规以及企业章程享有占有、使用、收益和处分的权利。国家出资企业依法享有的经营自主权和其他合法权益受法律保护。国家出资企业对其所出资企业依法享有资产收益、参与重大决策和选择管理者等出资人权利。同时,国家出资企业应当依法经营管理,接受政府及政府有关部门、机构依法实施的监督管理,接受社会公众的监督,承担社会责任,对出资人负责。国家出资企业应当建立和完善法人治理结构,建立健全内部监督管理和风险控制制度,依照法律、行政法规和国务院财政部门的规定,建立健全财务、会计制度,设置会计账簿,进行会计核算,依照法律、行政法规以及企业章程的规定向出资人提供真实、完整的财务、会计信息。国家出资企业应当依照法律、行政法规以及企业章程的规定,向出资人分配利润。国家出资企业依照法律规定,通过职工代表大会或者其他形式,实行民主管理。

(五)《企业国有资产法》确定了国家出资企业管理者的选择与考核相关规则。选择并考核国家出资企业的管理者,是履行出资人职责的机构的重要职权。在《中华人民共和国公司法》(以下简称《公司法》)等法律规定的基础上,《企业国有资产法》明确了履行出资人职责的机构依法任免或者建议任免的企业管理者的范围,从品行、任职能力、身体状况等方面对国家出资企业管理者的任职条件和程序、履行职责的要求作出原则规定。同时,为保障和督促国家出资企业管理者履行忠实和勤勉义务,《企业国有资产法》对管理者兼职问题作出限制,规定了国家出资企业管理者的考核与奖惩等内容。

(六)《企业国有资产法》明确了涉及国有资产出资人权益的重大事项。《企业国有资产法》立足于维护国有资产出资人权益的立场,要求国家出资企业发生合并、分立、改制、上市,增加或者减少注册资本,发行债券,进行重大投资,为他人提供大额担保,转让重大财产,进行大额捐赠,分配利润,以及解散、申请破产等重大事项时,应当遵守法律、行政法规以及企业章程的规定,不得损害出资人和债权人的权益。同时,还分别就企业改制、与关联方交易、资产评估、国有资产转让等重点问题作出具体规定,对于保护国有资产出资人利益提供了完善的法律依据。

(七)《企业国有资产法》规定了国有资本经营预

算制度的相关原则。为充分保障国有资产出资人的收益权，《企业国有资产法》要求国家建立健全国有资本经营预算制度，对取得的国有资本收入及其支出实行预算管理。同时，还就编列预算的收支项目、预算编制方法等作出原则规定，授权国务院规定国有资本经营预算管理的具体办法和实施步骤，报全国人民代表大会常务委员会备案。

（八）《企业国有资产法》强化了国有资产监督。企业国有资产属于全民所有，强化国有资产监督管理是保障全民利益的根本措施。《企业国有资产法》明确规定各级人民代表大会常务委员会通过听取和审议本级人民政府履行出资人职责的情况和国有资产监督管理情况的专项工作报告，组织对本法实施情况的执法检查等，依法行使监督职权。国务院和地方人民政府及其审计机关依法对国有资产相关工作进行监督。企业国有资产状况和国有资产监管工作还应接受社会公众的监督。

此外，《企业国有资产法》还对有关行为的法律责任作出了相应规定，有利于法律的贯彻实施，有利于保护各方的合法利益。

三、认真做好贯彻实施《企业国有资产法》的各项工作

（一）立足于本企业改革与发展的实际，积极做好《企业国有资产法》的学习和宣传工作。要将《企业国有资产法》列为本集团、本企业"五五"普法的重点学习内容，企业领导人要带头组织专题学习，通过专家辅导解读、企业员工自学、开展知识竞赛等各种方式，借助企业内部局域网络、电视、电台、报刊、宣传活页等各种有效手段，广泛深入宣传《企业国有资产法》的实质内容。在学习宣传过程中，要结合本企业经营管理实际情况，注重分析研究企业改革发展中存在的问题，探索寻找解决方法。

（二）依照《企业国有资产法》的规定，积极推进公司制股份制改革，建立健全现代企业制度，完善法人治理结构。国务院国资委成立以来，国有企业公司制股份制改革取得了显著成效，中央企业通过建立董事会试点、整体改制上市等途径，不断探索创新，锐意进取，建立现代企业制度，完善法人治理结构的工作持续推进，在提升经济效益、履行社会责任方面取得了显著成就。但应当看到，随着经济一体化进程的加快，国际竞争日益激烈，金融危机、能源危机等因素对我国国民经济和企业发展的影响正在逐步扩大。中央企业是市场的主体，主营业务集中在关系国民经济命脉和国家安全、重要基础设施及重要自然资源领域。中央企业应当依据《企业国有资产法》、《公司法》的相关规定，加快改革步伐，明确产权关系，不断提高市场竞争能力，增强国有经济活力、控制力和影响力。

（三）依法决定企业改革与经营过程中的重大问题，维护国有资产出资人和国家出资企业的利益，严防国有资产流失。要严格遵循《企业国有资产法》、《公司法》等法律、行政法规的相关规定，在企业改制、上市、合并分立、增减注册资本，发行债券、重大投资，为他人提供大额担保，转让重大财产，进行大额捐赠，分配利润，以及解散、申请破产等重大事项上，依法行使决策权，认真做好各项工作，落实国有资产保值增值责任，确保国有资产出资人和国家出资企业的利益，依法维护债权人、企业职工及其他利害关系人的合法权益，防止出现国有资产流失和损害利害关系人合法权益的现象，不断巩固和壮大国有经济。各中央企业在贯彻实施《企业国有资产法》过程中，应当认真总结经验，及时发现企业贯彻实施法律过程中存在的问题，积极向国务院国资委反映情况，为完善我国企业国有资产监管法律制度作出贡献。

关于规范国有控股上市公司实施股权激励制度有关问题的通知

2008年10月21日　国资发分配〔2008〕171号

各省、自治区、直辖市及计划单列市和新疆生产建设兵团国资委、财政厅（局），各中央企业：

国资委、财政部《关于印发〈国有控股上市公司（境外）实施股权激励试行办法〉的通知》（国资发分配〔2006〕8号）和《关于印发〈国有控股上市公司（境内）实施股权激励试行办法〉的通知》（国资发分配〔2006〕175号）印发后，境内、外国有控股上市公司（以下简称上市公司)积极探索试行股权激励制度。由于上市公司外部市场环境和内部运行机制尚不健全,公司治理结构有待完善,股权激励制度尚处于试点阶段,为进一步规范实施股权激励,现就有关问题通知如下:

一、严格股权激励的实施条件,加快完善公司法人治理结构

上市公司国有控股股东必须切实履行出资人职责,并按照国资发分配〔2006〕8号、国资发分配〔2006〕175号文件的要求,建立规范的法人治理结构。上市公司在达到外部董事(包括独立董事)占董事会成员一半以上、薪酬委员会全部由外部董事组成的要求之后,要进一步优化董事会的结构,健全通过股东大会选举和更换董事的制度,按专业化、职业化、市场化的原则确定董事会成员人选,逐步减少国有控股股东的负责人、高级管理人员及其他人员担任上市公司董事的数量,增加董事会中由国有资产出资人代表提名的、由公司控股股东以外人员任职的外部董事或独立董事数量,督促董事提高履职能力,恪守职业操守,使董事会真正成为各类股东利益的代表和重大决策的主体,董事会选聘、考核、激励高级管理人员的职能必须到位。

二、完善股权激励业绩考核体系,科学设置业绩指标和水平

(一)上市公司实施股权激励,应建立完善的业绩考核体系和考核办法。业绩考核指标应包含反映股东回报和公司价值创造等综合性指标,如净资产收益率(ROE)、经济增加值(EVA)、每股收益等;反映公司赢利能力及市场价值等成长性指标,如净利润增长率、主营业务收入增长率、公司总市值增长率等;反映企业收益质量的指标,如主营业务利润占利润总额比重、现金营运指数等。上述三类业绩考核指标原则上至少各选一个。相关业绩考核指标的计算应符合现行会计准则等相关要求。

(二)上市公司实施股权激励,其授予和行使(指股票期权和股票增值权的行权或限制性股票的解锁,下同)环节均应设置应达到的业绩目标,业绩目标的设定应具有前瞻性和挑战性,并切实以业绩考核指标完成情况作为股权激励实施的条件。

1. 上市公司授予激励对象股权时的业绩目标水平,应不低于公司近3年平均业绩水平及同行业(或选取的同行业境内、外对标企业,行业参照证券监管部门的行业分类标准确定,下同)平均业绩(或对标企业50分位值)水平。

2. 上市公司激励对象行使权利时的业绩目标水平,应结合上市公司所处行业特点和自身战略发展定位,在授予时业绩水平的基础上有所提高,并不得低于公司同行业平均业绩(或对标企业75分位值)水平。凡低于同行业平均业绩(或对标企业75分位值)水平以下的不得行使。

(三)完善上市公司股权激励对象业绩考核体系,切实将股权的授予、行使与激励对象业绩考核结果紧密挂钩,并根据业绩考核结果分档确定不同的股权行使比例。

(四)对科技类上市公司实施股权激励的业绩指标,可以根据企业所处行业的特点及成长规律等实际情况,确定授予和行使的业绩指标及其目标水平。

(五)对国有经济占控制地位的、关系国民经济命脉和国家安全的行业以及依法实行专营专卖的行业,相关企业的业绩指标,应通过设定经营难度系数等方式,剔除价格调整、宏观调控等政策因素对业绩的影响。

三、合理控制股权激励收益水平,实行股权激励收益与业绩指标增长挂钩浮动

按照上市公司股价与其经营业绩相关联、激励对象股权激励收益增长与公司经营业绩增长相匹配的原则,实行股权激励收益兑现与业绩考核指标完成情况挂钩的办法。即在达到实施股权激励业绩考核目标要求的基础上,以期初计划核定的股权激励预期收益为基础,按照股权行使时间限制表,综合上市公司业绩和股票价格增长情况,对股权激励收益增幅进行合理调控。具体方法如下:

(一)对股权激励收益在计划期初核定收益水平以内且达到考核标准的,可按计划予以行权。

(二)对行权有效期内股票价格偏高,致使股票期权(或股票增值权)的实际行权收益超出计划核定的预期收益水平的上市公司,根据业绩考核指标完成情况和股票价格增长情况合理控制股权激励实际收益水平。即在行权有效期内,激励对象股权激励收益占本期股票期权(或股票增值权)授予时薪酬总水平(含股权激励收益,下同)的最高比重,境内上市公司及境外H股公司原则上不得超过40%,境外红筹股公司原则上不得超过50%。股权激励实际收益超出上述比重的,尚未行权的股票期权(或股票增值权)不再行使或将行权收益上交公司。

(三)上述条款应在上市公司股权激励管理办法或股权授予协议上予以载明。随着资本市场的逐步完善以及上市公司市场化程度和竞争性的不断提高,将逐步取消股权激励收益水平限制。

四、进一步强化股权激励计划的管理,科学规范实施股权激励

(一)完善限制性股票授予方式,以业绩考核结果确定限制性股票的授予水平。

1. 上市公司应以严格的业绩考核作为实施限制性股票激励计划的前提条件。上市公司授予限制性股票时的业绩目标应不低于下列业绩水平的高者:公司前3年平均业绩水平;公司上一年度实际业绩水平;公司同行业平均业绩(或对标企业50分位值)水平。

2. 强化对限制性股票激励对象的约束。限制性股票激励的重点应限于对公司未来发展有直接影响的高级管理人员。限制性股票的来源及价格的确定应符合证券监管部门的相关规定,且股权激励对象个人出资水平不得低于按证券监管规定确定的限制性股票价格的50%。

3. 限制性股票收益(不含个人出资部分的收益)的增长幅度不得高于业绩指标的增长幅度(以业绩目标为基础)。

(二)严格股权激励对象范围,规范股权激励对象离职、退休等行为的处理方法。

上市公司股权激励的重点应是对公司经营业绩和未来发展有直接影响的高级管理人员和核心技术骨干,不得随意扩大范围。未在上市公司任职、不属于上市公司的人员(包括控股股东公司的员工)不得参与上市公司股权激励计划。境内、境外上市公司监事不得成为股权激励的对象。

股权激励对象正常调动、退休、死亡、丧失民事行为能力时,授予的股权当年已达到可行使时间限制和业绩考核条件的,可行使的部分可在离职之日起的半年内行使,尚未达到可行使时间限制和业绩考核条件的不再行使。股权激励对象辞职、被解雇时,尚未行使的股权不再行使。

(三)规范股权激励公允价值计算参数,合理确定股权激励预期收益。

对实行股票期权(或股票增值权)激励方式的,上市公司应根据企业会计准则等有关规定,结合国际通行做法,选取适当的期权定价模型进行合理估值。其相关参数的选择或计算应科学合理。

对实行限制性股票激励方式的,在核定股权激励预期收益时,除考虑限制性股票赠与部分价值外,还应参考期权估值办法考虑赠与部分未来增值收益。

(四)规范上市公司配股、送股、分红后股权激励授予数量的处理。

上市公司因发行新股、转增股本、合并、分立、回购等原因导致总股本发生变动或其他原因需要调整股权授予数量或行权价格的,应重新报国有资产监管机构备案后由股东大会或授权董事会决定。对于其他原因调整股票期权(或股票增值权)授予数量、行权价格或其他条款的,应由董事会审议后经股东大会批准;同时,上市公司应聘请律师就上述调整是否符合国家相关法律法规、公司章程以及股权激励计划规定出具专业意见。

(五)规范履行相应程序,建立社会监督和专家评审工作机制。

建立上市公司国有控股股东与国有资产监管机构沟通协调机制。上市公司国有控股股东在上市公司董事会审议其股权激励计划之前,应与国有资产监管机构进行沟通协调,并应在上市公司股东大会审议公司股权激励计划之前,将上市公司董事会审议通过的股权激励计划及相应的管理考核办法等材料报国有资产监管机构审核,经股东大会审议通过后实施。

建立社会监督和专家评审工作机制。上市公司董事会审议通过的股权激励计划草案除按证券监管部门的要求予以公告外,同时还应在国有资产监管机构网站上予以公告,接受社会公众的监督和评议。同时国有资产监管机构将组织有关专家对上市公司股权激励方案进行评审。社会公众的监督、评议意见与专家的评审意见，将作为国有资产监管机构审核股权激励计划的重要依据。

建立中介服务机构专业监督机制。为上市公司拟订股权激励计划的中介咨询机构，应对股权激励计划的规范性、合规性、是否有利于上市公司的持续发展、以及对股东利益的影响发表专业意见。

（六）规范国有控股股东行为，完善股权激励报告、监督制度。

国有控股股东应增强法制观念和诚信意识，带头遵守法律法规，规范执行国家政策，维护出资人利益。

国有控股股东应按照国资发分配〔2006〕8号、国资发分配〔2006〕175号文件及本通知的要求，完善股权激励报告制度。国有控股股东向国有资产监管机构报送上市公司股东大会审议通过的股权激励计划时，应同时抄送财政部门。国有控股股东应当及时将股权激励计划的实施进展情况以及激励对象年度行使情况等报国有资产监管机构备案；国有控股股东有监事会的，应同时报送公司控股企业监事会。

国有控股股东应监督上市公司按照《企业财务通则》和企业会计准则的规定，为股权激励的实施提供良好的财务管理和会计核算基础。

国有资产监管机构将对上市公司股权激励的实施进展情况，包括公司的改革发展、业绩指标完成情况以及激励对象薪酬水平、股权行使及其股权激励收益、绩效考核等信息实行动态管理和对外披露。

在境外和境内同时上市的公司，原则上应当执行国资发分配〔2006〕175号文件。公司高级管理人员和管理技术骨干应在同一个资本市场（境外或境内）实施股权激励。

对本通知印发之前已经实施股权激励的国有控股上市公司，其国有控股股东应按照本通知要求，督促和要求上市公司对股权激励计划进行修订完善并报国资委备案，经股东大会（或董事会）审议通过后实施。

国有企业履行社会责任概览

第七篇

中国联合网络通信集团有限公司（简称中国联通）在原中国网通和原中国联通的基础上合并而成，在国内31个省（自治区、直辖市）和境外多个国家和地区设有分支机构，是中国唯一一家同时在纽约、香港、上海三地上市的电信运营企业。截至2008年底，中国联通用户总数为2.73亿户，资产规模超过5000亿元人民币。中国联通的收入规模已经跨入世界500强行列，用户规模及上市公司市值均位居全球电信运营商的前列。

中国联通拥有覆盖全国、通达世界的现代通信网络，主要经营固定通信业务，移动通信业务，国内、国际通信设施服务业务，卫星国际专线业务、数据通信业务、网络接入业务和各类电信增值业务，与通信信息业务相关的系统集成业务等。2009年1月7日，中国联通获得WCDMA制式的3G牌照。

中国联通正在加快移动通信网络建设步伐，加大固定宽带网络建设力度，积极推进固定和移动网络的宽带化，为广大用户提供全方位、高品质的宽带通信和信息服务。面向未来，中国联通将坚持以市场为导向、以客户为中心，以宽带移动互联网业务为重点，进一步加大发展力度、拓宽发展领域、提升服务水平，全面增强综合竞争力和可持续发展能力，努力建设成为国际领先的宽带通信和信息服务提供商。

A 抗雪灾保通信

B 2006年9月17日，中国联通为国家体育馆鸟巢钢结构卸载仪式电视直播提供通信保障

C 中国联通连续两年赞助中科院科考队深入可可西里科考活动，图为中国联通通讯车在可可西里

D 2008年5月19日，中国联通应急通讯车在四川映秀镇提供通信服务

集团公司党组成员合影

中国联合网络通信有限公司成立

客户满意是中国联通的第一追求

中国第一汽车集团公司

总经理：徐建一

党委书记：赵方宽

中国第一汽车集团公司(原第一汽车制造厂)简称“中国一汽”，1953年7月15日破土动工，中国汽车工业从这里起步。50多年来，中国一汽肩负中国汽车工业发展重任，经历了建厂创业、产品换型和工厂改造、上轻型车和轿车三次大规模发展阶段，产品生产由单一卡车向轻型车和轿车方面发展。1991年，与德国大众汽车公司合资建立15万辆轿车基地；2002年，与天津汽车工业(集团)有限公司联合重组；与日本丰田汽车公司实现合作。目前，产品结构形成轿车为主的格局。

中国一汽拥有全资子公司28家，控股子公司16家，其中包括一汽解放汽车有限公司、一汽铸造有限公司等全资子公司和一汽轿车股份有限公司、天津一汽夏利汽车股份有限公司、一汽富维汽车零部件股份有限公司、启明信息技术股份有限公司等上市公司及一汽-大众汽车有限公司、天津一汽丰田汽车有限公司等中外合资企业。在东北、华北和胶东、西南形成布局合理的三大生产基地，以及在国内汽车行业具有产品开发和工艺材料开发领先水平的一汽技术中心。资产总额1052.8亿元，员工12.36万人。

解放卡车装配线

红旗轿车为秘鲁APEC会议用车

为北京奥运会研发的混合动力客车和轿车

全新奥迪A6L轿车

威志轿车大批量出口

国务院总理温家宝在人大会上为王洪军签名

2008年，中国一汽列“世界最大500家公司”第303位；“世界机械500强”第49位；“亚洲500强”第53位；“中国制造企业500强”第1位。2008年公司品牌价值达到605.78亿元；2008年销售汽车153.3万辆，实现营业收入1644.7亿元。

至今，中国一汽累计产销重、中、轻、轿、客、微各类汽车1150多万辆，在巩固和发展国内市场的同时，不断开拓国际市场，逐步建立起全球营销和采购体系。

遵循“用户第一”的经营理念，努力践行“让中国每个家庭都拥有自己的汽车”的产业梦想，一汽人正在为建设具有国际竞争力的“自主一汽、实力一汽、和谐一汽”而努力奋斗。

一汽轿车公司自主车型扩建工程奠基

中国一汽红旗博爱小学、解放博爱中学举行奠基

SFTM长春丰越公司扩建项目奠基

启明信息A股在深交所上市

地址：长春市绿园区东风大街2259号
邮编：130011
电话：（0431）85730701
传真：（0431）85730707

东风汽车公司
DFM DONGFENG MOTOR CORPORATION

东风日产 天籁

东风 风行景逸

东风雪铁龙 世嘉

东风风神 S30

东风 轿跑车

东风悦达·起亚 赛拉图 欧风

东风公司鼎力支援抗震救灾

东风轻型发动机有限公司成立庆典

东风汽车公司始建于1969年，是中国特大型骨干企业之一，主要基地分布在十堰、襄樊、武汉、广州等地，总部设在武汉。主营业务涵盖全系列商用车、乘用车、零部件和汽车装备。

截至2008年底，东风汽车公司总资产达2176亿元，员工数13.5万人，销售汽车132万辆，主营业务收入1977亿元。位居2008年中国企业500强第20位，2008年中国制造企业500强第5位，2008年中国企业效益200佳第20位，2008年中国企业纳税200佳第14位。

东风公司以“把东风打造成为国内最强、国际一流的汽车制造商；创造同业中国际居前、中国领先的盈利率；实现可持续成长，为股东、员工和社会长期创造价值”为事业梦想，以“建设永续发展的百年东风，面向世界的国际化东风，在开放中自主发展的东风”为愿景，以“三个跨越，一方和谐”为奋斗目标，致力于把一个自主开放、可持续发展、具有国际竞争力的东风汽车公司推向世界。

东风 天龙

东风 风神S30

东风 奇骏

东风 大力神

东风 风圣

东风 猛士

中铝公司自主研发具有国际先进水平的400KA铝电解生产技术

中铝西南铝生产的高品质易拉罐用铝卷

公司积极开展国际化经营，投资140.5亿美元收购力拓英国公司12%的股份，成为力拓单一最大股东。同时公司秘鲁铜矿、澳大利亚奥鲁昆铝土矿等其他海外开发项目也取得积极进展。

公司坚持科技创新推进行业进步，全年申请专利1080件，授权专利713件，在氧化铝、电解铝及铝加工领域带动了产业技术升级，被国家授予首批“创新型企业”称号。

公司把履行社会责任作为贯彻落实科学发展观和建设和谐社会的自觉行动，积极创建资源节约型和环境友好型企业，大力开展节能减排，坚持发展循环经济，热心公益事业，向“5·12”特大地震和冰冻灾害等累计捐款8078万元，小型电机100台，树立了良好的企业形象。

面对国际金融危机带来的严重影响和巨大挑战，中铝公司以深入学习实践科学发展观活动为重大契机，大力实施成本领先战略，积极推进全方位的结构调整，加快管理改革创新，抓好领导班子建设和队伍建设，再造竞争新优势，科学发展上水平，努力实现公司又好又快发展。

中铝公司具有世界一流水平的氧化铝生产厂区

SDIC 国家开发投资公司（国投集团）

总裁　王会生

2008年，国家开发投资公司深入贯彻落实科学发展观，积极应对国际金融危机的挑战，各项经营指标再创新高。公司全年完成经营收入421亿元，同比增长41%；实现利润50亿元，扣除因电煤价格和售电价格倒挂造成的“政策性亏损”，同比增长30%；年末资产规模达到1758亿元，增长10%；公司连续五年获得国资委年度业绩考核A级。在全行业严重亏损的情况下，电力业务仍实现整体盈利，全集团过亿元的企业达到16家，盈利企业占集团合并企业的71%。

公司全年完成基建投资167亿元，电力新增装机97万千瓦，公司投产及在建的电力装机容量已达到4606万千瓦。煤炭新增产能324万吨，产量首次突破2000万吨，公司投产及在建的煤矿规模达到3544万吨。港口新增吞吐能力4720万吨，公司投产及在建港口吞吐能力达到1.6亿吨。海南洋浦公用原油码头和商业石油储备基地正在积极筹建。迁曹铁路已全线贯通；蒙冀铁路集包段已获得核准并开工建设。国投罗钾项目一期120万吨硫酸钾工程正式投产和二期170万吨工程奠基，公司在山西的煤炭铁路专用户头正式获批，集煤能力和电煤自给率明显提高，公司海运规划已经开始实施，船舶已陆续签约建造，到2012年，公司海运能力将达到150万载重吨。

公司的金融服务业获得较大发展。国投财务公司获得中国银监会开业批复及《金融许可证》；国投信托把握资本市场走势，增强产品创新能力，稳步提高理财水平；中投保担保规模和收入大幅增长，主营业务发展上一个新台阶；中纺物资业务收入和效益保持双增长；资产管理全年共退出项目109个，回收资金32亿元；中投咨询不断拓展业务的广度和深度，在管理咨询方面取得突破。

公司的国有资产经营工作取得新进展，资本经营成效显著。在基本完成对中包公司的托管后，又托管中国高新投资集团，有关工作得到国资委的充分肯定。国投煤炭控股收购新登煤业公司，推动中原地区煤炭资源的整合开发；虎门大桥和崔庄煤矿成功转让，转让收益分别为原始投资的21倍和11倍。

公司继续推进集团化、专业化、差异化管理，实业产业链初见雏形，协同效应初步显现。总部的监管、协调和服务职能不断完善。公司成为首批向国务院国资委提交年度全面风险管理报告的中央企业之一。公司积极推进NOSA安健环体系的建设，五家企业获得NOSA四星或三星认证，全年集团没有发生人身伤亡责任事故，煤炭企业百万吨死亡率为零。

2008年，公司在节能减排、管理创新、履行社会责任方面取得了新的成就。全年集团共完成污染治理项目26个，7个CDM（清洁能源机制）项目正顺利推进。集团火电机组单位供电煤耗同比下降1.5克，万元产值能耗同比下降10%。二滩水电《大型水电站安全高效的运行维护管理》获得第15届全国企业管理现代化创新成果一等奖。公司牢记中央企业的政治责任和社会责任，积极主动开展抗震救灾工作，2008年全集团抗震救灾等各项社会公益捐款以及公司援疆和贵州定点扶贫资金共计7573万元，其中员工个人捐款827万元，为构建和谐社会做出了应有的贡献。

国投大厦

国投罗钾投产

白银风电

国投镇江港

国投新集能源股份有限公司

国投大朝山水电站

中国生物技术集团公司
CNBG
CHINA NATIONAL BIOTEC GROUP
中国生物技术集团公司
●国务院国资委管理的国有重点骨干企业
●中国最大的生物技术公司
●中国最大的疫苗生产和供应商，2008年产销疫苗6.2亿剂量
●中国最大的血液制品生产和供应商
●中国主要的科学和医疗卫生器材进出口商
●2008年营业收入49亿元，员工近万人
中国生物技术集团公司（中生集团）下辖中国科学器材进出口总公司，北京、长春、成都、兰州、上海、武汉六个生物制品研究所和北京国生医药开发中心，并控股北京天坛生物制品股份有限公司（上市公司）和北京微谷生物医药有限公司。在近万名职工中，科技人员达到4000多名，是集科研开发、生产、经营为一体的全国最大的生物技术企业集团。
新中国成立以来，中生集团向市场提供包括计划免疫所需的各类疫苗和治疗用品，有效控制了多种恶性传染病。近年来，中生集团又在世界上首先研制出痢疾疫苗、轮状病毒疫苗，23价肺炎疫苗等产品，并实现乙型脑炎减毒活疫苗、肉毒毒素、水痘疫苗等产品的规模化出口。
中生集团将继续致力于生物技术领域的开拓，提供更多更好的产品，为人类健康事业做出更大贡献。
地 址：北京市朝阳区惠新东街4号富盛大厦26层
邮 编：100029
电 话：010-84663377/84663388
传 真：010-84663311
网 址：www.cnbg.com.cn

资产经营

诚通集团拥有专业化的资产经营平台，从事产业整合、不良资产处置、企业改制、企业托管、离退休人员管理等工作。2005年以来，划转的普天集团8户企业改制重组工作基本结束，中国寰岛集团、中国唱片总公司、中国国际企业合作公司先后并入诚通集团，托管华诚投资管理有限公司，在企业重组、业务整合、资产处置方面成效显著。同时，集团积极整合地方资源，进一步打造专业化、市场化和政策性相融合的独特资产经营公司。

现代物流

诚通集团物流主业已形成仓储、配送、质押监管、集装箱、运输、国际货代、现货市场和加工等集成物流运作体系，具备供应链管理综合服务能力。

综合贸易

诚通集团在全国各地拥有现货交易市场20家，年交易额3000多亿元。拥有专业电子商务网站——中国e金属网，向社会发布“诚通现货市场钢材交易价格指数”。

包装纸业

诚通集团奉行可持续发展的循环经济理念，全力实施林浆纸一体化战略，打造绿色高端包装纸业，拥有世界先进的中高档纸制品生产能力，目前是国内最大的液体包装纸供应商。

中煤集团

中国有色集团
中国有色大厦

信息点亮生活·中国普天

中国邮电器材
CHINA P&T APPLIANCES

中国邮电器材集团公司（以下简称邮电器材集团）成立于1964年，业务涉及通信终端产品及配件销售、零售维修、物流、展览等领域，是中国移动、中国联通、中国电信等运营商和摩托罗拉、诺基亚、三星、LG等手机生产厂商最重要的战略合作伙伴，连续八年占手机销售市场份额25%以上，在完全竞争的市场环境中，通过通信及电子产品分销业务、物流业务、零售业务、电子商务业务、维修业务的协同发展，有效连接着用户和手机厂商、运营商，以完善的销售渠道，全方位、优质的服务连续多年成为通信终端销售行业的排头兵，在通信产业链条中发挥着重要的作用。邮电器材集团承办的“中国国际通信设备技术展览会”是中国信息通信领域最具影响力、亚洲最大的世界级国际信息通信展览会，并创建国内最大的手机实体店网络交易平台——天机网。同时长期为运营商设备采购提供招标、商务代理和运输一条龙服务，被北京海关授予《适用海关A类管理证书》，享受海关优惠通关待遇。2008年集团公司总资产108亿元，净资产20.48亿元。

公司以“成就沟通梦想，传递无限价值”为品牌理念，秉承“追求完美 博得信赖 目标远大 合作共赢”的企业精神，积极迎接挑战，全力以赴为客户提供全方位、优质的服务，力争成为通信电子产品销售和服务领域具有国际竞争力的企业，打造享誉世界的PTAC品牌。

南光(集團)有限公司

南光（集团）有限公司是总部设在澳门的国资委直属中央企业，集团前身南光贸易公司，成立于1949年8月，是澳门最早的中资机构。在逾半个世纪的历程中，南光积极进取，勇于开拓，走过了一段艰苦创业、自强不息的不平凡里程；并较好地完成了各个历史时期国家所赋予的不同使命，为澳门回归祖国、发展内地与澳门的经贸关系、推动祖国的对外经济贸易事业、团结澳门同胞、促进澳门社会的繁荣稳定做出了应有的贡献，赢得了良好的声誉。

南光集团主营业务包括日用消费品贸易、酒店旅遊及配套服务业、地产经营开发和综合物流服务四大类；主要经营商品有：石油化工产品、五金矿产、粮油食品、轻纺服装、医药保健品等；拥有大型油库、加油站、酒店、百货商场、写字楼、码头、货仓冷库、运输车队等资产。

南光集团是澳门目前最大的石油化工产品和主要的鲜活冷冻食品、酒店旅遊、物流服务供应商；拥有澳门唯一的油气中转储运和航煤专供设施；分别在澳门、杭州、桂林和加拿大投资有7家星级酒店；有澳门最大的内港码头、干冻仓库和跨境运输车队；与美国、欧盟、独联体、韩

NAM KWONG (GROUP) COMPANY LIMITED

国、东南亚等几十个国家和地区有长期贸易往来。

南光集团拥有12家二级企业，分别为南光石油化工有限公司、澳门中旅（国际）酒店管理有限公司、澳门中国旅行社股份有限公司、南光实业有限公司、南光恒丰置业有限公司、南光贸易有限公司、南光物流有限公司、广东南光实业贸易公司、上海浦东实华经济发展有限公司、上海实华国际旅行社、上海华高房地产开发经营有限公司、北京南光石油化工有限公司；在北京、上海、广州设有代表处。

展望未来，南光集团将抓住机遇，加快发展，牢固树立“求发展、讲诚信、比业绩”企业核心价值观；认真落实以人为本，全面、协调、可持续的科学发展观，不断提升企业核心竞争力，实现可持续发展；努力把南光打造成为澳门最具实力的石化燃料、粮油食品、酒店旅遊及综合物流供货商，内地专业地产、农副产品、特色物流行业的有力竞争者，参与全球化经营的大型多元化控股企业集团。

南光集团继承和发扬爱国爱澳的优良传统，坚决贯彻“一国两制”方针和《澳门基本法》，大力支持澳门特区政府的依法施政，为澳门的经济繁荣、社会稳定做出新的贡献。

澳门罗理基博士大马路南光大厦十六楼 Tel: (0853) 83911600 Fax: (0853) 28330853 http://www.namkwong.com.mo

中国东方电气集团有限公司
DONGFANG ELECTRIC CORPORATION

胡锦涛总书记到东汽

温家宝总理到东汽

吴邦国委员长、王兆国副委员长到东汽

李克强副总理到东汽

东汽决战一百天 拿下一百亿

宣 誓

中国东方电气集团有限公司（简称：东方电气集团）从1958年第一个企业德阳水力发电设备厂建立起，经过50年的蓬勃发展，已经成为中国最大的发电设备制造和电站工程承包特大型企业之一，是党中央确定的涉及国家安全和国民经济命脉的53家国有重点骨干企业之一，是国务院国资委批准改制设立的国有独资企业。东方电气集团以大型发电设备、电站工程承包、电站服务以及电控设备、环保设备节能设备为主业，其主要企业东方电气股份有限公司分别在上海上市（代码600875）和香港上市（代码1027），企业主要分布在四川、广州、天津、浙江、河南、湖北等五省一市。

东方电气集团作为国家重大技术装备国产化基地、国家级企业技术中心，拥有中国发电设备制造行业中一流的综合技术开发能力。通过自主开发、产学研合作、引进和消化吸收国外先进技术以及二次开发，形成一批拥有自主知识产权的重大技术装备产品。通过调整产品结构，着力改善人类生存环境，积极发展核电、风电等清洁能源，已形成“五电并举”的产品格局，具备大型水电、火电、核电、风电、燃机等发电设备的开发、设计、制造、销售、设备供应及电站工程总承包能力。目前，东方电气集团可批量生产300MW、600MW、1000MW大型火电机组；400MW、550MW、800MW等级水轮发电机组；1000MW等级核电机组；1至2.5MW风电机组；重型燃气轮机及大型电站锅炉烟气脱硫脱硝、大型化工容器等产品。2008年，东方电气集团发电设备产量35997MW，连续五年居世界第一。

百万级核电机发运

在实践中感悟责任的真

北京银行

BANK OF BEIJING

积极履行社会责任 共建和谐首善之区

北京银行股份有限公司（以下简称北京银行）成立于1996年，是一家由境外投资者、首都众多知名企业和广大投资者参股的新型股份制商业银行。成立以来，北京银行秉承“为客户创造价值，为股东创造收益，为员工创造未来，为社会创造财富”的神圣使命，在实现自身跨越发展的同时，积极履行企业社会责任，树立了良好的社会形象，努力为构建和谐社会首善之区做出贡献。

一、支持北京奥运，提供全面金融服务

北京银行围绕服务奥运大局，制定《北京银行奥运金融服务工作方案》，通过延时服务、增设大堂经理、设立6家奥运服务网点等工作，兑现了奥运服务的承诺，得到了中外客户高度赞誉。在全行员工的共同努力下，圆满完成了各项奥运金融服务工作，取得了奥运金融服务工作的优异成绩，荣获“中国银行业迎奥运文明规范服务系列活动组织奖”、“首都金融系统奥运立功竞赛优秀组织奖”、“北京市银行卡支付环境建设先进集体奖”等最高级别的奥运金融服务工作奖项。

二、响应政府政策，积极支持下岗就业

北京银行自2003年起开始独家承办北京市小额担保贷款业务，为下岗失业人员、大学毕业生、农村转移劳动力和复员（转业）军人等四类人群提供融资服务。2008年，为进一步助推首都再就业工程建设、改善再就业人员融资环境，北京银行加大了对小额担保贷款业务的推动力度。截至2008年末，已累计发放小额担保贷款近680笔共5700余万元，累计帮助1000余名失业人员实现创业或再就业。在北京银行的融资支持下，一大批再就业、创业的个人和企业成长为创业明星。

三、深化金融服务，助推中小企业发展

为助推中小企业发展、提高中小企业金融服务水平，北京银行从体制、机制、产品和激励等方面采取了一系列措施，大力支持文化创意、节能减排、高科技和再就业等领域中小企业的发展。凭借服务首都小企业做出的突出业绩，被中国银监会评选为“2007年度全国小企业金融服务先进单位”，“小巨人”中小企业融资服务品牌荣获“2008第一财经金融价值榜年度公司金融服务品牌”。

四、关心社会发展，投身社会公益活动

北京银行取得今天的辉煌成绩，离不开社会各界及广大客户的支持与厚爱。饮水思源，北京银行积极投身教育、赈灾等社会公益事业，以实际行动回报社会。在四川大地震期间，北京银行向地震灾区紧急捐款500万元，同时广大干部员工踊跃捐款共计82.83万元，全行945名党员共交纳特殊党费280万元。建立救灾款项汇划绿色通道，累计办理赈灾业务4,282笔，金额1,431.3万元，减免汇划业务邮电费、手续费2.73万元，累计抗灾贡献1000余万元。2008年，北京银行向南方遭受雨雪冰冻危害的灾区人民捐款100万元；向北京市职工送温暖基金会捐赠50万元；在西安分行开业之际，捐款50万元，用于支持在陕西贫困山区建立希望小学；在首都青少年爱心慈善晚会上，现场捐款100万元，用于在地震灾区建设40间“抗震希望教室”。

北京银行领导带头为四川地震灾区捐款

北京银行召开“迎奥运 促服务 保平安”誓师大会，强化责任意识，确保平安奥运

北京市国有资产经营有限责任公司

BEIJING STATE-OWNED ASSETS MANAGEMENT CO.,LTD

——致力于打造国内一流的大型投资控股公司

北京市国有资产经营有限责任公司（以下简称“北京国资公司”），是经北京市人民政府授权的、专门从事资本运营的大型国有投资公司。其前身是北京市国有资产经营公司，成立于1992年，并于2001年4月与原北京市境外融投资管理中心合并，由北京市政府按照现代企业制度改制重组而成的国有独资公司，对北京市重要的国有资产进行经营和管理。

截至2008年底，北京国资公司注册资本50亿元，总资产307亿元，净资产120亿元，长期信用评级AA^{+}级，年底银行授信额度82亿元。北京国资公司作为北京市重大项目建设的承担者和经营者，累计投资项目160多项、实际完成投资210多亿元，主要产业集中在现代金融服务业、高新技术和现代制造业、城市公用事业和社会事业三大领域。

现代金融服务业　北京国资公司是北京市多家地方金融企业的主要控股股东，已构建起银行、证券、信托、保险、基金、产权市场、担保/再担保、风险投资、资产管理、信用评级等各类业务齐全的金融控股公司模式。

高新技术和现代制造业　北京国资公司在高新技术和现代制造业领域培育和投资一大批具有自主知识产权、高端、高效、低能耗的企业/项目，主要集中在汽车工业、集成电路产业、医药产业、装备制造、电子政务及产业园区等符合北京市产业发展政策重点行业。

城市公用事业和社会事业领域　北京国资公司在奥运场馆建设、垃圾焚烧发电、高速公路、土地一级开发、小城镇建设、文化产业等城市基础设施、公用事业及社会事业产业化领域，投资运作了一批前景广阔的项目。

2008年，北京国资公司超水平完成国家体育场（“鸟巢”）、国家游泳中心（“水立方”）、国家网球中心、曲棍球场、射箭场等5个场馆的投资建设，以6年的行动创造并践行了奥运“五种精神”，创建出奥运精品工程。同时，公司建立完备的保障工作体制机制和各项运行、服务、应急体系，圆满完成奥运赛时保障。公司被党中央、国务院授予“北京奥运会残奥会先进集体”，公司党委书记、董事长被授予“北京奥运会残奥会先进个人”。

地址：北京市西城区金融街19号富凯大厦B座16层
邮编：100140
电话：(86-10)6657-3366
传真：(86-10)6657-3398
E-mail:bjsam@bjsam.com.cn
网站：www.bjsam.com

中国吉林森工集团

CHINA JILIN FOREST INDUSTRY GROUP

中国吉林森工集团 董事长 柏广新

中国吉林森工集团体制改革新闻发布会

中国吉林森工集团，是中国四大森工集团之一，是我国第一家大型国有控股森工企业。总经营性资产58亿元，直属子公司16个，职工3.8万人。

吉林森工施业区位于吉林省东南部长白山区，总经营面积135万公顷，有林地面积120万公顷，活立木总蓄积1.66亿立方米，年生产木材近百万立方米。域内有各种野生动植物资源近4000种，矿产资源、水资源和森林旅游资源得天独厚。

吉林森工自成立以来，累计生产商品材1.5亿立方米，上缴利税100亿元，营造林66万公顷，为国家建设做出重大贡献。特别是经过“十五”末期和“十一五”开局重大体制改革及战略调整，集团生态建设和产业建设长足发展，森林面积和森林蓄积实现双增长，森林覆盖率达87.49%。以森林资源经营业、林木精深加工业、森林矿产水电业、森林食品医药业、森林生态旅游业、金融证券业等六大产业为支撑的产业格局已经形成，产品达六大系列40多个品种。区域内盛产的红松、椴木、柞木等商品材，以长白山独特的优良材质，在市场竞争中独占鳌头。“金桥”牌实木复合地板、“露水河”牌刨花板、“泉阳泉”牌长白山天然矿泉水三大中国名牌产品在国内外市场享有盛名。泉阳泉矿泉水年生产能力50万吨，人造板60万立方米，复合地板1000万平方米。

吉林森工在未来的发展中，确立以科学发展观为指导，以建立完备的森林生态体系、发达的林业产业体系、和谐的企业文化体系为目标的新战略，规划到“十一五”末期，实现林业总产值100亿元，总资产80亿元，销售收入50亿元，净利润2亿元，工业增加值10亿元，森林覆被率达到90%，有林地蓄积达到1.7亿立方米。集团将通过开展第二次创业，全面实施“三六九八”战略，努力把吉林森工建设成结构优化、管理科学、效益显著的现代化、国际化、综合性大型森林工业集团，为吉林老工业基地振兴和我国林业发展做出新的更大贡献。

中国吉林森工集团蕴藏着巨大的开发潜力和发展空间，诚挚欢迎国内外各界朋友和有识之士前来观光考察、合作发展、共创伟业！

中国名牌金桥牌地板

中国名牌露水河牌刨花板

中国名牌泉阳泉牌矿泉水

吉粮集团

JILIANG GROUP

吉粮集团1996年正式运营，是集粮食贸易、粮食精深加工、粮食期货、农畜养殖加工和从事国有资本运营于一体的国有大型企业集团。作为中国500强企业，集团拥有11户全资子公司、8户控股参股子公司。是国务院赋予的拥有粮食进出口经营权的两家企业之一，业务遍布20多个国家和地区，其中玉米出口量占中国出口玉米总量的60%左右，是中国最大的玉米贸易商。

2005年7月以来，吉粮集团在董事长、党委书记孟祥久同志的带领下，开启了“二次创业、打造新吉粮”的历史航程，组织实施“贸易做大”、“实业做强”、“金融做稳”、“管理做实”、“人才做精”、“文化做优”六大战略，全力打造农、工、贸一体化的现代化大型农业产业化龙头企业。通过“二次创业”，吉粮集团实现了四年四大步、四年翻三番的新跨越。企业文化有效创建，吉粮品牌和形象迅速提升，企业产品先后荣获“中国名牌”、“亚洲最具影响力品牌”、“世界市场中国食品十大年度品牌”等荣誉称号；集团先后被评为“中国品牌文化建设杰出贡献单位”、“中国十大和谐企业”。

企业核心价值观：奋斗创造美好生活；
企业精神：创新，诚信，敬业，和谐；
企业使命：为耕者谋利，为食者造福，为企业富强，为员工富裕；
企业宗旨：让每一粒粮食更有价值，让每一位员工更有作为；
企业愿景：成为国内领先、国际知名的粮食供应商和精深加工制造商；
企业口号：吉粮是我家。

由吉林省委省政府与香港、澳门特区政府联合举办的2009年经贸交流活动周期间，孟祥久董事长向省委书记王珉和港澳客商介绍吉粮产品

由吉粮集团发起的国内第一支粮食产业投资基金
——富恩德粮食产业投资基金管理公司在北京注册成立

地址：吉林省长春市人民大街7008号
电话：0431-85598001
传真：0431-85598006
网址：http://www.jlol.com.cn
邮编：130022

吉粮集团总部所在地——新吉粮大酒店

中电投宁夏青铜峡能源铝业集团有限公司

CHINA POWER INVESTMENT CORPORATION NINGXIA QINGTONGXIA ENERGY ALUMINIUM GROUP CO.,LTD

中电投宁夏青铜峡能源铝业集团有限公司（简称宁夏能源铝业）是中国电力投资集团公司（简称中电投集团）旗下的二级控股子公司。中电投集团公司是国务院国资委直管的大型国有企业，是全国五大发电集团之一，拥有火电、水电、核电、电解铝等产业。

2008年12月26日，由中电投宁夏能源有限公司和宁夏自治区国资委监管的青铜峡铝业集团有限公司战略重组设立的宁夏能源铝业，全面负责中电投在宁夏项目的投资、建设、发展和生产经营管理。实施战略重组是中电投集团打造宁东产业集群的重要举措，是支撑中电投集团宁东产业集群快速、健康发展的基础，电解铝产业由此进入中电投集团三大主营业务。

宁夏能源铝业借助宁夏资源优势和地域优势，秉承中电投“奉献绿色能源、服务社会公众”的企业精神，深入贯彻落实科学发展观，切实履行国有企业的政治责任、社会责任和经济责任，按照“符合国家西部大开发战略、符合宁夏经济社会发展战略、符合中电投集团发展战略”的原则和公司“煤为基础、电为支撑、铝为核心，产业一体化协同发展”的方针，打造完整的煤-电-铝、煤-电、煤-电-化三条产业链为主的特色产业集群，科学制订战略规划，加快项目开发建设，不断促进产业结构优化升级和资源优势向经济优势转化。几年内，宁夏能源铝业将成为结构布局合理、产业链群完整、环保水平领先、核心竞争力强的一流企业，为中电投集团公司“三步走”战略宁夏区域的实施和地方经济跨越式发展做出积极的贡献。

宁夏回族自治区党委书记陈建国（左一），自治区主席王正伟（右一），中电投集团公司总经理陆启洲（左二），中国有色金属协会会长康义（右二）共同为新公司揭牌

黄河总经理作为2008北京奥运会火炬手在吴忠盛元广场点燃圣火盆

地址：宁夏银川市新昌西路168号
电话：0951-6665000
传真：0951-6665888
邮编：750002

责任铸就辉煌 和谐成就未来

——西部矿业集团有限公司积极履行社会责任

西部矿业集团有限公司（以下简称"西矿集团"或"公司"）是一家集采矿、选矿、冶炼、加工、地勘、科研、设计、进出口贸易和投融资于一体的大型综合资源开发企业。截至2008年底，公司总资产达到256亿元，净资产达到135亿元，是青海省唯一一家进入中国500强的企业。

明恩德，知反哺。西矿集团在快速发展的过程中时刻牢记社会责任，积极回报社会。公司坚持诚信经营，依法纳税，是青海省财政支柱企业，已经连续多年被评为"利税贡献大户"、"诚信纳税户"、"星级纳税户"、"A级模范纳税单位"、"诚信企业"。集团所属企业分布在全国多个地区，这些企业都为当地政府的财政收入增加与经济发展做出了积极贡献。公司在发展过程中，坚持走可持续发展道路，努力建设资源节约型、环境友好型企业，严格落实节能减排责任，荣获中国企业社会责任调查"资源保护贡献奖"和"青海省节能管理先进单位"。

公司在"坚持六个协调发展"的指导下，全心全意为员工谋福利，积极创建"和谐西矿"，获得了"青海省用人环境先进单位"称号、"全国创建和谐劳动关系模范企业"等多个荣誉称号。西矿集团系统内部每年都安置二十名以上的复转军人，并妥善安置政府指派接收的破产企业富余人员、残疾人等参加就业，积极为政府分忧解难，努力促进地方稳定。

几年来，西矿集团向聋哑学校、儿童福利院、希望小学、红十字会等各类社会公益事业的捐款资助累计近1亿元。2008年"5·12"汶川大地震发生后，西矿集团以及所属各单位尽其所能向灾区捐款，累计超过3000万元。西矿集团先后获得了"中国企业社会责任调查百家优秀企业"、"中国最佳诚信企业"、"年度中国工业经济先进集体示范单位"、"第二届中国矿业（油田）十佳企业"、"全国五一劳动奖状"等多个荣誉称号。集团所属的西部矿业股份有限公司获得第三届中国企业社会责任高峰论坛"中国企业社会责任杰出上市公司奖"。

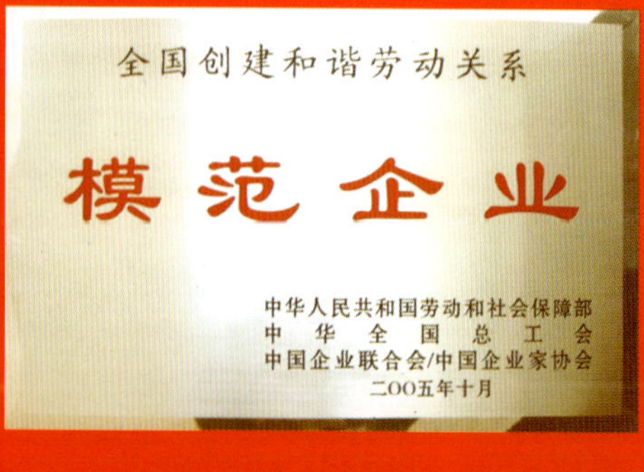

集团公司董事长、总裁 覃道雄

集团公司党委书记 欧资源

湘煤集团
XIANG MEI JI TUAN

湖南省煤业集团有限公司（湘煤集团）是经省人民政府批准，由原涟邵矿业集团、资兴矿业集团、白沙煤电集团、长沙矿业集团、湘潭矿业集团和湖南辰溪煤矿六家省属煤矿企业联合组建成立的大型国有独资企业。公司于2006年6月19日成立，现下辖35家子分公司，在省内拥有生产矿井51对，设计生产能力1005万吨/年，分布在全省8个地市12个县；贵州拥有煤矿9个，设计生产能力450万吨/年。截至2008年底，全集团总资产60亿元，在岗员工5.8万人。

集团公司组建三年来，在各级政府、部门的大力支持下，各项工作都取得了明显进展，企业发展来势喜人。主要表现在以下几个方面：

一是安全形势稳步好转。在2007年安全事故起数和死亡人数大幅下降的基础上，2008年事故起数和死亡人数比2007年分别下降16%和32%，控制在省安委下达的控制指标之内。2009年1-8月，与2008年同期比，事故起数和死亡人数分别下降82%和31%。全集团省内51对矿井有49对实现了安全生产。

二是生产经营效益逐年上升。集团公司组建三年来，累计完成利税11亿元，其中，2006年完成利税1.66亿元，2007年完成利税3.35亿元。特别是2008年，在年初遭受严重冰灾的情况下，全集团生产原煤723万吨，比2007年增加35万吨。实现利税6亿元，利润1.8亿元，同比增利1.63亿元。同时积极履行社会责任，站在讲政治、讲大局、讲责任的高度，坚决服从省政府宏观调控，在2008年冰灾及历年调煤保电工作中做出了突出贡献。在关键的时刻，发挥了关键作用，受到了湖南省委省政府的高度赞扬。

三是资源控制成效显著。在贵州控制资源总量已达6亿吨，比省里控制的总量还多出一个多亿；进军新疆获得面积达134km 、预测储量125亿吨以上资源的探矿权。

四是强力推进企业上市。为进一步加快湘煤发展，突出主业、使之成为具有可持续发展能力的大型现代煤炭企业集团、成为湖南基础能源安全主平台。湘煤集团作为主发起人，与中国国电集团公司、大唐集团公司、湖南湘投高科技创业投资有限公司、涟源钢铁集团有限公司、湖南省土地资本经营有限公司、湖南兴湘投资有限公司共同发起设立湖南黑金时代股份有限公司，2009年6月19日，湖南黑金时代股份有限公司挂牌成立，开启湖南煤业集团发展新时代。

五是集团地位不断提升。2008年9月5日，湖南省政府专门召开常务会议研究集团公司做强做大的问题，并作出将湘煤集团打造成全省能源保障主平台的重要战略决策，明确将省内41处煤炭资源以协议方式配置给集团公司，今后新探明储量在200万吨及以上可建新矿好矿的优质资源向集团公司集中等一系列政策措施，为集团公司做强做大铺平道路。2009年，在湖南省十一届人大二次会议周强省长所作的政府工作报告中，集团公司又被列为省政府重点扶持加快发展的九大企业之一。

到“十一五”末，湘煤集团年产原煤达到1000-1200万吨，到2015年，实现年产原煤3000万吨以上。构建煤矿安全生产保障体系和安全生产长效机制，到2010年百万吨死亡率达到全国平均水平。加快项目建设，实现每年有新矿井开工，有新矿井投产。加快上市步伐，力争在2011年实现上市目标。大力发展非煤产业，争取用3-5年的时间实现全集团非煤产值和效益在目前的基础上翻一番。到时，一个健康、稳定、和谐、发展，对湖南煤炭真正具有较强控制力、影响力、带动力的湘煤集团必将呈现在人们面前。

广西机场管理集团有限责任公司

GAG GUANGXI AIRPORT MANAGEMENT GROUP LTD.

架起空中桥梁♥构筑温馨港湾

广西机场抗震救灾

广西机场管理集团有限责任公司是广西壮族自治区人民政府直属国有大型航空运输保障企业，于2003年12月26日成立，注册资本10亿元人民币。集团公司由政府授权，负责对区内民用机场的管理、经营进行统筹规划，使国有资产保值增值。随着广西“一轴两翼”战略的推进以及北部湾经济区对外开放开发加速，广西民航机场事业也进入大建设大发展的黄金时期。“十一五”期间，广西机场管理集团将努力以打造国际航空港为目标，大力推进基础设施建设和环境建设，不断提升机场标准化和等级水平。为广西的经济发展插上腾飞的翅膀，为广西加强区域经济合作和招商引资工作架设了方便、快捷的空中桥梁。

牢记社会责任★构建和谐企业

集团成立以来始终注重社会责任建设，坚持履行社会责任与创建和谐企业相统一的原则，树立了良好的民航行业形象，实现了企业与社会的和谐共进。集团各级党组织积极组织广大干部职工参加各种社会公益活动，主动承担社会责任，时刻关心回馈社会，奉献社会。并先后为东南亚发生海啸大地震的地区、广西洪涝和冰冻严重灾区以及四川汶川大地震灾区捐款上百万元。尤其在2008年汶川地震发生后，集团组织广大干部职工捐款捐物，各机场全力保障地震期间救灾物资和救灾人员的顺利运输，共保障抗震救灾飞行69架次，运送救灾物资377.688吨，灾区转运伤员238名，运送公安特警消防特勤救护队员506人。充分体现了社会主义道德风尚、企业价值观与集团广大干部职工精神追求的良好结合。

机场优质服务

南宁机场候机楼内

广西机场管理集团桂林两江国际机场停机坪

LIUGONG 柳工

柳工使命

致力于为客户提供卓越的工程机械产品和服务

柳工愿景

成为工程机械行业世界级企业

柳工核心价值观

客户导向 品质成就未来；以人为本 合作创造价值

广西柳工集团有限公司是以国有资产授权经营方式组建的国有独资企业，核心企业是上市公司广西柳工机械股份有限公司，是国家重点联系的首批300家国有大型企业集团之一。目前在柳州、天津、江苏、上海、扬州、印度等地拥有全资及控股公司9家，参股公司2家，总资产78亿元，净资产34.8亿元，员工9700人。是广西“十一五”期间重点培育和发展的工程机械集群产业中的龙头企业。

柳工坚持以科学发展观统领全局，以振兴中国民族装备业为已任，锐意改革，优化产品结构，坚持科技创新，发展自主品牌，提高综合竞争实力，企业持续发展壮大，各项经济指标居全国同行业首位，成为我国装备制造业的“排头兵”企业；柳工已进入世界工程机械50强行列，装载机年销量位居世界第二位。

以行动诠释企业公民的社会责任

柳工业务规模的扩张和品牌效应的持续提升，也有效地拉动了区域经济增长和就业。同时柳工将扶贫作为重点支持领域，有计划、有组织地开展扶贫。并被广西壮族自治区授予“定点帮扶贫困村先进单位”称号。

2008年初，面对百年不遇的冰雪灾害，柳工积极组织救援工作，先后投入装载机、滑移装载机、挖掘装载机等设备约计1600台，在全国10余个省的不同受灾地区铲雪、除冰、牵引被困车辆、排除路障，挽回经济损失约2.4亿元。汶川大地震发生后，柳工快速反应，伸出援手，充分利用自身的技术与产品优势，为救灾贡献了独特的力量。在整个抗震救灾过程中，柳工总共投入的工程机械产品1500台以上，投入设备价值6000多万元，捐款和投入费用超过1200万元。柳工派出的抗震机械救援队荣获了全国总工会授予的“全国工人先锋号”荣誉称号。 柳工人用实际行动诠释了企业公民的社会责任。

抗震救灾指挥部举行出征誓师动员大会

挖掘机在绵竹市的汉旺镇一处煤场抗震救灾

全面投入清理倒塌房屋重建家园的战斗

中盟龙新化工公司办公大楼外景

黑龙江中盟集团有限公司

ZHONG MENG
GROUP COMPSNY LTD

集团董事长、党委书记、总经理 席友军

中盟龙新化工公司建设的5万吨MMA项目奠基仪式

一个国有企业，主营业务收入2008年比2000年增长5.5倍，年均递增26%。利润比2000年增长9倍，年均递增33.3%。税金比2000年增长11.3倍，年均递增37%。尤其是在世界性经济危机到来之际，还能够保持主营业务化工产品大客户不流失、热电形势良好、房地产项目稳中有升的好势头，不能不说是一个奇迹。这个奇迹就是黑龙江省国资委监管企业黑龙江中盟集团有限公司创造的。

中盟集团的前身是1987年黑龙江省政府成立的省经济开发公司，承担为省政府财政创收任务。由于体制、管理等原因，没有市场经济意识，基本上是按照政府的模式做事，2000年前，先后向省内外一些行业投资的十几亿元，没有效益和回报，企业亏损严重。

2000年8月，中盟集团改制，与主管部门脱钩，中盟集团断了政府的资金来源，被直接逼进市场经济的汪洋大海。

在业内人士普遍说难时，受命于危难之时的集团董事长席友军同志，带领班子成员首先在中盟集团进行一场思想变革。从2000年8月到2001年上半年，召集员工们就企业生存和发展问题多次进行大讨论，在讨论时，席友军以现代企业家的理念就市场经济、人与企业关系，整合和发展，风险和收益等等，进行广泛深入地宣传教育，给大家注入市场经济一系列新理念。在此基础上，他统一领导班子成员思想：中盟集团要迅速冲出困境，走上可持续发展之路，一不能头痛医头、脚痛医脚。二不能搞短期行为，谋权宜之计，这样企业永无出头之日。必须从总体上进行运筹，从全局性、长远性考虑，进行战略谋划。

2001年7月1日纪念建党80周年，他在亚布力召开的全体员工大会上，做了题为：“树立信心，务实进取，创造中盟美好明天”的讲演。提出中盟集团的发展战略：“要对集团现有产业进行收缩整合，集中力量开发房地产项目，用最短的时间（2—3年）完成集团的资本积累，寻找合适的投资项目，形成集团的主导产业，把中盟集团做大做强”。

投资2.46亿元高质量、高速度建成的鸡东县城区热电联产项目

ZHONG MENG
GROUP COMPSNY LTD

黑龙江中盟集团有限公司

投资7.389亿元建设的绥化市城区热电联产项目

来中盟集团前，席友军是房地产开发公司老总，丰富的经验使他驾轻就熟。他带领一班人马不停蹄地在省内外选地块、选项目，迅速在哈尔滨开发8万平方米“珠江嘉园”，在北京开发28万平方米“金港国际”。两个楼盘当年投资当年见效，盈利一个多亿。紧接着，鸡东“金地嘉园”、哈尔滨“枫桥国际”、齐齐哈尔“仕林国际”又给中盟集团带来丰厚的利润。2008年3月破土动工的哈尔滨“悦山国际”房地产项目，是中盟集团从开发单体小项目向成片开发大项目的跨越，建设规模43.9万平方米，2009年10月可完成一期31万平方米。“悦山国际”被评为“黑龙江省最具影响力楼盘”，排在“黑龙江省保值增值楼盘”之首。仅2009年4月和5月两个月，就实现销售2.48亿元。2009 年6月1日，又取得齐齐哈尔老中华路路北土地使用权，规划总建筑用地11.2万平方米，建筑面积25.8万平方米。黑河“金地花园”一期3万平方米年底前竣工。可以想见，这些房地产项目会给中盟集团带来多少收益。

在开发房地产项目的同时，席友军不失时机地按集团发展战略要求，积极寻找长期稳定发展的行业。在反复比较、论证后，先后投资2.46亿元、7.38亿元建设鸡东县和绥化市城区热电联产项目。鸡东热电联产项目2003年7月投入运营后，每年稳定获利1000万元以上。绥化热电联产项目全部建成，以后每年将给集团带来更大的稳定效益。

为了适应鸡东城区供热面积每年以10万平方米的速度递增，2008年扩建4＃炉，增加50万平方米供热面积。为了适应绥化城区每年以50万—80万平方米的速度递增，他们正筹划建设第二热源。

按着集团发展战略，对全资、控股老国企和参股企业进行大刀阔斧地收缩、整合。通过对老国企安达龙新化工公司的重组，中盟龙新化工有限公司获得新生。2001年扭亏为盈后，生产、经营、利润连年创历史最好水平。借助于国家振兴东北老工业基地的大好时机，投资建设的年产5万吨MMA化工项目，2009年10月份即可投产，达产后仅这个项目每年可以实现销售收入8亿元

下属子公司齐齐哈尔爱地房地产公司建设的“仕林国际”项目

以上，纳税7000万元以上，利润8000万元以上。2009年又借助龙江建设哈大齐工业走廊的有利契机，在建和筹建产年20万吨硫酸项目、年产5万吨丙酮氰醇项目、年产10万吨丙酮项目、年加工8万吨粗苯精制项目。可以说，龙新公司在建和筹建的每一个项目，都是集团一个新的利润增长点。

短短八年，中盟集团发展战略有效地实施和展开，建成符合市场发展的化工、热电、房地产三大主业，驶上快速、健康、可持续发展的快车道，由亏损、落后企业变为省管企业中的佼佼者。

（撰稿人：王蓓）

下属子公司北京中基投资公司投资建设的北京“金港国际”房产项目

下属子公司华盟房地产公司在哈尔滨建设的43万平方米“悦山国际”项目

中平能化集团

中国平煤神马集团总部

董事长、党委书记 陈建生

总经理 梁铁山

中平能化集团是由平煤集团和中国神马集团两个中国500强企业联合重组而创立的能源化工企业，企业注册资本金为116.5亿元人民币。中平能化集团是我国品种最全的炼焦煤和动力煤生产基地，亚洲最大的尼龙化工生产基地，帘子布和工业丝规模均居世界第一。2008年，集团煤炭产销量完成4448万吨，实现营业收入697亿元，实现利税77.2亿元。截至2008年末，企业资产总额669亿元，职工总数14.5万人。

2008年，是中平能化集团积极履行社会责任和经济责任，并取得显著成绩的一年。在年初南方部分地区发生雨雪冰冻灾害期间，中平能化集团讲政治、顾大局，牺牲局部利益，采取超常措施，确保煤炭供应，得到社会各界和广大用户的高度赞誉。“5·12”四川汶川大地震发生后，中平能化集团在13日下午通过中国红十字总会向灾区捐款100万元，并于当日晚紧急派遣全省第一支专业救援队赴灾区参加抢险救灾。随后，又连续派遣医疗队、援建队赴灾区开展医疗救助和过渡安置房建设。成功救出清平磷矿千余名职工，带出被困群众1万多人，救治灾区群众1139人次，巡诊3000多人次，建成过渡安置房1109套。广大党员和干部职工充分发扬“一方有难、八方支援”的精神，积极奉献爱心，累计向灾区捐款1416万元，为支援抗震救灾做出积极贡献。面对国际金融危机的严重影响，中平能化集团充分发挥国有特大型企业对国民经济稳定健康发展的支撑作用，进一步增强责

全省首个全自动化综采工作面在集团六矿井下投入使用

现代化的尼龙66帘子布生产线

任意识，积极采取应对措施，保增长、调结构、保民生、促发展，在应对危机中勇挑重担，争当表率，实现平稳较快发展，保持企业经济社会稳定。

新时期，中平能化集团将依托丰富的煤、岩盐、水等资源优势，加快构建“5+4”产业新格局，即大力发展煤炭采选、尼龙化工、煤焦化工、煤盐化工、煤电5大核心产业和现代物流、高新技术、建工建材、机电装备4个辅助产业。规划到“十二五”末，煤炭产量突破8000万吨，建成全国最大的煤盐化工基地，巩固亚洲最大的尼龙化工基地的地位，建成国内一流、具有国际竞争力的跨国能源化工集团。

中平能化集团的发展，得到国内外各界的大力支持与合作。在今后的发展中，中平能化集团将一如既往地继续加强与国内外各界的合作与交往，在更广阔的领域内共同创造更加灿烂辉煌的未来。

干部职工踊跃为灾区捐款

■ 地址：河南省平顶山市矿工路中段
■ 邮编：467000
■ 电话：0375－2723521
■ 传真：0375－2901445

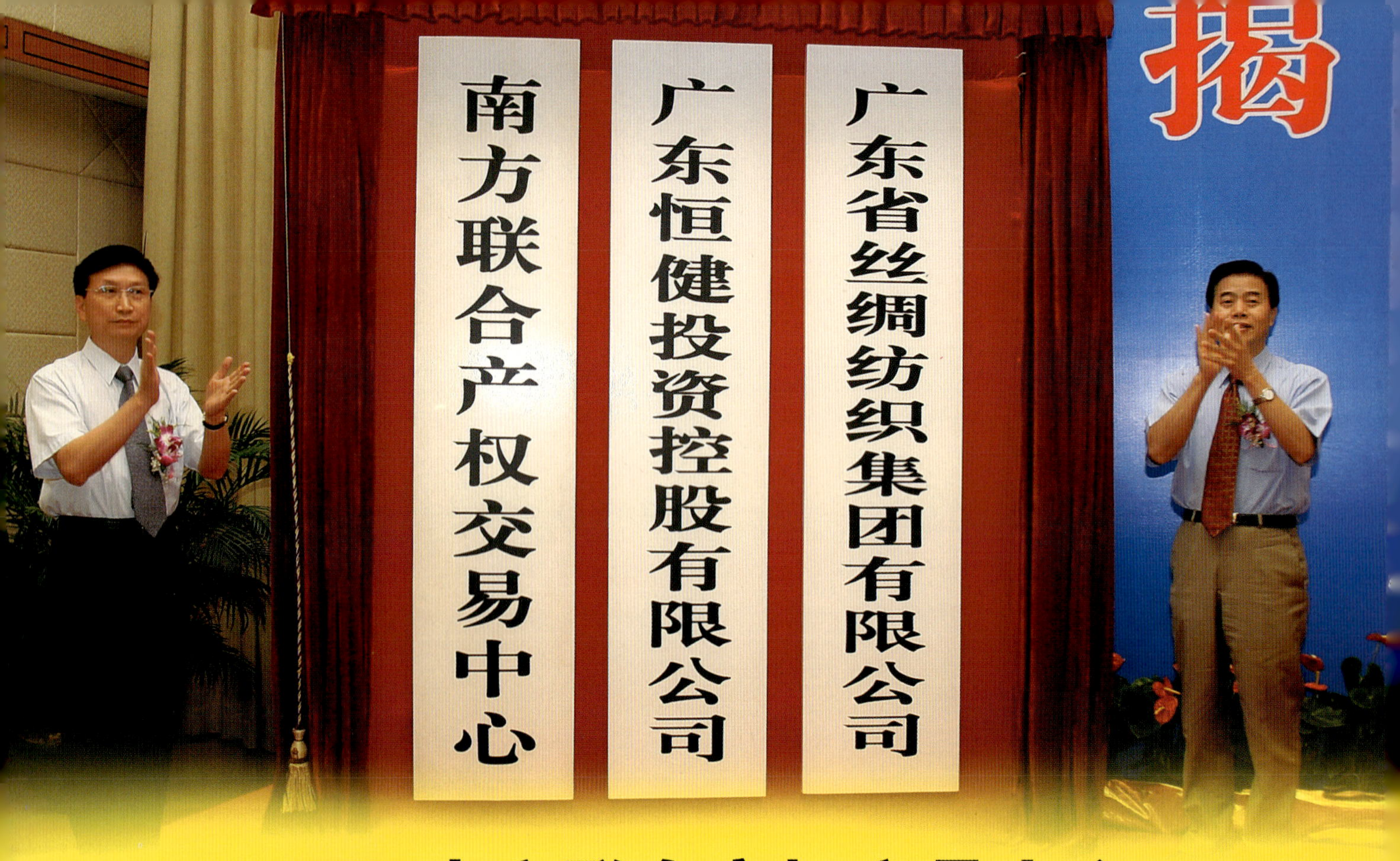

南方联合产权交易中心

SOUTHERN UNITED ASSETS & EQUITY EXCHANGE

南方联合产权交易中心（简称“南方产权中心”）成立于2006年10月16日，是经广东省人民政府批准设立、由广东省人民政府国有资产监督管理委员会组建的全省统一产权交易平台。主要业务包括股权、物权、债权、知识产权（含文化版权）等产权交易服务，以及企业资产重组、收购、兼并、股权托管、中小企业市场等产权市场相关业务，是促进产权流动、连接资本进退、优化资源配置的专业化权益性资本市场；是省财政厅确定的广东省唯一从事金融企业国有资产交易业务的省级产权交易平台；是省政府选定建设多层次资本市场的唯一试点单位。

南方产权中心成立三年来，坚持“高起点、高标准、高品位”，建设了9688平方米的经营场地，制定了《产权交易规则》等几十个规章制度，成为软硬件系统功能齐全，华南地区规模最大、信息化水平最高的产权交易平台；坚持“三公”和“规范”原则，树立了牢固的社会公信力，产生了良好的品牌效应，赢得了社会各界的信任。截至2009年6月30日，共完成各类产权交易总额340.29亿元，其中国有产权交易金额达143.33亿元，最高增值率达到319%。南方产权中心凭借在多层次资本市场、中小企业融资平台建设等金融制度、金融产品创新领域做出的突出成就，荣获2008年广东省“金融创新奖”三等奖，成为唯一获得该奖项的广东省国资委监管企业、也是广东省唯一获得该奖项的产权交易机构。

南方产权中心紧紧依靠省委、省政府和省国资委、省金融办及联席会议各部门的正确领导，依托广东省作为经济强省、地方国资大省的市场资源后盾，充分发挥后发优势，集中力量迅速完成平台建设，不断推进业务创新。经省政府批准成立“广东省股权托管中心”，经省国资委和佛山市政府批准成立“佛山南方产权交易所”，正在筹建“广东省南方文化产权交易中心”、“广东省环境权益交易所”等多家子公司，实现了交易品种多样化、业务领域多元化、企业发展集团化，成为广东省乃至泛珠三角区域多层次资本市场的领先平台。

地址：广州市天河北路28号时代广场七楼/电话：020-22360123/传真：020-22360299/公司网站：http:csuaee.com.cn

附录

第八篇

2008年国务院国有资产监督管理委员会大事记

1月

▲ 2007年12月29日，印发《关于印发〈关于中央企业履行社会责任的指导意见〉的通知》（国资发研究〔2008〕1号），就中央企业履行好社会责任，实现企业与社会、环境的全面协调可持续发展有关问题提出规范意见。

▲ 1月2日，经研究，决定撤出向三九企业集团派出的国有重点大型企业监事会（国资发监督〔2008〕2号）。

▲ 1月8日，黄淑和同志会见上海市政府副秘书长兼上海世博局局长洪浩同志一行，双方就中央企业参与上海世博会的有关工作进行深入研究。

▲ 1月8日，邵宁同志会见日本野村控股有限责任公司副社长户田博史先生一行，双方就国有企业改革有关问题交换意见。

▲ 1月8日，国家科学技术奖励大会在北京召开。中央企业获得国家最高科学技术奖1人；国家技术发明奖一等奖1项（唯一一项，参与项目）；国家技术发明奖二等奖6项，占该奖项总数（50项）的12.0%；国家科技进步奖特等奖1项（唯一一项）；国家科技进步奖一等奖11项，占该奖项总数（19项）的57.9%；国家科技进步奖二等奖58项，占该奖项总数（235项）的24.7%。

▲ 1月8日，批复同意中国恒天集团公司改建为国有独资公司，名称变更为中国恒天集团有限公司（国资改革〔2008〕22号）。

▲ 1月8日，批复同意中国农业发展集团总公司改建为国有独资公司，名称变更为中国农业发展集团有限公司（国资改革〔2008〕23号）。

▲ 1月10日，邵宁同志会见澳大利亚驻华大使芮捷锐博士和澳新银行CEO史密斯先生一行。

▲ 1月10日，印发《关于进一步做好中央企业财务快报工作的通知》（国资发评价〔2008〕4号），就中央企业财务快报的格式、口径及时间等问题提出明确要求。

▲ 1月13日，印发《关于贯彻实施〈中华人民共和国劳动合同法〉有关问题的通知》（国资厅发分配〔2008〕3号），要求各中央企业充分认识《劳动合同法》颁布实施的重要意义，切实做好贯彻落实工作。

▲ 1月16～18日，中央企业工会工作会议暨工会主席研讨培训班在深圳召开。王瑞祥同志出席会议并讲话。会议邀请人事部、劳动保障部和中央电视台等有关单位领导作专题讲座，中远集团等6家企业进行大会经验交流。

▲ 1月16日，印发《关于加强中央企业生产经营指标报送工作的通知》（国资厅发考核〔2008〕4号），对报送范围、时间、格式等做出明确要求。

▲ 1月17日，邵宁同志会见美国思科公司全球副总裁兼大中华区总裁林正刚先生一行。双方就中央企业的管理水平特别是信息技术（IT）管理能力的现状、存在的问题交换意见，并对下一步关于IT管理方面的合作、培训等问题进行探讨。

▲ 1月21日，印发《关于开展编报〈2008年中央企业全面风险管理报告〉试点工作有关事项的通知》（国资厅发改革〔2008〕5号）。为推动中央企业在发展中更加清醒地认清形势和环境，更加清晰地评估自身遇到的重大风险，拟选择部分中央企业开展编报《2008年中央企业全面风险管理报告》试点工作。

▲ 1月22日，黄淑和同志参加由国务院秘书长华建敏主持召开的第五次农民工工作联席会议。会议确定，贯彻《劳动合同法》，全面实行劳动合同制度工作，由劳动部牵头，国资委、全国总工会参与落实。

▲ 1月25日，中央企业经营业绩考核工作会议在北京召开，黄淑和同志出席会议并讲话。会议总结2007年中央企业经营业绩考核工作，并对2008年的工作做出部署。

▲ 1月25～26日，会同全国人大常委会法工委在深圳联合召开国有资产法调研座谈会，听取地方国资委、中央企业和地方国有企业对《国有资产法（草案）》的意见和建议，了解地方国资委国有资产监管工作情况和中央企业及地方国有企业改革情况。

▲ 1月27～30日，全国国有资产监督管理工作会议在珠海召开。会议贯彻落实党的十七大和中央经济工作会议精神，总结2007年工作，分析形势，交流经验，并部署2008年工作。

▲ 1月28日，会同发展改革委、财政部、电监会联合印发《关于印发〈关于规范电力系统职工投资发电企业的意见〉的通知》（国资发改革〔2008〕28号），就电力系统职工投资发电企业行为进行规范。

2月

▲ 2月2日，中央企业纪检监察工作会议在北京召开。会议贯彻落实党的十七大和第十七届中央纪委第二次全会精神，总结2007年中央企业党风廉政建设和反腐倡廉工作，部署2008年工作。

▲ 2月3日，印发《关于建立中央企业国有产权转让信息联合发布制度有关事项的通知》（国资发产权〔2008〕32号）。为进一步规范企业国有产权转让信息发布渠道，扩大信息覆盖范围，决定在国资委选择的中央企业国有产权交易试点机构建立中央企业国有产权转让信息联合发布制度。

▲ 2月3日，批复同意中国机械工业集团公司与中国福马机械集团有限公司重组方案（国资改革〔2008〕97号）。

▲ 2月3日，印发《国资委党委关于调整中国中旅（集团）公司党组织领导关系的批复》（国资党委组织〔2008〕15号），决定撤销中国中旅（集团）公司党委和纪委，中国中旅（集团）公司在京所属单位党组织由香港中旅（集团）有限公司驻京机构党委领导。

▲ 2月3日，印发《国资委党委关于调整中国唱片总公司党组织领导关系的批复》（国资党委组织〔2008〕16号），同意中国唱片总公司党委由国资委党委领导调整为由中国诚通控股集团有限公司党委领导。

▲ 2月13日，印发《关于印发〈中央企业负责人年度经营业绩考核补充规定〉的通知》（国资发考核〔2008〕36号），就考核目标核定原则、基本指标计分规则及分类指标基本要求等问题进行补充规定。

▲ 2月15日，孟建民副秘书长主持召开国家电网公司等15家在北京中央企业座谈会。会上，有关中央企业汇报受灾情况、灾后重建的措施和进展情况，对重建过程中面临的困难和问题进行专题研究，并提出有关政策建议。

▲ 2月15日，印发《关于全力做好中央企业灾后重建工作的通知》（国资发考核〔2008〕39号），要求各中央企业以高度的使命感和责任感，投入到灾后恢复重建工作当中，夺取抗险救灾和灾后重建的全面胜利。

▲ 2月18日，黄淑和同志会见阿尔卡特朗讯集团全球副总裁兼上海贝尔阿尔卡特股份有限公司（ASB）总裁罗睿哲先生一行。双方就企业自主创新、第四代通讯技术的研发以及ASB未来的发展等问题深入交换意见。

▲ 2月20日，湖南省委书记张春贤、省长周强联名给李荣融同志发来感谢电，代表湖南省委、省政府就国资委对湖南经济建设和社会发展，特别是对2008年以来湖南抗冰救灾工作给予的帮助表示感谢。

▲ 2月20日，邵宁同志会见意大利忠利保险集团总裁巴比诺特先生一行。邵宁同志表示，国资委支持忠利集团与中国诚通控股集团有限公司在国有企业退休人员的养老保障方面开展的合作。

▲ 2月20日，李寿生同志会见智利驻华大使马塔先生一行。双方就中国企业和智利企业合作情况进行交流。

▲ 2月20日，印发《关于认真做好2008年度中央企业经营业绩考核工作的通知》（国资发考核〔2008〕42号），要求各中央企业切实加强组织领导，全面总结工作经验，进一步完善业绩考核目标确定机制，认真开展行业对标工作，稳妥推进经济增加值考核工作，规范董事会试点企业的业绩考核工作，不断加强业绩考核队伍建设。

▲ 2月21日，邵宁同志会见美国助理国务卿苏利文先生一行。邵宁表示，国资委欢迎国际战略投资者积极参与中国国有企业改革。苏利文先生表示将继续与国资委合作，共同推动中美企业间的相互投资。双方还就行业垄断、知识产权保护等问题交换意见。

▲ 2月22日，会同国家安监总局联合印发《关于中央企业安全生产隐患排查治理工作实施意见》（国资发考核〔2008〕44号），要求各中央企业加强组织

领导，扎实做好安全隐患排查治理工作。

▲ 2月22日，批复同意中国水利水电建设集团公司整体改制并境内上市(国资改革〔2008〕183号)。

▲ 2月22日，批复同意中国国旅集团有限公司整体重组改制并境内上市(国资改革〔2008〕184号)。

▲ 2月25日，李伟同志在北京钓鱼台国宾馆会见瑞典企业、能源和交通部国务秘书奥特拉先生一行。双方就企业社会责任、中央企业与瑞典国有企业的合作及能源使用效率等问题深入交换意见。

▲ 2月25日，印发《关于印发〈中央企业国有资本经营预算建议草案编报办法(试行)〉的通知》(国资发产权〔2008〕46号)，明确国资委与中央企业在编制预算建议草案中的职责分工，并就有关工作提出要求。

▲ 2月28日，黄淑和同志出席全国深入开展打击盗窃破坏电力电信广播电视设施违法犯罪专项斗争电视电话会议。会议对2007年全国"三电"专项斗争先进集体和先进个人进行表彰，并部署2008年专项斗争工作方案。中国电信集团在会上作典型发言。

▲ 2月28～29日，中央企业财务工作会议在北京召开，李荣融同志出席会议并作重要讲话。会议总结近年来国资委开展出资人财务监督工作有关情况，探索进一步完善出资人财务监督工作的方法和途径；开展"集团财务控制力"、"全面预算管理"、"财务内部控制"、"总会计师职责管理"专题研讨；听取中央企业对国资委财务监督工作及中央企业财务管理工作的意见和建议。

▲ 2月29日，部分中央企业总法律顾问座谈会在北京召开。黄淑和同志出席会议并讲话。会议总结交流中央企业法制工作经验，研究探讨中央企业法制工作新的三年目标和总体思路。

3月

▲ 3月3日，李荣融同志会见英国韦莱集团主席兼首席执行官约瑟夫先生一行。双方就企业风险管理、美国安然公司倒闭的原因及启示等问题交换意见。

▲ 3月4日，江西省政协副主席、九江市委书记陈安众一行专程赴国资委，就国资委直属机关干部群众为九江灾区捐款35万元表示感谢。黄淑和同志会见陈安众同志一行。

▲ 3月4日，印发《关于表彰2007年度人大代表建议和政协委员提案优秀承办单位暨优秀复文的通报》(国资厅发〔2008〕21号)。分配局被评为2007年度建议、提案优秀承办单位，人大建议4381号《关于在法律框架内规范国有资产管理的建议》的答复函等19件复文被评为优秀复文。

▲ 3月5日，印发《关于加强中央企业经济责任审计工作的通知》(国资发评价〔2008〕53号)，要求各中央企业进一步深入开展经济责任审计工作，规范审计工作行为，提高审计工作质量，促进中央企业依法经营、规范运作、健康发展。

▲ 3月7日，李荣融同志会见全国政协委员、香港新闻联合会主席、香港《文汇报》社长张国良先生一行。李荣融同志肯定《文汇报》作为香港主流媒体，在为国有企业改革发展营造良好舆论氛围方面所起的积极作用。

▲ 3月7日，印发《关于印发〈国资委党委2008年党建工作要点〉的通知》(国资党委组织〔2008〕38号)。

▲ 3月11日，会同国家旅游局联合印发《关于举办"港中旅维景杯"2008年中央企业职工技能大赛的通知》(国资发群工〔2008〕55号)，决定与国家旅游局共同举办"港中旅维景杯"2008年中央企业职工技能大赛。

▲ 3月11日，会同信息产业部、民航总局、国家旅游局、电监会和中国消费者协会联合印发《关于中央企业开展"金牌服务迎奥运"活动的通知》(国资发考核〔2008〕57号)。

▲ 3月11日，印发《关于表彰2007年度中央企业机要文件交换优秀集体和优秀交换员的通报》(国资厅发〔2008〕23号)，对中国核工业集团公司等130个中央企业机要文件交换优秀集体和王洪等160名优秀交换员予以通报表彰。

▲ 3月12日，印发《关于表彰中央企业2007年优质服务明星单位和优质服务标兵的决定》(国资发考核〔2008〕58号)，授予华北电网有限公司唐山供电公司等123个单位"2007年优质服务明星单位"称号，授予李永峰等201名同志"2007年优秀服务标兵"

称号。

▲ 3月13日，印发《关于表彰2007年度国资委机关档案归档工作先进单位和先进个人的通报》(国资厅发〔2008〕24号)，对产权局、评价局、外事局3个归档工作先进单位和程雁等6名归档工作先进个人予以表彰。

▲ 3月18日，黄淑和同志主持召开委内政策法规工作座谈会。会议通报2007年政策法规工作情况和2008年立法计划编制情况，听取委内各厅局的有关意见和建议。

▲ 3月20日，召开中央企业"优质服务年"活动总结表彰暨"金牌服务迎奥运"视频会议。黄淑和同志出席会议并讲话。

▲ 3月24日，李荣融同志在北京钓鱼台国宾馆会见美国德勤会计师事务所首席执行官奎励杰先生一行。双方就世界经济发展趋势、美国次级按揭贷款危机、中国国有企业改革、物价调控以及中央企业为奥运会提供的服务等问题深入交换意见。

▲ 3月24日，李荣融同志会见德国巴斯夫集团董事长兼德国经济亚太委员会主席贺斌杰先生一行。贺斌杰先生介绍了巴斯夫集团与中国石化的合作情况。李荣融同志对中国石化与巴斯夫集团的合作表示支持。双方还就世界经济发展等问题进行交流。

▲ 3月24日，批复同意中国北方机车车辆工业集团公司整体重组改制并境内上市(国资改革〔2008〕294号)。

▲ 3月24日，批复同意中国南车股份有限公司转为境内外募集股份并上市的公司(国资改革〔2008〕295号)。

▲ 3月25日，李荣融同志会见英国沃达丰集团董事长庞约翰先生一行。双方就电信业发展、北京2008年奥运会及世界经济发展等问题进行交流。

▲ 3月25日，印发《关于开展中央企业2008年度财务抽查审计工作的通知》(国资厅发评价〔2008〕26号)，对2008年中央企业财务抽查审计工作做出部署。

▲ 3月25日，批复同意西安电力机械制造公司整体改制并境内上市(国资改革〔2008〕298号)。

▲ 3月26日，李荣融同志会见即将离任的东风有限公司总裁中村克己先生。李荣融同志对东风公司与日产公司的合作及中村先生在任内所作的大量工作给予充分肯定。双方还就汽车行业的发展交换意见。

▲ 3月27日，印发《关于表彰2007年度中央企业信息工作先进单位和先进个人的通报》(国资厅发〔2008〕29号)，对国家电网公司等45个信息工作先进单位和邱洪基等72名信息工作先进个人予以表彰。

▲ 3月31日，印发《关于表彰2007年度国资委机关信息工作先进单位和先进个人的通报》(国资厅发〔2008〕31号)，对信息中心等8个信息工作先进单位和尚启君等13名信息工作先进个人予以表彰。

4月

▲ 4月2日，邵宁同志会见美国福特汽车公司全球副总裁程美玮先生。双方就中国的国有资产管理体制、证券市场、新型汽车燃料电池的研发等共同关心的话题深入交换意见。

▲ 4月2日，批复同意中国民航信息集团公司主营业务和资产重组并境外上市(国资改革〔2008〕342号)。

▲ 4月3日，李荣融同志会见新日本制铁株式会社新任会长三村明夫先生一行。李荣融同志表示希望新日铁与中央企业进一步加强合作，互惠互赢。双方还就当前国际钢铁业的形势、宝钢与新日铁合资公司的发展情况等交换意见。

▲ 4月3日，印发《关于印发〈中央企业债券发行管理暂行办法〉的通知》(国资发产权〔2008〕70号)，对中央企业债券发行行为进行规范。

▲ 4月3日，印发《关于印发国务院国资委2008年立法工作计划的通知》(国资厅发法规〔2008〕33号)，对2008年立法工作做出部署。

▲ 4月7日，黄淑和同志会见美国项目管理协会首席执行官贝格雷先生以及国家外专局副局长陆明等一行。双方就推进中央企业项目管理高技能人才的培训工作交换意见。

▲ 4月8日，李荣融同志会见法国前总统德斯坦先生及法国企业家代表团一行。双方就中国国有企业改革、美国次级按揭贷款危机对世界经济的影响、中国的能源产品价格、外商投资、节能减排、环境

保护等问题深入交换意见。

▲ 4月8～9日，中央企业收入分配工作会议在珠海召开，邵宁同志出席会议并讲话。会议总结国资委成立5年来中央企业收入分配调控工作，分析当前企业收入分配面临的形势和任务，并对今后一个时期特别是第二任期中央企业收入分配调控工作进行部署。

▲ 4月8～11日，监事会兼职监事（企业职工代表）培训班在北京举行，黄丹华同志出席开班仪式并讲话。

▲ 4月10日，印发《关于进一步做好中央企业办公室系统制度建设有关工作的通知》（国资厅发〔2009〕35号），要求各中央企业办公室进一步加强制度建设，推动各项工作流程制度化、规范化。

▲ 4月11～12日，分配局在深圳召开地方国资委劳动用工收入分配工作座谈会。

▲ 4月11日，批复同意攀枝花钢铁（集团）公司资产整合整体上市（国资改革〔2008〕364号）。

▲ 4月14日，国资委和瑞典政府在钓鱼台国宾馆共同举办“中国—瑞典企业社会责任高层论坛”。李荣融、黄淑和同志出席论坛并会见瑞典首相弗雷德里克·赖因费尔特。

▲ 4月14日，经研究，决定向中国商用飞机有限责任公司派出国有重点大型企业监事会，监事会主席为何家成（副部长级）（国资发监督〔2008〕78号）。

▲ 4月15日，李荣融同志主持召开国资委第62次主任办公会议。会议听取关于国资委机关审计工作情况的汇报；审议并原则通过《国有企业法律顾问职业岗位等级资格评审管理暂行办法》。邵宁、黄丹华、金阳、李寿生同志出席会议。

▲ 4月15日，王瑞祥同志会见阿联酋阿布扎比酋长国计划发展部部长 Nasser Ahmed Al Suwaidi 先生率领的企业家代表团。双方就两国企业在能源、化工、电力、工程等多个领域的合作交换意见。

▲ 4月16日，黄丹华同志会见匈牙利国家资产管理公司监事会主席博尔拜伊先生一行。双方就两国国有企业改革和国有资产监管等问题进行交流。

▲ 4月16日，组织召开中央企业“迎奥运、塑形象、添光彩”主题演讲比赛决赛暨颁奖视频会议。

▲ 4月16日，孟建民副秘书长主持与标准普尔公司主权信用评级组进行会谈，详细介绍中央企业的有关情况，并耐心解答评级组关心的问题。

▲ 4月17日，李荣融同志会见日本住友商事株式会社前任会长、日中经济协会副会长宫原贤次一行。双方就中央企业与日本住友商事株式会社的合作及其他共同关心的话题交换意见。

▲ 4月17日，李荣融同志会见美国思科公司董事会主席兼首席执行官钱伯斯先生一行。李荣融同志介绍国资委成立以来所做的主要工作。

▲ 4月18日，李伟同志会见美国花旗集团全球银行业务副主席兼亚太区首席运营官章晟曼先生一行。双方就世界和中国的经济形势、全球和中国的资本市场、中国国有企业改革等话题深入交换意见。

▲ 4月18日，办公厅组织召开2008年度人大建议和政协提案交办会。李伟同志出席会议，并要求各承办厅局要高度重视、注重实效、加强沟通、统筹安排，保质保量做好国资委人大建议和政协提案的办理工作。

▲ 4月18日，印发《关于做好2008年中央企业农民工工作有关事项的通知》（国资厅发法规〔2008〕40号），要求各中央企业按照《国务院农民工工作联席会议2008年工作要点》要求，结合中央企业实际，切实做好农民工有关工作。

▲ 4月18日，会同中央统战部、欧美同学会中国留学人员联谊会联合印发《关于表彰中央企业优秀归国留学人员的决定》（国资党委群工〔2008〕57号），决定授予张志忠等55人“中央企业优秀归国留学人员”荣誉称号。

▲ 4月19日，李荣融同志会见日产汽车公司及雷诺汽车公司联合总裁兼CEO卡洛斯·戈恩一行。李荣融同志介绍过去五年来国资委所做的工作及成效，对东风与日产的合作情况给予充分肯定。双方还就国际经济形势、能源产品价格、汽车行业的发展趋势、电动车的推广等问题交换意见。

▲ 4月21日，李伟同志会见美国纽约证券交易所首席执行官邓肯一行。双方就美国次级按揭贷款危机、美国证券市场的监管环境，以及中央企业海外上市等问题交换意见。

▲ 4月21～24日，在海南举办第三期中央企业组织人事部长培训班。

▲ 4月22～24日，企业国有产权管理暨产权交易机构工作会议在云南昆明召开。李伟同志出席会议并讲话。会议总结过去五年的产权管理工作，并明确提出今后五年产权管理工作要实现的目标和2008年产权管理工作重点。

▲ 4月23日，印发《关于进一步规范国资委内设机构发文有关问题的通知》(国资厅发〔2008〕42号)，对国资委内设机构发文问题进行规范。

▲ 4月24～26日，李伟同志赴云南有关中央企业调研。李伟同志先后到云南电网公司、中铝云铜冶炼厂及华能集团小湾水电站进行实地考察，并向企业负责同志通报当前经济形势。

▲ 4月28日，印发《关于表彰2008年中央企业抗击雨雪冰冻灾害先进集体、先进个人和先进基层党组织、优秀共产党员的决定》(国资发考核〔2008〕90号)，授予国家电网公司湖南省电力公司等159个单位"2008年抗雨雪冰冻灾害先进集体"称号，授予中国南方电网有限责任公司农电管理部主任张琪等237名同志"2008年抗雨雪冰冻灾害先进个人"称号，授予中国移动集团公司湖南有限公司郴州分公司党委等95个基层党组织"2008年抗雨雪冰冻灾害先进基层党组织"称号，授予中国电信集团公司湖南省电信公司郴州分公司副总经理占小春同志等121名共产党员"2008年抗雨雪冰冻灾害优秀共产党员"称号。

▲ 4月29日，李荣融同志会见韩国浦项制铁公司(POSCO)会长李龟泽先生一行。双方就美国次贷危机对全球经济特别是对中国经济的影响、中央企业应对当前的经济形势、中央企业搞好主营业务和对外投资以及应对原材料涨价等问题交换意见。

▲ 4月29日，印发《关于印发〈国有企业法律顾问职业岗位等级资格评审管理暂行办法〉的通知》(国资发法规〔2008〕95号)，对国有企业法律顾问职业岗位等级资格评审工作进行规范。

▲ 4月29日，印发《关于举办"金牌服务迎奥运"宣传周活动有关事项的通知》(国资厅发考核〔2008〕45号)，组织有关中央企业于5月19～23日开展"金牌服务迎奥运"活动。

▲ 4月30日，印发《国资委党委关于2008年维护稳定工作的意见》(国资党委〔2008〕65号)，要求各中央企业进一步增强责任感、使命感和紧迫感，牢固树立大局意识，切实做好2008年中央企业的维护稳定工作，为纪念改革开放30周年和成功举办北京奥运会创造安全和谐稳定的社会环境。

5月

▲ 5月4日，印发《关于坚决贯彻国务院要求认真开展中央企业安全生产督查专项行动有关事项的通知》(国资厅发考核〔2008〕43号)，要求各中央企业认真贯彻党中央、国务院的部署，切实做好安全生产督查专项行动。

▲ 5月5日，李伟同志会见芬兰总理办公室所有权管理司司长迪摩尼先生一行。李伟同志简要介绍2007年中央企业的经营业绩，并就国有企业红利支付政策、中央企业董事会试点、国资委对国有上市公司的监管、中央企业海内外同时上市以及中国股市近期的波动等问题回答外方的提问。

▲ 5月5日，印发《国资委关于表彰中央企业先进法律事务机构的决定》(国资发法规〔2008〕97号)，对中国航空工业第二集团公司法律事务部等45个中央企业先进法律事务机构予以表彰。

▲ 5月6日，中国国际循环经济成果交易博览会组委会第一次会议在北京召开。黄淑和同志和考核局有关负责同志参加会议。

▲ 5月8日，李伟同志会见美国财政部副部长迈考米克一行。双方就中国中央企业改革发展、海外投资、美国投资政策及次贷危机以来的美国经济、石油价格上涨等问题交换意见。

▲ 5月9～10日，研究室在江西省井冈山市召开部分省市县级国有资产监管问题研究座谈会。

▲ 5月11日，中国商用飞机有限责任公司正式挂牌成立。经国务院同意，新组建的中国商用飞机有限责任公司由国资委代表国务院履行出资人职责。

▲ 5月12日，四川省汶川县发生8.0级强烈地震。地震发生后半小时，国资委迅速部署中央企业抗灾救灾工作，要求有关中央企业立即行动起来，迅速启动应急预案，提出应对措施；有关电网、电力、通信企业要密切关注受灾地区设施运行状况和安全隐患，

迅速修复受损设施，保障救灾电力供应和通讯畅通，同时加强与当地政府的沟通联系，配合地方政府做好抗灾救灾和灾后恢复重建工作。

▲ 5月13～14日，在北京召开中央企业法制工作会议。黄淑和同志出席会议并讲话。会议总结中央企业法制建设成果，表彰先进法律事务机构，并研究部署新的法制建设三年目标和任务。

▲ 5月13日，印发《关于中央企业做好抗震救灾工作的紧急通知》(国资考核〔2008〕443号)，要求各中央企业全面落实党中央、国务院部署，全力做好"5·12"汶川特大地震抗震救灾工作，并就有关工作做出部署。

▲ 5月19日，印发《国资委党委关于调整中国福马机械集团有限公司和中国海洋航空集团公司党组织领导关系的批复》(国资党委组织〔2008〕78号)，同意中国福马机械集团有限公司和中国海洋航空集团公司党委由国资委党委领导调整为由中国机械工业集团公司党委领导。

▲ 5月20日，印发《关于进一步做好中央企业抗震救灾和灾后恢复重建工作的紧急通知》(国资厅发考核〔2008〕61号)，要求各中央企业认真落实党中央、国务院的部署，进一步做好中央企业抗震救灾和灾后恢复重建工作。

▲ 5月20日，成立国资委机关应急管理工作领导小组。李荣融同志任组长，李伟、李寿生同志任副组长。领导小组下设办公室，办公室设在委机关服务中心。

▲ 5月20～22日，产权局召开中国水电集团重组改制上市项目资产评估核准会议。会后，全体专家一致要求，将本次会议的全部专家评审费14000元以专家组的名义捐赠给四川灾区人民。

▲ 5月21日，印发《关于控制因公出国(境)团组有关事项的通知》(国资厅发外事〔2008〕60号)，按照中央有关通知要求，对抗震救灾期间严格控制团组出国(境)考察、访问工作提出要求。

▲ 5月22日，李伟同志主持召开国资委机关开展"平安奥运行动"确保安全稳定动员大会，并与委机关、直属单位、直管协会各单位签订《国资委机关安全稳定平安奥运责任书》。李寿生同志作动员讲话，并对奥运会期间机关系统的重点工作进行部署。

▲ 5月23日，国资委召开信息工作视频会议，李伟同志出席会议并讲话。会议表彰2007年度信息工作先进单位和先进个人，通报国资委和中央企业信息工作情况。

▲ 5月24日，李伟同志在成都参加全国对口支援地震灾区工作会议。会后，李伟同志到受灾严重的都江堰中国水电集团十局察看灾情，慰问职工。

▲ 5月26日，印发《关于印发张德江同志在国资委检查指导抗震救灾工作时讲话的通知》(国资发〔2008〕106号)，并要求各中央企业认真学习贯彻落实。

▲ 5月26日，印发《关于进一步做好地方企业财务快报工作的通知》(国资厅发评价〔2008〕63号)，对新的《企业会计准则》公布后，做好地方企业财务快报工作做出部署。

▲ 5月27日，李荣融同志出席"德国公司法人治理讲座"。巴斯夫公司亚太区法律税务总监费德凯先生就德国公司法人治理概况及巴斯夫公司法人治理实践等内容作专题介绍。

▲ 5月27日，李伟同志主持召开中央企业政策性破产工作视频会议。李伟同志总结前一段政策性破产工作的经验，对2008年工作作了部署，并要求有关中央企业要认清形势，树立信心，克服困难，在确保稳定的前提下，全面完成政策性破产工作，为历时15年的政策性破产工作划上一个圆满的句号。

▲ 5月27日，印发《国资委党委关于中央企业开展"共产党员和中央企业在抗震救灾中的义务和责任"专题民主生活的通知》(国资党委组织〔2008〕84号)，决定组织中央企业全体党员过一次以"共产党员和中央企业在抗震救灾中的义务和责任"为主题的专题民主生活。

▲ 5月30日，印发《关于印发〈2008年中央企业精神文明建设工作要点〉的通知》(国资党委宣传〔2008〕88号)。

▲ 5月30日～6月7日，在清华大学举办中央企业优秀班组长培训班。

6月

▲ 6月2日，印发《关于开展2008年全国节能

宣传周活动的通知》(国资发考核〔2008〕107号),要求各中央企业结合实际,认真组织落实节能宣传周活动,进一步推进中央企业节能减排工作深入开展。

▲ 6月2日,印发《关于开展纪念改革开放30周年征文活动的通知》(国资党办宣传〔2008〕20号)。

▲ 6月5日,印发《关于落实中央企业法制工作三年目标有关事项的通知》(国资发法规〔2008〕109号),就中央企业法制工作三年目标的内涵、有关指标要求和工作计划等问题进行明确并提出具体要求。

▲ 6月6日,会同共青团中央联合印发《关于命名和认定中央企业2007年度全国青年文明号的决定》(国资发群工〔2008〕112号),命名中国核工业集团公司中国原子能科学研究院快堆事故分析工作组等64个青年集体、继续认定中国核工业集团公司秦山核电公司运行部主控室等406个青年集体为2007年度全国青年文明号。

▲ 6月10日,李荣融同志会见新加坡淡马锡公司新任中国首席代表兼董事总经理陈庆荣,双方就今年两次董事会试点企业赴新加坡培训以及东航与新航的合作等事宜交换意见。

▲ 6月10日,商务部、国资委、外交部联合召开全国处理境外纠纷及突发事件电视电话会议。黄淑和同志出席会议并讲话。黄淑和同志指出,中央企业"走出去"取得显著成绩,但企业境外机构和人员遭受恐怖袭击、安全生产及劳务纠纷、不当竞争等事件时有发生,各中央企业要采取切实措施,加强管理,防范风险,更好地利用国内国外两个市场、两种资源。

▲ 6月11日、13日,产权局和监事会局共同组织两次产权管理工作座谈会,李伟、黄丹华同志出席会议。

▲ 6月17日,印发《关于抓紧做好强降雨防范工作的紧急通知》(国资厅发考核〔2008〕65号),对防范强降雨工作做出部署。

▲ 6月18日,金阳同志会见德国思爱普软件系统有限公司首席执行官李艾科先生一行。双方就中央企业业绩考核工作及企业绩效考核软件本土化等问题进行交流。

▲ 6月20日,黄淑和同志会见甘肃省国资委主任、党委书记马艾武一行。马艾武同志代表甘肃省委、省政府专程向国资委在抗震救灾过程中给予甘肃省的大力支持表示感谢。

▲ 6月20日,印发《关于进一步做好北京奥运会、残奥会驾驶员志愿者管理保障工作的通知》(国资党办群工〔2008〕26号)。经北京奥组委有关部门交通资质审核和各项测试评估,中央企业近800名职工和50名团干部被列为驾驶员志愿者和志愿者管理人员人选。

▲ 6月23日,李荣融同志会见日本住友商事株式会社社长加藤进一行。双方就我国四川汶川地震抗震救灾工作及住友商事株式会社与中央企业的合作等问题进行交流。

▲ 6月24日,印发《国资委党委关于表彰中央企业先进基层党组织和优秀共产党员优秀党务工作者的决定》(国资党委组织〔2008〕197号),对中国核工业集团公司核工业二〇八大队党委等120个先进基层党组织、窦铁成等164名优秀共产党员、尤钊瑛等97名优秀党务工作者予以表彰,并分别授予"中央企业先进基层党组织"和"中央企业优秀共产党员"、"中央企业优秀党务工作者"称号。

▲ 6月30日,国务院在四川成都召开地震灾后恢复工业生产和扩大就业座谈会。张德江副总理到会并作重要讲话。邵宁同志出席会议并就中央企业灾后恢复生产与扩大就业等情况作重点发言。

7月

▲ 7月2日,中组部、国资委公开招聘工作领导小组召开第一次会议,对2008年公开招聘中央企业高级经营管理者工作进行全面部署。经中央领导同志同意,中组部、国资委2008年将联合面向海内外公开招聘中央企业高级经营管理者,并成立公开招聘工作领导小组,负责招聘的组织领导工作,李荣融同志和中组部副部长王尔乘担任领导小组组长,金阳同志担任副组长。

▲ 7月3日,经研究,决定撤出向中国铁通集团有限公司派出的国有重点大型企业监事会(国资发监督〔2008〕115号)。

▲ 7月4日,经研究,决定撤出向中国国际企业合作公司派出的国有重点大型企业监事会(国资发监督〔2008〕116号)。

▲ 7月4日，印发《关于做好中央企业节能减排信息报送工作的通知》(国资厅发考核〔2008〕76号)，对做好节能减排信息报送工作提出要求。

▲ 7月7日，印发《关于印发〈中央企业报送公文评价办法(试行)〉的通知》(国资厅发〔2008〕77号)，并要求各中央企业进一步办好公文，提高公文办理质量和效率。

▲ 7月9日，邵宁同志会见中芯国际集成电路制造有限公司总裁兼执行长张汝京先生一行。双方就中芯国际的发展状况及与中央企业的合作情况进行交流。

▲ 7月9～11日，企干一局、企干二局、法规局联合举办第二期中央企业公开招聘高级经营管理人员培训班。金阳同志出席开班式并讲话。

▲ 7月9日，印发《关于印发2008年推进中央企业使用正版软件工作计划的通知》(国资厅发〔2008〕79号)，对2008年推进企业使用正版软件工作进行部署。

▲ 7月10日，李荣融同志会见澳大利亚电讯全球CEO楚曦若先生一行。楚曦若介绍澳大利亚电讯近几年的发展情况，提出其与中国电信有很强的互补性，希望建立战略合作伙伴关系。李荣融同志对此表示支持，同时希望中澳在电信领域的合作能着眼未来，逐步形成共识，建立长期稳定的合作关系。

▲ 7月11日，中央企业社会责任工作座谈会在北京召开。黄淑和同志出席会议并讲话。黄淑和同志在讲话中阐述中央企业履行社会责任的重要意义，总结中央企业履行社会责任取得的成绩，并对下一步工作提出明确要求。

▲ 7月11日，规划局组织召开投资形势分析及投资管理座谈会，16家投资活动具有代表性的中央企业参加会议。

▲ 7月11日，印发《关于进一步做好国资委视频会议系统应用工作的通知》(国资厅发〔2008〕80号)，要求各厅局充分发挥视频会议系统的作用，进一步降低行政成本，节约会议费用，并就有关工作进行部署。

▲ 7月15日，李荣融同志会见德国博世汽车柴油系统股份有限公司董事长博勒先生一行。博勒先生介绍博世公司与无锡威孚集团的合作情况。李荣融同志对两家公司的合作表示赞赏，并希望双方以双赢为目标，坦诚交流，共同发展。

▲ 7月15日，办公厅组织召开中央企业公文处理工作视频会议。会议就《中央企业报送公文评价办法(试行)》和《国资委中央企业机要文件交换站机要交换工作考评办法(试行)》的制定背景及有关内容作了介绍，并就切实做好两个办法的施行提出要求。

▲ 7月17日，印发《关于表彰中央企业2008年抗震救灾先进集体、先进个人和先进基层党组织、优秀共产党员的决定》(国资发考核〔2008〕119号)。

▲ 7月18日，中央企业抗震救灾总结表彰大会在北京召开。张德江副总理出席大会并作重要讲话。会议表彰国家电网公司四川省电力公司等199个"2008年中央企业抗震救灾先进集体"、中国东方电气集团公司东方汽轮机有限公司主机一分厂厂长喻刚等271名"2008年中央企业抗震救灾先进个人"、中国水利水电建设集团公司水电十局医院党委等136个"2008年中央企业抗震救灾先进基层党组织"、中国化工集团公司德阳昊华清平磷矿有限公司党委书记、董事长、总经理向平等178名"2008年中央企业抗震救灾优秀共产党员"。

▲ 7月22日，召开中央企业负责人视频会议。会议通报2008年上半年经济形势，总结中央企业上半年工作，并对下半年工作进行部署。

▲ 7月24日，中央企业参加2010年上海世博会企业馆展示联合签约仪式在北京举行。签约的11家中央企业将为上海世博会建设5个企业馆。黄淑和同志出席签约仪式并致词。

▲ 7月24日，办公厅组织召开2007年度中央企业信息化水平评价视频培训会，就《中央企业信息化水平暂行办法》的内容要点、起草过程及中央企业信息化水平评价数据采集表的填报方式进行介绍，并对做好这项工作提出要求。

▲ 7月24日，印发《关于贯彻落实〈关于在治理商业贿赂专项工作中推进市场诚信体系建设的意见〉有关问题的通知》(国资厅发纪检〔2008〕85号)，要求各中央企业深入推进治理商业贿赂工作，建立完善防治商业贿赂长效机制。

▲ 7月25日，全国政协副主席、科技部部长万钢来国资委，就如何进一步推进中央企业自主创新有关工作进行沟通和交换意见。李荣融同志介绍国资委成立以来推动企业自主创新方面的进展和成效，同时表示将继续加强与科技部的沟通和合作，积极指导和促进中央企业开展自主创新活动，提高企业核心竞争力，也希望科技部对此给予支持。邵宁同志及办公厅、规划局负责同志参加会议。

▲ 7月28～29日，监事会贯彻"六要六不"行为规范专题会议在北京召开。李荣融同志出席会议并作重要讲话。黄丹华同志主持会议并作工作报告。

▲ 7月28日，印发《关于贯彻实施〈中华人民共和国反垄断法〉有关问题的通知》（国资厅发法规〔2008〕86号），要求各中央企业充分认识《反垄断法》颁布实施的重要意义，认真组织好贯彻落实。

▲ 7月30日，会同全国妇联联合印发《关于对中国航天科工集团公司参与国家重点项目研制工作先进集体和个人进行表彰的决定》（国资发群工〔2008〕125号），授予中国航天科工集团公司何秋茹等10名同志全国"巾帼建功标兵"荣誉称号，授予中国航天科工集团公司二院二十五所装调部无线电加工组等5个集体全国"巾帼文明岗"荣誉称号。

8月

▲ 8月1日，李荣融同志会见香港方氏基金有限公司主席方黄吉雯女士和香港证监会主席方正先生。

▲ 8月1日，印发《关于加强中央企业资金管理防范财务风险的紧急通知》（国资厅发评价〔2008〕87号），要求各中央企业进一步做好资金管理工作，有效防范财务风险，促进中央企业又好又快发展。

▲ 8月1日，印发《关于做好北京奥运会期间维护稳定工作的通知》（国资党办〔2008〕34号），要求各中央企业党委（党组）认真贯彻落实中央有关精神，切实做好北京奥运会期间维护稳定工作。

▲ 8月5日，印发《关于做好北京奥运会期间信访工作的紧急通知》（国资厅发〔2008〕88号），要求各中央企业认真贯彻落实中央有关精神，认真做好北京奥运会期间信访工作。

▲ 8月7日，印发《关于印发〈国有企业监事会兼职监事管理暂行办法〉的通知》（国资发监督〔2008〕126号），就兼职监事的条件、任免、职责与管理及纪律等问题进行规范。

▲ 8月9日，邵宁同志会见阿联酋电信（Etisalat）董事会主席默罕莫德·哈桑·奥姆兰先生一行。双方就中国电信业重组及有关合作问题交换意见。

▲ 8月14日，印发《关于印发〈关于贯彻落实〈建立健全惩治和预防腐败体系2008～2012年工作规划〉的实施意见〉的通知》（国资党委纪检〔2008〕122号）。

▲ 8月18日，《中央企业资产损失责任追究暂行办法》经国资委第63次主任办公会议审议通过，以国资委令形式公布，自2008年10月1日起施行。

▲ 8月18日，《中央企业安全生产监督管理暂行办法》经国资委第67次主任办公会议审议通过，以国资委令形式公布，自2008年9月1日起施行。

▲ 8月28日，印发《关于中央企业实现经济增加值情况的通报》（国资发考核〔2008〕132号），为引导企业牢固树立资本成本意识，提高企业价值创造能力，对2003—2007年中央企业经济增加值实现情况进行通报。

▲ 8月29日，印发《关于印发〈国务院国有资产监督管理委员会部门决算工作考核评比暂行办法〉的通知》（国资厅发管理〔2008〕95号），对各直属单位、直管协会决算报表考核评比工作进行规范。

9月

▲ 9月1～14日，会同中央统战部、中央社会主义学院联合举办第六期中央企业党外干部理论研究班。

▲ 9月2日，邵宁同志会见日本新日铁株式会社新任社长宗冈正二先生一行。双方就当前世界经济形势、钢铁工业现状和发展趋势、新日铁与武钢在防城港的合资合作项目等问题交换意见。

▲ 9月2日，经国务院批准，决定将中国轻工业品进出口总公司并入中国通用技术（集团）控股有限责任公司，成为其全资子企业（国资改革〔2008〕904号）。

▲ 9月3日，印发《关于中央企业驻港人员因公临时赴澳门问题的通知》（国资厅发〔2008〕97号），根

据国务院港澳办有关文件精神，对涉及中央企业有关事项进行明确。

▲ 9月3日，印发《关于对中国高新投资集团公司实施托管的通知》(国资改革〔2008〕912号)，决定由国家开发投资公司对高新集团实施托管。

▲ 9月8日，李荣融同志会见马来西亚驻华大使诺尔扎曼先生与马来西亚矿业公司(MMC)创建者赛莫达先生一行。双方就中马企业在第三国合作投资等事宜交换意见。

▲ 9月8日，印发《关于贯彻落实国务院要求进一步做好中央企业节油节电和节能减排有关工作的通知》(国资发考核〔2008〕135号)，要求各中央企业认真贯彻国务院有关要求，切实做好节油节电和节能减排工作。

▲ 9月10日，批复同意中国移动通信集团公司与中国铁通集团有限公司重组方案(国资改革〔2008〕1093号)。

▲ 9月11日，邵宁同志会见葡萄牙驻华大使桑托斯先生一行。

▲ 9月11日，印发《关于印发〈国务院国有资产监督管理委员会规范性文件制定暂行办法〉的通知》(国资发法规〔2008〕137号)，对国资委规范性文件的制定工作进行规范。

▲ 9月12日，李荣融同志在北京钓鱼台大酒店向美国宾夕法尼亚大学沃顿商学院第33届EMBA师生发表题为"国资委工作和中央企业改革发展"的演讲，并就中央企业海内外上市、履行社会责任、业绩考核以及国资委和中央企业今后的发展战略等问题回答师生们的提问。

▲ 9月16日，李荣融同志在北京会见泰国正大集团董事长谢国民一行。

▲ 9月16日，印发《关于规范国有企业职工持股、投资的意见》(国资发改革〔2008〕139号)，就国有企业(包括国有独资和国有控股企业)职工持股、投资的有关问题提出规范意见。

▲ 9月16日，印发《关于整体上市中央企业董事及高管人员薪酬管理的意见》(国资发分配〔2008〕140号)，对整体上市中央企业董事及高级管理人员薪酬管理工作进行规范。

▲ 9月16日，印发《中央企业负责人绩效薪金基数计算办法》和《境外中央企业负责人绩效薪金基数计算办法》(国资厅发分配〔2008〕101、102号)，对中央企业负责人薪酬管理问题进一步进行规范。

▲ 9月17日，成立国资监管信息化专家咨询组，专家咨询组由电子政务、电子商务、信息规划与政策、企业信息化、信息安全等领域的9名国内知名专家组成，每届聘期3年。

▲ 9月18日，印发《关于中国诚通控股集团有限公司对华诚投资管理有限公司实施托管的通知》(国资改组〔2008〕1124号)，决定由中国诚通控股集团有限公司对华诚投资管理有限公司实施托管。

▲ 9月19日，印发《关于进一步加强中央企业投资管理的通知》(国资发规划〔2008〕143号)，要求各中央企业进一步规范投资管理，严格执行《中央企业投资监督管理暂行办法》。

▲ 9月19日，经研究，撤出向中国轻工业品进出口总公司、煤炭科学研究总院、中煤国际工程设计研究总院派出的国有重点大型企业监事会(国资发监督〔2008〕148、149、150号)。

▲ 9月22～26日，产权局在江西南昌举办2008年第一期地方国资委产权管理业务培训班。

▲ 9月22～29日，群工局在清华大学举办第二期中央企业优秀班组长培训班。

▲ 9月23日，经研究，向中国煤炭科工集团有限公司派出国有重点大型企业监事会(国资发监督〔2008〕144号)。

▲ 9月23日，印发《关于加强中央企业安全生产和维护稳定工作的紧急通知》(国资厅发考核〔2008〕105号)，就2008年第四季度至春节期间中央企业安全生产和维护社会稳定工作有关事项提出要求。

▲ 9月23日，印发《关于做好2008年度出国(境)团组有关工作的通知》(国资厅发外事〔2008〕106号)，根据中央外办、外交部有关通知精神，就2008年年内因公出国(境)工作提出要求。

▲ 9月24日，邵宁同志会见德国福伊特集团总裁兼首席执行官林哈德先生一行。双方就福伊特集团与中央企业的合作及全球经济发展趋势等共同关

心的问题深入交换意见。

▲ 9月24日，孟建民同志会见英国外交大臣气象变化特命大使艾士诚先生一行。双方就推动低碳型经济以及加强中英两国在低碳贸易领域的合作等问题交换意见。

▲ 9月24日，评价局组织召开2009年度中央企业财务预算工作视频会议。

▲ 9月25日，金阳同志会见法国精英企业协会主席米歇尔·朗德尔先生一行。金阳同志对双方在过去几年里的良好合作表示赞赏，并希望中法两国企业进一步加强合作，共同进步。

▲ 9月27日，李荣融同志在天津夏季达沃斯论坛期间，会见欧盟贸易委员会曼德尔森先生一行。双方就全球经济形势、中央企业应对全球危机以及促进双向投资等问题深入交换意见。

10月

▲ 10月8日，中共中央、国务院、中央军委在北京召开全国抗震救灾表彰大会，国资委考核局被授予"全国抗震救灾英雄集体"荣誉称号。

▲ 10月8日，李荣融同志会见阿尔卡特朗讯集团总裁韦华恩先生一行。

▲ 10月10日，印发《关于印发〈国资委直属机关开展深入学习实践科学发展观活动工作方案〉的通知》（国资党委直党〔2008〕145号），对国资委直属机关开展深入学习实践科学发展观活动进行部署。

▲ 10月13日，李荣融同志会见德国博世公司执行董事会主席兼首席执行官菲润巴赫先生一行。双方就全球经济走势、企业高级技工培训、柴油动力汽车在中国的市场前景等共同关心的问题深入交换意见。

▲ 10月13日，经国务院批准，批复同意中国对外贸易运输（集团）总公司与中国长江航运（集团）总公司实行联合重组，以两企业的国有权益作为出资，将中国对外贸易运输（集团）总公司更名为中国外运长航集团有限公司作为重组后的母公司（国资改革〔2008〕1152号）。

▲ 10月14日，李荣融同志陪同张德江副总理在中南海会见应国资委邀请来华的意大利忠利集团首席执行官巴比诺特先生一行。双方就忠利集团与中国石油天然气集团公司及中国诚通控股有限公司的合作、中国社会保障体系特别是央企退休人员保障体系建设以及全球金融危机和经济走势等问题交换意见。

▲ 10月14～15日，考核局在北京举办中央企业节能减排管理培训班。黄淑和同志出席并讲话。

▲ 10月16日，印发《关于印发〈中央企业职工技能竞赛管理办法〉的通知》（国资发群工〔2008〕166号），对中央企业职工技能大赛的组织机构、组织管理、组织实施、表彰奖励及会旗会标等问题进行规范。

▲ 10月16日，办公厅组织召开中央企业信息化工作视频会议。李伟同志出席会议并讲话。

▲ 10月17日，李荣融同志会见日本住友商事会社前任会长、日中经济协会副会长宫原贤次一行。双方就加强合作，共同应对全球金融风暴及其他共同关心的话题交换意见。

▲ 10月17日，国资委2010年上海世博会参展工作协调小组第四次会议召开。航天科技等5家世博会建馆牵头单位及世博会物流项目赞助商中国外运汇报工作进展情况及面临的主要问题。

▲ 10月20日，李荣融同志会见英国沃达丰集团首席执行官柯唯睿先生一行。双方探讨美国金融危机的影响，并就中国电信业的发展方向交换意见。

▲ 10月21～22日，产权局在重庆召开中央企业国有产权交易试点机构工作协调会。李伟同志出席会议并讲话。

▲ 10月21日，会同财政部联合印发《关于规范国有控股上市公司实施股权激励制度有关问题的通知》（国资发分配〔2008〕171号），对国有控股上市公司实施股权激励有关问题进行规范。

▲ 10月22日，黄丹华同志会见韩国全国经济人联合会会长赵锡来一行。双方就中韩两国企业紧密合作，努力消除金融危机带来的不良影响，以及其他共同关心的话题交换意见。

▲ 10月27日，经研究，撤出向中国水利投资集团公司派出的国有重点大型企业监事会（国资发监督〔2008〕178）。

▲ 10月31日，印发《关于2009年中央企业开展全面风险管理工作有关事项的通知》（国资厅发改

革〔2008〕115号），就2009年中央企业开展全面风险管理工作进行部署。

11月

▲ 11月4日，中央企业产权管理工作会议在北京召开。李伟同志出席会议并作题为《在规范中谋发展 在创新中求提高 不断提升中央企业产权管理工作新水平》的讲话。

▲ 11月5日，印发《国资委党委关于表彰神舟七号载人航天飞行任务先进基层党组织、优秀共产党员和优秀党务工作者的决定》（国资党委组织〔2008〕160号）

▲ 11月6日，黄淑和同志会见越南计划投资部常务副部长张文瑞先生一行。

▲ 11月12日，黄淑和同志会见四川省副省长李成云及省国资委主任彭渝等同志。李成云副省长代表四川省政府向国资委赠送锦旗，感谢国资委对四川省抗震救灾工作的大力支持和帮助，并介绍灾后重建的进展情况。

▲ 11月12日，印发《关于贯彻实施〈中华人民共和国企业国有资产法〉有关问题的通知》（国资发法规〔2008〕194号），要求各中央企业深刻认识贯彻实施《企业国有资产法》的意义，认真做好贯彻实施各项工作。

▲ 11月12日，经研究，撤出向中国对外贸易运输（集团）总公司、中国长江航运（集团）总公司、中国航空工业第一集团公司、中国航空工业第二集团公司、中国高新投资集团公司派出的国有重点大型企业监事会（国资发监督〔2008〕201、202、203、204、205号）。

▲ 11月13日，李伟同志会见日本野村控股副社长柴田拓美先生一行。双方就当前国际金融危机对实体经济的影响等问题交换意见。

▲ 11月17日，黄淑和同志会见联合国全球契约办公室执行总长乔治·科尔先生一行。双方就企业履行社会责任及加强国资委与联合国全球契约组织合作等问题交换意见。

▲ 11月19日，中央企业侨联第二次代表大会在北京召开。会议选举产生第二届中央企业侨联委员会，研究部署下一步工作。

▲ 11月19日，孟建民同志会见伊拉克投资部长萨米尔·哈德班先生一行。双方就中伊双方企业进一步加强合作有关问题交换意见。

▲ 11月19日，孟建民同志会见英国CIMA特许管理会计师公会首席执行官查尔斯·迪利先生一行。双方就加强合作培养中国中央企业会计人才等问题交换意见。

▲ 11月19日，批复同意中国第一重型机械集团公司重组改制并境内上市（国资改革〔2008〕1271号）。

▲ 11月20日，邵宁同志会见思科公司全球高级副总裁、思科中国公司董事长兼首席执行官史瑞夫先生一行。双方就进一步加强合作，共同应对金融危机等问题交换意见。

▲ 11月21日，召开中央企业案件情况通报视频会议。黄丹华同志主持会议，李荣融同志出席会议并讲话，贾福兴同志传达全国纪检监察机关查办案件工作会议精神，通报近年来中央企业查办案件工作情况，对中央企业查办案件工作做出部署。

▲ 11月24日，经研究，向中国航空工业集团公司派出国有重点大型企业监事会，监事会主席为解思忠（副部长级）（国资发监督〔2008〕207号）。

▲ 11月24日，经研究，撤出向中国海诚国际工程投资总院和中国轻工业对外经济技术合作公司派出的国有重点大型企业监事会（国资发监督〔2008〕209、210号）。

▲ 11月25～26日，李伟同志出席在杭州召开的亚洲包装大会，并先后到杭州汽轮机股份有限公司、杭州钢铁集团公司和上海市国际航运中心洋山深水港调研。

▲ 11月26日，李荣融同志会见意大利前总理、欧盟委员会前主席、世界联合基金会主席罗马诺·普罗迪先生一行。双方就中国国有资产管理体制及国有企业改革以及企业确定主业、董事会建设及人力资源管理等问题深入交换意见。

▲ 11月27日，经研究，向中国外运长航集团有限公司派出国有重点大型企业监事会，监事会主席为季晓南（副部长级）（国资发监督〔2008〕208号）。

▲ 11月27日，印发《关于做好中央企业雨雪冰

冻灾害防范工作的通知》(国资厅发考核〔2008〕117号),要求各中央企业防范极端天气引发雨雪冰冻灾害,提早做好各项应对准备工作。

12月

▲ 12月2日,印发《关于进一步做好中央企业所属学校及学校周边安全管理工作的通知》(国资厅发〔2008〕120号)。要求各中央企业加强组织领导,高度重视学校及其周边安全管理,并就有关具体工作提出要求。

▲ 12月3日,黄淑和同志在北京出席第二届中美投资论坛,并就《企业国有资产法》《关于推进国有资本调整和国有企业重组的指导意见》与外国投资的关系等内容发表主题演讲。

▲ 12月9日,国资委会同国家版权局在北京召开推进中央企业使用正版软件工作经验交流会。李伟同志和新闻出版总署副署长、国家版权局副局长阎晓宏出席会议并讲话。

▲ 12月9日,李伟同志会见美国微软公司首席运营官特纳先生一行。李伟同志介绍2008年国资委及中央企业在信息化和保护正版软件方面取得的成绩及2009年的工作部署。

▲ 12月9日,孟建民同志会见新加坡淡马锡公司中国首席代表陈庆荣先生。双方就董事会试点企业人员赴新加坡培训、东航与新航的合作以及国际金融危机对中新两国国有企业的影响等问题交换意见。

▲ 12月10日,李荣融同志会见日本大和证券集团总公司会长清田瞭先生一行。双方就国际金融危机对实体经济的影响、企业应对措施及金融危机的走势等问题深入交换意见。

▲ 12月15～16日,中央企业负责人会议在北京召开。张德江副总理出席会议并作重要讲话。会议深入贯彻落实科学发展观和中央经济工作会议精神,总结2008年工作,分析经济形势,交流工作经验,并对2009年工作进行部署。

▲ 12月19～21日,中央企业全面风险管理经验交流会在北京召开。邵宁同志出席会议并讲话。会议交流中央企业开展全面风险管理的经验,邀请有关专家就当前全球金融危机及国内外大型企业风险管理成功及失败典型案例进行分析。

▲ 12月25～26日,全国国有资产监督管理工作会议在北京召开,张德江副总理出席会议并作重要讲话。会议贯彻落实中央经济工作会议精神,总结2008年国有资产监督管理工作,分析当前经济形势,并研究部署2009年工作。

▲ 12月30日,批复同意中国中化集团公司整体重组改制设立股份公司的方案(国资改革〔2008〕1443号)。

▲ 12月30日,印发《国资委党委关于调整中国水利投资集团公司党组织领导关系的批复》(国资党委组织〔2008〕193号),同意中国水利投资集团公司党委由国资委党委领导调整为由中国长江三峡工程开发总公司在北京单位党委领导。

▲ 12月31日,印发《关于加强中央企业境外投资管理有关事项的通知》(国资发规划〔2008〕225号),要求各中央企业加强内部投资制度建设,加强境外投资决策管理和风险管理,加强社会责任意识,加强中央企业之间境外投资合作,并严格遵守境外投资活动的报告制度。

▲ 12月31日,印发《关于国务院国有资产监督管理委员会内设机构职能调整有关事项的通知》(国资发人事〔2008〕226号)。根据《国务院办公厅关于印发国务院国有资产监督管理委员会主要职责内设机构和人员编制规定的通知》(国办发〔2008〕85号),对国资委内设机构、职能调整有关事项进行明确,有关内设机构从2009年1月1日起开始使用新名称。